U0914286

上海市志

外事·港澳台侨事务分志
外事·港澳事务卷

1978—2010

上海市地方志编纂委员会 编

上海人民出版社

1979 年 3 月，美国波士顿交响乐团首度来上海访问演出

1979 年 6 月 12 日，上海市副市长、市人民政府外事办公室主任、市人民对外友好协会会长赵行志向来访的美国旧金山市市长黛安・范因斯坦赠送礼品

1990 年，上海市人民对外友好协会举办上海国际儿童画展

1995 年 5 月 5 日，日本首相村山富市（前排左二）在豫园湖心亭品茶

1995 年 6 月 17 日，荷兰首相维姆·科克（右一）出席中荷经贸研讨会时致辞

1995 年 12 月 1 日，古巴共产党中央委员会总书记、国务委员会主席菲德尔·卡斯特罗（前排右二）参观宝山钢铁（集团）公司

1997 年 3 月 1 日，葡萄牙总统桑帕约（右一）参观玉佛寺

1997 年 5 月 7 日，科特迪瓦总统贝迪埃（右一）参观中日合资上海水仙能率公司

1997 年 5 月 10 日，联合国秘书长科菲·安南（前排右二）夫妇参观上海博物馆

1997 年 5 月 17 日，法国总统雅克·希拉克（左一）参观上海博物馆

1998 年 10 月 8 日，英国首相托尼・布莱尔（前排左三）在沪参观英国现代艺术品展

1998 年 11 月 14 日，韩国总统金大中（中间坐者）参观韩国临时政府旧址纪念馆时题词

1999 年 7 月 3 日，纳米比亚总统萨姆·努乔马（前排左二）到沪访问

2001 年 8 月 27 日，亚太经合组织中小企业工商论坛开幕

2001 年 10 月 17—18 日，亚太经合组织第十三届部长级会议在沪召开

2004 年 4 月 20—21 日，联合国亚太经社会第 60 届会议——太平洋发展中岛国特别机构第八届会议在上海国际会议中心举行

2004 年 7 月 20 日，第二届上海浦东中外小使者音乐夏令营在浦东东方世纪学校举行

2004 年 7 月 28 日，由中福会、宋庆龄基金会和上海市人民对外友好协会举办的国际少儿文化艺术节开幕

2004 年 9 月 13—17 日，世界卫生组织西太平洋地区委员会第 55 届会议在上海举行

2004 年 10 月 14—17 日，国际文化政策论坛第七届部长年会在上海举行

2004 年 11 月 18 日，西班牙国家舞蹈团在第六届中国上海国际艺术节演出经典弗拉门戈舞剧《莎乐美》

2004 年 12 月 17 日，巴基斯坦总理肖卡特・阿齐兹（前排左）出席巴基斯坦驻沪总领事馆奠基仪式

2005 年 4 月 30 日—5 月 6 日，第 48 届世界乒乓球锦标赛在上海举行

2005 年 5 月 28 日，上海图片展在意大利米兰举行

2005 年 5 月 31 日，法国马赛市在上海举行“马赛周”活动，法方赠送给上海的“希望喷泉”在徐家汇公园落成

2005 年 6 月，第八届上海国际电影节开幕式

2005 年 8 月 15 日，肯尼亚总统姆瓦伊 · 齐贝吉（左）夫妇乘坐磁浮列车

2005 年 8 月 20—24 日，第四届国际亚洲研究学者大会在上海举行

2005 年 9 月 1 日，斯里兰卡总统钱德里卡・班达拉奈克・库马拉通加夫人参观中共一大会址纪念馆

2006 年 4 月 13 日，格鲁吉亚总统米哈伊尔・萨卡什维利（右一）参观中兴通讯公司

2006 年 5 月 23 日，德国总理默克尔（右一）访沪时参观徐家汇天主教堂

2006 年 6 月 15 日，庆祝上海合作组织成立 5 周年文艺晚会暨成员国艺术节开幕式在上海大剧院举行

2006 年 9 月 7 日，上海市政府外事办公室在国际贵都大饭店举行"白玉兰纪念奖"授奖仪式

2006 年 9 月 13 日，上海市人民对外友好协会在上海国会中心举行成立 50 周年晚宴

2007 年 6 月 16 日，玫瑰婚典走出国门，参加在俄罗斯圣彼得堡市举办的“上海周”活动

2007 年 6 月 26 日，西班牙国王胡安·卡洛斯一世（左二）和王后索菲亚参观上海博物馆

2007 年 7 月 18 日，塞尔维亚总统塔迪奇会见到访的上海《新闻晨报》小记者团

2008 年 3 月 1 日，尼日利亚总统奥马鲁・穆萨・亚拉杜瓦（左一）到沪访问

2008 年 4 月 2 日，阿联酋副总统兼总理、迪拜酋长马克图姆·本·穆罕默德·本·拉希德·阿勒马克图姆（前排右一）出席中阿经贸论坛

2008 年 7 月，上海市人民对外友好协会与上海市青年联合会联合举办一年一度的“上海国际青少年互动友谊营”

2008 年 10 月 21 日，丹麦首相安诺斯·福格·拉斯穆森（前排左一）出席“上海国际创意产业周”活动

2008 中国国际旅游交易会在浦东新国际博览中心举行

2009 年 1 月 16 日，中国人民对外友好协会和上海市人民对外友好协会举行“三十年后再回首——纪念中美建交 30 周年图片展”，美国前总统卡特（右五）夫妇出席

2009 年 4 月 16 日，新西兰总理约翰·基（右一）访问上海时出席“新西兰之窗”揭幕典礼

2009 年 4 月 27 日，外国驻沪记者参访上海世博园

2009 年 5 月 5 日，上海市人民政府外事办公室举行领馆通气会

2009 年 6 月，上海市妇女代表团出访美国亚利桑那州，举办“城市韵律”上海女性摄影作品展

2009 年 9 月 25 日，上海国际问题研究院与印度驻沪总领事馆联合举办“中国—印度：战略合作伙伴新契机”研讨会

2009 年 10 月 17 日，哥斯达黎加民族解放党主席、议长弗朗西斯科 · 帕切科（前右二）参观上海临汾街道活动中心

2009 年 10 月 28 日，上海市政府外事办公室在科学会堂召开因公出国（境）综合管理信息系统工作会议

2009 年 11 月，第 21 届上海市市长国际企业家咨询会议主席、普华永道名誉主席沈德培接受上海媒体采访

中国 2010 年上海世界博览会开幕式

中国 2010 年上海世界博览会旗林广场

中国 2010 年上海世界博览会中国馆

2010 年 4 月 30 日，越南总理阮晋勇（前排左二）在上海世博会参观越南馆

2010 年 5 月 12 日，上海世博会参展方土耳其代表团走进长宁区与市民联欢

2010 年 6 月 14 日，比利时王储菲利浦王子与卢湾区的“世博人家”话别

2010 年 6 月 21 日，上海与萨格勒布结好 30 周年音乐会在上海东方艺术中心举行

2010 年 7 月 21 日，俄罗斯趣橙合唱团在卢湾区青少年活动中心进行交流演出

2010 年 9 月 8 日，2010 中国国际友好城市大会在上海国际会议中心举行

2010 年 9 月 30 日，阿尔巴尼亚总统巴米尔・托皮（右一）参观田子坊时欣赏民间艺人的剪纸艺术

2010 年 10 月 29 日，由中国共青团中央主办、上海团市委承办的中国 2010 年上海世博会青年高峰论坛在上海世博中心举行

二战犹太难民重聚上海，寻访居住故地

新西兰国际主义战士路易·艾黎在上海的故居

上海市地方志编纂委员会

主任委员　周慧琳

副主任委员　翁铁慧　李逸平　朱咏雷　宗　明

委　　员　（以姓氏笔画为序）

于福林　上官剑　马正文　王　平　王　华　王　岚　王旭杰
方世忠　白廷辉　朱　民　朱勤皓　邬惊雷　刘　健　严爱云
李　谦　李余涛　李国华　杨　莉　肖跃华　吴金城　吴海君
余旭峰　沈山州　沈立新　张　全　张小松　张国坤　陆方舟
陈　臻　陈宇剑　陈德荣　金鹏辉　周　强　周夕根　郑健麟
房剑森　赵永峰　胡广杰　钟晓咏　姜冬冬　洪民荣　姚　凯
姚　海　秦昕强　袁　泉　袁　鹰　桂晓燕　顾　军　徐　枫
徐　建　徐　炯　徐　彬　徐未晚　高奕奕　高融昆　唐伟斌
黄德华　曹吉珍　曹扶生　盖博华　董建华　解　冬　缪　京
薛　侃

办公室主任　洪民荣

副　主　任　生键红　姜复生

上海市地方志编纂委员会

（2007.8—2018.6）

主任委员　殷一璀（2007.8—2014.11）　徐　麟（2014.11—2015.9）
董云虎（2015.9—2018.6）

副主任委员　（2007.8—2011.8）
王仲伟　杨定华　姜　樑　李逸平　林　克

副主任委员　（2011.8—2014.11）
屠光绍　杨振武　洪　浩　姚海同　蒋卓庆　林　克

办公室主任　李　丽（2008.7—2010.10）
刘　建（2010.10—2014.2）

副　主　任　沙似鹏（1997.12—2007.9）　朱敏彦（2001.1—2012.5）
沈锦生（2007.7—2009.2）　莫建备（2009.9—2013.11）
王依群（2016.8—2020.3）

《上海市志·外事·港澳台侨事务分志·外事·港澳事务卷(1978—2010)》编纂委员会

主　任　张小松

副主任　傅继红　贝兆健　周亚军　刘光勇　景　莹　马颖慧

委　员　（以姓氏笔画为序）

马俊伟　王　飞　方　晓　叶　靓　田　甜　朱　峰　孙永平
李　欣　李春平　杨　劼　肖　冲　张　宇　陈　晖　陈智辉
侯晓渊　倪　春　徐　洁　唐为红　曹海炯　梁　磊　董鹤莉
蒋惟坚　颜艳秋　薛　彬

编纂室

主　任　陈智辉

成　员　（以姓氏笔画为序）

王　磊　王荣发　华达明　严一鸣　严柏炎　姚金祥　郭　建
阎维祥　童志强

《上海市志·外事·港澳台侨事务分志·外事·港澳事务卷(1978—2010)》评议专家名单

组　长　陈东晓

成　员　(以姓氏笔画为序)

丁伯婕　马长林　王　健　刘　军　李轶海　沈丁立　沈飞德
孟荣强　项　扬　夏立平

《上海市志·外事·港澳台侨事务分志·外事·港澳事务卷(1978—2010)》审定专家名单

组　长　陈东晓

成　员　(以姓氏笔画为序)

马长林　王　健　李轶海　沈飞德　项　扬　夏立平　黄玉婷
蔡海斌

《上海市志·外事·港澳台侨事务分志·外事·港澳事务卷(1978—2010)》验收单位和人员名单

验收单位　上海市地方志办公室

验收人员　洪民荣　姜复生　黄晓明　过文瀚　黄文雷

业务编辑　杨军益

序

在中国共产党成立100周年之际,《上海市志·外事·港澳台侨事务分志·外事·港澳事务卷(1978—2010)》出版了。这是一项很有意义的工作,是一件“功在当代,利在千秋”的大好事,值得欣喜。

经过8年的努力,在上海市人民政府外事办公室(港澳事务办公室)、市人民对外友好协会两届领导班子的主持和机关内设各处室的协力下,在全市各地区、各部门、各单位的大力支持下,编撰人员以科学认真和对历史负责的态度,在浩如烟海的资料中进行梳理,力求客观完整,握铅抱椠,笔耕不辍,用横排竖写的方式进行编写。全书共有外宾来访和领导出访、国际会议和活动、国际友好城市、各领域国际交流合作、外国驻沪机构、外事港澳事务机构团体与服务管理、与港澳合作事务、人物8个篇章及关于上海市市长国际企业家咨询会议的专记,以年代为序,以传承和发展为主线,详细记述了1978—2010年上海对外交往的发展历史,汇集了上海外事发展的概貌、传承与发展、轨迹与特征,系统展现了在中央有关部委悉心指导和中共上海市委、市政府正确领导下,上海外事坚决贯彻党的外交路线方针政策,时刻牢记使命担当,为服务国家战略、服务国家外交大局、服务上海经济社会发展所作出的不懈努力和勇于进取的实践。

《上海市志·外事·港澳台侨事务分志·外事·港澳事务卷(1978—2010)》是一部记载1978—2010年上海外事、港澳事务发展的专志。1978年中国实行改革开放,给上海带来了新的历史性发展机遇,随之上海外事也进入20世纪七八十年代新的窗口展示期、90年代的蓬勃发展期和21世纪头十年体现更高水平外事服务管理的可持续发展期。在这段时间里,上海外事见证了改革开放以来中国涉外事务中的多个“最”和“第一”的记录,如外国在中国内地设立领事机构最多的城市;外国媒体在华(除北京外)最多的城市;第一个以中国城市命名的国际组织“上海合作组织”在上海成立;中国2010年上海世界博览会是中华人民共和国成立以来中国举办规模最大、持续时间最长的国际活动,也创造了因某同一事由外国国家元首、政府首脑及议会领导人来华访问最多的记录。上海逐步形成了多层次、全方位、宽领域的对外开放格局,也为上海外事未来发展打下了坚实的基础,拓展了空间。本志以翔实的资料、生动的图片,全面系统地记录和描绘了上海外事(港澳)工作和民间交往在这个历史阶段,不断发展、不断开拓、不断创新的丰富实践和精彩历程,再现了几代上海“外事人”忠于事业、甘于奉献、勇于担当、精益求精的精神面貌和执着追求。

上海外事(港澳)工作33年发展历史和发展脉络展示了一幅反映党加强对外事工作的集中统一领导,地方外事工作是党和国家对外工作的重要组成部分以及对推动对外交往合作、促进地方改革发展具有重要意义的壮丽历史画卷。作为一名外事工作者,我对所有曾经为上海外事作出过努力的单位和个人表示高度赞赏和崇高敬意,对能够继续投身于新时代中国特色地方外事实践和上海“十四五”规划发展感到无上光荣和责任重大。在新的征程中,上海外事将一如既往地坚持以习近平新时代中国特色社会主义思想,尤其是以习近平外交思想为指导,深入学习贯彻习近平总书记考察上海重要讲话和在浦东开发开放30周年庆祝大会上重要讲话精神,始终围绕国家战略,服务国家总体外交,紧贴地方经济社会发展中心任务,脚踏实地、勇于担当、不断开拓、奋发有为,继续谱写新时代上海外事的新篇章。

编志修志是为了存史、育人、资政。“以史为鉴”可以达到“知己境地”,在纷繁复杂的环境中保持清醒的头脑,做“明白人”,进而有助于作出更加准确的判断和科学的决策。当前中国处于近代以来最好的发展时期,在中国共产党成立百年之际,习近平总书记庄严宣告:我们实现了第一个百年奋斗目标,在中华大地上全面建成了小康社会,历史性地解决了绝对贫困问题,正在意气风发向着全面建成社会主义现代化强国的第二个百年奋斗目标迈进。当今世界正经历百年未有之大变局,处于这样一个充满挑战和机遇的伟大时代,上海外事将进一步认清形势、准确识变、科学应变、主动求变,全方位推进对外工作,努力在变局中开创地方外事工作的新局面。

最后，愿这本志书能给广大读者尤其是地方外事工作者和有志于地方外事工作的年轻人带来一些启迪和思考，共同为上海外事发展作出更大的贡献。

2021 年 10 月

（上海市人民政府外事办公室主任、党组书记，上海市人民政府港澳事务办公室主任，上海市人民对外友好协会常务副会长　张小松）

《上海市志(1978—2010)》凡例

一、本志坚持以马克思主义为指导,遵循辩证唯物主义和历史唯物主义原理,实事求是记述上海市自然、政治、经济、文化和社会的历史与现状。

二、本志为上海市首轮社会主义新方志中《上海通志》《上海市专志系列丛刊》之续,续义不续例,体例方面创新调整,并对首轮志书补缺正误。采用小篇平列体,分别编纂,陆续出版,汇为全志。

三、本志记述地域范围,以2010年底上海市行政区划为准。由上海市辐射至全国其他地区及国外事物,兼及记述。

四、本志记述内容的时限,上起1978年,下讫2010年,反映这一时期上海改革开放全貌。首轮《上海市专志系列丛刊》所缺或记述内容不够丰富的分志、分卷,上溯至事物发端。中国共产党分志、人民代表大会分志、人民政府分志、人民政协分志、民主党派分志,为保持同一届次内容记述的完整性,下延至2010年后的首个换届年份。

五、本志按自然、政治、经济、文化和社会为序设置分志、分卷,事以类从,类为一志,并兼顾当代社会分工的原则。全志除总述外,中国共产党分志、农业分志、工业分志、商业分志、服务业分志、城乡建设分志、金融分志、口岸分志设置综述卷,并设经济综述分志,加强全志整体性。各分志、分卷采用篇章节体,卷首设概述、大事记,以专记、附录、索引殿后。

六、本志体裁以述、记、志、传、图、表、录为主,力求内容与形式统一。

七、本志人物传遵循"生不立传"原则。入传人物排列先后以卒年为序,在世人物以人物简介(排列以生年为序)、人物表(人物录)记载。

八、本志采用规范的语体文、记述体,行文按《〈上海市志(1978—2010)〉编纂行文规范》,力求严谨、朴实、简洁、流畅,以第三人称记述。

九、本志纪年,凡1949年5月27日上海市解放以前的用历史纪年,一般标示朝代、年号、年份,括注公元纪年;1949年5月27日上海市解放后,一律采用公元纪年。

十、本志所记述的地名、机构名称、职称及币种、计量单位,一般按当时称谓。

十一、本志所用统计资料,原则上根据统计部门公布的材料;未列入统计部门统计的,根据部门统计的材料。

十二、本志资料来源于国家档案馆、上海市及有关省市档案馆、部门档案馆(室),以及历史文献、口碑资料、社会调查、部门提供的材料等,均经考证核实,一般不注明出处。

编纂说明

一、本卷力求真实、全面、系统、翔实地记述和反映1978—2010年上海外事工作大发展、大繁荣的基本情况。

二、本卷的上限1978年，下限截至2010年。个别内容为保持记述的完整性适当上溯或下延。

三、本卷侧重于记述上海外事工作的大发展，整个纲目结构与前志有循有易。以概述统摄、以大事记为经，正文设外宾来访和领导出访、国际会议和活动、国际友好城市、各领域国际交流合作、外国驻沪机构、外事港澳事务机构团体与服务管理、与港澳合作事务、人物8篇，另外设专记、附录。

四、本卷涉及的外国国名、人名、机构、企业和国际组织等一般用中文译名，以国内正式报道和有关部门正式使用为准，少数英文名词没有中文通译名称者乃本卷自译。国名一般采用简称。

五、本卷所指国际会议和活动，是指在沪举行的规模较大、参与者众多、出席人员层次高、国际影响深远的国际性会议和活动，是由国家交办，上海市政府承办，全市各有关部门和单位合作参与组织，党和国家领导人出席的重大国际活动。

六、本卷所记领导人身份，依据外事工作的需要，前后写法不尽相同。

七、本卷所述"市委"指中共上海市委，"市政府"指上海市人民政府。

八、本卷纪年均用公元纪年，凡以年代指称的均为20世纪，具体年份则采用阿拉伯数字。

九、本卷所用资料来自档案、史籍、报刊和有关部门提供的资料，经考证鉴别后载入。

目　　录

CONTENTS

概　述

上海自1843年开埠以来一直是中国的重要城市，更是近代中国的经济中心、重要工业基地和最大的对外贸易口岸。1949年新中国成立，开启了在平等、互相尊重与互利基础上发展对外交往和对外关系的历程。上海是中国经济对外联通的主要枢纽，中外文化交流的重要渠道，也是众多外国人士了解中国的重要窗口。

1971年，中国在联合国的合法席位得以恢复，其他国家与中国建交陆续增多。1978年中国实行改革开放政策、1990年浦东开发开放和21世纪的到来，给处在中国对外门户前沿的上海注入了新的活力和动力，上海快速成为中国改革开放的旗帜和窗口，成为中国面向世界在国际舞台开展积极外交的平台和重镇。

1976年2月，遵照国务院规定的全国地方政府外事机构的统一名称，上海市革命委员会外事组改称上海市革命委员会外事办公室，1980年起正式更名为上海市人民政府外事办公室（以下简称“市外办”）。作为地方外事的骨干力量，市外办充分依靠各方力量，积极开展对外交往工作。从1978—2010年的30多年里，上海地方外事经历了一个新的窗口期、活跃期和发展期。其间，在中央外办、外交部、中联部、国务院港澳办和全国友协等中央有关部门的悉心指导下，在中共上海市委、市政府的正确领导下，上海外事秉承继承和发扬相结合的精神，坚持围绕中心，服务大局，创新发展，有所作为的原则，积累了不少经验，取得了显著成效。上海外事33年大致可划分三个阶段：1978年底—1990年4月，1990年4月—2000年，2000—2010年。

一

发展呼唤开放，开放带来进步。从1978年底中国实行改革开放政策至1990年4月上海浦东开发开放，这13年间，上海经济社会经历了由初期城市百业待兴、内部矛盾突出、工业发展困难重重，到中期逐步转型进入健康发展轨道。1985年，国务院批复《上海经济发展战略汇报提纲》，明确上海在四个现代化建设中充当“开路先锋”的历史责任，同年还批复《上海城市总体规划》，上海翻天覆地的变化由此开始。伴随经济建设的快速发展，上海的对外交往也翻开了新篇章。在世界面临和平与发展两大主题，国内实行改革开放，集中力量加速进行社会主义现代化建设的新形势下，上海的对外交往逐步呈现出全方位、多层次、宽领域全面开放新格局。地方外事与国际形势、国内大局及城市经济社会发展关联度十分密切，1978年外国驻上海领事机构仅2家、国际友好城市2家，1990年分别上升为12家、24家。1983年，上海共批准外商投资企业17家，吸收合同外资1.14亿美元，至1990年，外商在沪投资的大项目显著增多，总投资额在500万美元以上的项目达169个，且大多数项目生产技术和设备先进、产品档次较高。

在这一时段，上海外事服务经济建设，大力宣介上海投资环境和政策，积极牵线搭桥助力招商引资。上海外事工作重心作了较大的调整，积极利用领馆、友好城市、海外企业资源为上海改革开放发展奔走，取得显著成效。上海对外经贸关系不断扩大，进出口值持续增长。吸收外资、引进技术和各种对外经济技术合作的新形式，从初创逐步走向成熟，有了稳定、长足的发展。1980年7月，中国迅达电梯有限公司上海电梯厂建立,成为上海第一家工业性中外合资企业。此后,不少卓有成效的经济技术合作项目相继落户上海,如中日上海联合毛纺有限公司、美国独资上海福克斯波罗有限公司、中英耀华皮尔金顿玻璃有限公司、中德上海大众汽车有限公司、中比上海贝尔电话设备制造有限公司等。为加速推进上海改革和建设,借鉴、吸收国际有益经验,增进国际合作,1989年,上海市市长国际企业家咨询会(IBLAC)首创设立,至2010年已召开22次会议。

改革开放后,上海作为世界观察中国尤其是中国经济发展的窗口,作用进一步得到加强。一些访华的外国元首和政府首脑都希望到上海参观访问,通过考察、了解上海的经济社会发展现状,观察研究中国改革开放政策和实践。与此同时,外国高层团组的大量来访也促使上海对外交往迅速增长。10多年间,有100多个国家的领导人访问上海,如1979年日本首相大平正芳来访,1980年法国总统德斯坦、阿根廷总统拉斐尔来访,1981年津巴布韦总理穆加贝来访,1984年美国总统里根、联邦德国总理科尔来访,1986年英国女王伊丽莎白二世来访,1987年加蓬总统邦戈来访,1988年印度总理拉吉夫·甘地来访,1989年苏共中央总书记、苏联最高苏维埃主席团主席戈尔巴乔夫来访等。此外,随着空中、海上国际航线的增辟,上海日益成为中国连接世界的重要交通枢纽。世界各地到访上海的外国人士迅速增多,1979年访沪外籍人士15.2万余人次,1988年已达66.4万余人次。日本是访问上海人数最多的国家,美国位居第二。为了让世界更多了解中国,了解上海,上海外事加大涉外基层参观点的建设如上海汽轮机厂、市少年宫、曹杨新村、马陆乡等,起到了良好的窗口展示效果。

开放是双向的,交往增进友谊,交流促进发展。这一时段,上海各类人员交往增多,各方相得益彰。上海市领导人应邀到30多个国家和地区进行友好访问和考察,参加双方的交流合作活动及一些国际会议,上海经济、科技、教育、文化等部门也按需开展国际交流,到20世纪80年代末期,上海因公出访年均1万人次以上,派出的专家和科技人员近5 000人次,文化交流活动非常活跃,人才、智力方面的合作交流不断增多。其间,随各种合作项目来沪工作的外国技术、管理和文教专家近万人次,到上海留学、进修的外国学生,已从主要是发展中国家扩大到包括不少发达国家在内的遍及各大洲的80多个国家,至20世纪80年代末,每年入学人数已近900人。上海外事积极搭建服务平台,便利专业人员交流,助推经济社会发展。

国之交在于民相亲,民相亲在于心相通。这一时段民间交往形式多样,内容丰富,蓬勃开展。改革开放后,以市友协、市总工会、市青联和市妇联为代表的各类民间组织和团体成为上海民间对外交流的骨干力量,在配合国家总体外交,培育知华友华力量,推动与世界各国民间友好组织团体往来,促进民间外交等方面做了大量有益的工作,发挥了主导作用。如1984年9—10月,3 000名日本各界青年应邀访华,其中相当一部分来上海访问。在沪期间,中日青年举行了友好大联欢,增进了中日两国间的相互了解与友谊,推动了两国睦邻友好关系发展,掀起了中日青年友好交流的高潮,同时也在两国青年中培养了一大批积极从事中日友好事业的骨干力量,为两国的友好交流事业发挥了积极作用。又如,上海一些知名人士因促进中外民间交流而获得外国领导人授勋。1983年5月7日,法国总统密特朗访沪时向中国作家协会主席巴金颁发三级荣誉勋章,称巴金不仅是一个伟大的作家,还是伟大的思想家,为人类的精神作出了很大的贡献。再如,20世纪三四十年代,为躲避德国纳粹的大屠杀,约2万名欧洲犹太人来上海避难,他们与同处战乱中的上海人民共渡难关,结下了深厚的友情。上海市有关方面通过各种形式讲好这段独特的中国故事,增进与世界各国人民,尤其是与犹太民族之间的了解和理解,尊重和友谊,发挥了积极的公共外交作用。2007年,以此历史为主题的上海犹太难民纪念馆在虹口区建立。还如,1986年,市友协接待了美国夏威夷大学戏剧系代表团,数十位美国学生用英语演出京剧《凤还巢》,唱、念、扮京味十足,在上海引起了热烈反响，普通民众的参与大大促进了中外文化交流，加深了彼此了解，增进了人民友谊。此外，为友谊天长地久世代相传，1987 年首届上海国际儿童艺术节在上海隆重举行。

二

从 1990 年 4 月中央宣布上海浦东开发开放至 21 世纪的到来，上海的对外交往进入一个新的发展期。10 年间，上海经济社会经历了 20 世纪 90 年代初期“一年一个样、三年大变样”和中后期新一轮快速发展，逐渐成为中国改革开放的旗帜和窗口，也给上海外事大发展带来更广阔的空间和更大的舞台。

重大国际会议和多边外交活动频繁在沪举办显现了上海成为国家外交重镇，浦东开发开放迅速提升了上海的国际地位和影响力。国家交付上海承办的重大国际会议增多，一些国际组织机构、有国际影响的企业集团与国家部委办相继选择上海联合举办地区性、行业性国际会议，为推动上海国际会展之都建设打下了坚实基础。如 1996 年 4 月，中、俄、哈、吉、塔五国元首在上海会晤，正式签署五国《关于在边境地区加强军事领域信任的协定》，开创了上海承办国家重大多边外交活动的新纪元。又如，1999 年 9 月，上海市承办“'99《财富》全球论坛・上海年会”，这场在中华人民共和国成立 50 周年之际，以“中国：未来的 50 年”为主题的重要会议，开启了聚集全球商界领导人到上海共同探讨中国经济发展的新局面。

随着中国改革开放的深入发展和上海外事全方位展开，地方外事新情况、新问题不断出现，要求进一步加强地方外事工作规范化、法制化建设被提上上海外事工作的重要议事日程。10 年间，外事综合业务汇编、领事工作指南、因公出国管理和护照签证手册、外国媒体和记者指南、礼宾规范细则等一批规范性文本相继编制而成并适时更新，大大提高了上海外事工作的质量水平。在法律层面上，上海于 1992 年和 1993 年分别出台《关于设立“白玉兰荣誉奖”和“白玉兰纪念奖”的暂行规定》和《关于做好授予外国人“上海市荣誉市民”称号工作的几点意见》两个内部规范性文件，并在实践和修改的基础上，于 1998 年 8 月 18 日经上海市第十一届人民代表大会常务委员会第四次会议通过，公布《上海市授予荣誉市民称号规定》，由此诞生了上海涉外管理中的第一部地方性法规。

随着国家双边关系发展以及上海对外交往的增多，外国在沪常住人口增速较快，要求到上海设立领事机构的国家不断增加，上海与外国城市缔结友好城市数量急剧上升，上海发展也吸引外媒的高度关注。这一时段，外国在上海设立的领事机构从 2 个增至 35 个；友好城市数量从 2 个增加到 42 个；外国在沪设立的常驻媒体机构至 20 世纪 90 年代末共有 23 家。积极利用外国驻沪领馆和国际友好城市资源，营造良好的涉外投资和国际舆论环境是上海外事的又一增长点和亮点。如起步于 20 世纪 80 年代的“上海—横滨经济技术交流会”已成为两地机制化交流的品牌项目，双方在节能环保、生物医药、软件开发、工业设计、智慧城市、中小企业、投资促进、展览展会等领域开展合作，成为上海友好城市合作的典范。与此同时，涉外管理也得到有效加强，在处理敏感涉外案(事)件中，上海外事坚持原则，依法办事，妥善处置。对个别涉及国家领土主权、政治体制等重大内容的事项，上海在中央有关部门的指导下进行有理有利有节的斗争，积累了不少具有一定参考借鉴价值的案例教材。

进入 20 世纪 90 年代，上海外事大发展加快大外事格局的形成。上海逐步建立和完善以市委、市政府集中统一领导，各级有关部门相互协调配合和分工合作，外事部门发挥牵头作用和社会各界共同参与的“大外事”工作体制。如 20 世纪 90 年代末，上海着手成立由 100 多家成员单位组成的友好城市工作协调委员会。上海抓住机遇，顺势而为，整合外事资源，举全市之力，发挥整体优势，实现地方外事从部门“小外事”向全市“大外事”的转型，开创了服务于国家总体外交和上海经济社会发展的新局面。

三

进入21世纪，全球经济一体化发展快速，经济科技、人文交流成为国际交往中的重要内容。中国在国际上的地位进一步提升，上海在中国改革开放经济社会发展中的地位也得到进一步提高，对外交往进入一个崭新的时期。上海的对外交往呈现出量大、面广、层次高的态势。截至2010年，外国驻沪领事机构69家，约占外国在中国大陆设立领事机构的五分之二；国际友好城市92个，与1978年相比净增90个。2010年世博会举办期间，上海共接待外国元首、政府首脑和议会议长117位，创新中国成立以来上海接待最高级别外国代表团数量年度之最。从1980年7月上海迅达电梯有限公司成立至2010年底，上海用了30年的时间累计实际使用外资金额1 000亿美元。对外交往的大发展使得传统意义上的地方外事发生深刻变化，外事工作的外延不断拓展，内涵越来越丰富深化，新事物、新情况、新问题、新课题不断出现，对上海这座特大型城市的外事服务管理提出了更高的要求，挑战与机遇并存。

外事工作不断融入社会的方方面面，已成为政治、经济、文化、安全等各种因素相互交织、互为影响的综合事务，地方外事进入传统外事与非传统外事并举的时期。加强中国共产党对外事工作的集中统一领导是21世纪头10年上海外事健康有序有效发展的关键与根本保障。10年间，以市委书记为组长的中共上海市委外事、外宣工作领导小组十分重视党管外事，抓外事格局、合力的形成，经常分析各个不同时期面临的涉外形势，坚决贯彻中央对外方针政策，结合阶段性重点工作任务，统一思想，总结部署工作。从1978年至2010年，以市委、市政府名义召开的全市性外事工作会议共11次。2007年8月，市委、市政府召开上海市外事工作会议，中共上海市委书记习近平出席会议并作重要讲话。此外，市委、市政府还结合重大事项和任务经常召开专题性外事工作会议。

中国改革开放成效显著，令世界刮目相看，而上海作为改革开放的成功缩影也受到国际关注，上海的国际地位和知名度极大提升。许多重大国际会议和活动接踵在沪举办，尤其突出的是中央政府把一些重大多边主场外交会议、活动放在上海举办。例如，2001年6月，“上海五国”元首在上海再次会晤时，诞生第一个以中国城市命名的国际组织——“上海合作组织”。又如，2001年10月21日，亚洲太平洋经济合作组织第九次领导人非正式会议在上海举行。这次会议的主题为“新世纪、新挑战：参与、合作、促进共同繁荣”。再如，2010年5—10月，主题为“城市，让生活更美好”的中国2010年上海世界博览会在上海成功举办。上海以日新月异的城市面貌、良好的基础设施、周到的会议服务、优质的会展环境博得世界普遍赞誉，成为世界举办重大国际活动的首选地之一，成为中国积极开展重要外交活动的重镇。

政务公开是依法行政的基础，随着上海依法行政的力度加大，外事工作逐步摆脱内部管理的传统模式，将涉外管理从内部文件中剥离，不断提升信息对外公开的力度。2004年，根据《中华人民共和国行政许可法》颁布实施后，行政审批应有法可依、依据规定必须公开的要求，上海对外事管理中的各项审批业务，包括核准、登记、备案事项等进行认真清理，划清外事审批事项中属于行政许可事项的范围，进一步规范外事管理，注意把涉外管理的内容与内部管理要求分开，把操作程序与实体内容区别开来。在现行继续有效的内部规范性文件中，确定电子政务主动公开5件，依申请公开

2 件，并上网公开有关外事审批业务的操作流程和办理程序，增加外事管理的透明度。此外，自 2010 年元旦起，上海市因公出国(境)综合管理信息系统也正式上线使用，实现申报单位一站申请、动态查询，职能部门协同办理、数据共享，管理部门实时预警、全程管理，团组办理数据安全、操作便捷系统目标，为切实提高制度执行力，提升因公出国(境)的服务与管理效能，强化监管力度，创造了制度＋科技的条件。

改革开放以后，尤其是 1997 年香港回归和 1999 年澳门回归后，上海与香港、澳门的交往在原来的基础上有了更大的发展，从经济领域逐步扩大到卫生、旅游、文化、教育、城市治理乃至公务员交流实习等领域，交往全面铺开且更加紧密，内容更加务实。21 世纪头 10 年，上海港澳事务机制化建设日趋完善，归口管理、统筹协调功能进一步加强。2004 年 4 月，中共上海市委、市政府同意市人民政府外事办公室增挂市人民政府港澳事务办公室牌子，其主要职能为：做好上海市与香港特区和澳门特区的交往，统筹协调与特区政府的联系，负责接待特区政府重要代表团，协调开展与特区有关重要活动，推动与特区的交流合作。机制的建立与完善有力推进了沪港澳三地互利共赢的深度合作交流。改革开放以后，上海是香港对内地投资最大、最主要的城市，香港是上海发展经济的重要窗口和桥梁。沪澳交流从 20 世纪 90 年代起也渐入佳境。截至 2010 年底，香港在沪投资项目 17 734 个，占全市外商投资项目总数的 29.81%；合同金额 608.25 亿美元，占全市外商投资合同金额的 34.73%。澳门累计在沪投资项目 246 个，占全市外商投资项目总数的 4.13%；合同金额 4.01 亿美元，占全市外商投资合同金额的 0.23%。

回顾改革开放以来上海外事的发展历程，可以清晰看到，时代赋予上海重大的发展机遇，也给上海地方外事带来生机和新的发展空间。33 年间，上海外事取得显著成效的经验归纳起来主要有五点：一是坚持党对外事工作的领导是关键所在和根本保障；二是服务国家发展中心、服从国家总体外交需要、服务地方经济社会发展是上海外事发展的根本出发点和落脚点；三是秉承继承和发扬的精神，大力倡导与时俱进、创新驱动、转型发展是上海外事可持续发展的动力所在；四是依法行政、精细化管理是上海外事发展追求卓越的有效手段；五是调动各方力量、整合各种资源是上海外事发展的有效途径和方式。

总结过去是为寻求事物发展新的规律，以有效应对未来挑战和机遇，求得更高层次的发展。面对未来，上海外事将审时度势，立足上海，树立正确的历史观、大局观、角色观，不断完善“大外事”格局，更好地统筹国际国内两个大局，不断提高地方外事能力建设，为服务国家中心任务、国家总体外交和地方经济社会发展作出新贡献。

大事记

1978 年

1 月 23—24 日　法国总理雷蒙・巴尔访问上海。

4 月 1—2 日　泰国总理兼三军最高统帅江萨・差玛南访沪。

4 月 27—28 日　民主也门总理阿里・纳赛尔・穆罕默德访沪。

5 月 2—4 日　塞舌尔总统弗朗斯・阿尔贝・勒内访沪。

5 月 29—31 日　莫桑比克总统、莫桑比克解放阵线主席萨莫拉・莫伊塞斯・马谢尔访沪。

6 月 12—14 日　卢旺达总统朱韦纳尔・哈比亚利马纳访沪。

6 月 14—15 日　斐济总理卡米塞塞・马拉访沪。

6 月 20—21 日　西班牙国王胡安・卡洛斯一世访沪。

6 月 26—28 日　利比里亚总统威廉・理查德・托尔伯特访沪。

9 月 25—27 日　乍得总统费利克斯・马卢姆・恩加库图・贝恩迪访沪。

10 月 28—30 日　墨西哥总统何塞・洛佩斯・波蒂略访沪。

1979 年

5 月 6—7 日　马来西亚总理达图・侯赛因・宾・奥恩访沪。

6 月 25 日　市革命委员会主任彭冲率团访问意大利。

同日　上海市与意大利米兰市结为友好城市。

8 月 17—19 日　斯里兰卡总理拉纳辛哈・普雷马达萨访沪。

9 月 17—18 日　丹麦女王玛格丽特二世访沪。

9 月 25 日　上海港与美国西雅图港结为友好港。

11 月 23 日　上海市与荷兰鹿特丹市结为友好城市。

11 月 23—24 日　巴勒斯坦全国委员会主席哈立德・法胡姆访沪。

12 月 9 日　日本首相大平正芳访沪。

12 月 13—15 日　吉布提总统、政府首脑哈桑・古莱德・阿普蒂敦一行访沪。

1980 年

1 月 28 日　上海市与美国旧金山市结为友好城市。

4 月 28 日　美国驻沪总领事馆开馆。

5 月 16—18 日　毛里塔尼亚救国军事委员会主席、国家元首、政府首脑穆罕默德・库纳・乌尔德・海德拉一行访沪。

6月9—10日　阿根廷总统豪尔赫·拉斐尔·魏地拉访沪。

6月18日　上海市与南斯拉夫萨格勒布市结为友好城市。

6月22—23日　西萨摩亚总理图普奥拉·埃菲一行访沪。

9月18—19日　肯尼亚总统丹尼尔·阿拉普·莫伊一行访沪。

9月23—25日　意大利总统山德罗·佩尔蒂尼访沪。

9月28—29日　挪威首相奥德瓦尔·努尔利访沪。

10月20—21日　法国总统瓦莱里·吉斯卡尔·德斯坦访沪。

10月21日　法国驻沪总领事馆开馆。

11月21日　上海市与日本大阪府结为友好城市。

11月29日—12月1日　罗马尼亚总理伊利耶·维尔德茨访沪。

1981年

4月13—14日　瑞典首相图尔比耶恩·费尔丁访沪。

5月16—17日　津巴布韦总理罗伯特·加布里埃尔·穆加贝访沪。

6月1—2日　比利时国王博杜安一世访沪。

9月21—23日　瑞典国王卡尔十六世·古斯塔夫访沪。

9月22—23日　多哥总统纳辛贝·埃亚德马一行过境上海。

10月18日　市长汪道涵应邀赴英国访问。

10月23日　市委召开全市党员负责干部大会,传达贯彻全国外事工作会议精神。

10月25—27日　丹麦首相安高·约恩森访沪。

10月27—28日　委内瑞拉总统路易斯·埃雷拉·坎平斯访沪。

10月30日　上海港与日本大阪港结为友好港。

1982年

2月27—28日　摩洛哥首相马蒂·布阿比德访沪。

4月17—18日　几内亚比绍国家元首、革命委员会主席若奥·贝尔纳多·维埃拉访沪。

4月29日　阿尔及利亚总统、阿尔及利亚民族解放阵线总书记沙德利·本·杰迪德访沪。

5月6—8日　利比里亚元首、武装部队总司令、武装部队救民委员会主席塞缪尔·卡尼翁·多伊访沪。

6月15日　市长汪道涵率团赴朝鲜咸兴市访问。

6月18日　上海市与朝鲜咸兴市结为友好城市。

9月25—26日　英国首相玛格丽特·希尔达·撒切尔夫人访沪。

9月30日—10月1日　日本首相铃木善幸访沪。

10月14—16日　联邦德国总统卡尔·卡斯滕斯访沪。

10月15日　联邦德国驻沪总领事馆开馆。

10月22—23日　巴基斯坦总统穆罕默德·齐亚·哈克访沪。

11月29日　汪道涵率团赴日本大阪府、大阪市、横滨市访问。

12 月 16—17 日　土耳其总统凯南·埃夫伦访沪。

1983 年

3 月 11—12 日　刚果(布)总统、部长会议主席德尼·萨苏-恩格索一行访沪。
4 月 30 日　市长汪道涵率团赴美国访问。
同日　联合国亚太地区新闻界圆桌会议在沪举行。
5 月 7 日　法国总统弗朗索瓦·密特朗访沪。
5 月 16—17 日　莱索托首相约瑟夫·莱布阿·乔纳森访沪。
5 月 23—25 日　毛里求斯总理阿内罗德·贾格纳特访沪。
6 月 6—8 日　朝鲜劳动党中央委员会政治局常委、书记金正日访沪。
6 月 8 日　汪道涵率团赴菲律宾大马尼拉市访问。
6 月 15 日　上海市与菲律宾大马尼拉市结为友好城市。
7 月 16—17 日　巴基斯坦总统穆罕默德·齐亚·哈克访沪。
7 月 26—28 日　安提瓜和巴布达总理维尔·康沃尔·伯德访沪。
8 月 18—19 日　津巴布韦总统卡南·巴纳纳和夫人访沪。
9 月 8—10 日　约旦国王侯赛因·伊本·塔拉勒和王后访沪。
10 月 12 日　上海港与日本横滨港结为友好港。
11 月 19—21 日　博茨瓦纳总统奎特·马西雷和夫人访沪。
11 月 23—24 日　罗马尼亚总理康斯坦丁·德斯克列斯库访沪。

1984 年

2 月 8—15 日　市长汪道涵率团赴巴基斯坦访问。
2 月 11—12 日　澳大利亚总理罗伯特·詹姆斯·李·霍克访沪。
2 月 15 日　上海市与巴基斯坦卡拉奇市结为友好城市。
3 月 26 日　日本首相中曾根康弘过境上海。
4 月 10 日　市外事工作会议召开。
4 月 30 日—5 月 1 日　美国总统罗纳德·威尔逊·里根访沪。
4 月 30 日—5 月 2 日　联合国亚太地区新闻界知名人士圆桌会议在沪举行。
5 月 18—19 日　厄瓜多尔总统奥斯瓦尔多·乌尔塔多·拉雷亚访沪。
5 月 23—25 日　斯里兰卡总统朱尼厄斯·理查德·贾亚瓦德纳访沪。
5 月 27 日　上海市与比利时安特卫普市结为友好城市。
6 月 19 日　上海港与美国新奥尔良港结为友好港。
6 月 29—30 日　塞浦路斯总统斯皮罗斯·基普里亚努访沪。
7 月 2 日　澳大利亚驻沪总领事馆开馆。
8 月 8—10 日　朝鲜政务院总理姜成山访沪。
8 月 19—21 日　赤道几内亚总统特奥多罗·奥比昂·恩圭马·姆巴索戈访沪。
10 月 12—13 日　联邦德国总理赫尔穆特·科尔访沪。

10 月 24 日　突尼斯总理穆罕默德・姆扎利过境上海。

11 月 1—3 日　缅甸总统吴山友访沪。

11 月 18 日　汪道涵率团赴南斯拉夫、荷兰、比利时访问。

11 月 21—22 日　挪威首相科勒・伊萨赫森・维洛克访沪。

1985 年

2 月 11 日　英国驻沪总领事馆开馆。

4 月 2—6 日　市外事干部会议召开。

4 月 20—22 日　比利时首相维尔弗里德・马尔滕斯访沪。

5 月 14 日　上海市与加拿大蒙特利尔市结为友好城市。

5 月 24—25 日　葡萄牙总统安东尼奥・多斯桑托斯・拉马略・埃亚内斯访沪。

6 月 21 日　意大利驻沪总领事馆开馆。

6 月 24 日　上海市与希腊比雷埃夫斯市结为友好城市。

7 月 1—2 日　基里巴斯总统耶雷米亚・塔巴伊访沪。

7 月 3—4 日　土耳其总理图尔古特・厄扎尔访沪。

7 月 4 日　上海市友好代表团访问波兰。

同日　上海市与波兰格但斯克省(现改为滨海省)结为友好城市。

8 月 21—22 日　澳大利亚总督尼尼安・马丁・斯蒂芬访沪。

8 月 28—30 日　马耳他总统阿加塔・巴巴拉访沪。

9 月 4—5 日　莱索托国王康斯坦丁・贝伦・塞伊索・莫舒舒二世访沪。

9 月 5 日　上海市与美国芝加哥市建立友好交流关系。

9 月 8—10 日　西班牙首相费利佩・冈萨雷斯・马克斯访沪。

9 月 13—14 日　新加坡总理李光耀访沪。

9 月 27 日　比利时驻沪总领事馆开馆。

10 月 17 日　上海港与比利时安特卫普港结为友好港。

11 月 21—23 日　巴基斯坦总理穆罕默德・汗・居内久访沪。

11 月 23—25 日　马来西亚总理达图・斯里・马哈蒂尔・宾・穆罕默德访沪。

1986 年

2 月 24—26 日　毛里塔尼亚救国军事委员会主席、国家元首马维亚・乌尔德・西德・艾哈迈德・塔亚访沪。

3 月 1 日　民主德国驻沪总领事馆重新开馆。

3 月 25—26 日　新西兰总理戴维・拉塞尔・朗伊访沪。

3 月 28—30 日　丹麦首相保尔・施吕特访沪。

3 月 31 日　新加坡驻华商务代表处上海分处设立。

4 月 22 日　市外事干部会议召开。

4 月 29 日　上海市与瑞典哥德堡市建立友好交流关系。

4 月 30 日　加拿大驻沪总领事馆开馆。

5 月 27 日　市长江泽民率团赴联邦德国、西班牙访问。

5 月 29 日　上海市与德国汉堡市结为友好城市。

5 月　江泽民出席在西班牙巴塞罗那召开的“联合国人口与城市未来”国际会议。

同月　经外交部批准，日本共同通讯社、《朝日新闻》及《经济新闻》在沪设常驻记者。

9 月 8 日　上海市与摩洛哥卡萨布兰卡市结为友好城市。

9 月 13 日　上海市嘉定区与日本大阪府八尾市建立友好区市关系。

10 月 15—16 日　英国女王伊丽莎白二世访沪。

10 月 25—26 日　德国统一社会党中央总书记、民主德国国务委员会主席埃里希 · 昂纳克访沪。

11 月 20 日　上海市与法国罗纳-阿尔卑斯大区建立友好交流关系。

12 月 8—9 日　墨西哥总统米格尔 · 德拉马德里 · 乌尔塔多访沪。

12 月 15 日　贝宁总统马蒂厄 · 克雷库一行访沪。

同日　苏联在沪重新开设总领事馆。

12 月　上海市人民对外友好协会按全国友协章程规定而定名。

1987 年

2 月 18—19 日　加蓬总统哈吉 · 奥马尔 · 邦戈 · 翁丁巴和总理莱昂 · 梅比亚梅访沪。

2 月 23—25 日　密克罗尼西亚总统托西沃 · 纳卡亚马访沪。

3 月 23—25 日　加拿大总督让 · 索维夫人访沪。

3 月 28—29 日　喀麦隆总统保罗 · 比亚访沪。

4 月 7—9 日　瑞典首相英瓦尔 · 卡尔松访问沪。

4 月 15—16 日　葡萄牙总理阿尼巴尔 · 卡瓦科 · 席尔瓦访沪。

4 月 19—20 日　刚果(布)总统德尼 · 萨苏-恩格索一行访沪。

4 月 26—27 日　捷克斯洛伐克总理卢博米尔 · 什特劳加尔访沪。

5 月 8—10 日　保加利亚共产党总书记、国务委员会主席托多尔 · 赫里斯托夫 · 日夫科夫访沪。

5 月 15—16 日　荷兰首相鲁道夫斯 · 弗兰西斯克斯 · 马里亚 · 吕贝尔斯访沪。

6 月 3—25 日　市长江泽民率团赴澳大利亚、美国访问。

7 月 12 日　联邦德国总理赫尔穆特 · 科尔访沪。

10 月 26 日　上海市与法国马赛市结为友好城市。

12 月 16 日　上海市长宁区与大阪府枚方市建立友好区市关系。

12 月 22—24 日　瓦努阿图总统阿蒂 · 乔治 · 索科马努访沪。

1988 年

2 月　市人大常委会主任叶公琦率团赴加拿大访问。

3 月 13 日　市长江泽民率团赴瑞典、荷兰、比利时、英国访问。

4月22—24日　希腊总统赫里斯托斯·安·萨采塔基斯访沪。

5月13—15日　爱尔兰总统帕特里克·约翰·希勒里访沪。

6月9—11日　波兰部长会议主席兹比格涅夫·梅斯内尔访沪。

6月25—26日　埃塞俄比亚总统兼武装部队总司令门格斯图·海尔·马利亚姆访沪。

7月7日　上海市与巴西圣保罗市结为友好城市。

7月7—8日　巴西总统若泽·萨尔内·科斯塔访沪。

8月30日　日本首相竹下登过境上海。

9月5日　市长朱镕基率团赴朝鲜咸兴市访问。

10月5日　上海市与西班牙巴塞罗那市建立友好城市交流关系。

12月5日　匈牙利驻沪总领事馆开馆。

12月15日　上海市与苏联列宁格勒市(现为俄罗斯圣彼得堡市)结为友好城市。

12月23日　印度总理拉吉夫·甘地访沪。

1989年

1月26—27日　马里总统穆萨·特拉奥雷一行访沪。

2月12—13日　巴基斯坦总理、巴基斯坦人民党主席贝娜齐尔·布托一行访沪。

2月20日　伊朗驻沪总领事馆开馆。

2月21日　捷克斯洛伐克驻沪总领事馆设立。

2月22—23日　多哥总统纳辛贝·埃亚德马一行访沪。

4月23日　市长朱镕基率团赴日本大阪府、大阪市、横滨市访问。

5月18日　苏共中央总书记、苏联最高苏维埃主席团主席米哈伊尔·谢尔盖耶维奇·戈尔巴乔夫访沪。

5月24日　上海市与澳大利亚昆士兰州结为友好市州。

7月14日　市政府举行上海市外事干部形势政策通气会。

9月11—12日　布基纳法索国家元首、政府首脑布莱斯·孔波雷访沪。

10月8—9日　老挝部长会议主席、老挝人民革命党中央总书记凯山·丰威汉访沪。

10月9日　上海市市长国际企业家咨询会议第一次会议举行。

10月10—15日　中国城市经济学会与国际商标协会(INTA)在上海联合召开太平洋区域城市研究会。

10月12—14日　加纳部长委员会主席保罗·维克多·奥斌访沪。

10月23日　上海市与土耳其伊斯坦布尔市结为友好城市。

11月1—4日　联合国亚太经社会与上海市政府联合召开亚太地区城市技术合作网上海会议。

1990年

3月16日　上海市市长国际企业家咨询会议第二次会议举行。

4月17—19日　中非总统、中非民主联盟主席安德列·科林巴访沪。

5月10—13日　阿联酋总统扎耶德·本·苏尔丹·阿勒纳哈扬访沪。

6 月 15 日　市长朱镕基率上海经济代表团赴新加坡访问。

6 月 30 日—7 月 1 日　乍得总统哈吉·侯赛因·哈布雷访沪。

7 月 10—11 日　塞拉里昂总统约瑟夫·赛义杜·莫莫访沪。

9 月 1 日　古巴驻沪总领事馆开馆。

10 月 6—7 日　马来西亚最高元首苏丹·阿兹兰·沙阿访沪。

10 月 23—25 日　瓦努阿图总统弗雷德里克·卡罗穆阿纳·蒂马卡塔访沪。

11 月 7—10 日　密克罗尼西亚总统约翰·哈格莱尔加姆访沪。

1991 年

4 月 2 日　市长朱镕基率团赴意大利、荷兰、比利时、法国、西班牙、德国访问。

3 月 19—21 日　马绍尔群岛总统阿马塔·卡布阿访沪。

4 月 24—26 日　斐济总统佩纳亚·卡纳坦巴图·加尼劳访沪。

4 月 28 日　突尼斯总统宰因·阿比丁·本·阿里访沪。

9 月 6—7 日　纳米比亚总理哈格·根哥布访沪。

7 月 31 日　比利时驻沪总领事馆闭馆。

9 月 12 日　马来西亚最高元首苏丹·阿兹兰·沙阿访沪。

9 月 17—18 日　意大利总理朱利奥·安德雷奥蒂访沪。

9 月 23—27 日　世界气象组织“第三区协(亚洲区协)气象工作管理技术会议”在沪召开。

9 月 24—25 日　泰国总理阿南·班雅拉春访沪。

9 月 27 日　朝鲜总理延亨默过境上海。

10 月 3 日　民主德国驻沪总领事馆闭馆。

10 月 11 日　市外事工作会议召开。

10 月 14—16 日　上海市市长国际企业家咨询会议第三次会议举行。

10 月 21 日　太平洋经济合作会议科技工业园区研讨会在沪举行。

10 月 25 日　新加坡商务代表处上海分处变更为新加坡驻沪领事馆。

12 月 5—6 日　捷克斯洛伐克总理马里安·恰尔法访沪。

12 月 10—12 日　马耳他总统文森特·塔博恩访沪。

12 月 15 日　匈牙利驻沪总领事馆闭馆。

12 月 22—23 日　巴勒斯坦总统亚西尔·阿拉法特过境上海。

12 月 28 日　苏联驻沪总领事馆改名为俄罗斯驻沪总领事馆。

1992 年

4 月 8—9 日　柬埔寨总理洪森访沪。

4 月 27 日　市长黄菊率中国代表团赴美国，参加纪念中美《上海公报》发表 20 周年活动。

5 月 4 日　黄菊率代表团赴美国旧金山，日本大阪府、大阪市、横滨、东京访问。

5 月 10—11 日　蒙古总理达希·宾巴苏伦访沪。

5 月 15 日　上海市与埃及亚历山大省结为友好城市。

5月22—24日 印度总统拉马斯瓦米·文卡塔拉曼访沪。

5月29日 市人大常委会主任叶公琦率团赴德国访问。

5月30—31日 贝宁总统尼塞福尔·索格洛访沪。

7月17日 新西兰驻沪总领事馆开馆。

8月18日 联合国亚太地区裁军与安全问题上海研讨会在沪召开。

8月26—27日 坦桑尼亚总统阿里·哈桑·姆维尼访沪。

8月27—28日 基里巴斯总统阿陶·蒂安纳吉访沪。

8月31日 澳门总督韦奇立访沪。

9月9—10日 纳米比亚总统萨姆·努乔马访沪。

9月30日 韩国总统卢泰愚访沪。

10月5—6日 上海市市长国际企业家咨询会议第四次会议举行。

10月8日 上海港与法国马赛港结为友好港。

10月8—10日 南非非洲人国民大会主席纳尔逊·罗利赫拉赫拉·曼德拉访沪。

10月27—28日 日本明仁天皇和皇后美智子访沪。

11月2—3日 乌克兰总统列昂尼德·马卡罗维奇·克拉夫丘克访沪。

11月7—9日 摩尔多瓦总统米尔恰·斯涅古尔访沪。

11月21—23日 土库曼斯坦总统萨·阿·尼亚佐夫访沪。

11月22日 黄菊率团赴英国访问。

12月27—29日 以色列总统哈伊姆·赫尔佐克访沪。

1993年

1月16日 印度驻沪总领事馆重新开馆。

1月18日 市政府首次向在上海经济、文化建设和社会发展事业中作出突出贡献的外国专家授“白玉兰”奖章、颁发荣誉证书。

3月10—11日 塔吉克斯坦最高苏维埃主席埃莫马利·拉赫莫诺夫访沪。

3月17—19日 瓦努阿图总理马克西姆·卡洛特·科尔曼访沪。

4月2—4日 奥地利总理弗朗茨·弗拉尼茨基访沪。

4月27日 上海市与俄罗斯符拉迪沃斯托克市建立友好交流关系。

4月27—29日 菲律宾总统菲德尔·拉莫斯访沪。

5月13—16日 国际行动理事会第11届会议在上海举行。

5月17日 新西兰总理吉姆·博尔格访沪。

5月26—27日 吉尔吉斯斯坦最高苏维埃主席梅尔特汗·舍利姆库洛夫访沪。

6月11日 韩国驻沪总领事馆开馆。

6月21日 上海市与以色列海法市结为友好城市。

6月25—27日 澳大利亚总理保罗·约翰·基廷访沪。

8月24日 上海市与韩国釜山市结为友好城市。

8月28—30日 泰国总理川·立派访沪。

8月28日—9月11日 市长黄菊率团赴比利时、荷兰、瑞典访问。

9月21—22日　1993年亚洲首席执行官研讨会在沪召开。
10月13—14日　以色列总理伊扎克·拉宾访沪。
10月18日　墨西哥驻沪总领事馆开馆。
10月20—21日　哈萨克斯坦总统努尔苏丹·阿比舍维奇·纳扎尔巴耶夫访沪。
11月7—8日　文莱国家元首苏丹哈吉·哈桑纳尔·博尔基亚·穆伊扎丁·瓦达乌拉访沪。
11月8—9日　上海市市长国际企业家咨询会议第五次会议在美国纽约举行。
11月9日　上海港与美国纽约—新泽西港结为友好港。
11月11—13日　越南国家主席黎德英访沪。
11月17—19日　德国总理赫尔穆特·科尔访沪。第二届国际水都会议在沪召开。
12月1—2日　乌拉圭总统路易斯·阿尔韦托·拉卡列·埃雷拉访沪。
12月15日　中国第一条跨越海洋的海底光缆——中日海底光缆建成。
12月18—19日　墨西哥总统卡洛斯·萨利纳斯·德戈塔里访沪。

1994年

2月22—24日　斯洛伐克总理弗拉基米尔·麦恰尔访沪。
3月9—10日　阿塞拜疆总统盖达尔·阿利耶夫访沪。
3月18—19日　厄瓜多尔总统西斯托·杜兰-巴连·科多韦斯访沪。
3月21日　日本首相细川护熙访沪。
3月26—27日　韩国总统金泳三访沪。
4月4日　市长黄菊率团赴意大利、德国访问。
4月6—8日　厄立特尼亚总统伊萨亚斯·阿费沃基访沪。
4月7—8日　芬兰总理埃斯科·阿霍访沪。
4月9—10日　法国总理爱德华·巴拉迪尔访沪。
4月9—12日　"上海技术展示交流会"在德国汉堡举行。
4月11日　上海港与韩国釜山港结为友好港。
4月13—14日　葡萄牙总理阿尼巴尔·卡瓦科·席尔瓦访沪。
4月18日　中国外汇交易中心在沪开业。
5月12日　上海市卢湾区与日本大阪府寝屋川市建立友好区市关系。
5月14日　上海市与越南胡志明市在沪正式结为友好城市。
5月18—19日　苏里南总统鲁纳多·罗纳德·费内希恩访沪。
5月28—29日　俄罗斯联邦政府主席维克托·斯捷潘诺维奇·切尔诺梅尔金访沪。
5月29日　中共中央政治局委员、上海市委书记吴邦国率团赴加拿大、古巴访问。
6月1日　巴西驻上海总领事馆开馆。
6月7—10日　瓦努阿图总理马克西姆·卡洛特·科尔曼访沪。
6月8日　上海市与瓦努阿图维拉港市结为友好城市。
6月11—12日　秘鲁总统阿尔韦托·谦也·藤森·藤森访沪。
6月15—16日　爱沙尼亚总统伦纳特·梅里访沪。
6月16日　欧盟主席若泽·曼努埃尔·杜朗·巴罗佐访沪。

6 月 20 日　丹麦驻上海总领事馆开馆。

6 月 28—29 日　毛里求斯总统卡萨姆·乌蒂姆访沪。

7 月 7—8 日　吉布提总统哈桑·古莱德·阿普蒂敦访沪。

8 月 27 日　市人大常委会主任叶公琦率团赴日本访问。

8 月 29—30 日　马里总统易卜拉欣·布巴卡尔·凯塔访沪。

9 月 8 日　以色列驻上海总领事馆开馆。

9 月 9—11 日　加蓬总理卡西米尔·奥耶·姆巴访问上海。

9 月 12 日　荷兰驻上海总领事馆开馆。

同日　法新社在沪开设分社

9 月 16—17 日　联合国秘书长布特罗斯·加利访沪。

10 月 9—10 日　捷克总理瓦茨拉夫·克劳斯访沪。

10 月 14—15 日　塞拉利昂国家元首瓦伦丁·斯特拉瑟访沪。

10 月 18 日　黄菊率团赴新西兰、澳大利亚访问。

10 月 21 日　上海市与新西兰达尼丁市结为友好城市。

同日　上海市徐汇区与日本大阪府泉佐野市建立友好区市关系。

10 月 23—24 日　扎伊尔总统蒙博托·塞塞·塞科·库库·恩关杜·瓦·扎·邦加访沪。

10 月 25—26 日　乌兹别克斯坦总统伊斯拉姆·阿卜杜加尼耶维奇·卡里莫夫访沪。

11 月 6—8 日　上海市市长国际企业家咨询会议第六次会议举行。

11 月 9 日　上海港与加拿大温哥华港结为友好港。

11 月 9—10 日　加拿大总理让·克雷蒂安访沪。

11 月 18 日　奥地利驻上海总领事馆开馆。

11 月 28 日　日本关西电视台开设上海支局。

12 月 1—3 日　冰岛总理大卫·奥德松访沪。

12 月 5—6 日　巴基斯坦总统法鲁克·艾哈迈德·汗·莱加利访沪。

12 月 14 日　英国《南华早报》(后更名为香港《南华早报》)在沪开设分社。

12 月 15 日　上海市与乌兹别克斯坦塔什干市结为友好城市。

12 月 21—23 日　拉脱维亚总统贡季斯·乌尔马尼斯访沪。

1995 年

1 月 11 日　捷克驻上海总领事馆开馆。

1 月 18—19 日　白俄罗斯总统亚历山大·格里戈里耶维奇·卢卡申科访沪。

1 月 24 日　美国《纽约时报》在沪开设分社。

1 月 27 日　美国彭博新闻社在沪开设分社。

2 月 23 日　上海港与新西兰奥克兰港结为友好港。

4 月 8—10 日　科威特王储兼首相谢赫·萨阿德·阿卜杜拉·萨利姆·萨巴赫访沪。

4 月 10 日　美国《洛杉矶时报》在沪开设分社(2009 年注销)。

4 月 15 日　上海市与葡萄牙波尔图市结为友好城市。

4 月 15—17 日　葡萄牙总统马里奥·阿尔贝托·诺博雷·洛佩斯·苏亚雷斯访沪。

4月19—20日　尼泊尔首相曼·莫汉·阿迪卡里访沪。

4月21—22日　马绍尔总统阿马塔·卡布阿访沪。

4月26日　瑞士驻上海总领事馆开馆。

5月5—6日　日本首相村山富市访沪。

5月11日　上海港与瑞典哥德堡港结为友好港。

5月14—15日　韩国总理李洪九访沪。

5月19—21日　新加坡总理吴作栋访沪。

5月25—27日　土耳其总统苏莱曼·德米雷尔访沪。

5月29—30日　塞舌尔总统弗朗斯·阿尔贝·勒内访沪。

5月30日　美国道琼斯金融通讯社在沪开设分社。

6月3日　中共中央政治局委员、上海市委书记黄菊率领中国共产党代表团赴巴西、乌拉圭访问。

6月6日　荷兰《自由荷兰》在沪开设分社。

6月17—18日　荷兰首相维姆·科克访沪。

7月5—7日　罗马尼亚总理尼古拉·沃克罗尤访沪。

7月11—12日　市外事工作会议召开。

7月16日　市长徐匡迪率团赴美国访问。

7月16—28日　“上海周”在美国旧金山举行。

8月26—27日　新加坡总统王鼎昌访沪。

9月2—3日　冰岛总统维格迪丝·芬博阿多蒂尔访沪。

9月14日　上海市与也门亚丁省结为友好城市。

9月19—21日　奥地利总统托马斯·克莱斯蒂尔访沪。

10月2—4日　阿根廷总统卡洛斯·萨乌尔·梅内姆访问上海。

10月9日　市人大常委会主任叶公琦率团赴泰国访问。

10月13—14日　澳大利亚总督比尔·海登访沪。

10月25—27日　吉尔吉斯斯坦总理阿帕斯·朱马古洛夫访沪。

10月29—31日　上海市市长国际企业家咨询会议第七次会议举行。

11月1日　上海市与纳米比亚温得和克市结为友好城市。

同日　芬兰驻上海总领事馆开馆。

11月2—3日　埃塞俄比亚总理梅莱斯·泽纳维访沪。

11月8—10日　挪威首相格罗·哈莱姆·布伦特兰访沪。

11月22日　市政协主席陈铁迪率团赴法国、比利时访问。

11月26—27日　智利总统爱德华多·弗雷·鲁伊斯·塔格莱访沪。

11月30日—12月2日　越南共产党中央总书记杜梅访沪。

12月3—5日　古巴国务委员会主席兼部长会议主席菲德尔·卡斯特罗访沪。

12月8日　日本读卖电视台上海支局开设。

12月15—17日　巴西总统费尔南多·恩里克·卡多佐访沪。

12月20—21日　南斯拉夫总统佐兰·利利奇访沪。

1996年

1月1日　新加坡驻上海领事馆升格为总领事馆。

1月9—11日　缅甸恢复法律和秩序委员会主席兼政府总理和三军总司令丹瑞访沪。

1月17—19日　阿尔巴尼亚总统萨利·贝里沙访沪。

1月18—19日　由上海市政府发展研究中心、上海市政府协作办公室和香港工商专业联合会主办的首届“沪港经济发展与合作研讨会”在沪举行。

1月31日—2月1日　乌干达总统约韦里·卡古塔·穆塞韦尼访沪。

2月27日　美国《远东经济评论》在沪开设分社(2009年注销)。

2月28—29日　卢森堡首相让-克洛德·容克访沪。

3月27—28日　泰国总理班汉·西巴阿差访沪。

4月3日　新加坡《联合早报》在沪开设分社。

4月16日　泰国《亚洲时报》在沪开设分社(2009年注销)。

4月17—19日　芬兰总统马尔蒂·阿赫蒂萨里访沪。

4月19日　上海市与韩国全罗南道建立友好交流关系。

4月25—26日　哈萨克斯坦总统努尔苏丹·阿比舍维奇·纳扎尔巴耶夫访沪。吉尔吉斯斯坦总统阿斯卡尔·阿卡耶夫访沪。

4月25—27日　塔吉克斯坦总统埃莫马利·拉赫莫诺夫访沪。

4月26日　中国、俄罗斯、哈萨克斯坦、吉尔吉斯斯坦、塔吉克斯坦五国《关于在边境地区加强军事领域信任的协定》在上海签署。

4月26—27日　俄罗斯总统鲍里斯·尼古拉耶维奇·叶利钦访沪。

5月6—19日　市长徐匡迪率团赴英国、瑞典访问。

6月11日　德国新闻社在上海开设分社(2009年注销)。

6月15—16日　黎巴嫩总理拉菲克·哈里里访沪。

6月17日　智利驻上海总领事馆开馆。

7月11—13日　科特迪瓦总理达尼埃尔·卡布兰·敦坎访沪。

7月29—31日　圭亚那总理塞缪尔·海因兹访沪。

8月28日　上海市与古巴圣地亚哥省结为友好城市。

8月29—30日　加蓬总统哈吉·奥马尔·邦戈·翁丁巴访沪。

9月4日　上海市与英国伦敦金融城建立友好交流关系。

9月7日　市政协主席陈铁迪率团赴克罗地亚、波兰访问。

9月16日　瑞典驻上海总领事馆开馆。

同日　挪威驻上海总领事馆开馆。

9月21—28日　’96上海旅游节举行。

10月1日　比利时驻上海总领事馆重新开馆。

10月4日　恢复成立中共上海市委外事工作领导小组,市委书记黄菊任组长。

10月9日　瑞士联邦主席让-帕斯卡尔·德拉姆拉访沪。

10月14日　上海市与日本长崎县建立友好交流关系。

10 月 16—18 日　斯洛文尼亚总统米兰·库昌访沪。

10 月 19—21 日　阿尔及利亚总统拉明·泽鲁阿勒访沪。

10 月 22—23 日　哥伦比亚总统埃内斯托·桑佩尔·皮萨诺访沪。

10 月 25—27 日　纳米比亚总统萨姆·努乔马访沪。

11 月 3—4 日　上海市市长国际企业家咨询会议第八次会议举行。

11 月 6—7 日　瑞典首相约兰·佩尔松访沪。

11 月 8 日　徐匡迪率团赴美国访问。

11 月 8—11 日　首届亚太地区特殊奥林匹克运动会在沪举行。

11 月 12 日　泰国驻上海总领事馆开馆。

11 月 18 日　英国《金融时报》在沪开设分社。

11 月 21—23 日　德国总统罗曼·赫尔佐克访沪。

11 月 23—24 日　墨西哥总统埃内斯托·塞迪略访沪。

11 月 26 日　加拿大总理让·克雷蒂安访沪。

同日　国内第一家中外合资的保险公司——中宏人寿保险有限公司在沪成立。

1997 年

2 月 28 日—3 月 1 日　葡萄牙总统若热·桑帕约访沪。

3 月 18 日　土耳其驻上海总领事馆开馆。

3 月 24 日　美国《新闻周刊》在沪开设分社。

3 月 25—26 日　香港特别行政区行政长官董建华到沪访问，出席由香港贸易发展局主办，上海市对外经济贸易委员会、上海外国投资工作委员会等协办的“香港：联系京沪穗、携手创繁荣”研讨会并作演讲。

3 月 26 日　日本时事社开设上海支局。

3 月 28—30 日　玻利维亚总统贡萨洛·桑切斯·德洛萨达访沪。澳大利亚总理约翰·温斯顿·霍华德访沪。

4 月 4—5 日　泰国总理差瓦立·永猜裕访沪。

4 月 9—10 日　国际商会(ICC)第 32 届世界大会在沪举行。

4 月 10 日　英国网络图片社在沪开设分社(2008 年关闭)。

4 月 15 日　市外事工作会议召开。

4 月 17—18 日　毛里求斯总理纳文·拉姆古兰访沪。

4 月 20—21 日　埃及总理卡迈勒·艾哈迈德·詹祖里访沪。

4 月 22—24 日　乌拉圭总统胡利奥·玛丽亚·桑吉内蒂访沪。

4 月 30 日　中共中央政治局委员、上海市委书记黄菊率领中国共产党代表团赴古巴、秘鲁、委内瑞拉访问。

5 月 7—8 日　科特迪瓦总统亨利·科南·贝迪埃访沪。

5 月 8 日　市人大常委会主任叶公琦率团赴韩国访问。

5 月 10—11 日　联合国秘书长科菲·安南访沪。

5 月 17—18 日　法国总统雅克·勒内·希拉克访沪。

5月28—30日　尼日尔总统伊卜拉欣·迈纳萨拉·巴雷访沪。

6月2日　首次授予美国国际集团董事长格林伯格等7位境外友人"上海市荣誉市民"称号。

6月11日　市政协主席陈铁迪率团赴阿根廷访问。

6月12—13日　马其顿总统基罗·格利戈罗夫访沪。

6月17日　上海市与阿根廷罗萨里奥市正式结为友好城市。

7月13—15日　马来西亚最高元首瑞吉·加法尔·伊卜尼·阿卜杜勒·拉赫曼访沪。

7月21日　市长徐匡迪率团赴埃及、以色列和俄罗斯访问。

9月10—11日　罗马尼亚总统埃米尔·康斯坦丁内斯库访沪。

9月27—29日　巴哈马总理休伯特·英格拉哈姆访沪。

10月10—12日　莫桑比克总理帕斯库亚尔·曼努埃尔·莫昆比访沪。

10月25—27日　挪威国王哈拉尔五世访沪。

11月2—3日　上海市市长国际企业家咨询会议第九次会议举行。

11月11日　马绍尔驻上海总领事馆开馆。

11月14—15日　南斯拉夫总统斯洛博丹·米洛舍维奇访沪。

11月19—20日　波兰总统亚历山大·克瓦希涅夫斯基访沪。

12月1日　芬兰赫尔辛基新闻社上海分社开设(2008年关闭)。

12月23—24日　乌克兰总理瓦列里·帕夫洛维奇·普斯托沃伊坚科访沪。

1998年

2月12日　美联社上海分社开设。

2月18—19日　也门总统阿里·阿卜杜拉·萨利赫访沪。

4月1—3日　莫桑比克总统若阿金·阿尔贝托·希萨诺访沪。

4月6—8日　比利时"安特卫普日"在沪举行。

4月12—13日　坦桑尼亚总统本杰明·威廉·姆卡帕访沪。

4月19日　市长徐匡迪率团赴日本、美国和加拿大访问。

4月20—21日　葡萄牙总理安东尼奥·古特雷斯访沪。

5月10—12日　哈萨克斯坦总理努尔兰·乌捷博维奇·巴尔金巴耶夫访沪。

5月12—13日　保加利亚总统彼得·斯托扬诺夫访沪。

5月21—22日　苏里南总统尤勒斯·韦登博斯访沪。

5月28日　以色列总理本雅明·内塔尼亚胡访沪。

6月12—13日　意大利总统奥斯卡·路易杰·斯卡尔法罗访沪。

6月15日　南斯拉夫驻上海总领事馆开馆。

6月16日　美国交流新闻图片公司在沪开设分社。

6月29日—7月2日　美国总统威廉·杰斐逊·克林顿访沪。

7月5日　中共中央政治局委员、上海市委书记黄菊率领中国共产党代表团赴新加坡、南非、津巴布韦、毛里求斯访问。

9月3日　市政协主席王力平率团赴芬兰、瑞典访问。

9月4日　上海市与芬兰埃斯波市正式结为友好城市。

9月15日　美国《时代周刊》在沪开设分社。

9月16—17日　爱尔兰总理伯蒂·埃亨访沪。

9月20日　市人大常委会主任陈铁迪率团赴法国、葡萄牙、西班牙访问。

9月24—29日　美国"旧金山周"在沪举行。

9月25—26日　法国总理利昂内尔·若斯潘访沪。

10月8—9日　英国首相托尼·布莱尔访沪。

10月11—12日　牙买加总理珀西瓦尔·帕特森访沪。

10月27—28日　芬兰总理帕沃·利波宁访沪。

11月1—2日　上海市市长国际企业家咨询会议第十次会议举行。欧盟主席雅克·桑特访沪。

11月4—6日　比利时首相让-吕克·德阿纳访沪。

11月14—15日　韩国总统金大中访沪。

11月18日　上海市与墨西哥哈利斯科州正式结为友好城市。

11月20—22日　库克群岛总理杰弗里·亨利访沪。

12月6—7日　摩洛哥首相阿卜杜勒-拉赫曼·尤素福访沪。

12月11日　马绍尔驻上海总领事馆闭馆。

12月16日　上海市闵行区马桥镇与纳米比亚奥卡汉贾市建立友好区市关系。

12月18—19日　巴布亚新几内亚总理比尔·斯卡特访沪。

1999年

1月7日　美国《波士顿环球报》在沪开设分社(2009年注销)。

2月1—5日　副市长左焕琛率团参加在澳门举行的"上海文化周"活动,并在开幕式上致辞。

2月4—6日　圣卢西亚总理肯尼·安东尼访沪。

3月8—14日　"瑞典周—上海"活动在沪举行。

4月7—9日　埃及总统穆罕默德·胡斯尼·穆巴拉克访沪。

4月14—16日　荷兰女王贝娅特丽克丝·威廉明娜·阿姆加德访沪。

4月27—28日　以色列总统埃泽尔·魏茨曼访沪。泰国总理川·立派访沪。

5月1日　埃及驻上海总领事馆开馆。

5月2—4日　津巴布韦总统罗伯特·加布里埃尔·穆加贝访沪。

5月7日　西班牙驻上海总领事馆开馆。

6月4—6日　塞拉利昂总统艾哈迈德·泰詹·卡巴访沪。

6月10—11日　塞浦路斯总统格拉夫科斯·克莱里季斯访沪。

6月18—20日　中非总统昂热-菲利克斯·帕塔塞访沪。

7月2日　柬埔寨驻上海总领事馆开馆。

同日　市政协主席王力平率团赴加拿大、纳米比亚访问。

7月3—4日　纳米比亚总统萨姆·努乔马访沪。

7月28日　市长徐匡迪率团赴澳大利亚、新西兰和巴西访问。

7月31日　巴西驻上海总领事馆闭馆。

8月31日—9月2日　厄瓜多尔总统哈米尔·马瓦德·维特访沪。

9月16日　上海第二个大型国际机场——浦东国际机场落成通航。

9月26日　上海市市长国际企业家咨询会议第十一次会议举行。

9月27—29日　'99《财富》全球论坛·上海年会举行。

10月10日　委内瑞拉总统乌戈·拉斐尔·查韦斯·弗里亚斯访沪。

10月11—14日　汤加国王陶法阿豪·图普四世访沪。

10月15日　中共中央政治局委员、上海市委书记黄菊率中国共产党代表团赴挪威、芬兰、丹麦、冰岛访问。

10月16—17日　莱索托国王莱齐耶三世访沪。

10月18日　上海市与英国利物浦市结为友好城市。

10月25日　上海市与莫桑比克马普托市结为友好城市。

11月2日　首届中国上海国际艺术节在上海开幕。

11月2—4日　德国总理格哈特·施罗德访沪。

11月4日　市人大常委会主任陈铁迪率团赴埃及、英国访问。

11月16日　巴西驻上海领事馆开馆。

11月27日　美国科学家蒲慕明作为上海首次聘请的外籍教授出任中国科学院上海生命科学院神经研究所所长。

12月9日　俄罗斯国际文传电讯社在沪开设分社。

12月16—18日　斐济总理马亨德拉·乔杜里访沪。

12月17—18日　阿尔巴尼亚总统雷杰普·迈达尼访沪。

12月23日　马来西亚驻上海总领事馆开馆。

2000年

2月1日　罗马尼亚驻上海总领事馆开馆。

3月17日　2010年上海世界博览会申办委员会成立。

3月26—28日　刚果(布)总统德尼·萨苏-恩格索访沪。

3月28—30日　密克罗尼西亚总统利奥·法尔卡姆访沪。

4月2日　上海市与泰国清迈府结为友好城市。

4月15—16日　新加坡总理吴作栋访沪。

5月8日　市政协主席王力平参加全国政协代表团赴加拿大、委内瑞拉、特立尼达多巴哥、秘鲁访问。

5月10—12日　丹麦首相波尔·尼鲁普·拉斯穆森访沪。美国亚洲协会第11届企业年会在沪举行。

5月12日　美国《华盛顿邮报》在沪开设分社。

5月16日　美国《商业周刊》在沪开设分社(2009年注销)。

5月17—19日　巴巴多斯总理欧文·阿瑟访沪。

5月18—19日　菲律宾总统埃斯特拉达访沪。

5月22日　中共中央政治局委员、上海市委书记黄菊率中国共产党代表团赴越南、老挝、日本、韩国访问。

5月25日　阿根廷驻上海总领事馆开馆。

5月30日　上海市与阿联酋迪拜市正式结为友好城市。

6月27日　市长徐匡迪率团赴法国、德国和土耳其访问。

6月27—28日　西班牙首相何塞·玛丽亚·阿斯纳尔访沪。

8月1日　爱尔兰驻上海总领事馆开馆。

8月16—22日　“上海走进瑞典”活动周在瑞典哥德堡举行。

9月1日　德国广播协会在沪开设分社。

9月10—12日　阿根廷总统费尔南多·德拉鲁阿访沪。

9月12—13日　几内亚总理拉明·西迪梅访沪。

9月13—14日　瑞士联邦主席阿道夫·奥吉访沪。

9月20日　市委召开全市各区县、部、委、办、局外事机构负责人会议，传达贯彻全国地方外事工作会议精神。

10月13日　市人大常委会主任陈铁迪率团赴莫桑比克、芬兰访问。

10月13—14日　阿尔及利亚总统阿卜杜勒·阿齐兹·布特弗利卡访沪。

10月16—18日　赞比亚总统弗雷德里克·雅各布·泰特斯·奇卢巴访沪。

10月18—21日　2000年中国国际旅游交易会在上海举行。

10月29日　上海市市长国际企业家咨询会议第十二次会议举行。

10月29日—11月4日　“米兰·上海文化周”在意大利米兰举行。

11月2—25日　德国“汉堡文化周”在沪举行。

11月6日　法国盛世电视台在沪开设分社(2006年关闭)。

11月9—11日　瓦努阿图总理巴拉克·塔梅·索佩访沪。

11月26—28日　纳米比亚总统萨姆·努乔马访沪。

12月6—7日　亚美尼亚总理安德拉尼克·马尔加良访沪。

12月11日　英国广播公司(BBC)在沪开设分社。

12月27—28日　越南国家主席陈德良访沪。

2001年

1月9日　英国《卫报》《观察家报》在沪开设分社(2003年关闭)。

1月16—17日　意大利总理朱利亚诺·阿马托访沪。

1月16—19日　朝鲜劳动党中央委员会总书记、国防委员会委员长金正日访沪。

2月14—15日　加拿大总理让·克雷蒂安访沪。

3月2—4日　尼泊尔国王比兰德拉·比尔·比克拉姆·沙阿·德瓦访沪。

3月3—4日　爱沙尼亚总统伦纳特·梅里访沪。

3月15日　捷克总理米洛什·泽曼过境上海。

3月26日　牙买加驻上海名誉领事馆设立。

4月18—19日　新西兰总理海伦·伊丽莎白·克拉克访沪。

4月25日　中共中央政治局委员、上海市委书记黄菊率中国共产党代表团赴西班牙、葡萄牙、马耳他访问。

4月27—29日　马来西亚最高元首苏丹·萨拉赫丁·阿卜杜勒·阿齐兹·沙阿访沪。

5月2日　中国驻法国大使吴建民代表中国政府向国际展览局正式递交中国举办2010年上海世界博览会的申请函。

5月16日　上海市与南非夸祖鲁-纳塔尔省结为友好城市。

5月18—19日　奥地利总统托马斯·克莱斯蒂尔访沪。

6月1—3日　巴布亚新几内亚总理梅克雷·莫劳塔访沪。

6月6—7日　亚太经合组织贸易部长会议召开。

6月8—9日　墨西哥总统比森特·福克斯·克萨达访沪。

6月15日　上海合作组织成员国元首会议在沪举行,宣告上海合作组织成立。

6月21—22日　韩国总理李汉东访沪。

7月3日　市政协主席王力平率团赴厄瓜多尔、智利访问。

7月4—6日　马耳他总统圭多·德马科访沪。

7月6日　上海市与厄瓜多尔瓜亚基尔市结为友好城市。

7月10日　上海市与智利瓦尔帕莱索市正式结为友好城市。

7月12日　“亚太经合组织青年节暨杰出青年企业家论坛”在沪举行。

8月13—14日　亚太经合组织海关与商界对话会议在沪举行。

8月27日　市长徐匡迪率团赴南非、摩洛哥、法国、荷兰访问。

8月29—30日　亚太经合组织第8届中小企业部长会议在沪举行。

9月18—22日　新加坡总统纳丹访沪。

10月17—18日　亚太经合组织第13届部长级会议在沪举行。

10月18日　上海市人民政府与美国微软公司《共同促进上海软件产业发展谅解备忘录》在上海签署。

10月18—20日　亚太经合组织工商领导人峰会在沪举行。

10月19日　亚太经合组织工商咨询理事会(ABAC)第四次会议在沪举行。

10月21日　亚太经合组织第九次领导人非正式会议在上海举行。

10月29日—11月4日　“米兰·上海文化周”在意大利米兰举行。

10月31日　上海市与西班牙巴塞罗那市结为友好城市。

11月2日　德国总理格哈德·施罗德访沪。

11月2—25日　德国“汉堡文化周”活动在沪举行。

11月4日　上海市市长国际企业家咨询会议第十三次会议举行。

11月6—7日　“上海创业国际论坛”在沪举行。

11月10日　上海市与挪威奥斯陆市正式结为友好城市。

11月13—14日　卢旺达总统保罗·卡加梅访沪。

11月17日　市人大常委会主任陈铁迪率团赴加拿大、韩国访问。

11月23—24日　摩尔多瓦总理瓦西里·塔尔列夫访沪。

11月27日　徐匡迪率团赴法国、摩纳哥访问。

11月30日　徐匡迪在法国巴黎举行的国际展览局第130次全体会议上,作申办中国2010年上海世博会陈述。

12月6—7日　莱索托首相帕卡里塔·莫西西里访沪。

12月11日　南非总统塔博·姆约·耶尔瓦·姆贝基访沪。

2002年

1月9日　美国合众社在沪开设分社(2009年注销)。

1月10—11日　南斯拉夫总统沃伊斯拉夫·科什图尼察访沪。

1月18—19日　约旦国王阿卜杜拉二世·本·侯赛因访沪。

1月22—23日　挪威首相谢尔·马格纳·邦德维克访沪。

1月25日　摩纳哥驻上海名誉领事馆设立。

1月30日　乌克兰驻上海总领事馆开馆。

2月7—9日　摩洛哥国王穆罕默德六世访沪。

3月23—24日　厄瓜多尔总统古斯塔沃·诺沃亚·贝哈拉诺访沪。

3月28—30日　比利时首相居依·伏思达访沪。

4月7日　市政协主席王力平率团赴菲律宾、印尼、孟加拉国、越南访问。

4月7—8日　卢森堡首相让-克洛德·容克访沪。

4月15日　上海市与罗马尼亚康斯坦察县结为友好城市。

同日　中美《上海公报》发表30周年纪念会在锦江小礼堂举行。

4月25—26日　马其顿总统博里斯·特拉伊科夫斯基访沪。

4月27—28日　科特迪瓦总统洛朗·巴博访沪。

5月10日　第五届东盟中日韩财政部长(10+3)会议在沪举行。

5月10—12日　亚洲开发银行(ADB)理事会第35届年会在沪举行。

5月13—15日　克罗地亚总统斯捷潘·梅西奇访沪。

5月28日　上海合作组织经贸部长会议在沪举行。

5月29日　亚太经合组织第五次电信部长会议在沪举行。

5月29—30日　斐济总理莱塞尼亚·恩加拉塞访沪。

5月30日　秘鲁驻上海总领事馆开馆。

6月1日　市人大常委会主任陈铁迪率团赴巴西、墨西哥访问。

6月6—7日　希腊总理康斯坦丁·西米蒂斯访沪。

6月8日　中共中央政治局委员、上海市委书记黄菊率中国共产党代表团赴斯洛文尼亚、克罗地亚、匈牙利访问。

6月26—27日　摩纳哥王储阿尔贝访沪。

7月1—2日　基里巴斯总统塞布罗罗·斯托访沪。

7月3—5日　毛里求斯总理阿内罗德·贾格纳特访沪。

7月13—15日　尼泊尔国王贾南德拉·比尔·比克拉姆·沙阿·德瓦访沪。

7月24日　芬兰广播公司上海分社开设(2009年注销)。

8月7日　瑞士《现金报》《商报》在沪开设分社(2009年注销)。

8月21—22日　俄罗斯总理米哈伊尔·米哈伊洛维奇·卡西亚诺夫访沪。

8月22日　中俄总理第七次定期会晤在上海举行。

9月12—27日 “汉堡・上海周”在德国汉堡举行。

9月30日 巴西驻上海领事馆升格为总领事馆。

10月14—16日 莫桑比克总理帕斯库亚尔・曼努埃尔・莫昆比访问上海。

10月16日 第一家中外合资的基金管理公司——国安基金管理公司正式筹建。

10月16—18日 乌拉圭总统豪尔赫・路易斯・巴特列・伊瓦涅斯访沪。

10月26—28日 列支敦士登大公汉斯-亚当二世在沪进行私人访问。

10月27—30日 加纳总统约翰・阿吉耶库姆・库福尔访沪。

11月2—3日 马耳他总理爱德华・芬内克・阿达米访沪。

11月3日 上海市市长国际企业家咨询会议第十四次会议举行。

11月8日 南非驻上海总领事馆开馆。

12月3日 在摩纳哥蒙特卡洛举行的国际展览局第132次大会上，经4轮投票，中国上海获得2010年世博会的举办权。

12月17—19日 几内亚比绍总统昆巴・亚拉访沪。

12月30—31日 德国总理格哈德・施罗德访沪。

2003年

1月2日 市人大常委会主任陈铁迪率团赴越南、泰国访问。

1月8—10日 斯洛伐克总统鲁道夫・舒斯特访沪。

1月13日 美国《福布斯》杂志在沪开设分社。

1月16日 尼泊尔驻上海名誉领事馆设立。

2月17日 日本纤研新闻社在沪开设分社。

2月18日 《韩国经济新闻》在沪开设分社(2009年注销)。

同日 韩国联合通讯社在沪开设分社。

2月25—26日 摩尔多瓦总统弗拉迪米尔・沃罗宁访沪。

2月28日—3月1日 古巴国务委员会主席兼部长会议主席菲德尔・卡斯特罗访沪。

4月1—2日 圭亚那总统巴拉特・贾格迪奥访沪。

4月15日 日本每日电视台在沪开设分局。

4月17日 上海市与韩国全罗北道建立友好交流关系。

5月12日 美国国家事务出版公司在沪开设分社(2009年注销)。

6月22—23日 科摩罗总统阿扎利・阿苏马尼访沪。

6月26—27日 印度总理阿塔尔・比哈里・瓦杰帕伊访沪。

6月30日—7月1日 瓦努阿图总理尼帕尔・爱德华・纳塔佩访沪。

7月9—10日 韩国总统卢武铉访沪。

7月11日 美国加州广播电台在沪开设分台(2009年注销)。

7月15—16日 塞尔维亚和黑山总理米洛・久卡诺维奇访沪。

7月22日 市政协主席蒋以任率团赴俄罗斯、罗马尼亚、捷克访问。

同日 英国首相托尼・布莱尔访沪。

8月9—10日 尼日尔总理哈马・阿马杜访沪。

8月11日　上海市与斯里兰卡科伦坡市结为友好城市。

8月23—24日　罗马尼亚总统扬·伊利埃斯库访沪。

8月31日—9月2日　厄瓜多尔总统卢西奥·埃德温·古铁雷斯·博武阿访沪。

9月4日　乌拉圭驻上海总领事馆开馆。

9月11—12日　乌干达总理阿波罗·罗宾·恩西班比访沪。

9月13—15日　德国总统约翰内斯·劳访沪。

9月16日　2003年福布斯全球行政总裁会议在上海举行。

9月20—22日　东帝汶总理马里·宾·阿穆德·阿尔卡蒂里访沪。

9月24—25日　喀麦隆总统保罗·比亚访沪。

10月2—4日　刚果(布)总统德尼·萨苏-恩格索访沪。

10月11—15日　爱尔兰总统玛丽·麦卡利斯访沪。

10月13日　瑞典《南瑞典日报》在沪开设分社。

10月23日　上海与瑞典哥德堡市由友好交流关系升格为友好城市。

10月23—24日　加拿大总理让·克雷蒂安访沪。

10月31日—11月1日　意大利总理西尔维奥·贝卢斯科尼访沪。

11月2日　上海市市长国际企业家咨询会议第十五次会议举行。

11月4日　市长韩正率团赴英国、德国、奥地利访问。

11月9—10日　塞尔维亚总理佐兰·日夫科维奇访沪。

11月10日　上海市与斯洛伐克布拉迪斯拉发州结为友好城市。

同日　上海市与丹麦奥胡斯州(丹麦中部大区前身)结为友好城市。

11月22日　市人大常委会主任龚学平率团赴美国芝加哥市和古巴圣地亚哥省等友好城市访问。

11月23—24日　瑞士联邦主席帕斯卡尔·库什潘访沪。

12月4—6日　斯洛文尼亚总理安东·罗普访沪。

12月13—14日　印尼总统梅加瓦蒂·苏加诺普特丽访沪。

2004年

2月11—12日　巴布亚新几内亚总理迈克尔·托马斯·索马雷访沪。

2月12日　意大利FBC上海分社设立(2010年10月关闭)。

2月20日　荷兰《忠诚报》在沪开设分社(2006年关闭)。

2月23日　西班牙《世界报》在沪开设分社。

同日　荷兰《人民报》在沪开设分社。

2月24—25日　丹麦首相安诺斯·福格·拉斯穆森访沪。

3月19—21日　密克罗尼西亚总统约瑟夫·乌鲁塞马尔访沪。

3月27日　市政协主席蒋以任率团赴巴西、智利、新西兰访问。

4月8—9日　莫桑比克总统若阿金·阿尔贝托·希萨诺访沪。

4月9日　澳大利亚《金融评论》在沪开设分社。

4月11—12日　拉脱维亚总统瓦伊拉·维凯·弗赖贝加访沪。

4月15—16日　欧盟主席罗马诺·普罗迪访沪。

4月18—19日　捷克总统瓦茨拉夫·克劳斯访沪。

4月19—20日　柬埔寨首相洪森访沪。

4月20—28日　联合国亚太经社会(ESCAP)第60届会议在沪举行。

4月24—26日　库克群岛总理罗伯特·温特访沪。

4月24—27日　瑙鲁总统勒内·哈里斯访沪。

4月29日　芬兰《中部芬兰报》在沪开设分社(2009年注销)。

4月　市委、市政府同意上海市人民政府外事办公室增挂上海市人民政府港澳事务办公室牌子。

5月10日　上海港与德国汉堡港结为友好港。

5月13日　法国《拓展》杂志上海分社开设(2009年注销)。

5月16—18日　马达加斯加总统马克·拉瓦卢马纳纳访沪。

5月23—28日　坦桑尼亚总统本杰明·威廉·姆卡帕访沪。

5月24—27日　孟加拉国总理卡莉达·齐亚访沪。

5月25—27日　巴西总统路易斯·伊纳西奥·卢拉·达希尔瓦访沪。

5月26—27日　乌干达总统约韦里·卡古塔·穆塞韦尼访沪。

5月30—31日　马来西亚总理达图·斯里·阿卜杜拉·哈吉·艾哈迈德·巴达维访沪。

6月28日—7月4日　"上海周"在法国马赛举行。

6月30日—7月1日　阿根廷总统内斯托尔·卡洛斯·基什内尔访沪。

6月　市委、市政府批准建立市港澳工作协调小组,下设办公室,与市政府外事办公室合署办公。

7月7—8日　科威特首相萨巴赫·艾哈迈德·贾比尔·萨巴赫访沪。

7月8日　德国《明镜》周刊在沪开设分社。

7月12日　上海宝钢集团公司和上海汽车工业(集团)总公司首次进入美国《财富》杂志公布的2004年度世界500强行列。

7月14—16日　缅甸总理钦纽访沪。

7月17—18日　马里总统阿马杜·图马尼·杜尔访沪。

7月24—28日　纳米比亚总统萨姆·努乔马访沪。

8月16日　匈牙利驻上海总领事馆重新开馆。

8月19—21日　巴哈马总理佩里·克里斯蒂访沪。

8月21—23日　首届世界中国学论坛在沪举行。

8月23日　中非总统弗朗索瓦·博齐泽·杨古翁达访沪。

8月28—29日　佛得角总理若泽·马里亚·佩雷拉·内韦斯访沪。

8月30日　市人大常委会主任龚学平率团赴南非、埃及、塞浦路斯访问。

9月1日　斯洛伐克驻上海总领事馆开馆。

同日　上海港与日本博多港结为友好港。

9月9—19日　"文明的呼唤"上海周在埃及亚历山大举行。

9月10—11日　加蓬总统哈吉·奥马尔·邦戈·翁丁巴访沪。

9月12—14日　圣卢西亚总督皮尔莱特·路易茜访沪。

9月13—17日　世界卫生组织(WHO)西太平洋地区委员会第55届会议在沪举行。

9 月 17—19 日　阿尔巴尼亚总理法托斯·纳诺访沪。
9 月 28—30 日　亚美尼亚总统罗伯特·谢德拉科维奇·科恰良访沪。
10 月 11 日　上海第一个中外共建的研究所——中科院上海巴斯德研究所揭牌。
10 月 11—12 日　法国总统雅克·勒内·希拉克访沪。
10 月 14 日　法国商业调频电台在沪开设分台。
10 月 14—16 日　国际文化政策论坛第七届部长年会在上海举行。
10 月 22 日　法国《世界报》上海办事处开设。
10 月 23 日　市政协主席蒋以任率团赴韩国、日本、印尼访问。
10 月 31 日　上海市市长国际企业家咨询会议第十六次会议举行。
11 月 3 日　上海市与奥地利萨尔茨堡市建立友好交流关系。
11 月 3—6 日　2004 年世界工程师大会在上海举行。
11 月 8—10 日　卢森堡首相让-克洛德·容克访沪。
11 月 12 日　瑞典《瑞典日报》在沪开设分社(2009 年注销)。
11 月 15 日　美国《证券新闻》在沪开设分社。
11 月 19—22 日　安提瓜和巴布达总理鲍德温·斯潘塞访沪。
11 月 28—30 日　吉尔吉斯斯坦总理尼古拉·塔纳耶夫访沪。
11 月 28 日—12 月 1 日　摩纳哥王储阿尔贝访沪。
12 月 3 日　西班牙埃菲社在沪开设分社。
12 月 7—9 日　意大利总统卡洛·阿泽利奥·钱皮访沪。
12 月 9 日　巴基斯坦驻上海总领事馆开馆。
12 月 11 日　龚学平率团赴俄罗斯访问。
12 月 16—18 日　巴基斯坦总理肖卡特·阿齐兹访沪。

2005 年

1 月 7 日　日本东京电视台上海支局开设。韩国《中国经济新闻》上海分社开设。
1 月 14—16 日　葡萄牙总统若热·桑帕约访沪。
1 月 15—16 日　安道尔首相马克·福尔内访沪。
1 月 19—21 日　爱尔兰总理伯蒂·埃亨访沪。
1 月 24 日　挪威《贸易风》在沪开设分社。
1 月 27—29 日　毛里求斯总理保罗·雷蒙·贝朗热访沪。
1 月 31 日　马来西亚《星报》在沪开设分社(2009 年关闭)。
3 月 3—6 日　马来西亚最高元首端古·赛义德·西拉杰丁·赛义德·普特拉·贾马卢莱尔访沪。
3 月 18 日　新加坡亚洲新闻台驻上海新闻处开设。
同日　美国《全球通讯与计算机报告》在沪开设分社(2009 年注销)。
3 月 18—19 日　阿塞拜疆总统伊利哈姆·盖达尔·奥格雷·阿利耶夫访沪。
3 月 20—21 日　刚果(金)总统约瑟夫·卡比拉访沪。
3 月 24—25 日　朝鲜总理朴风柱访沪。

3月29日　市长韩正率团赴美国、加拿大访问。

4月5日　俄罗斯俄通-塔斯社在沪开设分社。

4月8—9日　哥伦比亚总统阿尔瓦罗·乌里韦·贝莱斯访沪。

4月16—17日　尼日利亚总统奥卢塞贡·奥巴桑乔访沪。

4月21—22日　奥地利总理沃尔福冈·许塞尔访沪。

4月22—23日　法国总理让-皮埃尔·拉法兰访沪。

5月11日　塞尔维亚和黑山新闻通讯社在沪开设分社(2006年关闭)

5月12—15日　萨摩亚总理图伊拉埃帕·卢佩索利艾·萨伊莱莱·马利埃莱额奥伊访沪。

5月15日　哈萨克斯坦驻上海总领事馆开馆。

5月17日　韩正参加以副总理吴仪为团长的中国政府代表团赴日本,出席日本爱知世博会。

同日　市人大常委会主任龚学平率团赴爱尔兰、法国访问。

5月19日　上海市与爱尔兰科克市结为友好城市。

5月19—20日　冰岛总统奥拉维尔·拉格纳·格里姆松访沪。

5月22日　市政协主席蒋以任率团赴意大利、克罗地亚、土耳其访问。

5月23日　第二十四届世界港口大会在上海举行。

5月23—24日　“中国在米兰——上海日”文化周在意大利米兰举行。

5月29—30日　克罗地亚总理伊沃·萨纳戴尔访沪。

5月30日　日本《化学工业日报》在沪开设分社。

5月30日—6月1日　亚太地区城市信息化论坛第五届年会在上海举行。

5月31日—6月4日　法国“马赛周”在沪举行。

6月5—6日　秘鲁总统亚历杭德罗·托莱多·曼里克访沪。

6月8—10日　比利时国王阿尔贝二世访沪。

6月22—24日　牙买加总理珀西瓦尔·帕特森访沪。

7月10—11日　格林纳达总理基思·米切尔访沪。

7月11日　韩国广播公司在沪开设分社。

7月16—17日　欧盟主席若泽·曼努埃尔·巴罗佐访沪。

7月25—27日　圭亚那总理塞缪尔·阿奇博尔德·安东尼·海因兹访沪。

8月1日　英特尔全球渠道事业总部正式落户上海紫竹科学园区。

8月15—16日　肯尼亚总统姆瓦伊·齐贝吉访沪。

8月20—25日　第四届国际亚洲研究学者大会在上海举行。

8月24—25日　爱沙尼亚总统阿诺尔德·吕特尔访沪。

8月25日　保加利亚驻上海总领事馆开馆。

同日　上海港与荷兰鹿特丹港结为友好港。

9月1日　斯里兰卡总统钱德里卡·班达拉奈克·库马拉通加夫人访沪。

9月6—8日　科摩罗总统阿扎利·阿苏马尼访沪。

9月7日　市外事工作会议召开。

9月8—9日　第22届世界法律大会在沪举行。

9月12—14日　芬兰总理马蒂·万哈宁访沪。

9月20—21日　“2005经济全球化与工会”国际论坛在沪举行。

9 月 21—23 日　多米尼克总理罗斯福・斯凯里特访沪。
9 月 23—25 日　吉布提总理迪莱塔・穆罕默德・迪莱塔访沪。
9 月 29 日　刚果(布)总统德尼・萨苏-恩格索访沪。
10 月 1 日　斯里兰卡驻上海总领事馆开馆。
10 月 3 日　蒋以任率市政协代表团赴加拿大、美国、墨西哥访问。
10 月 12—14 日　澳大利亚总督迈克尔・杰弗里访沪。
10 月 22—24 日　赤道几内亚总统特奥多罗・奥比昂・恩圭马・姆巴索戈访沪。
10 月 23 日　“上海日”在克罗地亚萨格勒布市举行。
同日　“上海日”在波兰滨海省举行。
10 月 25 日　丹麦《经济周刊》在沪开设分社(2008 年关闭)。
10 月 30 日　上海市市长国际企业家咨询会议第十七次会议举行。
10 月 31 日　上海港与美国洛杉矶港结为友好港。
11 月 22—25 日　意大利“米兰魅力”文化周在沪举行。
12 月 1—3 日　蒙古总统那木巴尔・恩赫巴亚尔访沪。
12 月 7 日　意大利驻上海总领事馆开馆。

2006 年

1 月 20 日　法国国际广播电台在沪开设分台。
1 月 20—21 日　希腊总理康斯坦丁・卡拉曼利斯访沪。
1 月 23 日　委内瑞拉驻上海总领事馆开馆。
2 月 16—18 日　多哥总统福雷・埃索齐姆纳・纳辛贝访沪。
2 月 23 日　美国全国公共广播电台在沪开设分台。
3 月 10 日　上海港与澳大利亚墨尔本港结为友好港。
同日　法国翰林影视在沪开设分社。
3 月 27—28 日　罗马尼亚总统特拉扬・伯塞斯库访沪。
4 月 1 日　日本每日新闻社在沪开设分社。

4 月 3 日　上海港国际客运中心开始试运行,美国嘉年华旗下歌诗达公司豪华邮轮“爱兰歌娜”号举行首航仪式。

4 月 5—7 日　土库曼斯坦总统尼亚佐夫・萨帕尔穆拉特・阿塔耶维奇访沪。
4 月 13—14 日　格鲁吉亚总统米哈伊尔・萨卡什维利访沪。
4 月 15 日　市政协主席蒋以任率团赴阿联酋、埃及、法国访问。
4 月 17—23 日　俄罗斯“圣彼得堡周”在沪举行。
4 月 20 日　市长韩正率团赴古巴、墨西哥访问。
4 月 24—26 日　斯里兰卡总理拉特纳西里・维克拉马纳亚克访沪。
4 月 25 日　上海港与加拿大圣劳伦斯航道管理局水上高速系统各成员港缔结友好关系。
5 月 15 日　上海合作组织外长会议在沪召开。
5 月 19 日　卢森堡驻上海总领事馆开馆。
5 月 22—23 日　德国总理安格拉・多罗特娅・默克尔访沪。

5月24日　日本产业时报社上海支局开设。

6月2日　市人大常委会主任龚学平率团赴俄罗斯、捷克、日本访问。

6月6日　南斯拉夫驻上海总领事馆更名为塞尔维亚驻上海总领事馆。

6月14—15日　俄罗斯总统弗拉基米尔·弗拉基米罗维奇·普京访沪。哈萨克斯坦总统努尔苏丹·纳扎尔巴耶夫访沪。塔吉克斯坦总统埃莫马利·拉赫莫诺夫访沪。乌兹别克斯坦总统伊斯拉姆·阿卜杜加尼耶维奇·卡里莫夫访沪。吉尔吉斯斯坦总统库尔曼别克·巴基耶夫·萨利耶维奇访沪。

6月14—16日　蒙古总统那木巴尔·恩赫巴亚尔访沪。伊朗总统马哈迈德·艾哈迈迪·内贾德访沪。巴基斯坦总统佩尔韦兹·穆沙拉夫访沪。

6月15日　上海合作组织成员国元首理事会第六次会议暨成立5周年庆典在上海举行。

6月20日　乌兹别克斯坦驻上海总领事馆开馆。

同日　日本《产经新闻》上海支局开设。

6月24—26日　塞内加尔总统阿卜杜拉耶·瓦德访沪。

6月27日　英国泛思图片社在沪开设分社。

6月29—30日　老挝人民革命党总书记、国家主席朱马里·赛雅颂访沪。

8月5—6日　萨摩亚国家元首图伊阿图阿·图普阿·塔马塞塞·埃菲访沪。

8月7日　瓦努阿图总理汉姆·利尼过境上海。

8月8日　汤加首相费莱蒂·瓦卡乌塔·塞韦莱过境上海。

8月19日　比利时首相伊夫·莱特姆访沪。

8月28日　巴布亚新几内亚驻上海名誉领事馆设立。

同日　瑞典“哥德堡”号仿古帆船抵达上海,进行为期2个月的展示。

8月30日　上海市与印尼东爪哇省结友好城市。

9月4日　日本《纤维新闻》设立上海支社。

9月7—9日　卢森堡大公亨利访沪。

9月12日　上海市人民对外友好协会成立50周年庆典系列活动举行。

9月14日　上海市和德国汉堡市结好20周年系列庆祝活动在汉堡市举行。

9月15—16日　意大利总理罗马诺·普罗迪访沪。

9月16—22日　“上海周”在法国罗纳-阿尔卑斯大区举行。

9月21—22日　上海合作组织成员国最高法院院长会议在上海举行。第二届世界中国学论坛在上海举行。

9月24—25日　立陶宛总统瓦尔达斯·阿达姆库斯访沪。

9月25日　德国《美因邮报》在沪开设分社。

10月12—13日　“2006昆士兰上海日”在澳大利亚昆士兰州举行。

10月15—20日　2006年特奥会上海国际邀请赛举行。

10月18—21日　克罗地亚“萨格勒布日”活动在沪举行。

10月22日　蒋以任随全国政协代表团赴英国、立陶宛、爱沙尼亚、乌克兰访问。

10月27日　新加坡总理李显龙过境上海。

10月27—30日　印尼总统苏希洛·班邦·尤多约诺访沪。

10月29—30日　几内亚比绍总统若奥·贝尔纳多·维埃拉访沪。

10 月 29—31 日　加蓬总统哈吉·奥马尔·邦戈·翁丁巴访沪。

10 月 31 日　马尔代夫驻上海名誉领事馆设立。

10 月 31 日—11 月 2 日　安哥拉总理费尔南多·多斯桑托斯访沪。

11 月 1—2 日　刚果(布)总统德尼·萨苏-恩格索访沪。

11 月 3 日　上海港与法国勒哈佛港结为友好港。

11 月 5 日　上海市市长国际企业家咨询会议第十八次会议举行。

11 月 7—8 日　阿尔及利亚总统阿卜杜勒-阿齐兹·布特弗利卡访沪。

11 月 21—23 日　保加利亚总理塞尔盖伊·斯塔尼舍夫访沪。

12 月 4—6 日　塞浦路斯总统塔索斯·帕帕佐普洛斯访沪。

12 月 19 日　美国《汽车新闻》在沪开设分社。

2007 年

1 月 4 日　美国明尼苏达公共电台在沪开设分台。

1 月 15 日　美国《塑料新闻》在沪开设分社。

1 月 16 日　丹麦《机械建筑技术》在沪开设分社。

1 月 30 日　芬兰《首都日报》在沪开设分社(2009 年注销)。

2 月 1—2 日　葡萄牙总理若泽·苏格拉底访沪。

2 月 6 日　意大利《24 小时太阳报》在沪开设分社。

2 月 13—16 日　“上海周”活动在英国伦敦举行。

3 月 1—2 日　斯里兰卡总统马欣达·拉贾帕克萨访沪。

3 月 12 日　丹麦《政治报》在沪开设分社(2009 年注销)。

3 月 23—25 日　萨摩亚总理图伊拉埃帕·卢佩索利艾·萨伊莱莱·马利埃莱额奥伊访沪。

4 月 2 日　汇丰、渣打、东亚、花旗银行(中国)有限公司 4 家首批获准改制的外资银行在沪正式开业。

4 月 8 日　市人大常委会主任龚学平率团赴摩洛哥、葡萄牙、德国访问。

4 月 26 日　芬兰《技术与经济》在沪开设分社。

5 月 1 日　市政协主席蒋以任率团赴日本、美国访问。

5 月 16—17 日　非洲开发银行集团理事会第 42 届年会在上海举行。

5 月 25—26 日　德国总统霍斯特·克勒访沪。

6 月 5—6 日　纽埃总理米提塔伊昂伊梅尼·扬·维维安访沪。

6 月 9 日　市长韩正率上海市代表团赴俄罗斯访问。

6 月 9—18 日　“上海周”在俄罗斯圣彼得堡举行。

6 月 21 日　上海市虹口区与德国汉堡中区建立友好区市关系。

6 月 24—26 日　西班牙国王胡安·卡洛斯一世访沪。

6 月 25 日　瓦努阿图驻上海总领事馆开馆。

7 月 11—12 日　毛里求斯总理纳文钱德拉·拉姆古兰访沪。

7 月 12 日　上海港与智利瓦尔帕莱索港结为友好港。

7 月 18 日　上海港与美国旧金山港结为友好港。

7月19日　丹麦《星期一早晨周刊》在沪开设分社。

8月7日　市外事工作会议召开,市委书记习近平出席会议并讲话。

8月9日　荷兰《金融日报》在沪开设分社。

8月17日　加拿大邮报传媒新闻社在沪开设分社。

9月4日　法国《巴黎人日报》在沪开设分社。

9月4—5日　匈牙利总理久尔恰尼・费伦茨访沪。

9月28—30日　库克群岛总理吉姆・马鲁雷访沪。

10月2日　澳门特别行政区行政长官何厚铧来沪出席2007年世界夏季特奥会开幕式,此次系何厚铧担任澳门特别行政区行政长官后首次正式访沪。

10月2—3日　菲律宾总统格洛丽亚・马卡帕加尔・阿罗约访沪。

10月2—5日　冰岛总统奥拉维尔・拉格纳・格里姆松访沪。

10月2—11日　2007年世界夏季特殊奥林匹克运动会在上海举行。

10月14日　市人大常委会主任龚学平率团赴日本、韩国访问。

10月23日　日本日中经济通信上海支局开设。

10月24日　芬兰《图尔库新闻》在沪开设分社(2009年注销)。

10月25日　荷兰《新鹿特丹商业报》在沪开设分社。

10月26—28日　哥斯达黎加总统奥斯卡・阿里亚斯・桑切斯访沪。

10月28日　上海市市长国际企业家咨询会议第十九次会议在沪举行。

10月31日—11月1日　约旦国王阿卜杜拉二世・本・侯赛因访沪。

11月10—11日　斯洛文尼亚总理雅奈兹・扬沙访沪。

11月19日　上海市与瑞士巴塞尔州结为友好城市。

11月23—25日　厄瓜多尔总统拉菲尔・科雷亚・德尔加多访沪。

11月27日　法国总统尼古拉・萨科齐访沪。

11月30日　越南驻上海领事办公室开设。

12月8—9日　马其顿总统布兰科・茨尔文科夫斯基访沪。

12月14日　蒋以任率团赴俄罗斯访问。

12月18—19日　密克罗尼西亚总统伊曼纽尔・莫里访沪。

12月28日　上海市与美国芝加哥市由友好交流关系升格为友好城市。

2008年

1月16日　尼日利亚驻上海总领事馆开馆。

1月19—20日　英国首相戈登・布朗访沪。

1月29日　荷兰报业联盟在沪开设分社。

3月1日　尼日利亚总统奥马鲁・穆萨・亚拉杜瓦访沪。

3月17日　上海市与丹麦中部大区结为友好城市。

3月29—30日　马拉维总统宾古・瓦・穆塔里卡访沪。

4月1—3日　阿联酋副总统兼总理、迪拜酋长马克图姆・本・穆罕默德・本・拉希德・阿勒马克图姆访沪。

4 月 6—9 日　卡特尔首相兼外交大臣哈马德·本·贾西姆·本·贾布尔·阿勒萨尼访沪。
4 月 14—15 日　智利总统维罗妮卡·米歇尔·巴切莱特·赫里亚访沪。
4 月 17—20 日　波黑部长会议主席尼科拉·什皮里奇访沪。
4 月 18 日　斯里兰卡驻上海领事馆升格为总领事馆。
5 月 7—9 日　巴巴多斯总理戴维·汤普森访沪。
5 月 9—11 日　首届陆家嘴论坛在上海举行。
5 月 15—17 日　首届女性论坛亚洲大会在沪举行。
5 月 20—25 日　法国"罗纳-阿尔卑斯大区周"在沪举行。
5 月 21 日　上海市与法国罗纳-阿尔卑斯大区由友好交流关系升格为友好城市。
5 月 30—31 日　刚果(布)总统德尼·萨苏-恩格索访沪。
5 月 30 日—6 月 3 日　摩洛哥国王穆罕默德六世在上海进行私人访问。
5 月 31 日　佛得角总统佩德罗·维罗纳·罗德里格斯·皮雷斯访沪。
6 月 1 日　伊朗新闻电视台在沪开设分台。
6 月 2—6 日　"上海周"在以色列海法市举行。
6 月 17 日　德国《外贸新闻》在沪开设分社。
6 月 25—27 日　希腊总统卡罗洛斯·帕普利亚斯访沪。
7 月 9—10 日　墨西哥总统费利佩·卡尔德龙·伊诺霍萨访沪。
7 月 23 日　英国《每日电讯报》在沪开设分社。
8 月 4—7 日　第 18 届世界翻译大会在上海举行。
8 月 5—6 日　萨摩亚国家元首图伊·阿图阿·图普阿·塔马塞塞·埃菲访沪。
8 月 7 日　瓦努阿图总理汉姆·利尼过境上海。
8 月 8 日　汤加首相费莱蒂·瓦卡乌塔·塞韦莱过境上海。
8 月 13—14 日　斐济总理乔萨亚·沃伦盖·姆拜马拉马访沪。
8 月 19 日　比利时首相伊夫·莱特姆访沪。
8 月 24 日　市长韩正率上海代表团赴阿联酋、土耳其、西班牙访问。
8 月 27—30 日　"上海周"在土耳其伊斯坦布尔举行。
9 月 14 日　市人大常委会主任刘云耕率团赴新西兰、萨摩亚、越南访问。
9 月 16 日　萨摩亚总理图伊拉埃帕·卢佩索利艾·萨伊莱莱·马利埃莱额奥伊过境上海。
10 月 7 日　市政协主席冯国勤率团赴毛里求斯、柬埔寨、南非访问。
10 月 8 日　上海市与柬埔寨金边市结为友好城市。
10 月 16 日　中共中央政治局委员、上海市委书记俞正声率中国共产党代表团赴印度访问。
10 月 20—22 日　丹麦首相安诺斯·福格·拉斯穆森访沪。
10 月 21—22 日　波兰总理多纳德·图斯克访沪。
10 月 26—27 日　比利时首相伊夫·莱特姆访沪。
10 月 27 日　新加坡总理李显龙过境上海。
10 月 27—29 日　荷兰首相杨·比特·鲍肯内德访沪。
10 月 29 日　斯里兰卡总理拉特纳西里·维克拉马纳亚克过境上海。
11 月 2 日　上海市市长国际企业家咨询会议第二十次会议举行。
11 月 21 日　白俄罗斯驻上海总领事馆开馆。

12月12日 《德国金融时报》在沪开设分社。

2009年

1月16日 纪念中美建交30周年图片展和中美关系研讨会在沪举行。

1月29日—2月1日 “魅力上海,精彩世博——伦敦上海周”活动在英国伦敦举行。

2月12日 英国《艺术报》在沪开设分社。

2月20日 美联电视新闻公司在沪开设分社。

2月22—24日 巴基斯坦总统阿西夫·阿里·扎尔达里访沪。

2月26—27日 “万国禁烟会”百年纪念活动在上海举行。

3月6日 德国《明星》周刊在沪开设分社。

3月11日 上海港与波兰格但斯克港结为友好港。

3月24—26日 乌拉圭总统塔瓦雷·拉蒙·巴斯克斯·罗萨斯访沪。

3月31日 上海市与英国大伦敦市结为友好城市。

4月16—17日 新西兰总理约翰·基访沪。

4月18日 芬兰总理马蒂·万哈宁过境上海。

5月13日 市政协主席冯国勤率团赴土耳其、阿联酋、韩国访问。

5月14日 韩国《易德财经》在沪开设分社。

5月16日 “2009陆家嘴论坛”在上海举行。

同日 “上海文化周”在土耳其安卡拉举行。

5月28—30日 塞拉利昂总统欧内斯特·巴伊·科罗马访沪。

6月1日 市长韩正率上海市代表团赴法国、瑞士、匈牙利、克罗地亚访问。

6月7日 新加坡总理李显龙访沪。

6月19日 法兰西24电视台在沪开设分社。

6月24—30日 “上海周”在澳大利亚昆士兰州举行。

7月6日 阿联酋驻上海总领事馆开馆。

8月10日 厄瓜多尔驻上海总领事馆开馆。

8月22—25日 塞尔维亚总统鲍里斯·塔迪奇访沪。

9月2日 市人大常委会主任刘云耕率团赴奥地利、斯洛文尼亚、意大利访问。

9月3日 上海市与奥地利萨尔茨堡市正式结为友好城市。

9月19日 “第五届世界华文传媒论坛”在沪开幕。

9月20日 中共中央政治局委员、上海市委书记俞正声率中国共产党代表团赴乌克兰、哈萨克斯坦访问。

10月18日 冰岛驻上海总领事馆开馆。

10月18—20日 科特迪瓦总理纪尧姆·基格巴福里·索罗访沪。

11月1日 上海市市长国际企业家咨询会议第二十一次会议举行。

11月12—13日 智利总统维罗妮卡·米歇尔·巴切莱特·赫里亚访沪。

11月15—16日 美国总统巴拉克·侯赛因·奥巴马访沪。

11月20—26日 “欧罗巴利亚中国艺术节—上海文化周”在荷兰鹿特丹、比利时安特卫普举行。

11月26日　上海市虹口区与以色列海法市科瑞阿特·海姆区缔结友好关系。

12月4—5日　加拿大总理斯蒂芬·哈珀访沪。

12月30日　西班牙柯尔比撒通讯社在沪开设分社。

12月30—31日　尼泊尔总理马达夫·库马尔·尼帕尔访沪。

2010年

1月22日　奥地利总统海因茨·菲舍尔访沪。

2月12日　市人大常委会主任刘云耕率团赴加拿大、墨西哥、美国访问。

3月9日　荷兰广播电台协会电视部在沪开设分社。

3月18日　市政协主席冯国勤率团赴越南、菲律宾、新西兰访问。

4月7—10日　首届沃特金融峰会在沪开幕。

4月28日—5月3日　马耳他总统乔治·阿贝拉访沪并出席上海世博会活动。

4月29日—5月1日　越南总理阮晋勇访沪并出席上海世博会活动。荷兰首相扬·比特·鲍肯内德访沪并出席上海世博会活动。朝鲜最高人民会议常任委员会委员长金永南访沪并出席上海世博会活动。

4月29日—5月2日　柬埔寨首相洪森访沪并出席上海世博会活动。马里总统阿马杜·图马尼·杜尔访沪并出席上海世博会活动。刚果(布)总统德尼·萨苏-恩格索访沪并出席上海世博会活动。加蓬总统阿里·邦戈·翁丁巴访沪并出席上海世博会活动。马拉维总统宾古·瓦·穆塔里卡访沪并出席上海世博会活动。

4月29日—5月3日　肯尼亚总统姆瓦伊·齐贝吉访沪并出席上海世博会活动。亚美尼亚总统谢尔日·阿扎多维奇·萨尔基相访沪并出席上海世博会活动。

4月30日　中国2010年上海世界博览会开幕式举行。

同日　法国总统尼古拉·萨科奇访沪并出席上海世博会活动。

同日　哈萨克斯坦总理卡里姆·马西莫夫访沪并出席上海世博会活动。

4月30日—5月1日　韩国总统李明博访沪并出席上海世博会活动。蒙古总统查希亚·额勒贝格道尔吉访沪并出席上海世博会活动。巴勒斯坦总统马哈茂德·阿巴斯访沪并出席上海世博会活动。欧盟主席若泽·曼努埃尔·巴罗佐访沪并出席上海世博会活动。

4月30日—5月2日　塞舌尔总统詹姆斯·阿利克斯·米歇尔访沪并出席上海世博会活动。土库曼斯坦总统库尔班古力·别尔德穆哈梅多夫访沪并出席上海世博会活动。

4月30日—5月4日　密克罗尼西亚总统伊曼纽尔·莫里访沪并出席上海世博会活动。

5月1日　中国2010年上海世界博览会开园仪式举行。

5月1—2日　马尔代夫总统穆罕默德·纳希德访沪并出席上海世博会活动。

5月6—10日　塞拉利昂总统欧内斯特·巴伊·科罗马访沪并出席上海世博会活动。

5月8—10日　波黑部长会议主席尼古拉·什皮里奇访沪并出席上海世博会活动。

5月14—17日　克罗地亚总统伊沃·约西波维奇访沪并出席上海世博会活动。

5月18—21日　德国总统霍斯特·克勒访沪并出席上海世博会活动。

5月20—21日　比利时首相伊夫·莱特姆访沪并出席上海世博会活动。

5月20—22日　奥地利总理维尔纳・菲曼访沪并出席上海世博会活动。

5月21—23日　美国国务卿希拉里・黛安・罗德姆・克林顿访沪并出席上海世博会活动。

5月22—24日　瑞典国王卡尔十六世・古斯塔夫访沪并出席上海世博会活动。

5月24—27日　黑山总统菲利普・武亚诺维奇访沪并出席上海世博会活动。

5月26—27日　拉脱维亚总理瓦尔迪斯・托姆布洛夫斯基斯访沪并出席上海世博会活动。

5月26—31日　芬兰总统塔里娅・哈洛宁访沪并出席上海世博会活动。

5月29—31日　印度总统普拉蒂巴・德维辛格・帕蒂尔访沪并出席上海世博会活动。

6月6—9日　澳大利亚总督昆廷・布赖斯访沪并出席上海世博活动。

6月8—9日　菲律宾总统格洛丽亚・马卡帕加尔・阿罗约访沪并出席上海世博会活动。

6月9日　上海港与德国不来梅港结为友好港。

6月10—11日　伊朗总统马哈茂德・艾哈迈迪・内贾德访沪并出席上海世博会活动。

6月16—18日　爱尔兰总统玛丽・麦卡利斯访沪并出席上海世博会活动。

6月19—22日　澳大利亚"昆士兰周"活动在上海举行。

6月20—22日　莫桑比克总理艾雷斯・博尼法西奥・巴普蒂斯塔・阿里访沪并出席上海世博会活动。

6月23—24日　斯洛文尼亚总理博鲁特・帕霍尔访沪并出席上海世博会活动。

6月24日　斯洛文尼亚驻上海领事馆开馆。

6月26—28日　塞尔维亚总理米尔科・茨韦特科维奇访沪并出席上海世博会活动。

6月29日—7月2日　加拿大总督米夏埃尔・让访沪并出席上海世博会活动。

7月2—5日　卢旺达总理贝尔纳・马库扎访沪并出席上海世博会活动。

7月8—10日　新西兰总理约翰・基访沪并出席上海世博会活动。

7月9日　上海港与法国敦刻尔克港结为友好港。

7月9—10日　巴基斯坦总统阿西夫・阿里・扎尔达里访沪并出席上海世博会活动。

7月11—16日　东帝汶总统若泽・拉莫斯・奥尔塔访沪并出席上海世博会活动。

7月14—15日　阿根廷总统克里斯蒂娜・费尔南德斯・德基什内尔访沪并出席上海世博会活动。

7月14—18日　圭亚那总统巴拉特・贾格迪奥访沪并出席上海世博会活动。

7月15—20日　多米尼克总统尼古拉斯・利物浦访沪并出席上海世博会活动。

7月16—20日　格林纳达总理蒂尔曼・托马斯访沪并出席上海世博会活动。

7月17—18日　斯里兰卡总理迪萨纳亚克・贾亚拉特纳访沪并出席上海世博会活动。

7月29—31日　加蓬总理保罗・比约格・姆巴访沪并出席上海世博会活动。

7月29日—8月1日　萨摩亚总理图伊拉埃帕・卢佩索利艾・萨伊莱莱・马利埃莱额奥伊访沪并出席上海世博会活动。

7月31日—8月12日　斐济总理乔萨亚・沃伦盖・姆拜尼马拉马访沪并出席上海世博会活动。

8月1日　越南驻上海领事办公室升格为驻上海总领事馆。

8月11—12日　津巴布韦总统罗伯特・加布里埃尔・穆加贝访沪并出席上海世博会活动。

8月11—13日　瑞士联邦主席多丽丝・洛伊特哈德访沪并出席上海世博会活动。

8月14—16日　赤道几内亚总统特奥多罗・奥比昂・恩圭马・姆巴索戈访沪并出席上海世博

会活动。

8 月 19—22 日　多哥总统福雷·埃索齐姆纳·纳辛贝访沪并出席上海世博会活动。

8 月 20—23 日　新加坡总统塞拉潘·纳丹访沪并出席上海世博会活动。

8 月 25—26 日　南非总统雅各布·盖德莱伊莱基萨·祖马访沪并出席上海世博会活动。

8 月 29—31 日　西班牙首相何塞·路易斯·罗德里格斯·萨帕特罗访沪并出席上海世博会活动。

8 月 30 日—9 月 2 日　毛里求斯总统阿内罗德·贾格纳特访沪并出席上海世博会活动。

8 月 31 日—9 月 3 日　列支敦士登摄政王储阿洛伊斯访沪并出席上海世博会活动。

9 月 2—5 日　斯洛伐克总统伊万·加什帕罗维奇访沪并出席上海世博会活动。

9 月 4—5 日　泰国总理阿披实·威差奇瓦访沪并出席上海世博会活动。乌克兰总统维克多·亚努科维奇访沪并出席上海世博会活动。

9 月 8 日　上海市嘉定区与新西兰豪拉基市建立友好区市关系。

9 月 8—10 日　2010 中国国际友好城市大会在沪举行。

9 月 8—12 日　冰岛总统奥拉维尔·拉格纳·格里姆松访沪并出席上海世博会活动。

9 月 9—10 日　缅甸国家和平与发展委员会主席丹瑞访沪并出席上海世博会活动。

9 月 11—12 日　摩尔多瓦总理弗拉基米尔·菲拉特访沪并出席上海世博会活动。

9 月 11—13 日　新加坡总理李显龙访沪并出席上海世博会活动。

9 月 15—17 日　特立尼达和多巴哥总统乔治·理查兹访沪并出席上海世博会活动。

9 月 20—23 日　亚美尼亚总理季格兰·萨尔基相访沪并出席上海世博会活动。塔吉克斯坦总理阿基勒·阿基洛夫访沪并出席上海世博会活动。

9 月 23 日　加纳总统约翰·埃文斯·阿塔·米尔斯访沪并参观上海世博会。

9 月 23—25 日　几内亚比绍总理卡洛斯·戈梅斯·儒尼奥尔访沪并出席上海世博会活动。

9 月 24 日—10 月 1 日　中非总统弗朗索瓦·博齐泽·杨古翁达 2 次访沪并出席上海世博会活动。

9 月 27—28 日　俄罗斯总统德米特里·阿纳托利耶维奇·梅德韦杰夫访沪并出席上海世博会活动。

9 月 27 日—10 月 2 日　柬埔寨国王诺罗敦·西哈莫尼访沪并出席上海世博会活动。

9 月 29 日—10 月 2 日　阿尔巴尼亚总统巴米尔·托皮访沪并出席上海世博会活动。

9 月 30 日—10 月 3 日　斐济总统埃佩利·奈拉蒂考访沪并出席上海世博会活动。

10 月 1 日　世博会中国国家馆日活动举行。

10 月 2—5 日　莱索托国王莱齐耶三世访沪并出席上海世博会活动。

10 月 4—9 日　摩纳哥国家元首阿尔贝二世和国务大臣米歇尔·罗杰访沪并出席上海世博会活动。

10 月 6—8 日　佛得角总统佩德罗·维罗纳·罗德里格斯·皮雷斯访沪并出席上海世博会活动。

10 月 7—9 日　瓦努阿图总统尤路·约翰逊·阿比尔访沪并出席上海世博会活动。

10 月 9—11 日　卢森堡大公亨利访沪并出席上海世博会活动。

10 月 10 日　白俄罗斯总统亚历山大·格里戈里耶维奇·卢卡申科访沪并出席上海世博会活动。

同日　上海市市长国际企业家咨询会议第二十二次会议举行。

10月11—14日　老挝总理波松・布帕万访沪并出席上海世博会活动。

10月12日　英国《每日邮报》在沪开设分社。

10月18—20日　纽埃总理托克・塔拉吉访沪并出席上海世博会活动。

10月20日　土耳其阿纳多卢通讯社在沪开设分社。

10月20—21日　拉脱维亚总统瓦尔迪斯・扎特列尔斯访沪并出席上海世博会活动。

10月23—25日　立陶宛总统达利娅・格里包斯凯特访沪并出席上海世博会活动。

10月25日　爱沙尼亚驻上海总领事馆开馆。

10月25—26日　印尼总统苏希洛・班邦・尤多约诺访沪。

10月27—30日　格鲁吉亚总理尼卡・吉拉乌利访沪并出席上海世博会活动。

10月28—29日　意大利总统乔治・纳波利塔诺访沪并出席上海世博会活动。

10月29—31日　尼泊尔总统拉姆・巴兰・亚达夫访沪并出席上海世博会。

10月29日—11月1日　东帝汶总理夏纳纳・古斯芒访沪并出席上海世博会活动。莱索托首相帕卡利塔・莫西西利访沪并出席上海世博会活动。巴哈马总理休伯特・英格拉哈姆访沪并出席上海世博会活动。

10月30日—11月1日　联合国秘书长潘基文访沪并出席上海世博会活动。斯里兰卡总统马欣达・拉贾帕克萨访沪并出席上海世博会活动。芬兰总理玛丽・基维涅米访沪并出席上海世博会活动。

10月30日—11月2日　匈牙利总理欧尔班・维克托访沪并出席上海世博会活动。

10月31日　中国2010年上海世界博览会闭幕式举行。

11月7—12日　国际博物馆协会第22届大会在沪举行。

11月11—13日　瑞典国王卡尔十六世・古斯塔夫访沪。

第一篇

外宾来访和领导出访

上海是访华外宾热切期望造访的重要城市。新中国成立后，上海接待的重要外宾大多为苏联和东欧、亚非拉国家的代表团，以及国际和平组织和世界各国从事和平民主与民族独立运动的对华友好组织、政党、团体和人士。20世纪70年代，西方国家掀起了与中国建交热，上海逐步迎来了一些西方国家的政府、议会、政党代表团和民间各界人士。20世纪80年代，中国实行改革开放，上海的国际交往日益宽广，外国重要嘉宾和客人造访更加频繁。20世纪90年代后，随着党中央、国务院宣布上海浦东开发开放，上海作为中国改革开放实践的形象和窗口，吸引世界各国元首和政府首脑，政府政要、国会议员和政党领袖，以及各类团体组织和民间知名人士前来参观访问，他们把上海看作"中国的今天和明天"，看作中国改革开放政策的镜子和试金石。进入21世纪，全球经济一体化的发展趋势和上海经济建设、城市发展的崛起腾飞，更加吸引世界各国嘉宾纷至沓来，寻找各种商机和经济合作。据不完全统计，20世纪70年代前，上海每年接待的外宾不足万人，至1979年，当年访沪的外国嘉宾已达12.9万人，其中包括59个亚非拉国家元首和政府首脑。到了20世纪80年代，访沪的外国嘉宾不断增加，1988年已增至66.4万人，比1979年增加4倍多，除亚非拉国家代表团继续扩大，占总数的三分之二外，美、日和西方其他各国的元首或政府首脑几乎都到过上海。20世纪90年代初上海浦东开发开放以后，外宾造访急剧增长，至1993年上升至124.8万多人，比1988年增长了88%。每年访沪的国家元首和政府首脑团有20多批，几乎占访华总数的三分之二；副总理级代表团30多批，议会议长团40多批，部长级代表团100多批，市领导会见的重要经贸团组200多批。21世纪头10年，外宾访沪继续呈现迅猛发展的势头，除国宾、党宾、各界友好人士代表团仍然络绎不绝外，到沪的境外游客也迅速增长，至2010年已有851.12万人次，是1978年8.62万人次的98.74倍，上海平均每天接待境外游客2.33万人次，境外游客在上海平均逗留3.51天。1978—2010年，上海共接待外宾重要代表团6 417批，其中国家元首和政府首脑代表团758批，副总理级以上代表团667批，部长级代表团4 992批。在做好外国嘉宾访沪的接待工作中，上海积极贯彻中央的对外方针政策，不断提高接待水平和服务质量，努力展现上海改革开放呈现的新气象、新面貌、新成就，进一步印证中国改革开放的正确决策和伟大意义，并充分抓住各种机遇，配合国家总体外交和地方经济建设、社会发展，加强国际合作与交流。上海市领导率领代表团出访世界各国、各地区，在外事、经济、贸易、金融、科技、文化、教育、体育、卫生等领域搭建重要平台，助力上海逐步融入国际社会和世界经济。

第一章　亚洲国家外宾来访

亚洲是中国开展周边外交的主要国家和地区，积极发展与亚洲各国的友好关系，是中国争取和平稳定的国际环境、谋求本国发展的首要条件。长期以来，亚洲国家一直与中国保持经贸往来和睦邻友好关系。中国实行改革开放政策以后，亚洲国家各界人士纷纷组团访华，到上海参观、访问和旅游，仅1978年这一年，就有3 000多批、3.64万人次。随着改革开放不断深入，中国与周边国家经济联系日益密切，中日两个亚洲经济大国的经济关系更加紧密，亚洲各国访华到沪的热情更加高涨，至1988年仅日本、菲律宾、新加坡三国就有35万多人次访沪，其中日本32.5万人次。20世纪90年代初上海浦东开发开放后，处在改革开放前沿的上海更加被亚洲各国重视，亚洲各国访沪参观、旅游热情高涨，仅1992年上半年，来自日本、马来西亚、新加坡、韩国、菲律宾、印尼、泰国的嘉宾就达21.62万人次。亚洲各国到上海参观、访问和旅游，一方面是了解和吸收中国改革开放的政策、经验，更主要的是通过上海这个经济中心扩大对华的交流与合作，分享中国改革开放成果。据不完全统计，1994—2010年，上海共接待来自亚洲近40个国家的各类重要代表团4 148批6.03万人次。

第一节　东亚和东南亚国家代表团访沪

一、日本

日本是中国一衣带水的近邻，中日关系的发展直接影响到亚洲的繁荣和稳定。1972年中日邦交正常化后，在日本各界掀起发展中日友好关系的新高潮，大批日本有识之士深刻认识到中日友好的重要性，为推动和发展中日友好不遗余力。改革开放初期，到上海参观访问的日本各界人士迅速增长，从1972年的2 200多人猛增至47 700多人，一些日本内阁领导人和政界人士纷纷到上海访问。1978年8月，中日两国缔结《中日和平友好条约》，市革命委员会举行庆祝酒会，日本驻沪总领事和领馆官员、日本驻沪机构人员、在沪工作的日本专家技术人员以及正在上海访问的日本客人共400余人出席，与中方一起庆祝条约的签订。日本关西教职员工"友好之翼"访华团一些团员说："看到今天的友好关系，想到日本侵略中国的那一段历史，感到非常内疚。作为教师，我们有责任教育下一代，绝不允许再现过去的痛苦历史，日中两国人民要世世代代友好下去。"1979年12月9日，日本新任首相大平正芳和专程参加"阿波丸"沉船死难者遗骨、遗物交接仪式的日本厚生大臣桥本龙太郎等抵达上海，就上海海难救助打捞队和海军防险救生部队一起在福建省牛山岛东海域打捞起已沉没30多年的日本"阿波丸"船残骸和300多具沉船死难者遗骨、1 600多件遗物，向市革命委员会和海难救助打捞人员表达谢意。日本首相大平正芳在与市革命委员会副主任彭冲会见、交谈中，还专门询问了宝山钢铁总厂建设工程进展情况和日本技术人员在宝钢工作的情况，并对工程有计划进行和双方人员的良好合作大为赞赏。在日本首相大平正芳访沪前后，日本法务大臣古井喜实和参议院议长安井谦，以及日中友好议员联盟会长滨野清吾和北村博昭、中山太郎、北川石松、松本重治等许多日本老朋友和知名人士相继到上海访问，他们都表示日中之间不但要增加人员交往，更需加强经济技术和物资交流。滨野清吾希望在增加空航班次同时,继续开辟海上航线。

20 世纪 80 年代后,日本对上海的经济合作与投资不断增大,仅次于香港地区对上海的投资,双方的交往更为密切。1982—1988 年,日本首相铃木善幸、中曾根康弘、竹下登先后访问上海。铃木善幸一行 100 余人于 1982 年 9 月 30 日下午从杭州乘专列抵沪,他在宴会致辞中说,这次访华最大成果就是双方确认日中两国在 10 年前所发表的《中日联合声明》精神,并决心发展世世代代的友好关系。他表示,通过与中国领导人会谈,更加坚定了对日中两国关系的未来所抱有的信心,更加确信日中两国之间相互理解、巩固相互信赖和进行真诚努力的重要性。中曾根康弘和竹下登分别于 1984 年 3 月 26 日和 1988 年 8 月 30 日结束访华回国途经上海作短暂停留。三任首相在与上海市领导见面交谈中,都看了或听取了上海宝山钢铁总厂建设、投产和中日技术人员合作共事情况以及双方在经贸、技术和其他一些方面交流合作的状况。铃木善幸说,宝钢是日中友好合作的象征,它的建成将对中国的经济建设作出贡献,并将成为日中两国经济合作的范例。他希望宝钢能起"火车头"作用,带动更多日中合作项目。竹下登表示日本方面愿继续为上海的发展提供合作。

1980—1988 年,日本政界、议会、朝野政党、地方自治体、日中友好团体领导人和代表团到上海访问每年络绎不绝。其中,政界有日本建设省大臣木部佳昭、运输大臣山下德夫、外务大臣安倍晋太郎、前内阁官房长官井出一太郎、前厚生大臣林义郎、前外相小坂善太郎等。外相安倍晋太郎在与市长江泽民会晤中表示,上海已制定雄心勃勃的经济发展战略,他希望上海与日本之间的经贸往来和其他交流合作日益发展。议会有日本参议院议长德永正利,参议院副议长秋山长造,众议院议长福田一和原健三郎,众议院副议长冈田春夫,众议员仓成正、河野正、片冈清一、小林恒人和中村茂,前众议员石野久男和广泽贤一等。朝野政党有日本公明党委员长竹入义胜、失野绚也和副委员长二宫文造、中央执行委员正木良明和大久保直彦、社会民主联合书记长楢崎弥之助和副代表江田五月,社会党参议院事务局长押田三郎、党中央执行委员曾我祐次和副委员长田边诚,民社党委员长佐佐木良作和副委员长永末英一,自民党副总裁二阶堂进、党干事长竹下登,新自由俱乐部党首河野洋平,日本国策研究会会长稻叶秀三等,其中公明党委员长竹入义胜 1980—1985 年每年都抵沪访问。友好团体和人士有日中友好议员联盟会长古井喜实;日中友好议员联盟副会长小林进和井上泉;"中日友好 21 世纪委员会"日方委员铃木治雄和香山健一;日中特别委员会委员长下平正一;日中友协全国本部会长宇都宫德马,副会长久野忠治和金子二郎,理事长栗原俊夫,副理事长楢崎富男、西园寺一晃、石水伴清、新井宝雄、远藤弘喜,常务理事三浦赖子,业务部部长春日嘉一;已故前首相大平正芳的夫人大平志华子,已故前首相池田勇人的夫人池田满枝;日中友协千叶县本部代会长加濑包男和东京都三多摩地区负责人猪濑和质;日中文化交流协会会长井上靖,理事长宫川寅雄;日中协会会长茅诚司和向坊隆,理事长野田毅,事务局长白西绅一郎;日本创价学会名誉会长池田大作,会长秋谷荣之助;日本"旧友会"会长笠时乘;以及日本全国"知事会""市长会"代表团和一些县、府、市政府、议会的领导人;等等。其他因各种活动到上海进行交流参观的代表团也源源不断,像 1980 年 3 月,以大阪府日中友协常任理事松泽由夫为团长的、由日中友协地方组织成员和"毛泽东思想学院"成员组成的纪念日本著名马克思主义经济学家河上肇诞辰 100 周年访华团到沪;1981 年 9 月,内山嘉吉一行到沪参加鲁迅诞辰 100 周年纪念活动和内山书店旧址勒石揭幕典礼;等等。1981 年 8 月,日中友协全国本部与中国人民对外友好协会上海市分会在上海联合举办"中日友好联欢会"后,日中友协连续多年派遣日中民间友好联欢、交流团到访,如 1983 年 8 月,179 人组成的"日中友好青年交流集会"访华团到沪;1984 年 10 月,3 000 名日本青年访沪。大阪府日中友协于 1982 年秋成立"大阪—上海经济交流协会",1983—1988 年连续组织 40 多个经济技术交流考察团到上海进行考察、交流、咨询、洽谈等活动，并达成一些合资、合作协议。这期间每年到上海旅游的日本人数也不断增加，至1988年达325 050人次，比1981年的87 882人次增加2.7倍，每年访沪的日本人数始终居各国访沪人数之首，占到访外国人总人数的42%。

1989年，92岁高龄的日中经济协会常任顾问冈崎嘉平太在其第100次访华之行中至上海访问。市长朱镕基在会见这位老朋友时，感谢他长期以来为中日友好事业所作的努力和贡献。日本九州经济联合会会长、"福冈—上海俱乐部"会长永仓三郎率领由470人组成的大型代表团乘日本"富士丸"客轮抵上海进行友好访问和交流。永仓三郎表示要与上海方面共同努力，扎扎实实地加强近而又近的九州、上海两地的交流合作。在此前后来访的，有亚洲开发银行行长藤田真佐夫一行、日本富士通株式会社社长山本卓真率领的富士通访华团等日本经济界人士和其他一些人士，有日本丰田汽车公司、日产汽车公司、车工物产株式会社的常务董事、董事，日本世一观光中国旅游考察团，中日食品流通开发委员会的日方委员，日本内燃发电设备协会考察团，日本脏器制药株式会社社长小西甚右门等；还有以会长松本明重为首的日本同志会代表团，以日中友好横滨市议会议员联盟事务局长、日本社会党神奈川县本部副委员长石崎武为团长的横滨市议会社会党议员代表团，由福冈市议会议长山崎广太郎率领的日本全国市议会议长会友好访华团等。

20世纪90年代是中日关系进入新高潮的重要阶段。1991年，日本首相海部俊树访华。

1992年10月27—28日，在中日邦交正常化20周年之际，日本明仁天皇偕皇后美智子、日本副总理兼外务大臣渡边美智雄一行60余人访沪，在两国政府和人民的共同努力下，把中日友好推向高潮。日本天皇和皇后访问上海交通大学，饶有兴趣地看了海洋工程国家重点实验室里拟风、浪、流等海洋环境造波表演和正在进行的石油平台试验；参观南浦大桥、南汇县周浦乡，到农民朱海良家作客，询问他家所从事的农业、副业生产和生活情况；并在下榻的西郊宾馆同上海科技、文化、城市建设等领域的10多位知名人士进行了友好会见与交谈，把这次访华特地带来的12种虾虎鱼标本赠给研究鱼类的上海水产大学教授伍汉霖，表示在研究鱼类和桥梁建设方面，日中两国一定要合作，多多交流。在结束对中国的访问离沪登机前，日本天皇对市长黄菊说，这次访问上海时间虽短，但留下非常美好的印象，非常感谢上海人民热情友好的接待。在日本天皇访问前后，日本社会党副委员长涩泽利久，新任日本驻华大使国广道彦，日本前首相海部俊树和夫人，以及由内阁副总理兼法务大臣后藤田正晴率领的日本法务省代表团，以中村宽三为团长的日本劳动党访华团，以前副总书记曾我祐次为团长、众议员冲田正人为副团长的日本社会党活动家代表团，日本社会民主联合书记长阿部昭吾一行，日本自民党干事长森喜朗一行，日本社会民主连合书记长阿部昭吾等日本朝野政党的代表团先后到上海参观访问。

日本政界、议会、政党要人和地方、民间团体、友好人士继续访问上海有增无减，各种代表团抵沪源源不断，充分显示出日本国内维护中日友好力量的热情和发展趋势。由社会党书记长、众议员山口鹤男和副书记长、众议员山花贞夫等人组成的日本社会党代表团，以自民党前政调会长渡边美智雄和众议员、前防卫厅长官加滕纮一为团长的自民党访华团，以众议员、自民党青年局次长大石正光为团长的日本自民党议员"中国研究会"代表团，以副会长久米诚一郎为总团长的创价学会友好交流团，由日本前副首相宫泽喜一率领的自民党宏池会代表团，以及日本前副首相金丸信、日本外务大臣中山太郎等相继到上海参观访问。在同市委书记、市长朱镕基晤谈中，日本社会党书记长山口鹤男说，日中两国亲善关系对亚洲和世界和平具有重大意义，他认为中国维护政治稳定的措施有利于发展，他们要促进日本政府继续发展同中国的友好关系。1992年1月，渡边美智雄作为日本内阁副总理兼外务大臣访华时从上海过境，在沪作短暂停留，在与市长黄菊的晤谈中表示，中国坚持改革开放,还准备参加关贸总协定,上海开发开放浦东已取得进展,这些都是很好的事情,并都非常有利于进一步发展日中两国之间的友好交流与合作。日本前副首相宫泽喜一对比10年前的访华见闻,认为中国在10年中的改革、发展,不仅对中国,而且在世界上也是非常有意义的。宫泽喜一表示,上海技术力量强,各方面条件好,要呼吁日本政府对上海的有些重大建设项目在日元贷款等方面提供支持和合作。

同期访问上海的还有不少日本金融、企业界代表团和人士,如以日中经济协会会长、日本经济团体联合会副会长河合良一为团长的日中经济协会访华团,以日本第一劝业银行专务董事加纳洁隆为团长、日本国际贸易促进协会理事长森田尧丸为顾问的浦东新区考察团,日本住友商事名誉会长津田久一行,来华参加中日经济合作会议的日方代表团等,日本第一劝业银行顾问、前任行长、日本国际贸易促进会副会长羽仓信也,日本早稻田大学校长西原春夫和夫人,日本前(首任)驻华大使、日中协会副会长小川平四郎和夫人也至上海访问。一些政要和政党、团体有:日本"周恩来纪念会"干事长大谷竹山,以主席大限铁二为团长的劳动党代表团,以社会党众议员滕田高敏为团长的社会党议员代表团,以委员长大内启伍为团长的社会党代表团,自民党众议员、自民党国际局副局长村上诚一郎,由委员长石田幸四郎率领的日本公明党访华团,以会长曾我祐次为团长的东京社会主义研究会代表团,社会党中央本部理论中心访华团,日本国际协力推进会常务理事松本洋,日中协会事务局长白西绅一郎,参议院议员木暮山人,以副委员长涩泽利久为团长的日本社会党庆祝中日邦交正常化20周年访华团,以副书记长、众议员伊藤忠治为团长的社会党中国政治经济考察团,前首相中曾根康弘偕夫人一行,前外务大臣小坂善太郎一行等。一些企业、金融界人士也因听到国务院总理李鹏在上海会见日本客人时,关于浦东开发开放是今后中国对外开放和经济建设重点的介绍,纷纷到上海考察和商议参与浦东开发、扩大合作事务或参加合作项目签约和开业典礼,像日本笹川和平财团代表窪田新一,笹川日中和平基金会运行委员长笹川阳平,丰田汽车公司社长丰田章一郎,以新宫康男为团长的日本关西经济同友会代表团,以石油化学工业协会会长竹林省吾为团长的日本石油化学工业代表团,日中投资促进机构会长、日本兴业银行顾问池浦喜三郎,日本(株)青木建设会会长青木宏悦一行,日本住友商事会长伊藤正一,以关西经济联合会会长宇野牧为团长的日本关西财团访华团,来华接受促进中日经济贸易贡献奖励的日本经贸团体的代表,由社长槙原稔为团长的日本三菱商事访沪代表团,来上海签约合资组建控制电器公司的日本欧姆龙公司高层人士,以春名和雄董事长为首的日本丸红公司访华团,以稻叶兴作为团长的日本商工会议所访华团等。

1993年5月,百岁高龄的日本天台宗座主、全日本佛教会会长山田惠谛长老以及日本佛教立正佼成会开祖庭野日敬、日本宗教团体联合会会长田泽康三郎等日本佛教界领袖访问上海。市委书记吴邦国等市领导、中国佛教协会会长赵朴初和佛教界人士在欢迎他们的来访时,祝贺山田惠谛长老百岁大寿,感谢他们和日本佛教界友人长期以来为中日友好与和平事业所作出的贡献。山田惠谛长老回顾日中两国佛教界源远流长的交流历史,指出日本佛教界人士普遍认为,不到中国祖庭来看看,就不能算是真正的佛教徒。

1994—1996年间,日本首相细川护熙、村山富市和前首相竹下登等政要先后访问上海。细川护熙1994年3月21日乘日方专机自北京抵沪,当天下午返回日本。他在浦东金桥出口加工区听取副市长赵启正关于浦东开发情况介绍,关切询问日本企业特别是中小企业在上海投资和进行合作的情况。在与市长黄菊晤谈中,细川护熙表示,浦东将来无疑会成为东亚和亚太地区的经济中心之一,日本应在与中国的经济合作方面进一步作出努力。他建议上海向国外多作一些具体的介绍,让国际上和日本更多的企业和人们了解上海、了解浦东,并希望上海进一步解决投资环境方面的一些问题，诸如扩大或增设在沪日本人子弟学校、提供外来人员合适的住宅等，以更利于吸引外来合作者在沪工作生活。1995年5月5—6日，村山富市访沪期间，作为东方明珠广播电视塔建成开放后接待的第一位外国政府首脑，他在东方明珠广播电视塔263米观光舱里听取市长徐匡迪关于浦东开发开放规划和建设进展情况的介绍。徐匡迪说，到21世纪，将把浦东建成现代化的新上海，沿江将建成21世纪的新外滩，与一江之隔的20世纪外滩作个比较。村山首相说，他于战后50年之际访华，是旨在对历史进行回顾和反省。日本愿以战后50周年作为新的出发点，继续走和平发展的道路，维护与发展同中国建立的长期稳定的睦邻友好关系。他坚信日中两国之间在经济、文化、教育等各个领域增进了解与合作，将对亚太地区和世界的和平与安全起到重要的积极作用。日本与上海相距很近，上海一定能建设成为一个先进的国际城市，希望进一步加强双方的交流与合作。前首相竹下登在1996年5月3—4日访沪，他会见上海市领导人时说，日中邦交正常化至今，日中关系发展很快，虽然也有过不少波折，但主流是向前的。饮水不忘掘井人，老一辈人对此感到高兴。两国要世世代代友好，需靠新一代人的继续努力。竹下登参加了中日青年交流中心开业5周年纪念仪式和日中友好环境保护中心落成仪式。

在日本政府领导人相继来访期间，日本朝野政党、友好团体和地方各界人士也频繁来访。以来访时间先后为序，其中有日中农林水产交流协会友好访华团，参议员掘利和一行，日本民族运动团体代表团，日本·中国政治恳谈会第18次、第19次访华团，日本日中友好交流会第7次访华团，日本国际工人运动研究会会长岩井章，日本国际问题学者访华团，以政调会长、众议员加藤纮一为团长的日本自民党访华团，日本自民党第一副干事长山崎拓一行，日本自民党总务会长木部佳昭一行，日本自民党国际部部长、参议员小野清子一行，日本先驱新党代表团，日本国策研究会会长高木善根一行，日本中国经济考察团，日本日中和平友好会第16次访华团，日本广岛市民和平友好访华团，日本冈山县访华团，日本著名建筑家丹下健三一行，日本大盛集团董事长田中孝一，日本霞山会常任理事长渡边长雄，日本著名政论家落合信彦一行，日本经济学者访华团，以日本野村集团会长铃木政志为团长的日中经济交流访华团，日本伊藤忠商事集团总裁室伏捻一行，日本日中友好旧军人会第24次访华团，日本茶道里千家第71次友好访华团，以大限铁二为团长的日本劳动党代表团，以副总书记曾我祐次为团长的日本社会党活动家访华团，日本鹿儿岛县串木野市访华团，日本财团会长曾野绫子和理事长、日中友好基金会委员长笹川阳平一行，以党首小泽一郎为团长的日本新进党访华团等。日本客人在上海都参观了浦东开发区和上海新建设项目，分别访问了一些日资或中日合资合作企业以及希望作了解和进行相互交流的中方单位，并分别与上海市经贸部门、国际问题研究机构以及一些专业公司和企业人士进行座谈、交流。在二战终结与中国人民抗日战争胜利50周年之际来访的日本友好政党、团体的人士，在与中方的交流中都表示要铭记历史的教训，按国家主席江泽民访日时所指出的，“要以史为戒，向前看，世世代代友好下去”。有些日本友人还参加上海文史部门人士举行的“8·13”淞沪抗战纪念座谈会等活动。日本政论家落合信彦还为他撰写的记载南京大屠杀真相和日本军国主义罪行一书继续收集资料。日本财团会长曾野绫子、日中友好基金委员长笹川阳平、日本伊藤忠商事集团总裁室伏捻、日本野村集团会长铃木政志等在与黄菊、徐匡迪等上海市领导人会晤中，都表示钦佩和重视上海的发展，愿将他们所积累的成功经验介绍给上海，并继续致力于推进日本产业界和各方面与中国、与上海的经济和各方面的交流合作。日本著名建筑家丹下健三在沪出席了接受上海市聘请其为城市建筑设计顾问的仪式。日本冈山县由副知事泽井安勇所率的访华团在沪与上海市政府和中国民航部门就冈山与上海通航有关事宜交换了看法。日本新进党党首小泽一郎在与市委书记黄菊、海协会会长汪道涵会晤中表示，日中合作是历史的必然。

1997年,日本前内阁国务大臣二阶堂进,前首相海部俊树,众议员、前内阁大臣稻垣实男等相继访沪。二阶堂进专为纪念中日邦交正常化25周年访问上海。海部俊树一行赴香港参加香港回归庆典后,前往长沙出席远大铃木有限公司开业典礼后抵沪。稻垣实男率日本健康俱乐部团旨在考察中国医院的医疗设备拥有情况和使用情况,探寻在医疗设备方面合作的可能性,在沪参观了曙光医院。同期访沪的还有:日本冈山县议会副议长井手弘一郎和副知事野平匡邦,日本"中国政治经济恳谈会"第21次访华团,日本年轻议员代表团,以前副总书记曾我祐次为团长的日本社民党活动家代表团,日本民主党青年代表团,以党代表藤井富雄为团长的日本公明党代表团等。

1998—2000年,日本不少政党领导人率团陆续访沪。其中有:以代理干事长野中广务为团长的日本自民党代表团,以前副总书记曾我祐次为团长的日本社民党活动家访华团,以日本民主党主要领导人之一、总务会长横路孝弘为团长的日本民主党代表团,以日共中央政治局委员、书记处书记山口富男为团长的日本共产党研究考察团,以神崎武法为团长的日本公明党代表团,以自民党前政调会会长山崎拓为团长的日本自民党国会议员代表团,以党首菅直人为团长的日本民主党代表团等。日共中央政治局委员、书记处书记山口富男是1998年中国共产党与日本共产党关系正常化后率团考察、了解中国经济和社会发展状况到沪的,该团赴浦东新区座谈,参观了上海日立电器有限公司、青浦农村等。日本民主党党首菅直人表示,虽然第一次来上海,但强烈感受到上海活力和能量,尤其是浦东,作为新开发的地区,不仅面积相当大,而且各方面都在按规划实施建设。他说,邓小平先生提出的改革开放政策在上海得到体现,并取得很好的成果。其他访沪的还有:日本国策研究会代表团,笹川和平财团会长田渊节也和财团理事长笹川阳平,以长崎县"禁止原子弹氢弹协会"会长中崎幸夫为团长的"中国和平之旅"访华团,广岛和平文化中心代表团,日本"中国政治经济恳谈会"第22次访华团,"日中经济技术协力会"第2次访华团,前联合国副秘书长明石康,日本和平委员会及日本禁止原子弹氢弹协议会联合代表团,以日中友好协会(日共系统)会长伊藤敬一为团长的日中友好代表团等。前联合国副秘书长明石康在沪与复旦大学美国研究中心及上海国际问题研究所就当前的国际形势进行交流。

进入21世纪,随着中日两国经济领域的合作交流不断深入,为两国政治关系的健康发展奠定牢固基础,双方的友好往来进一步扩大,各阶层、各领域的民间交往更加密切,"以民促官""以地方促中央"已成为两国有识之士维护中日友好的共举,到上海参观访问的日本各政党、各阶层代表团、地方各种团体和各界友好人士日益频繁,成为中日友好达到新高度的象征。

21世纪前两年,日本前资深外交官代表团、日本国际文化友好协会团、日本"中国政治经济恳谈会"第23次访华团、日本财团理事长笹川阳平率领的日本赠书代表团、日本年轻众议员代表团、日本跨党派国会议员访华团、日本青年领导访华团、日本关西日中和平友好会访华团、日本国际论坛访华团、日本知名学者访华团、日本外务省中层官员访华团、日本《21世纪冲绳公论》中文杂志总编山口芳弘、以知事石井正弘为团长的日本冈山县访华团、以协会事务局局长山崎耕一郎为团长的日本社会主义协会访华团、以前副总书记曾我祐次为团长的日本社民党活动家代表团、以秘书会副会长滨田和彦为团长的日本民主党秘书会代表团等陆续访问上海。笹川阳平率领的日本赠书代表团在沪出席以日本科学协会名义向上海交通大学等3所院校赠书的仪式,他表示,日本财团设立的笹川日中友好基金会今后将更多关注和促进两国的年轻人,以及两国在教育、卫生、经济、军事等领域的友好交流与合作。

2002—2004年,日本各政要、政党和各团体、地方代表团继续呈现访沪的好势头,其中有:以党首鸠山由纪夫为团长的日本民主党代表团和社民党党首土井多贺子率领的日本超党派议员团，日本前首相森喜朗，日本自民党国会对策委员长中川秀直，日本政要福田康夫，以及日本资深外交官代表团，日本年轻议员代表团，日本笹川和平财团会长田渊节也，日本"中国政治经济恳谈会"第25次访华团，日中友好交流会访华团，以副党首渊上贞雄为团长的日本社民党代表团，日本青年领导访华团，以日本冈山县知事石井正弘为团长的日本冈山县访华团，日本"中国政治经济恳谈会"第26次访华团，日本参议员田村耕太郎，日本社民党前副总书记曾我祐次率领的日本社民党活动家代表团，日本外务省中层官员代表团，日本"中国政治经济恳谈会"第27次访华团，日本"未来政治研究会"代表团，以前副党首横路孝弘为团长的日本民主党"日中21世纪之会"代表团，日本社民党原众议员深田肇和夫人等。但随着日本国内右翼势力进入21世纪后逐步抬头，不断在中日两国历史遗留和一系列争端问题上制造摩擦，特别是首相小泉纯一郎连年拜祭靖国神社的行径极大地伤害中国人民感情，严重干扰和影响中日关系，使中日两国高层往来一度中断，陷入低谷。2005年4月，中国包括上海在内的几个地方爆发针对小泉"拜鬼"的示威游行，到日驻华使领馆进行抗议的事件，中日民间交往随之也受到影响。2005年，到上海的日本团寥寥无几，仅有日本首相助理山崎拓率领的日本自民党"近未来政治研究会"代表团一行7人访问上海，该代表团赴上海社会科学院与有关学者就中日关系及双方共同关心的问题进行座谈。随着日本首相安倍晋三2006年访华"破冰之旅"和2007年国务院总理温家宝访日"融冰之旅"、2008年国家主席胡锦涛访日"暖春之旅"圆满成功，中日关系回暖，又开启走向新时期的大门。这一时期，日本政要、各种团体和友好人士到上海又逐渐增多，基本恢复常态。

2007年6月14—16日，日本前首相中曾根康弘一行6人抵沪访问。市委书记习近平在会见时指出，中曾根康弘是中国人民的老朋友，多年来为促进中日两国人民友好关系作出不懈努力，这次来中国参加在北京举行的"中日青年友好联欢"活动，并访问上海，将进一步推动中日友好关系的发展。上海与日本每年贸易进出口总额已达300多亿美元，日本在沪企业有6 000多家，投资总额达130多亿美元，这些日资企业对促进上海"四个中心"建设起到积极作用，希望双方的合作与交流在新的基础上发展得更好更快。中曾根康弘表示，中日是近邻，应该不断加深友谊与交流。上海是中国发展的发动机，也是带动世界变化的城市，希望进一步加强彼此友谊与合作。

2009年2月26—28日，日本前首相福田康夫一行13人访问上海。福田康夫出席中国2010年上海世博会日本馆开工仪式并听取上海世博局情况介绍，市长韩正、常务副市长杨雄分别会见福田康夫。韩正指出，日本曾举办过5届世博会，办博经验丰富，2005年爱知世博会倡导的环保理念以及以人为本的运营管理经验都值得上海借鉴，相信日本国家馆将会成为2010年上海世博会中一个有特色的亮点。福田康夫指出，在当前全球经济的大环境下，中国经济发展令人瞩目。中国2010年上海世博会的举办对世界、对中国、对上海都具有非常深刻的意义。

2009年9月28日，第三次中日韩三国外长会议在上海西郊宾馆举行。日本外相冈田克也一行23人抵沪参加三国外长会议。作为中日韩三国合作重要机制的三国外长会议由三国轮流举办，这次恰逢三国合作10周年，中方担任三国合作的协调国。中国外交部部长杨洁篪主持，日本外相冈田克也、韩国外交通商部部长柳明桓出席。会议回顾与总结合作历程，探讨如何应对金融危机，规划未来合作方向，并就三国合作、筹备第二次中日韩领导人会议以及其他共同关心的重大地区和国际问题交换意见。会后，三国外长会议后共同会见记者。日本外相冈田克于9月29日上午拜会市委书记俞正声，并赴上海世博局听取介绍，进行参观。

2010年6月11—13日，日本首相特使鸠山由纪夫一行10人访沪并出席上海世博会日本国家馆日活动，中共中央政治局委员、国务委员刘延东作为中方代表出席馆日活动并会见鸠山一行。鸠山特使感谢日中两国人民和社会各界对日本参展本届世博会的支持，他表示，世博会必将成为日中关系发展的契机，推动两国关系不断发展。在沪期间，鸠山会见日本歌舞伎演员板东玉三郎、京剧表演艺术家梅葆玖、昆剧艺术家梁谷音等中日演艺界著名演员，对日本馆将两国传统戏剧“能剧”与“昆剧”结合表演的形式非常赞赏。鸠山夫人出生在上海静安寺附近，上海有关方面在他们乘车游览上海市容时，特向鸠山夫人赠送记录其出生地场景的老上海相册，鸠山夫妇再三表示，上海给他们留下深刻而美好的印象。

2009—2010年其他访沪的有：由日本前众议院议长河野洋平担任最高顾问及日本外务省大使、前驻华大使阿南惟茂任团长的日本青年领导代表团一行57人，由日本首相特使、国家战略担当大臣仙谷由人率领的代表团一行20人和日本支持上海世博会议员联盟会长、前外相高村正彦一行14人，以及日本京都“创政会”日中友好经济交流团，以日本自民党政调会长中川秀直为团长的日本执政党代表团，日本自民党前干事长古贺诚，众议员中川正春率领的日本民主党“日中21世纪之会”代表团，前参议员世野贞子，日本青年领导访华团，以社民党前副总书记曾我祐次为团长的日本社民党活动家代表团，日本民主党代理党首菅直人，以日本“京都创政塾”理事长、前参议员世野贞子为团长的中日友好经济考察团，前众议员、日本社民党爱媛县本部顾问、日中协会顾问藤田高敏，日本国会对策委员长山冈贤次，以日本民主党“促进日中经济交流议员联盟”事务局长、众议员生方幸夫为团长的代表团等。日本青年领导访华团赴上海世博会事务协调局听取情况介绍并参观展示厅，参观考察中国浦东干部学院、浦东新区花木社区文化活动中心、洋山深水港、张江高科技园区和东方明珠广播电视塔，出席“中日交流座谈会”。日本首相特使、国家战略担当大臣仙谷由人到沪出席上海世博会开幕式，出席日本馆开馆仪式，并参观日本馆和中国馆等馆。全国政协主席贾庆林于5月1日下午在上海东郊宾馆会见仙谷由人。高村正彦一行出席日本馆开馆仪式，参观世博会日本馆、中国馆等馆，游览朱家角。日本自民党政调会长中川秀直访问华东师范大学并发表题为《小泉政府和当前日中关系》的演讲。日本国会对策委员长山冈贤次在沪出席与上海国际问题研究院共同举办的“东北亚合作新时代与中日关系研讨会”。

二、东盟和东南亚国家

东盟是亚洲重要的地区性组织，东南亚国家是中国的近邻。随着20世纪70年代中国同马来西亚、菲律宾、泰国等东南亚国家相继建交和1978年改革开放，与东盟和东南亚国家友好往来进一步扩大，关系更加密切，这些国家的政要和政党代表团访问上海更加频繁。

1978—1980年，泰国总理兼三军最高统帅江萨·差玛南、马来西亚总理达图·侯赛因·宾·奥恩、柬埔寨诺罗敦·西哈努克亲王相继到上海访问。泰国总理江萨·差玛南夫妇一行81人于1978年4月1—2日访沪，在和市革委会第二副主任彭冲会见时他表示，这次访华是第一次到中国，上海是他向往已久的地方，今天终于实现访问上海的理想。泰中两国在和平共处五项原则基础上发展两国关系作出榜样，必将对东盟其他国家产生影响。他希望泰中发展贸易，并早日开辟直通航线，实现“在曼谷用早餐、在上海吃午饭”的愿望。马来西亚总理达图·侯赛因·宾·奥恩和夫人一行67人1979年5月6—7日访沪，他说，上海作为一个工业中心，可以为中国的现代化作出努力，上海作为一个巨大的港口，在同其他国家发展贸易中有着重要作用，在发展两国经济关系、增加贸易往来中也将成为极其重要的因素。他希望上海进一步发挥作用，通过贸易和经济关系巩固两国的其他双边关系。柬埔寨诺罗敦·西哈努克亲王分别于1979年1月10日、2月23日两次抵达上海。其他到访的还有马来西亚外长里陶丁、泰国国会议长哈林·宏沙军和副议长滕·斋阿南达纳等。

20世纪80年代,东盟和东南亚国家访沪的热情进一步扩大。1980年9月9—15日,柬埔寨诺罗敦·西哈努克亲王偕夫人一行8人从北京乘火车到上海访问。他说,上海比以前更为繁华,商店里琳琅满目,人民的生活有很大提高,这一切都是由于中国共产党和中国政府近几年实行新的政策——现代化建设政策的结果。此后,西哈努克还分别于1984年和1987年再次访问上海。1984年11月1—3日,缅甸总统吴山友和夫人,以及副总理吴吞丁一行45人访问上海。吴山友表示,在上海时间虽短,但已经看到这个大城市人民惊人的工作热情和所取得的发展进步。他说,缅甸翡翠很多,但加工工艺不行,希望好好向上海学习,邀请上海玉雕厂厂长去缅甸参加珠宝交易会。1985年9月13—14日,新加坡总理李光耀和夫人一行38人访沪,李光耀说,9年前的上海与新加坡大不相同,现在的上海和新加坡很相似。他希望上海在经济改革中发挥更大作用。同年11月23—25日,马来西亚总理达图·斯里·马哈蒂尔·宾·穆罕默德和夫人一行220人访问上海。马哈蒂尔说,上海是个大港,马来西亚也有众多的港口,加强上海与马来西亚间海运联系的前景十分乐观,这种联系可以增加两国间的直接贸易,从而为两国友好关系的进一步发展作出贡献。随其访沪的130名马来西亚工商界人士同上海各进出口公司、中国银行等对外经贸业务部门进行对口洽谈,成交和签订多份经贸意向协定。1987年3月1—2日,泰国王储玛哈·哇集拉隆功一行29人访沪。在与市长江泽民会见时,王储对上海旧城改造问题十分关心,专门了解上海进行旧城改造的情况和做法。随同王储来访的泰国官员说,曼谷和上海同样具有市区面积小、人口多、城市设施亟待改造的特点,非常希望了解和吸收上海在旧城改造、市政建设和解决居民住房、供水问题等方面的经验。1989年10月8—9日,老挝部长会议主席、老挝人民革命党中央总书记凯山·丰威汉、部长会议副主席沙立·冯坎肖一行23人到上海参观访问。凯山·丰威汉对市长朱镕基说,从上次访华至今已12年了,这次旧地重游非常激动,他高兴地看到中国人民、上海人民在改革开放和社会主义现代化建设中取得巨大胜利。上海等一些地方建立经济技术开发区的经验,是中国加快经济技术进步的一种创造,也为不发达国家提供了一种有效的发展形式。20世纪80年代访沪的还有:缅甸克钦独立组织主席布朗生、副主席早迈,缅甸人民议会主席团成员吴丹信;泰国上议院第一副议长甲蒙·德差东卡,第二副议长沙侬·都钦达,下议院议长乌泰·屏猜春和班乍·盖索恩通,国会主席、上议院议长乍鲁布·銮素万,乌吉·蒙空纳温和第一副议长披实·赫马布、副总理披猜·拉达军和夫人、民众党主席沙玛·逊达拉域;马来西亚上议院议长翁毓麟,外长加扎利;新加坡第二副总理王鼎昌和夫人,第一副总理吴作栋和夫人;菲律宾国民党主席、前议长小何塞·劳雷尔,参议院主席霍维托·萨隆;等等。他们都表达了与中国共同致力于建立和发展稳定的睦邻友好关系,在经济贸易、科技、文化等各方面互相取长补短,增进互补互利合作的意愿。新加坡第二副总理王鼎昌在上海出席新加坡驻华商务代表处上海分处的开幕式。

20世纪90年代后,随着中国与东南亚各国经济贸易不断扩大,东亚区域合作开始起步,中国成为东盟的正式对话伙伴,中国与东南亚各国和东盟关系迎来了全面发展时期。

这期间到上海的东南亚和东盟各国元首、首脑接连不断。1990年10月6—7日,马来西亚最高元首苏丹·阿兹兰·沙阿一行14人赴北京参加第11届亚运会后抵沪访问,他十分注意了解外商在沪投资情况,询问外商投资的规定,多次表示希望上海发展同马来西亚的贸易交往,打算动员马来西亚商人到上海投资。1991年9月24—25日,泰国总理阿南·班雅拉春访问上海,他与副市长赵启正会见时说,虽然第三次到上海访问,但感觉上仍像是到了一个新的城市,上海与十几年前相比发生了很大变化,超出人们预料,希望曼谷与上海结为友好城市。1993 年 4—11 月,菲律宾总统菲德尔·拉莫斯、泰国总理川·立派、新加坡资政李光耀和文莱国家元首苏丹哈吉·哈桑纳尔·博尔基亚·穆伊扎丁·瓦达乌拉先后访问上海。菲律宾总统拉莫斯在沪出席中菲 5 项经济合作协议的签字仪式。这 5 个项目是:由上海电气联合公司、上海机械设备进出口公司、中国机械进出口总公司合作承包菲律宾麦哲伦电厂 30 万千瓦燃煤火电机组工程,上海对外经济技术合作公司与菲律宾克鲁兹公司合作承建菲邦邦桥工程,洛阳中国第一拖拉机工程机械公司与菲律宾亚世集团在菲合资兴办亚洛农工有限公司,无锡市粮食局与菲律宾富士纺织有限公司在菲兴办菲中江南食品有限公司,浙江台州外经分公司向菲方提供制砖设备与技术。随行的菲律宾企业界人士与上海经济部门还就纺织、食品、小五金和电器方面的经贸往来达成 15 项交流意向。泰国总理川·立派表示,泰中关系很好,中国十大优秀企业中的两家大江有限公司和易初摩托车公司是泰国投资的,希望上海企业家到泰国去投资。随行的泰国副总理安雷·威拉旺在"中泰经贸投资介绍会"上强调泰中"地域相近""劳动力、原料、能源等资源的互补性强""经济发展有相似的经历""开放自由贸易、吸收投资,建设经济区和自由贸易区的政策、举措相近"等有利条件,希望共同努力和继续推进双方传统的友好合作。新加坡资政李光耀在与上海市领导人的会晤中讨论了城市发展和经济增长问题。他认为上海最大的财富是有人才,有在金融、贸易以及商业发展过程中长期积累起来的经验。只要非常注意人才的选拔、培养,坚持正确的对外开放政策,提高与不同社会制度国家共处和合作的能力,上海就一定能确立在世界经济中的重要地位。文莱苏丹哈吉是自 1991 年中文两国建交后首次访华,他表示文莱很愿意到上海投资,不久就有投资局官员抵沪探讨双方经济合作的可能性。1995 年 5 月 19—21 日,新加坡总理吴作栋一行 107 人访沪。同年 8 月 26—27 日,新加坡总统王鼎昌偕夫人一行 27 人访沪。正在上海考察工作的国家主席江泽民和中共中央政治局委员、上海市委书记黄菊,上海市长徐匡迪分别会见吴作栋。吴作栋在沪参加上海经济发展情况介绍会以及华星集装箱货运公司、新加坡发展银行上海分行和星峡置业公司海洋大厦的开业、动工仪式,并向上海市领导提出参与上海住宅建设开发和加强沪新两地信息交流、合作进行数据库建设的建议。王鼎昌对上海的巨变表示赞赏,对浦东的开发开放感到高兴,他介绍了中新两国合作建设苏州工业园区的情况,表示参加开发建设苏州工业园区的外国公司希望上海成为它们总部的所在地。此后,新加坡副总理李显龙、内阁资政李光耀分别于同年 10 月上旬和次年 9 月先后抵沪访问。新加坡内阁资政李光耀在上海出席中新合作上海三林城开发有限公司开业典礼和新加坡发展银行置地公司奠基仪式。1996 年 1 月 9—11 日,缅甸恢复法律和秩序委员会主席兼政府总理和三军总司令丹瑞偕夫人一行 55 人访沪。他表示,缅甸具有丰富的资源,这次访华主要目的是要学习上海改革开放、发展经济的经验,希望上海市领导到缅甸去考察,以拓宽双方的经济合作路子。同年 3 月 27—28 日和 8 月,泰国总理班汉·西巴阿差一行 10 人和玛哈扎克里·诗琳通公主先后访问上海。泰国总理班汉·西巴阿差出席中泰双方贸易界举办的"泰国—上海经贸合作午餐会",他表示,这次带领泰国许多工商界人士来访,就是为了增进相互了解并让他们看看泰国企业在沪投资情况,继续推动泰国工商界人士到上海投资,并欢迎上海企业到泰国投资,以进一步发展两国经贸合作关系。泰国玛哈扎克里·诗琳通公主出席泰华国际银行总行乔迁上海浦东和上海易初摩托车公司新厂房落成仪式,并赴浦东造船厂参观正在建造的泰国军舰"雪米"号。1997 年 4 月 4—5 日,泰国总理差瓦立·永猜裕一行 120 人抵沪访问。差瓦立曾于 1995 年以泰国国防部部长的身份访问过上海,此次看到上海又有新发展、新变化,感到非常高兴,他希望借鉴上海改革开放、社会建设的发展经验,进一步探讨上海与泰国在各方面的合作与交流。在泰国驻沪总领事馆开馆仪式上，差瓦立指出，上海总领馆是泰国在中国设立的第三个领馆，是两国友好关系不断向前发展的具体体现，总领馆及领馆商务中心将为双方人员的贸易和投资往来起协调和桥梁的作用。欢迎上海企业界去泰国投资，同时也支持泰国企业家到上海来投资合作。同年7月13—15日，马来西亚最高元首端古·加法尔·伊卜尼·阿卜杜勒·拉赫曼一行43人访沪，加法尔系首次访沪，他对上海城市发展飞速发展印象深刻。在与市领导会晤时指出，马来西亚在上海的投资项目有96个，希望有更多的经济合作项目，加强马来西亚与上海之间的交流与合作，这样能带动马中两国关系进一步发展。1998年5月27—28日和1999年4月27—28日，泰国王储玛哈·哇集拉隆功作为国王御代表一行55人和总理川·立派一行69人分别抵沪访问。泰国王储第一次带公主出访，旨在让两位公主见证改革开放后中国所取得的伟大成就，亲身体会中国人民对泰国人民的友好感情，促进泰中两国之间的传统友谊。他回忆1987年和1988年两次访沪的情景，赞叹今天的上海已不能与此前同日而语。泰国总理川·立派在沪出席中泰企业家见面会，作题为《泰国金融危机及中国在解决地区经济危机中所起的作用》的主旨演讲。他说，泰国希望中国尽快加入WTO，在世界经济舞台上发挥更大作用，这也有利于泰中两国在经贸方面有更大的合作。他希望上海的企业家去泰国投资，更多的中国人以及上海人去泰国观光旅游。

图1-1-1　1996年3月27日，泰国总理班汉·西巴阿差(前排中)参观浦东金桥开发区

20世纪90年代访沪的其他嘉宾有：缅甸仰光市市长吴哥礼，缅甸外长吴温昂，以缅甸联邦巩固与发展协会总书记、教育部部长吴丹昂率领的友好代表团；泰国正义集团董事长帕·阿卡尼布和前外长、正大集团国际公司董事长西提·沙卫西拉，大城银行总裁陈锦增，枢密院大臣(前下议院议长、副总理和外长)西提，前副总理塔信，陆军司令素金达·卡巴育，以及友好人士考察团，法政大学东亚研究所代表团，兰堪亨大学代表团，国民阵线青年和妇女代表团，外交部官员团，以外交部次长维他耶·威差集瓦为团长的泰国外交部官员代表团，以主席阿南·格林他为团长的泰国上议院交通委员会访华团,以副会长帕・阿卡尼布为团长的泰中文化经济协会访华团,以沙迪・宋差梯为团长的反贪污委员会代表团,府尹代表团,曼谷区县长考察团;马来西亚外长达图・阿卜杜拉・艾哈迈德・巴达维,下议院副议长翁诗杰,国防部部长纳吉布・拉扎克,副总理兼财长安瓦尔,总理前经济顾问墩・莫哈尔夫妇,金狮集团董事长钟廷森爵士,成功集团总裁陈志远,华人经贸文化工商考察团,经济企业界访问团,由秘书长兼政府新闻部部长拉赫马特率领的国民阵线代表团;新加坡总统顾问理事会主席林金山,警察总监吴永鸿,著名企业家陶欣伯,首席大法官杨邦孝率领的最高法院代表团,新闻及艺术部部长杨荣文率领的文化代表团,以东亚哲学研究所所长黄朝翰为团长的学者访华团,报业控股华文报集团访华团;印尼副总统苏达尔莫诺,贸易部部长阿里芬・西勒加尔,公共工程部部长穆赫塔尔,前国防学院院长萨伊迪曼,以工业部副部长阿里维波沃为团长的工业代表团,矿业能源部部长吉南查尔・卡塔萨斯米塔率领的矿业能源代表团,新闻部部长哈莫哥率领的新闻代表团;菲律宾外长罗莫洛和多明戈・西亚松,参议院前主席、自由党前主席萨隆加,副总统约瑟夫・埃斯特拉达,以金塔纳博士、加西亚院长为团长的菲律宾大学学者访华团,马尼拉阿特尼奥大学访华团,麦哲伦电力开发公司总裁苏萨、著名企业家奥斯卡・得维纳西亚、联盟银行董事长陈永裁、华人银行家联谊会理事长章肇宁、菲律宾华商联谊会理事长姚荣辉率领的访华团;文莱外交大臣穆罕默德・博尔基亚亲王、外交部无任所大使玛斯娜公主;柬埔寨全国最高委员会代表团四方部分成员,以柬埔寨人民党中央常委赛冲为团长的柬埔寨人民党代表团;东帝汶抵抗全国委员会执委马添文;等等。缅甸仰光市市长吴哥礼在沪和副市长沙麟共同出席静安区在仰光开设"上海国际商厦"协议的签字仪式。印尼副总统苏达尔莫诺会见市长黄菊时表示,没想到中国的造船业有了很大发展,印尼要把造船作为战略工业来发展,上海很多地方值得学习。上海具有巨大的潜力,将会为促进印中两国的友好关系作出积极贡献。菲律宾副总统埃斯特拉达对上海在菲律宾参与大桥和发电厂等项目的投资建设表示感谢,并希望上海进一步在菲扩大投资。菲律宾外长西亚松希望上海积极考虑菲律宾首都银行在沪设立分行的意愿。马来西亚副总理安瓦尔在沪出席闵行一中马合资企业的奠基典礼。

越南从 1991 年后恢复与中国的人员友好来往和经济贸易、新闻、教育等多方面的交流。1992 年 3 月、5 月,由政治局委员、书记处书记、中央组织部部长黎福寿率领的越南共产党代表团及越共中央顾问阮文灵一行先后至上海参观访问。1993 年 4 月和 11 月 11—13 日,原越共中央政治局委员、国防部部长、部长会议副主席武元甲一行和越南国家主席黎德英偕夫人一行抵达上海参观访问。武元甲在参观孙中山故居时,第一次听到了 20 世纪 30 年代初,胡志明在上海得到宋庆龄的帮助,通过法共人士找到党组织,恢复与共产国际联系的一段史料。他表示将把这一史料放进胡志明纪念馆,使人们不忘中越之间的历史友谊。黎德英与副市长沙麟友好会见时谈到,在越南争取独立、解放的长期斗争中,曾得到上海人民巨大的支援。胡志明主席和越南的许多革命前辈,都曾在上海得到过中国共产党和上海人民的各种帮助。对此,越南党、政府和人民将永志不忘。沙麟建议由上海与胡志明市建立友好合作关系。黎德英非常高兴和赞同,他说,上海正在朝着成为亚洲经济、贸易和科技等各方面中心之一的方向努力,胡志明主席与中国人民、上海人民有着深厚感情,上海与以他的名字命名的城市结好令人鼓舞。1994 年 3 月,上海与胡志明市达成开展友好交流意向;5 月,越共胡志明市市委书记武尘志率胡志明市党政代表团访沪,中共中央政治局委员、上海市委书记吴邦国与武尘志一同出席上海市与胡志明市建立友好合作关系(即友好城市关系)协议签字仪式。上海市副市长沙麟、胡志明市人民委员会副主席武曰清分别代表两市政府在协议书上签字。

1995年11月30日—12月2日，越共中央总书记杜梅一行50多人抵沪访问。在会见中共中央政治局委员、上海市委书记黄菊时，杜梅说，上海是他童年就向往的世界名城，这次访问中亲眼看到上海取得巨大成就，希望今后双方加强在经济等各方面的相互了解和合作，胡志明市已与上海市结为友好城市。尽管越中两国在过去很短的时期内发生过这样那样的问题，但毛泽东主席、胡志明主席当年缔造的同志加兄弟的情谊是永存的。越中两国人民是兄弟，要世世代代友好下去。在杜梅访沪前，越共中央政治局委员、越南政府常务副总理潘文凯一行访沪重点考察引进外资、工业发展、国企改革以及证券市场等方面的政策举措、成效和经验。此后一年里，以副主席范文章为团长的越南和平委员会代表团，以越共中央书记、中央科技部部长阮庭肆为团长的越共中央科技部代表团，越南胡志明国家政治学院代表团，越共中央《共产主义》杂志代表团，以部长黎德平为团长的越共中央内政部代表团，越共省委书记代表团等相继访沪。越南代表团分别在上海着重了解闵行、漕河泾等开发区建设发展情况，三资企业情况，科技和高等教育情况，中共上海党校教学工作和党员教育，以及上海加强法制建设情况等。1997—1999年，越南共产党中央政治局常委阮晋勇，越共中央政治局委员、河内市委书记黎春松，以越共中央委员、中央对外部部长阮文山为团长的越共中央对外部代表团，以越共中央委员、国会副主席、越南和平委员会主席武庭炬率领的越南和平委员会代表团，越共中央理论委员会代表团和以越共中央政治局常委范世阅为团长的越南共产党代表团陆续抵沪参观访问，他们都肯定中国改革开放政策和实践，希望借鉴中共在改革开放和经济发展中坚持党的领导的经验。

老挝在20世纪90年代后也纷纷派代表团访沪。老挝人民革命党中央委员会顾问富米·冯维希，部长会议副主席兼外长奔·西巴色，副总理坎培·乔布拉帕，人民革命党中央委员、外长宋沙瓦·凌沙瓦，世界和平与国际团结友好委员会主席辛加坡，人民革命党中央组织部代表团和宣传部干部代表团，以老挝人民革命党中央对外联络部副部长坎佩·平蒙为团长的老挝人民革命党代表团，老挝和平与团结委员会代表团和以政治局委员、中央组织部部长通邢·塔马冯为团长的老挝人民革命党代表团等相继访沪，他们在上海分别参观历史纪念遗址、经济开发区、企业集团和郊区乡村等多个单位，与上海市领导人就发展双方的友谊和合作，增进城乡经济技术、文化等方面的交流交换意见，对中国坚持共产党领导，坚持社会主义方向表示赞赏。

进入21世纪，中国与东南亚和东盟国家的关系进入一个崭新的历史阶段。中国的睦邻友好政策、东盟的平衡外交战略，以及经济全球化趋势促成中国与东南亚、东盟各国关系更加紧密，来往更为频繁。

2000—2003年，菲律宾总统埃斯特拉达、新加坡总理吴作栋和总统纳丹、越南国家主席陈德良、印尼总统梅加瓦蒂陆续抵沪访问。新加坡总理吴作栋一行95人于2000年4月15—16日抵达上海，在沪参观浦东三林城住宅基地，与副市长周禹鹏一起为“中新合作三林城住宅项目建成纪念碑”揭幕、植纪念树。在与市长徐匡迪会见时，吴作栋对上海所取得的发展表示赞赏，并提出集中亚洲各地高新技术人才，创办一个亚洲“硅谷”的设想，希望上海能积极参与，共同携手促进亚洲互联网和电子商务的发展，并为亚洲优秀人才提供创业的机会。菲律宾总统埃斯特拉达一行378人于2000年5月18—19日访问上海，在沪期间，埃斯特拉达总统出席上海贝尔电话设备有限公司与菲律宾国际有线电视协会联盟关于“有线电视及电话网络”项目合作备忘录的签字仪式。该项目将使菲律宾广大地区实现有线电视、电话业务和数据传输三网合一。会见时，他对中共中央政治局委员、上海市委书记黄菊表示，上海是一个经济和金融都很开放的城市，随他来访的企业界人士希望学习上海的成功经验，在金融等领域开展合作。越南国家主席陈德良一行85人于2000年12月

27—28 日抵沪访问,陈德良在沪出席中越企业家见面会,并发表热情洋溢的讲话。他说,上海企业界对越南的投资不断增长,越南党和国家将为中国企业在越南投资全力创造条件,希望上海企业家能为两国建立全面友好合作关系作出贡献。马来西亚最高元首苏丹·萨拉赫丁·阿卜杜勒·阿齐兹·沙阿一行 46 人于 2001 年 4 月 27—29 日访问上海,萨拉赫丁就加深两国人民间的了解和友谊,增进合作交流与市长徐匡迪进行交谈。新加坡总统纳丹一行 48 人于 2001 年 9 月 18—22 日抵沪访问,纳丹在沪会见新加坡侨民,表示相信中国加入 WTO 后,东南亚国家会在中国找到更多的投资和合作机会,新加坡与上海的联系将更加紧密。东帝汶总理马里·宾·阿穆德·阿尔卡蒂里一行 11 人于 2003 年 9 月 20—22 日访问上海。阿尔卡蒂里向市长韩正表示,东帝汶和上海在通信等很多领域都存在合作的可能,欢迎上海企业家去东帝汶投资。随行的东帝汶渔业部部长与浙江省海洋与渔业局、浙江远洋渔业集团股份有限公司就渔业合作进行会谈。2003 年 12 月 13—14 日,印尼总统梅加瓦蒂访沪,与市长韩正会见交谈。

图 1-1-2 2000 年 4 月 16 日,中新(新加坡)合作三林城住宅项目建成揭幕

2000—2003 年访沪的还有:菲律宾副总统格罗丽亚·马卡帕加尔·阿罗育,全国基督教民主联盟主席德维尼西亚,以众议院多数党党团副领袖拜莱弗罗·安加拉·卡斯特罗为团长的众议员代表团,总统丈夫米格尔·阿罗约,副总统迪奥费斯托·金戈纳,众议长德贝内西亚率领的代表团;新加坡前总统王鼎昌,副总理李显龙,内阁资政李光耀,常秘培训班,外交部常秘比拉哈里和陈振忠,副常秘培训班,以中央执委、青年团主席、政府发展部部长林瑞生为团长的人民行动党代表团,新加坡市长、国会议员、社会福利部副部长符喜泉;越南共产党中央政治局委员、副总理阮孟琴,越南共产党中央民运部代表团,省市外事干部代表团,以中央政治局委员、胡志明市市委书记阮明哲为团长的越南共产党代表团,越共中央办公厅考察团,胡志明政治学院考察团,前国家副主席阮氏萍,中央对外部代表团,由越共中央政治局委员、书记处常务书记潘演率领的越共代表团,由中央委员武玉奇率领的越共干部代表团,副总理阮晋勇,外交部部长助理阮忠诚,外交部司局级代表团,越共中央书记处书记、中央民运部部长丛氏放,以中央委员、常务副部长红荣为团长的中央思想文化部代表团；老挝人民革命党中央委员、副总理兼外长宋沙瓦·凌沙瓦率领的第二期高干理论研讨班，以中央政治局委员、国会主席沙曼·维亚吉为团长的人民革命党代表团，以中央政治局委员、中宣部部长奥沙甘·坦马铁为团长的人民革命党代表团，外交部办公厅主任宋佩·库沙昆率领的代表团，外交部东盟司司长赛亚甘·西苏冯，中央政治局委员、国家副主席朱马里·赛雅颂率领的人民革命党代表团，以代主席本宝·桑宋沙为团长的和平与团结委员会代表团，人民革命党中联部代表团；柬埔寨人民党名誉主席韩桑林率领的人民党代表团，指导委员会成员尤霍格里率领的奉辛比克党代表团，人民党干部考察团，洪森首相顾问翁仁典；缅甸国家和平与发展委员会副主席貌埃，外交部副部长吴钦貌温；泰国枢密院主席、前总理炳·廷素拉暖，政府特使、前总理阿南·班雅拉春，诗丽吉王后，前国会主席、前副总理披猜·拉达军，副总理、世界贸易组织候任总干事长素帕猜·帕尼差帕，由国家发展党、泰国党、民主党、新希望党和泰爱泰党等多个党的副党首级议员人士组成的泰国议员团，由副主席素拉杰·沙田泰为团长的泰爱泰党代表团，枢密院大臣(前下议院议长、副总理兼外长)西提·沙卫西拉，朱拉蓬公主，泰北12府府尹团，国王秘书长阿沙·沙拉信，外交部人权代表团，副总理颂奇·乍都西披塔，枢密院大臣、前总理他宁·盖威迁，由秘书长、政府劳工部部长素瓦·立达攀洛率领的泰国国家党代表团，以秘书长、政府交通部部长素立亚·庄伦楞吉为团长的泰国泰爱泰党代表团；印尼以前总书记阿勒詹德尔·里戴为团长的民主斗争党代表团，以总书记杜斯万迪为团长的专业集团党代表团，以建设党副主席艾沙·阿米妮为团长的穆斯林党派联盟代表团，前外长阿拉塔斯；东帝汶国务兼外交与合作部部长若泽·拉莫斯·奥尔塔；文莱王储阿尔穆塔迪·比拉，外交部无任所大使玛斯娜公主等。与代表泰国国王的诗丽吉王后随行的民族服饰、歌舞表演团在沪进行专场表演，市长徐匡迪等市领导和江苏省、浙江省的领导出席观看。泰国副总理、世界贸易组织候任总干事长素帕猜·帕尼差帕在沪参加“亚太工业论坛——上海2000”，并发表《WTO，经济全球化与新技术》主题演讲。泰国朱拉蓬公主多次到沪访问，在沪出席“中泰肝癌治疗与预防研讨会”和《朱拉蓬研究所和上海药物研究所关于教育与科技合作备忘录》签字仪式等活动。

图1-1-3 2003年10月10日，中国上海电气(集团)总公司和越南机械安装总公司合作协议签字仪式

泰国副总理颂奇・乍都西披塔在沪出席与上海企业家见面会和泰国投资促进中心开幕式,并签订《上海市与清迈府两地友好交流备忘录》。新加坡副总理李显龙出席新加坡华联银行上海分行的开业仪式。新加坡内阁资政李光耀出席上海海洋水族馆开幕式。越南副总理阮孟琴出席在上海召开的亚洲协会第11届企业年会,国务院总理朱镕基在上海会见阮孟琴。越南副总理阮晋勇在沪出席"中越经济发展研讨会"和越南机械组装总公司与上海电气集团、苏州中才建设有限公司三项合作意向书的签字仪式。菲律宾副总统迪奥费斯托・金戈纳出席菲律宾首都银行上海分行开业2周年庆祝活动,并会见在沪菲律宾侨民。菲律宾众议长德贝内西亚出席在上海举办的"中菲携手——菲律宾贸易展览会"和"菲律宾食品节"等活动。

2004年后,柬埔寨首相洪森、马来西亚总理达图・斯里・阿卜杜拉・哈吉・艾哈迈德・巴达维、缅甸联邦总理钦纽、马来西亚最高元首端古・赛义德・西拉杰丁、老挝人民革命党总书记、国家主席朱马里・赛雅颂、印尼总统苏希洛・班邦・尤多约诺、新加坡总理李显龙又接踵造访上海。随着中国2010年上海世博会的召开,各东南亚国家重要嘉宾更是集中而至,纷纷到沪参加各种活动。

2004年4月19—20日,柬埔寨首相洪森一行50人访问上海。市长韩正在会见中回忆起访问柬埔寨曾有幸到洪森家中渡过美好时光时表示,中柬是老朋友,近几年柬埔寨与上海在经贸方面的合作交流更是频繁,相信首相此次必将进一步推进双方友好关系。洪森对上海的发展变化表示赞赏,指出中国和上海的成功经验值得学习,希望今后有更多的上海企业家到柬埔寨投资,有更多的上海游客到柬埔寨观光旅游。5月30—31日,马来西亚总理达图・斯里・阿卜杜拉・哈吉・艾哈迈德・巴达维一行170人抵沪访问。在沪期间,马来西亚总理巴达维出席上海宝世威石油钢管制造有限公司开业仪式和中马企业家午餐会。他对市长韩正说,马来西亚和中国建交以来,双方有着良好的关系,此访就是为推动业已存在的良好关系进一步发展而来。7月14—16日,缅甸总理钦纽一行59人访问上海。钦纽与市长韩正就双方在经济以及更广阔的领域进行合作与交流进行友好交谈,希望借鉴上海的发展经验。

图1-1-4 2004年5月30日,中马(马来西亚)合资企业上海宝世威石油钢管制造有限公司成立

2005年和2006年，马来西亚最高元首端古·赛义德·西拉杰丁·赛义德·普特拉·贾马卢莱尔一行50人，老挝人民革命党总书记、国家主席朱马里·赛雅颂一行32人和印尼总统苏希洛·班邦·尤多约诺一行80人陆续抵沪访问。马来西亚最高元首端古于2005年3月3—6日访沪，在沪会见马来西亚侨民。老挝人民革命党总书记、国家主席朱马里·赛雅颂和印尼总统苏希洛·班邦·尤多约诺分别于2006年6月29—30日和10月27—30日抵沪参观访问。老挝人民革命党总书记、国家主席朱马里对上海的发展成就表示赞赏，指出上海的发展是中国特色社会主义的具体体现。印尼总统苏希洛在沪出席"第二届中国—印尼能源论坛"开幕式、"2006印度尼西亚上海展览会"和"印尼之夜"晚宴，签署中印双方关于能源和矿产资源领域合作的谅解备忘录。

图1-1-5 2006年6月29日，老挝人民革命党总书记、国家主席朱马里·赛雅颂(左一)到访上海

图1-1-6 2006年10月27日，印尼总统苏希洛·班邦·尤多约诺(左一)在上海展览中心参观印尼展览会

2009年6月7日，新加坡总理李显龙携夫人等一行13人专程来沪出席上海世博会新加坡馆奠基仪式。李显龙在与中共中央政治局委员、上海市委书记俞正声会见时说，上海市政府在应对危机、促进发展方面，不拘泥于追求GDP统计数字，而是更关注经济结构的调整和转型，非常具有战略眼光和意义。新加坡由于自身市场狭小、经济外向度高，受2008年国际金融危机的影响较大。为克服危机带来的影响，新加坡成立部长级的"经济策略委员会"，致力于寻找新加坡新的、长远的发展空间，新加坡愿意与上海在更多领域开展交流与合作。在上海世博会新加坡馆奠基仪式上，李显龙还表示，一个稳定、强大和负责任的中国对新加坡乃至亚洲都是有利的，上海世博会为中国提供了一个令人振奋的机会，新加坡非常高兴能参与这一激动人心的盛事。

2009年，东南亚各国访问上海的还有：马来西亚老部长协会代表团，副总理达图·斯里·纳吉布·敦·拉扎克，槟州元首拉赫曼，外长赛义德，以总会长、房屋与地方政府部部长黄家定为团长的华人公会代表团；越南外长阮怡年，越共中央政治局委员、中央经济部部长张晋创，以副部长阮文邓为团长的越共中央经济部代表团，越共中央组织部代表团，越共中央科教部代表团，中央办公厅代表团，越共中央书记处书记、中央思想文化部部长苏辉若，副总理兼外长范家谦，政府总理特别代表、前副总理武宽，越共中央政治局委员、书记处书记、中央组织部部长胡德越，越共中央政治局委员、胡志明市市委书记黎清海，由中央对外部部长陈文恒率领的越共中央对外部代表团，越共中央宣教部代表团，司局级党政干部培训班代表团，外交部副部长胡春山、部长助理裴青山，由越共中央政治局委员、河内市委书记范光毅率领的共产党代表团，以越共中央委员、组织部副部长范文寿为团长的中央组织部代表团，由越共中央委员、主任陶仲诗率领的机关信息技术指导委员会代表团；

老挝副总理波松·布帕万,副外长本格·桑宋萨,党和国家前主席坎代,第一期领导干部培训班考察团,以中央书记处书记、万象市委书记宋巴·叶里和为团长的人革党万象市委代表团,以西马拉冯主席为团长的和平与团结委员会代表团,由副外长蓬沙瓦·布法率领的外交磋商代表团,第三期老挝领导干部培训班中期考察团;柬埔寨副首相诺罗敦·西里武亲王,副首相、国家禁毒委员会主任韶肯;新加坡内阁资政李光耀,副总理李显龙和黄根成,外交部兼贸工部政务部长林双吉,国务资政吴作栋,副总理兼国防部部长张志贤,以人民行动党中央执委、青年团主席、政府环境发展部部长林瑞生为团长的人民行动党代表团,以妇女组主席、国会副议长陈惠华为团长的人民行动党妇女代表团;菲律宾前总统科拉松·阿基诺,副总统德卡斯特罗;印尼外长哈桑·维拉尤达,以总主席哈迪·乌托穆为团长的民主党代表团,外交磋商团,由中央领导委员会秘书长马尔祖率领的民主党代表团,由总主席苏特里斯诺·巴歇尔率领的国民使命党代表团,由党副总主席、国会议长阿贡率领的印尼专业集团党代表团;泰国公主玛哈扎克里·诗琳通和朱拉蓬,以泰爱泰党中央执委、国会下议院议员参猜·巴吞玛腊为团长的国会执政党议员友好代表团;文莱首相府常秘叶海亚和王妃苏丹玛丽亚姆,外交和贸易大臣穆罕默德亲王;缅甸参加中缅边境管理会晤的缅方代表团和第九轮会晤代表团,以中央执委、仰光市市长昂登林为团长的巩固与发展协会干部考察团;东帝汶以议会多数党联盟常设秘书处主席、社会民主党书记马格努为团长的执政联盟干部考察团;等等。柬埔寨副首相西里武亲王到沪出席由海峡两岸研究中心和上海国际问题研究所联合举办的“中国—东南亚关系与台湾问题”研讨会;副首相、国家禁毒委员会主任韶肯到沪参加“万国禁烟会”100周年纪念活动。新加坡内阁资政李光耀曾多次到沪;国务资政吴作栋出席“新加坡节”系列活动;副总理李显龙和外交部兼贸工部政务部长林双吉分别出席来福士广场揭幕典礼和在沪进行的第四届新加坡基金会海外会议;副总理兼国防部部长张志贤出席在中国浦东干部学院举办的中新“领导人才选拔与培养”论坛。泰国公主诗琳通和朱拉蓬在沪赴复旦大学接受授予其名誉教授称号,诗琳通还参加在浦东新区正大广场举办的其本人摄影展开幕式。印尼外长哈桑出席在上海举行的联合国亚太经社会第60次会议,国家副主席曾庆红和国务委员唐家璇会见哈桑;印尼民主党总主席乌托穆来沪参加印尼有关公司与上海燃气公司合作项目的签字仪式。马来西亚副总理拉扎克来沪出席亚太投资银行早餐会、商务午餐会和上海泰高开关有限公司揭幕仪式。越南外交部副部长胡春山来上海视察越南驻华大使馆驻沪领事办公室,并考察越南驻沪总领馆馆址。

2010年是东南亚各国访沪最踊跃的一年。4月29日—5月1日,越南总理阮晋勇一行140人到沪出席上海世博会开幕式,参观世博会越南馆和中国馆,参加了上海—河内/胡志明市直飞航线开航仪式。国家主席胡锦涛在上海西郊宾馆会见阮晋勇。4月29日—5月2日,柬埔寨首相洪森一行44人到沪出席上海世博会开幕式和世博园区柬埔寨国家馆开馆仪式,并参观中国馆。国家主席胡锦涛在上海西郊宾馆会见洪森。6月8—9日,菲律宾总统格洛丽亚·马卡帕加尔·阿罗约率代表团一行300人到沪出席上海世博会菲律宾国家馆日和“庆祝菲律宾国家馆日暨中菲建交35周年”大型文艺演出活动。中共中央政治局委员、上海市委书记俞正声作为中国政府代表,与阿罗约一起出席在世博中心举行的菲律宾馆日活动,见证了中菲建交35周年首日封启动仪式和《菲律宾神话故事选》赠书仪式。7月11—16日,东帝汶总统若泽·拉莫斯·奥尔塔率领代表团一行50人到沪出席东帝汶国家馆日活动,中国政府代表、公安部副部长刘京和奥尔塔共同出席东帝汶国家馆日活动仪式。8月20—23日,新加坡总统塞拉潘·纳丹一行抵沪访问,3次进入世博园区参观。9月4—5日,泰国总理阿披实·威差奇瓦率领代表团一行42人到沪出席泰国国家馆日活动,参观中国、泰国、德国、越南等馆,全国政协副主席李兆焯与阿披实共同出席泰国国家馆日活动仪式。9月9—11日，缅甸和平与发展委员会主席丹瑞一行访沪，参观世博园区的中国馆和缅甸馆。9月11—13日，新加坡总理李显龙一行访沪并出席世博会有关活动，参观中国馆、新加坡馆，为“食尚新加坡”在上海的活动主持开幕。9月27日—10月2日，柬埔寨国王诺罗敦·西哈莫尼一行17人到沪出席中国国家馆日活动，参加中国国家馆日庆典活动仪式，参观世博会柬埔寨馆和中国馆等馆。全国人大常委会委员长吴邦国在上海西郊宾馆会见西哈莫尼。10月11—14日，老挝总理波松·布帕万一行15人到沪出席上海世博会老挝国家馆日活动。中国政府代表、全国政协副主席孙家正和波松共同出席老挝国家馆日活动仪式。10月25—26日，印尼总统苏西洛·班邦·尤多约诺到沪参观世博会，出席“中国—印尼经贸论坛”。10月29日—11月1日，东帝汶总理夏纳纳·古斯芒一行12人到沪出席上海世博会高峰论坛和闭幕式。国务院总理温家宝在上海西郊宾馆会见夏纳纳。

图1-1-7　2010年6月9日，菲律宾总统格洛丽亚·马卡帕加尔·阿罗约(左二)参观上海世博会

图1-1-8　2010年9月11日，新加坡总理李显龙(前排左一)在上海世博会新加坡馆与参观者互动

其他到沪出席世博会活动还有：菲律宾副总统诺利·德卡斯特罗到沪出席上海世博会开幕式，旅游部部长阿尔贝托·林到沪出席上海世博会高峰论坛和闭幕式。柬埔寨国务大臣兼商业部大臣占蒲拉西到沪出席上海世博会柬埔寨馆日活动，出席“通信与未来城市”论坛。文莱外交和贸易部部长穆罕默德亲王到沪出席世博会文莱国家馆日活动。缅甸商务部部长汀乃登到沪出席世博会缅甸国家馆日活动。新加坡贸工部政务部长李奕贤到沪出席世博会新加坡国家馆日活动。越南文化体育旅游部部长黄俊英到沪出席世博会越南国家馆日活动，办公厅主任阮春福到沪出席上海世博会高峰论坛和闭幕式。马来西亚旅游部部长拿督斯里黄燕燕到沪出席世博会马来西亚馆日活动。老挝副总理兼外长通伦·西苏里到沪出席世博会开幕式和世博会老挝馆开馆仪式及为老挝驻沪总领馆选址，国会主席通邢·塔玛冯到沪出席中国国家馆日活动。

三、朝蒙韩三国

中、朝、蒙、韩同处东北亚地区，是打造世界最大区域经济体的参与国。20世纪80年代，中朝关系保持着热烈的传统友谊，朝鲜党、政、人民议会领导人多次至上海参观访问。1983年6月6—8日，朝鲜劳动党中央委员会政治局常委、书记金正日一行45人访问上海。访问中，朝鲜客人参观中共一大会址、宝山钢铁总厂、上海机床厂、梅林罐头食品厂和上海港第九装卸区等单位，听取上海情况介绍,与上海领导进行亲切友好交流。1984年8月8—10日,朝鲜政务院总理姜成山一行访问上海,在沪重点考察和了解集体所有制企业和轻、纺、食品工业生产情况,对上海与外资合作问题表现出浓厚兴趣,并希望上海去咸兴市帮助建造圆珠笔厂。在此前后,朝鲜最高人民会议副议长许贞淑、最高人民议会常设会议议长杨亨燮、国家副主席李钟玉、最高人民会议议长孙圣弼等也先后至上海参观访问。他们在上海了解城市建设、新建工业骨干企业以及能源、港口设施、市场供应、第三产业等新的变化发展情况。1991年9月27日,朝鲜总理延亨默从上海过境,作短暂停留。1999年6月6—7日,以朝鲜最高人民会议常任委员会委员长金永男为团长的朝鲜代表团一行63人,在中朝建交50周年之际抵沪访问。在与市长徐匡迪会见时,金永男说,时隔10年重访上海,感到这个城市的面貌焕然一新。上海的发展变化证实了邓小平建设有中国特色社会主义理论的正确。朝中友谊根深蒂固,有着坚实的基础,不管国际风云如何变化,朝鲜的党和国家领导人对继续发展朝中友谊的决心没有变,也不会变。在这期间,朝鲜政治、经济、军事和文化、教育、新闻等各方面人员到访也连绵不断,尤以20世纪80年代后期至20世纪90年代初较为集中,其中有以朝鲜同盟中央副委员长郑明熙为团长的民主女性同盟代表团,以朝鲜中央副部长金镇玉为团长的劳动党党的工作者访问团,先后由部长金容淳、副部长金养建率领的劳动党中央国际部代表团,先后由副所长金昌旭、所长韩相奎率领的中央检察所代表团,以财政部部长伊基贞为团长的朝中友好代表团,先后由副总编辑李昌善、责任主编金用学为首的劳动党中央理论刊物《勤劳者》杂志代表团,先后以同盟第一副委员长崔永三、金星出版社社长姜哲夫为团长的记者同盟代表团,由中央广播电视委员会委员长郑河哲率领的广播电视代表团,分别由国家教育委员会委员长崔基龙、普通教育部部长李钟柱率领的教育代表团、普教代表团,以议长廉泰俊为团长的统一战线中央委员会访华团,先后由全文燮大将、李钟山上将为团长的人民军友好参观团,先后由友协副委员长禹基南、委员长李子方率领的朝中友协参观团,以社长金基龙为团长的中央通讯社代表团,以总编辑玄峻极为团长的《劳动新闻》代表团,以党中央副部长安文献为团长的劳动党友好参观团,以政务院副总理兼文化艺术部部长张澈为团长的政府文化代表团,以副外长车奉柱为团长的外交部友好代表团,以党中央副部长崔光列为团长的劳动党友好参观团,以副校长李夏振为团长的劳动党金日成高级党校代表团,以金日成政治大学校长玉凤麟中将为团长的朝中友好参观团,朝鲜劳动党中央理论刊物《勤劳者》杂志代表团,朝鲜劳动党金日成高级党校代表团,以党中央国际部副部长池在龙为团长的劳动党友好参观团,以咸镜南道党委书记朴昌弘为团长的劳动党友好代表团,劳动党中央国际部代表团等。朝鲜著名的艺术团体王在山轻音乐团、朝鲜国立平壤杂技团和由优秀艺术家组成的国家艺术团也先后至上海访问演出。

20世纪80年代后期,随着中蒙关系改善,蒙古政府代表团在访华中陆续抵达上海参观访问。1988年,大人民呼拉尔主席洛敦·林钦访沪。1989年,外长贡布苏伦和教育部部长、重工业部副部长、最高法院院长等分别率领代表团访沪。1991年,人民革命党中央委员会主席贡·奥其尔巴特,小呼拉尔主席、副总统拉德那苏木贝勒·贡其格道尔吉和以中央主席团委员、中央书记巴嘎班迪为团长的人民革命党代表团访沪。1992年5月10—11日,蒙古总理达希·宾巴苏伦抵上海参观访问。在与上海市领导人的会见中,双方都认为上海与蒙古可进一步增进经济来往与合作。宾巴苏伦说,上海是亚洲地区重要的沿海城市,蒙古是内陆国家,双方可以进行互利合作,蒙古可向上海提供所需要的原材料,上海企业可去蒙古开展合作。1995年2月17—19日,蒙古人民革命党总书记布·达希云登一行访沪。在与市委书记黄菊会晤时,双方都表示要增进相互了解,发展友好合作。达希云登说,蒙古需要借鉴中国成功经验,需要良好的国际合作伙伴,蒙古生产羊毛、羊绒,希望今后能更好地与上海合作生产羊毛制品,欢迎上海的工厂去蒙古投资办厂。其他访沪的还有以副主席巴特乌勒为团长的蒙古民族民主党代表团。

中韩建交后,韩国代表团访问上海日渐增多。1992年8月24日,韩国外长李相玉在北京与中方共同签署两国建交公报后经上海回国。李相玉在沪表示,韩方重视上海在两国关系和经济、文化交流合作发展中将起的重要作用,所以很快将在上海设立总领事馆,并希望能由韩国第二工业城市和重要港口釜山与上海结为友好城市以及早日实现汉城—上海直航。李相玉特别谈到,当年反对日本殖民统治、寻求复国救亡之路的韩国临时政府设在上海,韩国人民对上海有着特殊的友好感情。韩国来上海访问和进行经济、文化交流的人士与日俱增。随后9月30日,首位访华的韩国总统卢泰愚一行270余人至上海参观访问,大批韩国经济界人士随同到访。卢泰愚对副市长赵启正说,原韩国临时政府旧址在韩国人眼中是革命的圣地,首次访问上海又瞻仰旧址很有意义,韩国将每年组织人民来上海参观,缅怀和纪念韩国的英雄先辈。他表示,上海开放的雄心,浦东开发的周详计划,以及上海与长江流域广大区域联合发展经济的战略令人钦佩,韩国的厂商愿意参与浦东的开发与建设。

1994年3月26—27日和1995年5月14—15日,韩国总统金泳三和总理李洪九一行先后访问上海。他们都访问了浦东新区和"大韩民国临时政府"旧址、鲁迅公园"梅亭"等。金泳三向市长黄菊表示,上海在发展韩中经贸、文化合作交流中有重要作用,釜山与上海已结为友好城市,而釜山是他的故乡,所以他对上海更感亲切,希望双方不断增进友好往来和合作。李洪九对市长徐匡迪说,在韩国人眼里,上海不仅是中国的窗口,也是亚太地区的窗口。韩中两国产业合作,上海是韩国的紧密伙伴。相信今后会有更多韩国企业重视与上海的合作,韩国对上海及浦东的投资将会日益增多。1998年11月14—15日,韩国总统金大中一行170余人抵沪访问。金大中在沪出席"中韩经济界人士恳谈会"并作演讲,他说,在世界知识、信息、经济全球化过程中,加强韩中经济合作需要创新思维和积极行动,希望能积极利用韩中两国1994年缔结的产业合作协定中确定的双方特殊合作方式,建立面向21世纪的合作机制,韩中两国应在克服亚洲金融危机影响、恢复亚洲经济中密切合作,扮演重要的角色。在与市长徐匡迪会晤时,金大中表示,韩国政府非常重视发展与中国的经济合作,尤其希望拓展与上海的合作领域。上海是韩中空运、海运的枢纽城市。韩国企业希望投资上海设立合作基地,并向邻近的浙江、江苏、安徽等地扩展业务。

1992—1998年,韩国其他政要、政党和经济界人士访沪的有:副总理兼企划院长官崔珏圭,前外务长官李相玉,副总理兼财政经济院长官姜庆植和民主自由党中央常务委员、社会开发研究所理事长兼所长斐成东,以民主自由党第二副秘书长赵富英为团长的民主自由党工作代表团,以民主和平统一咨询委员会第一副主席金命润为团长的知名人士代表团,外务部代表团,民主自由党代表团,国际问题研究所代表团,区域研究理事会访华团,执政党新韩国党代表委员李会昌,以大国家党国会议员李世基为团长的超党派议员代表团,以国会议员梁性吉为团长的新政治国民会议代表团,国际论坛代表团,联合国协会代表团,由民主自由党干事长、国会议员崔炯佑率领的经济界知名人士代表团,由三星物产株式会社会长申铉碻率领的三星经济考察团,浦项综合制铁株式会社董事长朴泰俊,鲜京集团董事长崔锺贤,高丽合纤集团会长张致赫,国际交流财团理事长孙柱焕和李廷彬,亚太和平财团理事长金大中等。韩国副总理姜庆植抵沪参加中韩建交5周年纪念活动,他与市领导晤谈时表示,釜山—上海—大阪可以成为韩中日三国真正的地方之间的合作纽带,可以发展成为东亚地区的一个经济增长中心,进而成为亚太地区乃至世界的一个经济中心。其间,韩国国家级大型歌舞团体——国立艺术团首次到上海访问演出。

进入21世纪,随着中朝关系的继续巩固,中韩关系的稳步推进,中蒙睦邻互信伙伴关系再上台阶,三国首脑在访华中常安排抵沪访问,三国代表团访沪也有增无减。

2001年1月16—19日,朝鲜劳动党中央委员会总书记、国防委员会委员长金正日一行104人乘坐专列对上海进行非正式内部访问。国务院总理朱镕基在上海国际会议中心会见金正日。金正日在沪参观访问浦东新区、集团公司、科研中心、软件和农业园区、证券交易所和居民区等,他说,1983年曾访问过上海,那时,从宾馆楼顶俯瞰上海全景时,印象最深的只有黄浦江,还没有听到浦东这个词。18年之后再次访问上海,亲眼看到上海发生翻天覆地的变化,感觉好像到了另外一个世界,上海的变化充分证明中国共产党的政策是正确的。他表示,上海发展得很好,是中国改革开放的典型,来上海访问的选择是正确的。代表团中很多同志都是第一次来上海,他们都希望好好看看上海的发展情况、学习上海的建设经验。市委书记黄菊向金正日介绍上海情况,并全程陪同金正日在沪活动。

2001年6月21—22日,韩国总理李汉东一行52人抵沪访问。李汉东在沪出席"中韩移动通信企业合作研讨会"和深州晨讯通信公司与韩国WITHUS公司的合作项目签字仪式。在研讨会上,李汉东表示,希望通过与上海在CDMA技术方面的合作,使双方在世界移动通信领域保持最高的竞争水平,韩国政府和他本人都大力支持双方的这一合作。李汉东还参观了"中韩移动通信中小企业展览会"、"大韩民国临时政府"旧址和上海贝尔电话有限公司等,在会见市长徐匡迪时,他说,韩中建交虽然只有9年,但是双方已经建立全面的合作关系。对于上海,韩国和韩国人民有着特别亲密的感情,非常高兴能有机会访问发展速度惊人的上海。

2003年7月9—10日,韩国总统卢武铉一行225人访问上海。卢武铉在沪出席中韩经济界人士午餐会并发表演讲,他说,上海是韩中贸易交往最活跃的城市,与韩国6个城市开通了直航航线。韩中之间约28%的贸易以及韩国在华投资的尖端技术产业都集中在上海。因此,韩国对上海非常重视,并希望在合作的广度、深度以及方式上作进一步探索。他表示,韩中之间的互利合作有利于地区的和平与稳定,韩国政府将全力支持双方的合作。在会见市长韩正时,卢武铉说,他对上海久闻其名,这是一个让人有亲切感的地方。上海发展速度很快,办事很有效率,他将利用这次来访的机会多了解上海的情况。他还祝贺上海申办2010年世博会成功,并衷心希望2010年上海世博会能成为最成功的世博会。

2005年3月24—25日和12月1—3日,朝鲜总理朴凤柱一行43人和蒙古总统那木巴尔·恩赫巴亚尔一行100人相继访问上海。朴凤柱在沪赴浦东新区政府听取情况介绍,乘坐磁悬浮列车,参观上海城市规划馆等,他对上海的快速发展表示赞赏,并希望双方的合作交流不断深入。恩赫巴亚尔在沪出席"中蒙经贸合作论坛"并致辞,他希望更多的上海投资者到蒙古投资,并希望上海到乌兰巴托直线航班早日开通。

2010年,朝鲜最高人民会议常任委员会委员长金永南、韩国总统李明博、蒙古总统查希亚·额勒贝格道尔吉相继来沪出席上海世博会开幕式。国家主席胡锦涛在上海分别会见三国领导人。朝鲜最高人民会议常任委员会委员长金永南一行在沪参观世博园朝鲜馆、中国馆等。韩国总统李明博一行在沪参观世博会韩国馆和韩国企业馆,出席韩国经济界午餐会,接受中国中央电视台专访。蒙古总统额勒贝格道尔吉在沪与国家主席胡锦涛共同出席两国有关合作文件签字仪式,并与全国政协主席贾庆林进行会见,参观世博会蒙古馆、中国馆和上海历史陈列馆等。此后,韩国文化体育观光部部长柳仁村到沪出席上海世博会韩国馆日活动。蒙古对外关系和贸易部部长贡布扎布·赞登沙特尔到沪出席上海世博会蒙古国家馆日活动。朝鲜城市经营相黄学元到沪出席上海世博会朝

图 1-1-9　2005 年 12 月 2 日,蒙古总统那木巴尔·恩赫巴亚尔(中)夫妇参观上海居民小区

鲜国家馆日活动。

21 世纪前 10 年,到沪访问的三国代表团还有:韩国方面,韩国国际交流财团理事长李仁浩,外交通商官员团,大国家党女性代表团,以国会议员、民主党总裁特别秘书长金元吉为团长的韩国证券考察团,以最高委员金重权为团长的新千年民主党代表团,以韩国大国家党副总裁、国会议员孙鹤圭为团长的 21 世纪韩中交流协会访华团,前外长李廷彬,前总统全斗焕,以前副总理兼外长崔浩中为团长的外交协会访华团,国会议员代表团,前总统卢泰愚,以大国家党政策委员会议长李康斗为团长的超党派国会议员代表团,以名誉总裁、前总理李会昌为团长的大国家党代表团,北京“中韩知名人士论坛”韩方代表团,高层妇女代表团,国家安全保障会议常任委员长郑东泳,外交协会代表团,外交官代表团,以国会议员金富谦为团长的开放国民党国会议员代表团,以国会副议长李龙熙为团长的超党派国会议员代表团,以国会副议长文喜相为团长的超党派国会议员代表团,前副议长、现国会议员李相得等。朝鲜方面,朝鲜劳动党中央机关刊物《勤劳者》杂志代表团,劳动党中央国际部部长金养健,外务省局级代表团,以常任委员会副委员长杨亨燮为团长的国家代表团,外务省仪礼局代表团,劳动党工作者代表团,以劳动党江原道委员会书记金石峰为团长的劳动党友好参观团,外务省磋商代表团,外务省中朝边界磋商代表团,外务省副相崔寿宪,外相朴义春,以朝鲜外务省中国局副局长金明日为团长的朝鲜青年外交官代表团,以朝鲜劳动党中央科学教育部部长李光濠为团长的朝鲜劳动党代表团,以农业省党委书记陈今哲为团长的朝鲜劳动党农业干部考察团和朝鲜外文出版社社长崔景国等。蒙古方面,以总书记阿勒坦呼亚格为团长的社会民主党代表团,以总书记伊德沃赫腾为团长的人民革命党代表团,以主席恩赫赛汗为团长的民主党代表团,以党主席、国家大呼拉尔副主席桑·奥云为团长的公民意志共和党代表团,以总书记桑·巴亚尔为团长的人民革命党代表团,以党主席额勒贝格道尔吉为团长的民主党代表团,外交部礼宾司代表团,前总统、前人民革命党主席那楚克·巴嘎班迪,以党书记策·苏赫巴特尔为团长的人民革命党干部考察团,前总统彭萨勒马·奥其尔巴特等。

第二节 南亚诸国国家代表团访沪

中国与南亚各国毗邻而居,在维护地区和平与稳定,促进共同发展与繁荣方面有着广泛共同的利益。改革开放后,南亚诸国领导纷纷在访华中到上海访问。

20世纪70年代末至80年代末,南亚诸国领导造访上海的有:1978年4月5日、4月9日,孟加拉国总统齐亚·拉赫曼一行访日途中2次在上海作短暂停留,与市革命委员会第二副主任彭冲在机场共餐并简短交谈。1979年8月17—19日,斯里兰卡总理拉纳辛哈·普雷马达萨和夫人一行17人访问上海,这是普雷马达萨首次访华,在沪他特别强调中斯两国关系和在对外政策上的许多共同点,并参观工业展览会和长桥水厂,对水厂的设备均系中国国产特别赞赏。1982年10月22—23日和1983年7月16—17日,巴基斯坦总统穆罕默德·齐亚·哈克两次访问上海,他称赞上海为国家发展作出很大贡献,多次表示希望上海与巴基斯坦经济上进一步合作,为巴中之间的贸易作出更大贡献。1984年5月23—25日,斯里兰卡总统朱尼厄斯·理查德·贾亚瓦德纳和夫人一行30人访问上海。贾亚瓦德纳在沪参观嘉定县长征乡、玉佛寺、工艺品展销会,他表示,上海是中国的工业基地和贸易港口,在中国起着重要作用,也是世界大城市之一,斯中合作的有些项目就与上海有关。1985年11月21—23日,巴基斯坦总理穆罕默德·汗·居内久一行109人访问上海。居内久在沪参观宝钢、上海县马桥乡,他说,巴中友谊已为邻国间维护和平与进行合作树立榜样。上海很重视发展具有世界先进水平的科学技术,卡拉奇与上海有许多相似之处,希望上海与卡拉奇在技术等各个方面进行交流和合作。1988年12月23日,印度总理拉吉夫·甘地和夫人一行160人访问上海。这是20世纪60年代中印关系恶化后,印度政府首脑的首次造访。拉吉夫·甘地在上海说,印中两国有自古以来的文化联系,而今印中关系又已有新的开端,可以重建友谊。他很关注上海经济建设、环境保护、城市交通、企业和产品的发展新情况,要求参观多家乡镇工业,认为中国乡镇企业的发展为农村大量劳动力创造良好的就业机会,很有意义,希望上海与印度一些城市的关系能够进一步发展。1989年2月12—13日,巴基斯坦总理、巴基斯坦人民党主席贝娜齐尔·布托和其丈夫一行50人访问上海。贝娜齐尔·布托在沪参观第一丝绸印染厂,谈到1972年曾访上海的印象时她说,上海比那时有了很大变化,感到中国比前几年更繁荣富足,更为开放,很适应当今世界的潮流。中国的神奇之处在于既保持了自己的传统,又接受了世界潮流,这要归功于中国领导人的变革勇气。这期间,南亚国家其他访沪的还有:印度外长瓦杰帕伊,全印(度)前进同盟总书记契塔·巴苏;斯里兰卡外长阿·卡·萨·哈米德,以统一国民党主席哈沙·阿贝瓦德纳为团长的代表团;孟加拉国国民议会议长米·古·哈菲兹和夫人,外长乔杜里和夫人,联合国亚太经社会执行秘书基勒里亚(孟加拉国人)和夫人,统一人民党和民主党领导人率领的代表团;巴基斯坦分别由议长哈米德·纳西尔·恰塔和议长哈立德率领的巴基斯坦国民议会代表团,海军"塔立克"号驱逐舰;等等。

20世纪90年代,南亚各国以新的视角看待中国并推动与中国建立更紧密的战略关系,使中国与南亚国家的关系继续发展,许多南亚国家领导人、政要和政党代表团纷纷到上海实地考察了解中国改革开放政策。

1990年7月2日,孟加拉国总统侯赛因·穆罕默德·艾尔沙德和夫人一行45人过境上海,游览上海市容。1992年5月22—24日,印度总统拉马斯瓦米·文卡塔拉曼访问上海。这是文卡塔拉曼首次访华抵沪,在沪参观玉佛寺、上海博物馆等,会见7名印度学生和侨民以及5位曾访问过印度的上海学者。陪同的印度驻华大使反映,印度对话经济交流的重点是发展与上海的经济交往。

1994年12月5—6日，巴基斯坦总统法鲁克·艾哈迈德·汗·莱加利访问上海。莱加利在沪参观浦东新区建设、外高桥保税区和马桥镇等单位，了解上海发展情况，还与上海国际问题研究所负责人进行会晤和交流。1995年4月19—20日，尼泊尔首相曼·莫汉·阿迪卡里一行访问上海。在与市长徐匡迪会晤中，阿迪卡里表示，从近邻中国和上海的巨大发展中，看到邓小平中国特色社会主义的主张，中国建设取得成功，对尼泊尔有借鉴作用，并将对世界产生重大影响。

图1-1-10　1995年4月19日，尼泊尔首相曼·莫汉·阿迪卡里（前排左四）参观宝山钢铁（集团）公司

1990—1995年，访沪的还有：孟加拉国民族党联合总书记扎法尔·伊马姆，由联盟主席、议会反对党领袖谢赫·哈西娜·瓦吉德夫人率领的人民联盟代表团；巴基斯坦人民党主席努斯拉特·布托夫人，分别以秘书长阿哈默德·伊克巴尔和中央工作委员会委员尼萨尔·穆罕默德·汗为团长的穆斯林联盟代表团、人民党代表团，巴基斯坦穆斯林联盟代表团；印度新人民党副主席拉姆克里希纳·海格德，人民院议长希夫拉吉·雅什瓦纳特·帕蒂尔，副总统纳拉亚南，由政治局委员普拉卡什·卡拉特率领的共产党（马克思主义）代表团，由总书记英德拉吉特·古普塔率领的共产党中央代表团，分别以工作委员会前总书记加德吉尔和国会议员沙汪特为团长的国大党（英）代表团，由总书记库马尔·辛德率领的国大党（英）代表团，由中央政治局委员、国际部部长塔拉姆·亚秋里率领的印共（马）代表团，由中央执行委员会委员、书记处书记丁·契塔兰简率领的共产党代表团，以外事部负责人米什拉为团长的人民党代表团；斯里兰卡全国解放人民党总书记尼哈尔·佩雷拉，锡兰工人大会党主席通达曼；尼泊尔议会下院议长德曼纳德·东加纳，共产党（联合马列）政治局委员萨哈娜·普拉丹夫人，由主席克·普·巴特拉伊率领的大会党代表团；等等。印度副总统纳拉亚南在沪赴复旦大学向师生发表题为《印度与中国》的演说，他认为，印中友谊极为可贵。在当今多级、多元化的世界和政治、经济中心向亚洲和亚太地区倾斜的有利环境中，印中两国有着广泛的合作领域。印中两国可在不结盟、和平共处五项原则下，建立起融于全球合作、全世界和平的新型关系，这必将成为21世纪的一大特征。

1996年后,随着浦东开发步伐加快,抵沪访问的南亚国家政党代表团日益增多,主要有:尼泊尔方面,尼泊尔共产党(联合马列)代表团,由前首相党主席苏·巴·塔帕率领的民族民主党代表团,由党主席曼·摩汉·阿迪卡里、中央常委卡普·里奥和中央委员拉·吉姆忠分别率领的共产党(联合马列)代表团,以总书记塔·拉纳巴特为团长的大会党代表团;斯里兰卡方面,由总书记达马西里·森纳那亚克率领的自由党代表团,由党领袖拉尼尔·维克拉马辛哈率领的统一国民党代表团;印度方面,以总书记巴尔丹和全国执行委员会委员瓦苏德凡·耐尔分别为团长的印度共产党代表团,以中央工作委员会委员纳特瓦尔·辛格为团长的印度国大党(英)代表团;巴基斯坦方面,巴基斯坦人民党青年代表团;孟加拉国方面,孟加拉国执政党人民联盟代表团;等等。他们在沪参观了中共一大会址、上海博物馆、经济开发区和集团公司,市委领导在会见中向他们介绍上海的发展情况。尼泊尔民族民主党主席塔帕说,这次重访上海,使他尤感亲切。作为山水相连的友好邻邦,尼泊尔希望中国发展强大,在国际事务中发挥重大作用、作出积极贡献。其他政要和代表团有:尼泊尔外交部外秘夏尔马,以主席苏·拉·阿玛蒂亚为团长的世界事务委员会代表团;斯里兰卡副外长拉克什曼·基里埃拉,由政府民族事务及国家统一部副部长费尔南多为团长的国际交流协会代表团,友好代表团;印度前外秘辛格,联合国协会(印联协)代表团;孟加拉国联合国协会代表团;前总理卡齐,外长阿卜杜斯·萨马德·阿扎德,以前外秘、临时政府部长级顾问艾哈迈德为团长的孟中人民友协代表团;巴基斯坦外长古哈尔·阿尤布·汗,外交部秘书沙姆沙德·艾哈迈德,伊斯兰堡世界事务理事会代表团;等等。

进入21世纪,中国与南亚各领域的合作出现强劲的发展势头。寻找商机、探求合作也成为南亚各国代表团访问上海的重要内容。

2001年3月2—4日和2002年7月13—15日,尼泊尔国王比兰德拉·比尔·比克拉姆·沙阿·德瓦一行52人和后登基的国王贾南德拉·比尔·比克拉姆·沙阿·德瓦一行60人先后访问上海。在沪,比兰德拉听取浦东开发开放的情况介绍,参观城市规划馆、上海贝尔电话设备有限公司,会见尼泊尔侨民,随访的尼泊尔企业家与上海有关企业负责人就经贸领域的合作与交流进行对口洽谈。贾南德拉是首次访华,他对尼中友好关系给予高度评价,并希望推进双方在旅游、水资源开发等领域的合作。

2003年6月26—27日,印度总理阿塔尔·比哈里·瓦杰帕伊一行75人访问上海。瓦杰帕伊在沪与市长韩正共同出席在上海国际会议中心举行的题为“印度与中国:IT业的机遇与挑战”的中印信息产业论坛,并发表演讲。韩正表示,上海着力引进国际著名的软件企业,加快建设国家级软件产业基地,上海和迅速发展IT行业的印度合作空间很大。瓦杰帕伊谈到,中国和印度都拥有巨大的市场,信息技术领域是印度与中国双边合作中具有特殊潜力和广阔前景的领域。中国的计算机硬件在世界占有重要地位,而印度在信息技术、软件工程等方面具有优势,两国存在相当大的互学互补的空间,双方应求同存异,充分利用各自的资源和优势推动两国共同发展。这次论坛能在上海召开十分合适,因为上海既是中国经济发展的窗口,又是中国技术发展的枢纽,访问使他对中国信息技术的发展能力印象深刻。

2004年12月16—18日,巴基斯坦总理肖卡特·阿齐兹一行82人抵沪访问。阿齐兹在沪出席巴基斯坦总领事馆奠基仪式和中巴企业家午餐会,会见部分中国企业家,参观中兴通讯上海研发中心和东方明珠广播电视塔。在与市长韩正会见时,他称赞上海是座充满企业家精神的城市。此前5月24—27日和8月12—14日,孟加拉国总理卡莉达·齐亚和尼泊尔王储帕拉斯·比尔·比克拉姆·沙阿·德瓦先后访问上海。孟加拉国总理齐亚到沪出席“世界银行全球扶贫大会”开幕式,国务院总理温家宝在沪会见齐亚。尼泊尔王储在沪听取浦东新区介绍，参观城市规划馆、上海博物馆、玉佛寺等。

2005年9月1日、2006年4月24—26日和2007年3月1—2日，斯里兰卡总统钱德里卡·班达拉奈克·库马拉通加夫人、总理拉特纳西里·维克拉马纳亚克和继任总统马欣达·拉贾帕克萨一行111人赴沪访问。班达拉奈克·库马拉通加夫人是出席北京纪念第四次世界妇女大会10周年会议后抵沪访问的，她盛赞上海10多年的发展速度令世界瞩目。斯里兰卡总理拉特纳西里·维克拉马纳亚克出席"博鳌年会"后顺访上海，他表示，斯里兰卡计划开放与上海的直飞航线，其旅游胜地也计划向中国人民开放。斯里兰卡继任总统马欣达·拉贾帕克萨在沪出席"中国—斯里兰卡投资、贸易、旅游研讨会"，并发表演讲。他诚邀中国企业家到斯里兰卡投资兴业，欢迎更多中国公民去斯里兰卡观光旅游，希望两地能在已存在的友好基础上进一步加强交流合作。拉贾帕克萨还于2010年10月到沪出席上海世博会高峰论坛和闭幕式。

2009年2月22—24日和12月30—31日，巴基斯坦总统阿西夫·阿里·扎尔达里一行51人和尼泊尔总理马达夫·库马尔·尼帕尔一行34人先后抵沪访问。国务委员、公安部部长孟建柱在上海会见巴基斯坦总统扎尔达里。扎尔达里在沪出席中巴企业合作备忘录签字仪式，并分别与上海金融界人士、国际问题专家进行座谈，参观沪东中华造船有限公司等。在与市长韩正会见时，扎尔达里表示，上海的发展经验值得巴基斯坦学习和借鉴，希望上海能帮助巴基斯坦建造摩天大楼和大型基建项目。尼泊尔总理尼帕尔访问上海世博局，视察尼泊尔馆的建设情况，参加由中华全国工商业联合会主办的中尼企业家交流会，他在与市长韩正会见时表示，此次来沪参观世博园区不但领略到上海这座大都市崭新的景象，更从中看到上海人民精彩的创造力和想象力。2011年是尼泊尔的旅游年，希望更多中国游客能感受尼泊尔的魅力。在中尼企业家交流会上他说，上海是中国经济飞速发展的典范，更是尼泊尔前进的标杆，尼泊尔将进一步加强与上海的经贸合作，拓展两地在经贸、基础设施、农业、矿业、服务业等各领域的合作。尼泊尔政府将制定政策、建立机制鼓励外国，尤其是中国企业在尼泊尔投资。

2010年5月1—2日、7月17—18日和10月29—31日，马尔代夫总统穆罕默德·纳希德一行22人，斯里兰卡总理迪萨纳亚克·贾亚拉特纳一行15人，尼泊尔总统拉姆·巴兰·亚达夫一行25人相继来沪访问。马尔代夫总统穆罕默德·纳希德出席世博会马尔代夫国家馆开馆仪式，参观中国馆等。国家主席胡锦涛为他访华举行欢迎仪式，并在上海国际会议中心举行会谈。斯里兰卡总理迪萨纳亚克·贾亚拉特纳在沪与市长韩正一起出席上海世博会斯里兰卡国家馆日活动，他对韩正表示，开通科伦坡到上海的直飞航班掀开斯中两国友好交往的新篇章，上海世博会是一个汇集世界各国古代文明、现代智慧与未来发展传承的盛会，参加上海世博会，对于斯里兰卡来说是一个重要的里程碑。尼泊尔总统拉姆·巴兰·亚达夫到上海出席上海世博会高峰论坛和闭幕式，他在沪参观世博会尼泊尔馆、中国馆和华为技术有限公司上海研发中心等一些单位，国务院总理温家宝在上海西郊宾馆会见亚达夫。

2000—2010年，南亚诸国访沪其他代表团也络绎不绝，其中印度代表团最频繁。他们是：以执政联盟召集人、泰卢固之乡党主席奈杜为团长的代表团，由资深国会议员戈恩卡率领的拉吉夫·甘地基金会代表团，战略问题研究所主任拉米什·哈尔加里，前总理高达，以资深领导人谢哈瓦特为团长的人民党代表团，外长贾斯万特·辛格，总检察长、联合国人权小组会专家索拉伯吉，由政治局委员迪万德·高德率领的泰卢固之乡党代表团，由全国执委会委员、党报主编法依兹率领的共产党代表团，印度联合国协会代表团，以主席玛拉·德番迪为团长的亚洲人民协会代表团，前总统纳拉亚南，民族国大党资深领导人查比尔达斯・梅达，以全国委员会书记处书记迪・拉贾为团长的共产党代表团，共产党全国委员会委员巴塔查里亚，国家安全顾问、中印边界问题印方特别代表纳拉亚南，由中央工作委员会委员、安得拉邦首席部长拉贾谢卡拉・雷迪率领的国大党(英)代表团，以总书记、联邦议员德・比斯瓦斯为团长的全印前进同盟代表团，共产党(马)干部考察团，以总书记帕拉布・森古普塔为团长的全印和平与团结组织代表团，以民族工作委员会委员、马哈拉施特拉邦副首席部长拉・拉・巴蒂尔为团长的国大党代表团，共产党(马)总书记普拉卡什・卡拉特，以党的全国执委会委员阿图・卡・安坚为团长的共产党干部考察团，信息广播部副部长拉姆・亚达夫・瓦拉纳西，外交部常秘萨仁山，以中央政治局委员、联邦议员亚秋里为团长的共产党(马)代表团，国大党(英)地方领导人胡达，以司库特利维迪为团长的民族国大党代表团，国大党(英)领导人、北安恰尔邦首席部长蒂瓦里，全印和平与团结组织代表团，国大党主席、执政的"团结进步联盟"主席索尼娅・甘地夫人，拉吉夫・甘地基金会，以印共比哈尔邦领导人布拉杰・库马尔・潘迪为团长的全印和平与团结组织代表团，共产党(马)代表团和共产党(马)干部考察团，以人民党副主席、议员巴尔・阿普泰为团长的全国民主联盟代表团，卡纳塔克邦首席部长叶迪乌拉帕等，访沪团队数尤以总理瓦杰帕伊访沪后的2005年和2006年两年居多，各类代表团抵沪有近20批。印度国大党主席甘地夫人在与市委书记俞正声会见时表示，这次到中国先后抵达北京、西安、上海访问，一路上看到中国发生的巨大变化，反映出中国领导人的远见和气魄，也体现中国人民的努力。叶迪乌拉帕是就任卡纳塔克邦首席部长后首次访沪，他在沪出席印度驻沪总领馆举办的印度卡纳塔克邦介绍推广会。

尼泊尔、巴基斯坦、孟加拉国的访沪频率次于印度。这些国家的代表团有：尼泊尔驻日内瓦大使、人权会主席西姆哈达，外交大臣恰克拉・普拉萨德・巴斯托拉和以中央常委巴拉特・莫汗・阿迪卡里为团长的尼泊尔共产党(联合马列)考察团，尼泊尔中国研究中心代表团，由主席吉・普・柯依拉腊率领的执政党大会党代表团，前首相比斯塔夫妇和前首相昌德，以主席谢尔・巴哈杜尔・德乌帕为团长的大会党代表团，以副主席普・曼・辛格为团长的大会党代表团，左翼政党宣传干部考察团，外交秘书基扬・昌德拉・阿查里雅，以主席拉宾德拉・阿迪卡为团长的和平与团结理事会代表团，以党主席普拉昌达为团长的共产党(毛)代表团，以主席凯沙夫・拉吉・查为团长的世界事务委员会代表团，由主席吉・普・柯依拉腊率领的大会党代表团；巴基斯坦前外长、伊斯兰堡世界事务理事会会长阿迦・夏希，以穆斯林联盟(卡西姆派)主席赛・阿・瓦斯蒂为团长的穆斯林联盟代表团，巴退休大使协会代表团，外长卡苏里，以秘书长穆沙希德・侯赛因・赛义德为团长的穆斯林联盟代表团，以副主席马克杜姆・阿明・法希姆为团长的人民党代表团，参议院国防和军工生产常设委员会代表团，总统外交、司法和人权事务顾问赛义德・谢里夫丁・皮尔扎达，穆斯林联盟秘书长穆沙希德・侯赛因・赛义德，内政部保护中心主任安居姆・希库・卡齐，信德省议会代表团，旁遮普省首席部长米安・穆罕默德・夏巴兹・谢里夫，以穆斯林联盟(领袖派)国民议会议员玛薇・梅蒙为团长的跨党派青年议员代表团，前总统佩尔韦兹・穆沙拉夫，由总统府秘书长萨尔曼・法鲁基率领的代表团，以党主席卡齐・侯赛因・艾哈迈德为团长的伊斯兰促进会代表团，穆斯林联盟(领袖派)秘书长穆沙希德・侯赛因・赛义德与夫人，以参议员、人民党秘书长穆罕默德・贾汗吉尔・巴达尔为团长的人民党代表团；孟加拉国以法鲁克・乔杜里为团长的孟中人民友好学会代表团，执政党人民联盟主席成员、总书记及内阁地方政府、乡村发展及合作社部部长齐鲁尔・拉赫曼，民族主义党主席、前总理、议会反对党领袖卡莉达・齐亚，外长莫希德・汗，由副会长乔杜里率领的联合国协会代表团，以国会议员卡兹・萨利姆・哈克为团长的孟中友好协会代表团，以总书记、地方政府与农村发展部部长曼南・步延为团长的民族主义党高级代表团，以主席、议会反对党领袖、前总理谢赫·哈西娜瓦吉德夫人率领的人民联盟代表团，民族党主席艾尔沙德，议会外委会主席齐亚·拉赫曼·汗，民族党领导人、前总理卡齐，外交顾问里亚兹·拉赫曼夫，孟中人民友协代表团，以第一副总书记奥拜杜尔·卡德尔为团长的人民联盟年轻干部代表团，外交部国务秘书赫马亚特乌丁，以总书记穆罕默德·阿卜杜尔·贾利尔为团长的人民联盟代表团，孟中友协代表团，以工人党主席拉希德·汗·梅农为团长的左翼政党联盟干部考察团，以孟中人民友协终身会员、前私有化委员会主席艾纳姆·艾哈迈德·乔杜里为团长的孟中人民友协代表团等。尼泊尔共产党主席普拉昌达对上海的快速发展表示钦佩，希望学习借鉴中国和上海的发展经验，促进尼泊尔的繁荣与发展。尼泊尔外长亚达夫说，中尼两国的关系源远流长。当前，尼泊尔正处于转型期，正在制定新的宪法来促进经济的发展，尼泊尔在旅游和人力资源方面很有潜力，上海在未来将会成为世界最发达的商业城市之一，欢迎上海投资者赴尼泊尔投资。巴基斯坦前总统穆沙拉夫在沪与上海国际问题研究院的专家学者就“南亚当前面临的挑战”进行座谈，他向市领导表示，2010 年上海世博会必将见证中国的伟大发展，比起奥运会，世博会挑战更大，他相信上海一定会取得成功。

其他访沪的南亚国家代表团有：斯里兰卡总理特使卡鲁·贾亚苏里亚，民族主义党政治和外事顾问卡利姆，以副主席达瓦·佩波拉为团长的执政党统一国民党代表团，以统一国民党议员、内阁种植园部副部长纳文·迪萨纳拉克为团长的年轻议员代表团，以内阁司法和法律改革部部长塞内维拉特为团长的执政联盟年轻议员代表团，人民解放阵线领袖阿马拉辛哈，外长罗希塔·波格拉加马，以总书记、政府农业发展与耕地服务部部长迈特里帕拉·西里塞纳为团长的自由党代表团，以政治局委员维马尔·维拉万萨为团长的人民解放阵线干部考察团，以党的副主席、国会议员约翰·阿马拉通为团长的统一国民党干部考察团，以党的中央委员、国会议员苏尼尔·汉敦内蒂为团长的人民解放阵线干部考察团；不丹外秘泽林率领的官方代表团，外交大臣吉格梅·廷里和坎杜·旺楚克，以及南亚国家外交官代表团；等等。斯里兰卡外长波格拉加马在沪出席斯里兰卡驻沪总领馆开馆仪式。不丹外秘泽林率领的官方代表团是未建交国不丹第一个造访上海的官方团。

2010 年，南亚各国政要纷纷率团抵沪参加上海世博会活动，马尔代夫经济发展部部长穆罕默德·拉兹到沪出席上海世博会马尔代夫馆日活动。印度商工部部长阿南德·夏尔马到沪出席上海世博会印度国家馆日活动和印度商业论坛。尼泊尔副总理兼外长苏加塔·柯伊拉腊到沪出席上海世博会尼泊尔国家馆日活动，他表示，上海世博会是展示尼泊尔的一个最佳舞台，希望世博会进一步推动中尼两国之间的旅游业和经贸的发展。孟加拉国商务部部长穆哈姆德·法鲁克·汗到沪出席上海世博会孟加拉国家馆日活动，他认为，上海世博会提供了一个平台，让孟加拉国有机会了解世界高科技的发展脉搏，并通过与世界各国的深入交流，推动孟加拉国建设成为南亚的商业中心。

第三节　中亚和西亚国家代表团访沪

中国与中亚、西亚国家和地区关系源远流长，在国际事务中一直保持相互支持、密切配合的良好状态。改革开放后，随着中国与西亚各国传统贸易不断恢复和扩大，西亚各国访问上海的代表团日益增多。

20 世纪 70 年代末至 20 世纪 80 年代，西亚国家元首和政府首脑在访华中抵沪参观访问不断。1978 年 4 月 27—28 日，民主也门总理阿里·纳赛尔·穆罕默德一行 31 人抵沪访问。纳赛尔在沪参观工业展览会，并赴纺织工学院访问，看望在这里学习的民主也门留学生，听取留学生学习和生活情况汇报。他非常感谢中国教师为民主也门辛勤培养人才，赞扬上海是座革命城市。他说，通过在上海的参观访问,了解到中国工业、技术发展所取得的成就,这些成就体现了伟大的中国人民斗争传统、热爱劳动和献身精神。1979 年 11 月 23—24 日,巴勒斯坦全国委员会主席哈立德・法胡姆一行 8 人访华行程中由杭州抵达上海,在沪参观工业展览会和江桥人民公社,然后赴北京与中国领导人会晤。1982 年 12 月 16—17 日,土耳其总统凯南・埃夫伦一行访问上海,在沪参观工业展览会、柴油机厂和市少年宫等。他对市长汪道涵说,土耳其与中国都有悠久历史,祖先过去曾经生活在一起,有相似经历,都反对霸权主义。土中过去交流不多,自己能成为第一个访华的土耳其总统非常高兴。他非常关心土中两国关系经济贸易发展,希望回国后在土耳其找一个城市与上海结为友好城市。1983 年 9 月 8—10 日,约旦国王侯赛因・伊本・塔拉勒和王后一行 76 人访问上海,在沪参观海军上海基地、市体育馆和游泳馆、盲童学校等。侯赛因对自己访问上海的夙愿得偿很高兴,他说,上海一直是中国与世界交往最重要的城市,在中国政治、经济、文化、贸易等方面都发挥影响和作用。约中两国关系经济合作已有很大飞跃,但仍然有十分广阔的前景,在很多领域可以进行合作。希望中国领导和上海负责人去约旦访问。1984 年 6 月 29—30 日,塞浦路斯总统斯皮罗斯・基普里亚努和夫人一行访问上海。基普里亚努表示,塞中两国关系已进入一个新的阶段,今后将和中国密切合作,为实现世界和平和正义而努力,为在政治、经济、贸易、文化等方面加强两国合作努力。1985 年 7 月 3—4 日,土耳其总理图尔古特・厄扎尔和夫人一行 148 人访问上海,在沪参观国际汽车工业展览会、上海电机厂等,他对电机厂的规模、生产能力和产品赞不绝口,希望中国能为土耳其生产电机。

20 世纪 70—80 年代,访沪的西亚国家其他代表团有:阿曼外交国务大臣卡伊斯・阿卜杜勒・扎瓦维,苏丹特别代表苏维尼・本・谢哈卜;伊朗由议长霍贾特伊斯兰・阿里・阿克巴尔・哈希米・拉夫桑贾尼和第一副议长霍贾特伊斯兰・穆罕默德・雅兹迪率领的伊斯兰议会代表团;土耳其由议长内吉梅丁・卡拉杜曼率领的大国民议会代表团;叙利亚副总统阿卜杜勒・哈利姆・哈达姆率领的代表团;伊拉克议长萨敦・哈马迪率领的国民议会代表团;科威特议长穆罕默德・尤素福・阿德萨尼率领的国民议会代表团;沙特苏尔坦亲王率领的沙特政府代表团;等等。他们在上海的参观访问中都强调要继续加强同中国的相互支持和传统友谊,进一步了解中国改革开放方针政策,共同探讨新形势下拓展互利合作的新途径。沙特苏尔坦亲王表示,阿拉伯国家希望中国更加强大,因为中国是保障世界和平稳定的重要因素。沙特与中国有很广的合作领域,希望在石油化工等方面与上海合作。

进入 20 世纪 90 年代,阿以关系缓和为中国发展同以色列关系提供契机。1992 年中以建交后,中国成为世界政治大国中唯一与中东所有国家及冲突各方都保持良好关系的国家。这种独特的优势,使中国在中东和平与发展进程中的作用和影响大大增加,从而为中国与西亚各国的积极往来奠定基础。同时,随着苏联解体后与中国邻近和有领土接壤的中亚国家相继独立,这些国家陆续开始与中国往来,推进与中国的传统友好关系,使上海在中国与中亚、西亚国家交往中成为热点城市。

1990 年 5 月 10—13 日,阿联酋总统扎耶德・本・苏尔丹・阿勒纳哈扬一行 103 人访问上海,在沪观看上海丝绸一厂时装队表演。扎耶德酷爱上海的丝绸、地毯和黄金制品,购买了价值 300 多万元的工艺品。他对市长朱镕基说,过去由于美国等西方国家破坏阿中关系,对中国很不了解。现在认识到中国最大特点就是不干涉别国内政,此行就是要推动阿联酋与中国双边关系发展,促进各方面合作。他询问上海造船业情况,计划购买一艘海洋巡逻艇。

1991 年 12 月 22—23 日,巴勒斯坦总统亚西尔・阿拉法特出访经停上海,在沪作短暂逗留。在与市领导会晤、交谈中,阿拉法特赞扬中国能够顶住任何外来干涉和霸权主义压力,坚持走自己的道路。他感谢中国一贯支持巴勒斯坦人民、阿拉伯人民的正义事业，表示相信中国一定能在中东和会上发挥重要作用。他说，上海是一座重要而美丽的城市，今后访华时一定要正式访问上海。

1992年11月21—23日和12月27—29日，土库曼斯坦总统萨·阿·尼亚佐夫一行71人和以色列总统哈伊姆·赫尔佐克到访上海。正在上海的中共中央总书记江泽民会见土库曼斯坦总统尼亚佐夫及部分贵宾。尼亚佐夫在沪表示，中国改革开放的情况和经济建设经验对独立不久的土库曼斯坦有很大帮助，中国是他们学习的大学校。他希望上海同土库曼斯坦的首都阿什哈巴德开展经济合作。以色列总统赫尔佐克专程参观第二次世界大战期间遭受德国法西斯迫害、驱赶的犹太难民在沪活动的旧址摩西会堂和西摩路会堂。他对市长黄菊说，上海对犹太人和以色列具有特殊意义。当年是上海人民收留并帮助大批犹太难民，他的叔叔也曾至上海避难，并葬在上海，因而许多犹太人对上海具有特殊的感情，非常怀念和关注上海。他希望上海市政府保护、修缮和开放这些旧址，一方面作为景点可吸引很多犹太人前来参观，促进上海旅游业发展；另一方面可作为历史教材，教育犹太人的下一代记住这段历史，并表示要写信致全世界犹太人，让他们为修复以上旧址捐款、出力。

1993年3月10—11日、10月13—14日和10月20—21日，塔吉克斯坦最高苏维埃主席埃莫马利·拉赫莫诺夫一行39人，以色列总理伊扎克·拉宾偕夫人一行85人和哈萨克斯坦总统努尔苏丹·阿比舍维奇·纳扎尔巴耶夫一行34人至上海参观访问。塔吉克斯坦最高苏维埃主席拉赫莫诺夫在沪参观耀华皮尔金顿有限公司、上海电视机一厂等，他表示将致力于促使塔吉克斯坦企业家与上海加强经贸往来，开展合资办企业等实质性的经济交流与合作。以色列总理拉宾对上海市领导人说，他是历史上第一位访问中国的以色列总理，以中关系已掀开历史的新的一页，并将在相互理解、互相合作的基础上不断发展。他说上海正在不断取得成功，以方与上海的交往正在增进，他为上海与海法两市已经结为友好城市，以方又即将在上海设立领事馆感到高兴，并将继续推动和促进以中之间在农业、工业、文化和高科技领域进行广泛的合作。拉宾表示，以色列人民永远不会忘记上海人民在二战期间给予犹太难民的庇护和帮助。他在复旦大学演讲和接受上海新闻记者采访时，介绍了中东局势和正在进行的和平谈判，认为中国在国际上具有很高的地位和重大影响，希望并重视中国在阿以和平进程中发挥重要影响和作用。哈萨克斯坦总统纳扎尔巴耶夫在沪表示，上海有雄厚的工业基础、较高的技术素质和专业人才，如果吸收上海的新工艺、新技术和资金，利用塔吉克斯坦的原材料，双方合作进行产品的加工生产，这对双方都是非常有利的，前景也十分广阔。他希望上海组织一些企业界的厂长去哈萨克斯坦考察，就地探讨进行合作的可能性。

1994年3月9—10日和10月25—26日，阿塞拜疆总统盖达尔·阿利耶夫一行59人和乌兹别克斯坦总统伊斯拉姆·阿卜杜加尼耶维奇·卡里莫夫一行44人访问上海。阿塞拜疆总统阿利耶夫是专门改道访问上海的，他称访问上海很有意义，对上海的建设速度，特别是浦东开发表示钦佩和惊讶，认为这是改革开放政策和邓小平中国特色社会主义理论指导的成果。乌兹别克斯坦总统卡里莫夫在沪表示，上海是座伟大的城市，是东方的大门，是中国改革开放的象征，取得的成就使全世界所有人都钦佩。乌兹别克斯坦与中国相比虽是小国，但仍有许多合作机会，不仅可以出口棉花，也还有其他资源可供出口，希望能与上海加强交流合作，修建一条铁路，从上海经北京到乌鲁木齐然后到塔什干，最后到伊斯坦布尔，从地缘角度把上海与乌兹别克斯坦连接起来。塔什干与上海又有许多共同点，建议能结为友好城市。

1995年4月8—10日、5月25—27日和10月25—27日，科威特王储兼首相谢赫·萨阿德·阿卜杜拉·萨利姆·萨巴赫一行78人、土耳其总统苏莱曼·德米雷尔一行136人和吉尔吉斯斯坦总理阿帕斯·朱马古洛夫一行34人先后抵沪访问。在同市长徐匡迪会晤中,科威特王储兼首相萨巴赫表示珍视中国对科威特维护独立、主权和领土完整的支持,珍视科中友好,并希望能参与浦东开发和吸收外国投资的项目,在上海发展科中双方的经济和各领域合作。土耳其总统德米雷尔对上海在短时间内取得的经济建设成就表示赞赏,希望土中加强合作、共同发展,设想能否从北京经土耳其到伦敦,营造一条现代丝绸之路。回国后他即为推进两国关系的发展要求土耳其外交部加强同中国、上海的联系,土耳其决定在上海设立总领事馆,并推动实现伊斯坦布尔直飞上海的航线。国家主席江泽民在沪会见吉尔吉斯斯坦总理朱马古洛夫及主要随行人员。朱马古洛夫认为上海模式值得借鉴,希望加强双方友好合作关系,在沪签署上海与吉尔吉斯斯坦发展工贸和科技等方面友好合作的备忘录,会见上海企业界人士并发表演讲。

图1-1-11 1995年5月26日,土耳其总统苏莱曼·德米雷尔(前排右二)参观上海夏普公司

1996年4月25日抵沪访问的有哈萨克斯坦总统努尔苏丹·阿比舍维奇·纳扎尔巴耶夫一行33人、吉尔吉斯斯坦总统阿斯卡尔·阿卡耶夫一行30人和塔吉克斯坦总统埃莫马利·拉赫莫诺夫一行15人,他们专程参加中、俄、哈、吉、塔五国《关于在边境地区加强军事领域信任的协定》的签字仪式。1996年6月15—16日,黎巴嫩总理拉菲克·哈里里一行43人访问上海。哈里里是第一位访华的黎巴嫩领导人,他在与市长徐匡迪会见时说,抵达上海后目睹上海的变化,看到整个上海像个大工地,这与重建中的贝鲁特十分相似,希望上海能参与黎巴嫩重建。

1997年4月20—24日,沙特亲王瓦立德偕夫人一行25人访问上海和北京。瓦立德亲王是沙特实业界巨头,此行是了解上海改革开放、经济发展环境等情况,为投资上海作准备。抵沪后,他连夜走访多家五星级宾馆及其欲投资的项目工地,与市外经贸委、市外资委等部门负责人座谈,并决定批准一项在浦东金融贸易区的投资建楼项目,由他控股的四季集团及他本人共同出资,与日本森集团等合作建造森大厦,6个月内开工。同时,他还积极与新上海集团磋商在上海西区合作再建一个宾馆,并表示投资宾馆建楼是与上海合作的第一步,以后将在多领域开展合作。上海是投资重点,他愿意与国际著名企业合作参与上海的建设,愿为加强沙中以及和上海间的经贸交往作努力。

1998年2月18—19日、5月10—12日和5月28日，也门总统阿里·阿卜杜拉·萨利赫一行108人、哈萨克斯坦总理努尔兰·乌捷博维奇·巴尔金巴耶夫一行44人和以色列总理本雅明·内塔尼亚胡一行70余人先后抵沪访问。也门总统萨利赫曾于1987年访问过中国，此系南北也门统一后首次访华。他在会见市长徐匡迪时表示，也门十分重视也中两国的传统友谊，希望进一步加强与上海的经贸合作关系。双方企业家在中也企业家洽谈会上都认为中也有着很广泛的合作前景和市场潜力，也方需要中国的技术，非常欢迎上海的工商界人士去也门考察投资环境，开拓市场。哈萨克斯坦总理巴尔金巴耶夫高度评价上海改革开放所取得的成就，希望加强与上海的经济贸易合作。他说，哈萨克斯坦的粮食(特别是小麦)、石油、有色金属、磷肥资源丰富，欢迎上海去哈萨克斯坦进行合作开发。以色列总理内塔尼亚胡在沪参观虹口摩西会堂、霍山公园、上海证券交易所等，在与市长徐匡迪晤谈时，两人都谈及二战时期同样处于困难状态的上海人民向来上海避难的犹太人伸出援助之手所结下的友谊。内塔利亚胡说，以色列人民对上海人民怀有特殊的感情。二战时期，在世界上没有一个西方国家愿意接纳犹太人的时候，是中国人民特别是上海人民向他们敞开胸怀。以色列人民永远不会忘记这段历史。此行来上海的目的是为了增进以色列与上海的经济合作和科技、文化交流，希望在以中的合作交流中上海能处于优先地位。

图1-1-12　1998年5月28日，以色列总理本雅明·内塔尼亚胡(右二)参观上海证券交易所

1999年4月27—28日和6月10—11日，以色列总统埃泽尔·魏茨曼一行93人和塞浦路斯总统格拉夫科斯·克莱里季斯一行35人抵沪访问。以色列总统魏茨曼与市长徐匡迪一起出席“上海—以色列经贸论坛”开幕式和中以合资“上海自来水伯尔梅特控制阀门有限公司”项目签约仪式，他表示，到中国不访问上海是不完整的访问，希望此行能有助于以色列和上海企业家之间的了解与合作，虽然开始可能会遇到困难，但前景非常美好。塞浦路斯总统克莱里季斯在沪出席中塞企业家研讨会，他表示，加强与中国在贸易、工业、经济、文化等方面的合作是此行的目的之一，欢迎上海的企业家到塞浦路斯，或通过塞浦路斯到中东、欧洲及非洲开展经贸业务。

20世纪90年代，中亚、西亚国家其他访沪的政要和政党代表团有：叙利亚副总统、全国进步阵线副主席穆罕默德·祖海尔·莫沙拉克,高等政治学院代表团,由副总书记阿卜杜拉·艾哈迈尔率领的阿拉伯复兴社会党代表团,以总书记尤素福·费萨尔为首的共产党(费萨尔派)代表团,以政治局委员盖德利·杰米尔为团长的共产党(巴格达什派)代表团,外交部官员代表团,外交部副部长苏莱曼·哈达德;巴林外交大臣穆罕默德·哈利法;阿曼苏丹外事顾问欧迈尔·本·阿卜杜勒·蒙纳姆·扎瓦维,外交部培训司司长兼外交学院院长雅菲大使,苏丹特别代表苏维尼;伊朗总统政治顾问、前总理米尔·侯赛因·穆萨维,战略中心代表团,以军队联合参谋部第五部部长阿里加尼准将为团长的战略代表团,以交通部副部长兼铁路总局局长阿夫沙尔为首的铁路代表团,自由经济工业区最高会议代表团,副外长鲤杰迪;以色列外长佩雷斯,外交部前总司长哈达斯,普格瓦什科学与世界事务会议小组访华团,由总书记尼西姆·兹维里率领的工党代表团,统一工人党代表团,外交官代表团;土耳其前海军司令图梅尔上将,海军司令巴雅泽特上将,外交政策研究所代表团,增进了解基金会代表团,外长伊斯梅尔·杰姆,副总理比伦特·埃杰维特,工人党成员塞米赫·科拉伊,以祖国党前副主席史夫根为团长的友好人士访华团,外交部次长科尔克马兹·哈克塔内尔,总统府秘书长塞契金厄兹;黎巴嫩外交和侨务部部长法雷斯·布维兹,前总理拉希德·索勒赫;沙特外交部检查监督司司长穆罕默德·本·纳瓦,王储兼第一副首相、国民卫队司令阿卜拉·本·阿卜杜勒-阿齐兹亲王殿下,利雅得省省长埃米尔萨勒曼亲王,农业和水利部部长阿卜杜拉·本·阿卜杜·阿齐兹·欧迈尔;塞浦路斯劳动人民进步党代表团,以政治局委员、经济书记维尼泽洛斯·扎奈多斯为团长的劳动人民进步党;也门由副总书记叶海亚·穆塔瓦基勤率领的全国人民代表大会代表团,《也门时报》主编萨卡夫,副外长阿卜杜·拉赫曼,副总统曼苏尔·哈迪;约旦《宪章报》主编纳比勒·谢里夫,外交部政治司司长阿瓦德;伊拉克副总理塔里克·阿齐兹,外交部次长努里·维斯;科威特外交部参赞哈马德;巴勒斯坦民主阵线总书记纳耶夫·哈瓦特迈赫,以民族权力机构群众工作副总代表贾米勒·尤素福·哈姆德上校为团长的"法塔赫"青年干部考察团;乌兹别克斯坦副总理哈米多夫·巴赫基阿尔·苏尔丹诺维奇;哈萨克斯坦以主席阿·比扎诺夫为团长的哈萨克斯坦人民统一党代表团,副总理兼外长卡西姆若马尔特·克梅列维奇·托卡耶夫,以执行主席捷列先科为团长的祖国党代表团;吉尔吉斯斯坦友协代表团;格鲁吉亚外长伊拉克里·梅纳加里什维利;亚美尼亚以副主席托罗相为团长的共和党代表团;海湾合作委员会政治事务副秘书长赛义夫·本·哈希尔·马斯克里;阿拉伯联盟教科文组织总干事;等等。在沪,土耳其外长伊斯梅尔·杰姆出席土耳其驻沪总领事馆开馆仪式;土耳其副总理埃杰维特希望能开通一条上海到土耳其的直航航班和落实土耳其银行到上海开设分行。沙特阿齐兹亲王是中沙建交以来沙特最高级别领导人到访,他在沪购买价值100余万元人民币的工艺品等,并希望以后再来上海考察投资环境,探讨投资合作的可能性;随行的外交大臣表示将尽快在上海设立沙特驻沪总领馆。

进入21世纪,中国与中亚、西亚经济上相互倚重,促进和推动双方关系更为密切,迎来崭新的发展阶段。考察了解上海经济建设成就,加强与上海经济联系,寻找新的合作契机,成为中亚、西亚各国竞相访问上海的重要目的。

2000年12月6—7日,亚美尼亚总理安德拉尼克·马尔加良一行12人抵沪访问。马尔加良在沪就加强双方在各个领域的交流与合作与市长徐匡迪交换意见,他希望能在经济、贸易、教育、文化、科技等社会生活的各个方面与上海加强往来。

2001年6月15日,哈萨克斯坦总统纳扎尔巴耶夫、吉尔吉斯斯坦总统阿卡耶夫、塔吉克斯坦总统拉赫莫诺夫和乌兹别克斯坦总统卡里莫夫到上海聚首,与中、俄领导一起在浦东香格里拉大酒店举行正式会议,宣告"上海合作组织"成立。

2002年1月18—19日，约旦国王阿卜杜拉二世·本·侯赛因一行54人乘专机抵沪访问。侯赛因在沪出席与上海企业家的见面会，亲自介绍约旦国内的投资环境和领域。他说，约旦正积极寻求与上海的合作机会，此行首要任务就是与上海有关部门和企业界一起探讨双方合作的新途径，约旦是进入中东地区的门户，这为上海企业家提供了良好的投资条件，希望能有更多的上海企业前往约旦投资。此后2007年10月31日—11月1日，国王侯赛因一行35人再次抵达上海，出席了“中约企业家合作论坛”。

2004年7月7—8日和9月28—30日，科威特首相萨巴赫·艾哈迈德·贾比尔·萨巴赫一行94人和亚美尼亚总统罗伯特·谢德拉科维奇·科恰良一行47人先后访问上海。两国领导人在听取市长韩正关于上海经济建设情况的介绍后，都表示要进一步加深双方的了解和合作。科威特首相萨巴赫希望科威特的企业家能很快到上海投资。

2005年3月18—19日和7月2—4日，阿塞拜疆总统伊利哈姆·盖达尔·奥格雷·阿利耶夫一行57人和约旦阿里·本·纳伊夫亲王一行4人陆续抵沪访问。他们就双方的合作交流与上海市领导进行亲切交谈，阿塞拜疆总统阿利耶夫说，上海是个美丽的城市，能在这么短的时间内取得这样的成就令人赞赏，希望双方的合作交流不断深入。

2008年4月1—3日和4月6—9日，阿联酋副总统兼总理、迪拜酋长马克图姆·本·穆罕默德·本·拉希德·阿勒马克图姆一行150人和卡塔尔首相兼外交大臣哈马德·本·贾西姆·本·贾布尔·阿勒萨尼一行50人抵沪访问。阿联酋副总统兼总理、迪拜酋长阿勒马克图姆在沪出席“中国—阿联酋经贸论坛”开幕式，见证中国与阿联酋相关7家企业签署3个投资合作协议，他表示上海和迪拜合作空间很大，愿双方在经济、贸易等领域加强合作交流。卡塔尔首相兼外交大臣哈马德是出席“博鳌亚洲论坛”前抵沪访问的，他说，上海的城市发展令他印象深刻，希望能在不久的将来派一支卡塔尔经贸代表团到上海，讨论、拓展投资领域，和上海建立长期的合作伙伴关系，增进双方的经贸合作。

2010年上海世博会期间，中亚、西亚各国元首和政府首脑纷纷率团到上海参加世博会各类活动。其中，4月30日，哈萨克斯坦总理卡里姆·马西莫夫一行45人到沪出席上海世博会开幕式和世博园哈萨克斯坦国家馆开馆仪式，并参观哈萨克斯坦馆、中国馆等。国家主席胡锦涛在上海西郊宾馆会见哈萨克斯坦总理马西莫夫，马西莫夫表示，哈方愿意同中方一道努力，加强双方宽领域、多层次交流合作，不断推进哈中战略伙伴关系。4月29日—5月3日，亚美尼亚总统谢尔日·阿扎多维奇·萨尔基相一行30人到沪出席上海世博会开幕式。国家主席胡锦涛在上海西郊宾馆会见亚美尼亚总统萨尔基相。萨尔基相在沪还分别会见华为技术有限公司上海研发中心负责人和中兴通讯股份公司负责人。此后9月20—23日，亚美尼亚总理季格兰·萨尔基相率团一行26人到沪出席上海世博会亚美尼亚国家馆日活动，他说，上海世博会是世界不同文明之间相互对话的大舞台，亚美尼亚期待通过这个大舞台呈现对于未来城市发展的理解，相信此次世博会将成为亚美尼亚与中国双方加深友谊、加强合作的良好契机。4月30日—5月1日，巴勒斯坦总统、民族权力机构主席马哈茂德·阿巴斯一行29人到沪出席上海世博会开幕式，国家主席胡锦涛在上海国际会议中心为巴勒斯坦总统阿巴斯访华举行欢迎仪式并会谈。中共中央政治局常委、全国政协主席贾庆林在上海东郊宾馆也会见巴勒斯坦总统阿巴斯。阿巴斯表示，上海世博会是一次精彩的盛会，巴方为能参与上海世博会而感到自豪。巴中两国人民有着深厚传统友谊，巴勒斯坦人民感谢中国人民长期以来为巴勒斯坦提供的无私援助。巴方十分重视发展同中国的友好合作关系，愿意在经济社会发展进程中同中方密切合作。4月30日—5月2日，土库曼斯坦总统库尔班古力·别尔德穆哈梅多夫一行250人到沪出席上海世博会开幕式。国家主席胡锦涛在上海国际会议中心为别尔德穆哈梅多夫举行欢迎仪式并会谈,别尔德穆哈梅多夫表示,中国已经成为土库曼斯坦重要合作伙伴,双方在能源、交通、农业、食品、纺织、化学、建筑等优先领域合作成效显著,教育、文化等人文领域交流取得长足发展,土方愿意同中方一道努力,深化两国各领域务实合作,把两国关系推向新的水平。他在沪还参观华为技术有限公司上海研发中心、环球金融中心,分别会见中石油集团、联想集团和中信集团负责人。6月10—11日,伊朗总统马哈茂德·艾哈迈迪·内贾德率领代表团一行80人到沪出席上海世博会伊朗馆日活动,中共中央政治局委员、上海市委书记俞正声作为中方代表出席伊朗国家馆日活动。内贾德说,很高兴能有机会到上海这座美丽的城市参加世博会,世博园区宏伟的场馆和热情的参观者给他留下深刻的印象,上海世博会"城市,让生活更美好"这一主题非常好,体现了人类对未来更美好生活的设想。他还参观了世博会中国馆和伊朗国家馆,在世博中心举行新闻发布会,并接受香港凤凰卫视的专访。9月20—23日,塔吉克斯坦总理阿基勒·阿基洛夫率领代表团一行20人到沪出席上海世博会塔吉克斯坦国家馆日活动,他说,上海不仅展现出一座现代化国际大都市的崭新面貌,也保留着许多珍贵的历史遗迹,十分令人惊叹。阿基洛夫在沪参观华为技术有限公司和中兴通讯股份有限公司的上海研发中心、塔中矿业有限公司上海办事处等,乘坐磁悬浮列车。10月27—30日,格鲁吉亚总理尼卡·吉拉乌利率领代表团一行18人到沪出席上海世博会格鲁吉亚国家馆日活动,在沪参观华为技术有限公司和中兴通讯股份有限公司的上海研发中心、上海证券交易所等,他说,格中两国关系正处于最好时期,中国已成为格鲁吉亚第五大贸易伙伴,格鲁吉亚政府欢迎并期待中国企业与游客前往格鲁吉亚投资、旅游观光。

2000—2010年访沪的其他中西亚代表团有:土耳其由主席阿尔坦·厄伊曼率领的共和人民党代表团,以主席多乌·佩林切克为团长的工人党代表团,副总理代弗莱特·巴赫切利,执政党正义与发展党主席埃雷杰普·塔伊普·埃尔多安,前副总理兼外长居莱尔,副总理兼外长阿卜杜拉·居尔,以副主席登吉·伏拉特为团长的正义与发展党代表团,外交官代表团,外交政策研究所代表团,以副主席许克吕·阿亚兰为团长的正义与发展党高级干部考察团,以副主席塞密赫·考拉伊为团长的工人党干部考察团,以副主席努克赫特·赫塔尔·戈克塞尔为团长的正义与发展党代表团,以前副主席登吉·伏拉特为团长的正义与发展党高级干部考察团;阿塞拜疆前副总理、经济工作者协会主席吉亚德·萨梅德扎德,外交部第二地区局代表团,以副主席、执行书记阿里·阿赫梅多为团长的党代表团;沙特外交副大臣纳扎尔·阿比德·迈达尔,外交部政治事务次官助理图尔基亲王,协商会议沙中友好委员会代表团;塞浦路斯外长杨尼斯·卡苏利季斯,外交部常秘尼古拉斯·埃米里乌,以总书记安德罗斯·基普里亚努为团长的劳动人民进步党代表团;叙利亚阿拉伯复兴党干部考察团,以政治局委员书记处书记雅古布·卡鲁为团长的共产党(费萨尔派)代表团,共产党(巴派)政治局委员尔奥玛尔·巴格达什,以地区领导副书记穆罕默德·赛义德·布希坦为团长的阿拉伯复兴社会党代表团,民族领导总书记处办公厅主任阿卜杜拉·艾布·里希为团长的复兴党干部考察团,以民族领导对外关系局局长穆罕默德·亚斯米纳为团长的阿拉伯复兴社会党干部考察团,以中央委员加桑·艾斯阿德为团长的阿拉伯复兴社会党干部考察团,以中央委员阿卜杜·拉扎克·贾西姆为团长的阿拉伯复兴社会党干部考察团,以中央委员、哈塞克省委书记穆罕默德·达乌德·塞塔姆为团长的阿拉伯复兴社会党干部考察团,以哈马省委书记阿德南·穆罕默德·伊祖为团长的阿拉伯复兴社会党干部考察团;黎巴嫩以主席穆斯塔法·萨阿德为团长的纳赛尔人民组织代表团,以主席卡马勒·夏提拉为团长的人民会议组织代表团,外交部秘书长穆罕默德·伊萨,以总书记哈立德·哈达德为团长的共产党代表团,社会进步党副主席亚杰,前内阁部长米歇尔·伊迪,以

《使节报》总编辑特赫·努尔丁为团长的新闻媒体代表团；伊拉克以对外关系局局长哈里斯·哈沙里为团长的复兴党代表团，外长纳吉·萨布礼·艾哈迈德，“阿拉伯人民力量大会”代表团，库尔德斯坦爱国联盟主席塔拉巴尼，以政治局常委凯马尔为团长的库尔德斯坦爱国联盟代表团，以政治局委员阿扎德·纳吉布为团长的库尔德斯坦民主党代表团，副总统鲁兹·努里·沙维斯，以政治局工作委员会成员库斯莱特·阿里为团长的库尔德斯坦爱国联盟代表团，以总书记哈米德·马吉德·穆萨为团长的共产党代表团，前总理易卜拉辛·伊沙克·贾法里，以协商委员会成员苏海布·加尼姆·哈姆达特为团长的伊斯兰党代表团，以思想与意识局负责人法德勒·凯里姆为团长的库尔德斯坦爱国联盟高级干部考察团，以政治局委员穆罕默德·阿卜杜·卡迪尔·艾哈迈德为团长的库尔德斯坦民主党代表团，以基尔库克省委执委会委员穆罕默德·霍希德·陶菲克为团长的库尔德斯坦民主党干部考察团，以领导委员会成员、中央宣传部负责人阿扎德·穆罕默德·阿里为团长的库爱盟干部考察团；阿富汗过渡政府副总统尼马图拉·沙拉尼，以主席西卜加图拉·穆贾迪迪为团长的大支尔格会议（大国民会议）代表团，副外长扎尔迈·阿齐兹；也门外长阿布·贝克尔·科尔比，外交部次长塔希尔，工贸部部长哈立德·谢赫，全国人民大会干部考察团，以政治委员会委员萨利姆·阿卜杜拉·希米为团长的全国人民大会干部考察团，以总务委员会委员书记处妇女部部长法帖玛·阿卜杜拉·哈兹利为团长的全国人民大会干部考察团，以政治和对外关系事务副总书记苏尔坦·巴尔卡尼为团长的全国人民大会代表团，以总务委员、组织监察和财务检查部部长叶海亚·穆罕默德·沙米为团长的全国人民干部考察团；约旦工业总公司总经理阿米尔·马加利，以会长、参议院副议长阿卜杜·萨拉姆·马贾利为团长的国际事务协会代表团，国王私人代表、王叔穆罕默德亲王；巴林副首相兼外交大臣谢赫·穆罕默德·本·穆巴拉克·阿勒哈利法；巴勒斯坦权力机构前总理马哈茂德·阿巴斯，以工人总联合会主席、“法塔赫”革命委员会委员、巴解组织中央委员会委员、巴全国委员会委员海德尔·易卜拉欣·艾哈迈德·卡巴哈为团长的“法塔赫”干部考察团，以政治部新闻司负责人、“法塔赫”对外关系委员会委员朱马·伊斯梅尔为团长的“法塔赫”干部考察团，由全国委员会和中央委员会委员、“法塔赫”革命委员会委员艾哈迈德·穆罕默德·苏莱曼·希尔斯率领的“法塔赫”干部考察团，以总书记巴萨姆·萨利希为团长的人民党干部考察团，前总统阿拉法特政治顾问巴萨姆·阿布·谢里夫率领的代表团，以全国委员会副主席、解放巴勒斯坦人民阵线政治局委员泰西尔·库巴为团长的人民阵线代表团，“法塔赫”高级干部考察团，以立法委员会委员穆罕默德·费萨尔·艾布·谢赫兰为团长的民族解放运动干部考察团，以政治局委员瓦利德·阿瓦德为团长的人民党干部考察团，以财务局局长拉提布·哈桑·海布迪为团长的民族解放运动干部考察团；伊朗以主席加福里法尔德为团长的政党之家代表团，伊斯兰联合党代表团，外交官代表团，以主席穆萨维·塔布里齐为团长的政党联合会代表团，以总书记迈赫迪·卡鲁比为团长的民族信任党代表团，副外长穆罕默德·迈赫迪·阿訇扎德，国际政治研究所交流中心主任古拉姆礼萨·埃布拉希米普尔率领的外交官代表团；阿曼副首相法赫德·本·马哈茂德·阿勒赛义德，外交次大臣巴德尔；以色列议会以中友好小组主席丹尼·亚托姆，第一副议长瓦哈比，前总理埃胡德·奥尔默特；亚美尼亚对外友协代表团，以党副主席、议会副议长季格兰·托罗为团长的共和党代表团，外长爱德华·纳尔班江；格鲁吉亚国务部部长奥尔基·阿尔谢尼什维利，外交部磋商代表团，总统助理格拉西莫夫和顾问皮契哈泽，外长萨洛梅·祖拉比什维利，以总书记大卫·基尔基塔泽为团长的统一民族运动党代表团；哈萨克斯坦总统政治顾问叶·叶尔特斯巴耶夫，以主席顾问勃拉特汗·塔伊让为团长的祖国党代表团，以代主席巴·茹马古夫为团长的祖国党代表团，以《阿斯塔纳》杂志社主编塔日穆拉多夫为团长的记者团；吉尔吉斯斯坦总统办公厅副主任阿克马塔利耶夫,外长卡拉巴耶夫;乌兹别克斯坦最高会议参议院外委会主席索迪克·萨法耶夫;塔吉克斯坦以人民民主党副主席达夫利亚托夫为团长的社会活动家代表团;以秘书长拉扎克·侯赛因为团长的亚非人民团结组织代表团;等等。其中,土耳其执政党正义与发展党主席埃尔多安和副总理兼外长居尔在沪期间分别出席"中—土经贸洽谈会"和中土企业家见面会,居尔还会见了在沪土耳其企业家。阿曼副首相阿勒赛义德出席中阿企业家见面会。阿富汗副总统沙拉尼访沪期间,全国人大常委会委员长吴邦国会见其代表团主要成员。以色列前总理埃奥尔默特在沪表示,他的家庭与中国颇有渊源,父母在哈尔滨长大、恋爱,结为伉俪。父亲在1947年访问过上海。他一直牢记着父亲的话,上海是座友好的城市,所有的犹太人不会忘记上海所给予的帮助。他说,中华民族和犹太民族都有悠久的历史、独特的传统文化,在很多方面可进行合作。2010年,中亚、西亚各国政要纷纷率团参加上海世博会:以色列财政部部长尤瓦·斯坦尼兹到沪出席上海世博会国家馆日活动,黎巴嫩经贸部部长穆罕默德·萨法迪到沪出席上海世博会黎巴嫩国家馆日活动,土耳其文化旅游部部长居纳伊到沪出席世博会土耳其馆日活动,约旦驻华大使安马尔·哈姆德到沪出席上海世博会约旦国家馆日活动,阿曼国家委员会主席叶海亚·马哈福兹·蒙泽里到沪出席上海世博会阿曼国家馆日活动,塞浦路斯内政部部长内纽克里斯·西里基欧蒂斯到沪出席上海世博会塞浦路斯馆日活动,阿富汗商业和工业部部长安沃—乌—哈克·阿哈迪到沪出席上海世博会阿富汗国家馆日活动,沙特城乡事务部大臣曼苏尔·本·阿卜杜阿齐兹亲王到沪出席上海世博会沙特国家馆日活动,阿联酋驻华大使欧麦尔·艾哈迈德·白伊塔尔到沪出席上海世博会阿联酋国家馆日活动,巴勒斯坦经济部部长哈桑·艾布鲁代到沪出席上海世博会巴勒斯坦国家馆日活动,巴林王国文化信息部次大臣伊萨·阿明到沪出席上海世博会巴林王国国家馆日活动,卡塔尔能源和工业事务国务大臣穆罕默德·萨勒赫·艾萨达赫到沪出席上海世博会卡塔尔国家馆日活动,伊拉克总统特使穆罕默德·萨比尔·伊斯梅尔到沪出席上海世博会伊拉克国家馆日活动,叙利亚驻华大使哈勒夫·杰拉德到沪出席上海世博会叙利亚国家馆日活动,也门旅游部部长那比尔·艾尔法克到沪出席上海世博会也门国家馆日活动,哈萨克斯坦农业部部长阿克尔别克·库里什巴耶夫到沪出席世博会哈萨克斯坦国家馆日活动,吉尔吉斯斯坦经济协调部部长乌梅塔利耶夫到沪出席上海世博会吉尔吉斯斯坦馆日活动,乌兹别克斯坦副总理加尼耶夫·埃廖尔到沪出席上海世博会乌兹别克斯坦国家馆日活动,阿塞拜疆副总理阿比德·沙里福夫率代表团一行130人到沪出席上海世博会阿塞拜疆国家馆日活动,土耳其外长艾哈迈特·达乌特奥卢率100人到沪出席上海世博会高峰论坛和闭幕式活动,塞浦路斯外交部常务秘书尼古拉斯·埃米利乌到沪出席上海世博会高峰论坛和闭幕式活动等。

第二章　非洲国家外宾来访

非洲作为发展中国家最为集中的大陆，与作为世界最大发展中国家的中国，在世界多极化发展趋势中有着更广泛的共同基础。长期以来非洲国家在国际事务中对中国支持很大，是中国外交的重要基石之一。改革开放后，非洲国家十分想了解、借鉴中国改革开放政策和经验，借助上海的经济、技术、资金优势，推动本国经济的发展。1978 年，非洲国家访华到沪参观访问的主要还是官方代表团居多，有 160 多批 1 800 多人次，随着上海在改革开放中经济建设迅速崛起和国际影响不断扩大，非洲国家元首、政要和各政党领袖等代表团访华到沪越来越多、越来越广泛。据不完全统计，从 1994—2010 年，上海共接待非洲 55 个国家的各类重要代表团 1 958 批 1.87 万人次，并充分利用经济、技术、资金、产品等方面具有的优势，配合国家总体外交，积极发展经贸合作，开展优势互补，为推动中非友好、建立和发展新型的中非战略伙伴关系增添动力。

第一节　北部非洲国家代表团访沪

北非国家作为阿拉伯世界的一部分，一直与中国保持友好往来和传统友谊，在国际事务中是中国有力支持者。改革开放后，北非国家代表团在访华中频频抵达上海，希望见证中国改革开放政策的实践和成果，从中汲取推动本国政治改革和经济发展的营养。

20 世纪七八十年代，北非国家主要领导到上海不多。1982 年 2 月 27—28 日和 4 月 29 日，摩洛哥首相马蒂·布阿比德一行 57 人，阿尔及利亚总统、阿尔及利亚民族解放阵线总书记沙德利·本·杰迪德一行 100 人先后访问上海。摩洛哥首相布阿比德是中摩建交以来摩方第一个访华的政府首脑，上海是他访华的最后一个城市。布阿比德在沪参观七一人民公社等单位，畅谈访华印象。他认为，中国一定会繁荣富强，农业政策取得成功，值得摩洛哥在首要解决的农业问题上借鉴学习，他希望上海和卡萨布兰卡结成友好城市。阿尔及利亚总统沙德利在沪参观浦江隧道和工业展览会，他表示，在上海的参观使他看到伟大的中国人民在建设自己国家和捍卫国家独立中取得的成就，也使他对进一步加强两国之间的合作持有更加乐观的态度，希望与上海加强各方面合作。1983 年 4 月 5 日，埃及总统穆巴拉克和夫人一行由朝鲜前往日本访问途中在上海逗留一小时，在与市长汪道涵交谈中，他表示，上海是一个享有世界声誉的伟大城市，能有第三次机会来上海非常高兴，由上海参与的在开罗建造的友谊大厦将成为埃中友谊象征。随行的埃及农业部部长希望上海能送些三熟制的稻种给他们，他们将赠送给上海世界最好的长纤棉籽。1984 年 10 月 24 日，突尼斯总理穆罕默德·姆扎利一行 27 人由北京赴日本途中从上海过境，作短暂停留。姆扎利向副市长叶公琦表示，突中两国关系很好，上海是个重要的城市，希望加强合作，下次访华一定到上海访问。

这一时期，北非国家也有不少政府政要和议会领导陆续访问上海：苏丹第一副总统兼国防部部长阿卜杜勒·马吉德·哈米德·哈利勒，人民议会副议长路易吉·阿杜克，议长伊兹丁·赛义德；埃及副总统穆罕默德·胡斯尼·穆巴拉克，人民议会议长里法特·马哈古卜；阿尔及利亚全国人民议会副议长阿卜杜勒·拉赫曼·贝拉亚；突尼斯议会议长马哈茂德·迈萨迪；摩洛哥议会议长、前首相艾哈迈德·奥斯曼；等等。其中，苏丹第一副总统哈利勒于 1979—1981 年 3 次到上海访问。

进入20世纪90年代,随着中国和北非国家高层往来的不断增加,双方政治关系得到进一步巩固和发展,北非国家元首和政府首脑访华中到上海参观访问日渐频繁,呈现出不断升温的景象。

1990年11月13—16日,苏丹救国革命指挥委员会主席、政府总理奥马尔·哈桑·艾哈迈德·巴希尔一行32人访问上海。在沪巴希尔一行参观高桥石化公司炼油厂等单位,他对市长朱镕基说,此行目的就是要学习中国的自力更生精神,上海的参观为我们学习中国的经验提供了很好机会。苏丹土地、水源丰富,还有石油等矿藏,有许多自然资源尤待开发,政府已通过鼓励外商来苏丹投资的法律,希望看到中国的公司在苏丹开展业务。他谈到,苏丹的石油含蜡成分高,与上海炼油厂所用原油成分相近,可以加强这方面合作。

1991年4月28日,突尼斯总统宰因·阿比丁·本·阿里一行37人到上海访问。在沪期间,阿里对常务副市长黄菊说,上海是座美丽的城市,在中国的革命和建设中作出重大的贡献,访问上海是他向往已久的事。上海是他访华最后一站,使他对中国的访问和了解进入最高潮。他希望上海能与突尼斯第二大城市斯法克斯结为姐妹城市,能去突尼斯设保税仓库,开展转口贸易。突方购买江南造船厂建造的可乘1 300余人的客轮。

1996年10月19—21日,阿尔及利亚总统拉明·泽鲁阿勒一行88人抵上海访问。这是阿尔及利亚自1982年后14年来第一位访华的国家元首。在沪期间,泽鲁阿勒参观浦东金桥出口加工区等,他向副市长赵启正表示,上海是中国经济发展的门户,代表中国的未来,参观的所见所闻可以相信浦东将成为巨大的经济和商业中心,上海的发展已经成为世界其他地区学习的典范。阿尔及利亚正面临由计划经济向市场经济转变的挑战,在很多方面可以吸取上海的经验。阿尔及利亚同中国、同上海合作的大门是敞开的,希望在阿中两国经贸合作中上海能够发挥作用。

图1-2-1 1996年10月19日,阿尔及利亚总统拉明·泽鲁阿勒(前排左一)参观江南造船厂

1997年4月20—21日,埃及总理兼计划部部长卡迈勒·艾哈迈德·詹祖里一行53人抵沪访问。詹祖里在沪参观金桥出口加工区等,在与中共中央政治局委员、上海市委书记黄菊晤谈时,他说,相隔7年后再次来到中国,深深感到中国又发生巨大的变化。他非常佩服上海在经济发展、吸引外资和浦东开发建设等方面所取得的巨大成就，希望能开展开发区合作及经济交流。黄菊表示，中埃两国间的关系就像江泽民主席说的，是“全天候”的关系，相信这一友好关系会进一步推动和促进双方在经济等各方面的交流。随行企业家与上海有关部门、单位进行经贸洽谈，在服装加工、订购宝钢生产的薄型钢板、飞机制造和维修、玻璃生产等方面初步达成合作意向。

1998 年 12 月 6—7 日，摩洛哥首相阿卜杜勒—拉赫曼·尤素福一行 120 人抵沪访问。这是尤素福首次访华。他在与市领导会见时说，近几年来，中国的经济增长速度在本地区乃至世界上都是最快的，中国已成为世界上重要的经济力量。在亚洲金融危机中，中国不仅经受住了危机考验，还帮助邻国缓解了危机造成的困难，这使得各国投资者都对中国充满信心。浦东的发展可称为“中国奇迹”，摩洛哥希望借鉴浦东在吸引外资方面的成功经验。他表示，上海与摩洛哥最大的经济城市卡萨布兰卡是友好城市，两市应利用这一渠道开展更多的交流合作。随行的摩洛哥政府官员和企业家 60 余人出席“摩洛哥—上海企业家见面会”，双方对今后的合作交流进行广泛的探讨。

1999 年 4 月 7—9 日，埃及总统穆罕默德·胡斯尼·穆巴拉克一行 100 余人抵沪访问。穆巴拉克在沪参观陆家嘴金融贸易区、贝尔电话设备有限公司、东方明珠广播电视塔等。在与市长徐匡迪会见时，他盛赞上海改革开放所取得的成就，希望加强双方经贸合作。他说，苏伊斯湾经济特区区域广阔，地理位置优越，机会很多，欢迎上海企业家去那里投资，埃及政府将为此提供一切便利。随行的总统夫人参观上海外国语大学，接受该校授予其“顾问教授”称号并作演讲。埃及总理出席中埃企业家经贸洽谈会。

20 世纪 90 年代时期，到上海访问的北非国家其他政、军界人士还有：阿尔及利亚财政预算部部长级代表卜拉希提，外交部负责合作与马格里布事务的部长级代表(内阁成员)拉赫桑·穆萨维；利比亚外交部常务副部长侯斯尼·夏班，对外联络与国际合作总人民委员会负责亚洲事务秘书长(副外长)穆吉贝尔；埃及前总理穆斯塔法·哈利勒和夫人，防空军司令拉赫曼中将，行政监察署署长艾哈迈德·阿布德尔·拉哈曼，外交部负责亚洲事务的部长助理阿塔里菲；苏丹外交部第一次长奥马尔·白利杜，大会秘书长加齐·萨拉赫丁率领的全国大会代表团；突尼斯工商联代表团，外交国务秘书赛义德·本·穆斯塔法，国立行政学院校友会代表团；摩洛哥人权专家瓦尔扎齐夫人等。

进入 21 世纪，随着中国在对外贸易中北非市场的开拓，中国和北非国家贸易往来不断增加，北非国家对上海经济合作的倚重促使各国代表团纷至沓来，希望能借助上海的经济优势进行互补合作。

2000 年 10 月 13—14 日，阿尔及利亚总统阿卜杜勒·阿齐兹·布特弗利卡一行 92 人到中国进行国事访问并在出席“中非合作论坛——北京 2000 年部长级会议”开幕式后抵沪访问。布特弗利卡在沪参观沪东造船厂、外高桥保税区等，他在与市长徐匡迪晤谈时说，时隔多年再次来访，发现中国和上海发生天翻地覆的变化，中国走上一条符合国情的创新的社会主义道路。他希望进一步考察国有企业改革和完善社会主义市场经济体制等方面的工作，向上海学习和借鉴发展的经验。

2002 年 2 月 7—9 日，摩洛哥国王穆罕默德六世一行 360 人访问上海。穆罕默德六世对上海企业家投资摩洛哥并发展摩中之间的贸易表示赞赏，在沪会见出席“中摩企业家见面会”的上海和摩洛哥企业家，见证贸促会上海分会与摩洛哥企业家总联盟签订的旨在加强交流并为双方企业家合作提供便利的协议，就城市建设与改造等问题与市领导进行探讨，还与上海申能集团公司、上海广电集团公司等企业负责人进行交谈。他表示，摩洛哥全力支持中国申办 2010 年上海世博会。此后，2008 年 5 月 30 日—6 月 3 日，穆罕默德六世一行 150 人再次访问上海，在沪他以个人名义通过上海红十字会向中国四川地震灾区捐款 10 万美元。

2006年11月7—8日,阿尔及利亚总统阿卜杜勒-阿齐兹·布特弗利卡一行100余人到华参加"中非合作论坛北京高峰会"期间顺访上海。中共中央政治局委员、国务院副总理黄菊在沪会见布特弗利卡。在与市长韩正晤谈时,布特弗利卡说,中国每天都在进步,每次到上海都能看见这座城市在发生变化。他希望阿尔及利亚企业家能与上海企业家进一步加强合作,共同推进两国之间的经贸发展。

2000—2009年,北非各国政党代表团抵沪访问较多,其中有:突尼斯以总书记阿卜杜·拉希姆·祖瓦利为团长的宪政民主联盟代表团,以第一副总书记法亚拉为团长的宪政民主联盟干部考察团;摩洛哥以总书记、政府国民教育大臣伊斯梅尔·阿拉维为团长的进步与社会主义党代表团,以总书记、政府国务大臣阿巴斯·法西为团长的独立党代表团,以政治局委员穆罕默德·卡拉姆为团长的人民力量社会主义联盟干部考察团,以执行委员会成员、参议院党团主席阿卜杜勒·哈格·塔兹为团长的独立党代表团,以总书记伊斯梅尔·阿拉维为团长的进步与社会主义党代表团,以党的总监、参议员穆罕默德·穆萨维为团长的独立党高级干部考察团;埃及以书记处书记阿里·巴德里·卡米尔为团长的民族民主党代表团,以总书记处书记尤曼·哈玛基女士为团长的民族民主党干部考察团,以对外关系书记穆罕默德·艾哈迈德·阿卜杜拉赫为团长的民族民主党干部考察团;苏丹以总书记易卜拉欣·奥马尔为团长的全国大会党代表团,以全国大部长及法律顾问穆罕默德·奥斯曼·赛义德为团长的全国大会党干部考察团,以经济书记塔吉尔·穆斯塔法为团长的全国大会党代表团,全国大会干部考察团,以外事书记穆斯塔法·奥斯曼·伊斯梅尔为团长的全国大会党代表团,以全国大会党领导局成员、政治关系书记穆罕默德·马赫迪·曼杜尔为团长的政党代表团,以南方自治政府主席外事顾问阿尔弗雷德·戈尔中将为团长的人民解放运动干部考察团,以副主席、总统助理纳菲阿·阿里·纳菲阿为团长的全国大会党代表团;阿尔及利亚以执行局成员、书记处书记古吉勒·萨利赫为团长的民族解放阵线党代表团,以政府国务部部长、主席阿布·杰尔·苏尔塔尼为团长的争取和平社会运动代表团,以秘书长布舒阿赫卜·阿布德斯勒姆为团长的民族民主联盟干部考察团;以及阿尔及利亚、摩洛哥、突尼斯、多哥等9个非洲法语高级的执政党中青年政治家代表团;等等。苏丹大会党总书记奥马尔在沪出席"上海—苏丹经济合作座谈会"并发表演讲,他介绍了苏丹的投资环境和政策,欢迎上海的企业家到苏丹投资,推动两地间的合作交流。来沪访问的各政府政要及代表团有:苏丹第一副总统阿里·奥斯曼·穆罕默德·塔哈、驻日内瓦大使易普拉希姆、外交国务部部长提捷尼、外交部部长拉姆·阿库勒·阿贾维尼、第一副总统萨尔瓦·基尔·马亚尔迪特、外交国务部部长库尔提,突尼斯战略研究所所长夫妇、外交国务秘书撒依达·施蒂维女士,利比亚总人民委员会对外联络和国际合作秘书阿卜杜·拉赫曼·穆罕默德·沙勒格姆、总人民大会代表团,突尼斯前总理哈迪·巴库什、外长阿卜杜勒-瓦哈卜·阿卜杜拉,埃及外交事务委员会代表团、外交官代表团、人权委员会对外事务负责人穆罕默德·伊扎·丁、外交事务理事会代表团、负责中非合作论坛事务高官易卜拉欣·阿里·哈桑,摩洛哥对外关系局秘书长吉奥尔丹、国王穆罕默德六世王妃拉拉·萨尔玛公主、外交与合作部秘书长奥马尔·希拉勒,联合国非盟达尔富尔问题首席协调员巴索莱、消除种族歧视委员会委员努尔丁等。

2010年,北非国家都组团到沪参加上海世博会。苏丹外贸部部长埃利亚斯·尼亚玛利勒·瓦克森率领代表团一行6人到沪出席上海世博会苏丹国家馆日活动。埃及驻华大使埃哈迈德·里兹克率领代表团一行15人到沪出席上海世博会埃及国家馆日活动。阿尔及利亚国务部部长兼总统个人代表、执政党民族解放阵线总书记阿卜杜勒阿齐兹·贝勒卡迪姆率领代表团一行21人到沪出席上海世博会阿尔及利亚馆日活动。利比亚卡扎菲国际慈善和发展机构主席赛义夫·伊斯兰·卡扎菲率领官方代表团一行 16 人到沪出席上海世博会利比亚国家馆日和中国国家馆日活动，全国人大常委会委员长吴邦国在上海西郊宾馆会见利比亚领导人卡扎菲的次子赛义夫，赛义夫表示，这是他本人首次访沪，被上海的美丽和高水平的市政管理能力所折服，希望上海能为利比亚培训城市管理人员。摩洛哥众议院议长阿卜杜勒瓦赫德·拉迪率领代表团一行 18 人到沪出席上海世博会摩洛哥国家馆日活动和中国国家馆日活动。摩洛哥馆是非洲国家参加上海世博会唯一的自建馆，拉迪表示，摩方此次根据国王穆罕默德六世的指示全力参与上海世博会，是为了加强摩中友好，欢迎中国企业赴摩投资，造福两国人民。全国人大常委会委员长吴邦国在上海西郊宾馆会见摩洛哥众议院议长拉迪。突尼斯贸易和手工业部部长利达·本·米斯巴赫率领代表团一行 76 人到沪出席上海世博会突尼斯国家馆日活动，出席在洲际酒店举行的“突尼斯中国合作日”开幕式，并作主题演讲。

第二节　撒哈拉沙漠以南非洲国家代表团访沪

撒哈拉以南地区集中非洲大多数国家，是中国援助非洲的重点地区，也是中国在处理国际事务中的倚重力量。改革开放后，一直视中国为榜样的非洲国家各国元首和首脑纷纷在访华中抵达上海参观访问，从中汲取养分和经验，推动本国的政治经济改革。

1978 年 5—9 月，塞舌尔总统弗朗斯·阿尔贝·勒内和夫人一行 7 人、莫桑比克总统、莫桑比克解放阵线主席萨莫拉·莫伊塞斯·马谢尔率领的党政代表团一行 51 人、卢旺达总统朱韦纳尔·哈比亚利马纳和夫人一行 86 人、利比里亚总统威廉·理查德·托尔伯特一行 40 人和乍得总统费利克斯·马卢姆·恩加库图·贝恩迪一行 43 人先后访问上海。塞舌尔总统勒内 5 月 2—4 日在沪参观沪东造船厂、曹杨二中、长征人民公社等，他表示，中国的很多经验对他们有用。塞舌尔虽是小国，但来到中国感到处处是朋友，大家同属一个世界，为同一目标而奋斗。莫桑比克总统萨莫拉 5 月 29—31 日在沪参观工业展览会、隧道、长征人民公社和农民新村等，他说，代表团中很多人都是第一次来上海，他们是想多看看和多学习，看到和了解到中国取得的成就和丰富的建设经验，很受鼓舞，增强了发展生产的信心。卢旺达总统哈比亚利马纳 6 月 12—14 日在沪参观社办小工厂，对中国农业发展表现出极大兴趣，表示希望卢旺达也能走上合作化和自力更生发展农业的道路。许多代表团成员反映，过去了解的中国是教科书所写，现在亲眼看到的是一个美丽且充满友谊的国家。利比里亚总统托尔伯特 6 月 26—28 日在沪参观工业展览会和马陆人民公社，他说，上海是世界上最大的海港之一，是中国重要的工商业中心，到上海是为了学习财贸、工业方面的技能，这是促进人类进步的一种国际动力。利比里亚与中国在许多领域可以进行合作，欢迎上海派一个贸易和工业代表团到利比里亚去，这对探索双方互利的合作领域有益。乍得总统马卢姆 9 月 25—27 日在沪参观工展和嘉定城西人民公社，他表示，乍得虽然宣告独立，但还在为达到真正的独立而继续斗争，通过参观访问，看到了社会主义中国具有的巨大潜力和在经济、军事和文化方面显示的伟大力量，中国在第三世界是个榜样，寄托着第三世界国家的全部希望。

1979 年 12 月 13—15 日，吉布提总统、政府首脑哈桑·古莱德·阿普蒂敦和夫人一行 20 人访问上海。古莱德一行在沪参观工业展览、长征人民公社、第一棉纺厂和长宁区少年宫等，他说，上海是早已熟悉的城市，好客的上海人民给他留下难忘的印象，他将把上海人民的友好情谊转达给吉布提人民，希望上海能为中国和第三世界人民作出贡献。

1980 年 5 月 16—18 日和 9 月 18—19 日，毛里塔尼亚救国军事委员会主席、国家元首、政府首脑穆罕默德·库纳·乌尔德·海德拉一行33人和肯尼亚总统丹尼尔·阿拉普·莫伊一行112人访问上海。中国是海德拉就任毛里塔尼亚救国军事委员会主席后第一次出访的首选国家,他在沪参观上港五区、儿童食品厂、工业展览会等单位,他说,上海是中国的经济中心,一个有象征意义的对外开放门户,曾经在中国现代历史上起了杰出作用,在中国人民进行现代化建设事业中,上海将通过发挥潜能和创造力作出特殊贡献。肯尼亚总统莫伊在沪参观了丝织一厂、中山医院等,他表示,过去读过不少有关中国的书,这次访问很有价值,获得了第一手资料,了解到中国各方面都取得巨大进步,亲眼看到中国在工业建设上所作的重大努力。此前4月15日,赞比亚总统肯尼思·卡翁达一行72人结束访华从上海过境回国,在上海作短暂停留,卡翁达曾于1967年访华时到过上海。

1981年5月16—17日,津巴布韦总理罗伯特·加布里埃尔·穆加贝偕夫人一行41人访问上海。穆加贝在沪参观工业展览会、上海缝纫机二厂等,他说,上海曾遭受帝国主义的剥削,但今天看到的一切,说明上海确已赢得解放,工业和科学技术取得很大成就,确是享有盛誉的中国现代化城市,他希望上海缝纫机二厂能到津巴布韦帮助建立一个缝纫机工厂。9月22—23日,多哥总统纳辛贝·埃亚德马一行从上海过境,作短暂停留。

1982年4月17—18日和5月6—8日,几内亚比绍国家元首、革命委员会主席若奥·贝尔纳多·维埃拉偕夫人一行47人和利比里亚元首、武装部队总司令、武装部队救民委员会主席塞缪尔·卡尼翁·多伊一行48人访问上海。几内亚比绍国家元首维埃拉在沪参观马陆人民公社等,他说,中国是世界上反对各种反动统治和剥削,争取建立公正与和平的可靠堡垒,中国革命和建设成就是第三世界的骄傲,并表示回国后要推广马陆人民公社社员使用的沼气。利比里亚元首多伊在沪参观上海家具厂和嘉蜂棉纺厂等,他说,上海的商店多,市场繁荣,跟伦敦等大都市一样,参观后留下深刻印象,希望中国代表团访问利比里亚时有上海代表参加。

1983年5—11月,莱索托首相约瑟夫·莱布阿·乔纳森一行13人、毛里求斯总理阿内罗德·贾格纳特一行11人、津巴布韦总统卡南·巴纳纳和夫人一行、博茨瓦纳总统奎特·马西雷和夫人一行21人陆续抵沪访问。莱索托首相乔纳森5月16—17日访问上海,他在沪参观七一人民公社,他说,莱索托同中国的气候、降雨量、作物很相似,但缺乏农业知识和经验,今后要一些农民、青年和妇女来中国学习农业知识和经验。同中国建立外交关系,是莱索托作出的一个正确选择。他希望探讨与上海发展经济、贸易关系。毛里求斯总理贾格纳特5月23—25日在上海期间参观复旦大学和一些工厂,他赞扬中国的教育、工业取得很大成绩,希望上海有更多产品出口到毛里求斯,帮助毛里求斯发展鱼品加工业。津巴布韦总统巴纳纳8月18—19日在上海参观市少年宫、虹桥人民公社等,他说,非常高兴看到上海在实现工业、农业、科学技术现代化和提高人民生活方面作出的努力和贡献,中国能顶住超级大国压力,形成自力更生风格很不容易。他感谢上海为中国一个技术组在津巴布韦帮助建设服装厂提供设备而作出贡献。博茨瓦纳总统马西雷11月19—21日在沪参观上海家具厂和长征人民公社等,他表示,上海使他们学到了不少东西,回去要争取做出成绩,到时候再来取经。此前,刚果(布)总统德尼·萨苏-恩格索参加完在新德里举行的第七次不结盟国家首脑会议后,于3月11日晚抵沪,12日上午离沪去朝鲜访问,他表示,1967年、1973年曾两次访问过上海,这次很想看看上海近年的变化,很遗憾没有时间。

1984年8月19—21日,赤道几内亚总统特奥多罗·奥比昂·恩圭马·姆巴索戈一行36人访问上海。奥比昂在沪参观儿童食品厂、上海家具厂等,他表示,赤中两国应当建立一种互利合作关系,这种关系不仅对赤道几内亚有利,而且对中国也有利。他希望与上海建立木材生产联合企业,从赤道几内亚那里获取木材，赤道几内亚从中得到技术和经验，双方在这方面签订一个合资经营的双边协定。

1985年9月4—5日，莱索托国王康斯坦丁·贝伦·塞伊索·莫舒舒二世一行18人访问上海。莫舒舒在沪参观复旦大学、电视机一厂等，他说，过去莱索托与上海已有经济贸易联系，愿这种友好往来能结出丰硕成果。希望上海成为对莱索托开放的门户，派一些青年来上海学习。

1986年2月24—26日、6月11—12日和12月15日，毛里塔尼亚救国军事委员会主席、国家元首马维亚·乌尔德·西德·艾哈迈德·塔亚一行34人、扎伊尔第一国务委员肯戈·瓦·东多一行27人和贝宁总统马蒂厄·克雷库一行51人先后访问上海。毛里塔尼亚救国军事委员会主席、国家元首塔亚在沪参观上海鱼品加工厂、渔轮修造厂、上港五区等，他表示，毛里塔尼亚捕鱼能力差、鱼品加工技术落后、沿海渔业监督手段不强、渔业资源被外国渔船掠夺，希望学习上海的鱼品加工技术，购买上海渔轮，仿建一家加工厂。双方还就渔业合作问题初步进行探讨。扎伊尔第一国务委员肯戈在沪参观衬衫厂、宝钢等，他说，上海是一个朝气蓬勃的城市，曾参加金沙萨国际博览会，对促进中扎两国友谊作出贡献。其顾问表示，在博览会上，上海的一些纺织品、丝绸等质量相当好，希望上海在扎伊尔开设一个展销中心，满足扎伊尔人民对中国商品的了解和需求。贝宁总统克雷库访沪期间，国家主席李先念在上海西郊宾馆会见其一行，并进行亲切交谈。

1987年2月18—19日、3月28—29日和4月19—20日，加蓬总统哈吉·奥马尔·邦戈·翁丁巴和总理莱昂梅比亚梅一行73人、喀麦隆总统保罗·比亚和夫人一行50人和刚果(布)总统德尼·萨苏-恩格索一行陆续抵沪访问。加蓬总统邦戈在沪参观宝钢，他表示，在非洲国家度过的非常困难时期，中国不仅是非洲人民十分珍贵的朋友，而且领导人对非洲事务十分熟悉，很容易帮助解决问题。喀麦隆总统比亚在沪参观宝钢、自行车三厂等，他表示，这次访华，就是想尽量多看、多了解些情况，多学点经验，希望中国能派出一个筑路公司去喀麦隆参与竞争修筑公路，并在喀麦隆开一个自行车分厂。刚果(布)总统萨苏在沪参观上海拖拉机厂等，他认为中国的拖拉机性能好、质量高，很想进口上海生产的拖拉机，但因零配件问题一时还难以实现。

1988年6月25—26日，埃塞俄比亚总统兼武装部队总司令门格斯图·海尔·马利亚姆一行51人访问上海。门格斯图在沪参观上棉十二厂、第二印染厂、宝钢等，他称赞宝钢是个非常宏伟的现代化钢铁企业，希望能和中国合作利用埃塞俄比亚的铁矿资源，并希望上海在发展埃中两国关系中发挥更大作用。

1989年1月26—27日、2月22—23日、9月11—12日和10月12—14日，马里总统穆萨·特拉奥雷一行27人，多哥总统纳辛贝·埃亚德马一行，布基纳法索国家元首、政府首脑布莱斯·孔波雷和夫人一行28人和加纳部长委员会主席保罗·维克多·奥斌一行4人陆续访问上海。马里总统特拉奥雷在沪时，军委主席邓小平在西郊宾馆会见了他，特拉奥雷希望加强上海与马里的合作，上海的公司、工厂多去马里投资。多哥总统埃亚德马去日本参加天皇葬礼途经上海作短暂停留。布基纳法索国家元首孔波雷是第一次到上海访问，在沪参观上海地毯厂、上海拖拉机厂等，他说，早知道上海在改革开放和工业化建设方面取得很大进步，希望上海生产的产品设备能更多通向非洲，非洲发展农业需要这些技术和经验。加纳部长委员会主席奥斌在沪参观上海皮鞋厂、上海衬衫厂、上海港张华浜集装箱码头和上海贝尔电话设备制造有限公司等单位，他说，在上海看得越多，感触和印象越深，上海的建设取得很大成就，成就上海的企业充满活力和创造精神，他提出三项意向，一是进口上海皮鞋，二是上海派员去管理加纳衬衫厂，三是上海港派人帮助他们管理港口，并希望上海与加纳港口城市结为友好城市。

20世纪70年代末至80年代,访沪的其他代表团还有:索马里外长阿卜杜拉赫曼·贾马;尼日利亚最高司令部参谋长谢胡·穆萨·亚拉杜瓦,副总统亚利克斯·伊费尼丘库·埃奎梅;马里全国解放军事委员会副主席、人民民主联盟副总书记阿马杜·巴巴迪亚拉;吉布提议长阿卜杜卡德尔·瓦贝里·阿斯卡尔,第一副议长赛义德·伊卜拉欣·巴杜尔,外交和合作部部长穆明·巴敦·法拉赫;塞内加尔国民议会议长阿·西·迪亚,第二副议长芒巴·吉拉西,第四副议长莱娜·葛伊;马达加斯加争取马达加斯加独立全国运动主席、最高革命委员会长者蒙贾·乔纳,全国人民议会议长吕西安·安德里亚纳拉欣贾卡;坦桑尼亚国民议会议长亚当·萨皮·姆克瓦瓦率领的国民议会代表团,桑给巴尔代表会议议长伊德里斯·阿布杜勒·瓦基勒,革命党总书记拉希迪·卡瓦瓦;卢旺达国民发展议会议长莫里斯·恩塔霍巴里,副议长费德勒·恩图耶纳博率领的议会代表团;塞拉利昂议会议长威廉·康特,第二副总统、全国人民大会党副主席阿布·巴卡尔·卡马拉;赞比亚国民议会议长鲁宾逊·姆·纳布利亚托率领的国民议会代表团;博茨瓦纳副总统、民主党全国执行委员会主席彼得·穆西,外长豪西特韦·切佩;毛里求斯议会议长埃贾·达比率领的议会代表团,社会主义战斗运动总书记卡尔·奥古斯顿·奥弗曼;津巴布韦参议院主席诺兰·马孔贝,众议院议长迪·诺·埃德温·穆塔萨;冈比亚议会议长莫莫杜·巴布卡尔·恩吉,人民进步党全国主席柯立法·桑巴;刚果(布)人民议会议长让·冈加-赞祖;阿曼外交次大臣海塞姆·本·塔里克;肯尼亚外交部常秘基普拉加特,非洲民族联盟全国主席戴维·阿马约;喀麦隆国民议会议长丰卡·尚·劳伦,人民民主联盟全国副主席安德烈·恩贡冈·旺吉;塞舌尔人民进步阵线总书记居伊·费·西农;莫桑比克解放阵线政治局委员、书记马塞利诺·多斯桑托斯;纳米比亚西南非洲人民组织主席萨姆·努乔马,西南非洲民族联盟主席库吉科·坎古埃希;南非进步联邦党领袖科林·埃格林;等等。

进入20世纪90年代,撒哈拉以南地区逐步趋向平稳发展,适合非洲市场的中国设备、技术和产品对这一地区经济发展具有强烈吸引力,促使这些国家在推动中非关系迈向更高层次中纷纷到上海进一步谋求和扩大与中国的经济合作。

1990年4月12日和17日、4月17—19日、6月30日—7月1日、7月10—11日,赤道几内亚总统奥比昂·恩圭马·姆巴索戈一行28人,中非总统、民主联盟主席安德列·科林巴和夫人一行33人,乍得总统哈吉·侯赛因·哈布雷和夫人一行40人,塞拉里昂总统约瑟夫·赛义杜·莫莫一行22人等陆续访问上海。赤道几内亚总统奥比昂是访华中2次出入境在上海短暂停留的。中非总统科林巴在沪时,国务院总理李鹏在上海西郊宾馆会见了他。奥比昂参观嘉定县马陆乡、上海大众汽车有限公司,非常惊奇马陆乡一年工农业产值居然与中非差不多,表示亲眼看到上海这座城市生机勃勃,中国人民的智慧在这里得到很好体现。乍得总统哈布雷在沪参观中共一大会址、上棉十二厂和上海拖拉机厂,他为自己是第一位参观中共一大会址的非洲国家元首而自豪。他确信上海的产品一定能出口到乍得,表示上海可以为中国和乍得友好合作进一步发展提供条件。塞拉里昂总统莫莫在沪参观闵行开发区和马陆乡,他说,访问上海留下愉快的回忆,上海的产品和所看到的一切,使塞拉里昂更加希望巩固和发展两国间的经济贸易关系。

1991年9月6—7日,纳米比亚总理哈格·根哥布一行12人访问上海。根哥布是第一次到上海访问,在沪参观闵行开发区、上海衬衫厂等,他说,纳米比亚是刚独立不久的国家,想通过各种途径包括吸收外资来发展自己的国家,上海所做的工作正是纳米比亚需要努力去做的,那些合资企业和外资企业在中国的实践,说明共有和私有经济可以共存并共同发展,上海的努力和成绩使他深受鼓舞。

1992年5月30—31日、8月26—27日和9月9—10日，贝宁总统尼塞福尔·索格洛偕夫人一行32人、坦桑尼亚总统阿里·哈桑·姆维尼偕夫人一行31人和纳米比亚总统萨姆·努乔马一行24人先后访问上海。贝宁总统尼索格洛参观第一丝绸印染厂、青浦徐泾乡等，他表示，上海与他1985年私人访问时大不相同，印象最深的是上海城市建筑业。其他随行人员对第一丝绸印染厂时装表演赞叹不已，当即表示要订货并邀请时装表演队去贝宁。坦桑尼亚总统姆维尼在沪参观过江隧道和南浦大桥等，他说，过去坦方与上海的贸易是通过香港地区进行的，现在应该开展直接贸易。坦桑尼亚曾想造两座桥，希望上海能帮助论证建隧道和大桥的利弊得失，在技术上给予帮助。纳米比亚总统努乔马在沪参观上海衬衫厂、南浦大桥和虹桥乡，他表示，上海确实发生惊人的变化，这充分表明中国改革开放政策实施成功。纳米比亚资源丰富，希望上海组团去考察，具体探讨双方合作的方式与途径。

1992年10月8—10日，南非非洲人国民大会主席纳尔逊·罗利赫拉赫拉·曼德拉一行访问上海。曼德拉在沪参观闵行联合发展有限公司、南浦大桥和马陆乡等，就两地合作问题与市领导进行探讨。他说，上海在经济建设方面取得许多成功经验，南非需要了解上海的经验，改革开放成就伟大，这对南非发展很有意义。南非将发生重大变化，民主的南非政府诞生以后，需要同世界各国包括中国合作，希望上海能够提供让南非人来学习的机会。

1994年4—10月，厄立特里亚总统伊萨亚斯·阿费沃基一行14人、毛里求斯总统卡萨姆·乌蒂姆偕夫人一行6人、吉布提总统哈桑·古莱德·阿普蒂敦一行10人、马里总理易卜拉欣·布巴卡尔·凯塔一行16人、加蓬总理卡西米尔·奥耶·姆巴一行33人、塞拉利昂国家元首瓦伦丁·斯特拉瑟一行21人、扎伊尔总统蒙博托·塞塞·塞科·库库·恩关杜·瓦·扎·邦加和夫人率团一行70余人等接连访问上海。厄立特里亚总统伊萨亚斯4月6—8日抵沪，他参观康乐小区(国家建设部的样板小区)、周浦乡、闵行经济技术开发区等，称赞中国及上海发生巨大变化，对两国的合作前景充满信心。毛里求斯总统乌蒂姆10年前曾经访问过上海，6月28—29日在沪期间他参观了上海市总工会幼儿园、第七丝绸印染厂、浦东金桥出口加工区和杨浦大桥等，他说，上海与10年前完全不同，到处都是建设的工地，像是另外一个新的城市，希望通过这次访问，促进已经建立联系的两地经济企业界人士进一步交流。已经78岁的吉布提总统古莱德是非洲人民争取独立联盟的第一代领导人，7月7—8日在沪时，参观浦东新区、上海针织九厂、豫园等，这是他第二次来到上海，看到上海发生巨大变化，希望能扩大同中国特别是上海的经贸合作，希望上海能同其首都吉布提市缔结友好城市关系。马里总理凯塔8月29—30日在沪期间，参观闵行开发区、马桥镇的旗忠村和乡镇企业紫江集团公司、南浦和杨浦大桥等，他表示，上海的发展道路和建设成就为世人瞩目，再一次证明改革开放政策的正确，上海与马里的合作，为马里创造了学习机遇。加蓬总理姆巴9月9—11日在沪期间，参观浦东金桥出口加工区、马桥镇、杨浦大桥等，会晤上海企业界人士，介绍加蓬投资环境，听取上海企业界人士对加投资的意见和建议。塞拉利昂国家元首斯特拉瑟是第一次来华访问，10月14—15日在沪期间参观马桥乡，游览外滩、南京东路商业街，他对迅速发展的上海农村表示赞叹，对上海的经济发展和市场繁荣表示浓厚的兴趣，说未想到在中国共产党领导下的中国和上海是这么繁华。扎伊尔总统蒙博托是第五次访华，10月23—24日在沪期间他参观浦东金桥出口加工区、南浦大桥和豫园，接见扎伊尔在沪和从广州赶来的全体留学生，他表示，距上次1982年访华已有12年时间，中国彻底变了样，中国特色是取得成功的决定因素，证明邓小平先生的决策是正确而令人信服的。

1995年5月29—30日和11月2—3日，塞舌尔总统弗朗斯·阿尔贝·勒内一行6人和埃塞俄比亚总理梅莱斯・泽纳维一行 28 人抵沪访问。塞舌尔总统勒内在沪参观浦东金桥出口加工区、长宁区少年宫、福乐食品有限公司等,他说,上海的建设与发展气势给他留下难以磨灭的印象,上海有着光明前景,希望继续扩大双方的合作。埃塞俄比亚总理梅莱斯在沪参观浦东金桥出口加工区、马桥镇的旗忠村、园艺场及紫江集团公司等,访问农民家庭。他说,埃塞俄比亚是以农牧业经济为主,工业基础薄弱。此次坚持要求到上海参观访问,就是因为上海是中国的未来,非常期盼能一睹上海的风貌,学习上海的经验,在投资、贸易等方面发展合作,欢迎上海公司到埃塞俄比亚设立办事处。

1996 年 1 月 31 日—2 月 1 日、7 月 11—13 日、8 月 29—30 日和 10 月 25—27 日,乌干达总统约韦里・卡古塔・穆塞韦尼一行 41 人、科特迪瓦总理达尼埃尔・卡布兰・敦坎一行 33 人、加蓬总统哈吉・奥马尔・邦戈・翁丁巴一行 101 人和纳米比亚总统萨姆・努乔马一行 22 人先后访问上海。乌干达总统穆塞韦尼是第一次访问上海,在沪参观浦东新区、金桥出口加工区、上海电机厂等,他说,一到上海就感到置身于一个国际化的大都市,希望能加强与上海开展经济交往,上海企业能去乌干达投资合作。科特迪瓦总理敦坎在沪参观上海证券交易所、金桥出口加工区和理光传真机有限公司等,并出席中科经贸研讨会,向到会的近 90 位上海企业家详述科特迪瓦自独立以来的经济发展历程和奋斗目标,阐述科特迪瓦对外国投资的优惠政策,回答了上海企业家所提的问题。他认为,到科特迪瓦去投资的盈利是非常高的,上海同科特迪瓦有非常良好的经贸合作潜力,希望上海企业能把握住这个机会。加蓬总统邦戈在沪参观浦东新区金桥出口加工区,他说,1974 年曾访问过上海,时隔 22 年,上海真是发生了翻天覆地的变化,尤其是浦东在这么短的时间内就取得如此的建设成果,很了不起。加蓬是一个资源丰富的国家,希望中国特别是上海在经济建设方面能予以帮助。纳米比亚总统努乔马在沪参观新建机器厂、耀华皮尔金顿有限公司、闵行区马桥镇等,他说,每次来到这里,都看到上海有新面貌,上海是世界上发展最快的城市。中国有许多可供纳米比亚学习和借鉴的经验。应努乔马要求,上海有关方面与纳米比亚工贸部部长、工商会主席就探讨双方互利合作、建立合资企业和投资的可能性进行座谈,达成五个方面的合作意向。

1997 年 4 月 17—18 日、5 月 7—8 日和 5 月 28—30 日、10 月 10—12 日,毛里求斯总理纳文・拉姆古兰一行 46 人、科特迪瓦总统亨利・科南・贝迪埃一行 45 人、尼日尔总统伊卜拉欣・迈纳萨拉・巴雷一行 29 人、莫桑比克总理帕斯库亚尔・曼努埃尔・莫昆比一行 11 人陆续抵沪访问。毛里求斯总理拉姆古兰是中毛建交的推动者之一、毛里求斯已故总理西沃萨古尔・拉姆古兰之子,系首次访华,在沪参观金桥出口加工区、东方明珠广播电视塔等,他表示,此次选择毛中建交 25 周年之际访华,旨在表明将继续坚持他父亲开创的毛中友谊之路,进一步加强双方业已存在的合作与交流。他说,中国在毛里求斯的机场建设中给予的援助,毛里求斯人民是不会忘记的。上海是进入中国市场的门户,而毛里求斯是进入南部非洲的门户,通过毛里求斯的自由港,将有利于中国的产品进入南部非洲市场。随行的毛里求斯企业家与上海经贸界人士进行座谈,并由贸促会上海分会与毛里求斯工商会签署合作协议。科特迪瓦总统贝迪埃系中科建交后首次访华的总统,他在沪参观金桥出口加工区、上海水仙能率有限公司等。他表示,这次数名部长级官员与上海的企业界和经贸界就农业蔬菜种植和园艺技术、向上海出口可可豆、赴科特迪瓦考察、在科特迪瓦建立开发区等事进行洽谈和探讨,希望能进一步探索与上海经贸合作交流的途径,加强与上海的联系。尼日尔总统巴雷非常赞赏上海改革开放所取得的成绩,在沪参观浦东新区、中国华源集团有限公司、上海博物馆等,他说,找不到一个形容词来赞扬所看到的上海,这是一座美好的城市,并在不断发展变化。上海华源集团在尼日尔纺织印染项目招标中中标,希望能进一步发展同华源集团以及与上海的经贸合作，并扩大合作的范围。莫桑比克总理莫昆比在沪参观金桥出口加工区、上海贝尔电话设备制造有限公司、上海博物馆等，他说，上海的改革开放和经济发展为莫桑比克乃至第三世界树立成功的榜样。此次在北京签署《关于在莫桑比克建立中国投资开发贸易促进中心的议定书》，希望上海能充分利用该贸易促进中心，积极推进上海经贸界人士与莫桑比克开展经贸合作。

1998年4月1—3日和4月12—13日，莫桑比克总统若阿金·阿尔贝托·希萨诺一行50余人、坦桑尼亚总统本杰明·威廉·姆卡帕一行37人抵沪访问。莫桑比克总统希萨诺在沪参观金桥出口加工区、马桥镇、东方明珠广播电视塔等，他说，莫桑比克国内也开辟了经济特区，希望上海能派小组去莫桑比克帮助经济建设，特别是帮助莫桑比克刚建立的经济特区进行经济规划。他希望市长徐匡迪去莫桑比克签署上海与莫桑比克首都马普托结为友好城市的协议，并探讨合作的领域。坦桑尼亚总统姆卡帕在沪参观外高桥保税区、孙桥现代化农业开发区等，他盛赞坦中友谊，表示作为坦桑尼亚第三代领导人，要坚持第一代领导人确立的处理两国关系的原则，为两国的友好、经济合作积极探寻新的方向，注入新的活力。他希望在坦桑尼亚进行的经济改革中加强与中国和上海的合作，并非常满意市长徐匡迪关于坦桑尼亚组织一个专家小组与上海有关方面研讨开展中坦合作问题的落实建议。

1999年5月2—4日、6月4—6日和6月18—20日、7月3—4日、10月16—17日，津巴布韦总统罗伯特·加布里埃尔·穆加贝、塞拉利昂总统艾哈迈德·泰詹·卡巴一行13人、中非总统昂热-菲利克斯·帕塔塞一行22人、纳米比亚总统萨姆·努乔马一行15人、莱索托国王莱齐耶三世一行16人陆续到上海访问。他们在沪分别参观浦东陆家嘴金融贸易区、金桥出口加工区、孙桥现代农业开发区、上海日立电器有限公司、上海夏普电器有限公司、上海梅林正广和(集团)公司、上海申南纺织有限公司、上海水产(集团)水产研究所、上海大学、马桥镇、上海博物馆、东方明珠广播电视塔等单位，与市领导畅叙彼此的友谊与合作。津巴布韦总统穆加贝表示，此次来访是一个很好的学习机会，他将把上海发展的经验带回国，运用到自己国家的经济和社会发展中去，并希望能与上海大学建立校际交流，回国后将派留学生来上海大学学习。塞拉利昂总统卡巴曾于1990年访问过上海，此次旧地重游，高度评价上海改革开放取得的成就，相信此次访问将会加强双方的友好关系。中非总统帕塔塞表示，短暂的访问让他看到上海人民的智慧和创造力，也学到很多东西。希望这次访问能为双方打开合作的大门，在互惠互利的基础上共同开发中非的资源潜能。纳米比亚总统努乔马表示，纳米比亚十分珍视与中国以及与上海的友谊。纳米比亚有丰富的矿产资源、野生动物资源和鱼类资源，欢迎上海的企业家到纳米比亚投资，与纳米比亚企业家一起合作，将双方的友谊进一步发展成为富有意义的商业合作关系。莱索托国王莱齐耶三世表示，莱索托希望了解上海，致力于与上海建立起合作交流关系，此次来访是向这个目标迈出的第一步。

20世纪90年代，其他访沪的各代表团有：马里总统府秘书长迪昂戈·西索科，国民议会第一副议长阿卜杜拉耶·萨科，全国创议大会党代表团，以总书记易卜拉希马·恩迪亚耶为团长的非洲团结正义党代表团；科摩罗议会议长阿卜杜拉耶·萨科，外长迈沙，外长赛义德·穆罕默德·沙加夫，总统府秘书长艾哈迈德·阿卜杜拉·马哈默德；中非国民议会议长米歇尔·多科，民主联盟执行书记约瑟夫·马宾吉，外长亚彭德；塞舌尔计划和对外关系部部长圣·热尔，以中央委员、政府旅游与运输部部长西蒙娜·德·卡玛蒙为团长的人民进步阵线代表团，外长热雷米·博纳拉姆，以中央委员兼政府农业和海洋资源部部长罗纳德·让·朱莫为团长的人民进步阵线代表团；坦桑尼亚第二副总统兼桑给巴尔总统萨勒明·阿穆尔，以南方委员会主席、前总统尼雷尔为首的南方委员会代表团，总统办公室国务国防部部长基纳纳，空军司令博马少将，以总书记、联合政府不管部部长霍拉西·科林巴为团长的革命党代表团;加纳副外长穆罕默德·钱伯斯,由副总书记科菲·阿托尔率领的全国民主大会代表团;毛里求斯副总理兼计划和经济发展部部长古布隆,副总理兼外交和国际贸易部部长拉杰克斯瓦尔·普里亚格;乌干达第一副总理兼外长埃里亚·卡泰加亚,外交国务部部长基韦金贾;莫桑比克议会议长马塞利诺·多斯·桑托斯,国防部副部长兼空军总政委尼赫亚少将,党中央委员、前议长桑托斯率领的解放阵线代表团,总统府秘书长穆拉德·穆拉尔吉,外交与合作部部长莱昂纳多·西芒,由总书记曼努埃尔·托梅率领的解放阵线党代表团,外交部副部长帕里西奥;南非非洲人国民大会副主席沃尔特·西苏鲁,民主党议会党团主席科林·埃格林,共产党全国主席乔·斯洛沃,总裁马奎图率领的阿扎尼亚泛非主义者大会代表团,学者代表团,共产党全国主席、东开普省总理雷蒙德·姆拉巴,以总书记查尔斯·恩夸库拉为团长的共产党代表团,以副总书记谢瑞尔·卡罗露斯为团长的非洲人国民大会代表团,以议会外委会主席沙特纳为团长的议会外委会代表团,参议院副主席戈文·姆贝基,开普敦省公职人员委员会主席、旅游和环境事务部部长乔丹,省级事务与发展部部长穆萨,总书记布雷德·恩齐曼迪率领的共产党代表团,以全国主席帕特里克·莱科塔为团长的非洲人国民大会代表团,以全国执委、前总书记恩佐为团长的非洲人国民大会干部代表团;贝宁国务部部长兼国防部部长维耶拉;赞比亚前总统卡翁达,外长姆旺加,由全国主席奇皮莫率领的多党民主运动代表团,副总统戈弗雷·米杨达,副外长瓦伦丁·卡约佩;尼日利亚前国家元首奥巴桑乔,外交部特别政治顾问奥努;扎伊尔最高法院院长巴朗达;肯尼亚外交和国际合作部部长威尔逊·恩多罗·阿亚,外长博纳亚·戈达纳;加蓬武装部队总参谋长恩加里上将,以副总书记勒内·恩德梅左·奥比昂为团长的民主党代表团;津巴布韦国防部部长霍维,副总统西蒙·文格塞·穆增达,由全国主席约瑟夫·姆西卡率领的非洲民族联盟(爱国阵线)代表团;布隆迪国防部部长马雷加雷盖;喀麦隆最高法院院长迪邦达,常驻日内瓦联合国代表恩古贝大使,人权和自由委员会主席格韦,以总书记约瑟夫·夏尔·敦巴为团长的人民民主联盟代表团,以主席莫拉德·加利布为团长的亚非人民团结组织代表团;布基纳法索人民阵线执委会组织书记博尼桑·阿尔塞纳·叶少校,非洲社会民主党联盟总书记萨迪克·法亚拉;纳米比亚西南非洲人民组织中央政治局委员、首席协调官摩西·加罗卜,外长西奥本·古里拉布,副总理汉德雷克·维特布伊,以总书记希费科蓬野·波汉巴为团长的西南非洲人民组织代表团;塞内加尔社会党中央委员、《太阳报》社长阿利尤纳·德拉梅;吉布提以中央政治局委员穆罕默德·阿里·穆罕默德为团长的争取进步人民联盟代表团,外交和国际合作部部长谢海姆,以副主席伊斯梅尔·奥马尔·盖莱为团长的争取进步人民联盟代表团;扎伊尔总统府办公厅主任温杜阿韦;科特迪瓦外长阿马拉·埃西,由总书记洛朗·多纳·福洛戈率领的民主党代表团,外长办公室主任恩戈朗·库阿梅;几内亚外交部顾问达博,总统私人顾问纳比·尤拉;几内亚比绍外交与合作部部长希瓦尔;毛里塔尼亚以总书记布拉赫·乌尔德·莫盖亚为团长的社会共和党代表团,由总书记西迪·布巴卡尔率领的民主社会共和党代表团,以全国委员会委员兼全国青年临时委员会主席阿卜杜·拉赫曼·乌尔德·哈马·瓦扎兹为团长的民主社会共和党代表团;厄立特里亚由党的总书记阿拉明·穆罕默德·赛义德率领的人民民主与正义阵线代表团,地方政府部部长谢里夫;卢旺达副总统兼国防部部长保罗·卡加梅将军,外交部秘书长卢瓦卡·穆卡云伊·康斯坦斯,人权委员会主席恩多巴;刚果(布)外交合作部秘书长马冈加·奔巴,外交部副秘书长兼政治事务和多边合作总司长雷蒙·巴莱,外交部人权代表团;博茨瓦纳副总统莫哈依,由总书记克韦拉霍贝率领的民主党代表团;尼日尔贤人委员会主席、前总统阿里·赛义布;马拉维议长岩耶姆贝,以主席戈万达·查库安巴为团长的大会党代表团;安哥拉驻日内瓦代表团大使帕雷拉,人民解放运动总书记洛波,中央委员鲁西奥·拉拉;莱索托外交大臣克莱波内·马霍佩;塞拉利昂常驻联合国代表代表詹姆斯·乔纳,外交和国际合作部部长萨马·班亚;埃塞俄比亚人民革命阵线代表团;斯威士兰马希赛拉亲王;马达加斯加总统府秘书长让·雅克·塞拉芬;佛得角由主席佩德罗·皮雷斯率领的非洲独立党代表团;非洲国家16位中青年外交官代表团,13国非洲外交官访华团,非洲英语国家青年外交官代表团,非洲国家青年外交官访华团,非洲法语国家中青年外交官访华团,非洲统一组织副秘书长丹尼尔·安东尼奥等。南非参议院副主席塔博·姆武耶卢瓦·姆贝基已85岁高龄,是非国大和南非共的元老,是南非第一副总统塔博·姆贝基的父亲,和总统曼德拉关系密切。他在上海参观后说,上海是一个完美和热气腾腾的崭新世界。中国和南非之间有许多相似之处和共同点。新中国成立以来解决了12亿人的吃饭穿衣问题,使南非扩大了希望,这次来就是学习经验。纳米比亚副总理维特布伊在沪与上海外经(集团)有限公司和上海建材(集团)总公司有关人员就上海与纳米比亚合作在纳米比亚建皮革加工厂、玻璃厂等项目和年内派员赴纳米比亚考察事宜进一步作具体探讨,他希望上海市政府能鼓励上海企业界去纳米比亚投资,开展经济合作和技术交流,继续给予他们帮助。毛里求斯副总理普里亚格表示,毛中已成立合作委员会,每两年召开一次会议,中国会组织企业界代表团去毛里求斯,希望上海企业界能有更多的人士参团,去毛里求斯考察、投资,充分利用毛里求斯这座桥梁进入非洲市场。

进入21世纪,随着国家主席江泽民访非提出构筑中非关系面向21世纪长期稳定全面合作五点建议和"中非合作论坛"的召开,有力推动中非经贸合作的全面发展,中非友好关系进入新的更高阶段,到上海访问的非洲各代表团更是络绎不绝。

2000年3月26—28日、9月12—13日、10月16—18日和11月26—28日,刚果(布)总统德尼·萨苏-恩格索一行64人、几内亚总理拉明·西迪梅一行12人、赞比亚总统弗雷德里克·雅各布·泰特斯·奇卢巴一行53人、纳米比亚总统萨姆·努乔马一行21人先后抵沪访问。刚果(布)总统萨苏在沪出席中方企业家见面会,亲自向大家介绍刚果(布)的投资环境和吸引外资的优惠政策。他说,在面向21世纪时,中国、上海要与非洲在各方面携起手来,在资源开发、经济合作上互惠互利,取长补短,共同走向美好的未来。刚果(布)资源丰富,存在合作的机遇,希望上海企业家能到刚果(布)去投资办厂,开展互利的合作,谋求共同进步。几内亚总理西迪梅在沪参观上海大剧院、城市规划展览馆和闵行污水处理厂等,市长徐匡迪就发展中国家共谋发展与其进行交谈。赞比亚总统奇卢巴是出席"中非合作论坛2000年部长级会议"开幕式后抵达上海的,他向市长徐匡迪和其他市领导介绍赞比亚的投资环境,希望上海企业家前往投资。纳米比亚总统努乔马此行是第三次来上海,他表示,纳米比亚政府十分重视发展与中国的双边贸易关系,并视上海为其重要的贸易伙伴。

2001年11月13—14日、12月6—7日和12月11日,卢旺达总统保罗·卡加梅一行65人、莱索托首相帕卡里塔·莫西西里一行21人和南非总统塔博·姆约·耶尔瓦·姆贝基一行60余人先后访问上海。卢旺达总统卡加梅在沪出席中卢经贸洽谈会,并亲自介绍卢旺达的投资环境,希望中国特别是上海的企业家能前往卢旺达进行投资合作。他还表示,卢旺达将全力支持上海的世博申办工作。莱索托首相莫西西里在沪与上海企业家共进早餐,并亲自向上海企业家介绍莱索托的投资环境和吸引外资的政策,他表示,若上海企业家去莱索托投资,他的政府将保证企业家的利益不受侵害。莱索托的农场以中、小型为主,上海拖拉机内燃机公司生产的50匹马力的拖拉机非常适合莱索托,受到莱索托农民的欢迎,希望进一步与上海内燃机公司开展合作。南非总统姆贝基在沪出席"南非—中国商务机会研讨会",他表示,南非是中国在非洲最大的贸易伙伴,希望通过研讨会

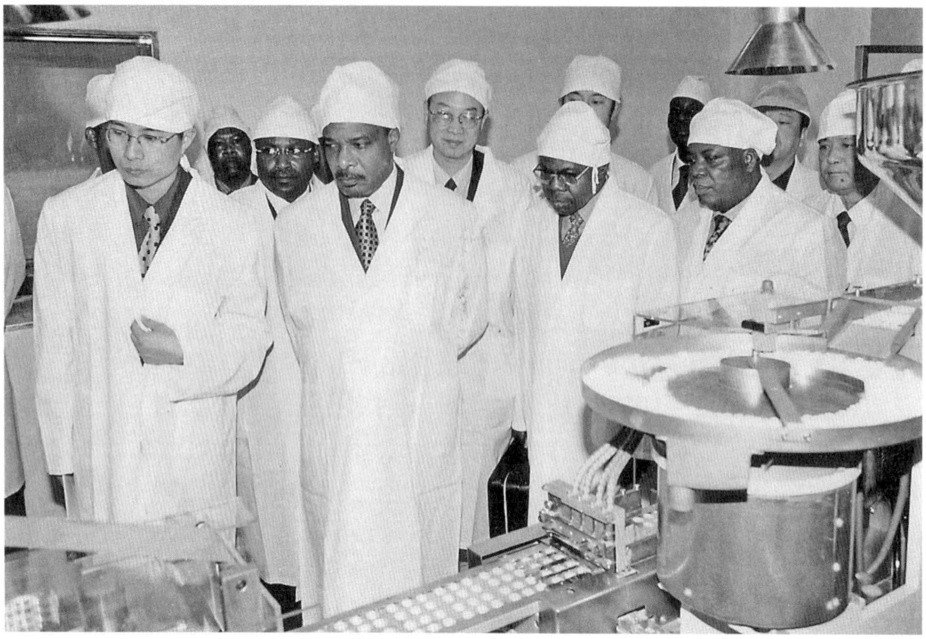

图1-2-2 2000年3月26—28日,刚果(布)总统德尼·萨苏-恩格索(前排左二)一行参观上海信谊药厂有限公司

和双方经济界人士之间的对口洽谈,确定双方的合作框架,有更多的上海企业家去南非投资。

2002年4月27—28日、7月3—5日、10月14—16日和10月27—30日、12月17—19日,科特迪瓦总统洛朗·巴博一行53人、毛里求斯总理阿内罗德·贾格纳特一行11人、莫桑比克总理帕斯库亚尔·曼努埃尔·莫昆比一行14人、加纳总统约翰·阿吉耶库姆·库福尔一行37人、几内亚比绍总统昆巴·亚拉一行16人相继抵沪访问。他们在沪参观浦东新区、松江大学城、上海城市规划馆、上海科技馆、安亭上海汽车城、嘉定水产养殖场、上海健伍电子有限公司、贝尔有限公司等单位,都希望进一步发展友好关系,推动双方的经济合作与交流。科特迪瓦总统巴博表示,希望吸取上海建设的成功经验,欢迎上海企业家到科特迪瓦投资。贾格纳特总理在沪出席与上海企业家见面会,介绍毛里求斯的投资环境,他希望有更多的中国企业赴毛里求斯投资发展。莫桑比克总理莫昆比出席上海企业家见面会,希望上海能有更多的企业到莫桑比克落户,以促进当地经济的发展。加纳总统库福尔在沪出席加纳企业家与上海企业家见面会,希望进一步推动中加两国人民的友好交往和经济合作。几内亚比绍总统亚拉专门赴金山区参观农业项目,希望加强双方在经济、文化教育等领域的交流与合作。

2003年6月22—23日、8月9—10日、9月11—12日和9月24—25日、10月2—4日,科摩罗总统阿扎利·阿苏马尼一行19人、尼日尔总理哈马·阿马杜一行12人、乌干达总理阿波罗·罗宾·恩西班比一行11人、喀麦隆总统保罗·比亚一行84人、刚果(布)总统德尼·萨苏-恩格索一行36人陆续抵沪访问。科摩罗总统阿扎利是"非典"发生后首位访问上海的外国元首,他希望上海市政府鼓励企业家赴科摩罗投资合作,科摩罗政府将为前来投资的上海企业家提供最大的支持和帮助。尼日尔总理阿马杜在沪访问华源集团,他高度评价华源集团为尼日尔经济和尼中两国关系发展作出的贡献,希望上海企业能进一步扩大在尼日尔的投资。他说,上海是他见到过的最现代化的城市之一,是尼日尔许多城市发展的榜样。乌干达总理恩西班比对上海社会和经济发展的许多成功经验表现出极大兴趣,他积极赞赏上海的快速发展,对上海人民战胜"非典"表示祝贺。喀麦隆总统比亚在沪出席“中喀经贸研讨会”，并介绍喀麦隆国内的投资环境和政策。他说，选择在上海召开这次研讨会，是因为上海是中国经济飞速发展的缩影，也是中国企业家集聚的地方。希望双方经贸界人士通过研讨交流，增进相互了解，寻求合作机会，以此推动两国经贸关系的发展。刚果(布)总统萨苏是赴日本出席“非洲发展东京国际会议”回国途中抵达上海的，他很高兴在新中国成立54周年的节日期间访问上海，上海的快速发展给他留下深刻的印象。

2004年4月8—9日、5月16—18日、5月23—28日、5月26—27日、7月17—18日、7月24—28日、8月23日、8月28—29日、9月10—11日，莫桑比克总统若阿金·阿尔贝托·希萨诺一行39人、马达加斯加总统马克·拉瓦卢马纳纳一行31人、坦桑尼亚总统本杰明·威廉·姆卡帕一行29人、乌干达总统约韦里·卡古塔·穆塞韦尼一行30人、马里总统阿马杜·图马尼·杜尔一行26人、纳米比亚总统萨姆·努乔马、中非总统弗朗索瓦·博齐泽·杨古翁达一行25人、佛得角总理若泽·马里亚·佩雷拉·内韦斯一行18人、加蓬总统哈吉·奥马尔·邦戈·翁丁巴一行114人陆续抵达上海访问，他们在与市长韩正会见中，都对上海的巨变表示赞赏，希望进一步推进双方的合作。莫桑比克总统希萨诺在沪出席中莫企业家见面会。坦桑尼亚总统姆卡帕和乌干达总统穆塞韦尼来沪出席“世界银行全球扶贫大会”，国务院总理温家宝和副总理回良玉在沪分别与他们会见、亲切交谈。马达加斯加总统拉瓦卢马纳纳和加蓬总统邦戈对上海的发展留下美好的印象，并希望借鉴上海的发展经验。马里总统杜尔和中非总统博齐泽称赞上海是最有活力的城市之一。佛得角总理内韦斯祝愿2008年北京奥运会和2010年上海世博会取得成功，希望能有更多的上海企业家到佛得角投资。纳米比亚总统努乔马出席中国出口纳米比亚铁路装备装船仪式并致辞，还参观了张华浜港区和正在建设中的洋山深水港。

2005年1—10月，毛里求斯总理保罗·雷蒙·贝朗热一行14人、刚果(金)总统约瑟夫·卡比拉一行20人、尼日利亚总统奥卢塞贡·奥巴桑乔一行49人、肯尼亚总统姆瓦伊·齐贝吉一行51人、科摩罗总统阿扎利·阿苏马尼一行10人、吉布提总理迪莱塔·穆罕默德·迪莱塔一行15人、刚果(布)总统德尼·萨苏-恩格索一行88人、赤道几内亚总统特奥多罗·奥比昂·恩圭马·姆巴索戈一行47人相继抵达上海访问，他们在与市领导晤谈中强烈表达了加强合作的愿望。毛里求斯总理贝朗热是1月27—29日访沪的，他希望在旅游、航空等方面开展合作与交流。刚果(金)总统约瑟夫·卡比拉于3月20—21日访沪，他表示要借鉴上海飞速发展的成功经验。尼日利亚总统奥巴桑乔4月16—17日在沪期间，分别会见华为集团公司、上海贝尔阿尔卡特有限公司和中兴通讯有限公司代表，希望双方的友好关系和经贸往来不断发展。肯尼亚总统齐贝吉8月15—16日访问上海期间，出席企业家午餐会。科摩罗总统阿苏马尼到中国度假期间于9月6—8日抵沪访问，他非常感谢上海人民的热情款待，说中国是第一个给予科摩罗外交承认的国家，也是经济上给予科摩罗很大帮助的国家。吉布提总理迪莱塔于9月23—25日抵沪访问，他希望吉布提与上海能交流港口码头建设经验，共同发展。刚果(布)总统萨苏9月29日在沪一天，他曾多次访华，见证了上海40多年来的巨大变化，是中国和上海人民的老朋友，他希望此次访问能促进双方友好关系进一步发展。赤道几内亚总统奥比昂于10月22—24日访沪，他希望上海能进一步加强与赤道几内亚在石油开采、矿产开发、海产品捕捞等领域的合作。

2006年2月16—18日、6月24—26日、10月29—30日、10月29—31日、10月31日—11月2日、11月1—2日，多哥总统福雷·埃索齐姆纳·纳辛贝一行41人、塞内加尔总统阿卜杜拉耶·瓦德一行64人、几内亚比绍总统若奥·贝尔纳多·维埃拉一行21人、加蓬总统哈吉·奥马尔·邦戈·翁丁巴一行114人、安哥拉总理费尔南多·多斯桑托斯一行2人、刚果(布)总统德尼·萨苏-

恩格索一行61人相继抵沪访问。多哥总统福雷在沪参观洋山深水港、东方明珠广播电视塔、上海科技馆、上海城市规划馆等,他祝贺上海在城市建设等领域取得的辉煌成就,并希望双方友好关系进一步发展。塞内加尔总统瓦德出席中塞企业家座谈会,他表示欢迎上海的企业家到塞内加尔去投资。几内亚比绍总统维埃拉、加蓬总统邦戈、安哥拉总理费尔南多、刚果(布)总统萨苏是来华出席“中非合作论坛北京高峰会”顺访上海的,他们与市领导会晤时,都希望两地能在业已存在的友好基础上进一步加强交流合作。在沪,几内亚比绍总统维埃拉出席与上海企业家见面会,他说,上海近几年发展变化速度给他留下深刻印象,希望通过这次访问,能进一步加强两地之间友好关系。加蓬总统邦戈出席“加蓬经济日”开幕式,他说,目前在加蓬有许多中国企业,其中一些已经参与加蓬的重大项目建设,希望加蓬企业家能与上海企业家进一步加强合作,进一步推动两国之间的经贸发展。安哥拉总理费尔南多非常看重中国与安哥拉的战略合作伙伴关系,他希望两地能进一步加强交流和合作。刚果(布)总统萨苏说,中国尤其是上海近年来发展的速度和所取得的成果令世界为之瞩目,值得借鉴。

2007年、2008年和2009年,毛里求斯总理纳文钱德拉·拉姆古兰一行42人、尼日利亚总统奥马鲁·穆萨·亚拉杜瓦一行75人、马拉维总统宾古·瓦·穆塔里卡一行52人、刚果(布)总统德尼·萨苏-恩格索一行30人、佛得角总统佩德罗·维罗纳·罗德里格斯·皮雷斯一行7人、塞拉利昂总统欧内斯特·巴伊·科罗马一行15人、科特迪瓦总理纪尧姆·基格巴福里·索罗一行26人陆续访问了上海。毛里求斯总理拉姆古兰2007年7月11—12日访沪,在沪参观城市规划馆、卢浦大桥,出席“上海—毛里求斯经贸合作研讨会”,会见部分中方企业家代表。尼日利亚是最早确认参加中国2010年上海世博会的国家之一,总统亚拉杜瓦2008年3月1日访沪一天,他祝愿中国2010年上海世博会取得圆满成功,希望能进一步促进两国的战略伙伴关系,加深在基础设施、能源等领域的合作和交流。马拉维总统穆塔里卡是中马两国建交后不久,于2008年3月29—30日抵达上海访问的,他对上海的发展成就赞赏不已,期待把中国的发展经验带回去,表示将率领马拉维代表团参加2010年上海世博会。刚果(布)总统萨苏和佛得角总统皮雷斯是分别在日本参加“第四届非洲发展东京国际会议”和“非洲发展研讨会”后,于2008年5月30—31日和5月31日过境上海的。刚果(布)总统萨苏在沪表示,中国政府在汶川大地震中的快速反应和全力救援令人钦佩,相信中国人民一定能取得抗震救灾的最终胜利。佛得角总统皮雷斯在沪乘坐磁悬浮列车。塞拉利昂总统科罗马于2009年5月28—30日访问上海,在沪参观宝钢集团、上海城市规划馆等,他说,我们把上海称作“未来之都”,对这座城市所取得的发展成就非常敬佩。他希望与上海建立起直接的商贸往来,在旅游、农业、矿业等领域加强合作,他表示,塞拉利昂拥有丰富的铁矿石资源,是非洲铁矿石资源最丰富的国家之一,希望加强与宝钢的交流合作,共同推动塞拉利昂矿产资源的开发。科特迪瓦总理索罗2009年10月18—20日在沪期间,参观洋山深水港、中兴通讯公司上海研发中心等单位,他表示将把中国发展建设中积累的良好经验带回科特迪瓦,并预祝上海世博会圆满成功。

2000—2009年访沪的其他代表团还有:加纳外长贝霍,由全国主席哈鲁纳·埃西库率领的新爱国党代表团,外长纳纳·丹夸·阿库福-阿多;安哥拉外交部亚大司长安娜·卡雷拉,外长若昂·贝尔纳多·德·米兰达,以副主席内图为团长的人民解放运动代表团,副外长若热·希科蒂;乌干达外交国务部部长阿尔弗雷德·穆班达,以全国政委、政府不管部部长基永加为团长的运动代表团,由总书记、国家安全部部长姆巴巴齐率领的全国抵抗运动代表团,外交部常秘穆古梅;加蓬外交国务部部长让·平,以总书记森普利斯·盖得·芒泽拉为团长的民主党代表团,与议会联系部部长兼政府发言人恩德梅佐,以总书记森普利斯·盖德·芒泽拉为团长的民主党代表团;喀麦隆对外关系国务部部长孔楚·库梅尼·奥古斯坦；津巴布韦外交部常秘马普兰加，由政治局委员外事书记穆塔萨率领的非洲民族联盟代表团，以政治局委员兼外事书记坎盖为团长的非洲民族联盟—爱国阵线代表团，由政治局委员、法律事务书记兼政府国防部部长姆南加古瓦率领的非洲民族联盟—爱国阵线代表团；马达加斯加前总理拉库图马武，以全国书记兼政府副总理皮埃尔·拉左纳里韦卢为团长的复兴行动党代表团，由党主席、国民议会副议长苏罗福南特奈纳·拉祖阿利米哈贾率领的我爱马达加斯加党代表团，由全国主席伊万·兰德里亚桑德拉·特里尼乌尼为团长的我爱马达加斯加党代表团；尼日尔前总理马亚基，以总书记、政府中高等教育研究和技术部部长哈比·马哈马杜·萨利苏为团长的全国发展社会运动—纳萨拉代表团，外交国务秘书高尼米；科摩罗前副总统穆罕默德·哈萨纳利；利比里亚驻日内瓦大使威廉森，外长托马斯·亚雅·尼梅利，以团结党全国主席克拉克为团长的政党联合代表团，副总统约瑟夫·尼乌马·博阿凯；马拉维常驻联合国代表居瓦耶伊，反对党联合民主阵线代表团，部长访华团，以总书记恩塔巴为团长的民主进步党代表团，以第一副主席弗朗西斯·姆佩波为团长的民主进步党高级干部考察团，外交部常秘安东尼·利乌扎；吉布提总统外交顾问阿登·谢克·哈桑，外交部秘书长埃拉贝，外交和国际合作部部长阿里·阿卜迪·法拉赫，就业、再就业与职业培训部部长穆萨·艾哈迈德·哈桑，外交和国际合作部部长尤素福；几内亚比绍总统政治与外交事务顾问弗朗西斯卡·瓦斯·图尔平，以第二副主席卡马拉为团长的几内亚和佛得角非洲独立党代表团，以代主席南贝亚为团长的社会革新党代表团；纳米比亚外长古里拉布，斯瓦普党代表团，由党主席、前总统萨姆·努乔马率领的纳人组党代表团，前总统、纳人组党前主席萨姆·努乔马；尼日利亚外交部常秘古德弗里·巴约尔·普雷瓦雷，副总统阿提库·阿布巴卡尔，国家政策与战略研究所代表团，前总统、执政党人民民主党理事会主席奥巴桑乔；莫桑比克副外长弗兰塞斯·罗德里格斯，全国抵抗运动主席德拉卡马，外交与合作部部长阿布雷乌，由总书记帕温德为团长的解放阵线党代表团；塞舌尔人民阵线首席协调员、政府教育部部长丹尼·福尔，反对党领袖拉姆卡拉旺，以中央委员、卫生与社会事务部部长梅里顿率领的人民进步阵线代表团；几内亚外交合作部部长卡马拉·哈贾·玛哈瓦·邦古拉，经济与财政部部长谢克·阿马杜·卡马拉，外长马马迪·贡代；科特迪瓦外交国务部部长桑家雷，外交国务部高官团，外长巴卡约科·尤素福；刚果(金)外交与国际合作部部长莱昂纳尔·谢·奥基通；赞比亚以司法部总检察长姆塔勒为团长的人权代表团，由全国主席卡文贝率领的多党民主运动代表团，副总统卢潘多·奥古斯丁·费斯图斯·姆瓦佩，外长蒙迪亚·弗雷德·西卡塔，前总统卡翁达，由全国副主席、政府外长潘德率领的多党民主运动代表团，由主席希马率领国家发展联合党代表团；多哥以总书记、国民教育和科研部部长科菲·萨马为团长的人民联盟代表团，以总书记、国民议会议员达尼·德拉马尼为团长的人民联盟代表团，前内政部部长埃克罗，以总书记索利基·埃索为团长的人民联盟代表团，宪法法院院长阿布杜·阿苏马；塞拉利昂以全国主席卡隆为团长的人民党代表团，外交和国际合作部部长莫莫拉·科罗马；坦桑尼亚以总书记菲利普·曼古拉为团长的革命党代表团，前总统本杰明·威廉·姆卡帕，以中央委员会委员、书记处组织书记基达瓦·哈米德·萨莱赫为团长的革命党干部考察团；毛里求斯由副总书记何塞·阿鲁纳萨隆为团长的执政联盟代表团，外交、国际贸易和合作部部长马丹·穆利达尔·杜卢，由党主席、国民议会副议长让·肖米埃尔率领的工党代表团，前总统奥夫曼；中非以副主席多博赞迪为团长的人民解放运动代表团；南非以副总书记杰里米·克罗宁为团长的共产党代表团，以总书记莫特兰蒂为团长的非洲人国民大会代表团，联合民主运动主席霍洛米萨率领的友好访华团，学者访问团，由总书记布雷德·恩齐曼迪为团长的共产党代表团，总统府办公厅主任、内阁秘书长弗兰克·齐卡内，外交部总司长恩萨卢巴，由领袖托尼·利昂为团长的民主联盟代表团,副外长阿齐兹・帕哈德,外交部礼宾代表团,外长恩科萨扎纳・德拉米尼・祖马;马里特使、青年和体育部部长奥斯曼・优素菲・马伊加,外交和国际合作部部长拉萨纳・特拉奥雷,由主席雅可布・祖马率领的非洲人国民大会代表团,由前总书记西里尔・拉马弗萨率领的非国大全国执委第一期研修班代表团;布隆迪总统外交顾问塞巴斯蒂安・恩塔胡加,对外关系与合作部亚非拉司长塞莱斯坦・尼荣加博,以副主席恩蒂提耶为团长的民族进步统一党代表团,外长巴图穆布维拉,由党主席热雷米・恩让达库马纳率领的保卫民主力量高级代表团;贝宁外交部国际司司长埃乌祖,外交和非洲一体化部部长加蒂安・比亚乌;肯尼亚外交与国际合作部政治总司长奇劳・阿里・姆瓦奎雷;毛里塔尼亚外交合作部部长穆罕默德・乌尔德・托尔巴,以总书记鲁莱德・乌尔德・韦达德为团长的民主社会共和党代表团,民主社会共和党考察团,以总书记布拉赫・莫盖亚为团长的民主社会共和党考察团,外交合作部秘书长艾哈迈德・乌尔德・穆罕默德・埃尔・加迪,由主席穆罕默德・乌尔德・马乌鲁德率领的进步力量联盟代表团;赤道几内亚民主党代表团,以总书记菲利韦托为团长的民主党代表团,外长帕斯托尔・米恰・翁多・比莱,民主党干部培训团;埃塞俄比亚议会联邦院议长穆拉图,由全国执委贝瑞克特・西蒙率领的人民革命民主阵线代表团;博茨瓦纳外交与国际合作部常秘厄尼斯特・辛波・姆波夫,外交与国际合作部部长蒙帕蒂・梅拉费,总统事务部部长斯凯莱马尼;莱索托外交大臣莫拉比・柴夸,副首相兼教育大臣莱绍・莱霍拉,由总书记马迪埃率领的民主大会代表团;厄立特里亚外长阿里・赛义德・阿卜杜拉;卢旺达外交与合作部部长夏尔・穆里甘德,以总书记恩加兰贝为团长的爱国阵线代表团,众议院副议长恩塔武库里亚约,大屠杀纪念馆代表团;布基纳法索畜牧资源部部长阿尔芳斯・博努;斯威士兰常驻联合国代表马姆巴;刚果外交与国际合作部部长雷蒙・拉马扎尼・巴亚;圣多美和普林西比以主席平托・达科斯塔为团长的解放运动—社会民主党代表团,政治局委员、政府青年、体育、社会通讯和议会事务部部长若泽・维埃加斯,由副主席达米奥・达尔梅达率领的解放运动—社会民主党代表团;佛得角由主席阿戈斯蒂纽・洛佩斯率领的争取民主运动代表团,由副主席议会党团领袖鲁伊・塞梅多率领的非洲独立党代表团;塞内加尔以政治局委员、中央办公厅主任、议员谢克・穆哈马杜・巴西鲁・萨尔为团长的非洲争取民主和社会主义党代表团,以总书记、总统府国务部部长兰丁・萨瓦内为团长的民社党代表团,以副总书记、政府总理马基・萨勒为团长的民主党代表团,外交国务部部长谢赫・蒂迪亚内・加迪奥;留尼汪以总书记艾利・奥阿罗为团长的共产党代表团;乍得争取共和行动联盟代表团,以总书记穆罕默德・萨利赫・阿杜姆・乔鲁为团长的爱国拯救运动代表团;非洲英语国家19名外交官访华团;非洲法语国家26个高级外交官访华团;非洲法语讲习班19个中青年外交官代表团;非洲高级外交官访华团;非洲联盟委员会主席阿尔法・奥马尔・科纳雷;非洲发展新伙伴计划代表团;非洲国家执政党中层干部研修班代表团;非洲恐怖主义研究和调查中心主任、马里前司法部部长伽乌苏;非洲法语国家议会友好人士访华团;非洲联盟委员会主席让・平;以奥奇・阿达拉为团长的非洲和平与发展NGO联合考察团;非洲非政府组织考察培训团;等等。在沪期间,塞内加尔政府总理、民主党副总书记萨勒与陪同的中联部副部长马文普在沪共同签署两党合作协议。南非外长祖马出席南非驻沪总领馆举行的南非国庆招待会,并为总领馆开馆剪彩。利比里亚副总统博阿凯表示,利比里亚是一个刚走出多年战争的国家,但其矿产资源丰富,希望中国帮助利比里亚加强对资源的开放和管理,帮助发展道路、水电等基础设施建设,恢复和重建经济。卢旺达副议长恩塔武库里亚约是第一次到上海,他希望上海能与卢旺达南部的一个城市结为友好城市。莱索托外交大臣柴夸希望莱索托能与上海医药物流中心和上海海事大学建立友好关系,展开合作交流。马拉维常秘利乌扎说,马拉维拥有马拉维湖等旅游资源,希能与上海在旅游设施建设、管理等方面加强经验交流，并提议探讨马拉维布兰太尔市和上海市结为友好城市的可能性。非盟会主席让·平说，中国已从传统的国与国之间的双边合作发展为中国和整个非洲大陆的多边合作，其重要标志就是中国援建的非盟会议中心，它见证了中国和非洲的最新合作。

2010年是上海世博年，非洲国家纷纷组团到上海参与世博活动。其中，国家元首和政府首脑代表团有：加蓬总统阿里·邦戈·翁丁巴一行70人、塞舌尔总统詹姆斯·阿利克斯·米歇尔一行10人、马拉维总统宾古·瓦·穆塔里卡一行51人、肯尼亚总统姆瓦伊·齐贝吉一行66人、马里总统阿马杜·图马尼·杜尔一行29人、刚果(布)总统德尼·萨苏-恩格索一行55人、塞拉利昂总统欧内斯特·巴伊·科罗马一行15人、莫桑比克总理艾雷斯·博尼法西奥·巴普蒂斯塔·阿里偕夫人、卢旺达总理贝尔纳·马库扎一行6人、加蓬总理保罗·比约格·姆巴一行34人、津巴布韦总统罗伯特·加布里埃尔·穆加贝一行54人、赤道几内亚总统特奥多罗·奥比昂·恩圭马·姆巴索戈一行38人、多哥总统福雷·埃索齐姆纳·纳辛贝一行57人、南非总统雅各布·盖德莱伊莱基萨·祖马一行、毛里求斯总统阿内罗德·贾格纳特一行49人、加纳总统约翰·埃文斯·阿塔·米尔斯一行、几内亚比绍政府总理卡洛斯·戈梅斯·儒尼奥尔一行11人、中非总统弗朗索瓦·博齐泽·杨古翁达一行15人、佛得角总统佩德罗·维罗纳·罗德里格斯·皮雷斯一行16人、莱索托国王莱齐耶三世一行17人、莱索托首相兼国防与国家安全大臣帕卡利塔·莫西西利一行16人等。加蓬总统邦戈、塞舌尔总统米歇尔、马拉维总统穆塔里卡、肯尼亚总统姆齐贝吉、马里总统阿马杜·图马尼·杜尔、刚果(布)总统萨苏分别于4月29日—5月3日抵沪出席上海世博会开幕式，国家主席胡锦涛在上海西郊宾馆和上海国际会议中心分别进行会见。加蓬总统邦戈在沪分别会见中粮集团、中国水电集团、上海建工集团等单位董事长和加蓬侨民代表，与中兴股份有限公司董事长会谈并签约。塞舌尔总统米歇尔表示，塞中关系是发展中国家关系的典范，中方为塞方实现可持续发展提供有力援助，塞舌尔愿意成为非中友谊的桥梁。马拉维总统穆塔里卡说，中国是马拉维真正的朋友，作为2010年非盟轮值主席国，马方愿意在中非合作论坛框架内推动中非在基础设施建设、能源、环保、气候变化、粮食安全等方面的协调与合作。肯尼亚总统齐贝吉在沪分别会见中非发展基金会和中国水电有关负责人，他表示，肯方十分重视同中国悠久而又紧密的关系，愿进一步拓展肯中经贸关系，加强基础设施领域合作。马里总统杜尔在沪分别会见马里侨民和保利公司负责人，他表示，马方愿意同中方共同努力，保持高层交往，加强经济、技术、教育、卫生、人文等领域合作。刚果(布)萨苏认为，中非合作发展顺利，中非合作论坛成果显著，非洲国家政府和人民高度赞赏中非合作。他说，刚果(布)愿意同中国一道，加强在基础设施等领域合作，将两国合作关系提升到新的水平。塞拉利昂总统科罗马是5月6—10日访问上海的，他出席世博会塞拉利昂国家馆日活动，他希望中国企业家赴塞投资，加强双方在农业、矿业、旅游和贸易等领域的互利合作。莫桑比克总理阿里于6月20—22日抵沪参观上海世博会，他说，世博会组织得相当成功，上海近几年来取得巨大的发展成就代表着世博会所倡导的城市未来发展方向。马普托与上海是友好城市，双方可以在经济、文化、教育、卫生等各个方面加强交流。卢旺达总理马库扎于7月2—5日访沪，他出席世博会卢旺达国家馆日活动、上海世博会“南南合作”讨论和卢旺达商务推介会，他认为，上海世博会创造了一个让非洲各国人民互相学习的世界平台。作为东非共同体的一员和人口达1.3亿的市场，卢旺达是进入非洲市场的重要门户。他期待中国投资商赴卢旺达开展经贸合作，双方能建立更为持久的经贸关系，并希望上海能与卢旺达首都基加利保持良好关系。加蓬总理姆巴是7月29—31日到沪出席上海世博会加蓬国家馆日活动的，他在“投资到加蓬”论坛上亲自为来自中国各地的企业代表介绍加蓬的经济发展情况，并与上海建工集团、中非发展基金、中国机械设备进出口总公司等企业负责人就承建加蓬国家体育馆和政府办公大楼,石油开采和后续加工,铁矿和锰矿开采冶炼,铁路、公路以及码头等基础设施建设项目进行磋商会谈,促成部分合作意向。津巴布韦总统穆加贝于8月11—12日抵沪,出席津巴布韦国家馆日活动仪式和中津商务洽谈会,他希望世博会展示的创新和技术可以帮助津巴布韦改善人民生活质量、推动经济和城市的发展。赤道几内亚总统奥比昂于8月14—16日在沪出席上海世博会赤道几内亚国家馆日活动和赤道几内亚新闻发布会,他说,中赤两国友谊源远流长,中方企业参与赤道几内亚的基础建设与投资,为赤道几内亚的人力培训作出巨大贡献,中赤两国间的友好关系缩短了地理空间上的遥远距离,希望能进一步推动友好关系的发展。多哥总统纳辛贝于8月19—22日在沪出席多哥国家馆日活动,并与外交部部长杨洁篪进行会谈。8月26日,南非总统雅各布・盖德莱伊莱基萨・祖马参观上海世博会南非馆,盛赞世博会是各国文明的展示。毛里求斯总统贾格纳特于8月30日—9月2日在沪出席上海世博会毛里求斯国家馆日活动,他说,在中国大力支持下,毛里求斯在上海世博会非洲联合馆里建立了自己的国家馆,实现了参与世博的愿望,相信借助参与上海世博会的契机,毛中两国的友好关系将不断加深。9月23日,加纳总统米尔斯访沪并出席上海世博会活动。几内亚比绍政府总理戈梅斯于9月23—25日在沪出席上海世博会几内亚比绍国家馆日活动,他感谢中国、上海帮助支持几内亚比绍参与上海世博会,相信双方在能源、通信等领域具有广阔的合作发展前景。中非总统博齐泽于9月24—25日、9月30日—10月1日两次到沪出席上海世博会中非国家馆日活动和中国国家馆日活动,他说,上海世博会规模空前,也充分展示中国经济、社会的发展成果。全国人大常委会委员长吴邦国在上海西郊宾馆会见中非总统博齐泽。佛得角总统皮雷斯于10月6—8日在沪出席上海世博会佛得角国家馆日活动,他说,上海世博会是一次展示成就和交流的独一无二的机会,佛得角能参与上海世博会是与上海市政府及上海市人民分不开的,这是两国未来交好、平稳发展的体现。莱索托国王莱齐耶三世于10月2—5日到沪出席上海世博会莱索托国家馆日活动,他提及自己11年前的上海之行,有感于上海在短时间内发生的巨大变化,他说,莱索托能够借助中国的帮助参与上海世博会,在世博会上展示莱索托文化,这对莱索托而言意义非凡,受益匪浅,这充分体现了两国和两国人民的深厚友谊。莱索托首相莫西西利10月29日—11月1日到沪出席上海世博会高峰论坛和闭幕式活动,他希望进一步加强两国在农业、教育和技术培训等领域的合作,密切在重大国际问题上的协调配合,不断推进两国友好关系。国务院总理温家宝在上海西郊宾馆会见莫西西利。

图1-2-3　2010年8月26日,南非总统雅各布・盖德莱伊莱基萨・祖马(中)参观上海世博会南非馆

图1-2-4　2010年9月24日,几内亚比绍总理卡洛斯・戈梅斯・儒尼奥尔(前右二)参观虹桥文化中心

图1-2-5 2010年9月25日，中非总统弗朗索瓦·博齐泽·杨古翁达（前左一）参观上海世博会非洲馆

图1-2-6 2010年10月29日，莱索托首相帕卡利塔·莫西西利（前中）参观华为上海研发中心

其他参与上海世博会活动的代表团有：纳米比亚前总统、纳人组党前主席萨姆·努乔马和贸工部部长哈格·根哥布分别到沪出席上海世博会开幕式和上海世博会纳米比亚馆日活动，厄立特里亚旅游部部长阿斯卡露到沪出席上海世博会厄立特里亚国家馆日活动，马里工业、投资和贸易部部长艾哈迈杜·阿卜杜拉耶·迪亚洛到沪出席上海世博会马里国家馆日活动，吉布提旅游部部长哈斯娜·巴尔卡特·达乌德到沪出席上海世博会吉布提国家馆日活动，莫桑比克文化部部长阿曼多·阿图尔到沪出席世博会莫桑比克国家馆日活动，塞舌尔驻华大使菲利普·勒加尔到沪出席世博会塞舌尔国家馆日活动，刚果（布）商务部部长穆纳里到沪出席世博会刚果（布）馆日活动，索马里议会石油和能源委员会主席穆哈迈德到沪出席上海世博会索马里馆日活动，刚果（金）商务部部长贝尔纳·比安多·桑戈到沪出席世博会刚果（金）馆日活动，布隆迪外长奥古斯丁·恩桑泽到沪出席上海世博会布隆迪国家馆日活动，毛里塔尼亚商业、手工业与旅游部部长邦巴·乌尔德·达拉曼到沪出席上海世博会毛里塔尼亚国家馆日活动，坦桑尼亚工业贸易部部长玛丽·娜古到沪出席世博会坦桑尼亚馆日活动，加纳贸工部部长汉娜·特塔赫到沪出席世博会加纳国家馆日活动，塞内加尔贸易部部长阿马杜·尼昂到沪出席世博会塞内加尔国家馆日活动，科摩罗副总统伊迪·纳杜瓦姆到沪出席世博会科摩罗国家馆日活动，博茨瓦纳副总统蒙帕蒂·梅拉费到沪出席上海世博会博茨瓦纳国家馆日活动，马拉维旅游、野生动物与文化部部长安娜·卡奇科到沪出席上海世博会马拉维馆日活动，利比里亚副总统约瑟夫·博阿凯到沪出席上海世博会利比里亚馆日活动，尼日尔商业、工业与青年企业家促进部副秘书长扎达·玛丽亚玛到沪出席上海世博会尼日尔国家馆日活动，科特迪瓦外交和非洲一体化部部长卡库·热尔韦·让·马里到沪出席上海世博会科特迪瓦国家馆日活动，南非艺术和文化部部长鲁鲁·欣瓦纳到沪出席上海世博会南非国家馆日活动，尼日利亚工商部部长吉布瑞·马汀斯·库耶到沪出席上海世博会尼日利亚国家馆日活动，乍得文化、青年和体育部部长吉贝特·尤努斯到沪出席上海世博会乍得国家馆日活动，安哥拉副总统费尔南多·多斯桑托斯到沪出席上海世博会安哥拉国家馆日活动，肯尼亚贸易部部长奇劳·阿里·姆瓦奎雷到沪出席上海世博会肯尼亚国家馆日活动，埃塞俄比亚文化和旅游部部长穆罕默德·迪里尔到沪出席上海世博会埃塞俄比亚国家馆日活动，赞比亚副总统兼司法部部长乔治·孔达到沪参加上海世博会赞比亚国家馆日活动，贝宁外交、非洲一体化、法语国家和贝宁侨民事务部部长让-马利·埃胡祖到沪出席上海世博会贝宁国家馆日活动，喀麦隆商务部部长吕克·马瓜尔·姆巴尔加·阿坦加纳

到沪出席上海世博会喀麦隆国家馆日活动，几内亚经济和财政部部长凯尔法拉·杨萨内到沪出席上海世博会几内亚国家馆日活动，乌干达国家旅游、贸易和工业部部长萨拉皮奥·巴里亚雷姆哇·鲁侃多到沪出席上海世博会乌干达国家馆日活动，利比里亚众议长泰勒到沪出席上海世博会中国国家馆日活动，佛得角高等教育、科技和文化部部长费尔南达·马尔克斯到沪出席上海世博会闭幕式，非盟委员会主席让·平到沪出席上海世博会高峰论坛和闭幕式。纳米比亚前总统萨姆·努乔马在沪时，全国政协主席贾庆林在上海东郊宾馆与其进行会见，努乔马转交纳米比亚总统波汉巴致胡锦涛主席的亲笔信。安哥拉副总统费尔南多在沪出席安中企业家对话会，中国国家副主席习近平在上海西郊宾馆与其进行会见。肯尼亚贸易部部长姆瓦奎雷在沪分别出席上海市静安区与肯尼亚拉穆市的友好合作备忘录签字仪式和在花园饭店举行的“肯尼亚—中国投资论坛”。赞比亚副总统孔达在沪参加“赞比亚—中国投资论坛”。利比里亚众议长泰勒在沪时，全国人大常委会委员长吴邦国在上海西郊宾馆与其进行会见。

第三章　欧洲国家外宾来访

欧洲是当今多极世界的重要一极，发展和深化中欧关系不仅符合双方的根本利益，也有利于世界的和平、发展与稳定。改革开放以后，中国的对外开放政策和巨大市场吸引欧洲各国纷至沓来，考察中国改革开放的政策和实践。1978年，就有2 270批2.71万人次到上海参观、旅游和访问，至1988年，仅来自法国、德国、英国、意大利和苏联等国嘉宾已达9.7万人次。20世纪90年代初，世界经济一体化的发展趋势逐步明显，经济外交在国际交往的比重逐步加大，随着中央宣布上海浦东对外开发开放，欧洲各国元首和政府首脑代表团往往随行带着一大批工商企业家到上海访问，他们驻足浦东开发描绘的宏伟蓝图，寻求经济合作的各类商机，为上海经济建设和浦东开发带来雄厚的资金、技术、项目和人才，增强了上海城市发展的综合实力。据不完全统计，1994—2010年，上海共接待来自欧洲52个国家的3 860批5.27万人次的各类重要代表团。

第一节　俄罗斯与东欧国家代表团访沪

新中国成立后，中国与苏联和东欧国家同属社会主义阵营，一直保持传统友谊，来往比较密切。20世纪60年代中苏关系发生转折，特别是20世纪70年代中苏关系交恶后，一度中断高层往来。随着中国改革开放进程不断深入，东欧剧变、苏联解体后，中国与俄罗斯及东欧各国逐步恢复关系，双方高层往来不断增加，为在21世纪发展新型战略伙伴关系奠定基础。

一、苏联、俄罗斯

中苏自20世纪70年代后，高层往来中断。1982年，中苏开始举行讨论解决两国关系正常化障碍问题的副外长级特使磋商，双方在经济贸易、人员往来等领域的关系逐渐有所改善。从1983年起，上海先后接待苏联对外友协和苏中友协积极分子访华团，苏联最高苏维埃、外交部、联合国协会代表团与经济特区考察团，以及一些科技、新闻界人士的来访，并开始接受苏联派来的进修生。1988年10月，苏联对外文化联系协会联合会主席、世界第一位女宇航员捷列什科娃一行访沪。同年12月，上海与列宁格勒建立友好城市关系，开始人员互访。之后，随着苏方在消除中苏关系正常化的障碍方面有所进展，双方高层往来逐步恢复。1985年10月，由联盟院主席托尔・库诺夫・列夫・尼古拉耶维奇率领的苏联最高苏维埃代表团到访上海，受苏联最高苏维埃委托来改善和发展中苏关系。代表团成员表示，两国都在建设，都需要和平环境发展经济，提高人民生活水平，两国应该克服消极因素，友好相处。1989年1月底，苏联由国家对外经委会等各部委代表组成的经济特区考察团一行14人访问上海，参观了解闵行经济开发区的状况。同年2月3—4日，苏联外长谢瓦尔德纳泽和夫人一行26人访问上海。中共中央军委主席邓小平在上海会见苏联外长。谢瓦尔德纳泽向邓小平转交了苏联领导人戈尔巴乔夫的信，邓小平同谢瓦尔德纳泽就两国关系问题会谈。

1989年5月18日，苏共中央总书记、苏联最高苏维埃主席团主席戈尔巴乔夫至北京进行中苏最高级会晤，宣布中苏两国关系实现正常化、中苏两党关系也随之正常化后，其一行 298 人及第三国记者 156 人，在国务院副总理吴学谦、外交部部长钱其琛陪同下访问上海。在与中共上海市委书记江泽民会见和上海市长朱镕基举行的午宴上，戈尔巴乔夫都表示，苏中关系"过去的已经过去，今后将重新开始"。他主张双方在经济贸易、科技、文化等方面以及在各个层次上开展交往。戈尔巴乔夫参观闵行经济技术开发区，详细询问如何吸收外资、合资企业有哪些优惠条件、外汇如何结算、如何消化引进的先进技术、能否实现产品外销以及外销和内销的比例等问题。随后 9 月、10 月，由苏联最高苏维埃第一副主席、苏共中央政治局候补委员卢基扬诺夫率领的苏联最高苏维埃代表团，由苏中友协副主席、前部长会议第一副主席阿尔希波夫率领的团员中有苏联桥梁设计专家、武汉长江大桥总设计师西林，以及曾经参加援助中国抗日战争和社会主义建设项目的老朋友的苏联对外友协、苏中友协积极分子——老战士代表团，由团中央第一书记米洛年科率领的苏联列宁共产主义青年团代表团等相继访问上海。此间及随后一年，苏联各界代表团抵达上海参观访问十分踊跃，其中有物资委员会代表团、对外贸易部直属的东方贸易公司代表团、新西伯利亚州商业代表团、以国家计委副主席叶菲莫夫率领的访华团、以价格委员会副主席科明为团长的价格考察团、由煤炭部部长夏铎夫率领的煤炭工业团、由商业部部长康・齐杰列赫率领的商业代表团、由第一副主席马拉特・彼德洛维奇・瓦西里丘克率领的矿山代表团、由渔业部部长恩・依・科特亚尔率领的渔业团、以主席根宾纳季・瓦西里耶维奇・科尔为团长的人民检察院代表团、以主席鲍罗维克为团长的保卫和平委员会访华团、由所长彼德罗西恩率领的列宁格勒东方学研究所团、由《真理报》副总编辑寄・瓦・瓦洛沃伊率领的老新闻工作者团、国家模范大剧院芭蕾舞团、列宁格勒交响乐团、由特鲁申团长和总导演率领的大马戏团、七人室内乐团、三重奏音乐家小组、由对外经济联络部部长卡图谢夫为首的政府贸易代表团、记者协会访华团、由第一副部长费奥德罗夫率领的共产党中央国际部代表团、中央社会科学院学术团、以国家轻工业委员会主席达夫列托娃为团长的代表团、列宁格勒新闻代表团、以副主席特罗申为团长的国家计委代表团、社会保障部部长卡茨那切耶夫一行、国际事务委员会副主任阿纳尼耶夫率领的代表团、由总编辑纳・巴・比克宁为团长的《共产党人》代表团、由第一副部长弗・格・潘斯科夫率领的财政部代表团、国民教育委员会副主任舒克舒诺夫一行、中央社会政治组织联系部部长库普佐夫为团长的党的工作者代表团、以法制部部长巴甫洛夫为团长的党的工作团、共产党中央副总书记伊瓦什科一行等。

1991 年苏联解体。原加盟苏联的各共和国先后独立，12 月，由多个加盟共和国组成的独立国家联合体这一地区性组织宣告成立。12 月 25 日，苏联正式停止存在，俄罗斯继承苏联与中国的外交关系。本着以和平共处五项原则为指导，互不干涉内政和不以社会制度、意识形态的异同为标准，中国继续同俄罗斯和新独立的原苏联各共和国保持和发展正常的睦邻友好关系与交往。

1992 年，由多民族作家组成的前苏联作家代表团，独联体有关国家边境裁军谈判代表团团长、俄罗斯联邦外交部无任所大使吉里耶夫一行，以总监察员、监察署署长尤・尤・波尔德列夫为团长的俄罗斯联邦监察署代表团，俄罗斯最高法院院长列别杰夫一行，俄罗斯 20 多位企业家一行相继访问上海。随着俄罗斯总统叶利钦于 12 月 17—19 日首次访华，中俄两国以两国元首和政府首脑签署联合声明、联合公报以及一系列重要的协议文件等条约法律形式奠定两国关系的基础和基本准则，明确"中俄相互视为友好国家"，中俄关系得到全面改善。此后一年，俄罗斯最高苏维埃副主席沃罗宁・米哈伊诺维奇・尤里、俄罗斯科学院经济部学术秘书阿诺索娃和非洲研究所所长瓦西里耶夫分别率领代表团相继访问上海，俄罗斯圣彼得堡女子篮球队访沪并与上海市体院女子篮球队进行一场友谊比赛。

1994 年 5 月 28—29 日，俄罗斯联邦政府主席维克托·斯捷潘诺维奇·切尔诺梅尔金一行访问上海。在沪期间，切尔诺梅尔金访问浦东金桥出口加工区、外高桥保税区，参观上海夏普空调机有限公司等企业，并在俄国诗人普希金纪念碑前敬献花篮。在与上海市领导人的晤谈中，切尔诺梅尔金了解上海改革开放以来吸收外资、引进技术、进行经济开发区建设的情况，他认为，中国的经济改革、上海的建设和浦东新区的开发，已取得可观的成效和成功的经验，希望俄中双方发展交流和合作。

1996 年 4 月 26—27 日，俄罗斯总统叶利钦访沪签署中、俄、哈、吉、塔五国《关于在边境地区加强军事领域信任的协定》。这是叶利钦首次访问上海，随行的有总统夫人、副总理和国防部部长等政府官员、地方行政长官及企业家、记者等共 270 余人。叶利钦总统在沪参观东方明珠广播电视塔、金桥出口加工区模型室、贝尔电话设备有限公司、南浦和杨浦两座大桥，并出席中俄企业家见面会。在中俄企业家见面会上，叶利钦向中俄企业家发表讲话，他说，俄罗斯反对单极世界，反对只有一个国家在世界上发号施令，在北京与江泽民等中国领导人会谈中，已就此取得一致意见。虽然过去有一段时间双方关系冷淡，但现在俄中两国已将传统友好关系发展为战略伙伴关系。此次来华签署的俄中两国科技合作等 15 个文件，表明中国与俄罗斯精诚合作，相互帮助。俄罗斯希望与中国一起发展科技、能源、工农业生产以及电子、信息工业。希望俄中两国建立更多的合资企业，为俄中两国的未来服务。上海改革开放、经济发展和城市建设的有益经验，值得俄罗斯学习。

至 20 世纪 90 年代末，俄罗斯国家杜马副主席格罗夫斯基和俄罗斯联邦委员会经济改革委员会副主席谢尔盖恩科夫共同率领的俄罗斯议员联合代表团、俄边界走向谈判工作组、苏联部长会议主席雷日科夫、专家鲍里索娃、俄罗斯议会发展基金会主席门多杨茨、外长普里马科夫以及由主席久加诺夫和中央第一副主席库普佐夫分别率领的俄罗斯联邦共产党代表团及俄罗斯“我们的家园俄罗斯”运动代表团等陆续到上海访问。俄罗斯外长普里马科夫在沪与市领导就推广利用高科技研究成果、使之转化为产品方面开展有益合作的问题进行讨论，他说，俄罗斯愿意与世界各国，尤其是与中国发展合作关系。希望上海同俄方加强人员往来，加深相互之间的了解和沟通。俄共主席久加诺夫在上海谈到俄中关系时说，在俄罗斯，不论谁执政，都关心与中国发展睦邻友好关系。这不是一时的，而是俄罗斯的长期战略。他表示，中国坚持社会主义取得成就，俄罗斯从中看到了希望。中国走的道路是正确的，俄罗斯应向中国学习改革开放的经验。与此同时，一些民间交往和其他领域的交流也纷纷展开。俄罗斯外交部人权局副局长巴尔希科夫、俄罗斯总统人权委员会主席卡达尔什金、以外交部人权局联合国机构人权合作处处长鲍伊琴科为团长的俄罗斯友好代表团等在沪进行大量的参观访问和座谈交流，对于俄罗斯支持中国在联合国人权大会上的立场具有重要影响。其他如俄罗斯圣彼得堡工业企业家友好人士访华团，俄罗斯哈巴罗夫斯克代表团，俄罗斯联邦代表团，俄罗斯圣彼得堡国际合作协会代表团以及俄罗斯总统办公厅副主任、总统驻宪法法院代表沙赫赖，俄罗斯办公厅副主任普里霍季科，俄罗斯社会学院院长奥西波夫，俄罗斯远东地区领导人代表团等也纷纷到上海参观访问。

进入 21 世纪，随着中俄关系的全面发展，上海作为中国外交的“重镇”，在中国与俄罗斯、与独联体的交往中发挥出更加积极的作用。

2001 年 6 月 14—15 日、10 月 20—21 日和 2006 年 6 月 15 日，俄罗斯总统普京 3 次到上海，参加上海合作组织成立、亚太经合组织第九次领导人非正式会议和上海合作组织成员国理事会第六次会议等一系列活动,并与中国领导人进行双边会谈。

2002年8月21—22日,俄罗斯总理米哈伊尔·米哈伊洛维奇·卡西亚诺夫一行约90人在对华进行正式访问中参加在上海举行的中俄总理第七次定期会晤。国务院总理朱镕基在上海国际会议中心举行欢迎仪式,并与卡西亚诺夫先进行小范围会晤,然后又进行大范围会晤。中俄两国总理和有关领导人出席签字仪式,签字仪式结束后,中俄双方总理共同举行记者招待会。卡西亚诺夫一行出席中俄经济界人士午餐会,会见上海市领导,先后接见俄方记者和中方记者。中俄两国总理第七次会晤前,副总理吴仪和俄罗斯副总理赫里斯坚科于8月19日在上海共同主持召开中俄总理定期会晤委员会第六次会议,为即将举行的中俄总理第七次定期会晤作准备。会议在务实和友好的气氛中进行,双方回顾一年来各领域合作取得的成果,检查中俄总理第六次定期会晤和委员会第五次会议期间达成协议的落实情况,高度评价中俄经贸合作取得的进展,并商定中俄总理第七次定期会晤期间将签署的一系列重要的双边经贸合作文件。

2010年9月27—28日,俄罗斯总统德米特里·阿纳托利耶维奇·梅德韦杰夫一行240人到沪出席上海世博会俄罗斯国家馆日活动。国家副主席习近平作为中方代表出席俄罗斯国家馆日活动,与梅德韦杰夫举行会谈,陪同梅德韦杰夫参观中国馆和俄罗斯馆。俄罗斯总统梅德韦杰夫在沪表示,世博会在上海举行具有很好的象征意义,因为上海已成为中国最大的工业和文化中心之一,连接了古老传统和最先进的科技成果。世博会充分体现当代世界城市已经发生根本性转变,这为实现社会和经济现代化提供良好的机遇。创新发展是俄罗斯的战略性选择,俄罗斯将全力以赴为实现这个目标而努力。此前,俄罗斯工业与贸易部部长赫里斯坚科来沪出席上海世博会开幕式和世博会俄罗斯馆开馆仪式,并参观中国馆等馆。

这期间,访沪的其他俄罗斯代表团有:俄罗斯外长伊·伊万诺夫,外交部联邦主体、议会和社会政治组织联络局局长别洛夫,总统经济顾问伊拉里奥洛夫,外交部第一副部长米特罗法诺娃,国家杜马外委会副主席纳塔利亚·纳罗奇尼茨卡亚,办公厅主任索比亚宁·谢尔盖·谢苗诺维奇,国际合作协会主席捷列什科娃,以联席主席、国家杜马副主席伊·穆·绮田为团长的"右翼力量联盟"党代表团,由主席谢尔盖·列纳托维奇·鲍里索夫和联席主席安德烈·尼古拉耶维奇·科尔库诺夫率领的企业家组织联合会和"实业俄罗斯"组织代表团,以总委员会主席别斯帕洛夫为团长的"统一俄罗斯"党代表团,以总委员会书记波戈莫洛夫为团长的"统一俄罗斯"党代表团,以副主席兼执委会主席列维切夫为团长的俄罗斯生活党代表团,以苏联部长会议主席雷日科夫为团长的议员团和俄罗斯汉学家代表团,远东新闻记者代表团,远东联邦区青年议员团,自由民主党代表团,联邦委员会代表团,哈巴罗夫斯克俄中友协代表团,萨拉托夫市市长代表团,副总理亚历山大·德米特里耶维奇·茹科夫,以久加诺夫为团长的共产党代表团,以圣彼得堡分部政治委员会主席团委员库先科娃为团长的统一俄罗斯党地方干部考察团,国际科学文化合作中心主席,萨马拉州议会议长代表团,俄罗斯友城联合会代表团,联邦委员会副主席尼古拉耶夫等。俄罗斯外长伊万诺夫是为总统普京访华作准备抵沪访问的,他在沪表示,上海作为中国最大的经济中心城市,如果能够积极介入发展与俄罗斯的经贸关系,将起到非常重要的作用,俄罗斯非常愿意与上海发展经贸关系,并借鉴上海发展经济的经验。俄罗斯副总理茹科夫在沪期间与中国国务院副总理吴仪共同主持中俄总理定期会晤委员会第十次会议,会见俄罗斯通讯公司代表,出席俄罗斯商务通讯国际会议(RBC)。俄罗斯联邦委员会副主席尼古拉耶夫在沪参观嘉定区农业示范基地,他说,中俄两国是友好邻邦,都是农业自主的国家,希望加强中俄之间农业方面的技术合作与交流。

二、东欧国家

东欧国家大多属原社会主义阵营，一度受中苏分歧影响与中国关系冷却。自20世纪70年代中国与东欧各国关系已有不同程度松动后，从1983年起，中国同东欧各国的关系有重大改善和发展，高层往来逐步密切，一些国家元首和政府首脑陆续抵达上海参观访问。

1980年11月9—10日，南斯拉夫联邦执行委员会主席韦塞林·久拉诺维奇一行8人(另有12名随行记者)访问上海。久拉诺维奇在沪参观上棉十二厂、工业展览会、马陆人民公社等，他十分高兴看到正在创造美好生活和未来的上海，表示中南关系是一种平等、互相尊重和互相信任的关系，这种关系可以成为独立国家、自由人民之间关系的典范，此访目的是促进政治、经济和文化关系以及在国际方面的合作。

1980年11月29日—12月1日，罗马尼亚总理伊利耶·维尔德茨一行19人访问上海。维尔德茨在沪参观工业展览会、上海柴油机厂、上海第十五羊毛衫厂等，他说，上海的工业技术水平很高，在建设社会主义方面取得成就，这次到中国寻找新的途径和办法来发展和扩大两国在政治、经济、文化、科技方面的合作。

1983年11月23—24日，罗马尼亚总理康斯坦丁·德斯克列斯库一行11人到访上海。德斯克列斯库在沪参观上海第一丝绸印染厂、上海石油化工总厂、马陆人民公社等单位，他说，这是首次访沪，留下很深刻印象。上海有很大潜力来扩大罗中之间的经济、贸易和技术合作，这将有利于两国关系的发展。

1986年10月25—26日，德国统一社会党中央总书记、民主德国国务委员会主席埃里希·昂纳克及民主德国国务委员会副主席米塔格一行94人至上海参观访问。昂纳克在复兴公园瞻仰坐落在公园中的马克思、恩格斯塑像，参观中共一大会址，并赠送德国共产党创始人台尔曼与中国省港大罢工工人代表在一起的照片、德国共产党关于德国工人运动和中国工人运动合作的部分历史文件(影印件)。昂纳克在上海还参观了嘉定县马陆乡，认为中国农村确实发生了很大变化，可以看到中国共产党的创造性工作。他表示，民主德国特别重视同中国继续发展良好的经贸合作关系，上海在这方面能起一个决定性的作用。民主德国商船定期停靠上海港和民主德国驻沪领馆的恢复，预示上海已成为两国人民友谊的桥梁。

1987年4月26—27日，捷克斯洛伐克总理卢博米尔·什特劳加尔一行37人访问上海。什特劳加尔在沪参观宝钢总厂，认为宝钢已达到世界第一流水平。他表示，捷克很关注上海的发展，也知道上海在中国整个发展中的地位。过去捷克同上海有过很密切的交往，许多专家曾来上海工作过，希望将过去的这种友好关系继续下去。

同年5月8—10日，保加利亚共产党总书记、国务委员会主席托多尔·赫里斯托夫·日夫科夫一行49人访问上海。日夫科夫在同上海市领导交谈时，详细询问上海对外开放和利用外资及工农业、外贸等情况，特别对上海的电子工业生产表现出很大兴趣。他希望保加利亚能在沪设立领事馆，以利于保中两国经济合作和加强同上海的关系。

1988年6月9—11日，波兰部长会议主席兹比格涅夫·梅斯内尔和夫人一行50人访问上海。梅斯内尔在沪参观中共一大会址、工业针织大楼、中波轮船公司等，并赴复旦大学向300多名师生作题为《1981—1988年波兰的社会经济改革》演讲。他表示，波兰关注着中国正在进行的改革，注视着各种所有制成分中发展经济的对策。全世界对中国改革的本身、幅度和效果都感兴趣。中波两国在经济改革方面虽存在条件和规模的差异,但改革的目标是共同的。他说,中国货很受波兰人民欢迎,由于受贸易平衡规定限制,很多优质的中国商品未进入波兰市场,希望上海建立几个乃至十几个像中波轮船公司那样的合资企业,使产品不仅能满足两国需求,还设法将产品销往第三国市场。

20世纪80年代,访沪的东欧国家其他代表团有:南斯拉夫联邦执委会副主席贝里斯拉夫·舍费尔,共产主义者联盟中央主席团执行书记斯维托扎尔·杜鲁托维奇,外长弗尔霍韦茨,由共产主义者联盟中央主席团主席德拉戈斯拉夫·马尔科维奇率领的南共联盟代表团;由罗马尼亚大国民议会主席尼古拉·乔桑率领的罗马尼亚大国民议会代表团;捷克斯洛伐克副总理兼计划委员会主席斯瓦托普卢克·波塔奇,第一副总理鲁道夫·罗赫列切克,联邦议会副议长兼国际关系协会会长库切拉,外交部第一副部长雅罗米尔·约翰内斯;匈牙利部长会议副主席马尔亚伊·约瑟夫,国民议会主席什塔丁盖尔·伊斯特万,外长瓦尔科尼·彼得;波兰部长会议副主席雅努什·奥博多夫斯基,部长会议副主席兼计划委员会主席曼·戈雷沃达,议长、统一农民党主席罗曼·马列诺夫斯基;民主德国部长会议副主席兼计划委员会主席许雷尔,部长会议副主席兼通用机械、农机和车辆制造部部长克莱伯,人民议院主席、国务委员会副主席霍斯特·辛德曼,人民议院副主席、国务委员会副主席、民主德国与各国人民友好协会会长格拉德·戈丁,外交部副部长哈里·奥特;保加利亚部长会议第一副主席安·卢卡诺夫;等等。几位东欧国家的副总理都很注意了解上海改革开放中开展多种形式的对外经济技术合作的情况,都希望恢复并在新起点上与上海发展经济、技术等各方面的交流与合作。波兰部长会议副主席奥博多夫斯基说,在波中关系最困难的岁月里,中波轮船公司始终是两国良好合作的典范,是波中友谊的象征。根据这一成功有效的合作经验,他希望能在轻工、化工、棉纺、远洋捕鱼等更多方面进一步扩大与上海的合作。保加利亚部长会议第一副主席卢卡诺夫和波兰部长会议副主席戈雷沃达在沪时,国家主席李先念分别会见了他们。

1989年东欧剧变,中国与东欧国家的关系经历了考验,经过20世纪90年代初短期调整后,很快走向正常化。

1991年12月5—6日,捷克斯洛伐克总理马里安·恰尔法一行110人到访上海。恰尔法在沪参观上海大众汽车有限公司、上海汽轮机厂和南浦大桥等,他说,决定要到上海来,是因为上海充满活力,取得的成绩是巨大的,与他访问过的其他大城市很不同。随行的捷克斯洛伐克副总理里赫茨基表示,中国的改革开放相当成功,要学习中国的经验,回去后对捷克政府机制进行改革,把同中国的合作放在第一位。

1992年11月2—3日和11月7—9日,乌克兰总统列昂尼德·马卡罗维奇·克拉夫丘克一行35人和摩尔多瓦总统米尔恰·斯涅古尔一行30人到访上海。乌克兰总统克拉夫丘克在沪参观闵行开发区、上海第十五羊毛衫厂、旗忠村等,他表示,期望能寻找多方面合适的合作关系,中国是乌克兰很好的合作伙伴,他期待访问上海能促进两国多方面合作关系的发展。摩尔多瓦总统斯涅古尔系首次访华,在沪参观访问第一丝绸印染厂、周浦乡等,他说,中国国务院总理李鹏曾说改革开放取得了成功,现在在上海已经看到了这一事实。改革后的摩尔多瓦应当像上海这样政治稳定,市场丰富,人民生活水平提高。随行的摩尔多瓦第一副总理希望上海有关方面人员能前往摩尔多瓦寻求和探讨合作的可能性。

1994年2月22—24日、6月15—16日、10月9—10日和12月21—23日,斯洛伐克总理弗拉基米尔·麦恰尔一行56人、爱沙尼亚总统伦纳特·梅里一行40余人、捷克总理瓦茨拉夫·克劳斯一行47人和拉脱维亚总统贡季斯·乌尔马尼斯一行74人先后访问上海。斯洛伐克总理麦恰尔在沪参观上海证券交易所、浦东金桥出口加工区、外高桥保税区及杨浦大桥、玉佛寺等，出席中斯企业家经贸洽谈会并发表讲话。在与市财办、农委、科协、贸促会上海分会等有关部门对口交谈中，双方就相互提供化工原料、食品机械、机床设备、建筑材料、邮电通信、五金矿产、钢材等产品目录与价格资料，相互进行投资和考察，开展科技和文化交流，斯洛伐克参加上海国际艺术节等达成合作意向和协议。爱沙尼亚总统梅里是第一次访问中国。梅里在沪参观浦东金桥出口加工区、南汇县周浦乡、南浦大桥、上海证券交易所、上海手表厂等单位。他说，在上海已看到中国经济改革所带来的活力和发展。爱沙尼亚是个海洋国家，上海也是一个临海城市，双方可在港口方面探讨合作的可能性，在纸张、纸浆、油页岩等方面也可寻求一些机会。随团的爱沙尼亚企业界人士与上海企业家就经贸合作进行座谈。捷克总理克劳斯在沪参观陆家嘴金融贸易区、金桥出口加工区和捷克未来驻沪总领馆馆址等，并接受上海电视记者采访。随行的捷克许多企业家与上海企业界建立联系。拉脱维亚总统乌尔马尼斯在沪参观金桥出口区、中国外汇交易中心、飞乐股份有限公司闵行分公司、马桥镇等，出席贸促会上海分会组织的与上海实业家见面会，希望发展与上海的经济合作和贸易往来。

图 1-3-1　1994 年 6 月 15 日，爱沙尼亚总统伦纳特·梅里(左二)在上海南汇县周浦乡居民家做客

1995 年 1 月 18—19 日、7 月 5—7 日和 12 月 20—21 日，白俄罗斯总统亚历山大·格里戈里耶维奇·卢卡申科一行 52 人、罗马尼亚总理尼古拉·沃克罗尤一行 91 人和南斯拉夫总统佐兰·利利奇一行 34 人陆续访问上海。在沪期间，白俄罗斯总统卢卡申科参观中国外汇交易中心、浦东金桥出口加工区及上海夏普有限公司等，在与市长黄菊会见时他表示，从上海看到了中国的快速发展，上了如何搞改革的一课。他说，白俄罗斯希望在各方面积极发展与上海的合作交流，使上海成为白俄罗斯走向亚太地区的桥梁；同样，也愿上海把白俄罗斯作为发展与欧洲关系的立足点。白俄罗斯首都明斯克愿与上海发展更密切关系。随同到访的白俄罗斯对外经济联络部部长、工业部部长和企业家与上海贸促会及有关企业人士进行交流情况、探讨合作的座谈。罗马尼亚总理沃克罗尤在沪参观浦东金桥出口加工区、夏普电器有限公司、东方明珠广播电视塔等,出席上海贸促分会组织的上海经济情况介绍会,他表示,罗马尼亚在能源、化工等方面积累经验,希望能与上海建立良好的合作关系。此次带大批罗马尼亚企业家抵达上海,就是为了与中国和上海加强贸易合作关系,希望上海能容纳罗马尼亚的项目。南斯拉夫总统利利奇在沪参观中共一大会址纪念馆、东方明珠广播电视塔、浦东新区和中日合资索广电子公司等,利利奇对中国推行社会主义市场经济体制及上海在经济建设中取得的成就表示赞赏。他说,在上海访问,特别欣赏经济改革,浦东新区的经济发展是一个成功的例子。希望上海能到贝尔格莱德或南斯拉夫其他城市介绍成绩和经验,并赴南斯拉夫办展览。

图 1-3-2 1995 年 1 月 18 日,白俄罗斯总统亚历山大·格里戈里耶维奇·卢卡申科(前排左二)在上海参观中国外汇交易中心

1996 年 1 月 17—19 日和 10 月 16—18 日,阿尔巴尼亚总统萨利·贝里沙一行 15 人和斯洛文尼亚总统米兰·库昌一行 44 人访问上海。阿尔巴尼亚总统贝里沙在沪参观金桥出口加工区、理光传真机公司、东方明珠广播电视塔等。他说,此行是感谢中国在阿尔巴尼亚最困难的时候给予的帮助。阿尔巴尼亚曾经历了一个困难的时期,现任政府决心改变阿尔巴尼亚面貌。希望中国去阿尔巴尼亚投资并提供优惠的条件,上海企业家去阿尔巴尼亚参观访问,共同推动友好合作。斯洛文尼亚总统库昌在沪参观金桥出口加工区、中斯合作的上海汤姆斯机车有限公司、中国外汇交易中心、曹杨新村、工艺美术研究所、上海博物馆等,他说,时隔 26 年重访上海,深感上海的巨大变化,上海集中反映中国经济发展的情况,他对浦东的发展计划非常感兴趣。他还对斯洛文尼亚在上海的唯一合资项目——上海汤姆斯机车有限公司发展极为关切,希望使之成为斯方与上海合作的范本。近 40 位上海企业家与随行的斯方 18 位经济界人士初步进行接触,互相介绍情况,建立联系。

1997 年 6 月 12—13 日、9 月 10—11 日、11 月 14—15 日和 11 月 19—20 日、12 月 23—24 日,马其顿总统基罗·格利戈罗夫一行 33 人、罗马尼亚总统埃米尔·康斯坦丁内斯库一行 60 余人、南斯拉夫总统斯洛博丹·米洛舍维奇一行 30 余人、波兰总统亚历山大·克瓦希涅夫斯基一行 80 余人、乌克兰总理瓦列里·帕夫洛维奇·普斯托沃伊坚科一行63人陆续访问上海。格利戈罗夫是马其顿脱离原南斯拉夫独立后当选的首任总统，他曾于20世纪50年代、80年代两次访问过上海，他对中国灿烂悠久的历史文化及上海这座巨大的城市留有特殊、深刻的印象。在沪参观浦东金桥出口加工区和上海博物馆等，对上海10多年来的飞速发展深表惊讶，尤其是对浦东的发展感到十分震惊，称赞浦东是当代中国发展的模式。他希望上海市领导能尽早率团访问马其顿，向马其顿商界和经济界介绍上海的发展，为他们提供积极参与的机会。罗马尼亚总统康斯坦丁内斯库在沪参观外高桥保税区、东方明珠广播电视塔，出席罗马尼亚—上海经贸情况介绍会。他表示，上海在中国、在亚洲都占有重要地位，密切与上海的交往，是罗马尼亚在21世纪实现"加强同亚洲联系、提高罗马尼亚在欧洲地位"这一经济战略的重要步骤。罗中两国的经济合作曾有过辉煌的时期，希望中国派企业家访问罗马尼亚，以增进了解、互通商业信息，欢迎上海有关方面前去咨询、投资。此次访问为两地的经济合作、经贸交流开创了一个很好的局面，罗马尼亚经济界、企业界的人士抓住这一有利时机，拿出好的产品进入中国市场。南斯拉夫总统米洛舍维奇在沪参观浦东新区、陆家嘴金融贸易区和中共一大会址纪念馆等。米洛舍维奇说，他在中国、在上海看到快速发展的情况，完全证明中国共产党继承毛泽东等老一辈无产阶级革命家的遗志，继续开创社会主义事业的选择是完全正确的，应该称为"最佳选择"。他还提出南斯拉夫在上海设立领事馆的要求。随团的南斯拉夫副总理沙伊诺维奇参与上海新科电气公司和南安乃哥集团共同为南斯拉夫设计、制造一批发电机组改造项目的商务谈判。波兰总统克瓦希涅夫斯基在沪出席中波经贸洽谈午餐会和中波轮船公司新办公楼落成剪彩仪式，接受上海电视台的独家采访，参观陆家嘴金融贸易区联合发展有限公司、上海体育场等，上海的蓬勃发展给他留下非常深刻的印象，他称赞上海在亚洲乃至整个世界的经济发展中都占有十分重要的地位，是中国改革和经济发展成就最显著的象征。他说，相隔8年后再次来到中国，所看到的北京已不再是原来的北京，而上海更不是他原来听说和想象中的上海。波兰与上海之间有中波轮船公司几十年来良好合作的基础，希望通过这次访问，两地的经贸合作在原有基础上能有更新、更高层次的发展。双方经贸和企业界人士经过洽谈，在进口和投资项目上达成一些合作意向。普斯托沃伊坚科系中乌建交以来首位访华的乌克兰总理，在沪参观金桥出口加工区、上海大众汽车有限公司、东方明珠广播电视塔等，称上海及浦东给他留下深刻的印象，希望上海能邀请乌兰克派1个由10—12人组成的考察小组来浦东学习取经。他说，乌克兰非常希望与中国开展密切的合作，学习并利用中国特别是浦东规划、建设和发展的经验，以对乌克兰原有的经济体制进行改革，欢迎上海企业去乌克兰投资合作，乌克兰将向他们提供优惠的投资条件。

1998年5月12—13日，保加利亚总统彼得·斯托扬诺夫一行59人抵沪访问。斯托扬诺夫在沪除参观访问外，还出席中保企业家洽谈会并接受上海电视台采访。在中保经贸洽谈会上，斯托扬诺夫亲自介绍保加利亚经济发展情况，他希望中国帮助保加利亚建立亚洲市场，并表示保加利亚愿为中国加入欧亚贸易组织，参与黑海经济合作区、欧盟市场提供帮助。中保企业家就各自感兴趣的合作项目进行实质性的交流。保加利亚贸易和旅游部部长与上海贸促会会长签署双方经贸合作协议。

1999年12月17—18日，阿尔巴尼亚总统雷杰普·迈达尼一行27人抵沪访问。在沪期间，迈达尼参观陆家嘴(集团)有限公司、东方明珠广播电视塔等，与市长徐匡迪会晤时，他听取上海改革开放20年来经济稳定发展、城市面貌变化、人民生活水平提高等方面情况的介绍，表示代表团非常重视对上海的访问，每位成员都希望亲自了解上海的发展情况，上海取得的成就令他们感到惊讶和钦佩，这是上海人民用双手和汗水创造的奇迹。

20世纪90年代里东欧国家其他访沪代表团有：匈牙利社会主义工人党主席艾尔迈尔·久洛与副主席波若尼，前总理马尔约依·尤若夫，外长科瓦齐·拉斯洛和毛尔托尼·亚诺什，外交部国务秘书寿莫吉，总理顾问、总理办公厅欧洲一体化战略工作组组长、科学院世界经济研究所所长伊诺道依·翁得拉什，总理府部长敦普夫·伊什特万；波兰参议院议长安·斯泰尔马霍夫斯基与部长会议副主席亨利克·戈雷舍夫斯基，以部长瓦利古尔斯基为团长的运输和海洋经济部代表团，军队总参谋长塔·维莱茨基上将；罗马尼亚众议院副议长丹·马尔茨安，众议院议长、罗马尼亚社会民主主义党执行主席阿德里安·讷斯塔塞，参议院副议长、社会民主主义党副主席多鲁·伊凡·特勒奇勒，大罗马尼亚党副主席米尔恰·穆沙特，国务部部长达恩·米尔恰·波佩斯库，由司法部部长米尔恰·纳内斯科-昆图斯率领的司法代表团，最高法院院长特奥菲尔·波普，和平联盟访华团，科学院院士、经济学家康斯坦丁内斯库，由众议院副议长丹·马尔茨安率领的议会罗中友好议员团，由国家副总检察长兼军事检察署署长波·凯雷安努率领的军事检察代表团，由众议院议长讷斯塔塞率领的罗马尼亚议会代表团，外交部国务秘书格奥尔基·廷卡，总理外事顾问维克多·丘日代亚及政府顾问勒杜列斯库，外交部副秘书长克里斯蒂安·迪亚科内斯库，众议院议员、前国务部部长兼外长塞维林；保加利亚国防部部长穆塔夫奇耶夫大将，社会党最高委员会委员、战略问题研究分析中心主任亚·利洛夫，最高法院院长伊万·格里戈罗夫，总统外事秘书多布列夫，外长米哈伊络娃；捷克和斯洛伐克监察部代表团，捷克外长约瑟夫·泽列澳茨；斯洛伐克外交部国务秘书谢斯塔克；克罗地亚副总理兼外长马太·格拉尼奇，总统外事顾问奈文·马迪及外交学院院长姆拉登·安德里奇；南斯拉夫外长米鲁蒂诺维奇和日瓦丁·约万诺维奇，副总理沙伊诺维奇；阿尔巴尼亚外长帕斯卡尔·米洛；波黑主席团委员伊泽特贝戈维奇的顾问卡西姆·特恩卡；乌克兰副外长格里申科和迈丹尼克，外长塔拉修克，议会各党派代表团，总统夫人、儿童基金会第一名誉主席柳德米拉·尼古拉耶芙娜·库奇马，以中央第一书记彼德·尼古拉耶维奇·西蒙年科为团长的共产党代表团，敖德萨市长团；白俄罗斯副外长安东诺维奇和萨多霍，对外友协代表团；拉脱维亚总统外事顾问卡·艾亨包姆斯，外交部国务秘书里耶克斯京什，道路党成员组成的议员团，对外友协代表团；爱沙尼亚外长托马斯·亨得利克·伊尔维斯，对外关系协会代表团；立陶宛对外友协代表团；等等。克罗地亚副总理兼外长格拉尼奇是中克1992年建交后首次访华的克罗地亚外长，他说，中国是克罗地亚的好朋友，上海又是克罗地亚首都萨格勒布的友好城市，克罗地亚的海岸可以说是欧洲最漂亮的，造船是克罗地亚的传统工业，克罗地亚造船业在世界上名列第三位，上海可以加强同克里耶他港的合作，克罗地亚有能力、也有兴趣同上海的造船业发展合作。匈牙利外长科瓦齐向市领导建议，杰尔·肖普朗州是匈牙利前往德国、捷克和奥地利的中转站，地理位置优越，工业也较发达，请上海考虑同该州建立友好州市关系。他还表示，争取尽快恢复20世纪80年代末关闭的匈牙利驻沪总领事馆，以适应匈牙利与上海不断扩大的经贸往来需要。

进入21世纪，随着欧盟东扩和中国与欧盟关系的发展，中国与东欧国家的关系发展也迈上一个新台阶。各国元首和政府首脑在访华中到上海寻求经济合作接连不断。

2001年3月3—4日和11月23—24日，爱沙尼亚总统伦纳特·梅里一行13人和摩尔多瓦总理瓦西里·塔尔列夫一行48人抵沪访问。爱沙尼亚总统梅里赴浦东新区政府了解浦东开发开放的情况，参观中国海运集团总公司、上海港务局、上海铁路局并探讨加强合作事宜，他表示，爱沙尼亚正在积极参与经济全球化进程，对上海的发展也很感兴趣，希望能在铁路、航运等方面加强合作。摩尔多瓦总理塔尔列夫在沪参观宝钢、上海城市规划馆、上海博物馆等，出席摩尔多瓦企业家与上海企业家见面会，并在会上亲自介绍摩尔多瓦的经济发展情况和投资环境。他表示，希望借鉴上海发展的经验，欢迎上海的企业家到摩尔多瓦去投资，并对摩尔多瓦与上海的合作充满信心。其间，捷克共和国总理米洛什·泽曼一行62人于2001年3月15日乘专机自印度过境上海后飞韩国。

2002年1月10—11日、4月25—26日和5月13—15日，南斯拉夫总统沃伊斯拉夫·科什图尼察一行47人、马其顿总统博里斯·特拉伊科夫斯基一行39人和克罗地亚总统斯捷潘·梅西奇一行40人先后抵沪访问。南斯拉夫总统科什图尼察在沪访问浦东新区政府，并听取浦东开发开放的情况介绍，参观上海城市规划馆等，他希望通过双方高层以及地方政府之间的互访，能促进南中之间、特别是南斯拉夫与上海之间的经贸往来和经济合作不断发展。随同来访的南斯拉夫企业家与上海的有关企业家进行对口交流和洽谈。马其顿总统特拉伊科夫斯基在沪参观访问浦东新区和上海城市规划馆等，他说，马其顿十分重视发展与上海的关系，期望加强两地交流，增进合作。克罗地亚总统梅西奇在沪访问浦东新区政府，参观上海博物馆、金茂大厦等，他说，上海的繁荣与活力给他留下深刻的印象。上海在吸引外资方面有着丰富的经验，这对于迫切希望发展的克罗地亚来说非常宝贵。希望此访双方能在各领域开展会谈，加深了解，以谋求进一步的合作。其间，中克企业家举行座谈会。

2003年1月8—10日、7月15—16日、8月23—24日、11月9—10日和12月4—6日，斯洛伐克总统鲁道夫·舒斯特一行51人、塞尔维亚和黑山总理米洛·久卡诺维奇一行13人、罗马尼亚总统扬·伊利埃斯库一行79人、塞尔维亚总理佐兰·日夫科维奇一行10人和斯洛文尼亚总理安东·罗普一行70人陆续访问上海。斯洛伐克总统舒斯特在沪赴浦东新区政府听取浦东开发开放情况介绍，参观鹏欣公司、上海历史陈列馆等，出席中斯经贸洽谈会和斯洛伐克电器设计研究所上海代表处开业仪式，他说，斯洛伐克将努力实现与上海建立合资企业，希望上海的企业家前往斯洛伐克考察、投资，双方在经济、贸易等领域加强合作与交流。黑山总理久卡诺维奇在沪参观访问浦东新区政府、上海城市规划馆和上海博物馆、“新天地”休闲街等，他希望上海能在观光旅游，投资巴

图1-3-3　2003年12月5日，斯洛文尼亚总理安东·罗普(右二)参观“不一样的一样——中斯当代艺术作品展”

尔港及周边自由贸易区,重建黑山造船业,参与电力、炼铝、电信领域投资,木材加工和葡萄酒生产等5个方面与黑山开展合作。罗马尼亚总统伊利埃斯库在沪访问浦东新区政府、上海城市规划馆等,出席“中罗经济界人士午餐会”并作演讲。他说,很高兴看到上海与罗马尼亚的经济合作发展迅速,希望结合上海要建成国际金融等4个中心的目标,进一步加强双方在科技、金融等领域的合作。希望上海在扩大两国经贸合作和到罗马尼亚投资方面发挥更大的作用。塞尔维亚总理日夫科维奇在沪参观上海工博会展出的中国首次载人航天飞行展、金茂大厦和“新天地”休闲街等,他表示,塞尔维亚对中国的贸易持续逆差,这主要是塞方企业家还不熟悉对华经贸合作的方式,已在寻找新的合作方式,相信很快会取得成果。希望上海企业家赴塞尔维亚投资,使双方的经贸合作能与政治关系相匹配。斯洛文尼亚总理罗普在沪出席“中国(上海)—斯洛文尼亚经贸研讨会”和展示中斯艺术家作品的“不一样的一样——中斯当代艺术作品展”开幕式,他希望进一步深化两国的经贸关系,重点发展汽车零部件、生产工具、电子电器和医药等领域的合作,加强科技交流和成果转化。双方企业家分组进行对口交流和洽谈。

2004年4月18—19日和9月17—19日,捷克总统瓦茨拉夫·克劳斯一行60人和阿尔巴尼亚总理法托斯·纳诺一行67人抵沪访问。捷克总统克劳斯在沪访问浦东新区、青浦朱家角等,赴上海交通大学就欧盟即将扩大之际的捷中双边经济合作和中国经济发展及捷克经济政治体制改革等问题与师生座谈,出席“中捷经贸研讨会”及企业家午餐会。他说,捷克希望学习中国特别是上海的成功经验,希望上海企业家积极去捷克开展投资合作。阿尔巴尼亚总理纳诺赴浦东新区政府听取情况介绍,参观张江高科技园区等,他说,中国的发展道路完全正确,非常值得阿尔巴尼亚借鉴,而浦东的发展模式也同样适合阿尔巴尼亚。上海的快速发展为双方的合作提供广阔的前景,希望在高科技领域、大学校际交流与科研合作、建立友好港、阿尔巴尼亚建开发区等方面开展合作。

2005年5月29—30日,克罗地亚总理伊沃·萨纳戴尔一行46人访问上海。萨纳戴尔在沪参观上海城市历史发展陈列馆、上海城市规划馆等,乘坐磁浮列车,出席中克企业家见面会。他认为,上海是全世界城市发展的楷模,希望上海与克罗地亚的经贸往来更加密切,建议上海企业投资克罗地亚造船业、加工业、农业、公路和铁路基础设施、能源等优先发展领域,积极到克罗地亚尤其是马可·波罗家乡海岛开展旅游,扩大双方在文化教育等领域的交流。

2006年3月27—28日和11月21—23日,罗马尼亚总统特拉扬·伯塞斯库一行60人和保加利亚总理塞尔盖伊·斯塔尼舍夫一行83人抵沪访问。罗马尼亚总统伯塞斯库在沪参观上海城市规划馆、“新天地”休闲街等,出席“中国—罗马尼亚企业家研讨会”,他说,罗马尼亚将正式加入欧盟,在罗马尼亚投资产品可不受欧盟任何限制。中国是罗马尼亚在东亚的重要贸易合作伙伴,在罗中经济交往中,上海扮演了重要角色,希望上海与康斯坦察友城交往同时,也能促成欧洲重要港口之一的康斯坦察港能与世界最大港口上海港建立联系,同时希望更多的上海市民去罗马尼亚旅游。保加利亚总理斯塔尼舍夫在沪参观世博会园区规划模型和上海广电(集团)有限公司等,赴复旦大学向师生发表题为《欧盟的扩大及保加利亚对于欧盟的贡献》演讲,出席“中国上海—保加利亚经贸论坛”和保加利亚投资署与上海市外国投资促进中心谅解备忘录签字仪式,他说,2007年1月1日起,保加利亚将正式成为欧盟的一员,希望上海的企业家抓住有利时机,赴保加利亚投资兴业。上海与保加利亚之间的贸易往来增长虽快,但双边投资还处于较低水平,还有很大发展空间,希望两地企业家能加强交流,共同寻找更多的经济合作项目。

2007年9月4—5日、11月10—11日和12月8—9日,匈牙利总理久尔恰尼·费伦茨一行143人、斯洛文尼亚总理雅奈兹·扬沙一行84人和马其顿总统布兰科·茨尔文科夫斯基一行24

人访问上海。匈牙利总理费伦茨在沪出席“匈牙利—中国2010上海世博参展合同签字仪式”、“来自李斯特家乡的问候”开幕音乐会、中方企业家的早餐会和“匈牙利—上海经贸研讨会”以及在虹口公园举行的匈牙利著名诗人裴多菲青铜半身像揭幕仪式。他说，上海是个极具竞争力和挑战力的城市，上海取得的发展成就是中国改革开放的一个缩影，匈牙利期待与这样的合作伙伴共同发展，也愿意利用自身在欧洲独特的地理优势帮助上海在欧盟取得更大成功。他相信两地能在政治、经济、文化、科技等领域加强合作交流，并表示愿向上海提供污水处理等先进技术经验。斯洛文尼亚总理扬沙在沪参观上海城市规划馆、东方明珠广播电视塔等，出席斯洛文尼亚驻沪经济代表处成立仪式。他表示，这是他首次访问中国和上海，许多企业家与中国的合作是从上海开始的，斯洛文尼亚把代表处设在上海，这将促进斯洛文尼亚与上海在更多领域开展合作。马其顿总统茨尔文科夫斯基在沪参观中兴通讯上海研发中心、松江大学城和“泰晤士小镇”住宅区等。他表示，上海作为中国现代化的标志和创新的源泉，已经取得巨大的发展成就，马其顿希望学习和借鉴上海的发展经验。

图1-3-4　2007年9月5日，匈牙利总理久尔恰尼·费伦茨(右二)在沪出席匈牙利著名诗人裴多菲半身像揭幕仪式

2008年4月17—20日和10月21—22日，波黑部长会议主席尼科拉·什皮里奇一行5人和波兰总理多纳德·图斯克一行30人来华出席第七届亚欧首脑会议期间抵沪访问。波黑部长会议主席什皮里奇在沪参观世博会址、浦东新区政府和松江区等，出席“2010上海世博会波黑参展协议签署仪式”，他说，波黑和中国的友谊源远流长，两国之间的友谊随着经济交流不断深化，非常欢迎更多的中国企业到波黑投资，并希望能借中国2010年上海世博会这一平台充分展示波黑的文化文明，并向波黑人民展示中国的发展成果。波兰总理图斯克在沪会见波方企业家，参观新天地等，出席“波兰—中国经贸论坛”并发表演讲。他说，上海是一座出色的城市，它的城市发展及取得的成就超出预期，给他留下深刻印象。在欧盟国家中，波兰的发展前景最好，波兰政府将致力于投资环境的改善，优先发展与中国的基础设施建设、电子产品等方面的合作，希望更多的中国企业到波兰投资兴业。

2009年8月22—25日,塞尔维亚总统鲍里斯·塔迪奇一行11人访问上海。访沪期间,塔迪奇参观东方明珠广播电视塔和上海城市规划展示馆,乘坐磁悬浮列车,出席在沪举办的塞尔维亚经贸投资论坛。他说,上海是一座充满生机活力的城市,在加快城市建设的进程中,许多现代化建筑及城市基础设施拔地而起,不少优秀的传统建筑也得到了很好的保护,现代与传统交相辉映,令人印象深刻。他希望以塞尔维亚经贸投资论坛为新的起点,欢迎更多的上海企业家前往塞尔维亚投资贸易,从而巩固发展双方的经贸合作关系,让两国的"政治之花"真正结出"经贸之果"。

2000—2009年,东欧国家访沪其他代表团有:阿尔巴尼亚副外长佩隆布·朱菲和安东·古拉库奇,前总理梅塔,外交学会代表团,前总统雷杰普·迈达尼,外长卡斯特里奥特·伊斯拉米,前总统阿尔弗雷德·莫伊休;波黑主席团主席特使耶尔科维奇,外长拉古姆季亚,副外长莉迪娅·托皮奇、安东·里尔和阿娜·特里希奇-巴比奇;捷克外长顾问米洛斯拉夫·哈特,众议院捷中友好小组主席伊日·马什塔尔卡,外交部双边关系总司长加卢什卡率领的代表团,知名人士代表团;克罗地亚副外长库雷莱茨和伊万·希莫诺维奇,外长托尼诺·皮楚拉,总统外事顾问马什特鲁科;波兰副议长扬·克鲁尔,外长弗瓦迪斯瓦夫·巴尔托舍夫斯基,外交部秘书长德拉加尼奇,总统府国家安全局访问团,总统特别外事顾问隆查尔,总统外事顾问亚基奇,以第一副主席耶日·西维茨为团长的"波兰家园公民协会"代表团;马其顿副总理佐兰·克尔斯泰夫斯基,前总理柳普乔·盖奥尔吉埃夫斯基,前总统格利戈罗夫,副外长福阿德·哈萨诺维奇和佩特罗夫,外交国务秘书埃米尔·基里亚斯,外长安托尼奥·米洛舍斯基,总理外事顾问安德雷伊·莱帕夫曹夫;保加利亚副外长拉伊科夫,外长索洛门·帕西,议会保中友好小组主席亚纳基·斯托伊洛夫,副总理兼外长伊瓦伊洛·卡尔芬,以法律项目主任玛丽亚·约尔丹诺娃为团长的保加利亚民主研究中心代表团;罗马尼亚前外交部国务秘书、《东南欧稳定公约》副协调员温古良,副总参谋长考奈留·卢丹库海军中将,前总理瓦西里,外交部副部长瓦伦丁·纳乌梅斯库,外长米哈伊·勒兹万·温古雷亚努,政府入盟问题特别代表拉杜亲王,国家自由党欧洲议会议员代表团,前总统扬·伊利埃斯库;匈牙利外交部副国务秘书戈勒希和布罗迪·加博尔,前副总理马尔约伊·尤若夫,外交部国务秘书豪伊杜·安德拉什,以前总理迈杰希·彼得为团长的经贸交通旅游代表团,外长寿莫吉·费兰茨、根茨·金高和鲍拉日·彼得,前总理麦杰希·彼得;斯洛文尼亚外长伊兹托克·米罗希,总统外事顾问瓦伊格尔;塞尔维亚和黑山外长戈兰·斯维拉诺维奇和武克·德拉什科维奇,黑山副总理戈沃兹戴诺维奇,塞黑塞尔维亚科索沃协调中心主席桑达·拉什科维奇·伊维奇,塞尔维亚总统顾问科延和总理顾问萨马尔吉奇,外长武克·耶雷米奇,黑山外长助理德拉甘·久罗维奇;立陶宛外长阿尔吉尔达斯·绍达尔加斯,外交部国务秘书伊格纳塔维丘斯,议员代表团;拉脱维亚议会外委会主席、前总理贡塔尔斯·克拉斯茨,外长英杜利斯·别尔津什和帕布利克斯,由副议长艾里克斯·叶卡勃松斯率领的议会各党派代表团,议会党派联合代表团,以党主席乌尔班诺维奇为团长的和谐中心党代表团;乌克兰议会副议长加夫里什任,外长阿纳托利·兹连科和康·格里先科,总统办公室副主任阿纳托利·奥廖尔,总统外事顾问安·亚·费阿尔科,外交官代表团,国家安全与国防会议秘书波罗申科·彼得·阿列克谢耶维奇,总统顾问津琴科,以副主席弗·诺沃哈茨基为团长的和平委员会代表团,以主席娜·米·维特连科为团长的进步社会党代表团,以中央第一书记彼·西蒙年科为团长的共产党代表团,以议员团副主席扎鲁宾斯基为团长的利特文代表团,以记者协会敖德萨地区分会主席尤里·拉博金为团长的地方记者团;白俄罗斯外长马丁诺夫;爱沙尼亚以党的副主席伊德瑞克·萨尔为团长的社会民主党代表团;东欧中亚国家外交官讲习班;27个国家外交官代表团;等等。在沪期间,匈牙利外交部国务秘书安德拉什主持匈牙利驻沪总领馆复馆仪式,外长费兰茨出席匈牙利政府特派专员与上海世博局的合作备忘录签约仪式。保加利亚副总理兼外长卡尔芬出席中欧国际工商学院中欧关系讨论会、上海企业家见面会,并赴华东师范大学发表题为《黑海区域的地位以及保加利亚对该地区稳定与发展的贡献》的演讲。马斯顿外长佩特罗夫出席马其顿参加中国2010年上海世博会参展合同签字仪式。

2010年是上海世博年,东欧国家领导和各代表团纷纷到上海参加活动。5月8—10日,波黑部长会议主席尼古拉·什皮里奇率领的代表团一行18人到沪出席上海世博会波黑国家馆日活动。什皮里奇在沪参观华为技术有限公司上海研发中心、上海博物馆等,他说,在中国与波黑建交15周年之际,波黑对自己能成为上海世博会的一分子深感骄傲,相信上海世博会定将进一步增进波黑与中国之间各领域的密切合作。5月14—17日,克罗地亚总统伊沃·约西波维奇率领的代表团一行13人到沪出席上海世博会克罗地亚国家馆日活动。约西波维奇在沪参观克罗地亚馆、中国馆、华为技术有限公司、上海博物馆等,他说,全世界的目光都聚焦上海,大家在此结交友谊、互相学习和寻求商机。克罗地亚正积极应对国际金融危机,欲通过加强与中国的合作走出危机,希望上海世博会能为两国间的经贸合作开启新的一页。5月24—27日,黑山总统菲利普·武亚诺维奇率领的代表团一行9人到沪出席上海世博会黑山国家馆日活动。武亚诺维奇在沪参观世博会黑山馆、中国国家馆、上海环球金融中心、华为集团上海研发中心、保利集团上海公司、上海造船厂等,他表示,黑山与中国之间一直保持着友好的关系,黑山希望借助此次世博会的契机,充分展示自己的传统文化,进一步增进双方往来,希望更多中国企业赴黑山投资兴业。6月23—24日,斯洛文尼亚总理博鲁特·帕霍尔率领的代表团一行20人到沪出席世博会斯洛文尼亚国家馆日活动。帕霍尔在沪参观中国、斯洛文尼亚、克罗地亚等国家馆,并在园区外出席斯洛文尼亚驻沪总领馆开馆仪式。他说,世博会能在发展中国家,特别是在上海举办有着非同寻常的意义,斯洛文尼亚驻沪总领馆开馆是斯中关系发展史上的新篇章,必将进一步促进两国企业界的交往与合作。6月26—28日,塞尔维亚总理米尔科·茨韦特科维奇率领的代表团一行15人到沪出席上海世博会塞尔维亚国家馆日活动。茨韦特科维奇表示,塞尔维亚视中国为重要的战略合作伙伴,期待通过此次参与上海世博会,向来自世界各国的参观者展现塞尔维亚的经济潜力、科技发展、文化特点和传统习俗,并借助世博搭建起友谊与合作的桥梁,进一步增进塞中两国的交流往来。9月2—5日,斯洛伐克总统伊万·加什帕罗维奇率领的代表团一行50人到沪出席上海世博会斯洛伐克国家馆日活动。加什帕罗维奇在沪参观华为技术有限公司上海研发中心、东方明珠广播电视塔,游览朱家角,并出席建筑师邬达克纪录片首映式。他说,斯洛伐克重视与中国之间的友谊,真诚希望两国在未来进一步展开多领域的合作往来。上海世博会的成功举办再一次让世界的目光聚焦中国、聚焦上海,斯洛伐克能够参与其中深感荣幸。9月11—12日,摩尔多瓦总理弗拉基米尔·菲拉特率领的代表团一行80人到沪出席上海世博会摩尔多瓦国家馆日活动。菲拉特在沪参观华为技术有限公司上海研发中心和中兴通讯股份有限公司上海研发中心,出席摩尔多瓦葡萄酒推介会,接受中国国际广播电台采访。他说,这是他首次访华,上海世博会为摩尔多瓦提供了向世界展示的机会,希望此访能进一步加深两国关系,吸引更多中国企业去摩尔多瓦投资兴业,拓展双方互惠合作。9月29日—10月2日,阿尔巴尼亚总统巴米尔·托皮一行26人到沪出席上海世博会中国国家馆日活动。在沪期间,托皮参观世博会阿尔巴尼亚馆和中国馆等馆以及上海博物馆、田子坊商品市场等,接受中国国际广播电台专访。全国人大常委会委员长吴邦国在上海西郊宾馆会见托皮。托皮表示,阿中友谊源远流长,友好合作与日俱增,给两国人民带来实实在在的利益,阿方希望进一步巩固和发展阿中关系,深化在水电、通信等领域的合作，欢迎中国企业赴阿投资。10月10日，白俄罗斯共和国总统亚历山大・格里戈里耶维奇・卢卡申科一行19人到沪出席上海世博会白俄罗斯国家馆日活动。卢卡申科参观世博会中国馆和白俄罗斯国家馆，并在中国馆吉林省馆出席长春中白科技园开园仪式。10月20—21日，拉脱维亚总统瓦尔迪斯・扎特列尔斯一行70人到沪出席上海世博会拉脱维亚国家馆日活动。扎特列尔斯在沪参观永康路画廊、东方明珠广播电视塔等，出席“拉脱维亚—上海商务论坛”开幕式、维斯塔德・希姆库斯钢琴独奏音乐会和第一部《汉语拉脱维亚语大词典》的首发仪式。他表示，拉中两国双边关系稳定，可持续发展，这为两国开创新的经贸交流带来契机。10月23—25日，立陶宛总统达利娅・格里包斯凯特一行16人到沪出席上海世博会立陶宛国家馆日活动。格里包斯凯特在沪参观华为技术有限公司并进行座谈，欢迎华为公司到立陶宛去投资。她表示，中立两国关系正全方位发展，希望今后能得到进一步的发展，特别是在体育、文化等领域。10月30日—11月2日，匈牙利总理欧尔班・维克托一行14人到沪出席上海世博会高峰论坛和闭幕式，并在论坛第一轮全会发表演讲。国务院总理温家宝在上海西郊宾馆会见欧尔班，欧尔班表示，匈牙利一贯奉行一个中国政策，愿与中国增进政治互信，扩大经贸合作，加强文化交流，推动匈中、欧中关系取得新进展。欧尔班在沪参观上海世博会匈牙利馆、中国馆和上海证券交易所、邬达克故居、沐恩堂、国际饭店、申通地铁公司等，出席与中国贸促会的签约仪式，并分别会见海南集团总裁和中兴通讯股份公司负责人。

2010年其他到访的有：塞尔维亚外长武克・耶雷米奇率团到沪出席上海世博会开幕式；阿尔巴尼亚农业部部长根茨・鲁利率领代表团到沪出席上海世博会阿尔巴尼亚国家馆日活动；捷克副总理兼外长扬・科胡特率领代表团到沪出席上海世博会捷克国家馆日活动；波兰文化和国家遗产部部长博格丹率领代表团到沪出席上海世博会波兰国家馆日活动；保加利亚经济、能源和旅游部部长特拉伊乔・特拉伊科夫率领代表团到沪出席上海世博会保加利亚馆日活动；罗马尼亚外长特奥多尔・巴孔斯基率领代表团到沪出席世博会罗马尼亚国家馆日活动；匈牙利国家资源部国务秘书盖佐・索赤率领代表团到沪出席上海世博会匈牙利国家馆日活动；马其顿劳动和社会政策部部长杰拉尔・巴伊拉米到沪出席上海世博会马其顿国家馆日活动；乌克兰经济部副部长瓦列里・皮亚特尼茨基率领代表团到沪出席上海世博会乌克兰国家馆日活动；爱沙尼亚外长乌尔马斯・帕依特率领代表团到沪出席上海世博会爱沙尼亚国家馆日活动；保加利亚共和国交通、信息技术、通信部部长亚历山大・斯万特考夫到沪出席上海世博会高峰论坛和闭幕式；波兰众议院议长格日戈什・斯海蒂纳到沪出席上海世博会上海高峰论坛和闭幕式，还出席波兰铜业集团上海办事处揭牌仪式。

第二节　西欧和北欧国家代表团访沪

20世纪70年代，随着中国和欧洲各国外交关系的陆续建立，上海同西欧、北欧国家的交往日趋活跃，特别是改革开放中上海经济建设的大步迈进，更是吸引了以法、英、德为代表的国家加大对中国和上海的交往密度，基于和平与发展的共同利益和中国在国际事务中重要地位与作用的考虑，纷纷到上海探寻各种经济合作的机会和可能，以分享中国改革开放的积极成果。

一、法、英、德三国

1978年1月23—24日，法国总理雷蒙・巴尔和夫人一行135人访问上海。在沪，巴尔参观马陆人民公社、上海机床厂、上港九区等，他表示，法中尽管在地理上相距遥远，历史文明不同，社会制度不同，但还是看到使双方接近的一切因素。谈及此访印象，他用三句话作概括："第一中国地大物博，第二中国人民有纪律，第三中国人民在中国领导人的领导下，动员起来，为实现自己的目标而奋斗。"1980 年 10 月 20—21 日，法国总统瓦莱里·吉斯卡尔·德斯坦和夫人一行 155 人抵沪访问。德斯坦在沪专门赴复旦大学作热情洋溢的讲演，并会见各界知名人士。他表示，法中贸易有着非常广阔的前景，可以加强两国在电讯方面的合作，希望法中两国合作的核电站在上海或上海附近地区建立起来。随同先期抵达上海的法国外长蓬塞主持法国驻沪总领事馆的开馆仪式。

1982 年 9 月 25—26 日　英国首相玛格丽特·希尔达·撒切尔夫人一行 71 人访问上海。在沪，撒切尔夫人前往英国石油公司代表处会见英国在沪商人，主持江南造船厂"世谊"号货轮的交船命名典礼，参观生化研究所。她很高兴两国政府已经同意中国在英国利物浦开设总领事馆，英国也在上海重设总领事馆，并表示，来上海不是怀旧，而是为了展望未来，希望在互利的基础上，英国能为中国现代化的伟大事业作出贡献。同年 10 月 14—16 日，联邦德国总统卡尔·卡斯滕斯和夫人一行 90 人访问上海。卡斯滕斯在沪参观上港十区等，赴同济大学向 700 多名师生发表讲话，并主持联邦德国驻沪总领事馆开馆仪式。他表示，上海有强大的经济实力，是国际著名港口，是德中经济技术合作的一个理想场所。他希望联邦德国驻沪总领事馆的设立对上海人民与联邦德国人民的交往起积极作用。

1983 年 5 月 7 日，法国总统弗朗索瓦·密特朗一行 114 人（另有随行记者 80 人）访问上海。密特朗在沪接见法国留学生，向中国作家协会主席巴金授勋。他说，向巴金颁发三级荣誉勋章，是这次访华的一个重要内容，法国对巴金的评价是很高的，他不只是一个伟大的作家，还是一个伟大的思想家，为人类的精神作出很大贡献。他表示，1961 年首次访华时到过上海，感到 20 多年后上海发展很快，法国很愿意与上海合作，参与上海工业的技术改造。

1984 年 10 月 12—13 日，联邦德国总理赫尔穆特·科尔和夫人一行 76 人（另有记者等 61 人）访问上海。科尔在沪出席上海大众汽车有限公司签约奠基仪式，访问同济大学。他说，奠基仪式象征着德中两国友好关系进入一个新阶段，为两国长期和稳定的合作奠定基础。中国是世界人口最多的国家，中国的未来是伟大的，对外开放政策给大家都带来很多好处，对世界和平也是一个非常重要的贡献。国务院副总理李鹏出席奠基仪式。科尔在与李鹏和市长汪道涵交谈中就重视上海环境治理问题提出忠告。科尔还于 1987 年 7 月 12 日携夫人一行 133 人再次访问上海，他于正在访问上海的联邦德国海军训练舰"德国号"上举行招待会，对应邀出席招待会的市长江泽民说，他的中国之行是为了加强两国长期、友好的合作关系。他很理解和赞赏中国在对外开放中采取脚踏实地、从容不迫、一步一步走的做法。与中国进行经济合作是德国的一个重要目标，除经济技术外，还希望能发展双方的文化合作与交流，使双方都能更加了解对方。汉堡和上海是德中两国大门，都是港口城市，有很多共同点，两市已建立友好城市关系，希望能有更多联邦德国公司前来上海投资。

1986 年 10 月 15—16 日，英国女王伊丽莎白二世偕丈夫爱丁堡公爵菲利普亲王一行 36 人（另有随行记者 220 人以及皇家乐团、王室服务人员和皇家游艇、护卫舰官兵 600 余人，共 900 余人）访问上海。女王伊丽莎白二世在沪参观豫园，菲利普亲王参观中英合资的上海皮尔金顿玻璃有限公司，并为该公司成品车间工程竣工剪彩。伊丽莎白二世表示，她和亲王对在上海受到隆重、热情和极为生动活泼的欢迎十分感动，对上海为她到访所作的出色安排非常感激，真是想不到、也从来没见过这么多的欢迎人群，真令人高兴。国家主席李先念出席女王在停泊于黄浦江的英国皇家游艇"不列颠"号上举行的答谢宴会。其间，中英 300 多位经贸界人士参加在上海举行中英经济贸易合作座谈会，就英方提议的20多个经济技术合作项目进行探讨，签署10多项合作协议或意向书。

20世纪70年代末至80年代，法、英、德三国访沪其他代表团有：法国革命共产党(马列)总书记马克思·克吕佐，共产党中央总书记乔治·马歇，社会党第一书记利奥内尔·若斯潘，社会党全国副书记热拉尔·勒·加尔；联邦德国由基督教社会联盟副主席霍伊布尔率领的赛德尔基金代表团，社会民主党主席勃兰特，前总理赫尔穆特·施密特，基督教民主联盟副主席、下萨克森州州长恩斯特·阿尔布来希特，不来梅州州长科施尼克，由德中友协理事会成员舒尔特率领的地方官员访华团，德中友协名誉主席安娜利泽·马滕斯，基督教民主联盟副主席、参议院议长洛塔尔·施佩特，基督教社会联盟主席弗朗茨-约瑟夫·施特劳斯，社会民主党副主席汉斯-约亨·福格尔，共产党主席赫伯特·米斯，基督教民主联盟副主席埃伦斯特·阿尔布莱希特；英国英中了解协会友好访华团，基督教圣公会坎特伯雷大主教罗伯特·伦西，坎特伯雷大主教外事助理特里·维特，自由党领袖斯蒂尔，英籍女作家韩素音，前首相威尔逊和希思，保守党副主席麦卡尔平，外交大臣蒂莫西·兰顿；等等。法共中央总书记马歇在沪专门赴复旦大学向800余名师生作演讲，他说，中国的政局稳定，市场繁荣，商品充沛，不仅是一个农业国，而且是一个具有先进水平的工业国。联邦德国社会民主党主席勃兰特说，中国的开放政策是有成效的，加强合作，主要是为了维护世界和平与建立一个国际经济秩序。联邦德国前总理施密特在上海谈到，中国新的经济政策是很现实和成功的，看到中国进行大规模的建设，中国人民蕴藏着巨大的干劲和极高的热情，这是很可贵的，如果得以充分发挥，中国的前途无量。英国前首相希思在参观中英合资的上海耀华皮尔金顿玻璃有限公司在建工程后，希望这家公司的浮法平板生产技术能早日投产。他说，当今世界不少国家不太愿意进行技术转让，并在实行贸易保护主义。希望英国能在技术转让、增加贸易方面增进同中国的互利合作。

1989年6月，中国平息了政治风波，以美国为首的西方国家横加干涉中国内政，对华实行制裁，法国政府在宣布对华实行制裁后，又批准军火厂商向台湾地区出售武器等，严重损害中方利益，使中法关系出现倒退，德、英等一些欧洲国家与中国关系也不同程度地出现困难和曲折。随着中国改革、建设的继续推进，法、德、英开始认识到同中国保持和发展正常关系的重要性，先后恢复同中国的交往与合作。

德国在经历了1989年春夏之交两国关系出现一段时间的曲折后，调整了对华政策，积极谋求改善对华关系，使两国关系逐步恢复正常。1993年11月17—19日，德国总理赫尔穆特·科尔访问上海。在同市长黄菊等上海市领导人晤谈和在访问同济大学时的讲话中，科尔谈到，德中两国同属能对世界和平与稳定作出特殊贡献的国家之列，在世界贸易中是重要伙伴，两国都担负着特殊的国际责任。德中双边关系需在政治、经济和文化领域全面推动和发展。他对德方与上海业已存在的成功合作感到高兴，并表示将支持更多德国企业来上海投资、合作。科尔在上海接受同济大学授予他名誉教授的称号，出席上海与德国有关公司合作制造地铁车辆、染料化工两个合资项目的签字仪式和上海地铁一号线电动客车金钥匙交接仪式，并重访上海大众汽车有限公司，与黄菊一起在新厂房前培土植树，又为立于树前的纪念碑留下“坚信上海大众定有更大发展”的题词。在科尔之前，德国已有多批代表团访沪，其中有联邦德国巴登-符滕堡州州长施佩特，运输部副部长聂特尔，由副议长汉斯·克莱因率领的德国联邦议院代表团，德国外交部政治司司长施拉格因特韦特，德国汉堡州前州长舒尔茨，由工业联合会副会长贝克率领的有22家大企业负责人参加的德国经济代表团，德国汉堡州州长福舍劳，联邦议院副议长赫尔穆特·贝克尔，民主社会主义党名誉主席汉斯·莫德罗，民主社会主义党主席洛塔·毕斯基，民主社会主义党议会小组主席居西，共产党经贸专家曼弗雷德·梅尔歇尔，由共产党中央理事会成员帕特里克·屈布勒率领的党报读者访华团，社民党外交和安全政策委员会成员莱蒙特·塞德曼博士，RWE公司董事和工程技术专家一行，戴姆勒·奔驰集团行政管理局成员、财务主管林纳一行，政府副新闻发言人谢费尔夫妇，贝塔斯曼公司高层人士曼·何力歌博士等。巴登-符滕堡州州长施佩特是最早抵沪进行私人访问的，他与市长朱镕基等上海市领导人商讨两地在经济、科技等方面的交流与合作。他表示，某些国家不应无视大局，试图孤立中国。他称上海是中国改革、开放和现代化的象征，巴登-符滕堡州希望发展同上海在经济、科技和文化等各方面的合作。汉堡州州长福舍劳在沪参加上海市人民对外友好协会举行的纪念中德建交20周年活动。外交部政治司司长施拉格因特韦特表示，德国认识到中国是重要的经济合作伙伴，愿意继续同中国发展合作，提供中方所需要的技术和经验。经济代表团团长贝克表示，他们一行看到上海面貌大变，浦东开发建设和上海经济发展速度加快，他们对上海、浦东的许多项目很有兴趣，相信日后德方与上海一定会有更广泛的经济技术合作。副议长贝克尔表示，德方与上海可继续加强汽车、地铁和诸如污水处理工程等工业技术和城市建设、环境保护项目的合作，合作应是双向的，中国企业也可以到德国去投资。德国国际机床专业集团与上海机电设计研究院在沪联合举行德国先进机床技术大型研讨会和机床技术演示，上海有关部门与德方就合资成立机床技术培训中心达成协议。

英国、法国20世纪90年代初也有一些政治家和政界、党派、金融、经济界人士访沪。其中有：英国以共产党中央政治局委员、国际书记安迪·布鲁克斯为团长的新英共代表团，社会民主党领袖、前外交大臣戴维·欧文，金融、企业界知名人士詹姆斯·戈德史密斯爵士和约翰·阿斯皮纳尔，工党海外发展与合作事务发言人克露依德夫人和工党议员一行，议会香港小组主席布莱克，前首相希思，埃塞克斯郡议长保罗·怀特，外交和联邦事务部国务大臣凯斯纳斯，前外交大臣和副首相杰弗里·豪一行；法国前总理、巴黎市市长雅克·希拉克，前国防部部长、社会党社会主义与共和政体派领导人、贝尔福特市市长让-皮埃尔·舍韦内芒等。

1994年4月9—10日，法国新任政府总理爱德华·巴拉迪尔访华期间抵沪参观访问。这是法国新内阁希望同中国重修旧好，恢复和发展“坚实、友好和建设性的法中合作关系”之际，其政府首脑的首次来访。巴拉迪尔在上海参观法国液化气上海公司、瑞金医院高级护理中心，会见上海第二医学院法语培训中心学员和瑞金医院会法语的医务人员，并在花园饭店会见上海部分企业、金融界人士。在同市委书记吴邦国和副市长徐匡迪会晤叙谈中，巴拉迪尔谈到，法国是西欧第一个同中国建交的国家，两国在国际事务中都起着重要作用，法中合作前景广阔。虽然彼此之间由于不同的传统、文化和习惯的影响，在某些问题上的看法可能会不尽一致，但是只要双方本着友好的精神，坦诚对话，互相尊重，就一定能建立和发展牢固的友好合作关系。他说，世界经济最活跃的地区是亚洲，其中最突出的是中国。法国作为发达国家之一，在世界贸易和经济、高新科技等方面有着自己的优势。法中两国经济、技术上的互补性很强，双方可在工农业以及高科技领域进行广泛的多样化合作，这符合两国人民的共同利益。他认为双方经济交流的现状与两国关系和双方的实际情况还很不相称，并提出双方可从增加日常贸易、推进多样化的双向投资、进行技术转让三个方面加强经济合作。他说，世界上许多国家都重视参与中国的经济发展，中国可以自由选择合作对象，能进行良好合作的伙伴是要有诚意的，他希望中国方面了解法国对此的诚意。巴拉迪尔还特别谈到，上海在中国经济发展中具有重要作用，他将推动法国有关方面与上海在经济和文化等方面的交往合作尽快具体化。

在法国总理巴拉迪尔来访前后，法国总统前特别顾问雅克·阿塔利，法国前总理巴尔，法国参议院经济与计划委员会主席、前外长让·弗朗索瓦·蓬塞率领的法国参议院代表团，法国保卫共和联盟副书记让·路易·德勃雷夫妇一行等也先后访问上海。法国前总理巴尔在上海出席“中国金融与经济增长”国际研讨会。法国保卫共和联盟副书记德勃雷在与上海市领导人晤谈时说,法国新政府已采取一系列旨在改善与中国关系的措施。双方政治关系良好,希望能进一步加强法中合作。他深感上海的变化巨大,回国后将呼吁法国企业家来沪交流和投资,并提议双方可在医疗卫生、环保科技和地铁建设等方面进行合作。

与此同时,英国也加快与中国改善关系的步伐。随着香港回归中国日益临近,为保持英中长远关系,英国一些政界、党派、金融、经贸界人士陆续到访。1994年7月,英国外交国务大臣顾立德一行访华期间顺访上海。顾立德系中英香港政治问题谈判破裂后英国外交部副部级官员首次访华,意在把香港政治问题和其他双边问题分开,与中国恢复政治接触,改善其在对华关系上的孤立处境。顾立德在沪参观浦东新区、中英合资的国际涂料公司、上海证券交易所等。随后两年,英国副首相赫塞尔廷先后两次分别率125位和270位英国企业家抵沪访问。赫塞尔廷在沪出席英国铁行轮船公司(P&G)上海办事处开业仪式、英领馆迁馆仪式及记者招待会,会见并宴请上海、江苏、浙江、苏州、无锡、宁波等省市负责人。在铁行上海办事处开业仪式上,赫塞尔廷说,他两次率这么多英国企业家访沪,表明英国政府对发展英中良好经贸合作的重视,英国在华投资的一个特点,就是它有着长期的承诺,他希望能有更多的英国企业家来中国和上海投资,并表示对英中经贸合作的前景充满信心。在与国家计委主任陈锦华和市长徐匡迪晤谈中,赫塞尔廷最关切的是如何同上海在一些大项目上达成实质性的合作意向,他希望参与中国突飞猛进的经济发展,在上海重点发展的一些领域中进行合作。听到投资规模庞大的浦东国际机场概念设计方案的招标已被法国公司得标时,他不无遗憾地表示希望能参与下一步的机场设施、建筑材料、管理系统设备等工程的合作。他说,英国有最早的现代化和繁忙的机场建设的经验,双方合作可以一起分享技术。在谈到上海天源化工厂和氯碱总厂同英国ICI公司的合作项目时,他说,开发这一项目符合双方利益,有助于中国减少进口,是一个高新技术项目。赫塞尔廷还就浦东轻轨铁路的建设、英国BP公司与上海金山石化厂60万吨乙烯工程的合作项目以及英国银行、保险公司在上海设立分行或办事处等事宜,同徐匡迪进行广泛的交谈。赫塞尔廷是英国道格兰开发区的创始人,他对上海浦东新区的发展规划赞叹不已。他说,道格兰的开发比浦东早8年,可以说是先行者,但他没有料到上海如此雄心勃勃,浦东的开发真是一项了不起的壮举。

1996年11月21—23日,德国总统罗曼·赫尔佐克一行103人抵沪访问。赫尔佐克和夫人在沪分别会见上海部分大专院校的校长、教授,电台节目主持人以及上海市妇联、市计生委、市作家协会负责人;代表德国ASC通讯公司和巴伐利亚州经济部向同济大学赠送一套语言教学实验室设备,并与该校及来自复旦大学、上海外国语大学、华东师范大学、华东理工大学几所院校的学生进行座谈。赫尔佐克说,世界原本很大,但随着科技的发达、经济的发展和交往的增加,这个世界正在变得越来越小,然而,世界上文化的多样化,各个不同国家的文化差异并没有缩小。不同文化背景的国家之间应当增进相互理解和合作,既要保持自我文化意识,又要理解和尊重对方。任何一方的傲慢都是不适宜的。欧洲有些人对远东特别是中国的崛起感到恐惧,这种担心完全没有理由,因为二战以来,德国也经历了近50年的繁荣发展。德中两国虽然文化和社会背景不同,但两国和两国人民彼此尊重,互相友好。因此,两国之间完全有理由在政治、经济和文化教育等方面加强合作和往来。赫尔佐克还与市长徐匡迪共叙双方在上海大众汽车、地铁等方面的成功合作。他表示,上海是中国经济发展的心脏,很高兴看到德国企业与上海合作得很好,并希望能更好发展双方在经济和文化领域里的合作。继总统赫尔佐克之后,德国一些政党和地方政府代表团也频频访沪。其中有:

德国民主社会主义党名誉主席莫德罗、德国社会民主党副主席赫尔塔·多伊布勒-格梅林和以理事会主席海因茨·施泰尔为团长的德国共产党代表团、德国勃兰登堡州州长施托尔普、萨克森州州长库尔特·比登科普夫、莱法州州长库尔特·贝克等。勃兰登堡州州长施托尔普在沪出席中德合资建立道岔制造企业协议书签字仪式，听取德国 Adtranz 等公司关于在沪投资情况介绍，会见上海铁路局和上海地铁总公司领导，并参观有关项目。

1997 年 5 月 17—18 日，法国总统雅克·勒内·希拉克携夫人等一行 300 余人访问上海。此系希拉克就任总统后首次访华，也是 1978 年、1991 年两次访沪后再次访问上海。他说，上海发生巨大变化，已看不出与世界著名大城市有什么区别，上海已是世界上经济发展最活跃、城市建设速度最快的大城市之一，是中国经济的心脏，将成为 21 世纪世界经济中心之一。希拉克出席 '97 法国高科技博览会开幕式，这是法国在国外举行类似展览中规模最大的一次，他认为，这表明法国的企业界已经意识到来中国、来上海投资发展的重要性。法国是经济大国，进出口额都列世界第四位，但在中国市场上法国所占的份额太低，法中贸易交流应大大加强。法国有世界一流的城市规划专家和建筑师，并有建造国际大项目的经验和能力，可以帮助上海解决城市建设中遇到的问题。法国愿与上海在环境治理方面加强交流。为此，他提议成立法中环境专家工作小组，以帮助中国进行环境治理。在对上海市各界人士和大专院校师生 600 余人的演讲中，希拉克全面阐述法中两国建立面向 21 世纪全面伙伴关系的前景，高度评价邓小平创导的改革开放政策及关于“一国两制”的构想，认为冷战结束后，世界走向多极化，中国和欧洲都是其中主要的一极，法中将携手合作，促进世界多极化的发展。随团到访的法装备、住房、交通和旅游部部长贝尔纳·蓬斯就合作兴建浦东国际货运中心和地铁 3 号线的可能性与市领导作了探讨。

1998 年 9 月 25—26 日，法国总理利昂内尔·若斯潘一行 200 余人访问上海。若斯潘在沪参观阿尔斯通上海办事处，出席上海市轨道交通明珠线一期工程车辆合作意向签字仪式。他对上海巨大变化和上海的实力、活力、创新能力留下深刻的印象，并为法国的企业家和设计师参与上海的建设以及阿尔斯通公司能在明珠线车辆项目的竞标中获胜感到高兴。在上海大剧院与上海知名人士座谈时，若斯潘说，法国总统、总理和政府成员都愿意发展与中国的关系。虽然法中贸易额增长较快，但贸易额仍然偏低，与法国作为世界第四大经济强国的地位不符。他表示，法国将通过提供各种新的政府融资等，帮助法国企业进入上海市场。他访华的一个重要目的就是给法国企业进入中国市场提供帮助，这个目的已达到。若斯潘还对上海的法语教育十分支持，表示法国政府已计划在上海建立一个从小学、中学一直到大学的法语教育体系，使上海成为中国法语教育的重要城市。这期间访沪的其他法国政要还有：法国社会党代表团和由全国局委员、国际部部长弗朗西斯·乌尔茨率领的法国共产党代表团、阿尔萨斯大区议长安德里恩·塞莱尔偕夫人、前总理爱德华·巴拉迪尔和总书记保尔·罗丽丹率领的法国公民运动代表团等。

英国在调整对华政策中借香港回归契机，与中国政府共同努力使中英关系得到较大改善。这一时期，来华顺访上海的英国各界代表团明显增加。其中有：副首相兼环境、运输与地区事务大臣约翰·普雷斯科特率领的政府官员和企业家代表团，前首相爱德华·希思，以总书记希克斯为团长的共产党代表团，工党议员代表团，议会英中小组代表团，前国防大臣迈克尔·波蒂洛，前驻华大使柯利达夫妇，由迈克尔亲王率领的企业家代表团，保守党外交事务论坛代表团等。英国副首相普雷斯科特在沪出席中英水行业合作研讨会，听取市建委负责人关于苏州河环境整治情况介绍，参观上海维士泰晤士大场自来水有限公司、苏州河整治工程样板段。他表示，英国发起以“中英携手，共创未来”为主题的“英国的中国年”活动，希望此次访华能进一步推动两国在各个领域的合作与交流，尤其加强双方在环保和水处理领域的合作与交流,建立这一领域的长期业务联系,英国可向中国提供包括技术、设备及人员培训方面的帮助。英国前首相希思就东南亚金融危机和回归后的香港问题与市长徐匡迪探讨后表示,非常赞赏中国稳定东南亚金融危机所采取的政策,确信香港实行"一国两制"后会保持稳定。

1998年10月8—9日,英国首相托尼·布莱尔携夫人和英国企业界知名人士等一行97人抵沪访问。布莱尔先后参加斯派莎克工程(上海)有限公司和皇家太阳联合保险公司上海办事处的开业剪彩,以及上海证券交易所与伦敦证券交易所谅解备忘录的续签仪式,出席正在上海举行的"资本市场发展"和"中英企业战略决策制度之比较"两个研讨会及英国美食展暨招待会,会见上海申花足球俱乐部负责人及部分球员代表,参观外滩浦东发展银行(原英国汇丰银行旧址)内大堂顶部新修复的壁画和在梅龙镇广场举办的英国现代艺术展等。他与市长徐匡迪会见时一再表示,希望此行能加强英中及英国与上海之间的关系,扩大两国在各个领域的合作。他说,"英中携手共创未来"是概括两国关系最形象的语言,上海是一个巨大的商业城市,是理想的投资之地,他要鼓励英国企业家多来上海投资,积极参与上海城市建设,如环境改善工程。他希望上海市政府能支持和关照英国公司与上海合作的几个大项目和英国参与浦东博览中心和浦东国际机场建设等项目的竞争,并对中国在亚洲金融风暴中保持人民币不贬值这一负责任的做法积极肯定。

1999年11月2—4日,德国总理格哈特·施罗德一行160余人抵沪访问。在沪期间,施罗德参观上海大众汽车有限公司、上海西门子移动通信有限公司、浦东发展银行,出席大众公司技术中心揭牌仪式和"德国和中国——迈进共同的未来"专题研讨会及浦东新博览中心工地奠基仪式。在与市长徐匡迪会见时,施罗德表示,中国政府在亚洲金融危机中保持人民币不贬值,发挥了建设性的作用。世界上许多重大问题,如国际金融的合作等,应合理有效地考虑中国的存在,不能绕开中国,这是一个实际问题。他高度评价上海在发展现代化都市同时较好地保留了历史建筑风貌。对德国与上海的经贸合作,他认为,上海大众是中德合作最好的证明,德国大众在上海投资的成功表明,德国对上海的投资和信心将是长期的。在施罗德访沪前,德国勃兰登堡州州长施托尔佩率经济代表团,前总理科尔,基督教民主联盟外交政策部负责人格斯,联邦议院副议长福尔默等先后来上海访问,其中科尔系第三次访沪。

进入21世纪,为了在对华经济合作中占得先机,为本国投资争得更多商机和市场份额,法、德、英三国元首和政府首脑访华中到上海访问的热度不减,其他政要和政党也纷纷提高访沪密度。

德国加大参与上海发展和建设的力度。2001年11月2日,德国总理格哈德·施罗德一行183人抵沪访问,虽然在沪不到6小时,但施罗德出席了一系列中德合作项目开工等庆典仪式。一是与国务院总理朱镕基共同出席上海磁悬浮列车示范运营线轨道梁启动仪式,共同为首根轨道梁启运揭幕;二是与朱镕基共同出席拜尔漕泾聚合物一体化基地奠基和拜尔上海聚合物研发中心开幕仪式,并分别和市长徐匡迪、拜尔公司董事长在仪式上致辞;三是出席上海克虏伯不锈钢有限公司一期工程投产仪式,共同启动不锈钢冷轧机组按钮并签名留念。随行的德国科技经济部部长出席上海新国际博览中心(一期工程)建成开幕仪式。此后,施罗德又陆续到沪访问4次。2002年12月30—31日,他来沪出席上海磁悬浮列车示范运营线通车典礼,与国务院总理朱镕基为通车典礼剪彩后,一同乘磁浮列车前往示范运营线终点站——浦东机场站,出席同济大学授予他名誉博士学位、扩大同济大学职业教育学院合作项目意向书和共同支持同济大学中德学院框架协议的签字仪式,以及上海与德国法兰克福两机场签署《合作备忘录》仪式。2006年3月,他以前总理身份出席瑞士荣格集团董事会会议期间抵沪,与市长韩正会见。6月,他在沪出席爱因斯坦雕塑揭幕仪式,在复旦大学“大使论坛”上发表题为《保障未来——可再生能源和气候保护》的演讲，并向上海福利院捐赠1万欧元。2007年11月，他参加在北京举行的“中国和平发展与和谐世界”国际研讨会后访问上海，与市委书记俞正声会见，还分别会见上海电器集团和宝钢集团的董事长，他说，德国各界一直关注上海的发展，希望进一步加强彼此的友谊与合作，上海正在筹办世博会，相信到2010年，上海将取得更大的成就。

2003年9月13—15日，德国总统约翰内斯·劳一行90人抵沪访问。在沪期间，约翰内斯与中国基督教协会代表、复旦大学领导、德国商会上海主席、拜耳公司及中德“化工职业培训”联合项目代表等分别举行会谈，赴复旦大学发表主题为《科研领域合作》的演讲并回答学生提问，参观“犹太难民在上海”纪念馆(摩西会堂旧址)和纪念碑、中德合资上海申克机械有限公司，并乘磁悬浮列车赴浦东国际机场后离沪。在与市长韩正会晤时，他愉快地回忆起20年前在上海访问的情景，赞扬上海快速发展令人羡慕，希望德国中小企业能与上海进一步加强合作与交流。

2000—2003年，德国一些政党、政要、议员和地方政府高官也接踵而至。政党代表团有：社会民主党总书记明特费林、青年政治家代表团、由主席伽布里勒·齐默尔率领的民主社会主义党代表团、联盟党联邦议会党团议会干事长格伦德、社会民主党联邦干事长马赫尼希、社民党青年政治家代表团、以议会党团干事长格龙德为团长的德国联盟党政治家代表团、基督教民主联盟政治家代表团、联邦议员团、德国联盟党议会党团副主席格洛斯、社民党联邦理事会成员西格马·加布里尔、社民党联邦议员团、基民盟政治家代表团等。政要、议员和地方政府高官有：汉堡市前市长福舍劳、阿登纳基金会前执行主席格·朗古特、联盟党议会党团第一副主席格罗斯和议会经济合作与发展委员会主席克劳斯、勃兰登堡州州长施托尔佩、下萨克森州州长加布里尔、德国联邦议院外委会副主席施普朗格、前总统谢尔、前总统魏茨泽克、萨克森州州长米尔布拉特、巴伐利亚州州长施托伊伯、前总理科尔、联邦议院副议长赫尔曼·奥托·索尔姆斯、下萨克森州州长武尔夫、梅前州州长林斯多夫等。下萨克森州州长加布里尔表示，下萨克森州非常愿意与上海在交通、航运、金融等多个领域开展合作，尤其希望有更多机会与上海的中小企业进行接触。他承诺，德国大众将进一步扩大在上海的规模，并表示支持上海申办2010年世博会。

英国是老牌工业大国，在对华合作中也不甘居后。2003年7月22日，英国首相托尼·布莱尔一行80人访华期间在上海短暂进行4小时访问。布莱尔在沪出席“中英聚焦上海·放眼未来”的企业家峰会，150多位中英有影响的企业家和企业代表出席会议。布莱尔在峰会上发表演讲。他说，上海有着不可估量的前景。上海与英国在经贸、文化等方面的往来日益频繁，双方在旧城改造、城市公共设施建设以及科研开发等领域的合作卓有成效，但还需进一步扩展领域与合作。他希望英国公司能为上海提供更多的创新能力强、专业性强和有技术含量的合作。之后，2008年10月，布莱尔还作为前首相，应美国摩根大通集团邀请抵沪出席该集团在上海举行的国际理事会年会。在首相布莱尔访沪前后，英国出席联合国人权会代表团团长格拉芙，英国前贸工大臣彼得·曼德尔森，英国外交部政务次官丹尼斯·麦克沙恩，保守党上院议员、英国铁行集团董事长斯特灵，前副首相杰弗里·豪勋爵，约克公爵安德鲁王子，安妮公主及人权对话代表团等陆续访问上海，就人权问题、国际反恐合作问题、参与上海物流体系建设、促进两国经贸关系等问题在沪与各界人士进行广泛磋商和探讨。

法国与中国传统友谊较深。从2000年开始，由负责国际事务的全国书记亨利·纳莱率领的社会党代表团，由主席阿利奥·玛丽率领的保卫共和联盟党代表团，以名誉主席让-皮埃尔·舍维内芒为团长的法国共和与公民运动代表团，以及全国抵抗运动、老战士协会主席罗贝尔·尚贝隆，政府负责与议会关系部部长兼政府发言人凯拉纳,外长多米尼克·德维尔潘等陆续抵达上海访问。外长德维尔潘在沪向复旦大学500多名师生发表题为《欧洲和亚洲：开创世界新未来》的演讲,他说,法国人特别重视上海的发展情况,非常愿意与上海在环保、能源、城市规划设计等领域进行广泛的交流与合作。

2004年10月11—12日,法国总统雅克·勒内·希拉克一行250人访华出席法国文化年有关活动中抵沪访问。在沪期间,希拉克与前国家主席江泽民会见并共进午餐,出席同济大学"中法中心"奠基仪式和中科院上海巴斯德研究所揭牌仪式,还出席上海地铁1号线车辆续购项目意向书签字仪式,会见"中法文化年"赞助商和法国工商会成员。他对上海在法中文化交流中发挥的独特作用表示感谢,并表示要进一步促进法国各界与上海的交流,促进双方在经贸、科技、文化等领域的广泛合作,并衷心祝愿上海在未来发展中取得更大成就,祝愿2010年上海世博会圆满成功。随行的总统夫人出席中法文化年"上海法国周"活动,参观旅法中国画家艺术展"奥德赛"。法国文化部部长出席在上海美术馆举办的"上海艺术双年展"活动。

2005年4月22—23日,法国总理让-皮埃尔·拉法兰一行200人抵沪访问,此行主要是出席"中法文化年"有关活动。在沪,法国总理拉法兰出席在上海科技馆举行的"世界之城"展览并发表演讲,赴上海大学就中法文化交流等方面发表演讲并回答学生提问,赴嘉华中心出席"法国艺术家雕塑作品"揭幕仪式,出席在东方明珠广播电视塔举行的"埃菲尔铁塔图片展"开幕式及东方广播明珠电视塔红白蓝三色点灯仪式,还出席中法企业家午餐会并演讲,参观浦东威立雅水务中心。他向市长韩正表示,希望双方能在更广阔的领域开展合作和交流。之后两年,拉法兰作为前总理、执政党"人民运动联盟"副主席再次抵沪访问,听取上海世博局关于上海世博会筹备情况介绍,并赴中欧国际工商学院向师生作题为《中欧对话的未来》演讲。这期间,以全国执行委员会委员、国际部部长达尼埃尔·西雷拉为团长的法国共产党代表团和法国共产党前主席罗贝尔·于、法国青年精英代表团、以总书记帕特里克·德维吉昂为团长的人民运动联盟代表团等相继访问上海。

德国的访沪密度是法、英、德三国中最高的。2006年5月22—23日,德国总理安格拉·多罗特娅·默克尔一行160人抵沪访问。默克尔在沪期间出席"中国德国商会·上海·经济论坛",赴徐家汇天主教堂会见金鲁贤主教,乘坐磁悬浮列车。默克尔对市长韩正说,第一次到上海就留下非常深刻而美好的印象,希望上海与德国良好合作关系有进一步发展。2007年5月25—26日,德国总统霍斯特·克勒一行80人抵沪访问。克勒在沪出席同济大学百年校庆活动,赴上海德意志工商中心出席德国企业家见面会,他对自己能有幸参加同济大学百年校庆感到非常高兴,对上海的发展成就表示赞赏。

其间,德国图林根州州长阿尔特豪斯一行76人、黑森州州长科赫一行60人、萨尔州州长彼得·米勒一行9人、萨克森州州长武尔夫一行39人相继到访上海。萨克森州州长武尔夫一行出席德国ZF集团伦福德汽车底盘技术公司厂房扩建上梁仪式、德国Viscom目视通讯系统公司应用中心揭幕仪式、北德意志州银行新闻发布会、德国蔚视公司应用中心揭幕仪式,赴同济大学出席授予其名誉博士仪式,他希望萨克森州能在上海设立相关联络处,帮助德国企业在上海开拓市场,同时也为上海企业到德国发展提供帮助。其他来访的还有德国基民盟代表团,以党团副主席苏珊·比德菲尔德为团长的德国巴伐利亚州社民党议会党团代表团,以党主席韦斯特维勒为团长的德国自由民主党代表团,以德国联邦环境、自然保护和核反应堆安全部部长加布里尔为团长的德国社会民主党青年政治家代表团,德国联邦议院人权与人道援助委员会主席、社民党联邦议员赫尔塔·多伊布勒-格梅林等。

法、英两国首脑态度也十分积极。2007年11月27日，法国总统尼古拉·萨科齐一行200人对华进行国事访问期间抵沪，虽然只有短短的8个小时，但因系萨科齐当选总统后首次访华，旨在进一步加强法中经济合作，故在上海的行程安排十分紧张。萨科齐在沪出席上海申通公司与法国阿尔斯通公司关于上海轨道交通10号线信号设备采购合同的签字仪式，非正式会见部分中国企业家和在沪法国侨民，他对中共中央政治局委员、上海市委书记俞正声表示，上海是座美丽的城市，取得的发展成就令人赞叹。法国希望今后双方能不断加强合作，建立名副其实的合作伙伴关系，一起谱写法国与上海合作的新篇章。法国政府希望在上海世博会上办一个精彩的展馆，并希望它能成为上海世博会的一个亮点。2008年1月19—20日，英国首相戈登·布朗一行85人抵沪访问。布朗在分别会见中共中央政治局委员、上海市委书记俞正声和市长韩正时盛赞上海的发展现状。他说，上海取得的发展成就令全世界瞩目。英国与上海有很多合作项目，有许多英国企业家在上海发展，希望在金融服务等领域进一步扩大与上海的合作交流。布朗还与韩正出席并见证上实集团与英国奥雅纳公司等签署《中国可持续发展生态城市项目设计、实施和融资谅解备忘录》，互换2010年上海世博会参展文本，听取崇明东滩发展规划介绍，与中国企业家进行座谈。在这期间，访沪的法国代表团有法国青年精英代表团，法国前总理、法国执政党“人民运动联盟”副主席拉法兰等，精英代表团参加“迎接世博　应对挑战——上海的城市规划、管理与可持续发展”研讨会。访问的英国代表团有英国副首相、对华关系小组组长约翰·普雷斯科特，外交大臣戴维·米利班德，安德鲁王子，保守党国际发展国务大臣杰弗里·克立夫顿-布朗等。英国副首相普雷斯科特在沪出席由英方主办的“世界城市论坛”并做主旨发言，还赴崇明岛参观东滩生态城。

2009年，德国前总理施罗德，由北威州州长于尔根·吕特格斯率领的政府、企业和新闻代表团，以名誉主席基普为团长的由议员、政府官员、工商界人士及媒体代表组成的“大西洋之桥协会”代表团，AREXES公司总经理海尔曼和德中经济咨询公司总经理比恩斯蒂尔等相继访问上海。德国前总理施罗德两次来沪，3月，他以瑞士荣格集团顾问身份到访，随行有荣格集团董事长及部分董事会成员，施罗德在沪拜访上海世博会事务协调局、文新集团、东方航空集团，出席“迎2010年上海世博会国际合作与交流鸡尾酒会”，表示届时要到上海目睹世博会盛况。10月底，施罗德到沪出席在金茂君悦酒店举行的“2009国际纺织制造商联合会(ITMF)年会”暨主题为“世界纺织工业的结构调整”的国际论坛，并做主旨演讲，他认为，中国的强大稳定对欧洲至关重要，构建中欧相互信任的密切关系是发展中欧关系的关键因素，世界面临金融危机、经济衰退以及贸易保护主义盛行的威胁，各国应协同努力，重建信心与相互信任。德国北威州州长吕特格斯出席同济大学举办的“社会稳定与城市可持续发展”论坛和在环球金融中心举行的“我们爱创新”州长宣传活动。

2010年是上海世博年，法、德、英三国都组团参加世博会各类活动。4月30日，法国总统尼古拉·萨科奇一行250人进行国事访问期间自北京抵沪，他在沪参观世博园法国馆，出席上海世博会开幕式，于当晚乘专机回国。5月18—21日，德国总统霍斯特·克勒率领的代表团一行90人访问上海。克勒在沪出席上海世博会德国国家馆日活动，参加世博会园区内汉堡之家举行的“城市变迁与21世纪城市生活”讨论会，参观园区内的德国馆、中国馆等馆。他向中共中央政治局委员、上海市委书记俞正声表示，上海世博会“城市，让生活更美好”的主题，为解决城市发展中的问题提供了交流平台。他还为上海世博会题词：“世界是中国的客人，这向我们昭示了未来，德国很荣幸成为其中一分子。”其他来沪参加世博会活动的有：法国国民议会议长贝尔纳·阿夸耶到沪出席上海世博会法国国家馆日活动，参观世博会中国馆、法国馆及城市最佳实践区法国巴黎大区、阿尔萨斯和罗阿大区案例展馆，出席法国巴洛克古乐团音乐会，还在法国馆内召开中外媒体见面会，参加法国戏剧家莫里哀雕像揭幕仪式。英国贸易和投资特别代表约克公爵安德鲁王子到沪出席英国国家馆日活动仪式,他表示,被称为"种子圣殿"的英国馆,世博会后这些种子将送到中英两国的学校,继续播撒友谊。英国环境、食品和乡村事务大臣卡罗琳·斯佩尔曼到沪出席上海世博会高峰论坛和闭幕式,她还出席世博会英国馆活动,与在沪英国企业家会谈,访问世界自然基金会上海办事处,接受中国《南方周末》记者采访。

二、其他西欧国家

改革开放后,西欧其他国家与上海交往渐渐多起来。1980 年 11 月 3—4 日,荷兰首相范阿赫特一行 32 人访问上海。范阿赫特在沪参观天山新村、上海博物馆,他表示,很高兴上海和荷兰鹿特丹市的合作进展顺利,荷中两国不仅要加强经济上的合作,而且要加强文化、体育方面的合作,像 20 世纪 70 年代中国乒乓外交在国际上起作用那样,希望足球外交也会在荷中两国的合作关系上发挥作用。此前一年,荷兰外交大臣范德克劳,比利时阿马达("一切权力归工人")中央主席吕多·马顿斯,卢森堡共产主义同盟中央主席麦尔·德尔纳,以及由卢中友协主席阿道夫·弗朗克率领的知名人士代表团,奥地利由秘书长丽塔·蔡勒尔凯尔率领的奥中友协代表团相继到上海访问。荷兰外交大臣范德克劳希望已为荷中贸易和航运往来作出贡献的鹿特丹与上海两大港口建立友好关系。

1981 年 6 月 1—2 日,比利时国王博杜安一世和王后一行 62 人访问上海。博杜安一世在沪参观上海天文台、天主教堂、中山医院、市体育运动学校等。他说,希望把此访看作是比利时人民对中国人民特别是上海人民友谊和尊敬的一种表示,使两国之间科技、文化的交流不断发展。

1985 年 4 月 20—22 日,比利时首相维尔弗里德·马尔滕斯和夫人一行 22 人访问上海。马尔滕斯在上海参观中比合资的贝尔电话制造公司。他谈到,比利时重视与中国的合作,这次访问的重要成果之一就是在经济合作上形成了非常具体的协议,这是比中之间经济技术合作的重要开端,比利时政府将采取必要措施,使上海贝尔这第一家合资企业能如期投产,取得成功。

1987 年 5 月 15—16 日,荷兰首相鲁道夫斯·弗兰西斯克斯·马里亚·吕贝尔斯一行 66 人访问上海。吕贝尔斯在上海出席荷中双方关于上海南京东路改建规划研讨会的开幕式、上海与荷兰关于虹桥机场扩建改造项目总体合同的签字仪式以及鹿特丹驻沪商务代表处的开业典礼,并赴复旦大学向部分师生发表演讲。他说,中国的先行政策是正确的,改革开放是成功的,中国经济比较活跃,这给荷中经济合作提供了良好机会。鹿特丹是上海的友好城市,两市应在交通、环境保护、技术转让和第三产业等许多领域密切合作,把上海与鹿特丹的密切关系发展成为上海同荷兰的密切关系。随同来访的荷兰 19 家公司的 32 位经济界人士分别同上海投资、贸易、航空、港口、农业、出版等部门和企业的人士进行专业座谈和交流,在农业、航空、港口三方面初步达成合作意向。

1988 年 5 月 13—15 日,爱尔兰总统帕特里克·约翰·希勒里和夫人一行 25 人访问上海。希勒里在沪参观上海儿童食品厂和上海博物馆。他说,上海是一个现代化城市,看上去很欧化,同时又富有传统,爱尔兰与上海有许多相似之处,虽然已有一些合资、合作企业和科技人员的合作研究项目,但发展经济合作的潜力远远没有挖掘出来,希望能加大科技交流与合作。

20 世纪 80 年代其他访沪的代表团有:比利时副首相兼交通大臣斯皮塔尔斯,共产党主席路易·范盖特,马列主义共产党主席费尔南·勒菲弗尔,参议院议长爱德华·利曼斯,众议院议长让·德弗莱涅,前首相、比中协会名誉主席勒布尔东,参政党法语社会党主席菲力普·布斯坎;卢森堡议会议长莱昂·博伦多夫,副首相兼外交、外贸、合作经济和国库大臣雅克·普斯,大公亨利亲王；荷兰外长汉斯·范登布鲁克，工党副主席扬·普龙克，议会工党党团主席戴斯·沃尔特根斯；奥地利自由党主席、议会党团主席耶尔格·海德尔，以财政部部长萨尔歇尔为团长的奥中友协访华团，共产党主席弗朗茨·穆里，联邦议会议长索梅尔。卢森堡副首相普斯在沪表示，卢森堡是个小国，但经过20多年发展，已成为欧洲第三大金融中心，而上海的金融业具有悠久的历史，已有许多外国银行在上海设立代表机构，这表明上海的金融市场开始走上发展道路，正在成为中国最活跃的金融中心，希望卢森堡与上海进行金融合作。

1989年后，由于欧共体对华“制裁”导致中欧关系倒退，随着20世纪90年代欧洲各国纷纷调整对华政策，一度中断的中欧往来开始进入复苏，西欧国家元首和政府首脑在访华中陆续到上海造访。

1993年4月2—4日，奥地利总理弗朗茨·弗拉尼茨基一行70人访问上海。弗拉尼茨基在沪参观上海造纸机械总厂、上海第一人民医院国际医疗保健中心、陆家嘴金融贸易区等，他表示，浦东开发为奥地利与上海的经济合作提供许多新的机会。一些奥商想借助政府的力量，寻找合作渠道，争取合作机会。他对这次访问很重视，随行的财政部部长将负责从财政上支持奥地利与上海的经贸合作。奥地利经济研究所的一份报告认为与中国的经济合作很有价值，很重要。民间组织奥地利商会正准备在上海设立代表处，奥地利政府拟将由它在经济方面发挥类似领馆的作用。

1995年6月17—18日和9月19—21日，荷兰首相维姆·科克一行96人和奥地利总统托马斯·克莱斯蒂尔一行143人先后到沪访问。荷兰首相科克在沪参观浦东金桥出口加工区和南浦大桥，出席经贸研讨会，他向市长徐匡迪表示，荷兰有大量的“退休基金”和庞大的居民储蓄，可向外投资的资金位居世界前列，可以在水利、港口、城市建设、能源、金融、环保等领域与上海开展合作。奥地利总统克莱斯蒂尔在沪参观宝山钢铁总厂、巨鹿路农贸市场、摩西会堂等，出席“奥地利·上海经贸研讨会”及上海邮电通讯设备有限公司与奥地利爱三信有限公司的数字线路增容系统合作协议书签字仪式、中奥合资企业奥顿咖啡食品有限公司主办的咖啡文化展剪彩仪式，他说，奥地利的铁路交通、水利、冶金工业以及环保等技术可对上海发展提供帮助，奥地利政府将支持奥地利企业与上海开展合作。

1996年2月28—29日，卢森堡首相让·克洛德·容克一行37人访问上海。容克在沪参观东方明珠广播电视塔、中国外汇交易中心等。作为世界上第七大金融贸易中心卢森堡的首相，容克表示，愿意在上海建设金融中心过程中分享卢森堡的经验，双方不仅在金融领域，还可在电信、视听等工业领域开展合作，并就工业结构的调整等问题进行交流，共同探讨一些大项目。他希望在与上海发展合作和贸易往来中，使上海成为中卢两国合作的中转站。

1998年9月16—17日和11月4—6日，爱尔兰总理伯蒂·埃亨一行52人和比利时首相让-吕克·德阿纳一行70人先后访问上海。埃亨系中爱建交后首次访华的爱尔兰总理，他参观浦东新区管委会、上海证券交易所，听取上海国民经济与社会信息化领导小组办公室领导介绍上海信息港建设情况，与上海的企业家进行座谈，会见中外记者。他说，中国计算机软件市场潜力巨大，爱尔兰是以计算机软件出口为主的国家，没有理由不到占世界人口四分之一的中国来，希望此访能与中国、特别是上海建立一种新型的、长期的合作关系，不断保持人员往来，推进这种关系的发展。随行的爱尔兰企业家与上海企业家在“上海—爱尔兰计算机软件研讨会”上进行研讨和业务洽谈。比利时首相德阿纳一行在沪参观上海贝尔电话设备制造有限公司、浦东张江高科技园区和中欧工商管理学院，出席史克必成生物制品有限公司的奠基仪式、比利时卢富·克列斯·费北基律师事务所上海办事处开业典礼、上海尤西比特种化工有限公司揭牌仪式和上海电信与比利时电信友好合作谅解备忘录签字仪式，在中欧工商学院发表题为《比利时、欧洲、中国地区21世纪合作前景》的演讲。他说,上海是中国的经济中心,上海与安特卫普市友好城市的合作交流,不应局限在港口建设方面,还应扩大到钻石加工和贸易等其他领域。比利时的企业家都渴望能在上海抓住机会,找到投资合作项目,希望此行能够促进双方的合作,以良好合作为开端,继续保持发扬,像钻石一样放射出无穷无尽的光彩。

1999年4月14—16日,荷兰女王贝娅特丽克丝一行74人抵沪访问。贝娅特丽克丝女王与上海市有关专家、学者就上海经济和社会发展问题进行座谈,听取上海房屋政策介绍,参观静安区张家宅和虹口区建设新村的旧房改造项目,以及上海信谊药业有限公司、上海博物馆等单位,并接见在沪的荷兰侨民。她表示,通过访问获得上海在经济建设和社会发展方面的大量信息,看到上海的发展变化,留下深刻的印象。她对荷兰鹿特丹与上海1979年结为友好城市以来双方卓有成效的合作表示赞赏,认为上海的旧房改造具有一些荷兰风格,荷兰在此项目上的投资是值得的。随访的奥兰治·亚历山大王子系"21世纪全球水资源世界委员会"名誉委员,他出席由该组织和上海水利局举办的"21世纪水资源中国展望"研讨会并致辞,实地考察苏州河整治情况。

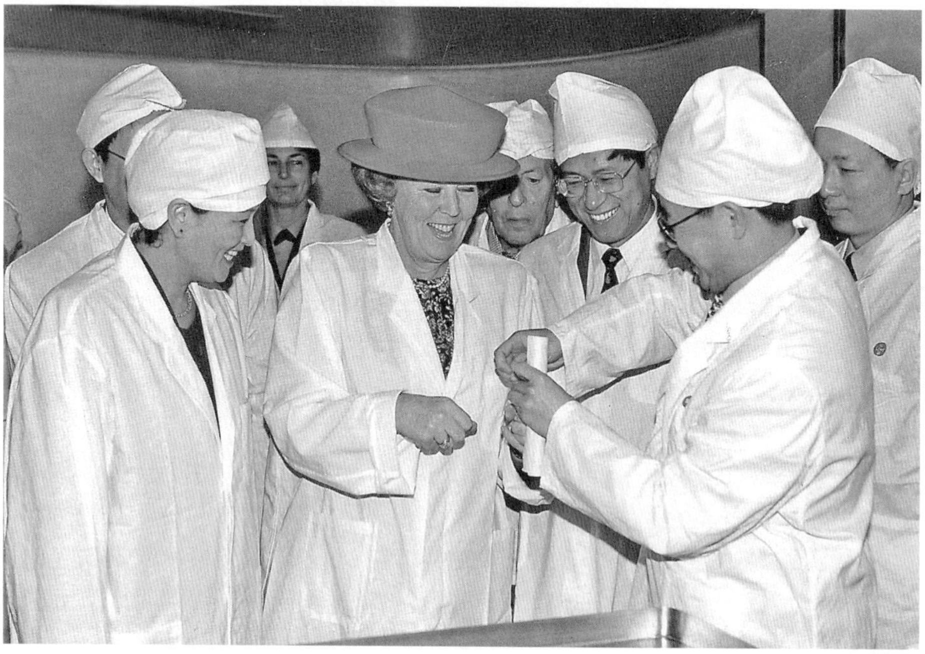

图1-3-5 1999年4月15日,荷兰女王贝娅特丽克丝(前排左二)参观上海信谊药业有限公司

20世纪90年代期间访沪的其他代表团有:荷兰共产党中央政治局委员兼国际书记扬·德波、前首相吕贝尔斯、工党议会党团主席瓦拉赫、副首相尤里茨玛率领的经济代表团,比利时外交大臣埃里克·德雷克、由政治局委员博杜安·德盖尔斯率领的劳动党代表团、参议院荷语自民党党团秘书长海尔曼·海波林克,卢森堡大公亨利和经济大臣戈贝尔斯,摩纳哥王储阿尔贝王子,奥地利前总理弗朗茨·弗拉尼茨基、联邦议会副议长沙姆贝格、自由党议员访华团、人民党维也纳州议会代表团、社民党青年政治家代表团、人民党政治家代表团、议会党团主席彼得·考斯特尔卡率领的社会民主党代表团、以议会外事委员会副主席阿尔弗雷德·格斯特尔为团长的人民党代表团、由前内政部部长弗朗茨·勒施纳克率领的社民党代表团、由前副总理兼外长莫克率领的两党议员代表团,爱尔兰以主席玛丽安·唐利为团长的工人党代表团等。在沪期间,比利时外交大臣德雷克出席比利时驻沪总领事馆重新开馆活动,会见比利时在上海的侨民;卢森堡大公亨利出席中卢金融界和企业家共同举办的金融研讨会；摩纳哥王储阿尔贝王子与贸促会上海分会和部分企业界、金融界人士进行座谈。

进入21世纪，随着中欧全面战略伙伴关系建立，欧洲各国更加重视与中国的交往，为寻求商机、探讨经济合作，上海已成为西欧其他各国元首和政府首脑访华中的重要一站，各政要、政党领袖、议会人士访沪络绎不绝。

2001年5月18—19日，奥地利总统托马斯·克莱斯蒂尔一行107人抵沪访问。克莱斯蒂尔在沪出席奥斯特（中国）有限公司和AVL公司中国技术中心奠基仪式，参观同济大学和上海博物馆等。他向市长徐匡迪表示，非常高兴看到有60多家奥地利企业在上海从事生产和商务活动，奥地利企业界已经把上海视为整个东亚的中心，对上海表现出极大的兴趣。

2002年3月28—30日和4月7—8日，比利时首相居依·伏思达一行65人和卢森堡首相让-克洛德·容克一行33人先后抵沪访问。比利时首相伏思达在沪出席上海电器（集团）公司与比利时西格斯公司、广州珠江啤酒集团与比利时英特布鲁啤酒集团合作及成立无锡欧佰特实业有限公司的签约仪式，参观优西比特种化工有限公司、海通证券有限公司，并在中欧国际工商学院发表演讲。他说，中国正在重塑自己的国家，迎来更美好的未来，加入世贸组织将对中国的经济成长有所促进。中比已经合资建立数十家企业，比利时将继续加大在中国的投资力度，中国与欧洲各国的经济合作前景广阔。卢森堡首相容克说，卢森堡在上海已有17个项目，投资总额达到3 000万美元，还有很大的合作空间，许多卢森堡企业看好上海，希望此次访问能找到更多的合作项目。之后，容克又于2004年11月8—10日率经济和外贸大臣、央行行长和企业家等一行43人再次访沪，出席上海宝钢阿赛洛激光拼焊有限公司投产仪式和中卢企业家招待酒会。

2003年10月11—15日，爱尔兰总统玛丽·麦卡利斯一行190人抵沪访问。麦卡利斯在浦东新区政府听取关于浦东开发开放的情况介绍，在中欧国际工商学院发表主题为《欧中关系21世纪

图1-3-6　2003年10月13日，爱尔兰总统玛丽·麦卡利斯（左三）参观中欧国际工商学院

展望：爱尔兰视角》的演讲，并与学生进行座谈，还出席中爱教育午餐会及中爱企业家早餐会并发表演讲。她说，中国与欧盟加强合作，有利于推动世界和平与发展，对全世界有益。希望上海企业家响应政府“走出去”的号召，赴爱尔兰投资合作。还希望上海的高校在与爱尔兰一些大学合作基础上，进一步扩大合作领域，欢迎更多上海学生去爱尔兰留学，爱尔兰政府也将采取措施，鼓励本国学生来中国和上海学习交流。

2005年1月19—21日和6月8—10日，爱尔兰总理伯蒂·埃亨一行200人和比利时国王阿尔贝二世一行30人先后访问上海。爱尔兰总理埃亨在沪出席爱尔兰农业部食品饮料研讨会开幕式、复旦大学法学院与爱尔兰三一大学法学院协议签字仪式、香农发展报告会、克瑞集团签字仪式和爱尔兰旅游推介会，并进行演讲和致辞，还陪同上海市有关领导观看随团来访的文艺团组专场演出，他表示，欢迎上海企业家到爱尔兰投资。比利时国王阿尔贝二世在沪出席中比高级经贸研讨会，并与比利时工商界人士共进午餐，参观上海博物馆，他希望此访能进一步深化两国经济、政治、文化、教育等领域的关系。

2006年9月7—9日，卢森堡大公亨利一行59人访问上海。亨利大公在沪参观上海博物馆、上海城市规划馆等，乘坐磁悬浮列车，出席卢森堡驻沪总领馆开馆仪式。他说，卢森堡驻沪总领馆是卢森堡在中国开设的第一个总领馆，它能够进一步推动上海与卢森堡之间的经贸往来，并对促进卢森堡参与2010上海世博会的筹办工作具有积极作用。随行的副首相和经济部部长分别出席金融研讨会、卢森堡与上海证券交易所的签字仪式和工业研讨会。

图1-3-7　2006年9月8日，卢森堡大公亨利(左二)出席卢森堡驻沪总领馆开馆仪式

2008年10月26—27日和10月27—29日，比利时伊夫·莱特姆一行5人和荷兰首相杨·比特·鲍肯内德一行16人相继访问上海。比利时首相莱特姆在北京出席第七届亚欧首脑会议后抵沪，他赴上海世博局和贝卡尔特管理(上海)有限公司跨国公司亚洲总部听取情况介绍，参观东方明珠广播电视塔、上海博物馆，向市长韩正表示，上海是比利时最关注的中国城市之一，许多比利时企业在沪投资发展。他要亲自参观上海世博园区，关心比利时国家馆的建设情况，预祝中国2010年上海世博会举办得圆满、成功。荷兰首相鲍肯内德出席2010年上海世博会荷兰馆"快乐街"设计方案揭幕并致辞，出席荷兰投资研讨会和中荷商务晚宴，参观华东政法大学、帝斯曼(DSM)公司等，乘坐磁悬浮列车。他说，上海是座令人终生难忘的城市，其现代化规模和城市建设水平令人印象深刻。很多荷兰企业家在沪投资发展，荷兰企业在上海发展得非常好，两地之间经济合作空间很大。荷兰会积极参加中国2010年上海世博会，并献上以"快乐街"为主题的荷兰国家馆。

图1-3-8　2008年10月28日，荷兰首相杨·比特·鲍肯内德(前排右一)出席上海世博会荷兰馆模型揭幕仪式

2010年，上海世博会期间，不少西欧国家元首和政府首脑到沪参加活动。其中，4月29日—5月1日，荷兰首相鲍肯内德一行44人到沪出席上海世博会开幕式。国家主席胡锦涛在上海西郊宾馆会见鲍肯内德。鲍肯内德在沪还出席上海世博会荷兰馆开馆仪式、荷兰驻沪领馆举行的荷兰女王日活动，参观中国馆、鹿特丹馆、欧盟馆和复旦大学荷兰中心，会见中国工商银行负责人等。他衷心祝贺上海世博会成功举办，并表示，荷中关系发展很好，经贸关系日益紧密，企业合作不断增多，贸易、投资、文化、旅游等领域交流日益活跃。双方在国际事务中有着许多共同语言和良好合作。荷方愿意同中方一道，加强双方各领域务实合作，深化对话和交流，同中方在二十国集团以及应对气候变化、反对保护主义等重大问题上加强合作。5月17—19日，荷兰王储威廉·亚历山大一行12人到沪出席荷兰国家馆日活动。亚历山大在沪还参观中国国家馆、中国省市馆中的上海馆和上海荷兰文化中心。他表示，上海给他留下美好的印象，希望上海世博会能够取得圆满成功。此后，王储亚历山大还于5月29日—6月2日到沪出席"联合国秘书长水与卫生顾问委员会第八次会议暨水与卫生亚洲地区对话会"活动。5月20—22日，奥地利总理维尔纳·菲曼率领的代表团一行37人到上海出席世博会奥地利国家馆日活动。菲曼在沪参观奥地利馆、中国馆、外滩、豫园等，他说,奥地利希望借世博会平台,向世界展示其历史、文化以及在环保、科技等领域的先进技术与理念。相信通过参与此次世博会,奥中两国之间的经济、文化、科技等领域交流合作将得到进一步加深和巩固。6月12—14日,比利时王储菲利普一行7人到沪出席上海世博会比利时国家馆日活动。菲利普在沪参观上海博物馆、城市规划馆、藏书楼、陕南村等。他说,中国是比利时未来发展的重要伙伴,中国坚定以可持续发展和美好生活作为基本原则,并以此作为上海世博会的主题,这也是比利时长期以来努力的目标。比利时期待与中国紧密合作,共同为人民创造更美好的生活。6月16—18日,爱尔兰总统玛丽·麦卡利斯一行41人到沪出席上海世博会爱尔兰国家馆日活动。麦卡利斯在沪除参观世博园区中国馆和爱尔兰馆外,还出席中爱企业家早餐会、中国商界人士午餐会、爱尔兰旅游局推介会和爱尔兰食品局研讨会,并接受中国国际广播电台的独家采访。她称赞上海世博会是一届活力四射的世博会,并表示两国在各个领域的交流均有所加强。北京奥运会和上海世博会的举办彰显了中国实力。上海这座代表中国未来的城市,已经成为金融和航运中心,相信通过举办世博会,上海的未来更加美好,希望继续通过促进青年人的学习交流等方式来挖掘两国在文化、教育、经贸等领域的合作潜力。10月4—9日,摩纳哥国家元首阿尔贝二世一行100余人到沪出席上海世博会摩纳哥国家馆日活动。阿尔贝二世在沪观看蒙特卡洛芭蕾舞表演,接受中央电视台的采访,出席摩纳哥馆日招待会等活动,他称上海世博会展现了一个进步、开放、繁荣的中国,也体现了上海的勃勃生机。他表示,摩纳哥是最早确认参展世博会的国家之一,虽然摩纳哥的国土面积不足上海世博园的一半,但摩纳哥一直积极致力于可持续发展,今后与中国的经贸联系将会进一步加强。其间,阿尔贝二世还为深圳万科集团董事长王石与其他3位科学家颁奖,这是阿尔贝二世亲王基金会首次在摩纳哥以外国家举行颁奖礼。随行的摩纳哥电信公司与中视传媒公司签署合作协议。10月9—11日,卢森堡大公亨利一行33人到沪出席上海世博会卢森堡国家馆日活动。在沪期间,亨利还出席上海世界博览会卢森堡商贸周开幕式,他表示,卢森堡与中国的合作友谊源远流长,中卢经贸合作有着悠久的历史,相信两国将以上海世博会为契机,进一步加强经贸、旅游、文化等各领域的合作。

2000—2010年,西欧国家其他访沪的代表团有:比利时议员代表团,众议院荷语社会党党团主席范德马伦率领的青年议员代表团,以主席埃利奥·迪吕波为团长的法语社会党代表团,资深议员范艾克伦率领的议员代表团,自由民主人民党议员、"自由党国际"副主席范巴伦,副首相兼外交外贸及国际合作大臣路易·米歇尔,洛朗王子,多党议员代表团,劳动党代表团,法语革新运动青年政治家代表团,以比中议会小组主席、荷语开放自民党参院党团主席保罗·威尔为团长的多党议员团,副主席、众院副议长安德烈·弗拉奥率领的法语社会党代表团;摩纳哥王储阿尔贝,对外关系局秘书长吉奥尔丹;荷兰资深议员范艾克伦率领的议员代表团,王储威廉·亚历山大,自由党议员维尔德斯;卢森堡前副首相兼外交大臣、欧洲议会议员雅克·普斯,副首相兼外交、外贸、公共职能与行政大臣莉迪·波尔芙,外交部秘书长乔治·桑特,副首相兼外交和移民大臣阿瑟伯恩;奥地利外长贝妮塔·费雷罗·瓦尔德纳,议员访华团,高级官员访华团;爱尔兰外长布莱恩·科恩,副总理兼企业、贸易、就业部部长玛尼·哈尼,以党的总督导哈纳芬率领的共和党代表团,教育部部长巴特·奥基夫;等等。在沪期间,摩纳哥王储阿尔贝主持摩纳哥驻沪名誉领馆开馆仪式;瑞士前联邦委员会主席奥吉作为联合国秘书长安南的"体育促进发展与和平"特使,在上海体育学院作题为《服务于发展及和平的体育事业》的报告并回答师生提问;比利时副首相米歇尔和洛朗王子分别会见驻沪比利时企业家,与市环保局座谈并参观苏州河整治项目;奥地利外长瓦尔德纳出席李斯特公司(上海)技术中心落成典礼;卢森堡副首相波尔芙和秘书长桑特分别出席中卢企业家经贸研讨会和宝钢新日铁汽车板有限公司投产仪式；爱尔兰副总理哈尼和教育部部长奥基夫分别出席爱尔兰国庆招待会、复旦大学爱尔兰文学奖颁奖仪式、上海大学与科克大学孔子学院揭牌仪式、中爱教育午餐交流会、企业家早餐会。

三、北欧五国

北欧五国经济水平较高，自与中国建交后，一直与中国保持着良好关系。改革开放为北欧五国加大和中国的经贸往来与合作创造了有利条件，吸引五国元首和政府首脑在访华中纷纷到上海考察访问。

1979 年 9 月 17—18 日，丹麦女王玛格丽特二世和亨里克亲王一行 81 人访问上海。玛格丽特在沪参观上海博物馆，游览了黄浦江，她表示很喜欢港口，看到上海港口，心情就十分激动。亨里克亲王说，上海港口曾盛情接待过许多来自丹麦的船只，两国间不少商品交流通过这个港口进行，港口对两国的友好关系起了促进作用，已成为两国友谊的纽带，希望进一步发展上海与丹麦的友好联系。随行的丹麦工商界人士参观上海无线电七厂、闵行电厂、益民食品五厂和贸促会上海分会等。

1980 年 9 月 28—29 日，挪威首相奥德瓦尔·努尔利和夫人一行 30 人访问上海。这是中挪建交后上海接待的第一位访华挪威首脑。努尔利在沪参观工业展览会和长征人民公社，他表示对上海有了一个总的印象，并说，访问期间看到一个强大的国家，为自己的未来制订了雄伟计划，在执行一条为全体人民造福的政策，相信中华民族一定会实现奋斗目标。

1981 年 4 月 13—14 日和 9 月 21—23 日，瑞典首相图尔比耶恩·费尔丁和夫人一行 25 人、国王卡尔十六世·古斯塔夫和王后一行 59 人先后访问上海。瑞典首相费尔丁在沪参观嘉定县黄渡人民公社、中山医院、友谊中学等，他称赞上海在发展中瑞关系中的重要地位，表示世界上有许多知名科学家的名字同上海联系在一起，其中也有瑞典科学家。希望双方在利用能源、沼气等方面加强合作。瑞典国王在沪参观虹口区第三中心小学、工业展览会和市少年宫，他说，一直期待着访问上海，因为从上海可以更好地了解中国工业、贸易方面迅速发展的情况，从上海的工业发展看到了中国正在发生新的变化，瑞典各界对中国的兴趣都很大，希望通过合作，能为中国的建设和发展尽一分力量。同年 10 月 25—27 日，丹麦首相安高·约恩森和夫人一行 20 人访问上海。约恩森在沪参观上港十区、江南造船厂等，他表示，在上海时间虽短，但对这个巨大城市的繁忙景象留下深刻印象。他说，上海是丹麦人一直十分熟悉的城市，是中丹两国进行大量工业、经济和技术合作的地方，在科研领域也有广泛合作的可能，希望这种合作将会不断加强，以造福两国人民。

1984 年 11 月 21—22 日，挪威首相科勒·伊萨赫森·维洛克一行 22 人访问上海。在沪，维洛克参观虹桥乡、徐家汇街道和挪威赠送给上海的“北斗”号渔业调查船，在船上会见挪威专家和上海海运学院师生代表。他表示，挪威航运业在世界上处于领先地位，有能力向中方提供各种捕鱼设备和船只，可在发展航运事业上提供良好服务。上海是中国面向国际的工业中心，挪威的工业界怀着极大的兴趣注意到这点，希望在平等互利的基础上与上海进行多种形式的合作。

1986 年 3 月 28—30 日，丹麦首相保尔·施吕特和夫人一行 34 人访问上海。施吕特在沪参观宝钢、嘉定县长征乡和上海博物馆等，与市领导一起会见丹沪工商界人士并座谈。他表示，上海“七五”计划将为加强丹沪经济贸易、技术合作，加强互惠的经济关系提供机会，希望能与上海在经济贸易、技术和培养专业人才方面建立一个良好的、长期的合作方式。双方经贸、建材、农业、畜牧业、印刷、电子、食品加工等行业的人士还就建立和发展交流合作关系共同进行探讨。

1987年4月7—9日，瑞典首相英瓦尔·卡尔松和夫人一行69人访问上海。卡尔松在沪参观江南造船厂等，他说，瑞典政府十分关注上海的发展，重视同上海发展工贸关系，希望能协助和推动上海的现代化建设。哥德堡与上海已建立友好关系，并提出一些合作项目设想，愿这些设想能取得具体成果，使双方的合作关系进一步发展。中国土地广大，旅游资源丰富，瑞典也很愿为中国旅游业的发展提供合作。

20世纪70年代末至80年代，其他访沪的北欧代表团有：瑞典共产党中央第一副主席克·布勒尔和第二副主席派·阿克赛尔松，共产党主席罗兰·彼德松，左翼党(共产党人)主席拉尔斯·韦尔纳，左翼党(共产党人)中央副主席薇奥拉·克拉耶松；丹麦议会议长斯文·雅各布森、第一副议长克努兹·厄斯特高、第二副议长梅特·梅森、第三副议长莉莉·居伦基勒和第四副议长约恩·阿伦措夫特，共产党主席奥勒·松；芬兰外长帕沃·韦于吕宁，议会议长埃尔基·毕斯蒂宁，共产党主席阿尔托；挪威王储哈拉尔和夫人，社会主义左翼党主席库利金斯基和副主席托拉·豪格，共产党主席科尔·安德列·尼尔森，工人共产党(马列)主席西丽·严森；等等。挪威王储哈拉尔在沪出席“挪威能源报告会”，他说，上海是个与外界联系十分活跃的城市，由于中国实行对外开放政策，上海将日益成为通向中国市场的大门。挪威有丰富的能源、资源，中国上海是首选的合作对象，希望双方在能源和其他有关领域加强合作。

进入20世纪90年代，随着中欧关系的改善，注重发展的北欧国家，更加看重中国在世界经济发展中的作用和影响，尤其是浦东开发后的上海，更是吸引北欧五国的国家元首和首脑纷至沓来。

1994年4月7—8日和12月1—3日，芬兰总理埃斯科·阿霍一行42人和冰岛总理大卫·奥德松一行7人先后到上海访问。芬兰总理阿霍在沪参观浦东金桥出口加工区等。他说，中国特别是上海有着与芬兰发展经贸合作关系的良好条件，希望这次对中国的访问能推动芬兰企业界与上海的合作。他表示，芬兰政府考虑在上海设立一个代表处的可能性，以促进两地的经贸合作和交往。冰岛总理奥德松在沪参观金桥出口加工区上海日立电器有限公司和上海证券交易所等。他说，这次访问，在北京，同中国领导人进行了一系列亲切友好的会谈；在西安，看到了中国古老的过去；在上海，看到了中国的未来，并欣然写下“我有幸目睹了伟大的设想成为现实”的题词。他表示，支持中国加入关贸总协定的立场，希望加强与上海的联系，互通信息，探索双方的渠道与途径。

1995年9月2—3日和11月8—10日，冰岛总统维格迪丝·芬博阿多蒂尔一行26人和挪威首相格罗·哈莱姆·布伦特兰一行102人先后访问上海。芬博阿多蒂尔是第一位来华访问的冰岛国家元首，在沪参观浦东金桥出口加工区、东方明珠广播电视塔、杨浦大桥等，她说，冰岛与中国都注重各自的文明建设，有很好的接触和友谊，冰岛的海洋渔业技术与利用水力和地热开发能源技术，可以向世界提供帮助，希望与上海发展文化和商业的关系。随同来访的冰岛外交兼外贸部部长哈尔多尔率领冰岛企业家出席上海机械进出口公司与喜福登纸浆模塑机器设备有限公司合作意向书草签仪式，并与上海16家企业负责人进行经贸洽谈。挪威首相布伦特兰15年前曾访问上海，在沪期间，她出席复旦大学成立北欧研究中心揭牌仪式和复旦大学授予挪威奥斯陆大学专家顾问教授证书仪式，还出席中挪环保和海事研讨会、挪威船级社驻沪办事处开张仪式，并赴江苏太仓参加两家中挪合资企业的开业典礼。她说，挪威与上海有着悠久的联系，合作的前景更为广阔，希望双方在经贸、海事、环保等方面有进一步的合作，并表示挪威将在上海恢复设立总领事馆。

图 1-3-9　1995 年 9 月 2 日，冰岛总统维格迪丝·芬博阿多蒂尔（前排左一）参观东方明珠广播电视塔

1996 年 4 月 17—19 日和 11 月 6—7 日，芬兰总统马尔蒂·阿赫蒂萨里一行 112 人和瑞典首相约兰·佩尔松一行 122 人陆续访问上海。芬兰总统阿赫蒂萨里在沪出席芬中经济论坛、菲曼特医疗器械有限公司开工仪式、芬中合作上海市血液中心大楼奠基仪式和芬兰驻沪总领馆的开馆典礼。他说，中国和芬兰于 1950 年建立外交关系，芬兰是中国的长期友好国家之一，40 多年来，欧洲和国际上发生了许多变化，但是两国之间仍然保持良好的、互相信任的关系。两国间经济互补性很强，这为进一步发展合作奠定良好的基础，芬兰经济界大规模的随团访华充分显示芬兰企业界对中国的兴趣。上海在第三产业方面的发展比芬兰领先，值得芬兰学习，相信通过这次访问，会有更多的芬兰企业到浦东来投资。瑞典首相佩尔松在沪出席瑞典驻沪总领事馆的开馆仪式、瑞典—上海经济技术合作论坛研讨会和中瑞医疗保健暨制药研讨会，参加瑞典公司与上海有关方面 4 个合作协议的签字仪式及上海爱立信—新泰电子有限公司的开业庆典活动。他表示，瑞典对发展中的上海一切都有兴趣，瑞典企业家认识到只有在上海找到合作伙伴，才能使它的产品进入中国市场。瑞典驻沪总领馆的开设，将成为帮助瑞中两国人民和企业建立友好合作关系、兴办新的合资企业、促进文化和民间交往的桥梁，使瑞典与上海的合作进入一个新纪元，同时，中国将在瑞典哥德堡设立总领事馆，由此将进一步加强哥德堡与上海两市友好城市间的合作。

1997 年 10 月 25—27 日，挪威国王哈拉尔五世一行 103 人抵沪访问。此系哈拉尔五世登基后首次访华，他在沪参观浦东新区陆家嘴金融贸易区、上海博物馆，出席中挪工业贸易合作研讨会、挪威画家蒙克画展开幕式，接受中外记者的采访，观看和平饭店老年爵士乐队演出，并赴国际礼拜堂做礼拜。他说，12 年前曾访问过上海，对当时的情景还记忆犹新。这次重访上海，感到上海不仅在经济建设方面发生巨大的变化，而且在文化建设方面也有很大的进步。上海曾是挪威在东亚地区的营运中心，在挪中关系中起着重要的作用，希望能进一步增强挪威与上海之间的经济合作和文化交流，把挪威在化工、能源、海事等领域的专业知识和技术广泛应用于中国，并通过文化交流、信息传播、科技合作及学校之间的联系来实现两国在各个领域的合作。随行挪威企业家与上海企业家在中挪工业贸易合作研讨会上就化工、能源、海事等领域的合作进行讨论。

1998年10月27—28日,芬兰总理帕沃·利波宁一行35人抵沪访问。利波宁在沪参观浦东新区,欣赏和平饭店老年爵士乐队演出,会见芬兰在沪企业家,并赴昆山参观芬兰在江苏合作投资的造纸项目。他赞扬上海是一座生机勃勃、充满活力的城市,是中国经济的心脏。他说,中芬建交已近50年,这为双方的广泛合作与交流打下良好的基础。在上海投资的芬兰企业家都认为,上海的投资环境良好,都希望能进一步扩大在上海的投资。随行的芬兰社会卫生部部长就中芬血液中心合作项目的进展与上海卫生局和中心负责人进行商谈。

20世纪90年代,北欧其他访沪的代表团有:芬兰议会第一副议长海旦麦基-奥兰德尔,民族联合党总书记贝卡·基维莱,由主席于哈约·哈卡宁率领的共产党代表团,以总书记玛亚·贝尔霍为团长的民族联合党代表团,拉毕省省长汉娜丽·玻卡,外交部国务秘书瓦尔塔萨里,首都赫尔辛基市市长埃·西托宁;挪威共产党主席英格沃·依沃森,外交大臣戈达尔;瑞典工人党(共产党人)主席罗尔夫·哈格尔,社民党国际副书记罗格尔·海尔哈格;冰岛总统府秘书长卡·西格蒙松;丹麦外交大臣尼尔斯·海尔派·彼得森,联合国协会会长凯尔·奥凯尔,二王子约克姆及王妃;等等。挪威外交大臣戈达尔出席挪威驻华使馆在上海主办的挪威航运和船业研讨会开幕式、在浦东张江高科技园区的上海奈科明制药有限公司奠基仪式、江苏吴江凯模制冷配件有限公司合资项目签字仪式,他说,挪中两国在经贸方面的合作潜力很大。挪威在航运、造船和制造业方面有较强的技术优势和经验,上海是中国最大的经济、贸易中心,在造船、航运和制造业方面也有较强的技术力量,挪威的企业界很愿意与上海合作,希望挪威与中国、上海在经贸航运合作方面有一个新的起点。丹麦外交大臣彼得森率经济界人士来上海主持丹麦驻沪总领事馆新馆启用仪式,出席中丹经贸研讨会和印刷、食品加工技术等几个合资合作项目的签字仪式。

进入21世纪,随着中国综合国力的不断提升,中国巨大的市场和迅速发展的经济对北欧各国企业越来越具有吸引力,北欧国家进一步加大对中国的投资力度,从而推升中国与北欧各国关系进入更新的阶段。

2000年5月10—12日,丹麦首相波尔·尼鲁普·拉斯穆森一行30人访问上海。国家主席江泽民在锦江小礼堂会见拉斯穆森一行。拉斯穆森参观宝钢、复星实业股份公司、瑞金医院和上海博物馆等,主持召开为庆祝中丹建交50周年而举办的"丹麦商务论坛酒会",为在上海图书馆举行的"丹麦潮——丹麦现代设计艺术展"剪彩。他说,看到许多丹麦企业参与上海的发展,非常高兴,这说明两国商务关系非常重要。丹麦与上海在教育、经贸等方面的合作是大有可为的,希望双方能进一步加强这种交往。丹麦首相夫人隆娜·迪布凯(欧洲议会议员)在中欧工商学院发表题为《欧洲一体化进程》的演讲,并回答学生的提问。

2002年1月22—23日,挪威王国首相谢尔·马格纳·邦德维克一行150人抵沪访问。邦德维克在沪参观上海庞仕水产有限公司、上海城市规划馆,赴中华造船厂观看正在建造中的挪威船舶,出席中挪海事研讨会并发表演讲,他说,在上海的挪威公司已有40多个,且都取得了较好的业绩,相信双方在各个方面的合作还有很大的潜力,经济合作领域十分广泛。

2004年2月24—25日,丹麦首相安诺斯·福格·拉斯穆森一行52人访问上海。在沪期间,首相拉斯穆森出席丹麦企业家午餐会,参观外高桥马士基(中国)航运公司,乘坐磁悬浮列车。在会见时,他向副市长杨晓渡透露,为加强与上海的友好合作关系,哥本哈根直飞上海航线将通航。

2005年5月19—20日和9月12—14日,冰岛总统奥拉维尔·拉格纳·格里姆松一行231人和芬兰总理马蒂·万哈宁一行18人先后访问上海。在沪期间,冰岛总统格里姆松出席中冰企业家午餐会、上海大学与冰岛比夫罗斯特商学院合作签字仪式,参观中兴通讯上海研发中心、上海博物馆、东方明珠广播电视塔等,他对上海的发展表示赞赏,表示冰岛和中国经贸合作潜力巨大、商机无限,希望进一步推进冰岛与上海在更广阔领域的合作与交流。芬兰总理万哈宁听取上海2010年世博会筹备情况介绍,参观东方明珠广播电视塔、上海城市历史陈列馆、上海博物馆,出席萨米尔公司和芬兰VIT公司上海代表处开业仪式、芬华创新中心开幕式、芬兰国家技术局与上海市科委合作备忘录签字仪式,以及医疗保健研讨会和媒体见面会,还赴常熟出席芬欧汇川造纸新设备投产仪式。他表示,上海是中国经济发达地区,超过100家芬兰企业在上海落户,希望双方在电信、环保、医疗卫生等领域加强合作,希望更多上海人到芬兰旅游。2009年4月18日,万哈宁一行13人访华期间途经上海赴海口。

2007年10月2—5日,冰岛总统奥拉维尔·拉格纳·格里姆松一行6人再次访问上海。格里姆松到沪出席2007年世界夏季特殊奥林匹克运动会开幕式和智障人士福利全球政策高峰论坛,参观复旦大学,在同乐坊观看冰岛乐队演出,出席奥索假肢矫形康复器材(OSSUR)中国公司开业典礼。他希望两地能在清洁能源、信息技术、医药等领域加强合作。国家主席胡锦涛在沪会见冰岛总统一行。

2008年10月20—22日,丹麦首相安诺斯·福格·拉斯穆森一行40余人再次访问上海。拉斯穆森到中国出席第七届亚欧首脑会议,他在沪参观中兴通讯公司上海研发中心和上海环球金融中心,出席在丹麦科技创业中心举办的中丹研究合作洽谈会和上海国际创意产业周丹麦馆的活动,他说,自4年前首次访沪以来,在沪丹麦人数增长3倍,在沪投资的丹麦企业数量也增长了1倍。丹麦希望能以中国2010年上海世博会为契机,促进上海与丹麦之间在各个领域的合作。

2010年上海世博会期间,北欧国家纷纷组团踊跃参加世博会活动。其中,5月22—24日,瑞典国王卡尔十六世·古斯塔夫率领的代表团一行62人到沪出席上海世博会瑞典国家馆日活动。古斯塔夫是为庆祝中瑞建交60周年访华期间抵达上海的,他说,上海世博会是有史以来规模最大的一次世博会,此次参展上海世博会也是瑞典有史以来最大的海外集体项目。瑞中友谊源远流长,2010年是瑞中建交60周年,两国互利合作成果丰硕。瑞典希望利用上海世博会这一平台,进一步增进瑞中人民之间的了解和友谊,推动两国关系发展取得更大成果。5月26—31日,芬兰总统塔里娅·哈洛宁率领的代表团一行31人到沪出席上海世博会芬兰馆日活动。在沪哈洛宁参观芬兰卡哥特科(Cargotec)工业(中国)有限公司、芬中合资瓦锡兰齐耀柴油机有限公司,出席芬兰全球最大纸业设备生产商美卓在上海的技术中心开业典礼和全球女性领袖奖,在颁奖仪式上,作为芬兰历史上首位女总统,她强调了女性社会地位的重要性,并盛赞全球女性领袖奖对提高女性社会地位的重要意义。5月27—29日,挪威王储哈康一行6人到沪出席上海世博会挪威馆日活动。他表示,挪中两国有很多值得相互学习的地方,两国的合作也不断扩展,上海世博会是激励创新思想技术以及产品的盛会,挪威将借上海世博会的平台分享其在航运、海产品、石油技术和再生能源方面的经验。6月28—30日,丹麦王储腓特烈一行40人来沪出席上海世博会丹麦国家馆日活动。他高度评价中国为上海世博会付出的努力,深信世博会将促进世界各国间的了解与合作。9月8—12日,冰岛总统奥拉维尔·拉格纳·格里姆松一行40人到沪出席上海世博会冰岛国家馆日活动。格里姆松在沪会见中国能源总局局长张国宝并出席能源论坛,参观华为技术有限公司上海研发中心、冰岛在沪CCP软件设计公司、中国极地研究中心、上海虹口区社区中心等,他说,越来越多的中国游客到访冰岛,对冰岛的各种自然景观已有深刻了解,希望通过冰岛在上海世博会上的展示,让更多的中国民众来冰岛观光游览。10 月 30 日—11 月 1 日,芬兰总理玛丽·基维涅米一行 14 人到沪出席上海世博会高峰论坛和闭幕式,并在高峰论坛全体大会上发言。国务院总理温家宝在上海西郊宾馆会见基维涅米。基维涅米在沪还参观世博会芬兰馆和中国馆等馆,出席国展局最佳展馆颁奖典礼,他表示,中国是芬兰在亚洲最大的贸易伙伴,芬兰欢迎中国企业家到芬兰投资,不断扩大互利合作,加强在应对重大全球性挑战方面的协调配合。

图 1-3-10　2010 年 5 月 23 日,瑞典国王卡尔十六世·古斯塔夫(前右一)参观上海世博会时,小朋友向其献花

2000—2010 年,北欧国家其他代表团有:丹麦食品、农业和渔业大臣丽特·比耶勒高,公主亚历山德拉,格陵兰自治政府主席汉斯·埃诺克森,外交大臣佩尔·斯蒂·默勒,副首相兼外交大臣莱娜·埃斯珀森;瑞典教育大臣托马斯·厄斯特罗斯,王储维多利亚公主及其弟卡尔-菲利普王子,外交大臣莱拉·弗赖瓦兹,外交部主管贸易事务大臣爱娃·鲍洁凌,副首相兼企业与能源部部长默德·奥洛松;芬兰以总书记赖蒂宁为团长的社民党代表团,以副主席雅黛麦基为团长的中间党代表团,以总书记阿尔托·维塔涅米为团长的共产党代表团,芬兰议会党团秘书长代表团;挪威外交大臣彼得森;冰岛外交和外贸部部长斯韦里斯多蒂尔;等等。在沪期间,丹麦大臣比耶勒高出席"中丹商务论坛"开幕式;亚历山德拉公主出席安徒生剪纸展开幕式和 IC 公司新店开张仪式,并赴上海市残疾人康复职业培训中心参加丹麦瑞声达(GNRESOUND)助听器公司捐赠仪式;副首相兼外交大臣莱娜·埃斯珀森到沪出席上海世博会高峰论坛和闭幕式,以及"北欧航标"闭幕式。瑞典教育大臣厄斯特罗斯出席瑞方举办的"教育权利和信息技术研讨会";维多利亚公主作为瑞方代表出席"哥德堡"号仿古船驶抵上海的欢迎仪式,参加市政府在吴淞客运码头为"哥德堡"号举行的进港仪式和庆典活动,还为"瑞典和中国——中瑞关系的珍贵历史瞬间"展览开幕仪式、"植物之爱——献给卡尔·林奈"摄影展开幕式和"创意生活——瑞典创新设计展"开幕仪式剪彩,参加"中国—瑞典经贸日"活动和儿童音乐剧《长袜子皮皮》首演仪式和中文版《哥德堡号带我去中国》新书发布仪式;外交大臣弗赖瓦兹出席瑞典驻沪总领事馆新址开馆仪式,赴中欧工商管理学院参加"中欧论坛"开幕式;

副首相奥洛松出席复旦大学公共卫生学院中瑞食品安全营养与健康研究中心成立仪式，参加在北极光吧举行的瑞典旅游促进活动；外交部主管贸易事务大臣爱娃·鲍洁凌到沪出席上海世博会开幕式和世博会瑞典馆开馆仪式。冰岛外交和外贸部部长斯韦里斯多蒂尔出席冰岛格列特尼尔(Glitnir)银行商务论坛和该行上海分行的揭牌仪式。

第三节　中欧和南欧国家代表团访沪

中欧、南欧国家在对华关系上一直跟随欧盟。改革开放为中欧、南欧国家加强与中国往来带来机会，这些国家元首和政府首脑纷纷在访华中抵达上海，增进对中国了解和相互关系。

1978 年 6 月 20—21 日，西班牙国王胡安·卡洛斯一世和王后一行 68 人访问上海。卡洛斯一世在沪参观工业展览会、第六人民医院、上海博物馆、市百一店等，并与上海科技、卫生、文学、艺术等各界知名人士代表座谈，他表示，在上海看到中国人民在领导人英明领导下，为克服重重困难发展经济所作出的巨大努力，上海正以其巨大的工业能力和各个科学技术领域的严密分工，体现中国人民要求达到的经济发展现状和力量，相信中国工业一定能超过世界先进水平。他还表达了希望西班牙成为西欧第一个在沪设领国的愿望。

1980 年 9 月 23—25 日，意大利总统山德罗·佩尔蒂尼和夫人一行 34 人访问上海。这是意大利国家元首第一次对华访问。佩尔蒂尼在沪参观市少年宫、工业展览会、马陆人民公社等，他表示，他以巨大兴趣来到上海，很难想象还有别的地方能比上海更深刻地让访问者直接了解现实和概括观察到她的将来。上海是中国巨大的经济、文化中心，是意中文化交流的重要城市，将对意中关系的发展起重要作用。

1985 年 5 月 24—25 日，葡萄牙总统安东尼奥·多斯桑托斯·拉马略·埃亚内斯和夫人一行 66 人访问上海。埃亚内斯在沪参观虹桥乡、上海地毯厂，他十分关切上海与葡萄牙经济合作的情况，认为上海是中国经济振兴不可缺少的推动力，双方可以在造船、重型机械、轻工、能源、土木工程等行业进行尝试，打开一个局面。

1985 年 8 月 28—30 日和 9 月 8—10 日，马耳他总统阿加塔·巴巴拉一行 10 人和西班牙首相费利佩·冈萨雷斯·马克斯一行 140 人先后访问上海。马耳他总统巴巴拉在沪参观嘉定县马陆乡、针织二十厂等，他表示，中国的改革取得很大的成功，这种改革是很有必要的。她希望上海能帮助马耳他通过人工繁殖发展海鱼养殖业。西班牙首相冈萨雷斯在沪游览豫园和外滩，赴上海老饭店品尝地方风味，并会见中国记者，回答记者提问。他说，中国进行现代化建设，对中国和世界都有十分重要意义。西班牙在各方面都有先进技术，西班牙政府鼓励企业家参加中国的现代化建设。在经济和技术方面发展关系不仅是可能的，而且是西班牙的希望。全国人大常委会副委员长荣毅仁会见随行的西班牙企业家，这些企业家对与上海进行经济合作十分感兴趣。

1986 年 11 月 2 日，意大利总理克拉克西访华中提前回国，在上海作短暂停留。同机抵达的意大利外长安德雷奥蒂在沪参观龙华寺，去徐家汇天主教堂做了弥撒，提出解决意航飞沪问题。

1987 年 4 月 15—16 日，葡萄牙总理阿尼巴尔·卡瓦科·席尔瓦一行 56 人访问上海。席尔瓦是葡萄牙政府第一位访华中抵沪的政府首脑，他参观宝钢后说，宝钢不仅现在是中国的一个先进榜样，而且也是中国走向 21 世纪的榜样。

1988 年 2 月 27—28 日和 4 月 22—24 日，圣马力诺执政官泰伦齐和扎费拉尼一行 10 人和希腊总统赫里斯托斯·安·萨采塔基斯和夫人一行 93 人先后访问上海。圣马力诺执政官泰伦齐在沪参观上海博物馆、工艺品展销中心,他说,这次访问有助于增强对上海城市的了解,中国人民是勤劳、智慧的,一定能实现制定的宏伟目标。希腊总统萨采塔基斯在沪参观上海玉石雕刻厂、上海第一丝绸印染厂等,他表示,从马尔罗写的《人的命运》一书中第一次了解中国、上海,这次亲眼看到中国上海的发展和变化,看到人民生活有很大改善和提高,希望中国、上海不断发展,继续取得进步。

20世纪70年代末至80年代,其他访沪的中欧、南欧国家团组有:意大利共产党中央总书记恩里科·贝林格,众议院议长妮尔德·约蒂,统一共产党总书记奥斯瓦尔多·贝契,自由党总书记瓦莱里奥·扎诺内,参议院议长弗朗切斯科·科西加,共产党总书记亚历山德罗·纳塔;葡萄牙社会党总书记、前总理苏亚雷斯,共产党总书记阿尔瓦罗·库尼亚尔,外长皮涅伊罗;西班牙共产党总书记圣地亚哥·卡里略,共产党副总书记海默·巴列斯特罗斯,共产党副总书记恩里克·库列尔,工人社会党副总书记、副首相阿方索·格拉,参议院议长何塞·费德里科·德卡哈尔;圣马力诺共产党中央主席吉尔多·加斯培罗尼,共产党副书记卡斯托内·帕索利尼,共产党总书记吉尔贝尔托·基奥蒂;希腊议会议长约安尼斯·阿莱夫拉斯;瑞士劳动党总书记阿尔芒·马尼安,统一社会党副书记达里奥·吉斯莱塔,联邦委员会副主席、外长埃尔·奥贝尔,基督教民主党主席埃娃·泽格米勒;等等。

进入20世纪90年代,随着欧盟与中国的关系改善,中欧、南欧国家急于改善本国经济,更加看重与中国的交往及合作,各国元首和政府首脑进一步提高访华密度,对上海的访问热情不减。

1991年9月17—18日和12月10—12日,意大利总理朱利奥·安德雷奥蒂一行和马耳他总统文森特·塔博恩一行11人相继到上海访问。意大利总理安德雷奥蒂在沪参观浦东新区、耀华皮尔金顿玻璃有限公司、上海博物馆、玉佛寺等。他说,中国改革开放政策非常正确,无论从经济上还是从政治上讲都取得了成功,通过参观,已经感受到上海经济在迅速发展,上海的发展与意大利有相似之处,浦东的开放将会进一步带动上海发展。他对意大利和上海、米兰和上海经济界及企业界的合作充满信心。马耳他总统塔博恩参观南汇县周浦乡、上海第一丝绸印染厂,他对时隔13年后再次访问上海所看到的变化称赞不已,认为上海的城市活力很大,若干年后可与纽约相比。

1994年4月13—14日,葡萄牙总理阿尼巴尔·卡瓦科·席尔瓦一行123人访问上海。席尔瓦在中葡签定澳门问题联合声明7周年之际再度访华中抵沪,他参观浦东金桥出口加工区、闵行经济技术开发区和马桥乡旗忠村等。他表示,时隔7年重访上海,感到上海确实是中国改革开放的窗口,目睹上海发生出人意料的发展变化,留下深刻印象,希望加强葡萄牙与上海的联系和经贸合作。随行的葡萄牙39家大公司的59位企业家与上海100多位企业界人士就金融、房地产、汽车、集装箱、皮革、制鞋、建材、机械、电讯等多方面的交流合作问题分别进行对口洽谈和探讨。

1995年4月15—17日,葡萄牙总统马里奥·阿尔贝托·诺博雷·洛佩斯·苏亚雷斯一行121人访问上海。苏亚雷斯在沪参观上海历史博物馆、浦东金桥出口加工区、玉佛寺等,并去和平饭店欣赏老年爵士乐。他说,葡萄牙是个小国,但葡中两国的交往有悠久的历史。上海是推动中国经济发展的"发动机",对葡萄牙有借鉴的作用。随行的波尔图市市长费尔南多·戈姆斯与市长徐匡迪在两市建立友好城市关系协议书上签字。

1996年10月9日,瑞士联邦主席兼联邦公共经济部部长让-帕斯卡尔·德拉姆拉一行18人访华中先抵沪作短暂停留,赴浦东新区张江工业园区出席上海罗氏制药有限公司的投产开工典礼。他表示,这次专程来沪参加罗氏公司与上海合作项目的开工典礼,意在表明瑞士政府对瑞中两国间经贸合作的支持。他说,上海是世界经济交汇的中心之一,也是中国历史现在和将来的结合,因此,罗氏公司只有设在上海,设在浦东,才能真正体现她的成功和完美。上海罗氏公司这个合资项目是瑞中两国经济贸易和科技合作的结晶，是两国智慧的结合，也是相互信任、紧密合作的典范。

1997年2月28日—3月1日，葡萄牙总统若热·桑帕约就职仅一年就率政府官员、各大党派的代表、企业界人士等116人访华中抵沪访问。桑帕约在沪参观浦东金桥出口加工区、东方明珠广播电视塔、上海博物馆、玉佛寺等，观看和平饭店老年爵士乐的演奏。他表示，此行主要是寻求解决历史遗留问题(指澳门问题)后如何进一步发展葡中双方的合作机会。澳门特别行政区应成为东西方交汇的城市之一，葡萄牙愿意为中国与欧盟的交流与合作作出努力，使葡萄牙成为欧盟与中国交往的门户，加强欧盟同中国的伙伴关系。他说，葡萄牙在发展高架轻轨交通、缓解城市交通方面很有经验，技术也较先进，同上海合作的机会很大。在双方共同举办的“中国—葡萄牙经贸合作研讨会”上，随行的葡方人士就环境治理、工程建筑、葡萄酒生产销售等方面合作与上海有关方面进行洽谈。

1998年4月20—21日和6月12—13日，葡萄牙总理安东尼奥·古特雷斯一行142人和意大利总统奥斯卡·路易杰·斯卡尔法罗一行74人相继抵沪访问。葡萄牙总理古特雷斯在沪参观陆家嘴金融贸易区、上海博物馆，出席葡萄牙里斯本圣灵商业银行上海办事处揭幕仪式，他说，上海既有纽约的高楼、巴黎的魅力，又有东方传统文化特色，是个迷人的地方。葡萄牙的经济实力虽不是很强，但已将中国特别是上海确定为在亚洲的投资重点，希望能在上海经济建设中扮演一个“角色”。双方有关人员在“中葡经济洽谈会”上，就金融、外贸等领域进行广泛洽谈，探讨合作可能性。意大利总统斯卡尔法罗在沪参观上海博物馆、上海申雅密封件有限公司，会见意大利侨民和记者，赴和平饭店欣赏老年爵士乐。

图1-3-11　1998年4月20日，葡萄牙总理安东尼奥·古特雷斯(前排右一)出席里斯本圣灵商业银行上海办事处揭幕仪式

20世纪90年代期间，访沪的中南欧国家其他代表团有：意大利前外长贾尼·德米凯利斯，外长迪尼，副外长马尔泰利，由中央协调局成员安东尼奥·巴索利诺率领的左翼民主党代表团，左翼民主党众院党团主席、政治委员会成员穆西率领的中左联盟议员团,全国书记马西莫・达莱马率领的左翼民主党代表团,由众议院党团主席格里马迪率领的共产党人党代表团;西班牙副首相纳西斯・塞拉,外交大臣阿韦尔・马图特斯・胡安,第二副首相兼经济财政大臣拉托,外交部国务秘书费尔南多・比利亚隆,由中央政治委员会成员西蒙・桑切斯・蒙特罗率领的共产党代表团,以联邦委员会常委科罗纳斯为团长的共产党代表团,以主席团成员、中央组织书记弗鲁托斯为团长的联合左翼代表团,由总书记阿尔穆尼亚率领的工人社会党代表团,以常委、组织书记维克多・迪亚斯-卡迭尔为团长的共产党代表团;瑞士联邦委员兼外长弗拉维奥・科蒂,外交部国务秘书雅各布・凯伦贝格,劳动党总书记让・斯皮尔曼,信贷集团首席执行官穆雷珂和丰泰保险首席执行官魏易铭;希腊外长卡罗洛斯・帕普利亚斯,共产党总书记阿・帕帕莉卡,以中央委员、企业事务负责人约安尼斯・马夫洛玛迪斯为团长的共产党贸易小组,共产党名誉主席哈里劳斯・弗洛拉基斯,议会防务和外事委员会主席卡罗洛斯・帕普利亚斯,由议会希中友好小组组长哈拉拉波普洛斯率领的议员代表团;马耳他副总理兼外长和环境部部长乔治・韦拉,工党领袖、前总理卡尔梅洛・米夫苏德・鲍尼奇,以乔治・阿贝拉为团长的工党代表团,以主席莫鲁瓦为团长的社会党国际代表团;葡萄牙共产党中央委员卡洛斯・科斯塔,共产党对华贸易负责人何塞・科瓦斯,以中央政治委员会委员桑托斯和中央政治委员会委员、书记处书记阿古斯蒂尼奥・洛佩斯为团长的共产党干部代表团,由中央政治委员会委员热罗尼莫・德・索萨率领的共产党干部团,由中央书记处书记卢伊扎尔・阿拉乌率领的共产党代表团;等等。瑞士外长科蒂在沪出席瑞士驻沪总领馆开馆仪式,他说,上海是一个非常有吸引力的城市,驻沪总领馆的开馆意味着瑞中两国关系新阶段的开始。希腊外长帕普利亚斯与上海企业界人士进行座谈,希望与江南造船厂组建合资企业,上海购买希腊的游船组建旅游公司,双方还在工程承包、食品和轻工产品等方面达成进一步合作的意向。马耳他副总理韦拉是第一次到中国访问,他说,马耳他旅游业较发达,有距南欧和北非都较近的优势,港口标深有16米,可以为从亚洲地区开往欧洲等地的货轮提供转运业服务,希望中远公司及上海方面能去马耳他设货运分拨中心,欢迎"新锦江"等上海的宾馆去马耳他开设五星级宾馆。西班牙第二副首相拉托说,西班牙政府十分重视上海的地位,一直把上海作为西班牙同中国开展经贸合作的一个中心,西班牙政府在上海开设总领事馆及设立贸易代表处的重要决定,就是要进一步拓展同上海乃至整个中国的经贸关系,他表示,计划来上海举办西班牙建筑展览会,推动西班牙建筑业参与上海及浦东的大规模建设。瑞士信贷集团首席执行官穆雷珂和丰泰保险首席执行官魏易铭表示,作为欧洲第一家获准在沪开展业务的保险公司,对在上海的业务情况感到满意,希望能继续成为上海的良好合作伙伴,继续以帮助中国培养金融专业人才等方式为中国金融业的发展尽一分力量。

进入21世纪,中国经济强劲增长的势头,更加吸引中欧、南欧各国来华谋求经济合作,上海成为各国寻找商机、竞相争夺中国市场的热点城市。

2000年6月27—28日和9月13—14日,西班牙首相何塞・玛丽亚・阿斯纳尔一行280人和瑞士联邦主席阿道夫・奥吉一行23人相继访问上海。西班牙首相阿斯纳尔在沪参观中欧国际工商学院并与中西企业家共进午餐,为西班牙驻沪总领馆商务处揭牌。他说,西班牙企业家对上海开展合作抱有浓厚的兴趣,已有越来越多的西班牙企业家到上海投资,签订一些重要的商业合作协议,但还有很大的空间和潜力,他要为增加巴塞罗那与上海的友城活力而努力,同时欢迎上海到西班牙投资开办企业。瑞士联邦主席奥吉是在中瑞建交50周年之际访沪的,他参观同济大学、上海城市规划展示馆,出席"瑞士人眼中的上海"摄影展、"2000年的瑞士在上海"开幕式和瑞士联邦政府赠送的“世纪之钟”捐赠仪式及“上海瑞士中心”奠基仪式，观看瑞士苏黎世歌剧院和上海交响乐团、中国交响乐团合唱团在上海大剧院联袂演出的歌剧《魔笛》首演。他说，上海创造了良好的投资环境，使36家瑞士企业在这里发展得非常成功，会有更多的企业来寻求发展。

2001年1月16—17日和7月4—6日，意大利总理朱利亚诺·阿马托一行40人和马耳他总统圭多·德马科一行22人先后抵沪访问。在沪期间，意大利总理阿马托参观浦东新区、上海证券交易所和中欧工商管理学院并发表演讲，他说，意中两国人民有许多共同点，都希望创造更美好的生活，因此合作起来更方便、更融洽。他表示要在中欧工商管理学院建立意大利中心，展示意大利文化，努力推动意中经贸合作，推动更多的意中小企业来华投资。马耳他总统德马科听取浦东新区政府有关开发开放的情况介绍，参观上海贝尔电话设备有限公司、上海博物馆、上海城市规划馆等，非常高兴地接受了市长徐匡迪希望作为国际展览局成员的马耳他能够支持上海有关申办2010年世博会情况的信件，他称赞上海是一座在历史根基上建设起来的现代化、开放型城市，上海既保留了中华民族博大的文化，又体现着新生的活力，特别是上海在产业发展上向最先进领域迈进的努力，令人印象深刻。

2002年6月6—7日、10月26—28日和11月2—3日，希腊总理康斯坦丁·西米蒂斯一行147人、列支敦士登大公汉斯-亚当二世一行16人和马耳他总理爱德华·芬内克·阿达米一行27人陆续抵沪访问。在沪期间，希腊总理西米蒂斯参观上海高士谋建材有限公司、上海博物馆，赴浦东新区政府听取情况介绍，出席中希企业家论坛并致辞，他表示，希腊作为拥有悠久历史文化的国家，不仅钦佩中国的古代文明，更钦佩中国特别是上海的飞速发展。希腊企业家非常看好上海，愿意把上海作为在中国的投资中心。希望上海作为中国对外贸易和航运的中心城市，能积极参与地中海地区的港口开发和贸易发展。列支敦士登大公汉斯参观上海证券交易所，赴复旦大学发表演讲，他十分赞赏上海的城市管理和规划。马耳他总理阿达米赴浦东新区政府听取情况介绍，参观上海城市规划馆、上海科技馆、上海博物馆等，出席中马企业家洽谈会，他表示，马耳他明确将投票支持中国申办2010年上海世博会，希望马耳他日臻完善的投资环境和即将加入欧盟所带来的发展机遇能吸引更多上海企业家前去投资，马耳他自由港在欧洲首屈一指，上海可投资出口加工业或设办事处，并以此拓展南欧、北非和地中海市场。

2003年10月31日—11月1日和11月23—24日，意大利总理西尔维奥·贝卢斯科尼一行66人和瑞士联邦主席帕斯卡尔·库什潘一行29人抵沪访问。意大利总理贝卢斯科尼来华出席在北京举行的第六次中欧领导人会晤后到达上海，他参观上海城市规划馆、东方明珠广播电视塔，赴上海博物馆参观“伊特鲁里亚人的世界”展览和青铜器展厅，出席中国银行和意大利联合银行合作签字仪式和中意企业家见面会，他说，与上海3万多家外资企业相比，在上海的意大利企业数量太少，虽然意大利比德国等欧洲国家更早进入中国市场，但由于缺乏政府支持在竞争中明显处于劣势，希望意大利政府增强意大利企业在中国发展的信心，为中小企业提供资金支持和投资担保，重视中国香港地区在意大利在对华投资中的作用，提高有关部门和驻华使领馆工作效率，帮助在华企业推介产品，为中国企业赴意大利投资创造条件。瑞士联邦主席库什潘参观瑞士芬美意香料(中国)有限公司、上海城市规划展示馆和“瑞士摄影展”，出席瑞士中心开幕典礼和瑞士建筑艺术展开幕式，会见瑞士商会代表，接受上海3家媒体的采访，他为上海的发展感到惊喜，认为上海将是瑞士和中国开展科技对话和经济合作的好地方。他说，中国不仅在廉价和中端技术类产品制造方面具有优势，而且成为高附加值、技术复杂类产品生产的强有力竞争者。中国以及上海良好的投资环境和高素质的劳动力吸引着大量瑞士企业前来发展。

图1-3-12　2003年10月31日,意大利总理西尔维奥·贝卢斯科尼(左二)到沪访问,儿童向总理献花

图1-3-13　2003年11月23日,瑞士联邦主席帕斯卡尔·库什潘(前排左四)出席瑞士建筑艺术展

2004年12月7—9日,意大利总统卡洛·阿泽利奥·钱皮一行90人抵沪访问。在沪期间,意大利总统钱皮参观新浦江城“中意文化广场”、东方明珠广播电视塔,出席“意大利制造业中国论坛”和中意企业家招待会。12月8日恰逢钱皮84周岁生日,他对由市长韩正转交的国家主席胡锦涛和国务院总理温家宝亲笔生日贺卡和市政府准备的生日蛋糕深表感谢,表示深深感受到中国人民对意大利人民的友谊和友好感情。他说,无论过去还是现在,上海一直是意大利人关注和向往的城市之一。上海经济快速发展已经吸引全球的目光,意大利政府和企业界十分看好上海的发展前景,意大利企业界希望有更多的投资和贸易机会,扩大双方合作领域,参与中国和上海的建设。

2005年1月14—16日和1月15—16日,葡萄牙总统若热·桑帕约一行200人和安道尔首相马克·福尔内一行7人相继访问上海。葡萄牙总统桑帕约在沪听取浦东新区政府情况介绍,乘坐磁悬浮列车,出席中葡企业家午餐会和葡萄牙产品推介活动,参加葡萄牙通讯公司与中兴通讯公司、上海世博局与葡萄牙世博园股份公司合作谅解备忘录和上海世博(集团)有限公司与葡萄牙—中国工商会就中国2010年上海世博会事务合作的初步谅解备忘录的签字仪式。他表示,中国的经济、文化实力以及丰富的创造力,将使其跻身21世纪世界强国之列,发展与中国的经贸交往意义重大,作为中国的重要城市,希望上海在葡中友好关系中发挥更大作用。安道尔首相福尔内在沪参观上海贝尔阿尔卡特有限公司、东方明珠广播电视塔、上海博物馆,他对中国改革开放政策及上海的发展给予高度评价。他说,能到中国访问,把上海作为访问第一站,非常兴奋,亲眼看到上海的活力,上海的成就令人敬佩。安道尔靠近西班牙巴塞罗那、马德里,特别适合滑雪和山地旅游,希望上海能有更多的人去安道尔旅游。

2006年1月20—21日和9月15—16日,希腊总理康斯坦丁·卡拉曼利斯一行100人和意大利总理罗马诺·普罗迪一行100人先后抵沪访问。在沪期间,希腊总理卡拉曼利斯参观上海城市规划馆、东方明珠广播电视塔、上海城市历史陈列馆,出席“中国—希腊经贸合作论坛”并发表演讲,会见部分在沪企业家。他表示,希腊在航运方面具有优势,而上海不久将成为世界航运枢纽,双方合作的互补性很强,希望双方共同努力,积极发展投资、贸易、航运以及2010年上海世博会等相关建设项目的合作。意大利总理普罗迪参观同济大学创新成果展及意大利科学家VOLTA主题展,出席中意学院开学典礼并与学院新生合影,接受同济大学授予其名誉教授的聘书和纪念章,参加“中意2010年上海世博会研讨会”和在沪意企业家见面会,他希望上海能派代表团赴意大利考察,就港口、运输、物流以及中小企业等方面的合作与意大利相关企业进行洽谈，取得成果。

2007年2月1—2日和6月24—26日，葡萄牙总理若泽·苏格拉底一行180人和西班牙国王胡安·卡洛斯一世一行92人先后访问上海。在沪期间，葡萄牙总理苏格拉底赴世博局听取上海2010世博会情况介绍，视察葡萄牙驻沪总领馆，出席"中国—葡萄牙经贸论坛"开幕式、"创新在中葡——未来梦想体验"情况说明会和葡萄牙酒品酒会，见证中葡企业和机构16个合作协议的签字仪式，他谈到，上海发展成为国际经济、金融中心的轮廓日益显现，葡萄牙非常看好上海的发展，希望进一步扩大与上海的合作与交流。西班牙国王卡洛斯一世参观中欧国际工商学院、上海美术馆"300%西班牙设计"、上海博物馆等，接受中欧国际工商学院颁发的荣誉勋章，会见西班牙侨民，他说，上海的发展潜力非常巨大，西班牙与上海在经贸、文化等方面的合作交流前景广阔。2007年恰逢中国的"西班牙年"，希望两地能在双边经贸、文化教育、世博会展馆规划等方面加强交流合作。他表示，西班牙将积极参与2010年世博会，希望上海世博会中的西班牙展馆将成为向世界展示西班牙及拉丁文化的窗口之一。

2008年6月25—27日，希腊总统卡罗洛斯·帕普利亚斯一行140人访问上海。在沪期间，帕普利亚斯参观东方明珠广播电视塔和上海历史陈列馆，出席"希腊：中国'走出去'政策的战略伙伴"经贸研讨会，他说，他曾多次访沪，见证上海从一个"遍地平房的手工业城市"发展为国际化大都市。上海是一座充满活力的城市，上海的发展代表了中国的未来。他表示，希中两国在各领域有着广泛的发展空间，两国关系经贸合作硕果累累，众多希腊船东在沪修造大量商船就是很好的例证。希腊人民为中国人民能举办奥运会感到欢欣鼓舞，坚信北京奥运会一定会成为奥运史上的一座丰碑。同时，相信上海世博会也会取得圆满成功，并祝愿上海的未来有更加璀璨的前景。

2010年，上海世博会期间，多个中欧、南欧国家元首和政府首脑到沪参加活动。其中，4月28日—5月3日，马耳他总统乔治·阿贝拉一行16人到沪出席上海世博会开幕式。因在下榻饭店不慎摔跤受伤，阿贝拉被送往上海瑞金医院接受治疗。国家主席胡锦涛特意抽时间前往上海瑞金医院探望，使阿贝拉深受感动。8月11—13日，瑞士联邦主席兼经济部部长多丽丝·洛伊特哈德率领的代表团一行49人到沪出席上海世博会瑞士国家馆日活动。洛伊特哈德在沪参观世博园和联想电子科技有限公司，会见洛桑高等理工学院上海校友会成员，出席瑞士国家馆日招待会和瑞士巴塞尔州交响乐团访沪招待会等活动。她表示，上海成功举办世博会，显示出相当高效的组织能力。瑞中关系一直发展良好，与上海的合作也非常好，双方在清洁技术、科技交流等方面有着广阔的合作空间，越来越多的瑞士企业选择到上海设立研发中心，希望能进一步拓展双边合作。8月29—31日，西班牙首相何塞·路易斯·罗德里格斯·萨帕特罗率领的代表团一行50人到沪出席上海世博会西班牙国家馆日活动。萨帕特罗在沪参观中国馆、西班牙国家馆和位于最佳城市实践区的毕尔巴鄂、巴塞罗那和马德里案例馆，出席西班牙中国商会10周年酒会，在西班牙国家馆广场上发表即兴讲话，他说，西班牙国家馆展示了西班牙的历史、现在和对未来发展的畅想，是上海世博会上最受欢迎的展馆之一。世界将成为中国的世界，西班牙清楚地知道应该全方位促进中国和西班牙的友谊与合作，西班牙馆就是这一努力的体现。西班牙永远是中国的朋友，希望更多的中国人能够亲身访问西班牙，了解西班牙的文化和历史。8月31日—9月3日，列支敦士登摄政王储阿洛伊斯率领代表团一行17人到沪出席世博会列支敦士登国家馆日活动。阿洛伊斯在沪参观上海城市规划展示馆和青浦朱家角等，他说，列支敦士登虽然是小国，但在中国倍受尊重，对此深表感谢，希望双方在下一个60年中有更好的合作。

2000—2010年，其他访沪的中欧、南欧代表团和人士有：瑞士前联邦委员会主席兼外长科蒂，外交政策协会代表团,议会瑞中小组代表团,政府代表团,前联邦委员会主席阿道夫・奥吉;意大利前参议长卡尔洛・斯科尼亚米里奥,以众议院党团主席乌戈・英蒂尼为团长的民社党代表团,左民党国际书记塞莱尼,由主席古博特率领的参众两院"中国之友"协会议员团,以主席弗朗切斯科・鲁泰利为团长的雏菊党代表团,以全国书记奥利维耶罗・迪利贝托为团长的共产党人代表团,重建共产党全国书记贝尔蒂诺蒂,副总理兼外长马西莫・达莱马,米兰省省督瓦莱利奥・隆巴迪,以全国书记费雷罗为团长的重建共产党代表团,环境、领土和海洋保护部部长普雷斯蒂贾科莫,劳动和社会政策部部长萨科尼;马耳他外长约瑟夫・博奇,前总统乌戈・米夫苏德・鲍尼,以党的副领袖、政府副总理冈奇为团长的国民党代表团,国民党执委会委员、总理事会主席谢里夫,由党的副领袖、政府副总理托尼奥・博奇率领的国民党代表团,以党的领袖、前总理桑特为团长的工党代表团,财政、经济和投资部部长托尼奥・芬内克;葡萄牙由国际书记拉梅戈率领的社会党代表团,由中央政治委员会委员塞尔吉奥・特谢拉率领的共产党代表团,外长戈维亚,由政治委员会委员若热・皮雷斯率领的共产党代表团,由总书记热罗尼莫・德・索萨率领的共产党代表团,外交部国务秘书安东尼奥・布拉,社会党中央政治委员会委员、国际书记若泽・雷洛,前总统埃亚内斯,经济、创新与发展部部长维埃拉・达席尔瓦;西班牙以共产党联邦执委会委员、对外政策书记佩德罗・马塞特为团长的联合左翼代表团,第二副首相兼经济部部长罗德里哥・德・拉多・费加雷多,"人民卫士"穆希卡访华团,外交大臣安娜・帕拉西奥,以总书记弗朗西斯科・弗鲁托斯为团长的共产党代表团,人民党助理国际书记吉里列尔莫・马丁内斯・卡桑,以联邦执行委员会常委、组织书记何塞・布兰科为团长的工人社会党代表团,外交与合作大臣米格尔・安赫尔・莫拉蒂诺斯,由国际书记维利・梅尔率领的联合左翼代表团,人民党执委会委员、国际关系书记豪尔赫・莫拉加斯,第一副首相玛丽亚・特雷莎・费尔南德斯・德拉维加・桑斯,王储费利佩夫妇,以众议院外委会人民党发言人古斯塔沃・阿里斯特吉为团长的人民党议员代表团,众议长何塞・博诺;希腊前总理、新民主党名誉主席左塔基斯,外长帕潘德里欧,由中央书记梅伊马拉基斯・瓦盖利斯率领的新民主党代表团,以政治局委员斯戴法诺斯・罗卡斯为团长的共产党代表团,以党团书记迪米特里斯・瑞帕斯为团长的泛希腊社会主义运动议员团,以总书记雅莱卡・帕帕莉卡为团长的共产党代表团,外长多拉・芭戈雅妮,副总理塞奥佐洛斯・潘卡洛斯,经济、竞争力和海运部部长卢卡・卡策莉;梵蒂冈副外长帕罗林;圣马力诺旅游、体育、经济计划与公用事业国企部部长法比奥・贝拉尔迪;列支敦士登副首相马丁・迈耶尔;等等。其中,西班牙王储费利佩出席"西班牙在中国投资论坛"开幕式和中欧国际工商学院与西班牙对外贸易局签署的合作协议;外交大臣帕拉西奥和莫拉蒂诺斯分别在沪出席西班牙作家与音乐人协会办事处、西班牙画家乌尔库洛作品展开幕仪式和"第三届中西论坛"开幕式、西班牙嘉里盖思律师事务所开业典礼;第一副首相德拉维加赴上海外国语大学就中西两国文明发展和交流的历史发表演讲,出席"西班牙对中国投资展望"研讨会;王储费利佩夫妇出席"上海食品和酒店业博览会西班牙馆"开幕式和西班牙驻沪总领馆文化处与"米格尔德塞万提斯"图书馆揭牌仪式;众议长何塞・博诺到沪出席上海世博会开幕式和上海美术馆林德艺术作品展开幕式。瑞士前主席奥吉作为联合国秘书长安南的"体育促进发展与和平"特使,专程到沪宣传联合国有关体育发展的理念并赴上海体育学院作了题为《服务于发展及和平的体育事业》的报告,回答了师生们的提问。葡萄牙外长戈维亚和国务秘书布拉分别出席中葡企业家午餐会和葡萄牙驻沪总领馆开馆仪式;经济、创新与发展部部长维埃拉・达席尔瓦到沪出席世博会葡萄牙国家馆日活动。意大利副总理达莱马赴复旦大学接受荣誉博士称号,会见意大利在沪经贸人士;环境、领土和海洋保护部部长普雷斯蒂贾科莫到沪出席上海世博会开幕式和世博会意大利馆、欧盟馆开馆仪式;部长萨科尼到沪参加上海世博会意大利国家馆日活动。希腊外长芭戈雅妮出席“中希经贸论坛”；副总理塞奥佐洛斯·潘卡洛斯到沪出席上海世博会开幕式，国务院副总理李克强在上海虹桥迎宾馆会见他；经济、竞争力和海运部部长卢卡·卡策莉到沪出席世博会希腊国家馆日活动。马耳他财政、经济和投资部部长托尼奥·芬内克在北京出席中马经贸混委会第九次会议后，到沪出席世博会马耳他国家馆日活动。圣马力诺旅游、体育、经济计划与公用事业国企部部长法比奥·贝拉尔迪到沪出席世博会圣马力诺国家馆日活动和“上海卢湾—圣马力诺足球友谊赛”、圣马力诺旅游资源推介会。列支敦士登副首相马丁·迈耶尔到沪出席上海世博会高峰论坛和闭幕式。

第四章　美洲国家外宾来访

美洲除美国、加拿大两个发达国家外，大多为发展中国家，与中国同处第三世界，在国际事务中与中国历来比较友好。中国改革开放的实践，为谋求自身发展的美洲发展中国家开启了一面镜子，这些国家的国家元首和政府首脑纷纷在访华中到上海访问，从上海了解、体验中国改革开放的真相，希望借鉴中国改革开放的成功经验。美、加两国作为发达国家，自然也不会放弃中国改革开放带来的商机和市场，作为中国重要城市的上海，自然成了美、加两国访华的热点城市。1978 年，来自美洲国家的代表团有 1 243 批 1.59 万人次，至 1988 年，美、加两国访沪达到 11.71 万人次，其中美国就有 10 万人次之多。20 世纪 90 年代后，中美经济关系的快速发展，更使上海成为美、加两国政要访华的必到城市，而美洲其他国家出于自身经济发展的需求，也纷纷寻求与上海的经济合作，希望得益于上海的经济优势，上海成为美洲国家访华的重点城市。据不完全统计，1994—2010 年，上海共接待美洲 40 个国家和地区各类重要代表团 3 267 批 4.16 万人次，为推动中国与美洲国家的发展作出贡献。

第一节　北美洲国家代表团访沪

一、美国

随着美国总统尼克松 1972 年访华和中美《上海公报》的联合发表，中美关系开始走向正常化，美国国内迫切要求了解中国呼声越来越高，逐步掀起一股访华热，至 1978 年，到访上海的美国人已逾万人，比 1972 年增长近 10 倍，美国成为仅次于日本的到访国家。1998 年，到上海访问的美国国会中就有以参议院民主党副领袖艾伦·克兰斯顿、众议院国际关系委员会亚洲太平洋事务小组委员会主席莱斯特·沃尔夫、参议院预算委员会主席埃德蒙·马斯基、参议院劳工和公共福利委员会主席小哈里森·威廉斯为团长的 4 个国会议员访华团。政府要员中，能源部部长施莱辛格率美国能源代表团访华，在沪参观石油机械厂、造船厂，并赴上海农村了解粮食生产、收购、储备、价格等情况。其他官方半官方组织人士和地方政府领导人及官员有：以州市长、州市议员和青年政治领袖理事会成员组成的美国青年政治领袖访华团，由前国防部副部长、前海军部部长保罗·尼采率领的美国访华团，由美国前驻联合国大使查尔斯·约斯特率领的美中关系委员会理事会代表团，美国“全国州立法会议”访华团等。

1979 年 1 月 1 日中美建交后，美国到上海的代表团逐渐呈现多方面、多层次的发展态势。其中有美国财政部部长布卢门撒尔，以密歇根州州长威廉·米利肯为团长的美国州长代表团，由 11 个州的 13 位市长组成的美国市长代表团，美国白宫同事会访华团，还有美中友好协会派遣和组织来访的由友协地方分会负责人、地区和社团领导人、出版和宣传工作负责人、科技人员和青年人组成的 6 个代表团，以及美国友人约翰·霍金斯夫妇等一些长期从事和平和对华友好的人士。美国财政部部长布卢门撒尔在上海表示，美中建交已为发展两国的友好和经济贸易关系奠定基础，相信上海将在发展美中两国的贸易金融关系方面发挥作用。美国州长代表团在上海向其国内通讯社发去一项“联合声明”，希望美中之间发展经济、社会、文化等各方面的友好联系和往来，并敦促国会批准对中国的最惠国待遇。

1980年到上海访问的美国官方、民间访华团有40多个，比1979年增加2倍。其中有：纽约市市长爱德华·科奇，国防部部长哈罗德·布朗和夫人，军事技术团，国防部后勤代表团，由众议院外交委员会国际经济政策和贸易小组委员会主席乔纳森·宾厄率领的议员团，共和党参议员拉里·普雷斯勒，佐治亚州州长巴斯比率领的贸易代表团，以所长罗伯特·法兹格拉夫为团长的外交政策分析研究所和美国战略新闻中心联合访华团，国务院特别助理兼执行秘书塔纳夫和助理国务卿法尔科等。美国国防部部长布朗在上海表示，这次访华增进了双方在战略等问题上的相互了解和两军双边关系，美国将一步步地发展同中国的富有实质性内容的关系。

1981年8月30日—9月3日，美国前总统卡特偕夫人一行42人访问上海。卡特在沪参观东海舰队、上海交通大学、国际礼拜堂和巨鹿路菜场等，他对自己能与上海市民自由、无拘束的交流感到十分感慨，真诚表示，上海是个令人兴奋的城市，他将给美国国内带去一个明确的信息，美国人在中国会受到友好相待，能够了解中国的伟大历史，看到中国文化的迅速发展和人民生活的改善。在卡特前后，美国前总统国家安全事务助理布热津斯基、前副总统蒙代尔也来到上海访问。布热津斯基在上海谈到中美关系时说，美中建交后，美国国内仍有两种不同意见，一种是主张从经济、政治和战略三个方面发展两国关系；另一种则主张冻结两国关系。布热津斯基表示，他认为应该按第一种意见，发展美中两国关系。美国前副总统蒙代尔是第二次访华之行中首次在沪作短暂停留。

1982年，在中美《上海公报》发表10周年之际，经中方向美方作出严正交涉和双方艰苦谈判，中美就解决美国售台武器问题的原则和方向达成协议，发表中美关系第三个《联合公报》(简称《八·一七公报》)。9月10—11日，美国前总统理查德·尼克松一行32人访问上海。尼克松对故地重游十分缅怀，他说，《上海公报》将永存历史，这个公报使长期分离的美中两国人民走到一起，两国关系在实质方面取得进展，这种关系发展的前途是无量的，它将成为今后年代里的政策基石。10月7—9日，美国前国务卿亨利·基辛格和夫人一行11人访问上海。此系基辛格第11次访华，他在上海表示，美中之间不存在利害冲突，两国政策是建立在互利基础上的，只有双方尊重对方利益，这种政策才能得以维持。美国对华政策不可能有根本性的改变。

1983年，美国商业部部长鲍德里奇、众议院议长小托马斯·奥尼尔、国防部部长温伯格先后抵沪访问。美国国防部部长温伯格访华推进中美两军关系，他在上海访问中国人民海军东海舰队某舰艇部队，在海军驻沪部队司令员石涌陪同下检阅仪仗队，登舰参观中国制造的猎潜艇、潜艇和导弹驱逐舰。1981—1983年，美国其他访沪的重要代表团还有：国会参议院共和党领袖小霍华德·贝克，首席大法官伯格夫妇，前副国务卿露茜·本森，前海军上将海曼·里科弗，参议院外交委员会主席弗兰克·丘奇，参议员助手访华团，城市联盟市长代表团，堪萨斯州、华盛顿州、费城代表团，美中关系全国委员会理事会代表团，联合国协会代表团，众议院民主党领袖詹姆斯·赖特，由主席约翰·丁格尔率领的众议院能源和商业委员会访华团，以主席杰里·帕特森为团长的众议院银行、财政、城市事务委员会国际开发机构和财政小组委员会访华团，众议院外交委员会顾问刘易斯·古立克，由众议院军事委员会主席梅尔文·普赖斯率领的议员访华团，由“美国人大会”主席威廉·沙利文率领的外交事务组织访华团，对外关系委员会会长温斯顿·洛德夫妇，国防部咨询专家班宁·加瑞特，国务院助理法律顾问黄挺华夫妇，前总统尼克松的国内事务助理埃里克曼，由全国理事会主席埃蒙德·哈达德率领的世界事务组织访华团等。美国前海军上将里科弗在美国海军服役64年，1937—1939年曾在上海，亲眼看见日军铁蹄下中国人民的苦难。40多年后故地重游，上海的巨大变化使他感慨万千,在沪他逢人便说,你们该为历史悠久的文明古国感到自豪,为所取得的成就感到骄傲。

1984年4月30日—5月1日,美国总统里根和夫人一行652人访问上海。在沪里根参观中美首家合资企业上海福克斯·波罗有限公司、上海县虹桥乡,访问复旦大学,并以《同中国著名学府的年轻人谈谈未来,谈谈我们共同的未来》为题,向复旦大学600多名师生作长篇讲话。他表示,这次中国之行是重要的、有启发的,会谈是有成效的、有深远意义的。他相信美中关系会越来越好,两国人民扩大合作有着广阔的前景,他将尽最大努力继续发展两国关系。

1984年先后到访上海的美国人士及代表团还有:共和党参议员、参议院拨款委员会委员阿伦·斯佩克特,总统战略力量委员会主席布伦特·斯考克罗夫特,海军部部长约翰·莱曼和夫人,前国务卿万斯,前驻联合国代表珍妮·柯克帕特里克,前副国务卿阿历克斯·约翰逊和大西洋委员会高级研究员阿尔弗莱德·威廉,洛杉矶县议长迪恩·达那夫妇,由委员会主席杰克·加恩率领的参议院银行、住房、城市事务委员会代表团,以密西西比州市长尤妮塔·布莱克韦尔为团长的黑人市长访华团等。美国前国务卿万斯率100多位美国金融、实业、法律界人士到沪参加"上海国际投资法讨论会"。

1985—1989年初,美国政府要员、国会议员、军界人士和地方政府官员等到上海访问络绎不绝。其中有参议院共和党领袖罗伯特·多尔率领的参议员代表团,国会参议院共和党领袖小霍华德·贝克,众议院公共事务和交通委员会所属水利资源小组委员会主席罗伯特·罗率领的众议院代表团,众议员杰拉尔德·所罗门率领的国会议员团,共和党全国委员会两主席之一、驻联合国妇女代表莫林·里根,国务卿舒尔茨,前美军太平洋总部司令、退役海军上将罗伯特·朗夫妇,国防部部长弗兰克·卡罗奇和夫人,外交政策协会代表团,总统高级管理人员交流委员会代表团,国会事务专家代表团,华盛顿战略和国际研究中心欧洲研究部主任罗伯特·亨特夫妇,加利福尼亚州州务卿余江月桂,以州参议院共和党领袖肯·麦迪为团长的加利福尼亚州议会代表团,亚利桑那州副州长兼州务卿罗斯·莫福特,康涅狄格州代表团,以总书记葛斯·霍尔为首的美国共产党代表团等。美国国务卿舒尔茨在沪参观中美技术合作的上海飞机制造厂,他表示,美中三个联合公报,仍然是美中双方共同发展两国人民之间的广泛互利联系的基础,美国将继续信守这三个阐述美中关系基本政策的声明中所包含的原则。他说,美中两国的对外政策有许多共同之处,双方都希望奉行独立的外交政策,但这不妨碍双方增加接触和合作领域;双方都认为任何国家和国家集团都不应试图支配其他国家。这种关系是互利的,符合两国人民促进经济和社会进步的共同利益,也有利于区域稳定和建设一个更安全的世界。他称,"一个中国"与"和平解决台湾问题"的原则,仍然是美国对华政策核心的一个组成部分。美国共产党总书记霍尔在上海进行2天参观访问,他是为美国共产党恢复中美两党关系访华的。美国国防部部长弗兰克·卡罗奇在沪参观中国人民海军上海基地潜艇部队。后由美国海军第七舰队队长莫兹中将率领的两栖登陆作战指挥舰"兰岭"号、导弹巡洋舰"斯特雷特"号和导弹护卫舰"戴维斯"号3艘军舰及1 800名官兵抵达上海进行4天友好访问。

在这期间民间交往也日渐增多,由各种民间渠道抵沪访问的美国各界、各阶层人士快速翻倍,至1988年已达100 152人次,比1980年46 802人次增加了114%。其中,美国一些大公司、大企业和金融机构的首脑或代表人物纷纷到上海访问、考察或商谈,确定投资与技贸合作问题。仅1985年,就有30余家大企业、大公司和金融机构的董事长、首席执行总裁组成的美国高级企业家代表团,以美国外交政策协会理事、美国联合太平洋铁路公司董事长伊文思为团长、由洛克菲勒兄弟基金会前董事长苏伦斯·洛克菲勒等一些大财团企业家组成的访华团,以美国洲际发展总公司总裁约翰·李为团长的美国年轻企业总裁组织访华团，由奥兰多市市长比尔·弗雷德里克率领的奥兰多市一些大公司总裁和种植园主组成的访华团等4个人数较多的美国企业界代表团接踵到访。还有一大批美国经贸、金融界人士到沪参加主题为“中美经济发展”“中美经济关系”“上海国际投资法”“证券法、公司理论法”“证券管理”“金融、银行业务”“信用卡业务”等的多种研讨、交流会议。140多个美国文化、教育、科技、新闻、体育团队和知名人士访沪，一批学者、专家到沪参加20多个医药、生物化学、防治植物虫害和光学、电子、控制系统、机床、仪表、海洋学等学术研讨、科技交流会议。美中友好协会等一些民间团体也持续不断地组织和推荐各方面人士访沪，像美国黑人运动前辈领导人罗伯特·威廉夫妇，已故著名黑人学者杜波依斯之子大卫·杜波依斯，美国友人加利福尼亚州立大学政治系副教授莫顿·奥巴克夫妇，美国友人福斯特教授夫妇，美国友人、毛泽东主席重庆谈判期间会见的3名美国士兵之一的杰克·埃德尔曼夫妇，美国首任驻华大使伍德科克夫妇，美中关系全国委员会会长兰普顿、副会长白莉娟一家，美联邦教育资料科学委员会顾问委员黎耀华夫妇，美国总统出口委员会副主席、共和党少数民族事务委员会主席、国际人民交流协会执行委员陈香梅，美国三大商业杂志之一的《福布斯》杂志董事长马尔科姆·福布斯，美国基督教福音派领袖、著名布道家葛培理夫妇，美国洛杉矶世界事务委员会主席柯蒂斯·麦克夫妇，美国胡佛研究所所长坎贝尔夫妇，还有美国外交政策全国委员会、乔治顿大学战略与国际问题研究中心、北加利福尼亚州世界事务理事会、美国“世界市长会议”等一些机构、组织的代表团和人士，华盛顿、旧金山、新墨西哥、堪萨斯、加利福尼亚、洛杉矶、亚利桑那、阿拉巴马等不少州市由地方政府领导人、议员和各界人士组成的代表团，以及教育、文化、研究中国的学者等专业方面的代表团和人士。一些美籍华人华裔作家、艺术家和实业家纷纷到上海，如杨振宁、李政道、丁肇中、吴健雄、郑宗锷等著名学者、专家多次重访上海，他们为帮助上海开展有益的对外交流与合作，为上海教育、科技、文化事业和对外经济贸易的开拓发展，作出多种努力。

1989年，在中国春夏之交发生的政治风波中，美国的某些领导人、国会议员以种种方式粗暴干涉中国内政，使中美关系出现严重困难和波折。但陆续有一些前来了解中国情况、同中方讨论两国关系问题的美国政界人士、议员、研究中国问题人士以及一些州市领导人和知名人士到上海参观访问。其中有美国共和党参议员沃伦·拉德曼及其助手，以怀俄明州共和党参议员艾伦·辛普森办公室主任詹姆斯·拉特利夫为团长的美国国会助手团，美中关系全国委员会会长兰普顿和理事鲍大可，“阿波罗15号”宇航员欧文率领的访华团，美国国际委员会代表团和一些科技、教育、医务、企业界人士等。美国共和党参议员拉德曼认为，中国是至为重要的世界大国，拥有丰富的自然资源和广大市场，正致力于发展经济，美国掌握着尖端科学技术，两国在经济技术以及军事等方面加强合作，对两国人民和地区和平有益。美中关系全国委员会会长兰普顿和理事鲍大可为两国关系上出现的问题感到忧虑，希望双方不要针锋相对，在双方高层政治接触一时停滞的情况下，继续保持和发展民间的合作和交往。美国国会助手团团长拉特利夫也希望中美之间能继续进行经济、文化包括交换留学生等各方面的合作和交流。

1990年12月，美国助理国务卿理查德·谢夫特和国务院中国处处长魏特曼访问上海。这是自中美关系发生波折后，美方首次到上海的高级官员。谢夫特表示，在美中关系出现裂痕的情况下，他到中国访问是为了解情况，澄清事实，消除误解，讨论存在的问题，表明美方立场。市长朱镕基在会见中就中美关系的症结所在阐明中方的立场。同年来上海访问的还有：由大西洋理事会主席、前助理国务卿李奇微率领的美国大西洋理事会代表团（代表团成员有美国前国防部部长麦克纳马拉、前参谋长联席会议主席赫雷赫上将，美国能源协会主席格雷，美中关系全国委员会主席谢佛，花旗银行东京分行行长格莱恩等),美国国会联邦众议员麦克尔·奥克斯等5位众议员夫妇及助手一行,美国国会参议院情报特别小组委员会助手团,美国前国防部部长弗兰克·卡卢奇夫妇一行,美国前总统尼克松的大女婿爱德华·考克斯,以及来上海参加第三届中美经济合作国际学术讨论会的包括美国亚洲经济研究委员会主席杜塔、美国总统全国科学奖章获得者赫威兹教授在内的美国学者、专家等。1991—1993年,每年都有美国政府要员、国会议员和地方官员及各界人士到上海访问。他们是:众议员克里斯托弗·史密斯和弗兰克·沃尔夫,众议员罗伊·罗兰等4位夫妇,参加在沪举行的“变化中的东北亚大国之间的关系”研讨会的美方代表团,由参议员汉克·布朗率领的美国国会议员团,以众议员兰开斯特为团长的美国国会众议员访华团,国会议员助手团,新泽西州议员团,前国务卿基辛格率领的美中协会访华团,国际集团公司董事长格林伯格,纳贝斯克公司董事长路易斯·格斯特纳,美国《华盛顿邮报》外事编辑戴维·伊格纳修斯和驻京记者,以前国务卿、亚洲协会主席怀特赫德为团长的对华政策委员会代表团,由民主党参议员、参议院情报委员会主席戴维·博伦率领的国会议员访华代表团,加利福尼亚州副州长兼经济发展委员会主席里奥·麦卡锡,资深民主党参议员、参议院能源自然资源委员会主席贝内特·约翰斯顿,美国投资金融考察团,美国前总统尼克松,由罗索尔20-20集团执行委员会主席兼弗兰克·罗索尔公司董事长乔治·罗索尔率领的50多位投资公司总裁、董事长等企业家所组成的投资考察团,资深参议员、参议院拨款委员会防务小组委员会主席丹尼尔·井上和副主席特德·史蒂文斯,参议员约翰斯顿率领的著名能源、化工、动力公司主要负责人组成的贸易代表团,《华尔街日报》总部执行编辑凯特雷,宾夕法尼亚州共和党主席、参议员依尔·贝克夫妇,对外关系委员会副会长约翰·米林顿夫妇,由名誉主席戴维·洛克菲勒和主席、前商务部部长彼德森率领的对外关系委员会知名人士访华团,由洛克菲勒兄弟基金会、约翰逊基金会、亨利·卢斯基金会和麦克阿瑟基金会等有影响力的基金会领导人所组成的基金会代表团,以民主党众议员鲍勃·克莱门特为首的众议院农业贸易代表团,总统贸易代表办公室中国处处长李森智、副处长德伯勒·莱尔,国务院中国处官员安·布莱特,传统基金会会长埃德温·福伊尔纳和副会长舍·霍姆斯,由威斯康星州州长汤普森率领大企业界人士代表团,由众议员杰克·菲尔兹和拉尔夫·霍尔率领的国会电信代表团等。前国务卿基辛格率领的美中协会访华团就“上海经济贸易发展情况和前景”与上海市政府有关主管部门和人民银行、投资信托公司、研究机构的负责人进行座谈。《华盛顿邮报》外事编辑戴维·伊格纳修斯就浦东开发、进一步搞好大中型国有企业、两个文明建设、人民代表大会制度和住房、交通等问题采访市长黄菊。美国对华政策委员会代表团就中美关系问题与中方交换意见,与副市长赵启正进行了一次坦率的讨论,该团团长美国前国务卿怀特赫德参观上海证券交易所时,欣然接受聘请他为上海证券交易所名誉顾问的提议。参议员博伦表示,中国的改革和变化给他们留下深刻印象,他说,中国可以称自己是发展中国家,可是这种发展实在太快了。他表示,美中需要建立更密切的友好合作关系,希望双方在一些重要方面共同做一些事情,以利于推动美中关系的改善。加利福尼亚州副州长麦卡锡说,美国一些跨国大企业已与上海建立关系,在上海设立自己的办事机构或同上海合资开办企业。作为美国大州之一的加州,拥有众多中小企业,也希望与上海开展经贸合作,并在上海设立窗口。麦卡锡再次率团访沪时,与上海静安区政府和上海有关部门就租用地块和机电、医疗器械的进出口业务等达成几项合作意向。参议员井上说,美国的许多人都认为,美中合作有助于整个世界的互利和稳定。美国的曼斯菲尔德大使曾预言,下一个世纪将是太平洋地区的时代。中国惊人的发展速度,太平洋地区经济贸易的增长,表明这个时代已经开始,他将为促进美中关系发展而努力。总统贸易代表办公室中国处和国务院中国处的几位官员,与上海对外经贸、外国投资、经济、科技和学术研究等部门的有关负责人讨论“保护知识产权”和“市场准入”等问题。他们称，虽然美中两国外交关系出现障碍，但经贸合作仍应保持发展，中国要发展经济，成为强国，就必须向世界打开市场大门，引进国外的先进科技和资金。美国可以在这方面助中国一臂之力。前总统尼克松在沪参观上海证券交易所、闵行经济开发区，去锦江小礼堂重温那“改变世界的一周”，他说，这次重返上海，看到浦东、浦西到处是建设工地，一派生机勃勃景象，相信上海将恢复其金融、贸易中心地位，上海经济的腾飞将成为世界奇迹之一。他表示，安全因素使中美两国关系建立起外交关系，而经济利益会使两国关系关系得以继续和发展，两国政治上的分歧不会阻止经济合作的发展。

1994年，美国前总统布什，美国财政部部长本特森偕商务部助理副部长罗斯科普夫，前国务卿舒尔茨、伊格尔伯格和前副国务卿麦科马克，前国家安全事务助理布热津斯基，商务部部长罗纳德·布朗等陆续访沪。美国前总统布什在沪参观浦东新区、上海证券交易所，向上海市领导了解浦东开发和上海经济、金融、城市建设等情况。他说，美国缺乏对中国了解，新闻报道时常会扭曲事实，它反映的往往不是事物的本质。他称美中两国关系是世界上最重要的关系，推动美中关系尽快走上正常轨道，对双方都有利。他表示自己虽已退休，但将为美中关系的发展作出努力。美国财政部部长本特森在沪参观上海柴油机股份公司，他说，他到上海来就是要了解中国改革和私有化情况。中国走向市场经济体制改革，是世界大事的一部分，美国作为世界上最大的发达国家与中国作为世界上最大的发展中国家之间有许多事情可做。美国更加关注并打算更多地参与亚太地区的经济发展，而中国是这一地区发展最快的国家，美中两国的合作符合双方利益。随行的罗斯科普夫说，美国认为，世界十大市场中中国是最重要的，妥善解决中国最惠国待遇问题，是两国关系中至关重要的问题。商务部部长罗纳德·布朗是克林顿政府宣布延长中国最惠国待遇后，第一个负有总统使命访华的内阁成员。布朗听取有关上海金融、利用外资环境和政策的介绍，出席中美双方有关企业集团、公司和研究机构签订大型电站主要部件、燃气轮发电机组以及知识信息网络通信技术、脱氧核糖核酸生物技术和语言教学交流合作等一些合资合作项目的签约仪式，并为上海航空公司引进美国第六架波音飞机剪彩。他表示，没有什么比建立与中国持续的合作关系更重要。上海在中国经济发展中具有不可替代的重要作用，美方愿意与上海进一步探讨各种合作的可能性，上海与美国方面是有良好合作前景的。同年，美国兆华斯坦地产公司、英特尔公司、联信公司、休斯公司和纽约股票交易所等一些跨国大公司和大企业的董事长或总裁和首席执行官等先后来到上海。兆华斯坦地产公司总裁兆华斯坦赴沪签约，与日本森大厦株式会社在浦东陆家嘴金融贸易中心联合投资兴建一座高90层的金融摩天大厦。英特尔公司总裁安德鲁·葛鲁夫出席英特尔科技发展（上海）有限公司的开业仪式。联信公司董事长兼总裁拉里·博西迪为在中国开办的第一个独资企业——上海联信涡轮增压器有限公司动工兴建访问上海。休斯公司总裁麦克·阿姆斯特朗与上海市领导人就进一步加强双方在汽车电子及部件生产、卫星通信项目的合作进行深入探讨。其他访沪的还有：资本集团公司访华团、传统基金会代表团、投资顾问公司考察团、共和党全国委员会东亚贸易代表团和一些地方（加利福尼亚州、夏威夷州、纽约市曼哈顿区等）的领导人和友好人士，以及一些大学（美国昆斯学院、得克萨斯大学文学院、哈佛大学国际事务中心交流部和商学院等）的校长、教授等，像哈佛大学商学院先后两次由副院长和资深教授率“把握全球机遇”高级经理讲习班代表团（内有美、英、法、加、韩、新加坡、菲律宾、沙特等12个国家和地区的30名高级企业管理人员）、高级企业管理人员讲习班（内有美、英、加、德等国著名企业、银行的学员29人）来沪，参观上海建设新貌，特别是了解上海经济改革和吸收外资、对外贸易、金融体制和投资环境建设等方面的实际情况和政策举措，进行有益交流。

1995年6月,美国国会批准李登辉访美,使中美关系又起波折。在中国政府的强烈抗议和严正交涉下,美方感到了问题的严重性,一再向中国政府郑重表白美国重视中美关系,遵守中美三个联合公报的基本原则,承诺限制台湾地区领导人访美,并在10月,中美两国元首在出席联合国成立50周年特别会议期间所举行的正式会晤中再次作出承诺,不希望台湾问题成为两国分歧的来源。此后,美国总统克林顿重申对华继续奉行"建设性接触"政策,宣布无条件延长对中国的最惠国待遇,表示将积极对待中国加入世界贸易组织一事,中美双方经过谈判就保护知识产权达成协议,美方提出增进双方高层接触和往来的建议,中美关系重又取得新的发展。在这期间,美国政界和各方面人士的来访频繁,其中访沪的美国参众两院议员代表团就有18个,像美国众议员比尔·阿切尔,参议院情报委员会副主席罗伯特·克里,参议院外委会亚太小组委员会主席克雷格·托马斯,参议员欧内斯特·霍林斯、威廉·科恩,众议院商业委员会电信与财政委员会主席杰克·菲尔兹,美国密歇根州参议院多数党领袖迪克·波斯特·休默斯,参议员、美国旧金山市主持率先与上海缔结友好城市关系的前市长黛安·范因斯坦等,都表示支持中美妥善处理分歧,改善和推进政治、经济和各方面的关系,主张无条件延长对中国的最惠国待遇(有的主张给中国以永久最惠国待遇),表示愿为此而继续进行努力。有的议员建议在遇有重大问题时,希望中方通过驻美使领馆官员、资深外交人士,特别是彼此相识相知、已建立起良好个人友谊的中国老朋友,及时多与他们沟通、商议,以利于增进相互理解和共识,共同为美中合作关系的健康稳定发展作出努力。其他一些国际问题、外交政策研究机构和新闻机构的代表团,来华进行双方会晤的美国政、经、学界知名人士,也纷纷到上海进行相互交流。美国一些代表团还分别就增进双方贸易、金融、能源、环保、电讯等领域以及双方城市间往来合作,与上海相关部门进行了交流和探讨。

1996年,由美国前驻华大使伍德科克率领的"美国人大会"代表团、由会长乔治·施瓦伯率领的美国外交政策委员会代表团、由美中关系全国委员会主席科纳布尔和美国对外关系委员会主席彼得森率领的赴北京出席"第八次中美知名人士会晤"的美方代表团和国务卿克里斯托弗先后访问上海。"美国人大会"代表团和美国外交政策委员会代表团分别与上海国际问题研究所、上海社科院、上海和平与发展研究所和复旦大学的学者、专家,就"改善和推进中美关系"与"面向21世纪的中美关系"进行座谈和讨论。"美国人大会"代表团成员希望听取中方学者对他们所起草的《面向21世纪的中美关系——如何避免冲突》论文集的意见,上海与会学者、专家都坦诚地分别就一些重要、敏感问题阐述中方的观点和原则立场,表达对中美关系得以健康、稳定地走向21世纪的期望。美国外交政策全国委员会会长施瓦伯在双方的交流中说,他们与中方外交和研究机构人士进行广泛、深入的讨论,就是为了达成一个共识,即中美两个大国应进行合作。双方应找出分歧所在,并加以分析、克服。双方应致力于亚太地区、全球的稳定和繁荣。他们将以分析、研究的结论,为改善和发展美中关系向政府提供政策建议和参考意见。美中关系全国委员会主席科纳布尔在与市长徐匡迪晤谈中表示,在北京就美中关系和美中合作前景所作的讨论很有收获,上海是中国改革的前沿和策源地,他们都很重视对上海的访问。美国国务卿克里斯托弗赴复旦大学与美国研究中心专家、学者和大学生进行交流,并作题为《美国和中国:21世纪的合作》长篇发言。在回答学生有关美国对华保持接触的政策和人权等一些问题的看法和提问时,克里斯托弗称,美国对华政策确切的应译为"进行全面的对话",包含有关地区的、全球的事务的对话,其中包括环境保护、武器不扩散、打击贩毒走私、人权等一系列的问题。克里斯托弗参观中美合资瑞凯电缆附件有限公司,他认为美国企业同上海合作是一个非常好的选择,希望能继续发展。同年11月,中美首脑在出席菲律宾亚太经合组织领导人非正式会议期间举行会晤时,双方一致同意于1997年和1998年实现中美首脑正式国事互访，美国副总统先期访华。

1997年3月27—28日，美国副总统艾伯特·戈尔夫妇及其一行174人访华期间抵沪访问。戈尔在沪参观上海博物馆、东方明珠广播电视塔，与上海部分大学的校长及学者进行交谈。在与市长徐匡迪会晤时，戈尔说，上海之行令他感到非常兴奋，上海一片生机勃勃、繁荣兴旺的景象，给他留下深刻印象。他赞同市长徐匡迪关于“中国人对美国的了解要比美国人对中国的了解充分、深入得多”的观点，认为“中国人了解美国历史要比美国人了解中国深厚的历史渊源容易”，表示初听美国人对中国还很不了解、存在许多错误印象和判断感到震动。确实最重要的是要加深相互了解，进行坦诚交流，美中双边关系的改善只有靠加强交流、增加交往才是最好的道路。同年10月29日—11月4日，国家主席江泽民第一次访美获得丰硕成果。两国政府发表的《中美联合声明》是规划两国关系的又一个历史性文件，宣布中美将致力于建立建设性的战略伙伴关系。这为中美两国加强沟通和对话、增进了解和合作奠定良好基础。

1998年6月29日—7月2日，美国总统克林顿一行850人到中国进行国事访问期间抵沪访问。在沪整整两天的参观交流活动是丰满、多样，紧凑而又遂意的。上海以礼相待、主随客便，从有益于增进双方之间的了解出发，视客人意愿及其所关注的方面，请他们多看、多会各界人士。访沪第一天的上午，克林顿和夫人希拉里在上海图书馆与来自上海教育、文化、宗教和社会科学、法学界的8位代表举行圆桌讨论会，了解中国、上海在教育、法律、文化艺术和宗教领域的变化和发展，并就中美关系和增进双方之间的科技、文化交流等问题交换看法和意见。克林顿表示，举行此会目的是想了解中国发生的巨大变化和面临的挑战，以让美国人民了解中国。同时通过坦诚对话，与中国人民建立起正确的友谊，建立起21世纪的建设性战略伙伴关系。他重申美国在台湾问题上的政策是不支持“台湾独立”，不支持“两个中国”，不支持“一中一台”，美国鼓励海峡两岸进行对话。他认为，双方只要有耐心，就会有很好的成果。他还说，很高兴看到中国发生巨大变化，处于突飞猛进的发展之中。虽然美中两国在一些问题上还存在分歧，但双方应该通过对话与合作来消除分歧，进一步扩大共识。圆桌会后，克林顿又与市长徐匡迪一起通过上海人民广播电台《市民与社会》热线电话中午时分的访谈节目，与上海市民进行一个小时的对话，讨论“中美科技、文化、教育交流合作”“中国加入世贸组织”“中国为稳定东南亚经济所作的贡献”以及“城市交通与环境保护”等问题，回答市民的电话提问。他非常赞赏上海市民关心和提出讨论的很有意义的问题，使他感受到上海是充满生机和活力的地方，感受到中国的开放和中国人民的友善与智慧。在出席市长徐匡迪在上海博物馆举行的欢迎招待会上，克林顿表示，中国作为世界的稳定力量正在崛起，在实现亚洲金融稳定、朝鲜半岛稳定等方面都起了极其重要的作用。上海与美国已有良好的合作伙伴关系，上海正在建造通向21世纪的桥梁，美方愿与上海一起共同建造这座桥梁。他还与市长徐匡迪共同为中标参与上海科技城建设的美国公司设计图揭幕。第二天上午，克林顿出席上海美国商会举行的早餐会，中午与上海12位民营企业家举行午餐会，了解上海民营企业的发展和政府对民营企业的支持等情况。他在发表讲话中提到，中国是美国最大的贸易伙伴之一，美中经贸关系的发展给美国人民带来了更多的就业机会和经济收入，促进了美国经济的增长和繁荣。中国的成功不仅造福中国人民，也关系到美国的福祉和世界的稳定。他赞赏中国在促进地区金融稳定方面所发挥的重要的建设性作用，表示将继续努力推动美中经贸合作的发展，呼吁美国国会批准延长对华最惠国待遇，以免损害美中战略伙伴关系。他说，回去要告诉美国人民，与中国接触是十分重要的。在沪期间，克林顿参观上海证券交易所、徐汇网吧，访问闵行区居民住宅小区金汇花园，了解上海住宅建设和居民购置、拥有自己的住房等情况，并接受中央电视台《焦点访谈》节目主持人的专访。两天里，美方人士分路进行活动,克林顿夫人希拉里参观上海儿童医学中心、上海妇女再就业培训中心、上海第三女子中学,并在上海图书馆报告厅就妇女权益问题发表演讲。国务卿奥尔布莱特参观浦东法律援助中心,与上海司法部门负责人、法律工作者和受法律援助当事人举行座谈,又在豫园与上海宗教界人士进行座谈。希拉里和奥尔布莱特还参观了二战期间在沪避难的犹太难民的活动场所摩西会堂旧址,观看陈列的历史图片。希拉里对在现场的40名中外记者说,她看了犹太会堂和图片深受感动,上海市政府拿出几十万元修缮这个会堂并保存了丰富的资料,说明上海尊重历史,重视历史文物保护,说明中国政府尊重不同的宗教,保护宗教自由。奥尔布莱特对陪同参观的人说,她家也曾遭到法西斯大屠杀的残害,因此对上海曾拯救这么多犹太难民很感动。上海市政府为保存和研究这段历史做了大量工作,很不容易,这表明中国政府尊重各种宗教的历史。美国商务部部长威廉·戴利参观上海交通大学高科技成果展览,并与部分学生座谈。戴利说,中美两国在教育领域的交流合作将促进文化背景不同的中美双方互相尊重和理解。他认为,中美双方的共同利益、合作潜力远比中美之间所存在的分歧重要。参议员马克斯·鲍卡斯在复旦大学美国研究中心作题为《建立21世纪美中关系》的讲话。鲍卡斯说,美国对上海的印象是从电视上得到的,已经意识到这是一个错误,中国正在飞速发展,这不但给代表团,也给电视机旁的美国人民留下深刻印象。美中两国人民需要加强了解,在美国,很多议员足不出户,上了台阶就妄加评论,当不了解实情,甚至连这个国家都没去过,又怎能作出判断和评论呢?美中贸易存在关税、贸易壁垒、配额限制等问题,双方都在致力于经贸关系发展,这需要时间和努力,双方都需要考虑对方的立场,理解对方的观点。他表示台湾问题是中国内政,他支持"一个中国"的政策。

1997—1998年,美国一批在参众两院有影响的议员,像参议院财委会主席罗思、参议院司法委员会主席哈奇、众议院军事研究与发展小组委员会主席威尔顿、共和党众议员科尔、民主党参议员默里、参议院情报特别委员会主席谢尔比、共和党众议院运输和基础设施委员会主席舒斯特等纷纷来上海访问。罗思此行目的是了解中国改革开放和经济发展情况,并就对华最惠国待遇、中国加入世贸组织、香港回归、地区安全(包括日美中三角关系、朝鲜半岛局势)等问题与中方交换意见,向中方介绍美国会对上述问题的看法、分析新一届国会在对华最惠国待遇问题上可能采取的行动。哈奇系共和党资深参议员,此访是为了解中国中共十五大以后的内外政策和法制建设及人大立法过程中的作用等方面的情况,并希望就中美关系中的重大问题与中国有关单位交换看法。国家主席江泽民在上海会见哈奇,哈奇向江泽民主席表示,他和国会其他成员都期待着将要进行的两国首脑会晤,这将有助于两国建立起一种新的相互了解的关系,并由此使两国关系进入一个新阶段,来华前,美国政府请他转达这样的信息:总统克林顿深知美中两国正处于一个至关重要的时期,美中两国都已认识到双方关系的发展有必要进入到一个新阶段。他建议能否在核不扩散、宗教自由、知识产权等方面与美方取得一些实质性的进展。威尔顿强调,美中之间应当在友好坦诚的基础上建立一种经常性交流体制,这一机制要涉及外交、农业、能源、贸易、信息、环保等领域,这一点已成为美国共和党、民主党上上下下较为一致的认识。双方的合作之门还应开得更大些,包括在高科技和军事方面的合作与交流,在这方面上海应成为"领头羊"。他为此提出美国费城与上海在信息网络上建立21世纪伙伴关系的意向。科尔是众议院拨款委员会和预算委员会成员,他率领庞大的国会共和、民主两党议员一行40人到访,目的是增加新当选的议员对中国情况的了解,推动两国关系的发展。谢尔比是美国参议院重要人物,舒斯特是美国共和党众议院运输和基础设施委员会主席,默里是美国民主党参议员,在对华态度上,他们都支持给中国贸易最惠国待遇。他们访问上海是为了增进对中国政治、经济、文化、现代化建设和中美关系发展情况的了解,为此在上海进行大量参观与座谈。默里率领的美国华盛顿州企业界一行 20 人还希望推动华盛顿州与中国的经贸合作，探寻对华出口该州小麦、苹果的可能性。

与此同时，美国各界一些重要人士也纷纷访沪。前总统国家安全事务助理亨利·基辛格再次抵沪访问。基辛格在北京拜见国家主席江泽民、国务院总理李鹏、副总理钱其琛等党和国家领导人，就中美关系等问题交换看法，并希望促成美国安然公司在闽的发电站项目和 GTE 公司在穗的通信项目。他向市长徐匡迪表示，浦东开发前，只能在浦江游轮上看浦东，所见还只是一片农田，没想到今天已是一座全面建设中的现代化的新市区，上海发生的变化真是让人难以置信。美国有许多企业家和工业界人士都希望能与上海进行接触，他很乐意为上海如此快速的发展做一点事。前总统布什偕夫人一行 27 人于 10 月 16—17 日抵沪访问。在和市长徐匡迪会晤时，布什对上海的巨大变化发出由衷的赞叹，他谈到，很多美国人对中美关系非常无知，有些人对中国一直持比较消极的态度，其中有些人通过对中国以及上海的访问，对华不友好的态度已有所改变。他说，克林顿访华对改变这种状况很有帮助。在与海协会会长汪道涵会见时，布什表示，他始终认为中美关系是世界上最重要的双边关系。在台湾问题上，美国已作了承诺，这是美国应该奉行的主张。此外，美国前总统尼克松胞弟爱德华·尼克松、前国务卿万斯、前国防部部长佩里、前助理国防部部长傅立民、洛杉矶市副市长戴尔加迪洛等也在访华期间访问上海。爱德华·尼克松走访当年尼克松在沪参观访问的单位。万斯离任后作为美中协会两主席之一，继续致力于发展中美关系，他希望了解中国国有企业改革状况，在沪他向市长徐匡迪详细了解上海改革开放的政策，尤其是浦东在金融、外贸、出口加工等方面的改革措施。傅立民就其关心的中美关系及香港问题、美日安保条约、南海、印巴关系及中亚形势一些区域性问题与海协会会长汪道涵进行会谈，与浦东发展研究所开展座谈。其他访沪的还有国会议员代表团、众议院代表团、参议院新闻事务助手团、国会议员高级助手团、美国世界事务全国委员会代表团和由一些机构组织的访华团，如像美中关系委员会组织的美国外交政策编辑团、美国“亚太交流基金会”组织的美国国会助手团、美国“曼斯菲尔德太平洋事务中心”组织的联邦参议员团等。

之后，中美关系又历经起伏。1999 年 3 月科索沃战争爆发，5 月 8 日，中国驻南斯拉夫大使馆遭到美国为首的北约组织轰炸，3 名中国记者遇难，数十人受伤，激起中国各地、部分海外侨胞群情义愤，纷纷举行游行、集会，进行强烈谴责，中美关系陷入低谷。中国政府发表声明，表示最强烈抗议。1999 年冬，中美双方就中国加入世贸组织在北京达成双边协议，并解决中国在美永久最惠国待遇问题，从而使中美相互交流再度活跃起来。同年，美国前国务卿基辛格和安然公司总裁一行 9 人、加州民主党参议员范因斯坦携丈夫一行 3 人和良知基金会主席施奈尔偕夫人和助手一行 3 人先后抵沪访问。基辛格此访目的为拜会中国国家领导人，就中美关系交换看法，就两国关系和有关合作领域进行探讨。市长徐匡迪在会见中表示非常赞赏安然公司参与从四川到武汉的天然气管道建设，希望致力于调整能源结构比例的上海能借鉴安然公司经验，在能源期货等方面进行合作，并向基辛格博士颁发他于 1997 年获得的上海市“白玉兰荣誉奖”的证章和证书。范因斯坦 1992 年当选为联邦参议员，任旧金山市市长时曾促成该市与上海结成中美第一对友好城市，她支持中国加入世贸组织，对轰炸中国驻南使馆事件表示痛心，对《考克斯报告》表示不满，愿为恢复中美关系做工作。海协会会长汪道涵作为老朋友会见范因斯坦一行，双方就中美关系问题进行友好坦诚的交谈。施奈尔作为美国宗教界重要人士，在沪与上海社会科学院、上海国际问题研究所有关人员就中美、中东和宗教等国际问题进行座谈，并就加强之间的交流与合作进行探讨，施奈尔参观徐家汇天主教堂、沐恩堂、玉佛寺、城隍庙、沪西清真寺，并与市道教协会、市三自爱国会、市佛协、天主教上海教区、市伊斯兰教协会的负责人进行交流。其他访沪的还有：国会高级助手团、传统基金会组织的议员团、国会众议院代表团、“第十次中美知名人士会晤”代表团、美中政策基金会组织的国会助手团和美国北卡罗来纳州昆斯学院教授代表团、加州议会代表团、威斯康星州州长团、州政府理事会代表团以及尼克松胞弟爱德华·尼克松、美国常驻联合国代表霍尔布鲁克、参议员埃文·贝赫等。

2001 年初，由于总统乔治·沃克·布什在竞选过程中和当选执政初期把中国看作战略竞争对手，加上中美“撞机”事件等影响，中美关系一度又面临困难。随着美国政府逐步调整对华政策，“9·11”事件后，中美关系改善进程加快。2001 年 10 月和次年 2 月，乔治·沃克·布什在不到半年时间里两次访华，接着国家主席江泽民于 2002 年 10 月访美，与乔治·沃克·布什在克劳福德牧场举行重要会晤，两国领导人就发展两国建设性合作关系达成共识，使中美关系得到进一步改善，美国访华到沪嘉宾也再度活跃起来。

2001—2002 年，访沪的美国重要代表团有：由基辛格率领的美中协会代表团、前总统国家安全事务顾问萨缪尔·伯杰、参议院外事委员会主席约瑟夫·拜登率领的参议院两党议员团、金融界人士索罗斯、美国出席人权会代表团团长塔什克丽等。基辛格率领的美中协会代表团一行 16 人中有前国防部部长威廉·佩里和前副国务卿约翰·怀特黑德等，该团在访问北京后，其中佩里等 12 名成员抵沪访问(基辛格未访问上海)，佩里在沪表示，中美经贸合作像飞驰于高速公路一般，相信会有更多投资来到中国。伯杰与上海国际问题研究所和复旦大学有关学者进行座谈，并同市长徐匡迪就共同感兴趣的问题交换意见，他认为，中美关系对中美两国的发展十分重要，面向 21 世纪，应当进一步加强对话与合作，而中国加入 WTO 对整个世界经贸发展也非常重要，他祝愿中国入世进程顺利。拜登与复旦大学美国研究中心学者和学生就中方对全球战略形势的看法和军控政策及中国经济发展情况进行座谈，他表示，通过交流对中国年轻一代的思想有了初步的了解，希望能找到中美关系发展的共同之处。索罗斯是参加在京举办的“21 世纪的中国与世界”国际论坛后抵沪访问的，他赴复旦大学为金融学院和管理学院的师生作题为《开放社会和中国经济》的演讲，并回答学生的提问。塔什克丽是到华就人权问题举行磋商期间抵沪访问的，她在沪拜访市人大常委会法制委员会，拜会金鲁贤大主教，与上海国际问题研究所的学者进行座谈，还与在沪的外籍法律界人士进行交流。她说，通过在上海的访问和交流，使她对中国的认识又加深了一个层次，非常希望与上海国际问题研究所建立某种学术上的交流关系。

其他抵沪访问的还有前总统克林顿，前联邦众议员利文斯顿，联邦众议员迈克·本田，关岛总督卡尔·古铁雷兹，佛罗里达州民主党联邦众议员罗伯特·韦克斯勒，加利福尼亚州民主党众议员余胤良，以及美国大使理事会代表团、美国加州议员代表团、美国俄勒冈州议员代表团等，他们在上海进行大量参观访问，开展广泛的座谈了解，其中不乏探寻与上海进行经济合作的途径。美国大使理事会代表团在沪期间参观上海 WTO 事务咨询中心、上海证券交易所等单位，并在复旦大学就中美关系等问题与师生展开讨论，在上海社会科学院，与上海台湾问题研究所等机构的学者进行座谈。美国市长代表团在沪期间，与闵行区住宅办进行座谈，参观工薪阶层居住的小区和农民居住的小区，拜访上海市社会科学界联合会，会见《上海日报》总编，赴浦东新区政府听取情况介绍。美国关岛总督卡尔·古铁雷兹与上海中国国际旅行社、上海锦江国际旅游公司、上海中国旅游公司、中国东方航空公司等进行座谈，为中国公民去关岛旅游作准备，并希望上海市政府能像北京、广东等地一样支持中国公民赴关岛旅游。前总统克林顿是参加香港地区举行的《财富》论坛后由香港抵沪的，他出席由法国里昂证券公司主办的“2001 年中国投资论坛”并作发言。另外，世界上最大的保险与再保险公司之一美国 ACE 集团公司、美国华盛顿州务卿里德夫妇率领的经贸代表团、美国 IGNITE 公司总裁尼尔・布什等一些经济团组也陆续访问上海，希望加强和参与上海的经济建设。华盛顿州经贸代表团在沪参观上海深水港工程建设指挥部，尼尔・布什一行在沪与上海联和投资公司进行座谈。

2003 年以后，中美关系总体上保持良好发展态势，两国关系高层交往密切，国家主席胡锦涛与美国总统乔治・沃克・布什 6 月和 10 月在法国埃维昂和泰国曼谷两度成功会晤，国务院总理温家宝 12 月的成功访美和副总理吴仪 2004 年 4 月赴美出席第 15 届中美商贸联委会会议都取得重要的积极成果，中美两国在经贸、反恐、朝鲜半岛核问题、伊拉克重建等重要领域开展磋商、协调与合作，扩大两国共同利益，为中美关系增加积极因素，使上海更加成为美国访华代表团和重要贵宾日益关注的城市，成为美国积极寻求与中国开展经济、贸易、金融投资交流和合作的焦点。

2003—2004 年，美国华盛顿州州长骆家辉率领的政府、商业和教育代表团一行 75 人，前国务卿基辛格和摩根大通集团董事长兼首席执行官哈里森一行 7 人，参议员鲍克斯率经贸代表团一行 23 人，副总统查德・切尼一行 47 人相继抵沪访问。华盛顿州州长骆家辉在沪听取 2010 年上海世博会办公室关于世博会筹备情况介绍，出席 MG2 公司项目签约仪式，会见东方航空集团公司总裁，参观华盛顿州政府中国商务代表处、正大联华超市等，他说，上海是中国的金融、商贸等中心，存在很多潜力和机会，希望通过这次访问能够进一步推动双方经贸等合作和交流。基辛格在与上海市领导会见时表示，上海发展潜力巨大、前景美好，要鼓励更多工商和金融界朋友来上海投资发展。摩根大通集团董事长兼首席执行官哈里森说，上海是一个重要市场，希望在上海寻求和获得更多合作机会。参议员鲍克斯参观上海 WTO 事务咨询中心，听取市长韩正关于美国企业在沪投资情况和一些成功实例的介绍，并就就业、环境等问题与韩正进行交流。副总统切尼赴复旦大学就中美关系向复旦师生进行演讲并回答提问，参加美国在沪企业家的午餐会，他表示，上海的迅速发展给他留下深刻印象，希望还能有机会到上海访问。抵沪的美国其他重要人士和团组还有内华达州副州长亨特、犹太人全国委员会代表团、加州议员代表团、“新多数”政商领袖代表团、前总统国家安全事务助理伯杰、众议员霍布森、良知基金会主席施乃尔、参议员范因斯坦等。美国犹太人全国委员会代表团在沪与上海社会科学院犹太人研究中心学者进行座谈，参观上海摩西会堂和霍山公园内的犹太人纪念碑；加州议员代表团与中美企业家进行会谈，赴上海贸促会听取上海与加州贸易往来情况的介绍。施乃尔访沪旨在寻求进一步加强中美两国宗教领域合作的途径。

2005 年，国家主席胡锦涛与美国总统乔治・沃克・布什在纽约和北京成功会晤，就全面推进 21 世纪中美建设性合作关系达成重要共识。2006 年 4 月 18—21 日，国家主席胡锦涛首次赴美进行国事访问，中美双方加深了解、扩大共识、增进互信，取得许多重要成果，为中美关系持续、健康、稳定发展打下更稳固基础，上海成为美国访华代表团的重要驿站。

2005—2009 年，美国国会众议员韦克斯勒一行 6 人、美国良知基金会主席施奈尔夫妇、美国纽约市市长迈克尔・布隆伯格一行 23 人、前国务卿基辛格先后到过上海。在沪其间，众议员韦克斯勒表示，上海经济的发展和取得的成就举世瞩目。中美关系处在非常重要的时期，许多美国人开始意识到中国在国际舞台上扮演着重要角色，中国的发展不仅对中国有利，也对美国有利。他希望美国 NBA 球赛能在上海举办。施奈尔旨在加强中美两国在宗教领域的交流和合作，夫妇俩赴市民族和宗教事务委员会、上海社会科学院欧亚所座谈，参观徐家汇天主教堂、西摩会堂和西摩会堂内“犹太难民在上海”图片展，他祝贺上海获得 2007 年世界特奥会和 2010 年世博会的主办权，并表示将全力支持上海举办好这两大盛会。纽约市市长布隆伯格表示，上海和纽约有许多相似之处，也同样面对国际化大都市的共同问题,希望两市加强在交通、环保、教育等各方面的交往与合作。他和市长韩正共同签署两市合作交流意向书。前国务卿基辛格是应“中国科学与人文论坛”邀请发表演讲后,出席美国运通公司在沪举办的商务论坛抵沪的,他在中科院上海分院发表题为《我所见证的中美关系及未来》演讲,并分别与市委书记习近平和市长韩正亲切交谈。他说,上海是中国繁荣的象征,这里是中国最具活力、创造力和想象力的地区之一,希望上海建设不断取得新成就。他愿意继续为促进美中两国的友谊,以及美国和上海之间的关系贡献自己的力量。其他来上海访问的美国重要人士和代表团还有:民主党联邦参议员马克·戴顿、华盛顿州州长克里斯廷·葛瑞格尔、众议员吴振伟、众议院国际关系委员会亚太分会委员会主席詹姆斯·利奇、众议院运输委水资源与环境小组主席邓肯、众议员马克·肯尼迪、参议员马克·戴顿、参议员谢尔比、北达科他州州长约翰·霍文、夏威夷市市长默菲、前国务卿科林·卢瑟·鲍威尔、传统基金会会长福伊尔纳、怀俄明州州长戴维·弗罗伊登索尔、众议长佩洛西的高级顾问乔纳森·史蒂弗斯和隶属波音公司的欧亚集团代表团、宗教访问团、泛亚商会代表团、众议院教育和劳工委员会代表团、布鲁金斯学会代表团、纽约州议员代表团、市长代表团、纽约州议员“投资纽约”代表团、“接触中国”代表团、犹太人大会代表团等,他们在上海除广泛的座谈、参观了解外,重点考察在沪投资的美资企业和机构。华盛顿州州长克里斯廷·葛瑞格尔率团一行72人出席“阿波罗技术”签字仪式,听取2010年上海世博会筹备情况介绍,参观华盛顿州政府(上海)商务代表处、张江高科技园区、浦东张江集电港;市长代表团由美国一些州的中小城市市长和市议员组成,他们就古建筑保护问题与上海博物馆、上海市文物管理委员会的有关领导和专家进行座谈;会长福伊尔纳领导的传统基金会与上海国际问题研究所、复旦大学美国研究中心座谈,还参观美国通用电气(中国)全球研发中心等。值得一提的是,美国“美亚学会”1998—2008年共组织近50批国会议员助手团600多人访华期间抵沪。他们为了解中国改革开放和政治、经济、社会的发展变化及上海经济建设的情况,在沪参观访问,与上海有关大专院校和研究机构的专家学者座谈讨论,为增进中美相互了解做了许多工作。

2009年11月15—16日,新当选的美国总统奥巴马访华先抵上海。随同到访的有国务卿希拉里,常驻联合国代表赖斯、总统国家安全事务助理琼斯等约200人。奥巴马在沪分别就降低能耗、减少碳排放和居民住房、城市规划、污水处理、文化、教育等方面感兴趣的话题,与中共中央政治局委员、上海市委书记俞正声和市长韩正进行探讨,他表示,这是第一次到访上海,对上海这座美丽的城市和迅速增长的经济留下深刻印象,希望美国与上海在金融、商贸、清洁能源等领域进一步加强合作,并积极推进芝加哥、旧金山与上海友好城市之间的交流。他说,他的家乡芝加哥曾成功举办过两届世博会,每次都对城市的形象和经济发展起到很大的促进作用。他预祝上海世博会也能达到同样目的。他还说,各国应共同努力,加大清洁能源的开发利用,进一步减少碳排放。奥巴马还与中国青年开展对话活动,410名来自沪上8所高校的学生参加活动,近200名中外记者进行现场采访。上海电视台和新华网分别对活动进行电视和网络文字直播。活动中,奥巴马发表15分钟演讲。他回顾美中关系的发展历程,表示美中两国应进行开诚布公的对话,增进彼此的了解,美国不寻求遏制中国,美国欢迎中国强大、繁荣和成功。希望美中双方,特别是年轻人之间能够进一步加强沟通与交流。奥巴马还回答现场青年的提问和来自新华网和美驻华使馆网站的问题。他认为,中美两国在处理全球地区问题方面,有很多共同点,双方应加强对话与合作。随行的国务卿希拉里赴世博局参观世博大厦和美国馆,她表示,上海世博会在美中合作关系中扮演重要角色,上海作为全球最富有活力的城市之一,举办世博会当之无愧。

2010年5月21—23日,美国国务卿希拉里·克林顿访沪。希拉里此行是出席中美战略与经济对话，与中方有关领导人探讨如何在政策层面更好地促进两国之间的交流合作。在沪她参观中国国家馆和省区市馆、美国馆，慰问展馆工作人员，出席在美国馆内举行的各赞助商对美国参展上海世博会提供支持的答谢晚宴，并分别与中共中央政治局委员、上海市委书记俞正声和市长韩正会晤，她说，两国人民之间的交流非常重要，是两国关系发展的重要基础。通过正在上海举办的世博会，中国人民可以更多地了解世界，也可以让世界更好地了解中国，不断增进彼此理解与合作。她谈到，中美关系应定义为双赢的解决方案，而不是零和竞争，虽然两国不可能在所有问题上都持一致看法，但应寻找并抓住机会，就像世博会一样，在两国人民之间加深理解。她在香格里拉酒店会见部分美国侨民，赴上海波音航空改装维修工程有限公司参观和发表演讲。7月1—2日，美国总统代表团团长、前国务卿奥尔布赖特一行13人到沪出席上海世博会美国馆日活动。中国政府代表、全国人大外事委员会主任李肇星等陪同出席馆日活动仪式。奥尔布赖特表示，很荣幸率美国总统代表团出席上海世博会美国馆日活动。美方代表团成员大多是奥巴马政府中的精英人士，这表明美方对上海世博会和中美关系的重视。她说，美中关系是21世纪最重要的双边关系之一，很高兴看到两国关系取得积极进展。

2010年，访沪的其他美国代表团和人士有：美国前劳工部部长、木兰教育基金会主席赵小兰，前常务副国务卿约翰·内格罗蓬特偕助手，媒体人士代表团，媒体人士史蒂文·克莱门斯，前众议院军事委员会成员代表团，美国参议院财委会议员助手代表团，佛罗里达州民主党联邦参议员比尔·纳尔逊，纽约州参议院议长马尔科姆·史密斯率领的美国纽约州议员暨“投资纽约”代表团，弗吉尼亚州民主党联邦众议员詹姆斯·莫兰率领的美国众议院拨款委员会代表团，美亚基金会组织的国会助手代表团，美亚学会组织的第74批国会助手代表团，公谊服务委员会秘书长麦克尼什，由美中政策基金会组织的美国国会议员助手代表团等。“投资纽约”代表团向与会者介绍纽约的投资环境和投资项目以及美国的投资移民政策，议长史密斯说，上海和纽约有很多共同点，双方在教育和文化方面的交流也应该得到继续推进，在金融危机的背景下，双方应该能合作得更好。纽约作为美国最重要的州之一，非常重视和中国的关系，并且将努力培养和发展这一关系。众议员莫兰表示，上海是中国与世界联系的门户，外商外资服务环境优越，希望他所在的选区——弗吉尼亚州与上海进一步发展合作交流。

二、加拿大、墨西哥

大陆面积世界排名第二的加拿大是北美另一个经济大国，墨西哥则是北美唯一的发展中国家。两国的对华关系因其经济地位不同在历史上呈现出不同态度。加拿大经济上与美国紧密相连，政治上受美国影响较大，对华关系一直视美国态度而左右。墨西哥一直对华友好，与中国保持着传统友好往来。改革开放为加拿大促进对华友好关系带来机遇，也进一步推动墨西哥对华关系发展。

1978年10月28—30日和1986年12月8—9日，墨西哥两任总统何塞·洛佩斯·波蒂略一行170人和米格尔·德拉马德里·乌尔塔多一行120人相继访问上海。洛佩斯在沪参观沪东造船厂、工业展览会、市少年宫等，他说，在人类历史上从来没有一个国家能像中国一样在这样短的时间内为这么多的人做出这么多事情，这给全人类树立了一个榜样。中墨两国是朋友，正在加强这种关系，成为更好的朋友。他表示，发展中国家必须建立一个新的世界经济秩序，要保证发展中国家特别是原料生产国的利益。德拉马德里在沪参观宝钢、音乐学院、针织大楼等，国家主席李先念在上海西郊宾馆会见代表团主要成员。德拉马德里表示，墨中两国在和平与发展问题上观点一致，双边关系发展顺利，政治关系很好，还需要扩大两国间的经济贸易关系，墨西哥愿与中国一起为此进行长期的努力。他说，上海是具有重要战略意义的城市，有着十分良好的贸易和经济传统，上海可以成为发展墨中两国经济联系的纽带。随行的企业界人士和工会领导人与上海有关部门进行对口座谈。在此期间，墨西哥统一社会党总书记巴勃罗·戈麦斯、由参议员大委员会秘书安东尼奥·里瓦·帕拉西奥率领的议会代表团也先后访问上海。

1979—1987年，加拿大议会代表团到上海频繁，像参议院的几任议长雷诺·拉普安特、莫里斯·里尔和麦博诺，以及众议院议长劳埃道·弗朗西斯和弗雷泽、副议长斯蒂文·帕普洛斯基和马塞尔·丹尼都曾率团访问过上海。1987年3月23—25日，加拿大总督让娜·索维夫人偕丈夫一行41人访问上海。索维在沪参观豫园、玉佛寺，在华东师范大学向500多名师生发表演讲。她对中国实行对外开放政策表示满意，认为中国参加国际社会十分必要，在保卫世界和平方面，中国一定会继续作出巨大贡献。她说，上海是个很有吸引力的城市，上海的经济建设取得了惊人的成绩，加拿大与上海的联系和合作大大加强了，要为扩大相互间的友好往来和加强相互信任继续努力。随行的加拿大对外关系部部长参观上海北票煤码头，上海交通大学、上海外国语学院等，并分别宣布在交通运输、管理教育、培训管理人才、促进高校合作上提供技术援助和经济资助等4项援助项目。在这期间，加中友协联合会主席艾丽斯·格里菲斯率领的知名人士访华团、加拿大友人文幼章和夫人、以总书记威廉·卡什坦为首的共产党代表团分别访问上海。

1993年12月18—19日，墨西哥总统卡洛斯·萨利纳斯·德戈塔里一行人80余人访问上海。萨利纳斯在沪参观南浦和杨浦大桥、上海博物馆，出席墨西哥驻沪总领事馆的揭牌仪式，并在中墨双方企业家会晤时发表讲话。他说，上海在墨西哥发展同中国关系中有着特殊的作用，同属于亚太经合组织国家的墨西哥，希望与中国尤其是上海发展更为自由、公正的贸易关系，要加强同上海的联系和合作。此前，墨西哥总统顾问劳罗·奥尔特加、前总统德拉马德里、副外长罗森塔尔和哈维尔·巴罗斯都曾抵沪访问。

1994年4月27—29日，加拿大总督雷蒙·约翰·纳蒂辛一行44人访问上海。这是1989年后加拿大国家领导人首次访华，标志着两国最高层领导人政治接触的恢复和中加关系全面正常化。纳蒂辛参观南浦大桥、上海交通大学，对上海交通大学师生作演讲并赠送图书，在商城剧场欣赏加拿大爵士钢琴家奥立弗·琼斯的演奏，观看设在上海商城的加拿大投资展览。他说，上海以历史罕见的速度发展，已经成为亚洲最重要的贸易和金融中心之一。上海具有优越的人才条件，企业家很能干，加拿大同上海开展合作的时机已经成熟。加拿大已有一批企业在上海投资或参与建设并取得成功，不仅为上海、中国的繁荣作出贡献，也为带动加拿大的繁荣作出贡献。加拿大一直在通信技术方面处于领先的地位，在铁路运输、能源生产技术、农牧业加工、石油开采、环境保护等方面都有较为先进的技术，这些技术都可供中国在其经济发展中使用。他表示，加中两国面临着许多共同的挑战，都有优越的地理环境，疆土辽阔，地势起伏，气候多样，都拥有多民族的文化传统，加中两国应不断寻求合作机会，为两国的共同繁荣作出贡献，共同开创理想中的美好世界。1994年11月9—10日，加拿大总理让·克雷蒂安率国际贸易部部长、外交国务部部长、加拿大各省和地区政府首脑、温哥华市市长以及企业家等151人再次来到上海。克雷蒂安在沪出席上海与温哥华缔结友好港口关系签字仪式与加拿大国际航空公司(上海)、加拿大宏利人寿保险等15家公司的开业或签约仪式。他说，这是加拿大有史以来组成的最大的出访代表团，聚集各省、各地区的首脑。加拿大十分重视上海，因为上海正致力于建设成为中国和国际的一个经济、金融和贸易中心，加拿大为能参与上海的发展和建设而感到高兴。他非常关注上海与魁北克省蒙特利尔市的友好合作,关心上海与温哥华的交往,认为两个地处太平洋东西两岸的优秀港口和重要城市连接在一起,将更有助于两国各方面的联系、交往与合作。1995 年 11 月 26 日,克雷蒂安一行 58 人又抵上海。他和国务院总理李鹏一起出席中加合作建设秦山坎杜型核电站商务合同签字仪式、中国化工进出口公司同加拿大宏利保险公司合资的“中宏人寿保险有限公司”的开业典礼,还共同出席加拿大加中贸易理事会在上海举行的年会,并分别在会上致辞。在加拿大总督、总理访沪前后,加拿大前总理皮埃尔・特鲁多、外交国务部部长陈卓愉、加拿大驻日大使爱德华兹夫妇和以党的领袖普雷斯顿・曼宁为团长的加拿大改良党代表团等陆续访问上海。

1996 年 11 月 23—24 日,墨西哥总统埃内斯托・塞迪略一行 44 人访问上海。塞迪略在沪参观浦东金桥出口加工区、东方明珠广播电视塔、南浦大桥,出席墨西哥—上海企业家经贸洽谈会和中墨共同投资在墨西哥库利亚肯市建“纺织城”项目签字仪式。他说,亚太地区是世界经济发展最为活跃的地区之一,它对墨西哥来说十分重要,而同中国上海在经济上的合作更为重要。墨中两国经贸合作有着广阔前景与潜力,墨西哥政府支持企业家与中国尤其是上海企业家的合作,希望双方找到广泛的合作伙伴,探讨合作的各种可能,使两国的合作达到一个新的水平。1997—1999 年,墨西哥前总统埃切维里亚、外长罗萨里奥・格林、副外长卡洛斯・德伊卡萨相继抵沪访问。前总统埃切维里亚曾于 1972 年在他任内促成中墨建交,这次访问主要就进一步发展中墨经贸关系的途径与有关部门商谈,以及参加香港回归仪式等。外长罗萨里奥・格林两次抵沪访问,墨西哥将承办 2002 年 APEC 会议,希望能与上海合作,并表示墨西哥的企业家很有兴趣来上海投资。

进入 21 世纪,中加经贸合作领域从单一的贸易发展为全方位、跨领域和多元化的合作,中墨经贸关系迅速发展,中国同加拿大、墨西哥的双边高层互访更加频繁,这两个国家到上海参观访问的贵宾渐渐多起来。

2001 年 2 月 14—15 日,加拿大总理让・克雷蒂安携国际贸易部部长和安大略省等 12 省的省(区)长、企业家等一行 600 多人访华期间抵沪访问。在沪,加拿大总理克雷蒂安与市长徐匡迪一起赴世纪公园蒙特利尔园,为上海—蒙特利尔互联网开通剪彩并植树留念,共同签署《2001—2003 年度上海市与蒙特利尔市友好项目交流备忘录》,商定要进一步发展两市在城市规划、环境卫生、绿化开发、文化和科技设施管理、档案资源管理以及城市金融和司法领域的合作与交流,扩大经贸尤其是电子商务和多媒体项目方面的合作交流。克雷蒂安还出席中加企业项目签字仪式、加拿大“青年数据库”开通仪式、安徽省和加拿大曼尼托巴省合作交流谅解备忘录签订仪式,参观华东政法学院等,他深信,APEC 会议一定能够在上海成功举办。克雷蒂安还于 2003 年 10 月 23—24 日率办公室主任、环境部副部长等一行 50 人再次抵沪访问,与市长韩正就蒙特利尔与上海在经贸、科技、文化、体育、环境等方面的广泛合作进行交谈,高度评价蒙特利尔与上海的友城交往,他说,两市的友好交往带动了魁北克省乃至加拿大与上海的交流,深信 2010 年上海世博会召开之际,会有更多的加拿大人来上海观光旅游。2004 年,卸任后的克雷蒂安乘私人飞机又一次抵沪访问,他出席亚斯特工厂开工典礼,拜会中国石油天然气集团公司,参观在美术馆举行的法国艺术展。前国家主席江泽民在沪会见克雷蒂安。

2001 年 6 月 8—9 日,墨西哥总统比森特・福克斯・克萨达一行 80 人抵沪访问。福克斯在沪听取有关浦东开发开放的情况介绍,出席华源凯马机械股份有限公司在浦东孙桥现代农业区举行的农机产品展示会,并与上海的企业家进行座谈。在与市长徐匡迪会见时,福克斯对上海特别是浦东的发展惊叹不已,认为上海是中国经济发展的动力。在墨西哥总统福克斯造访上海前后几年,以党主席、参议员路易斯・布拉沃为团长的国家行动党代表团,以党主席杜尔塞・萨乌莉为团长的革命制度党代表团,以全国政治委员会协调员阿尔维托・安纳亚为团长的劳动党代表团,由主席阿玛莉娅・加西亚率领的民主革命党代表团,由总书记阿尔贝托・安纳亚率领的墨西哥劳动党代表团,以及副外长玛丽克拉雷・阿科斯塔和帕特里西亚・奥拉门蒂,外长路易斯・埃内斯托・德尔贝托・包蒂斯塔等陆续抵达上海访问。副外长阿科斯塔多年从事人权领域工作,是墨西哥人权学院的创始人之一。在沪,她参观青浦监狱,听取有关监狱管理、犯人待遇等情况介绍,表示要借鉴中国对犯人人权尊重和维护的做法,并与复旦大学师生就人权问题开展座谈,高度评价复旦大学能有自己的人权研究中心,对中国的人权发展起到积极推动作用。墨西哥外长包蒂斯塔与中国外交部部长李肇星共同主持中墨两国常设委员会成立暨首次会议后抵达上海,在沪他出席中墨企业家圆桌会议并共进午餐。

2008 年 7 月 9—10 日,墨西哥总统费利佩・卡尔德龙・伊诺霍萨一行 60 人访问上海。卡尔德龙在沪出席"墨西哥投资和经贸机遇研讨会"开幕式并发表演讲,会见中国企业家和在沪墨西哥侨民,他与市长韩正晤谈时说,上海的快速发展举世闻名,墨西哥为上海的蓬勃发展感到由衷高兴。希望进一步加深墨西哥和上海之间的经贸交流,并深信双方在贸易和投资领域的全面合作最终将使双方人民得益。之后一年,由主席鲁道夫・奥达尔萨率领的墨西哥劳动党干部考察团抵沪访问。

2009 年 12 月 4—5 日,加拿大总理斯蒂芬・哈珀一行 73 人访问上海。在沪,哈珀出席上海世博会加拿大馆揭牌仪式。在与中央政治局委员、上海市委书记俞正声会见时,他说,上海不仅是中国最具活力的城市,也是世界最具活力的城市之一。加拿大与上海两地颇有渊源,加拿大在沪建立贸易代表处已有百余年历史,150 多家加拿大公司在参与上海的经济发展。越来越多的上海企业也在进入加拿大市场。2010 年上海世博会是加拿大拓展和升级与上海之间合作的良好机会,希望借此契机,进一步加强两地的经贸往来。在出席由加中贸易理事会与加拿大上海商会共同举办的加中商务百年晚宴上,他说,中国政府已批准加拿大为中国公民出境旅游目的地国家,这不仅表明双方共同致力于加强外交和商业方面的合作,而且表明两国在民间领域的交往日益加深。加中两国面临的最大挑战是全球经济仍然处于萎靡状态,而贸易保护主义则是全球经济复苏的最大威胁。加中两国作为 G20 成员,要在此方面进一步加强合作,起到表率作用。2000—2008 年,抵沪访问的加拿大其他贵宾有:诺瓦斯科省督迈拉・弗里曼、曼尼托巴省督彼得・利巴、前总理布赖恩・马尔罗夫妇、大安大略省自由党议员托尼・鲁普雷希特,公务员委员会主席玛丽亚・芭拉多斯,前总督伍冰枝夫妇,原改良党领袖、曼宁民主建设中心主席兼首席执行官普雷斯顿・曼宁,外长劳伦斯・坎农,自由党贸易事务发言人布莱森等。加拿大公务员委员会主席玛丽亚・芭拉多斯 2006 年和 2008 年两次抵沪访问,她在沪参加地方公务员管理座谈会,赴上海浦东干部学院参观并发表题为《公共管理与服务——加拿大经验》的演讲。她认为,一支优秀的公务员队伍能支持一个国家、一个城市的发展和繁荣,希望加拿大和上海在公务员管理方面加强交流,互相学习。加拿大外长坎农曾亲历过蒙特利尔世博会和温哥华世博会,在沪出席"关于加拿大参加 2010 年上海世博会相关事宜记者招待会"和"纪念加拿大商务专员服务在沪设立 100 周年招待会",赴中国浦东干部学院发表题为《加拿大外交政策及其与中国关系》演讲,他表示,加拿大愿与上海分享金融、投资等领域的经验,并积极拓展两地在健康、卫生、医疗和环境等领域的合作交流,相信上海世博会的举办定会促进中国经济发展和提高上海国际知名度。加拿大自由党贸易事务发言人布莱森参加在上海世贸商城举行的加中贸易理事会圆桌讨论会。

图 1-4-1　2001 年 6 月 9 日，墨西哥总统比森特·福克斯·克萨达参观上海华源集团时，试驾拖拉机体验

图 1-4-2　2010 年 7 月 1 日，加拿大总督米夏埃尔·让（前中）参观上海世博园

2010 年 6 月 29 日—7 月 2 日，加拿大总督米夏埃尔·让率领代表团一行 80 人抵沪出席上海世博会加拿大国家馆日活动。在沪，米夏埃尔走访复旦大学并发表演讲，与复旦大学校长杨玉良就复旦与加拿大大学之间进一步展开更多合作交换意见。在与中共中央政治局委员、上海市委书记俞正声会见时，她表达进一步巩固和发展两国友好关系，加强双方在各领域合作交流的愿望，她强

调说,上海世博会是有史以来规模最大的世博会,也是保护大家赖以共同生存地球的一次良机。希望上海世博会各展馆展现出想象力和创造力给予灵感,共同创造更美好的世界。中加两国学者也举行小型论坛。

2010年,墨西哥联邦旅游部部长曼莎抵沪出席上海世博会开幕式和上海世博会墨西哥馆开馆仪式。墨西哥驻华大使豪尔赫・瓜哈尔多率领代表团来沪出席上海世博会墨西哥国家馆日活动。豪尔赫・瓜哈尔多大使说,在上海世博会这一充满创造性的国际盛会上,墨西哥向大家展示了一个富强和富有活力的国家。相信通过上海世博会,两国合作前景会更广阔。

第二节　中美洲国家代表团访沪

改革开放后,中美洲国家出于自身经济发展需要,越来越看重与中国的经济交往与经贸合作,希望增进了解和改善关系,逐步加强与中国的友好往来。

一、中美洲七国

改革开放后至20世纪80年代末,中美洲七国到中国访问主要还是政党交流居多。1982年5月和1983年10月,洪都拉斯以总书记罗夫莱多为团长的马列主义共产党代表团和革命团结党主席米格尔・安东涅・费尔南德斯抵沪访问。洪都拉斯马列主义共产党总书记罗夫莱多于1988年9月再次率团造访上海。1985年9月和1986年11月,哥斯达黎加民族解放党主席、前总统菲格雷斯和由党的副总书记马德里加尔率领的人民先锋党代表团访问上海。1986年8月和1987年2月,巴拿马由议长卡米洛・戈赛内率领的议会代表团和以议长奥维迪奥・迪亚斯为团长的议会代表团抵沪访问。议长戈赛内率领的代表团是巴拿马首次派出的较大型的、有一定分量的访华团。1988年5月和11月,洪都拉斯议会副议长何塞・安东尼奥・费尔南德斯・古斯曼、以主席鲁文・帕尔马为团长的基督教民主党代表团和哥斯达黎加以副议长克林顿・克鲁克香克・斯密斯为团长的立法大会代表团访问上海。1989年2月,危地马拉议会议长罗伯托・阿莱霍斯・坎巴拉访问上海。

进入20世纪90年代,中美洲七国的官方代表团访沪渐渐多起来。1994年9月11—12日,洪都拉斯外长埃内斯托・帕斯率政府高级官员代表团访问上海。这是洪都拉斯高级官员首次访华。洪都拉斯外长帕斯在沪参观浦东新区、施贵宝制药有限公司和新中华机器厂等单位。他向副市长蒋以任介绍洪都拉斯的港口城市科斯特,表达愿与上海结好的意向。随行的洪都拉斯经济部部长还就洪方出口香蕉等水果,进口中国有机肥料,以及在其他贸易项目中加强合作的问题,与上海有关方面达成口头协议。此前1991年7月和1993年2月,洪都拉斯由总书记、国民议会秘书长卡洛斯率领的国民党代表团和由中央执行委员会主席拉法尔・皮内达・庞塞率领的自由党代表团访问上海。卡洛斯在沪表示,洪都拉斯国民党是执政党,此次访华是两党第一次交往。洪都拉斯政府应有远见,中国是一个大国,在国际上的地位与作用是举足轻重的,一向为发展中国家讲话并与之站在一起。洪都拉斯只有与中国建交,才能维护自身利益,符合洪都拉斯人民的利益。其他访沪的有:1991年8月,由巴拿马省省长普卢塔科・阿罗查率领的巴拿马民族主义共和自由运动代表团;1993年6月,萨尔瓦多以全国委员会成员西格弗雷多・奥通为团长的法拉本多・马蒂民族解放阵线代表团等。

1995年和1996年,危地马拉由民主党总书记豪尔赫・安东尼奥・雷伊纳率领的政党人士代表团，哥斯达黎加总统候选人、民族解放党督导、前议长科拉莱斯的夫人伊罗拉和常驻联合国代表费尔南多大使分别访问上海。危地马拉民主党总书记雷伊纳率领的政党人士代表团在沪参观宝钢、浦东新区、上海日立电器有限公司、徐泾乡等，他在参观中说，他们看到的和在危地马拉听到的截然不同，中国发展得很快，已经可以算是发达国家了。他表示，通过此次成功的访问，回国后一定要将真实的中国介绍给危地马拉政府和人民，努力促成危地马拉与中国建立外交关系。伊罗拉此行是为了解中国改革开放、经济建设的经验，并与有关方面探讨发展中哥双边关系、促进经贸发展和发展双边合作的可能性。费尔南多大使是以77国集团主席的身份造访的，他主要目的是就联合国事务、77国与中国的合作以及中哥双边关系包括贸易问题与中国外交部进行磋商，在沪他们都参观了浦东新区、东方明珠广播电视塔等单位，会晤上海市领导。这两年访问上海的还有：巴拿马以第一副总书记、政府劳工部部长米特切尔・多恩斯率领的民主革命党代表团，洪都拉斯以总统胞兄和顾问马里奥・雷纳・伊迪亚克斯率领的自由党友好人士代表团，他们在沪分别参观金桥出口加工区、东方明珠广播电视塔、宝钢、上海联合利华公司、马桥乡、徐泾镇等，与上海市领导进行会谈。

1998年和1999年，萨尔瓦多常驻联合国代表理查多・吉列尔莫・卡斯塔内达・科尔内霍、以副总协调员弗朗西斯科・霍贝尔为团长的法拉本多・马蒂阵线代表团、圣萨尔瓦多市副市长阿尔韦托・里瓦斯、巴拿马第一副总统巴利亚诺一行11人相继抵沪访问。萨尔瓦多驻联合国代表卡斯塔内达是经其总统首肯访华的，目的是了解中国社会政治经济发展变化和香港回归后的情况，以及中国同包括萨尔瓦多在内的中美洲国家发展关系的政策和做法，回国后向政府报告并就发展萨中关系提出政策建议，推动政府改善对华关系。弗朗西斯科・霍贝尔在沪时，中共中央政治局委员、上海市委书记黄菊代表中共中央会见代表团。他们通过大量的参观访问，看到中国改革开放的成果和成就，进一步加深双方的理解，对推动和发展中萨关系带来很大的积极因素。巴拿马副总统巴利亚诺一行在沪参观浦东新区管委会、上海证券交易所、宝钢、东方明珠广播电视塔、广电集团等单位，他在与市领导会谈时说，通过此访，增加了对中国和上海的了解，中国特别是上海发展情况与他们以前所了解的完全不同，回去以后，将向总统报告，使其进一步认识发展巴中关系的重要性。他希望巴拿马能与中国特别是与上海加强在高科技领域的合作，能在这一领域得到中国的技术支持和帮助，从中国进口高新技术产品。两年里，洪都拉斯以中央委员、青年书记、前副总统罗伯特・马丁内斯为团长的国民党代表团；危地马拉以总书记里卡多・拉米雷斯为团长的全国革命联盟代表团；巴拿马基民党国际前主席阿里亚斯，总统顾问佩雷依拉，前总统伊约卡；危地马拉由党的司库卡洛斯・莫拉莱斯率领的基民党代表团，驻日内瓦大使帕迪亚；哥斯达黎加大法官里卡多・塞莱东等陆续访问上海。

进入21世纪，随着中美洲各国经济的回暖复苏，各国与中国相互交往日益加深，代表中国改革开放形象的上海成为中美洲各国访华关注的焦点。

21世纪头两三年，危地马拉人权部部长维克多・雨果・戈多耶；巴拿马内阁成员、两洋地区管委会主任阿里亚斯和律师代表团，由党团主席何塞・布兰冬率领的执政党议员团，由副总书记胡安・何塞・阿马多率领的民主革命党代表团，民主革命党第二副主席、巴拿马城市长纳瓦罗；萨尔瓦多以副协调员、国会议员伊尔玛・阿玛亚为团长的法拉本多・马蒂民族解放阵线代表团，法拉本多・马蒂民族解放阵线政治委员会成员、经济学家萨尔瓦多・阿里亚斯，以副总协调员诺尔马・格瓦拉为首的法拉本多・马蒂民族解放阵线代表团；洪都拉斯执政党自由党青年书记汉达尔，由总书记阿加皮托・罗夫莱达・卡斯特罗为团长的改革党代表团，由国会议员马丁内斯率领的自由党议员团，国民党全国执行委员会委员卡洛斯・加夫列尔・卡丹；伯利兹议会宪法和外交委员会主席阿兰达等相继访问上海。这些代表团到上海参观访问后,进一步增进对中国经济社会发展状况的了解,对扩大中国在拉美地区的影响起到积极作用。

2003年以后,中美洲国家一些重量级的人物纷纷在访华中抵达上海,其中有萨尔瓦多的副总统候选人吉列尔莫·马塔、巴拿马前总统罗德里格斯和总统密友基洛斯、危地马拉基督教民主党总书记比尼西奥·塞雷索、尼加拉瓜立宪自由党主席豪尔赫·卡斯蒂略等,他们通过在上海大量的参观访问,更加认清中国经济的崛起和未来对世界影响,回国后对本国与中国的关系产生重要影响,有力推动双边关系的发展。2007年10月26—28日,哥斯达黎加总统奥斯卡·阿里亚斯·桑切斯一行26人访问上海。这是中美洲地区与台湾建立所谓"官方"关系的国家中率先与其断绝关系并与中国建交的国家的元首首次访华。在沪期间,哥斯达黎加总统阿里亚斯出席"中哥企业家论坛",参观张江高科技园区、中兴通讯上海研发中心、松江区、东方明珠广播电视塔、上海城市规划馆等。在与市长韩正会见时,阿里亚斯对上海所取得的成就表示赞赏,希望两地能加强合作、互利共赢。2009年,由党主席、议长弗朗西斯科·帕切科率领的哥斯达黎加民族解放党代表团到上海访问。代表团在沪拜访浦东新区政府,参观闸北区临汾街道社区文化中心和社区事务受理中心、上海城市规划馆、东方明珠广播电视塔、上海历史陈列馆和上海博物馆等单位。帕切科希望能进一步推进双方在更多领域的合作与交流。这期间,访沪的还有洪都拉斯国民党友好人士代表团和改革党代表团,萨尔瓦多由政治委员会委员布兰蒂诺率领的法拉本多·马蒂民族解放阵线代表团、众议员乌戈·马丁内斯和议员代表团,巴拿马由组织书记奥古斯托·桑布拉诺率领的团结党代表团、民主革命党特派员莱昂纳多·甘夫妇、总统经济事务顾问费尔南德斯、以主席乌戈·吉劳德为团长的民主革命党代表团和友好学者访华团,危地马拉议长罗兰多等。

2010年,多批中美洲国家代表团到沪出席上海世博会活动。其中,萨尔瓦多副议长奥托·西格利德·雷耶斯·莫拉雷斯到沪出席世博会萨尔瓦多国家馆日活动,参观上海易托邦建设发展有限公司和同方威视公司,就共同关心的问题和合作事宜等进行磋商。巴拿马旅游部部长萨洛蒙·萨马到沪出席上海世博会巴拿马馆日活动。危地马拉上海世博会总代表皮特罗·巴诺亚到沪出席上海世博会危地马拉国家馆日活动。哥斯达黎加外交和宗教事务部部长雷内·卡斯特罗·萨拉萨尔到沪出席上海世博会哥斯达黎加国家馆日活动。他表示,哥斯达黎加政府十分希望加强与中国的贸易往来,特别是在用绿色能源汽车来为哥斯达黎加的交通车辆升级换代方面与上海合作十分有兴趣,希望通过上海世博会让哥斯达黎加的产品更多地出口到亚洲。洪都拉斯工商部部长利森西亚多·奥斯卡·伊斯卡兰逖到沪出席上海世博会洪都拉斯国家馆日活动。

二、加勒比海地区

加勒比海是中美洲与南美洲、北美洲交通、贸易航线的必经海域,也是沟通大西洋和太平洋的重要海上通道。这样的地理优势为这一地区沿岸的30多个国家发展对外经济创造了良好条件,也为这些国家抓住中国改革开放机遇,加强往来,密切关系提供了历史机遇。

20世纪80年代,加勒比海地区国家到上海访问大多还是政党代表团。其中有:海地劳动党总书记让·尼古拉;多米尼加爱国联盟主席富兰克林·佛朗哥,副主席加夫列尔·因贝尔特,爱国联盟总书记伊万·罗德里格斯,社会主义集团总书记里维拉·奥克塔维奥,联邦统一工党总书记罗斯福·道格拉斯,革命党主席培尼亚·戈麦斯,劳动党总书记埃斯特万·迪亚斯·哈克斯等。国家元首和政府首脑中,1983年7月26—28日,安提瓜和巴布达总理维尔·康沃尔·伯德一行8人访问上海。总理伯德在沪参观马陆人民公社和市少年宫，他说，一位历史名人曾讲中国是一个沉睡的巨人，来到中国后看到的这是一个觉醒的巨人，对中国在工农业现代化方面所取得的伟大进步留下深刻印象。其他访沪的有安提瓜和巴布达副总理兼外交、经济发展、旅游和能源部部长莱斯特·布赖恩特·伯德，特立尼达和多巴哥由众议院议长尼赞·穆罕默德率领的议会友好代表团等。

中古关系从20世纪80年代中期起友好来往和合作不断增进。1987—1989年，古巴副外长马索拉，由政府部部长何塞·阿·纳兰霍莫拉莱斯率领的古巴政府代表团，古巴外长马尔米耶卡夫妇、副外长迪亚斯，古巴共产党中央书记莱昂内尔·索托一行，先后抵沪参观访问。他们在沪参观上海船厂、宝钢、马陆乡、闵行经济技术开发区等多个单位，非常感谢上海船厂按中古协议和合同承担为古巴建造3艘万吨级远洋货轮任务的贡献。古巴外长马尔米耶卡表示，上海同世界160多个国家和地区有贸易关系，希望古巴能同上海加强合作。

20世纪90年代后，加勒比海地区国家代表团访沪更加频繁普遍。1990—1994年，访华中抵沪访问的有：牙买加众议院议长赫德里·坎宁汉姆、参议院副议长科特尼·福勒启尔；巴巴多斯工党主席图尔；古巴由中央政治局委员、书记处书记豪尔赫·里斯克特率领的共产党代表团，以会长雷内·罗德里格斯·克鲁斯为团长的与各国人民友好协会团，商业部部长唯拉·索萨率领的商业代表团，副外长奥拉马斯，司法部部长卡洛斯阿马特，国务委员会副主席、部长会议副主席、共产党中央政治局委员卡洛斯·拉菲尔·罗德里格斯，以主任阿图罗·古斯曼·帕斯夸尔为团长的国家价格委员会代表团，中央政治局委员、部长会议执行委员会秘书长洛斯·拉赫·达维拉，外交部副部长马里奥·罗德里格斯，以副部长帕斯夸尔·罗德里格斯·布拉萨为团长的古巴内务部代表团；等等。古巴国务委员会副主席罗德里格斯说，他的首次中国之行令人鼓舞，实现了多年的愿望，在上海的参观访问完善了对新中国的印象。他深知上海在中国的重要地位与作用，表示古巴只在旅游业方面吸收少量外资，有意学习上海的经验，逐步扩大合资的领域。

1995年12月3—5日，古巴国务委员会主席兼部长会议主席菲德尔·卡斯特罗一行120人访问上海。这是卡斯特罗首次访沪，他参观浦东金桥出口加工区、上海证券交易所、东方明珠广播电视塔等单位，观赏建设中的上海城市面貌和夜景。他说，上海是一个非凡的历史名城，能来到这个早年就向往的城市感到非常荣幸。百闻不如一见，当亲眼看到这座已经取得伟大成就的世界著名城市时，对上海的今天和未来充满信心。卡斯特罗访沪后不久，古巴共产党政治局委员、中央国际部和意识形态部部长何塞·拉蒙·巴拉格尔，以及由中央政治局委员、国务委员会副主席、哈瓦那市委第一书记埃斯特万·拉索率领的古巴共产党代表团相继到访，他们在上海进行参观，就改革开放、经济建设与党的建设、精神文明建设和城市管理等方面与有关部门作交流。此前和这期间访沪的加勒比海地区国家代表团还有：牙买加人民民族党代表团，副总理兼外交外贸部部长西穆·马林斯和工党领袖、前总理爱德华·西加；圣基茨和尼维斯卫生和妇女事务部部长阿希姆·马丁；巴巴多斯前总理；多米尼加革命党领袖培尼亚·戈麦斯；等等。牙买加副总理兼外交外贸部部长马林斯说，上海是一个飞速发展的城市，而且也是世界上工业化程度较高的城市，虽然牙买加的国民经济发展速度不是很快，但牙买加政府通过不断改进国内投资环境吸引外国企业、商人去投资，希望上海的企业能与牙买加企业进行合作。圣其茨和尼维斯卫生和妇女事务部部长阿希姆·马丁访华是表明圣基茨和尼维斯有与中国建立和发展关系的意愿，其在沪期间参观东方明珠广播电视塔。

1997年9月27—29日，巴哈马总理休伯特·英格拉哈姆一行16人访问上海。英格拉哈姆在沪参观浦东新区、东方明珠广播电视塔、马桥镇的工厂和蔬菜园艺场以及农民家庭，他对上海农村的蔬菜种植业表现出极大兴趣，称巴哈马拥有不少可供垦殖的土地，可以租赁给开发公司或个人种植,开发所需的设备可免进口税,资金和利润可自由进出,无外汇管制等。他希望上海能组织一个农业方面的考察组去巴哈马考察,派农艺师和农民去那里开发蔬菜和花卉种植业。他还与市长徐匡迪就旅游纪念品加工合作项目以及双方合作的渠道等问题作探讨。同年访沪的还有古巴国务委员会第一副主席兼部长会议第一副主席劳尔·卡斯特罗一行39人,劳尔·卡斯特罗是首次访华,在沪他出席市有关部门介绍上海改革开放情况的座谈会,参观中共一大会址、金桥出口加工区、杨浦大桥和马桥镇,访问浦东新区管委会,他表示此访目的是尽可能多地了解上海的发展情况,并结合古巴实际,借鉴上海的发展经验。他说,上海的工作做得非常好,已感受到上海发展的新格局和发生的巨大变化。

1998年10月11—12日,牙买加总理珀西瓦尔·帕特森一行21人抵沪访问。帕特森在沪参观浦东新区,出席"上海—牙买加经贸介绍会",并亲自在会上介绍牙买加经济发展情况和吸引外资的政策。他说,牙买加是进出加勒比海地区、中美洲以及北美东岸的交通枢纽,牙买加的港口设施先进,管理高效,希望能够成为上海货船和集装箱进出该地区的集散地和中转站。他表示,两国经济、文化的交流能够增进两国政治关系的发展。牙买加与上海都喜爱足球,双方能够在球队比赛、球员培训以及训练设施等方面进行交流。

1999年2月4—6日和12月8—9日,圣卢西亚总理肯尼·安东尼一行12人和巴哈马总督腾奎斯特一行5人相继抵沪访问。圣卢西亚总理安东尼在沪参观外高桥保税区、外高桥港区、东方明珠广播电视塔、长宁区就业培训中心,与上海部分企业家共进早餐,他说,上海是一个伟大而美丽的城市,上海人民富有伟大的创造精神。尽管圣卢西亚与上海相隔千里,但愿意学习上海发展的思路,寻求双方可以相互沟通的共同点。他希望与上海进行经贸合作,欢迎上海的企业家去圣卢西亚投资。巴哈马总督腾奎斯特在沪参观浦东新区管委会、上海证券交易所、上海舞蹈学校、上海博物馆等,他表示,上海的发展是一个奇迹,给他留下深刻的印象,他要把中国以及上海的经济建设经验带回巴哈马。他说,巴哈马的旅游业非常发达,国内生产总值的70%来自旅游业的收入。加勒比海地区诸国组建的一所旅游管理大学就设在巴哈马,希望上海与巴哈马在这一领域开展合作。

1995—1999年,海地民族革命进步党总协调员塞尔日·吉勒,海地前总统顾问迪普伊;圣基茨和尼维斯工党代表安·威格利;古巴争取和平与人民主权运动主席奥·丰多拉,共产党中央政治局委员、国务委员会副主席马查多,国务委员会副主席兼部长会议执行委员会秘书长卡洛斯·拉赫·达维拉;特立尼达和多巴哥总理特别助理马哈拉吉;多米尼加以政治局委员赫尔曼为团长的解放党代表团;圣卢西亚工党代表团;格林纳达以主席杰里·西尔斯率领的统一工党代表团等相继访沪。古巴部长会议执行委员会秘书长拉赫表示,古巴一直得到中国物质援助和精神支持与理解,中古两国的友好关系一定会进一步向前发展。他说,古巴十分重视圣地亚哥市与上海市的友好城市关系,相信上海将以其重要的经济地位在中古关系中发挥特殊的作用。

进入21世纪,随着中古关系进一步密切,古巴各方面重要代表团到上海显著增多,其他加勒比海地区国家竞相访沪的势头依然不减。

2000年5月17—19日,巴巴多斯总理欧文·阿瑟一行13人访问上海。阿瑟在沪参观浦东新区金桥出口加工区、上海夏普电器有限公司、东方明珠广播电视塔、上海大剧院、上海博物馆等,他表示,此次来访不仅为了进一步加深两国人民的友谊,也希望能促进双方在经济、商贸方面的往来,巴巴多斯虽然是个小国,但也是潜在的国际商业中心。巴巴多斯愿意和上海的工商企业界人士进行更为广泛、密切的联系,为上海打开通向加勒比海地区的商务大门。

2003年2月28日—3月1日,古巴国务委员会主席兼部长会议主席菲德尔·卡斯特罗一行

140 人访问上海。卡斯特罗在沪与国家主席江泽民进行会谈，并在江泽民主席陪同下参观浦东新区和上海科技馆科技展厅，这是卡斯特罗第二次到浦东参观访问。卡斯特罗还到以“城市、人、环境、发展”为主题的上海城市规划馆，听市长韩正介绍上海城市建设发展情况及未来规划。参观中卡斯特罗不时提问并高度评价中国改革开放所取得的巨大成就，他表示希望进一步加强古中两国经贸合作关系。

2004 年 8 月 19—21 日、9 月 12—14 日和 11 月 19—22 日，巴哈马总理佩里·克里斯蒂一行 12 人、圣卢西亚总督皮尔莱特·路易茜一行 7 人和安提瓜和巴布达总理鲍德温·斯潘塞一行 9 人先后访问上海。在沪期间，巴哈马总理克里斯蒂参观清华同方外高桥海关检查站、浦东新区政府、东方明珠广播电视塔、上海城市规划馆，会见中远集装箱运输有限公司领导人，他希望双方能在更广阔的领域进行交流与合作。圣卢西亚总督路易茜赴浦东新区政府听取情况介绍，参观上海城市规划馆、上海博物馆、上海图书馆、东方明珠电视塔和华东师范大学，会见圣卢西亚留学生，乘坐磁悬浮列车，她希望双方的友谊不断发展。安提瓜和巴布达总理斯潘塞参观东方明珠电视塔、上海城市规划馆，与上海企业界人士举行早餐见面会，他称赞上海在城市发展中很好地融合了历史和现代，并相信上海会有更美好的未来。

2005 年 6 月 22—24 日、7 月 10—11 日和 9 月 21—23 日，牙买加总理珀西瓦尔·帕特森一行 30 人和格林纳达总理基思·米切尔一行 9 人和多米尼克总理罗斯福·斯凯里特一行 14 人陆续抵达上海访问。在沪期间，牙买加总理帕特森赴浦东新区政府听取情况介绍，参观中兴通讯上海研发中心、新福康里社区，出席“中国—牙买加经贸合作论坛”，他说，150 年前，第一批中国人来到牙买加，150 年来中国人对牙买加的发展作出许多贡献，希望两国能加强合作，共同发展。格林纳达总理米切尔参观上海城市规划馆、东方明珠广播电视塔等，他希望加强两国在商贸与经贸方面的合作，进行商务对话、经贸洽谈，增加互访，寻求更多的交流合作机会，实现两国关系进一步的深化与发展。多米尼克总理斯凯里特赴浦东新区政府听取情况介绍，参观东方明珠广播电视塔，并赴昆山参观星宝电子科技有限公司，他希望有更多上海企业家到多米尼克投资。

21 世纪前 6 年，其他访沪的代表团有：古巴共产党中央委员、中央意识形态部部长罗兰多·阿方索，中央政治局委员孔塞普西翁·坎帕，中央政治局委员、圣地亚哥省委第一书记胡安·罗宾松，外长佩雷斯，中央政治局委员、奥尔金省委第一书记豪尔赫·路易斯·谢拉，中央委员、中央干部政策部部长阿维拉多·阿尔瓦雷斯，中央政治局委员亚迪拉·加西亚·贝拉，中央第二书记、国务委员会第一副主席兼部长会议第一副主席劳尔·卡斯特罗，中央委员阿古斯丁·拉赫·达维拉，中央委员、高级党校校长劳尔·巴尔德斯；多米尼加由总书记、政府内政部部长苏贝尔率领的革命党代表团，革命党副主席、众议员阿里斯蒂，以基督教社会改革党政治委员会委员、众议院议长拉法埃拉·阿尔武凯克为团长的众议院多党议员团，以总书记安东尼奥为团长的劳动党代表团，由政治委员会委员丹尼洛·梅迪纳率领的解放党代表团，左派团结运动总书记米格尔·梅希亚，由总统府国务部部长梅希亚率领的政府新闻代表团，以主席冈萨雷斯·埃斯皮诺萨为团长的劳动党代表团，以主席团和协商委员会成员拉菲尔·苏贝尔维为团长的革命党人代表团；特立尼达和多巴哥由副主席约翰·唐纳森率领的人民民族运动代表团；安提瓜和巴布达外交部常秘默多克；海地外长办公室主任杜朗和国际司司长路易，总理顾问雅克·安托尼奥；格林纳达统一工党领袖巴普迪斯特，由领袖蒂尔曼·托马斯率领的民族民主大会党代表团；巴哈马外长弗雷德里克·米切尔；巴巴多斯副总理兼总检察长、内政部部长米亚·莫特利；牙买加外交外贸部部长基斯·奈特，由副领袖霍勒斯·郑率领的工党代表团；多米尼克外交部常秘代表团，银行家代表团，由领导人、议员马修·沃尔特率领的工党代表团;等等。古巴圣地亚哥省委第一书记罗宾松表示,圣地亚哥和上海之间的友好交流关系是中古两党、两国高层之间友好交流的组成部分,他希望上海和圣地亚哥在文化、艺术、体育、农业等各个领域能进一步发展友好合作和交流关系。古巴部长会议第一副主席劳尔·卡斯特罗时隔7年后再次来到上海,他说,与7年前相比,上海发生了翻天覆地的变化,在上海能亲身感受到中国经济社会发展的勃勃生机,相信古巴与上海的友好交流合作会取得更加广泛和深入的发展。

2006年以后,加勒比海地区各国到沪访问代表团继续呈现热烈态势。其中有:古巴共产党中央政治局委员、哈瓦那市委第一书记佩德罗·赛斯·蒙特霍,副外长马尔科斯·罗德里格斯·科斯塔,中央政治局委员、全国人民政权代表团大会主席里卡多·阿拉尔孔;格林纳达副总理兼农业部部长格雷戈里·鲍恩,由主席科林·拉巴里为团长的民族民主大会党干部考察团,青年、体育和文化国务部部长、参议员阿利·吉尔;特立尼达和多巴哥由政治副领袖、议会首席秘书奥维尔·德拉诺·伦敦率领的人民民族运动党代表团,由政治领袖温斯顿·杜克兰率领的人民大会党代表团;安提瓜和巴布达财政部部长科特,由主席利昂查库·西麦斯特率领的联合进步党代表团,由总书记玛丽-克莱尔·赫斯特率领的工党代表团;海地议长约瑟夫·朗贝尔;圣卢西亚前总理肯尼·安东尼率领的工党代表团;多米尼加议员团,总检察长希门内斯,由解放党副总书记、政府无任所部部长拉斐尔·安东尼奥·卢纳率领的执政联盟三党干部考察团;巴巴多斯由政府经济和自强、创新、贸易、工业和商务部部长戴维·埃斯特威克率领的民主工党干部考察团;多米尼克由总书记爱德华·里杰斯特率领的工党代表团;牙买加由党的领袖、前总理波西亚·辛普森·米勒率领的人民民族党代表团;等等。格林纳达青年、体育和文化国务部部长吉尔受总理委派,就格林纳达参加2010年上海世博会事宜进行实地考察,交换意见,他参观了世博工地。巴巴多斯政府经济和自强、创新、贸易、工业和商务部部长戴维在参观座谈中表达想与浦东进一步开展经济合作的想法,如引进巴巴多斯的特色餐饮等。政府首脑中,2008年5月7—9日,巴巴多斯总理戴维·汤普森一行9人访问上海,

图1-4-3　2008年5月8日,巴巴多斯总理戴维·汤普森(中)参观上海市公安局交通管理中心

汤普森一行在沪参观市公安局交通管理中心、东方明珠广播电视塔、上海城市规划馆，乘坐磁悬浮列车，他说，上海的城市建筑和城市规划给他留下深刻的印象。加勒比海国家尤其是巴巴多斯将全力支持中国2010年上海世博会。相信上海世博会一定能成功圆满地举办，一定能促进各国人民更好地了解中国的发展成就，一定能推进各国间的和平与合作。

2010年，加勒比海国家组织多批代表团到上海参加世博会活动。7月15—20日和7月16—20日，多米尼克总统尼古拉斯·利物浦率领代表团一行5人和格林纳达总理蒂尔曼·托马斯率领代表团一行5人到沪出席上海世博会加勒比共同体日活动，并在世博园区参观中国、加勒比共同体、古巴等国家馆。多米尼克总统利物浦出席由上海建工集团在园区外组织的宴请。其他出席加勒比共同体日活动的各国政要有：特立尼达和多巴哥驻新德里特派使节团参赞乌瓦时·兰那里，巴哈马驻华大使埃尔玛·坎贝尔，安提瓜和巴布达司法部部长乔安妮·马沙，牙买加工业、商业和投资部部长卡尔·萨姆达，圣卢西亚贸易、工业和消费者事务部部长特莎·曼格尔，海地工贸部行政总长皮埃尔·安德烈·顿巴，圣基茨和尼维斯联邦礼仪大使萝莎琳·哈勒泽，苏里南驻华大使穆罕默德·伊萨克·苏罗卡索，加勒比共同体秘书长埃德温·卡林顿，巴巴多斯外长玛克辛·麦克林，圣文森特和格林那丁斯青年文体部部长、参议员麦凯等，他们在沪参与各项活动，并会见中国国家开发银行、中国机械进出口总公司、中港公司、诚通公司、农业发展集团国际农业合作开发有限公司等领导，还分赴华为技术公司上海研发中心、中兴通讯公司上海研发中心等单位实地参观考察，与公司相关负责人进行会谈。7月25—27日，古巴外贸外资部副部长阿莱利奥·莫依奈达·马丁内斯率领代表团一行8人到沪出席上海世博会古巴国家馆日活动。马丁内斯表示，古巴此次参与上海世博会，为巩固两国的友好关系、连接传统友谊提供了机会。古巴将以世博会为平台，继续开展一系列活动，包括寻找新的商机、与中国市场深入交流。10月3—8日，多米尼加旅游部部长弗朗西斯科·哈维尔·加西亚率领代表团一行31人到沪出席上海世博会多米尼加馆日活动。他表示，多米尼加为能参与由中国举办的世界博览会感到巨大光荣，欢迎中国企业前往多米尼加投资旅游业，也欢迎更多中国游客去观光旅游。10月29日—11月1日，巴哈马总理兼财政部部长休伯特·英格拉哈姆一行10人到沪出席上海世博会高峰论坛和闭幕式。国务院总理温家宝在上海西郊宾馆会见英格拉哈姆。英格拉哈姆感谢中国对巴哈马的无私帮助和在气候变化问题上对小岛屿国家的理解和支持，表示愿进一步扩大两国在基础设施建设等领域的合作。在沪期间，英格拉哈姆参观世博会加勒比共同体联合馆和中国馆等馆，参观洋山深水港、华为技术有限公司上海研发中心、东方明珠广播电视塔、上海历史陈列馆，分别会见中港湾集团负责人和在沪巴哈马留学生。

第三节　南美洲国家代表团访沪

南美国家同属第三世界国家，一直与中国保持着传统友好关系。改革开放后，中国的开放政策和实践效果对一直在探索本国发展道路的南美国家很有吸引力，纷纷组团到中国进行实地考察，具有代表性的上海成为南美国家访华的重点城市。

1980年6月9—10日，阿根廷总统豪尔赫·拉斐尔·魏地拉一行98人访问上海。魏地拉参观工业展览会、上海博物馆和市少年宫，他表示，这次访华，不仅是阿根廷第一位总统访华，而且意味着拉丁美洲与中国进一步接近。他说，在北京了解了中华民族悠久的历史和文化，在杭州欣赏了优美的风景和杰出的手工艺品，到上海这个中国最重要的工业城市来，就是看看它的力量。这次访问准确地了解了中国人民。

1981年10月27—28日,委内瑞拉总统路易斯・埃雷拉・坎平斯一行136人访问上海。埃雷拉在沪参观江南造船厂、第一石油机械厂、工艺品展销会等,他表示,访沪的印象历久难忘,看到中国人民以极大的努力和辛勤工作建设现代化的工业化国家,克服众所周知的困难,将在国际大家庭中取得更大的成就。他确信,中委关系越来越密切,中委合作会越来越广泛。

1984年5月18—19日,厄瓜多尔总统奥斯瓦尔多・乌尔塔多・拉雷亚一行31人访问上海。乌尔塔多在沪参观马陆乡、玉佛寺、上海拖拉机厂等,他称赞中国商品多、质量高,人们穿着很漂亮,采取了非常适合中国实际情况的经济模式,为第三世界人民树立了榜样。

1988年7月7—8日,巴西总统若泽・萨尔内・科斯塔一行195人访问上海。总统萨尔内在沪参观宝钢、卫星研究所、新中华机器厂等,他认为,宝钢是巴中两国卓有成效、富有前景的合作典范。两国准备发射联合遥感卫星(探测地球资源卫星)是两国科技合作的新发展,对于发展两国合作关系和友谊有重要意义。希望两国科技界加强合作,为其他国家之间的合作树立榜样。他说,巴西人民很关注他的中国之行,新闻界作了大量报道,在巴西人民中产生强烈反响,确信巴中两国以及巴西与上海经贸、科技合作会进一步发展。

20世纪80年代南美国家中政党代表团访沪最多。其中有:乌拉圭革命共产党(马苏奇派)主要领导人戈门索罗;苏里南共产党(马列)主席汉弗莱・基尔菲尔德,共产党(马列)总务委员会书记威仁哈赫;委内瑞拉争取社会主义运动中央助理总书记特奥多罗・佩特科夫,革命者组织社会主义联盟总书记胡里奥・埃斯卡洛纳,争取社会主义运动总书记庞佩约・马盖斯,革命党总书记道格拉斯・布拉沃,基督教社会党副主席海德・卡斯蒂略德・洛佩斯,基督教社会党领袖、前总统卡尔德拉,争取社会主义运动副总书记弗雷迪・穆尼奥斯,基督教社会党副总书记、前外长卡尔瓦尼,民主行动党领导人、前总统卡洛斯・安德烈斯・佩雷斯,民主行动党总书记曼努埃尔・佩尼亚维尔;哥伦比亚独立革命工人运动总书记弗朗西斯科・莫斯克拉,保守党领袖戈麦斯,独立革命工人运动总书记弗朗西斯科・莫斯克拉,保守党副主席吉列尔莫・贝莱斯,自由党主席埃内斯托・桑佩尔;秘鲁革命左派同盟第二副主席、民族解放阵线主席赫尔・卡斯特罗・拉瓦雷斯,共产党(红色祖国)总书记罗哈斯,革命共产党(工人阶级)中央第二负责人圣地亚哥・佩德拉格里奥,左派联盟主席阿方索・巴兰特斯・林岗,人民行动党副总书记、参议院副议长阿库里奥,共产党(红色祖国)第二书记豪尔赫・乌尔塔多・波索,人民行动党总书记、第二副总统阿尔瓦,共产党总书记豪尔赫・德普拉多;阿根廷共产党(马列)中央第二书记塞尔希奥・奥尔蒂斯,第三书记卡罗斯・曼努埃尔・马尔维亚诺,阿普拉党总书记加西亚,激进公民联盟总书记路易斯・卡塞雷斯;厄瓜多尔由党主席韦尔塔率领的民主党代表团,由党的领袖罗德里戈・博尔哈率领的民主左派代表团,民主左派党主席科西奥斯,民主党主席韦尔塔,基督教社会党第一副主席塞萨尔・阿科斯塔;圭亚那全国人民大会党中央执委、副总统比什韦沃・拉姆萨罗普;巴西民主社会党总书记奥梅罗・桑托斯,劳工党第一副主席雅库布・比塔尔,共产党总书记吉奥贡多・迪亚斯,民主运动党众院党团第一副领袖若昂・海尔曼,共产党中央主席萨洛芒・马利纳;智利社会党总书记克洛多米罗・阿尔梅达,社会民主党副主席罗伯托・穆尼奥斯・巴拉;玻利维亚左派革命运动领袖、前副总统海梅・萨莫拉,民族主义民主行动党主席、前总统乌戈・班塞尔・苏亚雷斯,民族主义革命运动执行主席何塞・路易斯・阿布・阿尔瓦雷斯,民族主义民主行动党全国领导人瓦尔多・塞鲁托,共产党(马列)第一书记奥斯卡・萨莫拉等等。政府政要中有:智利外长库维略斯・萨利亚托;哥伦比亚参议院第一副议长埃米利亚诺・依萨萨・埃纳奥,副议长维克多・卡德纳斯・哈米略,参议院议长哈罗德・扬和卡洛斯・奥尔金・萨尔迪,参议院第二副议长马里奥・希拉尔多・埃纳奥,外长拉米雷斯,众议院议长塞萨尔・

加维利亚·特鲁希略；秘鲁参议院议长桑德罗·马尼亚特吉·奇亚佩和里卡多·阿古多·蒙特阿古多，众议院议长巴伦廷·帕尼亚瓜·科拉绍，众议院第一副议长奎斯塔斯·迪亚斯；玻利维亚参议院议长胡里奥·加雷特·艾永和奥斯卡·萨莫拉，众议院议长瓜尔贝尔托·克劳列·鄂尔图诺和威利·巴尔加斯，外长吉利尔莫·贝德雷加尔·古铁雷斯，国会主席、副总统胡利奥·加雷特·艾利翁，国会议长西罗·洪堡；厄瓜多尔外长埃德加·特兰·特兰，国民议会议长加里·埃斯帕萨·法维尼亚；巴西众议院议长乌利塞斯·吉马良斯，国会主席兼参议院议长卢塞纳；委内瑞拉众议院议长何塞·罗德里格斯，参议院第一副议长、美洲基督教民主组织总书记伊拉里翁·卡尔多索；阿根廷参议院第二副议长何塞·安东尼奥·罗梅罗·费利斯，副总统维克托·马丁内斯，参议院临时议长爱德华多·梅内姆；圭亚那国民议会议长萨西·纳拉英；等等。玻利维亚外长贝德雷加尔是中玻建交后访华的第一位外长，他在沪参观宝钢后认为这一企业是中国人的创造力与国外先进技术结合的产物，并说，玻利维亚是产铁量最多的国家，可在这方面合作。巴西外长索德雷在锦江小礼堂向120余名上海经贸界人士发表《关于巴西之经济现状和对外经济关系》的演讲，他表示，作为巴西外长，责任之一就是要打开并推动与像中华人民共和国这样在世界上有突出地位的富有活力的国家之间的对话和合作，希望与上海加强合作，不久能看到巴西在上海设立代表机构。阿根廷副总统马丁内斯说，这次访问了解了古老又现代的中国。中国前进，不是靠命运，而是靠全体人民努力的结果，对上海郊区农村的工业、农户和幼儿园留下深刻印象。

进入20世纪90年代，拥有丰富资源的南美国家出于自身经济发展需要，更加看重中国经济高速发展中的巨大市场，进一步推动与中国的交往和合作，上海也成为南美国家重点交往的城市。

20世纪90年代前3年，南美国家访沪还是政党代表团居多，政府重要代表团也较前渐渐密集。政党代表团中有：玻利维亚左派革命阵线副主席阿曼多·德拉巴拉、自由玻利维亚运动主席安东尼奥·阿拉尼瓦尔·基罗加、由第一书记豪尔赫·伊瓦涅斯共产党代表团、由主管政治和议会事务的副部长劳罗·奥坎波率领的左派革命运动代表团，秘鲁基督教人民党领袖贝多亚、左派联盟主席亨利·皮斯、阿普拉党全国组织书记希尔梅尔·卡尔德隆、共产党(团结)总书记拉弗、基督教人民党总书记托马斯·冈萨雷斯、由中央政治局委员路易斯·卡斯特罗率领的共产党(红色祖国)经贸团、由众议员巴卡率领的五党议员代表团，智利基督教民主党第三副主席杰奎琳·圣阿尔德，阿根廷正义党第二副主席塞萨尔·阿里亚斯、激进公民联盟第一副主席路易斯·卡塞雷斯、前国际书记何塞·博尔东，乌拉圭共产党总书记海梅·佩雷斯、白党全国领导委员会书记莫拉雷·帕松斯、红党前国际书记罗伯特·阿西亚因，巴西由众议院党团副领袖奥斯蒙多·雷博萨斯率领的民主运动党代表团、由众议院党团副领袖维瓦尔多·巴尔博扎和贝兹·阿西泽分别率领的民主工党代表团、由参议院党团领袖内伊·马拉尼昂率领的民族复兴党代表团、民主运动党第一副主席雅尔巴斯·瓦斯贡塞罗斯，哥伦比亚共产党中纪委书记赫苏斯·比列加斯、以首都波哥大市议会主席洛萨达为团长的自由党代表团，苏里南民族党主席(前总理)阿龙，委内瑞拉基督教社会党领袖(前总统)卡尔德拉、由国际书记(前众议长)罗德里格斯为团长的基督教社会党代表团、基督教社会党前总书记及基民党前国际主席爱德华多·费尔南德斯，厄瓜多尔民主左派党主席巴列霍和副主席罗梅罗、人民民主党主席马瓦德、民主左派党主席伊萨、基督教社会党领袖海梅·内博特，巴拉圭由众议员马丁内斯·卡塞雷斯率领的执政党代表团、由众议员桑迪诺·希尔·奥波尔托率领的政党议员代表团等。政府政要有：厄瓜多尔外长迭戈·科多韦斯·塞赫尔斯、内政部部长贝尔杜加、前总统奥斯瓦尔多·乌尔塔多和阿罗塞梅纳、武装力量联合指挥部司令耶佩斯、国防部部长加利亚多、副总统路易斯·帕罗迪·巴韦尔、议会议长卡洛斯·巴列霍，委内瑞拉众议院议长路易斯·恩里克·奥维尔托、外长阿曼多·杜兰、前总统卡尔德拉，玻利维亚副总统兼国会主席路易斯·奥西奥·圣西内斯、众议院议长费尔南多·基弗·古斯曼、众议院第二副议长本哈明、参议院议长吉列尔莫·福尔顿，秘鲁第一副总统兼参议院议长马克西曼·圣罗曼、国防部部长豪赫尔·托雷斯·阿西埃戈，阿根廷由司法部部长莱昂·卡洛斯·阿尔斯拉尼率领的司法代表团、最高人民法院院长里卡多·莱维内、外长吉多·迪特利亚、经济和公共工程服务部部长多明戈·卡瓦略，巴西审计法院大法官奥梅罗·桑托斯、陆军部部长泽尼尔多·卢塞纳，智利众议院议长何塞·比埃拉·加略，乌拉圭副总统贡萨洛·阿吉雷·拉米雷斯，智利以鲁道夫·斯坦戈·厄尔克斯为团长的高级警察团、由院长马科斯率领的最高法院代表团等。厄瓜多尔副总统帕罗迪在沪表示，中国改革开放10年来取得很大成绩，如果坚持下去，相信10—15年后中国将超过日本，成为世界强国。乌拉圭副总统阿吉雷表示，上海是座美丽而又充满活力的城市，访问时间虽短，但印象深刻，要多考虑与上海开展经济合作。

1993年12月1—2日，乌拉圭总统路易斯·阿尔韦托·拉卡列·埃雷拉访问上海。拉卡列在沪参观上海第二毛纺厂、上海博物馆，参加“上海—乌拉圭工商界人士经济合作研讨会”，他说，乌中贸易关系很重要，但两国的贸易额不能令人满意。这次访华就是要为扩大经济合作作出努力。如果21世纪是亚太世纪，那么下世纪将是拉丁美洲的世纪。乌拉圭是南方共同体重要市场的门户，乌拉圭设想通过合资，将肉类、羊毛、水产品、大豆制成品向中国销售，同时引进中国的工业产品，建立一种互补关系。随团的乌拉圭经济界人士与上海有关方面在皮革、化工、海运、医药等行业的具体项目上达成合作意向。

1994年3月18—19日、5月18—19日和6月11—12日，厄瓜多尔总统西斯托·杜兰-巴连·科多韦斯一行90人、苏里南总统鲁纳多·罗纳德·费内希恩一行34人和秘鲁总统阿尔韦托·谦也·藤森·藤森一行人先后访问上海。厄瓜多尔总统杜兰-巴连在沪访问浦东新区、江南造船厂，观览杨浦、南浦大桥，他对随同的厄瓜多尔记者表示，要看到中国正走向世界，向全世界开放，并取得很大的经济成就，这种情况对厄瓜多尔很有借鉴意义。他强调，厄中两国虽然远隔重洋，但完全有理由、有条件增进双方的交往，坚信这次访问能成为两国双边关系进一步发展的良好开端。苏里南总统费内希恩在沪参观国棉十七厂和新光内衣厂，观光杨浦和南浦大桥等，他认为，在中苏建交18年之际，他作为第一位到中国访问的苏里南总统，旨在推行多元化外交，凭借苏里南丰富的自然资源尝试发展与中国的交往和经济合作。他说，访问富有经济活力的上海是一件幸运的事，既可学习上海的经验，又可探求两地企业开展合作的可能。希望上海在吸引外资的同时，也有机会去海外投资建设，欢迎上海去苏里南合资办厂，进行经济技术合作，苏里南要学习上海的纺织和制衣技术，要借鉴上海建造斜拉桥的经验，在苏里南河上建一座类似的桥，要与上海进行农牧渔业等方面的合作，建造苏里南展览中心。秘鲁总统藤森在沪参观浦东金桥出口加工区、上海拖拉机内燃机公司、上海机床总公司贸易中心等单位，出席秘鲁摄影展开幕式，他表示，非常看好中国经济发展，中国经济发展的势头很好，前景十分广阔，是下一个世纪世界最强的国家之一。秘鲁是一个发展中国家，与中国的经济有着很强的互补性。中秘两国有着悠久的、良好的双边关系，秘鲁还有许多中国侨民，这都有利于双方的合作。他说，代表团许多成员对中国尤其是上海很感兴趣，希望进一步增进与上海的交往与合作，上海的机床质量很好，秘鲁很需要这样的设备，将向上海购买一些机床。

1995年10月2—4日、11月26—27日和12月15—17日，阿根廷总统卡洛斯·萨乌尔·梅内姆一行112人，智利总统爱德华多·弗雷·鲁伊斯·塔格莱一行95人，巴西总统费尔南多·恩里克·卡多佐一行127人陆续访问上海。阿根廷总统梅内姆在沪参观浦东金桥出口加工区、东方明珠广播电视塔、南浦大桥，出席双方企业家经贸座谈会，他说，阿根廷是通过中国的改革和所取得的伟大成就来认识中国的，阿根廷要学习中国改革经验和古老文化赋予中国人民的智慧，促进双方的经贸交流与合作。他祝贺上海在中央方针指导下改革取得的成功，表示将很快派本人支持的第一流足球队来沪访问。智利总统弗雷在沪参观浦东新区、东方明珠广播电视塔、杨浦大桥，出席智利—上海经济研讨会和中智记者招待会，他说，到上海的目的就是了解上海的经济发展情况，进一步发展与上海的经济合作，智利政府十分愿意推动智利经济界发展同亚洲、中国、上海的经济合作，智利可以成为中国和上海进入南美市场的桥梁。巴西总统卡多佐在沪出席"中国、巴西经贸战略伙伴"研讨会，参观经贸展览，他说，中国的改革开放取得令世人瞩目的巨大成就，尤其是大力利用国际技术和资金，成功推动中国经济的快速发展。巴西和中国都是世界上的发展中大国，但两国双边贸易金额太少，为此，巴西要动员企业为之作出努力，鼓励在水力发电、采矿、精细化工、农业、空间技术等方面与中国合作。

1996年10月22—23日，哥伦比亚总统埃内斯托·桑佩尔·皮萨诺一行87人抵沪访问。桑佩尔系哥伦比亚历史上第一位访华的总统，曾于1987年率自由党代表团访华。他在沪参观外高桥保税区、金桥出口加工区、上海博物馆、杨浦大桥、地铁，他表示，重访上海使他感到上海真正变了样，所见所闻令人惊喜和赞叹，浦东正在进行的改革开放实验很有意义，中国正在创造奇迹。哥伦比亚首都波哥达也能造地铁，希望能得到上海的帮助。

1997年3月28—30日和4月22—24日，玻利维亚总统贡萨洛·桑切斯·德洛萨达一行21人和乌拉圭总统胡利奥·玛丽亚·桑吉内蒂一行130余人先后抵沪访问。玻利维亚总统桑切斯在沪参观宝钢、浦东新区管委会、东方明珠广播电视塔、南浦大桥，出席中玻企业家早餐会，向上海企业家介绍玻利维亚投资的优惠政策和公路建设方面的项目。他说，玻利维亚借鉴了中国引进外资的经验，对国有企业实行称为资本化的改革，采用合资形式，本国和外国资本各占一半，希望上海的代表团去玻利维亚考察，探讨合作的可能性。在与市委书记黄菊晤谈时，他提出在上海设立总领事馆，向上海派遣留学生的要求。乌拉圭总统桑吉内蒂曾两次访华，在沪参观金桥出口加工区、上海贝尔公司、东方明珠广播电视塔、恒源祥绒线公司、上海博物馆等，欣赏和平饭店老年爵士乐，出席中乌企业家贸易洽谈会，并介绍国内的经济发展和经贸来往情况。他说，全中国都在发生着迅速的变化，但上海的变化更为显著和重要。乌中两国在各个领域的友好关系都得到加强，包括在政治上进行十分有益的对话，在国际事务中相互声援、支持，两国的双边贸易也在稳定地向前发展，已到"瓜熟蒂落"的程度。70余家乌方企业代表就双方的经贸合作与往来提出和达成一些具体意向。

1998年5月21—22日，苏里南总统尤勒斯·韦登博斯一行27人访问上海。韦登博斯在沪除参观外，着重与市外经贸委、市外资委、市贸促会、东方国际集团、中国上海外经集团有限公司及中国人民银行上海市分行负责人座谈介绍经贸情况。他说，通过此访，他更坚信选择中国作为苏里南第一位重要盟友是正确的，中国是苏里南最好的盟友，苏里南重视发展同中国尤其是同上海的经贸合作关系，希望双方尽快携手走在互利合作的道路上，加速推进双方的经贸合作。

1999年8月31日—9月2日和10月10日，厄瓜多尔总统哈米尔·马瓦德·维特一行53人和委内瑞拉总统乌戈·拉斐尔·查韦斯·弗里亚斯一行92人先后访问上海。在沪期间，厄瓜多尔总统马瓦德参观宝钢、浦东新区、上海博物馆、东方明珠广播电视塔，出席中国—厄瓜多尔企业界人士经贸洽谈会，他表示，希望厄瓜多尔和上海加强经贸联系，发展合作。双方企业界人士就两地经贸合作达成上海代理厄方销售花卉、上海进口鱼虾和厄方进口五金、塑料制品等方面4项意向。委内瑞拉总统查韦斯参观金桥出口加工区和东方明珠广播电视塔，他对访问上海感到特别高兴，说上海是发展很快的地区，在中国和亚洲有着重要地位，委内瑞拉正在致力于自身的发展，因此能有机会亲自看看上海的建设成就,亲身感受上海市政府所做的工作,对他特别重要。

1993—1999年,访沪的南美国家其他代表团有:智利政府秘书长恩里克·科雷亚·里奥斯,社会党代表团,前众议长豪尔赫·绍尔森主席率领的争取民主党代表团,副外长费尔南德斯,外交部亚太司长德梅特里奥·因方特,外交部人权顾问卡门·阿·埃尔茨·卡蒂斯,外长何塞·米格尔·因苏尔萨,外交部人权事务顾问萨利纳斯,社会党与争取民主党两党领袖里卡多·拉戈斯,社会民主激进党主席苏莱;巴拉圭亚松森市政会财政委员会主席卡诺,上巴拉那省代表团,总统府军事办公厅秘书长兼内阁会议秘书埃斯特万·阿吉诺,红党众议院党团领袖贝纳迪诺·卡诺,常驻联合国代表、参议员何塞·费利克斯·费尔南德斯,以党的领袖吉列尔莫·卡瓦列罗·巴尔加斯为团长的全国会晤党代表团,参议员戈麦斯;玻利维亚外交和宗教事务部部长阿拉尼瓦尔,自由运动代表团,副外长里科,民族主义革命运动第一副主席、前众议长吉列尔莫·贝德雷加尔,副外长索拉雷斯和梅斯梅尔,以主席奥斯卡·萨莫拉为团长的左派革命阵线代表团,以副主席翁达尔萨为团长的民族民主行动党代表团;哥伦比亚负责亚洲事务的副外长路易斯·吉列尔莫·格里略,副总统温贝托·德拉卡列,由主席埃米利奥·莱沃洛·卡斯特亚诺斯率领的自由党代表团,以主席法维奥·瓦伦西亚为团长的保守党代表团,副总统古斯塔沃·贝尔·莱穆斯;秘鲁第一副总统马克斯,国会第一副主席托雷斯,议长维克多·乔伊·魏,外交部多边政策总司长何塞·乌鲁迪亚,前总理哈林,以总书记安德烈斯·雷希亚多·萨扬为团长的改革90-新多数派联盟代表团,以总书记拉弗为团长的共产党(团结)代表团;阿根廷共产党总书记帕特里西奥·埃切加赖,总统府法律与技术国务秘书鲁伊斯;巴西民主工党主席莱昂内尔·布里佐拉,由主席路易斯·恩里克率领的民主运动党代表团,由总书记联邦众议员维马尔·罗沙为团长的自由阵线党代表团,副外长伊万·卡纳布拉瓦,人权代表团,以众议院外委会主席阿蒂拉·林斯为团长的自由阵线党代表团,副总统马西埃尔,外交部亚太司总司长维拉·马沙多;委内瑞拉由总书记唐纳德·拉米雷斯为团长的基督教社会党代表团,外长安赫尔·布雷利·里瓦斯,常驻联合国代表埃斯科瓦尔,由主席古斯塔沃·马尔盖斯率领的争取社会主义运动代表团,以主席帕里斯·蒙特西诺斯为团长的民主行动党代表团,以副主席何塞·罗德里格斯为团长的基督教社会党代表团,副外长比维罗;厄瓜多尔党的总统候选人罗德里戈·帕斯率领的人民民主党代表团,外长何塞·阿亚拉·拉索,以主席拉米罗·里韦拉为团长的人民民主党代表团;乌拉圭由阿尔韦托·博隆特主席率领的白党代表团,外长拉莫斯,以全国领导委员会执委会成员拉克尔·马塞尔·德沙巴特为团长的白党代表团,副总统兼国会主席乌戈·巴塔利亚,副总统乌戈·费尔南德斯·法因戈德,进步党联盟代表团;苏里南总统特使德西雷·德拉诺·鲍特瑟,前总理尤登豪特;圭亚那由总统夫人、人民进步党执委会成员、妇女进步组织主席珍妮特·贾根率领的人民进步党代表团,外交部总司长迈尔斯;等等。哥伦比亚副总统德卡拉列说,访问上海使他实现了小时候的梦想。哥伦比亚重视发展与上海的经贸关系,希望增加咖啡、棉花、皮革等产品的出口,加强哥伦比亚的布埃那本图拉港与上海港的联系,为两市交往和两国关系带来"好运"。秘鲁副总统马克斯说,秘鲁是南美最自由的国家,商品和货币可以自由进出,不受任何限制,希望能利用这一优势,合作办厂,加强同上海的经贸合作关系,将产品直接销往第三国。秘鲁有意在沪设立领事馆,希望上海能同秘鲁的一个城市结为友好城市。智利副外长费尔南德斯在沪出席智利驻沪总领馆开馆仪式。秘鲁议长维克多参加在沪举行的国际商会第32届大会,国务院副总理李岚清会见其一行。乌拉圭副总统巴塔利亚在沪专访恒源祥绒线公司,对乌拉圭羊毛产量的30%出口给恒源祥一事感到非常高兴,对恒源祥公司提出希望加强与乌拉圭在羊毛方面的科研合作表示积极赞同。巴西副总统马马西埃尔认为,巴中两国作为世界上的新兴国家,经济上确有互补性,完全应该寻求在各个领域开展多方面的合作与交流。他邀请冶金、轻工、通信、金融等行业的8位企业家共进午餐，希望上海企业家前往巴西，加强与巴西企业界人士的交往，加深了解，促进双边经贸关系的进一步发展，并表示巴西可举办中国产品展销会。巴拉圭参议员戈麦斯是受总统库瓦斯的委派代表政府来华商谈两国关系问题的，并携带总统库瓦斯给国家主席江泽民的信。他在沪赴浦东新区管委会、上海拖拉机内燃机公司和永久自行车公司等单位进行参观访问。

进入21世纪，随着南美共同体的成立和拉美地区一体化进程不断迈进，南美各国更加重视与中国这个最大发展中国家的关系，到上海谋求经济合作已成为各国政要访华的重要内容。

2000年9月10—12日，阿根廷总统费尔南多·德拉鲁阿一行130余人抵沪访问。德拉鲁阿在沪参观上海证券交易所、陆家嘴金融贸易区、东方明珠广播电视塔等，出席中阿企业家早餐会并亲自介绍阿根廷的投资环境，回答上海企业家关于去阿根廷投资的问题。他说，随同来访的阿根廷企业家对参与上海的发展很有信心，希望携手合作，共同描画美好的未来。

2002年3月23—24日和10月16—18日，厄瓜多尔总统古斯塔沃·诺沃亚·贝哈拉诺一行106人和乌拉圭总统豪尔赫·路易斯·巴特列·伊瓦涅斯一行25人先后抵沪访问。在沪期间，厄瓜多尔总统贝哈拉诺赴浦东新区政府座谈，参观东方明珠广播电视塔、上海水族馆等，出席厄瓜多尔企业家与上海企业家洽谈会，他说，上海是亚洲的一座重要城市，厄瓜多尔重视发展与上海的关系，希望加强双方在各个领域的交流与合作。乌拉圭总统巴特列赴浦东新区政府听取情况介绍，参观东方明珠广播电视塔、上海博物馆，分别与贸促会上海分会、上海外国语大学、上海港务局和上海水产集团领导人进行会谈，向上海外国语大学赠送一批反映乌拉圭历史和文化的西班牙语书籍，并出席“中乌渔业合作项目”签约仪式。他说，乌拉圭与上海的合作前景广阔，这次访华签订的一系列经济合作协定为双方的进一步合作奠定基础。乌拉圭年内将在上海设立总领馆和商务中心，并通过举办和参加各种展览会等加深双方的了解。他希望上海方面的大型货轮能尽早驶入乌拉圭首都的蒙得维的亚港，上海水产集团计划设立的南美总部能设在乌拉圭，为此乌拉圭可提供一切便利。

2003年4月1—2日和8月31日—9月2日，圭亚那总统巴拉特·贾格迪奥一行17人和厄瓜多尔总统卢西奥·古铁雷斯·博武阿一行35人先后访问上海。在沪期间，圭亚那总统贾格迪奥访问浦东新区政府，参观上海汽轮发电机有限公司、东方明珠广播电视塔、上海历史陈列馆等，他表示，圭中两国友好关系的不断发展，以及此次访华两国政府签订的投资保护条约，能为上海企业赴圭亚那投资创造良好的条件。厄瓜多尔总统古铁雷斯参观中兴通讯股份公司上海研发中心、浦东新区政府、上海城市规划馆、上海松江大学城、东方明珠广播电视塔、上海博物馆等，出席“中厄经贸研讨会”，并介绍厄瓜多尔丰富的矿产资源、优越的地理环境和可进一步加强合作、共同开发或供投资开发的领域，以及优惠政策等，他表示，厄瓜多尔愿意成为上海进入美洲的门户，这次造访就是要多了解上海的情况，把上海发展、建设的成功经验带回去。

2004年5月25—27日和6月30日—7月1日，巴西总统路易斯·伊纳西奥·卢拉·达希尔瓦一行500人和阿根廷总统内斯托尔·卡洛斯·基什内尔一行40人陆续访问上海。在沪期间，巴西总统卢拉出席“世界银行扶贫大会”，国务院总理温家宝会见其及主要随行人员。卢拉还会见出席大会的世界银行行长、孟加拉国总理、坦桑尼亚总统，出席中巴经贸研讨会和企业家早餐会，会见宝钢总经理和巴西在华侨民。他表示，巴中两国人民之间一直有着非常友好的关系，并相信这种关系必将进一步发展。阿根廷总统基什内赴浦东新区政府听取情况介绍，在复旦大学接受该校授予的名誉博士学位，出席中阿经贸研讨会并参加企业家午餐会，他对上海的发展表示赞赏，希望双方能在更广阔的领域进行合作和交流。

2005年4月8—9日、6月5—6日和7月25—27日,哥伦比亚总统阿尔瓦罗·乌里韦·贝莱斯一行30人、秘鲁总统亚历杭德罗·托莱多·曼里克一行100人和圭亚那总理塞缪尔·阿奇博尔德·安东尼·海因兹一行5人相继访问上海。在沪期间,哥伦比亚总统贝莱斯赴浦东新区政府听取情况介绍,参观中兴通讯公司上海研发中心、东方明珠广播电视塔等,与上海市领导就在更广泛的领域加强合作与交流进行交谈。秘鲁总统托莱多参观外高桥港区,乘坐磁悬浮列车,出席中秘企业家招待会,他希望此访能找到更多贸易投资上的合作机会,欢迎上海企业到秘鲁进行公路、港口、机场、农产品等方面的投资。圭亚那总理海因兹赴浦东新区政府听取情况介绍,参观上海城市规划馆、上海科技馆等,他表示要进一步推动圭亚那与上海之间的合作与交流。

图1-4-4 2005年6月5日,秘鲁总统亚历杭德罗·托莱多·曼里克(右二)参观洋山深水港

2007年11月23—25日,厄瓜多尔总统拉菲尔·科雷亚·德尔加多一行59人访问上海。在沪期间,科雷亚赴世博建设大厦听取情况介绍,参观上海贝尔阿尔卡特股份有限公司、中兴通讯上海研发中心、上海城市规划馆、东方明珠广播电视塔,他说,上海的快速发展是人类发展能力的展示,希望进一步促进双方友谊和在经贸等领域的发展。

2008年4月14—15日,智利总统维罗妮卡·米歇尔·巴切莱特·赫里亚一行50人抵沪访问。巴切莱特在沪出席"智利、中国在拉丁美洲的战略伙伴"企业家论坛和"纵览智利"图片展,赴世博局听取情况介绍,会见在沪的侨民代表,与市长韩正共同见证中国上海与智利签署中国2010年上海世博会参展合同仪式,她鼓励智利企业家来沪发展,并欢迎更多中国企业家去智利投资。她表示,智利对与中国的经贸往来非常重视,希望能全面提升双方在经贸、旅游、农业等各个领域的交流并增进两国区域间的友好关系,智利愿成为中国企业进入拉美的平台。

2009年3月24—26日和11月12—13日,乌拉圭总统塔瓦雷·拉蒙·巴斯克斯·罗萨斯一行33人和智利总统维罗妮卡·米歇尔·巴切莱特·赫里亚一行101人先后到沪访问。在沪期间,乌拉圭总统巴斯克斯赴上海世博局听取介绍,出席在闸北区大宁灵石公园由乌拉圭青年艺术家圣图里奥设计的雕塑作品“升腾”揭幕仪式，并与宇通客车有限公司、中兴通讯有限公司、恒源祥（集团）有限公司等企业进行座谈。巴斯克斯作为乌拉圭广泛阵线主席曾访问过上海，再次到访对上海日新月异的发展变化感到惊讶和兴奋，他表示，面对世界经济和金融危机的挑战，乌拉圭愿加强同中国，尤其是与上海的合作，携手应对危机。上海世博会是世界各国自我展示的最佳窗口，乌拉圭不能缺席，乌拉圭支持并将积极参加2010年上海世博会。他还说，中国在全球经济体系中的地位和作用越来越重要，乌拉圭十分重视发展与中国的经贸关系。乌中两国经济互补性很强，乌拉圭具有良好的法律环境、劳动力资源和地缘优势，是中国企业进入南美的门户，希望有更多中国企业前去投资发展。智利总统巴切莱特出席上海世博会智利国家馆落成仪式，这是世博园区全面动工以来第一位到访建设工地的外国元首，她与市领导共同见证“这就是智利”官网中文版开通仪式，并赴上海交通大学演讲、接受名誉教授称号，会见智中企业家委员会双方主席和出席智方活动。她表示，上海世博会将是2010年全世界最重要的事件，届时智利馆内将举行盛大的智利独立200周年庆祝活动，希望借此机会，为庆祝智中两国建交40周年，两国继续发展更加深厚和密切的关系打下坚实基础。

图1-4-5　2009年11月12日，智利总统维罗妮卡·米歇尔·巴切莱特·赫里亚（右三）出席上海世博会智利馆结构封顶仪式

21世纪前10年，除国家元首和政府首脑外，南美国家其他政要和政党代表团造访上海也络绎不绝。其中有：乌拉圭副总统兼国会主席路易斯·耶罗，外交部副部长卡里翁，总统府秘书长劳尔·拉戈，以全国执行委员阿莫林·巴特列为团长的红党代表团，前总统桑吉，由主席豪尔赫·布罗韦托率领的广泛阵线干部考察团；阿根廷外交部国务秘书奥拉西奥·奇吉索拉，以党主席卡洛斯·梅内姆为团长的正义党代表团，共产党总书记帕德里西奥·埃切加赖，外交国际贸易与宗教事务部部长拉菲尔·安东尼奥·别尔萨，副总统丹尼尔·奥斯瓦尔多·西奥利，拉普拉塔河大学基金会考察团，以众议院党团主席奥拉希奥·佩尔纳塞第为团长的激进公民联盟代表团，外长豪尔赫·

恩里克·塔亚纳,方案党国际关系书记迭戈·拉米罗·格拉尔;巴拉圭审计长丹尼尔·弗雷特斯·本特雷,由主席萨吉尔为团长的真正激进自由党代表团,以主席奥斯卡·毛乌里西奥为团长的二月党代表团,共产党总书记安纳尼亚·迈达纳,由代主席布拉斯·亚诺斯率领的真正激进自由党代表团,以主席佩德罗·法杜尔为团长的亲爱祖国党代表团,由主席卡洛斯·费利佐拉率领的国家团结党代表团;哥伦比亚外长吉列尔摩·费尔南德斯·德索托和卡罗林娜·巴尔科·伊萨克松,副总统古斯塔沃·贝尔·莱穆斯和莱莫斯,副外长福雷罗,总统府秘书长皮萨诺,前总统洛佩斯、桑佩尔和帕斯特纳,由前主席戈麦斯率领的保守党代表团,自由党领袖塞尔帕,前内政部部长奥尔梅斯,第一副外长雷耶斯,由主席卡洛斯·奥尔金·萨尔迪率领的保守党代表团,副总统弗朗西斯科·桑托斯·卡尔德龙,以副主席参议员胡里奥·曼苏尔为团长的保守党代表团,前总统、美洲国家组织OEA前秘书长塞萨尔·加维里亚,以全国领导委员会成员、国会主席兼参议长克劳蒂娅·布卢姆为团长的激进变革党代表团,由党主席卡洛斯·加维里亚率领的民主变革中心党代表团;秘鲁前外长埃德华多·费雷多·科斯塔和加西亚·萨扬,外长费尔南多·德·特拉塞格涅斯·格兰达和迭戈·加西亚·萨扬·拉腊武雷,由政治书记、国会副主席伊贝里科为团长的道德化独立阵线代表团,"可行的秘鲁"党代表团,外长曼努埃尔·罗德里格斯·夸德罗斯,以主席阿兰·加西亚率领的阿普拉党代表团,由主席洛德斯·弗洛雷斯率领的基督教人民党代表团,以党的领袖巴伦廷·帕尼亚瓜率领的人民行动党代表团,以总书记马乌里瑟·穆德尔率领的阿普拉党代表团,由反对党联盟"全国团结联盟"议员、国会秘中友好小组主席洛德斯·阿尔科塔率领的多党议员代表团,外交部多边事务副秘书加西亚,以全国通讯书记赫尔曼·鲁纳·塞古拉为团长的阿普拉党干部考察团,由全国选举书记圣地亚哥·巴雷达率领的阿普拉党干部考察团,由前部长会议主席耶胡德·西蒙率领的代表团;智利外交部副部长埃拉尔多·穆尼奥斯和巴罗斯,由主席希拉尔迪率领的争取民主党代表团,由主席卡米洛·埃斯卡洛纳率领的社会党代表团,由党的领袖众议员吉多·希拉尔迪率领的争取民主党代表团,由副主席、参议员吉多·希拉尔迪率领的争取民主党干部考察团;厄瓜多尔副外长加西亚,以主席罗德里哥·博尔哈为团长的民主左派党代表团,第一副外长约翰逊,"1·21"爱国社团党代主席纳波莱昂·比利亚,"1·21"爱国社团党主席希尔马尔·古铁雷斯,民主左派党副主席拉米罗·冈萨雷斯,以运动领导人、临时国会第一副主席塞萨尔·罗德里格斯为团长的主权祖国联盟运动代表团;巴西副外长贝尔纳多·佩里卡斯,以全国执委弗莱塔斯·内托为团长的自由党阵线代表团,以副主席雷纳托·拉贝罗为团长的共产党代表团,以名誉主席卢拉为团长的劳工党代表团,由主席雷纳多·拉贝罗率领的共产党代表团,外交部副部长佩德罗萨,总统府政治协调与机关事务部部长雷贝洛,以副主席雷纳尔多·卡瓦略为团长的共产党代表团,以奥尼克斯·罗伦佐尼团长的自由阵线党代表团,由主席若泽·热诺伊诺率领的劳工党代表团,副总统若泽·阿伦卡尔·戈麦斯·达席尔瓦,以党主席卡洛斯·罗贝托·卢皮为团长的民主工党代表团,众议员代表团,劳工党参议员爱德华多·苏普里西,由中央委员玛丽亚·科埃洛率领的共产党干部考察团,由主席里卡多·贝尔佐伊尼率领的劳工党代表团,以众议员热尔马·塔托为团长的劳工党经贸考察团,由党的副主席罗伯托·阿马拉尔率领的社会主义党干部考察团;委内瑞拉外长罗伊·查德顿·马托斯和赫苏斯·阿纳尔多·佩雷斯,以主席费利佩·穆希卡为团长的争取社会主义运动代表团,由政治书记拉菲尔·科雷亚率领的执政党第五共和国运动代表团,以总书记莱奥波尔多·普奇为团长的争取社会主义运动代表团,由"全国战术指挥部"成员尼古拉斯·马杜罗率领的第五共和国运动代表团,第五共和国运动干部考察团,副外长比列加斯,由组织书记拉菲尔·乌斯卡特吉率领的"大家的祖国"党代表团;玻利维亚以全国主席帕斯·萨莫拉为团长的左派革命运动代表团,副外长胡安·安纳亚和费尔南德斯，前外长费尔南德斯，第一副外长古穆西奥，以奥斯卡·萨莫拉主席为团长的左派革命阵线代表团，由全国领袖曼弗雷德·雷耶斯率领的新共和力量党代表团，以争取社会主义运动党副主席安东尼奥·佩雷多为团长的政党领导人代表团，左派革命运动领袖海梅·帕斯·萨莫拉，副外长马依达纳，外交和宗教事务部部长阿曼多·洛艾萨·马里亚，外交和宗教事务部部长戴维·乔克万卡·塞斯佩德斯，由主席萨姆埃尔·多利亚·梅迪纳率领的全国团结党代表团；圭亚那以总书记唐纳德·拉莫塔为团长的人民进步党代表团，由中央执委地方政府部部长哈里·帕索德·诺克塔率领的人民进步党代表团，由中央执委、政府文化和青年、体育部部长盖尔·泰克赛拉率领的人民进步党青年政治家考察团，由领袖罗伯特·赫尔曼·奥兰多·科宾率领的人民全国大会党代表团，由中央执委科利万·拉尔率领的人民进步党干部考察团，由总书记唐纳德·拉莫塔率领的人民进步党干部考察团；苏里南副总统拉姆丁·萨炙，由主席、国民议会副议长卡普里诺·阿兰迪率领的兄弟团结政治联盟代表团，由民族党顾问委员会委员威勒姆·让·巴克尔率领的执政联盟六党干部考察团；等等。乌拉圭副总统耶罗表示，乌拉圭一向重视与中国的关系，也很愿意发展与上海之间的各种交流，特别希望上海直接在乌拉圭投资建厂，产品可以通过乌拉圭打入南方共同市场其他国家。阿根廷国务秘书奇吉索拉出席阿根廷和上海经济合作研讨会开幕式、中阿企业家见面会，并在阿根廷驻上海总领馆开馆仪式上致辞、剪彩和揭牌。阿根廷外长恩里克在沪出席“阿根廷—中国：商机无限经贸论坛”及企业家午餐会，参加上海国际问题研究所授予其“荣誉顾问”证书仪式和“拉丁美洲研究中心”开幕式，并发表演讲。智利副部长穆尼奥斯于中智建交30周年之际访沪，他出席智利驻沪总领馆商务处开馆仪式和中智两国企业家研讨会。秘鲁外长拉腊武雷出席秘鲁驻沪总领馆开馆仪式和中秘企业家洽谈会。巴西副总统戈麦斯是到中国与国务院副总理吴仪共同主持中国—巴西高层协调与合作委员会首次会议后抵沪的，他出席企业家早餐会，参加巴西企业家见面会及巴西侨民委员会成立大会，他希望巴西与上海在科技、经济、文化等多个领域开展更加广泛的合作，实现双赢。苏里南副总统萨炙在沪会见上海企业家和苏里南留学生。委内瑞拉副外长比列加斯在沪出席委内瑞拉驻沪总领馆揭牌仪式。

2010年上海世博会期间，南美国家纷纷组团参与世博活动。4月30日，哥伦比亚副总统弗朗西斯科·桑托斯·卡尔德龙、智利前总统米歇尔·巴切莱特、智利外长莫雷诺等到沪出席上海世博会开幕式。国家副主席习近平和国务院副总理李克强分别会见哥伦比亚副总统桑托斯和智利前总统巴切莱特。桑托斯在沪参观世博会哥伦比亚馆、中国馆等馆。巴切莱特出席世博会智利馆开馆仪式并参观中国馆，外长莫雷诺出席世博会智利馆开馆仪式，参观中国馆。7月14—18日，圭亚那总统巴拉特·贾格迪奥作为加勒比共同体总团长携各国政要到沪出席加勒比共同体日活动。在沪期间，圭亚那总统一行会见中国国家开发银行、中国机械进出口总公司、中港公司、诚通公司、农业发展集团国际农业合作开发有限公司等领导，并分赴华为技术公司上海研发中心、中兴通讯公司上海研发中心实地参观考察，与公司相关负责人进行会谈。他说，代表团的成员都对中国的迅速发展、上海的巨大变化印象深刻。加共体通过参与世博会，不仅展示出加勒比的文化和生活方式，更进一步加深双方的友谊，希望能不断加强与中国在经济、贸易等领域的合作。2010年7月15日，阿根廷总统克里斯蒂娜·费尔南德斯·德基什内尔在上海世博会期间出席“中阿商贸与投资机遇”中阿企业家午餐会。其他到沪出席上海世博会活动的有：巴拉圭文化部部长路易斯·玛努埃尔·埃斯科瓦尔·阿尔伽尼亚到沪出席世博会巴拉圭国家馆日活动；巴西财政部部长吉多·曼特加到沪出席上海世博会巴西国家馆日活动，并出席“巴西—中国2010面向未来”论坛开幕式，会见在沪的巴西商界人士；阿根廷外交、国际贸易和宗教事务部部长豪尔赫·恩里克·塔亚纳到沪出席上海世博会阿根廷国家馆日活动;哥伦比亚外长海梅·贝利萨尔德到沪出席世博会哥伦比亚馆日活动;秘鲁驻华大使哈罗德·福塞斯到沪出席上海世博会秘鲁馆日活动;乌拉圭副总统兼国会主席和参议长达尼洛·阿斯托里到沪出席上海世博会乌拉圭国家馆日活动,并出席"乌拉圭牛肉产品半月展"开幕式和中乌企业家早餐会;玻利维亚国防部部长鲁文·萨阿韦德拉·索托到沪出席上海世博会玻利维亚国家馆日活动;厄瓜多尔外交、贸易和一体化部部长里卡多·帕蒂尼奥到沪出席上海世博会厄瓜多尔国家馆日活动;智利劳动和社会保障部副部长布鲁诺·巴朗达到沪出席智利国家馆日活动;智利总统特使路易斯·施密特到沪出席上海世博会高峰论坛和闭幕式,并出席智利馆闭馆仪式。

图1-4-6 2010年7月15日,阿根廷总统克里斯蒂娜·费尔南德斯·德基什内尔(右二)在上海世博会期间出席"中阿商贸与投资机遇"中阿企业家午餐会

第五章　大洋洲和南太岛国外宾来访

大洋洲是中国外交的重要地带，发展与澳新国家的友好关系，加强与南太岛国友好交往，是改革开放后中国发展全方位外交、加强国际地位的重要目标。随着国家外交关系的建立，基于和平与发展的共同利益和中国在国际事务中的重要地位与作用，澳新国家和南太岛国纷纷提高与中国交往的热度，与上海的交往也日趋广泛、活跃。1978 年，到上海旅游、观光和访问的大洋洲嘉宾有 322 批 4 904 人次，至 20 世纪 80 年代中后期，仅来自澳大利亚的嘉宾就达到 1.13 万人次。随着全球经济一体化趋势愈演愈烈，上海在中国改革开放中的国际影响越来越大，寻求双方经济优势互补和相互合作的可行性，进一步推动澳新国家和南太岛国访沪的热情。据不完全统计，1994—2010 年，上海共接待大洋洲 17 个国家和地区的各类重要代表团 781 批 6 786 人次，促进和推动国家发展全方位外交。

第一节　澳新两国代表团访沪

澳大利亚是大洋洲面积最大的国家。20 世纪 70 年代末至 80 年代，澳大利亚、新西兰两国逐步加大与中国的往来，与上海的交流随之增多。

1984 年 2 月 11—12 日，澳大利亚总理罗伯特・詹姆斯・李・霍克一行 76 人访问上海。中共中央总书记胡耀邦在上海锦江宾馆会见澳大利亚总理霍克。霍克在沪参观宝钢、市少年宫、上海博物馆等，他认为，宝钢建设对上海以及中国的经济发展极为重要，也给两国在钢铁工业方面的合作提供了好机会。澳大利亚不仅可向中国提供矿石、煤等原材料，而且准备探讨向中国出口生铁、粗钢的可能性。他表示，澳大利亚之所以决定在上海设立总领事馆，一个重要因素是上海在中国同世界的贸易往来中具有重要地位，他期望澳中加强经济领域的合作。

1986 年 3 月 25—26 日，新西兰总理戴维・拉塞尔・朗伊一行 25 人访问上海。朗伊在沪参观上海针织大楼、第七牧场和上海地毯厂，他说，新西兰与中国的贸易大部分由上海转运，新中两国经济合作有着广阔的发展前景，是很好的贸易伙伴。新西兰是小国，在对外发展贸易合作时必须有所选择，上海是新西兰最感兴趣的贸易城市，希望与上海在羊毛、服装等诸多方面增进贸易往来与合作，相信在与上海的经济合作中，新中双方关系将越来越密切。

20 世纪 80 年代，澳新两国访沪的其他政要和政党领袖代表团有：澳大利亚共产党（马列）副主席达尔西・斯蒂芬诺，澳中理事会主席杰弗里・布雷尼和副主席费思棻，以副主席达尔西・斯蒂芬诺为团长的澳共（马列）代表团，由澳中友协全国主席杰弗雷・史迪威率领的友协领导人访华团，参议院议长康多尔・路易斯・劳克、哈罗德・扬和道格拉斯・麦克莱兰，总督尼尼安・马丁・斯蒂芬，共产党（马列）主席尼尔・麦克莱恩，外交部秘书长哈里斯，自由党联邦主席约翰・瓦尔德，参议院副议长哈默，国家党领袖伊恩・辛克莱，由全国副主席卡纳恩率领的澳中友协代表团；新西兰副总理兼外交外贸部部长布赖恩・托尔博伊斯，新中友协主席杰克・尤思，副议长约翰・勒克斯顿，工党领袖戴维・拉塞尔・朗伊，工党主席玛格丽特・维尔逊，工人共产主义同盟主席格・克拉克，副总理兼司法部部长杰弗里・帕尔默。澳大利亚参议院议长劳克在沪表示，上海是中国的贸易中心，澳大利亚的许多商品都是通过上海港运往中国各地，上海的许多产品质量很好，希望上海在对外贸易中加强宣传，相信澳大利亚会有不少人对上海的产品感兴趣，积极订购。新西兰副总理帕尔默在沪出席上海外国语学院“新西兰研究中心”的揭幕仪式，向该院师生作介绍新西兰政治、经济概况的演讲，并宣布新西兰政府决定向这所学院赠送一批价值2万元人民币的书籍，希望双方继续增进民族文化的相互交流。

进入20世纪90年代，澳、新政府调整对华政策，对中国采取更加务实的方针政策。澳大利亚提出“融入亚洲”的口号，将贸易重心转向东亚，一度中断的相互往来又渐渐热络起来。

1993年，新西兰总理吉姆・博尔格和澳大利亚总理保罗・约翰・基廷的访华，标志着双方高层往来得以恢复。5月17日和6月25—27日，新西兰总理吉姆・博尔格一行23人和澳大利亚总理保罗・约翰・基廷一行66人先后访问上海。博尔格是任新西兰总理后首次访华，他在沪参观浦东新区、南浦大桥和华丰毛纺厂，他表示，与世界上其他国家相比，上海的14.8%的经济增长率已达到很快的速度，确信上海将恢复几十年前在远东的金融中心地位，上海这座历史性的城市正在进入现代化的国际社会。他希望上海与新西兰的合作进一步发展。澳大利亚总理基廷在沪参观上海丝织地毯厂、上海第三毛纺厂、上海博物馆等，出席上海富仕达酿酒有限公司的奠基仪式。他说，澳中两国有许多共同点，两国合作有着美好的前景。上海是中国沿海最重要的港口城市，正在逐步加强和恢复远东对外贸易中心的地位，而澳大利亚有着较强的经济实力，这增加了两国双边贸易的机会，希望澳大利亚与上海的经贸合作能在资源、电信、环境保护、制造业、长距离运输、第三产业等方面多领域开展。

1995年10月13—14日，澳大利亚总督比尔・海登一行9人访问上海。海登在沪参观东方明珠广播电视塔、南浦大桥和孙中山故居等，他说，对中国和上海的印象非常好，这几年上海的变化与以往几次访华是不可比拟的，相信中国的经济发展是可持续的，将会取得更大的成就。

1997年3月28—30日，澳大利亚总理约翰・温斯顿・霍华德一行60人抵沪访问。在沪期间，

图1-5-1 1997年3月28日，澳大利亚总理约翰・温斯顿・霍华德(右二)在南浦大桥观光

霍华德参观南浦大桥、东方明珠广播电视塔和BHP建筑钢品(上海)有限公司,出席澳安捷(ANSETT)航空公司上海办事处成立仪式、澳信号技术(SIGTEC)公司与上海大众出租汽车有限公司合作建立出租汽车全球卫星定位系统项目的宣传仪式,他称赞上海的变化令人惊叹,给他留下非常好的印象,表示这次随行的不仅有政府官员还有许多澳大利亚著名的企业家、商人,表明澳大利亚政府非常重视发展同中国的双边关系,希望进一步加强澳中经贸合作。他说,澳大利亚在上海已有250个投资项目,其中几项是澳大利亚在华最大的投资项目,希望巩固与上海业已存在的合作关系,进一步寻找合作机会,扩大澳大利亚在上海的投资,以此进一步推动和发展两国的友好关系。澳方期待上海能早日成为国际毛纺组织的成员,以更利于双方的羊毛贸易。

20世纪90年代,澳、新两国访沪的其他代表团有:澳大利亚以自由党领袖约翰·休森为首的反对党联盟代表团,前总理、澳中理事会主席惠特拉姆率领的访华团,资深参议员巴登·蒂格,以参议员、议会两院外交、国防及贸易联合委员会主席克里斯·沙赫特为团长的澳大利亚议员代表团,国家党领袖蒂姆·费希尔,副总理兼住房和地区发展部部长布赖恩·豪,自由党代表团,反对党联盟领袖亚历山大·道纳,副总理兼贸易部部长蒂姆·费希尔,前总理保罗·基廷和马尔科姆·弗雷泽,澳中友好小组访华团,民主党领袖、参议员克尔诺,外长亚历山大·唐纳;新西兰工党议员卡伦和由科罗·韦特里率领的工党议员团,国民党主席约翰·科林奇,副总理兼对外关系和贸易部部长唐·麦金农,前总理罗林和前副总理托尔博伊斯,由市长理查德·沃尔斯率领的达尼丁市市政和贸易代表团,反对党领袖、前副总理海伦·克拉克,副总理兼国库部部长温斯顿·彼得斯;等等。澳大利亚议会两院外交、国防及贸易联合委员会主席沙赫特曾两次抵沪,他表示,看到中国、上海经济发展很快,人民的生活水平有很大提高。他会关注澳中经贸往来与合作,并希望中国在国际事务中发挥更大的作用。澳大利亚副总理兼住房和地区发展部部长布赖恩在沪出席上海城建学院举办的中澳国际工程管理和材料课程学员结业典礼,上海城建学院与悉尼工业大学、第一澳中财团关于"中澳合作培训建设人才备忘录",中澳合资合力安建筑系统有限公司,以及皇家墨尔本理工大学与上海财经大学、复旦大学管理学院签订关于"学员培训、合作研究与技术人员交流的合作协议"等一系列签字仪式,并与上海市建委负责人座谈交流市政规划与技术情况。澳大利亚副总理兼贸易部部长费希尔在沪出席澳快达航空公司上海办事处、澳科利耳(Cochleas)公司为人工耳蜗进入中国设立的联德利(Lend Lease)驻沪代表处的开业仪式,参加南澳船厂为温州乐清高速客轮有限公司生产第二艘高速客轮合同和澳AWA公司——杭州交通监控系统项目谅解备忘录签字仪式,并就上海购买澳大利亚羊毛事宜在信贷、采购方式、加工等方面与市领导达成初步意向。澳大利亚前总理基廷表示,上海的大规模建设是世界上任何一个地区都无法比拟的,是了不起的成就,希望外滩的建筑不仅是上海,也是亚洲的欧陆经典之作,要加以保护。弗雷泽任澳大利亚总理期间为发展中澳关系作出积极贡献,他在沪拜会海协会会长汪道涵,并称赞上海的巨变引人注目,中国在东南亚金融风暴中起了良好的稳定作用。新西兰副总理兼国库部部长彼得斯是中新建交25周年之际访沪的,也是新西兰联合政府执政后领导人的首次造访。他在沪出席了新西兰—上海投资情况说明会,他说,新中两国多年来的友好交往为发展两国贸易与投资提供了良好的基础,中国已成为新西兰第五大贸易伙伴。新西兰非常欢迎上海的公司和企业去新西兰投资,新西兰政府正准备与中国商谈开辟新直航上海的空中航线,同时,在华已有较多投资项目的新西兰富国集团还准备在上海投资建造一个海底隧道世界,计划将其总部迁至上海。新西兰副总理兼对外关系和贸易部部长麦金农曾两次抵沪,第一次在沪参观南浦大桥和惠南联合木材厂,表示要致力于新西兰与上海的双边贸易有实质性增长,此后再次抵沪参观上海旅游博览会新西兰展馆,并与新西兰在沪企业家共进午餐。

进入21世纪，中澳、中新在经贸上极强的互补性使双方的经济贸易快速增长，进一步提升双边的政治关系，相互往来更加密切，澳、新两国到上海访问更加密切。

2000年2月3—6日，新西兰总督迈克尔·哈迪·博伊斯一行10人抵沪访问。博伊斯在沪参观路易·艾黎故居、上海逸夫职业学校、上海外国语大学、上海证券交易所、浦东发展银行、上海城市规划馆、上海博物馆、东方明珠广播电视塔等，并向上海外国语大学师生发表演讲，他对该校与新西兰怀卡多大学开展交流和合作办学感到非常高兴，相信两校以及新西兰与上海在教育领域的合作会得到进一步发展。他还称赞上海的发展和对文化遗址的保护，希望加强两国人民的友谊和与上海的合作。

2001年4月18—19日，新西兰总理海伦·伊丽莎白·克拉克一行22人抵沪访问。在沪期间，克拉克出席新西兰教育情况介绍会、上海外国语大学与新西兰怀卡多大学交流协议签约仪式、新西兰旅游说明会以及与上海有关经济和国际问题专家座谈会。她说，新西兰和中国的合作与交流已从传统领域向教育、旅游和金融等方面发展，中国已成为新西兰高校的第二大生源国，新西兰政府通过修改移民政策等一系列措施，方便中国特别是上海学生来新留学。在旅游业方面，去新西兰游玩的中国游客也大幅度增长。新西兰希望能与中国包括上海更多地发展经济往来，密切在其他领域的合作。

2005年10月12—14日，澳大利亚总督迈克尔·杰弗里一行18人抵沪访问。杰弗里在沪参观上海博物馆、东方明珠广播电视塔、上海城市历史陈列馆，赴复旦大学参加复旦大学与澳大利亚教育机构合作项目的师生见面会，他表示，希望能够加强澳大利亚与上海在经贸领域的进一步合作，开拓诸如能源、环保等新的合作领域。

2009年4月16—17日，新西兰总理约翰·基一行19人到沪访问，此系约翰·基就任新西兰总理后首次访华抵沪。在沪期间，约翰·基参观东方明珠广播电视塔，出席“新西兰之窗”揭幕仪式，并与市领导就加强双边关系以及新西兰参与2010年上海世博会等交换看法。他说，世博会是世界级的活动和盛会，新西兰对中国举办一届“成功、精彩、难忘”的世博会充满信心，并将投资3 000万新元(约合人民币1.16亿元)用于新西兰展馆建设及参展推广，这一项目资金是新西兰参加日本爱知世博会的5倍。在“新西兰之窗”揭幕仪式上，他高度评价新中两国友谊，表示2008年10月正式生效的新中自由贸易协定是推动两国关系发展的重要里程碑，中国已成为新西兰第二大进口国、第三大贸易伙伴和第四大旅游客源国，在沪投资的新西兰企业也已超过100家，相信随着“新西兰之窗”活动的举行，新西兰和中国、尤其是上海在企业投资、贸易往来、旅游观光等方面的合作前景将会更加广阔。2010年7月8—10日，新西兰总理约翰·基率代表团一行32人到沪出席世博会新西兰馆日活动，国务委员、公安部部长孟建柱作为中方代表陪同出席馆日活动仪式。在新西兰馆，约翰·基亲手将象征两国深厚友谊的毛利巨型独木舟“蒂卡卡诺”赠送给宝山国际民族艺术博物馆。宝山区区长斯福民代表宝山区人民接受这件艺术品。在沪期间，约翰·基还接受上海电视台专访，出席新西兰国家馆日新闻发布会，在新闻发布会之后，他特意向“我的新西兰”网络评选活动中的3位获奖者赠送其亲笔签发的邀请函。约翰·基还在园区外分别以早餐会、午餐会等形式多次与新、中企业家见面，视察新西兰航空公司上海办事处、锦麟天地新西兰之窗。

2010年6月6—9日，澳大利亚总督昆廷·布赖斯率领的代表团一行20人到沪出席世博会澳大利亚国家馆日活动。在沪期间，昆廷还参观世博会中国、澳大利亚、英国等国家馆，并赴上海市妇联、宝钢集团和洋山深水港考察。他表示，非常高兴看到每天有数万观众参观澳大利亚馆，这是对澳大利亚馆的热情回应和肯定，也是宣传澳大利亚的重要窗口和契机。澳大利亚向全世界交出了一张面向未来的答卷，展馆的设计和建筑风格体现了澳大利亚的多元文化与蓬勃发展。澳大利亚高度重视澳中双边关系，长期以来双方在贸易、商务、教育、文化、科技等众多领域开展了富有成效的合作，期待借助参与上海世博会进一步加深两国之间的交流，增进彼此的友谊。

2000—2010 年，澳、新两国访沪的其他代表团有：澳大利亚由新南威尔士州上院议员黄肇强为团长的团结党代表团，外长亚历山大·唐纳和陆克文，以副领袖詹尼·麦克林为团长的工党代表团，以工党影子内阁外交事务发言人陆克文为团长的工党议员代表团，新南威尔士州议会代表团，工党影子内阁贸易事务发言人、前领袖西蒙·克林，由议会澳中友好小组主席朱迪·莫伊伦率领的跨党派议员代表团，由工党影子内阁交通部部长克里·奥布莱恩为团长的跨党派议员团，高级公务员考察团；新西兰分别以党主席斯莱特和前副总理克里奇议员为团长的国家党代表团、跨党派议员团，前总理珍妮·希普利，国家党主席比尔·英格利希，以主席威廉姆斯为团长的工党代表团，前贸工部部长沃伦·弗里尔，副总理兼财政、高等教育部部长迈克尔·卡伦，外长温斯顿·彼得斯，工党外事及民族事务发言人克里斯·卡特；等等。澳大利亚外长亚历山大·唐纳两次抵沪，2002 年他参加在上海举行的第四届中国国际艺术节澳大利亚文化周活动，出席澳大利亚南澳州罗宾·贝斯特陶瓷展、文化周的开幕式，参观了友谊图书馆，参加多媒体研讨会和澳大利亚在沪企业家早餐会。2007 年 4 月，唐纳在访问上海中赴中国浦东干部学院发表题为《变化与发展：亚太地区中的澳中关系》的主旨演讲并回答现场提问，出席澳驻沪总领馆举行的澳中工商界代表午餐会及澳驻沪商会早餐会，到上海世博局听取情况介绍并俯瞰世博园景。澳大利亚外长陆克文出席 2010 年上海世博会闭幕式。新西兰外长彼得斯在沪出席复旦大学主办的“上海论坛 2007”开幕式，并向来自全球 25 个国家和地区的 300 余名学界、政界及商界代表发表题为《新西兰与亚洲新兴经济一体化》的主旨演讲。

第二节　南太平洋岛国代表团访沪

旅游业是南太岛国的重要经济支柱，中国作为国际游客最大的潜在市场，是南太岛国开发旅游商机最为关注的国家之一。中国的改革开放为南太岛国发展与中国的关系带来了机遇，一些国家元首和政府首脑陆续在访华中到上海参观访问。

1978 年 6 月 14—15 日，斐济总理卡米塞塞·马拉一行 11 人访问上海。马拉在沪参观彭浦人民公社、工业展览会，他对受到欢迎的热烈场面十分感动，认为毛泽东主席是一位全世界的伟人，在全国范围内向 8 亿中国人民提供了足够的吃、穿、住条件。他说，曾经访问过世界上许多国家，特别是许多第三世界国家，这些国家面临着一个根本任务就是解决人民的吃、穿、住问题，而中国解决得很好。

1980 年 6 月 22—23 日，西萨摩亚总理图普奥拉·埃菲一行 6 人访问上海。图普奥拉在沪参观市少年宫、工业展览会和上海绣品厂，他说，在上海看到的一切印象深刻，中国确实发生了深刻变化，中国人民正在前进，相信中国的工业不久会在世界上领先，希望中国的竹器编结技术能够传授到有许多竹子的发展中国家去。

1985 年 7 月 1—2 日，基里巴斯总统耶雷米亚·塔巴伊一行 7 人访问上海。塔巴伊在沪参观马桥乡，他饶有兴趣地了解上海的城市改造、经济建设、青年教育、污染、交通等情况，认为管理上海这样一个大城市极不容易，能妥善安排这么多人吃住，是上海市政府管理工作的成功。他说，中国的先进技术比较适合向基里巴斯传授，希望双方更好地进行合作。

1987年2月23—25日和12月22—24日,密克罗尼西亚总统托西沃·纳卡亚马一行9人和瓦努阿图总统阿蒂·乔治·索科马努一行6人先后访问上海。在沪期间,密克罗尼西亚总统纳卡亚马参观上海针织大楼、工业展览会和上海鱼品加工厂,他说,密克罗尼西亚几乎没有自己的工业,市场上的消费品都是从美国、日本进口的,希望能从中国进口消费品,中国消费品价格比美日低,质量不错,较适合密克罗尼西亚人民的消费水平。瓦努阿图总统索科马努参观上海工艺美术研究所、嘉定县长征乡、市西中学、上海家具厂,他说,瓦努阿图对发展中的中国很感兴趣,可以从中国学到很多东西。他希望与中国开展教育交流,与上海进行木材加工方面的合作。

20世纪70年代末至80年代,访沪的其他南太岛国代表团有:巴布亚新几内亚副总理兼初级产业部部长朱利叶斯·陈、副总理兼运输和民航部部长艾姆巴基·帕尔马·奥库克,西萨摩亚议会议长诺努马洛·莱乌鲁莫埃格·索法拉率领的议会代表团,所罗门群岛议会议长洛伊德·梅匹扎·吉纳率领的议会代表团等。巴布亚新几内亚副总理朱利叶斯·陈在沪表示,到中国访问是他一生中一次重要的经历。如果中国和巴布亚新几内亚两国能达成合作协议,希望上海能派人去巴布亚新几内亚。

20世纪80年代末,南太岛国依然保持着与中国相互支持和友好合作关系。20世纪90年代后,西方大国削减对南太岛国的援助,与南太岛国渐行渐远,不断提升综合国力的中国更加成为南太岛国谋求自身发展的依仗和支柱,其国家元首和政府首脑纷纷访华到上海寻求商机与经济合作。

1990年10月23—25日和11月7—10日,瓦努阿图总统弗雷德里克·卡罗穆阿纳·蒂马卡塔一行4人和密克罗尼西亚总统约翰·哈格莱尔加姆一行9人先后访问上海。瓦努阿图总统蒂马卡塔在沪参观上海针织大楼、嘉定县马陆乡,他说,中国虽是第三世界国家,但经济发展很快,工业、农业和其他方面都取得巨大成果。上海是一个工业城市,工业经济相当发达。瓦努阿图想开发针织工业,希望中国的针织工业产品能出口到瓦努阿图,并帮助瓦努阿图提高牛皮加工、栽培水稻的技术。密克罗尼西亚总统哈格莱尔加姆在沪参观上海县马桥乡、中医医院、龙华医院、闵行经济技术开发区、上海无线电四厂、上海家具厂等,他说,在中国可以学到很多东西,中国人可以制造一切,而且质量很好。与中国政府签订提供1 000万元人民币贷款和200万元赠款的协议,就是要在上海择取对密克罗尼西亚经济有用的工业企业和农业,确定贷款项目,希望合资在密克罗尼西亚建设一个家具厂。

1991年3月19—20日、3月19—21日和4月24—26日,帕劳总统恩基拉特凯尔·埃特皮森一行12人、马绍尔群岛总统阿马塔·卡布阿一行6人和斐济总统佩纳亚·卡纳坦巴图·加尼劳一行6人陆续访问上海。在沪期间,帕劳总统埃特皮森参观上海鱼品厂,他说,帕劳虽然土地面积很小,但海域辽阔,渔业资源丰富,希望与上海合作开发海洋资源,进行捕鱼方面的合作。马绍尔群岛总统卡布阿是中马建交后首次访华,他参观上海大众汽车有限公司、青浦县徐泾乡和凤溪乡、上海儿童食品厂,表示有意与上海开展经贸交流,在上海建立固定的贸易渠道,希望与上海合作捕鱼。斐济总统加尼劳首次访问上海,他参观上海针织一厂和上海自行车三厂,他说,代表团许多人第一次来中国,在这里看到和听到的一切表明中国在进步,特别对上海的经济繁荣和产品质量可靠印象深刻。斐济和中国的贸易已经开始,希望进一步发展这种合作关系。

1992年8月27—28日,基里巴斯总统阿陶·蒂安纳吉一行7人访问上海。蒂安纳吉在沪参观上海衬衫一厂,对厂里出口创汇的经济效益十分钦佩,希望能与上海衬衫一厂合作,聘请技术、管理人员去基里巴斯示范、指导。他表示,上海繁华、富有,回国后要认真学习中国及上海的宝贵经验。

1993年3月17—19日,瓦努阿图总理马克西姆·卡洛特·科尔曼一行6人访问上海。科尔曼在沪参观宝钢、陆家嘴金融贸易区开发公司和上海第一丝绸厂，他说，对上海仰慕已久，访问上海使他多年梦想成为现实。他热切希望上海能选择瓦努阿图的四个岛区中的一个与之结成友好省市关系，开展经济合作，并特别欢迎上海的私人企业去瓦努阿图开发市场。

1995 年 4 月 21—22 日，马绍尔群岛总统阿马塔·卡布阿一行 14 人访问上海。在沪他参观浦东新区、南汇县周浦乡、南京东路商业街等，他说，上海将重新崛起，成为世界经济、金融和贸易中心。希望中国成功的发展经验能对马绍尔有所帮助，自己能把这里的经验带回马绍尔群岛。

1997 年 5 月 14—15 日，帕劳总统中村邦夫一行 19 人抵沪访问。帕劳尚未与中国建交，中村邦夫此行旨在进一步发展与中国关系。他在沪参观上海船厂、上海理光传真机有限公司、上海博物馆、古北新区、东方明珠广播电视塔等，听取市贸促会负责人关于上海经贸情况的介绍。他称赞上海是一座伟大的现代化大城市，此访使他对中国的认识有了彻底改变，从而进一步增强与中国开展各种交往与合作的愿望。他表示，希望与上海开展各种经济交往和合作，并在修建公路、造船、水力发电、向帕劳派劳务人员等方面达成初步合作意向。

1998 年 11 月 20—22 日和 12 月 18—19 日，库克群岛总理杰弗里·亨利一行 3 人和巴布亚新几内亚总理比尔·斯卡特一行 16 人相继抵沪访问。库克群岛总理亨利是中库建交后库克群岛政府首脑首次访华，他在沪参观马桥镇、东方明珠广播电视塔，他希望学习上海的现代化农业技术和上海的老年人社会保障制度，上海能参与库克群岛的渔业和矿产开发，并与库克开展鱼产品和黑珍珠贸易。巴布亚新几内亚总理斯卡特在沪参观外高桥保税区、上海东海造船厂、外滩主要商业区，在华东医院作心脏和肝脏检查。他说，巴布亚新几内亚虽然自然资源丰富，但缺少必要的技术和条件将这些资源转化为产品，希望能与上海开展互利合作。

1999 年 10 月 11—14 日和 12 月 16—18 日，汤加国王陶法阿豪·图普四世一行 22 人和斐济总理马亨德拉·乔杜里一行 19 人先后访问上海。图普四世国王在沪参观江南造船厂、上海拖拉机厂、上海信谊药业公司，欣赏和平饭店老年爵士乐，与上海企业家进行座谈。他表示，上海拥有广泛的国际联系和很高的国际声誉，希望能在互利互惠的基础上，进一步加强与汤加的经贸交流，尤其能借助上海通信和交通方面的技术优势，帮助促进汤加各岛屿之间的联系与发展。双方还在帮助汤加发展养猪和猪饲料加工业，购买上海拖拉机、摆渡小型船只、药品和在汤加建拖拉机组装厂、自行车厂等达成合作初步意向。斐济总理乔杜里在沪参观中华船厂、上海海螺服饰有限公司、陆家嘴金融贸易发展联合公司、东方明珠广播电视塔、上海博物馆等。他说，上海是东方明珠，此行目的就是为借鉴上海的发展经验，学习上海如何以可持续的方式开创经济发展新局面的好方法。他希望上海在造船业和服装业方面能提供技术帮助和开展合作，能在城市规划和经济发展决策方面派人指导，帮助斐济。

20 世纪 90 年代，南太岛国的其他代表团有：马绍尔群岛议会议长科塞·诺特，部长会议副主席贡桑奥，外交贸易部副秘书长提米斯·艾尼恩；基里巴斯副总统陶马斯·尤塔，外交部常务秘书卡布罗罗·鲁阿伊阿；斐济议会众议院议长阿佩尼萨·库里桑吉拉，参议院议长陶阿基托·索卡纳乌托，外长姆贝雷南·武宁邦博；所罗门群岛民族团结和解与进步党副主席查尔斯·多萨比；帕劳国务部部长萨比诺·阿纳斯塔西奥，副总统小汤米·雷门格绍，总统办公室主任特米·施马尔；巴布亚新几内亚外长迈克尔·索马雷；瓦努阿图以瓦努阿库党秘书长、政府财政部部长穆利萨为团长的党政代表团；等等。斐济外长武宁邦博称赞上海的城市建设不亚于纽约的曼哈顿，希望开展旅游和经贸合作，并尽快在华建使馆和先在沪设一名誉领事。帕劳副总统雷门格绍在沪与上海国际综合发展战略研究所、市外商投资企业协会、中建公司和浙江省建工集团等进行业务洽谈，他表示，希望能与上海在经贸、旅游、工程承包、桥梁建设和文化体育等方面开展合作与交流,如当选总统即与中国建交。

进入21世纪,随着中国对南太国家发展的参与和合作不断加深,南太国家在推进地区合作和一体化的进程中更加倚重中国的支持和帮助,各国家首脑和政府首脑访沪更加密集,更注重探索切实有效的合作途径和机制,加强双方的经贸合作。

2000年3月28—30日和11月9—11日,密克罗尼西亚总统利奥·法尔卡姆一行14人和瓦努阿图总理巴拉克·塔梅·索佩一行8人相继到上海访问。密克罗尼西亚总统法尔卡姆是就任总统后首次访问中国。他在沪参观浦东新区、上海贝尔电话设备制造有限公司、东方明珠广播电视塔、上海博物馆,出席与中方企业家的见面会,并亲自介绍密克罗尼西亚的自然环境、经济发展状况和加强基础设施建设的设想,希望中国、上海的企业家到密克罗尼西亚投资发展,还与上海电气(集团)总公司初步达成去密克罗尼西亚建造电厂项目的意向。瓦努阿图总理索佩在沪参观浦东新区、东方明珠广播电视塔、上海城市规划馆、马桥镇等,他表示,瓦努阿图高度赞赏和重视与中国的外交关系及两国在各个领域的合作,坚持一个中国的原则,希望能与中国、包括上海建立起更加紧密的经贸关系,在农业、旅游业、贸易等领域加强合作。

2002年5月29—30日和7月1—2日,斐济总理莱塞尼亚·恩加拉塞一行60人和基里巴斯总统塞布罗罗·斯托一行6人先后访问上海。在沪期间,斐济总理恩加拉塞参观上海水产大学、上海贝尔有限公司,他表示,10多年来,中国发展迅速,经济增长良好,积累了许多有益的发展模式和宝贵经验,斐济虽是小国,两国之间有差异,但实地参观访问后,能学到很多东西,中国的发展模式解决了一些经济问题。他希望能在远洋渔业、水产养殖、渔业教育与研究方面开展全方位的合作交流,希望上海能对斐济这样一个岛国提出电信解决方案,推动双方在电信领域的深入合作。基里巴斯总统斯托赴浦东新区听取开发开放的情况介绍,他说,基里巴斯也在进行城市规划,上海特别是浦东的发展和规划使他们很受启发,他希望基里巴斯和上海的友好关系不断加强,并建立起深厚友谊。

2003年6月30日—7月1日和8月1—4日,瓦努阿图总理尼帕尔·爱德华·纳塔佩一行6人和巴布亚新几内亚总督西拉斯·阿托帕尔一行先后抵沪访问。瓦努阿图总理纳塔佩在沪参观上海城市规划馆、东方明珠广播电视塔、卢浦大桥,观赏夜景。巴布亚新几内亚总督阿托帕尔在沪参观上海通用汽车有限公司、世贸滨江高级住宅区、上海城市规划馆和东方明珠广播电视塔,他十分赞赏上海的发展和建设成就,热切希望上海的经贸界人士能去巴新投资、开发,他说,巴新是个好地方,那里有丰富的资源,有各类产业可供海外投资,上海和巴新的距离不远,相信会有很多领域可以交流与合作。

2004年2月11—12日、3月19—21日、4月24—26日和4月24—27日,巴布亚新几内亚总理迈克尔·托马斯·索马雷一行55人、密克罗尼西亚总统约瑟夫·乌鲁塞马尔一行12人、库克群岛总理罗伯特·温特一行5人和瑙鲁总统勒内·哈里斯一行5人陆续访问上海。在沪期间,巴布亚新几内亚总理索马雷赴浦东新区听取情况介绍,并率企业家与贸促会进行座谈,希望双方能够在经贸等领域开展更广泛的合作与交流。密克罗尼西亚总统乌鲁塞马尔参观浦东新区、东方明珠广播电视塔、青浦陆基养殖基地、上海城市规划馆,他对上海的发展成就表示赞赏。库克群岛总理温特参观上海科技馆,瑙鲁总统哈里斯赴华东医院检查身体,两人共同出席“亚太经社会第60届会议”开幕式,国务委员唐家璇会见了他们。

2005年5月12—15日,萨摩亚总理图伊拉埃帕·卢佩索利艾·萨伊莱莱·马利埃莱额奥伊一行 4 人抵沪访问。萨伊莱莱在沪赴浦东新区政府听取情况介绍，参观松江区、上海城市规划馆、新天地，他对上海的迅速发展表示赞赏，并希望在萨摩亚的建设中借鉴上海的经验。

2006 年 10 月 10 日，巴布亚新几内亚总督保莱阿斯·马塔内一行 8 人访问上海。马塔内于中国与巴布亚新几内亚建交 30 周年之际访沪，他希望上海与巴布亚新几内亚能够进一步加强合作与交流，建立紧密合作关系。

2007 年 3 月 23—25 日、6 月 5—6 日、9 月 28—30 日和 12 月 18—19 日，萨摩亚总理兼外长图伊拉埃帕·卢佩索利艾·萨伊莱莱·马利埃莱额奥伊一行 6 人、纽埃总理米提塔伊昂伊梅尼·扬·维维安一行 11 人、库克群岛总理吉姆·马鲁雷一行 3 人和密克罗尼西亚总统伊曼纽尔·莫里一行 17 人相继访问上海。萨摩亚总理兼外长萨伊莱莱是萨摩亚人权保护党领袖，他在沪参观东海大桥、洋山深水港，乘坐磁悬浮列车，并与上海电力和能源专家进行座谈。中联部副部长张志军、外交部部长助理翟隽分别会见萨伊莱莱。纽埃总理维维安访沪旨在考察和学习中国经济发展经验，探讨《中国—太平洋岛国经济发展合作论坛行动纲领》框架内开展合作的可能性，协助纽埃企业与中方企业建立联系，推动中方向纽埃投资。库克群岛总理马鲁雷对上海的发展成就表示赞赏，希望进一步推动和促进上海与库克群岛的交流与合作。密克罗尼西亚总统莫里考察上海水产集团公司，参观东方明珠广播电视塔等，他说，一踏进上海的土地，就感到上海人民的热情和真诚。坚信上海 2010 年的世博会，一定是一届非常精彩的世博会。

图 1－5－2　2007 年 3 月 23—25 日，萨摩亚总理萨伊莱莱(前左二)访沪参观

2008 年 8 月 5—6 日和 8 月 13—14 日，萨摩亚国家元首图伊·阿图阿·图普阿·塔马塞塞·埃菲和斐济总理乔萨亚·沃伦盖·姆拜尼马拉马先后访问上海。在沪期间，萨摩亚元首图伊参观东方明珠广播电视塔、上海城市展览馆，并赴华东医院就诊。斐济总理乔萨亚参观东方明珠广播电视塔，浏览上海市容。他们都与上海市领导就双方的合作交流作了交谈。此外，瓦努阿图总理汉姆·利尼和汤加首相费莱蒂·瓦卡乌塔·塞韦莱分别于 8 月 7 日和 8 月 8 日在上海浦东机场过境。

2010年,上海世博会期间,南太国家多个领导人到沪出席世博会活动。其中,4月30日—5月4日,密克罗尼西亚总统伊曼纽尔·莫里一行6人到沪出席上海世博会开幕式。国家主席胡锦涛为密克罗尼西亚总统莫里访华举行欢迎仪式,在上海国际会议中心同莫里举行会谈。莫里在沪参观世博会太平洋联合馆、中国馆等,参观上海城市规划馆、华为技术有限公司上海研发中心,会见上海水产集团负责人,他表示,上海世博会是第一次在发展中国家举办的世博会,发展中国家为此感到骄傲,并愿意分享这一盛事。他希望进一步深化密中双边关系,加强电信、基础设施建设等领域互利合作,把两国合作水平推向新的高度。7月29日—8月1日,萨摩亚总理萨伊莱莱率领代表团一行6人到沪出席上海世博会萨摩亚国家馆日活动。萨伊莱莱在沪参观闸北临汾社区和世博人家、东方明珠广播电视塔,先后赴华为技术有限公司上海研发中心、上海公元太阳能有限公司实地参观考察并听取公司负责人的汇报。他说,通过参与上海世博会,将拓展萨摩亚与各方的经贸合作,有利于推动国家的发展。希望增进双方的交流往来。7月31日—8月12日,斐济总理乔萨亚·沃伦盖·姆拜尼马拉马率领代表团一行10人到沪出席上海世博会斐济国家馆日活动并访问其他城市(苏州、宁波、义乌)。在沪期间,斐济总理姆拜尼马拉马接受中央电视台的专访,会见多位中国企业负责人,参观华为技术有限公司上海研发中心、外高桥保税区,乘坐磁悬浮列车,并与夫人一同在华东医院进行体检。他说,斐中两国在政治、经济、社会等各领域交往与合作均不断加强,双方友谊日益加深。此次率领政、商、旅游等各界人士组成的大型代表团来华,目的是以上海世博会为平台,深化斐中双方相互了解和友谊,推动更多中国企业到斐济投资兴业,越来越多的中国人赴斐济旅游。9月30日—10月3日,斐济总统埃佩利·奈拉蒂考一行3人到沪出席上海世博会中国国家馆日活动。全国人大常委会委员长吴邦国在上海西郊宾馆会见斐济总统奈拉蒂考。奈拉蒂考说,斐中两国已建立起亲密的关系,此次世博会进一步拉近两国的距离,相信斐中关系将取得更大发展。10月7—9日,瓦努阿图总统尤路·约翰逊·阿比尔一行8人到沪出席上海世博会瓦努阿图国家馆日活动。在沪期间,总统阿比尔还参观世博园和东方明珠广播电视塔,出席瓦努阿图大使馆举办的鸡

图1-5-3 2010年4月30日,密克罗尼西亚总统伊曼纽尔·莫里(前排左)到访上海

尾酒会。他说，上海世博会的规模最大，游客最多，组织最出色，希望通过世博会让更多的中国人了解太平洋岛国和瓦努阿图，推动更多的中国公民到瓦努阿图旅游。10 月 18—20 日，纽埃总理托克·塔拉吉一行 5 人到沪出席上海世博会纽埃国家馆日活动。塔拉吉沪还参观东方明珠广播电视塔、上海城市历史陈列馆，他表示，纽埃是小国，十分荣幸能够借助世博会的平台展示自己的文化以及推介旅游、渔业等资源，推动纽埃相关产业发展。

2000—2010 年，南太岛国访沪的其他代表团有：瓦努阿图外长沃霍尔、马埃和莫阿纳·卡凯塞斯，以党的副主席、政府全面改革计划部部长萨托·基尔曼为团长的美拉尼西亚进步党代表团，以副主席黑可瓦为团长的瓦努阿库党代表团，以主席、政府副总理沃霍尔为团长的温和党联盟代表团，副总理兼外长萨托·基尔曼，以主席、政府副总理利里为团长的民族联合党代表团，以人权保护党领导核心成员、党主席卡凯塞斯为团长的绿党联盟代表团；基里巴斯外交部常秘戴维·伊廷；巴布亚新几内亚外长约翰·卡普廷和拉比·纳马柳，工商业部部长加布里埃尔·卡普瑞斯；汤加王储普托阿，外交部秘书长阿科茜塔·菲尼昂甘诺福，外交大臣索纳塔纳·陶莫佩奥·图普，公主萨洛特·皮洛莱乌·图伊塔；瑙鲁财政部部长阿姆瓦诺，上海世博会总代表莎梅尼·斯考蒂；所罗门群岛反对党领袖奥蒂，前总理希利，议员萨萨科，由领袖弗朗西斯·希利率领的反对党议员代表团，新闻代表团，文化和旅游部常务秘书卢克·艾塔；斐济外交外贸部部长卡利奥帕蒂·塔沃拉，议会反对派领袖贝多斯，以领袖乔杜里为团长的工党代表团，临时政府外交外贸部部长埃佩利·奈拉蒂考，临时政府公关服务委员会常秘钱德；萨摩亚首席大法官萨波鲁·帕图·法莱法图，民主联合党副领袖阿希亚塔·瓦阿伊，人权保护党代表团，以议长托洛富艾瓦莱莱·法莱莫埃·莱亚塔瓦为团长的人权保护党代表团；帕劳州长代表团，组委会主席德怀特·亚历山大；库克群岛副总理罗伯特·威格莫尔；密克罗尼西亚副总统阿利克·阿利克，副议长弗雷德里科·普里莫；马绍尔群岛参议员迈克尔·卡布阿；图瓦卢上海世博会总代表法卡萨·特奥雷；南太岛国外交官代表团；等等。萨摩亚议长托洛富艾瓦莱莱在沪出席萨摩亚与上海建工集团合作签字仪式。瓦努阿图副总理兼外长基尔曼在沪出席瓦努阿图驻沪总领馆开馆仪式。汤加公主萨洛特·皮洛莱乌·图伊塔率领代表团到沪出席上海世博会汤加国家馆日活动，参加第四届国际康复工程与辅助技术会议。所罗门群岛文化和旅游部常务秘书卢克·艾塔到沪出席世博会所罗门群岛馆日活动。库克群岛副总理罗伯特·威格莫尔到沪出席上海世博会库克群岛馆日活动。密克罗尼西亚联邦副总统阿利克·阿利克到沪出席上海世博会密克罗尼西亚联邦国家馆日活动。马绍尔群岛参议员迈克尔·卡布阿到沪出席上海世博会马绍尔群岛馆日活动。巴布亚新几内亚工商业部部长加布里埃尔·卡普瑞斯到沪出席上海世博会巴布亚新几内亚国家馆日活动。帕劳组委会主席德怀特·亚历山大到沪出席上海世博会帕劳国家馆日活动。瑙鲁上海世博会总代表莎梅尼·斯考蒂到沪出席上海世博会瑙鲁国家馆日活动。图瓦卢上海世博会总代表法卡萨·特奥雷到沪出席上海世博会图瓦卢国家馆日活动。密克罗尼西亚副议长弗雷德里科·普里莫到沪出席上海世博会高峰论坛和闭幕式。

第六章　国际组织外宾来访

国际组织重要人物和代表团访华是改革开放后呈现的新气象。20 世纪 90 年代后，随着中国国际地位和国际影响力的不断提高，以联合国为代表的各种国际组织纷纷加强与中国的来往。增加相互了解和沟通，相互协调、努力应对国际事务中出现的各类情况，成为国际组织访华的重要内容，具有国际影响力的上海也成为国际组织访华的重要城市。据不完全统计，1994—2010 年，上海共接待来自联合国、欧共体等国际组织的重要代表团 30 批 179 人次。

第一节　联合国组织代表团访沪

1971 年 10 月 25 日，第 26 届联大以压倒多数恢复了中华人民共和国在联合国的合法席位和一切权利，作为常任理事国的中国受到联合国组织的高度重视。改革开放为联合国组织代表团访华创造了条件，特别是 20 世纪 90 年代，随着上海浦东开发开放对外交往逐步进入高峰，到上海参观访问的联合国代表团渐渐增多。

几任联合国秘书长都曾到上海访问。1994 年 9 月 16—17 日，联合国秘书长布特罗斯·加利和夫人一行 11 人访问上海，随同到访还有联合国副秘书长冀朝铸等。加利在沪参观浦东新区，游览市容，向上海社会科学工作者作题为《联合国维和行动》的演讲。他表示，1984 年他首访上海，时隔 10 年后再次来到上海，看到上海到处充满活力和上海在中国所处的重要地位及对全球的影响。中国经济的发展引人瞩目，邓小平的发展战略，不仅促使上海快速发展，而且深入长江三角洲，上海为发展中国家树立了一个典型。他还对上海发展经济和建设国际化城市提出多召开国际会议和重视旅游业的建议。随同加利到访的联合国开发计划署驻华代表贺尔康就帮助上海国有企业进行结构调整，帮助证券管理机构起草有关证券管理方面的法律法规，帮助浦东更有效地改善它的服务，谈了该署与上海加强合作的一些想法。此后，加利作为联合国前秘书长与夫人、助手于 1999 年 9 月 15—17 日再次抵沪访问。他参观上海博物馆，并赴上海外国语大学发表题为《国际关系的民主化》的演讲。他表示，他一直认为中国在国际事务中有着举足轻重的地位，希望上海与埃及的友好关系能不断向前发展。1997 年 5 月 10—11 日，联合国秘书长科菲·安南及夫人一行 11 人访问上海。在沪期间，安南参观浦东金桥出口加工区、上海博物馆、东方明珠广播电视塔，向 300 多位研究国际问题的专家、学者和部分高校师生发表题为《联合国：发展方面的新挑战》的演讲。他在演讲中高度评价中国在联合国组织中的重要作用和影响，期待在联合国事务中继续得到中国支持与合作，并期待着同中国政府一起，为进一步促进南南合作而共同努力。他认为上海的发展经验值得发展中国家学习，明确表示将坚持只有一个中国的立场，希望中国能很快加入世贸组织。2010 年 10 月 30 日—11 月 1 日，联合国秘书长潘基文一行 23 人在中国常驻联合国代表李保东等陪同下，访沪并出席上海世博会高峰论坛和闭幕式，在上海世博会高峰论坛开幕式上致辞。潘基文在沪参观世博会联合国馆和中国馆、韩国馆、朝鲜馆等馆，出席解放日报报业集团第 41 届文化讲坛以及首届学术影响力国际研讨会，并分别发表主旨演讲。

20 世纪 90 年代至 2010 年，访沪的联合国前秘书长和副秘书长有：以前秘书长、奥地利前总统、奥地利联合国协会主席瓦尔德海姆为团长的奥地利联合国协会代表团一行11人于1994年4月9—11日访问上海。联合国前副秘书长明石康夫妇于1999年6月11—13日到北京大学讲学期间抵沪访问，在沪除参观外，与复旦大学美国研究中心及上海国际问题研究所就国际形势进行交流。副秘书长达纳帕拉到北京参加中国外交部和联合国合办的"21世纪的裁军议程"研讨会后于2002年3月29—31日抵沪访问。常务副秘书长弗莱切特出席在京举行的世界旅游组织第15届全体大会后于2003年10月23日抵沪访问。副秘书长、秘书长特别顾问约瑟夫·里德大使于2010年4月29日—5月3日到沪出席上海世博会开幕式和联合国馆开馆仪式，并参观中国馆和美国馆等馆，会见中国教育部官员。其他联合国代表团有：20世纪90年代，联合国人权委员会宗教问题报告员阿莫，喀麦隆常驻日内瓦联合国代表恩古贝，安哥拉驻日内瓦代表团大使帕雷拉，哥斯达黎加常驻联合国代表、77国集团主席费尔南多，联合国难民事务高级专员绪方贞子，塞拉利昂常驻联合国代表詹姆斯·乔纳，委内瑞拉常驻联合国代表埃斯科瓦尔，联合国协会世界联合会领导人代表团，联合国任意拘留问题工作组主席西巴尔和副主席儒瓦，巴拉圭常驻联合国代表、参议员何塞·费利克斯·费尔南德斯，丹麦联合国协会会长凯尔·奥凯尔，联合国人权事务高级专员玛丽·罗宾逊，韩国联合国协会代表团，联合国人权事务高级专员办公室专家团，危地马拉驻日内瓦大使帕迪亚，第53届联合国大会主席、乌拉圭外长迪蒂尔·奥佩蒂等；2001—2010年，美国常驻联合国代表霍尔布鲁克，第55届联大主席、芬兰前总理哈里·霍尔克里，禁止化学武器组织总干事菲尔特，联合国驻东帝汶支助团团长夏尔玛，印度联合国协会代表团，瑞典联合国协会代表团，由7个国家的驻联合国代表及其夫人组成的联合国使节访华团，联合国秘书长文明对话特别顾问伊克巴尔·里扎，常驻联合国使节代表团，第61届联合国大会主席哈亚·拉希德·阿勒哈利法，联合国亚洲太平洋经济社会委员会执行秘书诺琳·海泽，联合国消除种族歧视委员会委员、前阿尔及利亚外长顾问努尔丁，联合国非盟达尔富尔问题首席协调员巴索莱，联合国人居署执行主任安娜·蒂贝琼，第64届联大主席图莱基等。联合国人居署执行主任安娜·蒂贝琼到沪出席上海世博会开幕式和联合国馆开馆仪式，并参观中国馆和非洲馆等馆，出席同济大学授予其荣誉教授仪式。第64届联大主席图莱基到沪出席上海世博会开幕式，国家副主席习近平和国务委员戴秉国分别在上海虹桥宾馆会见图莱基。图莱基说，联合国高度重视和赞赏中国等广大发展中国家在支持联合国工作方面发挥的建设性作用，愿同中国加强合作，为人类的和平繁荣作出贡献。

第二节　地区性和其他国际组织代表团访沪

欧洲作为世界上的重要一极，其区域组织影响较大，也十分重视对华关系，20世纪90年代后到上海访问十分频繁。1979年1月和2月，欧洲议会议长、意大利前总理埃米利奥·科隆博和欧洲委员会议会主席、荷兰前外交国务秘书、国防大臣德·柯斯特先后抵沪访问。欧洲委员会议会主席柯斯特在上海举行的报告会上讲了欧洲形势。欧洲议会议长科隆博说，他们在中国多次听到一个声音："中国希望看到一个团结自强的欧洲。"两人都十分感谢中国的支持，并赞赏中国维护世界和平和安宁的立场。他们谈到，访问中看到中国人民正在为实现四个现代化而进行巨大努力，对此，欧洲共同体非常高兴能同中国进行友好合作。20世纪90年代以后，欧洲联盟委员会几任主席相继到上海访问。1998年11月1—2日，欧洲联盟委员会主席雅克·桑特一行25人访华期间抵沪访问。在沪期间，桑特参观中欧工商管理学院、上海证券交易所、上海博物馆等，会见欧洲国家驻沪领事及在沪企业家，他说，再次访沪看到10多年来中国和上海发生巨大变化，新闻媒体有时不能真正反映变化中的中国,此次访问使他亲眼看到了真实的中国。他称上海在中国的经济发展中起到中心作用,并表示,欧盟赞赏中国政府制定的开放国内市场的政策和在亚洲金融危机中为稳定亚洲经济所采取的负责措施,希望能进一步开放国内市场。2004 年 4 月 15—16 日,欧盟委员会主席罗马诺・普罗迪一行 5 人访问上海。普罗迪在沪参观上海证券交易所、东方明珠广播电视塔、上海城市历史陈列馆、上海博物馆、玉佛寺、新天地等,赴中欧工商学院作演讲,还与徐家汇天主教堂金鲁贤主教会面交谈,他十分看好上海的发展,希望上海在欧盟与中国经贸合作、文化交流中扮演更加重要的角色,期望双方能共同着眼于未来,谋求更大的发展。2005 年 7 月 16—17 日,欧盟委员会主席若泽・曼努埃尔・巴罗佐一行 12 人抵沪访问。巴罗佐在沪参观东方明珠广播电视塔、上海博物馆,赴中欧国际工商管理学院发表《中国崛起——是机遇,不是威胁》的演讲,并与在沪欧洲企业界人士共进晚餐。巴罗佐说,10 多年后又一次来到上海,发现上海发生翻天覆地的变化,感受到中国改革开放的伟大成就。欧盟与中国商业合作潜力巨大。他还对上海成功申办 2010 年世博会表示祝贺。2010 年 4 月 30 日—5 月 1 日,巴罗佐一行 32 人由中国驻欧盟使团大使宋哲陪同,抵沪访问并出席上海世博会开幕式。国家主席胡锦涛在上海西郊宾馆会见欧盟委员会主席巴罗佐。巴罗佐表示,加强欧中全面战略伙伴关系是欧盟工作重点之一。欧盟愿意在相互尊重基础上深化对华关系,加强人员往来,扩大贸易、投资领域合作,共同应对经济金融危机、气候变化、能源安全等全球性挑战。欧盟非常重视中国在世界经济中发挥的作用,愿意就全球经济治理等加强同中方的交流合作,在二十国集团、世界贸易组织的框架内同中方加强磋商。巴罗佐在沪参观世博园区内欧盟/比利时馆、西班牙馆、中国馆等。

改革开放后访沪的欧洲组织其他代表团有:欧洲议会对华关系代表团议员小组,北约前秘书长、比利时前副首相兼外交大臣维利・克拉斯,由欧洲议会人民党党团中国事务协调人乔治・扎赞保斯基为团长的党团代表团,由欧洲议会民族欧洲联盟党团第一副主席考林斯率领的该党代表团,由欧洲议会社会党党团主席恩里克・巴隆・克里斯率领的该党代表团,以主席尼尼斯托为团长的欧洲民主联盟代表团,以欧洲议会人民党党团副主席索米宁和费尔赞为联合团长的该党代表团,欧盟委员会对外关系委员彭定康,欧盟委员会秘书长沃尔特・施威梅尔,欧洲议会社会党交通运输考察团,西欧联盟议会航空航天技术委员会代表团,欧洲议会副议长奥茨基,北约议员大会经济与安全委员会代表团,欧盟理事会秘书长兼欧盟共同外交与安全政策高级代表哈维尔・索拉纳,欧洲议会党团秘书长代表团,以主席舒尔茨率领的欧洲议会社会党党团代表团,以主席乌尔兹为团长的欧洲议会左翼联盟党团代表团,以副主席卡拉斯为团长的欧洲议会人民党党团代表团,以党团两主席之一克里斯蒂阿娜・穆斯卡尔迪尼为团长的欧洲议会民族欧洲联盟党团代表团,西欧联盟议会航空航天技术委员会代表团,欧洲议会前议长考克斯,"欧洲之友"秘书长梅里特,欧洲议会绿党党团联合主席弗拉索尼率领的该党代表团,以主席多尔为团长的欧洲议会人民党党团代表团,欧盟委员会副主席薇薇亚娜・雷丁等。欧盟委员会秘书长沃尔特・施威梅尔在沪与上海国际问题研究所、同济大学、复旦大学、上海社会科学院等单位的国际问题学者进行座谈,发表题为《21 世纪初的欧洲委员会》的演讲。欧盟理事会秘书长兼欧盟共同外交与安全政策高级代表哈维尔・索拉纳在沪赴中欧高级工商管理学院就中欧关系发表题为《合作是解决问题的办法》的演讲。欧盟委员会副主席薇薇亚娜・雷丁在沪出席世博会欧盟馆日活动,她表示,这是欧盟第一次选择在欧盟以外的国度参加世博会,也是首次在欧洲大陆之外举行欧洲日,欧盟希望通过此次在上海世博会上的各项展览展示,进一步增进欧盟与中国、欧盟与上海的了解和友谊。

除欧洲外,其他地区国际组织访沪也不少。其中非洲有:1999 年 12 月 18 日,非洲统一组织副秘书长丹尼尔·安东尼奥路访沪。2005年8月17—18日，非洲联盟委员会主席阿尔法·奥马尔·科纳雷一行7人访沪。2009年9月7—11日，非洲联盟委员会主席让·平一行11人访问上海，他是与中方举行中国—非盟第二次战略对话后抵沪的，在沪参观同济大学，考察建设中的上海世博会非洲联合馆。他说，中非关系一贯友好，中非之间已从传统的国与国之间的双边合作发展为中国和整个非洲大陆的多边合作，其重要标志就是中国援建的非盟会议中心，它见证了中国和非洲的最新合作。美洲有：1994年7月1—3日和1997年7月1—4日，拉丁美洲经济体系执行秘书阿理约拉一行4人和常任秘书卡洛斯·胡安·莫内塔一行4人先后访问上海，常任秘书莫内塔在沪向复旦大学师生作题为《拉丁美洲和加勒比海的经济现状》演讲。2004年3月31日—4月2日，美洲国家组织前秘书长苏亚雷斯访问上海。2006年6月30—7月2日，美洲国家组织副秘书长拉姆丁一行9人访问上海，之后拉姆丁一行5人又于2009年11月19—20日再次抵沪访问。2006年10月28—30日，美洲国家组织前秘书长、哥伦比亚前总统塞萨尔·加维里亚一行3人访问上海。南太平洋地区有：1999年5月13—15日，南太平洋论坛秘书长诺埃尔·莱维一行2人抵沪访问。2004年4月10—12日，南太平洋环境署主任阿斯特里奥·塔克西夫妇访问上海。其他一些世界性国际组织有：1994年4月5—7日，以色列普会小组访华团一行6人访问上海。1994年4月23—26日，国际和平基金会联合会一行4人访问上海。1995年、1996年，澳大利亚堪培拉扶轮社代表团和澳大利亚扶轮社访华团先后三批抵沪访问。1995年、1998年和2004年，新西兰扶轮社访华团三批抵沪访问。1998年，美国加州扶轮社代表团访问上海。1998年10月30日—11月1日，禁止化学武器组织总干事布斯塔尼一行5人抵沪访问。2000年3月4—6日，意大利阿斯彭学会主席、前参议长卡尔洛·斯科尼亚米里奥一行3人抵沪访问。2004年10月22—26日，上海合作组织五国联合监督小组一行34人抵沪访问，参加在沪进行的联合监督小组成立5周年纪念研讨会。2005年9月3—4日，全面禁核试条约组织筹委会执行秘书蒂博·托特一行2人抵沪访问。

第七章　领导出访

改革开放以后，上海每年出国进行学习交流、经贸洽谈、考察研修、合作探讨的人数迅速增长，因公出国人数从20世纪70年代末年几百人次、20世纪80年代初年两千人次左右，到20世纪90年代末、21世纪初已达年均1万多批5万多人次。其中，市领导率团出访世界各国已成为上海开展国际交流合作的重要渠道，各国地方政府的高层交流，重要协议的签署，重大活动的举行，各项合作项目的落实等，往往都在市领导出访活动中完成。市领导率团出访往往规格高、影响大、内容实、效果好，对展示上海形象、加强对外宣传、促进中外交流合作产生积极作用。上海的很多先进理念、技术和经验的吸收，不少国际资本和机构、人才的引进落户，以及重大项目和实事工程的完成突破，都有市领导出访活动的积极成果。领导出访已成为上海加强对外交流合作、参与国际竞争与合作、提升城市综合实力的重要环节。

第一节　率领或参加中央组团出访

上海作为中国的重要城市，由市领导率团或随团参与国家层面外交活动的出访不少。改革开放后，随着中国外交在国际舞台日趋活跃，市领导参与国家层面对外交流活动渐渐增多。

1978年1月，市革命委员会副主任杨恺率上海市友好代表团访问多哥。多哥总统埃亚德马在他的家乡皮亚村私邸亲切会见杨恺一行。在参观访问和双方的交流中，多哥政府官员和各方人士都对中国、上海在医疗、水利、农业等方面给予的帮助十分珍惜，表示希望能长久地发展双方的合作。同年8月底至9月初，以中共中央候补委员、市委常委、市革命委员会副主任杨富珍为团长的中国友好参观团访问罗马尼亚，参加了罗马尼亚“八·二三”反法西斯武装起义34周年庆祝大会和国庆观礼，并在布加勒斯特市和伊尔福夫等7个县参观农牧业生产和科研单位、水库和水电站、工厂企业、海港、博物馆等30多个单位。罗共中央政治执行委员会委员、中央书记杜·波贝斯库会见参观团全体成员。

1979年10月，以市革命委员会副主任狄景襄为团长、市政治协商会议副主席靖任秋为顾问的中国友好访问团，为庆祝北京—上海—长崎通航，赴长崎和京都、东京进行友好访问。

1980年9月，副市长韩哲一率团赴意大利出席联合国人口活动基金会在罗马举行的“人口与城市未来”国际会议。韩哲一被推选为大会副主席。他在会上所作的发言中阐述中国的人口政策和稳定城市人口的措施和经验，展示上海社会主义现代化建设事业的前景，受到与会各国人士重视。

1983年5月，副市长叶公琦率上海经济代表团访问法国阿吉丹纳大区，在波尔多市出席“国际博览会中华人民共和国日”的开幕式。

1986年5月，副市长刘振元参加中国科技代表团至民主德国、匈牙利、波兰、捷克斯洛伐克进行友好访问和考察。

1988年9月，市委副书记曾庆红率上海市友好代表团赴联邦德国参加在汉堡举行的“中国文化周”开幕式和友好交流活动。

1991年4月，已被任命为国务院副总理的市长朱镕基率上海市代表团先后访问意大利、荷兰、比利时、法国、西班牙、德国6国。意大利总理安德烈奥蒂，荷兰外交大臣范登布鲁克和外贸大臣范罗伊，比利时副首相拉克斯，法国总理罗卡尔、外长迪马及法国工业、外贸、装备等部部长，西班牙副首相塞拉、参议长拉沃尔达，德国副总理兼外长根舍及联邦总理府部长特斯、经济部部长默勒曼等会见朱镕基一行。6国政府领导人都表示重视恢复和加强同中国的友好合作关系。意大利总理安德烈奥蒂说，意方正为全面恢复和发展意中之间在政治、经济和文化等各个领域的合作关系而努力。荷兰外交大臣范登布鲁克表示要结束过去，面向未来。朱镕基抵达比利时的前一天，比利时外交部宣布决定恢复同中国的正常关系。法国总理罗卡尔说，法国和中国发展友好合作关系不仅对法中两国是重要的，而且对保持世界力量均势，特别是对加强联合国安理会常任理事国之间的合作也是十分重要的，相信法中两国一定能发展长期稳定的友好合作关系。西班牙副首相塞拉表示，西班牙政府决心努力促进西中双边关系的进一步发展，并为这种关系注入新内容。德国副总理兼外长根舍表示，德中两国有着良好的政治、经济关系，应该把这种友好关系继续发展下去。各国领导人分别表示将用政府贷款或出口信贷支持本国企业参与在上海的投资或基本建设项目的投标，努力推动本国企业到中国投资，发展经贸，开展技术合作。欧洲共同体委员会副主席克里斯托天森也在比利时的欧共体总部会见朱镕基。他积极评价中国经济的持续发展，表示欧共体与中国将继续发展合作。朱镕基一行除访问6国首都及主要城市外，还访问了7个友好城市和26个大企业财团，参加50余次与6国政界、企业界重要人士的会见，出席3次大型研讨会和情况介绍会。在荷兰阿姆斯特丹，朱镕基应邀出席由欧洲研究中心举办的第四届"世界论坛"讨论会，并作题为《中国的改革开放和发展》的演讲。整个访问过程中，朱镕基及其一行向6国政界和商界、金融、企业界等各界人士广泛介绍中国政治稳定、社会稳定，经济持续、稳定、协调发展和坚持改革开放的形势，介绍中国"八五"计划、10年规划和上海浦东新区的建设计划及各项优惠政策，愿与各国加强互补互利的经济技术合作。

1992年4月末至5月初，以市长黄菊为团长、中国人民对外友好协会会长韩叙为副团长的中国代表团和由黄菊兼任团长的上海市代表团同时访问美国。前者是应美中协会邀请赴美参加纪念《上海公报》发表20周年活动；后者是应世界银行和友好城市旧金山邀请去访。代表团访问纽约、华盛顿、旧金山，考察巴尔的摩市旧港口城市的改造工程。在纽约参加中美《上海公报》发表20周年纪念活动中，黄菊在美中协会举行的座谈会上作题为《世界需要一个强大而稳定的中国》的讲话，在美国对外关系委员会的早餐会上作题为《由上海看中国改革开放的步伐》的讲话。美国前国务卿基辛格、万斯、黑格和前驻华大使恒安石、伍德科克、洛德等都参加纪念活动。美国前总统尼克松、卡特和总统布什分别向纪念活动发去贺电。黄菊、韩叙一行还分别会见美国总统国家安全事务助理斯考克罗夫特、副国务卿伊格伯格、助理国务卿所罗门等高级官员以及世界银行行长刘易斯·普里斯顿，并与美国金融界、企业界等各界知名人士和华人、华侨团体广泛接触会晤，向他们介绍上海建设和浦东开发开放情况，就双方共同关心的合作事宜和有关问题交换意见，进行有益的商讨。在旧金山，黄菊与市长乔丹共商进一步发展两市友好合作问题。同年9月，市委书记吴邦国应印度国大党(英)邀请率领中国共产党代表团访问印度，并顺访新加坡和泰国。印度总理、国大党主席拉奥，印度副总统纳拉亚南和新加坡内阁资政李光耀，泰国副总理蓬·沙拉信等会见吴邦国一行，宾主都表示要进一步加强和发展双方的友谊和合作。同月，以市长代表、市对外友协特别顾问陈至立为团长的上海市友好代表团赴大阪参加"'92大阪中国年"和纪念中日邦交正常化20周年活动，并出席在大阪举行的上海文化艺术节开幕式。

1994年6月上旬，中共中央政治局委员、上海市委书记吴邦国率中国共产党代表团访问古巴。

古共第一书记、古巴国务委员会主席菲德尔·卡斯特罗会见吴邦国一行,他高度评价古中友好关系的发展。吴邦国向古巴领导人介绍上海改革开放和建设的情况。

1995年6月,中共中央政治局委员、上海市委书记黄菊率领中国共产党代表团访问巴西和乌拉圭,与巴西副总统马西埃尔、众议院议长马加良斯、巴西自由阵线党代主席若仁及总书记罗沙,与乌拉圭代总统巴塔利亚、代副总统兼国会主席波佐洛、众议院议长斯蒂林、红党主席巴特烈、白党主席博隆特等进行会谈。

1997年5月和1998年7月,中共中央政治局委员、上海市委书记黄菊两次率中国共产党代表团访问古巴、秘鲁、委内瑞拉和新加坡、南非、津巴布韦、毛里求斯。访问期间,黄菊分别拜会古巴国务委员会主席卡斯特罗,秘鲁总统藤森和议会主席维克多·许会,委内瑞拉总统卡尔德拉和前总统、基督教社会党主席坎平斯、基督教社会党总书记拉米雷斯,新加坡总理吴作栋和内阁资政李光耀、副总理李显龙,南非非洲人国民大会总书记莫特兰特和共产党总书记恩齐曼,津巴布韦总统穆加贝和非洲民族联盟(爱国阵线)全国主席姆西卡,毛里求斯总统乌蒂姆、副总统舍蒂亚尔和工党总书记拉拉、主席舒米埃尔,并举行会谈。1998年8月,市委副书记孟建柱率中国共产党代表团访问智利、阿根廷。

1999年10月和2000年5月底至6月初,中共中央政治局委员、上海市委书记黄菊再次率中国共产党代表团分别访问挪威、芬兰、丹麦、冰岛和越南、老挝、日本、韩国。访问期间,黄菊先后拜会挪威首相邦德维克、外交大臣沃勒贝克,芬兰总理、芬兰社会民主党主席利波宁和外长哈洛宁,丹麦首相拉斯穆森和外交大臣彼得森,冰岛总统奥洛富尔·格里姆松、总理奥德松,越共中央顾问、越共前总书记杜梅和越共中央政治局常委、越南国家主席陈德良及越共中央政治局委员、胡志明市委书记阮明哲,老挝人民革命党主席、老挝国家主席坎代·西潘敦,日本首相森喜朗和外务大臣河野洋平,韩国代总理李汉东和国会议长李万燮,就双方的相互关系进行深入交谈。此间,1999年8月底至9月初,市委副书记孟建柱率中国共产党代表团访问墨西哥、古巴。

2001年和2002年,中共中央政治局委员、上海市委书记黄菊率中国共产党代表团访问西班牙、葡萄牙、马耳他和斯洛文尼亚、克罗地亚、匈牙利。访问期间,黄菊分别拜会西班牙首相阿斯纳尔、第二副首相兼经济大臣拉托、参议长阿基雷,葡萄牙总统桑帕约,社会党总书记、政府总理古特雷斯,马耳他国民党领袖、政府总理阿达米,斯洛文尼亚总统库昌、议长帕霍尔、外长鲁佩尔,克罗地亚总统梅西奇、第一副总理布迪沙、人民党主席普西奇;分别同马耳他国民党副领袖、政府副总理劳伦斯·贡齐;匈牙利社会党主席、外长科瓦奇,社会党副主席西莉等举行会谈。

2004年6月,市委副书记殷一璀率上海市代表团访问法国马赛,出席中法互办文化年"上海周"开幕式及"上海周"开园仪式。

2005年5月,市长韩正作为中国政府代表团成员,随同国务院副总理吴仪出席日本爱知世博会"中国馆日"活动,并在中日两国政府有关部门共同主办的21世纪城市发展论坛上,作题为《抓住世博机遇,加快城市发展》的主题演讲。

2006年10月,市政协主席蒋以任参加全国政协代表团访问英国、立陶宛、爱沙尼亚和乌克兰。

2007年3月,副市长唐登杰率团访问俄罗斯,出席"中国年"开幕式和"中国国家展"开幕式并顺访圣彼得堡市。6月,市长韩正率上海市代表团访问俄罗斯,出席中俄国家年中国展组成部分的圣彼得堡"上海周"开幕式暨"波罗的海明珠"商务中心落成仪式,并向圣彼得堡市市长马特维延科颁发"白玉兰荣誉奖"。

2008年10月,中共中央政治局委员、上海市委书记俞正声率中共代表团访问印度。印度国大党主席、团结进步联盟主席索尼娅·甘地会见俞正声一行。印度外长慕克吉、商工部部长纳特、外交国务部部长夏尔玛、卡纳塔克邦首席部长叶迪乌拉帕、马哈拉施特拉邦首席部长德希姆克分别会晤俞正声，并就中印关系和金融危机等问题交换意见。俞正声还会见在野的印度人民党全国主席拉吉纳特·辛格和左翼三党领导人，接触印度工商联合会、工业联合会的工商界人士及企业家，一起探讨双方的合作机会和推动经贸合作事宜，参观印度知名的印孚瑟斯软件公司和孟买股票交易所，出席上海城建集团承建的新德里地铁机场线项目下线仪式。在过境泰国时，俞正声一行会见泰国副总理颂蓬，就世界经济形势交换看法。

2009 年 9 月，中共中央政治局委员、上海市委书记俞正声率中共代表团访问乌克兰、哈萨克斯坦，出席在哈萨克斯坦首都阿斯塔纳举行的第五届亚洲政党国际会议。这次会议共有 34 个国家的 67 个政党和政治组织的代表及拉美政党常设大会等 8 个观察员组织应邀与会。俞正声代表中国共产党在与会外国政党代表中首位作题为《加强对话，深化合作，共同谱写亚洲发展新篇章》的主旨发言。会议最后通过《阿斯塔纳宣言》。访问期间，俞正声会见乌克兰总理季莫申科，乌克兰议长、利特文集团主席利特文；哈萨克斯坦议会上院议长托卡耶夫，总理马西莫夫，“祖国之光”党第一副主席卡列塔耶夫，并与乌克兰基辅市市长切尔诺维茨基、敖德萨州州长谢尔久科、议会主席斯科里克、克里米亚自治部长会议主席普拉基达、议会主席格里岑科及哈萨克斯坦阿拉木图市市长、“祖国之光”党阿拉木图市主席叶西莫夫等地方领导人举行会谈。俞正声介绍上海市经济发展和上海世博会筹备情况，表示愿加强上海市与乌、哈两国地方务实合作，促进地方经济发展。乌、哈两国中央和地方领导人均对与上海市深化经贸合作表现出浓厚兴趣，提出加强合作的意向，并表示会确保参加上海世博会和精心布展。

第二节　友好交流和推进友好城市合作出访

加强与各国地方政府友好交流和推进国际友好城市交流合作，是市领导政务出访的主要内容，也是拓展上海对外交往渠道的重要途径。改革开放后，为促进地方经济建设和社会发展不断前进，市领导充分利用中外交往的各种机会，率团与各国地方政府开展友好交流，推进上海的国际友好城市工作，为上海各个领域、行业的对外交流合作奠定坚实基础。

1978 年 3 月，以市革命委员会副主任王一平为团长的上海市友好代表团访问横滨，横滨市前市长、日本社会党委员长飞岛田一雄和代理市长大场正典与王一平友好会见和对话，双方都强调在中日联合声明基础上早日缔结和平友好条约对进一步发展两国友好关系的重要意义，表示要为此进一步加强两市的友好合作努力。

1979 年 4 月，以市革命委员会副主任赵行志为团长，市革命委员会副主任杨心培、市政协副主席赵祖康为副团长的上海市友好代表团一行 110 人访问横滨，随团往访的有上海木偶剧团和上海羽毛球队等。11 月，市革命委员会副主任钟民率上海市友好代表团访问荷兰鹿特丹，钟民和鹿特丹市市长范德劳正式签署两市缔结友好城市关系协议书。

1980 年 1 月，以副市长赵行志为团长的上海市友好代表团访问旧金山。其间，赵行志和市长范因斯坦代表各自政府在旧金山市政府举行的《旧金山—上海结为友好城市协议书》签字仪式上签字。5 月，由副市长陈锦华率领的上海市人民政府代表团赴横滨参加两市促进友好交流协商会议，商谈两市 1980 年和 1981 年友好交流项目，并签署协商会议协议书。9 月，以副市长王一平为团长、上海市哲学社会科学联合会主席夏征农为顾问的上海市友好代表团赴横滨参加“上海工艺品展览会"开幕式并进行友好访问。11月,以副市长韩哲一为团长的上海市人民政府代表团访问大阪,经与大阪府、大阪市商讨取得一致意见后,韩哲一和大阪府知事岸昌正式签署两市、府建立友好关系协议书,双方还在"上海市—大阪府促进友好交流协商会议"上,就1981年两市、府之间的友好交流项目签署《会谈纪要》。

1981年4月,以副市长赵行志为团长的上海市友好代表团访问南斯拉夫萨格勒布市,拜访萨市议会和克罗地亚共产主义者联盟中央委员会,与萨市议会商谈两市友好交流计划。10月,市长汪道涵一行5人应英国政府邀请访问英国,在伦敦、布里斯托尔、巴斯和利物浦等地参观考察工厂、港口、农场、学校和博物馆,并与这些地方的行政、议会领导人讨论共同关心的大城市面临的问题,交流城市管理经验。

1982年6月,以市长汪道涵为团长的上海市友好代表团赴朝鲜平壤、咸兴、开城3个城市进行友好访问,汪道涵与咸兴市人民委员会委员长李成永分别代表两市在《上海市与咸兴市缔结友好城市关系协议书》签字。咸兴市民1 200多人隆重集会,欢迎上海代表团,庆祝两市结好。朝鲜劳动党中央委员会总书记、国家主席金日成在平壤接见上海市友好代表团。他对汪道涵说,咸兴市和上海市结成友好城市是一件非常好的事情。在朝鲜人民进行抗美战争的岁月里,上海人民高举抗美援朝的旗帜,尽一切力量,积极给予朝鲜人民物质和道义上的支持和援助。他要代表团转达朝鲜人民对上海人民的热情问候和感谢。7月,以副市长赵行志为团长的上海市人民政府代表团访问横滨,与横滨市副市长饭泉安一一起参加上海·横滨促进友好交流协商会议第三次会议,商谈并签署两市1983年交流计划,并商定从1983年起,对两市的交流合作事宜,先由上海市人民政府外事办公室和横滨市总务局市长室进行具体研究、协调和相互磋商,然后提请双方市政府批准、实施。11月底至12月初,市长汪道涵率上海市人民政府代表团访问大阪和横滨,出席大阪府—上海市促进友好交流协商会议第三次会议,商讨1983年两市、府友好交流项目,签署《会谈纪要》,并就双方中小企业之间的合作和从日本引进技术、发展贸易等问题,同日本企业界和华商进行接触和探讨。在横滨,汪道涵与横滨市市长细乡道一共同签署关于促进上海市和横滨市友好交流的声明。在顺访东京时,日本首相中曾根和前首相铃木善幸分别会见汪道涵一行。他们均对上海和日本3个友好城市之间的友好关系表示关切。中曾根表示,将为发展两国的经济、文化交流而进一步作出努力,将继续支持建设好象征两国友好关系的上海宝山钢铁总厂。

1983年4月底至5月初,市长汪道涵率上海市代表团访问旧金山,受到旧金山市政府、市议会、旧金山—上海友好委员会、商会和一些有影响的美国大企业、大银行、各界著名人士以及华人团体等热情、隆重的接待欢迎,旧金山报纸、电视台每天都作报道。其间,汪道涵和旧金山市市长范因斯坦共同签署1983—1984年包括经济、贸易、市政工程、医学卫生、教育、法律、电视、动植物等方面内容的两市友好交流项目备忘录,并主持在旧金山市举行的"上海博物馆馆藏珍品——六千年中国艺术展览"开幕式,随后又顺访芝加哥等城市。6月,市长汪道涵率上海市代表团访问菲律宾,汪道涵与菲律宾总统马科斯在菲律宾总统府共同签署《上海—大马尼拉缔结友好城市关系协议书》和《1983年—1984年上海市和大马尼拉市友好交流项目备忘录》,大马尼拉市所属17个市的市长、市议员以及社会名流出席签字仪式。菲律宾总统马科斯3次会见上海代表团,他夫人在菲律宾62个团体联合举行的招待会上表示,希望菲籍华人为加强菲中两国人民的友谊和合作,为加强大马尼拉和上海姐妹城市之间的经济贸易往来作出贡献。

1984年2月,市长汪道涵率上海市代表团至巴基斯坦进行友好访问。其间,在卡拉奇真纳圣地举行的上海市和卡拉奇市结为友好城市仪式上,市长汪道涵和卡拉奇市市长阿卜杜斯·萨塔尔·

阿芙迦尼共同在两市缔结友好城市关系协议书上签字。巴基斯坦总统齐亚·哈克总统在会见汪道涵时表示，巴中两国在经济建设、文化教育发展和科技方面有许多地方可以共享双方的经验。上海和卡拉奇结成友好城市将进一步加强两国间的友好关系。4月，副市长叶公琦率上海市友好代表团访问比利时安特卫普市，受到市长柯尔斯和其他领导人隆重欢迎。7月，以市委常委、市建设工作党委书记孙贵璋为团长的上海市友好代表团访问朝鲜咸兴市，并访问平壤和开城。以副市长倪天增为团长的上海市代表团访问横滨，参加横滨市为纪念横滨港与上海港结成友好港在横滨开港纪念广场举行的上海港徽镶嵌仪式。11月，以副市长阮崇武为团长的上海市友好代表团访问大阪府，这是中共十二届三中全会发表关于经济体制改革决定后不久的访问，大阪府政界、工商界和华侨都极为关注，代表团向大阪府各界人士介绍改造、振兴上海的情况和上海作为14个沿海城市之一在对外开放、对内搞活经济方面的有关方针政策。阮崇武与大阪府副知事柳庸夫共同签署上海市与大阪府1985年度友好交流项目协议书。代表团还同大阪府主管财政、综合计划和中小企业的部门分别就城市财务管理、综合计划和扶植、支持中小企业等问题进行座谈，商谈进一步加强经济合作问题。同月，市长汪道涵率上海市友好代表团访问南斯拉夫萨格勒布、荷兰鹿特丹、比利时安特卫普3个友好城市，与萨格勒布市领导人商谈发展两市交流合作问题，并分别与鹿特丹市市长和安特卫普市市长共同签署1985—1986年友好交流项目备忘录。

1985年5月，中共上海市委第一书记陈国栋在率中共上海市委代表团访问朝鲜时，访问友好城市咸兴。同月，市长汪道涵赴美国接受塔夫茨大学名誉博士学位时顺访芝加哥、旧金山，芝加哥市市长华盛顿当面给他一封信，表示要努力发展两市友好关系，并希望两市能结为友好城市。汪道涵在旧金山与旧金山市市长范因斯坦共同讨论进一步加强两市友好关系和交流合作问题。此后，作为市政府经济顾问的汪道涵还于1986年8月率上海市篮球队访问旧金山，汪道涵与旧金山经济、科技界人士进行广泛接触，特别是在与美国著名桥梁专家林同炎的交谈中，就开发浦东的设想听取意见和建议。同月，以市委常委、市纪委书记张定鸿为团长的上海市友好代表团赴萨格勒布参加南斯拉夫萨格勒布解放40周年庆祝活动，并同萨格勒布市党政领导人和有关部门负责人就两市经济、文化、教育、体育交流合作以及两市党组织之间的交流和合作问题，作进一步的探讨。同年6月底至7月初，以副市长叶公琦为团长的上海市友好代表团一行应邀访问希腊比雷埃夫斯市和波兰格但斯克省。其间，叶公琦和比雷埃夫斯市市长帕帕斯比鲁分别代表两市政府签署两市缔结友好城市关系协议书，希腊议会议长阿莱夫拉斯会见叶公琦一行。在波兰格但斯克省举行的《上海市和格但斯克省缔结友好城市关系协议书》签字仪式上，叶公琦和格但斯克省省长米·茨冈共同签署协议书。波兰副总理泽·科曼德尔在会见叶公琦时说，波兰政府非常重视加强波中两国政府之间和地方之间的联系。

1986年5月底至6月初，以市长江泽民为团长的上海市友好代表团访问德国汉堡州。江泽民和汉堡州州长多纳尼在汉堡州政府大厦共同签署《上海·汉堡建立友好合作关系声明》，并互换《上海市和汉堡市友好交流项目备忘录》，汉堡州政府高级官员和各界知名人士120余人出席签字仪式。中国驻联邦德国大使郭丰民专程从波恩赴汉堡出席两地结好仪式。汉堡州州长多纳尼在签字仪式上说，上海与汉堡建立友好合作关系，是继中国在汉堡设立总领事馆、在汉堡建立西欧贸易中心之后的第三件大事。江泽民还在出席巴塞罗那举行的国际会议期间，与巴塞罗那市市长帕斯夸尔·马拉加尔就两市发展合作交流关系达成原则协议。9月，副市长倪天增率上海市友好代表团访问加拿大蒙特利尔市，同市长德拉波和魁北克省总理布拉萨以及蒙特利尔市有关部门负责人就双方在经济、科技、农业、文化、医学等领域的交流和合作问题交换意见，并同蒙市各界人士进行较为广泛的接触和交流,增进相互之间的了解和友谊。同月,副市长谢丽娟率上海市友好代表团访问大阪府,双方确定两市、府 1987 年度友好交流项目。

1987 年 6 月,市长江泽民率上海市友好代表团访问澳大利亚和美国。在澳大利亚,江泽民一行考察城市市政建设和管理,与澳方共同商谈发展经济合作事宜。在美国,江泽民一行访问旧金山市,两市市长就继续加强两市友好关系,进一步促进中美企业界之间合作作出决定,由两市合作举办国际商业经理班,上海方面统筹安排好学员,旧金山方面给予办班多方面支持;访问芝加哥市时,两市市长一致表示将进一步鼓励和支持两市各方面之间的交流和合作,上海代表团还同芝加哥市各界人士进行友好会晤和接触。同年 7 月,以副市长倪天增为团长的上海市友好代表团赴萨格勒布市观摩第 14 届世界大学生运动会,会晤国际奥委会主席萨马兰奇和世界大学生体育联合会领导人,参观萨格勒布国际博览会和纺织品、皮革、体育用品、服装等公司企业,就发展双方的交流和合作问题作探讨。11 月底至 12 月初,副市长黄菊率上海市友好代表团访问法国罗纳-阿尔卑斯大区和马赛市,与大区主席贝鲁蒂埃共同签署《1988 年至 1989 年上海市和罗纳-阿尔卑斯大区交流项目协议书》,分别同大区有关负责人、工商界人士进行会谈,互相交换在经济、贸易、农牧业、科技、文化、教育、医学等领域的合作意向,并参观考察马赛的城市交通、国际贸易中心和国际计算机中心。在随后访问摩洛哥卡萨布兰卡市中,参观卡萨布兰卡汽车装配厂、列车车厢制造厂、制药厂和蔬菜水果批发市场,同工商界人士探讨经济贸易合作的意向。

1988 年 3 月中旬至 4 月初,市长江泽民率上海市友好代表团访问瑞典、荷兰、比利时和英国。瑞典工贸大臣彼得森、荷兰首相吕贝尔斯和外贸大臣罗依、比利时外交大臣廷德曼斯和外贸大臣弗吉尔、英国首相撒切尔夫人等分别会见上海代表团。江泽民一行参观哥德堡市的水厂、伊丽莎白游乐场、伏尔伏装配线、固体垃圾处理等项目,就上海公交线路优化课题和上海南市水厂技术改造问题作探讨,同工商企业界人士进行广泛的接触和会晤。江泽民还分别与鹿特丹市市长佩珀、安特卫普市市长柯尔斯就进一步加强港口和经贸合作问题进行讨论,与鹿特丹市市长佩珀共同签署 1988—1989 年友好交流补充项目备忘录,决定与安特卫普建立联合咨询工作小组,以加强两市联络窗口的组织协调工作,与安特卫普港口咨询公司还就在上海港合资建立保税仓库作具体商讨。9 月,以市长朱镕基为团长的上海市友好代表团访问朝鲜。其间,朱镕基一行在平壤参加朝鲜国庆 40 周年纪念活动,朝鲜劳动党中央委员会总书记、国家主席金日成与朝鲜劳动党中央委员会政治局常委、书记金正日等国家领导人接见上海市代表团。朱镕基一行在咸兴参观二八维尼龙厂、兴南化肥厂和由上海援建的咸兴圆珠笔厂,看望在那里工作的上海技术组人员,并商谈 1989 年两市交流项目。同月,市委副书记、市对外文化交流协会会长曾庆红率上海市友好代表团访问德国汉堡,出席在汉堡举行的“中国上海文化周”开幕式。10 月,副市长黄菊率上海市经济代表团访问日本,在日主持“上海市对外经济合作研讨会”和上海市投资信托公司东京办事处开业典礼,同日本 20 多家金融、产业、贸易界的著名公司、银行的负责人以及 100 多家其他各类公司进行多种形式的接触、交流,就增进合作进行商讨。

1989 年 4 月底至 5 月初,市长朱镕基率上海市代表团访问日本大阪府、大阪市、横滨市。朱镕基与大阪府知事岸昌、大阪市市长西尾正也在大阪读卖电视台就展望双方友好关系前景、发展双方经贸合作等问题进行电视座谈,读卖电视台在日本放映座谈会的录像,收看者约 2 000 万人次。双方共同签署 1989 年度友好交流项目会谈纪要。在大阪举行的日中经济研讨会上,朱镕基回答日本经济企业界人士提出的各种问题,大阪府知事岸昌表示,大阪府在上海的投资还不多,要加强民间交流合作,发展经济贸易关系。在横滨,朱镕基率上海市代表团参加横滨建市 100 周年和开港 130

周年纪念活动，与横滨市市长细乡道一共同出席上海·横滨友好园开园仪式和“’89 横滨博览会‘上海日’”纪念仪式，参加日中经济研讨会和横滨市举办的记者招待会，朱镕基向横滨各界人士介绍上海的经济形势和投资环境。4 月和 5 月，以副市长顾传训为团长的上海市代表团访问西班牙巴塞罗那市和法国罗-阿大区、马赛市，在巴塞罗那市商讨两市经贸合作和其他交流事宜，双方签署 1989—1990 年两市交流备忘录；在罗-阿大区参加里昂国际博览会开幕式，听取马赛市 9 位副市长的介绍，就港口、经济、污水处理、医学、服装、电视、人才培训、图书交换等双方合作交流交换意见。以副市长倪天增为团长的上海市友好代表团访问德国汉堡市和荷兰鹿特丹市，参加在汉堡为庆祝建港 800 周年举行的“友好城市日”活动。重点考察鹿特丹市政建设，并就两市围垦造田、滩涂改造和花卉生产贸易等方面的合作作进一步的接触和探讨。

1990 年 6 月，市长朱镕基率上海市代表团访问新加坡。新加坡总理李光耀会见朱镕基和代表团主要成员。朱镕基一行先后会晤新加坡贸工部部长兼国防部第二部长李显龙、国家发展部部长丹那巴南和财政部兼外交部政务部长杨荣文等新方高级官员和各界人士，双方都表示要为增进上海与新加坡的交流合作作进一步努力。7 月，以副市长倪天增为团长的上海市友好代表团赴大阪参加双方结好 10 周年庆祝活动，出席上海市政府与大阪方面联合举办的以“上海经济的发展计划与城市改造的蓝图——探索亚太新时代大阪、上海共同发展的合作方式”为主题的研讨会，倪天增在会上作题为《90 年代，上海进一步向世界开放》的报告，受到与会者的普遍关注。9 月，副市长庄晓天率上海市代表团访问澳大利亚昆士兰州和西澳州。昆士兰州新任总理戈斯与庄晓天一起主持在布里斯班举行的“上海博物馆珍藏展”开幕式，澳大利亚前总理惠特拉姆也专程赴昆士兰州出席开幕式。代表团在昆士兰州和西澳州介绍上海对外开放和经济发展形势，特别是浦东新区的开放规划和优惠政策，引起澳方许多工商界人士的浓厚兴趣。10 月底至 11 月初，以市委副书记倪鸿福为团长的上海市友好代表团访问朝鲜咸兴，并访问平壤、开城、南浦等城市。11 月，常务副市长黄菊率上海市代表团访问加拿大蒙特利尔，出席蒙特利尔市举行的上海浦东开发专题讨论会，黄菊应邀向蒙特利尔市各界人士作有关浦东开发的专题介绍，回答与会工商界人士所关心的一些问题。蒙特利尔市市长多雷在会见时，再次表示他重视发展两市之间的友好关系。同月，以副市长顾传训为团长的上海市代表团访问苏联列宁格勒，就进一步加强两市间的交流合作进行会谈，并签署《上海—列宁格勒 1991—1992 年合作项目备忘录》，内容包括经济、贸易、文化、教育、体育等方面。

1991 年 4 月，市长朱镕基在率上海市代表团的西欧 6 国之行中，分别访问德国汉堡市、西班牙巴塞罗那市、法国罗-阿大区和马赛市等友好城市，就进一步发展两地之间的合作关系进行会谈，并与罗-阿大区主席米荣共同签署两地 1991—1992 年友好交流项目备忘录。6 月，市政府高级顾问、市委副书记倪鸿福率上海市代表团访问加拿大蒙特利尔，与市长多雷共同为两市文化交流项目——上海为蒙市建造的中国式庭园“梦湖园”剪彩，并共同签署 1991—1993 年度友好交流项目备忘录。11 月，副市长赵启正率上海市代表团访问日本，在横滨签署 1992 年度两市交流项目协议书。

1992 年 5 月，市长黄菊率上海市代表团访问美国旧金山和日本大阪。在旧金山，黄菊会晤范因斯坦等许多老朋友和各界知名人士，并与商界和硅谷企业家座谈，介绍上海改革开放、经济发展和浦东开发情况，并与旧金山市市长乔丹就建立“上海—旧金山经济发展工作组”，开展各种经济、贸易、文化、艺术交流，设立常设机构和制定新的合作协议备忘录进行商讨。乔丹郑重宣布 5 月 4 日为旧金山“上海日”，并表示愿与黄菊一起为发展两市友好关系而努力，使双方的合作成为成功的典范。在大阪，黄菊与大阪知事中川和雄、议长加藤法瑛商谈双方的交流合作事宜，在大阪府、大阪市联合举行经济恳谈会上，向日本工商界、金融界人士 200 余人介绍上海对外开放、浦东开发及上海与日本经济、金融和技术合作的发展情况。5月底至6月初，叶公琦率上海市人大常委会友好代表团访问德国汉堡，分别与议长基奥什、州长弗舍劳、议会各党派代表和汉堡各界人士进行友好会晤和广泛接触、交流，双方进一步强调要发展经济贸易交流，密切两市企业关系，巩固港口、城市建设合作项目，逐步扩展文化、教育、司法等领域的交流。9月，以副市长顾传训为团长的上海市代表团访问加拿大魁北克省和蒙特利尔市，出席"上海出口商品展"开幕式和"上海地区经济市场研讨会"，并参加蒙特利尔市建城350周年庆祝活动。在"上海地区经济市场研讨会"上，顾传训作题为《上海浦东开发对长江流域的辐射作用》的中心发言，引起与会者热烈反响。11月，市长黄菊率上海市代表团访问英国，先后访问伦敦、利物浦、格拉斯哥、爱丁堡等城市，考察工厂企业、港口码头、市政设施、城镇新区、商业市场和金融证券交易市场。英国外交大臣赫德、外交国务部部长顾立德、贸工国务部部长尼德汉姆等分别会见黄菊一行。代表团与英中贸易48集团主席普顿萨勋爵、通用电气公司总裁普赖尔勋爵等许多经济企业界人士广泛接触、晤谈，双方就共同关心的经济问题和发展合作问题进行探讨。同月，市政府高级顾问陈铁迪率上海市代表团访问澳大利亚昆士兰州，就进一步加强经贸、科技领域的合作达成共识。

1993年3月，市人民对外友好协会名誉会长吴邦国、副市长孟建柱在率上海市代表团访问大阪期间，分别会晤知事中川和雄、议长田岛尚治等大阪朋友，吴邦国在东京经团联会馆举行的上海经济研讨会上作关于上海经济发展和浦东开发的演讲。副市长孟建柱与副知事谷川秀善共同签署两市、府友好交流协议书。日本首相宫泽喜一会见吴邦国一行，感谢上海方面对日本天皇和皇后1992年访沪的热情款待和所作的周到安排，他表示，上海经济的发展、浦东的开发开放已成为各国企业家和投资者的热点，希望日本和上海进一步加强经济、技术等方面的友好交流和合作。5月，以市人大常委会主任叶公琦为团长的上海市人大常委会代表团访问俄罗斯圣彼得堡市，与圣彼得堡市议会进行友好交流。7月，常务副市长徐匡迪率上海市政府代表团访问韩国。徐匡迪先后访问外交、建设、经济、企划、商工资源等韩国政府的5个部、3个直辖市和1个特别市，以及韩国商工会议所、韩中友好协会，参观三星、现代、大宇、鲜京、汉拿、浦项等大企业，向韩方介绍上海的经济和社会发展情况及发展目标，并就城市规划、道路交通、金融贸易等问题广泛交换意见，还与釜山市政府就两市缔结友好城市关系以及进一步加强交流合作等问题进行探讨。9月，市长黄菊率上海市代表团访问比利时安特卫普、荷兰鹿特丹和瑞典哥德堡市，出席在安特卫普市举办的"上海周"开幕式，签署上海与鹿特丹市1994—1995年友好交流项目备忘录，并举行"上海经济发展情况介绍会"，分别向比利时金融、企业、贸易界人士和鹿特丹经济界人士介绍上海经济与社会发展的情况。在哥德堡市考察和商定一些合作项目。比利时副首相兼外交大臣克拉斯、外贸大臣于尔班以及欧共体常务副主席布雷坦，荷兰首相吕贝尔斯，瑞典副首相兼社会事务大臣韦斯特贝里和司法大臣劳伦等会见黄菊一行。10月，副市长谢丽娟率上海市代表团赴横滨参加庆祝两市结好20周年活动，谢丽娟出席在横滨举行的上海市工业产品样本、样品展示会开幕式，签署两市1994年交流项目协议书，考察日本的教育卫生事业。12月，以市长代表王力平为团长的上海友好代表团访问埃及亚历山大省和以色列海法市，王力平与埃及亚历山大省政府秘书长艾哈迈德・沙阿拉维签署上海与亚历山大省1994—1995年交流项目备忘录，与以色列海法市市长朱艾兹纳共同签署上海—海法友好城市间的交流备忘录，并分别接受亚历山大和海法电视台、电台的采访，与亚历山大实业家协会就双方合作在亚历山大省兴办成衣厂、玩具厂事宜初步交换意见。

1994年4月，市长黄菊率上海市代表团访问意大利和德国，在意大利出席"上海—中国的门户・意大利企业的机遇"报告会，在德国出席汉堡市举办的"上海科技展"开幕式和上海情况介绍会，向两国各界人士广泛介绍上海的经济发展情况和各项政策。1994 年 6 月，中共中央政治局委员、上海市委书记吴邦国率上海市代表团访问加拿大，出席在多伦多举办的“上海周”开幕式，在加中贸易理事会主办的上海情况介绍会上作《崛起的上海，投资的热土》长篇演讲，详尽地介绍上海的发展情况和鼓励外商投资的政策，受到热烈欢迎。10 月，市长黄菊率上海市代表团访问澳大利亚和新西兰，多次就上海的经济发展和投资环境向澳新各界人士发表演讲，并同澳新两国政要就双方共同合作的前景进行深入具体的探讨，签署上海与新西兰达尼丁市结为友好城市的协议书。澳大利亚总理基廷向黄菊表示，澳大利亚政府和他本人正致力于把澳中两国合作关系发展得更为密切。

1995 年 7 月，为庆祝上海—旧金山缔结友好城市 15 周年，市长徐匡迪率领上海市代表团前往参加在美国旧金山举行的“上海周”活动。访问期间，代表团举办 ’95 上海经济贸易洽谈会，徐匡迪出席开幕式，并向美国有关人士作题为《上海：迎着亚太世纪的曙光崛起》《上海的发展前景与友城合作的期望》的报告，受到与会者的欢迎。9 月，副市长沙麟率上海代表团访问德国，出席在汉堡市举办的“1995 年中国月 · 上海周”开幕式。10 月，市人大常委会主任叶公琦率上海市人大常委会友好代表团对泰国进行友好访问。市委常委金炳华率上海代表团访问荷兰，出席在鹿特丹举办的“上海风采”摄影展开幕式。11 月，市政协主席陈铁迪作为市长代表率上海市代表团访问法国马赛市、罗纳 · 阿尔卑斯大区和比利时安特卫普市，分别拜会三地政府高级行政官员。

1996 年 5 月，市长徐匡迪率上海市代表团赴英国、瑞典进行友好访问。访问期间，徐匡迪拜会英国副首相赫塞尔廷、瑞典首相佩尔松，签署关于上海市与伦敦建立友好合作关系的备忘录。7 月，以市人大常委会主任叶公琦为团长的上海市人大常委会代表团对澳大利亚进行友好访问。9 月，市长代表、市政协主席陈铁迪率上海市代表团和上海市经贸代表团赴克罗地亚萨格勒布市和波兰格但斯克省进行友好访问。11 月，市长徐匡迪率上海市代表团对美国洛杉矶、华盛顿、纽约进行友好访问，其间，徐匡迪出席由美国前总统布什在洛杉矶主持召开的“21 世纪——亚洲时代的曙光”国际研讨会并会见当地官方和企业界人士。

1997 年 5 月，以市人大常委会主任叶公琦为团长的上海市人大常委会代表团对韩国进行友好访问。6 月，市政协主席陈铁迪率上海市代表团访问阿根廷罗萨里奥市，正式签署两市建立友好城市关系协议书。7 月，市长徐匡迪率上海市代表团对埃及亚历山大省、以色列海法市和俄罗斯圣彼得堡市进行友好访问。其他市领导的友好访问有：副市长蒋以任率上海市汽车工业代表团、市政协副主席谢丽娟率上海市医药代表团、副市长冯国勤率上海市商业代表团先后访问美国；副市长夏克强率上海市机场港口代表团访问日本、新西兰、澳大利亚；副市长龚学平率上海市教育代表团访问比利时；副市长赵启正率上海市代表团访问法国、奥地利；副市长左焕琛和市委副书记陈至立分别率上海市科技代表团访问德国、法国和比利时、英国；市委副书记孟建柱率上海社会保险考察团访问加拿大、泰国、马来西亚；等等。

1998 年 4 月底至 5 月初，市长徐匡迪率上海市友好代表团对日本横滨市、大阪府、大阪市，美国旧金山市和加拿大蒙特利尔市进行友好访问。9 月，市政协主席王力平率上海市代表团访问芬兰埃斯波市、瑞典哥德堡市。9 月底至 10 月初，市人大常委会主任陈铁迪率上海市代表团访问法国巴黎市、葡萄牙波尔图市和西班牙巴塞罗那市。其他市领导的友好访问有：市委常委金炳华率上海市报业考察团访问日本、美国，副市长蒋以任率上海市经贸代表团访问南非，副市长左焕琛率上海市代表团访问新西兰、澳大利亚，副市长龚学平率上海市代表团访问西班牙、英国，市政协副主席谢丽娟率上海职业教育考察团访问德国，副市长周禹鹏率上海浦东新区代表团访问德国、荷兰、法国，副市长韩正率上海市信息网考察团访问美国、巴西，市委副书记刘云耕率上海市公安代表团访问法国、德国等。

1999年7月底至8月初,市长徐匡迪率上海市友好代表团访问澳大利亚、新西兰和巴西。访澳期间,徐匡迪拜会澳大利亚联邦工业科技资源部部长明辛等,与昆士兰州总理彼得·贝蒂签署《上海市与昆士兰州面向21世纪友好关系的联合声明》。在新西兰和巴西,徐匡迪拜会奥克兰市市长法兰切和圣保罗市市长皮塔,就双方友好交流与合作进行交流。6月底至7月初,市政协主席王力平率上海市友好代表团访问加拿大蒙特利尔市、纳米比亚温得和克市。10月底至11月初,市人大常委会主任陈铁迪率上海市友好代表团访问埃及亚历山大省、英国利物浦市。其他市领导的友好访问有:副市长周禹鹏率上海钻石交易所考察团访问比利时、以色列、美国,副市长韩正率上海市代表团访问新加坡、澳大利亚、新西兰,市人大常委会副主任沙麟率上海经贸考察团访问土耳其、埃及,市委常委金炳华率上海市代表团访问俄罗斯、法国、德国,市委副书记龚学平率上海市代表团访问墨西哥、阿根廷,市委副书记刘云耕率上海市警官代表团访问韩国、澳大利亚、新西兰,副市长冯国勤率上海市经贸考察团访问以色列、科特迪瓦等。

2000年6月底至7月初,市长徐匡迪率上海市代表团访问法国、德国、土耳其。访问期间,徐匡迪拜会法国总统希拉克、前总统德斯坦、装备运输及住房部部长凯索,德国总理施罗德、柏林市市长迪普根、汉堡市市长伦德、下萨克森州州长加布里尔、汉诺威市市长史马尔斯第克、土耳其伊斯坦布尔市市长阿里·古特纳和伊斯坦布尔省代省长卡拉古尔等,与他们就友好交流合作进行亲切交谈。同期,市政协主席王力平参加全国政协代表团访问加拿大、委内瑞拉、特立尼特和多巴哥、秘鲁。10月,市人大常委会主任陈铁迪率上海市友好代表团访问莫桑比克马普托市和芬兰埃斯波市。其他市领导友好出访的有:市委副书记刘云耕率上海市公安考察团访问美国、墨西哥;市委副书记孟建柱率团出席美国沃顿商学院CEO研究会、访问俄罗斯友好城市;市人大常委会副主任沙麟率市人大代表团访问韩国釜山,出席美国斯坦福大学国际问题研究所顾问委员会会议;副市长韩正率团参加上海航空公司上海—金边(柬埔寨)航班首航;市委常委金炳华率团出席上海图书馆与埃及亚历山大图书馆交流仪式和在南非举办的上海摄影展开幕式;副市长蒋以任率团参加德国汉诺威世博会开幕式,并赴葡萄牙、比利时考察;市委常委张惠新率团参加澳大利亚昆士兰州昆中经贸论坛,访问新西兰友好城市达尼丁市;副市长周慕尧率团参加加拿大蒙特利尔市立体花坛开幕式,访问巴西友好城市圣保罗市;副市长周禹鹏率团考察和出席加拿大温哥华上海商品展销会,访问美国;市人大常委会副主任胡正昌率团参加瑞典哥德堡"上海周"活动、意大利米兰市友城交流和英国伦敦"为中国喝彩"大型演出;副市长冯国勤率团赴法国、冰岛、丹麦进行农业商贸考察和参加欧博会;市人大常委会副主任孙贵璋率团参加沙特博览会并访问埃及亚历山大省会;市政协副主席黄跃金率上海市海外联谊会代表团访问法国、意大利;市政协副主席谢丽娟率上海市红十字会代表团访问韩国;等等。

2001年7月,市政协主席王力平率上海市代表团访问厄瓜多尔瓜亚基尔市、智利瓦尔帕莱索市,并代表市长徐匡迪与上述两市签署建立友好城市关系的协议书。8月底至9月初,市长徐匡迪率上海市代表团访问上海的友好城市南非夸祖卢-纳塔尔省、摩洛哥卡萨布兰卡市、法国马赛市和荷兰鹿特丹市。访问期间,徐匡迪分别拜会南非副总统祖马、摩洛哥王国首相尤素福、马赛市市长戈丹、荷兰首相科克。并分别与南非夸祖卢-纳塔尔省省长姆查利、荷兰鹿特丹市市长奥普泰坦签署两市友好交流备忘录。11月,市人大常委会主任陈铁迪率上海市代表团参加在温哥华举行的上海—温哥华航线开通1周年活动和在韩国釜山举行的亚太地区交通枢纽城市研讨会。其他市领导友好出访的有:副市长蒋以任率上海市经贸代表团访问俄罗斯、芬兰、瑞典、德国、捷克、希腊、法国进行世博会申办游说和经贸考察交流；副市长左焕琛率上海市科技交流团访问法国、西班牙、芬兰；副市长韩正分别率上海市城建考察团和上海市深水港考察团访问丹麦、法国、意大利和日本和韩国；副市长冯国勤率上海市农业考察交流团访问日本、美国、古巴；副市长周禹鹏率上海市软件产业考察团访问印度、新加坡、澳大利亚；市委副书记殷一璀率团赴加拿大、美国出席北美上海图书展和文化考察交流；市政协副主席刘恒椽率团出席意大利罗马“中国城”奠基仪式；副市长杨晓渡率团赴加拿大、新加坡参加 WHO 会议并进行卫生考察；副市长严隽琪率上海市信息科技考察团访问比利时、德国；市委副书记罗世谦率团访问瑞士、奥地利、丹麦进行世博会申办游说和友好交流；等等。

2002 年 4 月，市政协主席王力平为中国上海申办 2010 年世博会，率团访问菲律宾、印度尼西亚、孟加拉、越南 4 国。6 月，市人大常委会主任陈铁迪率团访问巴西圣保罗市、墨西哥哈利斯科州。访问期间，陈铁迪与两市、州领导人就发展双方友好交流与合作进行会谈。6 月底至 7 月初，市主要领导率团访问法国、葡萄牙、西班牙，在法国巴黎举行的国际展览局第 131 次会议上，为中国上海申办 2010 年世博会作陈述，并考察葡萄牙里斯本 1998 年和西班牙塞维利亚 1992 年世博会场馆设施。12 月，在摩纳哥蒙特卡洛举行的国际展览局第 132 次会议上，经过 4 轮投票选举，中国上海获得 2010 年世博会的主办权。其他市领导友好出访的有：市委常委吴志明率上海市警务代表团访问瑞典；副市长蒋以任率团访问俄罗斯，出席圣彼得堡“上海贸易中心”开张仪式；市人大常委会副主任刘伦贤率团访问越南胡志明市，参加上海航空公司开通上海—胡志明市航班首航仪式；副市长周禹鹏率上海世博会推介团访问也门、阿联酋；市政协副主席谢丽娟率上海红十字会代表团访问厄瓜多尔，出席瓜亚基尔省红十字会举行的上海市政府捐赠办公物品的仪式；等等。

2003 年 1 月，市人大常委会主任陈铁迪率上海市人大代表团访问越南、泰国。7 月，市政协主席蒋以任率上海市代表团访问俄罗斯、罗马尼亚、捷克。11 月，市人大常委会主任龚学平率上海市代表团访问美国、古巴、牙买加。同月，市长韩正率上海市代表团访问英国利物浦市、德国汉堡市及奥地利萨尔茨堡州。访问期间，韩正就促进友好城市交流、加强双边贸易、金融等领域的合作与对方市政府和相关部门进行会谈。其他市领导友好出访的有：市委副书记殷一璀率上海市代表团访问俄罗斯、英国，在俄罗斯出席圣彼得堡市建市 450 周年活动，并代表上海向圣彼得堡市赠送象征两市友谊的中国式亭子“友谊亭”；副市长周慕尧率团访问荷兰、克罗地亚，在荷兰出席上海外国投资促进中心鹿特丹办事处揭牌仪式；副市长杨晓渡率团访问美国，参观硅谷的菲利浦医疗器械部；市委副书记刘云耕率团访问摩洛哥、埃及；副市长冯国勤率团访问韩国、巴西、阿根廷；等等。

2004 年 3 月，市政协主席蒋以任率上海市代表团访问巴西、智利、新西兰，并于 10 月再次访问韩国、日本、印尼，促进上海与这些国家在经贸方面的交流与合作。9 月，市人大常委会主任龚学平率上海市代表团赴南非、埃及、塞浦路斯访问。在南非，龚学平与夸祖鲁-纳塔尔省省长恩德贝莱就双方关心的经贸、市政建设、文化、旅游、干部培训等问题进行广泛的交流，并代表上海向该省捐赠 50 辆轮椅车。在塞浦路斯首都尼克西亚市，双方签署 2 个友好城市交流备忘录。在埃及，参加上海市政府举办的“以文明的呼唤”为主题的友好交流活动。12 月，龚学平率上海市人大代表团访问俄罗斯，参加圣彼得堡议会成立 10 周年庆祝活动。其他市领导友好出访的有：副市长唐登杰率团访问日本，出席横滨工业技术展，还率团访问瑞典、挪威，在瑞典参加“哥德堡Ⅲ”号大型仿古帆船的命名仪式；市委副书记王安顺率团访问荷兰、西班牙，在荷兰鹿特丹出席庆祝两市缔结友好城市 25 周年鹿特丹爱乐乐团交响演出；副市长姜斯宪率团访问比利时、西班牙，在比利时出席“创造性地区论坛”；市人大常委会副主任胡炜赴俄罗斯出席“莫斯科第三届城市市长回忆”；副市长杨晓渡赴美出席“ATP 网球大师杯接旗仪式”；副市长周禹鹏率团访问瑞典，出席“上海外国投资促进中心哥德堡办事处”成立仪式;等等。

2005年3月,市长韩正率上海市代表团访问美国、加拿大。访问期间,韩正出席“上海—旧金山结好25周年”“上海—芝加哥结好20周年”“上海—蒙特利尔结好20周年”等庆祝活动,并参加“上海—休斯顿缔结友好城市”的签字仪式。5月,市人大常委会主任龚学平率团访问爱尔兰、法国。访问期间,龚学平率团出席上海与爱尔兰科克市结为友好城市的一系列庆祝活动,并与科克市市长分别代表各自的城市在协议书上签字。龚学平还拜会法国奥恩省议会和政府的官员,就两地人大、议会和经济文化的交流合作等进行会谈。同月,市政协主席蒋以任率团访问意大利、克罗地亚、土耳其,在意大利蒋以任出席为庆祝上海—米兰结好25周年举办的“米兰中国文化周—上海日”一系列活动。10月,蒋以任率上海市政协代表团访问加拿大、美国、墨西哥。访问期间,蒋以任出席上海通用汽车股份有限公司与美国通用汽车公司汽车合作项目的签字仪式。其他市领导友好出访的有:市委常委姜斯宪率团访问克罗地亚、俄罗斯,出席上海与萨格勒布两市结好20周年纪念活动,为“上海・俄罗斯投资促进中心”揭牌;副市长唐登杰率团访问墨西哥哈利斯科州和波兰、德国,出席上海与滨海省结好20周年纪念活动;等等。

2006年4月,市长韩正率上海市代表团赴古巴圣地亚哥省、墨西哥哈利斯科州访问。访问期间,韩正和圣地亚哥省省长罗兰多・耶罗・加西亚共同出席纪念两地友好交流10周年图片展开幕式,并为开幕式剪彩;韩正和哈利斯科州州长弗朗西斯科・拉米雷斯・阿古纳就两地在更广泛的领域进一步加强交流进行积极探讨。4月,市政协主席蒋以任率上海市代表团赴埃及亚历山大省、阿联酋迪拜市访问,对法国进行经贸考察。6月,市人大常委会主任龚学平率上海市人大代表团赴俄罗斯圣彼得堡市、捷克布拉格市和日本大阪府访问,与三地议会进行交流。其他市领导友好出访有:副市长杨雄率团访问德国,出席为纪念上海与汉堡结好20周年而举办的“上海周”主要活动;副市长冯国勤率团访问法国,出席上海—罗纳-阿尔卑斯大区友好交流20周年活动;市委副书记殷一璀率团访问奥地利、波兰、捷克,出席“犹太人在上海”图片展开幕式;等等。

2007年4月,市人大常委会主任龚学平率上海市友城代表团赴摩洛哥、葡萄牙、德国,分别与摩洛哥卡萨布兰卡和葡萄牙波尔图的市长就友好城市政治、经济、文化的交流合作交换意见,与德国汉堡市议会进行交流,并于10月率上海市人大代表团赴日本、韩国访问,出席“大阪市高峰论坛”和“上海人大与釜山议会交流10周年”庆典。同月,市委副书记刘云耕率上海市友城代表团赴古巴、阿根廷开展友城交流。5月,市政协主席蒋以任率市政协代表团访问日本、美国,就推进新能源开发与生产、国际金融中心和资本市场建设、拓展议会机构往来与友好城市交流等四大主题,走访有关城市和听取海外华侨华人对上海发展建议。蒋以任还于12月率市政协代表团访问俄罗斯,出席上海在圣彼得堡投资的“波罗的海明珠”项目新年庆祝活动。12月,市委副书记殷一璀率上海市代表团访问印度和埃及,在印度出席“上海—孟买手拉手”活动。其他市领导友好出访有:副市长周禹鹏率上海市经贸代表团访问俄罗斯,考察上海在俄投资的“波罗的海明珠”项目;副市长杨雄率上海市世博代表团赴美国、圭亚那、墨西哥,为2010年上海世博会招展;副市长冯国勤率上海市特奥代表团访问斐济、瓦努阿图,进行友好交流;市委常委杜家毫率上海市浦东新区代表团访问瑞典、芬兰;市政协副主席左焕琛率团访问法国,出席“第二届中法地方政府高层论坛”;市纪委书记沈德咏率上海市监察代表团访问南非、埃及;市人大常委会副主任周慕尧率团访问俄罗斯,出席中俄和平友好委员会会议;市人大常委会副主任周禹鹏率团访问俄罗斯,出席在圣彼得堡市举办的“上海周”活动;市政协副主席俞云波率团访问英国,出席伦敦“上海周”活动;等等。

2008年8月底至9月初,市长韩正率上海市代表团访问阿联酋、土耳其、西班牙。访问期间,阿联酋副总统兼总理迪拜酋长马克图姆会见韩正一行。韩正出席为庆祝上海与土耳其伊斯坦布尔结为友好城市20周年在伊举办的“上海周”系列活动开幕式；与土耳其安卡拉市市长共同签署《上海与安卡拉2008—2013年友好交流备忘录》；在西班牙与巴塞罗那市市长共同见证巴塞罗那市“中心老城区改造”和“新创新城区建设”2个案例参展中国2010年上海世博会城市最佳实践区的签字仪式，参观在萨拉戈萨市世博会上展出的西班牙等国家馆。9月，市人大常委会主任刘云耕率上海市代表团访问新西兰、萨摩亚和越南。访问期间，刘云耕与新西兰总理克拉克为新落成的中国花园牌匾揭幕，与达尼丁市市长陈永豪共同签署《上海市和达尼丁(新西兰)友好合作交流谅解备忘录(2008—2010年)》；与萨摩亚议长托洛富艾瓦莱莱共同为由上海建工集团承建的萨摩亚政府大楼设计模型揭幕；与越南胡志明市互换友好交流备忘录。10月，市政协主席冯国勤率上海市代表团访问毛里求斯、柬埔寨和南非。访问期间，冯国勤与南非夸祖鲁-纳塔尔省省长共同签署《上海市和夸祖鲁-纳塔尔省(南非)友好合作交流备忘录(2008—2010年)》，冯国勤代表上海市政府向夸祖鲁-纳塔尔省赠送1名学生赴上海学习研究生课程的奖学金书，启动学生交流项目，出席两省经贸论坛并致辞；毛里求斯总统和总理分别会见冯国勤一行。其他市领导友好出访有：市政协副主席李良园率团访问德国，出席“汉堡—上海欧洲旅游中心(汉堡豫园)开张仪式”和“2008中国时代”闭幕式；副市长唐登杰率团访问巴西；市委常委杨晓渡率团访问丹麦；等等。

2009年5月，市政协主席冯国勤率上海市代表团访问土耳其、阿联酋、韩国。访问土耳其期间，冯国勤先与上海友城伊斯坦布尔市议长塞拉梅特就进一步加强两市友好关系、推动上海有关区县与伊斯坦布尔市下辖区深化交流作详细探讨，后又与土耳其首都安卡拉市市长戈克切克就两市已签署的未来五年友好合作备忘录具体事项举行工作会谈，共同出席在安卡拉举办的“上海文化周”开幕式并致辞，为“上海图片展和手工艺展”活动剪彩。访问阿联酋期间，冯国勤与上海友城迪拜市市长卢塔举行会谈，共同出席迪拜友城纪念雕塑“魅力上海”揭幕暨交接仪式。访问韩国期间，冯国勤分别与忠清南道知事李完九和济州道知事金泰焕就落实上海与两地友好交流协议的实质性合作进行友好会谈，探讨双方在经贸、教育、旅游具体合作的可行性。在访问三国中，冯国勤一行还对上海世博会作积极推介。6月，市长韩正率上海市代表团对法国、瑞士、匈牙利、克罗地亚四国进行友好访问，进一步推介上海世博会。在法国，韩正出席国际展览局第145次会议，通报上海世博会筹备工作的进展情况；与阿尔卡特朗讯等23家法国大企业负责人共进早餐，作介绍上海情况的主题演讲；还与法国会议长阿夸耶会、罗-阿大区主席凯拉纳进行会谈，参观在罗-阿大区的法国梅里亚生物医药公司。在瑞士，韩正出席世博国际组织推介会，向14家联合国机构和国际组织的领导人介绍上海世博会，就参展的相关问题与国际组织代表充分交换意见；韩正一行还与巴塞尔州管理委员会主席莫林就入选的城市最佳案例进行交谈，参观访问位于巴塞尔的瑞士诺华公司总部。在匈牙利，韩正与匈牙利总理巴耶纳伊、世博总代表胡斯蒂亲切会见和交谈，与布达佩斯市市长戴姆斯基共同签署《关于两市合作的会议纪要》。在克罗地亚，韩正与克罗地亚外长德罗科维奇就参展上海世博会问题交换意见，与萨格勒布市市长班迪奇签署《上海市与萨格勒布市友好合作交流备忘录2009—2012年》。9月，市人大常委会主任刘云耕率上海市人大代表团访问奥地利、斯洛文尼亚、意大利三国。在奥地利，刘云耕代表上海与萨尔茨堡市市长海茵茨·沙登签署《上海市和萨尔茨堡市建立友好关系协议书》，共同出席上海向萨尔茨堡市捐赠书籍、在该市图书馆开设“上海之窗”的仪式。在斯洛文尼亚，刘云耕与首都卢布尔雅那市市长佐兰·扬科维奇等政府官员进行友好会谈，双方肯定2005年两市签署合作交流意向书以来友好交往的成果，达成进一步拓宽交往领域、提升两市友好关系的共识。在意大利，刘云耕会见米兰市市长莱蒂琪娅·莫拉蒂、议会主席曼夫雷迪·帕尔梅和该市世博部门负责人,就两市新一轮合作交流事项,特别是米兰2010年在上海举办“米兰周”和其参加上海世博会的情况进行商讨。其他市领导友好出访有:常务副市长杨雄赴日本、秘鲁、阿根廷进行世博招展;市政协副主席钱景林赴澳大利亚出席上海与昆士兰州结好20周年和“上海周”活动;市委副书记殷一璀率上海市代表团访问比利时、以色列,出席比利时安特卫普“上海文化周”活动和上海市虹口区与海法市哈伊姆区结好仪式,与以色列海法市市长签署两市友好交流备忘录;副市长唐登杰率领代表团访问突尼斯、南非,出席中国(上海)突尼斯投资贸易洽谈会和在约翰内斯堡举办的上海市海外投资企业座谈会;市委常委、宣传部部长杨振武率团赴美国,出席上海世博玫瑰花车巡游活动和上海世博图片展等上海世博会推介活动。

2010年,市人大常委会主任刘云耕率上海市代表团访问加拿大温哥华市、墨西哥城和哈利斯科州首府瓜达拉哈拉市及美国旧金山市。刘云耕一行与加拿大不列颠哥伦比亚省议会议长巴里索夫及温哥华市市长罗品信就温哥华参展上海世博会城市最佳实践区、推进经济文化交流等事宜交换看法;与墨西哥国家众议院议长拉米雷斯・阿库尼亚、哈利斯科州议会议长劳尔・洛佩斯等人进行深入会谈,交流进一步发展上海与哈利斯科州友好关系和加强合作的意愿;向旧金山市市长纽森、参事会主席邱信福、友城委主席方以伟等介绍上海经济社会发展和上海世博会筹办等情况。刘云耕一行是在上海与旧金山缔结友城30周年之际抵达旧金山访问的,出席旧金山友城委组织的绿色清洁能源研讨会、亚洲艺术博物馆“上海展”开幕式、上海音乐学院与旧金山音乐学院合作交流备忘录签署仪式,看望“上海荣誉市民”、世界轮椅基金会主席贝林先生。市政协主席冯国勤率上海市代表团访问越南首都河内市和上海市友城胡志明市、菲律宾大马尼拉市、新西兰达尼丁市。冯国勤一行与越南国家副主席阮氏缘、祖国阵线主席黄担和越南央行行长阮文饶就上海企业参与越南经济建设、越南驻沪领事办事处升级为总领馆、交通银行在胡志明市设立分行等事项坦诚交换意见,出席在胡志明市举行的“上海・世博”图片展开幕式,向越南领导人和各界人士介绍上海世博会筹办情况。在大马尼拉市,冯国勤与马尼拉市市长阿尔弗莱多・林共同签署《上海市与马尼拉市友好合作意向书》,向大马尼拉发展署执行主席伊诺圣提斯转交上海援助2009年大马尼拉台风受灾地区捐赠物资清单,阿尔弗莱多・林向冯国勤赠送城市金钥匙。冯国勤还会见世界卫生组织西太区办事处主任申秀英等官员,就上海申请建立WHO健康城市合作中心交换意见。在达尼丁市,冯国勤会见市长陈永豪,出席上海豫园和达尼丁中国花园——兰园结为姐妹花园的签字仪式。冯国勤还向菲律宾和新西兰各界介绍上海世博会筹办情况。其他市领导友好出访有:市政协副主席周汉民赴法国出席国际展览局第147次会议;副市长沈晓明赴日本神户出席WHO卫生发展中心咨询委员会议;常务副市长杨雄赴法国出席国际展览局第148次会议;等等。

第三节　出席国际重大活动出访

随着上海对外交往不断扩大,市领导出访参加各类国际会议和国际活动越来越多,这不仅增加了上海与国际社会的融合度,密切与国际社会的关系,还大大提升了上海的国际形象和地位,扩大了上海作为国际大城市的世界影响力。

20世纪80年代有:1980年,以副市长韩哲一为团长,由北京、上海、天津三市及中国城建总局组成的代表团赴意大利出席联合国人口活动基金会在罗马举行的“人口与城市未来”国际会议。1982年,副市长赵祖康赴日出席在横滨举行的“联合国亚洲太平洋地区城市会议”。1984年,副市长叶公琦率团出席在米兰举行的第62届国际博览会开幕式。副市长阮崇武赴日出席在大阪举行的第四次“国际大城市市长会议”，在会上作《改造上海、振兴上海——上海城市的现状与展望》的书面发言。1986 年，市长江泽民率团出席在巴塞罗那召开的“联合国人口与城市未来”国际会议。1986 年和 1987 年，副市长倪天增赴日出席在横滨举行的“港口未来开发国家研讨会”，在会上介绍上海以外滩、陆家嘴为中心的城市开发设想，并出席在名古屋市、横滨市举行的“亚太地区人类居住发展第二次地方领导人会议”和“亚太地区城市城市管理、技术合作网第一次工作会议”。1989 年，副市长顾传训率团赴法国参加“里昂国际博览会”。副市长刘振元率团至联邦德国出席世界大学生体联执委会会议。

进入 20 世纪 90 年代，除各类通航、庆典、展览等双向活动外，市领导率团参加的国际会议和活动有：1990 年，副市长倪天增率上海市代表团至大阪参加友好城市市长会议和友好城市特别庆祝活动，参加首届国际水都会议，倪天增在国际水都会议上作《上海与水》的专题发言。1991 年，市长朱镕基率团赴荷兰参加“世界论坛”研讨会。1993 年，常务副市长徐匡迪赴加拿大出席古德曼论坛会议。1994 年，市人大常委会主任叶公琦出席大阪关西国际机场开航典礼；副市长夏克强率团赴日本福冈参加“亚太城市会议”；副市长谢丽娟率团赴法国巴黎出席第三届保护儿童市长国际会议。1995 年，副市长华建敏率团赴日本东京出席“亚洲的未来”国际研讨会；副市长沙麟率团赴瑞士出席联合国贸易效率大会。1996 年，副市长赵启正率团赴美国出席世界银行会议；副市长左焕琛率团赴日本神户出席 WHO 卫生发展中心咨询委员会会议。1997 年，副市长左焕琛率团赴日本神户出席 WHO 卫生发展中心咨询委员会会议；市人大常委会副主任沙麟赴美国出席亚太圆桌会议。1998 年，副市长左焕琛率团赴日本神户出席 WHO 卫生发展中心咨询委员会会议。1999 年，副市长左焕琛率团赴日本神户出席 WHO 卫生发展中心咨询委员会会议，市领导率团赴荷兰出席全球论坛。

2000—2010 年，市领导应邀出席各种国际重大活动更为频繁，尤其 2002 年上海举办世博会申请成功前后，市领导率团赴世界各国作大量的宣传推介工作。2000 年，副市长蒋以任率团参加德国汉诺威世博会开幕式；副市长周慕尧率团参加加拿大蒙特利尔市立体花坛开幕式；副市长韩正率团赴瑞士参加“环保研讨会”；市领导率团赴美国参加第二届高竞争力城市大会，并率团赴德国参加汉诺威世博会闭幕式和世行年会；市委副书记孟建柱率团出席美国沃顿商学院 CEO 研究会；副市长蒋以任率团参加德国汉诺威世博会开幕式；副市长左焕琛率团赴美国出席联合国经社理事会信息技术展；副市长冯国勤率团赴法国参加欧博会；市人大常委会副主任孙贵璋率团参加沙特博览会。2001 年，市人大常委会主任陈铁迪率团参加在韩国釜山举行的亚太地区交通枢纽城市研讨会；副市长左焕琛赴法国出席第二届世界生命科学论坛；副市长周禹鹏率团赴美国参加亚行会议；市领导率团出席赴美国出席“电子政府全球论坛”；市政协副主席左焕琛率团赴泰国出席在曼谷举行的“WHO 城市老年社区保健”国际会议；副市长杨晓渡率团赴加拿大参加“WHO 城市与卫生”国际会议。2002 年，副市长杨晓渡率团赴西班牙出席“WHO 老龄化研讨会”；市政协副主席左焕琛率团赴日本出席“WTO 卫生发展中心妇女与健康”会议；副市长周慕尧率团出席在西班牙举行的世博会主办城市大会及在韩国釜山举办的第 14 届亚运会开幕式；副市长严隽琪率团赴美国出席“联合国信息技术研讨会”；副市长韩正率团赴南非约翰内斯堡接受联合国对上海为可持续发展所作贡献的特别奖。2003 年，副市长杨晓渡赴菲律宾出席世界卫生组织西太区第 54 届大会，赴日本出席世界卫生组织卫生发展中心召开的“城市卫生规划与服务咨询会议”；副市长周太彤率团赴爱尔兰出席第 11 届夏季世界特奥会。2004 年，副市长姜斯宪率团出席在比利时举行的“创造性地区论坛”。2005 年，副市长周太彤率团赴日本出席长野冬季特奥会；副市长周禹鹏率团赴日本出席爱知世博会开幕式。2006 年,副市长杨雄率团赴瑞士出席在日内瓦举办的“国际市长论坛”。2007 年,副市长杨雄赴日本出席“第 9 届世界华商大会”。2008 年,市政协副主席左焕琛赴俄罗斯出席国际博物馆协会自然史和收藏专业委员会会议;常务副市长杨雄率团出席西班牙萨拉戈萨世博会闭幕式。2009 年,副市长赵雯赴意大利出席国际泳联第 14 届世锦赛接旗仪式。2010 年,市政协副主席高小玫赴挪威出席北欧再生能源大会。

第二篇

国际会议和活动

中国的改革开放为世界展现了一个全新的中国，上海作为中国改革开放的窗口和旗帜也极大地提升了国际知名度。从20世纪80年代末至2010年，在上海举办的重大国际会议和活动越来越多，既有国际组织和国家委办合作、由上海协办的各类专业性国际会议和活动，又有上海和各国际组织合作负责承办的各类地区性国际会议和年会，还有党中央、国务院交付上海承办的各类重大国际会议和活动。从1996年在上海举办的中、俄、哈、吉、塔五国元首会晤并签署《关于在边境地区加强军事领域信任的协定》，到2001年“上海五国”元首第六次会晤，诞生第一个以中国城市命名的国际组织——上海合作组织，以及2001年在上海举行的APEC第九次领导人非正式会议，再到2010年举世瞩目的“成功、精彩、难忘”的上海世博会举办，上海以日新月异的城市面貌、良好的基础设施、周到的会议服务、优质的会展环境赢得世界普遍赞誉，成为世界举办重大国际活动的首选地之一，成为国家积极开展重要外交活动的“重镇”。

第一章　重大国际会议和活动

20 世纪 90 年代中期后，一些多边外交活动纷至沓来。1996 年 4 月，中、俄、哈、吉、塔五国元首会晤在沪举行。2001 年 6 月，上海合作组织在沪诞生。2001 年 10 月，APEC 第九次领导人非正式会议在上海举行。这一系列重大国际活动在沪举行，提高了上海的知名度，印证了上海组织、承办重大国际活动的软硬实力。

第一节　上海合作组织会议和活动

一、中、俄、哈、吉、塔五国元首会晤

1996 年 4 月 26 日，中华人民共和国主席江泽民、俄罗斯联邦总统鲍里斯・尼古拉耶维奇・叶利钦、哈萨克斯坦共和国总统努尔苏丹・阿比舍维奇・纳扎尔巴耶夫、吉尔吉斯斯坦共和国总统阿斯卡尔・阿卡耶夫、塔吉克斯坦共和国总统埃莫马利・拉赫莫诺夫在上海会晤，签署五国《关于在边境地区加强军事领域信任的协定》，其内容包括：双方部署在边境地区的军事力量互不进攻；双方不进行针对对方的军事演习；限制军事演习的规模、范围和次数；通报边境 100 千米纵深地区的重大军事活动情况；相互邀请观察实兵演习；预防危险军事活动；加强双方边境地区军事力量和边防部队之间的友好交往；等等。

这是亚太地区首份加强国家间相互信任，睦邻友好，维护和平与稳定的多国双边政治军事文件，为国际多方所瞩目。中方通过卫星，向全世界实况转播这一重大历史事件。签字仪式结束，五国元首在签字大厅北侧集体会见中外记者。五国元首分别发表谈话。

中国国家主席江泽民说，协定的签署是五国决心成为好邻居、好朋友、好伙伴这一共同愿望的生动体现。他说，中国同俄罗斯、哈萨克斯坦、吉尔吉斯斯坦、塔吉克斯坦是有着七千多千米共同边界的友好邻邦，五国都面临着进行经济建设和提高人民生活水平的繁重任务，保持良好的周边环境是我们的共同愿望。签署这一协定，就是为了加强在边境地区军事领域的相互信任，保持边境地区的安宁与稳定，促进中国同四国之间长期睦邻友好关系的深入发展。对亚太地区各国之间增进相互信任、发展睦邻友好关系也是一个很有意义的启示和创举。江泽民指出，中国奉行独立自主的和平外交政策，愿意同所有邻国和平共处、友好合作、增强信任，为地区和世界和平作出自己的贡献。

俄罗斯总统叶利钦说，协定是一个划时代的政治、军事文件。他说，这个协定在亚太地区是独一无二的，表明在增强五国和五国人民之间的信任方面取得了一个阶段性的成果，对亚太地区的和平与稳定必将产生积极的影响。相信这一文件的落实将对整个亚太地区形势产生积极影响，为其他国家树立榜样。

哈萨克斯坦总统纳扎尔巴耶夫表示，哈萨克斯坦将一如既往地发展与中国的睦邻友好合作关系。他表示愿意与各方继续努力，为建设一个和平、安全、稳定的亚洲作出贡献。他说，这一协定为五国的双边和多边关系以及持续、卓有成效的发展奠定坚实的法律基础。对保持和进一步加强亚太地区以及整个世界的和平与稳定也必将产生影响。

吉尔吉斯斯坦总统阿卡耶夫说,协定的签署体现中国一句古老名谚,“人心齐,泰山移”。协定是史无前例的,对吉中、吉俄关系都有很大好处,这不仅对亚太地区,而且对整个世界都将是一个先例和榜样。

塔吉克斯坦总统拉赫莫诺夫在讲话中希望五国边境地区成为互利合作、睦邻友好的地区。他认为,文件的签署将会推动这一目标的实现。他指出,协定对五国人民具有不可估量的意义,有了这一协定,边境地区将会发生根本性的变化。

此前,江泽民在锦江饭店小礼堂分别会见哈、吉、塔三国总统,热诚欢迎他们到上海共同完成签署协定这件大事,共叙各国相互信任、睦邻友好关系的良好发展,并就继续推进和深化双边合作交换意见。

这是上海首次承办多国元首在沪签署协定这样重要的国际活动。遵照中央的部署和要求,秉承新中国外交一贯的优良作风,上海在外交部的领导和指导下,从确保这一具有历史性重大意义的签约活动有序进行、圆满完成的一应安排,到礼仪待客,接待好五国元首及其随行人员在上海的参观交流等,都按细致、周到、优质、高效的要求精心准备。

二、上海合作组织诞生

2001 年 6 月 14—15 日,“上海五国”元首第六次会晤在上海举行。这是 21 世纪初和“上海五国”诞生 5 周年之际召开的一次承前启后、继往开来的历史盛会。中、俄、哈、吉、塔以及以完全平等成员身份加入“上海五国”进程的乌兹别克斯坦六国元首,就“上海五国”机制的发展以及深化六国在安全、经贸等多领域的合作充分交换意见,达成共识,一致决定在“上海五国”基础上建立涵盖多领域的区域性合作组织,命定为“上海合作组织”。这是欧亚大陆上一个崭新的区域性多边合作组织,也是第一个在中华人民共和国境内诞生并以中国城市命名的国际组织。

经过 6 月 14 日一天的双边会晤、非正式会议所进行的共同商议和准备,6 月 15 日上午,中、俄、哈、吉、塔、乌六国元首在上海浦东香格里拉大酒店举行正式会议,宣告“上海合作组织”成立。作为东道主,中国国家主席江泽民主持上海合作组织成员国的首次元首会议,在会上发表题为《深化团结协作共创美好世纪》的讲话,俄、哈、吉、塔、乌五国元首也相继发表讲话。接着,举行签字仪式,六国元首共同签署《“上海合作组织”成立宣言》(以下简称“《宣言》”)。同时,从保障上海合作组织成员国稳定与安全的需要出发,六国元首并签署《打击恐怖主义、分裂主义和极端主义上海公约》(以下简称“《公约》”)。

签字仪式毕,六国元首集体会见中外记者。中共中央政治局委员、国务院副总理钱其琛,国务委员兼国防部部长迟浩田,市委书记黄菊,外交部部长唐家璇,市长徐匡迪,外交部副部长张德广,以及俄、哈、吉、塔、乌五国外交部部长、国防部部长出席会议和《宣言》《公约》签字仪式。

《宣言》阐明上海合作组织的宗旨是:加强各成员国之间的相互信任与睦邻友好;鼓励各成员国在政治、经贸、科技、文化、教育、能源、交通、环保及其他领域的有效合作;共同致力于维护和保障地区和平、安全与稳定;建立民主、公正、合理的国际政治经济新秩序。《宣言》指出,“上海五国”进程中形成的以“互信、互利、平等、协商、尊重多样文明、谋求共同发展”为基本内容的“上海精神”,是本地区国家几年间合作中积累的宝贵财富,应继续发扬光大,使之成为 21 世纪上海合作组织成员国之间相互关系的准则。《宣言》表明:上海合作组织各成员国将严格遵循《联合国宪章》的宗旨与原则;上海合作组织奉行不结盟、不针对其他国家和地区及对外开放原则,愿与其他国家及有关国际和地区组织开展各种形式的对话、交流与合作。

六国元首在会上和会见记者的讲话中，都总结过去、展望未来，一致表示将共同致力于上海合作组织这个新生区域性合作组织的建设和发展，为深化和拓展成员国之间的有效合作，维护地区的和平、安全与稳定，推动世界多极化和国际关系民主化，为人类的和平、进步与发展，作出自己应有的贡献。

国家主席江泽民在讲话中回顾"上海五国"的进程，他说，公元2001年6月15日这一天又将载入史册。上海合作组织的成立，是六国在深化和拓展合作的道路上迈出的新的历史性步伐。它顺应和平与发展的时代潮流，符合本地区的现实需要，符合六国人民的根本利益，必将对推动本地区乃至整个欧亚大陆的和平与发展产生深远影响。

俄罗斯总统普京说，上海合作组织的诞生将会积极改变欧亚大陆的局势，经过合作走向安全、稳定和共同繁荣，这将对其他许多地区提供很好的范例。上海合作组织不仅要继承"上海五国"5年来工作中所积累的一切积极经验，并且要继续向前迈进，有利于各成员国的人民。相信这个组织的成立将有助于各国更加合理而有效地发挥潜力，尤其有助于维护中亚地区的和平与稳定，希望这个组织成为睦邻友好、互利合作的榜样。

哈萨克斯坦总统纳扎尔巴耶夫说，在欧亚大陆建立上海合作组织，是具有历史意义的事件。他说，合作的首要目的是要维护这个地区的稳定和各国的安全。六国签署打击"三股势力"(恐怖主义、分裂主义和极端主义)的公约就是这一合作的开端。他就哈方提出的长期多边经贸合作纲要表示，哈萨克斯坦对上海合作组织寄予厚望，相信这一组织将更多地关注经济合作问题。

吉尔吉斯斯坦总统阿卡耶夫说，"上海五国"经受住了时间的考验，已发展成为一个新兴的国际法意义上的重要合作组织。上海合作组织为六国扩大合作建立框架，有助于建立公正合理的国际政治经济新秩序。他说，六国签署的《公约》为协力打击"三股势力"创建必要的法律机制。他相信六国将进一步深化和发展业已建立的友好合作关系。

塔吉克斯坦总统拉赫莫诺夫说，在21世纪世界多极化、经济和信息全球化快速发展的形势下，将"上海五国"机制提升到更高的水平，将有利于进一步共同有效地抓住机遇和应对新的挑战和威胁。六国签署打击恐怖主义、分裂主义和极端主义的《公约》也是非常及时，在世界实践史上还没有先例。"上海五国"所倡导的互信、互利、平等、协商、尊重多样文明、谋求共同发展的"上海精神"是各成员国共同的宝贵财富。他相信上海合作组织将进一步发扬光大"上海精神"，实践它所确立的宗旨。

乌兹别克斯坦总统卡里莫夫说，上海合作组织的成立是一件具有历史意义的重要国际政治事件，它将在众多的国际和地区组织中占据应有的位置，将成为解决地区和国际发展重大问题的有效机制。他表示，乌兹别克斯坦准备在实现这一目标中发挥自己的积极作用，并将尽全力切实落实《公约》的所有条款。

峰会期间，六国元首并商议作出以下决定：

吸收中方、哈方倡议，六国元首一致支持启动六国贸易和投资便利化谈判进程，指定长期多边经贸合作纲要，并签署有关文件。上海合作组织将于2001年秋在阿拉木图举行成员国政府首脑首次会晤，深入研究推动双边和多边经贸合作问题。

六国元首同意上海合作组织成员国每年举行一次外交和国防部长会晤，以加强和扩大各国在重大国际和地区问题上的相互协作，首先是在巩固中亚地区安全与稳定问题上的相互协作。

六国元首认为应采取措施加快商签有关文件，以便在比什凯克(吉尔吉斯斯坦首都)建立地区反恐怖中心和保障其运作,并制定其他有关打击犯罪问题的文件,积极准备在哈萨克斯坦召开执法和安全部门领导人例行会议。

六国元首支持中国关于 2001 年下半年在北京举行上海合作组织文化部长会晤和俄罗斯关于 2002 年春在俄罗斯举行六国紧急救灾部门领导人会晤的建议。

在六国元首非正式会议与正式会议之间,6 月 14 日晚,中国外交部部长唐家璇在上海大剧院同俄罗斯外交部部长伊戈尔·伊万诺夫、哈萨克斯坦外交部部长伊德里索夫、吉尔吉斯斯坦外交部部长伊马纳利耶夫、塔吉克斯坦外交部部长纳扎罗夫、乌兹别克斯坦外交部部长卡米洛夫举行会晤,就共同关心的国际和地区问题交换意见,并签署《"上海合作组织"成员国协调员理事会活动暂行条例》。

同一时间,中国国防部部长迟浩田与俄罗斯国防部部长谢尔盖·伊万诺夫、哈萨克斯坦国防部部长托克帕克·巴耶夫、吉尔吉斯斯坦国防部部长托波耶夫、塔吉克斯坦国防部部长海鲁拉耶夫、乌兹别克斯坦国防部部长古拉莫夫也在上海国际会议中心举行会晤,回顾"上海五国"进程中各成员国在军事领域开展的富有成效的合作,并就上海合作组织成员国继续加强军事领域的合作以及与其他有关部门之间在打击恐怖主义、分裂主义和极端主义"三股势力"中的协作,交换意见,共同签署《六国国防部长会晤联合公报》。会晤中,部长们一致表示理解和支持中华人民共和国为维护国家主权、实现国家完全统一所作的一切努力,重申支持中国在台湾问题上的立场,并再次强调,支持中国关于反对任何国家企图以任何形式将台湾地区纳入战区导弹防御计划的立场。

峰会期间,各国元首分别参观上海博物馆、上海城市规划展示馆等单位,登东方明珠广播电视塔俯览浦江两岸建设风貌。夫人们分别访问、参观华东师范大学、上海美术馆、新天地、金茂大厦、玉佛寺,游览豫园、黄浦江。各国元首对比 5 年前在上海的见闻,都表示深感上海的建设和城市面貌又有了显著的发展变化。

这次六国峰会为国际所瞩目,成为世界媒体关注的热点。中外记者共 458 人至上海专访,14 家境外媒体申请开通国际电话,直接向境外发稿。美国、日本、英国、俄罗斯等国家的多家电视台都即时、快速地向其国内总部传送新闻报道。

为确保这次峰会的顺利举行、圆满成功,上海市政府及外事、安全等部门配合、协助外交部,精心作了一应准备和安排。市内有 50 多家相关单位积极参与筹备与接待、服务工作。全体人员尽心尽责,精益求精,为国家的外交事业,为六国人民的团结合作,付出辛劳、作出努力。

三、上海合作组织第六次峰会

2006 年 6 月 15 日,上海合作组织成员国元首理事会第六次会议在上海国际会议中心举行。这次峰会适逢上海合作组织成立 5 周年及其前身"上海五国"机制建立 10 周年,是一次富有纪念意义,继往开来,深化和扩展合作,标志上海合作组织已进入新的发展时期的会议。联合国秘书长安南发来贺电,高度评价上海合作组织在维护地区和平与安全中所发挥的重要作用。俄罗斯总统普京在赴华前夕为峰会撰文,题为《上海合作组织——成功的国际合作新模式》。

上海合作组织 6 个成员国的元首,包括中国国家主席胡锦涛、哈萨克斯坦总统纳扎尔巴耶夫、吉尔吉斯斯坦总统巴基耶夫、俄罗斯总统普京、塔吉克斯坦总统拉赫莫诺夫和乌兹别克斯坦总统卡里莫夫出席会议。4 个观察员国的元首和国际组织的代表,包括伊朗总统内贾德,蒙古总统恩赫巴亚尔,巴基斯坦总统穆沙拉夫,印度政府代表、石油和天然气部部长德奥拉,以及主席国客人、阿富汗总统卡尔扎伊，国际组织的代表、独联体执行委员会主席鲁沙伊洛和东盟副秘书长比利亚科塔，列席会议。

6月15日上午，先是六国元首举行小范围会谈。回顾上海合作组织5年走过的成功之路，讨论面临的形势和发展的重点方向，确定加强务实合作，促进地区和平、稳定、繁荣需要进一步采取的重大举措，达成广泛共识。11时许，正式会议开始。中国国家主席胡锦涛作为轮值主席国元首主持会议，并作题为《共创上海合作组织更加美好的明天》的讲话。胡锦涛在讲话中说，10年前，“上海五国”机制建立，启动“上海合作”进程。5年前，中、俄、哈、吉、塔、乌六国作出建立上海合作组织的历史性决定，为六国睦邻互信和互利合作向更广领域、更深层次、更高水平迈进搭建广阔舞台。5年来，上海合作组织走过不平凡的道路，取得令人瞩目的成绩。上海合作组织的成功经验，归结到一点，就是坚定不移地倡导和实践互信、互利、平等、协商、尊重多样文明、谋求共同发展的“上海精神”。胡锦涛指出，面对机遇和挑战，上海合作组织成员国当全面加强合作，努力把本地区建设成为持久和平、共同繁荣的和谐地区。为此，他提出要加强战略协作，巩固睦邻友好；深化务实合作，带动全面发展；拓展人文交流，夯实社会基础和坚持开放合作，维护世界和平等4点建议。他指出，吸收蒙古、巴基斯坦、伊朗、印度为观察员，有利于上海合作组织更好地发挥促进和平与发展的积极作用。中国愿同其他成员国一道，推动上海合作组织成员国和观察员国开展务实合作，以及同阿富汗、东盟、独联体的合作。

在说到世界关注中国的发展，关心中国未来的发展道路时，胡锦涛庄严重申：中国将坚定不移地走和平发展道路，坚持实施互利共赢的开放战略，坚持与邻为善、以邻为伴的周边外交方针，奉行睦邻、安邻、富邻的周边外交政策。

哈、吉、俄、塔、乌五国元首先后讲话。纳扎尔巴耶夫说，上海合作组织已成为当代国际关系的重要因素，上海合作组织框架内的经济合作具有重要意义，地区各国和各种文明有效合作、睦邻相处、相互理解是“上海精神”最鲜明的体现。巴基耶夫说，“上海精神”成为各国发展互信、平等、相互尊重和睦邻友好关系的有效准则，赞成中方提出的缔结长期睦邻友好公约的倡议。普京说，成立上海合作组织的决定是具有战略眼光的，上海合作组织已经成为国际舞台上的一支重要力量，应扩大上海合作组织的对外交往，加强国际信息安全方面的合作，加强经贸和人文领域的合作。拉赫莫诺夫说，上海合作组织的产生是大势所趋。峰会通过的五周年宣言要求继续努力发展，争取取得更大成果，提升上海合作组织的威望。卡里莫夫说，各成员国建立在互信、相互尊重、建设性合作、务实态度基础上的合作，将为维护本地区和平稳定、提高各国人民生活水平奠定坚实基础。

观察员国伊朗总统内贾德，蒙古总统恩赫巴亚尔，巴基斯坦总统穆沙拉夫，印度政府代表、石油和天然气部部长德奥拉，主席国客人、阿富汗总统卡尔扎伊，独联体执行委员会主席鲁沙伊洛和东盟副秘书长比利亚科塔也在峰会上发言。他们高度评价上海合作组织成立5年来各领域合作取得显著成就，希望进一步加强同上海合作组织的合作。

会议结束后，上海合作组织成员国六国元首共同签署《上海合作组织五周年宣言》《上海合作组织成员国元首关于国际信息安全的声明》，批准新版《上海合作组织秘书处条例》和《上海合作组织成员国打击恐怖主义、分裂主义和极端主义2007年至2009年合作纲要》，并出席成员国全权代表签署安全和经济、教育等合作的重要文件的签字仪式。其中，在打击恐怖主义等“三股势力”方面的文件有：《关于在上海合作组织成员国境内组织和举行联合反恐行动的程序协定》《关于查明和切断在上海合作组织成员国境内参与恐怖主义、分裂主义和极端主义活动人员渗透渠道的协定》；在有关教育、经贸和金融合作方面的文件有：《上海合作组织成员国政府间教育合作协定》《上海合作组织实业家委员会决议》和《上海合作组织银行联合体成员行关于支持区域经济合作的行动纲要》。会议并发表《上海合作组织成员国元首理事会第六次会议联合公报》。

随后，六国元首共同会见记者。国家主席胡锦涛在会见记者时表示，在有关各方共同努力下，上海合作组织峰会取得圆满成功，达到增强互信、促进团结、深化合作的目的。当晚，胡锦涛主席在上海科技馆举行欢迎宴会，款待成员国元首和各国来宾。

峰会期间，6月14日、15日，国家主席胡锦涛与各成员国元首分别进行双边会谈，并出席相关合作文件的签字仪式。

中俄两国元首在会谈中一致表示要加强相互支持和战略合作，深化两国在经贸、能源、机电、环保和地方发展等各领域的务实合作，办好对增进两国人民友谊、对两国关系发展具有重要意义的“国家年”活动。两国元首一致表示要积极推动落实峰会达成的各项共识和决定，推动上海合作组织更好地向前发展。

在与各中亚成员国元首会谈中，胡锦涛高度评价同这些国家在政治上互信、相互支持，安全和经贸领域合作不断推进，在地区和国际事务中相互协作、更加密切，共同致力于促进地区和世界的和平、稳定、繁荣的合作伙伴关系，表示中方愿同他们一同努力，推动两国关系不断向前发展，永做好邻居、好朋友、好伙伴。中亚成员国元首也都表示高度重视与中国的关系，并为两国关系的迅速提升和各领域合作、各层次交流的不断拓进和日益密切而高兴。他们表示，以“上海精神”为基础的上海合作组织已成为维护本地区安全稳定和发展的重要机制，他们将同中方继续加强在打击“三股势力”、禁毒等安全方面的合作，进一步发展在经贸、能源、文化、教育、医药等领域的合作。

6月16日，国家主席胡锦涛分别会见出席这次峰会的观察员国巴基斯坦、蒙古、伊朗三国总统和印度政府代表，就进一步发展两国关系、传统友谊和双方在政治、安全、经贸、人文各领域的友好互利合作，加强在国际和地区事务中的沟通、协调和合作，提出建设性建议，相互诚挚交换意见。在与伊朗总统内贾德谈到伊核问题时，胡锦涛说，中国理解伊方对享有和平利用核能权利的关切，同时主张维护国际核不扩散体系，坚持通过谈判妥善解决伊朗核问题。问题的关键是伊朗和国际社会需要建立互信。中方愿意同包括伊朗在内的各方保持密切沟通，继续为妥善解决伊朗核问题发挥建设性作用。内贾德说，伊朗关切并致力于维护地区和世界的和平稳定。伊朗所有核项目都是以和平利用为目的，不需要也不谋求发展核武器。伊朗愿意通过谈判与磋商和平解决核问题。

6月14日，中、哈、吉、俄、塔、乌六国元首集体会见上海合作组织实业家委员会代表。在听取俄罗斯联邦实业家委员会主席梅津采夫的情况介绍后，各国元首发表讲话。

国家主席胡锦涛对上海合作组织实业家委员会成立大会的召开表示热烈祝贺。他指出，在上海合作组织成立5周年之际，各成员国企业家会聚上海，共同探讨加强区域间经济合作，是上海合作组织发展进程中的一件大事。实业家委员会的成立，为各成员国企业加强联系沟通、开展交流合作搭建一个很好的平台。他表示，相信企业家的积极参与，必将推动上海合作组织在经济合作方面取得更多实际成果，为各成员国人民带来更多实实在在的利益。哈、吉、俄、塔、乌五国元首也都对实业家委员会的成立表示祝贺，期望各成员国实业家积极开展合作，致力于推动本地区经济发展繁荣。

上海合作组织实业家委员会成立后，在上海举办首届工商论坛。峰会期间，各国企业、银行还签署一批总额近20亿美元的大中型合作项目的商务合同和贷款协议。在经贸合作方面，各方同意将能源、信息技术和交通作为优先合作方向，积极推进贸易和投资便利化，逐步实现商品、资本、服务和技术的自由流动。

6月14日下午6时许，六国元首乘车来到西郊宾馆逸兴亭，6名等候在那里的中国少年儿童与六国元首手拉手来到植树地点。元首们兴致勃勃地种下一棵象征“和平与友谊”之树——白玉兰树，纪念上海合作组织成立5周年。元首们挥锹培土，并同少年儿童一起为刚刚种下的白玉兰树浇水。随后，六国元首共同为植树纪念牌揭幕，纪念上海合作组织成立5周年和它的前身——“上海五国”机制建立10周年。纪念牌底座正面是上海合作组织的会徽。黑色大理石牌面上镌刻着金色的文字：“2006年6月14日，上海合作组织成员国元首中华人民共和国主席胡锦涛、哈萨克斯坦共和国总统纳扎尔巴耶夫、吉尔吉斯斯坦共和国总统巴基耶夫、俄罗斯联邦总统普京、塔吉克斯坦共和国总统拉赫莫诺夫、乌兹别克斯坦共和国总统卡里莫夫共植此树，以纪念上海合作组织成立5周年。”纪念牌揭幕仪式完毕，胡锦涛邀请其他5位元首步入纪念牌旁的逸兴亭小叙，共同回顾上海合作组织5年来的历程，畅谈组织的未来发展。刚刚栽下的白玉兰树迎风而立，英姿挺拔。

六国元首聚会期间，国家主席胡锦涛的夫人刘永清同出席峰会的各国元首夫人和贵宾夫人一起，在上海“新天地”观赏中国少年儿童的文化、艺术活动，参观中国传统工艺精品陈列，共话文化交流和人民友谊。参加此项活动的有哈萨克斯坦总统夫人、吉尔吉斯斯坦总统夫人、塔吉克斯坦总统夫人、巴基斯坦总统夫人和东盟副秘书长夫人等。夫人们身着盛装来到“新天地”，兴趣盎然地观看中国儿童的书法、剪纸作品和民乐弹奏、杂技等文艺表演。接着，夫人们到琉璃工房参观陈列着的中国悠久流传下来的传统工艺所制作的精品，还参观保存原有风格的、曾经历世纪沧桑的上海老式居民住房。

6月14日晚上，国家主席胡锦涛同各国元首和贵宾一起乘坐“君子兰”号游船，游览浦江，观赏焰火。在游船上，胡锦涛让市长韩正向贵宾介绍上海，特别是浦东的发展。当听到浦东连续15年经济增长超过19%时，普京总统说，印象非常深刻，上海是中国的窗口。各国贵宾纷纷以两岸风光为背景，摄影留念。随后，贵宾兴致勃勃地欣赏庆祝上海合作组织成立5周年的大型音乐艺术焰火表演。璀璨绚丽、多姿多彩的焰火表演辉映着盛情迎宾、异彩飞扬、浦江畅想、祝福和平和祝愿上海合作组织走向更加灿烂前程的意境，赢得各国元首和贵宾由衷的赞叹和掌声。

6月15日晚，国家主席胡锦涛和夫人刘永清、各成员国元首和夫人，与各观察员国元首及代表、主席国客人、国际组织代表来到上海大剧院，观看庆祝上海合作组织成立5周年文艺晚会暨成员国艺术节开幕式。一台以“和平颂、和睦情、和谐赞”为主题的《和谐礼赞》由中外国艺术家同台演出，表达各国人民对追求和平、团结共生、创造幸福的美好憧憬。各国艺术家用本国语言共唱《同一首歌》，这个压轴节目将全场的热烈气氛引向高潮。

上海合作组织第六次峰会是继五国元首首聚上海、六国元首在沪宣告上海合作组织成立以及2001年APEC会议之后，在上海举行的又一次规格高、规模大、活动密集，为世界瞩目的大型国际会议。一如既往，上海严格按照中央要求和峰会筹备委员会的部署，动员和组织各方面力量，精心计划，周密安排，细致落实，反复演练，通力合作完成峰会各项承办任务。60多家直接参与承办的单位和全体工作人员以“办好峰会为国争光，为国家外交大局服务”为己任，发扬团结协作，全力以赴，精益求精，力求完美，连续作战，忘我工作，为峰会和庆典活动的方方面面、全过程，提供全面、安全、可靠的保障和卓越的服务。中央和与会各国元首对上海的承办工作、接待水平给予高度评价，国际舆论也普遍给予好评。

6月16日下午，国家主席胡锦涛在上海国际会议中心上海厅亲切接见上海合作组织峰会筹办工作人员代表，代表中共中央、国务院向为峰会成功举办付出辛劳和作出贡献的全体筹办工作人员表示衷心的感谢和亲切的慰问。胡锦涛说，上海合作组织峰会已经圆满落下帷幕，是一次隆重热烈、团结合作、富有成果的盛会。一是实现增强互信、促进团结、深化合作的预定目标。二是充分展示中国改革开放以来取得的成就。三是锻炼了队伍，提高了办外交的能力。峰会成功举办的实践证明,筹办工作队伍政治素质高,业务能力强,思想作风好,是能打硬仗、经得住考验的队伍。希望大家总结经验、再接再厉、扎实工作、开拓进取,努力为中国外交事业发展、为全面建设小康社会作出新的更大的贡献。

表 2-1-1 "上海五国"、上海合作组织历届会议一览表

日 期	会议名称	出席元首	地 点	签署文件
1996 年 4 月 26 日	"上海五国"元首会晤	中、俄、哈、吉、塔五国元首江泽民、叶利钦、纳扎尔巴耶夫、阿卡耶夫、拉赫莫诺夫出席	上海	《关于在边境地区加强军事领域信任的协定》
1997 年 4 月 24 日	"上海五国"元首第二次会晤	中、俄、哈、吉、塔五国元首江泽民、叶利钦、纳扎尔巴耶夫、阿卡耶夫、拉赫莫诺夫出席	莫斯科	《关于在边境地区相互裁减军事力量的协定》
1998 年 7 月 3 日	"上海五国"元首第三次会晤	中、哈、吉、塔四国元首江泽民、纳扎尔巴耶夫、阿卡耶夫、拉赫莫诺夫出席,俄元首叶利钦因身体不适,由外长出席	阿拉木图	《阿拉木图联合声明》
1999 年 8 月 24—26 日	"上海五国"元首第四次会晤	中、俄、哈、吉、塔五国元首江泽民、叶利钦、纳扎尔巴耶夫、阿卡耶夫、拉赫莫诺夫出席	比什凯克	《比什凯克联合声明》
2000 年 7 月 5 日	"上海五国"元首第五次会晤	中、俄、哈、吉、塔五国元首江泽民、普京、纳扎尔巴耶夫、阿卡耶夫、拉赫莫诺夫出席	杜尚别	《杜尚别声明》
2001 年 6 月 14—15 日	"上海五国"元首第六次会晤和上海合作组织首次元首会议	中、俄、哈、吉、塔、乌六国元首江泽民、普京、纳扎尔巴耶夫、阿卡耶夫、拉赫莫诺夫、卡里莫夫出席	上海	《"上海合作组织"成立宣言》《打击恐怖主义、分裂主义和极端主义上海公约》
2002 年 6 月 7 日	上海合作组织第二次元首会议	中、俄、哈、吉、塔、乌六国元首江泽民、普京、纳扎尔巴耶夫、阿卡耶夫、拉赫莫诺夫、卡里莫夫出席	圣彼得堡	《上海合作组织宪章》《关于地区反恐怖机构的协定》《上海合作组织成员国元首宣言》
2003 年 5 月 29 日	上海合作组织第三次元首会晤	中、俄、哈、吉、塔、乌六国元首胡锦涛、普京、纳扎尔巴耶夫、阿卡耶夫、拉赫莫诺夫、卡里莫夫出席	莫斯科	《上海合作组织成员国元首宣言》
2004 年 6 月 17 日	上海合作组织第四次元首会晤	中、俄、哈、吉、塔、乌六国元首胡锦涛、普京、纳扎尔巴耶夫、阿卡耶夫、拉赫莫诺夫、卡里莫夫出席	塔什干	《塔什干宣言》《上海合作组织特权和豁免公约》等文件和观察员条例
2005 年 7 月 5 日	上海合作组织第五次元首会议	中、俄、哈、吉、塔、乌六国元首胡锦涛、普京、纳扎尔巴耶夫、巴基耶夫、拉赫莫诺夫、卡里莫夫出席	阿斯塔那	《上海合作组织成员国元首宣言》等文件
2006 年 6 月 15 日	上海合作组织 第六次峰会、上海合作组织成立 5 周年庆典	中、哈、吉、俄、塔、乌六国元首胡锦涛、普京、纳扎尔巴耶夫、巴基耶夫、拉赫莫诺夫、卡里莫夫出席会议,伊朗、蒙古、巴基斯坦等观察员国的元首和主席国客人、阿富汗总统等列席会议	上海	《上海合作组织五周年宣言》《上海合作组织成员国理事会第六次会议联合公报》等 10 余个文件

第二节　亚洲太平洋经济合作组织第九次领导人非正式会议

2001 年 10 月 21 日，亚洲太平洋经济合作组织（以下简称“APEC”）第九次领导人非正式会议在上海举行。会议的主题为“新世纪、新挑战：参与、合作、促进共同繁荣”。

APEC 领导人非正式会议是最高级别的决策机制。

APEC 于 1993 年 11 月 20 日在美国西雅图举行第一次会议，到 2000 年底共举行过 8 次会议。中国作为主权国家于 1991 年 11 月正式参加 APEC。

一、会议准备

APEC 第九次领导人非正式会议前，在沪举行的 APEC 第四次非正式高官会议、APEC 第 13 届部长级会议、APEC 工商领导人峰会、APEC 工商咨询理事会以及数月前在沪举行的 APEC 贸易部长会议、APEC 海关对话会议、APEC 中小企业部长会议等一系列会议，为领导人非正式会议作了充分准备，奠定了坚实的基础。

APEC 第 13 届部长级会议于 10 月 17—18 日在上海国际会议中心举行。会议由中国外交部部长唐家璇和外经贸部部长石广生共同主持。与会代表围绕“新世纪、新挑战：参与、合作、促进共同繁荣”的主题，就推动贸易投资、从全球化和新经济中受益以及促进可持续经济增长等议题进行深入讨论，达成广泛共识，通过《部长联合声明》。会议取得多项成果，进一步推动亚太地区的贸易投资自由化和便利化进程，为实现 APEC 所确定的发达成员和发展中成员分别于 2010 年和 2020 年实现贸易投资自由化的茂物目标确定政策框架，对在世界贸易组织第四届部长级会议上启动新一轮谈判表示明确和坚决的支持，并审议在执行 WTO 协议方面加强能力建设的倡议。为推动 APEC 经济技术合作、促进 APEC 平衡发展，会议通过《经济技术合作行动计划》。同时，还通过“数字 APEC”战略，为发展本地区新经济，包括发展电子商务规划蓝图。会议强调要通过宏观经济对话与合作，努力为亚太地区经济的可持续增长创造条件。面对经济增速放缓和“9・11”恐怖主义袭击事件的冲击，部长们表示了对亚太地区经济前景的信心，并将采取强有力的宏观经济措施，加强合作，以恢复增长并举，标本兼治。唐家璇邀请出席会议各成员的外长或代表共进早餐，就反对恐怖主义问题非正式地交换意见，并在以下几个方面达成共识：第一，任何形式的恐怖主义，都对国际和平与安全构成威胁，都要受到严厉谴责和坚决打击，国际社会应采取一致立场。第二，要切实执行各项反恐国际公约和安理会的有关决议，特别是各国要防止和制止资助恐怖主义的行为，将恐怖主义绳之以法。第三，反恐问题是一项长期的任务，涉及政治、经济、社会、法律各个方面，要加强国际合作，充分发挥联合国和安理会的作用，预防与打击并举，标本兼治。第四，反恐是正义与邪恶、文明与野蛮的较量，而不是民族、宗教和文化的冲突。应提倡文明之间的对话，文明之间的共存和合作。

APEC 工商领导人峰会是在 APEC 领导人非正式会议期间同时举行的工商界会议。1997 年，第一次以 APEC 工商领导人峰会命名的会议在加拿大温哥华召开。2001 年 10 月 18 日下午，APEC 工商领导人峰会在上海金茂君悦酒店开幕。国务院副总理钱其琛代表中国政府到会祝贺、致辞。峰会组委会主席、中国贸促会会长俞晓松和上海市长徐匡迪也在开幕式上致辞。钱其琛在谈到历届工商领导人峰会对亚太地区经济繁荣和发挥的积极作用时说,工商领导人峰会建立起一个沟通、合作的平台,体现 APEC 一贯倡导的平等、合作精神。开幕式后举行"中国专题"会议。中国国家主席江泽民出席晚宴并发表题为《合作发展,共创辉煌》的演讲,受到与会 21 个经济体的 700 多位工商界人士的热烈欢迎。在演讲中,江泽民指出,人类进入 21 世纪,不仅意味着年代上的更新,而且意味着国际社会开启经济发展和社会进步的新时期。世界多极化、经济全球化的不断发展,尤其是科学技术的突飞猛进,为全球经济和社会发展提供了前所未有的物质技术条件,打开了广阔的前景。在谈到如何推动新经济的发展时,江泽民指出,关键是要在世界经济事务中全面贯彻多边主义的合作发展精神。不同民族、不同历史文化、不同社会制度和不同经济发展水平的国家和地区,应互相尊重,求同存异,取长补短,和平共处,协商合作,推动建立公正合理的国际政治经济新秩序,努力促进共同发展和繁荣。这是解决世界经济发展中存在问题的根本出路,也是推动新经济进一步发展的必要条件。

江泽民说,中国真诚希望与 APEC 各成员及世界其他国家和地区加强合作,共同发展。中国加入世界贸易组织,标志着中国的对外开放进入一个新的阶段。中国将在更大范围和更深程度上参与国际经济合作与分工,将继续与世界各国各地区努力发展合作、互利、共赢、共荣的经济关系。会议期间,美国总统布什、俄罗斯总统普京、澳大利亚总统霍华德、菲律宾总统阿罗约、马来西亚总理马哈蒂尔、墨西哥总统福克斯、新西兰总理克拉克、中国香港特别行政区行政长官董建华等 8 位 APEC 经济体领导人也应邀赴会发表演讲,创 APEC 工商领导人峰会的新纪录。此次会议参会代表之多、层次之高、所代表范围之广,亦为历次 APEC 工商领导人峰会之最。

图 2-1-1　2001 年 10 月 18 日,APEC 工商领导人峰会在沪召开

10 月 19 日,2001 年 APEC 工商咨询理事会(ABAC)第四次会议在上海富豪环球东亚酒店举行,ABAC 代表及其随员 179 人参加会议。2001 年 ABAC 主席、中国国际信托投资公司副董事长秦晓主持会议。会议回顾、总结年度工作,安排落实与 APEC 经济体领导人的对话会,确定将向 APEC 经济体领导人介绍的 ABAC 年度咨询报告。ABAC 报告的主题是"通过市场开放、能力建设和广泛参与,促进共同发展”,并特别关注世界经济放缓和国际金融动荡加剧、世界贸易组织新一轮谈判、茂物目标的实现以及全球化等问题。10 月 20 日下午,APEC 领导人与 ABAC 代表对话会在上海国际会议中心华夏厅举行,国家主席江泽民主持会议,近 60 位 ABAC 代表参加对话会。秦晓向领导人简要介绍 ABAC 年度咨询报告。与会领导人与 ABAC 代表就全球和亚太地区经济形势、贸易投资自由化和便利化以及多边贸易体制、加强能力建设以缩小“数字鸿沟”、加强区域间国际金融合作、中小企业的发展以及工商界与社会各界广泛参与 APEC 进程等重要问题进行热烈、坦诚、务实的对话。江泽民在总结对话会时指出,工商界为地区的经济发展作出杰出贡献,是推动区域和全球经济发展的重要力量。他希望工商界能与各成员政府进一步加强联系和合作,继续支持和参与 APEC 进程,共同开创亚太地区的美好未来。

二、会议召开

10 月 21 日,APEC 第九次领导人非正式会议在上海科技馆举行。中国国家主席江泽民、澳大利亚总理约翰·温斯顿·霍华德、文莱苏丹哈吉·哈桑纳尔·博尔基亚、加拿大总理让·克雷蒂安、智利总统里卡多·拉戈斯·埃斯科瓦尔、中国香港特别行政区行政长官董建华、印尼总统梅加瓦蒂·苏加诺普特丽、日本首相小泉纯一郎、韩国总统金大中、马来西亚总理达图·马哈蒂尔·宾·穆罕默德、墨西哥总统比森特·福克斯·克萨达、新西兰总理海伦·克拉克、巴布亚新几内亚总理梅克雷·莫劳塔、秘鲁总统亚历杭德罗·托莱多、菲律宾总统格洛丽亚·马卡帕加尔·阿罗约、俄罗斯总统弗拉基米尔·普京、新加坡总理吴作栋、泰国总理他信·钦那瓦、美国总统乔治·沃克·布什、越南总理潘文凯等参会。领导人在 APEC 领导人会议签名卷上签字留念后,在江泽民陪同下步入会场。9 时整,非正式会议开始举行。江泽民主持会议,并与其他领导人就全球与地区宏观经济形势、人力资源能力建设以及 APEC 的未来发展方向等议题进行务实友好、坦诚热烈的讨论,达成广泛共识,通过并发表《领导人宣言》。

江泽民在会上作题为《加强合作,共同迎接新世纪的新挑战》的讲话,全面阐述中国对世界和地区经济形势的看法,以及对推进 APEC 合作进程的主张。江泽民指出,虽然亚太地区经济面临一些困难,“9·11”事件更增加了经济发展的不确定性,但亚太地区从长远看依然是世界经济最具活力的地区。从 APEC 的共同利益出发,各成员应加强宏观政策协调,深化经济结构改革,坚定地支持多边贸易体制。江泽民说,人力资源开发已成为 APEC 合作的核心内容之一。他向各领导人介绍中国政府在人力资源开发领域牵头实施的人力资源能力建设促进项目和 APEC 金融合作与发展项目。他提出 21 世纪 APEC 应始终站在全球与区域经济发展的前沿,尊重多样性,坚持协商一致、自主自愿等原则构成的“APEC 方式”,增强凝聚力,缩小成员间的差距,实现共同繁荣和发展。

其他与会领导人在发言中也都表示对世界和亚太地区的中长期经济的发展前景充满信心,一致同意在人力资源能力建设等方面加强合作,使所有成员从全球化和新经济中均衡受益。与会领导人表示在 21 世纪应赋予 APEC 合作以新的内涵,深化 APEC 大家庭精神,推动其发挥更大的作用。与会领导人认为,此次 APEC 会议是“9·11”事件之后举行的首次最高级别领导人会议,成员领导人如期与会,说明他们对此次会议寄予厚望,也表明他们对发展本地区经济的决心和信心。与会领导人高度评价中国改革开放取得的巨大成就,认为生机勃勃的上海就是中国发展的缩影,并纷纷祝贺中国成功举办此次会议,感谢上海热情友好的接待和周密细致的安排。

中午休息时,身着中式对襟上装的与会领导人愉悦地在室外绿树成荫的大道上散步,并在科技馆楼前合影留念。午餐会上,领导人还就反对恐怖主义问题交换意见,发表《亚太经合组织领导人反恐声明》。

会议在下午4时落下帷幕。江泽民与其他领导人一同步出会场,向新闻界宣读《领导人宣言》。《领导人宣言》详载会议达成的重要共识,宣示承诺和决心,要为实现共同繁荣的目标,努力促进可持续发展,支持多边贸易体制,加强以人力资源能力建设为核心的经济技术合作,为APEC开创一个更为生机勃勃的前景。江泽民在随后于上海国际新闻中心举行的中外记者招待会上说,此次会议是21世纪伊始亚太经合组织大家庭的首次聚会,也是"9·11"事件后本地区最重要的一次领导人聚会,意义重大,为推动亚太区域合作迈出了坚实的步伐,将对亚太经合组织的未来发展产生深远的影响,有利于促进亚太地区经济的持续发展。他说,会议也让世界更好地了解中国,有助于中国进一步走向世界。

江泽民还在上海国际新闻中心为"亚太经合组织(APEC)金融与发展项目"揭幕。这个项目是中国在APEC财长会上提出并经通过后,提交APEC领导人非正式会议的一项倡议活动,也是中国作为2001年APEC会议东道主,为亚太经合组织所作的实质性贡献之一。项目为期3年,将于2002年初开始执行,通过研讨会、课题研究和人员培训等方式,提高APEC经济体,特别是发展中经济体,在金融与发展领域的机构能力。

三、双边会晤

10月19日上午,国家主席江泽民与美国总统乔治·沃克·布什在上海西郊宾馆举行会谈。这是两位领导人的首次会晤。他们就中美关系和反对恐怖主义、维护世界和平与稳定等重大问题建设性地交换意见。布什表示,他一直期待着这次访问,以便同江泽民主席进行面对面的会谈。他强调,美国政府高度重视与中国的关系。中国是一个伟大的国家,美国致力于同中国发展建设性合作关系。毋庸讳言,美中之间会有分歧,但将本着相互尊重、坦率相待的精神来处理相互间的分歧。布什表示,他一直强烈支持中国加入世贸组织,他对中国即将入世表示祝贺,认为无论对中国还是对美国,这都会带来好处。布什还表示,他这次来到中国要向中方重申,美国政府奉行"一个中国"的政策,遵守美中三个联合公报。他并感谢中国在"9·11"美国发生恐怖袭击事件后迅速作出反应,明确、坚定地支持美国人民反对恐怖主义。会见后,江泽民和布什共同会见记者。江泽民说,中美作为世界上有重要影响的国家,在维护亚太和世界的和平与安全,推动地区和全球经济的发展与繁荣,以及同国际社会一道打击恐怖主义等方面,都拥有共同责任和利益。中国重视与美国的关系,愿与美方共同努力,发展建设性合作关系。布什表示,他与江主席的会谈是非常成功的,他来上海是因为中国及亚太地区其他国家是美国反对恐怖主义的重要合作伙伴,美国经济发展的未来与亚洲经济发展的未来息息相关。他说,美国和亚洲国家面临共同的威胁,也有着共同的希望。都希望生活在一个更繁荣、更和平的时代。在阔别25年后再次来到上海访问,布什表示,上海是一个了不起的城市,也是一个令人印象非常深刻的城市。

下午,国家主席江泽民分别同韩国总统金大中、新加坡总理吴作栋、印尼总统梅加瓦蒂、墨西哥总统福克斯、泰国总理他信、越南总理潘文凯和新西兰总理克拉克举行双边会晤。

金大中在会晤中说,2002年是韩中建交10周年,两国关系取得丰硕成果。他赞扬中国经济的快速发展,表示愿与中方共同努力,继续不断推进韩中友好合作。他对中国政府为半岛局势的稳定作出的努力表示高度赞赏和衷心感谢。

吴作栋说，他已多次来到上海，而每次都能发现上海又发生了新的变化。他向江泽民介绍新加坡支持国际社会反对恐怖主义的原则立场，双方就共同关心的国际和地区形势问题交换意见。

梅加瓦蒂为第一次出席 APEC 会议表示高兴。她说，很久以来一直希望有机会访华，因为印尼和中国已经建立起良好的关系，她希望进一步推动两国关系的发展。江泽民说，我见到你就想起你的父亲苏加诺，他是中国与印尼友好关系的奠基人之一。江泽民愉快地回忆起参加 1994 年印尼成功举办的 APEC 茂物会议的情况，并邀请梅加瓦蒂 2002 年方便的时候再来中国访问，梅加瓦蒂愉快地接受了邀请。两国领导人还就反对国际恐怖主义、维护地区及世界和平等问题交换意见。

福克斯对墨中关系的发展感到高兴。他认为，两国不仅贸易、投资、经济技术合作走上良好发展的道路，而且文化交流也在深入开展。他表示，2002 年墨西哥将承办 APEC 会议，希望从中国的办会经验中汲取有益的东西。

他信对中国政府成功承办这次 APEC 会议表示祝贺，江泽民也预祝泰国承办 2003 年 APEC 会议取得成功。双方还就共同关心的问题交换意见。

潘文凯在双方会晤时向江泽民转达越南共产党总书记农德孟和国家主席陈德良的亲切问候和良好祝愿。他祝贺中国 21 世纪第一年在上海主办 APEC 会议，对两国关系取得新的积极发展表示高兴，希望两国关系能不断向前发展。

克拉克在谈到她半年前访华留下的深刻印象和展望新中关系发展时表示，对中国能在新一轮谈判开始前加入世贸组织感到高兴。她说，中国为这次 APEC 会议作了精心准备，她相信会议一定会取得积极的成果。

10 月 20 日上午，江泽民会见俄罗斯总统普京，双方就中俄关系在 21 世纪的进一步发展以及反对恐怖主义、维护世界和地区的和平与稳定等重大问题深入交换意见，取得广泛一致。普京表示非常高兴再次来到中国，来到上海。他说，这是令人非常愉快的访问。他一到上海，就看到中国政府为举办 APEC 会议做了大量周到的准备工作。这次 APEC 会议一定会取得成功。普京对两国关系的发展表示满意。他说，俄中关系最重要的进展是两国之间的相互信任已达到很高的程度，两国领导人的高层互访和接触对两国各领域合作的进展起了十分重要的推动作用。江泽民说，进入 21 世纪，中俄关系继续呈现蓬勃发展的良好势头。共同签署的《中俄睦邻友好合作条约》在两国国内和国际上引起积极的反响。条约是指导中俄关系长远发展的重要文件，将能够确保中俄两国世代友好。普京介绍俄罗斯对反对恐怖主义等问题的立场和看法。江泽民说，反对恐怖主义是国际社会普遍关注的问题。在这个问题上，中俄原则立场是一致的。中国坚决反对一切形式的恐怖主义。双方认为，车臣恐怖势力和“东突”恐怖势力都是国际恐怖主义的一部分，都应当坚决反对和打击。双方还就共同关心的其他国际和地区重大问题交换意见。

当天上午，江泽民还分别会见文莱苏丹哈吉、加拿大总理克雷蒂安、秘鲁总统托莱多、澳大利亚总理霍华德和马来西亚总理马哈蒂尔。晚上，会见日本首相小泉纯一郎、巴布亚新几内亚总理莫劳塔、菲律宾总统阿罗约。江泽民还会见香港特别行政区行政长官董建华。

文莱苏丹高度评价文中两国关系的顺利发展。江泽民感谢文方为中方筹备上海 APEC 会议所给予的支持，他指出，中国和文莱在 APEC 事务中合作很好，双方在北京共同举办 APEC 人力资源能力建设高峰会议，为推动 APEC 发展作出贡献。双方还就共同关心的问题交换意见。

克雷蒂安表示很高兴又一次来到中国。他说，这已是他第 14 次与江泽民主席见面。江泽民说，两人经常在双边和国际场合见面，已经是老朋友了。克雷蒂安说，30 年前加拿大作出与中国建交的决定。事实证明，这一决定是完全正确的。双方还就 APEC 会议的有关问题，并就共同关心的国际形势等问题交换意见。

托莱多说，前来上海出席APEC会议，是他与中国领导人见面的好机会，也是加强两国关系的重要契机。他说，秘中两国虽然相距遥远，但秘中友谊在秘鲁已深入人心。他对秘中经贸、科技、文化等领域合作的前景充满信心。他祝贺中国即将加入世贸组织，这对世界经济的发展具有重大意义。

霍华德对中国政府为APEC会议作出的精心安排表示赞赏。他说，在发生"9·11"事件之后，仍能会聚上海讨论世界和地区经济发展的重大问题，令人欣慰。他对澳中关系的良好发展表示满意，并对中国即将加入世贸组织表示高兴。双方还就反对国际恐怖主义等问题交换意见。

马哈蒂尔表示很高兴来上海出席APEC会议。他认为，APEC上海会议不仅要讨论APEC本身的重要议题，还将就大家关心的反对恐怖主义问题交换意见，具有更加重要的意义。

小泉纯一郎也盛赞上海APEC会议取得的成功。他说，在"9·11"事件后，APEC会议仍开得如此成功，更属难得，这充分显示出中国政治上稳定，经济发展十分成功。他表示，在日中邦交正常化将届30周年之际，日本希望进一步推动日中交流和合作。

莫劳塔感谢江泽民主席和中国政府所给予的热情接待。他说，巴布亚新几内亚与中国建交已25年，始终坚持"一个中国"的政策，并希望进一步加强两国关系，特别是经贸领域的交流与合作。江泽民对莫劳塔执政以来坚持"一个中国"政策、积极推动两国关系发展表示赞赏和感谢，并就继续加强中国与巴新的友好交流合作，表达了与对方共同的愿望。

阿罗约对中国成功承办此次会议表示祝贺，赞扬中国东道主当得十分出色。双方都表示要发展两国友好关系。在就反对恐怖主义问题交换意见时，江泽民表示，反对一切形式的恐怖主义是这次会议达成的共识，愿与菲方加强在这方面的沟通与合作。

智利总统拉戈斯在出席领导人非正式会议后，于10月22—24日对中国进行国事访问。在同市长徐匡迪会见时，拉戈斯说，3年前他曾来过上海，此次故地重访，APEC会议的成功举行和上海的巨大变化都给他留下深刻的印象。

参加APEC领导人非正式会议的经济体领导人之间也分别举行双边会晤，就双边关系以及共同关心的国际和地区问题交换看法。

在此期间，10月20日，江泽民夫人王冶平邀请并陪同与会APEC部分经济体领导人的配偶一起至上海豫园游园，在豫园内园观赏上海艺术家在古戏台上表演的民乐小合奏《丝竹雅韵》、木偶与唢呐《百鸟朝凤》、越剧片段《红楼梦——读西厢》和独舞《旦角》等具有浓郁中国民族特色的节目。之后前往江南古镇周庄游览。参加这次活动的有：澳大利亚总理霍华德的夫人珍妮特·霍华德、加拿大总理克雷蒂安的夫人艾琳·克雷蒂安、中国香港特别行政区行政长官董建华的夫人董赵洪娉、韩国总统金大中夫人李姬镐、马来西亚总理马哈蒂尔的夫人茜蒂·哈斯玛、新西兰总理克拉克的丈夫彼得·戴维斯、巴布亚新几内亚总理莫劳塔的夫人罗斯琳·莫劳塔、秘鲁总统托莱多的夫人埃莱娜·卡普·德·托莱多、菲律宾总统阿罗约的丈夫何赛·米格尔·阿罗约和俄罗斯总统普京的夫人柳德米拉·普京娜。此前，参加APEC双部长会议的各成员外交、外贸部部长的配偶在沪一起参观游览上海博物馆、豫园和青浦水乡朱家角。

四、晚宴晚会

10月20日晚，国家主席江泽民和夫人王冶平在上海国际会议中心举行晚宴，欢迎前来参加

APEC 领导人非正式会议的各成员经济体领导人和配偶。在晚宴欢悦、轻松的氛围中，宴会厅里进行优美的文艺演出。以中国国花牡丹为主体的大幅舞美背景绚丽多彩。文艺演出在中国江南名曲《茉莉花》的悠扬乐声中拉开帷幕。穿着 APEC 经济体不同风格服装的少年儿童用歌声赞美和平、友谊、发展。接着，他们轻盈、活泼地跑下舞台，向各位领导人及配偶献花，全场响起热烈掌声。随后，上海交响乐团和上海民族乐团交替演奏各经济体代表性乐曲，宴会厅的大屏幕上播放着相应的画面，情景交融。最后，1 位 10 岁男童领唱、200 位少女合唱的世界名曲《友谊地久天长》，温馨典雅，把充满中国文化风韵的晚会推向高潮。在不到一个半小时的欢迎宴会和演出过程中，全场响起 60 多次热烈的掌声。美国总统布什因故要提前离场，原定只看 3 个节目，而精彩的演出却令他流连忘返。在第 4 个节目民乐三女杰演奏《丝竹乐韵》时他忘了离座，杂技《快乐的男孩》更让他兴趣盎然。当随从提醒他该离场时，杨丽萍的《雀之灵》又令他频频回头。来到厅外遇见正在候场演出《缤纷戏曲》的众多京剧学员时，布什和他们一一握手，高度赞扬中国艺术，赞扬演出成功，并流露出因公务在身而不能再看的遗憾。日本首相小泉看完演出后也深表赞叹，回到宾馆发现节目单没带回时，连夜要求工作人员为他找一份，表示还要细细品味。演出结束时，宾客们纷纷与演员合影留念。上海电视台连夜将演出录像刻制成 DVD 光盘，国家主席江泽民以此作为赠送各经济体领导人的一项礼品。

宴会结束后，宾主来到国际会议中心东方长廊，一起观赏大型音乐焰火表演。浦江两岸，璀璨的灯光与腾空绽放的礼花共江水一色，拉开《今宵如此美丽》音乐焰火表演的大幕。“美好祝愿”“明珠耀东方”等 6 个组成部分，变幻、聚合、互动、交融，在浦江两岸长达 2 000 米区域内，“2001 中国 APEC”大型灯光焰火舞蹈蕴含着美好的祝愿：将上海蒸蒸日上的前程照亮，将 APEC 发展合作的前景照亮。

五、精心办会

APEC 第九次领导人非正式会议是 21 世纪之初中国主办的一次举世瞩目、影响深远的重大国际会议。上海作为会议的举办地，按照中央要求，在筹备会议的全过程中，广泛、深入和生动活泼地开展关心和平发展大局、重视国际交流合作，展城市建设新貌、扬社会文明新风，为国家当好东道主、办好这次会议作贡献的系列宣传教育活动，动员和依靠全市各方齐心协力，密切配合，高起点、高质量地完成会议场馆建设和各种后勤保障，高标准、大规模整治市容环境，热情友好、细致周到做好礼宾接待工作，井然有序、优质高效安排好一应会务和全方位新闻报道等事宜，严格周密部署安全保卫，确保万无一失，从以上诸方面为协办 APEC 会议作出了巨大努力。

会议期间，上海浦东、虹桥两大机场保障 APEC 各成员领导人乘坐的专机和公务机、班机等共 223 架次，迎送 APEC 要客共 225 批 2 200 余人次。市锦江、东湖集团下属 25 家宾馆为与会各成员领导人、代表团等下榻提供优良、舒适和工作所需的一流服务。锦江、大众等汽车公司的 2 000 余辆各类车辆，保障各代表团及其随访人士、工作人员和记者等赴会、公务和各种会外活动准点、便捷、安全的交通需要。在沪参加会议采访报道的境内外新闻机构有 534 家、记者 3 257 人，其中来自境外的有 433 家、2 035 人。设置在东方明珠广播电视塔区域内的会议新闻中心和两个分中心为他们创设了良好的工作环境和条件，并通过新闻发布会和东道主转播中心、官方网站、图片中心、会刊等渠道，全方位、多角度、立体化地向境内外媒体提供会议各方面的情况。会议期间举办 2 场重要记者招待会，17 场新闻发布会；东道主转播中心向中外媒体提供 66 场近 26 小时的现场活动信号；东道主图片中心提供500多张高精度的网上免费下载图片;官方网站实时编发1 177篇中英文会议信息并进行全程视音频道报道,网站日均浏览量达230多万次;APEC英语频道每天播出18小时30分钟,共播出会议情况130小时;8期会刊介绍每日会议和有关活动情况。上海电信承担一应通信保障任务,为代表团、境内外媒体提供电话(国际国内电话线2 540条)、光纤(72芯)、网络(ADSL网络端口982个,ISDN端口107个)、卫星线路(上行线路30款、启用13副卫星天线)、电视传送(355次、总传送时长8 716分钟)等全方位的通信、新闻传送服务。

上海人民的积极支持和热情参与是成功举办会议的保证。在此期间,上海各方面共有上千名工作人员直接参与APEC筹办工作,上万名市民争当志愿者,各区县、各系统广大群众积极参与整治环境、交通、社会秩序等活动,并广泛开展"APEC知识100例、常用英语会话100句、文明礼貌100题"的学习和宣传,形成"人人当好东道主,热情迎来客、为APEC会议作贡献"的良好社会氛围。为做好APEC会议的各项工作,上海组建和培养"三支队伍"。一是100名联络员队伍。他们是经过严格选拔的外事、外语人员,在会议期间,协助外交部联络员以高度的政治责任感及其外事实干能力,出色完成一系列接待和联络工作。二是组建一支有1 000名成员的国际交流活动志愿者总队。他们在翻译、新闻、车辆调度等工作岗位上默默奉献,做了大量服务工作。同时,还有万余名志愿者参与通用英语学习辅导、文明礼仪宣传教育等活动及其组织工作。三是上万名"窗口"行业的服务人员队伍,包括宾馆服务员、交警人员、旅游景点接待人员、出租车驾驶员、公交司售人员、商店营业员等。他们以良好的精神风貌和精湛的业务素质,为APEC会议的成功举办付出辛勤劳动,使与会代表团和所有宾客感受到上海人民的热情友好。这是一个良好的开端。此后上海在每次重大国际交流活动中,都有优秀志愿者团队参加工作,既出色完成担负的各项任务,为重大活动的圆满成功作出贡献,也在实践中得到国际知识和外事品格、作风、能力的培育和锻炼。

上海在协办会议的各项工作中,都注意集群众智慧,精益求精,充分体现中华民族优秀的民族文化底蕴、传统礼仪和上海人民心系国际和平与发展,努力加速社会主义现代化国际大都市建设、推进国际合作的精神风貌。例如这次APEC会议的会标,由集体创意设计而成。其中以毛笔书写的"中国"两字,体现中国面对新世纪、新挑战,积极参与世界经济发展的信心和决心,折射出中国改革开放与世界经济的互动。象征地球的红色椭圆形展示经济全球化发展的活力,体现APEC所倡导的相互依存、共同繁荣的宗旨,同时预示着亚太地区在进入21世纪后对世界经济将发挥更加重要的作用和影响。又如APEC领导人休闲服装,是从服装设计师们的40多份设计稿中选定,既有中式服装的古朴风韵,又有现代服装洒脱自如的特点。制作上运用中国传统的精工细作工艺——手工滚边及中式盘钮。面料采用绿色环保型的传统织锦缎和天然真丝面料,并用环保型染料印染。花型设计以传统的团花纹样为基础,用中国名花牡丹围绕于"APEC"4个字母,以此寄托中国人民对APEC经济体各成员领导人相聚中国、相聚上海的美好祝愿。在APEC会议的纪念品中,领导人的名章以"涌动的太平洋"为主题,由内蒙古右旗雅玛吐山出产的一块巴林黄冻石分裁成天然花纹连贯的21方印章,并由上海篆刻家韩天衡镌刻各与会领导人的中文姓名,配以传统手卷印谱、青花瓷印泥缸盒和说明书,既富有纪念意义,又具有很高的文化艺术收藏价值。出席会议的各经济体领导人纷纷祝贺中国成功举办这次会议,感谢中国热情友好的接待和周密细致的安排,国际舆论也对此给予高度评价。

10月22日,国家主席江泽民在上海亲切会见APEC会议工作人员代表。他高度赞扬会议全体工作人员不辱使命,全力以赴,充分发扬大力协同的团队精神,圆满、安全、出色地完成会议的各项任务,赢得各方称赞,为祖国增添荣誉。10月25日,市委书记黄菊也在APEC会议筹办工作总结大会上，代表市委、市人大、市政府、市政协向为 APEC 会议圆满成功举办作出努力和贡献的全市人民表示亲切慰问和衷心感谢，并要求全市各部门把筹备 APEC 会议过程中所焕发出的“顾全大局、通力协作；主动参与、积极奉献；兢兢业业、不辞辛劳；认真负责、恪尽职守”的主人翁精神、事业心和优良作风在今后工作中继续发扬光大。

表 2 - 1 - 2　2001 年 APEC 会议日程一览表

日　期	会 议 名 称	地　点
2 月 9—10 日	APEC 电子商务和无纸贸易研讨会*	北京
2 月 11—19 日	第一次高官会及相关会议	北京
5 月 16—18 日	APEC 人才资源和能力建设峰会	北京
5 月 18—20 日	APEC 研究中心联席会议*	天津
5 月 26 日—6 月 3 日	第二次高官会及相关会议	深圳
6 月 6—7 日	贸易部长会议	上海
6 月 9—15 日	第二届 APEC 投资博览会*	烟台
7 月 9—14 日	APEC 青年节*	北京
8 月 16—24 日	第三次高官会及相关会议	大连
8 月 22—25 日	妇女领导人网络会议*	北京
8 月 26—31 日	中小企业部长会议	上海
9 月 6—9 日	财政部长会议	苏州
9 月 21—25 日	APEC 技术博览会*	苏州
10 月 15—16 日	第四次高官会及相关会议	上海
10 月 17—18 日	外交、外贸双部长会议	上海
10 月 18 日	工商领导人峰会	上海
10 月 19 日	工商咨询理事会会议	上海
10 月 21 日	领导人非正式会议	上海

说明：带“＊”者为 APEC 相关活动。

第二章　专题性国际会议和活动

20世纪90年代起，联合国所属机构和一些国际组织，包括国家部委办，在沪举办或与上海联合举办一系列国际会议，诸如国际行动理事会年会、全球扶贫大会、'99财富全球论坛上海年会、亚洲开发银行年会、非洲开发银行年会等，会议与会人员层次高、国别多、专业性强，通过举办国际会议，扩大对外影响，创造良好的国际形象和对外合作关系。上海作为举办地东道主，尽心尽力做好各项工作，为会议的顺利召开添砖加瓦。

第一节　全球会议

一、联合国亚太经社会第60届会议

2004年4月20—28日，联合国亚太经社会(ESCAP)第60届会议在上海国际会议中心举行。这是亚太经社会1947年在上海成立后，相隔57年重返诞生地举行的一次盛会，也是亚太经社会发展史上的一次重要会议。

来自亚太经社会62个成员和准成员国的代表团，部分成员国的国家元首、政府首脑、外长和前政要，联合国高级官员、国际组织负责人，以及中外各方面人士共800余人出席会议，围绕"加强发展合作，迎接全球化时代的挑战"的会议主题展开讨论，共谋加强区域合作、实践共同发展的良策。会议发表《上海宣言》，签署和通过《亚洲公路网政府间协定》《加强公共卫生区域行动倡议》《亚太经社会技术合作项目执行工作》《亚洲及太平洋复种作物开发扶贫中心》《太平洋城市议程》和《振兴联合国亚太经社会太平洋业务中心》6项决议。

国家副主席曾庆红、国务委员唐家璇出席10月26日的部长级会议开幕式，曾庆红发表题为《走和平发展道路，谋亚太共同繁荣》的讲话。国务院前副总理钱其琛出席泰国、巴基斯坦、菲律宾、新西兰和所罗门群岛等国前总统、前总理参加的"亚太2020远景规划高级别小组讨论会"和联合国改革名人小组吹风会等活动。外交部部长李肇星率领中国代表团与会，并担任联合国亚太经社会第60届会议主席。联合国秘书长安南为会议发来贺电。他高度评价亚太地区的快速发展，指出亚洲地区多样性的特点突出，对世界经济的推动作用愈加明显，希望亚太各国巩固成绩，面向未来，加强区域合作，为推动亚太和平和持续发展，参与全球化进程而共同努力。

会议期间，在国际会议中心一楼陈列"亚远经委会第一次会议历史回眸展"，供中外朋友参观。上海东道主还组织与会代表参观黄埔路106号联合国亚太经社会旧址、上海博物馆和豫园，在上海大剧院举行文艺晚会招待全体与会人士，并邀请与会各国政要和代表团团长游览黄浦江，观赏两岸夜景。

【政府支持】

亚太经社会是联合国在亚太地区域区域发展合作的开创者，为各成员国在经济社会方面加强交流、开展合作提供一个重要论坛和一条条重要渠道。对第60届会议，中国政府高度重视。早在

2002年5月召开的联合国亚太经社会第58届会议上，中国代表团已正式宣布中国政府将负责承办好在上海举行的第60届会议，受到各方的热烈欢迎。2004年初，国家主席江泽民在会见来访的联合国副秘书长金学洙时，再一次郑重宣布，中国将协助亚太经社会，把2004年在上海召开的第60届会议办好。作为东道主，中国希望通过会议，进一步加强联合国特别是亚太经社会在亚太区域合作中的作用，扩大合作成果，加速落实联合国千年发展目标，促进亚太各国互惠互利共同发展，并进一步密切中国与联合国组织各方面的合作，发展中国与亚太各国之间的友好合作关系。

在年会部长级会议开幕式上，曾庆红发表题为《走和平发展道路，谋亚太共同繁荣》的讲话。他回顾半个多世纪以来上海、中国全国和亚太地区的巨大变化，阐述和平与发展仍是时代的主题，亚太地区面临巨大的发展机遇，也面临严峻的挑战。为共同创立亚太地区和平发展的新局面，他提出四点建议：一是建立政治互信，维护和平稳定；二是加强相互协调，实现共同发展；三是深化区域合作，面向世界开放；四是倡导和睦相处，维护世界多样性。曾庆红还向与会代表介绍中国经济社会发展情况，重点阐述中国和平发展的积极意义。他强调指出，促进亚太地区的和平稳定和发展繁荣，是中国政府的既定目标。中国政府将一如既往地高度重视并积极支持亚太经社会的工作。

4月26日和27日，曾庆红分别会见出席联合国亚太经社会第60届会议的老挝副总理兼外长宋瓦、瑙鲁总统兼外长哈里斯、不丹外交大臣旺楚克、印尼外长哈桑、哈萨克斯坦外长托卡耶夫、斯里兰卡外长迪加马等，并会见出席“亚太2020远景规划高级别小组讨论会”的泰国前总理阿南、巴基斯坦前总统莱加里、菲律宾前总统拉莫斯、新西兰前总理希普利、所罗门群岛前总理凯尼洛雷亚等前政要和联合国亚太经社会执行秘书金学洙，就发展双方之间的友好关系和各方面的交流合作，进行亲切交谈，并对亚太和平发展共同关系的问题相互交换意见。中方出席人员有国务委员唐家璇、国务院前副总理钱其琛和外长李肇星等。

【会议成果】

会议分三个阶段进行。第一阶段是太平洋发展中岛国特别机构会议；第二阶段是高官会议；第三阶段是部长级会议。三个阶段中穿插可持续发展会议、最不发达国家会议、亚太工商论坛、亚太2020远景规划高级别小组会议、联合国吹风会、信息通信技术发展区域前景和灾害科学管理高级别小组讨论会等近20个活动。国务院前副总理钱其琛、国家发改委副主任张晓强，泰国前总理阿南，所罗门群岛前总理凯尼洛雷亚，巴基斯坦前总统莱加里，菲律宾前总统拉莫斯，新西兰前总理希普利等前政要在各自参与的会议中均作主旨发言和重点发言，来自金融界、工商界、跨国公司、大学、研究所、国际组织的30多位政府官员、行政总裁、专家学者、组织负责人在各个小组讨论中作发言交流。

会议签署的《亚洲公路网政府间协定》是最具实质性的成果。23个国家的全权代表出席签字仪式，中国交通部部长张春贤代表中国政府在协定上签字。协定的签署，从国际法角度正式将亚洲公路网定型，必将进一步推动公路运输的发展，促进各国的经贸文化往来，刺激地区经济发展，加快区域一体化进程。

由中国、斐济、印度、哈萨克斯坦、老挝、马来西亚、蒙古、缅甸、巴基斯坦、韩国、俄罗斯、泰国、土耳其和越南14国联合提出的《上海宣言》提案引人瞩目，与会者视为规划未来亚太区域合作的纲领性文件。宣言中感谢中国政府在上海举办亚太经社会第60届会议，承诺通过多边主义，协商与合作解决全球性问题，重申联合国的中心作用，支持联合国改革。欢迎亚太地区在落实千年发展目标方面取得进展，努力使全球化更有包容性、更公平。在扶贫方面，敦促各国把扶贫作为优先事项，争取到2015年实现亚太贫困人口减半的目标。在全球化方面，重振多边贸易体系，改革国际金融体系，力争早日完成多哈谈判，协助本区域世界贸易组织非成员入世。在社会领域方面，加强公共卫生能力建设，协调建立更有效、更全面的应对艾滋病和其他疾病机制。在跨领域问题上，努力全面落实蒙特雷共识，与其他联合国地区委员会合作，促进南南合作，在2006年前建立促进教育、技术发展和转让的研究机构网络。《上海宣言》还强调亚太经社会在促进亚太区域经济社会发展中的关键作用，支持亚太经社会执行秘书筹集资源，制定落实目标的具体项目。要求亚太经社会定期审议宣言的落实情况。

在闭幕式上，联合国副秘书长兼亚太经社会执行秘书金学洙表示，亚太经社会第60届会议是亚太经社会历史上出席级别最高、规模最大的一次盛会，是亚太经社会发展历程中的一个里程碑，将为亚太经社会注入新的活力。

各国代表团和联合国经社会官员感谢中国政府和上海为举办这次会议所进行的卓有成效的工作。上海直接参与筹办工作的单位有20多家，间接参与的也不下20家。参与筹办工作的人员都以高度的责任感和使命感，夜以继日，精心筹划，协同配合，周密安排，高标准、严要求地按预定计划、规程、时间节点完成各项具体工作任务，确保会议的顺利召开。为与会一些国家的领导人、前政要和各代表团配备的100多名联络员、助手和200多名不同岗位的志愿者，不辞辛劳，为会议提供优质服务。会议高效顺畅的组织工作，上海人民的热情、友好、奉献精神和聪明才智，上海海纳百川、欣欣向荣的发展景象都给与会者留下深刻的印象。李肇星在接受上海东视记者采访时说，上海曾经诞生了上海合作组织，这次又诞生了《上海宣言》，又一次成为世界关注的焦点。

二、首届全球扶贫大会

2004年5月25—27日，首届全球扶贫大会在上海举行。这是世界银行首次召开的全球范围扶贫综合性会议，是一个规模大、层次高、影响深远的国际会议。会议由世界银行主办、中国政府承办、上海市人民政府协办。中国政府高度重视，世界110多个国家和地区以及国际组织的1 200多名代表出席会议。其中，全球参与扶贫的合作伙伴，包括各国政府、社会团体、联合国有关机构、多边发展机构、双边援助机构、区域发展银行等领域的代表800人，中国政府有关部委和有关省市的代表400人。境内外主要媒体派出记者共384人进行会议报道。

【会议开幕】

2004年5月25日上午，首届全球扶贫大会在上海国际会议中心七楼上海厅隆重开幕。国务院总理温家宝出席开幕式并作题为《为减少全球贫困而携手行动》的主旨发言。正在中国进行国事访问的巴西总统卢拉、坦桑尼亚总统姆卡帕和孟加拉国总理卡莉达·齐亚出席会议并分别在开幕式和午餐会上发言或作演讲。

中国财政部部长金人庆和世界银行行长沃尔芬森联合担任会议主席并分别主持开幕、闭幕式及全体会议。会议期间，国务院总理温家宝分别会见与会各国总统、总理、部长和世界银行行长等主要国际组织负责人。

会议发表《上海减贫议程》，呼吁发展中国家、发达国家以及国际机构为实现联合国千年发展目标，加快、加大扶贫力度，实现经济增长和加快减贫进程。中国政府发布《中国政府缓解和消除贫困的政策声明》，并组建中国国际扶贫中心，为总结、交流、推广世界各国扶贫经验提供平台。包括“上海对口云南帮扶协作反贫困”在内的中国 8 个扶贫案例在大会上作交流。国务院副总理回良玉出席闭幕式并致辞。

法国总统希拉克为会议发来贺电。贺词中说，消除贫困、普及福利、建立起实实在在的国际团结互助，这是施展雄心抱负的首要内容。在中国召开这个大会，深信每一个人会对发生在这个伟大国家、伟大人民之间的经验给予深刻的思索。这里所出现的演变发展，对所有的贫穷国家而言，都值得借鉴并使他们对未来充满希望。

会议期间，与会代表参观上海博物馆、上海城市历史陈列馆和上海画院，并乘车游览外滩，观看浦江两岸夜景。

【会议成果】

首届全球扶贫大会除开幕式、闭幕式、签字仪式和会见活动外，还有 6 次全体会议、19 次平行会议、3 次部长级圆桌会议、2 次午餐会和 2 次新闻发布会。联合国开发计划署署长马克·布朗、亚洲开发银行行长千野、英国副财长斯坦尔、中国国务院扶贫办公室主任刘坚均在第一天全体会议上作发言。

中国国务院总理温家宝在大会开幕式上发表的讲话中说，国际社会把目光投向占世界总人口六分之一的贫困者，这反映了人类社会进步的历史潮流。在谈到世界贫困问题仍威胁着人类的和平与发展时，他阐述了中国政府的 5 点主张：(1) 努力营造和平稳定的国际国内环境；(2) 建立公正合理的国际政治经济新秩序；(3) 发达国家有义务和责任更多地援助发展中国家；(4) 发展中国家要把发展的基点放在依靠自身努力上；(5) 国际组织应在全球减贫事业中发挥更大的作用。在回顾中国政府从 20 世纪 80 年代开始，实施大规模的、持久的和富有成效的专项扶贫开发计划，解决 2 亿多农村贫困人口的温饱问题时，他指出，中国扶贫事业取得了显著成就，但中国仍是人均收入水平较低的发展中国家，发展不平衡的问题还相当突出，中国消除贫困的任务仍相当艰巨。他说，21 世纪头 20 年是中国全面建设小康社会的关键时期，中国将用 10 年时间尽快解决少数贫困人口的温饱问题，并将以自身不断减少贫困、坚持和平发展、走向繁荣富强的行动，为维护世界和平与促进共同发展贡献自己的力量。他强调说，要创造一个没有贫困、共同富裕的美好国家，还需要政府、各界力量和全体人民的参与。相信只要携起手来，中国一定会在 2015 年前，实现联合国千年发展目标。

会议期间，与会代表围绕扶贫主题，对 100 多个扶贫实例，分成“投资环境”“小额信贷”“司法改革”“地区与城市发展”“教育”“卫生”“农村发展”等专题，介绍经验、剖析案例、发表看法、提出建议，为会议形成共识、通过有关文件、签订若干扶贫合作项目奠定良好基础。会议发表宣言性的《上海减贫议程》，呼吁发展中国家和发达国家以及国际机构为实现联合国千年发展目标，加快、加大扶贫工作力度，采取坚决、具体的步骤，实施加快经济增长和减贫的政策与行动。并具体提出：要加强行政管理功能，以有利于减贫和创造更多的就业机会；要有长期的减贫规划、积极的减贫行动和融资措施；要推进多哈谈判，促进贸易开放；要尊重贫困人口，关注赤贫人口和弱势群体，让贫困人口参与减贫；要不断积累，更好地利用和积极推广扶贫经验，加速减贫步伐。

世界银行行长沃尔芬森对扶贫大会给予积极评价。他在会议闭幕式上说，这次会议创造了历史，两天的共同交流，相互学习，使大家都有了不同的收获，对扶贫事业增强了使命感和责任心。他强调要重视扶贫工作的政治性。全球每年花 9 000 亿美元用于军火，花 3 000 亿美元解决农业问题，而用于扶贫的钱却很少。各国应对扶贫事业增强使命感和责任心，要把减贫放在与反恐同等重要的位置。消除贫困不仅是经济问题,而且是实现社会平等的政治问题。每个人都要树立这一正确的信念,共同促进扶贫事业。沃尔芬森行长特别指出,在过去20年,中国使4亿人脱离贫困,这是一个极大的成就。

联合国开发计划署署长布朗说,援助可以支持国家扶贫,但扶贫的成效取决于负责任的政府。一个减少贸易障碍、透明廉洁、有效满足贫困人口需求、有针对性地为脱贫解决教育、卫生、健康等问题的政府,是保证脱贫取得成效的关键。他提出,为落实联合国千年发展目标,建议将三点意见纳入《上海宣言》,一是要有一个全球脱贫的日程表;二是要把政策和计划转为现实,必须加强能力建设;三是注意提高治理和管理领域的能力,加强政府的高效服务。

亚洲开发银行行长千野说,亚太地区扶贫工作取得了令人瞩目的成绩,但扶贫工作仍受到新问题的制约。地区限制、发展不平衡和卫生、教育、健康等不达标,世界上最不发达地区的存在,使亚行扶贫任务非常艰巨。他强调,要促进有利于脱贫的经济发展,致力于政策的改革,把扶贫融于国家战略发展的各个方面。他提出五点意见:一是要有运行良好的机构和市场,这是扶贫的先决条件;二是加强基础设施建设;三是积极发展民营私营企业;四是促进区域合作,减少贸易壁垒;五是推动贫困人口积极参与脱贫,这是可持续发展的根本。

英国副财长斯坦尔在大会上发言时,对"什么是推广""为什么推广""如何推广"3个问题作了剖析,认为推广就是所有国家和地区建立各自脱贫目标,并取得进展。推广扶贫是人类的共同责任,是为了更高的劳动生产率和促进世界更稳定。推广扶贫经验,要抓住基础设施建设等关键,要形成学习交流的机制,要反对贸易保护主义,要提高公共服务效率。

中国国内缓解和消除贫困的成就与经验和中国政府为国际扶贫事业所作的努力,受到与会代表重视和肯定。会议期间,中国政府发布《中国政府缓解和消除贫困的政策声明》,强调中国政府高度重视与国际社会在扶贫领域的合作,积极支持世界缓解和消除贫困事业,宣布在2002年对非洲开发银行的"非洲开发基金"捐资5 000万美元的基础上,又决定为亚洲开发银行的"亚洲开发基金"提供捐款3 000万美元,并再额外捐资2 000万美元,在亚洲开发银行设立"中国扶贫和区域合作特别基金",用于支持亚太地区的扶贫事业和区域合作。

中国国务院扶贫办主任刘坚在大会发言中总结中国扶贫工作成就,阐述中国在扶贫开发中所探索和实践的一条政府主导、社会参与、自力更生、开发扶贫和全面协调发展的符合中国国情的扶贫道路,表明中国政府将继续着重加强四点:一是坚持以人为本,建立更为有效的扶贫机制;二是突出改善基本生产生活条件、提高综合素质、增加经济收入这个重点;三是进一步增大扶贫投入;四是发展和扩大与国际组织在扶贫开发领域的交流与合作。会上介绍的包括"上海与云南帮扶协作反贫困"在内的8个扶贫实例,多角度地展示中国以人为本的经济社会发展道路和扶贫解困的经验与做法。所有这些都在与会代表中广泛留下良好印象,认为这是中国成功的发展道路成果,是一个负责任大国对全球扶贫事业的有力支持。在此期间,国务院扶贫办、联合国开发计划署和商务部联合签署谅解备忘录,组建中国国际扶贫中心。中心将为总结、交流、推广世界各国的扶贫经验提供平台,使大会所倡导的全球学习过程可持续化。

中国财政部部长金人庆在总结会议成果时,概括会议形成的六点共识:一是大会倡导实践第一的扶贫观;二是尊重各国人民自主探索发展道路和发展模式的权利;三是经济增长是减贫的物质基础;四是发挥好政府、社会公众和社区的作用;五是建立更加公正合理的国际经济体系和更加开放、平衡的贸易体系;六是采取创新的国际发展融资机制。

国务院副总理回良玉在闭幕式上的讲话中说,上海全球扶贫大会是世界扶贫史上一次重要的大会,一次广泛交流各国扶贫经验、共同分享反贫困成果的大会。他在概括了中国为缓解和消除贫困所作的长期不懈的努力后表示,中国将继续大力推进发展与改革,努力为减缓贫困创造良好的宏观环境,坚持以人为本和全面、协调、可持续的发展观,力争到2020年,绝大多数贫困人口都能过上小康生活。

首届全球扶贫大会以其务实、创新的特点引起国外的很大关注,并赢得较高评价。中国扶贫成果和经验不仅在会议上受到充分肯定,也得到了国际舆论普遍认同。英国广播公司、路透社、《金融时报》等境外主流媒体都对会议情况及中国脱贫经济等情况作了报道。《英国卫报》刊登题为《中国解决亿万人民温饱问题的经验》的文章说,中国模式与"一刀切"式的"华盛顿共识"相去甚远。法新社在报道中指出,"上海议程"被认为是对"华盛顿共识"的一次突破——后者认为通过私有化和贸易,仅凭市场的力量就能够实现减贫。《金融时报》在报道中说,全球扶贫大会讨论发展中国家的100多个扶贫案例,其中,中国和印度的成就最为显著。中央电视台、中央人民广播电台和中国国际广播电台对开幕式进行现场直播。据大会新闻组不完全统计,5月25—27日,上海主要媒体刊发新闻约280篇。

【会议成效】

首届全球扶贫大会的主题是扶贫。上海按照中央的要求,在筹办过程中认真贯彻"简朴、大方、庄重、得体"的办会精神,做到服务热情但不过头,隆重得体但不奢华,简朴节俭又不失礼仪。例如,在会议活动场所、代表住宿的安排上,尽量集中安排在浦东而不安排在人口稠密的浦西,把对市区交通、市民正常生活、工作的影响降到最低限度;会外活动主要安排体现上海城市历史发展和中国文化底蕴的参观项目,减少一般的游览性活动;会议增加班车,减少专车和警车开道;等等。

在以财政部为主的中国筹委会和中共上海市委、市政府主持下,上海直接参与筹备的30多个单位按照要求,精心筹划,细致准备,在提供会议优质服务、创造良好会议气氛、确保会议绝对安全方面做了大量工作。大会圆满落幕后,世界银行、中国财政部都对上海方面的高度重视和大力协作表示感谢,并特别感谢上海各个部门以及几百名联络员志愿者作出的贡献。

三、国际商会第32届世界大会

1997年4月9—10日,以"全球经济中的亚洲"为主题的国际商会(ICC)第32届世界大会在上海商城召开。国务院总理李鹏、副总理李岚清和世界各国商界领袖以及来自74个国家和地区的商会会长、银行家、企业家、经济学家、国际组织代表以及有关国家政府高级官员共1 000多人参加会议。与会贵宾有厄瓜多尔副总统、秘鲁议会主席等。国际商会主席赫尔穆特·莫赫在开幕式上致欢迎词,李鹏作《加快亚洲经济发展,促进各国经贸合作》的讲话,上海市长徐匡迪、中国国际贸易促进会会长郭东坡也分别致辞,国务院副总理、国务委员李铁映,中共上海市委书记黄菊等出席开幕式。

国际商会第32届世界大会由全体会议、分组会议和研讨会三个部分组成。全体会议议题为:建立新的国际经济秩序;1997年之后的香港特别行政区及中国的经济特区。分组会议议题为:地区贸易集团;为亚洲的奇迹提供资金;地平线上的新老虎;基础设施;商业纠纷的解决办法;环境管理。会议期间,部分与会代表参观外高桥保税区、金桥出口加工区、上海证券交易所、中国外汇交易中心和宝钢,并乘船游览黄浦江。

国际商会世界大会每3年举办1届(前3届分别在印度新德里、德国汉堡和墨西哥坎昆举行),第32届会议由国际商会(ICC)和国际商会中国国家委员会(ICCC)主办,承办单位为中国国际商会和中国国际商会上海商会。

四、2003年福布斯全球行政总裁会议

2003年9月16日,2003年福布斯全球行政总裁会议在被福布斯评选为"全球最具潜力的企业家城市"——上海举行。在3天的会议中,全球商界约400名CEO(其中270位来自国外)汇聚上海,围绕"中国因素:为全球经济提供活力"这一主题,共同探讨全球经济发展态势及中国在商业、金融和地域方面将发挥的作用。中共中央政治局委员、国务院副总理曾培炎出席会议并致辞。市长韩正,福布斯集团总裁兼首席执行官、《福布斯》杂志总编辑史提夫·福布斯,福布斯集团董事会主席温伯格共同主持题为"发展策略群英会"的首场主题论坛。韩正介绍上海的经济发展状况,并表示将进一步改善投资环境,使上海真正成为海纳百川、云集万商的创业乐土。

为期两天的论坛,共开设12场专题演讲,内容包括"全球经济""中国制造、出口全球""品牌塑造:向中国消费群推销""资本主义之谜""对话领导力""技术:无线未来""与龙为邻:亚洲与中国经济的交互影响""中国银行与资本市场"等。数十位来自全球商界的精英和来自学术界、政府的专家发表演讲。福布斯会议各项议题均紧紧围绕"中国因素"展开。福布斯表示,无论是在商务、金融还是政治等方面,中国在国际社会中毫无疑问地扮演着越来越重要的角色,这使"中国因素对全球经济的影响"这样的话题引人关注,全球的企业家迫切需要了解中国经济的走势。在演讲嘉宾中,不仅有国际商界名流,如福布斯集团主席温伯格,宝马公司董事长赫穆特·庞克,美国运通公司董事长兼首席执行官陈纳德,丹麦佛斯集团总裁冯国经,USP国际总裁大卫·艾博尼等,还有一大批中国的企业家,如海尔公司总裁张瑞敏,上海汽车工业(集团)总裁胡茂元,上海复星集团总裁郭广昌,搜狐公司总裁兼首席执行官张朝阳,远大空调总裁张跃等。

会议期间,共有60多位境外记者采访、报道大量会议的有关情况,并围绕人民币是否应该升值以及中国未来经济的发展发表看法。福布斯集团总裁兼首席执行长、《福布斯》杂志总编辑史提夫·福布斯在开幕新闻发布会上说,福布斯选址上海召开2003年福布斯全球行政总裁会议的事实,清楚地表明中国市场在全球经济中扮演越来越重要的角色。他总结了会议的两大特色:一是会议的主要议题均紧扣中国及亚洲经济及发展,内容务实且高度本地化。二是中国企业家的实质性参与,多位中国企业家亮相大会嘉宾论坛,其参与度在大型国际会议中尚属首次,这表明中国企业家在国际经济中的重要地位。

五、第18届世界翻译大会

2008年8月4—7日,以"翻译与多元文化"为主题的第18届世界翻译大会在上海国际会议中心举行。会议由国际翻译家联盟和中国翻译协会主办,是国际翻译家联盟成立50多年来首次在中国乃至亚洲地区举办的国际翻译界盛会。来自全球73个国家和地区以及国际组织的近1 500名翻译工作者(其中境外代表614人)参加大会。26家内地媒体和3家香港媒体对大会进行采访。

在此之前,8月2—3日在沪召开第18届译联会员大会,国际译联主席、副主席、执委以及各国代表团团长100余人出席会议,市长韩正会见出席大会的国际译联主席毕德及理事会理事。市长

韩正预祝第18届世界翻译大会圆满成功，希望大会将进一步促进上海翻译事业的发展，增进上海与世界各国的文化交流。

8月4日上午，第18届世界翻译大会在上海国际会议中心隆重开幕。大会组委会主席、国务院新闻办主任王晨，国务院新闻办副主任、中国外文局局长蔡名照，上海市委常委、宣传部部长王仲伟，副市长唐登杰，以及国际译联主席毕德、中国译联主席刘习良等出席开幕式。王晨在讲话中指出，翻译作为跨语言、跨民族、跨文化交流的桥梁，为促进人类文明发展和社会进步发挥重要作用。对于中国来说，翻译活动在促进中华文明与世界文明的交流与融合，增进中国人民与各国人民的理解与交往，推动世界和平共处与和谐发展的过程中所作的特殊贡献，是不可替代的。他表示中国将继续努力推动翻译事业发展，促进多元文化交流，进一步昭示中国倡导的和平发展、构建和谐世界的理想和追求。

国际译联主席毕德在大会上致辞和在同韩正会见时表示，这是世界翻译大会首次在亚洲和中国举行。将会议放在上海召开，是看到了上海的发展活力和文化特点。他说，国际译联首次在亚洲举办这次大会，是向世界展示翻译行业形象和学术风采的重要契机。他指出，翻译作为跨语言、跨文化交流的重要工具，无疑能最大限度地扫除交流障碍，这在中外交流中十分关键。

大会的主题是"翻译与多元文化"。与会代表在大会上聆听中国外交学院前院长吴建民，联合国助理秘书长曼加沙，欧洲委员会翻译总司司长卡尔-约翰·略逻思，中国社会科学院语言研究所研究员、北京外国语大学校长助理兼网络教育学院常务副院长顾曰国等在大会上所作的主旨发言。围绕大会主题，代表还分别参加"翻译资格论证""翻译与文化""翻译技术入门"等11个分论坛的研讨，并对"术语翻译研究""翻译批评""民办高等教育"等24个学术性议题进行分组研讨。大会期间，在国际会议中心举办2008中国(国际)翻译产业展览会。

大会闭幕式上宣布国际译联北极光小说文学翻译奖、非文学翻译奖、儿童文学翻译奖、最佳网站奖、最佳期刊奖以及优秀翻译者纪念奖章的获得者名单，国际译联主席毕德向为翻译事业作出突

图2-2-1　2008年8月4日，第18届世界翻译大会在上海国际会议中心举行

出贡献的5名翻译家和2个翻译组分别颁发7个荣誉奖。中国译协常务副会长郭晓勇将国际译联会旗交给下届大会主办国、美国翻译协会的代表。会上,还介绍第18届国际译联会员大会新产生的国际译联理事会主要成员,南非翻译协会主席玛里安当选新一届理事会主席,中国译协副会长黄友义连任第一副主席。约800名与会者参加闭幕式。即将卸任的主席毕德代表国际译联大会理事会对大会的主办方——中国外文局、中国翻译协会、上海市政府和全体志愿者的卓有成效的工作表示感谢,并对大会给予高度评价。与会代表在大会闭幕和离沪之际,纷纷表达他们对会议和访问上海的感受,认为会议的组织和安排无可挑剔,会议主办方以及上海方面的周到服务让他们感受到了中国人民的热情,而上海城市建设更令他们印象深刻。

六、首届沃特金融峰会

2010年4月7—10日,以"变化中的中国、变化中国的世界"为主题的首届沃特金融峰会在上海开幕。中共中央政治局委员、上海市委书记俞正声出席开幕式并致辞祝贺,向前来上海参加峰会的嘉宾以及来自世界各地的朋友表示欢迎。中国工程院院长、中美友好协会会长徐匡迪,市委常委、副市长屠光绍出席峰会。美国前总统乔治·沃克·布什在峰会上作主旨演讲。中国人民对外友好协会副会长、峰会联席主席李小林,沃特财务集团创始人兼首席执行官蒂姆·沃特致辞。

俞正声在致辞时说,面对国际金融危机的影响,上海坚决贯彻党中央、国务院的一系列应对措施,使经济在较短时间内回升,呈现较好、较快的发展态势。坚持改革开放是中国政府的既定国策,是上海浦东开发成功的重要原因,是上海快速发展的强大动力。将在建设"四个中心"的过程中,坚定不移地扩大开放,进一步学习国外的好经验、好做法,通过制度创新,营造良好环境,促进外资企业在上海更好发展。他指出,到2020年把上海基本建成与中国经济实力和人民币国际地位相适应的国际金融中心是预定的目标,希望大家继续关注上海,参与上海的经济社会发展,为上海国际金融中心建设献策,实现与上海这座美丽城市的共同成长、共同繁荣。峰会旨在探索中国应对国际金融危机的成功模式及在全球经济发展中发挥的重要作用。部分省市负责人,来自美国纳斯达克、德国德意志证券交易所及欧美主要国家的300家投资机构和证券公司负责人及部分中外企业代表出席。峰会由中国人民对外友好协会和沃特财务集团共同举办。

七、中国国际友好城市大会

2010年9月8—10日,由中国人民对外友好协会和中国国际友城联合会主办的2010中国国际友好城市大会在上海国际会议中心举行。中共中央政治局常委、全国政协主席贾庆林会见与会部分嘉宾并出席闭幕式招待会。中共中央政治局委员、上海市委书记俞正声,市委副书记、市长韩正,市政协主席冯国勤等市领导,全国友协会长陈昊苏、副会长李小林等领导陪同会见和参加有关活动。

中国国际友好城市大会以"城市合作,走向美好生活"为主题,旨在为中外友城地方政府、国际友城组织及国内外从事友城管理研究的机构和学者提供一个平台,以期进一步加强中国城市与世界各国城市间的交流与合作,促进城市的繁荣与发展。美国前总统卡特、汤加公主图伊塔、多哥前总理科乔等嘉宾出席开幕式并分别致辞。来自48个国家地方政府及外国地方政府组织、姐妹城市协会领导人和全国各省市外办、友协的代表700余人与会。闭幕式前,大会举行颁奖仪式,来自22

个国家的约80个省州市获得对华友好城市交流奖，包括上海的友城法国罗-阿大区、加拿大蒙特利尔市和日本大阪府。上海等15个省、自治区、直辖市，7个副省级城市以及7个市级城市获得国际友好城市交流合作奖，7个省市获得国际友好城市特别贡献奖。

八、国际行动理事会第11届会议

1993年5月13—16日，国际行动理事会第11届会议在上海举行。这是这一时期国际组织在上海召开的规格最高的一次国际会议。

国际行动理事会成立于1983年，是各国前国家元首和政府首脑组成的非政府性国际组织。理事会每年召开一次会议，就国际形势、和平与安全、世界经济、发展、人口和环境等重要问题交换意见，提出建议和解决方案，促进国际间的合作。

出席第11届会议的理事有：理事会主席、联邦德国前总理施密特，理事会名誉主席、日本前首相福田纠夫，理事会副主席、葡萄牙前总理德·平塔西尔戈夫人，尼日利亚前联邦军政府首脑兼武装部队总司令奥巴桑乔，加拿大前总理特鲁多，墨西哥前总统德拉马德里，阿根廷前总统阿方辛，尼泊尔前首相比斯塔，英国前首相卡拉汉勋爵，安哥拉前总理多纳西门托，匈牙利前总理福克·耶诺，澳大利亚前总理弗雷泽，法国前总统德斯坦，黎巴嫩前总理萨利姆·胡斯，赞比亚前总统卡翁达，新加坡前总理李光耀，哥伦比亚前总统博雷罗，南斯拉夫前联邦主席里比契奇，巴西前总统萨尔内，瑞典前首相乌尔斯腾。

作为特邀客人出席会议的还有：美国前国务卿基辛格，美国世界商会前主席劳克林，联合国经济合作发展组织前主席、荷兰财政部前部长范兰尼普，美国前国防部部长麦克纳马拉，日本前外务大臣中山太郎，苏联前总统戈尔巴乔夫的高级顾问布鲁坚茨，立陶宛前总理普伦斯克涅夫人，韩国前总理申铉镐，德国社会民主党前任主席福格尔等。中国人大常委会前副委员长黄华、国家体改委副主任贺光辉、上海市长黄菊也作为特邀客人出席会议。会议的专项议题是："面对苏联解体的后果""世界政治、经济和社会形势"和"关于中国的问题"。国务院副总理朱镕基代表中国政府在开幕式上讲话时，阐述了中国改革开放、经济发展形势和独立自主的和平外交政策。

市长黄菊和国家体改委副主任贺光辉应邀在理事会第一次工作会议上分别作题为《阔步走向新实际的上海》和《回顾展望中国经济体制改革》的发言。黄菊还应大会主席的要求，就与会成员关注的问题即兴发言，介绍和说明上海的产业发展走向以及治理环境污染、能源开发、缓解交通等情况和措施。

通过对话，各国理事加深对中国基本国策的连续性、稳定性和对中国经济持续快速发展、改革开放继续深化扩大的了解，会议通过的《最后声明》在"关于中国问题"的部分中认为，中国奉行的政策极大地推动了经济和社会的发展，中国在太平洋地区及全世界将发挥重要作用，国际社会应确保中国全面加入国际金融、商业和经济体。

第二节　专题性国际会议

一、国际海事会议

自1981年起，国际海事会议每两年逢单数年的12月在上海举行。

【第六届国际海事会议】

1991 年 12 月 3—7 日,1991 年国际海事会议在上海举行,此系第六届国际海事会议。会议由中国船舶工业总公司和中国造船工程学会主办,上海市造船工程学会具体承办,对外以上海市造船工程学会名义与国际海事展览有限公司(由香港海贸集团和美国康乐博览统筹公司组成)联合举办。此系关于造船、航运、港口和近海工程等方面的大型学术、展览、贸易三结合的国际性活动。会议的主题是:迎接 20 世纪 90 年代国际船舶和航运市场的复苏,跟踪世界先进造船技术,发展综合运输体系,进一步探讨造船—航运系统技术发展前景。

中国交通部部长黄镇东、中国船舶工业总公司总经理张寿等出席学术会议和展览会开幕式。市长黄菊出席开幕式并致辞。来自阿联酋、比利时、英国、加拿大、丹麦、法国、德国、芬兰、希腊、意大利、日本、挪威、葡萄牙、苏联、韩国、瑞典、新加坡、美国、南斯拉夫等 21 个国家和地区约 500 名外宾应邀参加,其中包括国际海事界的著名人士。国内 400 多位海事界专家、学者及经贸人员参加。会议评选出学术论文报告 33 篇,其中外方 15 篇,中方 18 篇。与会代表 300 人,其中外方 100 人,中方 200 人。展览会展出面积 6 000 多平方米,有 20 多个国家和地区的 200 多家公司参加展出,其中,丹麦、法国、德国、芬兰、挪威和瑞典设国家展台。国内公司设置 93 个展台参加展出。

【第八届国际海事会议】

1995 年 12 月 5—8 日,第八届国际海事会议在上海召开。会议主题为:预测世界海上物流的中长期变化与趋势,探索国际海事界的多层次合作,促进造船与航运的发展。与会代表 332 名中,61 名系境外代表。大会特邀海事界高层次著名人士作专题演讲,与会代表共 920 人次出席演讲会。

来自 26 个国家和地区的 572 家厂商(其中海外公司 425 家)到沪参展,展览总面积 12 000 多平方米。海外展商中,以国家名义来华展出的有德国、挪威、日本、瑞典、丹麦、荷兰、英国、芬兰等国。历时 4 天的展出,吸引中国各界共 3 万多人次前往参观。展览期间,部分厂商举行 11 场技术交流会,展览期间正式签约的进出口合同 200 万美元,续谈并即将签约的合同有 750 万美元。中国船舶工业集团公司同期在国内贸易方面签约合同金额 3 114 万元人民币,为历次海事会议之最多。

【第十届国际海事会议】

1999 年 11 月 30 日—12 月 2 日,第十届国际海事技术学术会议在上海展览中心举行。会议主题是:21 世纪的国际海事和世界合作。市长徐匡迪在开幕式上致辞。国防科委副主任张洪飙与来自 20 多个国家和地区的 8 800 多名代表出席会议。副市长左焕琛代表徐匡迪作题为《21 世纪,上海向着国际经济中心城市迈进》的主题报告。来自亚、欧、美、大洋洲 28 个国家和地区的 600 多家企业参加展览,为历届最多。

【第十一届国际海事会议】

2001 年 12 月 4 日,由上海市造船工程学会与博闻公司/英国海贸集团联合举办的第十一届国际海事会议在上海国际展览中心开幕。市长徐匡迪发了贺信,副市长严隽琪致欢迎词并作学术报告,来自亚、欧、美、大洋洲等 30 多个国家和地区的 778 名代表参加会议。

【第十二届国际海事会议】

2003 年 12 月 2—5 日，由中国船舶工业集团公司、中国造船工程学会联合举办的第十二届中国国际海事会议在上海新国际博览中心举行，来自 32 个国家和地区的 800 多个企业商家参展。

【第十三届国际海事会议】

2005 年 12 月 6—9 日，第十三届中国国际海事会议在上海举行。来自世界各地的中外贵宾、学术代表、参展商以及记者等 5 000 多人应邀出席开幕式。常务副市长冯国勤出席开幕式并致辞，丹麦文雅丽公主专程到沪为丹麦王国海事展丹麦分馆剪彩。

【第十四届国际海事会议】

2007 年 11 月 27—30 日，第十四届国际海事会议在上海举行。高级海事论坛以“中国经济和世界海事业”为主题，60 多位中外海事界著名人士应邀作特邀演讲或专题报告。来自 30 多个国家和地区的 1 100 多家公司参展，是国际海事会议举办以来规模最大的一届。

二、卫星通信国际研讨会

1983 年 10 月 5—12 日，中国邮电部与国际电信联盟无线电咨询委员会(CCIR)在沪联合举办卫星通信国际研讨会。会议旨在交流各国发展卫星通信的经验，促进卫星通信技术的发展。国际通信卫星组织、阿拉伯卫星通信组织、欧洲宇航组织、欧洲卫星通信组织、亚太电信组织、欧洲经济委员会、国际频率登记委员会、国际电联等国际组织以及来自泰国、马来西亚、印度、伊朗、日本、澳大利亚、南也门、埃及、巴西、英国、美国、法国、联邦德国、加拿大、苏联、南斯拉夫、韩国和中国等共 22 个国家和地区的 85 名通信卫星专家云集上海，交流各国发展卫星通信的经验。邮电部副部长朱高峰出席开幕式并讲话。

研讨会围绕中国卫星通信系统、系统研究、适用于农村的小业务量系统、小地面站、调制和多址加入、天线和传播、地球静止卫星轨道、经济与管理、国内卫星的发展等议题进行探讨和交流。

三、亚洲首席执行官研讨会

1993 年 9 月 21—22 日，上海市与美国《商业》周刊共同主办的 1993 年亚洲首席执行官研讨会在上海召开。美国《商业》周刊是美国麦格罗・希尔公司在纽约创办的一家综合性商业和新闻周刊，其每年在亚洲国家和地区轮流召开一次首席执行官研讨会，被选择为会址的是经济发展最具影响力的国际性城市。出席上海研讨会的均为亚洲地区年销售额在 2.5 亿美元以上的公司总裁和特邀的政界、企业界著名人士，其中有美国电话电报公司、美国保险集团公司、韩国大宇集团、日本太阳钢铁公司等，中国的大企业有宝钢集团国际经贸总公司、上海有色金属公司、中国道路桥梁总公司等。市长黄菊在开幕式上作《上海在中国未来经济发展中的作用》的介绍。国家经贸委主任王忠禹受国务院副总理朱镕基和李岚清的委托出席会议，并在会上讲话。中国海峡两岸关系协会会长汪道涵在会议闭幕前作专题发言。与会各国企业家和经济专家分别作涉及中国 20 世纪 90 年代战略、世界经济和中国及亚洲的竞争力、亚洲商务的变化、在中国投资成功的战略等内容的演讲。中国宋庆龄基金会主席黄华、新华社香港分社高级顾问李储文、国务院发展研究中心主任孙尚清参加会议。

四、联合国亚太地区裁军与安全问题上海研讨会

1992年8月18日,联合国亚太地区裁军与安全问题上海研讨会在沪召开,联合国驻柬埔寨特别代表石康、美国军备控制和裁军署署长莱曼、越南副外长阮德年、蒙古对外关系部第一副部长乔因霍尔、新加坡副外长马赫布巴尼等参加会议。

联合国裁军事务办公室主任达维尼奇主持会议。中国国务委员兼外交部部长钱其琛应邀出席研讨会,并作主旨发言。钱其琛代表中国政府提出全面推进地区裁军与安全、促进地区的和平与发展的五点主张:(1)亚太国家相互之间发展关系应严格遵循《联合国宪章》与和平共处五项原则,至诚相待,平等合作,友好相处;(2)任何亚太国家都不在本地区或次地区谋求霸权和建立势力范围,不组建和参加针对其他国家的军事集团,不在国外建立军事基地和派驻军队,不以任何借口侵犯别国主权和领土完整,干涉别国内政;(3)每个亚太国家都应致力于与其邻国发展睦邻友好关系,对领土、边界争端和其他历史遗留问题,应根据有关公约和联合国决议和平协商解决,不诉诸武力和以武力相威胁;(4)所有亚太国家都不搞任何形式的军备竞赛。各国军备应保持在正当防卫所需的水平;(5)加强和完善亚太经济合作会议等区域性经济合作组织,把亚太地区的经济合作提高到一个新水平。钱其琛强调,推进地区裁军与安全,保障地区和平与发展,使亚太地区在20世纪90年代乃至下一世纪保持和平、稳定,实现持续发展。

五、第二届国际水都会议

1993年11月17—19日,第二届国际水都会议在上海召开。国际水都会议系日本大阪市于1990年创办,会议以保护、改善和利用城市水源和绿地资源,创建21世纪的水都为主题。大阪市提请上海市主办第二届会议。参加第二届会议的有汉堡、鹿特丹、贝尔格莱德、格但斯克、马德里、比雷埃夫斯、开罗、拉各斯、马尼拉、吉隆坡、大阪、仙台、汉城、釜山、胡志明市、墨尔本、蒙特利尔、达累斯萨拉姆、卡萨布兰卡、新加坡、维也纳、曼谷、雅加达、威尼斯、基辅等22个国家的26个城市的市长、副市长、市长代表和专家共106人,北京、天津、广州及建设部、交通部、水利部的负责人也应邀参加会议,并特邀海洋环境保护顾问委员会的代表。会议回顾和展望各城市在水、绿和环境保护方面的情况,并就21世纪水都城市规划和港口建设、水资源的保护和工业、污水处理、绿化的开发和生态效益、自然灾害的预防等进行专题研讨。会议通过《上海宣言》,强调在人类即将步入21世纪,创建新的水都面临来自自然与社会各个方面的挑战,任重而道远。必须坚持经济建设、城乡建设、环境建设同步规划、同步实施、同步发展的战略方针,遵循经济效益、社会效益、环境效益相统一的原则,努力发展和应用新技术,坚持不懈地保护生态环境。

六、世界卫生组织太平洋地区委员会第55届会议

2004年9月13—17日,世界卫生组织(WHO)西太平洋地区委员会第55届会议在上海举行。中国国务院副总理吴仪、世界卫生组织总干事李钟郁和世界卫生组织西太区主任尾身茂出席开幕

式并致辞。以卫生部常务副部长高强为团长的中国代表团和36个国家、地区的代表出席会议，并就“非典”和禽流感防治、食品安全、艾滋病和结核病的防治、世卫组织《烟草控制框架公约》及西太区消灭麻疹前景和扩大乙型肝炎疫苗接种范围等议题展开研讨，商量重大疾病的防治对策。

吴仪在致辞时强调指出，作为世界卫生组织西太区大家庭的一员，中国愿意加强与本区域成员员国和地区的卫生交流和合作，为战胜威胁人类的各种疾病，为推动国际卫生事业的发展作出应有的贡献。李钟郁和尾身茂在致辞中感谢中国政府为会议的召开所做的工作。他们认为，中国不仅是世界上人口最多的国家，而且是最具有活力、进步最快的国家。中国的卫生事业取得了令人瞩目成绩，这些成绩为本地区乃至世界都作出巨大贡献。

开幕式前，吴仪与全国人大常委会副委员长韩启德共同会见李钟郁一行以及与会国家和地区的首席代表。吴仪表示，中国将重点加强四方面卫生工作：继续完善公共卫生体系建设；加强“非典”、禽流感、艾滋病、血吸虫病、结核病等重大传染病的防治工作；做好新型农村合作医疗制度试点；推进城镇医疗卫生试点改革。吴仪对世界卫生组织对中国的一贯支持和帮助表示感谢，并希望继续加强交流与合作。上海市长韩正、卫生部常务副部长高强会见时在座。

七、国际博物馆协会第22届大会

2010年11月7—12日，国际博物馆协会第22届大会在上海举行。中共中央政治局委员、国务委员刘延东出席开幕式并讲话。中共中央政治局委员、上海市委书记俞正声出席开幕式。刘延东说，博物馆作为收藏、传承文化遗产的殿堂，真实记录人类文明发展进步的足迹，在保护、研究、展示文化遗产方面发挥了不可替代的作用，为人类文明的薪火相传、持续发展作出重要贡献。她强调，不同国家和地区的博物馆应积极携手，进一步保护传承好人类文化遗产，推动人类文明的传承和科学文化知识的传播，并扩大各国博物馆间的交流与合作，使博物馆事业在推动建设持久和平、共同繁荣的和谐世界中发挥更加积极的作用。

中国文化部部长蔡武代表国际博物馆协会第22届大会筹委会，对来自世界各地文化遗产和博物馆界的与会者表示欢迎。他说，在上海举行的博物馆协会大会，让世界近距离地了解丰厚文化和自然遗产、博物馆事业快速发展的中国，同时，大会也为中国博物馆学习和借鉴国际先进经验，博采众长，促进自身发展提供一个难得的机会。上海市委副书记、市长韩正代表上海市人民政府向大会召开表示热烈祝贺。他指出，改革开放以来，中国博物馆事业发展取得令人瞩目的成就。作为中国的特大型城市，上海的博物馆风格鲜明、个性独特、形式多样、历史久远。

大会以“博物馆致力于社会和谐”为主题，聚焦当下、展望未来，讨论大家关注的保护及维护各种形式的文化遗产等亟待解决的问题。大会公布中国濒危文物红色目录，这是国际博协首次将目光聚焦中国流失文物。此外，31个专业委员会的论题包罗万象，涉及考古展示、博物馆免费开放后的公共安全风险分析与对策、博物馆是否有权出售藏品和当代博物馆的蓝海战略等富有针对性的问题，以及钱币和银行博物馆、自然博物馆、兵器与军事历史博物馆等发展研究这类强调学术性的探讨等。大会期间，博物馆展览会也同时拉开帷幕，展览会共有181个展位，参展单位包括59家博物馆和45家博物馆相关企业。美国博物馆协会、巴西博物馆协会等6家国外博物馆及博物馆相关机构，12家来自德国、美国、意大利、加拿大等国的企业或中外合资企业在展览会上亮相，涵盖特色博物馆、展览设计、多媒体等博物馆发展广泛领域。

11月12日，国际博协第22届大会暨第25次全体会议落下帷幕。国家文物局局长单霁翔，上海市委常委、副市长屠光绍,国际博物馆主席亚历山德拉・库敏斯,法国前总统希拉克等出席。会议通过《关于博物馆致力于和谐社会发展的上海宣言》。强调大会的主题"博物馆致力于社会和谐"是一个对全世界意义深刻且能引起共鸣的概念;溯及1974年国际博物馆协会对博物馆定义所作的决定性修改,第一次对博物馆社会使命作出清晰的表述,即博物馆是"为社会和社会服务的机构";注意到国际博物馆协会阐述博物馆的社会责任之后数十年间"社会"概念本身的变革——所有现代社会都面临着来自其内部及其与世界关系双重深远影响及其变化所带来的挑战,关于未来发展的价值观和观念在多元化环境下不断发生着演进。全体会议选举产生国际博协新一任主席,汉斯・马丁・辛茨当选。

第三节　国际组织或集团地区性年会

一、'99《财富》全球论坛・上海年会

1998年初,美国时代华纳集团总裁杰拉尔德・李文率大型媒体代表团访华,看到中国政治稳定、经济飞速发展、社会文明开放的景象,看到中国面对东南亚金融危机,以强有力的经济政策和积极负责的态度,在稳定地区金融经济形势所发挥的重要作用,增进对中国的了解和同中国开展良好交流合作的意愿。他向中方表示,1999年是中华人民共和国成立50周年,届时《财富》全球论坛拟以"中国:未来的50年"作为年会的主题,聚集全球的商界领导人到上海共同探讨未来中国的发展和将对世界产生的影响,寻求同中国的合作,分享世界最大市场的发展机会,希望这一计划能得到中国领导人和上海市政府的响应和协助。

这是有助于增进世界各国对中国、上海的了解,推动相互交流合作,有助于中方广交国际经济界朋友,吸收外资和国际经济技术有益经验,有利于中国政府建设长远、持续发展的好提议,中国政府欣然表示欢迎和支持,并决定由上海市及有关部门积极协助办好年会。

【年会的召开】

1999年9月27—29日,'99《财富》全球论坛・上海年会在上海国际会议中心举行。会议由美国时代华纳集团主办,国务院新闻办公室承办,上海市人民政府协办,恰逢中华人民共和国成立50周年国庆日前夕,是中国人民满怀自强不息、为人类的和平与发展不懈努力的豪情迎接即将到来的21世纪之际,在上海举办的大型国际会议。来自37个国家和地区的代表,其中包括一些国家的前政要,各国知名人士,学者专家以及各大跨国公司的领导人,共558人,与上海和来自全国各地的企业代表198人,高级新闻代表6人,省部级领导40人共聚一堂,参加国际商界领导人的盛会。

中国国家主席江泽民莅会,在开幕式上发表演讲。美国前国务卿亨利・基辛格、新加坡内阁资政李光耀、美国财政部前部长罗伯特・鲁宾等也分别在会议期间作演讲。年会含大小会议46个,会议期间100多名与会人士分别在一些大会上围绕主题或就专题作演讲。举行10余次记者见面会,580名中外记者(其中境外记者300名)参与采访和报道这次盛会。

【主题和成果】

年会的主题是:"中国:未来的50年",内有27个子议题。3天会议中,与会代表从全球高科技

到“数学时代”，从世界经济一体化到中国改革发展，从企业经营到各行各业的发展前景，进行了广泛的讨论和交流。

9月27日，举行信息技术圆桌会议、商务会议，这是年会正式开幕前的两个专题会议。圆桌会议汇集各大信息技术公司的首席执行官、世界知名科学家和专家同中国科教、信息部门人士和决策者一起，共同展望21世纪科技的前景与潜力。当晚，在上海国际会议中心举行论坛开幕式暨欢迎晚宴。国家主席江泽民在会上代表中国政府和人民欢迎各国朋友来上海参加时代华纳集团举办的“'99《财富》全球论坛”活动，并发表演讲。

江泽民说，在20世纪的前50年里，中国人民坚持不懈地继续着鸦片战争以来为改变自己悲惨命运而进行的努力，经过艰苦卓绝的斗争，终于在中国共产党的领导下结束半殖民地半封建的历史，赢得民族独立和人民解放，建立中华人民共和国。在20世纪的后50年里，中国人民自力更生、奋发图强，开展社会主义建设，在旧中国一穷二白的基础上建立了比较完整的工业体系，使自己的物质生活水平和精神文明程度得到大幅度提高，中国日益走向繁荣昌盛。中国人民正满怀信心地沿着邓小平同志开创的建设有中国特色社会主义道路走向未来。中国人民进行的这些历史性的创造，不仅彻底改变了近代中国的悲惨命运，而且也是中华民族对人类进步事业的重大贡献。

江泽民指出，50多年来，上海发生了日新月异的变化。上海的发展，从一个侧面反映了中国所发生的巨大变化。他说，在即将跨入21世纪的时刻，展望未来50年的前景，中国人民将继续坚定不移地走改革开放的道路，目标是到下个世纪中叶基本实现现代化，把中国建成富强民主文明的社会主义现代化国家，实现中华民族的伟大复兴。他强调指出，中华民族历来坚持独立自主，中华民族历来爱好自由与和平，中华民族历来珍惜国家统一。维护祖国统一是全中国人民的坚定意志，世界是丰富多彩的。各国人民走自己选择的发展道路，实现自己追求的理想，这是人类文明进步和世界民主发展的必然要求与基本标志，是不可阻挡的历史潮流。

江泽民指出，与会的各位企业家，具有丰富的成功经验和战略眼光，把眼光投向中国，中国欢迎你们。中国的现代化建设欢迎你们很好参与，中国的经济发展也将为你们提供机遇。他希望，中国的企业要学习外国企业的先进经验，走出去，在经济全球化的浪潮中经风雨见世面，增强自身的竞争力。中国政府将为来华投资的外国企业提供良好的条件，创造更好的环境。

江泽民指出，中国的发展与外国的发展，世界南方的发展与北方的发展，是相互联系、相互补充的，应该平等互利地加强交流与合作。中国人民希望过上和平幸福的生活，也希望各国人民都能够享受和平和过美好的生活。各国人民应该携手努力，战胜人类生存与发展面临的各种挑战，保护生态环境，缩小贫富差距，建立公正合理的国际经济新秩序，实现共同发展和普遍繁荣。发达国家在这方面应多承担责任，发展中国家要自强不息。

江泽民在结束演讲时说，人类又来到一个世纪之交和千年之交的历史关头。主动权掌握在各国人民的手中。让我们为促进人类和平与发展的崇高事业而共同努力！坚信中国的明天将会更加美好，世界的明天将会更加美好。

与会各国人士对江泽民的演讲反应热烈。有的说，江泽民主席在演讲中既回顾了中国历史，又概括了中国50年的成就，特别是阐述了中国的一些基本价值观念，使大家了解了中国的昨天、今天和明天，了解了中国发展的动力和走向。中国有今天是很不容易的，是值得人们自豪的。有的说，江泽民主席重申中国“永远不称霸”，再次说明中国是热爱和平、致力于和平发展的国家。历史和现实都显示中国的稳定发展只会对亚洲、对世界的和平稳定有利，对国际交往合作和经济发展有利，没有理由宣扬和听信什么“中国威胁”等的论调。有的说，中国提出“一国两制”是一项很好的解决统一问题的政策。

开幕式暨欢迎晚宴结束后,江泽民和与会中外人士一起观赏充满上海人民迎接国庆欢乐、振奋心情的绚丽焰火表演。

从9月28日上午以“全球聚焦”为主题的全体大会开始,到29日下午年会闭幕,与会代表在两天中通过全体大会和分别进行专题讨论、专题演讲,联系国际区域经济、趋势和经济信息,就中国发展的成就和前景及其国际影响,进行广泛、热烈的讨论和交流。其间,中国国家计委主任曾培炎在全体大会上作关于中国发展新规划的演讲。与会代表讨论、交流的议题涉及中国的发展对跨国企业全球战略、亚洲战略、资本分配和投资策略的影响,改革攻坚,可持续发展,风险投资,知识产权,证券市场,电子商务,中国服务业、电信业等;专题演讲的内容有“可持续发展”“扩展中国高科技基地”“新千年科技教育”“国有企业改革”“能源与环境”“争取全球最优”“风险投资新趋势”“中国与边界金融体系接轨”“中国证券市场的今天和明天”“亚洲金融危机的教训”“网络发展中的世界”等。

基辛格在9月28日的午餐会上作关于中美关系的演讲,并出席《财富》论坛新闻中心举行的中外记者新闻发布会。李光耀在9月29日的午餐会上作关于中国未来50年发展前景的演讲。美国前财长鲁宾在全会上作关于全球化经济以及美中经贸交流的演讲。

基辛格在几次讲话中谈到中国的发展时说,中国长期变化的动力来自两个方面,一是追求国家的完整统一;二是不断创新,开辟未来。中国未来50年的变革,绝不会亚于它过去20年所发生的变革。中国将会沿袭它长期发展变化的特点,成为21世纪的大国,成为世界上重要的因素。谈到中美关系时,他强调美中之间更加合作,这是符合双方利益的。中美友好比中美对抗要好。他说,美国人需明白,中国发展取得的成绩是不容易的。尽管还存在不少缺点和问题,但中国50年来的发展是一段成功的历程。每个国家有不同的历史、文化背景,不能用自己国家的文化标准来看待中国,也不应把中国的发展看作是对世界的威胁。

图2-2-2　1999年9月27日,美国前国务卿基辛格在’99《财富》全球论坛·上海年会发表演讲

李光耀在其演讲中认为，如果中国政治稳定，社会安定，今后29年的经济增长速度将保持在5%—7%，以后30年是3%—5%，到2020年，中国能超过日本，到2050年将达到发达国家水平，国民生产总值可达到美国的五分之四，但由于中国幅员辽阔，人均收入仍同韩国差不多。所以，中国还有很长的路要走，要走100年才能真正赶上发达国家。当然，这期间个别地区，像北京、上海等会快速发展。

9月28日晚上，市长徐匡迪代表市政府在上海展览中心为与会代表举行欢迎宴会，就上海发展作题为《上海：开辟通向21世纪的广阔道路》的演讲。他说，进入充满机遇和挑战的21世纪，上海将大力发展高新技术产业，推动支柱工业技术升级，发展金融保险、信息咨询和中介服务业，努力把上海建成区域性的金融中心。他表示上海热忱希望在更广阔的层面上拓展与国内外经济的交流与合作，共创共享上海发展繁荣的成果。晚宴后，与会代表在上海大剧院观看舞剧《丝路花雨》。9月29日下午，徐匡迪出席并主持论坛闭幕式。

会议期间，上海市人民政府经贸、城建等部门负责人联合举行上海情况介绍会，进一步表达"让上海了解世界，让世界了解上海"的意愿。年会协办办公室在国际会议中心举办介绍中国和上海改革开放成果的展览会，受到与会者的欢迎和好评，有助于他们增进对中国、上海的具体了解。

【会见与交流】

年会期间，中国国家主席江泽民在上海分别会见时代华纳集团董事长兼首席执行官李文、新加坡内阁资政李光耀、美国前国务卿基辛格和来自美、欧和亚洲的50多位跨国企业家代表。在会见李文时，李文表示感谢中国政府协助他们成功举办这次年会。江泽民说，在世纪之交的重要历史时刻，时代华纳集团在中国上海举行《财富》论坛年会，而且将论坛的主题定为："中国：未来50年"，这是一件很有意义的事情。江泽民还对时代华纳集团在中国组织"新闻之旅"表示赞赏。他说，百闻不如一见，通过这次活动，时代华纳集团可对中国情况有更切实际的了解和看法。李文表示，在这次《财富》论坛和"新闻之旅"结束后，时代华纳集团下属各媒体将更加积极地报道中国，使世界更好地了解中国。

在与李光耀、基辛格的会见中，双方进行了老朋友之间诚挚、友好的交谈。在与李光耀一起谈到中新关系和国际、地区一些共同关心的问题时，江泽民对中新两国关系的顺利发展表示高兴。他强调，中新两国领导人经常就国际和地区问题，特别是对亚洲金融危机以来国际经济、金融的发展趋势交换意见，具有十分重要的积极意义。李光耀说，就全球政治经济局势变化而言，正处在一个有意义的时代。他表示，作为老一代政治家，有责任为继续推动国际形势朝着积极的方向发展作出贡献。

在会见50多位跨国企业家代表时，江泽民说，在中华人民共和国成立50周年之际，全球著名的企业家和各界知名人士和中国企业界人士、经济学家和有关部门负责人共聚一堂，探讨未来中国的经济发展趋势及其对世界的影响，寻求相互合作的机会，这无疑将对中国和世界经济的发展产生积极的影响。

在此期间，上海市领导黄菊、徐匡迪和沙麟等也分别会见李文、李光耀、基辛格、鲁宾和众多跨国公司企业家。在与李文和时代华纳集团董事会成员共贺论坛年会圆满成功时，徐匡迪表示希望美国的主流媒体多到中国来看一看，如实地向美国大众介绍中国成功的地方和需要改进的地方、发展的方面和还落后的方面。他说，只有真实的东西最能打动人。在与李光耀资政晤谈，听取其对上海建设的意见时，李光耀建议上海充分利用丰富的人力资源和历史经验，更好地吸引投资，推动新一轮的发展。他认为,上海的硬件设施已很齐全,应该考虑多花些时间、多下功夫进行软件建设。上海市市长国际企业家咨询会议是吸收、融合别国经验的有效方式。他还强调,软件建设中最为重要的是确立为他人服务的观念。在会见一些已与上海建立合作关系的跨国公司企业家时,双方就进一步加强合作和开发新技术产品等问题交换意见。

海协会会长汪道涵也应约会晤基辛格、鲁宾和李光耀等客人,就两岸关系问题双方交换意见和见解。

年会期间,由李文为首的时代华纳集团《新闻之旅》一行37人,在上海参观西摩会堂、浦东发展银行、上海证券交易所和上海博物馆,还同复旦大学学生进行座谈,了解大学生的学习、生活情况和对理想、择业、婚姻的看法。出席年会的各国人士在上海参观浦东新区建设。境外与会代表的配偶先后出席副市长左焕琛题为《中国女性及在政府中的作用》的演讲会、美国前国务卿基辛格和美籍华人靳羽西的演讲会,参加景观、艺术、儿童、宗教方面的参观活动,观看上海市民在公园进行健身晨练。配偶们参观上海博物馆和豫园时兴趣盎然。在上海儿童福利院、少年宫,她们都为院方悉心爱护、培育儿童的高质量工作和少年宫丰富的活动内容、孩子们优良的文化艺术素养赞叹不已。在参观徐家汇教堂、龙华寺和玉佛寺后,一些夫人表示,没有想到上海也有如此好的教堂。夫人们还参观上海京剧院,对中国传统的京剧艺术展现出极大的兴趣。

与会代表对上海的发展变化留下深刻印象,说上海的发展令人惊叹不已,整座城市充满了活力。有的代表认为,上海最大的变化是人的思想观念的变化,摒弃保守观念,思想日益解放,从而促进经济发展。许多跨国公司如德国汉高公司、巴斯夫公司、美国波音公司、通用电器公司、迪士尼公司、英国联合利华公司、瑞士罗氏制药公司、ABB集团、荷兰皇家石油公司、皇家壳牌公司、日本三井物产株式会社、芬兰诺基亚移动电话公司和华美银行、美亚保险公司等的企业家都表示看好上海发展前景,看好中国市场,纷纷表达开展和进一步推进合作的热切希望。一些与会代表还建议中方加强对外报道和宣传。美国新院线电影公司总裁谢若波说,为了让世界更多了解中国,可请更多外国媒体来中国,把中国不断发展、不断进步的真实信息带给外国,使外国更真实地了解中国。《财富》论坛年会在上海召开就是很好的机会。美国公关公司董事长说,浦东发展迅速,已经到了请国际公关公司大规模宣传浦东的时候了,主要应宣传浦东人生活的变化,让世界了解浦东,了解上海,了解中国。

【成功协办会议】

与会各国人士普遍认为,《财富》论坛选择在飞速发展的上海举行,又是讨论中国未来的发展,具有很强的号召力和吸引力,一致认为上海协办论坛年会很成功。上海圆满协力办好论坛年会,得益于改革开放和上海经济、城市建设的快速增长和发展。1998年5月末,《财富》杂志会议部总裁尼德姆受董事长李文委派初来沪上商谈会议事宜时,还曾流露出这样的疑虑:在上海是否能办好有众多世界商界巨头出席的、其规模要超过《财富》论坛以往任何一届年会的盛会?在考察、选择会议场地时,他最初拟以即将开业的浦东香格里拉大酒店作为论坛的主会场。酒店内近2 000平方米的无柱大厅及坐拥小陆家嘴现代化高楼大厦和可隔江遥望浦西外滩景色的独特环境着实吸引了他。而对上海方面表示将在东方明珠广播电视塔西南面新建一座大型国际会议中心的说法,他并没当回事,他到现场去看,那里还只是一个在开挖的土建大坑。令他感到十分惊讶的是,当他10月中旬第二次来到上海时,这个大坑已实实在在地耸立起一座国际会议中心的宏大轮廓。尤其是当初一个劲地向他游说,要他把主会场放到浦东香格里拉酒店的外方经理也如同讲述天方夜谭似地对他说:“我在这儿的窗户边亲眼看着‘会议中心’一天天往上升高,这就是中国速度,上海速度!他们说要干成一件事就一定能干成。”

此时,尼德姆对顺利举办这次大型的《财富》全球论坛已充满信心。1999年1月下旬,尼德姆受董事长李文之命,把妻子和3个学龄前的女儿全都带到上海,准备让全家人一起共享9月底举行这一迎接21世纪的商界盛会的快乐。

上海在配合国务院新闻办公室协办这次论坛年会的工作中,也注意充分借鉴在举办重大国际会议和多边交流活动中积累的实践经验,互相尊重,与主办方始终保持密切的沟通和良好的合作,在工作和活动中展示上海改革开放、稳定持续发展的形象,上海工作的效率和水平,上海“海纳百川”的精神风貌和丰富的文化底蕴。

《财富》论坛年会筹办期间,经双方商定,中方有206名企业家、经济学者和有关经济部门的官员参会,与各国经济企业界人士围绕中国发展与世界经济的相互关系和影响一起进行探讨和交流,为中方提供了一次极好的增进与国际商界高层人士交往的机会,有助于推进中方企业走向世界、融入世界经济发展;同时也让一大批世界商界人士能更好、更充分地认识中国,认识上海,认识中国的企业家,认识中国的经济发展,有益于增进双方的合作。

会议期间,上海及时进行新闻报道。上海电视台新闻中心、海外中心和中央电视台经济部联合筹划、制作,连续三个晚上播出《财富论坛特别节目》,不仅包含会议的最新消息,还把17名中外企业家请到电视台演播室进行对话,中央电视台经济节目也予重播。

上海虹桥、浦东两个机场在年会在沪举行前后,确保1 600多名与会人员顺利进出港,安全保障43架次公务机接待,并创下上海两个机场接待高规格国际会议旅客人次最多、接待公务机数量最多、机型最多的纪录。会议筹办和开会期间,上海抽调百余名专职外事干部直接参与接待和会务工作,由复旦大学、东华师范大学、上海外国语学院、上海大学等高校的学生以及区县局选派的青年外事人员共380余人组成的青年志愿者队伍,分别在大会的8个工作组从事翻译服务、文秘、礼仪接

图2-2-3　'99《财富》全球论坛·上海年会场景

待、会务、导游导购、信息查询、后勤联络、应急服务等志愿服务工作。志愿者以其出色的工作,体现“奉献、友爱、互助、进步”的精神,受到年会与会人士和外方会务管理人员的众口赞誉。

二、美国亚洲协会第11届企业年会

2000年5月10—12日,美国亚洲协会第11届企业年会在上海举行。会议主题为:“世界商机:世纪之交的中国与亚洲”。中共中央政治局常委、国务院总理朱镕基应邀出席年会并发表演讲。黄菊等市领导,国家各部门和部分兄弟省市的领导,越南副总理阮孟琴、印尼外长、韩国财政经济部部长、泰国财政部部长、日本大藏省财务官等各国政要,美亚协会主席莫里斯・格林伯格以及跨国公司、金融机构的总裁、首席执行官和知名专家学者等1 100人出席上述活动。

朱镕基在主题演讲中指出,新中国成立50年来,中国的面貌发生了巨大变化。特别是改革开放20多年来,中国经济取得举世瞩目的成就。中国政治稳定,经济繁荣,社会进步,民族团结,人民意气风发,充满生机和活力。中国加入WTO的进程正在加快。他说,中国将加快推进能源、交通、通信、环保等领域的对外开放步伐,同时进一步开放金融、保险、旅游、商贸等服务领域,积极吸引外资以多种形式参与国有企业的改组、改造,并按照WTO规则的要求,对涉外法律法规进行清理和修订,尽快建立符合国际惯例和中国国情的经贸体制。他强调说,中国是最大的发展中国家,市场潜力巨大。中国未来的巨大商机,不仅属于中国企业家,也属于全世界那些有远见和魄力的企业家。拓展中国市场将是推进世界经济繁荣的重要因素。

会议期间,围绕亚洲在全球经济中的竞争力、为可持续发展筹集资本、亚洲科技的未来、中国和因特网、改革企业促进发展、信息时代人力资源的开发、企业治理——创造一个公平和竞争的商业环境、21世纪的中国与亚洲——政治、安全和社会稳定等议题举行20多场主题演讲、圆桌会议和专题报告会。在以“亚洲在全球经济中的竞争力”为题的圆桌会议上,福特汽车公司的韦恩・布克、怡富集团驻菲律宾董事长可莱科、国际通货研究所所长行天丰雄、香港特别行政区行政会议成员兼大通银行董事经理梁锦松、香港理工大学教授林毅夫分别发表各自的看法。在以“亚洲科技的未来”“中国和因特网”为主题的圆桌会议上,美国高盛公司董事经理康奈尔、未来学院院长保罗・萨佛、摩托罗拉公司亚太地区执行副总裁谭宗定、新加坡国家科技局主席张铭坚、阿里巴巴网站香港有限公司董事长马云等均阐发各自见解。

美国亚洲协会会长卜励德对上海成功协办年会给予高度评价,他表示,上海协办年会的组织工作是完美无缺的,第11届年会是美亚协会举办年会以来最成功的一届。与会者对上海的发展都留下美好的印象,表示愿与上海加强合作。

三、亚洲开发银行理事会第35届年会

2002年5月10—12日,亚洲开发银行理事会第35届年会在上海国际会议中心举行。这是中国第二次承办亚行年会(1989年中国曾在北京承办第22届亚行年会)。中国国家主席江泽民出席年会开幕式并发表题为《加强亚洲团结合作,促进世界和平发展》的讲话。中共上海市委书记黄菊出席开幕式。亚行行长千野忠男,副行长申明浩、约翰・林杰、约瑟夫・艾肯伯格和亚行各成员的政府要员,主要国际金融组织和中外商业金融机构的高层管理人员以及学术界知名人士等约3 000人出席年会。

【探讨亚洲发展，共商合作交流】

年会就亚太地区经济金融形势、发展前景及本地区发展所面临的问题展开讨论，并举行一系列多边、双边会议。年会审议通过亚行2001年度报告、2002年度预算报告等。

江泽民在开幕式上的讲话中指出，当今国际局势正处于深刻的变动之中。和平与发展仍是当今时代的主题。然而，不公正不合理的国际政治经济旧秩序尚未根本改变。局部的战乱、紧张、动荡此起彼伏，恐怖主义等非传统安全问题更趋突出。国际经济的发展还很不平衡，特别是不少发展中国家遇到严重困难，南北差距进一步扩大。在这样一个关键时刻，各国政府和人民应顺应时代潮流，加强交流与合作，认真规划和坚持世界发展的正确方向，共同创造一个和平繁荣的新世纪。

在分析亚洲地区的发展形势、面临的机遇和挑战时，江泽民就进一步加强亚洲区域合作提出四点建议：从亚洲发展的大局出发，共同培育相互理解、和睦相处的政治环境；贯彻平等协商、互惠互利的原则，充分体现参与各方的平等权利和共同利益；坚持形式多样、循序渐进的原则，立足现有合作机制，不断探索新的合作形式，首先加强次区域合作，并在此基础上积极探索亚洲合作的有效途径；坚持开放的地区主义，使亚洲合作在开拓本地区发展潜力的同时，也为世界其他地区提供新的发展机会。他表示中国愿进一步深化同亚行的合作，并积极评价亚行在推动本地区扶贫工作、促进亚洲次区域经济合作方面所作的努力，希望亚行进一步加大其向发展中成员提供优惠资金的力度，在消除贫困和提高各成员生产力方面取得更大进展；继续积极支持亚洲区域和次区域经济合作，促进各成员建立更加紧密的合作伙伴关系；坚持公正客观的发展理念和发展政策，为建立亚洲及世界经济新秩序作出更加积极的贡献。江泽民表示，中国将在更大范围和更深程度上参与国际经济合作与竞争，进一步向亚洲和世界开放。不论国际风云如何变幻，中国永远是亚洲国家的好邻居、好朋友、好伙伴，永远是维护世界和平、促进共同发展的坚定力量。开幕式前，江泽民分别会见亚行行长千野忠男以及与会的各成员代表团团长。

千野忠男在开幕式上说，亚太发展中国家已经摆脱1997—1998年亚洲金融危机的困扰，亚洲将继续成为全球经济发展最快的地区之一。他说，亚行在援助发展中国家方面将面临三大使命，即减少贫困、治理环境和促进区域合作。他认为减少贫困是亚太发展中国家面临的一个最大的挑战。世界上有三分之二的贫困人口居住在亚太地区，要实现消除全球绝对贫困的目标，亚洲减贫必须先行。他表示，亚行把促进区域合作确定为其主要的义务之一，以促进区域经济的互补发展。

第35届亚行理事会年会主席、中国财政部部长项怀诚在开幕式上阐述中国与亚行的合作时，希望中国与亚行的合作关系稳固发展，富有成效，不断深化。他说，中国与亚行的成功合作不仅是对中国发展的支持，而且大大丰富和推进亚行的发展理论与业务实践。

【中国日活动】

作为年会的系列活动之一，"中国日"论坛成为年会正式开幕前夕的最亮点。来自中国国家计委、经贸委、外经贸部、中国人民银行等部门的8位部长级官员与参加亚行年会的200多位中外经济专家会聚一堂，围绕"加入WTO后的中国：机遇与挑战"这个主题展开对话。

亚洲开发银行行长千野忠男在"中国日"论坛开幕致辞中提出，当20世纪后半叶的历史被撰写时，中国经济的发展一定会占有重要的一章。要站在新的平台上对中国经济进行审视。这一新的平台，是中国经济持续健康增长所搭建的平台，是中国加入WTO后更加开放的平台，也是中国在与亚行合作中显示自身实力的平台。他指出，中国给亚行带来丰富的经验，加入世贸组织也给中国带来巨大的机会和挑战，包括消除贫困、国企改革、环保等问题。亚行将永远是中国的伙伴和朋友，努力助推中国经济发展。中国财政部部长项怀诚的演讲切实简明地向代表展示中国经济发展的前景。随着各项改革的深化和扩大内需政策措施的进一步落实,中国不仅可以实现当年确定的7%的经济增长目标,而且完全可以长期保持稳定增长的发展势头。

【10+3(东盟10国+中日韩)财政部长会议】

2002年5月10日下午,第五届10+3(东盟10国+中日韩)财政部长会议在上海金茂君悦大酒店举行,会后发表《部长联合声明》。会议认为,受外部经济环境的影响,2001年本地区经济增长放缓,2002年以来出现好转迹象,但还有一些不确定性。财长们对全球和地区经济形势持乐观态度,并表示要继续执行稳定的经济政策,同时推进经济结构调整。中国财政部部长项怀诚在会上宣布,将在未来的两年时间里,继续为东盟10+3其他成员国提供技术援助,举办介绍中国经济改革与发展实践经验研讨班。

年会期间,中国财长和与会各国财长相互会见,就亚行未来发展方向、亚洲地区区域合作、发展中国家应对全球化挑战等共同关心的问题交换意见,并探讨进一步加强财政金融合作的有关事宜。各国财长感谢中国作为东道国为年会所作的精心准备与周到安排。

到沪采访的各国记者也都很重视年会的主题和成果。亚太金融新闻上海分社记者说,亚行年会仅开幕前一天举行的"中国日"研讨会就吸引了全世界的目光,扩大了中国的影响,使人们看到了中国的希望。英国路透社上海分社记者说,江泽民主席强调不论国际风云如何变幻,中国永远是亚洲国家的好邻居、好朋友、好伙伴,永远是维护世界和平、促进共同发展的坚定力量,这说明中国有强烈的维和愿望与发展经济的坚定信心。美国道琼斯新闻上海分社记者对江泽民主席的讲话作专题报道。他认为,亚洲经济危机已经结束,进入经济恢复和发展阶段。因此,中国强调加强亚洲地区团结合作、促进世界和平发展的主题十分重要,很有针对性。

【亚洲开发银行成员】

亚太地区:阿富汗、亚美尼亚、澳大利亚、阿塞拜疆、孟加拉国、不丹、文莱、柬埔寨、中国、库克群岛、斐济、中国香港、印度、印尼、日本、哈萨克斯坦、基里巴斯、韩国、吉尔吉斯斯坦、老挝、马来西亚、马尔代夫、马绍尔群岛、密克罗尼西亚、蒙古、瑙鲁、尼泊尔、新西兰、巴基斯坦、巴布亚新几内亚、菲律宾、萨摩亚、新加坡、所罗门群岛、斯里兰卡、中国台北、塔吉克斯坦、泰国、东帝汶、汤加、土库曼斯坦、图瓦鲁、乌兹别克斯坦、瓦努阿图、越南。

其他地区:奥地利、比利时、加拿大、丹麦、芬兰、法国、德国、爱尔兰、意大利、卢森堡、荷兰、挪威、葡萄牙、西班牙、瑞典、瑞士、土耳其、英国、美国。

四、非洲开发银行集团理事会年会

2007年5月16日,非洲开发银行集团理事会第42届年会在上海举行,这是非行首次选择在亚洲举行年会,也是非行第二次在非洲以外的地方举行年会。年会的主题是:"非洲和亚洲:发展伙伴"。中国国务院总理温家宝出席开幕式并致辞。卢旺达总统卡加梅、佛得角总统皮雷斯、马达加斯加总统瓦卢马纳纳,非洲开发银行行长卡贝鲁卡出席会议。中共上海市委书记习近平、上海市长韩正和担任非行理事的各成员国财政、经济、工业部部长或中央银行行长,以及世界银行、国际货币基金组织及其他区域开发金融机构、非政府组织代表等约2 000人与会。

在年会开幕式上，温家宝代表中国政府和人民对非行年会的召开表示祝贺。他指出，非洲开发银行作为重要的区域性国际金融组织，成立40多年来，为促进非洲经济社会发展作出了不懈努力，取得了显著的成绩。年会的召开，必将继续推动非洲开发银行自身建设，进一步增强非洲开发银行的作用和影响。

温家宝说，在世界多极化和经济全球化趋势深入发展的形势下，非洲既面临难得的发展机遇，也面临严峻的挑战。非洲和平稳定局面得到发展，区域合作和一体化进程稳步推进，经济增长势头强劲，社会不断进步，在发展复兴道路上迈出了新的坚实步伐。同时也还要看到，非洲经济社会发展任务仍然繁重，实现千年发展目标还有不少困难。他说，非洲的进一步发展需要依靠自身的努力，也离不开国际社会的支持和帮助。他呼吁国际社会特别是发达国家切实履行援助非洲承诺，在减免债务、贸易条件、市场准入、技术转让等方面采取切实措施，帮助非洲增强自主发展能力，实现经济社会可持续发展。温家宝回顾了中非深厚的传统友谊。中非人民一贯相互支持、友好合作，中国政府和人民真诚支持非洲和平发展事业，中国和非洲国家的多方面互利合作，给双方人民带来实实在在的利益。他援引2006年中非合作论坛北京高峰会期间中非领导人一致同意建立和发展政治上平等互信、经济上互利共赢、文化上互鉴的中非新型战略伙伴关系和共同规划中的中非合作蓝图，表明中国政府和人民将与非洲国家、人民一起，继续创新合作思路，提高合作水平，不断加强和深入发展中非友好合作。温家宝说，非洲开发银行成立40多年来，为促进非洲经济社会发展作出不懈努力，取得显著成绩，相信必将继续推进自身建设，进一步增强其作用和影响。他说，中国重视与非洲开发银行以及非洲次区域开发机构的合作。自1985年中国加入非洲开发银行以来，双方一直保持着良好的合作关系。随着中国和非洲经济贸易的快速增长，中非金融合作也朝着全方位、多层次方向发展。中非合作是国际发展合作的一部分。中国政府愿继续与其他国家和包括非洲开发银行在内的国际金融机构加强合作，为开创非洲美好未来而共同努力。开幕式上，非行理事会主席、中国人民银行行长周小川和非洲开发银行行长卡贝鲁卡也先后致辞。

年会围绕主题，展望区域、国际经济金融形势和合作，讨论非行建设、发展，非洲基础设施建设、地区一体化以及消除贫困等问题。其间，各国与会代表通过不同形式表达与中国开展经济、金融等领域合作的强烈愿望，希望能够学习、借鉴中国的发展经验，分享中国的发展成果。

会议期间，温家宝在上海分别会见来华进行国事访问的卢旺达总统卡加梅和出席非行年会的佛得角总统皮雷斯、马达加斯加总统拉瓦卢马纳纳及非洲开发银行行长卡贝鲁卡。

在会见卡加梅时，温家宝说，中卢建交36年来，两国人民彼此信赖，双边关系稳步向前发展。中卢关系已有良好的基础，只要双方共同努力，认真落实总统此次访华期间双方达成的各项协议和共识，两国关系就一定会有更大的发展。卡加梅说，卢中关系得到进一步加强和发展。卢旺达一直从与中国发展关系中受益，卢旺达感谢中方在基础设施以及文化教育等方面给予的帮助。卢中两国在国际事务中有着长期友好的合作，两国有许多共同原则，一贯相互支持。卢方愿与中方一道努力，推动卢中关系进入加速发展新阶段。在会见佛得角总统皮雷斯时，温家宝说，中佛关系已走过31个春秋。31年来，两国始终相互尊重、平等相待，在各领域开展富有成效的合作。皮雷斯感谢中国长期以来给予佛得角无私和宝贵的支持。他说，中国在国际和地区事务中发挥着越来越重要的作用，中国是佛得角以及整个非洲经济发展的重要合作伙伴。中佛合作在佛得角留下很多印记，中方在佛得角援建的第一座水坝已在佛得角农业发展中发挥积极作用。皮雷斯重申，佛得角坚定奉行“一个中国”政策。在会见马达加斯加总统拉瓦卢马纳纳时，温家宝对中马关系的良好发展势头给予积极评价，赞赏马方坚持“一个中国”政策，感谢马方长期以来在国际事务中给予中方的宝贵支持。拉瓦卢马纳纳高度评价中国改革开放和经济建设成就。他表示,马中两国有着广泛的共同利益,马达加斯加高度重视与中国的合作关系。中国加强与非洲的关系为非洲经济发展提供了良好机遇。马达加斯加对同中国开展合作感到非常愉快。马方坚持"一个中国"政策,愿与中国开展更为广泛的合作。

在会见非行行长卡贝鲁卡时,温家宝再次对非洲开发银行在支持非洲成员国实现经济发展和社会进步方面作出的巨大贡献表示赞赏。他说,中国自1985年加入非洲开发银行后,双方进行了形式多样且富有成效的合作。中国很高兴能通过非洲开发银行这一平台与非洲国家相互交流发展和减贫经验,并为一些友好国家提供资金支持。中国为8个非洲国家资助的14个项目均收到较好效果。卡贝鲁卡感谢中方为非行年会的成功举办所做的努力。他说,非洲和中国经济联系日趋紧密,非中关系发展迅速。中国自加入非行以来,在减贫和多边减债等方面发挥日益重要的作用。他并表示,非行支持和赞赏中国在达尔富尔问题上的立场。对此,温家宝指出,帮助达尔富尔地区人民实现和睦相处,走上发展道路,符合苏丹和非洲人民利益,也是中国处理该问题的基本出发点。中国政府始终积极致力于达尔富尔问题的解决,不仅向达尔富尔地区提供人道主义援助,还多次派政府特使访苏,并设立非洲问题特别代表,决定派出275人的多功能工兵分队参与安南方案第二阶段计划。达尔富尔问题的解决处在重要关头,国际社会应继续与苏丹政府平等协商,敦促苏丹有关各方尽早启动政治和谈,认真落实《达尔富尔和平协议》。中方愿与国际社会一道,继续在达尔富尔问题上发挥建设性作用。

同日,温家宝还会见莫桑比克前总统希萨诺、加拿大前总理马丁。

【非洲开发银行成员】

截至2007年5月,非行有77个成员国,非洲53个国家全部为成员,此外还有包括中国在内的区外成员。

53个非洲地区成员:阿尔及利亚、安哥拉、贝宁、博茨瓦纳、布基纳法索、布隆迪、喀麦隆、佛得角、中非、乍得、科摩罗、刚果(布)、科特迪瓦、吉布提、刚果(金)、埃及、赤道几内亚、厄立特里亚、埃及、加蓬、冈比亚、加纳、几内亚、几内亚比绍、肯尼亚、莱索托、利比里亚、利比亚、马达加斯加、马拉维、马里、毛里塔尼亚、毛里求斯、摩洛哥、莫桑比克、纳米比亚、尼日尔、尼日利亚、卢旺达、圣多美和普林西比、塞内加尔、塞舌尔、塞拉利昂、索马里、南非、苏丹、斯威士兰、坦桑尼亚、多哥、突尼斯、乌干达、赞比亚、津巴布韦。

24个其他国家成员:中国、阿根廷、奥地利、巴西、比利时、丹麦、德国、法国、芬兰、荷兰、加拿大、科威特、美国、挪威、葡萄牙、日本、瑞典、瑞士、沙特、西班牙、意大利、印度、英国以及韩国。

五、世界气象组织主席团年度例会

1985年2月6—7日,世界气象组织主席团在上海举行年度例会。世界气象组织主席、菲律宾大气地球物理和天文局局长金塔纳和世界气象组织第一副主席、苏联国家水文气象环境控制委员会主任以斯列尔,世界气象组织第二副主席、加拿大大气环境部部长助理兼大气环境局局长布鲁斯,秘书长、尼日利亚的奥巴西以及主席团其他成员出席会议。

会议推进上海气象部门与世界气象组织和各国气象部门的合作和友谊。1989年后,由中国气象局安排,世界气象组织委托上海气象局先后3次选派专家去泰国,为泰国气象厅移植计算机气象应用软件，首次输出中国的气象应用软件技术。1994 年，上海气象局再次受世界气象组织委托，向斯里兰卡和巴基斯坦移植计算机气象应用软件技术，于 1995 年 8 月中旬顺利完成移植技术任务。

六、国际文化政策论坛第七届部长年会

2004 年 10 月 14—16 日，由中国文化部和上海市人民政府共同承办的国际文化政策论坛第七届部长年会(INCP)在上海举行。中国文化部部长孙家正担任会议主席并主持会议。来自 39 个国家的 22 位文化部部长和 18 个国家的文化部代表，以及联合国教科文组织等 8 个国际组织的代表共 100 余人出席会议。

围绕"传统文化与现代化"的会议主题，代表就传统文化继承、保护和现代化发展之间的关系和制定多样性国际公约进行磋商，就出现的文化政策新趋势和新事务等交换意见，在一些重要问题上达成共识，会议一致通过《上海声明》。《上海声明》反映与会代表达成的共识、要求、态度、立场和行动，体现会议的积极意义和丰富成果。它在肯定中国对传统文化保护、继承与创新的同时，呼吁各国在现代化进程中必须保护并合理利用文化遗产，使之成为社会发展的源泉和动力；论坛各国应在传统文化保护方面加强交流与合作，进而推动世界文化多样性进程；各国有必要在创新和保护脆弱的表达形式之间寻求平衡，要充分认识那些威胁传统文化的因素；论坛各国肯定并支持联合国教科文组织在拟定《保护文化内容和艺术表现形式的国际公约》草案方面所做的工作，强调在对待公约的立场上要保持一致，力求在 2005 年联合国教科文组织大会上就公约问题达成一致。

作为会议主席，孙家正将会议成果归纳为：一是各个国家和民族都有自己独特的文化。这些传统文化是独特的，构成一个国家和民族的鲜明的文化和精神特征，不能也不应该被某种普世文化所替代。二是在经济全球化日益发展的形势下，如何保护好各国本民族的文化是捍卫文化主权和维护世界文化多样化的历史任务。三是世界文化多元化发展是历史发展的趋势和必然，是世界文化走向共同繁荣的必由之路。四是会议的探讨和思考富有成效，有助于成员国更好地发展本国文化事业，进一步扩大各国之间的文化交流合作。国际文化政策论坛始于 1998 年 6 月，是探讨文化政策和事务的政府间部长级非正式国际论坛。

第四节　国 际 活 动

一、第 12 届世界夏季特殊奥运会

第 12 届世界夏季特殊奥林匹克运动会于 2007 年 10 月 2—11 日在上海举行。中国国家主席胡锦涛出席开幕式并宣布运动会开幕。冰岛总统格里姆松、菲律宾总统阿罗约、乌兹别克斯坦副总理伊纳莫娃等国际贵宾，国际特殊奥林匹克委员会主席蒂姆·施莱佛和国际特殊奥林匹克委员会名誉主席尤妮斯·肯尼迪·施莱佛，中国国务院副总理回良玉、国务委员陈至立和澳门特别行政区行政长官何厚铧等出席开幕式。

【特奥会开幕】

10 月 2 日晚上，2007 年世界夏季特殊奥林匹克运动会在上海体育场隆重开幕。夜幕下的上海体育场流光溢彩、鼓乐阵阵，可容纳 8 万观众的场内座无虚席，气氛热烈。19 时许，中国国家主席胡

锦涛和出席开幕式的各国贵宾在主席台就座。特奥会开幕乐鼓响起,来自164个国家和地区的特奥代表团相继入场,受到观众的热烈欢迎。21时20分,胡锦涛庄严宣布2007年世界夏季特殊奥林匹克运动会开幕。数百名少年儿童手持彩色气球欢呼着涌入会场,腾空而起的礼花把夜空装点得五彩缤纷。8名特奥运动员护拥着特奥会会旗步入会场,会旗升起后,运动员和裁判员代表在会旗前宣誓。21时42分,经过五大洲传递的特奥圣火"希望之火"到达上海体育场,几名中外火炬手在场内进行接力传递。最后,一名中国火炬手高擎圣火跑向主火炬台,点燃象征特奥精神的"莫比斯杯"。燃烧着熊熊圣火的巨大"莫比斯杯",从喷泻的水幕中徐徐升起。

图2-2-4 2007年10月2日,世界夏季特殊奥林匹克运动会在上海体育场举行盛大开幕式

该届特殊奥运会的主题为"你行我也行"(I know I can),充分体现特殊奥运会强调的参与精神。开幕式上,穿插进行以"和谐:人类共同的梦想"为主题的盛大文艺表演。整个表演分为"勇气:人类精神的力量""分享:我们共同的关爱""技能:认识自身的潜能""欢乐:共同庆祝的时刻"4个部分,展现智障人士自强不息、奋力拼搏的精神风貌,表现全人类相互关爱、携手共进的崇高理想。气势恢宏、寓意深刻的精彩表演,深深感染和打动了现场观众,场内场外歌相和、心相连,涌动着一片融融真情。最后的大合唱《你行我也行》把整个表演推向高潮。

该届特奥会组委会主席、上海市长韩正和国际特奥会主席施莱佛分别在开幕式上致辞。韩正向远道而来的特奥运动员和中外嘉宾表示热烈欢迎。他说,特奥会将是增进各国人民相互了解和友谊的舞台,每一个参与的人都是特奥精神的传递者。希望大家共同感受特奥大家庭的温暖,共同谱写人类文明的新篇章。施莱佛在致辞中对中国人民为办好这届特奥会的辛勤付出表示衷心感谢。他说,特奥不是为了别人,而是为了我们大家,要让更多的人加入特奥运动事业。

各国政要和贵宾对开幕式反应热烈,普遍认为这是一场"精彩、隆重、壮观、令人难忘的开幕式",充分说明中国政府对特奥事业的高度重视,是中国特奥事业发展的标志。冰岛总统格里姆松说,上海特奥会是特奥历史上最精彩的一届盛会,反映了中国政府和人民在发展特奥事业、帮助智障人士及其家庭积极参与特奥运动等方面所做的努力。菲律宾总统阿罗约高度评价特奥会开幕式的组织工作，称这与 2001 年 APEC 峰会一样精彩、高效、令人难忘。乌兹别克斯坦副总理伊纳莫娃表示，开幕式使她很受感动，尤为感动的是从开幕式现场播放的短片中看到中国国家主席专门看望智障人士，并与他们互动，这说明中国对智障人士十分关心。国际特奥会主席施莱佛说，开幕式不是简单的娱乐活动，而是在打破人们对智障人士的歧视，维护和弘扬他们自尊方面所做的一次挑战，这是特奥会圆满成功的良好开端。

【共叙友谊】

10 月 2 日，国家主席胡锦涛在上海同前来出席 2007 年世界夏季特奥会开幕式并访华的一些国家的领导人分别进行友好会见。在与冰岛总统格里姆松的会谈中，双方对双边关系不断深入发展表示满意，一致同意继续共同努力，推动两国各领域合作取得更大成果。胡锦涛就发展中冰关系提出加强政治互信、扩大经贸合作、深化科技合作、推动人文交流 4 点建议。格里姆松表示，冰岛和中国的关系是强有力的。两国友谊进一步加深，各领域合作取得重要进展，双方建立起经贸、文化、清洁能源等领域长期合作框架，双边自由贸易区谈判稳步推进。他赞同胡锦涛关于发展两国关系的建议，希望双方不断开拓合作新领域，将两国务实合作推向新的阶段。格里姆松说，冰岛坚持“一个中国”政策，这是冰中双边关系发展的基石，也是冰中开展国际合作的基石。他表示，相信 2007 年上海特奥会的成功举办将对世界特奥运动事业发展产生深远影响。

在会见菲律宾总统阿罗约共叙中菲友好关系时，阿罗约感谢中方邀请她出席 2007 年世界夏季特奥会开幕式，她表示菲方重视特奥会，派出参加特奥会以来规模最大的代表团来上海，并衷心祝愿第 12 届特奥会取得成功。在谈到中菲关系时，阿罗约表示，中国的发展是菲律宾的重要发展机遇。菲中关系是菲律宾重要的双边关系之一。菲中关系建立在相互信任、相互尊重、坦诚对话的基础上，越来越全面、成熟。双方各领域合作不断扩大和深化，希望双方继续加强各领域务实合作。她强调说，中华人民共和国是代表全中国的唯一合法政府，菲律宾坚定奉行“一个中国”政策。

在会见国际特奥会主席施莱佛时，胡锦涛说，特殊奥林匹克运动崇尚勇敢尝试、争取胜利的精神，倡导平等和融合的理念，鼓励智障人士挑战自我、实现生命价值，帮助智障人士享受人类文明成果。他说，第 12 届特奥会是世界夏季特奥会首次走进发展中国家、走进亚洲、走进中国，是中国首次为智障人士承办的世界综合性体育赛事。这将有力推进中国特奥运动深入发展，也将为国际特奥事业发展作出贡献。胡锦涛指出，中国有 8 300 万残疾人，其中有 984 万智障人士。中国自 1987 年开始派运动员参加历届夏季和冬季特奥会，截至 2005 年底，中国参加特奥运动的智障人士已突破 50 万人，成为世界上特奥运动发展最快的国家。中国已签署联合国《残疾人权利公约》，并将一如既往地关心和支持残疾人事业，发扬人道主义精神，以特奥会为契机，在经济社会发展中加快残疾人事业发展，使广大残疾人更多地融入社会、参与发展、共享经济社会发展成果，让关爱的阳光照亮每一个残疾人的心灵。施莱佛代表国际特殊奥林匹克委员会高度赞扬中国政府和人民弘扬特奥精神、推动特奥运动发展。他说，胡锦涛主席在特奥会举办前夕专门看望智障人士，体现中国政府发展智障人士等残疾人事业的努力和融合的精神，是对国际特奥运动的宝贵支持，也给世界树立榜样。

【来宾联欢】

国家主席胡锦涛 10 月 2 日在上海西郊宾馆宴请出席 2007 年世界夏季特奥会开幕式的各国贵宾，冰岛总统格里姆松和夫人穆沙耶夫、菲律宾总统阿罗约、乌兹别克斯坦副总理伊纳莫娃、国际特奥会主席施莱佛、瑞士前联邦主席奥吉、日本前首相海部俊树,博茨瓦纳总统夫人莫哈埃、波兰总统夫人卡钦斯卡、乌克兰总统夫人尤先科、希腊总理夫人卡拉曼利斯等出席宴会。

胡锦涛在欢迎辞中说,特殊奥林匹克运动会传递着希望、友谊、合作、和平,寄托着各国人民的美好愿望。特殊奥林匹克运动会将有力促进世界残疾人事业,有力增进各国特奥运动员和各国人民的相互了解和友谊。中国政府和中国人民将以此为契机,进一步推动中国残疾人事业发展,并同世界各国政府和人民一道努力,推进世界残疾人事业,继续为建设持久和平、共同繁荣的和谐世界作出贡献。国际特奥会主席施莱佛在致辞中说,十分荣幸和特奥运动员一起来到上海。这是一个开始,不仅是比赛的开始,更是建立一个更公正、友好的世界的长期努力的开始。将奋斗不息、直到世界上所有儿童都能接受教育、发挥潜力,所有社区都接受包容每一个愿有所贡献的公民。这就是上海精神,将同全世界分享这种上海精神,一起为共同献身的人类崇高事业欢呼喝彩。

【高峰论坛】

10 月 3 日,“智障人士福利政策全球高峰论坛”在上海国际会议中心举行。来自世界各地的政府代表、非政府组织代表、工商界人士、专家学者 1 000 余人参加论坛。论坛由国际特奥会、中国残联和上海特奥会组委会共同主办,冰岛总统格里姆松和中国残联主席邓朴方担任联合主席。论坛开幕式上,中国国务院副总理回良玉、上海市长韩正、国际特奥会主席施莱佛分别致辞,联合国副秘书长沙祖康宣读联合国秘书长潘基文致论坛的贺信,贺信祝贺论坛的召开,并高度评价特奥会的意义,说特奥会的召开预示着残疾人与其他人享有平等权利和机会的新时代已经开始。

回良玉代表中国政府在论坛开幕式上致辞,表明中国政府一贯重视残疾人事业的发展,将其作为人权保障事业的重要组成部分,作为构建社会主义和谐社会的重要内容。他说,中国政府以举办 2007 年上海世界特殊奥运会为契机,采取更有效的措施,进一步发展特奥运动,努力推动残疾人事业更好更快地发展。韩正代表特奥会组委会和主办城市致欢迎词时,介绍上海开展特奥运动的情况和市政府大力实施“智障认识阳光行动”实事工程、一系列保障智障人士事业的政策措施。施莱佛阐述特奥会开展以来取得的成果,认为特奥运动的发展将推动联合国以及各国政府在关心残疾人、智障人士方面的政策实施。中国在推动特奥事业方面为世界树立榜样。

论坛以“全情投入、改变人生”为主题,就各国智障人士的现状和前景,中国在智障事业方面取得的成就,多方合作和企业及社会责任对满足智障人士需要的重要性,通过法律和政策保障智障人士的权利,通过体育运动帮助智障人士融入社会等专题进行讨论,并通过《支持声明》,呼吁继续努力为智障人士创造平等参与、和谐包容的社会环境。《支持声明》由冰岛总统格里姆松宣读。菲律宾总统阿罗约、美国加州州长施瓦辛格等先后在会上发表继续支持、积极推动特奥事业发展和推进智障事业的演讲。

国际特奥会资深副主席斯蒂芬科宾和上海社科院博士杨雄在论坛上谈到,他们合作对 12 个国家的 25 000 人所作的调查表明,人们普遍低估智障人士的能力。而接受调查的中国 16 个城市 47 所中学的 4 600 多名学生普遍认为,智障人士有交往能力,可以参加正常但不太复杂的学科学习,各地学生特别是上海学生对特奥会以及特奥运动的知晓度非常高。

【社会参与】

特奥会期间,包括上海在内,共有 12 个城市、144 个社区、1 877 户家庭、6 189 名社区工作人员、几十所学校、数千名中小学生、万余名社区志愿者和普通市民直接参与社区接待。做客居民家庭、了解社区生活、参加联欢、参观游览等各种活动，各国代表团普遍反映感到温馨、振奋，认为从未有这样深切地了解中国和中国人民，感受到人们真诚的友谊和关爱。其中，在浦东新区金杨社区，特奥运动员到小区居民家中做客受到亲切热情的欢迎和接待，并在一些家庭和小区内与东道主和居民一起参加丰富多彩的才艺表演和互动节目，有剪纸、制作微型盆景、编织千千结、做绢花、绣十字绣、欣赏民乐演奏、观赏食品雕刻等。为了做好接待工作，社区还举办特奥知识讲座、特奥志愿者培训、"学外语、讲礼仪活动"、迎特奥全民健身活动等，"当好东道主""你行我也行"在小区深入人心。这次广泛的社区接待活动，在社会上形成关爱智障人士、关心特奥事业的良好氛围。

图 2－2－5　2007 年 10 月，参加世界夏季特奥会的运动员在社区居民家庭做客

【特奥会闭幕】

10 月 11 日晚上，2007 年世界夏季特殊奥林匹克运动会在上海江湾体育场闭幕。中国国务院副总理回良玉、中共上海市委书记习近平出席闭幕式。上海市长韩正在闭幕式上致辞说，为期 10 天的特奥会增进了各国人民的相互了解和友谊，谱写了人类文明的新篇章。中国残联主席邓朴方在致辞中说，特奥崇尚勇敢尝试、争取胜利的精神，倡导平等融合的理念，鼓励智障人士挑战自我，实现生命价值，帮助智障人士享受人类文明成果。国际特奥会主席蒂姆·施莱佛在闭幕式上对中国人民为办好特奥会的辛勤付出表示衷心感谢。

回良玉宣布运动会闭幕后，韩正向下届冬季和夏季特殊奥林匹克运动会举办城市移交会旗，2011 年希腊雅典世界夏季特殊奥林匹克运动会组委会主席德斯波特普鲁与 2009 年美国爱达荷州世界冬季特殊奥林匹克运动会组委会联合主席基姆和帕瑞分别接过会旗。闭幕式穿插以"阳光·生命"为主题的、友爱联欢式的盛大文艺表演。伴随着智障人士舟舟指挥的一曲《欢乐颂》，辉映夜空的礼花为特奥会画上圆满的句号。

第 12 届特奥会共有 165 个国家和地区组团参加，其中参赛代表团 164 个，观察团 1 个（朝鲜）；参赛的运动员、教练员和其他人员 10 503 人，其中中国代表团 1 713 人。另有 2 万多名运动员家属、政要、名人、记者等与会。特奥会期间,进行 21 个比赛项目和 4 个表演项目,共颁发奖牌 14 162 枚。在特奥会上,执法人员火炬跑首次在全球范围内开展,途经五大洲的希腊、埃及、英国、美国、韩国、日本、澳大利亚和中国 8 个国家 23 个城市,行程 3.5 万千米。特奥会期间,上海、北京、大连、西安、广州、南京、无锡、苏州、杭州、温州、嘉兴和哈尔滨 12 个城市开展形式多样、内容丰富的相关活动,圆满完成社区接待和执法人员火炬跑等任务。香港特别行政区和澳门特别行政区分别举行迎圣火仪式和火炬跑活动。上海共有 4 万余名志愿者参与赛会服务,有 10 多万名社区干部、高校学生、部队战士、交通和宾馆等窗口服务人员参与接待服务,近百万市民直接或间接参加特奥会的活动,欢乐关爱的气氛贯穿运动会始终,展示上海“海纳百川、追求卓越、开明睿智、大气谦和”的城市精神和市民风貌。世界各大媒体视角聚焦特殊奥运会,120 个国家和地区的 1 400 家媒体所作报道超过 50 万篇;88 个国家和地区的电视台对开幕式进行实况或延时转播,10 亿境外观众收看节目。在接受新华社记者专访时,国际特奥会主席蒂姆・施莱佛说,中国在推动特奥事业方面为世界作出榜样。

图 2-2-6　2007 年 7 月 27 日,世界夏季特奥会火炬跑美国段在华盛顿举行

二、“万国禁烟会”百年纪念活动

2009 年 2 月 26 日,“万国禁烟会”百年纪念活动在上海国际会议中心举行。100 年前参加在上海召开的“万国禁烟会”的中、美、德、英等 13 个国家,柬埔寨、老挝、缅甸、越南以及联合国毒品和犯罪问题办公室、国际麻醉品管制局 2 个国际组织的代表及有关国家的驻华使节等共 100 余人参加纪念活动。

国务委员、国家禁毒委员会主任、公安部部长孟建柱代表中国政府出席会议开幕式暨纪念鼎揭幕仪式、正式会议、新闻发布会、中国政府欢迎宴会和与会代表参观活动。孟建柱在开幕式致辞中说,100 年来,特别是 1998 年联合国大会禁毒特别会议以来的 10 年间,世界各国政府和国际社会不断加强禁毒措施和国际合作，在减少毒品供应和需求等诸多领域取得显著成效。同时，全球毒品问题总体仍在持续蔓延，严重影响各国人民的正常生活，并对国际安全构成威胁。

孟建柱倡议，面对新形势、新任务、新挑战，世界各国应进一步加强合作，以科学的理念、创新的机制和务实的实践，推动解决关系人类生存与发展的毒品问题，充分履行各自的政治承诺，为建立和维护一个共享和谐进步的人类社会作出贡献。国际社会应积极开展禁毒合作，坚持责任共担，协调一致应对挑战，减少毒品需求和供应。孟建柱表示，中国政府愿意继续积极开展与世界各国的禁毒国际合作，继续为禁毒事业的发展作出不懈的努力。

开幕式由中国代表团团长、国务院副秘书长、国家禁毒委员会副主任汪永清主持。上海市长韩正到会致辞，他代表上海市人民政府，热烈欢迎出席纪念活动的各位来宾和朋友。韩正说，1909 年在上海召开的“万国禁烟会”，是国际多边禁毒合作的开端，“万国禁烟会”召开以来，中国人民对鸦片和各种毒品的抵制从来没有停止过。在中国近代长达百余年的禁毒运动中，上海人民积极参与，不懈努力，坚决与毒品做斗争，书写了重要的历史篇章。他指出，上海人民将继承先辈传统，坚定不移地与毒品开展斗争。相信“万国禁烟会”百年纪念活动的举办，将进一步推进国际禁毒合作更加积极、务实发展，也将有力地推动上海禁毒斗争进一步深入开展，取得新的成果。

联合国毒品和犯罪问题办公室主任科斯塔、国际麻醉品管制局主席顾德思也分别在会上致辞。

会议通过《上海宣言》，宣言肯定了国际社会自 1909 年以来在麻醉品管制和禁毒合作方面取得的进步和成绩，特别是东南亚国家在显著减少罂粟非法种植和积极推动可持续替代发展方面取得的可与世界其他地区分享的重大成就、成功经验和教训。《上海宣言》敦促各国根据会议精神，全面落实国际禁毒公约，切实履行国际禁毒义务。新闻发布会上，国家禁毒委员会副主任、公安部副部长张新枫介绍纪念活动和通过《上海宣言》的总体情况，科斯塔介绍联合国出版的《百年禁毒回顾》一书，顾德思介绍国际麻醉品管控基本形势。

会前，孟建柱分别与前来出席纪念活动的柬埔寨副首相、内政大臣兼禁毒委员会主任韶肯，俄罗斯国家禁毒委员会主席、联邦麻醉品监管总局局长维克多·伊万诺夫，国际麻醉品管制局主席顾德思和老挝国家禁毒委员会主席兼主席府部长苏班进行会谈。会议期间，各国代表参观“中国百年禁毒掠影”图片展。图片展回顾百年来中国人民禁毒事业不屈不挠的发展历程以及取得的丰硕成果，展示中国政府对禁毒工作的高度重视和推进禁毒国际合作的坚定决心和巨大贡献。与会各国代表还分赴闸北区精神卫生中心和浦东新区戒毒康复指导室实地考察社区禁毒工作，并就禁毒工作社会化和社区药物维持治疗等话题与中国禁毒工作者交流。在纪念活动圆满结束之际，各国代表重回 100 年前举行“万国禁烟会”的上海和平饭店南楼（原汇中饭店），在“万国禁烟会会址”纪念牌前合影留念。

第三章　中国2010年上海世界博览会

中国2010年上海世界博览会是中华人民共和国成立以来中国举办的规模最大、持续时间最长的国际活动，也是世博史上第一次在发展中国家举办的注册类世界博览会。世博会已有150年的历史，上海世博会举行时间为2010年5月1日—10月31日，为期184天。2010年上海世博会共有44个自建馆，40个租赁馆和11个联合馆，17个企业馆。除此之外，由国际遴选委员会从全球106个有效申报案例中选出34个城市的展馆展示案例。207个国家和国际组织、所有参展企业、35个城市最佳实践区案例参与网上世博会体验型展馆，其中有31个国家参与网上世博会体验型展馆。各参展方展馆和展示内容，无不闪烁着最新科技的光芒和特色文化的光辉，表达着对上海世博会主题的独到理解和生动演绎。

2010年上海世博会云集246个国家和国际组织参展方，观博人数达到7 308万人次，其中境外游客425万，创造世博会历史新纪录。围绕“城市，让生活更美好”的主题，来自世界各地的参展方通过展示、论坛、表演等形式，共同探讨城市未来发展理念，尽情畅想人类进步美好前景。2010年上海世博会秉承和弘扬理解、沟通、欢聚、合作的世博理念，创造和演绎了一场精彩纷呈、美轮美奂的世界文明大展示，以一届成功、精彩、难忘的世博会载入史册。

第一节　申博外事

一、提交申请

1993年，国际展览局接纳中国为第46个成员国。1999年12月8日，中国驻国际展览局首席代表刘福贵在国际展览局第126次大会上宣布，中国政府支持申办中国2010年上海世博会。2000年3月17日，经国务院批准，“2010年上海世界览博会申办委员会”成立。4月10日，上海申办2010年世博会网站正式开通。6月27日，上海成立“2010年上海世博会申办工作领导小组”。2001年5月2日，中国驻法国大使吴建民代表中国政府正式向国际展览局秘书长洛塞泰斯递交由外交部部长唐家璇签署的申请函。2002年1月30日，中国驻法国大使吴建民代表中国政府向洛塞泰斯递交中国上海申办报告。第一册正文前是国家主席江泽民和国务院总理朱镕基的支持信，第二册是场馆设计报告，第三册是对报告正文的详细阐述，三册共830页、15万字、400多张照片，是中央和上海市有关部门、院校学者200多人历时8个多月的努力成果。国际展览局对报告的评价是：计划可行，质量卓越，无愧于一届伟大的世博会。中国是第一个向国际展览局递交申请函和申办报告的国家，拉开了申博帷幕。

二、出席会议，陈述发言

2001年6月6日、11月30日，2002年7月2日、12月3日，上海代表团、中国代表团分别出席国际展览局第129次、第130次、第131次、第132次代表大会。时任上海市长徐匡迪在出席国际展览局第130次全体代表大会上，作主题词为“中国如有一份幸运，世界将添一片异彩”的陈述发言。2002年7月2日，以国务委员吴仪为团长的中国政府代表团出席国际展览局第131次全体代表大会。在会上，吴仪、唐家璇等分别就中国申办2010年世博会作陈述发言，表明中国政府全力申博的坚决态度和决心。

2002年12月3日，国务院副总理李岚清、国务委员吴仪率领中国代表团出席在摩纳哥蒙特卡洛召开的国际展览局第132次全体代表大会，并分别在大会上作陈述发言。李岚清重申中国申办2010年上海世博会的决心，他说，如果申办成功，中国保证将兑现所有承诺，并强调中国政治稳定，经济繁荣，而上海是中国融入世界的缩影，是举办世博会的理想城市。吴仪侧重表达12亿中国人民对举办世博会的期盼。她表示，中国有悠久而灿烂的文化、巨大的市场、热情纯朴友善好客的人民，中国绝不会让人失望，上海将给世界一个惊喜！上海代表着重介绍上海世博会的场址、服务及参展优惠措施。陈述间插播反映中国形象和上海新面貌的宣传片。中国代表团的陈述全方位、多侧面地表现中国举办世博会的实力、优势和信心，赢得与会代表阵阵掌声。12月3日下午，在国际展览局第132次代表大会上，成员国代表以投票形式，从中国、俄罗斯、韩国、墨西哥、波兰5个竞争国中决定2010年世博会举办国。经过4轮投票，中国最终以54票对韩国34票的绝对优势，获得2010年世博会的举办权。上海市成为举办2010年世博会的城市。

三、政府支持申博

申博期间，党和国家领导人江泽民、朱镕基、吴仪等在重要外交场合，都相机向各国元首、政府首脑做工作，请他们支持中国申博。中央各部委领导以及上海市领导在一些重要外交场合也开展工作，争取支持。国家申博委还派人常驻法国巴黎，有效地开展工作。2001年10月以后，中央有关部门和上海市领导相继带队出访做游说工作，总共派出37个团队，访问88个成员国中的86个国家。申博期间，上海共接待国际展览局主席、名誉主席、秘书长和其他高级官员，国际展览局各成员国主管世博会的主要部门官员等126批来访团组，共计610人次，涉及70个国展局成员国；与此同时，还开展申办徽标、口号和海报的征集活动，举办一系列民众申博宣传活动，组织中央、上海和海外媒体宣传，组织制作大量的申博宣传品，建立世博网。上海的申博活动得到广大民众、中外企业、国际友人等各界的支持。

第二节　筹博外事

一、健全办博组织

2004年6月，国家成立中国2010年上海世博会组织委员会(以下简称“组委会”)和2010年上海世博会执行委员会(以下简称“执委会”)。组委会是中国2010年上海世博会的领导机构，由外交部、商务部、中宣部等有关部委和上海市政府等24家委员单位组成。中共中央政治局委员、国务院副总理吴仪任中国2010年上海世博会组委会主任委员(后由中共中央政治局委员、国务院副总理王岐山接任)。组委会的主要职责是：协调相关法律法规、规章及政策的拟订和实施工作，协调、推动各地区和中央有关部门的参展事务，推动落实中国政府邀请各国政府和有关国际组织参展，就上海世博会筹备、举办过程中的重大事宜作出决议、决定，确定上海世博会中国政府总代表。组委会的日常联络和协调工作由中国贸促会承担。执委会是组委会的执行机构,由上海市委组织部、市委宣传部、市委办公厅、市计委、市编办、市政府办公厅和上海世博局等42家有关部门组成。上海世博局是上海世博执委会的日常办事机构。上海世博局在组委会、执委会领导下,具体负责世博会的筹备、组织、运作和管理,并协助世博会中国政府总代表工作。12月16日,新任命的世博会中国政府总代表华君铎首次出席国际展览局在法国巴黎举行的第136次成员国代表大会。

二、举办各类上海世博会推介会

2004年3—12月,上海世博会推介会分别在埃及开罗、法国巴黎、比利时布鲁塞尔、匈牙利布达佩斯、韩国汉城和釜山及葡萄牙里斯本举行。在各场推介会会场,上海市政府领导、中国驻外大使、上海市市长代表和上海世博局领导出席,介绍上海经济发展,上海世博会的理念、主题、规划选址、后续利用,世博会蕴涵的商机,筹备工作进展和商业化运作等方面情况,与曾经举办过世博会的西班牙、葡萄牙、德国代表进行经验交流,并就世博会与城市发展的议题同与会代表互通信息。2005年8月19日,上海世博会推介招待会在爱知世博园馆举行。近90个国家和国际组织的230多名相关人员出席,各国来宾就上海世博会的主题及参展细节与世博局交换意见。2007年3月和11月,上海世博局等单位分别在日本东京和法国巴黎举办"上海周"系列活动,以加深海外民众对中国2010年上海世博会的了解。2008年3月,上海市政府副秘书长、上海世博局局长洪浩率团赴日本、韩国出席上海世博会推介活动。3月24—25日,上海世博会推介活动分别在日本东京、名古屋举行,中国驻日本大使崔天凯、日本外务大臣高村正彦、日本前首相海部俊树等出席"上海世博会推介周"活动开幕式暨上海世博会日本推广形象大使揭晓仪式并分别致辞。3月27日,由上海世博局、市政府新闻办、市外事办公室和市旅游委联合主办的韩国"上海日"世博会推介活动在韩国首尔举行。

同年9月22日,2010年上海世博会推介会暨"走进世界博览会"展览在台北举行。中共上海市委常委、常务副市长、上海世博会组委会委员、执委会常务副主任杨雄出席推介会并作主旨演讲。台北市市长郝龙斌、副市长吴清基以及台湾各界知名人士以及工商企业代表、主流媒体记者约200人出席推介会并参观"走进世界博览会"展览。10月6日,由上海世博局、中国常驻联合国代表团和上海市对外文化交流协会共同举办的"上海世博会联合国图片展"在纽约举行。中国常驻联合国代表张业遂、联合国主管新闻与传媒事务副秘书长赤阪清隆、上海世博会执委会专职副主任钟燕群在开幕式上致辞。联合国副秘书长沙祖康以及各国常驻联合国使节、联合国官员等200多人出席开幕式并参观展览。10月12日和10月22日,中国2010年上海世博会香港推广周暨"走进世博会"香港巡展和中国2010年上海世博会澳门推广周暨"走进世博会"澳门巡展分别在香港、澳门开幕。香港特别行政区政务司司长唐英年,澳门特别行政区行政长官何厚铧,国务院港澳办公室副主任周波,上海市常务副市长杨雄等分别出席上述开幕式活动。

三、建立上海世博会国际招展机制

2006年初,在上海世博会组委会推动下,建立"4+1"国际招展工作机制,即外交部、商务部、上海市人民政府和中国贸促会4个单位,再加1个上海世博会中国政府总代表。"4+1"成员单位每季度召开一次工作会议,部署下阶段的国际招展工作。"4+1"国际招展工作机制在国家领导人和组委会成员单位、特别是外交部的全力支持下开展工作，通过动用国家最广泛的外交资源，以国家为后盾，以中国驻外使馆为主要倚重力量，推进国际招展工作。

四、发出参展邀请

2006年3月22日，国务院总理温家宝签署官方邀请函，通过外交渠道向168个建交国发出参展邀请，上海世博会国际招展全面启动。3月29日，外交部部长李肇星签署官方邀请函，通过外交渠道向49个政府间国际组织发出参展邀请，同时，上海世博局也向11个非政府、非营利组织发出参展邀请。至2006年底，有94个国家和13个国际组织确认参展中国2010年上海世博会。至2008年底，有185个国家和45个国际组织确认参展。国内各省、自治区、直辖市、港澳地区全部签约(台湾馆于2009年7月21日正式签约)。规划的16个企业馆中，15个确认参展。城市最佳实践区50多个实物案例和展馆案例有42个签约。“网上世博会”有145个国家和国际组织确认参加。截至2010年3月25日，有242个国家和国际组织确认参展。最终，共有246个国家和国际组织确认参展上海世博会。

五、确定选址和园区规划方案

上海世博会的场址最终确定在上海城区黄浦江两岸的滨水区域，主体位于南浦大桥和卢浦大桥之间，总面积为5.28平方千米。世博园区的主要展馆建筑包括主题馆、中国馆、外国国家馆、国际组织馆、企业馆、城市最佳实践区和世博会博物馆七大类型。其中，国家馆按照该国所在洲的地理位置，以“展馆团”为基本单位，划定和布置办展单元，共分三类：第一类为自建馆，第二类为租赁馆，第三类为免费向发展中国家提供的联合馆。上海世博会“一轴四馆”(世博轴、中国馆、主题馆、

图2-3-1　上海世博会阳光谷

世博中心及世博文化中心)为世博园区内的永久性建筑。2006 年 8 月 19 日,世博园区工程建设正式开始。2007 年 12 月 18 日,中国馆正式动工,并于 2010 年 2 月 8 日竣工。2010 年 3 月 31 日,“一轴四馆”全面竣工。上海世博会的会址从而成为继外滩和陆家嘴之后上海城市形象的新标志。

六、选定会徽、吉祥物

上海世博会会徽,于 2003 年 12 月 3 日向社会公开征集,至次年 7 月 31 日 24 时止,共收到来自全国和世界各地的应征作品 9 046 件。2004 年 11 月 9 日,经上海世博局执委会第二次会议审议提交组委会审议后确定 1 幅。上海世博会会徽图案形似汉字“世”,并与数字“2010”巧妙组合,相得益彰,表达中国人民举办一届属于世界的、多元文化融合的博览盛会的强烈愿望。图案中你、我和他/她手拉着手,象征着人类的大家庭,表达了世博会“理解、沟通、欢聚、合作”的理念。会徽以绿色为主色调,富有生命力,增添了向上、升腾、明快的动感和意蕴,抒发了中国人民面向未来,追求可持续发展的创造激情。上海世博会的吉祥物——“海宝”,从来自五大洲 21 个国家的 26 655 件征选作品中脱颖而出。以汉字的“人”为核心创意的吉祥物海宝,寓意为“四海之宝”,体现“以人为本”的精神和内涵,也契合上海世博会“城市,让生活更美好”的主题。

第三节　办 博 外 事

2010 年是世博外交年。上海世博会是一次集中体现世界合作发展进步的国际盛会,也是一次举世瞩目的外交盛会。在中央和市委、市政府的正确领导及中央上海世博会外事工作协调小组的直接指导下,上海世博会外事工作指挥部面对世博外事全面融入“世博外交年”国家总体外交的光荣使命以及任务重、难度大、要求高、时间长等前所未有的机遇和挑战,周密筹划,科学组织,加强统筹协调,积极有所作为,圆满完成各项世博外事任务,为确保上海世博会成功、精彩、难忘作出重要贡献,谱写上海外事大发展的新篇章。

世博会期间,外国政要贵宾密集到沪。上海共接待进园区境外贵宾 5 470 批 10.7 万余人次。外事工作指挥部接待的重要贵宾团组 872 批,其中外国国家元首和政府首脑 100 多位,副总统、副总理、议长、王室成员、政府部长、政党领袖 360 多批。面对艰巨繁重的外事任务,外交部会同上海外办等单位建立高效精干的沟通协调机制——世博外事工作协调小组,强化识大局、重协作的一盘棋意识,出色完成上述 100 多位外国国家领导人、360 多批外国政要团组集中来华出席世博会开闭幕式、开园仪式、中国馆日、外国馆日、世博会高峰论坛等活动,圆满完成党和国家领导人、80 多位部级领导出席世博会各项活动,确保 70 多场领导人外事活动的进行,保障首脑外交的顺利开展。

一、开幕式与开园仪式

世博会开幕式与开园仪式是世博第一仗,重中之重,也是集中开展世博外交的重要时机。上海市外办落实、安排抵沪参加开幕式的 1 000 多位重要国际贵宾的各项接待和安排,其中包括 21 批外国国家元首和政府首脑代表团,12 批外国议长、副元首和副首脑代表团,16 批部长级外国代表团以及外国驻华大使、驻沪总领事和上海国际友好城市市长与上海市市长国际企业家咨询会成员代表团,并承担港澳特区行政长官参加开幕式的接待和安排,积极做好来沪参加世博会开幕式、开园仪式和顺访的外国政要和贵宾的接待工作。

开幕式期间，中国国家主席胡锦涛为应邀出席开幕式的中外贵宾举行欢迎晚宴，并分别为6位进行国事访问的外国国家元首举行欢迎仪式。胡锦涛、贾庆林、习近平、李克强、戴秉国以及杨洁篪等国家领导人分别与国际贵宾进行50多场的双边会见。

【开幕式】

举世瞩目的中国2010年上海世界博览会开幕式4月30日晚在上海世博文化中心隆重举行。夜幕降临，浦江两岸华灯璀璨，世博园内流光溢彩。造型宛如飞碟的上海世博文化中心内，8 000多名观众欢聚一堂，热切期待盛会开幕时刻的到来。20时许，在欢快的乐曲声中，中国国家主席胡锦涛和国际展览局主席蓝峰等走上主席台就座。中共上海市委书记、上海世博会组委会第一副主任委员俞正声主持开幕式，国务院副总理、上海世博会组委会主任委员王岐山在开幕式上致辞，感谢国际展览局的成员国，感谢246个国家和国际组织以及中外企业的参展方，感谢全国人民尤其是上海市人民和上海世博会的建设者、工作者和志愿者。20时30分，国家主席胡锦涛宣布：中国2010年上海世界博览会开幕！随后，中外艺术家联袂登台，奉献一台精彩的大型文艺演出。文艺演出结束后，宾主共同在室外欣赏大型灯光喷泉焰火表演。

图2－3－2　2010年4月30日晚上，上海世博会盛大的开幕式演出举行

出席开幕式的世界各国领导人有：亚美尼亚总统萨尔基相、刚果（布）总统萨苏、朝鲜最高人民会议常任委员会委员长金永南、法国总统萨科齐、加蓬总统邦戈、肯尼亚总统齐贝吉、马拉维总统穆塔里卡、马里总统杜尔、密克罗尼西亚总统莫里、蒙古总统额勒贝格道尔吉、巴勒斯坦总统阿巴斯、韩国总统李明博、塞舌尔总统米歇尔、土库曼斯坦总统别尔德穆哈梅多夫、柬埔寨首相洪森、欧盟委员会主席巴罗佐、哈萨克斯坦总理马西莫夫、荷兰首相鲍肯内德、越南总理阮晋勇。开幕式前，胡锦涛在上海国际会议中心举行隆重宴会，热烈欢迎前来出席中国2010年上海世博会开幕式的贵宾。胡锦涛发表题为《欢聚世博盛会　共创美好未来》的祝酒词，他强调指出，世博会是荟萃人类文明成

果的盛会,也是世界各国人民共享欢乐和友谊的聚会。上海世博会是第一次在发展中国家举办的注册类世博会。这是中国的机遇,也是世界的机遇。中国政府和人民怀着高度热忱,举全国之力,集世界智慧,全力筹办上海世博会。相信世界各国人民一定能够共享一届成功、精彩、难忘的盛会。

【开园仪式】

中国2010年上海世界博览会开园仪式5月1日上午在上海世博中心举行。中共中央政治局常委、全国政协主席贾庆林出席开园仪式,并同国际展览局主席蓝峰一起为上海世博会开园。

5月1日上午的世博中心中央大厅里气氛热烈,200多名旗手手持各参展方旗帜分列两侧。主席台中央摆放着以浑天仪为创意原型的启动装置,装置上3个环象征人们对"天时、地利、人和"的祈盼。一把金色钥匙在磁悬浮作用下凌空悬在启动装置中,寓意古老文明与现代科技的有机结合将开启人类通向美好未来之路。8时30分许,在雄壮的中华人民共和国国歌声中,五星红旗冉冉升起。伴随着国际展览局曲和上海世博会主题曲,国际展览局旗、上海世博会旗也先后升起。国际展览局秘书长洛塞泰斯和贾庆林分别致辞。8时45分,贾庆林同蓝峰共同启动按钮,悬浮的金色钥匙徐徐转动,主席台上方大型电子显示屏上呈现的世博园大门缓缓打开,上海世博园区正式开门迎客,246个国家和国际组织在这里为人们献上一场精彩纷呈的先进科技与文明交融的盛宴。开园仪式由上海市长、上海世博会组委会副主任委员韩正主持。国际展览局负责人,各参展方总代表,爱知、萨拉戈萨、丽水和米兰世博会代表,中国各省区市代表等出席开园仪式。

二、胡锦涛会晤外国领导人

在沪期间,国家主席胡锦涛先后同前来出席世博会开幕式等活动的一些外国领导人会晤。4月29日,胡锦涛分别会见刚果(布)总统萨苏、加蓬总统邦戈,热烈欢迎两国领导人前来出席上海世博会开幕式。萨苏和邦戈热烈祝贺中方举办这次全球瞩目的盛会,表示发展中国家为此感到自豪,祝愿并相信上海世博会一定会取得圆满成功。4月30日,胡锦涛分别会见马拉维总统穆塔里卡、哈萨克斯坦总理马西莫夫、朝鲜最高人民会议常任委员会委员长金永南、韩国总统李明博、越南总理阮晋勇,胡锦涛热烈欢迎各国领导人出席上海世博会开幕式,感谢各方积极支持中国举办上海世博会,希望通过上海世博会这一平台,展示各国发展成果,增进了解和友谊,促进共同发展。出席会见的上述领导人对中国举办上海世博会表示热烈祝贺,期望并相信上海世博会一定会获得圆满成功。5月1日上午,胡锦涛分别同来华进行国事访问并出席上海世博会的巴勒斯坦国总统阿巴斯、蒙古总统额勒贝格道尔吉、肯尼亚总统齐贝吉举行会谈,感谢他们支持和参与上海世博会。下午,胡锦涛先后会见荷兰首相鲍肯内德、欧盟委员会主席巴罗佐、柬埔寨首相洪森等外国领导人,胡锦涛对各方为中国举办上海世博会给予的支持表示感谢,参加会见的上述领导人衷心祝贺上海世博会成功开幕。会见结束后,胡锦涛还特意赶往瑞金医院探望不慎摔伤住院的马耳他总统阿贝拉,阿贝拉为此深受感动,他衷心祝愿上海世博会取得圆满成功。5月2日上午,胡锦涛在沪同来华进行国事访问并出席上海世博会有关活动的马尔代夫总统纳希德举行会谈,同来华进行国事访问并出席世博会开幕式的密克罗尼西亚总统莫里和土库曼斯坦总统别尔德穆哈梅多夫分别举行会谈。下午,胡锦涛会见马里总统杜尔、塞舌尔总统米歇尔、亚美尼亚总统萨尔基相。参加会见的上述外国领导人对上海世博会成功开幕表示热烈祝贺。胡锦涛表示期待各国在上海世博会上的精彩展示。

三、其他中央领导会晤各国嘉宾

全国政协主席贾庆林在沪分别会见巴勒斯坦总统阿巴斯，蒙古总统额勒贝格道尔吉，纳米比亚前总统、西南非洲人民组织前主席努乔马和日本首相特使、日本国家战略担当大臣仙谷由人。贾庆林欢迎他们来华出席上海世博会开幕式，感谢包括四国在内的世界各国和国际组织对上海世博会的大力支持。国家副主席习近平在沪分别会见前来出席上海世博会开幕式的哥伦比亚副总统桑托斯、第 64 届联合国大会主席图里基、阿尔及利亚民族院议长本·萨拉赫、卢森堡议长莫萨、马其顿议长韦利亚诺夫斯基，欢迎他们来华参加和见证一届成功、精彩、难忘的世博盛会。国务院副总理李克强在沪会晤希腊副总理潘卡洛斯和智利前总统巴切莱特。

四、党和国家领导人参观上海世博园

中国 2010 年上海世博会开幕之际，国家主席胡锦涛等党和国家领导人参观上海世博园部分展馆。胡锦涛一行参观中国国家馆，并来到省区市联合馆，边看边听边问，亲身感受每个展馆的独特魅力。情系青海玉树地震灾区，胡锦涛在青海馆驻足观展并询问有关情况。还怀着浓厚兴趣参观香港、澳门和台湾馆，参观美国、俄罗斯、英国、法国、德国、意大利、沙特、巴西、墨西哥等国的展馆，非洲联合馆和联合国联合馆等展馆；参观城市人馆、城市生命馆、城市足迹馆、城市地球馆和城市未来馆 5 个主题馆，并观看从全球范围遴选出的特色城市实践案例。最后，胡锦涛一行来到专为残疾人设立的生命阳光馆。参观结束时，胡锦涛表示，上海世博园主题鲜明、内容广泛、建筑别致、展览精彩，确实是不同国家和地区经济文化交流的大舞台，相信通过上海世博会这个窗口，各国人民可以深入了解中国，中国也可以更多地了解世界。他希望各有关方面要全力以赴、精益求精、协调一致、善始善终做好上海世博会举办期间各项工作，坚持安全第一、服务至上，真正把上海世博会办成一届成功、精彩、难忘的世博会。

五、外国媒体报道

开幕式期间，共有 273 名外国记者报名采访世博会，其中既有常驻记者，也有临时到沪记者，更有高访团组随团记者。一些外国媒体在第一时间报道上海世博会隆重开幕的消息，并认为世博会开幕式气势恢宏，富于创新，上海世博会令世人期待。中国政府邀请的由 60 多个发展中国家主流媒体 101 位记者组成的采访世博会“六十国百人团”取得巨大成功，发展中国家记者报道频发、反响热烈。罗马尼亚国家电视台对世博会开幕式进行现场直播，国家通讯社罗马尼亚通讯社则对开幕式进行滚动报道。罗通社报道，上海世博会预计将迎来 7 000 万人次的参观者，有望创造世博会参观人数的新纪录。丹麦国家电视二台报道说，上海世博会作为世界历史上规模最大、耗资最昂贵的一届博览会，是各国渴望已久的向中国展示自己的良机。众多国家和地区聚集在上海，以求向迅猛发展的中国展示自己的吸引力。日本《朝日新闻》社论说，上海世博会让人们为中国的魅力所惊叹。美国《中华商报》发表文章盛赞上海世博会，文章说，中国人以海纳百川的气魄，为世界开办这场 184 天的文明交流盛宴。新加坡最大的英文报纸《海峡时报》5 月 1 日在头版及上海世博会专栏图文并茂地报道了世博会开幕盛况。中文报纸《联合早报》报道说，上海世博会的主题演绎的是未来生活，世博会演绎的是中国梦想。柬埔寨《柬华日报》头版和其他版面刊登一系列世博会开幕的照片和文字报道。此外,还有一些媒体人士对上海世博会精彩的开幕式表演赞不绝口。马达加斯加国家电视台主编艾麦说,上海世博会开幕盛况空前,是一届高科技的盛会,前所未有。他说,一个发展中国家举办如此规模的盛会,中国应该为此而自豪。

六、国家馆日(荣誉日)活动

国家馆日活动和国际组织荣誉日活动是互动交流与促进合作的重要平台,也是上海世博会的一个亮点。上海世博会期间,从5月5日第一个举办的外国馆日——“阿尔巴尼亚国家馆日”在世博中心拉开帷幕,到10月30日最后一个荣誉日——“国际展览局日”,共举行191场馆日活动。世博会各参展方对馆日活动十分重视,希望利用世博平台与中国进行交流合作。馆日活动的官方仪式在世博中心举行。世博会期间,几乎每天都有馆日活动,最多时一天有3场馆日活动。馆日活动的升旗仪式一般在世博中心东广场(雨天改在室内)举行。中国国旗、当日举行馆日活动参展方的旗帜和国际展览局旗每天隆重升起,场面庄重、热烈。世博中心和世博文化中心的演艺厅每天高朋满座,热闹非凡,来自世界各地的艺术家轮番在此奉献精彩的文艺演出,让观众充分领略各国风情和民间艺术。除此外,园区室外广场每天均有各类文艺演出,据统计,世博会期间共有2万多场次演出。9月28日,中共中央政治局常委、国家副主席习近平在沪出席上海世博会俄罗斯国家馆日活动并致辞。习近平对俄罗斯总统梅德韦杰夫出席俄罗斯馆日活动表示欢迎。他说,俄罗斯馆是上海世博会规模最大、观众最多的国家馆之一,生动展示了俄罗斯悠久灿烂的历史文化和特色鲜明的建筑艺术,以及俄罗斯人民坚持走创新型发展道路、推进国家现代化的坚定信念和对未来城市发展的深刻思考。梅德韦杰夫在致辞中表示,世博会在结合古老传统和现代文明的上海举行,具有重要的象征意义。他对中方为俄方参展提供的大力支持表示衷心的感谢,祝愿上海世博会取得圆满成功。中共中央政治局委员、上海市委书记俞正声出席德国、瑞典、菲律宾、伊朗、加拿大、加勒比共同体、西班牙等国家馆日活动的仪式并致辞。俞正声对上述国家馆日活动的举行表示祝贺,他指出,上海世博会为在全球范围内推动国际交流合作和相互学习借鉴提供了机会和舞台,让世界各国人民跨越国界、跨越文化、携手努力,共同分享全人类的智慧结晶,追求人类未来的美好生活。相信通过上海世博会,将进一步促进我国同各国人民增进了解、巩固友谊,在大家的共同努力下,为本地区的稳定与繁荣作出新的贡献。

七、中国国家馆日活动

10月1日是中国国家馆日。在举国欢庆新中国成立61周年之际,2010年上海世界博览会中华人民共和国国家馆日仪式10月1日上午在世博中心隆重举行。中共中央政治局常委、全国人大常委会委员长吴邦国出席仪式。

10时30分许,吴邦国和夫人章瑞珍在世博中心如意厅迎接应邀前来出席中国国家馆日活动的外国领导人和贵宾,同他们一一握手,互致问候。在欢快的迎宾曲中,吴邦国与外国贵宾一同步入中央大厅会场,场内响起热烈掌声。10时40分,中国国家馆日仪式正式开始。升旗仪式后,吴邦国和国际展览局秘书长洛塞泰斯分别致辞,随后,吴邦国和前来出席中国馆日活动的各国贵宾一起参观中国国家馆。中午,上海世博会组委会举行宴会,欢迎出席中国国家馆日活动的外国贵宾。吴邦

图 2-3-3　2010 年上海世博会中国馆

国等出席宴会。中共中央政治局委员、国务院副总理、上海世博会组委会主任委员王岐山致祝酒词。

图 2-3-4　2010 年 10 月 1 日，世博会中国国家馆日举行盛大文艺演出

吴邦国在馆日活动仪式致辞中，对大力支持上海世博会的各国政府和人民、国际展览局和有关国际组织、各参展方以及所有为上海世博会作出贡献的朋友们表示衷心的感谢。他说，不到 6 平方千米的世博园、千姿百态的万国建筑毗邻而居，独具匠心的创意布展争奇斗艳，丰富多彩的文艺演出竞相绽放，各领风骚的最佳实践区熠熠生辉，启迪智慧的论坛对话精彩纷呈，生动体现世界的多样性，构成一幅多元化、多种文明和谐共融的美好画卷。

国际展览局秘书长洛塞泰斯代表国际展览局出席中国国家馆日活动。他在致辞中对中国上海成功举办世博会给予高度评价。他说，上海世博会不仅创造了一个又一个新纪录，也为世博事业树立了一个又一个新标杆，在世界各国人民之间架起友谊的桥梁，给全人类留下宝贵的财富。

出席中国国家馆日仪式和欢迎宴会的外国领导人有：阿尔巴尼亚总统托皮、柬埔寨国王西哈莫尼、中非总统博齐泽、斐济总统奈拉蒂考、老挝国会主席通辛、利比里亚众议长泰勒、马里国民议会议长特拉奥雷、摩洛哥众议长拉迪、利比亚国际慈善和发展机构主席赛义夫等。在沪期间，吴邦国同以上贵宾分别进行会晤。

中共中央政治局委员、全国人大常委会副委员长王兆国，中共中央政治局委员、上海市委书记、上海世博会组委会第一副主任委员、上海世博会执委会主任俞正声，全国人大常委会副委员长兼秘书长李建国，国务委员戴秉国等出席中国国家馆日仪式等活动。

八、世博论坛

世博论坛是上海世博会的重要组成部分,它既能直接演绎世博会主题,又是世博会精神遗产的集中体现,同时也是展望城市可持续发展与世博会未来的重要平台。上海世博会期间共举办1场高峰论坛和6场主题论坛,2009年4月—2010年9月,还举办一系列公众论坛。

【主题论坛】

主题论坛的意义在于汇集国内外有专业背景的精英人士,围绕上海世博会主题,深入探讨一系列与世界城市发展有关的议题,提供有可行性的解决方案,为全球、尤其是广大发展中国家的城市发展提供有意义的策略建议。为扩大上海世博会在中国长三角地区的影响面,论坛分别安排在江苏省的南京市、苏州市、无锡市和浙江省的杭州市、宁波市、绍兴市举行,每场论坛会期2天,论坛主要议程结束后组织部分与会嘉宾到上海参观世博园区、出席相关活动。6场主题论坛的举办时间、地点以及议题如下。

5月15日,上海世博会首场主题论坛——"信息化与城市发展"主题论坛在宁波开幕。来自国际组织、学术界、企业界的600多名代表参加论坛。中共中央政治局委员、上海市委书记俞正声,工业和信息化部部长李毅中,浙江省委书记、省人大常委会主任赵洪祝,国际电信联盟秘书长哈冯德·图埃,菲律宾副总统诺利·德·卡斯特罗在开幕式上致辞。俞正声在致辞时指出,世博会论坛直接演绎世博会主题,与展览展示、文艺活动一道,被共同誉为世博会三大支柱。"信息化与城市发展"论坛是上海世博会举行的首场主题论坛,还将有一系列世博会论坛在其他兄弟城市举办,这是放大世博效应、共享世博机遇的重要举措,也是长三角兄弟省市支持世博、参与世博的生动体现。论坛通过全体大会、对话会以及7个平行论坛,围绕信息化与城市建设和管理,信息化与城市生活,信息化与全球合作等重大问题,广泛深入地探讨信息化背景下的全球城市"智慧发展"策略。

6月12日,中国2010年上海世博会"城市更新与文化传承"主题论坛在苏州太湖国际会议中心开幕。上海世博会参展方代表,中外专家学者、国内各省区市代表和记者共800人参加论坛。全国政协副主席厉无畏,文化部部长蔡武,江苏省委书记梁保华,上海市长、上海世博会执委会执行主任韩正,江苏省省长罗志军,联合国副秘书长沙祖康和联合国教科文组织副总干事汉斯·道维勒出席论坛开幕式。韩正代表中国2010年上海世博会组委会和执委会,对论坛的举行表示热烈的祝贺。他指出,论坛围绕深化上海世博会主题,聚焦新形势下城市发展更新中文化的传承创新,将有利于维护人类文化的丰富遗产,推动城市可持续发展形成更加广泛的共识。联合国副秘书长沙祖康说,上海世博会正吸引全球的关注,博大精深、美丽独特的中华文化在世博会上得到广泛传播。他期待大家在世博论坛上对城市发展以及认识和保护文化遗产提出新的思路。主题论坛会期一天半,包括1个全体大会、6个分论坛和闭幕总结大会。

6月20日,中国2010年上海世博会"科技创新与城市未来"主题论坛在无锡开幕。上海世博会参展方代表、中外专家学者、国内各省区市代表和中外记者近800人出席论坛。全国政协副主席、科技部部长万钢,江苏省委书记、省人大常委会主任梁保华,上海市长韩正,江苏省省长罗志军,联合国贸易和发展会议秘书长素帕猜·巴尼巴滴和上海世博会执委会专职副主任钟燕群等出席论坛开幕式。开幕大会上,万钢和美国哥伦比亚大学教授、诺贝尔物理学奖得主李政道,2005年诺贝尔生理学或医学奖得主、西澳大利亚大学临床教授巴里·马歇尔及中国工程院院士、"杂交水稻之父"

袁隆平发表主旨演讲。万钢指出，科学技术发展日新月异，科技创新已成为推动经济社会发展的主导力量。他希望借助上海世博会论坛的平台，广泛研讨、交流各国在未来城市规划、建设、发展等方面的理念，加强各方对城市发展前沿技术和创新成果的交流和合作。韩正说，无锡论坛聚焦“科技创新与城市未来”，探讨如何通过科技创新引领、支撑城市发展，是对世博会主题的深入诠释。罗志军强调说，上海世博会集合全球智慧，充分体现开放、合作、互利、互赢的时代精神。主题论坛包括1个全体大会、4个平行分论坛、1个圆桌对话和1个闭幕总结大会，40多位中外嘉宾重点探讨城市与科技之间的关系，寻求未来城市可持续发展的科技对策。

7月3日，中国2010年上海世博会“环境变化与城市责任”主题论坛在南京开幕。上海世博会参展方代表、中外专家学者、国内各省区市代表等600多人出席论坛。中共中央政治局委员、上海市委书记俞正声，全国政协副主席厉无畏，江苏省委书记、省人大常委会主任梁保华致辞。国家环保部部长周生贤，国家发改委副主任、能源局局长张国宝，中国气象局局长郑国光，联合国副秘书长、环境规划署执行主任阿希姆·施泰纳等在全体大会上作主旨演讲。俞正声说，上海世博会通过聚焦全球化、城市化进程中的环境问题，共同探讨城市未来的发展模式和相关各方的环境责任，相信一定能为应对全球环境变化的挑战和促进城市可持续发展带来有益启迪和帮助。梁保华表示，江苏将以论坛为契机，学习借鉴世界环保先进理念和成功经验，积极开展城市环保的国际交流与合作，努力把城市建设得更美好，让人民的生活更幸福。为期一天半的“环境变化与城市责任”主题论坛还从政府、企业和公民责任角度，选取热点领域，设置6个分论坛，进行热烈的讨论。

9月9日，上海世博会“经济转型与城乡互动”主题论坛在绍兴开幕。中共中央政治局委员、上海市委书记俞正声，浙江省委书记、省人大常委会主任赵洪祝，国家发改委副主任张晓强，世界银行副行长詹姆斯·亚当斯在开幕式上致辞。中国社会科学院副院长李扬，欧盟委员会前主席、意大利前总理罗马诺·普罗迪，德国前副总理约施卡·菲舍尔等在全体大会上作演讲。俞正声指出，上海世博会展示了未来城乡和谐互动的全息画卷，带来了从发展理念到实践案例的多方位启迪。论坛选择“经济转型与城乡互动”为话题，通过聚焦转型中的经济发展困难、城市二元等问题，进一步深化演绎世博会主题，共同探索城市可持续发展和城乡融合发展的行动路径，意义重大。赵洪祝表示，浙江将利用举办主题论坛的契机，以加快推进转变经济发展方式综合配套改革试点为抓手，进一步把推进经济转型升级与统筹城乡发展有机结合起来，围绕大平台、大产业、大项目、大企业建设，加快推进经济转型升级，通过推进新型城市化、新农村建设、培育中心镇等举措加快推进城乡一体化发展，努力形成经济转型与城乡发展相互促进、相得益彰的良好局面，以促进经济社会又好又快发展。主题论坛包括1个全体大会、1个主题对话会、1场圆桌对话以及4个平行分论坛，共邀请近60位中外演讲嘉宾，分别围绕“城市化、经济转型和企业应对”“城乡互动与公共服务均等化”“增长模式转变与经济可持续发展”等主题展开演讲和讨论。多国政府部门官员、城市市长、世博会等展方代表、城市最佳实践区代表、中外经济专家、社会学者、企业家及媒体记者600余人出席论坛。

10月6日，由住房和城乡建设部、上海世博会执委会、联合国人居署和杭州市政府共同主办的上海世博会“和谐城市与宜居生活”主题论坛在杭州开幕。全国人大常委会副委员长、中国科学院院长路甬祥，住房和城乡建设部部长姜伟新，浙江省委书记、省人大常委会主任赵洪祝，上海市长韩正，浙江省省长吕祖善，联合国助理秘书长、联合国人居署代理执行主任英格·克莱弗比和国际展览局秘书长洛塞泰斯等出席开幕式。主题论坛包括开幕式和全体大会、圆桌对话、6个分论坛和闭幕总结大会，多国城市规划、城市生态经济、城市管理领域的专家、学者、官员，上海世博会参展方代表，国内各省区市代表和中外记者近800人出席论坛。路甬祥在致辞中说，上海世博会为世界城市多元文化和多元化的发展提供了相互交流的平台,展现了和谐城市和宜居生活的未来城市多彩多姿的范本。要依靠科技创新,走建设绿色智能、平安和谐、布局合理、繁荣宜居而有特色的城镇文明发展之路,加快实现“城市,让生活更美好”的共同愿景,为中国的现代化,也为人类文明作出无愧于时代的贡献。姜伟新指出,城市化是经济发展的必然过程,也是人类社会文明进步的重要标志。尤其在发展中国家,城市化将是主要的发展趋势。如何促进人与人、人与社会、人与城市之间的和谐发展,一直是世界各国政府和人民关切的话题。和谐是中国文化的重要内涵,实现和谐的城市发展和宜居的城市生活,是中国人民孜孜以求的愿景。相信论坛会对建设和谐城市,创造宜居生活,在理论与实践上起到积极的促进作用。

【公众论坛】

公众论坛是推介上海世博会、吸引公众参与以及全国参与办博的平台,由一系列涉及不同领域、不同内容和不同形式的独立论坛组成,其中包括中国省区市专题论坛、上海各区县论坛、青年论坛(含青年高峰论坛)、妇女儿童论坛、文化传媒论坛等。公众论坛于2009年4月正式启动,截至2010年4月,在一年多时间里,先后在全国各省区市、上海各区县和海外城市举办,共达52场。议题涉及“资源与城市和谐发展”“环境与城市发展”“都市中心建设”“青年责任与都市发展”等诸多方面。可以说,这是世博会最早启动、持续时间最长的一项系列活动,通过大众论坛,既向广大民众介绍、传播了世博的知识和理念,又为更好地演绎世博会主题奠定了基础。

青年高峰论坛作为公众论坛的一个亮点,以“青年·城市·未来”为主题的上海世博会青年高峰论坛于10月28日在世博中心举行。中共中央政治局委员、上海市委书记俞正声宣布论坛开幕,上海市长韩正,共青团中央书记处第一书记陆昊,联合国副秘书长沙祖康,国际展览局秘书长洛塞泰斯分别致辞。青年高峰论坛是上海世博会特设的以青年为主题的高峰论坛,围绕“创新、低碳、和谐”这三项青年和城市发展中最为关注的议题进行研讨,共同探求全球城市发展中青年所面临的问题和应当承担的责任。

论坛发布《中国2010年上海世博会青年倡议》,号召全球青年行动起来,积极传播和实践和谐、可持续的发展理念,共同保护地球家园;努力推动不同文明间的理解和对话,共同倡导开放包容的时代文化;继续发扬友爱互助的志愿精神,共同建设一个持久和平、共同繁荣的和谐世界。

【高峰论坛】

10月31日,中国2010年上海世博会高峰论坛在上海世博中心举行,议题为城市创新与可持续发展。中国国务院总理温家宝出席高峰论坛开幕式并发表主旨演讲。论坛开幕式由上海市委书记、上海世博会组委会第一副主任委员俞正声主持。联合国秘书长潘基文和国际展览局秘书长洛塞泰斯在开幕式上致辞,国际展览局主席蓝峰、联合国副秘书长沙祖康、俞正声作闭幕演讲。

温家宝致辞中指出,上海世博会以“城市,让生活更美好”为主题,充分展示了丰富多彩的当代文明成就,汇集了人类探索城市发展的共同智慧,创造了多项世博会的新纪录,谱写了世界博览史的辉煌篇章,是一次成功、精彩、难忘的盛会。上海世博会不仅荟萃了人类创造的物质文明,开阔了人们的眼界,而且为人类留下丰富的精神遗产,启迪了人们的心智。上海世博会鲜明弘扬了绿色、环保、低碳等发展新理念,充分表明了追求平等和谐是人类的共同愿望。温家宝指出,上海世博会在展示人类社会发展进步的一面同时,也反映和折射出人类所面临的挑战、担忧和困惑。弘扬世博精神,就是要倡导人类携手应对各种困难、共同促进和平与发展。要推进城市和谐发展,推进广大农村地区的现代化，帮助欠发达地区共同发展，珍惜和爱护地球家园，建立持久和平、共同繁荣的和谐世界。

联合国秘书长潘基文和国际展览局秘书长洛塞泰斯在致辞中祝贺上海世博会成功举办，表示上海世博会是一次精彩的历史盛会，体现了团结、合作、开放的精神，展现了世界精彩的多元文化和绿色、环保、低碳等发展理念以及科技创新成就，不仅使 7 000 多万参观者感到震撼和振奋，而且给世界人民留下永远难忘的印象。中国在城市发展和绿色经济方面走在世界前列，国际社会愿与中国加强合作，共同推进全球经济的可持续发展，共建更加美好的世界。

论坛闭幕大会发布《上海宣言》，这是建立在上海世博会各参展方对全球城市可持续发展问题共识基础上的一份重要文献，表达了城市时代全球公众对和谐美好城市生活的共同愿景。《上海宣言》提出创造未来的生态文明、追求包容协调的增长方式、坚持科技创新的发展道路、建设智能便捷的信息社会、培育开放共享的多元文化、构筑亲睦友善的宜居社区、促进均衡协调的城乡关系等理念。宣言还呼吁将 10 月 31 日上海世博会闭幕之日定为世界城市日，让上海世博会的理念与实践得以永续。

高峰论坛由上海世博会组委会、联合国和国际展览局共同主办。论坛会期一天，包括开幕式、全体大会、7 个平行论坛和闭幕大会。高峰论坛的 7 个平行论坛，分别围绕“信息产业与数字城市”“知识创新与文化城市”“绿色发展与生态城市”“科技进步与创新城市”“经济转型与永续城市”“社区治理与宜居城市”以及“青年创造力与未来城市”等主题展开讨论。部分国家元首和政府首脑、诺贝尔奖获得者、国内外城市市长、国际组织代表专家学者、企业家、妇女青年代表和媒体代表等近 2 000 人出席论坛。

九、闭幕式

10 月 31 日晚，中国 2010 年上海世博会闭幕式在世博文化中心隆重举行。国务院总理温家宝出席闭幕式并宣布上海世博会闭幕。国际展览局主席蓝峰，来自世界各地的领导和贵宾出席闭幕式，共同庆祝上海世博会取得圆满成功。

当时针指向 20 时，上百名天真烂漫的少年儿童手持绚丽的花束和花环走上舞台中央，组成喜庆的花坛。两侧台阶上，200 多位少女手执世博会参展国家和国际组织的旗帜，整齐站立。舞台旁，中华人民共和国国旗和国际展览局旗、上海世博会旗高高飘扬。20 时 09 分，在欢快的乐曲声中，温家宝、蓝峰等走上主席台就座。大型显示屏上，电视片《春华秋实》通过一个个纪实画面，展现了上海世博会举办 184 天来的精彩瞬间，向所有作出贡献的人们表达由衷的敬意。中共上海市委书记、上海世博会组委会第一副主任委员俞正声宣布闭幕式开始。国务院副总理、上海世博会组委会主任委员王岐山在闭幕式上致辞。他代表中国政府及上海世博会组委会，向所有关心、支持和参与上海世博会的朋友们表示衷心的感谢。他说，上海世博会汇聚了人类文明创新的成果，拉近了中国与世界的距离。一个更加开放、包容、文明、进步的中国，将与世界各国一道，共同迎接无限光明的未来。国际展览局主席蓝峰致辞说，2010 年上海世博会取得了巨大的成功。这是中国的成功，同时也是世博会事业的成功。上海世博会的光辉将永远闪耀。在悠扬的国际展览局曲声中，国际展览局旗徐徐降下。上海市长、上海世博会组委会副主任委员韩正，上海世博局局长洪浩将国际展览局旗交给蓝峰主席和洛塞泰斯秘书长，由他们当场转交给米兰世博会所在地意大利米兰市市长莫拉蒂和组委会首席执行官萨拉。20 时 30 分，温家宝宣布：2010 年上海世界博览会闭幕！随后，中外艺术家和参展方、志愿者以及参观者代表联袂登台,为人们献上一场精彩纷呈的文艺演出。出席闭幕式的外国领导人有尼泊尔总统亚达夫、斯里兰卡总统拉贾帕克萨、东帝汶总理夏纳纳、巴哈马总理英格拉哈姆、芬兰总理基维涅米、匈牙利总理欧尔班和莱索托首相莫西西利。在沪期间,温家宝分别会见出席世博高峰论坛和闭幕式的上述七国领导人,感谢他们对中国举办上海世博会的大力支持。各相关国家领导人也纷纷祝贺上海世博会取得成功。出席闭幕式的其他外国贵宾还有波兰众议长斯海蒂纳、巴哈马参议长霍洛维斯科、巴哈马众议长史密斯、丹麦副首相埃斯珀森、列支敦士登副首相迈耶尔和联合国秘书长潘基文等。有关国际组织负责人、香港特别行政区行政长官曾荫权、台湾亲民党主席宋楚瑜也出席闭幕式。

上海世博会的成功举办在国际上反响很大。在世博会闭幕之际,应邀到沪的外国政要纷纷向中国表示祝贺,并对世博会的成功精彩难忘和中国政府高效的组织工作给予高度评价,世博会不仅是中国的成功,更是上海的成功;不仅促进世界各国的沟通和了解,更增进他们与中国和上海的合作交流,架起了一座沟通之桥和友谊之桥。国际展览局秘书长洛塞泰斯表示,上海世博会不仅在世博会历史上留下了一笔宝贵的财富,其展现的创新精神、科技理念和城市间的友好合作,也为城市的未来发展树立了典范与标杆。在世博会的大舞台上,中国展示了友好合作、开放坦诚的形象,广大参观者和上海市民向世界展示了高度的文明素质和修养。一些参展方代表也高度评价上海世博会,称上海世博会让参展国家的形象得以全面生动的自我展示,为促进国与国之间的交流合作作出了重要贡献。

图 2-3-5　2010 年 10 月 31 日,中国 2010 年上海世博会举行盛大闭幕式

第四章　其他国际会议和活动

20 世纪 80 年代至 2010 年，科技、教育、卫生等领域在沪召开规模不等、专业性较强的一些中小型国际会议，其中包括联合国所属机构和国际组织、国家部委和国际组织联合举办的展览会、研讨会和上海主办或协办的国际会议和活动。

第一节　联合国所属机构和国际组织在沪召开的国际会议

一、基层妇幼卫生保健组织区间讨论会

1980 年 6 月 23—28 日，世界卫生组织在上海召开基层妇幼卫生保健组织区间讨论会。这是中国恢复在世界卫生组织的合法席位后，该组织在中国召开的第一次带有现场会议性质的国际讨论会。埃塞俄比亚、莱索托、苏丹、民主也门、巴基斯坦、丹麦、葡萄牙、孟加拉国、斯里兰卡、缅甸、马来西亚、巴布亚新几内亚和中国共 13 个国家的代表和世界卫生组织西太区护理顾问及欧洲区妇幼卫生顾问参加会议。会议通过《临时报告》及《声明和宣言》，并安排各国代表交流上海妇幼卫生保健工作和参观新华医院、国际和平妇婴保健院。世界卫生组织的斯特基教授在会议闭幕式上谈到要使基层卫生普及全人类的目标时，对中国在妇幼卫生工作中取得的成就作高度评价。

二、国际台风学术讨论会

1980 年 10 月 6—11 日，世界气象组织和亚太经社理事会在沪联合举办国际台风学术讨论会。世界气象组织秘书长温·尼尔逊主持开幕式，中国气象局代表薛伟民、上海市副市长杨士法到会致辞。出席会议的有印度、澳大利亚、英国的气象局局长以及来自美国、日本、孟加拉国等 14 个国家和地区的 32 位专家。会上宣读 35 篇论文，进行答辩讨论，并组织与会人员参观上海气象局、宝山县气象站。

三、农村综合发展国际讨论会

1983 年 8 月 16 日，由联合国和中国联合举办的农村综合发展国际讨论会在上海开幕，会议总结、闭幕式在北京进行。与会代表分别来自亚洲、非洲、拉丁美洲 25 个发展中国家。开幕式上，联合国副秘书长毕季龙和上海市副市长叶公琦分别致辞。毕季龙就会议的重要意义说，发展中国家绝大多数人口居住在农村，他们既是发展的贡献者，也是现代化的受益者，应该探索那些把农村引入发展主流的方法和途径。他说，发展中国家的农村发展现代化，是一项紧迫的任务。讨论会使大家就农村综合发展的方法、问题、战略及现代化措施交流情况，比较许多国家的政策、计划、机构，并学习各国的经验。他指出，在中国举行讨论会是合适的。因为中国正在采取经济、社会发展的综合方法努力实现现代化，对农村采取了一系列新的现代化措施。这一切证明，中华人民共和国对联合

国努力为全世界人民创造一个公正的与进步的新时代是给予不断支持的。讨论会主要内容为农村综合发展的经济政策问题。联合国提供4篇报告,对各国农村综合发展工作的现状和经验进行比较、分析;中国提供3篇报告,介绍中国的农业经济和农村机构改革的执行情况和效果;各国代表也分别介绍本国农村综合发展工作。

四、联合国亚太地区新闻界知名人士圆桌会议

1984年4月30日—5月2日,由联合国主管新闻部的副秘书长明石康主持的亚太地区新闻界知名人士圆桌会议在上海举行。会议主题是“联合国面临的全球性挑战”。会议代表来自17个亚太地区国家(印度、巴基斯坦、孟加拉国、尼泊尔、斯里兰卡、印尼、泰国、马来西亚、新加坡、菲律宾、澳大利亚、新西兰、太平洋岛国、斐济、越南、日本和中国)的主编一级人员,与会者共40人,上海市长汪道涵出席开幕式并致辞。联合国副秘书长毕季龙作题为《区域性发展问题》的演讲。联合国副秘书长科多维兹、菲律宾常驻联合国代表莫伦诺-萨尔赛多、新加坡驻联合国代表许通美、联合国纳米比亚理事会专员比·米西拉分别就联合国五洲成员国所面临的政治挑战、联合国维护世界和平与安全的作用以及联合国与非洲问题等专题作演讲。

五、亚太地区城市技术合作网上海会议

1989年11月1—4日,由联合国亚太地区经济及社会委员会和上海市人民政府联合召开的亚太地区城市技术合作网上海会议在上海举行。来自亚太15个国家和地区的24个城市(包括中国的北京、天津、广州、南京、杭州、上海)的代表和联合国亚太经社会、开发计划署的代表出席会议。上海市长朱镕基在闭幕式上致辞并会见各城市代表团主要成员,向他们介绍上海的经济建设和城市发展,阐明上海对外开放的总方针和新形势。会议期间,倪天增、顾传训、刘振元、谢丽娟等副市长分别出席会议的一些活动。会议期间,举行住房政策与适用技术研讨会和亚太地区城市技术合作网成立大会,就城市住房政策与适用技术进行学术研讨,并讨论通过合作网章程,选举合作网理事会机构负责人。日本横滨市长细乡道一当选为理事会会长,上海市长朱镕基被选为第一副会长。上海市被选为技术合作网执行委员会副主席单位。会议对工作任务进行讨论,研究和通过合作网的工作计划,举行联合国开发计划署项目方评议会与合作网执行委员会第一次会议。

六、区域间初级卫生保健质量保障会议

1990年10月8—12日,世界卫生组织在上海召开区域间初级卫生保健质量保障会议。来自世界卫生组织总部、西太区办事处、驻华代表处负责该项目的官员顾问及世界卫生组织6个地区的代表30余人出席会议。中国卫生部部长陈敏章、世界卫生组织西太区主任韩相泰专程到沪出席会议开幕式。上海市长朱镕基出席会议开幕式并致辞。

七、联合国亚太经社会农村地区电信研讨会

1990年10月15—19日,联合国亚太经社会在上海召开农村地区电信研讨会,中方承办单位为

上海市邮电局和上海贝尔电话设备制造有限公司。会议主要目的是交流农村地区电信的先进技术，培训与会国的高级管理人员，会议经费由联合国和比利时政府负担。参加会议的共有来自阿富汗、孟加拉国、缅甸、中国、越南、菲律宾、印度、巴布亚新几内亚、泰国、老挝、新加坡、伊朗、巴基斯坦、印尼、尼泊尔、斯里兰卡等16个国家和中国香港地区的代表。

第二节　国家部委和国际组织联合召开的国际会议

一、多国仪器仪表学术会议与展览会

1983年4月12—18日，主题为“仪器仪表的应用与发展”的多国仪器仪表学术会议与展览会在上海举行。学术会议由中国仪器仪表学会、美国仪表学会、日本测量和控制学会联合主办，展览会由中国仪器仪表学会与香港新鸿基国际服务有限公司共同举办。国务委员薄一波、上海市长汪道涵、国家计委副主任黄毅诚、机械工业部部长周健南、上海市副市长杨士法、中国贸促会副主任任建新、中国仪器仪表学会理事长汪德昭、美国仪表学会教授、日本测量与控制学会副主席、香港新鸿基银行和证券集团主席等出席多国仪器仪表学术会议开幕式和展览会剪彩仪式。来自中国、日本、美国、印度、加拿大、新加坡等6国的201名代表(其中外宾96人)出席学术会议，会上宣读4篇综合报告，发表94篇学术论文，组织8项专题讨论。中国、加拿大、丹麦、法国、联邦德国、荷兰、匈牙利、爱尔兰、意大利、日本、新加坡、瑞典、瑞士、英国、美国15个国家和中国香港地区的200多家厂商参加展览会展出，展览面积8 400平方米，其中，中国馆面积为740平方米，展出项目分16大类、5 000多种产品。展览期间，举办95个项目200多场次的技术座谈，参加人员共2 381人次。围绕学术会议和展览会，还组织技术引进，合作生产、贸易留购等洽谈活动。

二、国际舰艇技术与海军电子装备技术交流会

1983年7月18—22日，国际舰艇技术与海军电子装备技术交流会在上海举行。交流会以中国造船工程学会《船舶工程》名义与香港现代军事出版社联合举办，旨在进一步了解国际舰艇、海军装备及电子装备技术的现状和发展趋势。7月17日晚，上海市人民政府举行招待会，欢迎参加这次交流会的中外来宾和参展商，市长汪道涵致辞。7月18日上午，在上海展览馆举行开幕式和剪彩式，副市长阮崇武应邀出席开幕式，并为交流会开幕剪彩。300多位中外来宾出席活动。交流会有法国、意大利、英国、联邦德国、瑞士、奥地利、美国等7个国家的81家公司参展，外商来华人员共290余人，展品332种656件，技术座谈52项，专题学术报告5个，展台77个，展出面积700余平方米。交流会期间，有17 100余人次参观展览，1 227人次参加技术座谈，680人次听取专题学术报告，其中包括来自16个国家的24名武官。4个国家的政府或军事代表团、各国驻上海领事馆人员及其他零星外宾参观展览，40余位外宾参观江南、沪东、上海3个造船厂。围绕展品展出和技术座谈活动，还组织贸易洽谈，签订9个合同(不包括民品)，总成交31万美元。此系首次在中国举办的国际军事装备技术交流会，引起世界各国和国际舆论界的关注，具有展品齐全、竞争性强的特点，交流会形式多样，“展、技、学、贸”相结合，会议取得圆满的成功。

三、第三届国际材料热处理大会

1983 年 11 月 7—11 日,应国际热处理联合会(IFHT)委托,第三届国际材料热处理大会(ICHTM)和热处理技术与设备展览会在上海举办。参加学术会议的有来自 21 个国家和地区的金属热处理专家、教授、工程师近 120 人,中国专家和代表 260 人,展览会中外参展人员近 200 人,共计近 600 人参加活动。大会共宣读 70 篇论文,展出小字报 42 篇,其中中国代表宣读论文 16 篇,展出小字报 14 篇,分 9 个专题较全面地反映了国际热处理技术发展的水平和动向。展览会展出 11 个国家和地区的 70 个厂商的展品,其中中国有 20 个工厂和研究所的 10 个展台参展。展品总价值约 100 万美元,参观展览约 21 000 人次。会上和西欧、美国、日本、东欧国家及第三世界国家的与会专家代表进行广泛接触和交流。会后有 11 位专家应邀到天津、西安、湖北等地工厂、研究所和院校讲学。展览会期间在上海组织 14 个项目、23 场次的技术座谈,约 3 万人参加。国际材料热处理大会为 IFHT 的主要学术活动。此次大会是 IFHT 累计召开的第 21 次会议。由于会议的间隔时间由两年改为一年,以及名称由"会议"改为"大会",从 1981 年开始改称第一届大会,此次会议为该国际组织的第三届大会。

四、亚太地区沿海城市地质讨论会和专家组会议

1987 年 9 月 13—22 日,亚太地区沿海城市地质讨论会和专家组会议在沪召开,与会者来自亚太地区的 14 个国家,还特邀美、加、日、意、荷、澳、玻利维亚 7 国专家参加,重点讨论地面沉降、城市地质灾害的预防和解决措施,利用地学信息指导城市发展和土地利用规划等亚太地区共同关心的议题,以及拟定此后数年城市地质工作计划等。各国代表至外滩了解地面沉降情况。

五、上海国际经济研讨会

1988 年 11 月 1—4 日,中国工业经济协会与美国太平洋论坛联合在沪召开上海国际经济研讨会,以中国、东亚和变革中的全球经济为主题。美国太平洋论坛主席、美国前副国务卿哈比卜,会长、美国海军少将瓦西,理事会成员、美国前海军作战部部长瓦德,日本前外相大来佐武郎等参加会议。与会者还有美国前负责东亚和太平洋事务的助理国务卿霍尔德里奇以及美国施乐公司、德士古石油公司、联合信号国际公司、通用汽车公司等企业负责人、学者、专家共 36 人,中国工业经济协会顾问段君毅、宦乡、汪道涵,副会长、上海市长朱镕基,原轻工业部部长杨波以及北京、无锡、上海的有关人士、专家、学者共 48 人。会议进行学术交流、专题讨论,部分中外人士进行经济技术合作交流项目的商谈。

第三节　上海主办或参与主办的国际会议

一、国际环境三致讲习交流会

1983 年 5 月 25 日,中国遗传学会、上海市科协和国际环境诱变剂学会联合举办的致变、致癌、

致畸讲习交流会开幕式在上海科学会堂举行。中国科学院学部委员、中国遗传学会理事长、上海科协副主席谈家桢教授，美国密执安大学朱孝颖教授主持开幕式。谈家桢教授致辞，朱孝颖教授宣读国际环境诱变剂学会创始人、美国生命科学研究计划咨询委员会高级顾问霍伦特教授的贺信。5月25日、26日两天内有13位外国学者作专题报告。上海市副市长李肇基出席相关活动。应邀来华讲学的有美、日等12个国家的33位学者，其中有日本国立遗传所所长、美国华盛顿州立大学遗传系主任、国际环境诱变剂学会会长等。参加讲习会的国内代表200余名，其中包括教授、副教授以上学者60余人。会议期间，提交论文报告40余篇。为配合会议，由上海照相机三厂、上海光学仪器厂等15家厂商联合举办的全国先进光学仪器展览会亦于5月25日上午在上海科学会堂开幕。

二、先进电子技术交流展览会

1984年12月4—10日，由上海市电子学会、上海市仪器仪表学会、上海市计算机学会及香港鸿基国际服务有限公司共同组织、联合举办的先进电子技术交流展览会在上海举行。参展的49家厂商来自丹麦、意大利、日本、新加坡、瑞典、英国、美国、联邦德国及中国等国家和香港地区，展出面积为3 300平方米。展品包括电子计算机及外围设备、软件应用、精密仪器仪表、电子测量设备、电子元器件、广播通信设备、自动化仪器仪表等方面。大多数展品属20世纪70年代中、后期产品，也有一部分代表世界先进水平的第一流产品。展览会期间，组织8个项目的技术座谈，来自上海市100多个单位的292名技术人员参加座谈。除了展览会和技术座谈外，学术会议是一个主要组成部分。参加会议的中外学者共100多位，有来自美国、日本、联邦德国和民主德国的14位学者、专家，其他学者绝大部分来自上海各高校、研究所和工厂企业。学术会议上共宣读47篇论文报告(外方17篇、中方30篇)，进行9个专题讨论会。为期7天的展览会，参观人数达5万人次，其中，80%参观者来自上海市各大专院校、研究所和各专业学会及各工矿企业。

三、国际肝炎肝癌学术会议

1986年1月15—17日，国际肝炎肝癌学术会议在上海举行。这是由中国发起和组织并得到国际肝炎肝癌界积极响应的一次大型国际会议，也是第一次在中国举办的肝炎肝癌专业会议。与会外宾来自21个国家和地区，共156人(含配偶)，其中有国际知名的肝炎肝癌专家20多人，国内约300位专家和学术代表与会，中外与会人员约450人，卫生部副部长陈敏章专程到沪出席会议。会议期间分设3个学术会场，组织专题报告和学术讨论，共发表论文412篇。会议附设1个小型展览，有3个国家的3个外国厂商和4个国内单位参加，展出肝炎肝癌治疗的药品及仪器等实物。

四、中英美中学计算机教育国际研讨会

1986年10月2—11日，中英美中学计算机教育国际研讨会在上海师范大学举办。来自英国、美国各两名学者参加。中方代表60人与会。会议研讨如何制定中学计算机教育政策，交流有关中学计算机教育的研究成果和教育软件的开发、评价，了解英、美在计算机方面的研究成果和情况，作为发展中国计算机教育的借鉴。上海市副市长刘振元出席会议并讲话。

五、上海世界经济讨论会

1987年8月,应中国人民对外友好协会上海市分会邀请,以美国阿拉马州塔斯基奇市市长约翰尼·福特为主席的世界市长会议在北京举行第四届年会后,至上海举行上海世界经济讨论会。美方来沪的除有10多位中小城市的市长和政府官员外,还有中小企业家、投资者、律师、教育工作者等30余人。会上,上海市对外经济贸易委员会、中国银行上海市分行、上海投资信托公司等单位负责人介绍上海的经济形势、投资环境,并回答美方代表团成员关于来华投资、经济合作的问题。中美合资企业上海施贵宝制药公司美方总经理在会上介绍同中方合资办企业的经过和体验时说,中国城市经济改革已迈开大步,从长远看,前景光明。他的讲话引起美方与会者的极大兴趣。会后,有不少企业家、商人寻求与上海进行经贸合作。

六、"国际上关于中国经济改革的研究工作"讨论会

1988年2月2—6日,由上海社会科学院经济所与联邦德国艾伯特基金会驻上海办事处联合召开的"国际上关于中国经济改革的研究工作"讨论会在上海举行。应邀出席会议的有美国宾夕法尼亚州立大学普里比拉教授,来自法国、日本等国家和中国香港地区的教授和上海社会科学院院长张仲礼、国家体制改革委员会综合室主任刁新生等中外代表各7名,中方列席代表3名。讨论会召开有助于中外学术界人士交流研究中国经济体制改革的经验与方法,共同探讨有关资料的收集与分析,确定研究的方向与重点,有利于中方了解国内外对中国经济体制改革的研究动态,以资借鉴,推动中国经济改革的深入研究。

七、"中美经济关系:现状与前景"国际学术讨论会

1988年3月28日—4月1日,由复旦大学美国研究中心与美国加州大学(伯克利)东亚研究所联合举办的"中美经济关系:现状与前景"国际学术讨论会在复旦大学举行。双方邀请对这一问题素有研究的中美学者各11名参加讨论,探讨中美经济的现状与前景并提出设想与建议。讨论会分8个专题逐项进行:(1)美国经济政策对中美合作的影响;(2)中国经济改革对中美合作的影响;(3)美国与中国在世界贸易中的形态;(4)中美贸易问题;(5)外国投资与合资企业;(6)技术转让问题;(7)农业在中美经济关系中的作用;(8)中美政治关系。每一专题由中美学者各一人(或二人)提交论文,阐述自己的观点和看法,在此基础上进行讨论。会议期间,中方在全国范围内邀请学者与专家参与讨论并提意见。会议结束后,由美国加州大学出版社及复旦大学出版社分别在美国与中国出版中英文会议论文集。副市长刘振元出席讨论会开幕式。

八、第四届高层建筑国际会议上海会议

1988年5月2—4日,由同济大学、上海建筑学会、香港大学土木及结构工程系、香港工程师协会联合举办的第四届高层建筑国际会议上海会议在同济大学举行。会议于4月27日在香港已先开3天会。会议规模为330人,其中外国学者200人,香港学者100人,内地学者30人。在沪期

间，副市长倪天增会见与会代表。与会代表在大会上分组宣读学术报告，还参观了市区在建的高层建筑工地。

九、太平洋区域城市研讨会

1989年3月10—15日，由中国城市经济学会、中国城市科学研究会和国际新城镇协会联合召开的太平洋区域城市研讨会在上海举行。会议主题为交流新城区开发和旧城改造的计划与经验，以及城市建设资金的筹集。大会主席、中国城市经济学会会长汪道涵致开幕辞，副市长倪天增代表上海市政府致欢迎辞。会议就工业区的规划和建设、企业区资金筹措、技术革新对企业区的影响、城市政策与工业规划、新企业发展和有关经济方面的研讨等主题进行交流。会议收到论文98篇，经评选，其中33篇入选。

1989年10月10—15日，太平洋区域城市研讨会在沪召开，中国城市经济学会会长汪道涵，副会长、山西省委副书记王茂林，上海市长朱镕基，国际建设部副部长周于峙，中国人民建设银行行长周道炯，北京市副市长张百发，杭州、南京、广州、郑州、海口、苏州6市市长或副市长，以及上海、北京、四川、浙江、江西、安徽、江苏、天津等省市城市建设部门负责人、专家，与来自澳大利亚、加拿大、法国、联邦德国、爱尔兰、以色列、韩国、荷兰、挪威、菲律宾、新加坡、瑞典等国和中国台湾地区、香港地区的城市建设部门官员和专家、学者一起，就工业区的规划和建设、建设资金筹措、城市基础设施建设、旧城改造、国际旅游业与城市的功能和建设、城市环境等6个方面进行研讨。

十、亚洲电线电缆及线材制品技术学术会议

1989年4月23—27日，由中国电工器材协会、上海市造船工程学会与英国工业展览公司联合举办的亚洲电线电缆及线材制品技术学术会议和展览会在上海展览中心举行。这是一次关于电线电缆及线材制品等方面的学术、展览、贸易三者结合的国际性活动。会议期间，有产品展览、贸易洽谈等多种形式活动。21个国家和地区约300位中外嘉宾参加学术会议和展览会。副市长刘振元出席开幕式。近百位来自中国台湾地区的客人抵沪参观展览会和有关工厂。会议收到论文27篇(其中中方论文11篇)。会议为期3天，分电线电缆、有色金属线材及其制品、黑色金属线材及其制品3个专题。论文内容涉及线缆产品、工艺、仪器设备、材料及测试等技术，反映了世界线缆行业的先进水平。会议期间，组织外宾到上海电缆研究所、上海电缆厂等单位进行参观。展览会展出面积约3 000平方米，有21个国家和地区的70家公司参加展出。展出期间组织对口的专业和技术交流活动。

十一、第九届太平洋沿岸地区国家印钞会议

1989年10月30日—11月1日，首次在中国召开的第九届太平洋沿岸地区国家印钞会议在上海举行(10月24—29日先在北京召开)。太平洋沿岸地区国家印钞会议是太平洋沿岸地区国家进行印钞技术交流的组织，成立于1973年，1983年中国被接纳为成员国。该组织章程规定，每届会议在奇数年召开，会议东道国由会员国轮流担任。据此，中国担任1989年第九届会议的东道国。会

议开幕式在北京举行,出席会议的有来自13个国家的代表约80人(其中外国代表40人)。大会于11月1日下午在上海举行闭幕式,副市长顾传训出席。在沪期间,与会代表参观上海造币厂和上海印钞厂。

十二、第五、第六届环太平洋港口讨论会

1990年5月14—16日,由上海港主办,温哥华港、奥克兰港、墨尔本港协办的第五届环太平洋港口讨论会在上海举行。上海市长朱镕基、交通部部长钱永昌出席大会开幕式并致辞。会议简称“二十五港会议”,是新中国成立以来举办的规模最大的一次国际性港口讨论会,也是环太平洋港口讨论会有史以来参加港口最多的一次,范围广,影响大。出席讨论会的有来自新西兰的阿克兰港,来自中国的大连港、上海港、天津港和香港地区的香港以及台湾地区的高雄港、基隆港等港口,日本的博多港、神户港、名古屋港、大阪港、横滨港等港口,韩国的仁川港、釜山港,美国的长滩港、洛杉矶港、奥克兰港、旧金山港、西雅图港、塔科玛港,加拿大的温哥华港,澳大利亚的墨尔本港、悉尼港,新加坡的新加坡港和菲律宾港务局。中国广州港、秦皇岛港、青岛港作为观察员列席会议。第六届环太平洋友好港讨论会于1991年6月18—21日在上海举行。副市长倪天增出席大会开幕式并致辞。会议简称“五港会议”,即由美国西雅图港、日本神户港、韩国釜山港和中国天津港、上海港参加的环太平洋友好港口讨论会。会议中心议题是:努力适应20世纪90年代世界航运、港口发展的潮流——结合本港规划、谈如何加强与会港之间港航业务合作。与会各港代表团围绕这一主题,分别就建立海、陆、空大陆架运输方式,拓展集装箱多式联运的内涵以及先进科学技术运用于集装箱运输过程中所引起的深刻变革,港口在20世纪最后10年和21世纪地位、作用及其功能的扩大,进一步加强与会各港之间的友好往来、技术交流、人员培训、信息交换等问题,进行广泛的讨论。

十三、第三届国际大气科学会议

1990年10月15—19日,由上海市环保局、上海市环境科学学会主办,上海市气象局、上海市环保所协办的上海市第三届国际大气科学会议在上海召开。会议的主题是“城市大气质量”,其中包括大气污染和城市气候、气象、大气模式、环境影响评价、酸雨、大气监测、全球气候变化等11个专题。来自17个国家和地区的各国著名大气专家60余名和中国台湾地区的同行6名为正式代表与会,26名中国台湾学者参加大会开幕式。国内与会人员还有来自兄弟省市及中央各有关部门的著名专家80多人。与会人员总计200余人。会上,中外专家发表学术论文240多篇。

十四、中国文化与世界国际学术讨论会

1991年5月5—9日,中国文化与世界国际学术讨论会在上海召开。副市长刘振元、市政府顾问李储文出席会议开幕式。会议由国内文化界著名人士发起,宗旨是促进中国与世界各国的文化交流得到进一步发展,并使世界各地的中国文化的教学、研究、译介工作者得以聚首一堂,交流心得,讨论并研究中国文化与世界各国文化交流的若干问题。与会代表80人左右,其中境外代表25名,分别来自美国、日本、法国、德国、加拿大、新加坡、韩国等国和中国香港地区。

十五、国际肝癌和肝炎会议

1991年5月21—23日，国际肝癌和肝炎会议在上海召开。5月21日，副市长谢丽娟出席会议开幕式。会议是加强国际交流和合作的学术盛会。会议的召开有助于提高和巩固中国肝癌肝炎研究的国际地位，显示中国在该领域探索的特点。与会代表达500人，其中国际知名学者120余人，分别来自美国、英国、法国、德国、瑞士、瑞典和日本等22个国家和地区。会议由上海医科大学、上海市卫生局、上海第二医科大学和中国人民解放军第二军医大学共同主办。

十六、太平洋经济合作会议科技工业园区研讨会

1991年10月21—24日，太平洋经济合作会议(PECC)科技工业园区研讨会在上海举行，该研讨会由中国倡议召开，国家科委主办，上海市科委承办。中国、美国、加拿大、秘鲁、日本、韩国、新加坡、泰国、印尼、马来西亚、约旦、澳大利亚、新西兰等各个国家的代表和联合国亚太经社会、亚洲开发银行等国际组织的代表共95人参加会议。国务委员、国家科委主任宋健在开幕式上作题为《科技园区发展与合作的广阔前景》的演讲。副市长倪天增出席开幕式。太平洋经济合作会议于1980年经时任日本首相大平正芳和澳大利亚总理弗雷泽倡议建立，是亚太地区的一个半官方国际组织。中国于1986年参加该组织，截至1991年PECC共有19个成员。

十七、大都市城市与地区规划国际研讨会

1991年11月11—14日，大都市城市与地区规划国际研讨会在上海举行，由上海市人民政府与联合国技术合作发展部联合举办。11月11日上午，市长黄菊致开幕辞，联合国副秘书长冀朝铸致辞，副市长倪天增作主题发言。与会者是来自联合国有关机构和曼谷、孟买、开罗、加拉加斯、伊斯坦布尔、科伦坡、汉城、拉各斯、内罗毕、圣保罗、新加坡、伦敦、德黑兰、多伦多、温哥华、横滨、达累斯萨拉姆等20多个大都市的专家、学者、观察员。会议围绕“城市新区开发的经济和形态规划”“城市新区的战略规划和事实规划”“城市开发区的土地使用与交通规划”“自由贸易区、科学园区和出口加工区”“金融区和商务中心区的开发”5个专题开展研讨。会议以浦东新区作为实例，进行实地参观考察。联合国技术合作发展部政策、规划发展司司长孔繁农在总结发言中认为，与会代表的建议和意见，不仅有益于上海浦东新区的开发和浦西老区的改造，而且对世界大都市的规划、建设和发展都有借鉴和参考作用。

十八、中日企业经营管理问题上海研讨会

1992年3月14—16日，中日企业经营管理问题上海研讨会在沪召开。市长黄菊会见出席研讨会的日方代表。会议是中国国际友好联络会根据国有企业改革、发展的需要，作为与日本笹川和平财团笹川日中友好基金会的年度交流，安排在上海召开的。日方有牛尾电机、日本电讯电话和日本国家铁路东海线3家大公司的企业家和多名学者在会上介绍日本企业的发展经验，与中国企业家、专家、学者共同探讨企业经营管理方面的问题和21世纪中日经济合作的方向以及东北亚地区的经

济发展问题。中国友联会副会长岳枫、国家计委副主任盛树仁、全国工商联副主席马仪和北京、江苏、上海的企业家、专家、学者等43人参加座谈、研讨。

十九、“犹太人在上海”学术研讨会

1994年4月19—22日,上海市在虹口区举行“二战期间犹太难民居住区”说明牌揭牌仪式及“犹太人在上海”学术研讨会。第二次世界大战期间,德国法西斯对犹太民族采取种族灭绝政策。在很多国家拒绝逃亡避祸的犹太难民入境之时,有3万多犹太难民逃亡至上海,集中居住在虹口区一带。战后,为纪念这段悲惨历史,当年曾在上海居住过的上海犹太人纷纷在现定居国成立联谊组织,其中最大的组织是总部设在美国洛杉矶的上海犹太人联谊会,其数千名成员分布在世界各地,每年聚会,并出版刊物《虹口纪事》。这些犹太人社团的成员纷纷要求重访上海,1988年在上海进行了一次小规模的“犹太难民重聚上海”活动。中国与以色列建交后,当年在沪犹太人及其后裔重访上海的意愿更为强烈。经外交部和上海市政府批准,由虹口区政府在霍山公园树立一块“二战期间犹太难民居住区”说明牌,用中文、英文、希伯来文3种文字作记述:“第二次世界大战期间,数万犹太人为逃避法西斯的迫害来到上海。日本侵华当局以犹太难民无国籍为由,设立隔离区,对他们的行动加以限制。此区域西起公平路,东至通北路,南起惠民路,北至周家嘴路。”为重温当年上海人民与犹太难民共度艰难岁月的历史,增进友谊,上海市人民政府外事办公室与上海市对外友好协会、虹口区人民政府、上海犹太研究中心联合举办说明牌揭牌仪式和“犹太人在上海”学术研讨会。美国呼唤良知基金会主席施奈尔,以中友协主席考夫曼,以色列巴里兰大学副校长、原陆军中将哈利维,美国民主党全国委员会财经委员会主席杰克·罗森,法国作家协会副主席凯恩,以及美、以一些大公司的总裁、专家、学者共60多人参加这次活动。美国大洋间企业集团总裁菲什夫在参观虹口区长阳路62号摩西会堂旧址时,看到陈列图片中展示的一件当年日本侵华当局强迫犹太难民出入虹口隔离区时使用的身份证,正是自己的。他激动万分,立即与妻子、儿女在这幅图片前摄影留念,并表示感谢上海人民拯救了他和成千上万犹太人的生命和财产。以色列前陆军中将哈利维在寻访旧居时,找到了当年患难与共的上海老邻居。以中友协主席考夫曼的夫人也找到了当年她在上海的家。美国耶希瓦大学副校长柴斯曼在讨论会上说,世界正在推崇一部反映二次大战中保护受纳粹迫害的犹太人的故事片《辛德勒名单》。其实辛德勒只救了1 000名犹太人,而上海人民救了几万犹太人。要把这一切告诉全世界和我们的后代。

二十、迈向21世纪的上海发展战略国际研讨会

1994年11月11—13日,上海市政府在上海举办迈向21世纪的上海发展战略国际研讨会,参加会议的有国家有关部委代表袁木、孙尚清、王仕元、惠永正、郑光迪、孙永福、童大林,国外代表有美林集团国际董事长温斯罗普·史密斯、日本野村证券株式会社社长团渊义久、日本大阪出纳长川上勇、日本株式会社大和总研理事长宫岐勇、法国国家信托银行总经理简·米歇尔·罗克斯、法国雷诺集团副总裁彭天驰、韩国大宇公司副董事长李景勋、摩根·斯坦利亚洲公司主席约翰·沃茨沃斯等近10个国家和地区的20多位企业、金融界人士。副市长徐匡迪主持会议,市政府副秘书长蔡来兴在研讨会上代表上海经济、社会发展战略课题组作主题报告。中外与会代表在研讨会上就上海发展战略提出包括把握机遇,加大改革开放力度,进一步搞活金融业,尽快建立与外向型经济相

适应的经济运行机制和管理体制等10余条建议。

二十一、首届亚太地区特殊奥林匹克运动会

1996年11月8—11日，首届亚太地区特殊奥林匹克运动会在上海举行。来自孟加拉国、印尼、印度、日本、韩国、尼泊尔、新西兰、巴基斯坦、菲律宾、新加坡、泰国及中国香港、中国澳门、中国台北地区和中国内地各省、自治区、直辖市共44个代表团、521名运动员参加，参赛运动员均为智商在70以下的智障人士。运动会设田径、游泳、乒乓球、足球、篮球5个项目的比赛，于11月8日晚在上海体育馆开幕。开幕式的文艺演出以“生命篇”“爱心篇”“自强篇”“友谊篇”为题，营造出盛大的欢乐气氛。11月11日晚在华亭宾馆举行闭幕式。运动会共产生金牌389块、银牌361块、铜牌359块，充分体现“人人都是参与者，人人都是胜利者”的原则。江泽民、李鹏分别为运动会题词，黄菊、王光英及中央有关部门领导出席运动会开幕式。国际特殊奥林匹克委员会主席沙金特·施莱佛和执行主席蒂姆·施莱佛全程观看比赛。

二十二、世界中国学论坛

2004年8月21—23日，由市政府主办、上海社科院承办的首届世界中国学论坛在国际会议中心举行，国内外共400多名代表和嘉宾出席。论坛以“跨越时空、感识中国”为宗旨，以“多元视野下的中国”为主题，有10名代表作大会发言，110名代表在6个分会场，围绕24个问题作专题发言，就中国的经济、社会、文化及上海发展进行研讨。2006年9月21—22日，由上海市人民政府主办、上海社会科学院承办的第二届世界中国学论坛在上海展览中心召开。论坛主题为“中国与世界：和谐、和平”，有海外学者120余人、外省市学者200余人及26个驻上海总领馆的外交官(其中16名总领事)参加。论坛共设18个分论坛，覆盖中国学研究各个领域。论坛还安排3个圆桌会议，集中讨论“中国学的研究现状与趋势”“中国发展的世界意义”“上海世博会与中外文化融合”等议题。世界中国学论坛是上海创办的一个高层次、开放性学术平台，每2年举办一次。

二十三、世界工程师大会

2004年11月3日，世界工程师大会在上海国际会议中心举行。会议由中国科协、中国工程院和上海市人民政府承办，来自70个国家和地区的近3 000名工程界精英欢聚申城，共同探讨“工程师塑造可持续发展的未来”，并通过2004年世界工程师大会宣言《上海宣言——工程师与可持续的未来》。联合国秘书长安南发来贺信。中共中央政治局常委、国务院副总理黄菊出席开幕式并发表讲话，寄语各国工程师及联合国教科文组织和世界工程组织联合会的代表，美国、法国、英国、韩国等国的工程院院长以及40余位国际工程组织负责人出席会议，中国37名院士、29名省副部级以上领导及上海市领导分别出席大会的各项活动。大会收到学术论文近800篇，其中，国外代表提交的学术论文174篇。会议期间，地球理事会主席莫里斯·斯特朗，世界可持续发展工商理事会主席毕杰·斯丁格森、中国工程院院长徐匡迪等10个国家和地区的12位著名专家学者作大会主题报告，281位国内外专家学者在网络工程与信息化、生物工程与人类健康、交通与超大城市可持续发展、环境保护与灾害防治、农业工程与食品安全、资源与能源、生态材料与绿色制造等7个专题会场作

专题学术报告,展开分组学术交流。大会还紧扣主题,安排中国重大工程成就展暨论坛、各国伟大工程录像展播、未来工程师联展暨论坛、女工程师论坛、院士圆桌会议、上海城市建设的现在与未来专题会议、上海现代制造业与世界工程大师对话、面向未来的世博会工程特邀报告会等各具特色、精彩纷呈的学术交流活动,使大会真正成为世界工程界了解中国工程建设能力水平、重大工程发展状况和我国工程技术人员了解国际工程最新动态的平台。此外,11月4日举行"女工程师的全球互动"圆桌会议,来自中、美、法等9个国家的50多位女工程师参加会议,市委副书记殷一璀向来宾致欢迎辞并讲话。殷一璀在女工程师圆桌会议上,代表上海市委、市政府向参会代表表示热烈的欢迎,向为推动科技进步付出艰辛努力和聪明才智的女工程师表示由衷的敬意。她希望通过这次女工程师圆桌会议,探讨"女性人力资源的开发""女工程师的全球互动"等问题,大力推进上海科教兴市主战略的实施,积极促进海内外工厂技术界的广泛交流,进一步激励广大女工程师为全面建设小康社会而不断创新,为促进人类社会可持续发展作出积极的贡献。理事长沈秀芳代表上海女工程师联谊会宣读向世界工程师组织联合会的建设性提议《上海建议》,并提交给世界工程组织联合会主席李怡章。《上海建议》提议,每届世界工程师大会都开设"女工程师论坛",为各国女性工程师搭建一个互相沟通和交流合作的平台,世界工程师大会设立"杰出女工程师"的专门奖项,借以推动国际社会与各国政府对女工程师群体的重视与鼓励;大会闭会期间,设立专门的女工程师沟通交流平台,为世界工厂技术发展作出新贡献。

二十四、第二十四届世界港口大会

2005年5月23日,第二十四届世界港口大会在上海举行。市长韩正出席开幕式并致辞,交通部部长张春贤作主题报告,来自国际港口协会的各成员国代表出席会议。会议适逢国际港口协会成立52周年,也是首次在中国召开。会议围绕"全球港口面临的机遇与挑战"主题分专题进行深入讨论。

二十五、第四届国际亚洲研究学者大会

2005年8月20—25日,由荷兰莱登国际亚洲研究院主办、上海社会科学院承办的第四届国际亚洲研究学者大会在上海举行。大会主题是"亚洲的未来"。市长韩正出席开幕式并致辞。来自80多个国家600多家学术机构的学者1 400多人参加会议。与会学者围绕经济、社会、宗教、哲学、文学、历史、城市化、全球化等涉及亚洲研究的250多个专题展开讨论,提交论文1 200多篇。国际亚洲研究学者大会由荷兰莱登国际亚洲研究院于1999年创办,是亚洲研究领域规模最大的学术交流活动,前3届分别在荷兰莱登、德国柏林和新加坡召开。

二十六、第二十二届世界法律大会

2005年9月4—9日,第二十二届世界法律大会在北京、上海两地(9月4—7日在北京,9月8日移师上海)举行。上海市长韩正、世界法学家协会主席瓦勒里奇·耶夫道奇莫夫在开幕式上致辞,大会中国组委会主席、最高人民法院院长肖扬出席开幕式,并在首个专题讨论会上作主旨发言。来自世界各地法学界的1 000多名精英围绕"法律与国际和谐社会"主题,从"法律、法治与法院""证券法""市民参与及市政府在法治中的作用""世界贸易组织规则的发展与完善""国际服务贸易""法律服

务、保险和银行”“海事海商法”“人权：世界和平与发展”八大议题进行探讨，形成并通过《上海宣言》。

二十七、联合国全球契约中国峰会

2005年11月30日—12月1日，联合国全球契约中国峰会在上海国际会议中心举行。中国企业联合会、中国企业家协会会长陈锦华，上海市副市长唐登杰出席开幕式并致辞。将近800位国际商业领袖和政府及民间代表济济一堂，共同探讨创建可持续的全球经济联盟的会议主题。来自联合国契约办公室、开发计划署、人权和环境保护组织机构的高级官员以及参加全球契约峰会的中外民营企业高级管理人员共800余人出席会议。会议围绕“构建可持续发展的全球经济联盟”的主题，组织20多场专题演讲和讨论，通过《上海宣言》。该会是联合国首次在中国举办的大型全球契约会议，由中国政府支持、联合国全球契约办公室主办。

二十八、中国—阿联酋经贸合作论坛

2008年4月2日，由中国贸促会、上海市人民政府共同举办的“中国—阿联酋经贸合作论坛”在上海举行。阿联酋副总统兼总理穆罕默德出席。中国贸促会副会长董松根、上海市副市长唐登杰、阿联酋工商会会长沙拉赫、阿联酋外贸部部长鲁卜娜出席会议并分别致辞。中国驻阿联酋大使高育生、杭州市有关领导以及中阿政府部门及企业界人士500多人出席论坛。论坛由上海贸促会会长岑富荣主持。副市长唐登杰介绍上海经济社会发展情况后表示，上海人民十分珍视中阿两国传统友谊，在双方共同努力下，上海与阿联酋的经贸关系发展迅速。2007年两地的贸易额达到13.28亿美元，同比增长27%，上海在阿联酋设立4个企业，投资额1 000多万美元。阿联酋在上海投资34个项目，投资额3 800万美元。上海愿本着互利共赢的原则，进一步发展与阿联酋的经贸合作。阿联酋工商会会长沙拉赫、阿联酋外贸部部长鲁卜娜在演讲时表示，论坛为阿中两国企业家构建经贸交流合作的平台，感谢中方给予的支持。在介绍阿联酋经济优势和投资环境后，阿方表示基于自身能源优势，广泛涉足非石油产业，包括旅游业、制造业、贸易和服务业、房地产等，外商直接投资在世界已排名第24位。中国是阿联酋重要的贸易伙伴，阿中两国经贸合作已上升到战略伙伴关系，众多中方企业已从阿经济多元化的政策中受益。比如，中国华为公司2002年在迪拜设立代表处，已成为华为中东地区总部。2003年12月，华为公司为阿联酋Etisalat部署业界领先的商用GSM/UMTS双模式网络，成为中东地区第一个UMTS商用网络，也是全球第一个商用R4UMTS网络，华为投资已为双方带来双赢成果。阿联酋将投资1万亿美元加大基础设施建设，涉及房地产业、建筑业、物流业等，力争成为中东地区的世界贸易中心，成为增长速度最快的国家之一，希望阿中双方密切合作，进一步扩大合作成果。论坛上，出席会议的嘉宾还就投资环境、经贸合作、自由贸易区、合资合作项目及上海世博会等专题作介绍和推广。会后，中阿企业界人士分能源、通信、建筑和房地产、金融及工业等专题进行对口洽谈。阿联酋特贾里中国公司和中国银盛集团、阿联酋艾马尔房地产公司和上海中闻事业发展有限公司等7家企业在现场签署3个投资合作协议。

二十九、上海论坛2008

2008年5月25日，由复旦大学主办的“经济全球化与亚洲的选择：上海论坛2008”在上海举行。全国人大常委会副委员长陈至立、上海市长韩正出席开幕式。论坛下设“区域经济增长与公平政策”“亚洲经济转型与国际秩序”“全球化背景下亚洲城市的战略性选择”“亚洲经济转型:国际环境与制度重构”“社会与经济可持续发展”以及“亚洲金融转型”6个分论坛。来自全球30多个国家和地区的300余名代表秉持上海论坛“关注亚洲、聚焦热点、荟萃精英、推进互动、增强合作、谋求共识”的宗旨,针对全球经济和国际社会面临的一系列重大问题展开广泛、多维和深入的研讨。

三十、陆家嘴论坛

2008年5月9—11日,首届陆家嘴论坛在上海举行。该论坛由中国人民银行、中国银监会、中国证监会、中国保监会、上海市人民政府联合主办。中共中央政治局委员、国务院副总理王岐山在开幕式上作主题演讲,论坛联合主席、中国人民银行行长周小川致开幕辞,中共中央政治局委员、上海市委书记俞正声,上海市长韩正、市人大常委会主任刘云耕、市政协主席冯国勤,中央有关部门、兄弟省市的领导,以及来自澳大利亚、新加坡、中国香港地区、世界银行和内地知名金融机构的高官、专家学者约300人出席会议。论坛的主题为“世界格局中的中国金融”,与会人士就“中国宏观经济形势和金融深化改革”“推进上海国际金融中心建设”“国际金融合作”等6个议题开展分组讨论和交流,上海市副市长屠光绍发表题为《中国宏观经济形势和金融深化改革》的主旨演讲。2009年5月16日,以“全球化时代的金融发展与经济增长”为主题的“2009陆家嘴论坛”在上海举行。中共中央政治局委员、上海市委书记俞正声出席开幕式并致辞,联合主席、中国银监会主席刘明康主持开幕式。中国人民银行行长周小川、中国证监会主席尚福林、中国保监会主席吴定富和联合主席、上海市长韩正,市人大常委会主任刘云耕,以及来自北京、天津、江苏、浙江、重庆、深圳等省市领导,上海推进国际金融中心建设领导小组国际咨询委员会委员,全球著名金融机构和中介服务机构高管人员,国外知名企业家和有关高等院校学术机构的专家学者共500人与会。会议有4个全体大会和8个分会,主要议题有:中国经济金融形势与政策、中国金融市场展望、全球经济与金融市

图2-4-1 2009年5月16日,陆家嘴论坛在沪举行

场展望、上海国际金融中心——国际金融新格局下的机遇与挑战等。102 名中外人士在全体会议和分论坛上作专题发言或演讲，提出许多具有建设性的意见和建议。2010 年 6 月 26—27 日，以“危机之后的经济结构调整与金融变革”为主题的“2010 陆家嘴论坛”在上海举行。中共中央政治局委员、上海市委书记俞正声出席开幕式及论坛全体大会并致辞。论坛由中国证监会主席尚福林和上海市长韩正担任共同轮值主席，由 3 个全体大会、7 个分论坛、6 个浦江夜话组成。全体大会议题包括：经济复苏挑战和增长方式转变中的金融发展、全球金融合作与监管体制的变革、上海 2020 与世界国际金融中心新格局。分论坛议题分别是：中国金融机构走向世界、航运金融在创新中寻求突破、新形式下的金融发展与金融监管协调、中小企业发展与金融服务、金融市场开放与国际板块建设、战略新兴产业发展与金融服务创新、债券市场发展与融资结构完善。来自美国、德国、英国、澳大利亚、新加坡等国内外政府官员、专家、学者约 800 人与会。

第四节　其他会议和活动

20 世纪 90 年代后，随着上海对外交流日益活跃和国际知名度日益提高，各行业领域在上海举办的各类国际会议和活动不断增多，这也极大地丰富和促进了上海在世界范围内的交流内容，推动了上海会展业的发展。以下是各行业领域在沪举办的一些国际会议和活动情况。

表 2-4-1　1991—1999 年在上海举办的其他行业领域国际会议和活动一览表

会议时间	会议或活动名称	主办单位
1991 年 4 月 9—12 日	'91 科技促进经济、社会发展国际会议	上海科学院
1991 年 4 月 23—26 日	东亚及太平洋结构工程及施工国际会议(EASEC)	同济大学
1991 年 4 月 24—27 日	上海—国际热管研讨会	上海市能源研究所、上海经济区热管专业委员会主办，德国热管协会、日本热管协会、中国工程热物理协会协办
1991 年 5 月 1—2 日	第二届中日甲状腺会议	中华医学会
1991 年 5 月 24—26 日	第二届上海国际吸烟与健康学术交流会	上海市吸烟与健康协会、上海市预防医学会、中华医学会上海分会及国际抗癌联盟联合举办
1991 年 6 月 13—15 日	基本教育与国家发展国际研讨会	上海市人民政府教育卫生办公室、上海市智力开发研究所和联合国儿童基金会驻中国办事处联合举办
1991 年 6 月 19—21 日	集团犯罪国际讨论会	上海市司法局、华东政法学院与美国芝加哥伊利诺伊大学国际刑事司法所联合举办
1991 年 9 月 16—17 日	上海、香港、台北 1991 集装箱和运输研讨会	上海市科学技术协会主办，上海市航海学会和香港海运学会承办
1991 年 9 月 16—20 日	亚洲结合项目国际研讨会	国际计划生育联合会、日本家族国际协力财团、中国计划生育委员会、中国计划生育协会联合举办
1991 年 9 月 16—27 日	亚太地区“培养和发现理科天才儿童讨论会”	联合国教科文组织亚太地区总办事处与中国联合国教科文组织全国委员会合作举办，上海市教育科学研究所承办

(续表)

会议时间	会议或活动名称	主办单位
1991年10月15—18日	国际聚合物加工学会(PPS)1991年亚澳地区会议	上海交通大学和成都科技大学联合筹办
1991年10月21—25日	城市研究与上海研究国际学术讨论会	上海研究中心和复旦大学联合主办
1991年10月21—25日	第二届大规模集成电路材料与工艺表征国际会议	美方Balaz分析实验室、Charles Evans公司,中方复旦大学、国家微电子材料与元器件微分析中心、华阳国际技术公司等单位联合发起,得到联合国计划开发署以及中国电子工业部、计委、科委等单位支持
1991年11月2—4日、1991年11月6—8日	联合国教科文组织(UNESCO)东南亚天然物化学网络代表年会、东南亚地区生物活性天然物化学讨论会	联合国教科文组织发起,中科院上海药物研究所、新药研究国家重点实验室联合主办,会议得到中科院和中国国家自然科学基金委员会资助
1991年11月11—14日	第十次人类生殖卫生南南协作会议	人类生殖卫生南南协作组发起,美国洛克菲勒基金会提供资金,上海药物研究所承办
1992年3月14—16日	中日企业经营管理问题上海研讨会	中国国际友好联络会和日本笹川和平财团笹川日中友好基金会共同举办
1992年4月22—25日	第二届国际胃肠病内窥镜治疗学术研讨会	中华医学会(全国)消化内镜学会与香港消化内镜学会联合举办
1992年5月2—3日	第四届国际种植体学术研讨会	上海第二医科大学附属第九人民医院
1992年5月6—10日	国际脑卒中暨血栓学术会议	中国卫生部科技司与美国国立卫生研究院林其乐博士协商筹办,学术与会务活动分别由北京神经病外科研究所、上海医科大学负责
1992年9月21—25日	第35届国际植被学会议	国际植被学会委托华东师范大学举办
1992年10月4—7日	国际遗传病分子生物学会议	上海儿童医院
1992年10月9—12日	上海中日妇产科疾病中医研讨会	日本会社津村与上海市卫生局共同举办
1992年10月20—24日	'92上海国际健康教育研讨会	上海市健康教育所
1992年10月29—31日	"国际营销技术与工业创新——企业与研究所之间世界性合作"国际研讨会	上海科学院主办,德国艾伯特基金会、日庆国际有限公司、国际市场营销委员会、日本贸易振兴会上海事务所、横滨经济贸易事务所等协办
1992年11月9—11日	'92上海国际胃肠病学会议	上海第二医科大学
1992年11月20—22日	陆家嘴中心地区规划及城市设计国际咨询会议	上海市陆家嘴金融贸易区开发公司
1993年6月7—9日	第五届环太平洋国际会议	中国宇航学会、日本火箭学会和美国宇航学会共同发起,上海航天局承办
1993年6月11—15日	国际影响评估学会第13届年会	上海科学院所属上海科技管理干部学院受中国科委委托在上海举办
1993年6月21—24日	"司法与犯罪"国际研讨会	上海市司法局、华东政法学院、中国外专局和美国芝加哥伊利诺伊大学国际刑事司法所联合举办

（续表）

会议时间	会议或活动名称	主办单位
1993年6月21—25日	亚洲麻醉品管制官员研讨会	中国卫生部和联合国国际麻醉品管制局联合举办
1993年9月7—9日	上海批发商业国际研讨会	上海市政府财贸办公室与上海市第一商业局、第二商业局、供销合作总社、上海财经大学联合举办
1993年9月14—17日	第七届亚太地区无损检测会议(APCNDT)	中国机械工程学会无损检测专业学会主办，上海材料研究所承办
1993年10月11—13日	长江口越江通道工程重大技术经济问题国际研讨会	中国科委、计委、外专局与上海市人民政府、江苏省人民政府联合主办，上海市科委经办
1993年11月27—30日	'93上海国际视听教育研讨会	上海电视大学、上海市远距离高等教育学会
1993年11月29日—12月1日	中加产学合作教育研讨会	上海工程技术大学纺织学院主办，得到中国教委和加拿大国际开发署的支持
1993年12月6—10日	'93地区性紧急事故意识防备(简称阿尔佩尔计划)区域研讨会	联合国环境署与中国环保局联合举办
1994年3月17—18日	中加中国开放城市项目上海环保研讨会	中国国务院特区办公室和加拿大环境署合作主办，上海市环保局、市环境科学院承办
1994年6月6—28日	地方经济、社会发展与管理国际学术会议	上海市黄浦区人民政府、上海交通大学
1994年8月上旬(2天)	中国对外开放与西北亚经贸关系国际研讨会	上海市浦东改革与发展研究院、美国哈佛大学发展研究所
1994年10月19—21日	'94上海国际质量管理研讨会(SISQCC'94)	上海市质协主办，宝山钢铁(集团)公司和上海国际人才交流协会协办
1994年10月22日	第七届亚洲音乐节	上海市友协、日本每日放送和上海东方电视台共同主办
1994年11月11—13日	迈向21世纪的上海发展战略研讨会	上海市人民政府
1995年10月8—15日	'95北京东亚青年领导人会议	全国青联
1995年10月18—20日	“面向21世纪上海浦东发展——高新技术产业发展战略”国际会议	国务院发展研究中心、上海市浦东新区管委会联合主办
1995年11月6—7日	上海高级国际管理年会——上海高级经理研讨会	上海市经委、美国管理协会(AMA)
1996年9月9—11日	第十三届国际档案理事会执委会第一次会议	中国国家档案局、上海市档案局
1996年9月23—25日	中国环境与发展国际合作委员会第五次会议	中国环境保护局
1996年11月18日	上海市友协成立40周年庆典	上海市友协
1996年12月7日	中美企业家交流会	上海美国学会
1997年3月18—20日	亚太经社会50周年研讨会	上海国际问题研究所
1997年7月25日	第二届东亚和太平洋中央银行行长会议(EMEAP)	中国人民银行

(续表)

会议时间	会议或活动名称	主办单位
1997年8月25—28日	第九届太平洋盆地国家、地区财政金融会议	中国教育国际交流协会、美国罗德岛大学共同主办
1997年9月18—19日	南部非洲发展共同体投资促进研讨会	中国外经贸部
1997年10月29日—11月4日	第35届亚洲—太平洋广播电视联盟大会	中国广电总局主办,上海市文广局承办
1998年2月16日	"面向21世纪中美关系:建设性的战略伙伴关系"研讨会	上海国际问题研究所
1998年4月4日	沪港经济发展与合作会议1998年度会议	上海市人民政府发展研究中心、上海市人民政府协作办公室与香港工商专业联会
1998年6月9—11日	"十九世纪下半叶华人开发美国西部所作历史贡献及中美关系"国际学术讨论会	中国国际友人研究会
1998年8月26日	亚洲可持续发展研讨会	联合国环境规划署
1998年9月22—25日	环太平洋论坛'98年会	中国商务部
1998年10月5—8日	1998年亚太地区法院会议	中国司法部
1999年4月27—28日	'99中国企业高峰上海会议	世界经济论坛、中国企业管理联合会主办
1999年5月4—5日	第十届政府借款人论坛	中国财政部、世界银行共同主办
1999年6月18—20日	促进中小企业发展国际研讨会	中华全国工商业联合会、香港中华厂商联合会协办
1999年7月11—12日	国际清算银行中央银行行长例会	国际清算银行
1999年9月16—17日	"中日经济改革与合作"学术研讨会	
1999年10月14—18日	世界百货第五十三届年会	世界百货业联合会主办,上海市商委协办

表2-4-2　2000—2010年在上海举办的部分国际会议和活动一览表

会议时间	会议或活动名称	主办单位
2000年1月17—18日	"面向21世纪的中美关系"研讨会	上海国际问题研究所、复旦大学美国问题研究所和美国美中关系全国委员会联合举办
2000年4月18—19日	世界企业孵化与技术创新大会	上海市人民政府、中国科学技术部、中国对外贸易经济合作部和联合国计划开发总署联合举办
2000年6月2—3日	沪港大都市发展研讨会	上海海外联谊会、香港沪港经济发展协会
2000年6月5—7日	亚太地区城市信息化高级论坛	联合国、联合国开发计划署、上海市人民政府、中国信息产业部、中科院共同主办
2000年6月26—29日	亚洲开发银行2000年市长论坛	亚洲开发银行
2000年7月24—26日	亚太金融学会第七届年会	亚太金融学会
2000年7月27—29日	第二届"2000年中华学人与21世纪上海发展"研讨会	上海市欧美同学会、上海海外联谊会和上海市科协共同举办

（续表）

会议时间	会议或活动名称	主办单位
2000年10月18—19日	面向21世纪上海住宅发展战略国际研讨会	上海市建委和市住宅发展局联合主办，市住房委员会协办
2000年10月19—21日	第三届国际人类基因组织亚太地区会议	国际人类基因组织南方研究中心、中国遗传学会联合举办
2000年11月20—22日	第一届中国国际机械工程学术学会会议	中国机械工程学会
2001年5月9日	2001年中国投资论坛	中国经贸委经研中心和法国里昂证券公司共同主办
2001年5月24—26日	第二届亚太地区城市信息化论坛	联合国经济与社会事务部和开发计划署、上海市人民政府、中国信息产业部和中科院联合举办
2001年7月12—15日	首届世界规划院校大会	同济大学等
2001年7月19日	第三届国际金融中心研讨会	中国国际人力资源发展跨文化研究协会、国际金融中心协会和上海国际金融学院主办
2001年9月17日	世界石油大会亚洲地区会议	中国石油天然气集团公司、中国石油化工集团公司、中国海洋石油总公司和中国化工进出口总公司
2001年9月20日	2001年国际商业论坛	上海市创业投资企业协会和麦肯锡公司联合主办
2001年11月2—4日	第五届亚洲领导人会议	美国加州大学伯克利分校国际部
2002年3月11—14日	2002万事达卡国际组织亚太年会	万事达卡国际组织
2002年4月15日	中美《上海公报》发表30周年纪念会	中国人民对外友好协会
2002年5月28日	上海合作组织经贸部长会议	中国经贸部
2002年5月29日	APEC第五次电信部长会议	中国信息产业部
2002年6月3日	国际航空运输协会第58届年会	国际航协
2002年6月	展望新未来——纪念中日邦交正常化30周年研讨会	上海市友协、上海国际问题研究所、上海市日本学会、上海市日本研究交流协会等单位共同举办
2002年6月13—14日	第三届亚太地区城市信息化高级论坛	联合国开发计划署、联合国经社事务部、原中国信息产业部、中科院和上海市人民政府共同发起
2002年6月23—25日	国际寿险管理与经营战略研讨会	国际寿险管理协会和寿险营销研究协会共同举办
2002年7月15—26日	第27届南极研究科学委员会大会暨第14届国家南极局局长理事会会议	国际科学联合会下属的南极研究科学委员会、中国海洋局和上海市人民政府联合举办
2002年8月2—6日	第七届国际汉语教学讨论会	中国对外汉语教学领导小组办公室、世界汉语教学学会、复旦大学
2002年8月3日	国际系统科学学会第46届年会	国际系统科学学会、中国系统科学研究会
2002年9月22—24日	第四届国际儒商大会	以上海市海外交流协会名义承办

(续表)

会议时间	会议或活动名称	主办单位
2002年10月15—17日	第五届地方政府应对灾害和紧急事件协会(LACDE)大会	中国国际减灾委、民政部、LACDE协会、上海市民防办
2002年11月12—17日	ATP网球“大师杯”赛	上海市人民政府、国家体育总局共同主办
2003年1月10日	“外滩源保护与开发”国际研讨会	上海市黄浦区人民政府
2003年4月16—19日	第四届上海国际吸烟与健康学术研讨会	中国吸烟与健康协会、上海市吸烟与健康协会联合举办
2003年10月13—15日	第二届亚洲论坛	名力集团、Focus Ventures和中国国际技术智力合作公司共同主办
2003年10月31日—11月2日	国际海运高级论坛2003年国际研讨会	中国交通部和上海市人民政府主办，上海航运交易所承办
2003年11月4—5日	2003国际黄金投资大会	中国黄金协会、南非OMEGA公司和文华新城理财投资顾问公司共同主办，世界黄金协会、上海黄金交易所协办
2003年11月4—7日	第九届亚太地区教育创新为发展服务计划(UNESCO—APEID)国际教育会议	联合国教科文组织亚太区教育局、中国联合国教科文组织全国委员会、上海市教委联合举办
2003年12月1—2日	上海WTO事务咨询中心顾问委员会年会暨第五届上海国际工业博览会论坛WTO事务主题报告会	中国国际工业博览会组委会主办，上海市商委、市政府发展研究中心和上海WTO事务咨询中心联合承办
2003年12月4—6日	美国《商业周刊》第十二届亚洲领导人年会	美国《商业周刊》
2004年4月28—30日	首届上海国际航空论坛	中国民航总局
2004年5月7—9日	国际临床医学论坛上海研讨会	上海市卫生局、复旦大学上海医学院以及美国哈佛医学院合作举办
2004年5月20—21日	亚太地区城市信息化论坛第四届年会	联合国开发计划署、联合国经社事务部、原中国信息产业部、中科院和上海市人民政府共同发起
2004年5月24日	第八十三届世界纺织大会	国际纺织学会、中华纺织工业协会、东华大学联合主办
2004年6月2—3日	2004亚洲科技高峰会议	美国DASAR集团公司、MEET EXPO公司联合主办
2004年9月14—17日	国际新生儿筛查学会亚太地区第五届年会	中华预防医学会主办，上海第二医科大学协办
2004年9月29日	绿色世博国际环保研讨会	上海市人民政府主办，联合国环境署和世界银行协办
2004年10月18—23日	第十五届东亚及西太平洋电力工业协会大会	东亚及西太平洋电力工业协会、中国电力企业联合会
2005年5月16—17日	经济全球化与亚洲的选择：上海论坛·2005	CFO上海论坛2005年会组委会、复旦投资、搜狐财经、东方财富网主办，上海复旦投资管理有限公司承办

（续表）

会 议 时 间	会议或活动名称	主 办 单 位
2005 年 5 月 23 日	第二十四届世界港口大会	国际港口协会
2005 年 6 月 9 日	世界服务贸易论坛	中国商务部和上海市人民政府共同主办
2005 年 9 月 19—20 日	“2005 经济全球化与工会”国际论坛	中华全国总工会
2005 年 11 月 30 日—12 月 1 日	“全球契约”会议	中国政府支持、联合国全球契约办公室主办
2006 年 4 月 14—18 日	“中华龙腾”系列活动之四——“龙耀浦江”青年大型交流活动	中国青联、上海市青联
2006 年 5 月 15 日	上海合作组织外长会议	中国外交部
2006 年 5 月 20—28 日	第二十八届国际软件工程大会	国际计算机协会、国际电气与电子工程师协会—计算机协会
2006 年 7 月 12—18 日	第三届中外大学校长论坛	教育部、复旦大学
2006 年 9 月 12 日	亚洲审计组织第十四届大会暨第三次理事会	中国审计署
2006 年 9 月 12 日	上海市友协成立 50 周年庆典活动	上海市友协
2006 年 9 月 21—22 日	上海合作组织成员国最高法院院长会议	中国最高人民法院
2007 年 1 月 14—18 日	第三届中国会展经济国际合作论坛	中国国际贸易促进会
2007 年 5 月 18 日	城市发展国际论坛	同济大学
2007 年 9 月 19 日	第五届中国 2010 年上海世博会国际论坛	中国贸促会
2007 年 12 月 1 日	2007 年长江三角洲地区发展国际研讨会	上海市、江苏省、浙江省人民政府联合主办，上海市人民政府承办
2008 年 4 月 16 日	伊核问题六国司长会议	中国外交部牵头在上海举办
2008 年 5 月 15—17 日	首届女性论坛亚洲大会	世界女性经济和社会论坛主办，中国妇联和上海市妇联协办
2008 年 5 月 26 日	亚太地区城市信息论坛第七届年会	中国工业和信息化部
2008 年 7 月 27 日	第九届世界管理大会	世界管理协会联盟
2008 年 11 月 7 日	2008 上海知识产权国际论坛	中国知识产权局与上海市人民政府共同主办
2009 年 1 月 16 日	纪念中美建交 30 年图片展和中美关系研讨会	上海市友协与上海国际问题研究院共同举办
2009 年 5 月 9 日	上海亚洲金融合作论坛	上海社会科学院、中国银行国际金融所和上海国际问题研究中心共同主办
2009 年 5 月 11 日	“上海论坛 2009”	复旦大学
2009 年 9 月 14—16 日	第 13 届亚洲化学大会	中国化学会和中科院上海有机化学研究所共同主办
2009 年 9 月 19—20 日	第 5 届世界华文传媒论坛	中国国务院侨办、上海市人民政府和中国新闻社共同主办

(续表)

会议时间	会议或活动名称	主办单位
2009年10月24日	浦江创新论坛	中国科技部、上海市人民政府共同主办
2010年1月19日	第五届沪港大都市发展研讨会	上海海外联谊会、香港港澳经济发展协会
2010年3月25日	国际航运上海论坛	中国交通运输部、上海市人民政府
2010年5月20日	2010年中德人口问题论坛	德国世博基金会、上海社会科学院
2010年5月22日	首届Bio-x转化医学国际会议	上海交通大学Bio-x中心、中国人民解放军总医院
2010年5月31日	中印商务论坛	中国贸促会
2010年6月3日	中波孵化器圆桌会议	上海世博会波兰展馆
2010年6月7日	"国际金融中心软环境建设"研讨会	上海金融法制研究会、上海市委党校理论经济学研究所、上海立法研究所联合举办
2010年6月8日	全球绿色经济峰会	中国企业联合会、上海市人民政府和美国《商业周刊》共同主办
2010年7月11日	中外优秀青年论坛	中国华文教育基金会主办，上海市海外交流协会、上海市青联、复旦大学承办
2010年7月23—24日	中欧圆桌会议经贸问题联合研究小组研讨会	中国经济社会理事会
2010年9月7日	"国际艺术、设计与媒体院校联盟"2010年大会	同济大学设计创意学院
2010年9月8日	转化医学高峰论坛暨长海医院临床与转化医学中心成立大会	中国工程院医药卫生学部、上海市中国工程院院士咨询与学术活动中心和第二军医大学长海医院联合主办
2010年9月8日	第十届中红外光电子材料与器件国际会议	
2010年9月9日	第三届中国人力资本论坛	中国人力资源和社会保障部
2010年9月17日	妇女与城市发展暨纪念第四次世界妇女大会15周年论坛	中国妇联、上海市妇联
2010年9月25日	2010年全球城市信息化论坛	联合国开发计划署、联合国经社事务部、原中国信息产业部、中科院和上海市人民政府共同发起
2010年10月10日	一流大学建设系列研讨会	复旦大学承办
2010年10月20日	第三届中欧文化对话会议	中国艺术研究院、欧盟文化中心合作组织和上海世博会事务协调局主办，上海戏剧学院与中国美术学院承办
2010年11月1日	学术影响力研讨会	联合国、中国教育部
2010年11月3日	知识产权协议研讨会	中国商务部主办，上海WTO事务咨询中心承办

第三篇

国际友好城市

国际友好城市是世界各国地方政府之间通过协议而建立的一种国际联谊和城际合作关系的称谓，又称“姐妹城市”“合作城市”。从1973年正式缔结第一对国际友好城市，至2010年12月，上海已与世界52个国家的70个城市（省、州、大区、府、道、区、县）结为友好城市，其中市级友好城市57个，市级友好交流关系（指虽未签署正式结好协议，但开展实质性交流的结对城市）城市5个，区级友好城市8个。此外，至2010年12月止，上海还与13个国家的22个城市（州、大区、道、县）建立友好交流合作协议（备忘录）关系（指虽已签署友好交流合作协议或备忘录，并已开展合作交流，但尚未报经批准正式结好的城市）。

上海国际友好城市的发展，经历起步、全面发展、迅速壮大三个阶段。20世纪70年代，上海与日本横滨市和大阪市、意大利米兰市、荷兰鹿特丹市4个外国城市结好，是友城工作的初创期。20世纪80年代，随着中国改革开放的逐步深入和对外关系的不断发展，上海的友好城市迅速增加。许多外国政府领导人和地方政府领导人在访华期间或访沪结束后，纷纷向中方提出结好建议，有的还通过双方的使领馆转达愿望，希望本国的相应城市与上海结好，发展友谊和合作。到20世纪80年代末，上海对外缔结的友好城市扩大到遍及世界五大洲的19个国家22个城市，还与2个城市建立友好交流关系。双方交流开始向实质性、多领域发展。20世纪90年代起，上海浦东开发开放带动全市改革开放和经济社会发展进入新时期，友好城市的发展也步入快车道，平均每年新增近3个，交流的广度和深度都有突破性发展，呈现出全方位、宽领域、多层次交往的特点。

上海的友好城市经过38年的发展，不仅数量迅速增加，而且交往内容不断丰富。友城关系日趋成熟，已经成为上海面向世界、与国际社会开展友好联系和交流的重要窗口和渠道，成为上海与各国地方政府间友好合作的伙伴，成为中国与世界各国和人民友好事业发展的纽带和桥梁。由于大多国际友好城市是所在国的重要港口、工商业城市或经济、金融、文化中心，与上海有许多相似的特点，双方在经济建设和城市发展上有着很强的互补性，从而为相互合作交流奠定良好的基础，创造良好的条件和发展前景。38年中，通过举办“上海周”等各种形式的友城交流合作活动，上海与各友好城市增进了解，加深友谊，在经贸、科技、文化、教育、卫生、体育、城建、环保等诸多领域结下累累硕果，既为国家总体外交作出积极贡献，又为上海经济建设和社会发展带来先进理念、技术和经验，为上海经济建设与社会发展提供成功经验和有益启示。

上海市委、市政府历来对友城工作十分重视。历任市领导都关心、支持和参与友城工作，为上海友城工作的健康发展提供有力的支持。进入21世纪，为整合全市外事资源，形成合力，促进友城工作发展，上海确立“大友城”的工作思路。2000年初，成立友城工作协调委员会，建立由全市主要委办局、各区县以及部分高校、群众团体、新闻单位、大型国有集团公司等近100家成员单位组成的友城工作协调委员会联席会议制度，共商上海友城交流的总体规划和活动实施方案，协调、研究友城工作中的重大问题，明确责任，相互协作，在资源、信息、渠道上共享，优势互补，形成合力，使上海的友城工作在推进上海建设国际经济、金融、贸易和航运中心的国际大都市中发挥重要作用。

2005年，上海获得中国人民对外友好协会暨中国国际友好城市联合会颁发的中国国际友城工作成就奖。2008年和2010年，上海又连续获得中国国际友城交流合作奖。

表 3-0-1　2010 年上海市 57 个市级国际友好城市一览表

序号	城市		国家	所属洲	结好时间
1	横滨市	Yokohama	日　本	亚　洲	1973 年 11 月 30 日
2	大阪市	Osaka City	日　本	亚　洲	1974 年 4 月 18 日
3	米兰市	Milan	意大利	欧　洲	1979 年 6 月 25 日
4	鹿特丹市	Rotterdam	荷　兰	欧　洲	1979 年 11 月 23 日
5	旧金山市	San Francisco	美　国	美　洲	1980 年 1 月 28 日
6	萨格勒布市	Zagreb	克罗地亚	欧　洲	1980 年 6 月 18 日
7	大阪府	Osaka Prefecture	日　本	亚　洲	1980 年 11 月 21 日
8	咸兴市	Hamhung	朝　鲜	亚　洲	1982 年 6 月 18 日
9	大马尼拉市	Metro Manila	菲律宾	亚　洲	1983 年 6 月 15 日
10	卡拉奇市	Karachi	巴基斯坦	亚　洲	1984 年 2 月 15 日
11	安特卫普市	Antwerp	比利时	欧　洲	1984 年 5 月 27 日
12	蒙特利尔市	Montreal	加拿大	美　洲	1985 年 5 月 14 日
13	比雷埃夫斯市	Piraeus	希　腊	欧　洲	1985 年 6 月 24 日
14	滨海省	Pomorskie	波　兰	欧　洲	1985 年 7 月 4 日
15	芝加哥市	Chicago	美　国	美　洲	1985 年 9 月 5 日
16	汉堡市	Hamburg	德　国	欧　洲	1986 年 5 月 29 日
17	卡萨布兰卡市	Casablanca	摩洛哥	非　洲	1986 年 9 月 8 日
18	马赛市	Marseille	法　国	欧　洲	1987 年 10 月 26 日
19	圣保罗市	Sao Paulo	巴　西	美　洲	1988 年 7 月 7 日
20	圣彼得堡市	St. Petersburg	俄罗斯	欧　洲	1988 年 12 月 15 日
21	昆士兰州	Queensland State	澳大利亚	大洋洲	1989 年 5 月 24 日
22	伊斯坦布尔市	Istanbul	土耳其	亚　洲	1989 年 10 月 23 日
23	亚历山大省	Alexandria	埃　及	非　洲	1992 年 5 月 15 日
24	海法市	Haifa	以色列	亚　洲	1993 年 6 月 21 日
25	釜山市	Pusan	韩　国	亚　洲	1993 年 8 月 24 日
26	胡志明市	Ho Chi Minh City	越　南	亚　洲	1994 年 5 月 14 日
27	维拉港市	Port Vila	瓦努阿图	大洋洲	1994 年 6 月 8 日
28	达尼丁市	Dunedin	新西兰	大洋洲	1994 年 10 月 21 日
29	塔什干市	Tashkent	乌兹别克斯坦	亚　洲	1994 年 12 月 15 日
30	波尔图市	Porto	葡萄牙	欧　洲	1995 年 4 月 15 日
31	亚丁省	Aden	也　门	亚　洲	1995 年 9 月 14 日
32	温得和克市	Windhoek	纳米比亚	非　洲	1995 年 11 月 1 日

(续表)

序号	城市		国家	所属洲	结好时间
33	圣地亚哥省	Santiago Province	古巴	美洲	1996年8月28日
34	罗萨里奥市	Rosario	阿根廷	美洲	1997年6月17日
35	埃斯波市	Espoo	芬兰	欧洲	1998年9月4日
36	哈利斯科州	Jalisco State	墨西哥	美洲	1998年11月18日
37	利物浦市	Liverpool	英国	欧洲	1999年10月18日
38	马普托市	Maputo	莫桑比克	非洲	1999年10月25日
39	清迈府	Chiangmai Province	泰国	亚洲	2000年4月2日
40	迪拜市	Dubai	阿联酋	亚洲	2000年5月30日
41	夸祖鲁-纳塔尔省	KwaZulu Natal	南非	非洲	2001年5月16日
42	瓜亚基尔市	Guayaquil	厄瓜多尔	美洲	2001年7月6日
43	瓦尔帕莱索市	Valparaiso	智利	美洲	2001年7月10日
44	巴塞罗那市	Barcelona	西班牙	欧洲	2001年10月31日
45	奥斯陆市	Oslo	挪威	欧洲	2001年11月10日
46	康斯坦察县	Constanta County	罗马尼亚	欧洲	2002年4月15日
47	科伦坡市	Colombo	斯里兰卡	亚洲	2003年8月11日
48	哥德堡市	Gothenburg	瑞典	欧洲	2003年10月23日
49	布拉迪斯拉发州	Bratislava Region	斯洛伐克	欧洲	2003年11月10日
50	丹麦中部大区	Central Denmark Region	丹麦	欧洲	2003年11月10日
51	科克市	Cork	爱尔兰	欧洲	2005年5月19日
52	东爪哇省	East Java	印尼	亚洲	2006年8月30日
53	巴塞尔州	Basel - stadt	瑞士	欧洲	2007年11月19日
54	罗纳-阿尔卑斯大区	Rhone - Alpes Region	法国	欧洲	2008年5月21日
55	金边市	Phnom Penh	柬埔寨	亚洲	2008年10月8日
56	大伦敦市	Greater London	英国	欧洲	2009年3月31日
57	萨尔茨堡市	Salzburg	奥地利	欧洲	2009年9月3日

表3-0-2 2010年上海市5个市级友好交流关系城市一览表

序号	城市		国家	所属洲	结好时间
1	符拉迪沃斯托克市	Vladivostok	俄罗斯	欧洲	1993年4月27日
2	全罗南道	Jeollanam-do	韩国	亚洲	1996年4月19日
3	伦敦金融城	City of London	英国	欧洲	1996年9月4日
4	长崎县	Nagasaki Prefecture	日本	亚洲	1996年10月14日
5	全罗北道	Jeollabuk-do	韩国	亚洲	2003年4月17日

表 3-0-3 2010 年上海市 8 个区(镇)级国际友好城市一览表

序号	城　　市		结好时间
1	日本八尾市—嘉定区	Yao—Jiading	1986 年 9 月 13 日
2	日本枚方市—长宁区	Hirakata—Changning	1987 年 12 月 16 日
3	日本寝屋川市—卢湾区	Neyagawa—Luwan	1994 年 5 月 12 日
4	日本泉佐野市—徐汇区	Yizumisano—Xuhui	1994 年 10 月 21 日
5	纳米比亚奥卡汉贾市—闵行区马桥镇	Okahandja—Maqiao Town	1998 年 12 月 16 日
6	德国汉堡中区—虹口区	Hamburg-Mitte—Hongkou	2007 年 6 月 21 日
7	以色列科瑞阿特・海姆区—虹口区	Kiryat Haim District—Hongkou	2009 年 11 月 26 日
8	新西兰豪拉基市—嘉定区	Hauraki—Jiading	2010 年 9 月 8 日

表 3-0-4 2010 年上海市 22 个友好交流合作协议(备忘录)关系城市一览表

序号	城　　市		国　家	所属洲	建立时间
1	柏林市	Berlin	德　国	欧　洲	2000 年 7 月 1 日
2	伦巴第大区	Lombardia	意大利	欧　洲	2002 年 10 月 29 日
3	莱比锡市	Leipzig	德　国	欧　洲	2004 年 6 月 9 日
4	尼科西亚市	Nicosia	塞浦路斯	亚　洲	2004 年 9 月 4 日
5	冲绳县	Okinawa Prefecture	日　本	亚　洲	2005 年 2 月 25 日
6	休斯敦市	Houston	美　国	美　洲	2005 年 4 月 1 日
7	新潟县	Niigata Prefecture	日　本	亚　洲	2005 年 8 月 4 日
8	新潟市	Niigata City	日　本	亚　洲	2005 年 8 月 5 日
9	卢布尔雅那市	Ljubljana	斯洛文尼亚	欧　洲	2005 年 9 月 16 日
10	熊本县	Kumamoto Prefecture	日　本	亚　洲	2006 年 12 月 18 日
11	索非亚市	Sofia	保加利亚	欧　洲	2007 年 3 月 9 日
12	纽约市	New York	美　国	美　洲	2007 年 12 月 12 日
13	安卡拉市	Ankara	土耳其	亚　洲	2008 年
14	维多利亚州	Victoria	澳大利亚	大洋洲	2008 年 2 月 20 日
15	山梨县、静冈县、神奈川县	Yamanashi Prefecture Shizuoka Prefecture Kanagawa Prefecture	日　本	亚　洲	2008 年 4 月 24 日
16	新南威尔士州	New South Wales	澳大利亚	大洋洲	2008 年 5 月 20 日
17	忠清南道	South Chungcheong Province	韩　国	亚　洲	2008 年 11 月 3 日
18	大分县	Oita Prefecture	日　本	亚　洲	2008 年 11 月 11 日
19	济州特别自治道	Jeju Province	韩　国	亚　洲	2009 年 9 月 25 日

(续表)

序号	城市		国家	所属洲	建立时间
20	约翰内斯堡市	Johannesburg	南　非	非　洲	2009 年 11 月 14 日
21	雅典市	Athens	希　腊	欧　洲	2009 年 11 月 24 日
22	马尼拉市	Manila	菲律宾	亚　洲	2010 年 3 月 22 日

第一章　亚洲地区国际友好城市

积极发展与周边国家和亚洲其他国家的友好合作和交流，既是中国外交的重要内容，也是上海发展经济建设、推进建设国际大都市的重要方面。上海十分重视与亚洲国家的相关城市建立友好城市关系，1973年11月，上海与外国建立的第一个国际友好城市是日本的横滨市，这也是继中国天津和日本的神户之后全国的第二对友好城市。至2010年底，上海已与亚洲15个国家的25个城市（府、道、区、县）结为友好城市，占全市友好城市总数的35.71%。其中，市级友好城市17个，市级友好交流关系城市3个，区级友好城市5个。此外，上海还与亚洲5个国家的11个城市（道、县）建立友好交流合作协议（备忘录）关系。

第一节　市级友好城市

一、日本横滨市

横滨市位于日本本州关东地区，是日本著名三大城市之一、神奈川县首府，日本重要的工业区京滨工业地带的中心和重要的国际通商口岸，也是神奈川县政治、经济、文化和交通中心。面积434.98平方千米，人口365万。

图3－1－1　日本横滨市

上海市和横滨市于1973年11月30日结为友好城市关系。1971年，日本社会党中央执行委员长成田知巳和全国革新市长会会长、横滨市市长飞鸟田一雄分别致函中国国务院总理周恩来，提议横滨市与上海市发展友好关系。飞鸟田一雄在信中还附有他给上海市革命委员会领导人的信，信中建议横滨与上海两个城市成为“姐妹城市”。1973年9月，横滨市政府应邀派遣先遣组来沪商讨两市结好事宜。1973年11月，以横滨市市长飞鸟田一雄为团长、由各界人士组成的横滨市友好代表团抵沪访问。11月30日,上海市革命委员会举行欢迎横滨市友好代表团大会,市革委会副主任马天水和横滨市市长飞鸟田一雄在会上共同宣布,自即日起,上海、横滨两市结为友好城市。

上海与横滨两市结好以来的30余年中,双方领导几乎每年都有往来。有的是进行友好访问、签署友好合作交流协议,有的是参加两市结好庆祝活动或有关纪念活动,有的是参加国际会议或其他双边、多边活动。其中,横滨市领导到访的主要有:1979年10月,横滨市市长细乡道一、副市长饭泉安一率横滨工业展览会友好代表团访沪,与市革委会领导王一平、赵行志、陈锦华以及各界代表500多人共同出席横滨工业展开幕式。市革委会领导彭冲会见代表团一行并参观横滨工业展。1983年10月,横滨市市长细乡道一、议长松村千贺率代表团184人访沪,与市长汪道涵、副市长阮崇武、市人大常委会副主任施平共同出席在上海举行的上海—横滨缔结友城10周年庆祝活动。1987年10月,横滨市市长细乡道一率团访沪,与副市长李肇基共同签署《1988年度上海—横滨友好交流项目协议书》。1988年8月,横滨市派出以副市长齐田仓作为团长的市政府代表团、以市议会议长濑之间功为团长的市议会代表团到沪参加两市缔结友好城市15周年庆祝活动。1993年7月,横滨市市长高秀秀信率横滨市代表团及横滨市各界人士近500人到沪访问,参加在上海举行的纪念两市缔结友好城市20周年的庆祝活动。1998年11月,横滨市市长高秀秀信、议长中村达三分别率横滨市政府和市议会代表团访沪,参加纪念两市结好25周年庆祝活动等。2003年11月,横滨市市长中田宏率横滨市代表团访沪,参加两市缔结友好城市30周年庆祝活动,并与市长韩正共同签署《上海—横滨友好交流协议书(2004—2008年)》。代表团出席上海工博会开幕式,横滨市政府再次在沪举行横滨经济说明会。2008年10月,横滨市市长中田宏率横滨市代表团和市民交流团等近200人到沪,参加两市结好35周年暨缔结友好港关系25周年庆祝活动。2010年4月30日—5月2日,横滨市市长林文子应邀到沪参加2010年上海世博会开幕式并参观世博园区。2010年7月,横滨市市长林文子率团访沪。市长韩正会见林文子一行。代表团在沪期间,出席在世博园日本产业馆举行的“横滨周”活动等。此外,横滨市副市长(或市长代表)松宫理一郎、饭泉安一、宫原宏一郎、池泽利明、马场贞夫、根本和夫、小椋进、中岛宏善、今田忠彦、本多常高、野田由美子等也曾先后应邀到沪访问或参加有关会议。

上海市领导应邀率团赴横滨市访问的主要有:1982年12月,市长汪道涵率团访问横滨,会见横滨市市长细乡道一,双方共同签署关于促进两市友好交流的声明。在日期间,日本首相中曾根和前首相铃木善幸会见汪道涵一行,双方都表示关切进一步发展两国人民之间及上海和日本3个友好城市间的友好合作关系,表示将为不断推进双方的经济、文化交流作出努力。1989年5月初,市长朱镕基率上海市代表团赴横滨参加横滨市建市100周年和开港130周年纪念活动。朱镕基与市长细乡道一共同出席上海·横滨友好园开园仪式、'89横滨博览会“上海日”纪念仪式,参加日中经济研讨会和横滨市举办的记者招待会。1992年5月,市长黄菊率上海市代表团应邀访问横滨市,同横滨市市长高秀秀信、议长铃木正之等就进一步发展两市友好关系进行会谈。1993年3月,以市委书记吴邦国为团长、副市长孟建柱为副团长的上海市代表团访日,顺访横滨,分别与横滨市市长高秀秀信和议长铃木正之等进行友好会晤。1998年4月,市长徐匡迪率上海市代表团访问横滨市,同横滨市市长高秀秀信一起签署《纪念上海·横滨友好城市缔结25周年联合声明》,并发表题为《发展友好关系,共同迈向21世纪》的纪念演讲。2000年5月,中共中央政治局委员、上海市委书记黄菊率中共代表团访日期间专程访问横滨市,会晤横滨市领导人和各方面的新老朋友,进一步加强两市间的友好交流关系。此外,市领导王一平、赵行志、陈锦华、倪天增、谢丽娟、赵启正、罗世谦、韩正、唐登杰等也曾先后一次或多次应邀率团赴横滨市访问或参加有关活动。

自结好至2010年的30多年中，经过上海与横滨两市领导和有关各方的共同努力，两地的友好合作和交流取得丰硕成果。为表彰对发展两市友好合作交流所作的贡献，上海市人民政府先后为11名横滨市友好人士颁发“白玉兰荣誉奖”或“白玉兰纪念奖”。其中，获得上海市“白玉兰荣誉奖”的是：横滨市市长高秀秀信；获得上海市“白玉兰纪念奖”的10位人士是：横滨·上海友好林培育会会长、原横滨市议会议员角田和宏，原横滨市议长濑之间功，横滨·上海友好委员会会长、原横滨市副市长松宫理一郎，横滨·上海友好委员会会长、原横滨市议会议员、日中友好议员联盟副会长门司修，财团法人横滨市福祉文化事业团理事长、横滨·上海友好林培育会副会长高桥勉，横滨·上海友好委员会理事、神奈川宅建协会会长石井英次，横滨·上海友好委员会副会长关义和，横滨·上海友好委员会理事西村英彦，横滨市日中友好协会会长新堀丰彦，横滨市议会议长、横滨·上海友好书画交流会总裁田野井一雄。

自结好以来，两市在经贸、技术、城市和港口建设以及聘请技术专家、派遣研修生、文化、体育、医学等方面的交流合作均取得积极成果。一是在经济技术方面。20世纪80年代起，上海和横滨每年都在两地互办“上海—横滨经济技术交流会”，至2008年，已举办26届。每届交流会上，双方经济部门就每年的合作方向、具体项目进行协商，并签署两市交流协议。双方在环保节能、软件开发、工业设计、商务投资、展览展出等领域进行合作，促进两市的经济交流和发展。

二是在城市建设、人员交流方面。从1982年起，通过互访等形式，横滨市就城市自来水净化、污泥处理、高层建筑供水、旧水管改良等向上海方面提供技术支持和建议，并于1989—2002年先后接受26名上海派遣的技术进修生，为上海自来水领域的技术水平提高起到积极作用。上海城市规划设计院与横滨城市整备局就不同阶段背景下上海的城市规划和城市建设进行交流与合作。自1987年起，横滨就浦东花木地区道路、地铁车站开发规划、杨浦大桥匝桥地区规划、浦东六里现代生活园区规划、社区老年设施建设等课题为上海方面提出建议和方案，对提升上海市规划技术水平、促进城市建设现代化发展起到积极作用。1983年10月12日，横滨港和上海港结为友好港。此后，两港每年互派代表团进行技术交流。两港工程技术和管理人员在港口规划、老港区再开发、港口围堰造地、软地基改良、港口环境保护、港口体制等各个方面开展卓有成效的交流合作。横滨港的经验为上海港的现代化进程和上海国际航运中心建设提供有益的借鉴和支持。1988—2002年，市政府外办每年派遣工作人员赴横滨，在横滨市负责对外交流的国际室工作，推动两市友城交流。

三是在文化、体育等方面。1980—1989年，两市通过互办展览增进文化交流。1980年9月，上海博物馆珍藏文物展在横滨举行，1983年，上海工艺与物产展、上海美术展在横滨举行。1988年10月，横滨百景展在上海美术馆举行。1989年10月，上海百景展在横滨举行。1983—1999年，两市互派篆刻、珠宝镶嵌、传统印染、糕点制作、民乐、民间手工艺人等开展交流，并向市民举办民俗文化普及讲座。1973—2005年，两市互派球类、田径、游泳、太极拳、柔道等专业或青少年队互访，并进行友谊比赛。从1980年起，两市图书馆每年通过邮寄方式交换图书100本。自1992年起，由原上海国际友好城市交流事业发展基金会、上海市书法家协会和横滨新艺书道会共同举办的“上海·横滨友好书画交流展”定期在上海举行，至2008年已举办13届。前横滨市市长高秀秀信及中国著名书法艺术家谢稚柳、周慧珺等多次为书画展题词，曾任横滨市议长的田野井一雄亲自任书道会总裁。两地书法艺术家的辛勤耕耘弘扬书法艺术，为两地书法艺术的交流与发展起到积极的推动作用。上海动物园与横滨金泽动物园自20世纪70年代开始定期进行动物交换，并就动物饲养、珍稀动物保护、繁殖技术等进行交流与合作，对珍稀动物种群如金丝猴的保护和饲养繁殖技术进行共同研究。1988年,为纪念两市缔结友好城市15周年,横滨市赠送给上海市一座"横滨·上海友好馆",该馆建在沪西工人文化宫内。上海市也回赠一座小型中国式庭园"上海·横滨友好园",建造在横滨本牧公园内。

四是在教育、卫生和民政方面。两市大学之间每年定期互派师生至对方学校学习、交流。同时,1998—2004年,上海市先后派遣7批近600人的高中生代表团赴横滨访问,并与当地高中生进行交流,促进两市青少年之间的相互理解与友谊。1981—2004年,两市每年互派医疗卫生技术交流团,就医院管理等多项专业医疗技术进行交流,为提高上海的医院管理水平和医疗技术水平发挥积极作用。同期,上海方面每年派遣2名专业人员赴横滨进行为期1—6个月的进修,学习日本在医院管理和临床医疗技术领域的先进理念和技术技能。从20世纪90年代起,两市通过召开研讨会、互访等形式,就社会养老、居家养老、城市人口老龄化及对策、老年人福利设施建设和有关政策、老年人文化生活等进行交流与合作,就共同面临的课题进行探讨,促进双方老龄事业的共同发展和进步。

五是在民间友好组织和青少年交流方面。"横滨·上海友好委员会""横滨·上海友好林培育会""横滨新艺书道会"等横滨民间友好组织多次组织"市民之翼"友好访华团、"友好林"培育会访华团、新艺书道会访华团等来上海访问,进行参观和交流。1974年3月,为推进横滨各界与上海的友好交流,横滨市建立"横滨·上海友好委员会"。同年11月,横滨以"横滨·上海友好委员会"会员为主体的各界人士举行集会,纪念横滨上海两市结好1周年。上海市革命委员会发去贺电。1998年11月、2003年11月、2008年10月,在两市缔结友城25周年、30周年、35周年之际,由横滨·上海友好委员会发起和组织的横滨市"市民之翼"访华团均组团访沪参加庆祝活动。成立于1992年的"横滨·上海友好林培育会",捐资在上海共青森林公园建立"横滨·上海友好林"。此后培育会成员每年来访,捐助友好林维护费用,推动上海同横滨两市市民间的友好交往。在横滨开港150周年之际,上海市人民对外友好协会也派团参加庆典活动。上海江苏路第五小学等5所学校与横滨若叶台东小学等5所学校开展友好校际交流,交换学生书法、绘画等作品和教材。1993年,两市各派遣100名青少年互访,旨在增进青少年之间的相互理解和友谊,培养中日友好事业接班人。

两市结好后,双方举办多次重大活动,其中包括:结好25周年、结好30周年、结好35周年活动等。1998年4月,为纪念上海与横滨结好25周年,市长徐匡迪率上海市代表团访问横滨市,同横滨市市长高秀秀信一起签署《纪念上海·横滨友好城市缔结25周年联合声明》,并发表题为《发展友好关系,共同迈向21世纪》的纪念演讲。同年11月,横滨市市长高秀秀信、议长中村达三分别率横滨市政府和议会代表团访沪,参加纪念两市结好25周年庆祝活动。由"横滨·上海友好委员会"发起和组织的横滨"市民之翼"访华团及其他各界人士共250余人同时到沪参加这一纪念活动。2003年11月,两市缔结友好城市30周年之际,横滨市市长中田宏率横滨市代表团到沪访问。11月3日,市长韩正会见代表团一行,双方签署《上海—横滨友好交流协议书(2004—2008年)》。11月4日,两市各界人士共400余人参加纪念两市缔结友城30周年庆祝酒会。2008年10月,横滨市市长中田宏、议长吉原训率横滨市代表团及市民和各界代表200余人访沪,参加两市结好35周年暨缔结友好港关系25周年庆祝活动。10月24日晚,两市举行庆祝招待会、友好书画展、纪念音乐会等一系列活动。10月26日,市长韩正会见代表团一行,并和中田宏共同签署两市2009—2013年友好交流协议书。市政协主席冯国勤会见横滨市议长吉原训一行。

横滨市积极参与上海世博会。2008年11月,上海"世博—友城行动"采访组赴横滨采访,专访横滨市市长中田宏,并出版《世博—友城横滨特刊》。2010年7月,上海世博会"横滨周"活动在日本产业馆举行,横滨市市长林文子出席活动。其间,林文子还出席横滨之夜友好晚会、横滨旅游和投资推介会等,并接受上海电视台专访。

二、日本大阪市

大阪市是日本西部地区重要的经济、金融、商业中心和交通枢纽。面积 222.3 平方千米,人口 265 万。上海市和大阪市于 1974 年 4 月 18 日建立友好城市关系。1973 年 6 月,大阪市市长大岛靖参加日本京(京都)、阪(大阪)、神(神户)三市市长友好访华代表团来华访问时,向中日友好协会会长廖承志和上海市革命委员会副主任冯国柱提出大阪市希望与上海市结为友好城市。1973 年 9 月,他又致函上海市革委会,希望两市建立友好城市关系。1974 年 2 月,应上海方面邀请,大阪市政府派遣先遣组到沪,与上海市革委会外事组共商两市结好事宜。1974 年 4 月,以大阪市市长大岛靖为团长、议长大丸志朗为副团长的大阪市友好代表团访问上海。4 月 18 日,上海市革命委员会举行欢迎大阪市友好代表团大会,市革委会副主任马天水和大阪市市长大岛靖在会上共同宣布,自即日起上海市与大阪市结为友好城市。两市结好后,双方关系进一步加强。1981 年 10 月 30 日,两市结为友好港;1995 年 7 月 5 日,两市又结为经济贸易伙伴城市;1996 年 4 月,大阪国际经济上海市事务所正式成立。

图 3-1-2 日本大阪市

从两市结好至 2010 年的 30 余年中,两地领导往来频繁,双方几乎每年都应邀率团互访。有的是进行友好访问、签署友好合作交流协议,有的是参加两市结好庆祝活动或有关纪念活动,有的是参加国际会议或其他双边、多边活动。其中,大阪市领导到访的主要有:1974 年 4 月,大阪市市长大岛靖率代表团一行访问上海,签署上海市和大阪市结好协议书。1979 年 4 月,以大阪市市长大岛靖为顾问的大阪市议会代表友好访华团到沪参加上海、大阪结好 5 周年庆祝活动。1980 年 4 月,大阪市议长藤冈信雄夫妇一行访问上海。1984 年 4 月,以大阪市市长大岛靖为团长、议长木下伸生为副团长的大阪市友好代表团到沪参加两市结好 10 周年庆祝活动。同时访沪的还有大阪地区的 14 个代表团。大岛靖一行和同访的代表团参加两市结好 10 周年庆祝大会,出席"上海·大阪书法展"开幕式和两市动植物交换仪式,并种植友谊树。1987 年 2 月,大阪市议长足高克己率大阪市议会访华代表团访问上海。1990年5月,以大阪市议长多贺谷宏为团长、大阪市副市长大浦英男为副团长的大阪市代表团访问上海,两市领导还在上海动物园种植友谊树。1993年5月,大阪市市长西尾正也和议长北山笃率团访华,并参加上海市举办的第一届东亚运动会。1993年11月,以前市长大岛靖为最高顾问、大阪工业会国际交流委员长细川益男为团长的日本大阪工业会经济考察团访问上海,大岛靖接受上海市政府授予的"白玉兰荣誉奖"。1994年4月,大阪市市长西尾正也、议长黑田辉夫分别率大阪市政府和市议会代表团及各界人士800余人访沪,参加上海・大阪结好20周年庆祝活动,市长黄菊、市人大常委会主任叶公琦会见代表团。1999年6月,大阪市市长矶村隆文率大阪市代表团、议长公原贤司率大阪市议会代表团访沪,参加两市结好25周年庆祝大会和其他庆祝活动。2002年10月,大阪市市长矶村隆文、议长新堂庄二访沪,出席大阪市观光旅游推介会及投资说明会。2004年12月,新任大阪市市长关淳一率大阪市代表团访沪,出席在沪举行的大阪观光、商务宣传推广活动。2007年3月,大阪市市长关淳一、大阪府知事太田房江联合率团访问上海,市长韩正会见代表团一行。2009年1月,大阪市市长平松邦夫一行应邀访沪。在与市长韩正会见时,双方就进一步发展两市友好合作和交流进行探讨。在沪期间,大阪市代表团与上海世博局签署城市最佳实践区参展合同。2010年7月,为庆祝上海市与大阪市结好36周年、与大阪府结好30周年,大阪市市长平松邦夫一行、大阪府知事桥下彻分别率团访沪。此外,大阪市副市长(或副议长、市长代表、代表团顾问等)近藤和夫、雨宫礼三、矶村隆文、阪口英一、佐佐木伸、山下典嘉、川口优、井越将之等曾应邀先后率团到沪访问或参加有关会议。

上海市领导应邀率团赴大阪市访问或参加有关活动的主要有:1982年11月,市长汪道涵率上海市政府代表团访问大阪。1989年4月,市长朱镕基率上海市友好代表团访问大阪,参加庆祝上海市与大阪市结好15周年活动,并出席在大阪举行的中日经济研讨会。1992年5月,市长黄菊率上海市代表团访问大阪,与大阪市市长西尾正也一起出席《上海市・大阪市1992年友好交流项目协议书》签字仪式。1992年9月,市长代表、市对外友协特别顾问陈至立率上海市友好代表团访问大阪,参加'92大阪中国年活动,与大阪朋友共同纪念中日邦交正常化20周年,并出席在大阪举行的上海文化艺术节开幕式。1993年3月,市友协名誉会长吴邦国、副市长孟建柱率上海市代表团访问大阪,并在大阪举行上海经济讲演会。1998年4月,市长徐匡迪应邀率上海市代表团访问大阪市,会见新任大阪市市长矶村隆文,共商发展两市友好交流关系。2005年9月,上海市领导率团访问大阪市,参加与大阪市、大阪府在大阪共同举办的"上海—大阪经济交流峰会"。2007年10月,市人大常委会主任龚学平率团访问大阪市,出席大阪市主办的"釜山、大阪、上海黄金三角旅游促进峰会"并作演讲,会见大阪市市长关淳一、议长足高将司。此外,市领导冯国柱、王一平、赵行志、阮崇武、朱宗葆、倪天增、孙贵璋、蒋以任、冯国勤、周禹鹏等先后应邀率团赴大阪市访问或参加有关会议、签署交流协议等。

自结好至2010年的30多年中,经过两市领导和有关各方的共同努力,两地的友好合作和交流取得丰硕成果。为表彰对发展两地友好合作交流所作的贡献,上海市人民政府先后为3名大阪市友好人士颁发"白玉兰荣誉奖",他们分别是:原大阪市市长大岛靖、西尾正也、矶村隆文。

两市在经贸、工业技术、城市建设、港口、教育、医疗卫生、民政、人员培训等方面交流合作取得的积极成果。一是在经济技术和城市建设方面。1992—2003年,市商委与大阪市中央批发市场开展持续的相互交流,双方隔年派代表团互访,上海方面从大阪等地,通过对日本的物流状况、批发市场经营模式、政府对批发市场的宏观调控、连锁商业和超市等运营情况的考察、了解,为上海商业流通现代化和连锁商业的大发展起了有益的参考、借鉴作用。1989年起,两市财政局也建立交流关系，双方经常就财政体制、组织机构、预算收支、税收制度、征收管理等进行交流。1996 年起，市政府发展研究中心与大阪市都市工学情报中心合作，进行题为“上海・大阪大容量轨道交通与城市开发对比研究”的课题研究，取得阶段性成果，为上海轨道交通和城市开发探索一种新的模式和机制。市建委和大阪市建设局还就轨道交通建设和经营管理等进行交流。两市每年都就城市建设、交通和管理领域的信息技术、轨道交通换乘及换乘中心建设等课题进行互访和交流。上海港和大阪港自 1981 年结为友好港后，双方定期派遣港口技术考察团互访，大阪港曾为上海港外高桥五号沟新港区规划方案专门编写技术交流报告书，为上海港建设提供帮助。对老港区功能转换，大阪方面也提供不少可借鉴的经验。从 1985 年开始，市环卫局与大阪市环卫局正式开展交流，双方隔年派代表团互访，就环境卫生的教育与宣传、公共厕所的修建、垃圾收集与垃圾焚烧技术等课题进行专业交流，取得较好成果。从 1986 年开始，市环保局和大阪市环健局就上海的大气污染防治问题、上海城市噪声综合防治对策与规划课题、汽车尾气处理技术进行合作研究和交流。市水务局与大阪市水道局有长年的交流关系。双方就水质净化、污水处理技术、开发水资源和薄膜技术等方面进行技术交流，解决上海自来水厂在用氯安全生产方面的难题，为上海控制水源污染、改善饮用水水质、发展供水事业起到积极作用。

二是在教育、卫生、民政等方面。早在 20 世纪 70 年代末，两市教育部门就开始互派学者，进行学术交流。每年除学者交流外，还互派大学教员和学生到对方大学进修。自 20 世纪 80 年代初起，两市每年都举行儿童书画作品交流展览。1998 年后，上海连续九年派遣高中生代表团赴大阪访问，与当地高中生积极开展许多有益的交流，增进双方青少年之间的友谊。市体委和大阪排球、羽毛球协会积极开展运动员互访和交流，促进两市体育运动水平的提升。自 1987 年起，市民政局与大阪市民生局建立交流关系。两市每隔一年就派代表团互访，就社区服务、残疾人保障事业和应对社会老龄化等问题进行交流和研讨。2009 年 5 月，大阪等地突发非输入性甲型 H1N1 流感，上海市政府向大阪府、大阪市紧急捐赠 5 万只一次性口罩。对此，大阪市市长平松邦夫亲自给中国驻大阪总领事打电话表示感谢。

三是在人员培训方面。从 1992 年起，上海每年都派遣市政府工作人员赴大阪，担任国际交流员。在进修业务的同时，也为两市交流合作的顺利开展发挥积极作用。1995—2007 年，由上海市政府外办牵头，与大阪市政府、大阪海外技术者研修协会、太平洋人才交流中心等单位共同举办多届企业人员赴日经营管理研修班，每届 20 人左右。在为期 2 周的研修中，研修人员通过专家授课指导与实地考察，对日本经济的发展轨迹、人才培养、技术引进以及合资企业的经营管理等有了基本的认识和了解，为回国后提高本企业经营管理水平开拓思路，吸取有益的经验。

两市结好后，双方举办多次重大活动，如结好 20 周年、结好 30 周年活动。1994 年 4 月，大阪市市长西尾正也、大阪市议长黑田辉夫分别率团来沪参加上海・大阪结好 20 周年庆祝活动。在庆祝大会上，市长黄菊代表上海市政府授予长期以来为发展两市友好关系作出贡献的大阪市市长西尾正也“白玉兰荣誉奖”。两位市长还一起出席大阪市礼赠上海市的寄寓纪念意义的太阳能电子钟塔的揭幕仪式。大阪各界人士组成的 10 余个代表团也同时在上海参加两市结好 20 周年庆祝大会等活动。2004 年 10 月，副市长冯国勤率上海市代表团访问大阪，出席两市结好 30 周年庆祝活动，包括纪念仪式、联合音乐会、城市论坛等。12 月，大阪市市长关淳一率大阪市代表团访沪，庆祝两市结好 30 周年，并举行大阪观光、商务宣传推广活动。

大阪市积极参与上海世博会。2008 年 1 月，大阪府、大阪市等共同申请参展 2010 年上海世博会城市最佳实践区。3 月，大阪府、大阪市等共同提交的案例“环境先进城市・水都大阪的挑战”入选2010年上海世博会城市最佳实践区参展案例。10月,上海"世博—友城行动"采访组赴大阪采访,专访大阪市市长平松邦夫,并出版《世博—友城大阪特刊》。2010年6月30日—7月4日,大阪市副市长北山启三一行访沪,出席在上海世博会世博文化中心举行的"大阪文乐艺术演出"及在南京举办的世博会主题论坛,参观上海世博会。2010年7月,大阪市市长平松邦夫一行、大阪府知事桥下彻一行分别率团访沪,庆祝上海市与大阪市结好36周年、与大阪府结好30周年。同期访沪的还有议会、相关行政、工商界及各界友好人士共500余人。上海市长韩正会见大阪府知事桥下彻、大阪市市长平松邦夫及各界代表团团长,并共同出席"上海—大阪友好之夜"庆祝招待会。中日各界友好人士约650人出席招待会。韩正和大阪府知事桥下彻、大阪市市长平松邦夫分别致辞,共祝上海、大阪友好关系不断发展。在沪期间,日本客人们还出席上海世博会大阪"特别日"活动等。2010年7月28日,上海世博会城市最佳实践区大阪"特别日"活动开幕式在世博园举行,在上海访问的大阪市市长平松邦夫、大阪府知事桥下彻和上海市政协副主席、世博会执委会副主任周汉民参加活动开幕式。来自大阪的500余名人员和150名上海市民及众多世博会游客一起,欣赏日本著名歌手的表演。为配合大阪"特别日"活动,大阪市还特意派遣29名高中生作为友好亲善大使,乘坐"憧憬"号帆船,历时1周到沪访问,受到上海方面的热情接待和欢迎。

三、日本大阪府

大阪府是与东京并列的日本两大经济中心之一,拥有可代表日本工业技术水平的家电、化工、制药、纺织和钢铁等制造产业,与其周围的神户、京都、奈良等城市构成日本著名的关西地区。面积1 894平方千米,人口882万。

图3-1-3 日本大阪府

上海市与大阪府于1980年11月21日建立友好城市关系。1974年上海市与大阪市结好时,大阪府副知事岸昌即希望并致力于促进大阪府与上海市发展友好关系。1979年4月,岸昌新任大阪府知事,在举行就职仪式后立即会见正在大阪市访问的由上海市革委会副主任赵行志率领的上海代表团,表示要为日中友好,为大阪府和上海市的友好关系作出最大努力。1979年11月,大阪府日中友协理事长雨宫礼三到沪访问时,向上海提议,在上海郊区选一个人民公社命名为"上海·大阪友好人民公社”，以利于增进双方在农业技术方面的交流合作。后经双方确定，由上海市嘉定县马陆人民公社作为上海·大阪友好人民公社。1980年4月，大阪府知事岸昌率大阪府议会代表团访问上海，出席嘉定县马陆人民公社举行的“上海·大阪友好人民公社”命名大会。岸昌在沪与副市长王一平商谈上海市与大阪府结为友好城市事宜，并达成口头协议。1980年11月，应岸昌邀请，副市长韩哲一率上海市人民政府代表团对大阪进行友好访问。经与大阪府、大阪市磋商，在大阪府、大阪市取得一致意见后，韩哲一和岸昌于11月21日正式签署两市、府建立友好关系协议书。1985年11月，大阪经济交流事务所在上海设立。

在两地结好后的30年中，双方高层领导往来频繁，有的是进行友好访问、签署友好合作交流协议，有的是参加两地结好庆祝活动或有关纪念活动，有的是参加国际会议或其他双边、多边活动。其中，大阪府领导应邀率团来沪的主要有：1981年9月，大阪府知事岸昌率近畿青年洋上大学友好之船访华团访问上海，市长汪道涵和副市长韩哲一、赵行志会见代表团。1985年11月，大阪府知事岸昌、议长坪井一宇率各界代表团394人访问上海，庆祝两市、府缔结友好城市关系5周年。市长江泽民会见岸昌一行，双方共同签署友好交流协议书。1992年1月，大阪府知事中川和雄率大阪府友好代表团访沪，市长黄菊会见代表团，双方签署促进友好交流会谈纪要。1992年11月，大阪府知事中川和雄再次率团访沪，市长黄菊、市人大常委会主任叶公琦会见代表团。1995年11月，大阪府知事横山努克应邀率大阪府代表团访沪，出席庆祝两市府结好15周年纪念活动。1999年8月，大阪府知事横山努克率近畿青年洋上大学代表团访沪，市长徐匡迪会见横山努克和日本学生代表。2002年3月，大阪府知事太田房江应邀率团访沪，出席双方共同举办的“上海·大阪友好交流会”等活动。2005年10月，大阪府知事太田房江、议长美坂房洋分别率大阪府代表团和议会代表团访沪，出席上海—大阪府结好25周年庆祝活动。2007年3月，大阪府知事太田房江、大阪市市长关淳一联合率团访问上海，市长韩正会见代表团一行。2008年3月，大阪府知事桥下彻率团访沪，市长韩正会见代表团一行。在沪期间，代表团一行拜访上海世博局。2008年10月，大阪府知事桥下彻率团访沪，市长韩正会见代表团一行。2010年7月，为庆祝上海市与大阪府结好30周年、与大阪市结好36周年，大阪府知事桥下彻、大阪市市长平松邦夫分别率团访沪，同期访沪的还有大阪议会、相关行政、工商界及各界友好人士共500余人。市长韩正会见大阪府知事桥下彻、大阪市市长平松邦夫及各界代表团团长，并共同出席“上海—大阪友好之夜”庆祝招待会。此外，大阪府副知事宗像善俊、中川和雄、柳庸夫、谷川秀善、浦西良介、松广屋慎二、梶本德彦、三轮和夫等也先后应邀率团来沪访问或参加有关会议。

上海市领导应邀率团赴大阪府的主要有：1982年11月，市长汪道涵率团访问大阪府，与大阪府知事岸昌共同签署友好交流项目协议书。1984年10月，市人大常委会主任胡立教、副主任施平率团访问大阪府，会见大阪府知事岸昌、议长朝仓等。1989年4月，市长朱镕基率团访问大阪府，与大阪府知事岸昌共同签署1989年度友好交流项目会谈纪要，共同出席中日经济研讨会。1992年5月，市长黄菊率团访问大阪府，会见大阪府知事中川和雄、议长加藤法瑛，商谈双方交流合作事宜。1993年3月，市委书记吴邦国率团访问大阪府，副市长孟建柱同行，与大阪府知事中川和雄签定友好交流协议书。1998年4月，市长徐匡迪率团访问大阪府，会见知事横山努克，并签署友好交流协议书。2002年10月，市人大常委会副主任龚学平率团访问大阪府。2006年6月，市人大常委会主任龚学平率团访问大阪府。2007年10月，市人大常委会主任龚学平再次率团访问大阪，出席由大阪府主办的“亚洲主要城市峰会”和由大阪市主办的“釜山、大阪、上海黄金三角旅游促进峰会”并作演讲，会见大阪府知事太田房江、议长岩见星光。此外，市领导阮崇武、谢丽娟、倪天增、刘伦贤、周慕尧、周禹鹏等也先后应邀率团赴大阪府访问或参加有关会议、签署交流协议等。1991年4月，在大阪府知事岸昌即将离任时，市长朱镕基致电这位上海人民的老朋友，对他在任大阪府知事期间为发展中日友好事业所作出的贡献表示敬意和感谢。同月，市长朱镕基还致电中川和雄，对他新任大阪府知事表示祝贺。

自结好至2010年的30年中，经过双方领导和有关各方的共同努力，两地的友好合作和交流取得丰硕成果。为表彰对发展两地友好合作交流所作的贡献，上海市人民政府先后为7名大阪府友好人士颁发"白玉兰荣誉奖"或"白玉兰纪念奖"。其中，上海市"白玉兰荣誉奖"获得者是：原大阪府知事岸昌、中川和雄、太田房江；上海市"白玉兰纪念奖"获得者是：大阪府日中友协副会长山中林之助、大阪府日中友协副会长细井馨、大阪府日中友协顾问高仓曼莎、大阪府日中友协常务理事生岛政男。

两市结好后，双方合作交流取得积极成果。一是在经贸、人才交流方面。从1985年起，大阪府在上海设立大阪府经济交流事务所，这是两地在经济和其他领域开展交流的窗口。1987年起，两地互派企业经营管理者进行合作和交流。1994—2002年，按前已实行的项目，两地继续互派企业经营管理者进行合作和交流。1980—2002年，上海每年派遣技术进修生赴大阪进修，所修和相互交流的课题有农产品流通、建筑设计、商店服务管理、企业经营管理等。1993—1995年，浦东新区和松江区招商合作团赴大阪宣传、引资。2009年起，两地开展全新形式的行政人员交流项目。双方每期各派遣3名行政人员到对方相关单位进行为期2—3周的友好交流，2009年进行2期，取得积极成果。两地还在金融市场建设、统计工作等方面开展新的交流，派遣金融市场管理专家、期货市场专家和统计专家等进行相互考察和交流。1998年起，两地每年相互交换统计资料。2005年9月，双方共同签署促进经贸交流合作协议书。2006年，双方互派世博会事务交流团。上海市经济委员会交流团访问大阪，出席"中小企业论坛"。上海宝钢集团主要负责人赴大阪，出席"亚洲女性经济人士会议"。1981—2002年，上海派遣多批农业技术进修生赴大阪府进修，为上海市培养大批高水平的农业技术人员。1982—2002年，大阪府每年派遣农业技术人员到沪指导。1981—2006年，双方通过交换蔬菜优良品种及农业科技信息等积极开展交流。

二是在城市建设方面。两地自1986年以来，持续进行城市开发规划、环境保护等方面的专家互访和富有成效的交流合作。1994年、1995年，两地又开展高层建筑消防、防灾交流和消防学校交流。1994—2002年，两地城市规划部门在互访中，就罗山路立交桥等上海8处交通或地区的规划和开发课题进行十分有益的交流。1990—1995年，双方还在高层建筑消防、防灾、消防学校等领域开展交流。1999年，上海浦东国际机场派员赴日参加关西国际机场研讨会。早在1995年，为纪念日本关西国际机场正式启用，上海赠送大阪府一对石狮，被安放在机场临空城"帕帕拉"广场，命名为"友友""爱爱"。双方的环保交流涉及水质保护、河流治理、节能等领域。1987—2000年，双方互派水质保护专家团访问、交流。1992—1995年，双方环保专家就浦东川杨河的综合治理开展人员交流，并于1996年形成论文。1998年6月，两地联合举行水质保护研究会；10月，上海环保局派员参加在大阪举行的"关西国际环境保护研讨会"。2006—2010年，两地又互派节能技术、环境保护交流团，双方都十分重视推进这方面的交流合作。

三是在青少年交流方面。结好以来，双方都很重视开展增进两地青少年之间相互了解和友谊的活动。1989—2001年，上海每年组团参加大阪国际少年合唱节。1994—2010年，两地每年互派青少年体育代表团进行交流，大阪府每年有高中生代表团到沪访问和修学旅行。1998—2006年，上海每年派遣高中生代表团赴大阪等地访问。1999—2003年，两地高中生乒乓球队、女子排球队、

图3-1-4　1995年11月，上海向日本关西机场赠送一对石狮。到访的大阪府知事横山努克（左一）参加赠送仪式

手球队等进行互访和交流。2004年7月，大阪府派团参加上海少儿国际合唱节。2007年，大阪府、上海市、陕西省合作开展“现代遣隋使青少年交流项目”。

四是在文化、医疗卫生等方面。1981年，上海派遣考古学者赴大阪难波私塾演讲。1982年，双方互派学术文化友好交流访问团。1982—1984年，大阪府派遣职员到上海学习中文。1983—1984年，双方互派音乐交流团。1990年，上海市参加国际花与绿博览会“银杏馆”的展出。1994年、1995年，上海市女子垒球队和男子手球队分别访问大阪。2000年，以上海市工人文化宫茉莉花艺术团为主的团组参加2000年大阪世界民族艺术节。从2005年起，上海交响乐团和大阪世纪交响乐团开展交流合作。1986—1994年，上海派遣医疗、公共卫生专家赴日交流。1994—2010年，上海每年向大阪派遣医疗研修生。2009年5月，大阪等地突发非输入性甲型H1N1流感，上海市政府向大阪府、大阪市紧急捐赠5万只一次性口罩。对此，大阪府知事桥下彻特致信上海市长韩正表示感谢。2009年10月，“上海—大阪生物医药交流会”在沪举行，中日双方近120名生物医药领域的人员出席交流会。此外，从1984年起，市人大和大阪府议会几乎每年都有交流活动。

结好后，两地共同举办多项重大活动。其中包括结好20周年、结好25周年活动。2000年11月，市人大常委会副主任刘伦贤率上海市代表团访问大阪府，出席庆祝两地结好20周年纪念活动。随行的还有上海市人大代表团、上海祝贺演出访日团、上海市各界友好访日团以及与大阪府所辖市结好的上海嘉定、长宁、卢湾、徐汇4个区的友好访问团等共150余人。纪念活动包括纪念大会、纪念演讲会、纪念酒会等。大阪府知事太田房江等大阪领导人出席纪念大会，刘伦贤在纪念演讲会上介绍上海经济和社会发展情况，表达上海与大阪进一步发展双方友好合作的愿望。2005年10月，大阪府知事太田房江率大阪府代表团、大阪府议长美坂房洋率大阪府议会代表团访问上海，出席上海—大阪府结好25周年庆祝活动。同时到访的还有大阪各界代表团近200人，共同出席庆祝仪式暨交流音乐会和青少年绘画交流展、中日插花友好交流展、大阪女排和上海女排交流比赛等一系列活动。上海市长韩正和大阪府知事太田共同签署《上海市和大阪府关于促进友好交流合作的共同声明》。

大阪府积极参与上海世博会。2006—2007年,上海与大阪互派考察团,就世博会事务进行交流。2008年1月,大阪府、大阪市等共同申请参展2010年上海世博会城市最佳实践区。2008年3月,大阪府、大阪市等共同提交的案例"环境先进城市·水都大阪的挑战"入选2010年上海世博会城市最佳实践区参展案例。2008年10月,上海"世博—友城行动"采访组赴大阪采访,专访大阪府知事桥下彻,并出版《世博—友城大阪特刊》。2010年7月,为庆祝上海市与大阪府结好30周年、与大阪市结好36周年和出席上海世博会大阪"特别日"活动,大阪府知事桥下彻、大阪市市长平松邦夫分别率团访沪,同期访沪的还有大阪议会、相关行政、工商界及各界友好人士共500余人。市长韩正会见大阪府知事桥下彻、大阪市市长平松邦夫及各界代表团团长,并共同出席"上海—大阪友好之夜"庆祝招待会。中日各界友好人士约650人出席招待会。韩正和桥下彻、平松邦夫分别致辞,共祝上海、大阪友好关系不断发展。2010年7月28日,上海世博会城市最佳实践区大阪"特别日"活动开幕式在世博园举行,在上海访问的大阪府知事桥下彻、大阪市市长平松邦夫和上海市政协副主席、世博会执委会副主任周汉民共同出席活动开幕式。来自大阪的500余名人员和150名上海市民及众多世博会游客一起,欣赏日本著名歌手的表演。

四、朝鲜咸兴市

咸兴市是朝鲜第二大城市、咸镜南道首府,是朝鲜重要的工业基地和港口城市,素有"工都"之称。位于朝鲜东海岸,面积330平方千米,人口70余万。

上海市和咸兴市于1982年6月18日建立友好城市关系。1982年3月23日,朝鲜外交部副局长朱轸极在约见中国驻朝使馆参赞何章明时提出,咸兴市和上海市都是两国领导人曾经访问过的地方,在朝中友谊发展史上有着光荣的一页,建议咸兴市和上海市结为友好城市。中国政府和上海市政府赞同这一建议。1982年6月,应咸兴市人民委员会邀请,市长汪道涵率上海市友好代表团赴

图3-1-5 朝鲜咸兴市

朝鲜平壤、咸兴、开城进行友好访问。6 月 18 日，咸兴市举行《上海市与咸兴市缔结友好城市关系协议书》签字仪式。市长汪道涵与咸兴市人民委员会委员长李成永分别代表两市在协议书上签字。咸兴市人民 1 200 多人隆重集会，欢迎上海代表团，庆祝两市结好。6 月 20 日，朝鲜劳动党中央委员会总书记、国家主席金日成在平壤接见上海市友好代表团。他对汪道涵说，咸兴市和上海市结成友好城市是一件非常好的事情。在朝鲜人民进行抗美战争的岁月里，上海人民高举抗美援朝的旗帜，尽一切力量，积极地给予朝鲜人民以物质和道义上的支持和援助。他要代表团转达朝鲜人民对上海人民的热情问候和感谢。

自结好以来，在两国国庆、朝鲜解放战争胜利纪念日等重大节日时，两市或互派代表团参加庆祝活动，或互致电庆贺。两市党政领导人有多次互访。咸兴市领导率团来沪访问的主要有：1983 年 2 月，应上海市人民政府邀请，咸兴市人民委员会委员长李成永率咸兴市友好代表团访问上海和北京。市长汪道涵会见李成永一行。代表团在沪参观中共一大会址、上海丰华圆珠笔厂、宝钢等，并出席上海人民的欢迎大会。在北京，中共中央政治局委员、国务院副总理万里会见李成永一行。1989 年 9 月 25 日，咸兴市行政经济指导委员会委员长高钟德致电上海市人民政府，祝贺中华人民共和国成立 40 周年，并应上海市人民政府邀请，于 9 月 27 日率咸兴市友好代表团访问上海，市长朱镕基会见咸兴代表团。1991 年 8 月，朝鲜劳动党咸兴市委责任书记李荣泰应邀率团访问上海，与上海市委书记吴邦国等进行友好会晤。1996 年 8 月，咸兴市行政经济指导委员会委员长李荣泰率咸兴市友好代表团访沪，上海市委书记黄菊会见代表团一行。此外，咸兴市领导金锡文、金炳七、朴钟玉等也先后到沪访问或参加有关活动。

上海市领导应邀率团访问咸兴的主要有：1985 年 5 月，应朝鲜劳动党邀请，中共上海市委第一书记陈国栋率上海市委代表团访问朝鲜时访问友好城市咸兴。1988 年 9 月，应咸镜南道和咸兴市行政经济指导委员会邀请，中共中央候补委员、上海市委书记、上海市长朱镕基率上海市友好代表团访问朝鲜，在平壤参加朝鲜民主主义人民共和国国庆 40 周年纪念活动，朝鲜劳动党中央委员会总书记、国家主席金日成与朝鲜劳动党中央委员会政治局常委、书记金正日等朝鲜党和国家领导人接见上海代表团和其他国家的代表团。朱镕基一行在咸兴参观二八维尼龙厂、兴南化肥厂以及由上海援建的咸兴圆珠笔厂，看望在那里工作的上海技术组人员。2002 年 6 月，市领导致函咸兴市市长，祝贺上海—咸兴结好 20 周年。此外，市领导孙贵璋、倪鸿福等也先后应邀率团赴咸兴市访问或参加有关活动。

两市结好后，双方开展经济、文化、体育、老干部、青少年、外事等方面的友好合作和交流。一是在经济建设方面。1984 年，咸兴市领导人向中国和上海市领导人提出希望上海帮助咸兴设计建造一座圆珠笔厂。经双方商谈决定，上海为咸兴设计建设一座年产中高档圆珠笔 150 万支、商品笔芯 300 万支的圆珠笔厂。由市轻工业系统 20 多家工厂为之制造设备共 350 台，并派遣技术人员赴咸兴参加建厂工作。这座圆珠笔厂于 1988 年 3 月建成，投入试生产，总投资为 720 万元人民币。1990 年 11 月，为新建咸兴圆珠笔厂进行正常化生产，以行政经济指导委员会副委员长赵钟顺为团长的咸兴市经济代表团至上海考察访问。在与副市长刘振元的会见中，赵钟顺说，中国政府无偿援助、上海具体帮助筹建的咸兴圆珠笔厂投产后，在朝鲜国民经济中发挥了应有的作用。根据工厂正常化生产的需要，他希望上海继续帮助解决油墨、模具、集成电路等易损件供应问题。上海丰华圆珠笔厂赠予咸兴圆珠笔厂一部分模具和集成电路易损件。

二是在文化、体育方面。1984 年 9 月，咸兴市为庆祝中华人民共和国成立 35 周年，邀请上海参加咸兴市摄影艺术作品展览。共展出上海 60 多位专业和业余摄影家的新作 80 幅，反映上海城乡建设新貌和风土人情。1985 年 7 月,咸兴市足球队到沪参加上海国际友好城市足球邀请赛。1986 年 11 月,市乒乓球队赴咸兴友好访问和比赛。1992 年,为庆祝上海与咸兴缔结友好城市 10 周年,上海电视台摄影队赴咸兴采访,以最快速度编制成 5 集访朝纪实,于 6 月在上海举办的"咸兴电视周"上播映。同月,咸兴艺术体操队到上海进行友好访问和表演,并与上海艺术体操队开展友谊比赛和交流。

三是在老干部、青少年、外事等交流方面。1986 年 5 月,以咸兴市功劳者协会委员长赵熙男为团长的咸兴市老干部代表团访沪。1986 年 7 月,市老干部友好访问团访问咸兴,访问团成员有抗日战争老战士和曾参加抗美援朝战斗的老干部。双方进行老干部工作经验交流。市老干部友好代表团一行在平壤参加中朝友好合作互助条约签订 25 周年各项纪念活动。朝鲜劳动党中央委员会政治局常委、人民武装力量部部长吴振宇,朝鲜劳动党中央委员会政治局委员、政务院总理姜成山等朝鲜党政领导人接见上海老干部友好访问团。之后,双方多次进行老干部代表团之间的互访。上海市中福会少年宫和区少年宫负责人、市青年工作者代表团相继应邀赴朝访问,与咸兴、平壤、开城等地的少年宫进行交流,参观朝鲜爱国主义教育基地,了解朝鲜青少年教育情况和有益经验,双方就两地的友好交流交换意见。1997 年 7 月,市政府外办组织市中福会少年宫,静安区、普陀区、金山区、宝山区少年宫负责人一行赴朝鲜访问,参观咸兴、平壤等地的少年宫设施,考察朝鲜青少年儿童教育,收到很好的效果。2002 年 9 月,市青年工作者代表团一行应朝鲜金日成社会主义青年同盟的邀请访问朝鲜咸兴、平壤、开城等地,参观朝鲜爱国主义教育基地,并就两市友好交流进行探讨。1996 年 6 月,上海市外事工作组代表团访问咸兴、平壤等地,与咸兴市领导就两市间的友好交流交换意见。2009 年 5 月,上海市对外友协代表团随全国友协代表团访问朝鲜,参加中朝友城大会,庆祝中朝建交 60 周年和中朝友好年。上海代表团与咸兴市就两市交流交换意见,重新启动上海与咸兴市的友好交流。此外,两市公安、党校和新闻工作者之间也进行互访和交流。

五、菲律宾大马尼拉市

大马尼拉市是菲律宾首都及政府所在地,菲律宾政治、经济和文化中心。地域包括马尼拉、马

图 3-1-6 菲律宾大马尼拉市

卡蒂、卡洛甘、奎松等17个市、镇。大马尼拉市位于吕宋岛西南部，濒临天然良港马尼拉湾。面积636平方千米，人口约1 200万。

上海市和大马尼拉市于1983年6月15日建立友好城市关系。1982年6月，菲律宾总统马科斯夫人伊梅尔达·马科斯在访问上海期间，多次向外交部顾问韩念龙、上海市长汪道涵建议大马尼拉市同上海市结为友好城市。她请韩念龙向中国政府和领导人转达她希望此事能早日达成协议的愿望，并致函市长汪道涵，附上两市建立友好城市关系协议书草案，同时邀请汪道涵作为菲律宾政府的客人访菲。1983年4月，大马尼拉市副市长马太一行访问上海，就两市缔结友好城市关系及协议书与上海市副市长忻元锡进行会谈，双方原则上达成一致意见。1983年6月，市长汪道涵率上海市代表团访问菲律宾。6月15日，市长汪道涵与菲律宾总统夫人、大马尼拉市市长(亦称大马尼拉区总督)伊梅尔达·马科斯在总统府共同签署《上海—大马尼拉缔结友好城市协议书》《1983—1984年上海和大马尼拉两市友好交流谅解备忘录》以及《补充协议书》，大马尼拉所属17个市的市长、市议员以及社会各界名流出席签字仪式。

两市结好后，由于种种原因，双方高层往来不多。主要有：1992年元旦，大马尼拉市市长小洛佩斯通过《文汇报》向上海市领导和人民祝贺新年，表示要保持和发展同上海的友好关系，致力于两国间永久的和睦相处和共同繁荣。2010年3月，应大马尼拉发展署邀请，市政协主席冯国勤率上海代表团对大马尼拉市进行友好访问。其间，会晤菲律宾众议院副议长维拉罗莎、大马尼拉发展署主席奥斯卡·伊诺圣提斯和马尼拉市市长阿尔弗莱多·林等当地政要。冯国勤代表上海市政府向伊诺圣提斯转交上海援助大马尼拉抗击“凯萨娜”台风赈灾物资清单，伊诺圣提斯回赠感谢上海人道主义救助的纪念铭牌。冯国勤还与阿尔弗莱多·林共同签署两市友好合作意向书。2010年7月，马尼拉市市长阿尔弗莱多·林一行19人访沪，参观上海世博会等。此外，两市领导人的往来还有：1983年7月，菲律宾总统投资特别助理曼丹纳斯、大马尼拉市联络办公室负责人拉苔斯玛先后率团访沪，商谈两市友好交流项目。1983年9月，大马尼拉市市长特别助理拉基率大马尼拉市体育代表团到中国参加第五届全国运动会并对上海进行访问。2008年11月，由联盟主席、奎松市副市长赫伯特·保蒂斯塔率领的大马尼拉副市长联盟代表团一行访问上海，副市长沈骏会见代表团一行，双方就城市规划、建设、发展和管理等方面的议题进行交流。2009年5月，市政协副主席吴幼英率团访问马尼拉市，出席上海市政协与马尼拉侨团合作举办的“上海360°”图片展开幕式。菲律宾副总统德卡斯特罗、马尼拉市市长阿尔弗莱多·林、中国驻菲律宾大使许建超等出席展览开幕式。2009年9月、10月，大马尼拉市所在吕宋岛地区遭一系列强台风袭击，造成严重损失。2009年10月，市政府外办主任李铭俊代表市长韩正向大马尼拉发展署主席巴雅尼·费尔南多发去慰问信，向遭受“凯萨娜”台风袭击的灾民致以诚挚慰问，费尔南多复函表示感谢。上海市正式启动援助大马尼拉市台风赈灾物资项目。

两市结好后，双方开展一些合作和交流。一是区、市交流。1998年1月，大马尼拉市所辖有些市、镇为增进相互了解和交流，向上海提供照片资料，参加“上海友好城市图片展览会”。同年8月，大马尼拉市属下的马卡蒂市应邀派遣代表团访沪，双方就推动两地交流和建立区市友好合作关系等进行磋商。1999年4月，上海友城工作组回访马卡蒂市，双方签署《上海市南市区和大马尼拉马卡蒂市建立友好关系备忘录》。2000年10月，应黄浦区人民政府邀请，马卡蒂市政府官员代表团一行8人访沪，就进一步开展双方的友好交流交换意见(原南市区于2000年并入黄浦区)。2010年3月，黄浦区代表团一行访问马卡蒂市，恢复并更新黄浦区与马卡蒂市的友好市区关系，并就金融合作等事宜进行探讨和交流。二是文化、学术和青少年方面的交流。1988年11月，上海市气功表演组应邀赴菲律宾参加马尼拉第一届国际文化节。中国气功的精彩表演,受到菲律宾各界人士和参加文化节各国代表的好评。2006 年 9 月,上海社会科学院经济研究所负责人应邀访菲,出席在马尼拉举办的"菲律宾政府权力下放和城市发展研讨会",并受市政府外办委托,拜访大马尼拉市发展局主席费尔南多,转达上海方面对加强两市友城关系的建议。2010 年 8 月,马尼拉市女童子军协会组派的青少年代表团一行访沪,参加以"我与世博同行"为主题的 2010 年上海国际青少年互动友谊营活动。三是赈灾援助。2009 年 9 月、10 月,大马尼拉市所在吕宋岛地区遭一系列强台风袭击,造成严重损失。11 月,应大马尼拉发展署主席巴雅尼·费尔南多的请求,上海市正式启动援助大马尼拉市台风赈灾物资项目。2010 年 2 月,包括药品、食品、毛毯和卫生清洁用品在内的价值 20 万元人民币的上海援助大马尼拉市台风赈灾物资顺利运抵马尼拉港。

六、巴基斯坦卡拉奇市

卡拉奇市是巴基斯坦最大的城市,是经济、贸易、金融中心,重要的国际航空交通站及海运港口,也是亚、非、欧三洲的交通要冲。位于阿拉伯海滨,面积 3 530 平方千米,人口约 2 005 万。

图 3-1-7　巴基斯坦卡拉奇市

上海市和卡拉奇市于 1984 年 2 月 15 日缔结为友好城市。1983 年 11 月 11 日,巴基斯坦驻华大使巴蒂在拜会中国外交部部长助理刘述卿时,递交一份备忘录,称巴基斯坦政府希望巴基斯坦一些城市同中国的一些城市建立姐妹城市关系,以促进巴中友好合作关系的发展,并建议从卡拉奇—上海、拉合尔—西安两对城市开始。1984 年 2 月,应巴基斯坦总统齐亚·哈克的邀请,市长汪道涵率上海市代表团对巴基斯坦进行友好访问。2 月 15 日,上海市和卡拉奇市结为友好城市仪式在卡拉奇举行。市长汪道涵和卡拉奇市市长阿卜杜斯·萨塔尔·阿芙迦尼在《上海市与卡拉奇市缔结友好城市协议书》上签字。

两市结好后,双方领导人曾进行多次往来,其中包括:1984 年 9 月,卡拉奇市政厅分区协调委员会主席哈希米率卡拉奇市观摩团到沪访问,参加中华人民共和国成立 35 周年庆祝活动。1986 年 5 月,市长江泽民赴西班牙巴塞罗那参加"人口和城市未来"国际会议。会议期间,市长江泽民和卡拉奇市市长阿芙迦尼进行会晤。1986 年 6 月,卡拉奇遭尘暴袭击,江泽民致电阿芙迦尼表示慰问。

1986年10月，卡拉奇市市长阿芙迦尼一行到沪访问，市长江泽民会见并宴请卡拉奇贵宾。1994年12月，卡拉奇市最高行政长官凯恩率团访沪，副市长沙麟会见代表团一行。2000年6月和2001年5月，卡拉奇市最高行政长官阿布杜尔·哈克两次访沪，出席在沪举行的第一届、第二届亚太地区城市信息化高级论坛，并在论坛上发表演讲。出席第二届论坛期间，哈克还与论坛名誉主席、上海市长徐匡迪共同主持市长圆桌会议。2002年4月，卡拉奇市市长尼亚玛图拉·汗在沪考察上海城市交通、磁浮建设等项目。同年6月，卡拉奇市市长代表到沪，参加第三届亚太地区城市信息化高级论坛。2003年10月，卡拉奇市市长尼玛图拉·汗一行应邀访沪，参加"促进信息技术应用与信息化评价"研讨会。在与市长韩正会晤时，双方就两市在基础设施建设、住房、港口、交通、供排水、污水处理、海水淡化、文化交流等方面的合作进行商谈。2003年12月，卡拉奇市市长尼玛图拉·汗两次致信上海市长韩正，希望在卡拉奇城市基础设施建设、信息技术、卫生等近10个领域加强与上海的合作，并希望上海方面帮助卡拉奇制订2004—2020年的总体规划，为卡拉奇新的发展项目提供指导。他还希望上海能指定一位官员与卡拉奇市政府总体规划办公室进行联系并开展交流。2004年12月，卡拉奇市副市长穆罕默德·塔立克·哈桑访沪，与市水务局、交通局等会谈。卡方希望上海能在城建、水务、交通等方面提供技术和经验，并投资卡拉奇市。2006年5月，卡拉奇市市长萨义德·穆斯塔法·卡迈尔一行访沪，考察上海城市建设，并就城市规划、基础设施建设、交通和环保等与上海有关方面进行交流。

两市结好后，双方积极开展友好合作和交流。一是在经贸、城建方面。1985年3月，上海对外经济技术合作公司、上海五金矿产进出口公司、市手工业局与卡拉奇代蒙德贸易公司签订建立合资企业——中巴金属制品有限公司的合同。2006年10月，应卡拉奇市政府邀请，上海城市规划设计院副院长率上海市友好代表团访问卡拉奇市，就"大卡拉奇"城市规划和建设所涉及的问题提供咨询和服务。代表团成员包括上海城市规划、建设、环保和轨道交通等领域的专家。代表团回沪后，积极开展一系列后续工作，其中包括：市规划设计院为卡拉奇的规划方案提供咨询和优化建议；申通轨道交通研究咨询有限公司就卡拉奇轨道交通领域人员培训提出培训方案；上海神工环保股份有限公司就卡拉奇固体废弃物收集、处理项目，与卡市有关部门保持经常联系。2007年1月，卡拉奇市环保项目考察组应邀访沪，与上海神工环保股份有限公司有关人员进行交流和洽谈。考察组还考察上海垃圾回收处理站，与上海规划设计院有关专家就卡拉奇规划方案进行商谈。2007年3月—2008年4月，上海神工环保股份有限公司数次派出工作组赴卡拉奇，就卡拉奇环保有关项目与卡方进行洽谈。其间，双方签署《卡拉奇固体废弃物全过程管理项目建设—运营—转让安排特许权协议》，向卡拉奇市政府提交项目工程可行性研究报告及评审报告等。2008年10月，上海邀请卡拉奇城市规划技术人员访沪，在市规划设计院进行为期1周的培训和交流。2009年，在中央和上海有关部门的协调、支持下，由上海神工环保股份有限公司承建的卡拉奇市固体废弃物全过程管理项目获得中国中长期出口信用保险、出口买方信贷及行业项目专家组评估核准，并被列入中巴贸易五年计划。2010年，上海神工环保股份有限公司承建的卡拉奇市固体废弃物全过程管理项目获得巴基斯坦国家主权担保基金，项目选择合适时机正式动工。二是在文化、体育方面。1985年9月，由卡拉奇市议会议员、市体育委员会主席穆罕默德·艾约伯·凯恩率领的卡拉奇市足球队到沪参加上海国际友好城市足球邀请赛。1986年和1988年，卡拉奇电视台两次派人到沪参加上海国际电视节。1990年9月，上海电视台举办卡拉奇电视周。1998年1月，卡拉奇提供部分照片，参加上海国际友好城市图片展。三是在赈灾援助方面。2010年7月，巴基斯坦遭遇前所未有的洪灾袭击，卡拉奇市及所在的信德省受灾严重，蒙受人员伤亡和重大财产损失。为支援卡拉奇人民，上海市启动援助卡拉奇市洪灾赈灾物资项目。2010年底前,包括食品、药品、卫生清洁用品及生活用品在内的价值约40万元人民币的赈灾物资发往卡拉奇港。

七、土耳其伊斯坦布尔市

伊斯坦布尔市是土耳其最大城市、最大港口和工业、运输、经济贸易、文化中心,也是历史名城、著名的“丝绸之路”终点,位于博斯普鲁斯海峡两岸,为欧亚交通要冲。市区面积1 539平方千米,人口约1 500万。

图3-1-8　土耳其伊斯坦布尔市

上海市和伊斯坦布尔市于1989年10月23日建立友好城市关系。1987年5月,随着中土关系和相互交往的发展,中国外交部和中国驻伊斯坦布尔总领事馆希望上海与伊斯坦布尔市结为友好城市。上海和伊斯坦布尔双方也都有结为友城的愿望。1987年9月,上海市友好协商小组应邀访问伊斯坦布尔,与伊斯坦布尔市政府有关部门商谈两市结好事宜,并就《上海—伊斯坦布尔缔结友好城市关系协议书(草案)》达成协议。1989年10月,应上海市政府邀请,伊斯坦布尔市市长努列廷·索詹率团访问上海。23日,上海市长朱镕基与努列廷·索詹共同签署两市缔结友好城市关系协议书。

两市结好后,双方领导人往来不断。伊斯坦布尔方面领导应邀来访的主要有:1994年12月,伊斯坦布尔省省长科扎克丘奥卢率团访沪。2000年9月,伊斯坦布尔市市长戈图纳率团访沪,市长徐匡迪会见代表团。2002年6月,伊斯坦布尔市市长戈图纳率团顺访上海。2002年12月,伊斯坦布尔省省长穆阿迈尔·居莱尔率团访沪,伊斯坦布尔市副市长伊德里斯·居律斋随同到访,市长韩正会见代表团一行。2005年6月,伊斯坦布尔市市长卡迪尔·托普巴什率团访沪,市长韩正、市政协主席蒋以任分别会见代表团一行。2007年10月,伊斯坦布尔市市长卡迪尔·托普巴什率团顺访上海。上海市领导应邀率团访问伊斯坦布尔市的主要有:2000年7月,市长徐匡迪率团访问伊斯坦布尔市,与伊斯坦布尔市各界广泛接触,商定有关合作项目。2005年5月,市政协主席蒋以任率团访问伊斯坦布尔市。2008年8月,为庆祝上海—伊斯坦布尔结好20周年而举办的“上海周”活动在伊斯坦布尔市举行,市长韩正应邀率上海市代表团访问伊斯坦布尔市,并与伊斯坦布尔市市长托普巴什、中国驻伊斯坦布尔总领事张志良等出席“上海周”开幕式等活动。2009年5月,市政协主席冯国勤应邀率上海市代表团访问伊斯坦布尔市，与伊斯坦布尔市议长塞拉梅特就进一步加强两市友城关系，推进互利合作进行深入交流。在土耳其期间，上海市代表团还在安卡拉举办“上海文化周”系列活动。此外，市领导金炳华、龚学平、周慕尧等也曾先后应邀率团赴伊斯坦布尔市访问。2009 年 9 月，伊斯坦布尔市及其邻近地区遭受严重水灾，市长韩正致函伊斯坦布尔市市长托普巴什表示慰问。

两市结好后，双方积极开展友好合作和交流。一是在城市建设方面。2001 年，经伊斯坦布尔市市长戈图纳推荐、介绍，伊斯坦布尔市库奇公司参加上海街头书报亭的设计竞标，并最后中标。上海街头扩容的新一代书报亭即为该公司设计制造。2001 年 6 月，伊斯坦布尔市政府秘书长一行访沪，出席在沪举行的国际城市环境会议。2004 年 10 月，伊斯坦布尔市水务管理局代表团访沪，与上海水务局进行业务交流。2005 年 10 月，伊斯坦布尔市园林局代表团访沪，考察上海城市绿化情况。2008 年 1 月，伊斯坦布尔市政高级管理代表团访沪，考察上海市政建设情况。在沪期间，代表团拜访市政工程管理局，参观上海城市规划馆、外滩建筑群、卢浦大桥、东方明珠广播电视塔等。二是在经贸、科技方面。1990 年 5 月，市政府外办率上海友好城市交流项目考察团访问伊斯坦布尔，双方就两市结好时所提出的一个“三位一体”合作项目（合作建造中国公园、合资开设中国餐馆和中国商店）原则进行商讨，并签署《会谈纪要》。1999 年 8 月，上海友城发展基金会组团赴伊斯坦布尔市考察，寻求双方在饭店、商业方面的合作。2000 年 8 月，市地震代表团赴伊斯坦布尔市参加国际地震会议。2001 年 4 月，市地震局代表团访问土耳其。2002 年 10 月，伊斯坦布尔市政府副秘书长兼灾害协调中心主任率团访沪，参加第三届国际地震研讨会。2006 年 5 月，土耳其工商业协会代表团访沪。2010 年 12 月，上海经贸代表团访问伊斯坦布尔市，与土耳其对外关系委员会共同举办伊斯坦布尔—上海经贸合作研讨会。三是在文化、监察方面。1993 年 11 月，黄浦区文化代表团应邀赴伊斯坦布尔参加民间艺术节。1998 年 1 月，伊斯坦布尔市政府外事局局长一行到沪参加“上海友城图片展览会”。同年 5 月，上海选送资料照片，参加伊斯坦布尔市为庆祝土耳其国庆而举办的“国际友好城市图片展览会”。2001 年 6 月，伊斯坦布尔市盲人艺术家埃斯莱夫・阿曼干一行访沪进行艺术交流。2009 年 1 月，市文化代表团访问伊斯坦布尔市，参加在伊斯坦布尔市举行的“国际传统艺术研讨会暨展览”活动。2010 年 10 月，伊斯坦布尔市举办友好城市合作论坛，上海市提供照片，参加论坛期间举办的友好城市图片展。2010 年 7 月，伊斯坦布尔市监察院监察官阿亚丁访沪，与市监察局就两市的监察机构设置、主要职责、反腐工作等进行交流。

两市结好后，双方合作举办“上海周”等重大活动。2008 年 8 月，为庆祝上海—伊斯坦布尔结好 20 周年而举办的“上海周”活动在伊斯坦布尔市举行。市长韩正应邀率上海市代表团访问伊斯坦布尔市，并和伊斯坦布尔市市长托普巴什、中国驻伊斯坦布尔总领事张志良等出席“上海周”开幕式等活动。“上海周”活动包括“上海之窗”图书交流、“上海风情”图片展、“玉兰飘香”手工艺品展、上海电影展等。“上海周”活动受到伊斯坦布尔市领导人和广大市民的重视和欢迎，“上海风情”图片展展出短短 3 天，就有伊斯坦布尔市民近千人和其他游客前去参观。观众纷纷表示，展览内容很吸引人，是了解中国和上海的有效途径，对上海绚丽的城市景观和快速发展的经济文化建设由衷赞叹。访问期间，两市旅游部门官员还签署合作意向书。

八、以色列海法市

海法市是以色列最大的港口和最重要的工业城市、科研和高等教育中心，加利里省首府。坐落在著名的卡梅尔山区和海法湾。面积 854 平方千米，人口 26.6 万。

图3-1-9 以色列海法市

上海市和海法市于1993年6月21日建立友好城市关系。1992年,海法市市长艾利伊·古雷尔致函上海市副市长倪天增,希望海法市与上海市结为友好城市。市长黄菊复信海法市市长,对其提出的结好愿望表示欢迎,并邀请他在方便时访问上海,在双方互相了解和开展实质性交流的基础上为结好创造条件。同年6月,海法市议会正式批准该市与上海结好,海法市市长正式接受访华邀请。1992年底,以色列总统哈伊姆·赫尔佐克访问上海时,对上海人民在第二次世界大战中给予陷入困境的部分犹太人的援助深表感激,并表示十分支持海法市同上海市结好,将亲自予以促成。1993年1月,海法市市长古雷尔写信表示他将于5月应邀访沪,届时希望同上海市签订两市缔结友好城市协议。1993年6月,海法市市长古雷尔偕夫人及女儿访问上海。6月21日,市长黄菊会见并宴请古雷尔一行,与古雷尔共同签署《上海市和海法市缔结友好城市协议书》。

两市结好后,双方领导往来不断。1993年12月1日,市长黄菊致函海法市市长米茨纳,祝贺他当选海法市市长,并祝愿两市在各个方面的合作与交流有新的发展。1994年10月—1996年9月,市长黄菊和市长徐匡迪曾先后发函邀请海法市市长米茨纳访沪,但对方因故未能成行。1998年4月和12月,海法市市长米茨纳和上海市长徐匡迪互相致函,祝贺连任,并祝愿两市友好合作关系不断发展。2009年8月,海法市市长尤纳·亚哈维致函上海市长韩正,对中国遭受台风袭击表示慰问。海法市领导应邀到访的主要有:2000年4月,海法市市长阿姆拉姆·米茨纳一行应邀访沪,两市领导人共商双方交流合作,并为在沪举行的"以色列儿童画展"开幕式剪彩。2007年7月,海法市市长尤纳·亚哈维及夫人一行应邀访沪,市长韩正会见代表团一行,两市领导人就增进双方交流合作交换意见。在沪期间,海法市代表团访问市外经贸委、市港口管理局、虹口区政府等。2010年6月,海法市市长尤纳·亚哈维率海法市代表团访沪,参加上海世博会。在会见副市长唐登杰时,双方就夜景工程建设、教育、高科技、旅游等领域的进一步合作交换意见。双方商定,由海法市邀请上海一名专家赴海法,帮助设计、建设城市灯光景观。代表团还出席第二届"上海—海法经贸合作论坛"。此外,海法市副市长阿巴达也曾应邀率团访沪。上海市领导应邀访问海法市主要有:1997年7月,市长徐匡迪应邀访问海法市,与海法市市长阿姆拉姆·米茨纳共同签署两市合作交流协议书。两位市长还共同为在海法市举行的"上海儿童画展"开幕式剪彩。此外,市领导王力平、冯国勤、殷一璀等也曾应邀先后率团访问海法市。

两市结好后，双方开展的友好合作和交流主要有：一是在文化、体育方面。1997 年 10 月，海法电影节组织者、以色列展览股份有限公司总经理一行访沪，参加第三届上海国际电影节。1997 年 7 月，上海选送儿童作品参加在海法举行的儿童画展。2002 年 9 月，海法市画家埃拉特应邀到沪，参加“世界画家看上海”创作活动。2005 年 10 月，第 11 届国际卡通比赛在海法市举行，上海部分专业卡通艺术家参加比赛。2008 年 8 月，由中福会选送的“奥运五福娃”纸偶作品，参加在海法举行的庆祝以色列建国 60 周年木偶展。2009 年 6 月，上海市少年柔道队参加海法市举办的“为了和平”柔道节。二是在经贸、城建方面。2009 年 12 月，市贸促会组织的上海经贸代表团访问海法市，出席与海法市政府共同举办的“上海—海法经贸论坛”。代表团由来自信息电子、新能源、节能环保、软件开发等领域的专家组成，通过交流和洽谈，双方达成许多意向和共识。2010 年 6 月，海法市市长尤纳·亚哈维率海法市代表团访沪，出席第二届“上海—海法经贸论坛”，亚哈维出席论坛开幕式并致辞。作为两市友城交流机制化合作项目，该论坛为进一步拓展两市在科技、经贸、环保等领域的交流合作提供新的平台，两地企业家及有关方面人员近 100 人出席论坛开幕式。1997 年 10 月初，海法市审计长奥弗·塔尔来沪参加在上海举行的“'97 城市环境论坛会议”。三是在外事、妇女和青少年方面。1995 年 1 月，市对外友好协会代表团访问海法市，与海法市各界友好人士进行交流。2006 年 3 月，市政府外办工作组访问海法市，双方签订 2006—2007 年度友好交流协议书。2008 年 2 月，市政府外办工作组访问以色列，就双方议定的将于 6 月在海法市举行的庆祝上海·海法结好 15 周年“上海周”活动，与以色列外交部、中国驻以色列大使馆、海法市政府进行协调和磋商。2001 年 5 月和 2002 年 11 月，两市妇女代表团互访，海法市妇女代表团在沪了解上海妇女工作和城市发展情况。2010 年 7 月，海法市选派 5 名学生和 1 名教师参加由上海市教委主办的“上海国际友城青少年夏令营”。

两市还于 2008 年合作举办“上海周”活动。2008 年 6 月 2—6 日，为庆祝上海·海法结好 15 周年而举办的“上海周”活动在海法市举行。“上海周”活动包括：“上海之窗”图书交流、上海电影展、“上海风情”图片展、“玉兰飘香”手工艺品展、文艺演出等。中以两国相关单位人员共 400 余人参加“上海周”活动开幕式。“上海周”期间，上海代表团还在特拉维夫举办“中国（上海）商品展”“中国（上海）以色列经贸论坛”。中国驻以大使馆、以色列贸工部、以色列制造商协会等部门的官员出席经贸交流活动。经贸交流期间，以色列共有上千人次参观展览，来自上海与以色列的企业共成交总额 1 927 万美元，现场成交金额 177 万美元。

九、韩国釜山市

釜山市全称为釜山广域市，是韩国最大的港口和第二大城市，工商、金融和信息中心，位于朝鲜半岛东南端。面积 765 平方千米，人口 361 万。

上海市和釜山市于 1993 年 8 月 24 日建立友好城市关系。1992 年 3 月 25 日，韩国外长李相玉在北京签署两国建交公报后途经上海回国时，向上海市副市长赵启正提议釜山和上海结为友好城市。釜山市获悉后，反响强烈。韩国总统金泳三在当选前也曾致函市长黄菊表示希望两市结好。为加强与上海的联系，韩国民自党（执政党）国会议员金炯午还筹建“釜山—上海姐妹城市缔结促进会”。1992 年 10 月 2—8 日，应上海市友城基金会邀请，韩国国会议员金炯午、釜山市副议长都钟伊率领的釜山市友好代表团访问上海，就釜山与上海两市结好、开展合作交流举行会谈，双方就两市

图3-1-10　韩国釜山市

间交流合作事项签署《意向书》。1993年4月,应釜山直辖市国际姐妹都市委员会邀请,以市政府外办副主任俞彭年为团长的上海市友好代表团访问釜山市,双方签订友好交流备忘录。1993年7月中旬,应韩国政府邀请,以副市长徐匡迪为团长的上海市代表团赴韩国访问。代表团访问釜山时,与釜山市领导就两市缔结友好城市以及进一步加强合作等问题交换意见。1993年8月,应上海市政府邀请,以釜山市市长郑文和为团长的釜山市友好代表团一行访问上海。8月24日,市长黄菊会见釜山市市长郑文和、副议长金和燮等釜山市友好代表团一行,并与郑文和共同签署上海市和韩国釜山市缔结友好城市关系协议书。郑文和高度评价上海人民在20世纪30年代为韩国先辈在沪开展抗日救国活动所提供的保护和方便,称由于有了上海的支持,才有大韩民国的今天。

在两市结好至2010年的17年中,双方领导人往来频繁。釜山市领导应邀到沪访问主要有:1995年11月,釜山市市长文正秀率团访沪。1996年7月,釜山市议长都钟伊率釜山市议会代表团访沪。1998年10月,釜山市市长安相英率釜山市代表团访沪,与上海市长徐匡迪进行友好会晤。安相英表示,釜山市政府计划在釜山建设一条中国街,希望上海的宾馆、餐厅企业家多来投资。2002年11月,釜山市议长李英率团访沪,与市人大进行友好交流。2003年3月,釜山市市长安相英率釜山市代表团访沪,韩正与安相英共同签署《上海—釜山共同宣言》,并出席"上海—釜山缔结友好城市10周年"庆祝晚宴。2004年9月,釜山市市长许南植率釜山市代表团访沪,韩正与许南植会晤中,就进一步加强两市友好合作交换意见。2004年10月,釜山市议长曹吉宇率釜山市议会代表团访沪,市人大常委会主任龚学平与曹吉宇就加强两市友好合作交换意见。2008年4月,釜山市市长许南植再次率釜山市代表团访沪,市长韩正、市政协主席冯国勤分别会见代表团一行。两市举行上海—釜山结好15周年庆祝演出。2010年6月,釜山市市长许南植率釜山市代表团访沪,副市长唐登杰会见代表团一行。会见中,许南植高度评价上海世博会给世界各国在城市可持续发展方面提供的有益交流和探索,衷心希望两地在更多领域开展实质性的交流。2010年9月,釜山市议长褚宗模一行访沪,市人大常委会主任刘云耕会见代表团一行。代表团在沪期间,参观上海世博会。此外,釜山市副市长安明弼、崔寅燮、吴世文、全晋、吴巨敦、郑乐亨等也曾先后率团来沪访问或参加有关会议。上海市领导应邀率团访问釜山的主要有:1997年5月,市人大常委会主任叶公琦率上海市代表团访问釜山,并代表上海市参加在釜山举行的东亚运动会。2000年6月,中共中央政治局委员、上海市委书记黄菊率中国共产党代表团访问釜山,并在"上海街"为上海市政府赠建的"上海门"牌楼竣工剪彩。2001年11月,市人大常委会主任陈铁迪率团访问釜山。2007年10月,市人大常委会主任龚学平率团访问釜山,并举行上海—釜山经贸交流会。此外,市领导夏克强、谢丽娟、朱达人、周慕尧、沙麟、冯国勤等也曾先后应邀率团赴釜山市访问或参加有关会议。1996年9月，市长徐匡迪参加在广州举行的第二届“亚洲太平洋城市首脑会议”时，还曾会晤与会的釜山市市长文正秀，就推进双方的交流合作进行商讨。

两市结好后，相互间的合作交流不断发展。为表彰对发展两市友好合作交流所作的贡献，上海市人民政府于1996年7月为釜山市议长都钟伊颁发上海市“白玉兰纪念奖”。

两市结好后，双方合作交流频繁，涉及面也较广泛。一是在文化、体育、旅游方面。1996年9月，上海市城市代表团、展览团、表演团一行访问釜山，参加在釜山举办的“亚洲周”活动。1997年5月，上海舞蹈学校、音乐学院师生一行赴釜山参加“亚洲周”活动。同年，釜山市东亚运动会准备团访沪，与市体委就上海成功举办第一届东亚运动会进行交流。1999年10月，市群众体育代表团赴釜山等地考察。12月，釜山KBS电视台一行、釜山观光局局长一行访沪。2000年6—9月，釜山企划室室长一行、文化科科长一行、女子手球队一行、金井区有线电视台一行先后到沪访问。11月，上海民族音乐舞蹈团赴釜山参加“亚洲周”活动。同月，釜山市立舞蹈团到沪参加“宝山国际艺术节”。2001年3月，上海旅游代表团参加釜山旅游研讨会。8月，上海市社会体育代表团访问釜山。此后，两市文化、旅游、体育等部门一直保持经常性的交往关系。2010年4月，釜山文化交流团访沪，并举行两场名为“上海—釜山手牵手，喜迎世博心连心”文艺演出。5月，上海文艺交流团访问釜山，并举行两场民族舞蹈演出。9月，市文联代表团出席釜山艺术节，并与釜山艺术总联合会商讨两市文艺合作交流事宜。10月，市华夏文化经济促进会派员出席第15届釜山电影节。

二是在经贸、城建等方面。1997年1月，釜山都市计划局代表团一行访沪。2月，上海市级开发区代表团访问釜山。1998年2月、4月，上海、釜山交流协商团互访，商谈两市交流事宜。6月，市老龄委代表团访问釜山，参加韩中日老人学术会议。7月，市友城基金会代表团访问釜山。1999年3月，市农业代表团访问釜山。4月，釜山经济振兴局局长一行访沪。6月，市政府外办派员赴釜山市政府研修半年。7月，上海友城代表团访问釜山。2000年2—4月，上海交流协商团、虹口区代表团、上海市政府研究中心代表团分别访问釜山。5月，上海市代表团访问釜山，参加釜山亚太城市首脑会议。12月，上海经济考察团赴釜山，考察“上海街”投资环境。2001年4—8月，釜山市建设代表团、中小企业代表团、政策开发研究代表团、国际新闻代表团、集装箱港口管理代表团等先后到沪访问、交流。9月，上海现代设计院、建工集团参加釜山国际建设文化展。12月，釜山水产代表团访沪，与市商委签署上海—釜山水产交流协议书。2003年，釜山市国际汽车展宣传团、国际建筑文化展组委会代表团、国际交流代表团、规划代表团先后访沪。2004年，釜山市设计交流代表团、APEC考察团、广域市机张郡代表团等先后到沪考察、访问。2009年，釜山市议员及上水道评估委员会代表团、釜山国际交流财团代表团等到沪访问。2010年10月，市交通港口管理局访问釜山，并出席在釜山举行的第17届世界智能交通系统大会。

三是在教育、卫生和青少年方面。2001—2010年，两市青少年代表团、教育代表团和教师、学生代表团进行多次互访和交流，取得积极成果。2002年，上海市青年文艺团体参加釜山“亚洲周”活动。2009年，10余名釜山中学生到沪参加市教委举办的暑期汉语进修班。1994年3月，市红十字会代表团访问釜山，与釜山红十字会签订建立友好关系协议书。同年6月，釜山红十字会代表团访沪。之后，双方红十字会经常进行互访和专业交流活动。2003年，釜山向上海抗击“非典”捐款约计人民币10万元。

四是在监察、司法方面。1996年11月，市监察代表团访问釜山。同年12月，市公安代表团访问釜山。1997年5月，釜山监察室代表团访沪。1998年10月，市监察代表团访问釜山。2001年4

月,釜山市检察厅代表团访沪。10 月,市人民检察院代表团访问釜山。2002 年和 2005 年,釜山地方法院代表团先后访沪。两地司法部门一直保持经常性的往来和交流。

两市结好后,合作开展多项重大活动。一是建造“上海街”“上海门”。1998 年 10 月,釜山市市长安相英率釜山市代表团访沪。在与上海市长徐匡迪进行友好会晤时,安相英表示,釜山市政府计划在釜山建设一条中国街,希望上海的宾馆、餐厅企业家多来投资。徐匡迪表示,上海方面可给中国街赠送一座门楼。安相英回国后,多次在釜山市政务会议上提及此事。1999 年 1 月,釜山市政府宣布,釜山将建“上海街”。1999 年 8 月,副市长周慕尧率上海市代表团访问釜山,出席釜山“上海街”开工仪式,并和安相英一起为上海市政府赠建的“上海门”牌楼奠基培土。“上海街”位于釜山闹市区,为釜山地区华侨主要聚集地,前身是清馆胡同,因清朝在此设置清馆而得名,全长 300 米。2000 年 6 月,市委书记黄菊率中国共产党代表团访问釜山,并在“上海街”为上海市政府赠建的“上海门”牌楼竣工剪彩。“上海门”是一座二柱三楼中国南式风格的牌楼,由上海园林设计院设计、上海林艺园林建设有限公司施工建造。楼匾正面由市长徐匡迪题“上海门”三字。二是庆祝结好 15 周年。2008 年 4 月,为庆祝两市结好 15 周年,釜山市市长许南植率釜山市代表团访沪,市长韩正、市政协主席冯国勤分别会见代表团一行。两市举行上海—釜山结好 15 周年庆祝演出,釜山市文艺团体一行 34 人参加演出。5 月,上海市演出团一行 31 人赴釜山进行庆祝演出,受到釜山各界的热烈欢迎。演出团还参加 2008 年首尔国际艺术节,并赴上海汽车集团双龙汽车公司慰问演出。此外,为 2010 上海世博会作准备,2008 年 12 月,上海“世博—友城行动”采访组赴釜山采访,专访釜山市市长许南植,并出版《世博—友城釜山特刊》。

十、越南胡志明市

胡志明市是越南中央直辖市,越南经济、文化、科技中心,也是越南南方旅游、国际贸易中心和最大港口。总面积 2 029 平方千米,人口约 716 万。

图 3-1-11 越南胡志明市

上海市与胡志明市于 1994 年 5 月 14 日建立友好城市关系。1993 年,中国驻胡志明市总领事馆多次向上海转达胡志明市希望与上海建立友好城市关系的意向。同年 11 月,胡志明市人民委员会常务副主席阮文训在到沪参加国际水上城市研讨会时，同上海市副市长沙麟就发展两市友好合作关系交换意见。同月，越南国家主席黎德英于访华期间抵达上海，在与上海市领导人会见时，表示非常高兴和赞同上海与胡志明市结好。他说，胡志明主席与中国人民、上海人民有着深厚感情，上海与以他的名字命名的城市结好令人鼓舞。他希望越南各地特别是胡志明市与上海加强各方面的合作。1994 年 5 月，越共中央政治局委员、胡志明市市委书记武尘志率胡志明市党政代表团访沪。5 月 14 日，副市长沙麟与胡志明市人民委员会副主席武曰清进行工作会谈，就合作交流交换意见，并分别代表两市政府在两市建立友好合作关系协议书上签字。中共中央政治局委员、上海市委书记吴邦国与武尘志出席签字仪式。

两市结好后，双方领导人往来频繁，常互致贺电，如 2009 年 9 月，越共中央委员、胡志明市人民委员会主席黎黄军致函上海市长韩正，祝贺中华人民共和国国庆 60 周年。2010 年 1 月，越共中央政治局委员、胡志明市市委书记黎清海，越共中央委员、胡志明市人民委员会主席黎黄军通过中国驻胡志明市总领馆向上海市委书记俞正声、市长韩正发贺电，祝贺中越两国建交 60 周年。俞、韩分别复函表示感谢。两市领导也应邀互访。胡志明市领导应邀来沪访问的有：1997 年 3 月，胡志明市市委常务副书记、市人民议会主席范正直和人民委员会副主席阮文志率胡志明市代表团访沪，市人大常委会主任叶公琦会见代表团一行，双方签署两市友好合作交流项目备忘录。2000 年 7 月，越共中央政治局委员、胡志明市市委书记阮明哲率越共代表团访沪，与上海领导人和有关部门负责人就党建、经贸、经济、城建等议题进行座谈、交流。2007 年 11 月，胡志明市市委书记黎海清访沪，与市委书记俞正声会见，并提出希望双方通过签订新一轮合作交流备忘录，进一步加强两市合作交流。此外，胡志明市领导黄成立、阮氏秋河、阮成才等也曾先后应邀来沪访问。上海市领导应邀访问胡志明市的主要有：2000 年 5 月，中共中央政治局委员、上海市委书记黄菊率中共代表团访问胡志明市，与胡志明市领导就加强两市友好合作关系交换意见。2003 年 1 月，市人大常委会主任陈铁迪应邀率上海市代表团访问胡志明市，与胡志明市人民议会进行友好交流。2008 年 9 月，市人大常委会主任刘云耕率团访问胡志明市，与胡志明市市委常务副书记阮文多会见，并与胡志明市人民议会主席范芳草交换两市 2008—2010 年友好合作谅解备忘录，该备忘录由上海市长韩正和胡志明市人民委员会主席黎黄军签署。2010 年 3 月，市政协主席冯国勤应邀率上海代表团对胡志明市进行友好访问。越共中央委员、胡志明市人民委员会主席黎黄军，胡志明市市委常委、胡志明市祖国阵线主席杨关河分别会见代表团一行。在胡志明市期间，上海代表团还出席由两市政府共同举办的“上海 · 世博”图片展开幕式，并进行世博推介活动。此外，市领导沙麟、张惠新、龚学平、刘伦贤等也曾先后应邀率团赴胡志明市访问或参加有关活动。另外，1996 年 9 月，市长徐匡迪在率团参加在广州举行的“亚太城市首脑会议”期间，还与参加会议的胡志明市人民委员会副主席陈成龙商谈两市友好交流合作事宜。

两市结好后，双方积极开展合作和交流。一是在经贸、城建方面。1994 年 5 月，两市分别成立经贸领导小组，并多次互派经贸考察团组，加深相互了解和沟通。双方还就上海在胡志明市建立“上海工业园区”、设立“上海商城”等事宜进行探讨。1994 年 8 月和 10 月，上海先后在胡志明市举办“上海建筑材料、设备、装饰及设计施工技术交流会”“'94 上海商品、设备、技术展销会”，并与越方签订一批合作意向书。上海电视一厂与胡志明市旧邑工厂签订 1994 年提供 5 万台 14 英寸黑白电视机成套散件、5 000 台 14 英寸和 21 英寸彩电散件进行合作生产的合同。2000 年 4 月，上海客车制造有限公司、上海巴士股份有限公司派团访越，对胡志明市和河内公交及其周边地区交通营运状况进行考察，进行客车制造方面的贸易洽谈。1995 年 1 月，胡志明市建设代表团访沪，考察上海基础设施投资情况和开发区建设情况。2001年3月,胡志明市环境卫生技术考察团访沪,与上海苏州河整治建设有限公司座谈,并参观苏州河主要闸口建设情况。同年9月,胡志明市干部代表团到沪考察城市规划管理、土地政策等。同月,胡志明市南区管委会代表团访沪,参观、考察浦东新区。2002年6月,胡志明市市委常委、守添新区管委会主要负责人一行访沪,与市规划局、房地局、浦东新区政府座谈。2005年3月,胡志明市守添新区管委会代表团访沪,与浦东新区政府、市交通局等部门人士座谈。

二是在科技、文化方面。1998年12月,市摄影家协会代表团访问胡志明市,举办"上海市摄影家影展",与当地摄影艺术家和爱好者一起进行交流和创作活动。2002年10月,胡志明市科技联合会代表团到沪,参加"2002亚洲国际动力传动与控制技术展览会"。在沪期间,代表团拜访上海市科协。2004年3月,胡志明市西贡高科技园区先遣团访沪。同年4月,胡志明市人民议会前主席、西贡高科技园区管委会主任范正直率团访沪,考察张江高科技园区、外高桥保税区。2007年11月,胡志明市文化通讯厅代表团访沪,与市文广局、上海图书馆交流、座谈。

三是在区县、青少年交流方面。1994年11月,徐汇区友好代表团赴胡志明市第五郡进行友好访问,探讨在中医药、建筑涂料生产、机械设备、城市建设等方面开展合作的可能。1995年5月,胡志明市第五郡组团回访徐汇区,双方签署友好交往协议书和5个经济合作项目意向书。2008年和2010年,胡志明市友好联合会两次组团参加上海国际青少年互动友谊营。

四是在农业、金融方面。1994年9月,胡志明市农村考察团访沪,考察上海农村工业化进程等情况,探讨与上海乡镇企业的合作。1995年3月,由青浦县政府组织的上海市农村经济考察团往访,探讨与胡志明市在服装、小型农机具、中草药等方面的合作可能。同年10月,胡志明市农业代表团访沪,探讨两市在农业、水产养殖、农业机械等方面的合作可能。1997年12月,市郊农业经济考察团往访,考察胡志明市畜牧场、生态农场等。2010年10月,在市政府外办等有关部门推动下,交通银行胡志明市分行获越南央行颁发的金融业务经营许可证,标志着交通银行胡志明市分行获批成立,成为交通银行第八家海外分行。

此外,两市结好后,双方新闻、青年团、公安等方面也进行交流。两市结好之初,胡志明市西贡解放报社即与上海解放日报社建立友好关系。2001年9月,胡志明市共青团代表团访沪,与上海团市委签署长期友好交流备忘录。2005年7月,胡志明市内政安宁处代表团抵沪,访问市公安局,参观110报警中心等。2010年3月,由两市政府共同主办的"上海・世博"图片展在胡志明市展览馆举行,观众踊跃。2008年11月,上海"世博—友城行动"采访组曾赴胡志明市采访,随后出版《世博—友城胡志明市特刊》。

十一、乌兹别克斯坦塔什干市

塔什干市是乌兹别克斯坦共和国首都,中亚地区主要的经济和文化中心之一。市区面积260平方千米,人口约213万。

上海市与塔什干市于1994年12月15日缔结为友好城市。1992年,乌兹别克斯坦共和国总统卡里莫夫在访华结束回国后,积极主张塔什干市和上海市建立友好城市关系。上海方面对此也持积极态度。此后,两市就结好和合作交流事宜进行接触、商谈。1994年4月,塔什干市市长法兹别克夫应邀率团访沪,与副市长沙麟共同签署《上海市和塔什干市关于发展两市友好关系的意向书》。之后,上海外事工作小组访问塔什干,商讨两市结好具体事宜。1994年12月,塔什干市市长杜拉卡

图 3－1－12 乌兹别克斯坦塔什干市

诺夫应邀率团访沪。12 月 15 日，副市长沙麟与塔什干市市长杜拉卡诺夫正式签署两市结好协议书。

两市结好后，双方领导的主要往来有：2001 年 7 月，市委常委、市纪委书记张惠新率团访问塔什干市。2004 年，在两市结好 10 周年之际，塔什干市市长绍阿勃杜拉赫曼诺夫和上海市长韩正互致贺信，祝愿两市友好关系进一步发展。2004 年 10 月，塔什干市市长绍阿勃杜拉赫曼诺夫率团访沪，市长韩正会见代表团。其间，两市举办经贸洽谈会，塔什干市还在沪举办图片展。2005 年 3 月，塔什干市副市长阿赫迈多夫率团访沪。2006 年，乌兹别克斯坦总统卡里莫夫、外长加尼耶夫先后到沪，参加“上海合作组织”峰会和外长会议。2009 年 8 月，市长韩正致信塔什干市市长图赫塔耶夫，祝贺塔什干建城 2 200 周年。

双方的合作交流主要在文化和经贸方面。1997 年，上海派出外事、外经工作组访问塔什干，与塔什干市有关部门商谈合作交流事宜。同年，塔什干市派出《塔什干晚报》总编埃尔纳扎罗夫访沪，与上海《新民晚报》等同行进行交流。1998 年，塔什干市选送照片，参加“上海国际友好城市图片展”。2004 年 10 月，塔什干在上海举办“塔什干市图片展”。同月，上海和塔什干经贸洽谈会在沪举行。

十二、也门亚丁省

亚丁是也门共和国第二大城市，地处亚丁湾、红海和印度洋交汇处，自古为西亚、北非和东非地域的贸易中心之一。面积 8 321 平方千米，人口约 80 万。

1995 年 9 月 14 日，上海市和亚丁省建立友好省市关系。1995 年 1 月 30 日，中国驻亚丁总领事馆致函中国人民对外友好协会，转达亚丁省省长加尼姆向中国驻也门大使李留根提出的希望与上海市结好的建议。2 月 24 日，中国驻也门大使馆向上海市政府转达亚丁省的提议。为加强中也友谊和合作，上海积极响应亚丁省的提议。1995 年 6 月 12 日，上海市长徐匡迪致函亚丁省省长加尼姆，热忱邀请他在适当时候访问上海，共商两省市开展合作交流事宜。在中国驻亚丁总领事时延春转交上海市长徐匡迪的邀请信函时，加尼姆深表感谢，希望能尽快成行。此后，加尼姆又多次会

图 3-1-13　也门亚丁省

晤总领事时延春,希望在访沪期间双方能签署结好协议书。1995 年 9 月,亚丁省省长加尼姆率团访问上海。9 月 14 日,市长徐匡迪和加尼姆共同签署两省市结好协议书。市长徐匡迪、副市长沙麟与亚丁省省长加尼姆还就双方开展友好合作交流举行工作会谈。

两地结好后,双方领导人多次进行互访。1996 年 12 月,市长代表罗世谦率上海市代表团访问亚丁省,同亚丁省省长加尼姆及亚丁省政府主要官员进行工作会谈,拜会也门总统顾问萨拉米、亚丁自由区主席努阿曼,参观亚丁自由区、大学、医院、炼油厂、亚丁港及渔业码头,还看望中国医疗队和在亚丁大学工作的 4 名上海教师。2001 年 11 月,也门全国人民大会(执政党)亚丁省主席、省地方委员会秘书长、副省长沙伊夫一行访沪,参观浦东新区、外高桥保税区、上海博物馆、上海城市规划馆等。2002 年 1 月,副市长周禹鹏率上海世界博览会推介团访问亚丁,亚丁省省长加尼姆会见代表团,并与周禹鹏进行会谈。2004 年 11 月,亚丁省省长叶海亚·穆罕默德·舒艾比率团访沪,与副市长冯国勤共同签署《上海市与亚丁省开展合作与交流的协议》。2010 年 7 月,亚丁省省长、议会主席阿德南·埃勒贾法里一行应邀访沪。市长韩正会见阿德南一行,共同签署《上海市—亚丁省 2010—2013 年友好交流协议书》。在沪期间,阿德南一行与市商务委员会、市经济团体联合会、华为公司、奉贤区政府等单位进行座谈,商谈双方合作事宜,还参观上海世博园、上海城市规划展示馆、豫园,游览黄浦江。

结好后,两地的合作交流主要有:一是在经贸方面。亚丁省政府、经贸界人士特别是亚丁自由港开发区、亚丁工商会等,都希望与上海建立稳定的联络关系,与上海发展经贸、投资开发、合资办厂等合作。1996 年 8 月,上海市商会代表团访问亚丁省,参加为亚丁省工商会成立 110 周年而举办的国际博览会。同年 10 月,市企业家代表团访问亚丁省。同月,亚丁省工商会主席率团访沪,拜会上海国际商会,双方签署《上海国际商会与亚丁工商会合作协议备忘录》。二是在教育、文化、体育等方面。早在两地结好前,同济大学与亚丁大学、萨那大学已进行多项校际合作和交流。至结好时的 1995 年,同济大学共接受也门留学生 100 多人次。其中,不少人已担任也门工程界重要领导职务。同济大学与亚丁大学、萨那大学进行研究生培训、教授互访、教学、科研等方面的合作,并已派遣数名教师在萨那大学任教。结好后,两市教育方面的合作和交流得到进一步发展。1996 年 10 月,亚丁大学校长巴苏拉率亚丁大学代表团访沪,与上海大学建立校际联系,两校还签署文化、科学合作协议。同月，上海选派 4 名大学教师赴亚丁大学工作 1 年，并确定持续进行这一选派工作。12 月，上海向亚丁大学援助一批物理实验室基础设备。1997 年 4 月、12 月，市教育代表团与亚丁大学副校长一行互访。上海大学与亚丁大学签署《1997 年文化、科学合作协议执行计划》。1998 年 1 月、2001 年 2 月，上海又先后选派 4 名大学教师赴亚丁大学工作 1 年。两地结好后，双方在文化、体育、医药等方面的合作和交流不断。1997 年 10 月，亚丁省电影导演穆拉德・穆尔希德应邀到沪，参加第三届上海国际电影节。2002 年，在中外运上海(集团)有限公司支持下，上海向亚丁足球俱乐部提供一批运动服、训练服、运动鞋袜等物品。2005 年 1—2 月，上海市政府为亚丁省政府援助价值 16 万元的药品和医疗器械。2006 年 4 月，为庆祝亚丁、上海结好 10 周年，市档案局代表团访问亚丁，在亚丁举办上海图片展。亚丁省省长和中国驻亚丁总领事出席展览会开幕式。此外，两地结好后，市人大常委会和亚丁省议会开展友好交流。2005 年 11 月，市人大代表团访问亚丁省。

十三、泰国清迈府

清迈府位于泰国北部，面积 20 100 平方千米，人口 165 万。首府清迈市是泰国第二大城市，泰北政治、经济和文化中心。

图 3－1－14　泰国清迈府

上海市和清迈府于 2000 年 4 月 2 日建立友好市府关系。1998 年 6 月，清迈府府尹巴威・西素蓬随泰中友好协会代表团访沪。在会见副市长冯国勤时，巴威提出清迈府与上海建立友好府市关系的建议。回国后不久，巴威又向中国驻清迈总领事馆提出，希望能通过总领事馆推动上海与清迈府结好进程。中国驻清迈总领事馆对此十分重视，致电上海市政府外办，转达清迈府与上海结好的热切愿望，并建议上海方面能予积极考虑。对此，上海方面积极响应，上海市有关部门与泰方进行认真的磋商和准备。1999 年 11 月，市长代表、市委常委罗世谦率上海市代表团访问清迈，认真、深入地商谈两地结好事宜。2000 年 3 月下旬，府尹巴威・西素蓬应邀率清迈府代表团访问上海。4

月2日,市长徐匡迪与巴威共同签署两市府建立友好关系协议书。

两地结好后,清迈府领导应邀多次率团到沪访问:2000年8月,清迈府副府尹阿蒙潘・尼玛南访沪,商谈两地合作交流事宜,并在沪举办泰国"龙眼节"。2002年9月,清迈府府尹哥信・盖通应邀率代表团访沪,与上海旅游、经贸、农业和中医等部门和单位有关人员进行座谈,就开展双边交流进行探讨。2003年9月,清迈府府尹素瓦・旦嫡帕随泰国总理所率代表团到沪访问,并与市长韩正共同签署《上海—清迈友好交流备忘录》。

2004年6月,清迈府府尹素瓦・旦嫡帕率清迈府代表团访沪,与市外经贸委、经委、教委、卫生局和上海实业集团等进行交流。2006年4月,清迈府副府尹吉利・萨纳蓬访沪,参加上海第六届"花之韵"国际插花艺术展开幕式和有关活动。2010年9月,以清迈府副府尹差朋恩・辛曼尼为团长的泰国世博会官方考察团访沪,因泰国已正式确认将申办2020年世博会,此行旨在考察上海世博会的场馆设施、园区运行和配套保障等情况,并学习、借鉴上海在城市发展方面的经验,为与上海开展合作交流寻觅契机。代表团成员中的曼谷、芭迪亚市的有关负责人还表达与上海市及有关区县结好的愿望。

两地结好后,双方的合作交流主要在以下两个方面:一是在文化、经贸方面。2000年8月,清迈府在沪举办"龙眼节",清迈府副府尹阿蒙潘・尼玛南参加有关活动。2001年7月,清迈工业协会代表团访沪,与上海同行进行交流。2004年4月,闵行区组团赴清迈考察访问,取得积极成果。2006年4月,清迈插花艺术家到沪参加上海第六届"花之韵"国际插花艺术展,清迈府副府尹参加有关活动。2010年9月,清迈府办公厅主任一行应邀访沪,参观上海世博会,访问奉贤区。二是在民间组织、青少年方面。2009年11月,常务副会长汪小澍率上海市对外友好协会代表团访问清迈府,拜会清迈府府尹阿蒙拉蓬・尼玛南德,向其转达上海市长韩正对其率团到沪参观世博会的邀请,以及上海方面希望恢复并促进与清迈友城交往的意愿。尼玛南德给予积极回应,并亲自主持由清迈有关部门负责人参加的情况介绍会,提出多项与上海开展合作交流的设想。2010年8月,清迈青少年代表团一行20人应邀到沪参加以"我与世博同行"为主题的2010年上海国际青少年互动友谊营。

十四、阿联酋迪拜市

迪拜市位于阿拉伯半岛中部、阿拉伯湾南岸,与南亚次大陆隔海相望。迪拜是海湾地区的中心,也是阿联酋的经济中心。都会区面积1 287.4平方千米,人口150万。

上海市与迪拜市于2000年5月30日建立友好城市关系。1992年底,中国驻迪拜总领事馆向国内有关方面提出,建议上海与迪拜结好。1995年4月,中国驻迪拜总领事馆致电上海市政府,告知迪拜方面愿就迪拜和上海结好事宜进行商谈。1996年4月,上海市外事工作组应邀访问迪拜,双方经友好协商,签署两市建立友好城市关系意向书。1999年10月,市委常委张惠新率上海市代表团访问迪拜,双方商谈并确定两市结好协议书文本。2000年5月,迪拜市最高行政长官卡西姆・苏尔坦应邀率迪拜市代表团访沪。5月30日,市长徐匡迪与苏尔坦共同签署两市结好协议书。

两市结好后,双方领导人多次进行往来。2002年1月,副市长周禹鹏一行应邀访问迪拜,会见迪拜市公共工程兼住房部部长,并与当地企业家进行友好会谈。2003年5月,迪拜市最高行政长官卡西姆・苏尔坦致函上海市长韩正,邀请上海参加2004年4月在迪拜举办的"国际友好城市论坛"。韩正复函苏尔坦感谢邀请,表示上海很高兴参加这一国际友好城市多边交流论坛。7月,市

图 3-1-15　阿联酋迪拜市

长韩正代表上海市政府致函苏尔坦，表达对上海外经集团承包建设迪拜市轻轨项目的信心和支持，并邀请他在方便时访沪。2006 年 4 月，市政协主席蒋以任率团访问迪拜市，受到热情接待，双方进行友好交流。2007 年 1 月，迪拜市代理最高行政长官侯赛因・卢塔致信上海市长韩正，建议上海在迪拜扎比尔公园建造象征两市友好关系的纪念碑。上海市表示愿参与此项工程，并于 2008 年 2 月派遣工作组赴迪拜考察。2008 年 8 月，市长韩正应邀率团访问迪拜市，分别会晤阿联酋副总统兼总理、迪拜酋长马克图姆、迪拜市市长侯赛因・卢塔，听取迪拜市政府的城市发展规划介绍，参观迪拜市政工程。在与卢塔会晤时，韩正明确表示，上海将积极参与迪拜友城纪念碑工程。2008 年 12 月，市人大常委会副主任胡炜率团访问迪拜市，向迪拜市政府递交由上海市设计的友城纪念碑方案及基座蓝图。2009 年 5 月，市政协主席冯国勤率上海市代表团访问迪拜市，与迪拜市市长卢塔举行会谈，并共同出席迪拜友城纪念碑雕塑《魅力上海》揭幕暨交接仪式。《魅力上海》是呈现上海现代化的建筑精品雕塑模型，反映上海的昨天、今天和明天。

两市结好后，双方主要在以下方面进行合作和交流。一是在经贸、城建方面。1999 年 10 月，迪拜工商会会长一行访沪，与贸促会上海分会及上海企业界人士进行交流和洽谈，并在投资浦东和汽车、建筑等领域达成一些合作意向。2003 年 1 月，上海外高桥保税区代表团访问迪拜，参加“迪拜世界自由贸易区和投资机会暨研讨会”，并在会上介绍上海发展对外经贸投资合作情况和保税区建设情况。2002 年 6 月，迪拜市组团到沪参加第三届“亚太城市信息化高级论坛”，并与上海有关部门交流城市管理等方面的情况和经验，商讨双方合作意向。2003 年 7 月，市长韩正致函迪拜市最高行政长官、市政府秘书长卡西姆・苏尔坦，表示对上海外经集团承包建设迪拜市轻轨项目的支持。2005 年 9 月，迪拜市园林局局长卡里姆访沪，参观市林业总站、上海植物园、延中绿地、健身器材厂等，并对上海设置在绿地中的健身设备很感兴趣，表示有意从上海进口。二是在文化、教育、航运方面。2002 年 9 月，迪拜画家卡迪尔・拉伊斯应邀到沪参加由上海市政府新闻办、外办共同举办的“世界画家看上海”创作活动。2003 年 11 月，上海岳阳医院一名医生应聘赴迪拜市政府俱乐部工作 2 年。2004 年 5 月，上海市代表团赴迪拜参加迪拜友好城市论坛并发言，介绍上海在友城交往方面的经验和成功案例。市档案局派员参加论坛期间的小型展览。2002 年 9 月，迪拜酋长航空公司开通迪拜与上海间的货运航班。2004 年 4 月,阿联酋国际航空公司开通迪拜至上海的直达客运航班,在沪举行隆重的庆祝仪式。

十五、斯里兰卡科伦坡市

科伦坡市是斯里兰卡首都,斯里兰卡政治、经济、文化和商业中心。位于锡兰岛西南海岸,有"东方十字路口"之称。面积 3 694 平方千米,人口约 564 万。

图 3-1-16 斯里兰卡科伦坡市

上海市和科伦坡市于 2003 年 8 月 11 日建立友好城市关系。2001 年 4 月,应中国人民对外友好协会邀请,斯里兰卡中国社会文化合作协会代表团到中国访问。在沪期间,代表团向上海市对外友协提出,科伦坡希望与上海结为友好城市。2002 年 1 月,斯里兰卡中国社会文化合作协会执行秘书长英德拉南达·阿贝塞克拉致函上海市对外友协,再次提出科伦坡希望与上海建立友好城市关系的建议。对于斯方的殷切愿望,上海方面作出积极回应。2002 年 2 月,上海市对外友协复函斯里兰卡中国社会文化合作协会,表示上海愿意与科伦坡进一步加强双方传统友谊的交流和合作,并期盼两市结为友好城市。8 月,斯里兰卡总理特使、电力和能源部部长贾亚苏里亚访沪。在与副市长杨晓渡会见时,贾亚苏里亚提议科伦坡与上海结为友好城市。杨晓渡对此欣然表示赞同。10 月,斯里兰卡驻华大使馆就科伦坡与上海结好照会市政府外办,并向上海提交两市结好协议书草案。此后,两市有关部门就结好事宜进行联络和磋商。2003 年 7 月,斯里兰卡驻华大使馆照会中国外交部并抄送上海市政府外办,照会表示,斯里兰卡总理拉尼尔·维克拉马辛哈将于 8 月访华,斯方非常希望在斯总理访华期间,双方能签署两市结好谅解备忘录。中方对此表示赞同。8 月,斯里兰卡总理维克拉马辛哈访华,8 月 11 日,外交部副部长王毅代表上海市与科伦坡市市长古纳瓦德纳在北京共同签署《上海市和科伦坡市建立友好城市关系谅解备忘录》。

两市结好后,双方领导有两次往来。2008 年 9 月,上海市领导应邀率团访问斯里兰卡,代表团分别拜会斯里兰卡企业发展与投资促进部部长阿木奴加玛、电力部部长加玛吉、科伦坡市市长伊姆西亚滋等,还慰问上海电气集团派驻斯里兰卡燃煤电站项目的有关人员。2010 年 9 月,应市长韩正邀请,由科伦坡市代市长欧马·卡米尔率领的科伦坡市代表团访沪,参观上海世博会,并接受上海电视台外语频道的世博友城市长专访。

两市结好后的合作交流有以下两方面：一是经贸、文化方面。2004 年 1 月，市政府外办工作组应邀访问科伦坡。会谈中，双方都充分表达推进友好务实合作的意愿和期望。斯里兰卡国家商会和国家旅游局都很重视与上海进行对口交流。2004 年 3 月，斯里兰卡国家商会致函市政府外办，希望能协助尽快与上海商会建立联系，并签署两商会交流备忘录。4 月，斯里兰卡国家商会副秘书长贝鲁高达又致函市政府外办，再次表达上述意愿。经市政府外办牵头、沟通，两商会建立直接联系。2007 年 7 月，市商会代表团访问科伦坡，与斯里兰卡国家商会就合作事宜作进一步商谈。2010 年 3 月，斯里兰卡查纳・乌普利表演艺术团访沪。二是在青少年方面。2010 年 8 月，斯里兰卡青少年代表团到沪，参加以“我与世博同行”为主题的 2010 年上海国际青少年互动友谊营活动。

十六、印尼东爪哇省

东爪哇省位于印尼南部的爪哇岛，是印尼重要的农业产区，其首府和经济中心泗水是印尼第二大港和西部的航运中心。面积 47 927 平方千米，人口 3 747.6 万。

图 3－1－17　印尼东爪哇省

上海市和东爪哇省于 2006 年 8 月 30 日建立友好城市关系。1992 年 11 月，上海市政府外事顾问李储文一行访问印尼时，东爪哇省省长向代表团表达希望两省市结好的意向。1993 年 7 月，东爪哇省省长哈吉・苏拉索应邀率东爪哇省官员和企业界代表团访沪，双方就建立友好省市关系进行磋商，并签署《上海市政府代表和东爪哇省政府代表会谈纪要》。1994 年 4 月，为落实会谈纪要有关内容，上海市外事工作代表团访问东爪哇，双方探讨在农业、医疗卫生、旅游等领域开展合作交流的意向。1999 年 7 月，东爪哇省省长伊马・乌托莫致函中国驻印尼大使，正式提出希望东爪哇省和上海尽快签订建立友好省市关系谅解备忘录。9 月，东爪哇省省长代表黄志勇访沪，就两省市结好事宜与上海进行磋商。2000 年 4 月，东爪哇省省长伊马・乌托莫应邀率东爪哇省代表团访沪，双方共同签署加强两省市友好合作关系意向书。此后，双方就正式签署两省市结好协议书和领导人互访事宜进行多次联络和磋商，但由于种种原因，正式结好未能如期进行。双方商定结好协议书文本由各自省、市长签署后,通过邮寄送达。2006年8月,由东爪哇省省长伊马·乌托莫签署的结好协议书文本寄达上海。8月30日,上海市长韩正在结好协议书文本上签字。上海市和东爪哇省正式结好。

两地结好后,双方领导人有以下往来:2008年4月,由东爪哇省议会副主席率领的东爪哇省议会和政府代表团访沪,与市劳动和社会保障局、市第一人民医院交流座谈。2008年5月,东爪哇省省长伊马致函上海市长韩正,向5月12日汶川大地震的遇难者表示深切哀悼,并祝愿中国抗灾工作取得成功。韩正复函表示感谢。2009年6月,市政协副主席钱景林率团访问东爪哇省,拜会省议会和省政府,就两地经贸合作、议会交流等进行商谈。2010年1月,由市长韩正签发的邀请友城市长率团参观2010年上海世博会的信函送达东爪哇省。

两地结好后,双方在以下方面进行合作和交流:一是在议会方面。2006年11月,东爪哇省议会经委主任阿罕姆德·苏菲雅吉一行访沪,带回已签署的两地结好文本,并与上海市经委、市旅游委等就双方在经济、旅游和文化等方面增进合作和交流进行探讨。2008年10月,东爪哇省议会委员会副主席苏罕多约率团访沪,拜访市人大,并就财政预算和编制等议题进行座谈交流。同月,上海市政协代表团访问印尼,拜访东爪哇省议会,双方建立对口交流合作关系。二是在经贸方面。2009年6月,上海市贸促会组团赴东爪哇省举办经贸洽谈会,与东爪哇省相关部门人员就市政建设、农业科技、残疾人服务、安全生产、自来水净化等进行对口洽谈,取得积极成果。2010年11月,东爪哇省泗水市议员代表团一行6人访沪,考察上海神工环保股份有限公司宝山固体废弃物处置场项目,初步达成邀请该公司于2011年派员赴泗水进行可行性研究的意向。三是在青年工作等方面。2007年12月,东爪哇省青年和体育社代表团访沪,与上海市青联协商青年交流事宜。2010年12月,东爪哇省工作组访沪,与市政府外办就2011年东爪哇省省长访沪、两地友好交往等事宜进行工作会谈。

十七、柬埔寨金边市

金边市是柬埔寨首都,国家政治、经济和文化中心。位于柬埔寨东南部,城市面积678平方千米,人口约223万。

图3-1-18 柬埔寨金边市

上海市和金边市于2008年10月8日建立友好城市关系。2001年12月，金边市第一副市长辛那通过柬埔寨驻上海总领事馆向上海市政府外办表示，希望金边与上海两地结为友好城市。2002年下半年，柬驻沪总领事奥西·萨瓦达也向上海方面提出这一建议。双方一致赞同要在两地不断增进的交流合作中推进结好进程。2006年2月，上海市政府外办通过中国驻柬埔寨大使馆，询问金边方面关于与上海结好的意向。4月，金边市市长表示，非常愿意与上海结好，并希望上海派团前来金边商谈结好事宜。2008年10月，应金边市政府邀请，市政协主席冯国勤率上海市代表团访问金边。10月8日，冯国勤和金边市市长盖竹德玛共同签署两市结好协议书。

两市结好前后，双方领导有多次往来。2000年5月，上海—金边开通直达航线时，副市长韩正率团乘上海航空公司直航班机赴金边，出席上海—金边首航仪式。2000年12月，市委副书记龚学平率团访问金边，就旅游业发展、市政基础建设、农业开发和经贸投资等事宜，分别与柬埔寨国家旅游部部长、金边市副市长等交换意见。2008年10月，应金边市政府邀请，市政协主席冯国勤率上海市代表团访问金边，与金边市市长盖竹德玛共同签署两市结好协议书。双方一致表示，要以两市结好为契机，加强两市在经济、文化、旅游等领域的合作与交流。代表团还向金边市政府赠送电视机、复印机等价值5万元人民币的办公设备。2009年3月，金边市市长盖竹德玛一行应邀到沪访问，这是两市结好后金边市市长首次到访。市长韩正、市政协主席冯国勤分别会见代表团一行。韩正在会见时，感谢柬埔寨对2010年上海世博会的支持和参与，表示将进一步推进上海与金边在城市基础设施建设等领域的深入合作。盖竹德玛感谢上海在基础设施建设等方面给予的援助。代表团在沪期间，参观浦东新区、嘉定区、上海百联集团等。2010年4月30日—5月2日，金边市市长盖竹德玛一行应邀访沪，参加2010年上海世博会开幕式并参观世博园区。在沪期间，金边市市长一行还参观闸北工业园区、新天地等。

两市结好后开展以下合作和交流：一是在城市建设方面。2006年10月，由市规划设计院负责人率领的上海市友好代表团访问金边，拜访金边市政府，考察当地市政规划情况。2009年4月，嘉定区友好代表团应邀访问金边市，金边市市长盖竹德玛会见代表团一行。在柬期间，代表团参观考察金边市城市建设、商业贸易等情况，与金边市副市长他克泰信就开展两地合作和交流进行探讨。自2004年起，在两国政府支持下，上海建工集团在柬开展基础设施援建业务，先后承建洞里萨河大桥、湄公河大桥、7号和62号国家公路等项目。因工程质量优秀，受到柬埔寨首相洪森等政要高度评价。上海建工集团还在金边设立项目部，进一步开拓在柬业务。二是在青少年方面。2009年9月，上海市青少年活动中心手拉手艺术团应邀访问柬埔寨。在金边，艺术团配合中国驻柬使馆国庆60周年招待会进行庆祝演出，并与柬埔寨学校师生开展交流演出。

第二节　市级友好交流关系城市

一、韩国全罗南道

全罗南道位于韩国半岛西南部沿海地区，距首都首尔316千米。面积11 824平方千米，人口228.4万。

上海市和全罗南道于1996年4月19日建立友好交流关系。1996年4月，全罗南道知事许京万率全罗南道政府和企业界人士一行26人访沪，提出希望与上海建立友好交流关系。上海方面积极响应。4月19日，副市长谢丽娟和全罗南道副知事朴炯寅在两地建立友好交流关系协议书上签

图 3-1-19 韩国全罗南道

字。2003 年 3 月,全罗南道贸易代表处在上海成立。

两地结好后,双方领导多次往来。全罗南道领导应邀来访的有:2000 年 6 月,全罗南道知事许京万一行访沪,与市长徐匡迪共同出席上海—全罗南道农业交流协议书签字仪式。2004 年 3 月,全罗南道知事朴泰荣一行 36 人访沪,上海市长韩正和全罗南道知事朴泰荣共同签署《上海与全罗南道开展友好交流合作备忘录》。2007 年 7 月,全罗南道知事朴晙莹率代表团访沪,市委书记习近平、市长韩正分别与朴晙莹一行进行友好会晤和会谈。2010 年 6 月,全罗南道知事朴晙莹一行访沪,副市长唐登杰会见代表团一行。全罗南道将承办 F1 赛事和丽水世博会。为此,代表团在沪期间,出席在沪举办的全罗南道 F1 中国旅游商务说明会,并参观上海世博园区。此外,全罗南道副知事罗承布、赵宝勋、金在哲、吴炫爕、宋光运、李根京、李相勉等也曾先后应邀来沪访问。1996 年 8 月 4 日,全罗南道开道 100 周年纪念日之际,上海市长徐匡迪致信祝贺。上海市领导刘振元、孟建柱等也曾先后应邀访问全罗南道。

两地结好后,双方在经贸、农业方面积极开展合作和交流。1997 年 2 月,上海市开发区代表团访问全罗南道,探讨两地加强经济合作事宜。6 月,上海市代表团访问全罗南道,参加“中韩环黄海沿岸学术大会”。7 月,全罗南道地域经济局代表团访沪。9 月,上海中小企业家代表团访问全罗南道,与当地企业家进行贸易洽谈。1998 年 12 月,全罗南道农业代表团访沪,介绍全罗南道园艺公司生产的温室情况。1999 年 3 月,上海市农业考察团访问全罗南道,考察农业和园艺公司生产的温室情况。4 月,全罗南道园艺公司派遣施工队赴上海宝山区,建造该公司赠送的价值 60 万元的最新型温室并于 6 月底完成。5 月,全罗南道农业代表团访沪,参加上海农业投资发布会。2000 年 3 月,上海宝山区农业代表团访问全罗南道。2000 年 10 月,全罗南道经济通商代表团访沪,并在沪举办经贸洽谈会。2010 年 6 月,全罗南道光阳湾圈经济自由区域代表团拜访浦东新区,双方就经济区开发、外资引入、城市建设等方面进行交流。此外,双方在其他多方面开展交流。2006 年,全罗南道顺天市、丽水市、木浦市组派市长代表团、工会代表团、青年代表团等先后访沪,进行参观和交流。上海外事旅游媒体代表团、卫生局代表团等也先后访问全罗南道进行参观和对口交流。从 2010 年 6 月起,全罗南道每周派遣公务员参观上海世博会,总计共派遣 2 000 人,目的是学习上海发展经验和举办世博会经验，服务 2012 年丽水世博会。2010 年 10 月，全罗南道顺天市市长一行访沪，参观上海世博会，考察崇明县，与世纪公园管理有限公司就园艺管理等进行交流。

二、日本长崎县

长崎县地处日本九州岛西北部，临近朝鲜半岛。陆地面积 4 092 平方千米，人口 150 多万。水产、造船、观光是长崎县的支柱产业。

图 3－1－20　日本长崎县

上海市和长崎县于 1996 年 10 月 14 日建立友好交流关系。长期以来，上海市和长崎县在各方面保持着良好的交流关系。1991 年以来，两地的友好交往不断增多，相互了解和友好关系不断加深和发展。其间，1991 年，长崎县在上海设立长崎县政府上海经济贸易事务所，成为两地交往的一个窗口。1994 年，在双方交通运输部门的共同努力下，长崎—上海海上直达航线开通。1996 年 5 月、9 月，长崎县议长吉住重行、长崎县副知事松尾壑先后率团到沪访问。双方一致认为，两地应建立起实质性的友好交流关系，以便进一步开展交流合作。1996 年 10 月，长崎县企画部参事监木下忠义率团访沪。10 月 14 日，木下忠义和市政府外办副主任俞彭年共同签署两地建立友好交流关系协议书。

两地结好后，双方领导往来不断。长崎县领导来访的主要有：1996 年 10 月，以长崎县知事高田勇为团长、长崎县议长吉住重行为顾问的长崎县友好代表团访沪，参加长崎县上海经济贸易事务所成立 5 周年纪念活动。市长徐匡迪、市人大常委会主任叶公琦分别会见代表团一行，共议发展双方的友好交流。1999 年 1 月，长崎县知事金子原二郎率长崎县代表团访沪。1999 年 11 月，长崎县知事金子原二郎率长崎县代表团、议长林义博率长崎县议会代表团和市町村代表团到沪访问，出席首届上海国际艺术节开幕式及东航上海—长崎通航 20 周年庆祝活动。国务院副总理李岚清在上海会见长崎县客人。2001 年 11 月，长崎县知事金子原二郎、议长加藤宽治率长崎县代表团访沪，出席两地建立友好交流关系 5 周年庆祝大会。2003 年 9 月，长崎县知事金子原二郎率长崎县代表团访沪，市长韩正、市人大常委会主任龚学平分别会见代表团一行。代表团参加上海国际旅游节开幕式。2004 年 9 月，长崎县知事金子原二郎、议长八江利春率长崎县代表团访沪，参加上海国际旅游节开幕式。代表团在参观东方绿舟青少年活动基地时，长崎县议长八江提议由长崎县政府向东方绿舟捐赠一幢日本风格的民间建筑，冠名为“长崎·上海友好馆”。2006年11月，长崎县知事金子原二郎率长崎县代表团一行访沪。代表团出席上海市·长崎县缔结友好交流关系10周年纪念植树仪式。2007年11月，长崎县知事金子原二郎第七次率长崎县代表团访沪，与市长韩正共同展望双方友好交流合作的前景，拜会市人大常委会主任龚学平。2009年3月，长崎县知事金子原二郎率团访沪，拜会市长韩正，出席由长崎县政府出资在东方绿舟建造的“长崎·上海友好馆”落成典礼。“长崎·上海友好馆”由长崎县出资150万元人民币建造，该馆木材均来自长崎，建筑风格体现日本的文化和风情。2009年11月，长崎县知事金子原二郎、议长末吉光德率长崎县代表团访沪，市人大常委会主任刘云耕会见代表团主要成员。代表团在沪期间，举办“长崎县魅力推广论坛”及“纪念长崎—上海通航30周年”招待会，拜会东方航空公司等。2010年8月，长崎县知事中村法道率团访沪，拜会副市长唐登杰，参观上海世博会，参加世博会日本馆的有关活动。此外，长崎县副知事清浦义广也曾应邀到沪访问。2006年6月，市人大常委会主任龚学平率上海市人大代表团访问长崎县。此外，上海市领导赵启正、张惠新等也曾先后应邀访问长崎县。

两地结好后，双方的合作和交流取得积极成果。为表彰对发展两地友好合作交流所作的贡献，上海市人民政府于2010年12月为原长崎县知事金子原二郎颁发上海市“白玉兰荣誉奖”。

双方开展的合作交流主要有：一是在人才培训、教育、青少年方面。自1995年起至今，上海市每年选派1—3名研修生赴长崎，进修计算机、医务、电视编导等技术，每次为期9个月。1998年起，长崎县每年都派遣青少年交流团到沪访问，与上海新中中学、虹口中学等校师生进行中日青少年友谊和文化交流。2003年7月，上海甘泉外国语学校与长崎县立南高中通过远程电话进行交流，两地青少年畅所欲言，增进友谊。同年11月，市红十字会代表团访问长崎，两地红十字会签署友好交流协议，并商定在青少年红十字等方面开展定期互访交流。二是在文化、旅游等方面。1998年7月，长崎县曼德林乐团到沪访问。自1999年首届上海国际旅游节举办以来，长崎县一直积极参与。长崎县的花车、佐世保“飞跃年队”舞蹈曾分别参加上海国际旅游节开幕式。2006年12月，由上海各界代表组成的上海市代表团访问长崎，出席两地缔结友好交流关系10周年庆祝活动，上海图书馆在长崎县立图书馆设立的“上海之窗”揭幕，上海市向长崎县赠送各类图书500余册。此外，两地还在新闻、港口、监察、档案等方面进行良好交流。

三、韩国全罗北道

全罗北道位于韩国西南部，西临黄海。面积8 050平方千米，人口190.2万。汽车、生物工程、机械制造是全罗北道的支柱产业。

上海市和全罗北道于2003年4月17日建立友好交流关系。2003年4月，全罗北道知事姜贤旭率全罗北道代表团到上海进行友好访问，4月17日，按双方共同意愿，上海市人民政府副秘书长与全罗北道经济通商室长共同签署两地《友好交流合作备忘录》。2005年9月22日，全罗北道知事姜贤旭再次率全罗北道代表团访沪时，上海市人民政府副秘书长与全罗北道经济通商室长共同签署两地《友好合作协议书》。2003年4月，为推进两地经贸交流，全罗北道在上海开设贸易代表处。

两地结好后，双方领导主要往来有：2003年4月，全罗北道知事姜贤旭率团访沪。2003年9月，市人大常委会副主任周慕尧率团访问全罗北道。2005年9月，全罗北道知事姜贤旭率代表团到访时，在沪举办“全罗北道投资说明会”和“全罗北道生活文化大展”。2006年11月，全罗北

图 3-1-21　韩国全罗北道

道知事金完柱率团访沪，在两市领导人会晤中，双方一致表示要继续积极推进两地的友好交流和合作。

两地开展的交流主要有：全罗北道是韩国新村运动的代表性地区，市农委、市卫生局等部门在与全罗北道的交流中，开拓新农村建设思路。2010 年 11 月，应全罗北道政府邀请，市政府外办组织金山、嘉定、奉贤等区有关人员参加在该道举办的韩国文化体验研修活动。此外，两地还在旅游、青少年等领域开展交流。

第三节　区级友好城市

一、日本八尾市

八尾市位于日本大阪府中部东南地区，以发展制造业著称，在机械制造、金属加工等方面拥有高度技术能力的中小企业云集于此。包括电气机械器具等高精尖技术的制造业发展良好。面积 41.71 平方千米，人口 27.3 万。

上海市嘉定区与大阪府八尾市于 1986 年 9 月 13 日结为友好城市关系。1981 年底，大阪府八尾市日中友协会长福本昭三访问上海时，提议与嘉定县(1992 年 10 月 11 日，国务院批准嘉定撤县建区)建立友好县市，当即得到上海市政府外办的赞同。1982 年 1 月 1 日，八尾市日中友协会长福本昭三、副会长家路忠雄等访问嘉定，探讨建立友好县市、开展友好交流活动的可能性。1982 年 4 月，以福本昭三为团长、八尾市议会议长森口庆次郎为顾问的八尾市日中友好访华团访问嘉定，随同来访的还有日本三和化研工业株式会社冈田礼一夫妇等。1982 年 9 月，嘉定县友好代表团应邀访问八尾市，与八尾市市长山胁悦司、会长福本昭三就两县市开展友好交流和发展友好关系交换意见。1984 年 9 月，嘉定县第二次访日友好代表团应邀访问八尾市。访问期间，双方就深入开展友好交流活动和经济技术合作等交换意见。1986 年 9 月，应日本八尾市市长山胁悦司邀请，嘉定县第三次访日友好代表团访问八尾市。9 月 13 日，双方签署《上海市嘉定县与大阪府八尾市友好合作协议书》，嘉定县县长李宝林与八尾市市长山胁悦司分别在协议书上签字，在大阪府访问的上

图 3-1-22 日本八尾市

海市副市长谢丽娟也出席签字仪式。1993 年 5 月,外交部批准嘉定区与八尾市正式缔结友好城市关系。双方领导确认将原来签订的友好合作协议书更名为《上海市嘉定区与大阪府八尾市友好城市协议书》。

从 1987 年起,八尾市几乎每年都组织由市长或副市长率领的政府代表团访问嘉定,市议会也多次组团访沪。嘉定区领导也在两地结好 20 余年中,10 余次应邀组团往访。其中,2006 年 8 月,嘉定区代表团访问八尾市,参加两市区缔结友城 20 周年庆典,并为嘉定区与八尾市"友好之碑"揭幕。八尾市日中友好协会在促进同嘉定的交流中起到极大的作用。自 1982 年以来,八尾市日中友好协会每年组织代表团到嘉定访问,并为八尾市企业与嘉定的合作牵线搭桥,促进两地经济交流。

两地结好后,双方的合作和交流取得积极成果。为表彰对发展两地友好合作交流所作的贡献,上海市人民政府先后为 6 名八尾市友好人士颁发"白玉兰荣誉奖"或"白玉兰纪念奖"。获得上海市"白玉兰荣誉奖"的是:八尾市日中友协副会长、上海三和医疗器械有限公司副董事长冈田礼一;获得上海市"白玉兰纪念奖"的是:八尾市市长西辻丰,八尾市前市长山胁悦司,八尾市日中友协会长山畑雅裕,八尾市日中友协原会长福本昭三,八尾市市长柴谷光谨。

两区、市结好以来,双方的合作交流主要体现在:一是经贸方面。1987 年 4 月,两地签署合作协议,创建中日合资上海三和医疗器械有限公司。公司运用日本三和化研工业株式会社无偿提供的产品设计与工艺,生产供长期卧床病人使用的褥疮防治器,具有良好的社会效益,并实现出口,多年来被中国外商投资企业协会评为内需、出口经济社会效益双优企业,受到表彰。1994 年,合资双方利用历年积累再投资,成立上海三马橡胶制品有限公司,主要产品为游艇,50%以上出口日本。二是卫生、体育、青少年等方面。两地从 1985 年起即长期开展医疗护理交流。嘉定区南翔医院等 5 家医院都曾派遣医务代表团访问八尾或派员进修,仅 1991—1996 年,嘉定就选派 6 批 12 名护士长前往进修。1998—2002 年,两地医疗代表团每年互访。八尾市立医院多次派遣护士长到嘉定指导护理工作。两地都重视青少年友好交流,双方中小学积极开展交流活动,八尾市立曙川小学、久宝寺中学等多所中小学先后组团访问嘉定。1997—2008 年,两区、市每年都组织青少年代表团互访。日本三和化研工业株式会社冈田健治还代表其父亲向嘉定马陆镇教育基金会捐赠 200 万日元。2003 年、2005 年,双方都互派 1 名公务员到对方进行为期 10 天的行政事务方面的进修。两地也重视体育交往，在棒球、乒乓、排球等方面进行多次交流，八尾市还多次派团观摩嘉定农民运动会。三是农业、园艺方面。两地在花卉园艺技术方面积极开展合作，马陆乡曾派员赴八尾进修花卉技术，八尾高安生花批发公司与长征乡合作创办上海长胜花卉有限公司。嘉定先后派出农业机械、菜篮子工程考察团至八尾进行友好访问和考察、交流。

二、日本枚方市

枚方市距日本大阪府市中心约 45 千米，是关西地区交通、文化、产业的枢纽地带。面积 65.07 平方千米，人口 40.5 万。

图 3-1-23　日本枚方市

上海市长宁区与大阪府枚方市于 1987 年 12 月 16 日结为友好城市。1985 年，枚方市日中友好协会组织民间访华团访问长宁区，双方在教育、文化及体育等方面开展友好交流。1986 年，长宁区领导先后随上海市代表团访问枚方市。枚方市市长通过枚方日中友好协会会长、教育委员长中井正胜传递枚方市政府希望与长宁区建立友好关系的意向。1987 年 3 月，枚方市市长北牧一雄率友好代表团访问长宁区，商谈结好事宜。副市长谢丽娟会见并宴请代表团。1987 年 12 月，长宁区代表团赴枚方市访问，12 月 16 日，双方在大阪府正式签署友好市区交流协议书。1993 年 5 月，两区、市正式建立友好城市关系。

两地结好后，双方政府、人大(议会)代表团几乎每年互访，就在教育、文化、体育、卫生、青少年等方面的相互合作进行交流，签署年度友好交流项目协议书。2010 年 7 月，在上海世博会举办之际，枚方市市长竹内脩率团访沪，与长宁区领导就进一步加强两地友好合作和交流进行深入探讨。在沪期间，枚方市市长竹内脩一行与枚方市日中友好协会第 38 次访中团、长宁区市民代表一起，参加上海世博会大阪“特别日”活动。

长宁区与枚方市建立友城关系起步较早，在教育、文化、体育、医疗卫生、科技、社区工作等领域积极开展交流，并就财政、审计、环卫、民政等专业课题共同进行交流和探讨。枚方市日中友协与长宁区保持密切的交流关系，先后组织近40个代表团到访。长宁区也多次组织市民代表团往访。其中主要有：一是教育方面。两区、市多所中小学、幼儿园建立友好交流关系。双方还每年不定期组织学生书画交流展览，枚方市日中友协不定期组织大学生到沪进行中文短期研修交流。长宁区教育考察团于2003年11月访问枚方市。二是体育、文化方面。1997年，枚方建市50周年、两地结好10周年之际，上海天山中学学生管弦乐团赴枚方访问演出。2000—2007年，两地多次开展太极拳、乒乓球交流或友谊比赛。枚方市日中友协先后4次组织民间艺术交流团到沪访问，进行日本盆舞交流演出。2008年，长宁开元学校组团赴枚方市，参加枚方"海外友好都市青年音乐祭"等活动。三是设立"家高・酒井基金"。1996年，原枚方市教育长、大阪府国际交流财团理事家高与大阪府友好人士酒井向长宁区捐赠1 600万日元，设立"家高・酒井基金"，用于资助长宁区日语教育。5批13人次通过该基金赴日本，进行为期2周的学习交流。家高在长宁区延安中学义务教授日语3个月。

三、日本寝屋川市

寝屋川市是日本大阪府所辖市之一，位于大阪府东北部。面积24.73方千米，人口约24.3万。

图3-1-24　日本寝屋川市

1994年5月12日，上海市卢湾区与寝屋川市正式建立友好城市关系。卢湾区与日本大阪府寝屋川市的友好交往始于1988年。经过6年多的友好往来，在市政府外办和市友协的积极促成下，1994年5月12日，应邀率团访日的卢湾区区长韩正与寝屋川市领导正式签署《两区市建立友好城市关系协议书》。

两地结好后，寝屋川市市长、副市长、议长、副议长和上海市卢湾区区长、副区长及区人大代表团先后多次往访。

两地结好后，双方的合作交流取得积极成果。为表彰对发展两地友好合作交流所作的贡献，上海市人民政府于1996年为原寝屋川市市长西川忠博颁发上海市"白玉兰纪念奖"。

双方的交流和合作主要体现在以下方面：一是教育方面。教育交流是两区市合作的重点之一。双方数次派教育代表团互访，卢湾区属上海师范专科学校附小与寝屋川市立西小学正式结为姐妹学校。为增进对中国和上海人民的了解和双方友谊，寝屋川市数次组织市民代表团访问卢湾区。二是文化、体育方面。1999 年，两区、市文化代表团互访，1999—2008 年，卢湾区曾 3 次派出青少年艺术代表团赴寝屋川市，参加文艺表演和交流活动。1997 年，两区、市共同组团，赴北京参加由中国友协主办的中日友好城市高中生乒乓球友谊赛，获优秀奖。1997 年、1998 年，两区市共同参加在上海举办的中日老年健康麻将赛。1999 年、2001 年，卢湾区乒乓球代表团、青少年摔跤代表团访问寝屋川市。三是公务员方面。1993 年、1996 年，两地派遣公务员到对方政府部门进修、培训。2010 年 8 月，在上海世博会举办之际，寝屋川市副市长中西胜行率团访沪，与卢湾区领导就进一步加强两地友好合作和交流进行深入探讨。

四、日本泉佐野市

泉佐野市隶属日本大阪府，位于大阪府南部，著名的关西国际机场地处该市。面积 54.38 平方千米，人口约 10.5 万。

图 3-1-25　日本泉佐野市

1994 年 10 月 21 日，徐汇区和泉佐野市正式建立友好城市关系。1984 年 9 月，徐汇区一学生从徐汇区转入泉佐野市立长坂小学，在其父亲介绍下，该校与徐汇区高安路第一小学建立交流关系，开始书法、绘画等方面的文化交流。同时，徐汇区区长胡蔚英给泉佐野市市长向江升写信，两区、市开始友好交流。此后，徐汇区与泉佐野市一直保持着友好交往。1989 年 5 月，徐汇区与泉佐野市签订《徐汇区泉佐野市友好交往协议书》。1994 年 10 月 21 日，徐汇区与泉佐野市在泉佐野市签订建立友好城市关系协议书。

两地结好后，泉佐野市市长、副市长、议长、副议长和徐汇区区长、副区长及区人大代表团先后多次往访。

自 1985 年起，两区、市在经济、教育、文化、商业、体育、青少年等方面积极开展合作和交流。主要有：一是在教育、青少年方面。教育是两区市交流合作的重点之一，双方最早往来即是从两地两所小学建立交流关系开始的。此后，双方派教育代表团互访和交流，前后共 30 余次。徐汇区还分别派遣10余名教师赴泉佐野市工业高等学校等院校研修。1990年、1996年、1997年,徐汇区少年合唱艺术团、泉佐野市青少年交流团互访。1997年,两区、市共同组团,赴北京参加由全国友协主办的中日友好城市高中生乒乓球友谊赛。2000年、2001年,两地中小学生代表团互访。二是在经贸方面。1988—1999年,泉佐野市商工会议所先后5次组团访问徐汇区,徐汇区也派遣经贸考察团赴泉佐野市,双方就两地经济合作进行洽谈。三是在文化、体育方面。双方多次组织美术友好代表团互访,并举办美术作品展。徐汇区2次派员参加泉佐野市国际市民马拉松比赛,2次组织网球代表团访问泉佐野市。

五、以色列科瑞阿特·海姆区

科瑞阿特·海姆区隶属以色列海法市,位于以色列西北部,面积4.18平方千米,人口约为4万人。

图3-1-26　以色列科瑞阿特·海姆区

2009年11月26日,上海市虹口区和以色列海法市科瑞阿特·海姆区建立友好城市关系。2007年7月,海法市市长尤纳·亚哈维率团访沪时专程访问虹口区,感谢上海人民在二战期间无私接纳大量犹太难民,并希望虹口区与海法市相关区能有进一步的合作和交流。2008年12月,海法市政府副秘书长致函市政府外办,推荐该市科瑞阿特·海姆区与虹口区建立友好关系。两区随即进行积极的联络与沟通,双方均表达愿意建立长期友好关系。2009年7月,海法市市长尤纳·亚哈维致信虹口区区长俞北华,表示支持并祝贺两区商洽结好一事。2009年8月,虹口区区长俞北华致信海姆区负责人库拉斯,表示愿在相互尊重和理解的基础上建立友好关系。2009年9月,虹口区派出工作组赴海姆区,商谈并安排结好事宜。2009年11月,虹口区政府代表团访问海法市海姆区。11月26日,虹口区区长俞北华和海姆区负责人库拉斯共同签署两区建立友好城区关系协议书。在以色列访问的上海市委副书记殷一璀和海法市副市长阿尔莫格出席签字仪式。2010年6月,海姆区负责人库拉斯应邀率团访沪,在虹口区进行参观和交流,两区负责人就进一步加强合作进行商谈。

第四节　友好交流合作协议城市

一、塞浦路斯尼科西亚市

尼科西亚市是塞浦路斯首都和政治、经济、文化中心。位于塞岛美索里亚平原中部，濒临派迪亚斯河，北依横越岛国北岸的凯里尼亚山脉，西南同特鲁多斯山遥遥相望，海拔约150米，面积50.5平方千米(包括郊区)，人口36.3万(其中南部希腊区27.3万，北部土耳其区9万)。

上海市和尼科西亚市于2004年9月4日建立友好交流合作协议关系。2004年9月，市人大常委会主任、市长代表龚学平应邀率团访问尼科西亚市。9月4日，龚学平与尼科西亚市市长米查拉基斯·赞培拉斯共同签署上海市和尼科西亚市友好交流合作备忘录。

二、日本冲绳县

冲绳县由分布东西长1 000千米、南北长400千米海域的160座岛屿构成，是日本唯一属于亚热带的县，拥有独特的自然环境。全县总面积2 272平方千米，人口134万。在与中国、韩国及东南亚各国的长年交往中，孕育出独具特色的传统工艺、传统艺能及多姿多彩的文化活动。冲绳县与上海开通每周2班直达定期航班。

上海与冲绳县于2005年2月25日建立友好交流合作协议关系。2005年2月，应冲绳县政府的邀请，市政府外办副主任吴金兰一行访问冲绳县。访问期间，双方就积极开展友好交流合作、实现共同繁荣取得一致意见。2月25日，吴金兰与冲绳县文化环境次长不上间仁共同签署《上海市与冲绳县开展友好交流合作会谈纪要》。2005年6月，冲绳县知事稻岭惠一率团访沪，并出席冲绳县上海经济事务所成立仪式。

三、日本新潟县

新潟县位于日本本州岛西北部，西临日本海，面积12 582平方千米，人口246万。新潟县自古以来是日本海沿岸的海陆交通要道，农业非常著名，能源也很丰富，石油和天然气产量均位居日本第一位。2000年，上海和新潟开通定期航班。新潟县的政府所在地是新潟市。新潟县是日本前首相田中角荣的故乡。

上海与新潟县于2005年8月4日建立友好交流合作协议关系。2005年4月，应上海市政府邀请，日本新潟县知事泉田裕彦、新潟市市长篠田昭一行访问上海。在沪期间，副市长唐登杰会见并宴请代表团一行。席间，泉田裕彦和篠田昭明确表示，希望在经贸、农业、教育、旅游、学术、医疗卫生等领域与上海开展友好交流，并希望双方能签订友好交流协议书。日方同时还邀请上海派高层次代表团访问新潟，希望通过加强地方政府间的交流，加深了解，消除隔阂，从而推动两国关系的正常、健康发展。2005年8月，应新潟县邀请，市政府外办副主任吴金兰一行访问新潟。双方于8月4日共同签署《上海市与新潟县开展友好交流合作会谈纪要》。2006年1月，新潟县产业劳动部副部长白仓哲男访沪，并出席在沪举行的新潟县产品展览洽谈会。2006年10月，新潟县副知事神保和男率团访沪，就进一步促进两地友好合作交流交换意见。2006年11月，上海市松江区代表团应邀访问新潟县。

四、日本新潟市

新潟市是日本新潟县的政府所在地。

上海与新潟市于2005年8月5日建立友好交流合作协议关系。2005年4月,应上海市政府邀请,新潟县知事泉田裕彦、新潟市市长篠田昭一行访问上海。在与副市长唐登杰会见时,日方希望加强双方合作交流并签署有关协议。2005年8月,应新潟市政府的邀请,市政府外办副主任吴金兰一行访问新潟市。双方于8月5日共同签署《上海市与新潟市开展友好交流合作会谈纪要》。2005年11月,以市政协副主席谢丽娟为团长的上海市代表团访问新潟市,出席在新潟市举行的"食与花"国际论坛。2006年5月,新潟市组团参加在沪举行的"上海国际插花艺术展"。2006年7月,新潟市市长篠田昭到沪考察洋山深水港和有关港口设施。

五、日本熊本县

熊本县位于日本九州岛的中部,面积267.23平方千米,人口67.4万。熊本县农业发达,近年已成为九州硅岛IC生产的一大基地。

上海和熊本县于2006年12月18日建立友好交流合作协议关系。2005年11月,熊本县知事潮谷义子率团访沪,出席在沪举办的熊本物产展和说明会。访沪前,双方曾议定两地友好交流备忘录并拟在熊本县知事潮谷义子访沪时签订,后因日本首相小泉纯一郎参拜靖国神社而推迟。2006年12月18日,市政府外办副主任吴金兰应邀率团访问熊本县,双方共同签署上海市、熊本县友好交流备忘录。2008年1月,熊本县知事潮谷义子率团访沪,出席在沪举办的九州地区物产展。副市长唐登杰会见代表团一行。2007年,熊本县副知事金泽两度访问上海。

六、土耳其安卡拉市

安卡拉市是土耳其首都、政治和文化中心。位于安纳多尼亚高原中部,海拔978米,面积2 832平方千米,人口350万。

上海和安卡拉于2008年建立友好交流合作协议关系。2006年4月中旬,安卡拉市市长梅里赫·戈克切克应邀访沪,在与市长韩正会晤时,双方就进一步拓展两市在各个层面和各个领域的合作达成共识。2008年8月24日—9月4日,市长韩正率上海市政府代表团对土耳其等国进行友好访问时应邀访问安卡拉,与安卡拉市市长戈克切克共同签署两市2008—2013年度合作交流备忘录。两市市长在签署备忘录后共同表示,双方将建立起崭新、良好的交流机制与平台。

七、日本山梨县、静冈县、神奈川县

日本山梨县、静冈县、神奈川县三县相邻,位于日本本州岛中央部的太平洋沿岸,地处以富士山为中心的富士箱根伊豆地区,总面积13 946.19平方千米,总人口1 334.85万。三县地处日本经济产业较发达的中部地区,技术力量雄厚,由于地处日本主要交通要道,拥有东海道新干线、东名高速公路等交通大动脉，因此形成日本重要的经济产业带。

上海与山梨县、静冈县、神奈川县于2008年4月24日建立友好交流合作协议关系。上海市和静冈县积极开拓实质性友好交流。2005年，上海市政府外办和静冈县国际交流部门签署《关于促进友好交流合作的会谈纪要》，静冈县在上海设有经济事务所。神奈川县的县厅所在城市横滨市和上海市为友好城市，松泽成文当选神奈川县知事后访问上海，共商合作交流事宜。2008年4月，山梨县知事横内正明、静冈县知事石川嘉延、神奈川县知事松泽成文联合访沪。4月24日，三县知事与上海市常务副市长杨雄共同签署《上海市与山梨县、静冈县、神奈川县关于促进友好交流合作的备忘录》。2008年7月，静冈县企画部国际室室长森贵志一行访沪，就落实两地会谈纪要和备忘录的内容、进一步促进双方实质性交流合作的发展进行磋商。

八、韩国忠清南道

忠清南道位于韩国中心位置，面积8 600平方千米，人口200万。主要产业有石化、钢铁、汽车、电子、农畜产业、音像文化等。

上海与忠清南道于2008年11月3日建立友好交流合作协议关系。忠清南道重视发展与上海的友好交流。1999年，忠清南道在上海设立忠清南道贸易代表处。2008年11月3日，忠清南道知事李完九应邀访沪时，与市长韩正共同签署《上海与忠清南道友好交流协议书》。2009年4月，忠清南道知事李完九再次率团访问上海，拜会市政协领导，并出席在沪举办的忠清南道投资说明会和优秀商品展。2009年5月，市政协主席冯国勤率团访问忠清南道，就经济、教育领域的合作交流与忠清南道知事李完九进行会谈。2009年9月，忠清南道行政副知事代表团访沪。

九、日本大分县

大分县位于日本九州东北部，面积6 337平方千米，人口120万。长长的海岸线造就大分得天独厚的海产资源，县内温泉四溢，泉眼总数雄踞日本第一。

上海与大分县于2008年11月11日建立友好交流合作协议关系。大分县政府积极推动和上海实质性的友好往来。该县在沪设立办事处，多次在沪举办商品展示会，并组织经济考察团到沪访问，内容涉及食品、酒类、建筑、水产等领域。为进一步推动该县和上海市在行政、经济、教育、旅游等方面的交流，增进双方的理解与合作，双方相关部门就合作交流事宜进行多次磋商。2008年11月，大分县政府代表团应邀访沪。11月11日，市政府外办副主任吴金兰和大分县负责国际交流的企画振兴部部长佐藤健共同签署《上海市·大分县友好交流备忘录》。

十、韩国济州特别自治道

韩国济州特别自治道原名济州道，位于朝鲜半岛的西南部，面积1 848.4平方千米，人口56.1万。2006年，济州道被韩国中央政府批准为“济州特别自治道”，享有除外交、国防、司法之外的所有行政自治权。

上海与济州特别自治道于2009年9月25日建立友好交流合作协议关系。2009年4月，济州特别自治道副知事柳德相率团访沪。同年5月，市政协主席冯国勤率团访问济州特别自治道。在相互访问中,双方一致同意进一步加强相互合作和交流关系。2009 年 9 月 25 日,上海市长韩正会见由韩国济州特别自治道知事金泰焕率领的韩国济州特别自治道代表团一行,双方共同签署《中国上海市—韩国济州特别自治道友好交流协议书》。

十一、菲律宾马尼拉市

马尼拉市位于菲律宾首都大马尼拉地区,市区面积 39 平方千米,常住人口 200 余万,是菲律宾首都地区的政治、经济、教育与文化中心,也是重要的交通枢纽和贸易港口。主要工业有港口运输、制造业和金融业。

上海与马尼拉市于 2010 年 3 月 22 日建立友好交流合作协议关系。上海与菲律宾大马尼拉市于 1983 年结为友好城市。由于大马尼拉市只是一个由首都地区各城市组成的联盟性组织,在许多领域并无实权,多年来双方开展交流较为困难。鉴于此,菲律宾外交部建议上海市可与马尼拉市建立较为固定的关系,以促进两地的务实合作。2010 年,适逢中菲建交 35 周年,为积极开展与菲律宾地方政府间的双向交流合作,拓展上海对菲律宾交流寻觅新的稳定渠道,市政府外办经与菲律宾驻沪总领馆、马尼拉市政府等多次商议,决定由双方领导签署两市友好合作意向书。2010 年 3 月 22 日,在菲律宾访问的市政协主席冯国勤与马尼拉市市长阿尔弗莱多·林共同签署《中华人民共和国上海市与菲律宾共和国马尼拉市友好合作意向书》。

第二章　非洲地区国际友好城市

非洲地区是全球发展中国家最集中的地区之一，资源丰富，具有很大的发展潜力，与同是发展中国家的中国具有很强的互补性。重视发展与非洲地区有关国家的合作和交流，是中国外交政策的既定方针，也是上海开展对外合作交流的重要方面。早在1986年9月，上海即与非洲摩洛哥的卡萨布兰卡市建立友好城市关系。至2010年底，上海已与非洲地区5个国家的6个城市（或省）建立友好城市关系，占全市友好城市总数的8.57%。其中，市级友好城市5个，区级友好城市1个。此外，上海还与非洲1个国家的1个城市建立友好交流合作协议（备忘录）关系。

第一节　市级友好城市

一、摩洛哥卡萨布兰卡市

卡萨布兰卡市是摩洛哥最大的城市、商港和工业基地，也是世界最大的磷酸盐输出港。位于摩洛哥西部，濒临大西洋。面积1 650平方千米，人口约320万。

图3－2－1　摩洛哥卡萨布兰卡市

上海市和卡萨布兰卡市于1986年9月8日建立友好城市关系。1985年，中国驻摩洛哥大使馆推荐上海市与卡萨布兰卡市结为友好城市，两国政府都赞成。1985年8月27日，上海市长江泽民致函卡萨布兰卡市市长阿罕穆德·菲扎齐，邀请他率团访问上海，正式签署两市缔结友好城市关系协议书。1986年9月，卡萨布兰卡市政委员会主席、手工业及社会事务大臣穆罕默德·阿卜易德偕夫人率卡萨布兰卡市政委员会代表团访问上海。代表团成员有卡萨布兰卡市政委员会第一副主席和其他4位副主席。9月8日，双方在上海举行两市正式缔结友好城市关系协议书签字仪式，上海市长江泽民与卡萨布兰卡市政委员会主席阿卜易德共同签署协议书。

两市结好后,双方领导的主要往来有:1987年元旦,市长江泽民通过中国国际广播电台向卡萨布兰卡市民发表新年贺词。1987年3月,市长江泽民致函卡萨布兰卡市政委员会主席阿卜易德,预祝卡萨布兰卡市第32届国际博览会成功。1987年12月,副市长黄菊率上海市代表团在访问法国后,顺访卡萨布兰卡市。2000年11月,市长徐匡迪致函萨阿德·埃勒·阿巴西,祝贺他当选卡萨布兰卡市政委员会主席。2001年9月,市长徐匡迪率上海市代表团访问卡萨布兰卡,与卡萨布兰卡市政委员会主席萨阿德·埃勒·阿巴西共同签署《上海市与卡萨布兰卡市友好交流项目备忘录》。其间,市长徐匡迪还拜访摩洛哥首相尤素福。2003年10月,市长韩正致函穆罕默德·萨吉德,祝贺他当选卡萨布兰卡市政委员会主席。2003年11月,市委副书记刘云耕率上海市代表团访问卡萨布兰卡,两市签署《上海市与卡萨布兰卡市工作会谈纪要》。2005年4月,摩洛哥王国参议院第一副议长、卡萨布兰卡市政委员会委员艾哈迈德·卡迪里访沪,双方就加强两市合作关系进行会谈。2007年4月,市人大常委会主任龚学平应邀率团访问卡萨布兰卡市,与卡萨布兰卡市政委员会主席穆罕默德·萨吉德进行会晤。2008年10月,市对外友好协会会长周慕尧应邀访问卡萨布兰卡市,并出席上海兴业中学与卡萨布兰卡市安纳斯学校共同举办的"中摩建交50周年:两国儿童互致问候仪式"。2009年6月,市长韩正致函穆罕默德·萨吉德,对他再次当选卡萨布兰卡市政委员会主席表示热烈祝贺。2010年4月,市人大常委会副主任周禹鹏应邀率团访问卡萨布兰卡市。2010年9月,卡萨布兰卡市市长穆罕默德·萨吉德一行应邀到沪访问,市长韩正会见萨吉德一行,双方共同签署《上海市和卡萨布兰卡市2010—2012年友好交流备忘录》。

为增进中摩传统友谊,两市开展经贸、文化、技术、青少年等方面的交流合作。上海先后2次应邀参加在卡萨布兰卡市举行的第32届国际博览会、摩洛哥第一届手工业品国际博览会。卡萨布兰卡市也派专家参加在上海举行的第二届国际水都会议,并在会上作污水和城市固体废弃物处理的发言。2008年10月,上海兴业中学与卡萨布兰卡市安纳斯学校共同举办"中摩建交50周年:两国儿童互致问候仪式",在卡萨布兰卡访问的市对外友好协会会长周慕尧出席仪式,并代表兴业中学与安纳斯学校互换学生的书信和光盘。

二、埃及亚历山大省

亚历山大省位于尼罗河三角洲西北角,面积2 679平方千米,人口约357万。亚历山大北临地中海,是埃及的第二大城市,埃及和地中海东岸的最大港口,是具有2 300多年历史的名城。

上海市和亚历山大省于1992年5月15日缔结友好省市关系。1984年8月,中国驻亚历山大总领事石健在拜会亚历山大省省长法齐·麦哈兹、省地方委员会主席卡杜斯和省政府公共关系局局长马卡维时,亚历山大方面提出亚历山大与上海结为友好城市的建议。此后,亚历山大省方面又多次向中国驻埃及大使馆和驻亚历山大总领事馆表达结好愿望,上海方面也作出积极响应。1989年9月27日,在中国驻亚历山大总领事馆举行的国庆招待会上,中国驻埃及大使詹世亮和亚历山大省省长伊斯梅尔·乔赛基宣布,上海市与亚历山大省决定建立友好城市关系。1990年5月,市政府外办副主任李舜善应邀率团访问亚历山大,向亚历山大省省长乔赛基转交市长朱镕基邀请他访问上海的信件,乔赛基愉快地接受邀请。1992年5月,亚历山大省省长乔赛基率亚历山大省代表团访问上海。5月15日,上海市长黄菊和亚历山大省省长乔赛基共同签署《上海市和亚历山大省缔结友好城市关系协议书》。

两地结好后,双方领导人的往来主要有:1993年12月,上海市长代表王力平率团访问亚历山

图 3-2-2　埃及亚历山大省

大，双方签署 1994—1995 年交流项目备忘录。1996 年 9 月，亚历山大省省长伊斯梅尔·乔赛基应邀访沪，双方就两市合作交流事宜交换意见。1997 年 7 月，市长徐匡迪应邀访问亚历山大省，双方签署两市 1998 年度友好合作备忘录。1999 年 11 月，市人大常委会主任陈铁迪应邀率上海市代表团访问亚历山大省。2000 年 4 月，亚历山大省议会副议长穆斯塔法率亚历山大省议会代表团访沪。双方进行人大和议会之间的交流。2000 年 5 月，市委常委、市长代表金炳华率团访问亚历山大省，签署上海图书馆与亚历山大图书馆友好交流协议书。2003 年 11 月，市委副书记刘云耕率团访问亚历山大省，双方共同签署两省市《关于 2004 年在亚历山大举办"上海周"友城交流活动意向书》。2004 年 9 月，市人大常委会主任龚学平率上海市代表团访问亚历山大省，与亚历山大省省长马哈吉卜一起出席"文明的呼唤"上海亚历山大经贸文化周开幕式等活动。访问期间，双方共同签署《上海与亚历山大友好合作协议》。2005 年 1 月，市人大常委会副主任、市对外友好协会会长周慕尧率团访问亚历山大省。2006 年 4 月，市政协主席蒋以任率团访问亚历山大省，双方就进一步扩大在教育、旅游、图书等领域的合作进行交流。2007 年 7 月，亚历山大省地方人民议会议长穆罕默德·萨伊得·艾尔达卡率团访沪，市人大常委会主任龚学平会见代表团一行。2008 年 4 月，上海市代表团访问亚历山大省，考察对外经济合作区建设情况。2009 年 6 月，副市长唐登杰率上海市代表团访问亚历山大省，与亚历山大省省长阿德尔·拉比卜就加强两地经贸、旅游、文化等方面的合作和交流进行商谈。

两市结好后，双方的合作交流主要有：一是教育、文化、体育方面。1995 年上半年，上海外国语大学代表团访问亚历山大省，与亚历山大大学进行学术交流，双方签署建立校际合作关系交流协议书。1998 年 3 月和 5 月，上海先后派出两个园林小组，为亚历山大建造"中国亭"。这是作为上海市政府的赠礼，在亚历山大建造象征中埃两国和两地人民传统友谊的文化亭园。1999 年 6 月，上海运去一批中国图书和著名青铜器"大克鼎"的仿制品，赠予亚历山大省即将竣工的大型图书馆。2000 年 5 月，上海图书馆与亚历山大图书馆签署友好交流协议书后，上海图书馆代表团访问亚历山大省。2002 年 9 月，亚历山大著名画家沙克尔到沪参加"世界画家看上海"活动，并到上海大学美术学院发表学术演讲。2002 年 10 月，埃及萨达特集团公司总裁埃法特·萨达特访沪，与上海市体育局商谈合作事宜。2003 年 12 月，市体育代表团访问亚历山大省，就两地体育交流事宜进行商谈。二是经贸方面。1997年9月和1998年4月，上海国际商会和亚历山大企业家协会先后派出经贸代表团互访，促进两地经济合作和交流。1999年8月，上海国际友城基金会代表团赴亚历山大省考察，探讨商业、宾馆业合作事宜。2005年7月，中国驻亚历山大总领事馆向上海市政府转达亚历山大省希望合作建设科技博物馆和对外合作办公室的建议。三是城市建设方面。2003年7月，亚历山大省政府秘书长穆罕默德·贝斯尤尼率亚历山大省环境协会代表团访沪，与有关单位进行环保、农业新科技方面的交流。

两地还合作举办“上海周”活动。2004年9月，“文明的呼唤”上海亚历山大经贸文化周在亚历山大省举行。市人大常委会主任龚学平率上海市代表团访问亚历山大省，与亚历山大省省长马哈吉卜一起参加“上海周”开幕式等活动。“上海周”活动包括：“上海之窗”图书揭幕仪式、“上海魅力”图片展、文艺演出、经贸研讨会等。此外，2008年4月，亚历山大省提交的案例“城市发展战略”入选2010年上海世博会城市最佳实践区参展案例。2009年5月，上海“世博—友城行动”采访组赴亚历山大采访，专访亚历山大省省长阿德尔·拉比卜，并出版《世博—友城亚历山大特刊》。

三、纳米比亚温得和克市

温得和克市是纳米比亚首都，全国政治、经济、文化、商业中心，位于纳米比亚中部高原，海拔1 720米，面积630平方千米，人口23万。

图3-2-3 纳米比亚温得和克市

上海市和温得和克市于1995年11月1日建立友好城市关系。1995年4月，中国驻纳米比亚大使馆、中国人民对外友好协会分别致电上海市政府外办，告知纳米比亚有意由其首都温得和克市与上海建立友好城市关系，建议上海响应纳方意向，积极考虑两市结好。5月，纳米比亚外长古里拉布在访华期间访问上海时，同副市长沙麟就上海市和温得和克市建立友好城市关系事进行友好交谈，双方一致表示希望能尽快结好，并愿为此而共同努力。7月，中国驻纳米比亚大使馆来电转告温得和克市市长冯·芬肯斯坦对两市结好的热切希望和决定。1995年8月，市长徐匡迪致函温得和克市市长冯·芬肯斯坦，表示上海人民珍视中纳两国人民的传统友谊，十分高兴与温得和克市结为友好城市，并邀请他在方便时访问上海，共同签署两市结好协议书。温得和克市市长冯·芬肯斯坦复函感谢徐匡迪对他的邀请，并赞同在他访沪时签署两市结好协议书。1995年10月底，温得和克市市长冯·芬肯斯坦应邀率温得和克市代表团访问上海。此时，市长徐匡迪因公务不在上海，特在行前作好安排，由副市长沙麟代表他接待代表团一行。11月1日，沙麟和芬肯斯坦共同签署《上海市·温得和克市建立友好城市关系协议书》。

两市结好后，双方领导进行多次往来，主要有：1995年12月，市长徐匡迪致函冯·芬肯斯坦，祝贺他连任温得和克市市长。1996年6月，市长代表、副市长沙麟率上海市代表团访问温得和克市，与温得和克市市长冯·芬肯斯坦共同签署《1996—1997年两市友好交流备忘录》，出席温得和克市"上海大道"命名仪式，拜会纳米比亚总统萨姆·努乔马。1999年3月，市长徐匡迪致函伊曼纽尔·纳吉泽科，祝贺他就任温得和克市市长。1999年7月，市委副书记、市政协主席王力平率团访问温得和克，与温得和克市市长纳吉泽科进行工作会谈，出席"上海亭"竣工交接仪式，拜会纳米比亚总统努乔马。2000年3月，曾任市长的马修·史孔戈再次当选为温得和克市市长，上海市长徐匡迪致函祝贺。2002年5月，温得和克市市长史孔戈率温得和克市代表团访沪，市政协主席王力平会见代表团一行。2006年10月，温得和克市市长史孔戈率团访沪，并出席在苏州举行的第二届世界健康城市联盟大会。在沪期间，副市长唐登杰会见代表团一行。2008年8月，纳米比亚前总统、西南非洲人民组织党前主席萨姆·努乔马和夫人一行在北京参加奥运会开幕式后顺访上海。中共中央政治局委员、上海市委书记俞正声会见努乔马一行。努乔马表示，纳米比亚期待进一步加强与上海的合作。2010年8月，温得和克市市长马修·史孔戈一行应邀访沪。市委常委、组织部部长沈红光会见并宴请史孔戈一行。在沪期间，史孔戈一行陪同纳米比亚贸易和工业部部长哈格·根哥布参加上海世博会纳米比亚国家馆日活动等。2010年9月，市委常委、组织部部长沈红光率上海市代表团访问温得和克市。2010年11月，温得和克市市长马修·史孔戈再次访沪。

两市结好后，双方合作和交流主要有：一是"上海大道""上海亭"的命名和建设。1996年6月，市长代表、副市长沙麟率团访问温得和克时，与温得和克市市长芬肯斯坦共同出席"上海大道"命名仪式。"上海大道"位于温得和克市中心交通要道，共长5千米。芬肯斯坦说，这是温得和克市第一条以友好城市命名的大道，以此表示温得和克市人民对上海人民的友好感情。副市长沙麟代表上海人民致以深切感谢，并表示，为增进两市友谊和交流，上海将为温得和克市赠建一座中国式亭子。1998年3月，市园林代表团赴温得和克，就上海向温得和克市赠建"中国亭"事宜与温得和克市有关部门进行研讨。同年10月，中国对外建设上海园林公司施工组一行赴温得和克市建造、安装"中国亭"，并于同年11月下旬建成。1999年7月，市委副书记、市政协主席王力平率团访问温得和克时，出席"上海亭"竣工交接仪式。二是青少年交流方面，2010年10月，温得和克市青少年代表团一行到沪访问。代表团在沪期间，参观上海世博会和卢湾区五里桥社区文化中心，访问中华职校、长乐—霍尔姆斯学校，与上海学生进行友好交流活动。

四、莫桑比克马普托市

马普托市是莫桑比克共和国首都，全国政治、经济、文化中心和交通枢纽。面积53.7平方千米，人口约250万。

上海市和马普托市于1999年10月25日建立友好城市关系。1997年10月，莫桑比克总理帕

图 3-2-4　莫桑比克马普托市

斯库亚尔·曼努埃尔·莫昆比访问上海期间，向上海市副市长赵启正提出，希望由莫桑比克首都马普托与上海结为友好城市。11月，莫昆比又致函上海市长徐匡迪，重申希望马普托与上海结为友好城市的愿望。1998年1月，莫桑比克总统府秘书长穆拉德·穆拉尔吉访沪时，随同到访的莫桑比克驻华大使德莫赖斯向副市长冯国勤再次提出此事，并希望能在莫桑比克总统希萨诺年内访沪时实现结好。上海对莫方的提议作出积极响应。1998年3月，上海将赞同结好的决定告知莫方。1998年4月，莫桑比克总统希萨诺访华时到沪访问，他对上海与马普托结好表示由衷高兴，希望双方尽快签署结好协议。此后，两市有关部门积极联络，为结好作准备。11月，市长徐匡迪致函马普托市市长阿图尔·卡纳纳，邀请他率团访沪，签署两市结好协议书。1999年10月，阿图尔·卡纳纳应邀率马普托市政府代表团访沪，10月25日，徐匡迪与卡纳纳共同签署《上海和马普托建立友好城市关系协议书》。

两市结好后，双方领导的往来和相互合作主要有：2000年2月，马普托市发生严重水灾，上海市政府立即向马普托市政府和人民发去慰问信，并捐助赈灾款1万美元，马普托市市长卡纳纳致信上海市长徐匡迪表示感谢。2000年10月，市人大常委会主任陈铁迪应邀率团访问马普托，分别与莫桑比克全国议会议长和马普托市议会议长进行会谈，探讨双方友好合作。代表团专程前往发生严重水灾的马普托市灾区看望灾民，向他们赠送赈灾物品。2000—2004年，每年新年之际，两市领导人均相互致函，祝贺新年。2002年、2003年两市新任市长当选之际，双方相互致函表示祝贺。2002年6月，马普托市副市长到沪参加“第三届亚太地区城市信息化高级论坛”。2005年6月，马普托市市长埃内亚斯·达康塞桑·科米什在参加北京举行的世界城市大会后到沪访问，副市长唐登杰会见科米什。2010年7月，马普托市市长大卫·西芒戈率团访沪，在与副市长唐登杰会见时，西芒戈转交莫桑比克总理艾雷斯·阿里致上海市长韩正的访沪感谢信和马普托市邀请韩正往访的邀请函。在沪期间，双方初步商定，将由上海市派遣城市规划领域专家考察马普托市，并向该市提供专业咨询。

五、南非夸祖鲁-纳塔尔省

夸祖鲁-纳塔尔省(以下简称“夸-纳省”)位于南非东部，资源丰富，在南非有重要的经济地位，

图 3-2-5　南非夸祖鲁-纳塔尔省

面积 9.4 万平方千米，人口超过 1 000 万。其主要城市德班是世界著名港口城市，也是南非著名旅游城市和主要工业区之一。

上海市和夸-纳省于 2001 年 5 月 16 日建立友好省市关系。1996 年 12 月，南非非国大党（执政党）副总书记谢瑞尔·卡罗露丝率团访沪。代表团成员、非国大全国执委会成员、外事委员会主席恩齐曼迪在会见中共上海市委书记黄菊时，两次提出希望上海能与他的家乡、夸-纳省省会彼得马里茨堡结为友好城市。在北京会见中联部部长李淑铮时，他也表达这一愿望。鉴于当时中、南尚未建立外交关系，中方表示，双方可先为此多做一些各方面的交流和准备工作。1998 年 1 月，中、南两国正式建立外交关系。1999 年底、2000 年初，上海市政府外办和夸-纳省政府办公室就两省市结好事宜进行具体磋商，达成一致意见。2000 年 4 月，市长徐匡迪致函夸-纳省省长里昂内尔·姆查利，邀请他访问上海，并签署两省市结好协议书。8 月，姆查利复函感谢上海的邀请，表示将尽早访沪。2001 年 5 月，里昂内尔·姆查利应邀率夸-纳省代表团访问上海，5 月 16 日，市长徐匡迪与姆查利共同签署《上海与夸祖鲁-纳塔尔省结好协议书》。

两地结好后，双方领导进行多次往来，主要有：2001 年 8 月，市长徐匡迪应邀率上海市代表团访问夸-纳省，与夸-纳省省长姆查利共同签署《上海与夸祖鲁-纳塔尔省 2002—2003 年交流合作备忘录》。2004 年 7 月，夸-纳省省长恩德贝莱率夸-纳省代表团访沪，双方就进一步加强在经济、贸易和农业等方面的合作进行探讨。2004 年 9 月，市人大常委会主任龚学平率上海市代表团访问夸-纳省，并为国际保障智障人事业，代表上海市政府向夸-纳省赠送 50 辆残疾人轮椅车。2005 年 8 月，市委副书记刘云耕率团访问夸-纳省，双方就开展两地农业、旅游合作进行商谈。2005 年 9 月，市委副书记殷一璀率团访问夸-纳省，并出席上海市政府向德班市政府赠书活动暨“上海之窗”揭幕仪式。同月，应夸-纳省省长恩德贝莱的要求，市人大常委会主任龚学平向其赠送英文版《邓小平文选》（1—3 卷）。2005 年 11 月，南非祖鲁王古得维尔·孜维力悌尼率夸-纳省代表团访沪。2006 年 12 月，夸-纳省省长恩德贝莱率夸-纳省代表团一行访沪，双方就进一步加强在经贸、城市建设、农业、旅游等方面的合作和交流进行商讨。2008 年 10 月，市政协主席冯国勤应邀率上海市代表团访问夸-纳省，与夸-纳省省长恩德贝莱进行友好会谈，并共同签署两省市 2008—2010 年友好交流备忘录。访问期间,冯国勤出席两地经贸合作论坛,并启动两地学生交流项目。2008年12月,夸-纳省省长恩德贝莱一行应邀访沪,拜访市教委、市文广局、市旅游局、金山区,双方就落实两地友好交流备忘录中有关内容进行探讨。2010年7月,夸-纳省省长茨威利·姆基泽一行到沪访问,参观上海世博会园区,拜访市有关部门,双方就开展教育、文化、农业、旅游、经贸、港口等方面的合作和交流进行商谈。

两地结好以来,双方多次派出代表团互访,就经贸、文化、教育、旅游、农业、体育等方面的合作进行交流和商谈。除以上所述交流外,其他还有:2007年6月,夸-纳省国际关系局局长阿诺·海波斯一行访沪,代表团由夸-纳省经济、文化、旅游、农业、体育等部门高级主管组成。在沪期间,代表团与市政府外办、市外经贸委、市文广局、市旅游委、市农委、市体育局等相关部门负责人进行工作会谈,就两地合作交流达成一致意见。2008年4月,夸-纳省教育厅、艺术文化和旅游厅、农业与环境厅、贸易投资署及省长办公室主要负责人组成的代表团访问上海,拜访市政府外办、市文广局、市外经贸委、市旅游委、市教委等,就两地交流合作达成意向。2008年10月,上海市政府在夸-纳省举办反映上海发展情况及世博会筹备情况的图片展。2008年12月,夸-纳省省长恩德贝莱访沪时,双方就两地开展旅游方面的合作,夸-纳省参加上海国际艺术节、特别是国际艺术节框架下的宝山民间艺术节,以展示夸-纳省祖鲁文化事宜等达成初步意向。2008年4月和12月,夸-纳省代表团访问金山现代农业园区,就两地在蔬菜、花卉、水稻及其他经济作物的种植加强交流达成意向。2008年10月,两地在沪举办"上海—夸-纳省经贸论坛"。论坛期间,上海市光电子行业协会与德班第二国际机场、2010南非世界杯足球赛主赛场照明项目承建商进行接洽和商谈,并确定该项目的中国供应商单位。2009年6月,上海市代表团应邀访问夸-纳省,双方就两地经贸、旅游等方面的合作和交流进行深入探讨,并希望以2010年两地分别举办的上海世博会和世界杯足球赛为契机,进一步巩固和发展两地友好交流关系。

第二节　区(镇)级国际友好城市和友好交流合作协议城市

一、纳米比亚奥卡汉贾市

奥卡汉贾市位于纳米比亚奥乔宗蒂约巴省,距首都温得和克71千米。总面积98平方千米,人口约2万。

1998年12月16日,上海市闵行区马桥镇和奥卡汉贾市建立友好城市关系。1996年10月,纳米比亚总统努乔马在访华时来沪访问,至闵行区马桥镇参观。纳米比亚客人对马桥镇的发展留下深刻印象。在参观期间及市长徐匡迪举行的宴会上,努乔马3次提出希望马桥镇与纳米比亚的奥卡汉贾市结好。他说,纳米比亚不仅希望有同上海结好的"市",而且希望有同上海结好的"镇",以便推动纳米比亚学习中国种植水稻、蔬菜、饲养鸭子和发展农村工业的经验。此后,纳方又通过纳驻华大使馆多次向中方提出结好愿望。中方珍视中纳传统友谊与合作,尊重和赞同努乔马的提议。1998年12月,马桥镇考察团一行应邀访问奥卡汉贾市。12月16日,两市镇正式签订结好协议书,中国驻纳米比亚大使唐振琪参加签字仪式。1999年5月,奥卡汉贾市市长杜·托特一行应邀访问马桥镇。上海市和闵行区有关领导热情接待代表团一行。

图 3-2-6　纳米比亚奥卡汉贾市

二、南非约翰内斯堡市

约翰内斯堡市(以下简称“约堡”)为南非豪登省会,面积 1 644 平方千米,人口约 400 万。约堡是南非经济最发达和最富裕的城市,素有“黄金城”之称。工业产值举足轻重,金融、商业发达,是南部非洲金融中心,南非最大的黄金和钻石交易场所。

上海市和约堡市于 2009 年 11 月 14 日建立友好交流合作协议关系。约堡市重视发展与上海的交流与合作。2007 年 9 月,约堡市政府通过中国驻约堡总领馆转达希望与上海建立友好交流关系的愿望。2009 年 11 月,应上海市人民政府邀请,约堡市市长阿莫斯·马桑多率代表团访问上海。马桑多希望通过此访,进一步探讨双方在住房保障、城市规划、环境保护、经贸等领域开展实质性交流与合作的可能性,切实推动两市的友好合作与交流,并签署两市友好交流备忘录。中国驻约堡市总领馆对马桑多访沪也高度重视,多次来函来电,表示两市具有许多相似之处,开展互利合作潜力巨大,希望能以马桑多访沪为契机,进一步推动两市友好合作关系的发展。11 月 14 日,市长韩正会见马桑多一行,双方共同签署《中华人民共和国上海市与南非共和国约翰内斯堡市友好交流备忘录》。2007 年 6 月,市政协副主席黄关从率团访问约堡,约堡市市长马桑多会见代表团,双方就两市在经济社会发展特别是城市建设领域的问题交换意见。2009 年 6 月,市政协副主席吴幼英率团访问南非,在约堡皇宫演艺大厅举办 2010 年上海世博会推介活动。

第三章　欧洲地区国际友好城市

欧洲是世界经济最发达的地区之一，该地区国家大多历史悠久、科技先进、文化底蕴丰厚、对华友好。许多国家的有关城市十分希望与中国相关城市特别是与上海开展合作和交流。上海与这些城市建立友好关系，积极开展相互间的合作和交流，既有一定的基础，也有很强的互补性，对于双方都十分有利。基于这样的情况，上海与欧洲国家建立友好城市工作起步早、发展快、成效显著。欧洲地区是上海建立友好城市最多的地区。1979 年 6 月，上海与意大利米兰市建立该地区第一个友好城市，至 2010 年 12 月底，上海已与欧洲 25 个国家的 26 个城市（省、州、大区、区、县）建立友好城市关系，占全市友好城市总数的 37.14%。其中，市级友好城市 23 个，市级友好交流关系城市 2 个，区级友好城市 1 个。此外，上海还与欧洲 5 个国家的 6 个城市（大区）建立友好交流合作协议（备忘录）关系。

第一节　市级友好城市

一、意大利米兰市

米兰市是意大利仅次于首都罗马的第二大城市，与巴黎、伦敦和柏林同为欧洲经济中心，工业领域广，行业齐全。米兰也是意大利金融贸易中心、新闻出版中心、交通中枢和最大批发市场。市区面积 181.76 平方千米，人口 130 万。

图 3－3－1　意大利米兰市

上海市和米兰市于 1979 年 6 月 25 日建立友好城市关系。1973 年，意大利外长梅迪奇访问上海时提出，为加强意中人民友谊，希望米兰能与上海结为友好城市。随着中意关系和相互友好交往的发展，双方在米兰意中商会的协助下就结好事宜进行酝酿和协商。1979 年 6 月，市革命委员会主任彭冲应邀率上海市代表团访问意大利，出席在米兰举行的两市结为友好城市签字仪式。6月25日，彭冲和米兰市市长卡尔洛·托尼约利共同签署两市结为友好城市协议书。米兰是意大利第一个对外缔结友好姐妹关系的城市。

两市结好后，双方领导往来频繁。米兰市方面主要有：1987年11月，米兰市市长毕利泰里率米兰市代表团及米兰工商代表团访问上海，与市长江泽民共同签署上海和米兰1988—1989年友好交流项目备忘录。1994年10月，米兰市市长马科·福门蒂尼率团访沪，与市长黄菊共同签署两市1995—1997年友好交流项目备忘录。1999年10月和2000年3月，米兰市议长马西莫·德卡罗里斯两次率团访沪，参加由中国科技部和上海市政府共同举办的"意大利工业设计"研讨会，并与市人大进行交流。2005年11月，米兰市市长嘉波里埃雷·阿尔贝蒂尼应邀率米兰市代表团访沪，参加米兰市政府在上海举办的"米兰魅力"文化周活动。2006年9月，米兰市市长莱蒂基亚·莫拉蒂应邀率团访沪，与市长韩正就两市合作交流进行交谈，并访问中国浦东干部学院、同济大学、上海世博局等。2010年10月，米兰市市长莱蒂基亚·莫拉蒂率团访沪，在上海世博会意大利馆主持2015年米兰世博会推介活动，出席上海世博会高峰论坛并作演讲，出席上海世博会闭幕式，并从上海市长韩正手中接过国际展览局旗。此外，米兰市领导库克利奥伊、里维奥·卡普托、斯特凡诺·迪·马迪诺等也曾先后应邀率团来沪访问。上海市方面主要有：1990年11月，市长朱镕基致函毕利泰里，祝贺他连任米兰市市长。1991年4月，市长朱镕基应邀率上海市代表团访问米兰，米兰市市长毕利泰里会见代表团一行。1994年4月，市长黄菊率团访问米兰，与米兰市市长马科·福门蒂尼会谈，并出席"上海—中国的门户、意大利企业的机遇"报告会。2005年5月，市政协主席蒋以任应邀率上海市代表团访问米兰，参加由上海市政府举办的"中国在米兰—上海日"文化周活动。2009年9月，市人大常委会主任刘云耕应邀率上海市代表团访问米兰，与米兰市议长曼夫雷迪·帕尔梅、米兰市市长莫拉蒂就进一步加强两市友好合作和交流进行商谈。此外，上海市领导韩哲一、杨堤、叶公琦、胡正昌、周慕尧、沈红光、周禹鹏等也曾先后应邀率团赴米兰进行友好访问或参加有关活动。

自结好后，双方在经贸、城市建设、文化、医学和科技等方面进行富有成果的合作和交流。一是城市建设方面。1984年5月，上海市城市规划设计考察团、隧道与建筑技术考察团、市经济考察团先后赴米兰考察并进行技术交流。1986年，米兰市地铁交流团先后3次到沪与上海地铁公司进行技术交流。2007年7月，市国税局代表团访问米兰，与米兰市税务部门进行交流。2009年11月，市政府外办负责人应邀出席在米兰举行的以"世界的土地"为主题的世界地区论坛国际会议。二是经贸方面。1983年3月，米兰在沪举办工业设计样品展览会。1984年4月，市对外贸易总公司以轻纺、手工业产品参加米兰62届国际博览会。1985年12月，米兰商会代表团访沪。1995年10月，上海市区长代表团赴米兰参观、考察。2005年6月，意大利中国协会主席马里奥·张率伦巴底米兰企业家代表团访沪，与上海市工商联及企业家进行会谈和交流。同年12月，伦巴底大区代表团到沪，与上海机场管理局、东方航空公司、市环保局、市规划局等就合作和交流进行探讨。三是医学、文化方面。1986年10月，由上海神州中医药技术开发公司(属上海中医学院)与意中经济文化交流协会合作举办的中国传统中医药中心在米兰成立，上海中医学院派遣两名针灸和推拿医师赴该中心工作。1992年12月和1993年2月，上海市第六人民医院与米兰圣拉菲尔医院派团互访，并正式签署两院合作交流协议书。1988年10月，上海在米兰举办中国画展和上海博物馆青铜器珍藏展。1998年5月，米兰市旅游局局长塞雷娜·曼琴应邀率团到沪参加上海服装博览会和上海国际服装文化节，米兰100家公司参加博览会。1999—2000年，米兰市政府财政委员会主席乔瓦尼·马拉、意大利著名时装设计师特鲁萨蒂、埃斯贝格又先后应邀来沪参加上海国际服装文化节,并在上海举办“米兰时装周”、时装展示会等。2001年和2005年,两市互相在对方举办文化周活动。四是科技方面。1998年9月,市科协代表团访问米兰。同月,上海自来水公司代表团在米兰与伦巴底公共事业联合会进行交流。2001年7月,中国科技对外交流中心及上海市科委、市政府新闻办在米兰举办“今日中国科技展”,市长徐匡迪为展览题写贺词。

两市结好后,双方合作举办多次重大活动。一是上海文化周。2005年5月,市政协主席蒋以任应邀率上海市代表团访问米兰,参加由上海市政府举办的“中国在米兰—上海日”文化周活动,活动包括上海经济论坛、上海图片展、“上海之窗”落成、上海民族音乐演出和时装表演等。活动在当地取得良好反响,对促进米兰市民对上海的了解起到积极作用。二是米兰文化周。2005年11月,米兰市市长嘉波里埃雷・阿尔贝蒂尼应邀率米兰市代表团访沪,参加米兰市政府在上海举办的“米兰魅力”文化周活动,活动包括“米兰—意大利火车头”经济论坛、文艺复兴—宫廷文化展演、外国投资环境和法律服务研讨会等。内容丰富多彩的文化周活动增进两地人民间的相互了解和友谊。其间,两市领导人就发展双方的合作交流进行友好务实的商谈。三是参与上海世博会。2008年4月,米兰市提交的案例“米兰《24小时太阳报》新总部办公楼”,体现建成环境的科技创新,曾入选2010年上海世博会城市最佳实践区项目,后因故未展示。2010年6月,以“米兰创意城市”为主题的“米兰周”系列活动在世博园意大利国家馆举行开幕式。系列活动内容包括米兰斯卡拉室内乐团和大提琴家索利马音乐会、米兰小剧院和上海戏剧学院合作演出、米兰文化名人见面会、文化讲座、厨艺表演、“城市综合环境评估与管理”硕士项目介绍等。

二、荷兰鹿特丹市

鹿特丹是荷兰第二大城市,重要的国际贸易中心,世界货物吞吐量最大的海港,也是西欧和欧盟国家货物集散中心,素有“欧洲门户”之称。面积273.6平方千米,人口60万。

图3-3-2　荷兰鹿特丹市

上海市和鹿特丹市于1979年11月23日建立友好城市关系。1978年11月,中国交通部部长叶飞访问荷兰时,鹿特丹市市长安德烈・范・德劳向叶飞提出,希望上海与鹿特丹结为友好城市。

1979年1月，荷兰外交大臣范德克劳在访沪期间，向上海市革命委员会副主任赵行志提议上海和鹿特丹结为友好港关系。3月，鹿特丹市市长范·德劳又致函赵行志，正式提出两市结为友好城市的建议。7月，范·德劳在率荷兰港口贸易代表团访沪时，再次向上海市革命委员会表达上述愿望。1979年11月，应范·德劳的邀请，市革命委员会副主任钟民率领上海市友好代表团访问鹿特丹，11月23日，钟民和范·德劳正式签署两市缔结友好城市协议书。1987年，鹿特丹市商会在沪设立贸易代表处，作为两市友城联络的窗口，为鹿特丹企业牵线搭桥。

两市结好后，双方领导往来频繁，通过函电互相致意，其中有：1981年1月28日，鹿特丹市市长范·德劳致函上海市长，表示反对荷兰中央政府同意出售潜艇给中国台湾地区的决定。同年2月27日，市长汪道涵致函市长范·德劳，对他的立场表示感谢。1982年3月17日，亚伯拉罕·布朗·佩珀就任鹿特丹市市长，上海市长汪道涵致电祝贺。2009年5月，上海市长韩正致函鹿特丹新任市长艾哈迈德·阿布塔莱伯，祝贺两市结好30周年，并祝贺他就任新职。双方领导的往来主要是进行互访。鹿特丹市领导应邀来访的主要有：1983年10月，鹿特丹市市长佩珀应邀率鹿特丹市代表团到沪访问。上海市长汪道涵和鹿特丹市市长佩珀共同签署两市1984年友好交流项目备忘录。1986年9月，鹿特丹市市长佩珀第二次率鹿特丹市代表团访沪，市长江泽民、市府顾问汪道涵分别宴请代表团，江泽民与佩珀共同签署两市1987—1989年友好交流项目备忘录。1989年中国春夏之交的政治风波发生后，鹿特丹市市长佩珀坚持维护两市关系，在鹿特丹市议会意见不一的情况下，仍委派鹿特丹市政府秘书长巴宁克和经济贸易局局长范·伯拉克于1990年2月访问上海，磋商两市合作交流事宜。1992年11月，鹿特丹市市长佩珀应邀第三次率鹿特丹市代表团到中国访问。在沪期间，中共中央总书记江泽民、国务院副总理朱镕基会见佩珀一行，市长黄菊会见并宴请代表团一行，代表团出席静安区张家宅旧房改建工程开工典礼和“鹿特丹·上海经济合作介绍会”。1996年5月，鹿特丹市市长佩珀第四次率鹿特丹市代表团访沪，与市长徐匡迪签署两市友好交流备忘录，出席两市市政、经贸、港口合作和交流研讨会。2003年9月，鹿特丹市市长奥普斯泰尔坦率鹿特丹市政府代表团和经贸代表团共50余人访问上海和北京。市长韩正和奥普斯泰尔坦共同签署两市2004—2006年友好合作交流备忘录，奥普斯泰尔坦代表鹿特丹市向上海市赠送象征两市友好情谊的10万棵郁金香球茎。双方举行港口和物流管理建设研讨会，代表团与市外经贸委等10余个单位举行一系列会谈。2006年5月，鹿特丹市市长奥普斯泰尔坦再次率鹿特丹市政府、经贸、港口、教育等各界人士近百人访问上海。在两市领导人友好会晤时，奥普斯泰尔坦将荷兰总理致中国国务院总理温家宝的信件复印件转交给上海市长韩正。信中表示荷兰将参加2010年上海世博会。两位市长还共同签署两市2006—2008年友好合作交流备忘录。2008年6月，鹿特丹市市长奥普斯泰尔坦第三次率鹿特丹市代表团访沪，与市长韩正共同签署两市2008—2010年友好交流备忘录，还参观访问中山医院、宝钢、洋山深水港等10余个单位。2010年5月，鹿特丹市市长艾哈迈德·阿布塔莱伯率团到沪访问，市长韩正会见阿布塔莱伯一行，双方就进一步加强合作和交流特别是在环保、高科技、文化、体育、可持续发展、知识拓展等领域的合作进行探讨，双方共同签署2010—2012年友好合作交流备忘录。代表团在沪期间，还出席上海世博会鹿特丹馆“特别日”活动等。此外，作为鹿特丹市特别代表的荷兰前首相卢博拉、时任鹿特丹气候行动委员会主席的荷兰前首相鲁道夫斯·弗兰西斯科斯·马里亚·吕贝尔斯以及鹿特丹市副市长范·德·普罗赫、兰恩、巴宁克、弗缪伦、范登·缪斯本、范·登·泰克、梅耶、鲁卡斯·博修斯、威廉·范斯劳斯、德·波尔、休博斯、戈鲁克、马克·赫伯、哈密特·卡拉库斯、汉斯·维瓦特等也曾应邀先后率团来沪访问或参加有关活动。

上海市领导应邀前往访问的主要有：1984年11月，市长汪道涵率上海市友好代表团访问鹿特丹,与鹿特丹市市长佩珀共同签署1985—1986年友好交流项目备忘录。1988年3月,应鹿特丹市市长佩珀邀请,市长江泽民率上海市友好代表团访问鹿特丹,会见荷兰首相吕贝尔斯等。两位市长共同签署1988—1989年友好交流补充项目备忘录。1991年3—4月,市长朱镕基在荷兰参加“世界论坛”研讨会期间访问鹿特丹。1993年9月,市长黄菊率上海市代表团访问鹿特丹,会见荷兰首相吕贝尔斯。市长黄菊与鹿特丹市市长佩珀共同签署两市1994—1995年友好交流项目备忘录。2001年9月,市长徐匡迪应邀率上海市代表团访问鹿特丹,与鹿特丹市市长伊沃・奥普斯泰尔坦等就进一步开展两市合作交流进行商谈,签署两市2001—2003年合作交流备忘录。其间,徐匡迪还会晤荷兰首相科克、副首相约里茨玛-列宾克等。此外,上海市领导钱学中、倪天增、金炳华、周慕尧、刘云耕、韩正、王安顺、包信宝等也曾应邀先后率团赴鹿特丹访问或参加有关活动。

自结好至2010年的30多年间,两市在隧道技术、水利技术、旧房改造等城市建设、港口、经贸、文化、体育、司法、民政、人才培训等方面积极开展合作和交流,都取得积极成果。为表彰对发展两地友好合作交流所作的贡献,上海市人民政府先后为6名鹿特丹市友好人士颁发“白玉兰荣誉奖”“白玉兰纪念奖”(其中1人先后获得两个奖项)。

两市合作交流成果颇丰。一是隧道建设方面。1981年5月,鹿特丹市政工程局局长范德泼勒斯和工程师德费里斯应邀到沪进行隧道、地铁建造技术交流。1982年5—7月,应鹿特丹市工务局邀请,上海市隧道工程考察组赴鹿特丹,就隧道工程的有关结构设计和施工工艺等进行学习和考察,上海在隧道工程的有关技术上得到较大启发和帮助。1983年10月,鹿特丹市隧道专家再次到沪对建造上海延安东路隧道在设计、施工中的一些关键问题进行交流。通过双方多次技术交流,使延安东路隧道的土建和设计得到及时改进和完善,使以往10余年来一直未能解决的问题得到解决。

二是水利、港口建设方面。1982年和1985年,上海港派遣专业技术人员赴鹿特丹市实地考察学习。1985年10月,上海港务局代表团访问鹿特丹市,两港签署建立友好港协议书。1985年5月,市农委派遣水利考察团赴鹿特丹考察,商定两市在水利建设方面进行技术交流和咨询。1985年10—11月,鹿特丹市工务局和上海水利局在合作意向备忘录的基础上,就苏州河口建挡潮闸等作进一步讨论,并签署合作协议书。鹿特丹市工务局提出一份苏州河口建挡潮闸方案的书面建议。鹿特丹专家还参与吴淞路闸桥的设计和咨询,1991年4月,鹿特丹市工务局局长斯候顿专程到沪出席闸桥通车典礼。1986年6月,鹿特丹港代表团到沪访问,商讨鹿特丹港与上海港合作培训港务人员计划。1990年9月,上海港务局代表团访问鹿特丹市,了解鹿特丹开发马斯河入海口新区的建设情况等。1992—1996年,上海港务局委托鹿特丹工务局聘请的两名港口专家,对外高桥挖入式港池总体规划研究进行专题技术咨询,提出许多富有建设性的意见与建议。1992年11月,市水利局与鹿特丹市工务局就在浦东川杨河北侧进行深水围垦等有关项目签署合作意向书。

三是园林建设方面。1994年3月,由鹿特丹市市长佩珀赠送上海的2万个郁金香花头培育的郁金香花展在人民公园举行。2004年2月,上海向鹿特丹赠送的4棵白玉兰树种植在鹿特丹市中心的唐人街广场。同年4月,由鹿特丹市市长奥普斯泰尔坦于2003年赠送的10万棵郁金香球茎经栽种后的花卉在上海延中绿地竞相开放。2005年3月和2007年6月,鹿特丹市园林工作组两次在沪与上海动物园就开展动物交流进行会谈,商定双方将交换金丝猴和獾㹢狓等珍稀动物。鹿特丹市动物园于2006年赠送给上海3只大猩猩。上海动物园有意专门开辟鹿特丹园,集中介绍鹿特丹市所赠动物。

四是经贸合作方面。1981年12月,鹿特丹市代表团到沪参加国际海事技术会议和展览会。

图 3-3-3　2006 年 5 月 31 日，鹿特丹市市长伊沃·奥普斯泰尔坦(左二)出席向上海动物园捐赠动物仪式

1985 年，市饮食服务公司和对外经济技术合作公司会同远洋运输公司和中国对外贸易运输总公司，分别与荷兰中荷有限公司合资在鹿特丹市开设“上海城酒家”，建造具有中国特色的综合性“海洋乐园”。前者总投资为 197.55 万荷兰盾，双方各占 50%；后者总投资为 500 万荷兰盾。荷兰首相吕贝尔斯和鹿特丹市市长佩珀出席开业典礼并剪彩。1985 年，市食品公司所属肉类食品厂从荷兰引进一条价值 72 万美元的方圆腿加工生产线，取得较好的经济效益。1985 年 5 月，市农场局从荷兰以优惠价引进 10 000 羽种苗鸡，该鸡种享誉全国。1985 年 10 月，市外贸展销团赴鹿特丹市参加“范明纳展览会”。1990 年 6 月，“上海出口商品周”在鹿特丹举行，上海进出口公司组织 2 000 多种产品参展，总成交金额 2 200 万美元。至 1991 年，上海五矿、化工、抽纱等进出口公司分别在鹿特丹市开设贸易机构。1992 年 9 月，上海贸促会在鹿特丹市举办上海商品展销会。2002 年 4 月，鹿特丹商会代表在沪与市外经贸委、贸促会、工商联等就两市经贸合作和交流进行商谈。2004 年 3 月，外高桥发展公司和荷兰士天威公司签署关于外高桥物流园区项目协议书。10 月，振华港机与鹿特丹 ECT 自动化码头签订 1.1 亿美元贸易合同。

五是文体、教卫方面。1981 年，上海派遣乒乓球教练赴鹿特丹市帮助培训乒乓球队。1983 年和 1985 年，鹿特丹先后派遣网球、游泳教练到沪任教。1983 年 12 月—1984 年 1 月，上海在鹿特丹举办“中国艺术展览”，包括“上海港口工人美术作品展”“上海金山农民画展”和“中国印刷设计展”等。1983 年和 1984 年，市体委两次派遣女排教练赴鹿特丹任教。1984 年 9 月，上海武术队一行赴鹿特丹表演。1984 年 10 月，上海乒乓球队赴鹿特丹参加荷兰第 19 届乒乓球公开锦标赛。1985 年 7 月，“中国上海展”在鹿特丹展出。1985 年 7 月，鹿特丹市足球队到沪参加“上海杯”国际足球邀请赛。1990 年，上海为鹿特丹建造“中国园”并赠送两座中国亭。1997 年 6 月，鹿特丹费耶诺德足球队访沪。2000 年 5 月，上海男、女青少年足球队赴鹿特丹参加欧洲国际青少年足球邀请赛。2003 年 11 月，鹿特丹体育代表团到沪参加第二届上海国际友好城市运动会。2000 年 7 月，市档案局在鹿特丹市举办“上海的变迁”图片展。9 月，市文广影视局组团赴鹿特丹举办“上海电影展”。2002

年、2004 年,鹿特丹威廉·德库宁艺术学院代表团先后到访,与上海大学美术学院、中国美术学院上海设计艺术学院进行交流,探讨建立校际友好交流合作关系。2005 年 5 月,鹿特丹公共卫生代表团在沪与市卫生局进行业务交流。同年 11 月,鹿特丹市突发事故应急和医疗代表团在沪与市急救中心等单位对口交流。同月,鹿特丹伊拉斯姆斯大学医学中心代表团在沪与复旦大学医学院签署合作交流意向书。2005 年和 2006 年,鹿特丹教育署和上海市教委互派代表团交流、考察。2009 年 11 月,上海市代表团访问鹿特丹,出席"2009 年欧罗巴利亚中国艺术节——上海文化周"活动。2010 年 5 月,鹿特丹市市长艾哈迈德·阿布塔莱伯率团访沪期间,鹿特丹区域安全部和瑞金医院签署交流合作项目备忘录。

六是审计、司法方面。1993 年 6 月,市审计局代表团访问鹿特丹市。1994—2010 年,市审计局和鹿特丹市审计局互派代表团开展近 10 次交流和合作活动,包括互相参加对方城市研讨会、进行业务培训和业务交流等,取得积极成果。1997 年 2 月,鹿特丹市警察署署长率鹿特丹市高级警官代表团访沪,与市公安局商讨开展合作事宜。此后 10 多年间,两市公安部门开展包括人员互访、专业考察、培训等的相互交流和合作。2010 年 5 月,鹿特丹市市长艾哈迈德·阿布塔莱伯率团访沪期间,访问市公安局,双方一致表示,要进一步加强两市在港口安全,打击青少年犯罪、金融犯罪、恐怖主义和社区犯罪方面的合作。

七是人员交流、培训方面。1985—1993 年,市高教局共派出 2 批 12 名学员赴荷兰学习,进修经济管理、国际金融、水运、经济管理等课程。鹿特丹伊拉斯姆斯大学组织 25 名学生来沪进行有关中国企业管理等方面的教学实习。数名荷兰研究生到沪进修水运管理、乡镇企业经营管理和内分泌等学科。双方还互派教授、学者讲学并互派团组进行学术访问。自 2008 年起,上海每年选派国有企业经理赴荷兰跨国公司短期实习培训,第一期 6 名学员完成实习,取得良好效果。2010 年 5 月,数名鹿特丹企业管理人员到沪,参加上海市经济管理干部学院组织的交流项目。2010 年 10 月,市经济管理干部学院派遣的 6 名国企青年管理人员在鹿特丹商学院参加为期 2 个月的进修、实习。

两市结好后,双方合作开展的重大活动主要有:一是上海文化周。2009 年 11 月,上海市代表团访问鹿特丹,出席"2009 年欧罗巴利亚中国艺术节——上海文化周"活动。活动周包括"2010 年上海世博会图片展"、京剧《白蛇传》演出等。访问期间,鹿特丹市副市长汉斯·维瓦特会见代表团。二是积极参与上海世博会。2008 年,鹿特丹市提交的案例"水城—鹿特丹"入选 2010 年上海世博会城市最佳实践区参展案例。2008 年 6 月,上海"世博—友城行动"采访组赴鹿特丹采访,专访鹿特丹市市长奥普斯泰尔坦,并出版《世博—友城鹿特丹特刊》。2010 年 5 月 18 日,鹿特丹展馆"特别日"活动在上海世博会城市最佳实践区鹿特丹馆举行揭幕仪式,在上海访问的鹿特丹市市长阿布塔莱伯和市政协副主席、上海世博会执委会副主任周汉民出席仪式并致辞。仪式后,中外嘉宾参观鹿特丹展馆。2010 年 10 月,荷兰前首相、鹿特丹气候行动委员会主席鲁道夫斯·弗兰西斯克斯·马里亚·吕贝尔斯率鹿特丹市代表团访沪,在上海世博会荷兰国家馆内举办主题为"在临港工业集聚型城市实现低碳经济"的研讨会。

三、克罗地亚萨格勒布市

萨格勒布市是克罗地亚共和国首都(克罗地亚原属南斯拉夫,1991 年独立),政治、经济、文化、科技和旅游中心。位于克罗地亚西北部、中欧东南端。面积 1 291 平方千米(含郊区),人口 80 万。

图 3-3-4　克罗地亚萨格勒布市

上海市和萨格勒布市于 1980 年 6 月 18 日建立友好城市关系。1977 年 9 月，南斯拉夫总统铁托访沪时，随同到访的南共联盟中央主席团执委会书记多兰茨向上海市革委会主任彭冲表示，如果南斯拉夫有个城市能同上海结为友好城市，可更进一步加强相互来往，增进友谊。1979 年 6 月，南斯拉夫驻华使馆请中国外交部转交萨格勒布市议会主席伊沃·拉庭致上海市领导人的信件，提出萨格勒布市与上海建立友城关系的建议。上海市长彭冲复函拉庭，邀请萨格勒布市领导人率代表团到上海访问，签署两市结为友好城市关系协议书。1980 年 6 月，萨格勒布市议会主席拉庭率萨格勒布市代表团访沪。6 月 18 日，在上海市各界举行的庆祝两市结为友好城市大会上，萨格勒布市议会主席拉庭和上海市副市长赵行志分别在结好协议书上签字。6 月 21 日，中共中央政治局委员、上海市长彭冲在北京人民大会堂上海厅会见萨格勒布市代表团。

两市结好后，双方领导进行多次互访。萨格勒布市领导应邀来访的主要有：1983 年 3 月，萨格勒布市议长马托·米基奇率团访问上海，签署两市 1983—1984 年友好交流项目协议书。1984 年 9 月，萨格勒布市共盟书记维柯斯拉夫率团参加中国国庆 35 周年，两市领导人就两市 1984 年友好交流项目进行商讨。1985 年 4 月，萨格勒布市议会主席佐利斯拉夫·肖涅率萨格勒布市代表团访沪，参加在沪举办的“萨格勒布文化周”开幕式，并与市长汪道涵签署《上海·萨格勒布 1985—1986 年友好交流项目备忘录》。2006 年 10 月，萨格勒布市市长班迪奇、市议会主席塔蒂雅那·霍列瓦兹应邀率团访沪，参加“萨格勒布日”活动。两市领导人进行友好会晤和交流。2010 年 6 月，萨格勒布市长班迪奇应邀率萨格勒布市代表团访沪，庆祝两市结好 30 周年。在沪期间，代表团出席两市结好 30 周年庆祝活动，参观上海世博会，并与市旅游局、同济大学、市贸促会进行工作会谈。上海市领导应邀往访的主要有：1984 年 11 月，市长汪道涵率领上海市友好代表团访问萨格勒布市。1996 年 9 月，市政协主席陈铁迪率上海市代表团和企业家代表团访问萨格勒布市，双方经贸界人士进行相互交流。2005 年 5 月，市政协主席蒋以任应邀访问萨格勒布市，就两市友好交流与萨格勒布市副市长米兰·班迪奇进行商谈。2009 年 6 月，市长韩正率上海市代表团访问萨格勒布市，就进一步促进萨格勒布市参展 2010 年上海世博会，与萨格勒布市市长班迪奇进行会谈，双方还共同签署《上海市与萨格勒布市 2009—2012 年友好合作交流备忘录》。此外，上海市领导赵行志、张定鸿、倪天增、张惠新、周慕尧、姜斯宪等也曾先后应邀率团赴萨格勒布市访问或参加有关活动。

两市结好后,双方在经济技术、教育、文化、体育等方面开展友好交流和合作。一是经济技术方面。1983 年和 1985 年,上海市外贸总公司先后两次组织商品参加萨格勒布市秋季国际博览会。1986 年 12 月,萨格勒布市在沪举办“萨格勒布工业和技术展览会”。二是体育方面。自 1982 年起,上海数名排球、篮球、乒乓球、体操教练员赴萨格勒布任教或进修。两市男女排球队和篮球队先后多次进行互访、比赛。1985 年 5 月,上海市技巧队访问萨格勒布。1985 年 7 月,萨格勒布足球队来沪参加“上海杯”国际友好城市足球邀请赛。1996 年 3 月,上海男女乒乓球队赴萨格勒布市参加第二届克罗地亚国际乒乓公开赛,并分别获得男、女团体和单打冠军。三是文化、教育、园艺方面。1982 年 6 月,上海美术电影代表团参加第五届萨格勒布国际电影节并访问萨格勒布市动画片厂,市园林局派员参加萨格勒布国际花展。同年 7 月,上海音乐学院民乐小组参加萨格勒布国际民间音乐节。同年 9 月,上海派遣两人赴萨格勒布大学学习 2 年语言。同年 11 月,上海赴萨格勒布举办“中国文化周”。1983 年 4 月,上海歌唱家胡晓平赴萨格勒布市访问演出。同年 6 月,市园林局派人赴萨格勒布进行插花艺术表演。同年 9 月,萨格勒布两名留学生在华东师范大学学习 2 年汉语。1985 年 5 月,上海派人参加萨格勒布国际花展。同年 6 月,萨格勒布在沪举办“萨格勒布文化周”。

两市结好后,双方合作举办“上海日”和“萨格勒布日”活动。2005 年 10 月,为庆祝两市结好 25 周年,市委常委、组织部部长姜斯宪率上海市代表团访问萨格勒布市,与萨格勒布市市长班迪奇共同宣布 10 月 23 日为“上海日”。代表团在萨格勒布市举行经贸论坛、卫生研讨会、上海风情图片展、“上海之窗”赠书活动、“上海与萨格勒布”音乐之夜等多项活动。2006 年 10 月,萨格勒布市市长班迪奇、市议会主席塔蒂雅那·霍列瓦兹应邀率萨格勒布市代表团访沪,举办“萨格勒布日”活动,包括萨格勒布风情图片展、萨格勒布市室内音乐 4 人组合演奏等活动。此外,双方还合作举办结好 30 周年活动。2010 年 6 月,萨格勒布市市长班迪奇应邀率萨格勒布市代表团访沪,庆祝两市结好 30 周年。在沪期间,代表团出席两市结好 30 周年庆祝仪式、两地音乐家合作举行的室内音乐会等。在与市长韩正会见时,两市领导人共祝两市友好合作关系进一步发展。

四、比利时安特卫普市

安特卫普市是比利时第二大城市,世界最大的钻石加工和贸易中心,也是比利时第二大工业中心。面积 204.51 平方千米,人口近 48.2 万。

上海市和安特卫普市于 1984 年 5 月 27 日建立友好城市关系。1984 年春,安特卫普市市长柯尔斯致函上海市长汪道涵,建议安特卫普和上海结为友好城市。1984 年 4 月,应柯尔斯邀请,副市长叶公琦率上海市友好代表团访问安特卫普,受到柯尔斯和其他领导人隆重欢迎。1984 年 5 月,以安特卫普市市长柯尔斯为团长的安特卫普市政委员代表团访问上海。5 月 27 日,两市举行缔结友好城市关系协议书签字仪式,上海市长汪道涵和安特卫普市市长柯尔斯分别代表两市在协议书上签字。

两市结好后,双方领导往来频繁。安特卫普市领导应邀来访的主要有:1992 年 10 月,安特卫普市市长柯尔斯率团访问上海,并举办“安特卫普市儿童画展”。1994 年 5 月,安特卫普市市长柯尔斯率团访沪,出席“上海·安特卫普缔结友城 10 周年庆祝大会”及“安特卫普周”活动,市长黄菊会见代表团一行。1998 年 4 月,安特卫普市市长莱奥娜·德蒂根应邀率安特卫普市官方、工商、新闻、文化界人士组成的代表团一行 32 人访沪。在沪期间,举行“安特卫普日”活动。市长徐匡迪与德蒂

图 3－3－5　比利时安特卫普市

根共同签署两市 1998—1999 年友好交流项目备忘录。2004 年 11 月，安特卫普市市长扬森斯及 3 位副市长随比利时王储到沪访问，与上海市长韩正共同签署《上海和安特卫普友好协议附件》。在沪期间，两市港口管理部门负责人续签安特卫普港和上海港友好协议备忘录。2007 年 10 月，安特卫普市市长扬森斯再次访沪，与上海国际港务集团进行会谈，并参观洋山深水港等。此外，安特卫普市副市长(或相当于副市长)布纳特、德高特、艾力克・安东尼斯、戴韦德、马克・范・佩尔、菲利普・海伦、鲁多・范・坎朋豪特等也曾先后应邀到沪访问或参加有关活动。上海市领导应邀访问安特卫普市的主要有：1984 年 11 月，市长汪道涵率上海市代表团访问安特卫普市，签署两市 1985—1986 年友好交流备忘录。1988 年 3 月，市长江泽民率上海市代表团访问安特卫普市。比利时外交大臣廷德曼斯、外贸大臣弗吉尔会见江泽民一行。1991 年 4 月，市长朱镕基率上海市代表团访问安特卫普市，安特卫普市市长柯尔斯会见代表团一行。1993 年 3 月，市长黄菊率上海市代表团访问安特卫普市，并出席"上海周"开幕式。1995 年 11 月，市政协主席陈铁迪率团访问安特卫普市。此外，上海市领导龚学平、沙麟、刘云耕、姜斯宪、殷一璀等曾先后应邀率团赴安特卫普访问或参加有关活动。

两市结好后，双方积极开展友好往来和交流合作，并取得积极成果。为表彰对发展两地友好合作交流所作的贡献，上海市人民政府于 1994 年 5 月为安特卫普市市长柯尔斯颁发上海市"白玉兰荣誉奖"。

两地的合作交流成果主要体现在：一是港口合作方面。上海港与安特卫普港于 1985 年结为友好港。20 世纪 80 年代，上海港每年派遣技术、管理人员赴安特卫普港进修学习，安特卫普港为上海港培训一批有关集装箱管理和港口管理业务等专业人员。20 世纪 90 年代，安特卫普港对上海港外高桥新港区的建设提供技术支持。二是文化方面。1985 年 7 月，上海赴安特卫普市举办"中国上海周"，展览内容有图片、图书、民间艺术、电影等。1993 年 3 月，上海市组派电影、书画、民乐、电视 4 个文化团组赴安特卫普参加"欧洲文化之都"大型活动，举办"上海周"。1993 年 5 月，安特卫普市市长柯尔斯率安特卫普市官方代表团、展览团、文化团和经济团访问上海，庆祝上海与安特卫普缔结友好城市 10 周年，并在沪举办"安特卫普周"，内容包括安特卫普图片展、音乐会、电影周和"安特卫普——欧洲的门户"经济研讨会。1999 年，市政府外办代表团在访问安特卫普市时，参加比利时著名画家范・戴克诞辰400周年纪念活动。2006年1月,安特卫普市国立当代美术馆馆长德・巴勒访沪,与上海美术馆探讨合作办展览、艺术家交流以及安特卫普市参加上海"双年展"等长期合作的可能性。2007年7月,德・巴勒再次访沪,参加上海美术馆"双年展"专家研讨会,并与上海美术馆、上海博物馆负责人商谈安特卫普市到沪举办"图像的故事"艺术展事宜。2009年4月,安特卫普市副市长菲利普・海伦率安特卫普代表团访沪,出席安特卫普在上海美术馆举办的艺术展"图像的故事——安特卫普古典及新时代大师"开幕式。三是经贸方面。1990年6月,"上海出口商品周"在安特卫普市开幕,市贸促会组织上海企业家赴安特卫普参加经贸洽谈。2005年、2007年,金山区政府代表团2次应邀访问安特卫普市,考察该市化工区情况,就化工区管理和发展战略进行交流。2007年8月,上海钻石交易考察团访问安特卫普钻石交易中心,双方就发展钻石市场开展交流。2010年6月,上海钻石交易所与安特卫普世界钻石中心在沪签署《钻石挚爱安特卫普》合作协议,进一步增强两市钻石产业的共同发展。

两市结好后,双方合作举办"安特卫普日""上海文化周"等大型活动。1998年4月,安特卫普市市长莱奥娜・德蒂根应邀率安特卫普市官方、工商、新闻、文化界人士组成的代表团到沪举行"安特卫普日"活动。活动期间,安特卫普市市长德蒂根、副市长彼得斯等分别介绍安特卫普市文化遗产、投资环境、信息技术情况,安特卫普市工商会与上海贸促会签署合作协议。2009年11月,市委副书记殷一璀率团访问安特卫普市,与安特卫普市市长扬森斯共同出席"欧罗巴利亚中国艺术节——上海文化周"开幕式等活动。"上海文化周"包括:京剧演出、交响音乐会、上海电影周、2010年上海世博会图片展、王安忆文学讲座、"果冻时代"当代美术展等。此外,安特卫普市还积极参与上海世博会。2007年8月,安特卫普市申报"城市战略规划"案例,申请参加上海2010年世博会城市最佳实践区。2010年6月,安特卫普省和安特卫普市政府在世博园比利时馆举行"安特卫普日"系列活动,包括钻石产业、医疗、物流、生命科学和化工领域的研讨会等。安特卫普省省长凯茜・伯克斯及安特卫普市两位副市长范・佩尔、坎朋豪特参加活动。"安特卫普日"得到上海市及外省市企业界和专业人士的积极参与。

五、希腊比雷埃夫斯市

比雷埃夫斯市是希腊第三大城市,希腊最大的港口城市和海运中心。地处希腊南部,距首都雅典市中心10余千米。面积10.865平方千米,人口18万。

上海市和比雷埃夫斯市于1985年6月24日建立友好城市关系。1983年6月,希腊国民经济部常务副部长约・波塔基斯访沪时向副市长忻元锡表示,希望希腊港口城市比雷埃夫斯能同上海结为友好城市。同年8月,希腊议会议长约・阿莱夫拉斯访沪时,再次向市人大常委会主任胡立教、副市长阮崇武提出结好建议。1984年4月,比雷埃夫斯市市长雅尼斯・帕帕斯比鲁和副市长弗拉索・普洛斯在会晤中国驻希腊大使庄焰时,向中方正式递交致上海市长的信,并通报比雷埃夫斯市政委员会正式决定要与上海结为友好城市;希腊议会议长阿莱夫拉斯、希腊外交部和内政部均支持比雷埃夫斯市同上海结好的决定。1985年6月,副市长叶公琦率上海市友好代表团应邀访问比雷埃夫斯市。6月24日,叶公琦和帕帕斯比鲁代表两市政府正式签署《上海・比雷埃夫斯市缔结友好城市关系协议书》。

两市结好后,双方领导的往来主要有:1993年11月,比雷埃夫斯市市长洛格赛蒂斯应邀出席由上海主办的第二届国际水都会议,并在会上就阿堤卡流域水的问题发言,上海市长黄菊会见代表

图 3-3-6　希腊比雷埃夫斯市

团一行。1997 年 3 月，市政府副秘书长应邀率团赴雅典参加第三届国际水都会议并访问比雷埃夫斯市，比雷埃夫斯市市长洛格赛蒂斯会见代表团一行。2002 年 4 月，市委副书记刘云耕率团访问比雷埃夫斯市，与比雷埃夫斯市领导就进一步拓展两市友好合作关系进行探讨，并向希腊工商界人士介绍上海经贸发展等情况。2008 年 11 月，市人大常委会副主任周禹鹏率团访问比雷埃夫斯市，与比雷埃夫斯市市长法索拉斯举行友好会谈。2009 年 11 月，市委副书记殷一璀率团访问比雷埃夫斯市，与比雷埃夫斯市副市长达芙妮·波克塔就两市城市建设和城市发展面临的挑战等问题交换意见。

两市的合作交流主要在文化方面。1985 年 6 月，上海市友好代表团访问比雷埃夫斯市，并在该市举办反映上海建设面貌和风光的摄影展览。同时，上海民族歌舞团在比雷埃夫斯和希腊其他城市作为期 2 周的访问演出，受到比雷埃夫斯市和希腊人民的热烈欢迎。1998 年 1 月，比雷埃夫斯市政府选送一批该市风景图片参加上海国际友好城市图片展。2002 年，比雷埃夫斯市画家阿德莫普勒斯应邀到沪，参加市政府新闻办、外办举办的“世界画家看上海”活动。此外，1997 年 11 月和 2002 年 9 月，上海外事工作组和上海市对外友协工作组先后访问比雷埃夫斯市，分别会见比雷埃夫斯市市长洛格赛蒂斯和议会议长，双方就开展两市友好交流活动交换意见。

六、波兰滨海省

滨海省位于波兰北部，濒临波罗的海，首府为格但斯克市。滨海省原名格但斯克省，1999 年改为现名。石油加工、造船业占滨海省工业主要位置，港口贸易和旅游业是城市经济的支柱。面积 18 293 平方千米，人口约 220 万。

上海市和滨海省于 1985 年 7 月 4 日建立友好城市关系。1983 年 11 月，波兰驻华大使沃伊塔西克向上海市长汪道涵和上海市政府外办提出，格但斯克希望同上海建立友好关系。与此同时，格但斯克省、市领导人也多次向中国驻格但斯克总领事馆提出这一愿望，并表示已得到波兰外交部的支持。1984 年 3 月，中国人民对外友协会长王炳南访问波兰时，波兰政府人士再次向王炳南提出此事。同年 1 月、10 月、11 月，波兰驻沪总领事柯瓦尔也多次向上海市政府外办提起格但斯克希望与上海结为友好省市。在两国政府支持下，上海与格但斯克商定建立友好省市关系。1985 年 7 月，以

图 3-3-7 波兰滨海省

副市长叶公琦为团长、市体制改革委员会副主任黄菊为顾问的上海市友好代表团应邀访问格但斯克。7月4日,上海市和格但斯克省缔结友好省市关系协议书签字仪式在格但斯克举行,叶公琦和格但斯克省省长米・茨冈共同签署协议书。7月6日,波兰副总理泽・科曼德尔会见叶公琦、黄菊一行,并表示波兰政府非常重视加强波中两国政府之间和地方之间的联系。

两地结好后,双方领导多次往访。滨海省(格但斯克省)领导应邀到访的有:1986年7月,格但斯克省省长米・茨冈率团访问上海,两地领导共同签署两省市1987—1988年友好交流项目协议书。1989年7月,格但斯克省副省长弗朗切舍克率体育代表团访沪。1992年1月,格但斯克省省长普瓦任斯基率团访沪,两地领导共同签署《上海・格但斯克1992—1993年交流合作项目计划》。2004年12月,滨海省省长杨・柯兹洛夫斯基应邀访沪,与市长韩正就加强双方合作事宜进行会谈。2007年3月,滨海省省长杨・柯兹洛夫斯基再次应邀率团访沪,与市人大常委会副主任、市友协会长周慕尧共同出席波兰对华友好协会赠送上海的肖邦铜像落成仪式。2010年9月,为纪念滨海省和上海结好25周年,滨海省省长米兹斯拉沃・斯特拉克应邀访沪并参观上海世博会。上海市领导应邀前往访问的有:1996年9月,市政协主席陈铁迪率团访问格但斯克省,与格但斯克省省长博热什科夫斯基会见。1997年10月,市委常委、宣传部部长金炳华率团访问格但斯克省,出席格但斯克省建城1 000周年庆典及"上海电影周"开幕式。1998年7月,市领导率团访问格但斯克省。1999年9月,副市长蒋以任率上海经贸代表团访问滨海省。2000年5月,市委副书记孟建柱率团访问滨海省,与滨海省省长索文斯基会见。2002年10月,市人大常委会副主任龚学平率团访问滨海省,与滨海省省长杨・柯兹洛夫斯基会见。2003年11月,市委副书记罗世谦率团访问滨海省,与滨海省省长杨・柯兹洛夫斯基会见。2005年10月,副市长唐登杰率团访问滨海省,参加两地结好20周年庆祝活动,并与滨海省省长杨・柯兹洛夫斯基共同签署两地2006—2010年友好合作协议书。

两地结好后,双方开展文化、教育、港口和经贸等方面的交流与合作。一是教育、文化、体育方面。1984年11月,上海海运学院和格丁尼亚高等海洋学校签署校际合作协议。1986年10月,格但斯克电视台选送节目参加上海国际电视节。1987年3月,上海科技大学和格但斯克大学建立科技合作和学术交流关系。1987年4月,格但斯克电视台摄制组到沪采访拍片。1987年8月,格但斯克大学校长率团访问上海科技大学。1988年4月,格但斯克医学院院长率团访沪。1988年10

月，上海第二医科大学领导赴格但斯克访问，与格但斯克医学院签署两校合作协议书。1989 年 12 月，上海财经大学教授赴格但斯克访问讲学。1990 年 4 月，上海电视台举办“格但斯克电视周”。1990 年 6 月，格但斯克医学院教授访沪。1990 年 9 月，上海第二医科大学教授访问格但斯克。1991 年 4 月，市电影局代表团赴格但斯克参加“上海电影周”活动。1992 年 3 月，格但斯克电台记者访问上海人民广播电台。同年 4 月，格但斯克古典乐团到沪访问演出。同年 6 月，市电影局举办“格但斯克电影周”。1993 年 6 月，上海民乐团赴格但斯克访问演出。1994 年 12 月，上海在格但斯克省举办“上海电影周”。1995 年 6 月，格但斯克省在沪举办“格但斯克电影周”。同年 10 月，格但斯克省选送影片参加上海第二届国际电影节。1997 年 10 月，市广电局在格但斯克举办“上海电视周”。同月，格但斯克选送影片参加上海第三届国际电影节。1999 年 8 月，市体委代表团访问格但斯克省。2000 年 6 月，市文广局举办“滨海省电影周”。2007 年 3 月，肖邦铜像揭幕仪式在沪举行，滨海省省长杨·柯兹洛夫斯基和市人大常委会副主任、市友协会长周慕尧出席。肖邦铜像由波兰对华友好协会赠送，滨海省政府给予积极推动。二是经贸、港口等方面。1987 年 1 月，上海外贸总公司赴波兰举办商品展览会。2004 年 12 月，滨海省代表团访沪期间，由波兰驻沪总领馆和市贸促会牵头，共同举办中波经贸交流会。2005 年 8 月，长宁区代表团访问滨海省索波特市，双方签署《长宁区与索波特市建立友好关系备忘录》。2006 年 9 月，市财政局代表团访问滨海省，双方就预算监督、预算立法等议题进行深入交流。2009 年 3 月，上海港和滨海省格但斯克港正式签署协议结为友好港。

两地结好后，双方合作开展结好 20 周年、结好 25 周年等庆祝活动。2005 年 10 月，副市长唐登杰率团访问滨海省，参加两地结好 20 周年庆祝活动，活动包括：企业家经贸论坛、上海风情图片展、“上海之窗”赠书活动、中医示范表演、上海·滨海音乐之夜——上海少年钢琴表演等。2010 年 9 月，为纪念滨海省和上海结好 25 周年，滨海省省长米兹斯拉沃·斯特拉克应邀到沪访问并参观上海世博会。市长韩正会见斯特拉克一行。在沪期间，斯特拉克一行出席在世博园波兰馆举行的战略合作伙伴经贸、教育、科技、环保、旅游主题论坛。此外，2008 年 8 月，上海世博—友城行动采访组赴滨海省采访，专访滨海省省长杨·柯兹洛夫斯基，并出版《世博—友城滨海省特刊》。

七、德国汉堡市

汉堡市全称自由汉莎汉堡市，地处通往北海的易北河边，是德国第二大城市，德国最重要的外贸城市，被誉为“通往世界的大门”。汉堡也是欧洲最重要的造船和物流中心之一，世界第二大飞机制造区，“空中客车”的生产地。面积 755.3 平方千米，人口 180 万。

上海市和汉堡市于 1986 年 5 月 29 日建立友好城市关系。1985 年 1 月 5 日，德意志联邦共和国驻上海总领事维尔纳·韩德克向上海市副市长朱宗葆提出，希望汉堡与上海建立友好港关系。随后，汉堡市议长舒尔茨访问上海时，向市长汪道涵提出汉堡与上海结为友好城市的愿望。上海市政府对汉堡方面的建议作出响应。1986 年 5 月，应汉堡市的邀请，市长江泽民率上海市友好代表团访问汉堡市。5 月 29 日，上海市长江泽民和汉堡市市长多纳尼在汉堡市政府大厦共同签署《上海·汉堡建立友好合作关系声明》，互换《上海市和汉堡市友好交流项目备忘录》。

两市结好后，双方领导人频繁友好互访，几乎每年都有往来。其中，汉堡市领导应邀来访的主要包括：1988 年 9 月，汉堡市市长福舍劳率团访问上海，市长朱镕基会见代表团，双方共同签署两市《1988—1989 年友好交流项目备忘录》。1988 年 10 月，汉堡市议长墨尔加·埃尔斯特纳夫人率

图 3-3-8　德国汉堡市

议会团访问上海。1989 年 10 月,汉堡市议长舒尔茨访问上海,市长朱镕基会见舒尔茨。1992 年 7 月,汉堡市市长福舍劳再次率团访问上海市,与上海市长黄菊签署两市 1993—1994 年交流项目备忘录。1996 年 5 月,汉堡市市长福舍劳率团访沪,参加两市缔结友好城市 10 周年庆祝活动。1997 年 11 月,汉堡市前议长埃尔斯特纳等应邀到沪访问,进行友好交流。1998 年 4 月,汉堡市市长伦德率团访沪,双方签署《第二届上海—汉堡工商管理人员培训协议书》。2001 年 5 月和 6 月,汉堡市前市长福舍劳和前议长彼得·舒尔茨先后到沪访问,重续友谊和交流。2002 年 5 月,汉堡市市长欧勒·冯·伯斯特应邀率团访问北京和上海。在沪期间,举行以"欧洲的中国中心——汉堡"为主题的"汉堡经济日"和"汉堡教育日"等活动。2002 年 10 月,汉堡市议长斯坦佩费尔特率团访沪,双方共同签署《上海市人大和汉堡市议会友好交流备忘录》,并参加德国统一日和中德建交 30 周年纪念日庆祝活动。2004 年 9 月,汉堡市市长欧勒·冯·伯斯特率团访沪,与市长韩正共同签署两市 2005—2006 年合作备忘录。2007 年 5 月,汉堡市市长欧勒·冯·伯斯特率团访沪,与市长韩正就两市合作和交流进行商谈。2010 年 5 月 30 日—6 月 2 日,汉堡市市长欧勒·冯·伯斯特应邀率团访沪,出席上海世博会城市最佳实践区汉堡展馆"汉堡之家"举行的"特别日"活动。市长韩正会见欧勒·冯·伯斯特一行,双方共同签署两市 2011—2012 年合作备忘录等。此外,汉堡市国务秘书施图特、卡斯滕-卢德维希·吕德曼等都先后多次应邀率团到沪访问或参加有关活动。上海市领导应邀访问汉堡的主要有:1991 年 4 月,刚被任命为国务院副总理的市长朱镕基率上海市代表团访问汉堡。1992 年 5 月,市人大常委会主任叶公琦率团访问汉堡市。1994 年 4 月,市长黄菊应邀率上海市代表团访问汉堡市,并出席"'94 上海技术展示交流会"开幕式。1997 年 8 月,上海市领导率团访问汉堡,双方共同签署两市 1997—1998 年友好交流项目备忘录。2000 年 7 月,市长徐匡迪应邀率上海市代表团访问汉堡,与汉堡市市长伦德共同签署关于进一步加强两市友好关系的备忘录。2003 年 11 月,市长韩正应邀率上海市代表团访问汉堡市,与汉堡市市长欧勒·冯·伯斯特就进一步加强两市合作交流进行商谈。访问期间,韩正还会见拜耳、巴斯夫、蒂森克虏伯等企业及银行界人士等。2007 年 4 月,市人大常委会主任龚学平应邀率团访问汉堡市。此外,上海市领导曾庆红、倪天增、谢丽娟、沙麟、左焕琛、刘云耕、金炳华、蒋以任、周慕尧、厉无畏、钟燕群、唐登杰、杨雄、李良园、沈晓明等也先后应邀率团赴汉堡市访问或参加有关活动。

上海与汉堡自1986年5月结为友好城市以来，双方在经济、贸易、教育、港口、文化、人才培训、城市建设、旅游、医疗、公共安全、科技、环保、审计、体育等各个领域进行卓有成效、形式多样的合作与交流，取得丰硕成果。2002年5月21日，国务院总理朱镕基在会见汉堡市市长欧勒·冯·伯斯特时说，上海和汉堡的友城关系是中外友城关系的典范。为表彰对发展两地友好合作交流所作的贡献，上海市人民政府先后为4名汉堡市友好人士颁发“白玉兰荣誉奖”或“白玉兰纪念奖”。上海市“白玉兰荣誉奖”获得者是：汉堡市市长福舍劳，德国商会驻华首席代表葛礼慕。上海市“白玉兰纪念奖”获得者是：上海—汉堡国际工程技术学院德国籍副院长赖因哈德·弗勒，汉堡驻沪联络处主任何凯迪。

双方的合作交流主要表现在：一是经贸方面。为促进双方的合作交流，1986年，汉堡市政府、汉堡商会和汉堡经济促进公司在沪联合设立汉堡驻上海联络处。2002年9月，上海市外国投资促进中心在汉堡设立办事处。在汉堡的中资公司超过400家，其中不少来自上海，包括上海实业、宝钢、中远、中海、中纺等公司。同样，800余家汉堡公司与中国保持贸易关系，其中大多数公司在上海设立分公司或办事处，包括妮维雅、汉莎技术公司、施坦威钢琴、奥托邮购等。2002年9月，市政府外办组织上海区县经贸代表团、工博会代表团赴汉堡，参加“汉堡·上海周”期间与德方的经贸洽谈。2006年9月，市国资委组织上海企业家代表团参加“2006中欧峰会”。2008年9月，上汽集团、振华港机和宝钢集团负责人随中国工经联代表团赴汉堡参加“2008中欧峰会”。

二是在城市建设方面。设立在汉堡的德国著名建筑设计公司GMP先后参与上海东方艺术中心等3处的设计招标，均获第一名。2001年，上海市和汉堡市环保局邀请中德专家合作举办“生态型经济——上海工业走向21世纪的道路”“工业企业环境管理及清洁生产”等研讨会。2001年，汉堡市政府和汉堡SOF基金会向上海赠送名为“海豚车”的环境流动教育车。2003年，上海和汉堡的环保部门，与芬兰埃斯波市联合向欧盟申请“亚洲城市项目”基金，共同在上海创建“崇明岛生态教育基地”。2004年，市建委与汉堡城市发展和环境部签署《上海汉堡生态建筑项目合作备忘录》，并于2006年在闵行区“浦江智谷”科技园区内合作建造现代化的生态建筑群。2006年，两市环境主管部门合作举办“环保教育和可持续发展教育领域研讨会”。2007年，上海市市政工程管理局与汉堡市城市发展与环境部在沪合作举办“道路建设技术研讨会”。

三是在教育方面。1985年起，上海理工大学与汉堡应用科技大学进行本科学历层次的合作办学，1998年成立上海—汉堡国际工程学院，合作开办3个本科专业，引进德国的工程师培养模式和面向实践的教学体系，并于2004年12月经德国权威认证机构ASIIN通过对两校合作办学专业的评估认证，使合格毕业生可同时获得上海理工大学和德国汉堡应用科技大学双学士学位，也使上海理工大学成为中国第一个在本科工程专业不出国门，就能获得德国大学正式学士学位证书的大学，成为亚洲地区首个获得ASIIN认证评估的大学。2010年10月，上海理工大学举办与德国汉堡应用科技大学合作25周年庆典大会。两校合作被汉堡市政府视为中德合作示范项目，德方项目负责人获得2001年上海市“白玉兰纪念奖”。1990年起，同济大学与汉堡工业大学开展长期合作研究、专家互访和互派学生交流活动。2003年12月，同济大学医学院与汉堡大学医学院合作的“同济中德微创技术培训中心”在上海成立。2002年、2004年，复旦大学与汉堡大学先后签署校际合作协议和合作开设“国际商务和经济”中国硕士班；2007年，两校合作成立汉堡孔子学院。2010年6月，东华大学与汉堡国际传媒艺术和新媒体学院签署合作协议。此外，自1987年起，两市每年互派15名高中生到对方城市进行为期3周的互访交流，同时，每次有4名高中生在对方城市学习3个月。至2010年，双方已各派出22批高中生参加此项目。

四是在文化、体育方面。市政府新闻办、市文广传媒集团、上海图书馆、上海美术馆、市作家协会、上海广播交响乐团等与汉堡对口单位开展长期实质性的合作交流,并积极开创新的合作交流项目。2003 年 5 月,汉堡著名钢琴大师塞巴斯迪安·克瑙尔来沪参加“爱的奏鸣”抗“非典”公益音乐会演出。2003 年 9 月,作为德国文化使者的汉堡蒙特菲笛合唱团参加上海市政府国庆文艺晚会演出。2006 年 6 月,汉堡著名作家伦茨的《德语课》中文版出版仪式在沪举行。同年 9 月,上海图书馆在汉堡市立图书馆开设“上海之窗”。同月,市妇联在汉堡举办“城市与妇女儿童图片展”。同年,“我和我的城市”中德儿童摄影大赛先后在上海和汉堡举行。2008 年 10 月,位于汉堡的北德广播交响乐团来沪举办音乐会。2010 年 9 月,市文联组团赴汉堡,参加“中国时代”活动开幕式,并举办“上海时空”文化周活动。此外,两市田径、划船、水球、女子手球代表团也积极开展互访交流。上海申花足球队还从汉堡 HSV 足球队引进 1 名外援。2003 年 11 月,汉堡市体育代表团到沪参加“2003 上海友好城市运动会”。2005 年 11 月,申花足球俱乐部与汉堡体育协会足球俱乐部签订无期限合作协议。2006 年 8 月,为庆祝上海—汉堡结好 20 周年,汉堡 40 余辆老爷车历时 60 余天抵达上海,参加为期两天的展示活动。

五是在航空、港口方面。2002 年 5 月,汉堡市市长欧勒·冯·伯思特访沪时向上海市领导提出,希望建立汉堡—上海直航航线。经两市政府有关部门多方努力,2011 年 8 月 29 日起,东航正式执行浦东—法兰克福—汉堡的往返航班。2004 年,上海港和汉堡港正式缔结友好港关系。

六是在人才培训方面。1996—2008 年,市人事局与市政府外办先后组织上海有关单位 4 批共 40 名青年干部赴汉堡,进行为期半年到 1 年的对口实习培训。2007—2010 年,上海市经济管理干部学院连续四年共选派 18 名国有企业青年干部赴汉堡实习培训 2 个月。

此外,两市在人大(议会)、公安、审计、红十字会等方面也积极开展交流活动。

两市结好后,双方合作举办“上海周”“汉堡文化周”等多项重大活动。一是上海周。2002 年 9 月,副市长周慕尧率团访问汉堡市,参加“2002 年汉堡中国月·上海周”的活动。活动包括:上海情况介绍会、上海经济日、“上海市外国投资促进中心汉堡办事处”揭牌仪式、大型文艺晚会等,并与汉堡市市长欧勒·冯·伯斯特共同签署两市 2003—2004 年友好交流项目备忘录。2006 年 9 月,副市长杨雄率团访问汉堡,出席庆祝两市缔结友城 20 周年举行的“上海周”系列活动。活动包括:“2006 中欧携手——汉堡峰会”和两市经贸论坛、“上海之窗”赠书仪式、城市与妇女儿童摄影展、中国当代艺术展、“和谐之夜”焰火晚会等。双方还签署两市 2007—2008 年合作备忘录等。二是汉堡文化周、汉堡日。2001 年 11 月,汉堡市文化部在上海国际艺术节期间举办“汉堡文化周”活动,使上海人民领略来自汉堡的文化动态。2002 年 5 月,以“欧洲的中国中心——汉堡”为主题的“汉堡经济日”和“汉堡教育日”活动在沪举行。汉堡市市长欧勒·冯·伯斯特等出席。三是“汉堡·上海欧洲旅游中心(汉堡豫园)”。2008 年 9 月,“汉堡·上海欧洲旅游中心(汉堡豫园)”开张仪式在汉堡举行,市政协副主席李良园与汉堡市市长欧勒·冯·伯斯特共同出席开张仪式。中心一期工程建筑面积 2 100 平方米,以传统中式茶馆建筑风格为主体,成为上海豫园在汉堡的浓缩版和中德文化交流的平台。

汉堡市积极参与上海世博会。2008 年 1 月,上海“世博—友城行动”采访组赴汉堡采访,专访汉堡市市长欧勒·冯·伯斯特,并出版《世博—友城汉堡特刊》。2008 年 4 月,汉堡市提供的案例“汉堡之家新耐久性建筑”,入选 2010 年上海世博会城市最佳实践区参展案例。2009 年 3 月,汉堡市城市发展和环境部部长安雅·哈耶杜克访沪,出席汉堡参加上海世博会城市最佳实践区的自建馆“汉堡之家”奠基仪式。2010 年 5 月 31 日,上海世博会城市最佳实践区汉堡展馆“汉堡之家”举行“特别日”活动,在上海访问的汉堡市市长欧勒·冯·伯斯特和市政协主席冯国勤出席活动开幕式并致辞。“汉堡之家”体现全新的环保理念、新型耐久性项目建筑的现代化设备和低碳节能的特性。

八、法国马赛市

马赛市是法国南部行政、经济和文化中心。位于法国南部地中海利翁湾东岸。面积 240 平方千米，人口 124 万。

图 3-3-9　法国马赛市

上海市和马赛市于 1987 年 10 月 26 日建立友好城市关系。1982 年 11 月，法国驻上海总领事馆总领事浦柏南向上海市副市长赵行志表示，希望法国的里昂、马赛或波尔多(在 3 个市中择其一)同上海缔结友好城市关系，以加强法国一些地区同上海的交流和合作。1983 年 12 月，法国总统府顾问雷吉斯·德布雷抵沪作私人访问时，向副市长叶公琦建议上海同马赛建立友好城市关系。1984 年 11 月，法国总统密特朗夫人访沪期间，法国驻华大使马乐又向上海市领导提及此事，希望双方能实现结好。密特朗夫人访沪后，向马赛市市长加斯东·德弗尔建议马赛市与上海市结为友好城市，得到马赛市当局赞同。德弗尔随后即写信给中国驻法国大使曹克强，请他向中国政府和上海市政府转达马赛市与上海市结为友好城市的愿望。在两国政府支持下，上海与马赛两市正式决定缔结友好城市关系。1987 年 6 月，马赛市第一副市长科尔多尼埃率先遣组访沪，与上海市政府外办协商结好事宜。1987 年 10 月，应市长江泽民邀请，马赛市市长维古鲁率马赛市代表团和工商代表团访问上海和北京。10 月 26 日，双方在北京举行签署缔结友好城市关系协议书仪式。江泽民与维古鲁分别代表两市政府在协议书上签字。

两市结好后，双方领导往来较多。马赛市领导来函或应邀到访的主要有：1990 年 8 月，马赛市市长维古鲁率马赛市代表团一行 17 人访问上海，与市长朱镕基共同签署两市 1991—1992 年友好交流项目备忘录。1992 年元旦，马赛市市长维古鲁通过《文汇报》向上海市领导人和上海市人民祝贺新年。2005 年 5 月，法国参议院副议长、马赛市市长让-克洛德·戈丹率 300 余人代表团访沪，并与市长韩正一起出席“马赛周”开幕式暨马赛市政府赠予上海的“希望之泉”落成仪式等活动。此外，马赛市副市长(或市政委员)莫尼克·旺杜丽妮、雅克·罗卡塞拉、弗朗斯·戛玛尔、劳尔-阿妮埃斯·卡拉代克、罗兰·布鲁姆等也先后应邀率团到沪访问或参加有关活动。上海市领导应邀访问马赛的主要有：1987年11月，副市长黄菊率上海市代表团访问马赛，参观、考察马赛国际贸易中心和国际计算机中心、城市交通等。1991年4月，市长朱镕基率上海市代表团访问马赛，与马赛市市长维古鲁商谈进一步发展两市合作交流关系。1995年11月，市政协主席陈铁迪率团访问马赛市。2001年9月，市长徐匡迪应邀率上海市代表团访问马赛市，与马赛市市长让-克洛德·戈丹一起出席上海芭蕾舞团与马赛国家芭蕾舞团结好合作协议签字仪式。此外，上海市领导顾传训、赵启正、金炳华、周慕尧、杨晓渡、殷一璀等先后应邀率团赴马赛市访问或参加有关活动，左焕琛在法国参加会议期间会见与会的马赛市领导。

两市结好后，双方持续进行友好往来和经贸、港口、文化艺术等方面的交流合作。一是在经贸、城建方面。1990年8月，上海船舶工业公司修船中心与马赛南方海洋公司就合资建立特种涂料工程公司事宜开展商谈。1991年4月，马赛市工商会主席勒·巴斯率马赛市工商会代表团访问上海，马赛市工商会与中国贸促会上海分会签署友好交流协议书。1991年9月，中国贸促会上海分会组织参加第67届马赛秋季国际博览会，上海市机械、仪表、造船等近10种行业的39家企业的厂长、经理组成上海商品展览团赴会。2001年3月，马赛市"未来电信"公司经理访沪，与市外经贸委商谈在沪合作事宜。2002年5月，马赛市政府副秘书长一行访沪，出席由上海浦东发展银行、法国威望迪环保公司和德西亚地方信贷银行联合举办的"市政项目融资"研讨会。2005年、2006年，马赛水务集团代表团两次访沪，与市城市建设投资开发总公司探讨水务领域合作事宜。二是在港口方面。1990年3月和9月，马赛自治港代表团和上海港代表团互访，签署两港合作交流意向书。1992年10月8日，上海港与马赛港在上海举行正式结为友好港签字仪式。马赛港顾问委员会主席吉·舒尔兹到沪签署协议书。三是在医疗卫生方面。1996年6月，市城市卫生管理考察团访问马赛，进行公共卫生专业方面的考察和交流。1999年11月，马赛市政委员会会员、国民议会议员马德伊夫妇到沪作遗传基因讲学。2001年5月，上海第二医科大学1名医学心理教授出席在马赛举行的国际研讨会。2005年5月，市卫生局与马赛市卫生与环境局、马赛市公共救助医院集团共同签署医疗卫生合作备忘录。2006年7月，市健康促进委员会代表团访问马赛，考察健康城市工作。2007年6月，上海申康医院代表团访问马赛，落实两市市长签署的有关医疗合作协议。四是在文化艺术方面。上海与马赛在文化领域的交流十分活跃。上海曾在马赛先后举办"上海电影周""上海中国画"、"上海印象"摄影展、"上海交响音乐会""中国服饰展"等活动。1997年3月，上海东方电视台"飞越太平洋"节目组赴马赛制作《友城之旅》节目。同年8月，马赛"米斯特拉小歌唱家"代表团访沪，与中国福利会上海小伙伴艺术团交流演出。2001年10月，马赛国家芭蕾舞团在沪演出《吉赛尔》等。2002年9月，马赛多媒体国际创作中心编导访沪，举办"视觉艺术"展览。五是在公安消防方面。1998年12月，市公安局代表团访问马赛，考察警务工作，商讨合作交流事宜。1999年11月，市公安局消防局代表团访问马赛，参加马赛以"城市、海港、经济和成功的演变"为主题的研讨活动。2005年5月，市消防局与马赛市海军消防大队签署友好合作协议书。2006年5月，马赛市海军消防大队勒夏准将率团访沪，与市消防局进行交流。2007年5月，市消防局代表团访问马赛，双方就火灾预防、消防培训、消防设备等情况进行交流。2008年5月，马赛市消防局局长庞克拉齐将军率团访沪，与上海市消防局开展交流，签署《上海—马赛2009消防业务交流备忘录》。2008年5月和2010年10月，马赛市海军消防大队先后两次组团访沪，签署两市消防技术交流备忘录。六是其他方面。1990年、1992年，市外事工作组、市对外友协代表团访问马赛。2008年9月，马赛市政府外事局局长米歇尔·蕾诺访沪，出席由市民政局等单位举办的"2008上海老龄事业发展国际研讨会”，并就两市在老年人事业领域的交流与合作和市民政局会谈。

两市结好后还合作举办“上海周”和“马赛周”等活动。2004 年 6 月 28 日—7 月 4 日，上海在马赛举办中法文化年“上海周”活动。市委副书记殷一璀应邀率团访问马赛，并和马赛市市长戈丹一起出席“上海周”开幕式暨“上海园”开园赠送仪式（“上海园”是为表达上海人民与马赛人民的友好情谊而赠送给马赛的中国特色园林，坐落于马赛布赫里植物园）。“上海周”活动包括：“上海园”开园暨赠送仪式、“上海印象”摄影展、“上海交响音乐会”“2010 上海浦江之旅虚拟馆”“新天地的故事”、“画中上海”图片展、“中国历代服饰展”“中国电影日”“中法文化交流档案展”“马赛—上海之夜”杂技文艺晚会等。“上海周”活动受到法国各界的热烈欢迎。上海共派出各类团组 216 人参加相关活动。2005 年 5 月 31 日—6 月 4 日，马赛市在上海举办中法文化年“马赛周”活动。法国参议院副议长、马赛市市长让-克洛德·戈丹率马赛市代表团共 300 余人访沪，并与上海市长韩正一起出席“马赛周”开幕式暨马赛市政府赠予上海的“希望之泉”落成仪式。“希望之泉”是一座雕塑喷泉，象征希望、友谊、和平，坐落在徐家汇公园内。“马赛周”活动包括：“十八、十九世纪法国马赛艺术展”、经典芭蕾《吉赛尔》、现代舞《你就是幸福》、上海—马赛国际足球友谊赛、马赛旅游推介会、中法高新科技及卫生、教育合作研讨会等。“马赛周”期间，韩正和戈丹还共同签署《上海与马赛友好交流备忘录》，市卫生局、市消防局分别与马赛方面签署相关协议及意向书。

九、俄罗斯圣彼得堡市

圣彼得堡市曾用名列宁格勒市，是俄罗斯第二大城市、最大海港、重要的水陆空交通枢纽。位于波罗的海芬兰湾东岸，涅瓦河河口。面积 607 平方千米，人口 456 万。

图 3-3-10　俄罗斯圣彼得堡市

上海市和圣彼得堡市于 1988 年 12 月 15 日建立友好城市关系。20 世纪 50 年代，在苏联驻沪总领事叶里沙维金和两国友好协会的积极促进下，上海与列宁格勒开展两市之间的友好往来。1959 年 5 月 25 日，经中央批准，两市建立友好城市关系，但双方未正式举行签字仪式。结好后，两市领导分别率代表团互访，上海市委书记陈丕显和副市长张承宗先后率团访问列宁格勒；列宁格勒州委书记罗曼诺夫和列宁格勒市委书记安娜·彼得洛夫娜也率团访沪。后因种种原因，两市于

1966年中止交往。1985年后,列宁格勒方面通过不同渠道表示希望恢复同上海的友好关系,开展合作和交流,并多次邀请上海市长访问列宁格勒。1985年10月,苏联最高苏维埃代表团访问北京期间,在全国人大常委会委员长彭真会见代表团时,代表团团长、苏联最高苏维埃联盟院主席托尔库诺夫提出希望莫斯科与北京、列宁格勒与上海结为友好城市。彭真对他的提议表示赞赏。随后,托尔库诺夫一行抵沪访问,代表团成员、列宁格勒市苏维埃执行委员会主席霍德列夫向上海市长江泽民提出恢复两市友好城市关系的愿望,并邀请江泽民率上海市代表团访问列宁格勒。1985年11月、1986年12月、1987年2月,列宁格勒苏维埃执委会主席霍德列夫连续三次写信或通过中国驻列宁格勒总领事传达他对上海市长江泽民访问的邀请。1987年7月,霍德列夫作为苏联最高苏维埃两院法案代表团成员访沪,又向上海市长江泽民提出发展两市交往事,并再次邀请江泽民访问列宁格勒。1988年5月,全国对外友协经报请国务院批准,同意上海与列宁格勒正式建立友好城市关系。1988年12月,应上海市长朱镕基的邀请,列宁格勒苏维埃执委会主席霍德列夫率团访沪。12月15日,朱镕基和霍德列夫在沪共同签署《中华人民共和国上海市和苏维埃社会主义共和国联盟列宁格勒市友好关系协议书》。代表团访沪期间,市委书记江泽民、市人大常委会主任叶公琦分别会见霍德列夫一行。

两市结好后,双方领导往来频繁。圣彼得堡市领导应邀来访的主要有:1995年3月,圣彼得堡市市长索布恰克应邀率团访沪,两市领导人共商双方交流合作事宜。1996年12月,圣彼得堡市立法大会主席格拉夫佐夫率团访沪,就增进两市人大(立法大会)间的相互了解进行交流。1997年10月,圣彼得堡市市长雅科夫列夫应邀率圣彼得堡市代表团、记者代表团和企业家代表团访沪,并出席在沪举行的中国第八届全国运动会开幕式。2005年5月,圣彼得堡市市长马特维延科率圣彼得堡市代表团访沪,与市长韩正共同签署两市友好合作协议。双方一致决定,要倾力支持圆满搞好上海在圣彼得堡市的投资项目"波罗的海明珠"工程建设,推进双方合作。2006年4月,圣彼得堡市立法大会主席秋里帕诺夫、副市长瓦赫米斯特洛夫率团访沪,参加"圣彼得堡周"活动。2008年8月,圣彼得堡市市长马特维延科率团访沪,参加两市缔结友城20周年庆祝活动。2009年10月,圣彼得堡市市长马特维延科致函上海市长韩正,祝贺中华人民共和国国庆,并积极评价两市友城关系,愿与上海共同努力,实现合作双赢。此外,圣彼得堡市副市长(或议会副议长、俄罗斯外交部驻圣彼得堡市外交代表)莫伊谢耶夫、普京、亚楚巴、拉巴特尼科夫、瓦赫米斯特洛夫、萨别瓦洛夫、阿谢耶夫斯基等也先后应邀来沪访问或参加有关活动。上海市领导应邀前往访问的主要有:1993年5月,市人大常委会主任叶公琦率团访问圣彼得堡。1997年7月,市长徐匡迪率上海市代表团访问圣彼得堡市,与圣彼得堡市市长雅科夫列夫共同签署《上海和圣彼得堡1997年至2000年友好合作与交流协议书》。2003年7月,市政协主席蒋以任访问圣彼得堡市,出席"上海贸易中心"新址落成仪式暨上海商品展。2006年5月,市人大常委会主任龚学平率团访问圣彼得堡市。2007年6月,市长韩正率400余人代表团访问圣彼得堡市,参加在俄罗斯举办的"中国年"框架下的"上海周"活动。此外,上海市领导顾传训、胡正昌、孟建柱、蒋以任、张惠新、殷一璀、姜斯宪、唐登杰、周慕尧等先后应邀率团赴圣彼得堡市访问或参加有关活动。

两市结好后,双方持续进行各方面的友好交往和经济、文化、体育、新闻、科技、教育、公安等多领域的交流合作,取得积极成果。为表彰对发展两地友好合作交流所作的贡献,上海市人民政府先后为2名圣彼得堡市友好人士颁发"白玉兰荣誉奖",他们分别是:俄罗斯外交部驻圣彼得堡市外交代表拉巴特尼科夫、圣彼得堡市市长马特维延科。

双方合作交流主要体现在:一是在经贸方面。1990年1月,上海华亭(集团)公司和列宁格勒公共饮食总局合资成立“申列”有限公司，公司下设“上海饭店”和商场。“上海饭店”于 1991 年 10 月开业，后因种种因素，商场和“上海饭店”分别于 1995 年、1998 年关闭。1992 年，上海海外公司在圣彼得堡设立上海国际（独联体）集团公司，从事对俄罗斯和独联体国家的贸易业务。1996 年 1 月，圣彼得堡市经贸代表团访沪，探讨两市互办商品展销会事宜。1996 年、1997 年，上海虹桥经济技术开发区和圣彼得堡“港湾”自由经济区建立友好交流合作关系并开展交流。1999 年 5 月，俄罗斯西北地区海关总局局长沙马霍夫率海关、经贸考察团访沪，与上海海关及经贸界人士探讨合作交流事宜。2001 年 3 月，市经贸代表团访问圣彼得堡市，商谈建立合资企业、举办上海商品展事宜。同年 5 月，市贸促会在圣彼得堡市举办“2001 上海—圣彼得堡经贸洽谈会”。2002 年 4 月，“上海贸易中心”在圣彼得堡市开业。2002 年 11 月，圣彼得堡市企业家代表团到沪参加“2002 上海国际工业博览会”。2004 年 3 月，圣彼得堡市委托“俄罗斯—中国合作发展中心”在沪设立的贸易代表处举行开业仪式（2007 年 10 月，因圣彼得堡市内部组织变化，该代表处在沪业务暂停）。2006 年，“圣彼得堡—上海经贸论坛”在沪举行，34 家圣彼得堡市企业和 82 家上海企业代表 300 余人参加。2007 年 6 月，“上海周”期间，“上海—圣彼得堡经贸研讨会”在圣彼得堡市举行。2009 年 4 月，上海市政府代表团访问圣彼得堡市，会见圣彼得堡市副市长瓦切斯拉沃维奇，并就“波罗的海明珠”项目交换意见。

二是在体育、文化方面。1989 年，上海足球队赴列宁格勒访问比赛、列宁格勒足球队和健美队先后到沪参加国际友好城市足球邀请赛和健美邀请赛。1990 年，上海乐团、列宁格勒室内乐团互访，市体育代表团访问圣彼得堡，圣彼得堡体委先后派出排球、足球、马拉松、击剑、体操和游泳运动员或教练员到沪比赛和讲学。上海市体委派出游泳队、足球队、体育医疗专家等赴圣彼得堡训练、比赛和讲学。上海电视台举办“列宁格勒电视周”，并派电视摄制组赴圣彼得堡拍摄纪录片。1991 年，圣彼得堡科教电影制片厂代表团访沪，与上海科教电影制片厂开展交流。1992 年，圣彼得堡“波里纳”民间歌舞团到沪参加 ’92 上海艺术节，上海动物园和圣彼得堡动物园建立友好交流关系并互换动物，上海科教电影制片厂代表团回访圣彼得堡。1994 年 4 月，上海市体委和圣彼得堡市体委签署两市体育交流协议书。1995 年 5 月，为纪念反法西斯战争胜利 50 周年，市政府外办和市工人文化宫在沪联合举办“废墟上的复兴”图片展。11 月，俄罗斯外交部驻圣彼得堡市代表处总代表洛巴特尼科夫率团访沪，出席“圣彼得堡艺术家画展”开幕式。1996 年 10 月，市政府外办、市文化局和俄罗斯外交部驻圣彼得堡市代表处在沪共同举办“圣彼得堡油画展”。1997 年 10 月，上海在圣彼得堡市举行“上海美术家作品展”。1998 年 1 月，圣彼得堡市选送摄影图片参加“上海国际友好城市图片展”。1999 年 10 月，两市政府在沪联合举办“马林斯基大剧院艺术节”。2001 年 10 月，俄罗斯外交部驻圣彼得堡市外交代表拉巴特尼科夫、俄罗斯著名作家格拉宁一行访沪，和上海市作家协会进行交流。之后，上海市作家代表团访问圣彼得堡市。2003 年 10 月，圣彼得堡市青少年花样游泳队到沪参加上海国际友好城市运动会。

三是在新闻、科技、教育方面。1989 年、1990 年，上海、列宁格勒新闻工作者代表团互访。1990 年、1991 年，上海、列宁格勒科技代表团互访，商谈两市科技合作事宜。上海国际问题研究所、上海古籍出版社分别与俄罗斯科学院东方学研究所圣彼得堡分所建立交流合作关系及共同研究出版有关敦煌和黑水城（哈拉浩特）的珍贵文献资料。2004 年，上海行政学院与俄罗斯西北地区国家干部学院建立交流关系。2005 年 2 月，圣彼得堡市青年代表团应邀访沪，与上海青年开展交流活动。同年，圣彼得堡市高校校长代表团访沪。2006 年 9 月，上海教育代表团访问圣彼得堡市。2007 年 6 月，在圣彼得堡市举办的“上海周”期间，40 余名两市高校校长参加教育论坛。

四是在纪检、公安方面。1993年2月,圣彼得堡市内务总局代表团访沪。同年11月,市公安代表团访问圣彼得堡市。2001年7月,市纪委代表团访问圣彼得堡市。2002年,圣彼得堡市内务总局代表团、上海市公安局代表团互访。

五是在民政、外事方面。1994年9月,上海市区县外事工作者代表团访问圣彼得堡市,与俄罗斯外交部驻圣彼得堡市代表处建立友好交流合作关系。同年11月,俄罗斯外交部驻圣彼得堡市代表处代表团访沪。1996年12月,上海市民政代表团访问圣彼得堡市,考察博物馆、纪念馆、烈士陵园设计和建造技术。2000年11月,市政府外办工作组访问圣彼得堡市,与俄罗斯外交部驻圣彼得堡市代表处共同签署友好合作意向书。

两市结好后,双方合作开展多个重要项目和活动。一是"上海贸易中心"。2002年4月,"上海贸易中心"在圣彼得堡市开张。副市长蒋以任、俄罗斯总统驻西北地区副代表、圣彼得堡市副市长等出席开幕式。"上海贸易中心"集商品展示、批发和服务贸易为一体,吸引上海各类工业、商贸企业入驻经营,共同开拓俄罗斯市场。该中心的设立,在圣彼得堡市搭建展示和销售上海及中国商品的平台,并成为增进两个友好城市合作和友谊的桥梁。2003年7月,市政协主席蒋以任率团访问圣彼得堡市,出席"上海贸易中心"新办公大楼落成仪式暨上海商品展。二是赠建"中国花园——友谊园"。2003年9月17日,上海向圣彼得堡市建城300周年的友谊赠礼"中国花园——友谊园"正式落成。市委副书记殷一璀应邀率团访问圣彼得堡期间出席"友谊园"开园仪式。"友谊园"项目由上海市政府出资,市园林集团公司承建,圣彼得堡市提供位于市中心的一块1 000多平方米的沿街空地作为"友谊园"建造用地。三是"波罗的海明珠"。2005年6月9日,上海在俄罗斯的投资项目"波罗的海明珠"在圣彼得堡市举行奠基仪式,国务院副总理曾培炎出席奠基仪式。2006年7月17日,国家主席胡锦涛在圣彼得堡市出席G8会议时,专程至"波罗的海明珠"项目工地参观。"波罗的海明珠"项目由上海实业集团公司等5家上海大型企业联合投资,是上海最大的对外投资项目。四是"圣彼得堡周"和"上海周"。2005年7月,国家主席胡锦涛访俄期间,两国元首共同确定,2006年、2007年两国互办国家年,全面推动两国战略协作伙伴关系向前发展。在两国省、市互办的"活动周"是国家年的组成部分。2006年4月17—21日,圣彼得堡市政府在沪举办"圣彼得堡周"活动。"圣彼得堡周"是俄罗斯政府在华举办的"俄罗斯年"组成部分。圣彼得堡市立法大会主席秋利帕诺夫、副市长瓦赫米斯特洛夫率圣彼得堡市代表团一行280人出席"圣彼得堡周"的有关活动。活动包括开幕式、文艺演出、俄罗斯宫廷服饰展、经济论坛、美术展、足球比赛等。2007年6月9—18日,上海市政府在圣彼得堡市举办"上海周"活动。"上海周"是中国政府在俄罗斯举办的"中国年"的组成部分。市长韩正应邀率上海市代表团一行近400人访问圣彼得堡市,并和圣彼得堡市市长马特维延科等圣彼得堡市领导人和各方面人士共同出席"上海周"有关活动。"上海周"活动主要包括:"波罗的海明珠"商务中心落成仪式、经贸论坛、文艺演出、广场表演、"来自上海的问候"图片展、上海博物馆精品展览、体育交流、中国艺术风情展、玫瑰婚典、"上海之窗"赠书仪式、高等教育论坛、人大(议会)交流等。中国国务院副总理吴仪、上海市长韩正和圣彼得堡市立法大会主席秋利帕诺夫等出席"波罗的海明珠"商务中心落成仪式。市人大常委会副主任周禹鹏、副市长唐登杰等分别参加有关活动。五是结好20周年。2008年8月,圣彼得堡市市长马特维延科率团访沪,参加两市缔结友城20周年庆祝活动。马特维延科与市长韩正会谈,并参加结好20周年庆祝活动开幕仪式、陀思妥耶夫斯基铜像赠送仪式等。随团到访的由100余人组成的圣彼得堡市文艺团体在沪举办专场演出。此外,在2010上海世博会筹备期间,圣彼得堡市提交的案例曾入选世博会城市最佳实践区参展案例,后因经费问题退展。2008年6月,上海"世博—友城行动"采访组赴圣彼得堡市,书面采访圣彼得堡市市长马特维延科，并专访圣彼得堡市副市长瓦赫米斯特洛夫，出版《世博—友城圣彼得堡特刊》。2010年10月，圣彼得堡市副市长阿谢耶夫斯基应邀率团访沪，参加在上海世博会俄罗斯国家馆内举办的圣彼得堡市推介活动。

图3-3-11　2007年6月13日，俄罗斯女孩在圣彼得堡上海周"上海之窗"赠书仪式上，喜阅中文版图书

十、葡萄牙波尔图市

波尔图市是葡萄牙第二大城市、波尔图区首府，葡萄牙重要港口和经济文化中心。市区面积45平方千米，市区人口26万。

图3-3-12　葡萄牙波尔图市

上海市和波尔图市于1995年4月15日结为友好城市关系。1993年5月,葡萄牙外长巴罗德在访华期间访问上海时,向副市长沙麟提出,希望葡萄牙第二大城市波尔图与上海结成友好城市。1994年11月,波尔图市市长费尔南多·戈姆斯致函上海市长黄菊,再次提出波尔图市和上海结为友好城市的建议。1995年1月,副总理朱镕基访问葡萄牙期间,波尔图市领导人又向朱镕基提出与上海结好之事,朱镕基当即表示支持。中国驻葡萄牙大使馆积极支持上海与波尔图结好,并与波尔图市联系,向上海市政府寄来波尔图市的有关资料。上海方面对波方提议作出积极回应,并与波方一起为两市结好作好准备。1995年4月,葡萄牙总统苏亚雷斯访沪,波尔图市市长费尔南多·戈姆斯随行。4月15日,上海市长徐匡迪与波尔图市市长费尔南多·戈姆斯共同签署《上海市·波尔图市建立友好城市关系协议书》,葡萄牙总统苏亚雷斯出席签字仪式。

两市结好后,双方领导的主要往来有:1998年9月,应波尔图市市长的邀请,市人大常委会主任陈铁迪率上海市政府代表团访问波尔图市。访问期间,双方达成共识,两市将通过互派经贸代表团、互办图片展等,启动实质性的交流与合作。2007年4月,市人大常委会主任龚学平率团访问波尔图市。波尔图市市长鲁伊·里约会见代表团一行,双方就进一步推动两地友城关系发展交换意见。2007年7月,波尔图市市长鲁伊·里约致函市长韩正,希望上海能向波尔图公共图书馆赠送一批介绍上海的书籍。2008年4月,波尔图市副市长冈萨罗·冈萨维斯访沪。2008年9月,市纪委书记董君舒率团访问波尔图市,与波尔图市市长鲁伊·里约会见。

两市结好后的交流主要是设立"上海之窗"。2007年,根据波尔图市市长鲁伊·里约希望上海能向波尔图公共图书馆赠送一批介绍上海书籍的要求,经市政府外办协调,上海图书馆决定向该图书馆赠书,在该馆设立"上海之窗",并及时将书籍寄出。2008年9月,波尔图公共图书馆"上海之窗"正式揭幕,波尔图市常务副市长卡斯特罗和在波尔图市访问的上海市代表团参加揭幕仪式。此外,2008年10月,上海"世博—友城行动"采访组赴波尔图采访,专访波尔图市市长鲁伊·里约,并出版《世博—友城波尔图特刊》。

十一、芬兰埃斯波市

埃斯波市是芬兰第二大城市,也是芬兰及斯堪的纳维亚半岛地区最大的技术密集中心。电子通信、计算机技术、工程和软件生产是埃斯波市的主导产业。面积486平方千米,人口19万。

上海市和埃斯波市于1998年9月4日缔结为友好城市。1995年5月,应中国人民对外友好协会邀请,埃斯波市市长玛科塔·科库能参加芬兰市长协会代表团首次访问上海。她表示,这次访问,上海给她留下深刻印象。1996年初,科库能委托芬兰驻沪总领事向上海市政府外办转达埃斯波市希望与上海建立友城关系的愿望。3月,科库能又致函上海市人民对外友好协会,直接向中方表示,埃斯波市希望与同属迅速发展的沿海现代化城市上海增进各个领域的交流合作,探讨两市结好的可能。上海市政府赞同科库能的提议和设想,并与埃方就结好事宜积极进行联系和探讨。1997年9月,科库能应邀再次访沪,双方就建立友好城市关系进行深入商讨。1998年1月,科库能致函上海市长徐匡迪,邀请上海市派代表团访问埃斯波市,并签署两市结好协议书。9月,市委副书记、市政协主席王力平率团访问埃斯波市,于9月4日与埃斯波市市长科库能共同签署两市结好协议书。

两市结好后,双方领导的往来主要有:1999年10月,中共中央政治局委员、上海市委书记黄菊率中国共产党代表团访问芬兰时访问埃斯波市,受到埃斯波市市长玛科塔·科库能的热情接待,双

图 3－3－13　芬兰埃斯波市

方就积极开展两市合作交流进行商讨。1999 年 11 月，埃斯波市市长科库能率埃斯波市代表团访沪，市长徐匡迪与科库能会谈，并共同签署两市 1999—2001 年友好合作交流项目备忘录。2000 年 10 月，应埃斯波市市长科库能邀请，市人大常委会主任陈铁迪率上海市代表团访问埃斯波市，与埃方就进一步推动两市交流合作举行会谈。其间，上海市第六人民医院还与埃斯波市维罗托尔教学医院签署友好交流意向书。2002 年 4 月，埃斯波市市长科库能率埃斯波市政府代表团和经济代表团访沪，参观、考察市经贸、城建、教育、科技等有关单位，还与副市长严隽琪共同出席“融汇医疗和技术之精华——埃斯波・上海 2002 研讨会”。2003 年 3 月，埃斯波市市长科库能致函韩正，祝贺他当选上海市长。年末和新年初时，韩正与科库能互致函电，祝贺新年。2010 年 5 月，埃斯波市市长玛科塔・科库能应邀率团访沪，市长韩正会见代表团一行，双方就进一步发展合作交流进行交谈，并共同签署两市 2010—2015 年友好合作交流备忘录。代表团在沪期间，在上海世博会芬兰国家馆举办“埃斯波日”系列论坛活动，还访问复旦大学北欧研究中心等。此外，上海市领导周禹鹏、胡正昌、周慕尧等也先后应邀率团访问埃斯波市。

两市结好后，双方合作交流主要体现在：一是科技方面。2000 年 6 月，浦东张江高科技园区开发公司组团赴埃斯波市考察，与埃斯波市英纳波利高科技园区建立合作交流关系。8 月，市环保代表团访问埃斯波市，与埃斯波市环保局举行工作会谈和交流，并参观埃斯波市自来水厂、污水处理厂、废物处理中心等。2002—2003 年，上海市环保局、埃斯波市环保局、德国汉堡市环境与健康部三方合作，在上海崇明岛创建“上海生态教育基地”，并以上述 3 个友好城市名义，将此项目向欧盟“亚洲城市项目”委员会作申报。二是城市建设方面。2001 年 9 月，市计委代表团访问埃斯波市，考察埃斯波市城市规划和建设情况，并与埃斯波市城市计划局负责人和有关人士座谈，交流两市在城市规划、小城镇建设等方面的合作意向。三是文化、教育、卫生方面。2000 年 8 月，市政府外办友城基金会友好访问团访问埃斯波市，参加在埃斯波市举办的“中国明代竹子和园林石艺展览”开幕式，并与埃斯波市文化局等单位座谈，探讨开展相互交流意向。9 月，市教育代表团访问埃斯波市，就学前教育、师资培训、教育管理等方面的合作意向，与埃斯波市有关部门进行交流。2000 年 10 月，上海市第六人民医院与埃斯波市维罗托尔教学医院签署友好交流意向书。2002 年 9 月，埃斯波市女画家西尼・库纳斯应邀到沪参加由市政府外办和新闻办举办的"世界画家看上海"创作活动。2003 年 11 月,芬兰室内乐团在沪举行音乐会。音乐会举办前,埃斯波市市长科库能特地从埃斯波市致函上海市长韩正,邀请他出席此次音乐会。韩正应邀出席,愉快地欣赏芬兰室内乐团高雅的音乐艺术。2010 年 5 月,埃斯波市市长玛科塔・科库能应邀率埃斯波市代表团访沪,与复旦大学北欧研究中心就促进两市高校间学术交流进行探讨,并与复旦大学附属中山医院就生物医药领域合作进行深入交流。四是司法方面。2003 年 8 月,应埃斯波地区法院邀请,市高级人民法院代表团访问埃斯波,考察芬兰的司法制度、法院构架以及司法工作程序等,并就法官培训、法院改革等有关专题与对方进行交流。

埃斯波市积极参与上海世博会。2010 年 5 月 5 日,埃斯波市在芬兰国家馆举办"埃斯波日""埃斯波——创造美好生活"论坛活动,埃斯波市市长玛科塔・科库能及两市政府有关部门、创新企业、科研中心、老年护理机构代表等出席论坛活动。

十二、英国利物浦市

利物浦市是英国第四大城市、西北部重要港口,素有"英国门户"之称。面积 100 平方千米,人口 47.5 万。

图 3-3-14 英国利物浦市

上海市和利物浦市于 1999 年 10 月 18 日建立友好城市关系。1993 年 4 月,应上海市政府邀请,利物浦市市长罗斯玛丽・库珀率利物浦市商务投资代表团访沪。在沪期间,库珀向上海市长黄菊表达利物浦与上海开展全面合作交流的愿望,并提出发展两市工商会合作、密切两市港口关系等具体建议。此后,两市逐渐开展联络和交流。1996 年 11 月,利物浦市市长弗兰克・多兰致函上海市长徐匡迪,再次表示利物浦市希望在经贸、技术转让、投资、文化和体育等方面与上海开展广泛的合作和交流。1996 年底、1997 年初,上海与英国伦敦城建立友好交流合作关系后不久,英国驻沪总领事唐伟伦多次致函市政府外办,转达利物浦市政府迫切希望尽快与上海结好的愿望。与此同时,利物浦市政委员会主席弗兰克・普伦德加斯特又致函上海市长徐匡迪,表示利物浦将竭尽全力与上海进一步发展合作交流关系,并希望于 1997 年 5 月访问上海,与上海签署合作交流协议书。对于利物浦市的热切愿望，上海市作出积极回应。1997年4月，市长徐匡迪复函弗兰克，欢迎他5月率利物浦市代表团访沪。5月，弗兰克应邀率利物浦市代表团访问上海，双方签署《上海与利物浦加强合作交流意向书》，并就经贸、教育、文化、体育等领域达成合作意向。10月，利物浦市经济发展和外事主任盖德·菲茨杰罗德致函市政府外办，邀请上海派团访问利物浦，具体磋商两市合作交流事宜。1998年11月，副市长周慕尧应邀率团访问利物浦，双方就两市结好事宜进行深入探讨，为两市结好作准备。1999年10月，利物浦市政委员会主席迈克·斯托里率利物浦市代表团访沪，10月18日，市长徐匡迪与斯托里共同签署两市结好协议书。

两市结好后，双方领导往来频繁。利物浦方面主要有：2001年3月，利物浦市市长埃德温·克莱恩率利物浦市代表团访沪。市长徐匡迪与克莱恩就两市合作、交流事宜进行会谈，并一起参观在沪举办的"上海—利物浦相会新世纪"图片展。2002年10月，利物浦市市长杰克·斯普里格斯率团访沪，参加"英国创新先锋周"活动。2002年12月，利物浦市市长斯普里格斯和首席执行官戴维·汉肖分别致函上海市领导，对上海申办2010年世博会成功表示祝贺。2003年4月，利物浦市政委员会主席迈克·斯托里和首席执行官戴维·汉肖联名致函上海市长韩正，积极评价两市的友好合作，并邀请韩正率团访问利物浦，韩正复函表示感谢。2007年7月，利物浦市政委员会主席沃伦·布拉德利和市政厅首席执行官柯林·希尔顿率利物浦官方代表团和经贸代表团访沪。市委书记习近平、市长韩正分别会见代表团一行。双方共同签署《2007—2010年上海市和利物浦市合作交流备忘录》。代表团还访问市外国投资促进中心等，并与市工商联、市工业经济联合会进行交流。2008年9月，利物浦市政委员会主席沃伦·布拉德利率团访沪，拜会市政协主席冯国勤，出席由上海世博局、《金融时报》共同举办的"城市更新论坛"，并与上海世博局就利物浦参加上海世博会城市最佳实践区事宜交换意见。2009年4月，利物浦市市长斯蒂文·罗斯拉姆率利物浦市代表团访沪，副市长唐登杰会见代表团一行。2009年11月，利物浦市政委员会主席沃伦·布拉德利访沪，参加上海世博会城市最佳实践区利物浦馆钥匙交接仪式。2010年4月30日—5月2日，利物浦市首席执行官柯林·希尔顿应邀率团访沪，参加2010年上海世博会开幕式并参观世博园区，出席世博会城市最佳实践区利物浦案例开幕仪式。2010年10月，利物浦市政委员会主席乔·安德森与利物浦市市长海泽·威廉姆斯应邀率利物浦市代表团访沪，市长韩正、市政协主席冯国勤分别会见代表团一行。在沪期间，代表团还出席世博会利物浦"特别日"活动。上海方面主要有：1999年11月，市人大常委会主任陈铁迪率上海市代表团访问利物浦市。2000年11月，市长徐匡迪致函利物浦市领导人，为利物浦市中心假日酒店一大厅被命名为"上海厅"致贺。2003年4月，应利物浦市要求，市长韩正签署有关文件，表达对利物浦市申办2008年"欧洲文化之都"的支持。2003年6月，当利物浦市成功获得2008年"欧洲文化之都"举办权后，韩正致函利物浦市领导人表示祝贺。2003年11月，市长韩正应邀率上海市代表团访问利物浦市，与利物浦市政委员会主席斯托里、利物浦市市长古尔德进行友好会见和会谈。访利期间，代表团还听取利物浦市关于旧城改造的介绍会，并与利物浦工商企业界人士进行广泛接触和交流。2006年8月，市人大常委会副主任刘伦贤率团访问利物浦市，与利物浦市议会就进一步开展交流进行探讨。

两市结好后，双方开展多方面的合作和交流。一是在城市建设方面。2000年1月，由利物浦市政府及民间团体集资、上海园林（集团）和上海林艺园林建设有限公司承建的利物浦市中国城牌楼竣工。4月，市污水处理有限公司代表团访问利物浦，与利物浦西北水处理机构高级顾问进行技术交流。10月，市环保局和城市交通管理局代表团参加在伦敦举行的"城市交通与环境保护"国际研讨会时顺访利物浦市，与利物浦市同行进行交流。2001年2月，松江区"一城九镇"建设考察团访问利物浦市，听取利物浦市城市规划专家的介绍，并实地考察利物浦市南部和北部的城市建筑风格，为松江新城城市风貌规划取得有益借鉴。7月，浦东新区赴欧洲行政审批制度考察团访问利物浦市。2002年6月，青浦区城镇建设考察团访问利物浦市。2008年10月，由利物浦市政府支持的“上海沪利建筑及都市改造基金会”在沪注册成立。这是一家非营利性组织，其宗旨是为上海和利物浦及英国在城市改造和历史保护方面开展互利对话、交流和合作。二是在经贸、教育、卫生方面。1999年10月，利物浦市政委员会主席迈克·斯托里率利物浦市代表团访沪，举办“利物浦周”，参加利物浦工商会与上海贸促会经贸研讨会等活动。2000年1月，利物浦大学副校长一行访沪，与上海有关方面就教育合作进行会谈。3月，市卫生局代表团访问利物浦，与利物浦有关人士就卫生信息政策和技术等议题进行讨论。三是在文化、体育方面。2001—2003年，上海连续三年派遣女子少年足球队等4支球队共80人赴利物浦市，参加每一年度的“利物浦—诺斯利国际少年足球锦标赛”，并2次获得冠军，1次获得亚军。2002年3月，市体育代表团访问利物浦市，与利物浦市议会体育发展部进行会谈，并签署两市体育交流意向书。9月，利物浦画家菲利普·贝里尔应邀到沪，参加在沪举行的“世界画家看上海”创作活动。2006年11月，应市残联邀请，利物浦埃弗顿足球俱乐部慈善协会和英格兰残疾人足球队负责人访问上海。2007年6月，市残联代表团访问利物浦市，双方就两地合作交流达成初步协议。此外，两地还互派艺术家参加在各自城市举办的双年展活动。2010年，利物浦国家博物馆举办关于上海的展览，上海在利物浦市立图书馆设立“上海之窗”。四是在妇女、司法、民政方面。2001年6月，应利物浦市皇家大法官戴维·克拉克邀请，上海法官代表团访问利物浦市，这是两市首次在司法部门和法官间开展的交流活动。2001年7月，市妇联代表团访问利物浦市，与利物浦市妇女界进行友好交流。2002年3月，利物浦市前市长、市议员埃德温·克莱恩访沪，向上海市孤儿院捐赠1 000英镑，支持上海福利事业。2010年10月，利物浦妇女代表团访沪，与长宁区妇女代表就女性创业就业、权益保护、妇女发展等进行座谈和交流。五是其他方面。2003年5月，英国皇家海军“利物浦”号抵沪访问，利物浦工商会和英国驻沪总领事馆为此在沪举办有关活动，增进两地友好关系。2007年8月，市政府派团参加利物浦市建城800周年庆祝活动。2009年10月，市政协代表团访问利物浦市，参加两市结好10周年庆祝活动。为促进利物浦和上海在各领域的交流，2006年5月，利物浦—上海合作局成立。合作局办公室设在利物浦，在上海设有办事处和首席代表。

利物浦积极参与上海世博会。2008年，利物浦市提交的案例“历史遗产保护与再利用”，入选2010年上海世博会城市最佳实践区参展案例。2010年10月，利物浦市政委员会主席乔·安德森、市长威廉姆斯应邀率团访沪。10月16日，利物浦“特别日”活动在上海世博会城市最佳实践区利物浦馆内举行，利物浦市政委员会主席安德森、市长威廉姆斯出席。活动内容包括：利物浦埃弗顿足球队球艺表演，浦东第二少体校与利物浦3所学校签署结好协议，盛大主题音乐晚会等。

十三、西班牙巴塞罗那市

巴塞罗那是西班牙第二大城市、最大港口，也是欧洲历史悠久的文化古城，著名的旅游城市。面积480平方千米(其中市区面积91平方千米)，人口480万。

2001年10月31日，上海市与巴塞罗那市正式建立友好城市关系。在两市结为友好城市之前，上海已与巴塞罗那建立友好交流关系。1986年5月，上海市长江泽民率团出席在巴塞罗那召开的“联合国人口与世界未来”国际会议期间，同巴塞罗那市市长帕斯瓜尔·马拉加尔按双方共同意愿，

图 3－3－15　西班牙巴塞罗那市

就两市开展合作交流关系达成原则协议。1988 年 10 月，巴塞罗那市市长马拉加尔率团访问上海。10 月 5 日，上海市长朱镕基和巴塞罗那市市长马拉加尔共同宣布上海和巴塞罗那建立交流合作关系，并签署《上海・巴塞罗那交流项目备忘录》。此后，两市领导人多次率团互访，增进相互了解，共商和积极推进双方的交流合作。2000 年 9 月，巴塞罗那市市长约翰・克劳斯在应上海市长徐匡迪邀请访问上海时，提出两市正式缔结友好城市关系的建议，上海市政府欣然表示赞同。2001 年 10 月，副市长周慕尧应邀率上海市代表团访问巴塞罗那，10 月 31 日，周慕尧与巴塞罗那市市长约翰・克劳斯正式签署两市建立友好城市关系协议书。

两市正式结好前后，双方领导往来频繁。巴塞罗那方面主要有：1998 年 4 月，巴塞罗那市市长约翰・克劳斯率团访沪，市人大常委会主任陈铁迪会见代表团一行。2000 年 9 月，巴塞罗那市市长克劳斯率团访沪，市长徐匡迪会见克劳斯一行。2005 年 6 月，巴塞罗那市市长约翰・克劳斯在赴北京参加联合国地方政府会议时访问上海，会见市长韩正，并专程拜会上海世博局等。2007 年 10 月，巴塞罗那市市长乔迪・埃雷乌致函市长韩正，祝愿上海举办 2010 年世博会成功，并表示有意参加上海世博会城市最佳实践区活动。2008 年 11 月，巴塞罗那市市长乔迪・埃雷乌率政府和经贸代表团访问上海，市长韩正会见代表团一行。2010 年 8 月 29 日—9 月 3 日，巴塞罗那市市长乔迪・埃雷乌一行访问上海，参加西班牙国家馆日、巴塞罗那市馆日和向上海市赠送"高迪龙"仪式等活动。市长韩正出席巴塞罗那市馆日和赠送"高迪龙"仪式活动。在沪期间，埃雷乌还出席"地中海——世界的另一个起源"展示活动开幕式、"中国在巴塞罗那"研讨会、"巴塞罗那经济的国际化"研讨会等，参观上海世博会和浦东喜马拉雅中心，并在中欧工商学院作《巴塞罗那经济的国际化》主题演讲。此外，巴塞罗那市副市长马拉维亚・洛霍、凯瑟斯、乔迪・波塔贝拉登等也应邀率团来沪访问或参加有关活动。上海方面主要有：1991 年 4 月，市长朱镕基应邀访问巴塞罗那，拜会巴塞罗那市市长马拉加尔和加泰罗尼亚自治区主席普乔尔，参观 1992 年巴塞罗那奥运会设施和巴塞罗那自由贸易区等。1992 年 7 月，市长黄菊致函巴塞罗那市市长马拉加尔，响应他 6 月来函中再次提出巴塞罗那自由贸易区与上海浦东新区建立友好关系的建议。1998 年 8 月，市人大常委会主任陈铁迪率团访问巴塞罗那市，与巴塞罗那市市长克劳斯会见，并出席"上海图片展"开幕式。2008 年 9 月，市长韩正率团访问巴塞罗那市，与巴塞罗那市市长乔迪・埃雷乌就加强两市合作和交流交换意见，并共同出席巴塞罗那市参与2010年上海世博会城市最佳实践区参展合同签约仪式。此外,上海市领导顾传训、龚学平、周慕尧、刘云耕、姜斯宪、王安顺等也先后应邀率团访问巴塞罗那市。

两市结好后,双方积极开展各方面的合作和交流,并取得许多积极成果。为表彰对发展两地友好合作交流所作的贡献,上海市人民政府先后为中欧国际工商学院执行院长、西班牙籍教授佩德罗·雷诺颁发上海市"白玉兰纪念奖"和上海市"白玉兰荣誉奖"。

两市合作交流主要体现在:一是在经贸方面。1990年12月,巴塞罗那自由贸易区与上海浦东新区建立交流合作关系。1991年6月,巴塞罗那出口加工区财团主任胡安·托伦茨访沪,与浦东开发办公室签署两地合作交流备忘录。1991年10月,浦东开发办公室代表团访问巴塞罗那,考察巴塞罗那自由贸易区、自治港区、海关,与巴塞罗那自由贸易区委员会就利用双方自由贸易的条件进行业务探讨。1992年4月,巴塞罗那自由贸易区总经理一行访沪,与浦东开发办公室就合作交流进行会谈。二是在城市建设方面。2001年,松江区"一城九镇"建设考察团访问巴塞罗那,听取巴塞罗那市城市规划专家的介绍,并实地考察西班牙风格的城市建筑,为松江新城区建设取得有益借鉴。2010年7月,巴塞罗那城市规划局总建筑师奥利奥尔·克劳斯访沪,与市规划局就城市规划与可持续发展等课题进行交流,并与同济大学共同举办"城市建筑与规划"主题研讨会。三是在体育、文化、教育方面。1992年8月,市体委奥运会观摩团访问巴塞罗那市,参加第25届夏季奥运会的闭幕式,参观主要体育场馆设施等,为上海举办东亚运动会组织工作提供借鉴。2002年9月,巴塞罗那画家佩里科·帕斯托应邀到沪参加"世界画家看上海"创作活动。2003年7月,市公安局代表团参加在巴塞罗那举办的"第十届世界警察和消防员运动大会",并赢得奖牌。2007年9月,巴塞罗那市教育局战略部负责人访沪,与市教委进行交流。11月,巴塞罗那市负责文化的议员霍尔迪访沪,与市文广局就开展两市文化交流进行探讨,并与市世博局就世博期间举行文化活动进行交流。四是在青少年、民政方面。2004年5月,中国福利会少年宫少儿代表团应邀访问巴塞罗那市,参加由西班牙政府举办的"和平营地"夏令营活动。2007年11月,南京西路街道办事处负责人访问巴塞罗那市,与该市有关部门就为老服务领域开展合作进行探讨。五是互赠动物和赠送"高迪龙"。1988年,两市建立友好交流关系时,巴塞罗那市市长马拉加尔代表巴塞罗那向上海动物园赠送两头西班牙山羊。为此,上海市决定回赠巴塞罗那市一对恒河猴,并于1993年巴塞罗那市动物园建园100周年之际举行交接仪式。巴塞罗那市人民将这对恒河猴看作是两市友好关系和两国人民友谊的象征。2010年8月29日—9月3日,巴塞罗那市市长乔迪·埃雷乌一行访沪,参加巴塞罗那向上海赠送"高迪龙"仪式,市长韩正出席赠送仪式。埃雷乌说,为增进两市友谊,巴塞罗那市政府决定将巴塞罗那市的象征"高迪龙"的唯一复制品赠送给上海,希望通过这一行动,进一步促进两市的合作和交流。韩正说,巴塞罗那市政府将巴塞罗那市标志性建筑"高迪龙"的唯一复制品赠送给上海,充分体现两市友城关系的深厚情谊。

巴塞罗那积极参与上海世博会。2007年11月,巴塞罗那市城市规划署负责人奥里娅·盖伦到沪参加世博会参展方会议。2008年4月,巴塞罗那市提交的"巴塞罗那市中心老城区"和"巴塞罗那新创新城区"两个参展案例,入选城市最佳实践区参展案例。2008年12月,上海"世博—友城行动"采访组赴巴塞罗那市采访,专访巴塞罗那市市长埃雷乌,并出版《世博—友城巴塞罗那特刊》。2010年9月2日,巴塞罗那市馆日活动在上海世博园举行,巴塞罗那市市长埃雷乌和上海市长韩正出席活动。韩正说,巴塞罗那市馆充分展示巴塞罗那的旧城改造和新城建设,非常好地演绎上海世博会"城市,让生活更美好"的主题,得到中外游客的高度青睐。

十四、挪威奥斯陆市

奥斯陆市是挪威首都，挪威政治、经济、文化和交通中心，最大的工业城市和港口，也是北欧的国际活动中心之一。面积454平方千米，人口50万。

图3-3-16 挪威奥斯陆市

上海市和奥斯陆市于2001年11月10日建立友好城市关系。从20世纪初起，上海与奥斯陆已通过海运业建立起联系。中华人民共和国成立以来，两地在中挪友好关系的发展中起着重要作用。两市关系日趋密切，双方在各方面的来往和交流不断。1999年10月，上海市委书记黄菊应邀率中共代表团访问挪威，奥斯陆市市长佩尔·迪莱弗-西蒙森在与黄菊会见时，表达进一步发展两市关系的愿望。2000年2月，西蒙森又致信黄菊，表示奥方将组团访沪，磋商两市友好交流事宜。10月，奥斯陆市政委员会主席弗里兹·惠特费尔德率团访问上海，在与市长徐匡迪会晤时，惠特费尔德表示，奥斯陆市真诚希望与上海结为友好城市。代表团还就环保、城市绿化、文化和体育等方面的交流合作与市有关部门进行商谈，达成许多共识。11月，惠特费尔德又致信市长徐匡迪，正式提出奥斯陆与上海结好的建议，并邀请和期盼徐匡迪早日访奥。2001年6月，市委副书记刘云耕应邀率上海市代表团访问奥斯陆，双方就两市结好的有关事宜进行商谈，并就城市规划、环保、社会治安等方面的合作交流进行座谈。11月，奥斯陆市市长佩尔·迪莱弗-西蒙森应邀率奥斯陆市代表团访问上海，11月10日，徐匡迪与西蒙森共同签署两市结好协议书。

两市结好后，双方领导的主要往来有：2002年4月，市委副书记龚学平率上海市代表团访问奥斯陆市，与奥斯陆市市长西蒙森共同商讨两市友好交流事宜，还考察奥斯陆市文化娱乐、青少年野营等设施。2004年9月，副市长唐登杰率上海市代表团访问奥斯陆市，双方就进一步推动两市在多个领域的合作交流进行会谈，代表团还听取奥斯陆市有关部门关于城市规划、旅游等方面的情况介绍。2004年10月，奥斯陆市政委员会专员、副市长洪特维兹率团访沪，就两市在市政规划、环保、文化艺术等领域的合作和交流与市有关部门负责人进行探讨，还出席挪威广播交响乐团为庆祝中挪建交50周年在沪举办的音乐会。2006年5月，奥斯陆市副市长洪特维兹再次率奥斯陆代表团访沪，出席由奥斯陆市政厅举办的“奥斯陆——峡湾之都”展览开幕式，并和副市长周禹鹏共同为展览剪彩。2010年5月,奥斯陆市市长罗斯兰德、副市长克里斯汀·温洁一行应邀访沪,市长韩正会见代表团一行,双方就进一步推动两市经济、文化、科技、环保等方面的合作进行商谈。代表团还出席奥斯陆市政府在世博园区挪威国家馆内举办的“奥斯陆周”系列主题论坛。2010年9月,奥斯陆市副市长奥德格一行应邀访沪,出席在沪举行的2010中国国际友城大会,并参观上海世博会,市长韩正会见奥德格一行。

两市结好后,积极开展合作和交流,主要有:一是在城市建设方面。市环保局和奥斯陆市有着长期的合作关系,上海曾多次组派环保代表团访问奥斯陆,学习交流环保技术和经验。2002年2月,市环保局应邀组团出席在奥斯陆市举行的21世纪环保会议,并与奥斯陆市政府环保部门进行会谈,探讨双方开展交流的具体领域和项目。上海新闻媒体也曾组团赴奥斯陆进行环境保护和市政建设方面的新闻采访。奥斯陆市积极参与上海苏州河治理工程的建设,2001年春,奥斯陆市派团到沪参加上海国际城市环保研讨会。2005年3月,奥斯陆建筑学院城市研究所代表团访沪,与上海苏州河环境综合治理领导小组办公室进行交流。二是在教育、文化方面。奥斯陆大学与复旦大学北欧研究中心一直保持密切的合作交流关系,两地每年都互派师生参加学习交流项目。复旦大学管理学院与挪威管理学院还合作举办硕士生培训班。奥斯陆市积极参与上海举办的国际文化活动,包括电视、电影和艺术节等。1998年,奥斯陆市在上海博物馆展出画家蒙克的作品。2001年1月,奥斯陆市与中国中央实验话剧团在华联合演出易卜生的《玩偶之家》,受到广泛关注。2004年5月,上海当代艺术展在奥斯陆市举行,多媒体互动作品《眼睛》同时在奥、沪两市开通。2006年5月奥斯陆市在沪举办的“奥斯陆——峡湾之都”展览,2007年6月上海博物馆在奥斯陆市举办的“上海珍宝展”,都受到两地市民的广泛关注和热烈欢迎。2010年5月,奥斯陆市市长罗斯兰德访沪期间,挪威管理学院与复旦大学管理学院共同举办“亚洲高端管理者教育”专场研讨会及两院本科生培训项目签约仪式,并准备于2011年两市结好10周年之际,合作举办相关论坛和研讨会。三是在社会福利、妇女方面。奥斯陆市政府与浦东新区社会发展局合作,对下岗女工进行从事老年人护理工作的培训,具有很好的社会效应。奥斯陆市政府为资助该项目,还向浦东新区社发局捐赠5万克朗。2002年6月,上海妇女代表团访问奥斯陆,双方就妇女参政和提高女性素质等议题进行交流。此外,两市还在议会(人大)、航运、财税、监察、体育、民间组织等方面开展合作和交流,取得积极成果。

奥斯陆市积极参与上海世博会。2010年5月11日,上海世博会“奥斯陆周”系列活动在世博园挪威馆开幕。活动包括:“同舟共济、科研创新:从研究癌症到治愈癌症”“环境和能源研究:弥合政策、科技和技术之间的差距”“挪中海事研究、创新和知识提升”“旅游城市奥斯陆”等多个专题论坛。在上海访问的奥斯陆市市长罗斯兰德出席开幕式并致辞,来自奥斯陆各界的专家和上海卫生、环保、旅游、医药等有关方面的专家和人员出席。活动为推动两地政府部门和专家学者在相关领域的了解和沟通提供难得机会。

十五、罗马尼亚康斯坦察县

康斯坦察县是罗马尼亚经济发达、历史悠久的地区之一,位于罗马尼亚东南部,面积7 071.3平方千米,人口74.8万。

上海市和康斯坦察县于2002年4月15日建立友好市县关系。1995年7月,罗马尼亚总理尼古拉·沃克罗尤访问上海,在与市长徐匡迪会见时,提出希望由康斯坦察县与上海结为友好城市。1998年9月,中国驻康斯坦察总领事馆电告上海市政府,康斯坦察县县长贝尔若尔正式提出愿与上

图 3-3-17　罗马尼亚康斯坦察县

海结好，并热情邀请上海市经济代表团访问康斯坦察县。上海方面对罗方的提议作出积极回应，表示双方可积极开展交流往来，更好增进相互了解和友谊。1999 年 5 月，康斯坦察县委员会主席斯特利安·杜楚到沪进行友好访问。10 月，市委常委、市监委主任张惠新率上海市代表团回访康斯坦察县，双方就两市县的合作交流事宜作进一步磋商。2000 年 9 月、2001 年 4 月，康斯坦察县和上海经贸代表团互访，两地经贸部门人士就开展双方经贸合作进行交流和商谈。2000 年 12 月，康斯坦察县所辖康斯坦察市副市长阿乌列尔·布特纳鲁访沪，双方就两市县结好事宜进行具体商谈。2002 年 4 月，市长代表、市委副书记刘云耕率上海市代表团访问康斯坦察县。4 月 15 日，刘云耕和康斯坦察县委员会主席斯特利安·杜楚共同签署上海市与康斯坦察县建立友好市县关系协议书。

两市结好后，双方领导的往来主要有：2002 年 10 月，康斯坦察县委员会主席斯特利安·杜楚率团访沪，就进一步加强两市县友好合作关系与常务副市长韩正进行商谈。2005 年 9 月，康斯坦察市副市长米尔斯基·尼古拉应邀到沪，出席在沪举行的罗马尼亚中国商务理事会。2006 年 7 月，市人大常委会副主任、市对外友好协会会长周慕尧率上海市友协代表团访问康斯坦察县，双方就进一步加强两地间官方和民间的交流进行深入探讨。2007 年 12 月，康斯坦察县县长德努茨·库莱楚率团访问上海，市人大常委会副主任刘云耕会见代表团一行。

两地结好后，双方的合作交流主要在文化、教育方面。1999 年 7 月，上海友城发展基金会代表团访问康斯坦察，与康斯坦察县沙古纳文化教育基金会进行交流。同月，市广播电视代表团赴康斯坦察县进行新闻采访，并互换节目。11 月，康斯坦察县文化委员会主席多依娜、康斯坦察县沙古纳文化教育基金会主席沃莱尔·巴巴拉到沪参加上海艺术节。同月，康斯坦察县海王星电台、电视台和罗马尼亚国家电台分别组团到沪，参加第七届上海国际广播音乐节。2000 年 5 月，市友城发展基金会代表团访问康斯坦察，与康斯坦察县有关部门就文化发展等进行交流。2002 年 6 月，市文广局派出演出团组赴康斯坦察县参加“姐妹城市节”活动，并进行文化交流。9 月，康斯坦察县画家弗洛林·费伦迪诺应邀到沪参加“世界画家看上海”活动。2002 年 7 月，上海中医药大学派出 3 名教师赴康斯坦察县，在该县奥维迪乌大学举办第一期短期针灸培训讲座。此外，2009 年 10 月，卢湾区代表团应邀访问康斯坦察县，与康斯坦察县议会等有关部门进行交流。

十六、瑞典哥德堡市

哥德堡市是瑞典第二大城市，著名的港口城市，商业和贸易中心。面积451平方千米，人口48万。

图3-3-18 瑞典哥德堡市

上海市和哥德堡市于1986年4月29日建立开展实质性友好交流关系，2003年10月23日缔结为友好城市。1980年11月，瑞典驻华大使馆向上海市政府外办转交哥德堡市前市长诺林给上海市的信，信中表示哥德堡愿意同上海市开展友好交流的意向。1985年10月，瑞典哥达银行驻沪办事处开业。哥德堡市市长曼海默作为银行董事随哥达银行代表团访问上海。市长江泽民与曼海默商讨两市开展友好交流合作的可能性。1985年12月，曼海默致函江泽民，提出与上海合作的五项建议，内容包括市政建设、交通、港口、园林、工业技术等。之后，哥达银行常驻中国代表艾堪德作为哥德堡和上海两市交流的联络员，多次抵沪与上海有关部门接触，探讨两市开展合作交流问题。哥德堡成立由政府官员和著名企业界人士组成的友好工作委员会，专门从事与上海发展关系工作。1985年11月，哥德堡市市长曼海默再次随哥达银行代表团访沪。1986年4月，哥德堡副市长斯凯格率团访沪，与副市长倪天增共同签署两市交流合作备忘录。自1986年建立开展实质性友好交流关系后，经过10多年卓有成效的合作，特别是进入21世纪、面对新的发展前景之际，双方都认为应将两地的友好交流合作关系提升到一个新的层次。哥德堡市市长岳冉・约翰松多次致函中国和上海的有关部门，殷切提出哥德堡市与上海正式结为友好城市的建议。上海表示完全赞同。2003年10月，哥德堡市市长岳冉・约翰松应邀率哥德堡市代表团访沪。10月23日，上海市长韩正和哥德堡市市长约翰松共同签署《上海市和哥德堡市结为友好城市关系协议书》。

两市从建立实质性友好交流关系到结为友好城市的20余年中，双方领导人互访十分频繁，关系不断加深。哥德堡方面应邀来访的主要有：1986年12月，哥德堡市市长斯凯格率哥德堡市代表团参加上海国际友好城市电视节，与上海市领导就进一步发展两市友好关系交换意见，并出席瑞典

ASEA公司上海办事处开业典礼。1992年2月、8月，哥德堡市市长斯凯格两次率团访问上海。8月随同来访的有专程赴沪参加两市文化交流项目“沉船重现——瑞典东印度公司船只‘哥德堡’号”展览开幕式的瑞典司法大臣劳伦及哥德堡商务代表团、哥德堡展览团、瑞典驻华使馆官员等。1993年10月，哥德堡市市长斯凯格再次率团访沪，与市长黄菊商谈两市进一步交流合作意向。1994年6月，哥德堡市市长斯凯格到沪参加沃尔沃公司汽车展览开幕式。1998年1月，哥德堡市市长岳冉·约翰松率哥德堡市官方和经贸代表团访沪。1999年3月，哥德堡市市长岳冉·约翰松率哥德堡市510人的大型代表团访沪，成功举办“瑞典哥德堡周”大型系列活动。2000年5月，哥德堡市市长岳冉·约翰松又一次率哥德堡市官方和经贸代表团一行53人访沪，参加中瑞建交50周年庆祝活动。2001年8月、2002年5月，哥德堡市市长岳冉·约翰松两次率哥德堡市代表团访沪，就两市开展友好合作的领域和步骤、开展人员培训方案的实施、“哥德堡”号仿古帆船访华计划等进行商谈。在沪期间，约翰松还先后出席中瑞合资上海申沃客车公司第一批“申豪”公交客车下线仪式、上海欧陆工程咨询公司开业仪式等。2003年10月，哥德堡市市长约翰松率团访沪，市长韩正和约翰松共同签署《上海市和哥德堡市结为友好城市关系协议书》，使两市长达17年的友好交流关系得到提升。在沪期间，代表团还举行“上海·哥德堡环保研讨会”及“中国·瑞典微电子系统合成技术研究中心”揭牌仪式等。2004年3月，哥德堡市市长岳冉·约翰松率哥德堡市“中国论坛”代表团访沪。2004年9月，哥德堡市市长约翰松受瑞典斯凯孚轴承公司邀请，到沪参加F1中国区大奖赛。2005年10月，哥德堡市市长约翰松率哥德堡市代表团访沪，拜会上海市世博局、上海外国投资促进中心等，召开“西瑞典地区生物技术前线研讨会”。2006年8月，哥德堡市市长约翰松率哥德堡市代表团访沪，参加“哥德堡”号仿古帆船环球航行终点站上海站的进港仪式，瑞典王储和王子出席这一仪式，市长韩正出席并致辞。代表团在沪期间，双方还共同举办上海—哥德堡建立友好交流关系20周年暨“瑞典—中国经贸日”活动。同年10月，哥德堡市市长约翰松再次率哥德堡市代表团访沪，出席“哥德堡”号仿古帆船离沪仪式。12月，哥德堡市市长约翰松年内第三次率哥德堡市代表团访沪，出席哥德堡市向上海赠送“哥德堡”号仿古帆船模型仪式。2007年6月，“哥德堡”号仿古帆船在哥德堡举行盛大的返航庆典活动，在瑞典访问的中国国家主席胡锦涛应邀出席返航庆祝仪式。受上海市政府委托，市政府外办副主任吴金兰率团出席活动，并转交上海市长韩正的亲笔贺信。2007年10月，哥德堡市市长约翰松率团访沪。2008年5月，哥德堡市市长约翰松又一次率哥德堡市代表团访沪。市长韩正会见代表团一行，并共同举办上海—哥德堡“可持续发展与健康生活研讨会”。2008年11月，哥德堡市市长约翰松应邀出席在北京举行的第一届中国国际友好城市大会，并在大会上作专题发言。到沪访问期间，市长韩正会见约翰松，并向其授予上海市“白玉兰荣誉奖”。2009年7月28日—8月2日，哥德堡市市长安娜丽·胡田一行应邀访沪，哥德堡市前任市长岳冉·约翰松随同到访。市长韩正会见代表团一行，并与胡田共同签署两市2009—2012年友好合作交流备忘录。代表团在沪期间，拜会上海世博局等。2010年10月，哥德堡市市长安娜丽·胡田应邀率团访沪，市长韩正会见代表团一行。此外，哥德堡市第一副市长斯凯格和副市长林德等也先后应邀到沪访问或参加有关活动。

上海方面应邀前往访问的主要有：1988年5月，市长江泽民率上海市友好代表团访问瑞典等国，瑞典工贸大臣彼得森会见代表团，江泽民和哥德堡市市长曼海默会见，并先后参观哥德堡水厂、沃尔沃装配线等。代表团还同哥德堡市工商企业界人士进行广泛接触。1993年9月，市长黄菊率上海市代表团访问哥德堡市，哥德堡市市长斯凯格亲临机场迎接，瑞典副首相兼社会事务大臣韦斯特贝里和司法大臣劳伦会见代表团。代表团考察哥德堡港口、沃尔沃汽车制造公司、爱立信通信设备公司等,并与哥德堡商定一些合作项目。1996 年 5 月,市长徐匡迪应邀率团访问哥德堡市。1998 年 9 月,市政协主席王力平率团访问哥德堡,与哥德堡市市长约翰松会见并商谈“哥德堡周”事宜。此外,上海市领导刘振元、周慕尧、胡正昌、沙麟、蒋以任、龚学平、吴志明、周禹鹏、周太彤、唐登杰、冯国勤等先后应邀率团赴哥德堡市访问或参加有关活动。

图 3-3-19 “哥德堡”号在炫丽的烟花中驶入黄浦江

两市在正式结好前,合作交流已较活跃,双方在经济、金融、市政建设、交通、港口、警务、体育、文化和科技等方面稳步开展合作交流,取得良好成果。正式结好后,交流合作面更广、量更多、发展更快。为表彰对发展两地友好合作交流所作的贡献,上海市人民政府先后为 2 名哥德堡市友好人士颁发上海市“白玉兰荣誉奖”。

两市结好后,双方的合作交流取得许多积极成果。主要体现在:一是在城市建设方面。2001 年 1 月,哥德堡市房地产代表团到沪考察,与市规划局、青浦区等进行座谈。2002 年 4 月,哥德堡市波塞冬房产公司代表团访沪,与市房地局、规划局座谈,了解上海城市规划、旧房改造情况。5 月,哥德堡市克里康建筑公司代表团到沪,与市城市规划院、房地局进行交流。6 月,宝山区中心镇建设考察团访问哥德堡市,与哥德堡市房产、建筑界专家和有关人员进行交流。2004 年 7 月,市外资委代表团访问哥德堡,就上海市外国投资促进中心驻哥德堡市办事处事宜与哥方进行磋商。同年 9 月,该办事处在哥德堡市正式成立。2004 年 10 月,瑞典国家交通局、哥德堡交通局代表团访沪,拜会市交通局、磁浮列车公司等,了解上海公共交通系统情况。2005 年 3 月,哥德堡市副市长斯凯格代表瑞典环保公司恩华特公司(ENVAC)到沪访问,与市建委等进行会谈。2005 年 10 月,哥德堡港务局代表团访沪,与市港口管理局共同签署《庆祝上海—哥德堡结为友好港口 20 周年备忘录》。2007 年 2 月,哥德堡商业大区项目经理访沪,就 2008 年举办哥德堡—上海清洁能源研讨会进行磋商。2008 年 5 月,哥德堡市市长岳冉·约翰松率团访沪,两市政府共同举办“上海—哥德堡可持续发展与健康生活研讨会”。此外,哥德堡市还在沪举办“城市公共交通与环境保护研讨会”“上海·哥德堡环保研讨会”等。二是在经贸合作方面。2000 年 1 月、2 月,哥德堡市第一副市长斯凯格协同沃尔沃汽车公司代表团二次访沪,与上海汽车工业(集团)公司商讨合资企业事宜。2001 年 8 月,哥德堡市政执行委员会主席岳冉·约翰松率团访沪，与副市长蒋以任共同出席中瑞合资上海申沃客车公司生产的第一批 200 辆“申豪”城市公交客车的下线仪式。2004 年 9 月，“上海外国投资促进中心哥德堡办事处”经数年筹备，在中国驻哥德堡总领馆举行成立仪式。这是市外资促进中心在海外设立的第 10 个办事机构。在瑞典访问的国务院副总理吴仪出席仪式并为办事处成立揭牌。副市长周禹鹏、哥德堡市市长约翰松分别致辞。办事处成为上海和瑞典开展经贸合作的桥梁，为瑞典投资者尤其是中小企业提供专业化服务。三是在文化、教育方面。2001 年 7 月，哥德堡市摄影家伊萨克松及阿加登广告公司总经理杨励思到沪拍摄反映上海风情图片。2003 年 2—3 月，哥德堡市中学与上海市育才、大同等 4 所中学联合开通网上教育项目。4 月，哥德堡市职业学校与上海的职业学校实施交流合作项目。2004 年 11 月，哥德堡市“顶级瑞典”艺术团两位制作人到沪访问，与市文广局等单位就加强两地在文化艺术领域的合作交流进行商谈。四是在体育、科技、卫生方面。1999 年 10 月，市体育联合会代表团访问哥德堡，就两市开展体育交流进行探讨。2000 年 11 月，哥德堡市体育代表团访沪，与市体育局签订合作协议书。2002 年 3 月，市体育代表团访问哥德堡，具体商讨落实合作协议书。2002 年 6 月，哥德堡市查尔默斯技术大学代表团访沪，与市科委共同举办学术研讨会。2005 年 8 月，市科技代表团访问哥德堡，双方就科技方面的合作和交流交换意见。2005 年 9 月，市卫生局代表团访问哥德堡，双方就医疗技术、医院管理等方面的合作交流进行探讨。2009 年 2 月，哥德堡大学医学院与岳阳医院就中医针灸治疗进行对比研究，互派医学专家到对方城市合作研究中西医治疗中风，计划将该项目的合作方案报世界卫生组织注册，并通过合作研究形成共同的研究报告，在国际知名的专业杂志发表，提高国际社会对中医中药的认识。五是在司法、妇女、民政等方面。1999 年 9 月，哥德堡市上诉法院代表团访沪，与市高级人民法院进行交流。2002 年 6 月，市妇女代表团访问哥德堡，双方就妇女参政、女性素质提高等方面进行交流。同月，市对外友协代表团访问哥德堡，与瑞中友协建立更密切的联系。2004 年 10 月，市发改委代表团访问哥德堡，听取哥德堡养老保障事业方面的情况介绍并进行交流。

两市结好后，双方合作举办多项重要活动。一是“哥德堡周”。1999 年 3 月，哥德堡市市长岳冉·约翰松率哥德堡市 510 人的大型代表团访沪，在沪成功举办“瑞典哥德堡周”大型系列活动，活动包括经贸研讨会、学术研讨会、瑞典工贸展、哥德堡交响乐团演出、足球友谊赛等。二是“上海周”。2000 年 8 月，市人大常委会副主任胡正昌率上海市代表团一行 98 人访问哥德堡，在哥德堡市举办“上海走向瑞典”活动周，内容包括上海情况介绍会暨中瑞合作项目签字仪式、浦东经贸推介会、“世界摄影家看上海”图片展、时装表演、京剧表演、中瑞女足友谊赛等。三是“哥德堡”号仿古帆船访沪。2004 年 9 月，“哥德堡”号仿古帆船命名仪式在哥德堡市举行，上海交通大学和瑞典驻沪总领事馆为此共同举行庆祝活动。2005 年起，哥德堡市有关方面数次派遣有关人员到沪，为“哥德堡”号仿古帆船 2006 年下半年访沪作准备。在双方的共同支持和关爱下，“哥德堡”号仿古帆船访问上海取得圆满成功。2006 年 8 月 28 日—10 月 28 日，“哥德堡”号在上海国际客运码头停留 60 余天，共接待访问、观赏、交流客人近 9 万人次，举办参观、展览、友好交流等各类活动 50 余场次。

哥德堡市积极参与上海世博会。2008 年 1 月，上海“世博—友城行动”采访组赴哥德堡参访，专访哥德堡市市长约翰松，并出版《世博—友城哥德堡特刊》。2010 年 10 月，哥德堡市市长安娜丽·胡田应邀率团访沪。两市共同在上海世博会瑞典国家馆内举行以科技、环保、医疗卫生和航运为主题的论坛，双方政府部门代表、企业家及相关学者就加强在上述领域的合作和交流进行深入探讨。

十七、斯洛伐克布拉迪斯拉发州

布拉迪斯拉发州是斯洛伐克共和国首都所在州,斯洛伐克政治、经济、文化和工业中心。面积2 053平方千米,人口59.9万。布拉迪斯拉发州地处欧洲中心地带,是斯洛伐克的交通枢纽。

图 3-3-20 斯洛伐克布拉迪斯拉发州

上海市与布拉迪斯拉发州于2003年11月10日建立友好市州关系。2002年5月,中国驻斯洛伐克大使馆致电上海市政府外办,转达布拉迪斯拉发州州长卢博米尔·罗曼向中国驻斯大使苑桂森表达的意愿,布拉迪斯拉发州愿与上海开展人员交往,探讨双方在经济等领域开展合作的可能性。罗曼建议双方代表团互访。上海对布拉迪斯拉发州方面的建议作出积极响应。2002年7月和10月,副市长蒋以任、市人大常委会副主任龚学平先后率上海市代表团赴布拉迪斯拉发州进行友好访问。布拉迪斯拉发州州长卢博米尔·罗曼热情接待代表团,并正式提出希望两地尽快建立友好市州关系。2003年4月,布拉迪斯拉发州州长卢博米尔·罗曼应邀率布拉迪斯拉发州代表团回访上海。市长韩正与罗曼共同签署两市州友好合作意向书,并就涉及经济、文化、教育、高科技等领域的交流合作项目进行探讨。随后,两市州有关部门为正式结好事宜进行具体磋商和准备。2003年11月,市委副书记、市长代表罗世谦应邀率上海市代表团访问布拉迪斯拉发州。11月10日,罗世谦同卢博米尔·罗曼共同签署上海市和布拉迪斯拉发州结为友好市州的协议书。

两地结好后,双方领导往来主要有:2004年5月,布拉迪斯拉发州州长罗曼随斯洛伐克副总理兼经济部部长鲁斯科访问上海,与上海市领导就加强两地交流进行具体商谈。2005年9月,布拉迪斯拉发州副州长米兰·沃什科尔应邀率团访问上海,参加上海国际旅游节,并分别与市经委、市旅游委、市贸促会和市体育局商讨开展友好合作交流事宜。2008年11月,布拉迪斯拉发州副州长马丁·库卢克访沪,参加上海国际旅游节,拜访市监察委等。

两市合作交流有:一是在监察方面。市监察委与布拉迪斯拉发州相关部门建立对口交流关系。2007年12月,市监察代表团访问布拉迪斯拉发州,会见布拉迪斯拉发州州长巴扬、副州长库卢克。2008年11月,布拉迪斯拉发州副州长访沪,拜访市监察委。二是在旅游、文化方面。布拉迪斯拉发州分别于2005年、2008年由州领导率团参加上海国际旅游节和上海旅游博览会。2008年，布拉迪斯拉发州普罗辛可少儿民间艺术团到沪参加第六届宝山国际民间艺术节。

十八、丹麦中部大区

丹麦中部大区是丹麦5个大区中发展最快的区，由奥胡斯州等几个州于2006年合并而成。面积13 142平方千米，人口120万。奥胡斯州位于丹麦首都哥本哈根以西，是丹麦最大的州，人口超过63.5万。奥胡斯州有26个地方权力机构，其中包括丹麦第二大城市奥胡斯市。奥胡斯州拥有丹麦最大的集装箱码头，也是丹麦铁路、公路、海上和空中交通的主要交汇点。

图3－3－21　丹麦中部大区

2003年11月10日，上海市和奥胡斯州建立友好市州关系。2008年3月17日，上海市与丹麦中部大区建立友好城市关系。2000年9月，奥胡斯州州长约翰内斯·弗兰斯泰德·扬森在访华期间访问上海时，表达奥胡斯州与上海建立友好城市关系的愿望。11月，奥胡斯州州长扬森致函上海市政府，希望在医疗卫生、智障者康复、环境保护等领域同上海开展交流。随后，市委副书记刘云耕应邀率上海市代表团访问奥胡斯州，双方就进一步推动两市州在医疗、高等教育、智障者社会保障等方面的合作进行磋商。2001年7月，奥胡斯州州长扬森再次致函上海市政府，希望双方能尽快正式建立友好城市关系，以利于进一步开展各方面的交流与合作。此时，双方为探讨交流合作的相互往来不断，其中包括副市长严隽琪率领的市科委代表团访问奥胡斯州等。在双方协商做好一应准备后，2003年11月，奥胡斯州州长扬森率奥胡斯州代表团访问上海。副市长姜斯宪代表在国外访问的市长韩正热情接待，并在11月10日与扬森共同签署两市州结好协议书。2006年，丹麦进行国家行政区划改革，奥胡斯州与其他几个州合并成为丹麦中部大区。2007年5月，丹麦中部大区主席本特·汉森致信市长韩正，表示非常希望丹麦中部大区能与上海继续友好合作交流，建议以丹麦中部大区名义与上海签署新的结好协议书。对此，上海方面表示完全赞同。2008年3月，丹麦中部大区主席本特·汉森应邀率代表团访问上海。3月17日，常务副市长杨雄与丹麦中部大区主席本特·汉森共同签署《上海市与丹麦中部大区建立友好市区关系协议书》，延续上海市与奥胡斯州

2003年签署的结好协议。

两地结好后,双方高层往来不断。2005年6月,副市长冯国勤应邀率上海市代表团赴奥胡斯州访问,受到奥胡斯州领导的热情接待。代表团还参观萨姆索岛和卡隆堡工业园区。2005年8月,奥胡斯州州长扬森率奥胡斯州官方代表团和经贸代表团访沪,受到市长韩正和副市长唐登杰等的热情接待。代表团着重就环保、能源再生利用、残疾人康复和培训等方面与上海有关部门座谈,双方就推进合作达成许多共识。代表团考察崇明县,双方共同签署《崇明县和萨姆斯市友好合作交流意向书》。代表团还出席上海自来水管线工程有限公司和丹麦AVK控股集团合作意向书的签字仪式。2006年10月,奥胡斯州州长扬森再次率奥胡斯州代表团访沪,参观市公共卫生中心、市环保局和市科委等,并与市卫生局在医疗康复领域达成合作交流意向。2008年3月,丹麦国家行政区划改革后,丹麦中部大区主席本特·哈森率团访沪,与常务副市长杨雄共同签署两地建立友好市区关系协议书。在沪期间,代表团访问华山医院,双方达成互派医疗专家组进行考察访问的初步意向。2008年11月,市委常委、统战部部长杨晓渡率团访问丹麦中部大区。2010年9月,丹麦中部大区主席本特·哈森率团访沪参观上海世博会。副市长唐登杰会见代表团一行。

两地结好后,双方积极开展合作和交流。主要体现在:一是在城市建设方面。2002年,"绿城"丹麦公司代表数次访沪,与上海环保界人士座谈,讨论大都市环保课题。2004年8月,崇明县代表团应邀访问奥胡斯州,受到奥胡斯州州长和萨姆索岛区区长的热情接待。双方就开展岛区交流,特别是在岛区建设、生态保护、可持续能源等领域进行会谈。12月,由奥胡斯州外办和奥胡斯州可再生能源研究领域负责人及萨姆索岛代表组成的奥胡斯州工作组访问上海,与崇明县就开展岛区建设和可再生能源发展领域的合作交流进行讨论。2005年9月,崇明县再次组团访问奥胡斯州。代表团参观奥胡斯州可再生能源开发利用的设施,并就开展能源合作交流进行探讨。12月,奥胡斯州工作组访沪,与上海市特别是与崇明县就开展可再生能源和垃圾回收处理等领域的合作交流进行实地考察。二是在民政、科技方面。2004年6月,丹麦康复集团主席、古德曼康复公司总裁本特访沪,与上海有关部门就康复领域的合作交换意见,并与上海南鑫护理用品有限公司就合作项目进行会谈。9月,奥胡斯州外办主任倪瑞安、欧盟专家韩磊到沪进行工作访问,旨在促进奥沪两地在残疾儿童和成人康复、培训等领域的合作交流,并加强双方在科技等方面的交流。2005年4月,市残疾人联合会和市残疾人康复培训中心组团访问奥胡斯,受到奥胡斯州政府和残疾人康复培训组织的热情接待。双方就开展残疾人康复,研发、生产培训和设备用品进行深入探讨。7月,市残疾人联合会、市残疾人康复培训中心再次组团访问奥胡斯,双方签署关于在残疾人事业领域开展合作交流的备忘录。2008年,丹麦中部大区与市科委达成协议,就科技创新、纳米技术、信息通信等开展定期交流合作。2010年上海世博会期间,丹麦中部大区与丹麦驻上海科技创新中心合作,在上海世博会丹麦国家馆进行展示活动。三是在教育、卫生、体育方面。2004年11月,丹麦地方政府协会代表团访沪,参观复旦大学的沪奥友城合作项目,听取复旦大学和奥胡斯大学合作交流的情况介绍。2005年9月,市卫生局组团访问奥胡斯,考察当地医院和医疗护理情况。2006年4月,奥胡斯州体育代表团访沪,访问市体育局,双方就开展合作交流进行探讨。2007年5月,市残疾人联合会有关人员赴丹麦中部大区进行短期培训,为当年10月在上海举行的世界夏季特殊奥林匹克运动会作准备。7月,奥胡斯州少女仪仗队访沪,与上海特殊奥林匹克运动会执委会合作,在沪举行名为"丹麦奥胡斯少女仪仗队迎特奥爱心巡游"活动,引起很大反响。2008年3月,丹麦中部大区主席本特·汉森应邀率团访沪时,还访问复旦大学附属华山医院,与该院达成于当年互派医疗专家组进行考察访问的意向。2009 年 3 月，丹麦中部大区医疗代表团访沪，与华山医院、岳阳医院举行医学研讨会。

2006 年 5 月 1 日，奥胡斯州驻沪代表处正式设立。

十九、爱尔兰科克市

科克市是爱尔兰第二大城市、科克郡首府，欧洲最好的天然良港之一。面积 37.3 平方千米，人口约 20 万。

图 3－3－22 爱尔兰科克市

上海市和科克市于 2005 年 5 月 19 日建立友好城市关系。2002 年 11 月，爱尔兰驻沪总领事馆副领事戴文乐与市政府外办会谈时，向中方递交科克市城市经理乔・加文关于提议科克与上海结好的一封信以及科克市的情况介绍，并表示希望听取上海方面对这一提议的意见。2003 年 3 月，科克市市长约翰・凯莱赫致信中国驻爱尔兰大使沙海林，表达科克市希望与上海市建立友好城市关系的愿望。与此同时，科克市又通过爱尔兰驻沪总领事孔吉瑞，向上海市政府转达科克市希望与上海市开展友好合作的愿望。对于科克方的提议，上海方面作出积极响应。2003 年 6 月，市政府外办负责人会见爱尔兰驻沪总领事孔吉瑞，就两市结好事宜进行友好商讨。2003 年 10 月，科克市市长科尔姆・伯克致函上海市长韩正，重申两市结好的愿望，并希望双方领导能就两市合作事宜直接进行商谈。2004 年 2 月，科克市市长科尔姆・伯克应邀率科克市代表团访沪，双方就两市结好事宜进行深入探讨。伯克热情邀请上海派团参加在科克市举行的“2005 欧洲文化之都”活动。此后，双方经过认真磋商，为两市结好作好一应准备。2005 年 5 月，应科克市政府邀请，市人大常委会主任龚学平率上海市代表团一行 150 余人访问科克市。5 月 19 日，龚学平与科克市市长西恩・马丁共同签署《上海市和科克市建立友好城市关系协议书》。访问期间，上海 10 多个相关部门与科克市有关方面合作，举办经贸论坛、旅游推介、文艺演出、图片展览等系列活动。

两市结好后，双方领导的往来主要有：2006 年 10 月，科克市副市长麦克・奥康纳尔随爱尔兰工贸部副部长埃亨率领的科克市商会代表团访沪。在沪期间，拜访市政府外办、市教委、市公安局等有关单位,就两市在教育、经贸、警务、医疗、文化等领域的合作和交流进行探讨。2007年10月,科克市市长多纳尔·考尼翰和科克市城市经理丹·布吉访沪,参加上海特奥会相关活动。2010年5月,科克市市长达拉·墨菲一行应邀访沪,市长韩正会见墨菲一行,双方就进一步推进相互间的合作和交流进行交谈。在沪期间,代表团参观上海世博会,并拜访长宁区、卢湾区、闸北区,就进一步加强双方在文化、教育等领域的合作和交流进行探讨。

两市结好后,双方积极开展合作和交流。一是在文化方面。2004年10月,上海话剧艺术中心在科克市大剧院演出话剧《长恨歌》,以此作为科克"2005欧洲文化之都"活动和"中国—爱尔兰文化交流"项目的一部分。上海音乐学院打击乐团也赴科克市参加"2005欧洲文化之都"活动。同月,上海电视台摄制组赴科克拍摄纪录片。2006年3月,应科克市艺术节邀请,市档案馆在科克市举办"上海印象"图片展,长宁沪剧团在科克市演出大型沪剧《雷雨》,受到热烈欢迎。3—6月,爱尔兰著名摄影师奥康纳应邀到沪,拍摄有关上海风情的照片,相关作品于9月在科克展出。10月,科克市副市长麦克·奥康纳尔随爱尔兰工贸部副部长埃亨访沪时,与上海有关部门就两市在教育、文化、卫生等领域的交流与合作进行具体探讨。2007年11月,科克市艺术代表团访沪,拜访市文广局、上海艺术节中心等各文化机构,出席上海音乐学院成立80周年庆典活动,并就科克参加上海国际艺术节、上海国际旅游节,两地艺术家互访、交流,项目合作等进行深入探讨。2008年10月,科克市政府文化委员会主席率团访沪,参加上海国际艺术节。二是在教育方面。2005年1月,科克大学派员随爱尔兰总理访沪,与上海同行进行交流。2007年11月,科克市教育代表团访沪,科克市3所学校与上海比乐中学等3所学校签订友好交流备忘录,并与长宁区、闸北区5所学校进行接触,达成初步交流意向。11月,科克大学与上海大学合作,在科克市设立孔子学院。2008年9—10月,卢湾区、长宁区、闸北区10所学校领导赴科克市访问,考察各结好学校。10月,科克市政府在市政厅举行隆重的友好学校签约仪式,爱尔兰外长麦克·马丁、教育科学部部长巴特·奥基菲和科克市市长出席签约仪式。三是在城市建设方面。2005年、2006年,金山、卢湾两区先后派团赴科克访问,就城市建设和发展等进行交流。2005年11月,科克市港口发展局局长、科克上海友城联络人帕特·莱特维奇访沪,探讨两市在港口建设、海事管理等方面的交流和合作。四是在经贸方面。2005年1月,科克市商会派员随爱尔兰总理访沪,与上海同行就两市经贸合作进行交流。2006年10月,爱尔兰工贸部副部长埃亨率科克市商会代表团访沪,就两市在经贸等方面的合作与上海有关单位进行商谈。五是在公务员培训方面。应科克市政府邀请,自2004年起,上海市政府连续六年每年派遣2名公务员赴科克市进修,每期约10周,主要内容包括英语学习、对科克市政府部门和企业的考察等,取得较好效果。同时,科克市政府还每年安排上海市派往都柏林进修的公务员赴科克市参观访问。

二十、瑞士巴塞尔州

巴塞尔州位于瑞士莱茵河湾与德、法两国交界处,面积37平方千米,人口18.8万。医药和化工工业是巴塞尔州的主要经济支柱,瑞士三大化工集团都集中在巴塞尔州。巴塞尔州也是瑞士最重要的生命科学基地。其所辖的巴塞尔市是瑞士第二大城市和主要航运口岸,也是国际清算银行和瑞士展览公司所在地。

上海市与巴塞尔州于2007年11月19日建立友好市州关系。2002年,巴塞尔州管理委员会主席卡罗·康提和巴塞尔州著名电影制片人阿瑟·孔恩到沪出席上海国际电影节。以此为契机,巴

图 3－3－23　瑞士巴塞尔州

塞尔州与上海首次建立州市政府之间的联系，瑞士驻沪总领事罗特积极促进两市州的合作和交流。2006 年 3 月，市政府外办工作组访问巴塞尔州，双方就两地建立友好城市关系进行初步会谈。12 月，巴塞尔州管理委员会主席兼卫生部部长卡罗·康提到沪参加亚洲牙科种植大会，与副市长唐登杰等举行会谈，双方均表示，希望开展多种形式的官方合作，争取早日结好。2007 年 6 月，巴塞尔州管理委员会主席兼卫生部部长卡罗·康提、经济和社会事务部部长拉尔夫·列文联名致信上海市长韩正，表达巴塞尔州希望与上海正式建立友好城市关系的愿望。上海方面积极响应。双方有关部门为结好进行认真准备。2007 年 11 月，巴塞尔州管理委员会主席卡罗·康提一行应邀访沪。11 月 19 日，副市长唐登杰与康提共同签署《上海市和巴塞尔州建立友好城市关系协议书》。

两地结好后，双方领导的往来主要有：2008 年 4 月，市委常委、组织部部长沈红光应邀访问巴塞尔州，与巴塞尔州管理委员会主席桂·莫林共同签署两市州 2008—2010 年合作备忘录。2008 年 9 月，市政协副主席李良园率上海市代表团访问巴塞尔州，与巴塞尔州管理委员会委员、卫生部部长卡罗·康提就两地友好合作进行商谈。2009 年 4 月，巴塞尔州管理委员会副主席兼卫生部部长卡罗·康提率团访沪，副市长沈晓明会见代表团一行。在沪期间，康提一行出席巴塞尔州政府赠送上海的巴塞尔龙喷泉落成仪式，并与上海世博局等有关单位就巴塞尔州参加 2010 年上海世博会、医学院合作、艺术节交流等进行会谈。2009 年 6 月，市长韩正率上海市代表团访问巴塞尔州，就进一步促进巴塞尔州参展 2010 年上海世博会，与巴塞尔州管理委员会主席莫林进行会谈，双方还就进一步推进两地合作和交流项目进行商谈。韩正一行访问位于巴塞尔州的瑞士诺华公司总部。2010 年 5 月，巴塞尔州州长莫林一行应邀访沪，市长韩正会见莫林一行。在沪期间，莫林出席上海世博会巴塞尔、日内瓦、苏黎世联合馆举行的“特别日”活动和与之相配合的“巴塞尔周”活动。2010 年 8 月，巴塞尔州政府委员兼建设交通部部长威瑟斯和议会主席冯·比德一行访沪，副市长沈骏会见代表团一行，双方共同签署《上海市和巴塞尔州 2011—2013 年合作备忘录》。在沪期间，代表团参观世博会，出席巴塞尔、日内瓦、苏黎世联合馆举行的“建筑日”“设计日”等活动。代表团还出席巴塞尔州政府在沪举办的巴塞尔交响乐团音乐会和招待会，在上海访问的瑞士联邦主席洛特哈德和巴塞尔州政府委员威瑟斯分别致辞。

为表彰对发展两地友好合作交流所作的贡献,上海市人民政府于1999年授予上海罗氏制药有限公司瑞士籍总经理威廉·凯乐上海市“荣誉市民”称号。

两市结好后,双方积极开展合作和交流。一是在经贸方面。瑞士罗氏制药和诺华制药都是世界著名的制药企业,总部均设在巴塞尔州。1996年,罗氏制药已在沪成立上海罗氏制药有限公司。2007年6月,上海复星医药(集团)股份有限公司代表团访问巴塞尔州。2007年11月,诺华制药生物医学研发中心在上海张江高科技园区开业。2010年7月,巴塞尔州欧洲机场副总裁文森特·德瓦舍勒一行拜会东方航空公司、上海国际机场公司负责人,探讨与上海实现开通货运和客运直航的可能性。二是在体育、教育方面。2003—2007年期间,来自巴塞尔的网球大师费德勒赢得4届上海网球大师杯赛的桂冠。巴塞尔的建筑师为2008年北京奥运会设计中国国家体育场(鸟巢)。2007年2月起,巴塞尔大学医学院和复旦大学医学院开展专业交流。2008年3月,复旦大学医学院代表团访问巴塞尔大学医学院,合作举办学术研讨会。三是在人才培训方面。2009年5—6月,经市政府外办和巴塞尔州对外关系和地区推广部协调,上海市经济管理干部学院选派上海城投集团、世博集团等4家国有企业共5名青年,赴巴塞尔州对口企业实习培训。2010年5月,巴塞尔州也选派一批青年经理来上海国有企业实习培训,沪方为交流人员准备为期1周的培训课程和7周的企业实习。四是巴塞尔龙喷泉。15世纪以来,巴塞尔龙一直是巴塞尔的保护神兽。为纪念两地建立友好城市关系,巴塞尔政府向上海市赠送一座巴塞尔龙喷泉。2009年4月,巴塞尔龙喷泉落成仪式在静安区蝴蝶湾绿地举行,巴塞尔州管理委员会副主席康提和市政协副主席李良园出席落成仪式。

巴塞尔州积极参与上海世博会。2010年上海世博会瑞士国家馆的设计者是来自巴塞尔的建筑师。巴塞尔与瑞士日内瓦、苏黎世联合提供的主题为“改善水质,让城市生活更美好”的案例,入选2010年上海世博会城市最佳实践区参展案例。2010年5月,上海世博会巴塞尔、日内瓦、苏黎世联合馆举行“特别日”活动,与之相配合的“巴塞尔周”也同时举行。在上海访问的巴塞尔州州长莫林参加活动。活动包括:官方招待会、全球能源活动、瑞士西北应用科技大学和上海市经济管理干部学院共同举办的巴塞尔周“管理日”、巴塞尔大学举办的“大学日”等。

二十一、法国罗纳-阿尔卑斯大区

罗纳-阿尔卑斯大区(以下简称“罗-阿大区”)位于法国东南部,是法国第二大区,也是仅次于巴黎大区的高度发达地区。面积45 000平方千米,人口580万。

上海和罗-阿大区于1986年11月20日建立友好交流关系,2008年5月21日升格为友好市区关系。1985年3月,罗-阿大区议会主席贝鲁蒂埃和里昂市市长哥伦波致函上海市领导人,希望与上海发展友好合作关系。1986年1月,上海市政府外办代表市政府复信表示,上海愿与罗-阿大区发展友好关系,开展经贸、科技、文化等领域的实质性交流。1986年4月,从事法中教科文友好交流的机构——里昂中法学院的院长马莱基访沪期间,同市政府外办副主任张安友签署《探讨法国罗-阿大区与上海之间开展实质性友好交流》的协议书。副市长刘振元代表市长江泽民会见马莱基。1986年5月,市长江泽民致函贝鲁蒂埃,祝贺他再次当选为罗-阿大区议会主席,并邀请他率罗-阿大区代表团访沪,进一步商讨双方开展经济、科技交流事宜。1986年11月,贝鲁蒂埃率领罗-阿大区代表团访问上海。11月20日,江泽民和贝鲁蒂埃正式签署《上海市和罗纳-阿尔卑斯大区友好合作协议书》。此后,两地领导人往来频繁,双方在工业、农业、科技、经贸、教育、文化等方面持续开展

图 3-3-24　法国罗纳-阿尔卑斯大区

良好的交流和合作。经过 10 多年卓有成效的合作，特别是在进入 21 世纪以来，双方都认为应将两地的友好交流关系提升到一个新的层次。2008 年 5 月，罗-阿大区主席让-雅克·凯拉纳携夫人一行 80 余人应邀访沪。5 月 21 日，市长韩正与罗-阿大区主席凯拉纳共同签署《上海市和罗纳-阿尔卑斯大区关于将两地关系升格为友好市区关系协议书》。

两地结好后，双方领导往来频繁。罗-阿大区方面的主要有：1996 年 10 月，罗-阿大区区长(法国政府派驻地方的最高行政长官)保罗·贝尔纳赴北京参加国际研讨会时访问上海。1997 年 4 月，罗-阿大区主席兼法国国防部部长夏尔·米荣率罗-阿大区官方、科技、企业代表团访沪，与市长徐匡迪共同签署两市区 1997—1998 年度友好交流项目备忘录，并举行两地第六次科技合作混合委员会会议。1999 年 10 月，罗-阿大区主席孔巴莉妮率罗-阿大区官方及文化、教育、纺织代表团访沪，与市长徐匡迪共同签署两市区 1999—2001 年度友好交流项目备忘录。文化代表团还出席第四届上海国际电影节。2004 年 11 月，罗-阿大区主席让-雅克·凯拉纳率罗-阿大区代表团访沪。2008 年 5 月，罗-阿大区主席让-雅克·凯拉纳携夫人一行应邀访沪，代表团成员包括政府官员、文化、经贸、新闻界人士共 80 余人。双方共同签署两市区升格为友好城市关系协议书。代表团还在沪举办“罗-阿大区周”系列活动。2010 年 5 月，罗-阿大区主席让-雅克·凯拉纳一行应邀访沪，市长韩正会见代表团，并与让-雅克·凯拉纳共同签署《上海市和罗-阿大区 2010—2014 年度友好交流备忘录》。韩正和凯拉纳共同出席上海世博会罗-阿大区馆“特别日”开幕式并致辞。代表团在沪期间，还出席罗-阿大区五大美术馆藏品展开幕式等。此外，罗-阿大区副主席马尤、梅里厄、梅尔希、克洛德·富尔、雅克·乌多、夏尔·贝尔索纳兹、米歇尔·蒂奥利埃尔、让-鲁泊·弗罗兰、罗歇·富耶尔、贝尔纳黛特·拉克莱、让·贝松、罗杰·富杰埃等也先后应邀率团到沪访问或参加有关活动。2010 年上海世博会期间，罗-阿大区多位副主席先后到沪，分别参加在世博园城市最佳实践区罗-阿大区案例馆内举办的各项主题周活动。上海市领导应邀前往访问的主要有：1991 年 4 月，市长朱镕基率上海市代表团应邀访问罗-阿大区，与罗-阿大区主席米荣共同签署《上海市和罗纳-阿尔卑斯大区 1991—1992 年友好交流项目备忘录》。1995 年 11 月，市政协主席陈铁迪率上海市代表团访问罗-阿大区。2000年6月,市长徐匡迪率上海市代表团访问罗-阿大区,出席“今日中国”报告会、“上海经济”研讨会等。在法期间,法国总统希拉克会见代表团一行。2009年6月,市长韩正率上海市代表团访问罗-阿大区,就进一步促进罗-阿大区参展2010年上海世博会与罗-阿大区主席凯拉纳会谈。双方还就两地进一步开展友好合作和交流进行商谈,并取得一致意见。其间,代表团还访问总部在罗-阿大区的法国梅里亚生物医药公司等。此外,上海市领导黄菊、顾传训、赵启正、左焕琛、刘云耕、金炳华、冯国勤、沈红光等也先后应邀率团赴罗-阿大区访问或参加有关活动。

两地结好后,双方积极开展合作和交流。为表彰对发展两地友好合作交流所作的贡献,上海市人民政府于1997年4月分别授予罗-阿大区主席夏尔·米荣和罗-阿大区第一副主席阿兰·梅里厄上海市“白玉兰荣誉奖”。

双方的合作交流主要体现在:一是在农业、畜牧业方面。1987年5月,上海畜牧业考察团访问罗-阿大区。1987年10月和1988年12月,上海农学院和罗-阿大区高等农学院、里昂国立兽医学院建立校际交流关系。上海农学院1名教师赴法国学习微生物生态学,获硕士学位,回国后开设这门在中国尚属新兴的学科。1988年4月,上海农业合作经济代表团访问罗-阿大区。1988年9月、12月,罗-阿大区渔业、农业代表团先后访沪。1988年,罗-阿大区向宝山区无偿提供可供种植一亩地的小麦种子、葡萄苗和草莓苗;上海农科院和罗-阿大区还以交换方式引进孢子甘蓝、生菜、早熟西红柿、花菜等20多个优良蔬菜品种和种植技术。1988—1992年,双方互换10名农业进修生。1989年,宝山葡萄专家和罗-阿大区葡萄专家互访。1989年7月,宝山香菇专家访问罗-阿大区。1991年,宝山区把与罗-阿大区的葡萄酒合作项目转至山东烟台张裕葡萄酒公司,双方就建立“烟台中法葡萄酒有限公司”达成初步协议。1991年1月,罗-阿大区农会葡萄代表团访沪。同年5月,罗-阿大区花卉、蔬菜代表团访沪。1991年、1992年,罗-阿大区园林专家来沪就复兴公园恢复法式园林特色改造项目进行咨询。1991年底,上海向罗-阿大区赠送16头梅山猪,作为回赠,罗-阿大区向上海农科院、嘉定区赠送1辆小客车和6项农业科技设备。1992年11月,上海农业经济考察团访问罗-阿大区。

二是在科技方面。自1987年起,市科委与罗-阿大区高等教育及研究委员会定期共同举办上海—罗-阿大区科技合作混委会会议,至2008年,先后在上海和罗-阿大区举办10届涉及科研与高教合作的混委会会议。两地科技主管部门通过混委会机制保持密切的交往,两地科研机构、大学学者开展广泛的交流与合作。1987年5月,罗-阿大区在沪举办“工业技术展”。1991年8月,罗-阿大区在沪举办上海—罗-阿大区光纤技术研讨会,上海科技大学与圣太田大学签订合作协议。1991年9月,上海纺织科学研究院3名专家访问里昂纺织研究院,双方签订合作协议。1993年10月,市科技代表团访问罗-阿大区。2001年4月,市科技代表团访问罗-阿大区,出席材料科学研讨会。2007年7月,市科委新药开发中心应邀出席在里昂举办的“生物技术展望”论坛。

三是在教育、卫生方面。罗-阿大区每年向上海高校提供不同种类的奖学金,资助上海高校学生赴罗-阿大区接受长期、短期培训,邀请上海大学教师赴罗-阿大区做访问学者。上海工业大学与格勒诺布尔第二大学、上海科技大学与圣太田大学、上海纺织科学研究院与里昂纺织研究院、上海交通大学与格勒诺布尔富里叶大学分别签署相关领域的合作协议。上海与罗-阿大区各6所中学分别建立姐妹学校关系。1991年11月,上海第二医科大学与罗-阿大区格勒诺布尔大学联合会及斯汤达尔大学高校法语学习中心在上海第二医科大学建立卫生部全国法语培训中心。1991年12月,罗-阿大区两位旅馆学校校长访沪,与锦江集团技校探讨合作交流事宜。1998年4月,罗-阿大区高教负责人访沪，出席该区蒙戴斯大学与上海大学联合举办的研讨会。1998 年 6 月，上海少年足球队赴罗-阿大区参加友好城区少年足球赛。2000 年 4 月，里昂中学生代表团访沪，参加上海外国语大学附中第三届“里昂—上海”语言交流活动。2002 年 10 月，罗-阿大区高等教育及研究委员会主席一行访沪，与市教委签署 2002—2003 年度教育合作交流协议书。1996 年 6 月，上海城市卫生考察团访问罗-阿大区，交流城市公共卫生工作。

四是在文化方面。1988 年 10 月，上海在罗-阿大区举办“中国现代画展”和“中国青铜器展”。1989 年 1 月，上海民乐团赴罗-阿大区演出。1989 年 2 月，罗-阿大区里昂芭蕾舞团来沪演出。1991 年 11 月，“罗-阿大区电影周”在上海举行。1997 年 3 月，上海东方电视台“飞越太平洋”节目组赴罗-阿大区，制作《友城之旅》电视节目。2002 年 11 月与 2003 年 9 月，上海派出先遣组赴罗-阿大区，就中法文化年有关事宜与法方进行商谈。2006 年，为庆祝上海与罗-阿大区建立友好交流关系 20 周年，罗-阿大区和上海约定分别在两地绘制一幅墙画。2006 年 9 月、2008 年 10 月，“上海墙画”“罗-阿大区墙画”分别在两地完成，两地领导分别出席墙画揭幕仪式。

五是在城市建设、培训等方面。1992 年 6 月，卢湾区建设局代表团赴罗-阿大区考察。2006 年 7 月，市建设和交通委员会代表团赴罗-阿大区，出席“第 12 届改善和发展城市交通合作研讨会”。1992 年 11 月，锦江集团代表团赴罗-阿大区考察，落实互派旅馆技术人员培训项目。1992 年 11 月，罗-阿大区圣太田市代表团到沪，与宝山区商谈横沙岛旅游开发项目。1998 年，上海红房子西餐馆先后派员赴罗-阿大区，考察法国大菜，进行为期 2 个月的法式西餐培训。1998 年 9 月，市档案馆两名工作人员赴罗-阿大区国立图书馆等单位培训，为期半年。1999 年 2 月，上海锦江集团青年厨师代表团赴罗-阿大区，参加在里昂举行的“罗-阿大区第三届世界职业展览会”。2000 年 6 月，市老龄工作委员会代表团访问罗-阿大区。2005 年 7 月，罗-阿大区服务总局顾问访沪，双方就首届中法地方政府合作高层论坛事宜进行磋商。此外，由上海市仲裁委员会和罗-阿大区仲裁、调解中心共同创办的“上海—罗纳-阿尔卑斯调解中心”于 2005 年 10 月在沪举行成立揭牌仪式。

两地结好后，双方合作举办“上海周”“罗-阿大区周”等大型活动。2006 年 9 月，常务副市长冯国勤率上海市代表团访问罗-阿大区，与大区主席让-雅克·凯拉纳共同出席在里昂举行的纪念两地结好 20 周年庆祝活动“上海周”。活动内容包括：经贸论坛、文艺演出、上海妇女儿童图片展、上海墙画揭幕仪式等。2008 年 5 月，罗-阿大区主席让-雅克·凯拉纳携夫人一行应邀访沪，参加为庆祝两地升格为友好城市关系而举办的“罗-阿大区周”系列活动。活动包括：经贸论坛、旅游推介、当代青年艺术展、园艺研讨会、音乐会、电影展、留学生见面会等。罗-阿大区主席凯拉纳和上海市副市长唐登杰共同出席经贸论坛并致辞。

罗-阿大区积极参与上海世博会。2008 年 4 月，罗-阿大区提交的“城市环境下的环保能源和可持续家园”和“城市节能照明系统”2 个案例入选 2010 年上海世博会城市最佳实践区参展案例。2010 年 5 月 15 日，罗-阿大区展馆“特别日”活动开幕式在世博园区举行，在上海访问的罗-阿大区主席让-雅克·凯拉纳和上海市长韩正共同出席开幕式并为特别日活动剪彩。展馆前绽放着由罗-阿大区赠送的玫瑰园里的鲜花。2010 年 5 月，罗-阿大区展馆举办“博若莱葡萄酒”主题周活动。2010 年 6—10 月，罗-阿大区在世博园城市最佳实践区罗-阿大区案例馆内连续 5 个月举办 10 余个主题周活动，其中包括：“健康”主题周、“可持续建筑：建筑物与能源”主题周、“影像工业”主题周、“农业食品”主题周、“旅游”主题周、“罗纳河谷葡萄酒”主题周等。罗-阿大区副主席法利达·布达乌、米歇尔·格雷格卢瓦、埃尔维·苏尼亚克、贝尔纳黛特·拉克莱、贝尔纳·苏拉日、格旺达·佩泽拉、克里斯汀·布多等分别到沪出席上述活动。

二十二、英国大伦敦市

伦敦也称“大伦敦”,是英国的首都,世界最大的现代化国际城市之一,英国政治、经济、文化和交通中心,也是英国最大的海港和首要工业城市。位于英格兰东南部,在泰晤士河下游两岸。面积1 580 平方千米,人口 800 万。

图 3－3－25　英国大伦敦市

上海市和大伦敦市于 2009 年 3 月 31 日建立友好城市关系。2003 年 11 月,市长韩正率上海市代表团访问伦敦,与大伦敦市市长肯·列文斯通会面,双方提出希望签署两市合作框架协议。2006 年 4 月,大伦敦市市长肯·列文斯通率团访问上海,与市长韩正共同签署《上海市与大伦敦市友好交流协议》。2009 年 3 月,上海市长韩正和大伦敦市市长博利斯·约翰逊分别在上海和伦敦签署《中华人民共和国上海市和大不列颠及北爱尔兰联合王国大伦敦市建立友好城市关系协议书》,并通过邮寄方式交换签署文本。两市协商同意,2009 年 3 月 31 日为两市正式建立友好城市关系日。

两市结好后,双方领导往来主要有:2006 年 10 月,大伦敦市分管经济的副市长约翰·罗斯访沪,会见副市长杨雄,并就 2007 年春节前在伦敦举办“上海周”、邀请上海参加“大城市气候领导小组”、伦敦参与上海世博会等进行商讨。2007 年 2 月,市政协副主席俞云波率上海市代表团赴伦敦,出席“上海周”系列活动。2007 年 5 月,大伦敦市副市长约翰·罗斯访沪,参加同济大学建校 100 周年庆典活动中的市长论坛,并作演讲,拜访上海世博局等。2008 年 7 月,大伦敦市新任副市长伊恩·克莱蒙特一行访沪,副市长唐登杰会见代表团,并就上海和大伦敦市签署友城协议、大伦敦参与上海世博会等进行深入探讨。

两市的合作交流主要体现在:一是环保方面。2005 年 10 月,上海市环保代表团应邀访问伦敦,出席在伦敦举办的“世界城市气候变化峰会”。2006 年 11 月,大伦敦市市长高级顾问马克·沃兹和克林顿基金会主席伊拉·马嘉欣纳访沪,拜访市环保局等。2007 年 4 月,大伦敦市政府“大城市气候领导小组”项目负责人西蒙·莱迪、克林顿基金会亚欧城市项目总监卡斯泰德访沪,参加由市环保局牵头召开的"大城市气候领导小组"合作项目研讨会。二是在文化、旅游方面。2004 年 2 月，应大伦敦市政府邀请，市旅游委代表团访英，参加在伦敦举办的"世界级城市国际旅游峰会"。2006 年 2 月，市文广局、上海电影节组委会赴伦敦举办"上海电影周"活动。同月，上海地铁与伦敦地铁合作举办"地铁上的诗歌"活动。2006 年 6 月，大伦敦市电影局首席执行官率团参加上海电影节，并向上海电影资料馆赠送电影《堕落的天使》拷贝。2007 年 12 月，伦敦电影局在沪举办"伦敦电影周"活动。三是举办上海周。2007 年 2 月，上海在伦敦举办"上海周"系列活动，市政协副主席俞云波率上海市代表团出席相关活动。该活动是 2007 年伦敦中国春节庆祝活动的组成部分，包括"上海 360 度"图片展、春节大巡游、特拉法尔加广场表演、"银幕上的上海"动画片展映、上海—伦敦金融服务研讨会等。2009 年 1 月，上海市政府在伦敦举办"魅力上海，精彩世博——伦敦上海周"。活动内容包括青铜器展、玉器展、世博论坛、图片展、文艺演出、旅游推介等。此外，2008 年 4 月，大伦敦市提供的案例"城市的流动性和联系性"曾入选 2010 年上海世博会城市最佳实践区参展案例，后英方因经费原因退出。

二十三、奥地利萨尔茨堡市

萨尔茨堡市是奥地利萨尔茨堡州首府，位于奥地利北部，距首都维也纳约 320 千米。北临阿尔卑斯山，并与德国接壤。面积 66 平方千米，人口约 15 万。旅游业和文化艺术产业是萨尔茨堡两大经济支柱，电影《音乐之声》和萨尔茨堡国际音乐节使风景如画的萨尔茨堡举世闻名。1996 年，萨尔茨堡老城被世界教科文组织列入世界文化遗产名录。

图 3－3－26　奥地利萨尔茨堡市

上海市和萨尔茨堡市于 2004 年 11 月建立友好交流关系，2009 年 9 月 3 日建立友好城市关系。2001 年 5 月，萨尔茨堡州州长弗兰兹·莎斯伯格陪同奥地利总统克雷斯蒂尔访问上海，与上海市长徐匡迪就发展上海和萨尔茨堡的友好关系进行交谈。2004 年 1 月，萨尔茨堡州副州长艾瑟尔致函上海市长韩正，表示希望促成萨尔茨堡市与上海市结为友好城市。2004 年 1 月，萨尔茨堡市市长海茨·沙登致信上海市长韩正并告知，萨尔茨堡市议会一致表决通过决议，希望与上海建立长期、正式的友好城市关系。2004 年 11 月,萨尔茨堡市市长沙登率团访沪,韩正和沙登共同签署《上海市和萨尔茨堡市合作交流备忘录》,两市正式建立友好交流关系。2009 年 9 月 3 日,市人大常委会主任刘云耕率团访问萨尔茨堡,与萨尔茨堡市市长沙登共同签署《上海市和萨尔茨堡市建立友好城市关系协议书》。

两市结好后,双方领导的交往主要有:2009 年 9 月,市人大常委会主任刘云耕率团访问萨尔茨堡市,与萨尔茨堡市市长沙登举行会谈,共同签署两市建立友城关系协议书,并就两市在经济、贸易、旅游、科技、文化等诸多领域开展交流达成共识。2009 年 11 月,萨尔茨堡市市长海茨·沙登率团访沪,与市长韩正共同签署《上海市和萨尔茨堡市 2010 年至 2012 年合作备忘录》,并与上海国际艺术节中心、上海音乐学院等单位就合作交流事宜进行商谈,还参观筹办中的 2010 年上海世博会园区和奥地利国家馆。2010 年 7 月,萨尔茨堡市市长海茨·沙登率团访沪并参观上海世博会。与副市长唐登杰会见时,双方就进一步拓展相互间合作交流进行商谈。2010 年 10 月,萨尔茨堡州副州长哈斯劳尔率团访沪并参观上海世博会,副市长唐登杰会见代表团一行,双方就加强两地文化领域合作,进而推动双方在经济、教育、科技、旅游等领域的交流交换意见。

两市的合作交流主要体现在:一是在文化方面。萨尔茨堡音乐节和中国上海国际艺术节建立交流关系。2001 年起,萨尔茨堡乐团先后 6 次到上海演出。2004 年 2 月,上海新音乐乐团赴萨尔茨堡市参加现代国际音乐节演出。2010 年 10 月,作为献给上海世博会的一份礼物,同时作为“2010 中国上海国际艺术节”活动之一,萨尔茨堡室内乐团在沪举办音乐会,由莫扎特国际基金会收藏的莫扎特本人使用过的小提琴和中提琴在音乐会上亮相,受到广大古典乐迷的喜爱。二是在人才培训、教育方面。1999 年起,复旦大学和萨尔茨堡大学开展互换教师和学生的合作交流项目。2004—2006 年,上海市干部教育中心先后派出 3 批共 60 人次赴萨尔茨堡行政学院培训,主题为政府管理和人力资源,每次培训为期 1 周。2005 年 10 月,市干部教育中心和萨尔茨堡行政学院签署合作培训备忘录。2007 年 11 月,上海音乐学院与萨尔茨堡莫扎特音乐大学签订校际交流协议,并互换奖学金学生。

第二节　市级友好交流关系城市

一、俄罗斯符拉迪沃斯托克市

符拉迪沃斯托克市(以下简称“符市”),位于穆拉夫约夫—阿穆尔半岛南端,是俄罗斯太平洋沿岸主要港口城市,俄罗斯太平洋舰队基地,也是俄罗斯远东地区最大的城市和经济、文化中心。面积 561.54 平方千米,人口约 63.3 万。

上海市和符市于 1993 年 4 月 27 日建立友好交流关系,开展友好往来与交流。1992 年初,上海市政府外办通过俄罗斯驻沪总领馆向符市表达上海市希望与符市发展友好交往的意向。6 月,符市国际联络委员会复函告上海市政府外办,符市已决定和大连市建立友城关系,并将于 1992 年底签署正式协议书。鉴此,上海市仍表示希望与符市建立友好合作关系。1993 年 4 月,符市副市长诺维科夫率团访沪,副市长赵启正会见代表团。4 月 27 日,市政府外办副主任俞彭年与符市国际联络委员会主任伊格纳坚科正式签署《上海和符拉迪沃斯托克发展友好合作关系协定书》。

两市结好后,双方领导的主要往来有:1999 年 4 月,符市副市长阿波罗斯金一行访沪。2000 年 9 月,符市副市长萨普雷金访沪,参加“2000 中国国际友好城市大会”。2005 年 12 月,符市市长弗拉季米尔·维科多维奇·尼古拉一行访沪,副市长唐登杰会见代表团一行,两市领导人商谈进一步发展合作交流事宜。2008 年 10 月,符市市长致函上海市长韩正,告知原符市对外关系局改为国

图 3-3-27　俄罗斯符拉迪沃斯托克市

际关系和旅游局。该局局长致信上海市政府外办，提出两市 2009 年合作设想。

两市的合作交流主要体现在：一是文化、体育方面。1995 年 6 月，上海市代表团应邀赴符市参加符拉迪沃斯托克市建城 135 周年庆祝活动，并选送反映上海改革开放、经济社会建设和风土人情的摄影图片 50 余幅，参加该市举行的友谊、文化展出。10 月，符市歌舞团到沪参加上海宝山国际民俗文化节。1998 年 1 月，符市选送反映符市风光的摄影图片，参加"上海国际友好城市图片展"活动。2003 年 10 月，符市派遣运动队到沪，参加"2003 上海友好城市运动会"。二是经贸方面。1995 年 12 月，上海市政府外办、市经委组团赴符市，探讨两市互办商品展销会事宜。2001 年 1 月，市经委代表团访问符市，洽谈在符市开办涂料生产厂、木材加工厂和贸易公司事宜。5 月，上海贸促会组织 80 多名企业、商业界人士参加在符市举办的"上海商品展销会"。2007 年 9 月，市贸促会代表团访问符市，参加以"国际健康、舒适、生态保护"为主题的第五届符拉迪沃斯托克博览会。三是外事、青少年方面。1995 年 4 月、1999 年 7 月和 2000 年 5 月，市政府外办工作组先后访问符市，商讨两市开展交流合作事宜、参加友城工作"圆桌会议"。1999 年 8 月，市中学生代表团赴符市进行友好访问和交流。2002 年 6 月，市青联组织一批少儿绘画作品参加符市少儿国际绘画展。

二、英国伦敦金融城

伦敦金融城是英国首都伦敦市的组成部分，位于伦敦的商业中心，面积 2.9 平方千米，是世界最重要的国际金融中心。世界 500 强企业中有四分之一在城内设有分公司或办事处，约有 500 家外国银行在城内经营，城内拥有世界最大的航运保险市场、伦敦证券交易所、伦敦金属交易所、伦敦国际金融期货交易所等。市长一年一任。

上海市和伦敦金融城于 1996 年 9 月 4 日建立友好交流关系。1995 年 5 月，英国副首相、贸易工业大臣赫塞尔廷率团访华期间，在沪多次向上海市领导人表示，伦敦是世界金融中心，愿把先进经验和专业知识提供给正在进行金融中心建设的上海。对此，上海表示欢迎，愿与伦敦建立和加强这方面的交流合作关系，并得到中国驻英国大使馆的大力支持。1995 年 10 月，国务院副总理钱其琛访问英国时，双方进一步推动此事。接着，伦敦金融城政策与资源委员会主席、自治体金融委员

图 3-3-28　英国伦敦金融城

会主席、自治体首席执行官、自治体自治部经理、中英贸易协会中国委员会主席等金融界高层领导人访问上海。在沪期间,双方表示要共同加强两市金融合作交流,建立多层次合作网络,加强金融界高层接触,在证券、期货、保险、银行业进行人员培训、经验交流、信息交换等多种形式的合作交流。1996 年 5 月,应英国政府邀请,市长徐匡迪率代表团访问英国,与伦敦金融城市长查尔斯特利签署两市开展以金融业为主的合作交流备忘录。1996 年 9 月,应市长徐匡迪邀请,伦敦金融域市长查尔斯特利回访上海。9 月 4 日,两市市长共同签署合作议定书,两市友好交流关系正式建立。

两市结好后,双方领导进行多次往来。伦敦金融城方面主要有:1999 年 4 月,伦敦金融城市长莱文偕夫人率团访沪,市长徐匡迪、市人大常委会主任陈铁迪分别会晤莱文夫妇和代表团一行。2002 年 10 月,伦敦金融城市长迈克尔·奥利弗应邀访沪,参加"英国创新先锋周"活动。2004 年 10 月,伦敦金融城市长罗伯特·芬奇率团访沪,出席上海证券交易所主办的证券交易论坛。2006 年 9 月,伦敦金融城市长白乐威率政府和金融界高层人士大型代表团访沪,参加两市签署合作交流备忘录 10 周年纪念活动。在沪期间,市长韩正向白乐威颁发上海市"白玉兰荣誉奖"。代表团参加伦敦证券交易所"上市和风险投资"等主题研讨会,参观访问在沪中英金融机构、陆家嘴金融区,拜访浦东新区政府等。2007 年 10 月,伦敦金融城市长史达德访沪,与副市长唐登杰共同签署两市 2008—2010 年友好合作备忘录。2008 年 6 月,伦敦金融城市长罗永成访沪,市委书记俞正声和副市长屠光绍会见代表团一行。罗永成出席伦敦金融城驻沪代表处开业仪式。2009 年 6 月,伦敦金融城市长陆毅安应邀访沪,出席"上海—伦敦金融城高端对话:金融业发展和金融中心建设"高端圆桌会及其他金融研讨会等。副市长屠光绍出席圆桌会,并和陆毅安就伦敦金融城参与上海金融中心建设等议题进行探讨。上海市领导往访的主要有:1998 年 11 月,副市长周慕尧应邀率上海市代表团访问伦敦金融城,会见伦敦金融城市长莱文。双方就进一步加强两市在金融管理、人才培训、中心城区规划的合作交流进行探讨。1999 年 11 月,市人大常委会主任陈铁迪率团访问伦敦金融城,拜会英国下议院议长贝蒂·布斯罗伊德,听取伦敦金融城关于城市管理、旧区改造、为金融业服务等情况介绍。2003 年 9 月,市委副书记殷一璀应邀率上海市代表团访问英国,出席伦敦金融城介绍会。2003 年 11 月,市长韩正率团访问英国,会晤伦敦金融城市长加韦恩·阿瑟,并共同出席向上海证券交易所学者颁发证书仪式。

两市结好后，双方积极开展合作和交流。为表彰对发展两地友好合作交流所作的贡献，上海市人民政府于2006年9月授予伦敦金融城市长白乐威上海市“白玉兰荣誉奖”。

双方的合作交流主要体现在：一是金融、证券方面。2001年3月，上海证券交易所和英国驻沪总领事馆共同主办“伦敦—上海：蓝天下的蓝筹股”大型展览会，标志着上海证券交易所与伦敦证券交易所的交流合作关系正式建立。4月，上海市代表团访英，拜会伦敦金融城政府，访问伦敦国际金融服务组织。2006年1月，伦敦金融城高级顾问、渣打银行中国区主席和伦敦金融城驻沪代表拜访市政府外办，介绍伦敦金融城驻沪代表处情况，并探讨两市合作交流项目。4月，伦敦金融城规划与交通局局长一行访沪。9月，伦敦证券交易所在沪举办“上市和风险投资”等主题研讨会。2007年10月，伦敦金融城在沪举办中英金融服务业教育培训与资格认证研讨会等3个研讨会。11月，伦敦金融城与浦东新区政府合作举办陆家嘴金融文化周。同月，伦敦金融城政策资源委员会主席斯耐德访沪。2008年6月，中欧陆家嘴国际金融研究院、市金融办和伦敦金融城共同主办“私募股权、风险投资和对冲基金在上海资产管理中心建设中的作用”圆桌讨论会。10月，伦敦金融城积极参与首届陆家嘴金融论坛，伦敦金融城政策资源委员会主席傅思途访沪。二是人才培训方面。2001—2010年，伦敦金融城市长每年为上海1位杰出的金融从业人员颁发伦敦金融城市长奖学金，为他们提供在英国高等学府深造或在金融机构实践和学习的机会。2008年4月，伦敦金融城设立驻沪代表处。三是共同举办大型展览会。2001年3月，上海证券交易所和英国驻沪总领事馆共同主办“伦敦—上海：蓝天下的蓝筹股”大型展览会。上海市领导与英国驻华大使高德年等出席。活动旨在进一步加强中英金融证券业、上海证券交易所与伦敦证券交易所的交流和合作。展览期间，英国专家介绍伦敦金融城建设的经验，并对上海建设国际金融中心提出建议。

第三节　区级友好城市和友好交流合作协议城市

一、德国汉堡中区

汉堡中区位于德国汉堡中心位置，是汉堡行政中心所在地。面积142平方千米，人口约28万。

图3-3-29　德国汉堡中区

虹口区和德国汉堡中区于2007年6月21日建立友好关系。2005年9月,经双方市政府推动,虹口区代表团访问汉堡,虹口区和汉堡中区开始交往。2006年9月,上海与汉堡两市政府签署的2007—2008年合作备忘录中提出,积极支持虹口区和汉堡有关区开展友好交流。2007年6月,虹口区政府代表团访问汉堡中区。6月21日,两区主要负责人共同签署建立友好关系协议书。

结好以来,双方已签署2007—2008年度和2009—2010年度两份友好交流计划。2008年10月,汉堡中区区长施乐博率团访沪。两区在城区建设、社区管理、航运服务、商业发展以及教育、卫生、文化、体育等领域开展积极有益的交流与合作。

二、德国柏林市

柏林市地处德国东部大平原,面积889平方千米,人口350万。柏林是德国的首都,全国政治、文化、经济中心。柏林也是德国三个州级市之一。

上海市和柏林市于2000年7月1日建立友好交流合作关系。1999年10月,柏林市代表团到沪访问,与浦东张江高科技园区进行接触,商谈合作意向。2000年2月,柏林威斯塔管理公司鲁尔夫·沙瓦特博士到沪,与张江高科技园区进一步磋商具体交流意向和计划。2000年7月,市长徐匡迪应邀访问柏林。7月1日,市长徐匡迪与柏林市市长埃贝哈德·迪普根共同签署《上海和柏林合作交流备忘录》,并出席《柏林阿德勒斯霍夫科技城与上海张江高科技园区关于园区管理的合作备忘录》的签字仪式。

在协议框架下,双方在经贸、教育和高科技方面开展一系列的交往与合作。2001年4月,柏林市市长埃贝哈德·迪普根应邀率柏林市政府代表团及经济代表团一行访沪。2001年9月,市长徐匡迪率上海市代表团访问柏林,与柏林市市长克劳斯·沃维莱特进行会谈。2003年11月,市长韩正率上海市代表团访问柏林。2004年12月,柏林市市长克劳斯·沃维莱特致信市长韩正,向韩正和上海市民表达新年的祝愿,并就柏林市副市长哈罗德·沃尔夫和信息技术领域商务代表访沪情况给予积极评介,希望两市经济合作关系发展能取得更大成功。2004年,同济大学与欧洲最大、最强的医院之一柏林洪堡大学附属夏洛特医院签署《医学领域合作意向书》及《中德友好医院建设合作意向书》。

三、意大利伦巴第大区

伦巴第大区位于意大利西北部,面积2.38万平方千米,人口约980万,首府为意大利北部最大城市米兰。伦巴第大区成立于1970年,下辖12个省1 546个市镇,以钢铁、机械、汽车、化学、纺织为主,多集中于以米兰为中心的地带,是意大利最重要的经济区和最大的工业区。该区也是意大利人口最多、人均收入最高的大区,被誉为欧洲三个最富有的地区之一。

上海和伦巴第大区于2002年10月29日建立友好交流合作协议关系。2002年11月,应上海市政府邀请,伦巴第大区主席福尔米戈尼率大区代表团一行访沪,与上海市领导共同签署为期3年的《上海与伦巴第大区友好交流协议书》,两地正式建立友好交流关系。

两地建立交流合作协议关系前后,双方开展一系列的交往与合作。2004年9月,应上海市政府邀请,伦巴第大区主席福尔米戈尼率大区代表团访沪,拜会市长韩正,出席"上海2010年世博会中意可持续发展合作会议",并在会上作主题发言。代表团访沪期间,与市知识产权保护局签署《伦巴第大区与上海知识产权保护局关于工业设计知识产权保护的共同行动计划》，与上海赛车场签署《上海赛车场与意大利蒙扎赛车场结为友好赛场的协议》，与中国国家科技部、意大利国土资源环境部和上海市科委共同签署《上海市与伦巴第大区氢能合作谅解备忘录》。2005 年 5 月，市政协主席蒋以任率团访问米兰，与伦巴第大区常务副主席卡塔内奥举行会谈。2006 年，市政协副主席谢丽娟率团访问意大利期间，与伦巴第大区议会副议长恩佐·鲁基尼分别代表双方机构签订友好交流协议。2007 年 10 月，意大利伦巴第大区商务代表团访沪。2008 年 10 月，伦巴第大区议会副议长恩佐·鲁基尼率领的大区官方和商务代表团访沪。2010 年 10 月，为巩固并继续推动两地在经贸、文化、教育、旅游等领域已取得的交流成果，伦巴第大区主席罗贝托·福尔米戈尼应邀再次率团到沪访问，商讨合作交流事宜。10 月 29 日，市长韩正会见罗贝托·福尔米戈尼一行，双方共同签署《上海市和伦巴第大区友好合作交流备忘录》。代表团在沪期间还参观上海世博会。

四、德国莱比锡市

莱比锡市位于德国东部的莱比锡盆地中央，在魏塞埃尔斯特河与普莱塞河的交汇处，面积 141 平方千米，人口约 60 万，德国中部经济区的中心，工业以机器制造业为主。莱比锡以举办博览会闻名，莱比锡博览会是世界上规模较大、历史最久的国际博览会之一。

上海市和莱比锡市于 2004 年 6 月 9 日建立友好交流合作关系。2004 年 6 月，市委常委、市委秘书长范德官率上海市代表团访问莱比锡，会见莱比锡市副市长舒伯特、议会社民党团主席梯巴赫以及德中交流合作中心主席等。6 月 9 日，范德官与舒伯特共同签署《上海市和莱比锡合作交流备忘录》。

两市领导交往有：1999 年 12 月，莱比锡市市长沃尔夫冈·蒂风泽率团访问上海，拜会副市长韩正。2001 年 4 月，莱比锡市市长沃尔夫冈·蒂风泽率团访问上海，拜会副市长韩正，商讨两市污水处理、环境保护、旧区改造等方面的合作和交流。2005 年 10 月，莱比锡市副市长舒伯特率团访沪，在同济大学作《从计划经济到市场经济的转型——莱比锡模式》的报告。

五、斯洛文尼亚卢布尔雅那市

卢布尔雅那市是斯洛文尼亚共和国首都和政治、文化中心。位于斯洛文尼亚西北部萨瓦河上游，群山环抱的盆地之中。面积 902 平方千米，人口约 27.2 万。

上海市和卢布尔雅那市于 2005 年 9 月 16 日建立友好交流合作关系。2005 年 9 月，卢布尔雅那市市长丹尼卡·希姆西珂应邀率团访沪。9 月 16 日，副市长唐登杰代表市长韩正会见代表团一行，并与丹尼卡·希姆西珂共同签署《上海市和卢布尔雅那市友好交流意向书》。

六、保加利亚索非亚市

索非亚市是保加利亚首都、第一大城市，全国政治、经济和文化中心。位于保加利亚中西部、索非亚盆地南部，跨伊斯克尔河及其支流。面积 1 310 平方千米，人口近 120 万。

上海市和索非亚市于 2007 年 3 月 9 日建立友好交流合作关系。2007 年 3 月，市政府外办副主任吴金兰应邀率上海市代表团访问索非亚市，会见索非亚市副市长明克，双方就进一步发展上海与索非亚之间的友好关系进行交谈,达成许多共识。3 月 9 日,吴金兰与索非亚市政府办公厅对外联络部斯坦芬共同签署两市合作会谈纪要。

七、希腊雅典市

雅典市是希腊首都,全国经济、财政、工业、政治和文化中心,也是欧盟商业中心之一,面积 412 平方千米,人口 74.5 万。雅典是世界上最古老的城市之一,被誉为“西方文明的摇篮”。

上海市和雅典市于 2009 年 11 月 24 日建立友好交流合作关系。建立关系前,上海和雅典就已在经贸、教育、文化等领域逐步开展一些友好交流与合作。交流中,两地高层均表达要进一步加强友好往来的愿望。市政府外办与雅典市政府有关方面也积极进行磋商。2009 年 11 月,市委副书记殷一璀应邀率团访问雅典市。11 月 24 日,殷一璀和雅典市市长卡克拉马尼斯共同签署《中华人民共和国上海市和希腊共和国雅典市友好交流备忘录》。

第四章　美洲地区国际友好城市

北美洲是世界经济最发达的地区之一，美国、加拿大在经济、科技、教育、文化等领域都领先于世界水平。中美、南美洲国家与中国同属发展中国家，对华友好，在建设国家、发展各自经济方面具有较强互补性。因此，开展与美洲国家有关城市的友好城市工作，对双方都具有重要意义。上海于1980年1月与美国旧金山市建立了美洲地区第一个友好城市。至2010年12月底，上海已与美洲地区8个国家的9个城市(或省、州)建立市级友好城市关系，占上海建立友好城市总数的12.86%。此外，上海还与美洲1个国家的2个城市建立友好交流合作协议(备忘录)关系。

第一节　市级友好城市

一、美国旧金山市

旧金山市位于美国加利福尼亚州西部，是美国太平洋沿岸第二大城市，美国西部金融、商业、贸易、文化中心和最大港口。面积122平方千米，人口75.9万。

图3-4-1　美国旧金山市

上海市和旧金山市于1980年1月28日建立友好城市关系。1979年1月，在美国华盛顿的一次宴会上，旧金山市市长黛安·范因斯坦与中国驻美大使柴泽民就旧金山市与上海市建立姐妹城市关系的可能性进行探讨。1979年3月，范因斯坦致函上海市革命委员会主任彭冲，正式提出两市结为姐妹城市的建议。6月，应中国人民对外友好协会和上海市革命委员会联名邀请，范因斯坦率团访问上海，与上海市革命委员会副主任赵行志就两市缔结友好城市关系进行会谈。在即将结束对上海访问时，范因斯坦送给上海市人民一把旧金山市的钥匙，送给赵行志一节旧金山大桥上的钢索。她说，这把钥匙象征着上海可以打开旧金山的大门，她祝愿旧金山和上海两市人民的友谊像坚固的钢索一样联结在一起。1980年1月,副市长赵行志率团访问旧金山。1月28日,赵行志和范因斯坦共同签署旧金山—上海缔结友好城市协议书。上海市与旧金山市是中美两国之间结成的第一对友好城市。

两市结好后,双方领导往来频繁。旧金山方面主要有:1981年2月,旧金山市市长范因斯坦致函上海市副市长赵行志,通报旧金山市建立旧金山—上海友好城市委员会的情况。1981年5月,范因斯坦分别电函汪道涵和胡立教,对他们就任上海市长和市人大常委会主任表示祝贺。1981年9月,范因斯坦率旧金山友好代表团第二次来上海访问。汪道涵、胡立教分别会见代表团。访沪期间,范因斯坦和副市长赵行志就两市往后的友好交流进行会谈,上海市园林局为旧金山赠送给上海人民的一对大猩猩(取名为"和平"和"友谊")和5棵北美红杉在西郊公园(现上海动物园)举行受赠仪式和植树活动。1984年11月,范因斯坦率旧金山市代表团第三次访问上海。代表团成员有旧金山市议会议长约翰·莫利纳利等。两市市长共同签署两市1985年友好交流备忘录和加强经济贸易关系的备忘录。1986年11月,应市长江泽民邀请,范因斯坦率旧金山市代表团第四次访问上海,出席双方合作举办的上海国际商业学院第一期高级经理班结业典礼和上海·旧金山友谊图书馆开幕式,江泽民与范因斯坦共同签署1987—1988两市交流项目备忘录。1988年2月,旧金山市市长阿特·艾格诺斯致函旧金山—上海友好城市委员会主席刘贵明,表示他支持并希望两市友好关系进一步发展的愿望。1988年12月,艾格诺斯宣布:1988年12月16日(中美建交公报发表10周年纪念日)为旧金山市"中美友谊节"。1989年5月,旧金山市市长艾格诺斯率团到沪访问,与市长朱镕基共同签署1989—1990年上海—旧金山友好交流项目备忘录。1991年8月,应上海市对外友协邀请,旧金山市前市长范因斯坦再次到上海访问。市长黄菊对范因斯坦第五次来访表示欢迎,称赞并感谢她为促进中美人民友好和两市合作所作出的贡献。范因斯坦表示关心苏、浙、皖地区遭受的水灾,并和她的丈夫理查德·布伦姆一起向上海受灾地区捐款5 000美元。在北京访问期间,中共中央总书记江泽民、国务院副总理朱镕基会见范因斯坦一行。1992年元旦,旧金山市市长艾格诺斯通过《文汇报》向上海市领导和人民祝贺新年。1992年,旧金山市市长弗兰克·乔丹上任不久即派出两位代表到沪,商谈两市的交流事宜,并向上海市领导转达乔丹希望恢复和加强两市友好关系的意愿。1993年2月,弗兰克·乔丹应邀率旧金山市官方和经济代表团一行67人访问上海,与市长黄菊共同签署两市1993—1994年友好交流项目备忘录。结束在沪访问后,乔丹率官方团赴北京访问,受到中共中央总书记江泽民的会见。1997年4月,旧金山市市长威利·布朗率旧金山市代表团访沪,与市长徐匡迪共同签署两市1997—1998年友好互利交流项目备忘录。访沪前,布朗访问北京,受到中共中央总书记江泽民和国务院副总理朱镕基的会见。1998年9月,旧金山市市长布朗率旧金山市代表团访沪,举办"旧金山周"。2003年10月,旧金山市市长布朗率团访沪。2005年11月,美国联邦参议员、旧金山市前市长范因斯坦和旧金山市市长加文·纽森率旧金山市代表团访沪。2008年11月,旧金山市市长纽森率团访沪。2010年6月,旧金山市市长纽森率旧金山市代表团到沪参加上海世博会"旧金山周"系列活动及两市结好30周年庆祝活动。

上海方面主要有:1983年4月,市长汪道涵率团访问旧金山市。访问期间,汪道涵和旧金山市市长范因斯坦共同签署1983—1984年两市友好交流项目备忘录。1985年5月,市长汪道涵在赴美国波士顿接受塔夫茨大学公共管理学荣誉博士学位时应范因斯坦邀请顺访旧金山,与范因斯坦共同讨论进一步加强两市关系问题。1986年8月,应旧金山市议长莫利纳利邀请,市政府经济顾问汪道涵率上海市篮球队访问旧金山。1987年6月,市长江泽民应邀率上海市友好代表团访问旧金山,同范因斯坦就发展城市间合作进行讨论。两市市长一致决定要继续加强两市友好关系,进一步促进中美企业界的合作。1992年5月,市长黄菊在访美期间应邀率团访问旧金山。旧金山市市长乔丹委派专人从华盛顿陪同代表团抵达旧金山,并为代表团举行欢迎仪式。会谈中,双方就建立"上海—旧金山经济发展工作组"等进行充分商讨。乔丹郑重宣布5月4日为旧金山市"上海日"。访问期间,黄菊一行还会晤旧金山市前市长范因斯坦等许多老朋友。1995年7月,两市结好15周年之际,应旧金山市市长乔丹邀请,市长徐匡迪率上海市代表团赴旧金山访问,出席为庆祝两市结好15周年而举行的"上海周"活动。1998年4月,市长徐匡迪率团访问旧金山市,双方决定于1998年9月在沪举办"旧金山周"活动。2005年3月,市长韩正应邀率上海市代表团访问旧金山,出席纪念两市结好25周年活动。2010年2月,市人大常委会主任刘云耕应邀率上海市代表团访问旧金山,会见旧金山市市长,出席旧金山友城委组织的绿色清洁能源研讨会,参加亚洲艺术博物馆"上海展"开幕式等。此外,上海市领导严隽琪、冯国勤、罗世谦、杨晓渡等也先后应邀率团访问旧金山市。

两市自结好以来,双方在医疗卫生、经贸、市政建设、文化、港口、合办国际商业经理班、司法、民政等方面的交流合作取得积极成果。上海港和旧金山港于2007年7月18日正式建立友好港关系。2008年底,旧金山市经济发展中心驻华办事处在沪设立。为表彰对发展两地友好合作交流所作的贡献,上海市人民政府先后为2名旧金山市友好人士颁发"白玉兰荣誉奖"或"白玉兰纪念奖"。上海市"白玉兰荣誉奖"获得者是原旧金山—上海友好城市委员会主席刘贵明,上海市"白玉兰纪念奖"获得者是原旧金山—上海友好城市委员会执行委员会成员、上海"高级经理班"(后改为"国际商业经理班")美方教师江世乾。

两市的合作交流主要体现在以下几方面:一是在医疗卫生方面。从1982年起,上海第二医学院附属仁济医院与旧金山圣玛丽医院西部心脏研究所连续五年进行心脏外科技术交流。该所汉纳博士3次应邀到沪讲学。1984年5月,仁济医院派遣心脏手术小组赴旧金山圣玛丽医院进行两个月的学习,直接参加冠状动脉搭桥手术和对手术后病人的治疗护理,熟习心脏搭桥手术的整个过程,掌握在一般交流中难以解决的许多关键性技术问题。1985年9月和11月,仁济医院医生与美国医生两次在沪合作进行心脏造影、冠状动脉搭桥等手术,取得成功。1988年12月,双方在沪成立上海仁济医院—旧金山圣玛丽医院心血管外科学术交流中心。同一时期,旧金山方面也从上海吸取医学学术成果和医疗经验。1981年,由旧金山圣弗朗西斯医院、旧金山医务资格审查委员会主任李邝慕贞组织的烧伤专业小组至上海瑞金医院进行烧伤治疗方面的专业交流。1983年5月,由上海中医学院、瑞金医院专家和医生组成的上海针灸讲学团赴旧金山举办5个针灸讲习班,每个班的学员22—29人。英国、加拿大以及美国东部各州和阿拉斯加等地也派针灸医生至旧金山参加听课和学习。1983年4月、10月,两市卫生局局长互访。1984年,旧金山市卫生界代表团、斯坦福大学医学院院长卢本斯坦、旧金山市友好城市委员会医学交流负责人、美中教育学院院长刘汉民以及美国凯劳格(KELOGG)基金会主席斯巴克斯等先后访沪。1985年初,应凯劳格基金会之邀,市卫生代表团访美商谈合作事项。1986年起,凯劳格基金会同意为上海提供3个国际卫生奖学金名额,总金额约22.5万美元,为上海培养管理人才和引进现代化管理设备提供资金,并提供3个研究课题的经费15万美元。1986年6月,旧金山州立大学与上海中医学院建立友好合作关系。1988年1月,两校签署协议书,定于1988年夏双方在旧金山联合举办为期8周的中医内、伤科暑期高级短训班。1988年9月,凯劳格基金会在沪召开国际卫生会议。1990年10月,市卫生局局长应邀赴旧金山参加"为中美两国卫生领导人和学者建立共同基础讨论会"。

二是在经贸方面。两市多次举办经贸讨论会,旧金山市多次派出经贸代表团访沪。两市企业间进行多种形式的合作。1983年1月,市对外贸易总公司在旧金山派驻代表,开展在旧金山及美国西部等其他一些城市的经济贸易业务。1985年9月,上海国际投资信托公司在旧金山设立办事处。同月,该公司与美国4家公司合资的上海太平洋合股公司在旧金山成立,这是旧金山与上海经济合作的重要发展。1985年10月,旧金山与上海合资的上海友方国际公司在沪开业,该公司主要经营建筑装潢和纺织品配套等业务。1986年,上海计算技术研究所与旧金山凯斯特公司在沪开办中美合资凯斯特软件开发公司。1988年3月,由上海港务局所属交通进出口公司、上海工艺美术公司和旧金山易利国际有限公司三方合资,在旧金山开设经营中国工艺品的三利股份有限公司。1992年,中美合资的上海太平洋合股公司在上海虹桥开发区合资建造的金桥大厦竣工。1994年4月,旧金山市经贸局局长方以伟率旧金山贸易代表团访沪。访问期间,旧金山驻上海贸易代表处(筹)成立。2001年2月,由查理·施瓦布投资公司董事会主席施瓦布率领的旧金山商业领袖代表团访沪。同年6月,美中商业企管公司代表团访沪,与上海经贸企业界人士进行交流。2003年9月,副市长杨晓渡一行在出席会议途中访问旧金山,听取有关硅谷的情况介绍,并参观位于硅谷的菲利浦公司医疗器械部,为拟建中的上海南汇医学园区进行前期考察。

三是在市政建设方面。1980年10月,原旧金山工务局局长兼废水规划局局长、华裔专家李文惠第一次率领旧金山工程技术专业人士访华团自费到沪访问,与上海有关技术人员就城市污水处理、道路交通和建筑结构等专题进行5次技术座谈。在交流中,李文惠向上海同行详细介绍旧金山在污水处理和道路交通工程方面的做法、经验,并对上海在设计、施工和运转中存在的问题提出中肯意见和建议。此后,他又多次应邀到沪。1985年10月,李文惠被上海市市政工程管理局聘请为高级顾问。

四是在文化方面。1980年11月,旧金山科隆电视台摄制小组访沪,摄制介绍上海的电视纪录片。1981年,上海与旧金山开展少年儿童艺术作品交流。1982年4—8月,上海在旧金山中华文化中心举办上海民间艺术品展览。1982年5月,美国前旧金山歌剧院院长、著名指挥家艾德勒偕同两名钢琴家、歌唱家至上海音乐学院讲学,并与上海交响乐团在上海音乐厅合作演出。1983年5月,上海在旧金山亚洲艺术博物馆举行“上海博物馆珍藏文物——六千年中国艺术展览”,后又赴芝加哥、华盛顿和休斯敦巡回展览,历时1年半。1983年7月,上海著名老画家朱屺瞻为旧金山新国际机场创作的中国画《葡萄》在旧金山新机场举行揭幕仪式,朱屺瞻夫妇应邀专程赴旧金山参加典礼,此画是应旧金山市市长范因斯坦要求而创作的。1984年3—6月,由旧金山中华文化中心等联合举办的“鲁迅生平图片展”在旧金山展出。1984年6月,上海电视台访问团赴旧金山考察、交流,并拍摄旧金山风光。1984年10月,上海木偶剧团赴旧金山演出木偶剧《猴王孙悟空》。1984年11月,旧金山本地电视台(KPIX)五频道摄影队到沪采访和拍片。1985年,上海电视台再次派摄影队赴旧金山采访拍片。1986年6月,旧金山美中教育学院院长刘汉民一行来沪举办美中文化教育班。1987年6月,旧金山—上海友谊图书馆在旧金山举行开幕仪式,在旧金山访问的上海市长江泽民和旧金山市市长范因斯坦参加开幕仪式并讲话。1987年,上海昆剧团赴旧金山、夏威夷演出,为期1个月,昆剧艺术家还被邀请至夏威夷大学和几所戏剧学院、艺术博物馆讲学、交流。1988年春,旧金山交响乐团一行150人访沪演出,与上海音乐学院进行专业交流,并与上海交响乐团同台联合演奏交响乐片段。1988年11月,上海—旧金山友谊图书馆在沪开馆。根据上海市长汪道涵和旧金山市市长范因斯坦签署关于在两市各建一所友谊图书馆的协议,双方每年互赠5 000册图书作为两个友谊图书馆的藏书。1999年4月,旧金山市向上海赠送的18吨图书抵沪。2000年7月,旧金山—上海友好城市委员会资深董事汤姆·克立德到沪,参加上海外国友人研究会召开的研讨会。同年9月,美国“日本侵华浩劫纪念馆访问团”到沪访问。同年12月,市长徐匡迪致函旧金山市市长布朗,希望他支持在旧金山兴建“日本侵华浩劫纪念馆”。2001 年 2 月，旧金山“雄鸡”合唱团董事长兼总经理克里斯廷·布琳到沪，访问上海大剧院、上海国际艺术节中心等。同年 11 月，上海大剧院画廊举行旧金山美籍华人陈醉云现代书法艺术展。2003 年 12 月，旧金山美化华埠小组访沪，与上海市政府外办、上海建工集团等商谈旧金山中国城修建牌楼事宜。2005 年 6 月，旧金山湾区(KGO)电视台、美国广播公司等到沪拍摄、采访庆祝两市结好 25 周年活动和上海发展情况。2006 年 2 月，旧金山交响乐团到沪演出。其间，旧金山音乐学院、旧金山芭蕾舞团先后接受上海数批学生赴旧金山学习音乐、芭蕾；旧金山歌剧院接受上海声乐教师赴旧金山音乐节学习，并派员与上海音乐学院歌剧中心演员同台演出；旧金山著名摄影家亚当斯在沪举办摄影展；上海杂技团也赴旧金山进行演出。

五是国际商业经理班。1983 年，作为两市的友好合作项目之一，市长汪道涵与旧金山市市长范因斯坦共同倡导设立高级经理培训项目。经双方商议，1984 年 10 月，由上海大学国际商学院与旧金山—上海友好城市委员会合作在上海举办“高级经理班”(1986 年后更名为“国际商业经理班”)。该班旨在为上海发展外向型经济培养高层次的国际商业经营贸易管理人才，促进中美两国、特别是上海—旧金山两市的经济合作与贸易往来。学员主要招收上海市外经贸系统、经委系统的中青年干部。培训班教学计划分 3 段完成，共 1 年半时间。中方负责强化英语、计算机、现代国际商务基础理论教学(为期半年)，美方负责派遣专家教授来沪用英语讲授有关专业课程(为期半年)，后半年时间学员赴旧金山经贸企业、银行、商学院校等单位实习。学生学业期满，成绩合格，授予由上海、旧金山两市市长共同签署的结业证书。至 2010 年，培训班已举办 8 期，共有 103 名学员参加，取得很好效果，已为上海培养出一批紧缺的高层次外贸和国际经济合作管理人才。该项目后拓展为双向培训，旧金山市也选派学员到沪实习培训。

六是在司法、民政方面。1995 年和 2001 年，上海 2 次派出司法代表团赴旧金山访问、交流。2002 年 3 月，旧金山市警察局代表团访沪，与市公安局签署警务交流培训项目合作意向书。2010 年 6 月，旧金山市市长纽森率团访沪期间，旧金山—上海姐妹城市委员会向上海市慈善基金会捐赠善款 5 万美元，用于乳腺癌预防项目。

七是其他方面。1994 年、2002 年，上海先后 3 次组织区、县代表团赴旧金山考察访问，探讨增进相互交流。2003 年 12 月，美中教育研究会及“百花”研究会会长刘汉民一行访沪，与浦东新区梅园街道就社区工作进行交流。在此期间，旧金山—上海友好城市委员会和上海市政府外办多次互访，具体商讨两市合作交流事宜。

两市结好后，双方合作举办“上海周”“旧金山周”等多项大型活动。一是“上海周”。为庆祝两市结好 15 周年，1995 年 7 月，“上海周”活动在旧金山举行。市长徐匡迪应旧金山市市长乔丹的邀请，率上海市代表团赴旧金山出席“上海周”活动。“上海周”活动是集商务、文化和艺术于一体的大型综合性活动，标志着两市友好合作关系进入一个新的发展阶段。活动在旧金山各阶层产生很大反响。二是“旧金山周”。1998 年 9 月，’98 上海“旧金山周”活动在沪举行，旧金山市市长布朗率旧金山市政府代表团和旧金山工商企业、科技文化、金融贸易、教育、体育等各界人士 200 多人专程到沪举办并参加活动。活动期间，上海市长徐匡迪和旧金山市市长布朗分别在开幕式上致辞，并为上海杨浦大桥和旧金山金门大桥结为姐妹桥揭牌。两市经贸、金融、科技、信息、卫生、医疗和体育等领域人士进行交流。三是结好 25 周年纪念活动。2005 年 3 月，市长韩正应邀率上海市代表团访问旧金山，出席纪念两市结好 25 周年活动。韩正与旧金山市数位前任市长会见，共同深情回顾两市结好 25 周年来开展合作的情景。韩正与旧金山市市长纽森均表示，要在前人奠定的基础上，将两市良好的友城关系和友好合作精神发扬光大。美国劳工部部长赵小兰也发来讲话录像,祝贺两市结好25周年。代表团还考察拟建的"上海花园"选址,表示上海方面将协助尽早建成这个标志双方友谊和文化交流的园地。

旧金山市积极支持美国参加2010年上海世博会,并在世博会期间举办"旧金山周"活动等。当美国因经济原因对是否参加上海世博会并建立美国馆迟迟未作明确表态时,旧金山市市长纽森于2009年4月致信美国国务卿希拉里,表达支持上海世博会美国馆建设的态度。信中期待美国能够参加上海世博会,为美中两国未来合作奠定坚实基础。2010年6月,纽森亲自率领旧金山市代表团到沪参加上海世博会"旧金山周"系列活动及两市结好30周年庆祝活动,在会见上海市长韩正时,双方对两市结好30年来的友好交流成果予以充分肯定,希望通过相互学习和共同努力,使双方的友好合作关系迈上新台阶。在"旧金山周"暨两市结好30周年庆典活动举行时,美国众议院议长南希·佩洛西和加利福尼亚州州长阿诺·施瓦辛格通过视频对活动表示祝贺。市人大常委会主任刘云耕出席"旧金山周"的重要活动之一"可持续能源主题论坛"并致辞。

图3-4-2 2010年6月19日,美国旧金山市市长加文·纽森在2010年上海世界博览会旧金山周上讲话

二、加拿大蒙特利尔市

蒙特利尔市是加拿大最大城市之一,是最大的海运、内河航运港口和铁路、公路、航空枢纽,也是加拿大工商业、金融业、文化、教育和体育中心。位于加拿大东南部,由蒙特利尔岛28个城市合并而成。面积494平方千米,人口180万。

上海市和蒙特利尔市于1985年5月14日建立友好城市关系。1983年11月,应中国人民外交学会邀请到访的加拿大拉瓦尔大学教授保罗·潘肖向中国外交学会表示愿促成蒙特利尔与上海结为友好城市,并与中国人民对外友好协会有关负责人商谈此事。1984年2月,魁北克省外事部部长助理班蒂专程访沪,就蒙特利尔与上海结为友好城市与市政府外办磋商。1984年10月,魁北克省

图 3-4-3　加拿大蒙特利尔市

总理勒维克访问上海，在与市长汪道涵会晤时面交蒙特利尔市市长让·德拉波给汪道涵的信。信中说，蒙特利尔市是魁北克省的最大城市，同上海一样，也是面向太平洋的门户。门户对门户，两市应建立密切的联系。他代表蒙特利尔市全体市民邀请汪道涵方便时访问蒙特利尔。市长汪道涵复函德拉波，表示积极响应他的设想，并邀请他访问上海。1985 年 5 月，蒙特利尔市市长德拉波一行访问上海。5 月 14 日，德拉波与汪道涵共同签署两市发展友好关系总协议书、两市合作协议书和两市《1985—1986 年友好交流项目备忘录》。两市市长在上海植物园一起种植一棵从蒙特利尔市植物园运来的友谊树——枫树。

两市结好后，双方领导往来不断。蒙特利尔方面主要有：1987 年 11 月，蒙特利尔市市长让·多雷一行访问上海。上海市长江泽民和蒙特利尔市市长多雷共同签署两市 1988—1989 年友好交流项目备忘录。1995 年 11 月，蒙特利尔市市长皮埃尔·布克应邀率蒙特利尔市代表团访问上海，参加两市结好 10 周年庆祝活动，双方共同签署 1996—1998 年友好交流备忘录，上海市政府向布克颁发“白玉兰荣誉奖”。1997 年 5 月，蒙特利尔市市长布克访沪。1997 年 11 月，加拿大魁北克省省长吕西安·布沙尔、蒙特利尔市市长布克访沪，与上海市长徐匡迪一起，出席两市在城市规划、地下空间开发领域加强合作以及在沪合作建造“蒙特利尔园”协议书签字仪式。1998 年 12 月，蒙特利尔市市长布克访沪，与市长徐匡迪共同出席在沪举行的“蒙特利尔巡视展”开幕式。1999 年 4 月，蒙特利尔市市长布克一行、蒙特利尔市民友好访华团一行应邀访沪。两市签署《关于成立上海和蒙特利尔城市垃圾管理联合委员会协议书》《上海市浦东新区管委会和蒙特利尔市政府关于合作建造和开发蒙特利尔园协议书》。2000 年 7 月，“蒙特利尔园”建成。蒙特利尔市市长布克、加拿大联邦政府税务部部长马丁·科雄及企业界人士共 60 人访沪，市长徐匡迪与客人一起出席在世纪公园举行的“蒙特利尔园”竣工典礼。2001 年 2 月，蒙特利尔市市长布克随加拿大总理让·克雷蒂安访问上海。其间，上海市长徐匡迪与蒙特利尔市市长布克共同签署两市友好交流备忘录。上海市长徐匡迪、中国驻加拿大大使梅平等还与加拿大总理克雷蒂安、魁北克省省长吕西安·布沙尔、蒙特利尔市市长布克一起，在“蒙特利尔园”共同为“上海—蒙特利尔国际互联网”正式开通剪彩。2001 年 7 月，在上海参加 APEC 部长会议的加拿大税务部部长马丁·科雄出席市政府外办、浦东新区政府等为“蒙特利尔园”对外开放 1 周年举行的招待会。2002 年 12 月，蒙特利尔市前市长布克访沪。2006 年 4 月，蒙特利尔市市长特朗伯雷应邀率团访沪，与市长韩正共同签署两市 2006—2008 年合作交流项目备忘录,还参加多个与上海合作交流项目的启动或签字仪式。2007 年 11 月,蒙特利尔市市长特朗伯雷应邀再次率团访沪,与市长韩正就两市进一步开展合作交流项目进行商谈,并就蒙特利尔市参与 2010 年上海世博会、开通蒙沪两市直航等事宜,与上海市领导和有关部门进行交流和探讨。2010 年 5 月,蒙特利尔市市长特朗伯雷应邀率团访沪,与市长韩正就进一步加强两市合作交流特别是在教育、文化、环保、卫生等领域的合作交流进行深入探讨,并共同签署两市 2010—2012 年度友好合作交流备忘录。在沪期间,特朗伯雷一行还与复旦大学、同济大学师生进行座谈,出席上海世博会城市最佳实践区蒙特利尔"特别日"相关活动等。此外,魁北克省及蒙特利尔市领导勒惹、齐文、巴叶特、莫尼克·加农-特朗伯雷等也先后应邀率团到沪访问或参加有关活动。

上海市领导应邀往访的有:1998 年 4 月,市长徐匡迪率团访问蒙特利尔市,与蒙特利尔市市长布克共同签署两市 1998—2000 年友好交流项目备忘录。1999 年 6 月,市政协主席王力平率团访问蒙特利尔市,与蒙特利尔市市长布克会见。2001 年 11 月,市人大常委会主任陈铁迪率上海市代表团赴蒙特利尔市进行友好交流。2005 年 4 月,市长韩正应邀率上海市代表团访问蒙特利尔市,与蒙特利尔市市长特朗伯雷就两市在经贸、文化、教育、绿化等领域深入开展合作进行会谈,并共同出席纪念两市结好 20 周年庆祝晚宴。访问期间,韩正重点考察蒙特利尔市著名的地下城项目,并向特朗伯雷递交上海赠予蒙特利尔图书馆一批图书的目录,上海图书馆将在蒙特利尔图书馆开设中文书架"上海之窗"。此外,上海市领导倪天增、李肇基、黄菊、倪鸿福、周慕尧、杨晓渡、姜斯宪等也先后应邀率团赴蒙特利尔访问或参加有关活动。

两市结好后,双方积极开展经贸、科技、城建、教育、文化、园艺等多方面的交流合作。为表彰对发展两地友好合作交流所作的贡献,上海市人民政府先后为 3 名蒙特利尔市友好人士颁发"白玉兰荣誉奖"或"白玉兰纪念奖"。获得上海市"白玉兰荣誉奖"的是:蒙特利尔市市长皮埃尔·布克、蒙特利尔市昆虫学家乔治·布鲁萨德;获得上海市"白玉兰纪念奖"的是:蒙特利尔市长特别顾问齐文。

双方的合作交流主要体现在以下方面:一是在科技、经贸方面。1992 年 9 月,贸促会上海分会组织的"上海出口商品展"赴蒙特利尔市参加"第八届加拿大国际博览会"。1993 年 10 月,市科技代表团应邀访问魁北克省和蒙特利尔市,签署两地科技合作协议。1994 年,魁北克省工商和科技部部长一行、魁北克省科技商业代表团先后访沪,探讨在通信、信息、计算机等领域的合作。同年,蒙特利尔大学教授一行到沪,参加"上海土地使用与交通运输系统优化"合作项目讨论。同年,市经委、科委、园林局先后组团赴蒙特利尔市考察访问。1995 年 6 月,市科委代表团访问蒙特利尔市,落实"上海大都市现代化交通体系研究"合作项目。1996 年 9 月,魁北克省科技代表团访沪,与市科委签署促进科技合作协议书。

二是在城市建设方面。1988 年起,"上海土地使用与交通优化"中加研究合作项目一直顺利进行。1989 年 5 月,蒙特利尔市垃圾处理专家来沪开展技术交流。1990 年 8 月,上海市环卫局派遣 4 名垃圾处理技术人员赴蒙特利尔市进修,学习管理、工艺、维修和环境监测。1993 年 2 月,魁北克省国际事务部部长恰恰率电信代表团访沪。1993 年 4 月,蒙特利尔市垃圾处理专家若杜安访沪。1993 年 9 月,蒙特利尔市澳尔什工程公司工业节能代表团访沪,与市经委签署合作备忘录。1993 年 10 月,上海市环卫代表团访问蒙特利尔市,签署合作备忘录。1993 年 11 月,蒙特利尔大学教授克劳德康图瓦一行访问上海,讨论"上海土地使用与交通运输系统优化"加拿大国际发展署(CIDA)国际合作项目的第二期合作。1993 年 11 月,蒙特利尔市环卫代表团访沪,与市环卫局签署合作备忘录;鹈鹕公司与上海浦东船厂签署合作意向书。1996 年 10 月和 11 月,上海节能考察团和社会保险考察团相继赴蒙特利尔市考察、访问。1997年4月，魁北克省自然资源部部长一行访沪。1997年9月，上海市档案馆和市民防办先后组团访问蒙特利尔，市民防办代表团还参加第七届国际地下城会议。1999年5月，蒙特利尔市办公厅副主任乌埃莱特一行访沪，商谈落实两市市长签署的《垃圾管理联合委员会协议书》有关事项等。2008年6月，卢湾区政府代表团访问蒙特利尔市，考察城市建设和管理情况。

三是在园林建设方面。1989年7月，市园林代表团访问蒙特利尔市，商谈建造"中国园"事宜。同年11月，蒙特利尔市植物园代表团访沪。1990年6月—1991年6月，市园林施工人员赴蒙特利尔市建造完成"中国园"（后称"梦湖园"）。1991年6月，市园林代表团、上海民族艺术表演团赴蒙特利尔市参加"梦湖园"落成庆典。1992年11月，蒙特利尔市植物园主任布克访问上海，与市园林局签署1991—1993年合作协议书。1993年4—7月，市园林局"梦湖园"质量回访工作组访问蒙特利尔市。1993年11月，蒙特利尔市植物园主任访沪，与市园林局草签1994—1996年合作备忘录。1994年，蒙特利尔市昆虫专家和植物园主任相继访沪，与市有关人员交流，并赠送给上海动物园昆虫标本1 000余件。1995年，市园林局和蒙特利尔市公园、花园及绿地局互派代表团进行交流，并签署两市园林交流备忘录。1996年、1997年，两市园林技术人员互访、学习。1998年，蒙特利尔市植物园和上海植物园、上海动物园互访。1999年1月，蒙特利尔市公园、花园、绿地局局长一行访沪。1999年11月，蒙特利尔市政府副秘书长吴梦石一行访沪，与副市长韩正就延安路大型绿地开发等进行商谈。2000年7月，"蒙特利尔园"在浦东世纪公园内建成。"蒙特利尔园"是继上海在蒙特利尔市建造中国式庭院"梦湖园"后，又一象征两市和两市人民友谊的文化工程。2006年上海"国际立体花坛大赛"在沪举行，作为该赛事前两届的主办城市，蒙特利尔市有关部门对上海大赛给予大力支持。

四是在教育、文化、卫生方面。1987年5月，加拿大广播公司（CBC）蒙特利尔记者吕克·夏尔唐到沪采访市长江泽民。1989年6—9月，上海杂技团赴蒙特利尔市进行商业性演出并获得成功。1990—1991年，蒙特利尔大学植物学教授布沙尔到沪进行中草药研究，为在蒙特利尔市建立中草药中心作准备。1993年6月，魁北克省分管教育及科技参赞两人到沪，与上海外语学院等单位进行交流。2005年，上海对外文化交流协会代表团访问蒙特利尔市，与蒙特利尔艺术理事会等机构签署合作交流备忘录。2006年12月，蒙特利尔市礼宾专家路易·迪索访沪，为其计划在沪举行的大型国际外事礼仪讲座作准备。2008年5月，市政府外办工作组访问蒙特利尔市，就上海外事干部培训事宜与魁北克国家行政学院等进行商谈。2009年10月，魁北克省国际关系部部长皮埃尔·阿坎德率魁北克省经贸、教育代表团访沪，出席在浦东世纪公园"蒙特利尔园"举办的"诺尔曼·白求恩的人生四季"展览开幕式。2010年5月，蒙特利尔市市长特朗伯雷率团访沪期间，先后拜访市卫生局和复旦大学，双方一致同意加强两地公共卫生领域的合作和交流，提高城市公共卫生能力和民众健康水平。蒙特利尔大学及其公共卫生学院与复旦大学及其附属医学院分别签署友好合作备忘录和交流合作协议。

五是其他方面。1988年9月，蒙特利尔市审计局局长盖伊·莱费伯弗率专家组访沪，同市审计局探讨两市的交流与合作。1989年6月，市审计局代表团访问蒙特利尔市。1991年5月，蒙特利尔市国际事务局局长访沪。1992年1月，魁北克省国际事务部部长访问上海，签署《上海市和魁北克省工作会谈纪要》。1993年11月，上海证券交易所3人赴蒙特利尔市考察。1996年8月，蒙特利尔市档案工作者代表团访沪，商谈双方交流合作事宜。1998年，市档案馆在蒙特利尔市举办"上海发展在我心中"图片展，并派员赴蒙特利尔市进修。

蒙特利尔市积极参与上海世博会。2008 年 4 月,蒙特利尔市提交的案例“圣米歇尔区的环境复合工程”入选 2010 年上海世博会城市最佳实践区参展案例。9 月,蒙特利尔美术馆馆长一行访沪,就蒙特利尔市为配合上海世博会,将于 2010 年举办“中国艺术季”的筹办情况向中方作通报。2009 年 6 月,上海“世博—友城行动”采访组赴蒙特利尔采访。2010 年 5 月 14 日,蒙特利尔“特别日”活动在上海世博园城市最佳实践区蒙特利尔馆举行。在上海访问的蒙特利尔市市长特朗伯雷出席蒙特利尔馆开馆仪式及有关庆祝活动,其中包括现代马戏艺术表演、穿越时空的音乐之旅演出等。

三、美国芝加哥市

芝加哥市位于美国伊利诺伊州东北部,是美国最大的工业、金融和商业中心之一。面积 591.8 平方千米,人口 285 万。

图 3-4-4 美国芝加哥市

上海市和芝加哥市于 1985 年 9 月 5 日建立实质性友好交流关系。2007 年 12 月 28 日升格为友好城市关系。1983 年 5 月,市长汪道涵访问芝加哥时,芝加哥市市长华盛顿当面交给汪道涵一封信,表示要努力发展两市友好关系,并希望两市能结为友好城市。7 月,美国华人协会芝加哥分会副会长倪英伟访沪,受芝加哥市市长华盛顿委托,与上海方面探讨两市结为友好城市的可能性。后经双方友好协商,鉴于上海已与旧金山市结为友好城市,双方一致同意建立实质性友好交流关系,开展经济、文化等各方面的友好往来和交流合作。1985 年 5 月,市长汪道涵赴美国接受塔夫茨大学名誉博士学位时顺访芝加哥,与芝加哥市市长华盛顿进行友好会晤。5 月下旬,芝加哥市政府秘书长韦尔受芝加哥市市长华盛顿委托率团访沪,商讨双方交流合作问题,韦尔代表华盛顿授予汪道涵芝加哥“荣誉市民”称号。9 月,应上海市人民政府邀请,芝加哥市市长华盛顿率芝加哥市代表团访沪。9 月 5 日,市长江泽民和华盛顿正式签署两市 1985—1986 年度友好交流项目协议书。此后,双方领导人往来不断,经济、文化等方面的合作和交流积极开展。进入 21 世纪后,双方的合作和往来更趋频繁,交流范围继续扩大,双方都有提升相互间合作关系的愿望。2007 年 3 月,芝加哥姐妹城市国际项目主任泽曼斯基致函市政府外办主任告知:美国国际姐妹城市总部已同意将芝加哥与上海的关系从“友好关系城市”提升为“姐妹城市”(即“友好城市”),希望中方也能认同。对此,上海方面表示赞同。2007 年 12 月 28 日，经双方确认，两市关系正式升格为友好城市关系，并确定将 1985 年 9 月 5 日作为双方建立友好城市关系的日期。2010 年 9 月 20 日，芝加哥市市长理查德·戴利率团访沪，与市长韩正共同签署《上海市和芝加哥市关于将两市关系升格为友好城市关系协议书》。

两市结好后，双方领导往来不断。芝加哥方面主要有：1987 年 11 月 17 日，芝加哥市市长华盛顿致电上海市长江泽民，祝贺他当选中共中央政治局委员。2004 年 10 月，芝加哥市市长戴利率芝加哥市代表团访沪，与上海市长韩正共同签署两市友好合作交流备忘录，并出席“上海—芝加哥对话”活动开幕式。在沪期间，戴利还与中国教育部副部长吴启迪签署在芝加哥建立孔子学院、开展汉语教学的合作文件。2007 年 2 月，芝加哥市市长戴利致信上海市长韩正告知，芝加哥市即将在上海设立常驻商贸促进机构，以进一步促进双方在贸易、投资等多领域的交流与合作。韩正复函戴利，对他为促进双方友好关系所作出的努力表示敬意。该机构是芝加哥市在海外设立的第一个办公室，显示上海对于芝加哥的重要意义。2010 年 9 月，芝加哥市市长戴利应邀率芝加哥市代表团访沪。市长韩正会见戴利一行。韩正高度评价戴利为两市结好 25 年来的友好交往作出的突出贡献，期待双方在更多领域进一步加深合作。韩正还热情祝贺上海世博会“芝加哥日”活动取得圆满成功。戴利赞扬两市 25 年来各领域交流合作取得的丰硕成果，希望进一步加深两市在经贸、教育、环保、文化等领域的全面合作。双方还共同签署《上海市和芝加哥市关于将两市关系升格为友好城市关系协议书》《上海市和芝加哥市关于建立能源和环境合作伙伴关系谅解备忘录》。在沪期间，代表团参加上海世博会“芝加哥日”活动。上海方面与芝加哥的往来主要有：1987 年 6 月，市长江泽民率团访问美国时访问芝加哥，与芝加哥市市长华盛顿会见，两市市长一致表示将进一步支持两市在各方面进行交流和合作。1987 年 11 月 25 日，芝加哥市市长华盛顿因病逝世，市长江泽民发去唁电。1987 年 12 月 3 日，芝加哥市议会选举尤金·索那任代理市长，上海市政府发电祝贺，索那复电表示感谢。1989 年和 1991 年，在理查德·戴利当选和连任芝加哥市市长时，市长朱镕基先后致电表示祝贺。1999 年 3 月，市长徐匡迪致函芝加哥市市长理查德·戴利，祝贺他第四次当选该市市长。2002 年 9 月，市委副书记罗世谦率团访问芝加哥。2003 年 2 月，市长韩正致函芝加哥市市长戴利，祝贺他第五次当选该市市长。2003 年 11 月，市人大常委会主任龚学平率上海市代表团访问芝加哥，与芝加哥市议会会谈。2005 年 4 月，市长韩正率上海市代表团访问芝加哥，出席第二届“上海—芝加哥对话”活动，发表题为《共同谱写友好合作新篇章》的主旨演讲。会谈时，芝加哥市市长戴利提出，希望上海能选派优秀教师至芝加哥开展中文教学工作，韩正欣然应允。在戴利陪同下，韩正参观芝加哥沃特·佩顿预科学校等。2007 年 3 月，韩正致函戴利，祝贺他第六次当选为芝加哥市市长，并邀请他访问上海，共同出席第三届“上海—芝加哥对话”活动。

两市结好后，双方积极开展合作和交流。一是在文化、体育方面。1984 年 6 月，由全美华人协会芝加哥分会会长陈济明组织的华龙男子篮球队到沪进行友好访问。1989 年 7 月，上海在芝加哥市举办“我爱上海”水彩画展。1987 年，上海市政府向芝加哥华商会赠建一座中国凉亭，派遣两位园林技术专家赴芝加哥作建亭技术指导，1989 年 1 月凉亭竣工，同年 12 月与凉亭配套建设的华埠公园落成。1990 年 1 月，华埠公园落成暨北京市赠送长城古砖仪式在芝加哥隆重举行。1996 年 1 月，上海 8 名记者访问芝加哥。1997 年 5 月，上海在芝加哥举办“上海，昨天·今天·明天”图片展。2002 年 9 月，芝加哥画家南希·希尔德到沪参加“世界画家看上海”活动。

二是在教育、卫生方面。2001 年 3 月、5 月和 6 月，美国伊利诺伊大学亚洲管理开发中心主任、芝加哥校区副校长等先后到沪访问，商谈合作事宜。2001 年 4 月，芝加哥友好城市中国委员会主席比尔·斯潘赛率美国医务人员代表团到沪访问和交流。2002 年 11 月，芝加哥罗斯福大学名誉校长西奥多·劳伦斯·格罗斯夫妇访沪,商讨在沪招收学员事宜。2003年8月、10月,芝加哥伊利诺伊大学副校长、友好城市教育小组委员会主席朱蒂·柯瑞先后访沪,商谈为上海期货交易所举办高级培训班事宜。2006年4月,芝加哥美国广播公司(ABC)7台采访组到沪拍摄复旦中学英语教学情况,并采访将赴芝加哥开展汉语教学的教师。2006年7月,市长韩正在市政府会见将赴芝加哥开展汉语教学的5名上海教师。8月,5名上海教师赴芝加哥开始为期2年的中文教学工作。2008年7月,上海5名教师顺利完成在美教学任务回沪。2007年3月,上海戏剧学院2名学生应邀赴芝加哥参加国际儿童电影节全球青少年电影制作交流项目。

三是"上海—芝加哥"对话活动方面。"上海—芝加哥"对话会议最早由上海国际问题研究所(现为"上海国际问题研究院")和芝加哥外交关系委员会(现为"芝加哥全球事务委员会")共同提出。第一、二届对话分别于2004年、2005年在上海和芝加哥举办。对话的举办,为上海和芝加哥在多极化、全球化时代浪潮中进行多层次、全方位的交流与合作,探索出一个很好的智力平台。

四是在经贸方面。1988年6—7月,芝加哥经济局工作小组代表芝加哥9家公司到沪作市场调查,寻求合作伙伴。2000年6月,芝加哥政府和商业代表团访沪。2002年6月,上海市郊工业招商团访问芝加哥。9月,芝加哥世贸中心中国委员会副主席郭晶霞一行访沪。11月,芝加哥雅灵顿国际贸易事务公司行政总裁伊丽莎白·雅灵顿访沪,双方进行经贸和投资合作等方面的交流和探讨。2003年2月、11月,芝加哥中国在线美国有限公司商业发展总监谢安立一行访沪。9月,上海市政府减灾应急机制代表团访问芝加哥,拜访芝加哥紧急事务管理和通信中心,与摩托罗拉等公司进行会谈,了解在紧急事务处理时提供的技术和产品。2007年6月,芝加哥市中国经济发展中心驻上海代表处(CCDC)在沪成立,代表处属公私合营的非营利机构,芝加哥市市长戴利亲自担任董事会主席。

五是在司法方面。1985年4月,应芝加哥伊利诺伊州大学邀请,市司法考察团赴美考察,访问芝加哥、纽约等地的律师事务所、大公司和市政厅的法律部、法学院等。在交流中,考察团介绍中国社会主义法制建设工作情况。伊利诺伊州大学还与华东政法学院建立校际交流关系。2001年底,芝加哥法律援助基金会代表团到沪召开法律援助工作研讨会。

六是其他方面。自2003年起,芝加哥友好城市中国委员会主席比尔·斯潘赛、芝加哥外交委员会会长马歇尔·伯顿等曾先后数次访沪,与上海方面商谈市领导互访、文化和医疗交流、芝加哥参与2010年上海世博会等。同一时期,市政府外办也派出工作组赴芝加哥,商谈相互间的合作交流事宜。2008年2月,市城市交通局举办纪念上海公共交通100年国际论坛,芝加哥交通局总运营主任威廉·穆尼应邀出席会议,并与市城市交通局进行交流。3月,芝加哥建筑基金会总裁一行到沪,与上海城市规划展示馆有关人员进行业务交流。此外,2008年4月,芝加哥市提供的"可持续城市"案例入选2010年上海世博会城市最佳实践区参展案例(后因经费问题退展)。2009年6月,上海"世博—友城行动"采访组赴芝加哥采访。2010年9月20日,"芝加哥日"活动在上海世博园举行,芝加哥市市长戴利及上海市有关领导出席。

四、巴西圣保罗市

圣保罗市是巴西第一大城市、圣保罗州首府,巴西工商和金融中心。圣保罗市也是南美洲最大城市。位于圣保罗州东南部。面积1 493平方千米,人口1 400万。

上海市和圣保罗市于1988年7月7日建立友好城市关系。1986年7月,中国驻巴西圣保罗总

图 3-4-5　巴西圣保罗市

领事黄志良向上海转达圣保罗市希望同上海结为友好城市的愿望。此后，中国驻巴西大使回国述职期间，就此事向外交部和对外友协征询意见。不久，圣保罗市市长热尼亚・夸德罗斯致函上海市长江泽民，提议两市缔结友好城市关系。1988 年 7 月 5 日，圣保罗市市长夸德罗斯在圣保罗发布圣保罗与上海结为友好城市的法令。1988 年 7 月 7 日，上海市长朱镕基在欢迎巴西总统萨尔内访问上海的宴会上宣布，上海市和圣保罗市结为友好城市。根据圣保罗市方面建议和中国驻圣保罗总领事馆意见，两市不再签署结好协议书，由上海市长和圣保罗市市长分别于 1988 年 10 月 14 日和 1988 年 10 月 19 日互相致函确认两市结好。

两市结好后，双方领导往来主要有：1995 年 4 月，圣保罗市市长马鲁夫应邀率团访沪，双方签署两市友好交流备忘录。1997 年 7 月，市长代表、市委副书记王力平率团访问圣保罗市。1999 年 8 月，市长徐匡迪率团访问圣保罗市，会见圣保罗市市长皮塔，并访问巴西淡水河谷集团公司。2000 年 5 月，副市长周慕尧率团访问圣保罗市。2002 年 6 月，市人大常委会主任陈铁迪率团访问圣保罗期间，出席在圣保罗市举行的“世界城市论坛大会”。2003 年 8 月，副市长冯国勤率团访问圣保罗市。2008 年 11 月，副市长唐登杰率上海市代表团和企业家代表团访问圣保罗市，与圣保罗市市长卡萨布共同签署 2008—2010 年友好交流项目备忘录，以此纪念两市结好 20 周年。

两市的合作交流主要有：一是在经贸方面。1988 年和 1993 年，市外经贸委、市贸促会应邀相继至圣保罗市举行“上海出口商品展销会”“上海 '93 巴西圣保罗中国工业产品展览会”。1992 年 6 月，市环保局组团参加圣保罗市“国际环境技术展览”。2006 年 8 月，上海市代表团应邀访问圣保罗市，考察圣保罗市直升机控制中心。二是在卫生、体育方面。2002 年 11 月，市卫生局代表团访问圣保罗市，进行医疗卫生事业方面的交流。2007 年 1 月，市体育局代表团访问圣保罗市，与圣保罗市体育、休闲和娱乐管理局签订合作交流意向书。此外，市政府外办与圣保罗市外办保持在友城合作交流方面的工作联系和合作。

圣保罗市积极参与上海世博会。2008 年 6 月，圣保罗市规划局代表团访沪，该市递交的“清洁城市法案”案例通过评审，正式入选 2010 年上海世博会城市最佳实践区参展案例。2010 年 6 月 4 日，圣保罗市在上海世博会城市最佳实践区举办“巴西圣保罗特别日”活动。内容有：植树仪式以及包括圣保罗城市芭蕾、波萨诺瓦音乐表演、桑巴表演在内的一系列文艺庆祝活动等。

五、古巴圣地亚哥省

圣地亚哥省地处古巴共和国南部,面积 6 346 平方千米,人口 102.3 万,仅次于首都哈瓦那,居全国第二。省会圣地亚哥市是全国主要港口。

图 3-4-6　古巴圣地亚哥省

上海市和圣地亚哥省于 1996 年 8 月 28 日结为友好省市关系。1995 年 8 月,古巴共和国驻上海总领事玛利亚·桑切斯主动约见上海市政府外办,就圣地亚哥省与上海市缔结友好省市关系进行初步探讨。双方均表示要积极促进。9 月,古巴全国人大国际关系委员会主席豪尔赫率团访华,在访沪期间,豪尔赫向市政府外办负责人转交圣地亚哥省省长路易斯·埃斯特罗切·让卡尼奥给上海市长的信,正式提出圣地亚哥省与上海结好的建议,并邀请上海市长访问圣地亚哥省。12 月,市长徐匡迪复函让卡尼奥告知,上海市愿与圣地亚哥省缔结为友好省市,共同致力于发展中古友谊和合作。在此期间,中国驻古巴大使馆也积极支持两省市结好。1996 年 8 月,上海市代表团访问圣地亚哥省,8 月 28 日,两地领导人共同签署上海市和圣地亚哥省结好协议书。

两地结好后,双方领导的主要往来有:1997 年 5 月,中共中央政治局委员、上海市委书记黄菊率领中国共产党代表团访问古巴期间访问圣地亚哥。2001 年 2 月,应市长徐匡迪邀请,圣地亚哥省省长马努埃尔·科尔特斯率团访沪。2002 年 9 月,市委副书记罗世谦应邀率上海市代表团访问圣地亚哥省。2003 年 12 月,市人大常委会主任龚学平率上海市代表团访问圣地亚哥省。2005 年 1 月,圣地亚哥省省长罗兰多·耶罗·加西亚应邀率团到沪访问。2005 年 4 月,副市长唐登杰应邀率上海市代表团访问古巴,因航班原因未能抵圣地亚哥省,在哈瓦那与圣地亚哥省官员就两地开展友好交流进行会谈。2006 年 4 月,市长韩正应邀率上海市代表团访问圣地亚哥省,受到圣地亚哥省省长加西亚的热情接待。双方通过友好商谈,进一步确定两地开展合作和交流的方向。2007 年 4 月,市委副书记刘云耕应邀率团访问圣地亚哥省,与圣地亚哥省省长加西亚签署两地友好合作交流备忘录。

两地的合作交流主要有:1997 年 6 月,上海市经贸代表团参加由圣地亚哥省举办的“加勒比海地区国际贸易博览会”。2002年5月，金山区代表团赴圣地亚哥省进行友好访问和交流。2007年4月，作为对外援助项目，上海市政府向圣地亚哥省赠送的两辆国产轿车通过中远集团运抵圣地亚哥省。

六、阿根廷罗萨里奥市

罗萨里奥市是阿根廷历史名城、三大重要城市之一，地处世界三大粮仓之一的潘帕斯大草原中心，面积582平方千米，人口约94.83万。

图3－4－7　阿根廷罗萨里奥市

上海市和罗萨里奥市于1997年6月17日结为友好城市关系。1993年3月，中国驻阿根廷大使馆致函中国人民对外友好协会，转告罗萨里奥市希望与上海市结为友好城市的愿望。上海得知这一情况后，给予积极回应。5月17日，上海市长黄菊致函罗萨里奥市市长加瓦耶罗，表示上海市愿与罗萨里奥市共同积极开展友好交流，并邀请加瓦耶罗在方便时访问上海。此后，两市联系不断，同为两市结好作准备。1997年6月，市政协主席陈铁迪应邀率上海市代表团访问罗萨里奥市，6月17日，陈铁迪代表上海市长徐匡迪与罗萨里奥市市长比耐尔共同签署《上海罗萨里奥建立友好城市关系协议书》。

两市结好后，双方领导的往来主要有：1995年11月，比耐尔当选为罗萨里奥市市长，上海市长徐匡迪致信祝贺。1997年11月，应市长徐匡迪邀请，罗萨里奥市市长比耐尔率罗萨里奥市代表团和罗萨里奥市阿中友协代表团访问上海。两市领导人共同签署《上海·罗萨里奥友好交流项目备忘录》。1999年7月，市委副书记龚学平率团访问罗萨里奥市，与罗萨里奥市市长比耐尔会见。2003年9月，副市长冯国勤访问阿根廷，罗萨里奥市市长罗萨里奥派代表在布宜诺斯艾利斯会见代表团。2007年4月，市委副书记刘云耕率团访问罗萨里奥市，出席“上海之窗”图书赠送揭幕仪式。2007年11月，罗萨里奥市市长罗伯特·米格尔·里兹特率团访沪，市长韩正会见代表团一行。2010年9月，罗萨里奥市市长利夫西兹一行应邀访沪，出席在沪举行的2010中国国际友城大会，并参观上海世博会，市长韩正会见利夫西兹一行。

两市结好以来，双方在经贸、文化、体育、卫生、图书交流等领域开展交流与合作。

七、墨西哥哈利斯科州

哈利斯科州是墨西哥第六大州,面积 80 137 平方千米,人口约 807.98 万。

图 3-4-8 墨西哥哈利斯克州

上海市和哈利斯科州于 1998 年 11 月 18 日结为友好市州关系。1996 年 4 月,哈利斯科州州长希门尼斯访问上海时,向市人大常委会副主任沙麟表示,哈利斯科州希望与上海市结好。1997 年 5 月,墨西哥驻上海总领事拉米雷斯约见上海市政府外办领导,转交哈利斯科州州长希门尼斯致上海市长徐匡迪的信,信中正式提出哈利斯科州与上海市结好的建议,并热情邀请上海派遣有关部门官员访哈,共商结好事宜。对哈利斯科州方面的提议,上海快速作出积极回应。1997 年 6 月,市长徐匡迪复函希门尼斯,感谢他的盛情邀请,并告知上海方面将派有关人员赴哈利斯科州商讨结好事宜。嗣后,两市州有关部门派员互访,积极为结好作准备。1998 年 4 月,哈利斯科州国际关系局局长布拉斯一行访沪,双方签署《协商会谈纪要》。9 月,上海市友城工作组赴哈利斯科州商谈两市州结好具体事宜,并与哈利斯科州有关部门就双方在经济、文化、教育、卫生、新闻等领域开展交流和合作事宜进行会谈,签署《会谈纪要》。1998 年 11 月,哈利斯科州州长希门尼斯应邀率哈利斯科州代表团访问上海。11 月 18 日,徐匡迪和希门尼斯共同签署两市州结好协议书。

两地结好后,双方领导的往来主要有:1999 年 7 月,市委副书记龚学平率团访问哈利斯科州,与哈利斯科州州长阿尔贝托·加德纳斯会见。2002 年 6 月,市人大常委会主任陈铁迪率团访问哈利斯科州,与哈利斯科州议会人士进行友好会晤和交流。2002 年 7 月,哈利斯科州州长弗朗西斯科·拉米雷斯率哈利斯科州政府和企业家代表团访沪,与市人大常委会主任陈铁迪等共商交流合作事宜。2004 年 6 月,哈利斯科州州长弗朗西斯科·拉米雷斯再次率哈利斯科州政府和企业家代表团访沪,与上海市长韩正等会见,并和上海工商企业界人士座谈、交流。2005 年 4 月,副市长唐登杰应邀率上海市代表团访问哈利斯科州,双方签署《上海与哈利斯科州推动旅游事业发展备忘录》。2006 年 4 月,应哈利斯科州州长拉米雷斯邀请,市长韩正率上海市代表团访问哈利斯科州,双方就继续推进合作和交流进行商谈,确立新的方向。2006 年 9 月,应市人大邀请,哈利斯科州议会议长萨尔瓦多·加科西傲·高纳率团访沪，市人大常委会主任龚学平会见高纳一行，双方进行认真、务实的交流。2010 年 2 月，市人大常委会主任刘云耕率团访问哈利斯科州。墨西哥国家众议院议长拉米雷斯·阿库尼亚会见代表团一行。刘云耕与哈利斯科州议会议长劳尔·洛佩斯就进一步开展两地合作交流深入进行会谈，并就 2010 年上海世博会的有关情况接受哈利斯科州新闻界的采访。2010 年 4 月，哈利斯科州州长埃米里奥应邀率哈利斯科州代表团访沪，参加 2010 年上海世博会开幕式并参观世博园区，出席世博会墨西哥馆开馆仪式。

双方的合作交流主要在旅游、文化方面。2005 年 4 月，副市长唐登杰率上海市代表团访问哈利斯科州时，双方签署《上海与哈利斯科州推动旅游事业发展备忘录》。2006 年 9 月，哈利斯科州议会议长萨尔瓦多·加科西傲·高纳率团访沪，哈利斯科州旅游部等也同时组团访沪。随团到访的哈利斯科州民族舞蹈团和彩车参加上海国际旅游节。2007 年 9 月，哈利斯科州民族舞蹈团和彩车再次参加上海国际旅游节活动。

八、厄瓜多尔瓜亚基尔市

瓜亚基尔市是厄瓜多尔最大城市和主要港口、瓜亚斯省省会，也是全国的商业贸易和文化中心。位于厄西南海边，享有“滨海明珠”的美誉。面积 1 214.4 平方千米，人口 218.99 万。

图 3－4－9　厄瓜多尔瓜亚基尔市

上海市和瓜亚基尔市于 2001 年 7 月 6 日建立友好城市关系。1999 年 1 月，厄瓜多尔驻华大使致函上海市长徐匡迪，转达瓜亚基尔市希望与上海结为友好城市的意愿，徐匡迪复函表示赞同。2000 年 10 月，瓜亚基尔市副市长路易斯·奇里沃加·帕拉率厄中商会代表团一行 47 人访沪，商谈两市结好事宜，并与上海企业界人士举行经贸洽谈会。此后，两市有关部门加强相互联络，准备两市结好事宜。2001 年 7 月，市长代表、市政协主席王力平应邀率上海市代表团访问瓜亚基尔市。7 月 6 日，王力平和瓜亚基尔市市长海梅·内博特共同签署两市缔结友好城市关系协议书。

两市结好后，双方领导的往来主要有：2002 年 8 月，上海市政协副主席、市红十字会会长谢丽娟率市红十字会代表团访问瓜亚基尔市，出席瓜亚斯省红十字会举行的上海市政府向瓜亚基尔市捐赠办公物品的仪式。瓜亚斯省省督、省长、瓜亚基尔市市长会见代表团一行。2005 年 4 月，瓜亚基尔市副市长、瓜亚斯省红十字会会长路易斯·奇里沃加·帕拉率瓜亚斯省红十字会代表团访沪，考察上海红十字会在备灾救灾、社区服务等方面的工作情况，双方进行友好交流。副市长杨晓渡和市政协副主席、市红十字会会长谢丽娟分别会见或陪同代表团在沪参观、考察。

两市结好后，双方红十字会建立工作联系，并就红十字会在备灾救灾、为社区服务等方面进行交流。

九、智利瓦尔帕莱索市

瓦尔帕莱索市是智利第二大城市和最大对外贸易港，也是南美洲太平洋沿岸最大深水港，位于智利中部，面积402平方千米，人口30万。

图3-4-10　智利瓦尔帕莱索市

上海市和瓦尔帕莱索市于2001年7月10日建立友好城市关系。1991年12月2日，瓦尔帕莱索市市长埃尔南·平托·米兰特致函中国驻智利大使朱祥忠，提出瓦尔帕莱索市希望与上海结好。上海方面作出积极响应，中国驻智利大使馆也积极支持。此后，两市领导人多次互致书信，双方有关部门还交换相关资料，加深相互了解和友谊。1995年8月、1996年2月，瓦尔帕莱索市市长埃尔南·平托·米兰特先后两次致函中国驻智利大使，邀请上海市派遣代表团往访，商谈两市结好事宜。1996年8月，上海市代表团访问瓦尔帕莱索市，经友好协商，双方签署两市建立友好城市关系意向书。2001年7月，市长代表、市政协主席王力平应邀率上海市代表团访问瓦尔帕莱索市。7月10日，王力平和埃尔南·平托·米兰特共同签署两市建立友好城市关系协议书。

两市领导的往来主要有：2006年8月，市长代表、市检察院党组书记蔡旭敏应邀率上海市代表团访问瓦尔帕莱索市，受到瓦尔帕莱索市市长阿尔多·克尔内赫的热情接待，双方一致表示要不断增进两地的友好合作。2010年9月，瓦尔帕莱索市市长卡斯特罗·穆涅斯一行应邀访沪，出席在沪举行的2010中国国际友城大会，并参观上海世博会。市长韩正会见卡斯特罗·穆涅斯一行。

双方的合作交流主要有：2006年8月，市检察院代表团访问瓦尔帕莱索市。2007年7月，上海港与瓦尔帕莱索港结为友好港。2008年11月，市企业家代表团访问瓦尔帕莱索市。

第二节　友好交流合作协议城市

一、美国休斯敦市

休斯敦市为美国第四大城市，面积约 1 600 平方千米，人口 480 万。休斯敦机场位列全美第四、世界第六，与世界上 165 个城市通航；休斯敦港位列全球第六，也是全美对外吞吐量第一和拥有第二靠泊总吨位的港口。市内的德州医疗中心占地 2.84 平方千米，全球排名第一，在癌症和心脏病研究和治疗方面处于领先地位。

上海市和休斯敦市于 2005 年 4 月 1 日建立友好交流合作协议关系。休斯敦市与上海市进行多年交往，并在高科技、机场人员培训、小城镇建设、公共卫生和医疗等领域与上海市相关部门签署合作协议。随着合作领域的扩大，休斯敦希望与上海市开展全方位的交流，并希望与上海市政府签署正式合作文本，以利于双方开展进一步交流。2005 年 4 月，上海市长韩正应邀访问休斯敦市。4 月 1 日，市长韩正与休斯敦市市长比尔・怀特共同签署《中华人民共和国上海市和美利坚合众国休斯敦市合作交流备忘录》。2005 年 5 月，总部位于美国休斯敦的全球物流业顶尖公司美国 EGL 公司董事长兼首席执行官詹姆斯・克瑞恩率团访沪，意在推动休斯敦与上海的贸易往来，推动该公司的业务发展。副市长唐登杰会见代表团一行。

二、美国纽约市

纽约是世界特大城市之一，美国最大的金融、商业、贸易和文化中心，位于美国东北部哈得逊河注入大西洋的河口处，人口 827 万。市区面积 945 平方千米，其中水面 168 平方千米。由曼哈顿、布朗克斯、布鲁克林、昆斯和里士满 5 个区组成。大纽约市除 5 个区外，还包括纽约州、新泽西州和康涅狄格州的 26 个县。

上海市和纽约市于 2007 年 12 月 12 日建立友好交流合作协议关系。2007 年 12 月，应中国外交协会邀请，美国纽约市市长迈克尔・布隆博格访华时访问上海。此前，中国驻纽约总领馆致电市政府外办，告知纽约市长办公室外办主任蒂文致信中国驻纽约总领馆代总领事旷伟霖，提出纽约市代表团在访问上海和北京期间，由纽约市市长布隆博格分别与上海市和北京市签署建立全球伙伴关系协议书的愿望，并提供协议书草案。对此，中方表示赞同。2007 年 12 月 12 日，市长韩正和到沪访问的纽约市市长迈克尔・布隆博格分别代表两市共同签署《中华人民共和国上海市与美利坚合众国纽约市合作交流意向书》。

第五章　大洋洲地区国际友好城市

大洋洲地区幅员辽阔、资源丰富，特别是澳大利亚、新西兰等国，在经济、科技、教育、文化等领域都具有较高水平。上海重视与该地区国家的相关城市开展合作和交流。1989 年 5 月，上海与澳大利亚昆士兰州建立大洋洲地区第一个友好城市。截至 2010 年 12 月底，上海已与大洋洲地区 3 个国家的 4 个城市（或州）建立友好城市关系，占上海建立友好城市总数的 5.72%。其中，市级友好城市 3 个，区级友好城市 1 个。此外，上海还与大洋洲 1 个国家的 2 个州建立友好交流合作协议（备忘录）关系。

第一节　市级友好城市

一、澳大利亚昆士兰州

昆士兰州是澳大利亚第二大州，煤、铜、黄金等矿产资源丰富，是澳大利亚水果、蔬菜、蔗糖等出口产品的主要产地。地处澳大利亚东北部。面积 173 万平方千米，人口 458 万。

图 3－5－1　澳大利亚昆士兰州

上海市和昆士兰州于 1989 年 5 月 24 日建立友好城市关系。1988 年 9 月，澳大利亚昆士兰州总理阿赫恩致函上海市长朱镕基，建议昆士兰州和上海建立友好市州关系。11 月底，昆士兰州工业部部长和昆士兰州—中国理事会主席乔治到沪继续探讨结好事宜。此后阿赫恩再次致函朱镕基，表达昆士兰州希望和上海市早日建立友好市州关系的愿望。1989 年 5 月下旬，澳大利亚昆士兰州总理阿赫恩率领官方代表团访问上海。5 月 24 日，朱镕基与阿赫恩一起正式签署《上海和昆士兰缔结友好市州协议书》和《上海—昆士兰 1989—1990 年友好交流项目备忘录》。

两地结好后，双方领导往来频繁。昆士兰州方面主要有：1991年5月，昆士兰州总理戈斯率领昆士兰州代表团访问上海，与上海市长黄菊签署两市州1991—1992年友好交流项目备忘录。1995年11月，昆士兰州总理戈斯率代表团访沪，双方签署两地交流项目备忘录。1996年10月，昆士兰州总理鲍比奇率昆士兰州官方和经贸代表团访沪，出席昆士兰州经济贸易投资上海代表处的开业典礼。1997年3月，昆士兰州总督福德率团顺访上海。1998年10月，昆士兰州总理彼得·贝蒂和夫人一行到沪访问，与市长徐匡迪共同签署两地交流合作备忘录。1998年12月，昆士兰州众议院议长雷蒙德·豪里斯一行访沪，与市人大常委会主任陈铁迪进行会谈，参观市人大会务自动化管理系统等。2001年5月，昆士兰州总理彼得·贝蒂致信上海市领导人，告知昆士兰—中国理事会主席汤姆·博恩斯获澳大利亚最高勋章，以表彰他为促进澳中关系所作的努力和贡献。市长徐匡迪和市人大常委会主任陈铁迪分别致信博恩斯表示祝贺。2001年11月，昆士兰州总理彼得·贝蒂率团访沪，与市长徐匡迪共同签署两地2002—2004年合作交流备忘录。访问期间，徐匡迪授予随该团到访的昆士兰—中国理事会主席汤姆·博恩斯上海市"白玉兰荣誉奖"，以表彰他在促进中澳关系和友城交流上所作出的突出贡献。2002年5月，昆士兰州议长一行到沪参加"可持续发展"论坛。2003年2月，昆士兰州代总理兼贸易部部长致函上海市领导，祝贺上海申办2010年世博会取得成功。2003年3月，昆士兰州总理彼得·贝蒂致函韩正，祝贺他就任上海市长。2004年7月，昆士兰州总理彼得·贝蒂一行访沪，与市长韩正共同签署两地2005—2007年合作交流备忘录。2008年2月，昆士兰州总理安娜·布莱致信韩正，祝贺连任上海市长。2008年4月，昆士兰州总理安娜·布莱率团访沪，与市长韩正共同签署两地2008—2010年友好交流谅解备忘录。2009年9月，昆士兰州议长约翰·米凯尔访沪。市人大常委会主任刘云耕、市政协副主席钱景林分别会见议长一行。2009年11月，昆士兰州州长安娜·布莱致函市长韩正，祝贺中华人民共和国成立60周年。2010年7月，昆士兰州议长约翰·米凯尔访沪。此外，昆士兰州副总理伯恩斯及其他政府官员泰瑞·麦肯罗斯、史蒂芬·罗伯森、安德鲁·弗莱瑟等也应邀来沪访问或参加有关活动。昆士兰—中国理事会主席、原澳大利亚工党主席、昆士兰州副总理汤姆·博恩斯曾8次访沪，致力于发展双方的友好合作。

上海方面主要有：1994年10月，上海市长黄菊应邀率团访问昆士兰州。1996年7月，市人大常委会主任叶公琦率团访问昆士兰州，进行人大与议会的友好交流。1999年7月29日—8月1日，市长徐匡迪率团访问昆士兰州，与昆士兰州总理彼得·贝蒂共同签署《上海市和昆士兰州面向21世纪友好关系的联合声明》，达成两地开展高等职业教育合作项目，还应邀出席由澳中贸易委员会组织的上海情况介绍会。访问期间，"今日上海"图片展在昆士兰州开幕。2001年3月，彼得·贝蒂蝉联昆士兰州总理，市长徐匡迪致信祝贺。2004年2月，昆士兰州工党领袖彼得·贝蒂第三次蝉联昆士兰州总理，市长韩正致信祝贺。2007年9月，昆士兰州副总理安娜·布莱出任总理，市长韩正致信祝贺。2009年3月，市长韩正致函安娜·布莱，祝贺她连任昆士兰州总理。此外，上海市领导庄晓天、孟建柱、陈铁迪、王力平、蒋以任、张惠新、沙麟、杨晓渡、王培生、钱景林、杨雄等也应邀先后率团赴昆士兰州访问或参加有关活动。

两地结好后，双方积极开展经贸、教育、卫生、文化、新闻等多方面的交流和合作。一是在教育、青年方面。1990年10月，昆士兰州教育部部长布莱迪率团访沪，双方签署教育合作执行协议。1991年起，上海、昆士兰州互派教师分别在对方城市执教，至1996年，两地共互换教师5批。同时，两地还派出教育代表团、教育项目评估组互访，签署两地年度教育合作协定。两地也重视青年的交流，1991—1999年，两地共派出数批青年代表团互访。2000年暑期，市教委派遣教师赴昆士兰州短期培训。2001年4月，首届"昆士兰杯"上海学生英语演讲赛在沪举行，至2010年，共举行6届。

2001年4月,昆士兰州大学教授、科研人员来沪参加“生物科技研讨会”。2001年7月,上海20余名中学教师赴昆士兰州培训。12月,上海教育代表团赴昆士兰参加昆士兰—上海数学竞赛。2002年4月,“昆士兰教育展”在沪举行。2002年11月,昆士兰州教育部部长安娜·布莱率团访沪,两地教委签署新一轮合作交流备忘录,联合举办“昆士兰—上海教育论坛”等。2005年4月,上海教育工会代表团访问昆士兰州。6月,昆士兰州就业培训部部长率团访沪,出席第二届“昆士兰—上海教育论坛”。7月,首届“上海杯”昆士兰学生中文演讲比赛在昆士兰首府布里斯班举行。2006年2月,市职业教育管理职能培训团赴昆士兰州培训。2006年10月,昆士兰大学副校长一行到沪访问、交流。2010年7月,“昆士兰—中国教育培训杰出合作”庆祝晚宴在上海世博园澳大利亚国家馆举行。

二是在卫生方面。1999年12月,昆士兰州医药卫生代表团访沪。2000年4月,长宁区卫生代表团赴昆士兰考察公共卫生、社区健康等情况。2005年7月,上海健康教育所、世界卫生组织(WHO)上海健康教育和健康合作中心与昆士兰州格里菲斯大学签署合作备忘录。2006年4月,昆士兰医学科学研究所代表团访沪。6月,上海医院业务骨干一行赴昆士兰州培训。2006年10月,昆士兰州急救中心副主任一行到沪访问、交流。2010年3月,市卫生局代表团访问昆士兰州,学习了解澳大利亚防治艾滋病和“甲流”的举措。6月,市健康促进委员会与格里菲斯大学签署合作建设世界卫生组织健康城市交流备忘录。

三是在经贸方面。1990年5月,上海海鸥酿造公司与昆士兰州汉密尔顿公司签署出口酱油合同。1991年,上海驻昆士兰州经济贸易机构开业。1993年6月,昆士兰州交通工业部高级顾问访沪,与市交通办探讨交流事宜。1996年6月,首届上海—昆士兰经贸论坛在昆士兰州举行。1997年2月,昆士兰州渔业代表团访沪。5月,第二届上海—昆士兰经贸论坛在沪举行。1998年3月,昆士兰州经贸部部长率团访沪,参加昆士兰州在联合国贸易网络“上海中心下载网络”开通仪式。2006年4月,昆士兰船舶代表团访沪,参加第11届上海国际船舶节。2006年5月,上海3个船舶代表团赴昆士兰州参加国际船舶展。2006年5月,昆士兰食品代表团访沪。2006年8月,市农业代表团赴昆士兰州参加昆士兰皇家协会农业展。9月,昆士兰州柑橘代表团到沪交流。2010年9月,昆士兰州食品光谱集团总经理一行到沪,与光明食品(集团)有限公司探讨合作可能。

四是在司法、民政方面。1998年10月,昆士兰州高等法院大法官到沪参加法律研讨会。1999年6月,昆士兰州高等法院大法官夫妇应邀到沪访问。9月,市法官代表团一行访问昆士兰州。2001年11月,市监委代表团访问昆士兰州。2003年11月,市残联代表团访问昆士兰州,参加在布里斯班举行的第七届澳大利亚“蒲公英”音乐节“梦想成真”演出。2004年2月,昆士兰州警察局官员到沪,就有关培训项目等与市公安局商谈。自2004年起,市公安局每年派出干部,参加由昆士兰州警察局举办的为期3周的警务战略管理发展课程学习。2006年3月,昆士兰州警察局官员到沪考察。2006年7月,昆士兰州儿童福利部部长一行到沪,就儿童保护、收养等与市民政局进行交流。

五是在城市建设、农业等方面。2000年2月,市计委代表团访问昆士兰州。2001年7月,长宁区社区管理代表团赴昆士兰州考察。2001年9月,上海—昆士兰建筑论坛在沪举行。2002年5月,昆士兰州建筑设计公司代表团到沪,参加“可持续发展论坛”。2003年3月,昆士兰州政府发展部部长汤姆·巴顿率代表团访沪,探讨两地在基建、肉制品领域合作可能。9月,昆士兰州凯恩斯市市长凯文·拜恩一行访沪,探讨与上海世博会建设、游船码头建设等合作可能。2004年3月,昆士兰州铁路局代表团访沪,与上海铁路局、市地铁建设公司等举行专业会谈。2005年12月,市档案代表团赴昆士兰州考察。2006年3月,昆士兰州能源部部长约翰·米盖尔一行访沪。2006年5月,昆士兰州旅游局一行访沪,拜会上航和东航,介绍昆士兰州政府一揽子资助通航布里斯班计划。2006年

6月,市粮食局代表团访问昆士兰,了解小麦种植和加工等情况。7月,市体育代表团访问昆士兰州。2006年8月,市农委代表团参加昆士兰皇家协会农业展。2006年9月,昆士兰州农业部柑橘代表团来沪交流。2007年5月,昆士兰铁路局代表团拜会上海铁路局,交流两地在铁路管理及发展方面的经验。2007年5月,昆士兰英杰士集团有限公司代表团访沪,拜会市发改委,了解上海市未来发展战略等。2009年4月,昆士兰州黄金海岸市政厅议员一行访沪,拜会市农委和市绿化市容局。2010年6月,昆士兰州观光旅游局局长一行访沪,拜会市旅游局,就两地在旅游领域的合作进行交流。

六是在人员交流方面。2006年3—7月,昆士兰州政府派遣2名人员来沪工作和研修,协助昆士兰州驻沪代表处开展友城交流工作。2009年,两市州达成开展公务员交流项目协议,由市政府外办和昆士兰州政府轮流派出1名干部到对方城市交流8周。据此,2009年5—7月,市政府外办1名干部赴昆士兰州就业、经济发展与创新部工作,并配合昆士兰州为纪念两地结好20周年活动作准备。2010年5—6月,昆士兰州派出1名2010上海世博会项目组官员到沪交流,并为于6月在沪举行的“昆士兰周”各项活动作准备。2009年始,市国资委系统企业青年经营管理人员“海外企业实训项目”在昆士兰开展。10—12月,锦江集团和海伦宾馆2名管理人员赴昆士兰州实习;光明食品集团2名管理人员赴昆士兰州实习。同年12月,市经济管理干部学院工作组赴昆士兰州,与昆士兰州政府有关部门总结实习工作,并商讨建立海外实习培训基地的可能。

七是在文化方面。1990年1月,昆士兰州青年交响乐团访沪。同年5月,昆士兰州唐斯诺斯歌舞团参加上海艺术节。同年9—11月,上海博物馆珍藏在布里斯班展出。1991年上半年,昆士兰州一摄制组来沪拍摄教育节目。同年5月,上海电视台举办昆士兰州电视周。1991年、1992年,《昆士兰州邮报》和《解放日报》记者分别前往对方城市采访。1992年2月,昆士兰州摇滚马戏团5人在上海马戏学校进修。1994年5月,昆士兰州交响乐团到沪参加上海国际艺术节。2006年7月,布里斯班会展中心饭店董事长一行到沪商谈投资改建影院事宜。同年10月,上海图书馆和昆士兰州立图书馆在昆士兰“2006昆士兰上海日”活动中,举行合作交流备忘录签字仪式暨“上海之窗”揭牌仪式。2010年11月,由亚太多媒体艺术中心、上海图书馆和昆士兰州立图书馆共同主办的“广源自光”国际艺术展在上海图书馆举行。

两地结好后,双方还合作举办多项大型活动。一是“上海日”活动。2006年10月,“2006昆士兰上海日”活动在昆士兰州举行。活动由上海市政府外办会同市经贸、卫生、文化、旅游等部门共同举办。内容包括:健康城市研讨会、“上海日论坛”、中澳企业家见面会、《上海图书馆与昆士兰州立图书馆合作交流备忘录》签字仪式暨“上海之窗”揭牌仪式、“感受上海”图片展、旅游推介等。市长代表、市人大常委会副主任王培生应邀率上海市代表团访问昆士兰州,出席“上海日”有关活动,并在“上海日论坛”上发表主题演讲。市有关单位共派出8个专业代表团参加“上海日”各项活动。二是“上海周”活动。2009年6月,为庆祝上海和昆士兰州缔结友好城市20周年,友城“上海周”活动在昆士兰州举行,活动包括:两地科技创新与贸易论坛、“上海杯”中文演讲比赛、汤姆·博恩斯(昆士兰—中国理事会主席)图片展、音乐会、中国美食周等。市长代表、市政协副主席钱景林率上海市代表团出席活动。市有关单位共派出7个专业代表团参加“上海周”各项活动。三是“昆士兰周”活动。2010年6月,昆士兰州在沪举办“昆士兰周”系列活动,内容包括:“1988年世博会后布里斯班的城市发展”图片展、亚太电影奖招待酒会、昆士兰中国贸易投资论坛、“河流·城市”城市规划主题论坛、科技创新论坛、昆士兰建筑设计展示会、“昆中教育培训杰出成就奖”颁奖仪式以及教育研讨会、食品推广会、旅游推介会、艺术表演等。昆士兰州财政部部长兼就业、经济发展部部长安德鲁·弗莱瑟率团出席。

二、瓦努阿图维拉港市

维拉港市是瓦努阿图共和国的首都,位于瓦努阿图第三大岛埃法特岛的西南部。市区面积23.06平方千米,包括市郊部分,全市人口为4万人。维拉港市是瓦努阿图经济、文化中心,主要天然良港和国际、国内航运中心。

图3－5－2 瓦努阿图维拉港市

上海市和维拉港市于1994年6月8日建立友好城市关系。1993年3月,瓦努阿图总理卡洛特访华时到沪访问期间表示,希望瓦努阿图有一岛区与上海缔结友好关系。1994年3月,卡洛特通过其经济顾问致函中国驻瓦努阿图大使,希望再次访问上海,并提议由瓦努阿图首都维拉港市与上海结为友好城市。1994年6月,应中国政府邀请,总理卡洛特率维拉港市市长诺埃尔等组成的代表团来沪进行工作访问。在沪期间,副市长夏克强及有关部门负责人向客人介绍上海经济和发展规划,双方就扩大经贸合作、上海同维拉港结好事宜进行商谈。6月8日,市长黄菊与维拉港市市长诺埃尔共同签署《上海市和维拉港市建立友好城市关系协议书》,瓦努阿图总理卡洛特出席签字仪式。

两市领导往来主要有:2000年5月,维拉港市市长派齐克・克劳比・玛纳热沃随瓦努阿图外长赛齐・弗赫访沪,与市政府有关负责人会晤并就两市开展友好交流进行商谈。2004年9月,维拉港市市长派齐克・克劳比・玛纳热沃一行应邀访沪,市长韩正会见维拉港客人,探讨交流合作前景。2007年8月,副市长冯国勤率团访问维拉港市,与维拉港市市长恒盖会见,并出席上海援建的维拉港手工艺品市场"上海集市"揭匾仪式。2009年11月,威利・帕克阿・萨提罗托当选为维拉港市市长,上海市长韩正致函表示祝贺。2010年9月,维拉港市市长萨提罗托一行应邀访沪,出席在沪举行的2010中国国际友城大会,并参观上海世博会。市长韩正会见萨提罗托一行。

两市结好后,双方的合作交流主要有:一是援建喷泉。两市结好后,作为双方人民友谊和合作长流不息的象征,应维拉港市所望,上海市政府于1995年5月决定出资并委托上海市外经公司,为维拉港市建造一座喷泉。1996年3月,维拉港市为上海赠建的喷泉项目举行奠基仪式,并于5月举行交接仪式。二是援建上海集市。2004年9月,在维拉港市市长派齐克・克劳比・玛纳热沃访沪期间,上海市向维拉港市援助1万美元,用于建造维拉港手工艺品市场,该市场命名为"上海集市"。

2007年8月，副市长冯国勤率团访问维拉港市，出席上海援建的“上海集市”揭匾仪式。三是经贸交流。2005年8月，市政府外办主任杨国强率上海经贸考察团对瓦努阿图考察访问，与维拉港市政府有关部门进行商谈。2006年6月，市政府外办再次组织的上海建工考察组访问瓦努阿图。两次考察访问，为推进上海与瓦努阿图包括维拉港市的经贸、建工等方面的交流合作进行有益的探索。

三、新西兰达尼丁市

达尼丁市是新西兰第四大城市、南岛最大港口。依山傍水，气候宜人。面积3 314平方千米，人口12.5万。达尼丁是新西兰教育中心，享有“大学城”美誉。农牧业是达尼丁的支柱产业。

图3-5-3　新西兰达尼丁市

上海市与达尼丁市于1994年10月21日正式建立友好城市关系。1992年底，中国驻新西兰大使馆函告上海市政府，新西兰达尼丁市市长华瑞奇两次致函中国使馆，提议并热切希望达尼丁市与上海结为友好城市。为发展双方的友好交流和合作，上海市政府对此积极响应，并进行两市政府领导人和职能部门人士的互访。1993年11月，达尼丁市市长华瑞奇应邀率团访沪。而后，上海先后派出代表团和工作组，与达尼丁方面商谈结好事宜，并探讨两市合作意向。在双方努力下，两市结好有关事宜基本就绪。1994年10月，市长黄菊应邀率团访问达尼丁市。10月21日，黄菊与华瑞奇共同签署两市缔结友好城市关系协议书。

两市结好后，双方领导往来频繁。达尼丁方面来访的主要有：1995年3月和1997年6月，达尼丁市首席执政官道格拉斯先后率团访沪。2001年5月、2002年6月和2004年5月，达尼丁市市长苏基・特纳、首席执政官吉姆・哈兰德应邀率团访沪，参加在沪举行的第二、第三、第四届“亚太地区城市信息化高级论坛”，并参观部分大学、中学等，与上海有关方面达成合作意向。2003年11月，达尼丁市首席执政官哈兰德率达尼丁体育代表团到沪参加上海市友好城市运动会。2005年4月，达尼丁市市长陈永豪应邀率团访沪。2006年10月和11月，达尼丁市市长陈永豪两次访沪。第一次是率团参加上海宝山民间艺术节。第二次是与新西兰贸易部部长菲尔・戈夫一起，乘坐新西兰航空公司从奥克兰直飞上海的首航客机到访。在沪期间,陈永豪就两市结好后即已立项的关于上海协助达尼丁设计建造“中国花园”合作项目,与上海建筑装饰集团签署施工协议。2007年3月,达尼丁市市长陈永豪访沪,与市人大常委会副主任周慕尧共同出席“新西兰·新思维”中国巡回展上海站剪彩仪式并致辞。2008年4月,达尼丁市市长陈永豪再次访沪。2009年10月,达尼丁市市长陈永豪应邀率团访沪,市长韩正、市人大常委会主任刘云耕分别会见代表团一行。在沪期间,代表团分别与市有关方面进行商谈,并签署合作协议。代表团还专程拜访上海世博局。2010年5月,达尼丁市市长陈永豪应邀访沪并参观上海世博会,出席在世博会新西兰国家馆内举办的奥塔哥大区系列活动等,市长韩正会见代表团一行。2010年9月,陈永豪一行再次访沪。此外,达尼丁市副市长普拉德加斯特·莫利斯、伊丽莎白·汉纳等也先后应邀来沪访问。上海方面往访的主要有:2008年9月,市人大常委会主任刘云耕应邀率团访问达尼丁市,与新西兰总理海伦·克拉克共同为达尼丁市“中国花园”揭幕,并与达尼丁市市长陈永豪共同签署《2008—2010上海市和达尼丁市友好合作交流谅解备忘录》。2010年3月,市政协主席冯国勤应邀率团访问达尼丁,并与达尼丁市市长陈永豪共同出席上海豫园和达尼丁兰园(即“中国花园”)结为姐妹园的仪式。此外,上海市领导王力平、左焕琛、韩正、张惠新等也先后应邀访问达尼丁市。

两市结好后,双方合作和交流取得积极成果。为表彰对发展两地友好合作交流所作的贡献,上海市人民政府于2010年授予达尼丁市市长陈永豪上海市“白玉兰荣誉奖”。

双方的合作交流主要体现在:一是在教育、卫生方面。1996年3月,达尼丁专科技术学校校长一行到沪,与市教委和有关大中学校探讨合作事宜。2000年4月,长宁区派遣社区卫生代表团赴达尼丁市参观、考察,随后又组派社区管理考察团往访。2001年8月,金山区部分教师赴达尼丁市进行教学交流和英语培训。2004年3月,市卫生局代表团赴达尼丁市参观、座谈和交流。2003年、2006年,大同中学先后与达尼丁约翰·麦克格莱山中学和拜伦巴女子学校开展友好交往。2004年9月,大同中学邀请约翰·麦克格莱山中学足球队访沪。2006年,市教委和达尼丁有关部门签署教育合作备忘录。2006年11月,上海工程技术大学和奥塔哥理工学院签署框架合作协议。2007年3月,达尼丁市市长陈永豪一行参观上海交通大学。2008年3月,上海经济干部管理学院代表团访问达尼丁。2008年4月,达尼丁市市长陈永豪访沪时赴上海工程技术大学和大同中学参观。二是在文化、体育方面。1996年、1997年,达尼丁奥塔哥体委曾先后访沪,与市体委进行专业交流,观摩在沪举行的第八届全国运动会。1999年3—6月,上海博物馆“中华瑰宝”艺术展在达尼丁市立美术馆举办,在达尼丁访问的副市长韩正出席展览开幕式。2000年夏,应邀赴新西兰演出的上海木偶剧团,在达尼丁为该市青少年进行精彩表演。2008年9月,上海博物馆在达尼丁奥塔哥博物馆举行“中国龙”展览,展出3个月共吸引观众8万多人次。2010年上海世博会期间,上海博物馆和达尼丁奥塔哥博物馆各选一件馆藏玉器精品,陈列于世博会新西兰馆贵宾室。2010年5月,达尼丁市市长陈永豪访沪期间,奥塔哥博物馆与上海科技馆签署关于人员培训、互办展览等项目的合作谅解备忘录。三是在城市建设和经贸方面。1995年11月,达尼丁派员参加在沪举行的国际供水会议。1996年4月,市自来水公司组团访问达尼丁。同年8—11月,达尼丁市植物园1名人员来沪学习中国园林技术。1995年3月,上海国际商会与达尼丁奥塔哥商会签署友好合作协议。2002年4月,达尼丁市奥塔哥植物出口有限公司在沪开办新中合作上海欧珀尔园艺有限公司。2004年10月,达尼丁海产食品业代表团访沪并出席中国国际食品饮料及餐饮设备展览会。2009年10月,达尼丁市市长陈永豪率团访沪时拜会市贸促会,上海国际商会和奥塔哥商会续签合作协议。四是在司法方面。2005年、2006年,市司法局社区矫正考察团两次访问达尼丁,并与奥塔哥大学签订培训协议,确定自2006年起，市司法局每年选派20人组成社区矫正培训团赴该校进行21天的培训。

两市结好后，“中国花园”（又称“兰园”）项目是两市重要的文化合作项目。“中国花园”项目建设资金来自达尼丁华侨的捐款和新西兰中央政府的财力支持（新西兰总理克拉克宣布拨款375万新元用于该项目）。自达尼丁立项建造“中国花园”后，上海作为友好城市积极予以协助，并选择上海建筑装饰集团作为花园的设计和施工单位。1998年3月，副市长左焕琛率团访问达尼丁时，出席花园奠基仪式。2006年秋花园正式施工，2008年初竣工。2008年9月，市人大常委会主任刘云耕应邀率上海市代表团访问达尼丁时，与新西兰总理海伦·克拉克共同为“中国花园”揭幕。2009年10月，达尼丁市市长陈永豪致信市长韩正，希望上海豫园能派人给兰园（中国花园）有关人员进行技术指导，同时商讨两园结好事宜。2010年3月，黄浦区派团赴达尼丁访问，豫园和兰园签署结为姐妹花园的协议，在达尼丁访问的市政协主席冯国勤和达尼丁市市长陈永豪共同出席结好仪式。

第二节　区级友好城市和友好交流合作协议城市

一、新西兰豪拉基市

豪拉基市位于新西兰第一大城市奥克兰市东南面，面积1 144平方千米，人口1.72万。

图3-5-4　新西兰豪基拉市

嘉定区与豪拉基市于2010年9月8日正式建立友好城市关系。2000年10月，经中国驻澳大利亚悉尼总领事吴克明介绍，豪拉基市市长莫里森致函嘉定区，表达希望两地开展友好交流的意向。2001年4月，豪拉基市市长莫里森率豪拉基市代表团访问嘉定，双方签署两地开展友好交流与合作协议书。同年9月，嘉定区区长金建忠率团访问豪拉基市，双方签署两地建立友好关系协议书。2010年9月，豪拉基市市长约翰·切基格应邀访沪，9月8日，在上海举行的2010中国国际友好城市大会上，嘉定区区长孙继伟和豪拉基市市长切基格代表两地政府共同签署《上海市嘉定区与新西兰豪拉基市建立友好城区协议书》。

自2001年两地建立友好交流关系后,双方在教育、文化、农业、旅游等方面开展卓有成效的合作。尤其是在青少年交流方面,自2003年9月始,两地青少年代表团交流频繁,取得积极成果。2005年,新西兰教育部高级官员访问嘉定区,详细了解嘉定区与豪拉基市在教育、文化交流方面的成功经验。之后,新西兰总理克拉克在与到访的中国国务院总理温家宝会见时,还特别提及这一中新交流的成功模式和积极影响。

二、澳大利亚维多利亚州

维多利亚州位于澳大利亚大陆东南角,面积22.7万平方千米,人口500多万。维多利亚州自然资源丰富,科技力量雄厚,工业门类齐全,制造业发达,系澳大利亚汽车制造中心。主要工业有电子、飞机制造、机械、石油化工、金属冶炼、生物科技、食品加工等。此外,农牧业也较发达。

上海和维多利亚州于2008年2月20日建立友好交流合作协议关系。多年来,上海与维多利亚州之间已在行政、经济、交通、科技、教育等诸多领域开展一系列友好交往并取得一些实质性成果。2007年7月,维多利亚州政府商务代表处在与市政府外办商谈中,表达非常希望与上海开展广泛合作交流。2008年2月,维多利亚州总理约翰·布郎比应邀到沪访问。2月20日,上海市长韩正和维多利亚州总理约翰·布郎比共同签署《中华人民共和国上海市与澳大利亚维多利亚州友好合作意向书》。

双方的合作交流主要有:2008年4月,维多利亚州能源资源部部长彼德·伯切乐访沪。同月,维多利亚州商贸、信息技术和重点项目部部长西奥·西奥凡努斯访沪,并出席在沪举行的“中澳银行金融体系高峰圆桌论坛”。2008年9月,维多利亚州政府教育部部长布郎文·派克访沪,探讨双方在教育领域的交流与合作。

三、澳大利亚新南威尔士州

新南威尔士州面积80余万平方千米,人口700万,首府悉尼是澳大利亚首屈一指的经济、金融、文化中心。新南威尔士州是澳大利亚经济总量最大、最具活力的州,其经济总量、对外贸易等均占澳大利亚的三分之一,堪称“澳大利亚第一州”。新南威尔士州有着良好的商务环境,服务业、高新技术产业、生物工程、建筑设计和制造业发达。

上海市与新南威尔士州于2008年5月20日建立友好合作交流协作关系。2008年5月,新南威尔士州州长伊玛应邀率团访问上海。5月20日,市长韩正与伊玛共同签署《中华人民共和国上海市与澳大利亚联邦新南威尔士政府友好合作协议》。

两地领导往来主要有:2010年7月,新南威尔士州州长克里斯蒂娜·肯尼莉应邀访沪,参观上海世博会并出席在澳大利亚国家馆内举办的“新南威尔士周”系列活动。7月12日,新南威尔士州州长肯尼莉与上海市副市长屠光绍一起出席并见证《上海市金融服务办公室与澳大利亚新南威尔士州政府产业与投资部关于加强金融领域合作的备忘录》签署仪式、悉尼—上海金融圆桌会议。2010年8月,新南威尔士州财长艾瑞克·卢森多尔到沪访问。

第六章　国际友好城市交流合作成果

自20世纪70年代始，上海友好城市工作发展历经30多年，始终以服务中央总体外交、服务上海经济社会发展两个大局为重，坚持走发挥全市优势的"大友城"之路，取得丰硕成果。友城交往促进上海人民和世界各国人民的相互了解和友谊，推进上海与各国际友好城市在经贸、科技、城市建设、文化、教育、医学、体育以及人文、社会保障等各领域的友好合作和交流。

第一节　助推上海"四个中心"建设

根据上海总体规划，至2020年，上海将要实现建成社会主义现代化国际大都市的宏伟战略目标。在这个大前提下，友好城市工作积极围绕市政府的工作重点，按照上海国际经济、金融、贸易和航运"四个中心"建设的要求，大力开展与国外友好城市之间的合作交流。

一、提供经贸合作信息和机会

通过与各友城互派经贸团组、召开经贸研讨会和经济技术交流会、举办经贸展览会等形式，为上海介绍来自对方国家的技术、资金，也为上海企业走向世界提供许多渠道和商机。友城渠道成为外国企业投资上海、上海企业"走出去"的重要渠道。许多海外投资项目、跨国集团公司落户上海，是由友好城市的双方牵线搭桥的。始于20世纪80年代和90年代的"上海—横滨经济技术交流会""上海—大阪关西地区经济研讨会"等，已成为上海与日本开展经贸合作的重要平台。其中，"上海—横滨经济技术交流会"已举办近30届。每届会议上，两市的经济部门就每年的合作方向、具体项目等进行协商，并签署两地经济交流协议。多年来，双方在软件开发、工业设计、商务投资、展览展出等领域进行信息交换。

二、举办"上海周"等活动

通过在"上海周"等活动期间举行的经贸洽谈会、研讨会、展览会等，加深外国企业家对上海和上海经济发展的了解，为双方开展进一步合作奠定基础，有的还当场签下贸易合同。如2008年在以色列海法市举办的"上海周"活动期间，分别举行"中国(上海)商品展""中国(上海)以色列经贸论坛"。以方共有1 000余人参加活动，上海代表团分别与以方37家企业进行会谈，成交贸易金额共1 927万美元，其中现场成交金额177万美元。

三、推动创办境外独资、合资企业

2005年，经上海与圣彼得堡两友城间的友好沟通和积极协调，上海实业联手绿地、百联等集团企业在俄罗斯圣彼得堡投资兴建集商业、居住、旅游为一体的"波罗的海明珠"大型综合项目，总投资额达 13 亿美元,成为上海在海外最大的综合性区域开发投资项目。经过几年的艰苦建设,该项目取得阶段性成果,被中俄两国领导人称为中俄经济合作的成功典范。2008 年,上海建工集团与荷兰皇家建筑公司签署协议,在鹿特丹建造“欧华城”,该项目完成后,将为两市、两国乃至中欧贸易和合作提供服务,有力促进上海对外经贸工作。

四、设立经贸常设机构

至 2010 年底,已有 10 余个外国友好城市在沪设立经贸代表处。上海实业、建工、宝钢、外资促进中心、产权交易中心等也在上海的一些友好城市中设立办事处或地区总部。这些经贸常设机构,为促进双方的经贸合作发挥积极作用。上海和汉堡的友城关系曾被国务院总理朱镕基赞誉为中外“友城交流的典范”。结好 20 多年来,汉堡在华设立的 800 多家分公司,大多设在上海。而在汉堡设立的 400 多家中资公司中,许多也来自上海,包括上海实业、宝钢、中远、中海、中纺等公司。2004 年 9 月,“上海外国投资促进中心哥德堡办事处”成立,办事处成为瑞典投资者尤其是中小企业提供到上海、到中国投资的专业化服务机构。2007 年,芝加哥中国经济发展中心在沪设立上海代表处,这是芝加哥市在海外设立的第一个办公室。2005 年 10 月,“上海—罗纳-阿尔卑斯调解中心”在沪成立,该中心由上海仲裁委员会和罗纳-阿尔卑斯仲裁和调解中心共同创办,并分别在上海和里昂设立办事处。该中心的成立,为两地企业及时化解经济纷争提供新的途径和方法。

五、拓展金融领域交流和合作

伦敦金融城是世界上重要的国际金融中心之一,曾被称为“世界的银行”,在各类金融服务方面经验丰富。1996 年建立友好交流关系后,两市领导人互访不断,双方的合作交流活动十分频繁。2001 年 3 月举办的“伦敦—上海:蓝天下的蓝筹股”大型展览会,加强中英金融证券业的交流,也使上海证券交易所与伦敦证券交易所的交流合作关系正式建立。展览期间,英国专家专题介绍伦敦金融城建设经验,并对上海建设国际金融中心提出建议。此后,两地金融代表团几乎每年互访,探讨和交流合作事宜。其间,伦敦金融城和伦敦证券交易所还分别在沪举办“中英金融服务业教育培训与资格认证研讨会”“上市和风险投资”等研讨会。伦敦金融城与上海浦东新区政府还合作举办陆家嘴金融文化周。中欧陆家嘴国际金融研究院、上海市金融办和伦敦金融城共同主办“私募股权、风险投资和对冲基金在上海资产管理中心建设中的作用”圆桌讨论会。伦敦金融城还积极参与于 2008 年 10 月举办的首届陆家嘴金融论坛。

六、探索航运和港口建设互补新领域

1981 年起,上海港先后与大阪、横滨、安特卫普、马赛、釜山、哥德堡、汉堡、鹿特丹、瓦尔帕莱索、旧金山、格但斯克 11 个友城的港口缔结为友好港,占上海友好港总数的一半。上海港与大阪港、横滨港结好后,双方定期派遣港口技术考察团互访,并就港口规划、老港区再开发、港口围堰造地、软地基改良、港口环境保护、港口体制等开展卓有成效的合作和交流,从而大大提高上海港的国际化水平。鹿特丹是世界货物吞吐量最大的海港,港口经验极为丰富。两港确立友好交流关系后,港务合作交流十分频繁,鹿特丹市港口专家多次到沪访问,对上海港区规划等提出不少建设性的意见和建议。2004 年，鹿特丹 ECT 自动化码头向上海振华港机公司订购包括集装箱岸桥和轨道吊在内的高达 1.1 亿美元的港口机械。2005 年，两市还签署《建立世界级大港关系》协议书。

七、培养与国际接轨的高水平复合型人才

友城工作在培养和引进经贸、金融、科技、港务等领域的先进人才方面取得很大成功。通过友城渠道，上海派往美国、加拿大、澳大利亚、德国、日本等国进修、培训的管理人员、技术人员达数万人次。同时，通过与旧金山、大阪、汉堡、鹿特丹、伦敦金融城等合作开展或联合举办培训班、进修班等，为上海培养一批批高层次经贸、金融、科技、港务等急需的现代化专业人才。1984—2004 年，美国旧金山先后与上海合作举办 7 期国际商业经理班，该班的主要对象是上海市外经贸、经委系统的中青年干部，共有 95 人参加培训。通过美方专家、教授专业课程的讲授和在旧金山企业、银行、商学院校的实习，培养了一大批上海市紧缺的高层次外贸和国际经济合作管理人才。2001 年以来，伦敦金融城市长每年为上海 1 位杰出的金融从业人员颁发伦敦金融城市长奖学金，为他们提供在英国高等学府深造或在该市金融机构实践和学习的机会，提高这些人员的专业水平。20 世纪 80 年代，通过友城渠道，上海港每年派遣技术、管理人员赴安特卫普港进修学习，为上海市培训多批集装箱管理、港口管理等方面的专业人员。鹿特丹的港口专家还曾到沪连续举办 5 期培训班，中方数百人次参加，对提高上海港口工作人员的专业水平发挥积极作用。

1995—2007 年，由上海市政府外办牵头，与大阪市政府、大阪海外技术者研修协会、太平洋人才交流中心等单位共同举办 13 期赴日经营管理研修班，每期 20 人左右。在为期 2 周的研修中，研修班成员通过专家授课指导和实地考察，了解日本经济的发展轨迹、人才培养、技术引进及合资企业的经营管理等情况，开拓思路，为回国后提高上海企业的经营管理水平发挥积极作用。浦东新区与巴塞罗那自由贸易区积极开展合作和交流，通过中方人员赴巴塞罗那市参观、座谈，巴方为中方培训专业人员，中方邀请巴专家到沪举办讲座等方式，使中方有关人员提高对自由贸易、出口加工等方面的业务水平。上海市人事局、上海市经济管理干部学院等单位先后多次选派青年干部、青年经营管理人员赴汉堡实习培训，大大提高这些人员的现代化经济管理理念和水平。

第二节　提升上海城市建设和管理水平

友城工作 30 多年来，积极引进外国的先进技术、管理经验和城市基础建设、整体规划的科学理念，为促进上海城市建设和管理的健康发展助一臂之力。

一、城市规划结合上海特点汲取优秀理念

洋山深水港建设确定后，作为洋山港的陆域腹地和主要集疏运基地，海港新城(后称“临港新城”)的规划成为建设上海国际航运中心的又一关键举措。在众多设计方案中，汉堡著名建筑设计公司 GMP 公司规划设计的“一滴水”构思脱颖而出，并最终夺魁。以“滴水湖”为中心的商务区和住宅区已初步形成，“一滴水”的构思在进一步实施中。规划和整治城市交通是上海的长期任务。多年来，通过与一些友好城市的交流，为上海交通的规划和开发提供许多有益经验。黄浦江沿江地区的交通规划和开发、南北高架路的规划、罗山路立交桥的规划、浦东花木地区道路和地铁的规划

等项目,就是与大阪府、横滨等友城交流后取得的成果。

二、旧区改造注重传承文化与更新发展并举

全面推进旧区、旧房改造,不断提高上海市民的居住水平,一直是上海的重要任务。

上海市房产局与鹿特丹市规划重建局、荷兰住宅研究院开展对上海旧房改造的合作,鹿特丹曾先后数次派遣专家到沪商议上海旧城改造的建筑艺术保护和城市规划(包括城市交通、建筑管理法规和项目实施方案等),还与上海市有关方面联合举办旧房改造讲习班等。两市专家还开展对静安区张家宅街坊住房改造试点工程、徐汇区 21 世纪里弄住宅模式的可行性研究。张家宅街坊项目于 1992 年 11 月正式动工,业已完成,并获得好评。

为支持上海新一轮旧房改造项目,由利物浦市政府支持的"上海沪利建筑及都市改造基金会" 2008 年 10 月在沪成立,其宗旨是促进上海和利物浦及英国在城市改造和历史保护方面开展对话、交流和合作,并根据上海新的五年计划目标,积极参与上海的旧城改造,创新城市改造的模式。

三、新城镇建设参考各国模式和风格

"一城九镇"作为"十五""十一五"期间的重点项目,要求建设成为规划科学、规模适度、功能完善、风貌各异、生态环境优良,能体现 21 世纪国际大都市郊区特色风貌的城镇。松江区"松江新城"建设项目,通过与利物浦城市规划专家进行交流和探讨,并实地考察利物浦南、北部的城市建筑风格,为松江新城城市风貌规划取得有益借鉴。

2009 年 11 月,在欧洲新城镇联盟的支持下,上海市政府外办、市发改委在沪共同举办"中小城镇的可持续发展论坛",来自上海和欧洲新城镇联盟、相关友好城市的代表 80 余人与会,就"中小城镇发展的产业定位""中小城镇与周边大城市的联动""中小城镇发展中的文化建设"等议题进行广泛、深入探讨,使上海市有关部门及人员学习和体会了国外中小城镇发展中取得的成果和经验,促进上海市新城镇建设的发展。

四、城市管理落实可持续发展

通过与大阪市、大阪府、鹿特丹市、哥德堡市、罗-阿大区、亚历山大省、埃斯波市、汉堡市、奥斯陆市、丹麦中部大区、大伦敦市等 10 多个友城在环保方面的合作和交流,上海市在环境卫生、大气污染防治、城市噪声防治、城市垃圾处理、污水处理、控制水源污染等许多方面都取得积极进展。始于 20 世纪 80 年代中期与大阪市的交流,两市环保人员隔年就派代表团互访,双方已就环境卫生的教育与宣传、公共厕所的修建、垃圾收集与焚烧技术等课题进行长期交流和合作,取得积极成果。2007 年,市环保局与鹿特丹签订环保工作长期合作协议,鹿特丹还邀请上海参加由荷兰主办的有关环保项目的国际学术研讨会和环保合作项目。奥斯陆在环保方面也有着丰富的经验,市环保局已与奥方建立长期合作关系。奥斯陆参与上海苏州河污水处理工程建设,两市还经常派环保代表团互访、参加研讨会,交流环保技术和经验。2005 年起,通过与大伦敦市的合作和交流,上海环保部门先后参加在伦敦举办的"世界城市气候变化峰会",参与"大城市气候领导小组"合作项目研讨会等。1999 年起,通过与马赛市消防部门多次派团互访,先后举行"高层建筑火灾控制和轨道交通

火灾扑灭”“船舶火灾的扑救”“城市、海港、经济和成功的演变”等主题研讨活动和交流，取得积极成果，双方还签订消防合作协议书和交流备忘录等多份协议。随着城市的不断发展，上海城市交通中出现的矛盾日益突出。通过与大阪、米兰、鹿特丹、旧金山、芝加哥、釜山等友好城市的交流，学到许多先进的理念和经验。1996 年起，上海市建委与大阪市建设局就城市交通和管理领域的信息技术、轨道交通的建设和经营管理等课题开展长期的技术交流，解决上海交通发展和管理中的不少难题。

第三节　促进上海社会事业发展

上海的友城工作围绕保障和改善民生、推进社会事业的发展这一主题，在教育、卫生、民政、福利等方面积极为有关方面搭建平台。

一、加强医疗卫生技术领域交流、切磋

上海和日本横滨、大阪府等友城几乎每年都互派医学专家、医疗卫生技术交流团等，就医院管理、医疗人才培训、急救、内科等 10 多个专业医疗领域的技术进行交流，同时，上海还每年派遣 2 名人员赴横滨进行为期 1—6 个月的进修，学习日方在医院管理和临床医疗技术领域的先进理念和技术技能，提高上海的医院管理水平和医疗技术水平。复旦大学医学院先后与鹿特丹伊拉斯姆斯大学医学中心和瑞士巴塞尔大学医学院等建立开展专业交流的联系，其中，与伊拉斯姆斯大学医学中心开展人体队列遗传研究，签订长达 10 年的合作协议。哥德堡大学医学院与上海岳阳医院就中医针灸治疗中风进行对比研究，2009 年 2 月，双方互派医学专家到对方城市合作研究中西医治疗，计划将该项目的合作方案报世界卫生组织注册，并通过合作研究形成共同的研究报告，在国际知名的专业杂志发表，提高国际社会对中医中药的认识。上海与马赛在医疗卫生方面的合作也十分频繁，市卫生局、市爱卫会等曾多次组团往访，马赛方面也多次派专家到沪讲学，两市卫生部门于 2005 年签署医疗卫生合作谅解备忘录。上海第二医学院附属仁济医院与旧金山圣玛丽医院的合作始于 1982 年，双方连续五年进行心脏外科技术交流，中方人员直接参加美方心脏搭桥等手术的全过程，大大提高中方专业人员的医疗技术水平。1988 年 12 月，两医院又在友好合作的基础上，在上海成立心血管外科学术交流中心，为加强医学交流、培养医学人才提供平台。

二、互换教育资源

上海与外国友城之间的教育交流是友城交流的重要组成部分，涵盖基础教育、高等教育、职业教育和成人教育等各个领域。通过交流，对提高上海的教育行政管理能力、提高上海的师资水平、开拓教师和学生的视野等起到积极的推动作用。上海市与昆士兰州 1990 年签署教育合作执行协议，并进行互换教师在对方城市执教的计划，历时数年。两地教育部门经常互派代表团考察访问，还分别举行“昆州教育展”“昆士兰—上海教育论坛”“昆士兰杯”和“上海杯”演讲比赛等。上海市教委与法国罗-阿大区高等教育及研究委员会于 2002 年签署两地教育合作交流协议书，罗-阿大区每年向上海的高校提供不同种类的奖学金，资助上海高校学生赴法接受长期或短期培训等。上海许多高校通过友城渠道与国外友城所在的高校建立关系，双方开展经常性的合作交流活动。1999 年

起,复旦大学与奥地利萨尔茨堡大学开展互换教师和学生的合作项目。2007年,上海音乐学院与萨尔茨堡莫扎特音乐大学签订校际交流协议,开展音乐文化交流活动。复旦大学医学院、浦东干部学院与鹿特丹伊拉斯姆斯大学医学院,两市的纺织专业大学和护士职业学校之间都建立校际合作关系。同济大学、上海大学也分别与也门亚丁大学、萨那大学建立校际交流关系。至1995年,同济大学共接收也门留学生100多人次,派遣数名教师在也门萨那大学任教。同济大学与汉堡工业大学已开展10多年的合作研究、专家互访和互派学生。复旦大学、上海理工大学等与汉堡大学、汉堡科技大学等合作办学、合作开设培训班等。上海交通大学、上海工业大学等4所大学分别与罗-阿大区有关学校签署合作协议或建立姐妹学校。上海第二医科大学于1991年与罗-阿大区格勒诺布尔大学联合会等在上海医科大学建立中国卫生部全国法语培训中心。复旦大学北欧研究中心与挪威奥斯陆大学、丹麦中部大区奥胡斯大学保持密切的合作交流关系。上海大学于2007年11月与爱尔兰科克大学合作,在科克市设立孔子学院,讲授中文,传播中国文化。在中等教育方面,上海与许多友城积极开展交流。1987年起,上海和汉堡每年互派15名高中生到对方城市进行为期3周的互访交流(其中,每次有4名高中生在对方城市学习3个月),至2008年,双方已各派出20批高中生参加此项目。许多中等学校通过友城渠道,与国外的许多学校开展合作和交流,有的还建立友好学校。卢湾、长宁、闸北的10所学校分别与爱尔兰科克市的相关学校结为友好学校,上海6所中学分别与罗-阿大区有关学校签署合作协议或建立姐妹学校关系。上海金山区的部分教师还赴达尼丁进行教育经验交流和英语培训,大大提高教师的教育经验和外语水平。2006年8月,5名上海教师应邀赴芝加哥进行为期2年的中文教学。

三、关心社会福利事业

自2000年起,上海与鹿特丹民政部门在社会福利领域先后开展多个合作项目。如"上海—鹿特丹社会福利培训"、中欧"上海老年人照料评估体系"、中荷"上海失智老人照料中心建设"等,通过合作和交流,引进荷兰的先进理念和模式,为上海养老事业的改革和创新提供经验。其中,"上海—鹿特丹社会福利培训"项目中,荷方先后安排中方8批共134人次赴荷兰,进行社会福利领域的专业培训。奥斯陆政府与浦东新区政府于2001年开展合作培训下岗女工、老年人护理项目,奥斯陆政府捐赠5万克朗给浦东新区政府,以资助该项目。上海和横滨、大阪等市通过召开研讨会、互访等形式,就社会养老、居家养老、城市人口老龄化及其对策、老年人福利设施建设、老年人文化生活以及社区服务、残疾人工作等课题进行交流和合作。2005年,市残联、市残疾人康复培训中心组团访问丹麦奥胡斯州(后改为"丹麦中部大区"),双方签署关于在残疾人事业领域开展合作交流备忘录。在此前后,奥胡斯州康复专家多次到沪,拜访市民政局、市残联、老年人福利院、残疾人康复和培训中心等,全面了解上海康复、护理领域情况,推动双方的交流和合作。此后,丹麦中部大区每年邀请上海市残疾康复人员赴丹麦培训,丹麦康复集团古德曼康复公司与上海南鑫护理品有限公司建立友好合作关系。

第四节　推进公共外交开展

上海的友城工作围绕公共外交这一重要课题,积极开展各项交流活动,宣传中国,宣传上海,取得积极成果。

举办“上海周”“上海日”“上海文化周”以及外国友城周、友城日、友城文化周等活动，是上海和许多友好城市开展合作交流的重要形式，也是开展公共外交的载体。这些活动一般规模大、层次高、内容丰富，往往受到双方领导人的重视和所在城市社会各界的欢迎。

开展“上海周”活动最早始于1995年，当时正值上海与美国旧金山建立友城关系15周年之际。旧金山是上海最早建立的友城之一，也是中美两国间建立的第一对友好城市。双方都感到，以开展“上海周”活动来庆祝两市结好15周年，对两市都十分重要。从上海方面来说，这是中美建交和友城结好后，上海首次在美国全方位展示改革开放成果和整体实力，推动中美经贸合作和文化交流的高层次、综合性活动，对上海企业和产品进入美国市场，吸引更多美国企业来沪投资、让美国人民更多了解中国和上海等都会产生深远影响。“上海周”活动从筹备到正式举行，受到美国各界的普遍关注。首次在旧金山举办的“上海周”，是集商业、经贸、文化和艺术于一体的大型综合性活动。活动包括三个方面内容：一是经贸活动，有上海商品展销会、经贸洽谈会、浦东一日等；二是文化活动，包括杂技表演、民乐演出、朱屺瞻画展、“上海风采”摄影展、上海电影周、时装表演等；三是情况介绍会，有市长徐匡迪作的《迈向二十一世纪的上海》，副市长兼浦东新区管委会主任赵启正作的《面向世界的浦东开发》，市科委作的《上海科技综合介绍》，各区、县代表作的《上海区、县投资环境介绍》等。所有活动都体现出鲜明的特点：内容多、涵盖面广，涉及上海经贸、科技、文化、市政及其他各个领域；除市长徐匡迪率领的贵宾团外，还有经贸团、投资招商团、文化团，规模之大、人数之多，不仅为上海与旧金山15年交流之首，也是上海与其他友好城市所未有的；层次高、方式新，四大代表团中包括上海市长及上海各部门、各区县的主要领导。各项活动的格调和水平也一改以往传统模式，充分体现上海三年大变样的整体风貌。由于各方重视、准备充分以及中国驻旧金山总领事馆的大力支持和帮助，“上海周”取得很大成功。“上海周”活动在旧金山各阶层产生极大反响，大大提升上海形象，增进两市和两国人民的了解和友谊。

旧金山“上海周”活动的成功举办，为上海与各友城开展公共外交、对外推广介绍上海创造一个很好范例。上海先后在10余个友好城市中举办上海周、上海日或上海文化周等活动。

2007年6月9—18日，在圣彼得堡举办的“上海周”是成功举办的典型之一。这次“上海周”是中俄双方领导人倡导举办的“中国年”框架下的地方政府交流活动。上海市长韩正、市人大常委会副主任周禹鹏、副市长唐登杰应邀率上海市代表团一行近400人访问圣彼得堡市，和圣彼得堡市市长马特维延科等圣彼得堡市领导人和各方面人士共同出席“上海周”的有关活动。“上海周”活动主要包括：“波罗的海明珠”商务中心落成仪式、两市人大（议会）交流、两市经贸论坛、文艺演出、广场表演、“来自上海的问候”图片展、上海博物馆精品展览、体育交流（包括武术、男排、女子艺术体操等）、步行街中国艺术风情展、玫瑰婚典、“上海之窗”赠书仪式、两市高等教育论坛等共20多项。中国国务院副总理吴仪、上海市长韩正和圣彼得堡市立法大会主席秋利帕诺夫等出席“波罗的海明珠”商务中心落成仪式。

举办的其他“上海周”等活动还包括：1995年、2002年和2006年在汉堡举行的“中国月·上海周”和“上海周”，2000年在哥德堡举行的“上海走进瑞典”活动周，2001年和2005年在米兰举办的“上海文化周”和“中国在米兰——上海日”，2004年在马赛和亚历山大举办的“上海周”，2005年在萨格勒布举办的“上海日”，2006年在昆士兰举办的“上海日”，2008年在伊斯坦布尔和海法市举办的“上海周”，2009年在昆士兰、鹿特丹、安特卫普和安卡拉举办的“上海文化周”“上海周”等。

与此同时，不少外国友好城市也在上海举办20余次城市周、城市日活动，其中包括：“旧金山周”（1998年）、“安特卫普日”（1998年）、“利物浦周”（1999年）、“汉堡日”（2002年）、“米兰魅力”文化周(2005年)、“马赛周”(2005年)、“圣彼得堡周”(2006年)、“罗-阿大区周”(2008年)等。在2010年上海世博会期间，许多外国友城和友好交流关系城市也举办城市周和城市特别日活动。其中，举办“特别日”活动的包括蒙特利尔市、罗-阿大区、鹿特丹市、巴塞尔州、巴塞罗那市、汉堡市、大阪市等10余个友城。这些活动同样也促进了公共外交活动的开展。

文化交流是上海和各友城开展合作交流最活跃的领域之一。上海市在许多友好城市举办“文化之夜”、艺术节、展览会、文化讲座等。通过在音乐、舞蹈、电影、电视、图书、绘画等各方面开展的大量文化交流活动，扩大了中国文化在国外的影响，促进了各国人民对中国人民的了解和友谊。在友城文化交流活动中，上海还形成许多很有影响的国际品牌。1986年举办的首届“上海国际友好城市电视节”，后来发展成为每两年一届的上海国际电视节。享有一定世界知名度的上海国际艺术节、国际电影节、国际电视节、国际旅游节、国际芭蕾舞比赛等，最初也是在友好城市交流基础上形成的。

充分利用结好周年庆纪念活动推进公共外交。每当逢五、逢十两地结好周年之际，上海和许多友好城市之间都要举行庆祝、纪念活动。活动期间举行的图片展览、音乐会、体育比赛、青少年交流等，对加深各国人民对中国的了解、促进友好合作产生深远影响。2000年上海和大阪府结好20周年之际，上海方面除派出上海市代表团外，还派出人大代表团、祝贺演出团、各界人士友好访日团、有关区县友好访问团等，与日本各界人士广泛接触和交流。结好25周年时，大阪府知事太田房江、议长美坂房洋分别率领大阪府政府、议会及大阪各界代表团访沪，出席庆祝仪式暨交流音乐会、青少年绘画交流展、插花交流展、女排交流赛等。2005年10月，上海市代表团访问萨格勒布市，参加庆祝两市缔结友城25周年暨“上海日”开幕活动。活动包括：企业家经贸论坛、上海风情图片展、“上海之窗”赠书活动、上海·萨格勒布音乐之夜等。

作为双方合作与友谊的象征和合作交流的重要形式，上海与一些友好城市互赠动物、植物、友谊树、友谊林等，承建或赠建中国式庭园、亭子、牌楼、喷泉、铜像和纪念碑等。一些外国友好城市也在上海建立友好馆、友好园，或赠送名人铜像、喷泉、墙画等，为人文外交增添独特的华丽篇章。

为纪念两市结好15周年，日本横滨市赠送给上海一座“横滨·上海友好馆”，上海也回赠一座小型中国式庭园“上海·横滨友好园”。1992年成立的“横滨上海友好林培育会”，捐资在上海共青森林公园内建立“横滨·上海友好林”。互赠动物也是上海和一些友城间开展交流的一种形式。如与日本大阪市，日方先后赠送给上海的动物有海狮、山魈、企鹅、黑猩猩、长颈鹿、非洲狒狒、鸵鸟、驼羊等。上海赠送给日方的动物有黑狼、白枕鹤、白鹳、黑叶猴、云豹、扬子鳄等。1990年，上海在鹿特丹建造“中国园”，并赠送两座中国亭子。1994年和2004年，鹿特丹向上海赠送了2万棵郁金香和10万棵郁金香球茎，上海回赠4棵白玉兰树。2007年，鹿特丹向上海赠送3只大猩猩。1981年，旧金山向上海赠送一对大猩猩(取名为“和平”“友谊”)和5棵北美红杉。1995年，为纪念大阪关西国际机场启用，上海赠送给大阪府一对石狮子，取名为“友友”“爱爱”。1991年，上海为蒙特利尔市建造中国式庭园“梦湖园”。2000年，蒙特利尔市在上海世纪公园内与中方合作建造“蒙特利尔园”。2007年，在滨海省政府积极推动下，波兰对华友好协会向上海市政府赠送波兰音乐家肖邦的铜像。2008年，由汉堡市政府无偿提供土地的“汉堡·上海欧洲旅游中心”(汉堡豫园)落成，其以传统中式茶馆的建筑风格为主体，成为上海标志性建筑“豫园”在汉堡的浓缩版。2006年和2008年，上海和法国罗-阿大区有关部门相互合作，分别在里昂第八区和上海市长宁区绘制完成“上海墙画”和“罗-阿大区墙画”。2004年，上海市向马赛市布赫里植物园赠送富有中国特色的“上海园”。作为回赠，2005年，马赛市在上海徐家汇公园建造“希望喷泉”。2003年，作为向圣彼得堡建城300

周年的礼物，上海向圣彼得堡赠建一座中国古典式庭园“友谊园”，该园建在圣彼得堡市中心，占地1 000多平方米。2000年，上海向釜山“上海街”赠建“上海门”牌楼，“上海门”三字由时任上海市长徐匡迪题写。1996年，上海市政府拨款30万元人民币，为瓦努阿图维拉港市赠建一座喷泉。2007年，上海又向维拉港市援助1万美元，建造维拉港手工艺品市场“上海集市”。2008年，达尼丁市中国古典式园林“中国花园”竣工。该花园由达尼丁华侨捐款和新西兰中央政府财政支持，由上海公司设计施工。1999年，上海向温得和克市赠建中国式亭子“上海亭”。2000年，由利物浦市政府及民众团体集资、上海园林(集团)等单位承建的利物浦市中国城牌楼竣工。2009年，上海向迪拜赠送的友城纪念碑在迪拜扎比尔公园落成。同年，巴塞尔政府向上海赠送的一座巴塞尔龙喷泉在静安区蝴蝶湾绿地落成。

为纪念中瑞两国人民绵延近3个世纪的友好往来，瑞典民间于1992年起耗资3 000多万美元，历经10年建成“哥德堡”号仿古帆船并起航开始环球之旅。经过上海市政府和哥德堡市政府的多次磋商和精心筹备，“哥德堡”号仿古帆船于2006年8月28日抵达终点站上海展示。仿古帆船抵达上海时，举行隆重而盛大的进港仪式，上海市长韩正、瑞典王储和王子、哥德堡市市长岳冉·约翰松和上海各界代表出席进港仪式。“哥德堡”号仿古帆船在黄浦江上停留60余天，共接待中外游客近9万人，举办各类活动50场，市民参观踊跃。2006年10月，“哥德堡”号仿古帆船举行离沪仪式时，哥德堡市市长向上海市赠送精致的“哥德堡”号模型，以感谢上海市政府和上海人民对“哥德堡”号的热情接待和对瑞典人民的友好情谊。2007年6月，“哥德堡”号仿古帆船返回哥德堡，并举行盛大的返航庆典活动，正在瑞典访问的国家主席胡锦涛应邀与瑞典国王卡尔十六世·古斯塔夫共同出席返航庆典，胡锦涛在致辞中，赞扬“哥德堡”号在中瑞两国人民之间架起了新的友谊桥梁。在返航活动期间，还举办上海图片展、上海文艺演出等活动，受到哥德堡市民的热烈欢迎。

第五节　参与上海世博会

在筹办和举行2010年上海世博会的过程中，友好城市渠道发挥独特作用，做了大量促进工作，有力推进上海世博会的成功举行。

自2007年11月起，上海市政府外办和上海世博局、解放日报报业集团一起举办“世博—友城行动”大型采访活动，15批记者前往27个友好城市进行采访，受到当地政府和有关方面的热情接待和安排。活动多媒体、多平台、全方位地展示世博主题在友好城市的演绎，扩大上海世博会的影响。

在上海世博会开幕前的“世界百位名人谈上海世博”活动中，多位上海友城的领导人为上海世博会发来热情洋溢的贺词。法国罗-阿大区主席凯拉纳认为，2010世博会将让全世界用全新的眼光看中国，这种眼光带着尊敬、友谊和好奇。新西兰达尼丁市市长陈永豪赞扬“城市，让生活更美好”的主题，将每一位城市领导及居民希望拥有更大更好居住区域的愿望，与实现这一愿望所面临的挑战很好地结合了起来。

2010年上海世博会首次设立新的参展区——城市最佳实践区，新展区首次给予城市以独立参展世博会的机会。其创意来源之一，即是上海与各友城间开展的城市最佳实践区活动。上海世博会确定设立城市最佳实践区后，上海的许多友城和友好交流关系城市踊跃报名、积极参展。共有13个友城和友好交流关系城市的14个案例入选并参加上海世博会城市最佳实践区的展示。这些案例的成功展示，受到参观者和有关各方的普遍欢迎和好评。蒙特利尔馆与人们分享以社区为基础、市民共同参与规划、建设宜居家园的经验；罗-阿大区馆展示城市规划与生活方式的创新结合；圣保罗馆的城市清洁法案,旨在探索建造和谐有序的城市风景;大阪馆展示具有1 400多年历史的水都在防洪抗灾、清洁水质、水滨城市改造等方面的经验;利物浦馆展示历史遗产保护与再利用的经验。

参加上海世博会城市最佳实践区展示的友好城市和友好交流关系城市及其所展示的案例是:大阪府和大阪市——“环境先进城市·水都大阪的挑战”;旧金山——“全球变暖:通过姐妹城市合作,为国家模型探求本地方案”;巴塞罗那——“巴塞罗那市中心老城区”“巴塞罗那新创新城区”;鹿特丹——“水城—鹿特丹”;蒙特利尔——“圣米歇尔区的环境复合工程——一个世界级的最佳实践”;汉堡——“汉堡之家新耐久性建筑”;亚历山大——“亚历山大城市发展战略”;利物浦——“历史遗产保护与再利用”;圣保罗——“清洁城市法案”;巴塞尔——“改善水质,让城市生活更美好”(与日内瓦、苏黎世联合提供);罗-阿大区——“城市环境下的环保能源和可持续家园”“城市节能照明系统”;罗萨里奥——“罗萨里奥市河滨公共区域的建设管理”。

上海世博会举办期间,上海各友好城市和友好交流关系城市踊跃派团到上海参加、参观世博会。据统计,世博期间,到访的友城代表团共达180批3 433人次,其中有47位友城市长亲自率团到访,为往年友城市长到访团的4—5倍。许多友城市长在访问期间,还在中方制作的市长留言册上留下饱含热情的世博感言,他们称赞世博会精彩纷呈,秩序井然,感叹上海城市发展的日新月异,展望两地友好交流与合作的美好未来,并为上海城市的建设和发展建言献策。旧金山、横滨、奥斯陆、汉堡、达尼丁等15位友城市长还接受上海电视台外语频道的采访,畅谈参与上海世博会和与上海合作交流的感想和体会。

上海世博会期间,参加城市最佳实践区展示的友好城市和友好交流关系城市还分别在世博园城市最佳实践区展馆内举办12档城市“特别日”活动。这些城市包括:蒙特利尔、鹿特丹、罗-阿大区、汉堡、巴塞尔、圣保罗、大阪市、埃斯波、巴塞罗那、罗萨里奥、芝加哥、利物浦等。“特别日”活动包括各类讲座、论坛、推介会、新闻发布会、文艺演出等,围绕“城市,让生活更美好”的上海世博会主题,积极宣传和介绍城市发展的情况和经验。

为充分利用世博会机遇,扩大影响,寻找商机,许多友城和友好交流关系城市在世博园区内的城市馆、国家馆及园区外分别举办76场涉及经贸、科技、文化、卫生、低碳环保、新能源等内容的城市主题周、城市主题日、文艺演出和研讨论坛等活动。其中,旧金山周举行“可持续能源主题论坛”;安特卫普日举行包括钻石产业、医疗、物流、生命科学和化工领域的研讨会等系列活动;斯德哥尔摩周举行“斯德哥尔摩在医药卫生和生命科学领域的创新”论坛;米兰周举行“米兰创意城市主题周”;昆士兰周举行图片展、澳中贸易投资论坛、城市规划主题论坛、科技创新论坛、建筑设计展示会等11项主题活动;罗-阿大区举办的13个系列主题活动包括“健康主题周”“可持续建筑:建筑物与能源主题周”“影像工业主题周”“农业—食品主题周”“想象与规划:后碳城市主题周”等;奥斯陆周活动包括:“同舟共济、科研创新:从研究癌症到治愈癌症”“环境和能源研究:弥合政策、科学和技术之间的差距”“挪中海事科研、创新和知识提升”“旅游城市奥斯陆”等。埃斯波日、伦敦周等也举行相关主题活动。

上海世博会期间,许多友城到访团组除积极参与世博园区的活动外,还围绕“城市,让生活更美好”这一上海世博会主题,在园区内外积极开展与上海市有关部门的合作和交流。市政府外办、友好城市参展组也利用世博会契机,积极推进与上海、与上海各区县的友城交流活动。在2010年世博会期间,埃斯波市、蒙特利尔市、罗-阿大区、鹿特丹市、汉堡市、昆士兰州、亚丁省、巴塞尔州、卡萨布兰卡市、芝加哥市等12个上海友城的主要负责人在到沪参加世博会有关活动时,分别与市长韩正等共同签署两地新的友好交流备忘录,确定双方的合作计划。备忘录所涉项目领域广泛,如与汉堡的交流计划包括 13 个领域的 47 个项目，与昆士兰州的交流计划也涉及教育、科研、节能减排、医疗卫生、旅游、文化 6 个领域。

“奥斯陆主题周”期间，挪威管理学院与复旦大学管理学院举行专场研讨会，并签署两院本科生项目培训计划。旧金山市举办的“可持续能源主题论坛”，就解决全球温室效应、推动节能减排、优化能源结构、积极开发利用清洁能源和可再生能源等议题，与中方有关人员进行深入探讨。旧金山—上海姐妹城市委员会还向上海市慈善基金会捐赠善款 5 万美元，用于乳腺癌预防项目。上海和海法市合作举办第二届“上海—海法经贸论坛”，两地企业家近 100 人进行交流和洽谈。巴塞罗那市市长在上海世博会城市最佳实践区展示的巴塞罗那市标志性建筑“高迪龙”唯一复制品赠送给上海，留作永久的纪念。

通过合作接待到访外国团组和参加世博会有关活动，上海各区县的对外交流和合作取得新的发展。嘉定区与新西兰豪拉基市缔结友好城市关系。嘉定区与匈牙利佩奇市、徐汇区与瑞士伯尔尼州、长宁区与新西兰惠灵顿、卢湾区与新西兰皇后镇、徐汇区与越南胡志明市第五郡、普陀区与墨西哥萨拉潘市、闸北区与日本静冈县、奉贤区与泰国清迈府等都建立了联系。蒙特利尔市将与卢湾区建立专人联系机制，深化在公务员培训、地下空间利用管理、商业文化活动等方面的合作。科克市将与长宁、卢湾、闸北等区进一步加强中学间的交流。汉堡市邀请虹口区于 2011 年前往该市展出虹口犹太纪念馆图片。闸北区与釜山沙下区签订友好交流协议书。卢湾区、静安区与法国罗-阿大区、马赛市也就开展实质性的交流活动达成协议。宝山区、青浦区还与欧洲新城镇联盟开展合作，并有望与联盟中的城市进一步建立联系。

第四篇 各领域国际交流合作

上海的国际交流合作是伴随着对外交往的不断扩大而蓬勃发展、日益深入的。改革开放以来，上海成为中国与世界交往的重要城市，成为连接国内市场与国际市场的中间交汇站。抓住机遇，充分利用好国际、国内两个市场和两种资源，已成为上海按照国家战略建设“一个龙头、四个中心”（以上海浦东开发为龙头，国际经济、贸易、金融、航运中心）的重要步骤。随着经济全球一体化不断发展和深入，上海的重要经济地位和各方经济优势为世界所认识，成为国际资本和跨国集团进入中国市场的桥头堡，吸引外资和外商投资项目蒸蒸日上，对外贸易屡创新高，金融市场和国际航运中心建设日臻完善，科技、教育、文化、卫生等方面对外合作硕果累累，城市的经济建设和社会发展不断迈上新台阶，呈现出健康持续发展的新局面。

第一章 经济领域交流合作

上海是中国经济的中心。改革开放既为上海经济对外开放,参与国际竞争和合作创造了良好条件,也为上海引入国际资本和技术,推动城市自身经济建设带来了源源不断的动力。随着中央支持上海改革开放政策的力度不断加大,上海的各项改革措施和优惠政策不断落地,对外合作环境日益优化,源源不断的国际资本、国际金融机构、国际跨国集团纷纷涌入和落户上海,参与上海的发展,分享中国改革开放的红利,使上海的经济建设不断迈上新台阶,城市综合实力不断增强,从1990年起连续十六年保持GDP两位数增长,从而为上海建设成为国际经济、贸易、金融、航运中心奠定良好基础。

第一节 贸易投资

上海是中国对外经济贸易的重要口岸,是中国通向世界的门户之一。在国家改革开放决策指引下,上海把发展对外贸易、积极吸引外资作为对外合作的重点突破方向,取得了良好效果。

一、对外贸易

改革开放后,上海的对外贸易充分利用得天独厚的地理优势和政策有利环境,取得了前所未有的快速增长,大致分为四个阶段:

第一是改革开放起步阶段(1979—1983年)。从1979年起,上海利用中央下放的权力,改革外贸经营管理体制,大力发展地方外贸。1979年12月28日,率先在全国建立地方外贸公司——上海市对外贸易总公司,与市对外贸易局实行“一套班子,两块牌子”,与国家各外贸专业总公司共同领导和管理在上海的粮油、食品、土产、畜产、茶叶、丝绸、服装、纺织、工艺、轻工、化工、五金矿产、机械13个进出口分公司及相关的外贸企事业单位。在外贸体制上主要进行“以简政放权”为中心的改革。1980年,试行由专业进出口分公司的商品科与生产企业共同组建工贸公司,初步尝试工业企业参与外贸经营。1981年,发展财产、组织隶属关系不变的贸工农联营企业;扶植、组建一批综合性地方外贸公司;指导专业进出口分公司划小经营单位,扩增经营主体;向三资企业放权,允许企业拥有出口本企业产品和进口所需原料的经营权;并根据国际市场的需要,广开门路,组织货源,有关出口工厂积极扩大适销商品的生产,使出口商品的收购量不断增长。1979年,上海的进出口总值38.78亿美元,1980年增至45.06亿美元,其中出口总值分别为36.75亿美元和42.66亿美元,分别比1978年增长27%—47%。1981—1983年,在各省市自营出口迅速增加,而上海产品结构调整和出口货源增长还不快的情况下,上海出口额一度下降,始终徘徊在35亿美元上下。

第二是改革开放循序渐进阶段(1984—1991年)。1983年5月25日,中共上海市委按照党政分开的原则,决定建立中共上海市对外经济贸易工作委员会,将市进出口办公室、市对外贸易局和市对外经济联络局合并,统一管理全市外经贸工作,行使对全市各类外经贸企业的行政管理职能,制定和组织实施上海外经贸方面的具体方针、政策及涉外经济法规等。此后,随着全市“两级政府、两级管理”体制的逐步建立，各区县政府先后设立外经贸委，形成市和区县两级外经贸管理体制。1984 年 5 月 15 日，上海被列入沿海开放的 14 个城市之列。同年 10 月，中共十二届三中全会作出关于经济体制改革的决定，指明中国经济改革的方向和目标。新成立的市外经贸委，在推进外经贸体制改革、转换外经贸企业经营机制、探索出口代理制、推行承包经营责任制、推进自负盈亏机制运行、改善利用外资的管理服务体制等方面取得有效进展，为上海外经贸发展注入新的活力，1987 年、1988 年上海的出口贸易额又分别回升至 41.6 亿美元与 46.05 亿美元，1989 年增至 50.32 亿美元。其反映在：一是出口市场有新的拓展。初现市场多元化，1990 年已达 171 个国家和地区，出口超 1 亿美元的国家和地区有 9 个。二是较大改善出口商品结构。1985 年，农副产品、轻纺产品、重工业产品出口比重为 22.82%、58.73%、18.45%；1989 年比重为 14.9%、64.7%、20.5%。三是外贸经营主体不断扩大。一大批企业获得外贸经营权，形成专业外贸公司、工贸公司、工业自营出口企业、地方外贸综合企业、部属在沪企业、外商投资企业“六路出口大军”的大外贸出口格局。四是出口规模扩大。外汇收入增加，到 1991 年进出口首次突破 80 亿美元大关。其间，上海技术进出口发展较快，一些先进技术、设备的引进和转化，使许多老企业的产品升级换代，填补一些国内空白，建立起国内支柱产业，也使上海工业总体技术水平得到加强，拥有大量成熟的工业化技术和相当数量的新兴工业化技术，为发展技术出口奠定坚实的基础。

第三是改革开放攻坚推进阶段(1992—2000 年)。1990 年 4 月 18 日，国家宣布开发开放浦东决策，上海成为全国对外开放的重点。特别是 1992 年邓小平南方谈话和中共十四大正式提出“尽快把上海建成国际经济、金融、贸易中心之一”的战略目标后，上海出台《关于进一步深化改革、扩大开放，加快本市外贸发展的措施》，对怎样建设国际贸易中心给出指导性的设想，即“创造一系列与之相称的、足以能吸引近悦远来的必要条件；核心是要培育和形成能汇集资金流、商品流、信息流的市场体系”。1992 年 10 月，中共十四大确定国家经济体制改革的目标是建立社会主义市场经济体制。同年，上海拉开深化外经贸体制改革的帷幕。一是企业改制，在不同程度上实现跨地区、跨部门、跨所有制的资本联合；二是集团化，先后组建东方国际、兰生、外经、外运、东浩、外经贸投资等企业集团，扩大规模经营，加快综合经营的步伐；三是扩展外贸主体，到 1999 年底，国有外贸企业发展到 971 家，18 000 多家外商投资企业中，3 626 家已有出口实绩；四是“五外联动”，明确对外经贸在上海经济发展中的主动力战略地位，推进外贸、外资、外经、外技、外服联动协调发展。为化解市场过于集中带来的风险，上海加快实施外贸多元化战略的步伐。一方面，继续深度开发日本、美国、欧盟和港澳四大传统市场；另一方面，集中力量开拓东欧、东南亚、中东、拉美、非洲等新兴市场。除了继续充分利用已有的一般贸易、易货贸易、补偿贸易、来料加工贸易、对外承包工程和劳务输出、技术引进等贸易形式外，还根据不同的市场状况，引入更多的贸易形式，如加工贸易中进料加工贸易、来样加工贸易、寄售代销贸易、租赁贸易、免税外汇商品贸易、保税仓库进出境货物、保税区仓储转口货物等。上海制定并实施外贸出口“龙头计划”，即到 2000 年发展 100 种年出口 5 000 万美元以上的重点产品，促使其形成规模，成为带动上海外贸出口的“龙头”。为提高出口产品的竞争力，在继续深化“龙头计划”的同时，从 1997 年开始实施“双高”产品开发计划，即努力扩大高技术含量、高附加值产品的出口，确定 38 个重点“双高”产品。1998 年开始实施“品牌”计划，即利用外国品牌，特别是世界名牌，开拓国际市场，提高上海产品质量，塑造自己的品牌。经过几年的努力，上海出口商品的质量和技术含量都上了一个新台阶，工业制成品已从以轻纺为主转为以机电等附加值高的产品为主，形成上海货物贸易的新优势。其表现在：一是货物进出口规模快速发展。自 1992 年起，上海外贸出口连续八年保持良好的增长势头。1998 年，虽然受到东南亚金融危机的不利影响，但进出口总额仍突破300亿美元大关。2000年，上海外贸进出口额547.10亿美元，为1991年80.44亿美元的6.8倍；其中出口额187.85亿美元，为1991年57.4亿美元的3.27倍。二是服务贸易初现规模。到2001年，上海服务贸易总值达94.95亿美元，其中进口48.9亿美元，出口46.05亿美元，传统服务贸易出口项目有升有跌，新兴服务贸易出口发展加速。三是技术贸易异军突起。上海借助浦东开发开放，兴建"一江三桥"(张江、金桥、外高桥、孙桥)高新技术产业带，并进入快速发展时期，成为上海技术贸易新的增长点。1992—1996年是上海技术进口发展的高峰时期，5年的技术进口超过了前13年的总和，其中1996年度成交1 798项，金额14.42亿美元。通过浦东的辐射，上海建立70个重点企业技术中心，经过消化吸收国际先进技术，创造国内技术领先产品，推动传统产业科技含量的提升，扩大高新技术及其产品的出口规模，高新技术特别是信息方面技术成为上海技术出口较为活跃的增长点。四是外资企业出口贡献度创新高。上海从1992年起积极改变利用外国间接投资的政策导向，迅速将开发项目的重点放在与新的贷款条件相符合的领域靠拢，积极开发与改善人民生活相关的项目，为这一阶段及其后上海开拓出一条有利于经济社会发展的利用外国间接投资之路。外资引领上海制造业转型升级迈向现代化的进程，对上海的出口贡献度不断提升，至2000年出口达142.6亿美元，占全市出口额达56.24%。

第四是改革开放深化突破阶段(2001—2010年)。进入21世纪，上海继续以深化改革、扩大开放来促进外经贸的发展。2001年12月11日，中国正式成为世贸组织成员，标志着对外开放进入新的阶段。上海按照WTO规则要求，转变政府职能，深化行政管理体制改革。对76项外经贸行政审批事项，逐项加以甄别和梳理，采取取消、调整和保留办法，精简为33项。2004年4月6日起，上海按照新《对外贸易法》和WTO规则，健全外经贸协调发展的管理体制，自7月1日起，沿用50年的外贸经营权审批及核准、登记制正式结束，进出口经营权实行备案制，在网上办理手续。2008年10月，上海新一轮机构改革正式启动，组建内外贸合一的市商务委员会。新成立的市商务委因势利导，立足基本国情，努力探索参与全球竞争、完善开放型经济、内外贸结合的管理体制，创新行政审批运行机制，创新科学发展的管理模式、营造良好的国际经贸环境，形成全方位、多层次、宽领域的对外开放格局。由市商务委牵头组织加快上海国际贸易中心建设的"破题"研究，上海国际贸易中心建设取得阶段性成果。其主要是：(1) 货物进出口贸易快速发展，呈现出六大特点。贸易规模稳步扩大，从2000年的547.10亿美元增加到2010年的3 688.7亿美元，增长了5.7倍，年均增幅为22.35%；贸易结构优化，一般贸易和加工贸易均衡发展；贸易主体结构呈现多元化，外资企业、私营企业高于全市平均增幅；市场多元化趋势较为明显，2010年上海对欧洲、美国、日本和中国香港地区四大传统市场出口合计为1 157.72亿美元，占当年全市外贸出口总额的64.04%；出口商品的技术含量不断提高，机电和高新技术产品成为外贸出口的主力军；口岸贸易规模不断扩大，服务"长三角"功能增强，2010年上海关区(口岸)进出口额6 846.5亿美元，占全国的比重为23%，占世界的比重为2.3%。(2) 技术贸易转型增长，呈现出两大特点。技术引进内容转变明显，从过去的生产线进口及专有技术转让许可为主逐渐转为技术咨询、技术服务、计算机软件许可应用等，这更有利于促进上海技术水平的提高；技术出口结构向传统产品与高新技术产品并进的方向发展，其中信息产品逐渐成为上海技术出口的主项，2010年上海高新技术出口达841.11亿美元，其中计算机与通信技术为613.46亿美元，占比达72.9%，美国、中国香港地区、荷兰、日本、德国、法国、新加坡、中国台湾地区、马来西亚、墨西哥成为高新技术出口排名前10位。(3) 服务贸易全面快速发展，呈现出五大特点。进出口增长速度快，对上海经济的贡献程度不断提升，2000—2010年，上海服务贸易进出口额由79.1亿美元增加到1 046.7亿美元，占上海外贸进出口总额的比重由12.6%上升

28.38%;规模在全国占比不断提高,与亚洲主要市场的差距逐步缩小,从2000年的11.2%上升到2010年的28.9%,上海成为服务贸易发展速度最快、发展潜力最大的省市之一,与中国香港地区、新加坡的服务贸易进出口额差距由8.2倍和7.2倍,缩小1.5倍和2倍;传统服务贸易规模大,新兴服务贸易增长快,上海囊括服务贸易12部类的全部内容;市场格局高度集中,主要市场是中国香港地区、美国、日本和欧盟;服务外包蓬勃发展,外包业务种类相对齐全,呈现多种所有制共同发展格局。(4) 外资企业出口处于主导地位,呈现出引资规模持续增大、跨国公司总部或重要地区总部集聚、外资产业结构优化、外资企业运营情况良好、外商投资企业出口贡献度提高五大特点。(5) 国际贸易中心建设取得新进展,一是建立适应"四个中心"联动发展的经济调节和市场监管体制;二是切实转变外贸增长方式,扩大具有自主知识产权、自主品牌的产品出口,由"出口创汇"向"出口创利"转变,促进加工贸易向深加工、精加工、高端加工转型升级;三是大力发展服务贸易,扩大服务业开放力度,使上海成为万商云集的国际采购订单中心、商贸流通中心;四是进一步增强上海口岸功能,吸引更多的进出口货物,大力发展转口贸易,确保海、陆、空通道安全畅通,保持上海港口集装箱吞吐量领先世界港口的优势;五是着力引进外资金融机构,让更多的外资银行在上海设立分行、总代表处,为上海国际贸易中心建设提供契机;六是出台《贸易便利化工作规程》,为国际贸易实现大通关、大物流创造条件,也为上海建设国际贸易中心提供制度保障;七是外高桥保税区成为上海第一个国际贸易示范区,发挥其国际贸易、保税物流和口岸功能叠加的优势,在上海国际贸易中心建设中起示范和引领作用。2009年6月,上海市与商务部签署《关于共同推进上海市商务工作全面发展的合作协议》,以国家会展项目落户上海为标志,部市合作推进上海国际贸易中心建设取得实质性进展。

二、对外经济合作

改革开放以前,上海遵循国家对外方针,对外经济合作以对外援助为主,主要以提供援外设备、物资工程技术专家和承包工程的经济技术援助、为外国培训技术力量、开展对外医疗援助等形式出现。改革开放后,上海的对外经济合作经历三个发展阶段。

一是起步阶段(1979—1991年)。20世纪80年代初,根据国家外经贸部"多渠道、多层次、多元化发展对外经济技术合作"的方针,上海对外经管理体制进行重大调整,撤局建委,从根本上突破单一援外任务的外经计划管理体制,实行政企分开,单独设立中国成套设备出口公司上海分公司,并成立上海对外经济技术合作公司,这是上海首家经营对外承包、劳务合作的企业。1980年1月,向也门纺织厂派出操作女工和译员,是上海首批劳务输出。此后陆续向伊拉克、尼日利亚等亚非国家派出工人和技术人员。此时的劳务输出完全由公家派遣,中国成套公司与外方的合同统一签订,人员由各工业局从所属厂中选调。1980年9月签约的1 000万美元的华美钢铁公司,是上海承接的第一个对外承包工程。1981年在香港开办的培罗蒙西服有限公司,是上海第一家非贸易性海外企业,沪方主要以技术、设备和半成品出资。1982年6月,上海疏浚公司派出一艘"航浚4009"号耙吸船,首次驶入墨西哥托波洛班波港,承包疏浚工程,赢得信誉,逐步扩大在拉丁美洲工程承包和租船市场。1986年6月,外经公司、针织公司与香港投资商联合投资的毛里求斯"香港上海针织厂"正式开业,是上海第一个海外投资的生产性项目,产品为各类T恤衫,主要销往欧美市场。1989年6月,市政府颁发《上海市举办海外企业的申请和审批办法》,鼓励企业及机构到境外投资,建立创汇型海外企业,带动原材料和设备出口。至1990年,上海共计批准在海外办企业66家,其中开业的有 33 家，总投资额 5 940 万美元，中方投资 3 157 万美元，投资合作方主要是华侨和华裔，投资地区为欧、美、亚洲 14 个国家和地区。1984—1991 年，外经公司致力于“外挤”“内联”，着力推进外派劳务。从陆上公派劳务发展到远洋公派劳务，进而延伸到民间劳务；派出国别从开始的少数国家，发展到 70 多个国家与地区；劳务合作新签合同额和完成营业额，分别从 1984 年的 328 万美元、591 万美元，增长到 1991 年的 3 870 万美元、1 233 万美元，年均增长率分别达到 42.27%和 11.07%；年末在外人数从 1984 年的 1 075 人，增长到 1991 年的 2 293 人，年均增长 11.42%。

二是稳步提升阶段(1992—2000 年)。1992 年后，上海继续深化外经体制改革，增强外经发展内在动力，着力对外经工作宏观指导和推进，改善外经发展环境。在经济合作方面，提出争取进一步扩大对外工程承包和劳务合作渠道；在发展民间劳务输出方面，提出建立由外经贸委牵头，市有关部门参加组成的民间劳务协调小组，统一协调全市民间劳务输出工作；在海外投资方面，提出进一步简化立项手续。在这期间：(1) 上海推动改革创新，增强外经发展内在动力。首先，放开外经经营，初步形成大外经格局。1992 年经外经贸部批准，一些有实力的、优势突出的、实体性的大型企业集团和设计单位，先后成为上海外经主体成员。2000 年底，已有各类外经企业 57 家，其中 80%为大中型实体企业，基本形成大外经格局，增强上海在国际上的竞争能力。其次，组建多元化发展的跨国集团，转变外经企业经营机制。1993 年，上海提出大力拓展海外经贸公司，组建若干大型的以外贸为先导的国际化企业集团和以产业为龙头的跨国公司，积极参与国际竞争的要求。1995 年 11 月，经市政府批准，上海外经公司和上海海洋石油服务总公司在资产一体化基础上，联合组建中国上海外经(集团)有限公司。在集团内部进行一系列改革，完成组织和机制创新，增强集团竞争力。后又吸收城建集团等 3 家公司投资，形成跨部门、跨行业、跨地区、跨所有制的多元投资重组。上海实业集团在与上海海外公司联合的基础上，形成全球九大地区性总部的网络布局，形成规模经营和海外经济“领头羊”的发展格局。第三，组建行业中介组织，注重为企业开路和解决实际困难，提供各种服务。1994 年建立上海国际经济技术合作协会，并成立“对外工程承包”“对外劳务合作”专业委员会，发挥行业协调功能，促进行业国内外交流和市场开拓。第四，规范和促进行业健康发展。1992 年 11 月 23 日，市政府颁发《上海市对外劳务合作管理暂行办法》。1998 年，上海出台全国第一个外派劳务行业规范《上海市外派劳务行业规范》，推进外派劳务健康有序发展。(2) 上海加强宏观指导，推进外经健康拓展。首先，引导工程承包“三位一体”共同发展。1992 年，明确对外承包业的定位，货物贸易、技术贸易、服务贸易三位一体共同发展，扩大国际承包，带动成套设备出口。依据上海的优势，对外承包从土建等项目向工业项目等发展。承包的电站、机电、冶金等工业大项目不断增多。其次，引导集中进入，以点带面开拓市场。1994 年，从实际出发，确定集中开拓越南等新市场的战略，鼓励企业到非洲特别是南非投资，取得显著成效。1995 年，在越南新接承包工程项目 6 项，批准对越投资项目 2 项，实现进入越南建筑承包市场零的突破。同时，越南周边的老挝、柬埔寨、缅甸等国家的经济合作也初见成效。累计在南非投资项目 14 个，投资总额 1 200 万美元，投资项目开业后，产生良好的经济效益。第三，政府组建外经工作领导和咨询机构，全面推进以多种方式开拓海外市场。1996 年，上海按照变“产地销”为“销地产”的思路，把发展海外投资和工程承包、带动成套设备和生产线出口作为一项重要工作来抓。市政府成立市外经工作协调小组，负责规划、协调和管理对外经济合作工作。成立海外投资专家咨询委员会，为海外投资决策提供科学依据，并排定海外投资的骨干企业 50 家、境外投资的 50 个重点项目和一批成套设备与生产线。至 1996 年底，上海获批的非贸易性海外投资项目已达 244 家，遍布世界 60 多个国家和地区。上海针织、外经、水产、仪电集团等许多企业在海外站稳脚跟。1997 年，市政府召开上海海外企业发展座谈会,指导海外投资三者并举(工业投资、贸易投资和服务贸易投资),提高海外企业的资产质量,加强境外带料加工装配业务指导。第四,大力优化国际市场进入策略,鼓励长线项目向海外转移。1998年,出台《关于本市进一步扩大企业对外投资加快拓展国外市场的若干意见》,提出以“一转移,三中心”多种方式开拓海外市场的战略。大力推进海外投资和带料加工业的发展,排出50个长线项目,向海外转移生产线。同时推动企业到拉美和非洲地区设立存仓分拨中心,扩大市场容量和客户网络。推动高科技企业到日本、美国等国家和中国香港地区设立产品设计中心、咨询中心和生产力开发中心。利用这些国家和地区先进的试验、测试和模拟手段,提高产品设计水平,缩短开发周期,尽快转化研究成果。推动机电和家电产品生产企业到销售地建立维修中心,以优质的售后服务来维护名牌产品信誉。(3) 上海加强服务外经工作,着力改善外经发展环境。1995年,上海提出要加大资源对发展海外工程承包业务给予必要的资金支持。1998年,出台《上海市内境外工程项目投标实施财政扶持办法》,并建立拓展以南非为重点的海外发展基金,支持产业结构战略性转移。随着境外工程招标前期补贴政策的落实,外经企业开拓国际市场的积极性大大提高,当年企业参加国际工程承包投标达80多次,中标率不断提高。与此同时,市财政、国税、外汇管理、银行、海关、外办、出入境、保险等部门也通力合作,加强对外经事业的服务与支持,推进外经事业持续发展。通过一系列深化改革开放、推进外经发展的重大举措,使外经事业在管理体制、经营模式、运行质量、发展速度等方面发生深刻变化,跃上改革开放以来的新台阶,从对外劳务、对外承包工程和对外投资等三项工作的统计数据来看,其增长速度是可观的。1992—2000年,对外工程承包和劳务合作累计合同额为377 729万美元,年均增长23.8%,完成营业额累计253 468万美元,年均增长38.59%。海外非贸易企业累计为329家,投资总额34 179.7万美元,中方投资额23 439.4万美元。对外劳务从陆上公派发展到海洋公派,延伸到民间输出,从简单劳动、体力劳动为主向智力型发展。2000年,在外劳务30 052人次,当年劳务输出营业额达21 049万美元,是1991年2 293人次的13倍;对外合同总额20 837万美元,是1991年合同总额3 877万美元的5倍;对外投资18 422万美元,比1991年对外投资的1 163.6万美元增长15倍;对外承包工程合同总额76 058万美元,比1991年对外承包工程合同总额7 474万美元增长10倍。

三是快速发展阶段(2001—2010年)。进入21世纪,在国家“走出去”战略的推动下,上海制定指导意见,建立协调机制,设立鼓励政策,健全服务体系,努力优化外经发展环境,鼓励有条件、有比较优势的企业,充分利用“两个市场、两种资源”。(1) 上海不断充实和完善“走出去”的促进和支持体系。首先,出台“走出去”的指导性文件。2001年,上海出台《关于上海加快实施“走出去”战略的指导意见》和有关实施细则,推动对外经济合作迈开新步伐。2002年,市外经贸委会同有关部门相继出台《上海市私营企业申办境外企业管理办法》《上海境外工程项目投标保函和履约保函信用担保办法》和《进一步鼓励本市郊区农民外派劳务的若干意见》,加强“走出去”的指导、促进。2004年,市政府6个委办局又联合出台《关于上海市进一步推进实施“走出去”战略的若干意见》,向全市企业提出“四个重点”“一个优先”的16条鼓励措施,成为全面指导企业“走出去”的行动纲领。2005年,市政府又出台《上海市鼓励企业实施“走出去”战略三年行动方案(2005—2007年)》,召开推进实施“走出去”战略工作座谈会和全市外经工作会议,明确下一步鼓励上海企业开拓国际市场的重点国家、重点领域。其次,推出扶持政策,优化外部环境,鼓励完善企业“走出去”的配套政策。2001年,市外经贸委设立“走出去”战略专项资金,推动上海家电、轻工、医药、纺织等行业的生产线转移至发展中国家。2005年底,市外经贸委制定发布《关于本市鼓励企业对外投资开展境外生产加工业务的若干意见》,鼓励企业转移原产地,在境外投资设厂,规避日益严峻的贸易战。同时,市外经贸委会同市外办制定和发布《关于简化本市跨国经营20强企业人员出国审批意见》，简化出国审批手续，支持20强企业人员加快步伐“走出去”。再次，引领制度改革，率先探索突破过去的传统做法。先是在全国范围内，开启对民营企业对外投资实行“登记制”的先河。2002年，市外经贸委下发《上海市私营企业申办境外企业管理办法》，推行对私营企业到境外投资，办理有关的核准登记手续，规定民营企业享受与国有企业的同等待遇，推进民营企业“走出去”；制定出台《上海市对外工程承包项目外汇管理办法》，填补国家境外工程承包项目外汇管理办法的空白，在全国起到制度性突破的引领作用；同时完善政府、企业联合协调机制，协调解决外经企业融资、外汇、保险和担保各类问题，部分放宽“走出去”企业购汇限制，率先建立外经企业诚信评比和管理制度。(2) 努力构筑为企业“走出去”的服务体系。主要是增强信息服务功能，更多运用网络手段，不仅建立覆盖全球的对外工程承包、对外劳务合作和对外投资的国别地区项目信息库、外国政府对非本国合作商市场准入的法律法规库等，还广泛与国内外链接，基本形成上下沟通的信息收集、处理、传播和反馈机制，为外经企业提供广泛和有效的信息服务；组建专家队伍，发挥专家的智囊作用。2004年，市外经贸委聘任一批实施“走出去”战略咨询专家，2008年聘任一批对外劳务合作和对外工程承包方面的专家，为企业“走出去”提供重点咨询服务；建立应急机制，推进防范措施。先后制定和出台《关于本市境外商务活动突发事件处置的暂行意见》《关于本市建立和完善“走出去”风险防范和预警机制的暂行办法》《关于加强本市境外企业安全生产、守法经营和防范风险管理工作的若干意见》《关于本市企业赴高风险国家实施“走出去”项目的人员安全防范指导意见》等，建立和完善上海境外商务活动事件处置的组织机构和预警机制，强化外派人员的安全教育，落实“走出去”项目人员的风险防范措施和善后处置措施。(3) 努力推进运作机制创新。推进强强联合“走出去”，充分利用对外工程承包企业和对外工程设计咨询企业的产业优势、技术优势、人才优势和融资优势，主动与有实力的中央企业、外省市企业、外国著名承包商组成联合体，共同投标承包境外大中型工程项目，获得成功。如上海金源国际公司与中国南车集团，组成联合体中标价值1.2亿美元的阿根廷铁路机车项目，为中国企业进入阿根廷大型机电设备和工程承包市场起到较大的推动作用。推进新的“走出去”方式，推进国有和国有控股企业开展海外企业的多元化投资，加快企业开拓国际市场的步伐；推进境外并购，采用收购兼并境外有品牌、有市场、有各类投标承包资质的企业，以及到境外上市或发行B股等方式，到境外办厂、办矿、办各类企业，较快捷占领当地销售市场，取得更多的总承包项目的“通行证”，如上汽集团、上海电气、海欣、制皂、广电等集团以及上工股份等企业，收购兼并一批外国企业。上海建工集团以2亿港元并购香港建设公司，开拓工程承包市场。推进利用海外智力和优势研发产品。上海汽车集团投资976万美元，收购英国罗孚汽车厂部分研发团队，从事汽车发动机和主要零配件的设计和技术改造，为其国内生产流程升级和工艺更新打下良好基础；上海泽生科技在美国设立研发中心，利用当地的人才优势进行高端药品的研发等；推进资源开发型海外投资项目，上海已对外投资30多个资源开发项目，其中宝钢投资1亿多美元，分别在澳大利亚、巴西合资建设铁矿开采项目，并在境外建立起产、供、销一体化的铁矿石资源基地和产品销售网络，实现持续发展。中融置业集团在加拿大投资3 000万美元，从事油气资源开发；推进产业调整型投资，实现投资贸易并进，上海广电、医药、轻工、纺织、上海实业、华源等集团，利用产业优势在境外投资办厂，不但调整和提升产业结构，而且直接和间接带动设备、零部件、原材料出口2亿多美元。一系列政策措施的实施到位，使上海对外经济合作呈现出四大变化，表现在上海企业境外集群式粗具规模，重大项目有实质性的进展；对外承包工程业务出现重大飞跃，合同规模大幅提高，总承包项目比重过半，改变过去以土木工程为主的格局；民营企业对外经济合作活跃；外派劳务人员机构不断变化，专业技术型劳务人员日益增多。2010 年,上海发布《上海市企业开展人民币境外投资暂行办法》,在全国率先实现人民币对外直接投资。当年新批对外投资项目 155 个,对外直接投资总额 24.2 亿美元,其中各类新设、增资及并购超过 1 000 万美元的重大对外项目 28 个;新签对外承包工程合同金额 101 亿美元,居全国第一位;新签劳务合作合同金额 5.67 亿美元。对外投资地区分布逐渐多元,亚洲仍是主要目的地,占全市对外投资四成,欧洲占两成半,北美和拉丁美洲各占一成半。

三、吸引外资

外资是推动上海外向型经济发展的重引擎之一。在国家改革开放决策指引下,上海坚持积极、有效利用外资的总方针,外商投资的质量水平与时俱进,外资规模不断扩大,利用外资方式不断创新,产业结构不断优化,经济社会贡献度不断增强,使城市的国际综合竞争力日益提升。改革开放初期,上海虽处于国内重要经济战略地位,但未进入第一批试点行列中。20 世纪 80 年代,上海在当时政策允许的范围内进行探索,利用外资进展缓慢,尽管如此,也建立了一批颇具规模的中外合资企业,起到了很好的示范作用。进入 20 世纪 90 年代,上海抓住国家决定浦东开发开放的契机,大力改善投资环境,努力保持利用外资持续稳定发展势头,着力提高利用外资的质量和效益。进入 21 世纪,上海抓住世界经济发展趋于好转的时机,全面优化发展活力,形成多形式、多渠道、多层次利用外资新格局。纵观上海利用外资发展进程,大致分为探索起步、稳步发展、快速发展、优化发展四个阶段。

一是探索起步阶段(1979—1985 年)。上海吸收外商投资,从 1979 年开始起步。先是开展一批中小型补偿贸易,利用外资重点在于引进技术和关键设备,加快老企业的技术改造。1980 年 8 月,上海制革厂利用 368 万法郎的纯出口信贷,为上海首笔国际贷款。1983 年,国务院批准上海扩大引进技术的自主权后,列入国家计划的技术引进项目达 1 000 多项,合同金额 11 亿美元。当年签订引进项目 278 个,协议吸收外资 2.16 亿美元,1984 年分别增至 372 个和 4.13 亿美元。1979 年 7 月 8 日《中华人民共和国中外合资经营企业法》颁布后,上海利用外资开始转向合资经营、合作经营、租赁贸易和开发投资。上海在当时政策允许的范围内努力探索,开始试办中外合资企业。1980 年 8 月 8 日,上海第一家中外合资企业——中国迅达电梯有限公司上海电梯厂成立。此后,日本、美国、英国、比利时相继到沪投资,上海联合毛纺织有限公司、上海福克斯波罗公司、上海贝尔电话设备制造公司、上海耀华皮尔金顿玻璃公司等一批中外合资企业相继成立。在非生产性项目方面,1982 年先后以合作经营的方式,建成雁荡公寓和联谊大厦。经过 4 年探索,上海吸收外商直接投资有了良好的开端。1983 年,上海共批准外商投资企业 17 家,其中合资企业 10 家,合作企业 7 家,吸收合同外资 1.14 亿美元。外商投资来源地为 6 个国家和地区,主要来自香港地区,涉及 8 个项目。此时段上海直接利用外资的特点为"两少一高",即项目数量少(5 年间兴办外商投资企业仅 17 家)、外商投资金额少(实到外资仅 1 699 万美元)、质量高(迅达电梯、联合毛纺和福克斯波罗等先后被评为全国最佳企业)。尽管吸收外资刚起步,主要是摸索和积累经验,却也为上海利用外资的发展开了一个好头,起到一定的示范作用。1984 年 5 月,国务院决定进一步开放包括上海在内的 14 个沿海城市,批准上海建立闵行和虹桥经济技术开发区。上海对外商投资项目的审批权限从 1 000 万美元提高到 3 000 万美元,并先后出台一系列优惠政策。当年,上海批准外商投资企业 41 家,吸收协议外资 3.89 亿美元。同年 10 月,上海大众汽车有限公司正式开工;11 月,上海第一家外商独资企业美国 3M 公司(中国)有限公司成立于虹桥开发区。1985 年 3 月,国务院批复上海进一步对外开放的方案：利用外资加快老企业的技术改造，利用外资开发新兴技术，利用外资建设旅游宾馆、公寓、办公楼和贸易中心，利用外资开店办商业，利用外资发展郊县农副业生产。1984—1985年，吸收外资的步伐明显加快，共批准135家三资企业，合资企业86家，合作企业37家，独资企业2家，合同外资达11亿美元。其中，上海外资大楼宾馆项目18个，合同外资3.4亿美元，成为利用外资的一个亮点。上海直接利用外资初见规模。

二是稳步发展阶段(1986—1990年)。1986年8月5日，国务院批准上海扩大利用外资规模，允许采取计划单列、自借自还的方式直接向国外集资、综合开发经营和还款，同意上海市提出的建设地下铁道、市区污水合流治理、黄浦江大桥、虹桥机场、市内电话扩容5个城市基础设施项目、工业技术改造、第三产业和旅游业等利用外资的初步设想。上海运用利用外资的特殊政策，通过多种渠道吸收外资，加快城市基础设施建设、技术改造和发展第三产业的步伐，为上海的改造振兴创造有利条件。首先，营造稳步发展的投资环境，通信、金融、市政建设等软硬件投资环境日益改善。上海出台《上海市关于鼓励外商投资的若干规定》(即"16条")，对产品出口企业和先进技术企业给予更多的优惠，如税费减免，优先贷款，优先供应水、电、煤气，减免土地使用费等，并健全外资工作管理和服务机制，成立市外国投资工作领导小组，设立市外国投资事务办公室，统一管理外商来沪投资办企业事务，建立"一个窗口、一个图章、一个机构"的行政服务体系，同时，加强经济技术开发区建设和地方性外资法规工作，虹桥、闵行、漕河泾经济技术开发区的建设取得新进展，《上海市中外合资经营企业、中外合作经营企业、外资企业的申请和审批规定》《上海市中外合资经营企业物资供销和物价管理规定(试行)》《上海市中外合资经营企业土地使用管理办法》《上海市中外合资经营企业职工养老保险办法(试行)》等25个地方法规、规定和办法先后出台，使涉外经济法规渐趋完善。上海还积极调整利用外资的发展战略，实行"稳定提高第一产业、积极调整第二产业、大力发展第三产业"的产业发展方针，引导外资更多地投向工业性项目、知识技术密集型项目和出口创汇项目。其次，外商直接投资取得稳步进展，利用外资的项目明显增长，先后签订合同项目759个，其中合资项目647个，合作项目72个，独资项目40个；利用外资金额明显上升，合同外资16.11亿美元，实际吸收外资12.73亿美元。1986—1990年间，外资工业项目650个，占全市利用外资项目总数的85.64%，实际吸收外资9.09亿美元，占全市实到外资的71.42%。外商投资的大项目明显增多，至1990年底投资总额在500万美元以上的项目有169个，且大多属于生产技术和设备先进、产品档次较高的项目。如中日合资企业上海三菱电梯有限公司，注册资本950万美元，经济效益综合指数连续多年列全国电梯行业第一位。再次，间接利用外资稳步进展。1986—1990年，上海间接利用外资进展良好，签订合同项目508个，合同金额29.48亿美元，实到29.8亿美元。其中利用外国政府贷款41项、5.3亿美元；利用世界银行贷款项目3个、3.05亿美元；利用亚洲开发银行贷款项目1个、0.7亿美元。主要用于城市基础建设和重点工程建设。1990年7月，市政府批准市外经贸委正式组建外国贷款处，集中管理利用外国政府贷款、国际多双边无偿援助以及国际金融组织贷款项目的国际采购工作。同年，上海地铁一号线利用德国政府贷款3亿多美元的协议签字生效，将利用外国政府贷款的工作推上新台阶。

三是快速发展阶段(1991—2000年)。1991年，上海市政府明确提出，要充分利用浦东新区的优惠政策，多形式、多渠道、多层次地吸收外商的直接投资，吸收国外银行、国际金融组织的资金，并对利用外资的政策进行较大调整，先后出台《上海市外商投资企业清算条例》等7个地方涉外法规，政府相关机构的职责更加明确，办事效率明显提高，使吸引外资的软硬环境进一步改善，上海利用外资进入高速发展期。其表现在：首先，简政放权提高引资效率。1992年4月1日起，上海进一步下放对外商投资项目的审批权限，规定总投资在500万美元以下的中外合资、中外合作项目(包括鼓励类、允许类和限制类项目)的项目建议书、可行性研究报告和合同章程均由区、县、局负责审批；总投资在500万美元以下的外商独资项目，由项目所在地的区、县负责审批。还确定“浦东事浦东办，浦东项目浦东批”的原则，由浦东开发办和外高桥保税区管委会负责审批总投资3 000万美元以下的外商投资项目，并推出浦东新区“一门式”服务、“一站式”审批、“一口式”收费的措施，对规划、土地、环保、工商等部门实施配套同步放权。1996年10月，在全国率先发布《上海外商投资审批条例》，以地方性法规的形式确立上海市外资工作体制，简化审批手续，缩短审批时限，提高行政效率。1992—1996年，上海利用外资形成飞跃式发展态势，引进项目14 415个，合同外资221.32亿美元，实到外资147.74亿美元。其中，仅1992年，引进项目2 012个，是前12年总和1 276个的1.5倍多；合同外资18.60亿美元，比之前12年总和17.14亿美元还多些，实到外资12.59亿美元，略少于前12年总和15.55亿美元。其次，浦东浦西联动快速发展。浦东开发之初，上海明确提出要实行“依托浦西、以东带西、东西联动”的发展方针，形成浦江两岸“联动发展、协调发展、全面发展”的新格局，用浦西的经济实力和综合优势来支持浦东的开发开放，以国家政策的实施来促进整个上海的振兴和发展。由市政府组织实施浦东新一轮十大基础设施项目主体工程建设，促进全市现代化交通通信网络骨架的形成和城市基础设施的完善；市与新区联合招商的实施，将重大产业项目集中布点浦东，推动上海产业高地建设；积极推动上海十大要素市场和中外金融机构向浦东集聚，进一步拓展上海经济中心城市的综合服务功能；充分发挥浦东改革开放的先行先试作用，加快全市的国际化、市场化、信息化、法制化进程。2000年，浦东新区的GDP从1990年的60亿元上升到920亿元，占全市GDP由1990年的8.1%上升到近20%；引进外资项目693个，合同外资28.84亿美元，分别占全市总量的38.2%、45.1%；进出口总额255.03亿美元，占全市的46.6%，其中出口95.89亿美元、进口159.14亿美元，分别占全市的37.8%、54.21%。东西联动，不仅促进上海对外开放，而且还优化生产力布局结构，增强上海经济中心城市的综合竞争力，使上海的经济建设连续十年保持快速发展的良好势头。再次，应对亚洲金融危机保持较快增速。1997年，亚洲爆发金融危机，许多国家和地区的客商对包括中国在内的亚洲市场信心不足，处于观望状态，更有不少外商从亚洲撤资或减资。为尽量减少金融危机对上海利用外资工作的影响，上海注重对工业大项目、跨国公司投资的引进，而这些项目的投资多以欧美国家为主，受亚洲金融危机影响不大，从而较多地弥补其他国家(地区)外资的减少。同年，上海直接利用外资合同1 802个，金额53.20亿美元，虽比上年分别下降14.43%和8.4%，但实际到位外资金额比上年增长1.95%，为48.08亿美元。其中，跨国公司在沪投资的合同金额为21.6亿美元，占全市利用外资总额的41%，世界最大的100家工业跨国公司中有21家在上海投资，投资项目29个，投资金额36亿美元，分别比上年增长38%和1.86倍。1998年、1999年由于亚洲金融危机影响，上海利用外资有所下降，新批利用外资项目和立项待批项目减少，实际到位资金减少，但外资工业大项目保持着较好的发展势头，从而为之后利用外资恢复性增长打下良好的基础。2000年，上海加大重点地区招商引资力度，重点面向欧美国家地区，扭转1997年以来下降的势头，直接外资项目1 814个，比上年增长23.23%；外资合同额63.90亿美元，增长55.70%。同时，外商投资企业增资22.97亿美元，占全市合同外资的35.95%。增资额超过500万美元的有101个项目，不少是高新技术企业，如上海美维电子有限公司、宏联电子材料有限公司、西门子移动通信、上海京瓷电子、上海先锋电声器材有限公司等。这个阶段上海利用外商直接投资，明显呈现出外商投资大项目优势明显、外资来源地不断拓展、外资企业投资领域不断拓宽、浦东新区和一批市级经济开发区吸引大量外资四大主要特点。

在吸引外资中，上海把大力推进“总部经济”发展战略视为提高利用外资质量水平、扩大对外开放、加快“四个中心”建设的重大举措，“总部经济”是指外资企业在上海设立的总部机构，主要由跨国公司的地区总部、投资性公司、研发中心构成。上海推进“总部经济”大致经历一个从起步到逐步成熟再到快速运转的过程。1992 年是上海吸引跨国公司投资和工业大项目快速增长的起始年。处于从生产经济向服务经济转型的上海，针对土地、能源、资源缺乏，商务成本日趋上升等不利因素，发挥本地交通、环境、人才等要素优势，在全国率先提出以吸引《财富》500 强企业进入为目标的高起点引资战略，大力发展以综合服务为核心的“总部经济”。同年，上海批准总投资在 500 万美元以上的外商投资项目 143 个，其中 1 000 万美元以上的有 99 个，合同利用外资 19.25 亿美元；新增 36 家跨国公司在沪投资，使在沪投资的跨国公司达到 99 家。这些大项目、大企业不仅具有一定的规模，而且带来先进设备、技术、工艺流程和管理经验，对上海产业结构调整和产品升级换代有一定的促进作用。1993—1995 年是上海实施建设国际经济、金融、贸易中心发展战略，实现“一年变个样，三年大变样”的重要三年，上海坚持改革开放领先一步，提出“吸引海外金融机构、跨国公司和著名企业集团将地区总部迁至上海”的利用外资要求，为其进入上海提供必要的条件。同时这也是国外跨国公司的意愿，越来越多跨国公司通过在上海的投资实践，意识到以上海为中心向中国扩大投资，有利于发掘国内国际两项资源、两个市场的潜力，把其中国总部移至上海逐渐成为他们的全球战略部署之一。截至 1995 年底，先后在上海建立中国总部的有英国联合利华，美国花旗银行、艾默生电器、百事集团肯德基，澳大利亚太平洋邓禄普，日本八佰伴集团等。与此同时，上海加大运用外企总部优势提高自身技术水平的工作力度，1994 年上海合成纤维所、上海冶金所、上海机械工艺所等一批单位分别与荷兰阿克苏公司、德国奔驰公司、美国爱斯弘公司合作建立研究机构，在利用国外资金的同时，更好地引进国外先进的技术设备和信息。1996 年，上海在把握外商投资系列化动向中，更明确提出“要按照市场经济通行规则，改善投资环境，争取更多的国际著名大集团、大银行把中国总部、地区总部迁到上海”。在相应政策推动下，国际资本和金融机构持续进入，跨国企业地区总部加速集聚，国内外高端人才纷至沓来，出现跨国公司总部机构落户上海的第一波浪潮。1997 年尽管遇到亚洲金融危机，对上海扩大利用外资有所影响，但世界最大的 100 家工业跨国公司在沪投资不降反升，跨国公司在沪投资的合同额占全市利用外资总额的 41%，并新增一批跨国公司地区总部和跨国公司研发中心在上海落户。如泛亚汽车技术中心有限公司将为上海通用汽车公司开发最新的汽车，爱立信通信软件研究开发（上海）有限公司将为通信技术开发新一代通信软件，惠普在上海设立软件开发中心，雀巢在上海设立研发中心等。2002 年 7 月 20 日，市政府颁布《上海市鼓励外国跨国公司设立地区总部的暂行规定》（以下简称“《暂行规定》”），出台优惠政策，借助上海特有的人文环境、地理环境等优势条件，以吸引外商投资大项目为切入点，推进一批国际著名的跨国公司落户上海。当年，宏茂微电子、宣普实业、拜耳聚合物巴斯夫化工、捷普科技、紫东化工、英顺达科技、顺鼎科技、集艾古鑫明生物科技等投资额 6 000 万美元以上的大项目落沪；中芯国际、金朋、泰隆半导体、泛亚潜力纸业、威宇科技、先进半导体、展华电子、杜邦纤维等在沪外企增加投资均在 6 000 万美元以上；新批比西欧、伊奈、花王、嘉华、东丽、日东电工、汇津水务、理光、威可楷（中国）等 10 家外商投资性公司。截至年底，上海共批准 74 家外商投资性公司，并认定 17 家跨国公司地区总部。之后，上海在鼓励跨国公司设立总部机构的《暂行规定》的基础上，制定了一系列发展总部经济的支持性政策，设立总部经济促进中心，推出“总部经济”发展战略：实施“腾笼换鸟战略”，外资总部机构设在上海，工厂可设在周边长三角地区，发挥溢出效应；实施“飞地发展战略”，充分利用周边的土地资源，把上海开发区外移外资项目直接引向外地；实施“资源前沿发展战略”，支持投资性总部机构,在外省市并购设厂,将粗加工项目放在外地,精加工放在上海;实施“楼宇开发战略”,发展楼宇经济,集聚总部机构。2005年以浦东新区综合改革试点为契机,经与国家外汇管理局等多方协调,率先开展跨国公司地区总部外汇资金管理方式改革试点,出台《跨国公司经常项目外汇管理改革试点办法》,推出允许跨国公司对境内成员公司的外汇进行集中管理、在境内银行开设离岸账户、从事境外放款、集中办理与境外母公司资金管理中心的进出口收付汇手续等9项措施,为外企总部集聚上海提供资金运作上的便利条件。2006年发布首张总部经济地图,圈定16个跨国公司总部基地。2008年出台《上海市鼓励跨国公司设立地区总部的规定》及其若干实施意见。2009年提出《上海市鼓励跨国公司地区总部发展专项资金使用和管理试行办法》。2010年提出《上海市引进人才申办本市常住户口试行办法》。这些政策和措施有力推动上海跨国公司总部机构的发展。经过近20年的探索实践,上海在发展总部经济方面取得了显著的成效。至2010年,上海已成为中国内地吸引国际国内企业总部机构最多的城市之一。在沪跨国公司总部机构837家,加上国内大型中央企业、研发机构、在沪注册上市股份公司、在沪全国百强企业总部逾130家,总数超过1 000家。其中,跨国公司地区总部305家,外商投资性公司213家,外商研发中心319家。

表4-1-1 2001—2010年上海跨国公司地区总部机构情况表

年份	跨国公司地区总部(个)	外商投资性公司(个)	外资研发中心(个)	总部机构当年数(个)
2001		64	57	121
2002	17	10	29	56
2003	40	12	23	75
2004	30	19	33	82
2005	38	25	34	97
2006	30	20	33	83
2007	30	15	40	85
2008	40	13	38	91
2009	34	13	17	64
2010	46	22	15	83
合计	305	213	319	837

表4-1-2 2010年上海各区县跨国公司地区总部机构注册分布情况表

区县	跨国公司地区总部		外商投资性公司		外资研发中心		合计	
	数量(个)	占比(%)	数量(个)	占比(%)	数量(个)	占比(%)	数量(个)	占比(%)
全市	305	100.00	213	100.00	319	100.00	837	100.00
浦东新区	147	48.20	84	39.44	169	52.98	400	47.79
黄浦区	8	2.62	11	5.16	8	2.51	27	2.23
徐汇区	36	11.80	33	15.49	19	5.96	88	10.55
静安区	13	4.26	9	4.23	2	0.63	24	2.87

（续表）

区　县	跨国公司地区总部		外商投资性公司		外资研发中心		合　计	
	数量(个)	占比(%)	数量(个)	占比(%)	数量(个)	占比(%)	数量(个)	占比(%)
卢湾区	13	4.26	13	6.10	—	—	26	3.11
长宁区	27	8.85	18	8.45	19	5.96	64	7.65
闵行区	23	7.54	21	9.86	36	11.29	80	9.56
杨浦区	4	1.31	3	1.41	4	1.25	11	1.31
虹口区	1	0.33	4	1.88	—	—	5	0.60
闸北区	9	2.95	6	2.82	4	1.25	19	2.27
普陀区	1	0.33	—	—	2	0.63	3	0.36
宝山区	—	—	—	—	1	0.31	1	0.12
嘉定区	11	3.61	4	1.88	26	8.15	41	4.90
青浦区	1	0.33	1	0.47	6	1.88	8	0.96
松江区	6	1.97	3	1.41	20	6.27	29	3.46
奉贤区	5	1.64	3	1.41	3	0.94	11	1.31

说明：根据总部机构认定时的注册地统计。

四、经济开发区

经济开发区是上海对外经济合作交流、开发新兴产业和技术、吸引外资和扩大出口的一个平台，在上海改革开放中发挥着窗口、示范、辐射和带动作用。上海的经济开发区经历了三个发展阶段。

第一阶段是起步阶段，该阶段为1982—1991年。上海作为我国最重要的工业基地和经济中心之一，新中国成立前工业主要聚集在中心城区，新中国成立后虽建设了一批市郊工业基地，但产业基础薄弱。为改变全市工业布局，1982年9月，市政府决定在闵行地区开发建立一个出口工业品生产基地，定名"闵行新工业区"。同月，在市区西部建立以对外贸易活动为主要特征的"虹桥新区"，定名为"虹桥开发区"，成为上海第一个市级开发区，并于1983年4月开始征地动迁和开发建设。1984年5月4日，中央批准上海成为全国沿海14个开放城市之一，开始享受国家有关对外开放优惠政策。上海市委、市政府抓紧制定并向国务院报送《上海经济发展战略汇报提纲》和《上海市城市总体规划》，先后得到国务院的批复。据此，市委、市政府采取逐步改造老市区，积极建设新市区，新建的工业企业都要放到新区，老企业要逐步搬迁到新区去的措施，着力推进开发区建设。同年7月2日，市政府决定筹建上海漕河泾微电子工业区（11月6日成立，1986年9月26日开工）。同年10月，市政府筹建上海市星火轻纺工业区，成为上海第一个市级工业开发区。1986年8月，闵行新工业区经国务院批准成为国家级开发区，更名为闵行经济技术开发区。9月，经国务院批准，上海虹桥开发区更名为上海虹桥经济技术开发区，列为国家级开发区。闵行经济技术开发区是以吸收外商投资出口加工型企业为主的出口加工区，占地面积3.5平方千米。虹桥经济技术开发区是上海市对外经济贸易中心，以国际贸易商品展示场所、高层办公楼、公寓和旅游宾馆为主，规划用地6.52平方千米。1988年6月，市政府将漕河泾微电子工业区扩建成漕河泾新兴技术开发区，列为市级经济技术开发区。1988年6月,国务院批复同意漕河泾微电子工业区扩建为漕河泾新兴技术开发区。漕河泾新兴技术开发区是一个以开发、研究和生产计算机、大规模集成电路、光纤通信、微电子技术、精密仪表、生物工程、机器人和航天技术及其产品为主的上海高科技工业园区,规划面积5平方千米。此后,郊县竞相建立县级开发小区。1990年4月18日,中共中央、国务院宣布开发开放浦东。6—9月,相继成立上海外高桥保税区、上海陆家嘴金融贸易区、上海金桥出口加工区的开发公司。1991年3月,国务院批准漕河泾开发区为国家级高新技术产业开发区,成为全国唯一拥有双重身份的开发区。

第二阶段是快速发展阶段,该阶段为1992—2002年。1992年邓小平南方谈话发布,浦东开发开放有了实质性推进,从3月10日起,外高桥保税区、陆家嘴金融贸易区、金桥出口加工区相继运营;7月,上海张江高科技园区成立,上述园区先后被列为国家级开发区。其中外高桥保税区成为中国第一个对外开放的"境内关外"特殊经济区,陆家嘴园区是全国唯一以"金融贸易区"命名的国家级开发区。1994年,市政府批准在松江、南汇、嘉定的3家县级工业区,2家县级工业小区基础上,建立市级松江工业区、康桥工业区、嘉定工业区;并将新建金山嘴工业区、崇明工业园区、中国纺织国际科技产业城纳入上海市高新技术产业区。

1995年,建立青浦工业园区、奉浦工业区和宝山城市工业园区,并将莘北和申莘2家工业区合并建立市级莘庄工业区。至1995年,全市共建立11家市级工业开发区。1996年末,在市郊已批准成立的9家市级工业园区、总体规划为150平方千米的土地上,首期开发启动有30平方千米,已引进各类工业项目809个,总投资达246亿元。其中,引进中外合资、中外合作、外商独资(简称"三资")项目724个,总投资39亿元。已竣工投产的工业企业436户,完成工业产值80亿元,利税6.5亿元,分别占郊县工业全系统产值和利税的5.24%、7.22%。同年初,松江县松江工业区、南汇县康桥工业区和金山县金山嘴工业区被国家农业部命名为全国乡镇企业示范区(全国共50家)。此时,松江工业区已成为外商投资热点,在国际上排列前500家大企业中,已有30家进区落户;嘉定工业区充分发挥"汽车城"的优势,一批汽车配件项目相继落户开发;康桥工业区借助浦东开发优势,搞好浦东南大门建设,大力吸引和发展一批"中中外"(即2家中资和1家外资)项目,逐步形成集聚效应和投资效应。其间,已建立的开发区开辟"园中园",成为沪上工业开发区新形式。"园中园",即工业区划出一定数量的土地、厂房,以整体出让的形式,吸引大公司、财团等不同投资主体进行成片开发和利用,以此加大招商引资的速度和规模,盘活工业区的土地存量。最早采用"园中园"形式的工业区是上海奉浦工业区。奉浦工业区中的阳光经济技术开发区由上海华龙集团和新加坡佳能有限公司共同投资开发,计划投资为10亿元,利用3年时间建造59万平方米的厂房,整个"园中园"与工业区既相对独立又浑然一体。法国化工巨头罗纳普朗克公司也在上海莘庄工业区辟建技术园区,首期工程投资2 400万美元,计划用地0.2平方千米,自行开发,自行招商,自行发展。"园中园"开发新形式的出现,为沪上工业区的开发建设、招商引资提供了一条快捷高效的新途径,既可大大减轻工业区开发建设、招商引资的压力,又可提高工业区开发的档次和水平。1999年,按照上海经济中心城市的功能定位和"市区体现繁荣和繁华,郊区体现实力和水平"的方针,上海工业和工业发展的重心进一步向郊区转移,把新的增量和重大项目向"1+3+9"("1"指浦东新区,"3"指闵行开发区、漕河泾开发区、上海化学工业区,"9"指9个市级工业区)集中,形成集聚效应,全市11家工业大集团和9个市级工业区首次签约,互相结成长期合作对子,结成长期合作伙伴关系,使工业区出现开发建设速度加快、产业结构调整加快、体制机制创新加快的"三个加快"好势头。截至2002年底,上海开发区"1+3+9"的发展布局是:"1"即浦东新区,占地面积520平方千米,区内有金桥出口加工区、外高桥保税区、张江高科技园区、陆家嘴金融贸易区四大国家级开发区,成为上海高端产业的集聚地、浦东开发开放的窗口;“3”即闵行经济技术开发区、漕河泾新兴技术开发区和上海化学工业区;“9”即莘庄、康桥、嘉定、奉浦、松江、青浦、崇明、金山和宝山 9 家市级工业园区。上海开发区的合理布局推动制造业加快从中心城区 600 平方千米向全市 6 000 平方千米区域的布局调整和战略转移,形成以六大产业基地为龙头,国家级开发区为先导,市级开发区为支撑,生产性服务业功能区为配套,郊区都市型工业园为补充的开发格局。从根本上改变了上海的产业布局,为吸收外资、发展国民经济提供了广阔的舞台,加快了浦东新区的开发开放,成为展现上海城市建设新貌和中国发展的重要窗口,在上海和全国经济建设中扮演重要角色。开发区投资环境良好、功能齐全、类型丰富,既有经济技术开发区、高新技术园区、保税区、出口加工区、工业园区,也有物流园区、商贸园区及生产服务性服务业类园区等,吸引了越来越多的中外企业入驻。上海开发区发展驶入快车道。

第三阶段是调整提升阶段,该阶段为 2003—2010 年。由于出现不顾实际条件,盲目设立、扩建各类开发区,大量圈占耕地,严重损害农民和国家利益现象,2003 年 7 月,国务院办公厅接连下发《关于暂停审批各类开发区的紧急通知》和《关于清理整顿各类开发区加强建设用地管理的通知》。2004 年 3 月,国家发改委等四部委公布《清理整顿现有各类开发区的具体标准和政策界限》。国内开发区进入清理整顿阶段。上海截至 2003 年底,已有各类开发区 177 个。国务院紧急通知发布后,上海成立由市政府副秘书长任组长的上海市开发区设立审核工作小组,深入各开发区实地核查并进行多次专题研究,将原有 177 个开发区核减为 80 个,开发区规划面积从原有 1 008 平方千米,核减为 626.5 平方千米。2004 年 10 月,开发区清理整顿由规划审核阶段转为设立审核阶段,根据清理整顿的审核原则和标准,至 2006 年,上海最终保留 40 个开发区,其中国家级开发区 14 个、市级开发区 26 个,再核减面积 50.82 平方千米。2007 年 3 月 27 日,国家发改委、国土资源部、建设部联合发布《中国开发区审核公告目录》(2006 年版),上海全市最终通过国家审核的国家级、省级开发区共 41 个,其中国家级开发区 15 个(包括国务院新批的洋山保税港区),市级开发区 26 个。41 家开发区中,经济技术开发区 4 家,海关监管开发区 8 家,高新产业区、金融贸易区、旅游度假区各 1 家,市级工业园区 26 家。其间,上海按照工业集中、产业集聚、土地集约、功能集成的清理整顿要求,开发区建设积极推进“四个转变”:即从数量规模扩张向质量效益提升转变,从注重政策性优惠向提高服务质量和配套能力转变,从注重硬环境建设向注重软环境建设转变,开发模式从外延粗放式向内涵精细化转变,开发区的发展进入调整转型、内涵提升阶段。经过撤销、核减、合并,至 2006 年底,全市开发区通过国家核准并划定范围的为 41 家,除佘山旅游度假区、陆家嘴金融贸易区、虹桥经济技术开发区外,其余 38 家为工业类开发区,这 38 家以工业为主的开发区内,累计落户内资企业 29 032 家,吸引注册资金 1 530.89 亿元;外资企业 16 320 家、合同利用外资 562.73 亿美元,实到外资 41.5 亿美元;实际开发土地 438.06 平方千米,开发率为 77%;出让土地面积 260.90 平方千米,土地批租率 60%;建成企业土地面积 174.34 平方千米,土地建成率 67%。实现工业总产值 9 300 亿元,占全市工业总量的 47.4%。2007 年,上海开发区发展实施“三个为主,两个致力”方针,即全面落实科学发展观,以提高利用外资质量为主,以发展先进制造业为主,以优化出口结构为主,致力于发展高新技术产业,致力于高附加值服务(包括服务外包),促进国家级经济技术开发区向多功能综合性产业发展,以外资带动内资,增强自主创新能力,充分发挥辐射、带动作用,推动形成若干新的经济增长带。同年,各开发区新批准外资项目 1 245 个,占全市比重近 30%;合同外资 56.2 亿美元,实到外资 39 亿美元,分别占全市总量的 38%和约 50%。大批外资项目的落户、大量外资的介入,一大批先进技术、技术设备及专利和国际品牌的引进,促进了开发区蓬勃发展。开发区以约占全市 10%的土地面积,创造了工业总产值占全市总额的 51.3%、进出口额占全市总额的

55.78%、高新技术产业总产值占全市总额的89%、工业税收占全市总额的49%、工业利润占全市总额的50.4%、就业总量占全市总量的17%的好成绩。2008年,全市开发区积极应对国际金融危机带来的外商投资迟缓、国际市场萎缩、原材料价格急剧上升等不利影响,保持经济平稳较快增长、产业结构继续优化、发展趋势稳中向好。全市开发区经济规模进一步扩大,工业产值增速回落;工业盈利能力下降,第三产业较快增长,生产性服务业占主导,第三产业主要集中在现代物流、信息服务、技术研发等生产性服务业;招商引资有所回升,结构进一步优化,全年全市开发区合同利用外资64.14亿美元,同比增长14.15%。2009年5月,市委、市政府发布《关于加快推进上海高新技术产业化的实施意见》,明确高新技术产业化的9个重点领域,市政府设立100亿元的专项资金,并针对上海环境、土地、能源、人口等资源制约日益增加,按国家工信部提出"开展创建国家新型工业化产业示范基地"要求,积极推进创建"国家新型工业化产业示范基地",努力使产业示范基地成为上海低碳、生态、环保发展的产业阵地,促进产业技术创新、土地集约利用、"两化深度融合",成为承接战略性新兴产业、高端技术产业、先进制造业和现代服务业发展的重要平台。2009年11月18日,成立上海综合保税区管委会,作为市政府派出机构,统一管理洋山港保税区、外高桥保税区和浦东机场综合保税区(以下简称"三区")。旨在组织"三区"实现政策、资源、产业和功能的联动、互补,发挥更大的集聚效应,凸显"三区"作为海关特殊监管区域的整体优势,使其成为上海推进"四个中心"建设的重要平台和抓手。全年全市开发区实现工业总产值12 845.28亿元,比上年增长1.43%,占全市工业总量的51.61%。2010年,根据《上海城市总体规划(1999—2020)》的要求,对全市四大功能区域、三条现代服务业集聚带和六大产业基地的发展作出明确部署。先后批准建设嘉定国际汽车城、紫竹高新技术开发区、长兴岛船舶与海洋工程装备产业园、临港综合经济开发区、上海综合保税区等重点项目、重点区域。还积极规划推进虹桥商务区、国际旅游度假区、临港地区、世博园区、前滩地区和黄浦江两岸等六大功能板块的建设,进一步优化城市布局结构,带动产业功能布局战略性调整。至2010年底,全市41个开发区,规划面积532平方千米,已开发面积362平方千米。其中4家国家级经济技术开发区规划面积45.81平方千米,占全市开发区规划面积的8.6%,已开发面积33.69平方千米,占全市开发区已开发面积的9.3%;从业人员196.06万人;工业总产值16 295.23亿元,比上年增长26.9%;引进合同外资金额56.55亿美元,比上年增长14.5%;高新技术产业产值从"十五"期末的3 372亿元提高到5 277.17亿元,新能源、民用航空制造业、先进重大装备、生物医药、电子信息制造业、新能源汽车、海洋工程装备、新材料、软件和信息服务业九大重点领域高新技术加速产业化。至年底,开发区共认定高新技术企业3 129家,有42家国家级企业技术中心,323家市级企业技术中心。全市开发区平均土地产出水平达到每平方千米62.96亿元;平均单位土地开发投入为每平方千米4.62亿元。全市开发区淘汰劣势企业1 000家,涉及土地约13.333 3万平方千米。

表4-1-3　2006年国家公告上海市开发区情况表

级　别	类　型	个　数	开发区名称
国家级	经济技术开发区	4	上海漕河泾新兴技术开发区、上海闵行经济技术开发区、上海虹桥经济技术开发区、上海金桥出口加工区
	海关监管开发区	8	上海外高桥保税区、上海洋山保税港区、上海金桥出口加工区(南区)、上海松江出口加工区、上海漕河泾出口加工区、上海闵行出口加工区、上海青浦出口加工区、上海嘉定出口加工区

（续表）

级　别	类　型	个　数	开发区名称
国家级	高新产业区	1	上海张江高新技术产业开发区
	金融贸易区	1	上海陆家嘴金融贸易区
	旅游度假区	1	上海佘山国家旅游度假区
市级	工业园区	26	上海市市北高新技术服务业园区、上海崇明工业园区、上海星火工业园区、上海紫竹高新技术产业园区、上海浦东康桥工业园区、上海化学工业园区、上海新杨工业园区、上海浦东合庆工业园区、上海南汇工业园区、上海奉城工业园区、上海未来岛高新技术产业园区、上海宝山工业园区、上海月杨工业园区、上海富盛经济开发区、上海浦东空港工业园区、上海嘉定工业园区、上海嘉定汽车产业园区、上海莘庄工业园区、上海青浦工业园区、上海西郊经济开发区、上海松江工业园区、上海松江经济开发区、上海奉贤经济开发区、上海金山工业园区、上海枫泾工业园区、上海朱泾工业园区

第二节　金　融　业

上海是中国近现代金融服务业的主要发源地。从昔日的远东金融中心，到建设中的国际金融中心，上海的金融业一直在中国近现代金融发展中发挥着重要作用。1978 年前，上海只有中国人民银行上海市分行一家银行，随着改革开放后经济体制改革的进行，1979 年起，中国农业银行、中国银行上海市分行相继从中国人民银行上海市分行分设出来，同时重新组建中国人民保险公司上海分公司，中国建设银行上海市分行也从财政部门独立出来，纳入银行体系。1984 年，中国工商银行上海市分行组建，中国人民银行开始行使单一的中央银行职能。1987 年，交通银行经重新组建，成为全国第一家综合性股份制银行，其总部由北京迁到上海，开始营造金融业竞争经营的态势。与此同时，上海努力探索建立地方性金融机构。1981 年 7 月，市政府决定成立市投资信托公司，作为上海引进外资、发展对外经济合作的主要窗口之一。1986 年，创建上海爱建信托投资公司。同年 12 月，由街道社区集体筹资，相继成立川南、豫园两家城市信用社。在发展金融市场其他方面，上海于 1979 年 5 月恢复成立保险公司，至年底 80%以上的地方国营企业参加保险。1984 年，上海发行新中国第一家企业股票——上海飞乐音响股份有限公司股票。1986 年 6 月，成立由上海 39 家金融机构合资组建的专事短期资金拆借融通业务的上海融资中心，1989 年 5 月又改组为以会员制为基础的上海短期资金调剂中心。1988 年 9 月，上海外汇调剂中心正式挂牌开业。从 20 世纪 90 年代起，伴随着国家金融体制改革和对外开放深化，上海金融服务业的对外开放和国际交流也获得巨大发展。1990 年 9 月，中国人民银行发布《上海外资金融机构、中外合资金融机构管理办法》及其他相关政策，上海积极稳妥地吸收外资金融机构进驻上海，至 1991 年底，中国人民银行正式批准 8 家外资银行在上海设立分行。同时，上海还积极发展保险公司、租赁公司、财务公司、资信评估公司、证券公司等其他非金融机构，国内首家股份制商业保险公司——太平洋保险公司于 1991 年在上海成立。1990 年 12 月 19 日，新中国第一家证券交易所——上海证券交易所开业，逐步发挥出资本市场功能。1992 年，全国首家外资保险公司——美国友邦保险公司上海分公司开业。1994 年，国务院颁布实施《中华人民共和国外资金融机构管理条例》，规定外资金融机构在中国经营的市场准入条件和监管标准。2001年，中国加入世界贸易组织，承诺逐步开放金融、电信、旅游等服务领域，进一步推动国际经济金融合作。在银行领域，2001年，中国取消对外资银行办理外汇业务的地域和客户限制。2002年起，又逐步放开对外资银行办理人民币业务的地域和客户限制。2006年，国务院颁布《中华人民共和国外资银行管理条例》，向外资银行全面开放人民币业务。2007年，中国银行业监督管理委员会批准外资银行将其境内分行改制为外资法人银行。在证券领域，2002年，中国人民银行和中国证券监督管理委员会联合发布《合格境外机构投资者境内证券投资管理暂行办法》。2006年，正式实施《外国投资者对上市公司战略投资管理办法》，允许外国投资者对符合条件上市公司的战略投资。2007年，又出台《合格境内机构投资者境外证券投资管理试行办法》，使中国的投资者有机会投资境外资本市场。在保险领域，2001年，中国保险监督管理委员会颁布《外资保险公司管理条例》。2004年，允许外资寿险公司提供健康险、团体险和养老金业务，取消对设立外资保险机构的地域限制，设立合资保险经纪公司的外资股权比例可达51%。除财产险不得经营法定保险业务、寿险外资持股不超过50%的限制外，对外资没有其他限制。

图4-1-1　外滩金融牛

图4-1-2　中国人民银行上海总部

同时，国家金融改革开放的不断深化为上海金融业对外开放和国际交流的推进发展奠定坚实基础，国家金融管理体制改革同步推进。1993年底，国务院颁布《关于金融体制改革的决定》，强调将中国人民银行办成真正的中央银行。1995年，《中国人民银行法》颁布实施，确立人民银行的央行地位，明确银行、证券、保险三大行业“分业经营、分业监管”的基本思路。在此前的1992年，中国证券监督管理委员会成立。1998年，中国保险监督管理委员会成立。2003年，中国银行业监督管理委员会成立。至此，中国形成人民银行负责宏观调控，银监会、证监会、保监会负责行业监管的金融监管体制格局。得益于国家的金融体制改革和对外开放的深入，上海的金融业加快发展，对外合作交流进一步深化。2002年，上海市政府成立金融服务办公室。2005年，国务院批准上海浦东在全国率先进行综合配套改革试点。中国人民银行上海总部正式挂牌成立。2006年，《上海国际金融中心建设“十一五”(2006—2010)规划》发布，明确提出，“十一五”末上海要发展成为具有国际影响的金融中心之一。2007年，花旗、汇丰、渣打和东亚4家银行成为中国首批法人化的外资银行。4家银行均选择上海作为总部，上海成为外资法人银行在中国最大的集聚地。2008年，上海市政府与中国人民银行、中国银行业监督管理委员会、中国证券监督管理委员会、中国保险监督管理委员会首次共同主办陆家嘴论坛，邀请中外嘉宾探讨金融领域热点论题，并随后逐年举办，在国内外引起广泛关注。2009年，国务院颁布《关于推进上海加快发展现代服务业和先进制造业建设国际金融中心和国际航运中心的意见》，提出到2020年，要将上海基本建成与中国经济实力以及人民币国际地位相适应的国际金融中心。上海金融业的对外开放和国际交流在此背景下进入加速推进的新阶段。截至2010年末，上海共有外资法人银行总部21家，占全国的68%，并表资产占全国外资法人银行总资产的85%；合资证券公司5家，占全国合资证券公司总数的45%，合资基金管理公司22家，占全国合资基金管理公司总数的63%；外资法人保险公司19家，占全国外资法人保险公司总数的36%，其中8家转制后的外资法人财产险公司落户上海，占全国外资法人财产险公司总数的44%；合资寿险公司11家，占全国合资寿险公司总数的31%。

图4-1-3　外资金融机构齐聚陆家嘴金融贸易开发区

一、外资银行

上海是全国集聚外资银行最多的城市。历史上，外资银行对上海金融业的萌芽发展起着重要作用。新中国成立后，汇丰银行上海分行、渣打银行上海分行、东亚银行上海分行和华侨银行上海分行（业内称为“老四家”）也一直在上海进行规定范围内的业务经营。1990年中国人民银行颁布《上海外资金融机构、中外合资金融机构管理办法》开启金融对外开放之门后，当年有两家中外合资财务公司在上海设立。1991年3月，中国人民银行正式受理日本兴业等6家外资银行在上海设立分行的申请，至年底8家外国银行被正式批准在上海设立分行。1994年，《中华人民共和国外资金融机构管理条例》颁布，外资银行的在沪经营步入规范化、法制化的发展道路。1996年，中国人民银行颁布《上海浦东外资金融机构经营人民币业务试点暂行管理办法》，允许符合条件的外资金融机构在上海浦东对外资企业和境外居民试点经营人民币业务。至1997年底，落户上海的营业性外资金融机构累计达51家，其中外资银行39家、合资银行2家、独资银行1家、合资财务公司2家、独资财务公司2家。在沪的外资金融机构代表处有163家，分别来自30个国家和地区。

此后，随着1997年亚洲金融危机的爆发，外资银行进入上海市场的步伐明显放缓。1998—

2002年,上海仅新增3家营业性外资金融机构。但在此期间,由于上海金融业继续扩大对外开放,出台和施行包括扩大外资银行经营人民币业务试点等一系列政策,从而改善了投资环境,进一步树立上海银行业对外开放的良好形象,克服亚洲金融危机带来的不利影响,使外资银行的在沪业务平稳发展。1998年,8家经营人民币业务的外资银行上海分行获准进入全国银行间市场从事拆借交易、现券交易和债券回购交易,开辟外资银行人民币资金融通的新渠道。美国花旗银行、法国东方汇理银行、英国汇丰银行和渣打银行等先后将中国区总部、资金运作中心或管理中心设在上海。1999年,在沪53家外资金融机构(不含外资保险机构)中的19家获准经营人民币业务。美国纽约银行、荷兰万贝银行、新加坡华联银行(2001年华联银行与大华银行合并)在上海设立分行,澳新银行、韩国产业银行、韩汇银行、德意志银行等6家入驻浦东。2002年,汇丰银行数据处理中心全面启动,这是首家外资银行在上海设立的数据处理中心。汇丰银行在中国内地的首家卓越理财中心也在上海正式开业。

2003年后,国际经济金融形势进一步好转,外资银行加速进入上海。当年共新增8家外资银行分支机构。其中,恒生银行在上海设立淮海中路支行是中央政府与香港特别行政区政府签署《内地与香港关于建立更紧密经贸关系的安排》后,香港银行在内地开设的第一家支行。除新设机构外,外资银行还积极以股权形式与本地银行开展合作。2003年,花旗银行、汇丰银行分别入股浦发银行、上海银行。2004年,在上海的花旗、汇丰、东亚、瑞穗4家外资银行获准经营非外资企业人民币对公业务,成为国内首批涉足该业务的外资银行。在这一阶段,外资银行的各项业务持续较快增长,机构规模不断扩张,在经营策略上继续保持差异化发展:以汇丰、花旗、渣打银行为代表的全能型银行继续推动企业金融和个人金融业务,同时努力争取托管等其他业务资格;以日资银行为代表的另一部分外资银行继续以外商投资企业、特别是和母行建立长期合作关系的客户作为目标客户;其他一部分外资银行则致力于专业化发展,力争在某一专门领域做出特色,如东亚银行以个人房地产按揭贷款为主要特色,纽约银行以单证业务见长等。2005年,花旗银行在中国的旗舰分行——大厦分行在上海开业,花旗同时与中国银联签署ATM双向代理协议;瑞典商业银行在上海成立分行;汇丰银行在内地的首家卓越理财支行在上海开张营业;渣打银行在沪的第三家分支机构即虹桥支行及优先理财中心正式开业。2006年,《中华人民共和国外资银行管理条例》正式实施,全面履行中国加入世贸组织的承诺,放宽对外资银行的各项经营限制并依法加强审慎监管。条例规定,外资银行在本地注册,成为境内独立法人后,可以与中资银行一样享受国民待遇,对中国客户全面开展人民币业务,且在存款方面无金额限制。条例实施后,外资银行抢滩上海的势头更加迅猛。2007年,渣打银行、东亚银行、汇丰银行、恒生银行、瑞穗银行、日本三菱东

图4-1-4 浦东陆家嘴金融贸易开发区的外资银行

京银行、新加坡星展银行、花旗银行和荷兰银行9家外资银行经批准将境内分行改制筹建为法人银行，均注册在上海。瑞典银行上海代表处升格为瑞典银行上海分行，这是瑞典银行在亚洲开设的第一家分行。澳新银行出资约20亿元入股上海农村商业银行，占19.9%的股份，这是国际资本又一次参股上海本地商业银行。2008—2010年，上海外资银行加快集聚，资产规模快速增长。埃及、西班牙等国家的银行也首次在上海设立分行。中国外汇交易中心和英国毅联汇业有限公司合资组建的上海国际货币经纪有限责任公司正式开业。由申能(集团)有限公司、申能股份有限公司和比利时富通银行共同出资设立的申能集团财务有限公司经中国银行业监督管理委员会批准正式开业。境内首家外商独资银行——德富泰银行被美国联合银行100%股权收购，更名为联合银行(中国)有限公司，选址上海。2009年，尽管受国际金融危机的影响，但年内仍有美国硅谷银行等18家外国银行分支机构或代表处落户上海。2010年，上海外资法人银行整体各项业务平稳中较快回升，取得国际金融危机爆发以来的恢复性增长。

二、外资证券

上海是中国开办证券交易以来异常活跃的中心之一。改革开放后，上海的证券业顺应经济发展对资本市场的需求，在20世纪80年代的试点过程中积累了丰富经验。20世纪90年代初，经济和金融领域的治理整顿又为证券行业的良性发展创造了必要环境。加入世界贸易组织后，证券业对外开放的步伐更进一步加快。2002年，中国证券监督管理委员会发布《证券公司管理办法》，并与中国人民银行联合发布《合格境外机构投资者境内证券投资管理办法》。同年，经中国证券监督管理委员会批准，由国泰君安股份有限公司和德国安联集团作为发起人的国安基金管理公司正式筹建。这是中国第一家获准筹建的中外合资基金管理公司。国安基金管理公司的注册资本为1亿元，其中国泰君安持有67%的股份，安联集团持有33%的股份，注册地在上海。2002年底，华欧国际证券有限公司获中国证券监督管理委员会批准成立。该公司为中国加入世贸组织后第一家中外合资证券公司，由湘财证券公司和法国里昂证券公司合资组建，注册在上海，注册资金5亿元。湘财证券公司占67%的股份，里昂证券公司占33%的股份。该公司以股票和债券的承销、外资股的经纪等为主要经营业务。2005年后，中国作为消费型大国的特点及经济的持续强势发展，也吸引外资对上海证券市场上市公司加速并购。摩根士丹利和国际金融公司分别获得“海螺”水泥10.51%和3.82%的股份。2007年，中国证券监督管理委员会公布并实施《合格境内机构投资者境外投资管理试行办法》，允许合格境内机构投资者(英文简称“QDII”)投资境外证券市场。至此，从世贸组织协议框架下对证券业和基金管理业务的开放，到外资可直接参与国有产权和非流通股权的并购与转让市场，进而到允许合格的境外机构投资者直接投资境内A股市场，到允许合格的境内机构投资者进行境外投资，中国证券行业渐次形成全面对外开放的局面。上海证券行业的国际化水平在这一进程中也获得提升。2007年，华安基金管理公司成为全国首家获得QDII业务资格的基金公司，并于同年12月募集首支QDII基金。2008年，受国际金融危机和国内经济不确定等多方面因素的影响，证券股票市场出现调整，成交金额、市价总值、筹资总额、投资者新增开户数等出现较大幅度的下降，但外资证券、基金代表处仍有发展。2009年，农银汇理基金管理公司在上海成立。此外，在沪证券基金公司积极赴境外设立分支机构。至2010年底，共有海通证券、国泰君安证券、申银万国证券、光大证券、东方证券5家证券公司，华安基金、汇添富基金、海富通基金3家基金公司在中国香港地区设立分支机构。

图 4-1-5　上海证券交易所交易大厅

三、外资保险

上海是中国保险业的发源地,曾在20世纪30年代汇集200多家中外保险公司,成为中国保险业的中心。20世纪80年代后,保险市场开始重新焕发生机。上海作为保险业开放的前沿阵地,成为国际保险巨头着力发展中国市场的桥头堡。

20世纪90年代,外资保险开始进入中国市场。1992年9月,美国友邦保险有限公司上海分公司成立,这是新中国成立后第一家获准进入上海、进入中国保险市场的外资保险公司。1994年,日本东京海上保险公司在上海成立分公司,主要为到沪投资的日资企业提供保险服务。1995年,上海已与世界200多个国家和地区的保险、再保险公司建立分保关系,还在世界各主要港口委请300多家检验和代理人。1996年,由加拿大宏利人寿保险(国际)有限公司与中国化工进出口总公司合资组建的中宏人寿保险有限公司宣告成立,这是国内第一家中外合资的保险公司。年末,瑞士丰泰保险公司又获准成为外资独资的在沪营业性保险机构。1997年,按照财、寿险分业经营的原则,经中国人民银行总行批准,美国友邦保险公司上海分公司分为友邦上海分公司(寿险)和美亚上海分公司(财险),并按照规定2家分公司各自将营运资金增至1亿元人民币的等值外汇。1998年,大众保险股份有限公司与德国安联保险公司合资设立的安联大众人寿保险有限公司、中国太平洋保险公司与美国安泰保险集团合资的太平洋安泰保险有限公司、英国皇家太阳联合保险集团上海分公司先后成立。1999年,由法国安盛集团和中国五矿集团合资组建的金盛人寿保险有限公司成立。

进入21世纪,外资保险进入上海加速。2000年,中国人寿保险公司和澳大利亚联邦银行合资组建的中保康联人寿保险有限公司、美国恒康人寿保险公司和天安保险股份有限公司合资组建的恒康天安人寿保险有限公司、美国联邦保险股份有限公司上海分公司先后成立。2001年,韩国三星火灾海上保险公司上海分公司、日本三井海上火灾保险公司上海分公司(后因母公司合并,更名

图 4-1-6　1998 年 10 月 8 日，英国首相托尼·布莱尔出席皇家太阳联合保险公司上海分公司开业典礼

为“三井住友海上火灾保险公司”)等落户上海。其中，韩国三星火灾海上保险公司上海分公司是第一家进入中国市场的韩国保险企业。2002 年，青岛海尔投资发展有限公司和美国纽约人寿保险公司共同出资设立的海尔纽约人寿保险有限公司在上海正式成立。同年，国际寿险管理与经营战略研讨会在上海举行，来自美国、印尼、新加坡等 71 个国家、地区 700 多人出席会议。2003—2005 年，上海保险市场行业继续快速发展，规模稳步扩大。由上海广电(集团)有限公司与日本生命保险公司合资的广电日生人寿保险有限公司、由上海联和投资有限公司和美国大都会集团旗下的旅行者保险公司合资的花旗人寿保险有限公司、中意人寿保险有限公司上海分公司、瑞泰人寿保险有限公司上海分公司、招商信诺人寿保险有限公司上海分公司以及德国科隆再保险股份有限公司上海分公司(后改称“德国通用再保险公司上海分公司”)先后成立。2006—2007 年，中国保险监督管理委员会先后批准美国美亚保险公司上海分公司、日本三井住友海上火灾保险公司上海分公司、英国皇家太阳联合保险公司上海分公司、美国联邦保险上海分公司转为法人公司。国际知名的保险企业劳合社在上海成立全资子公司——劳合社再保险(中国)有限公司。2008 年，汉诺威再保险股份公司上海分公司、国泰财产保险有限责任公司在上海正式开业。2009 年，汇丰人寿保险有限公司开业。上海市浦东新区政府与瑞士苏黎世金融服务集团签署《关于航运金融领域合作的备忘录》。根据该备忘录，苏黎世金融服务集团在浦东建立苏黎世国际航运与金融研究发展中心。2010 年，劳合社再保险(中国)有限公司获得直保业务牌照。当年，上海市保险保费收入 883.86 亿元。中、外资保险公司原保险保费收入比例为 84∶16。上海保险市场发展平稳有序，初步形成数量众多、种类齐全、资本结构多元化、中外资共同发展、竞争与合作并存的市场体系。

第三节　航运与旅游业

上海是著名的港口城市。上海港是中国大陆最大的国际通航港口，地处中国东部长江东西运输通道与海上南北运输通道的交汇点,前通中国南北沿海和世界各大洋,后贯长江流域和苏浙皖内河、太湖流域,地理位置适中,自然条件优越,腹地经济发达,集疏渠道通畅。自开埠起,上海港就成为中国贸易通融、对外开放的窗口和平台。上海解放后,通过利用外国和侨资班轮及租用外轮开展外贸运输,并在已有中波轮船公司和中远公司上海分公司基础上,筹建和发展上海地方远洋运输企业,先后开辟了上海至欧洲、北美、南美、地中海、非洲、大洋洲和东南亚航线,至1978年底,上海远洋运输公司已有100余艘船舶,航行到达80多个国家的270多个港口。20世纪80年代后,上海港口的对外往来、合作关系有了更大发展,上海市与160多个国家和地区的400多个港口建立贸易运输往来,年均来上海港的外轮从1 000余艘次增加到2 000余艘次,上海远洋运输累计已开辟30多条国际班轮航线,船舶来往于世界500多个港口,上海港已初步成为国际环球运输中的一大港口。进入20世纪90年代,建设上海国际航运中心提上议事日程,并于1995年制定规划,提升为国家战略。1996年11月28日,新中国第一家航运交易所——上海航交所正式成立,并在发挥基本功能基础上拓展服务功能,于1998年8月组建上海国际航运服务中心。同时,作为上海国际航运中心建设核心项目的建设集装箱深水枢纽港步伐进一步加快。1998年初,上海市政府把国际深水枢纽港建设列为当年上海市重大工程规划项目,1月27日,深水港建设重大工程项目的长江口深水航道治理一期工程正式开工。12月,上海国际航运中心深水港区总体布局规划通过由国内部分院士、专家组成的专家委员会的预审。此后,上海国际航运中心建设在十几年间取得巨大发展和成就,成为上海经济快速发展的重要推动力之一。上海港在货物吞吐量连续六年保持世界第一的情况下,2010年集装箱吞吐量首次成为世界第一大集装箱港。洋山深水港无论是码头建设还是装卸技术都已达到国际先进水平,浦东外高桥港区、上海浦东国际机场、洋山深水港区以及外高桥保税区、浦东空港物流园区、洋山保税港区"三港三区"的密切联动,使绵延100千米的东海黄金海岸线成为上海建设国际航运中心的核心功能区。随着长江深水航道三期工程12.5米水深全线贯通,消除了千百年来制约长江航运的长江口"拦门沙",以及世界上一批国际知名航运企业机构纷纷入驻和航运交易所的一批服务机构不断涌现,上海已初具国际航运中心的雏形。至2010年底,上海港(海港)拥有各类码头1 160个,其中万吨级以上生产性泊位150个,码头线总长119.2千米,货物吞吐能力为4.6亿吨。全年出入上海港豪华邮轮210艘次,随船出入境旅客28.5万人次。有49个国家和地区的120个城市(含中国香港、澳门、台湾地区)和境内的99个城市与上海通航。有25家境内航空公司和62家国际及地区航空公司开通上海定期航班。

图4-1-7　洋山深水港全景

一、海港

新中国成立之初，上海港仅有固定式码头113座，总长9 691米；浮码头115座，总长5 786米，且码头布局杂乱，设施陈旧，装卸手段落后。经历20世纪50年代和70年代中期两次基本建设高潮后，上海港码头总长度比新中国成立之初增加10.3%，新建万吨级泊位9个、改建万吨级泊位10个，港口机械化程度和货物吞吐能力有很大提高，为上海跻身世界亿吨大港行列打下基础。在改革开放的形势下，上海港口建设进入第三次高潮。1978年12月，宝钢重要配套工程原料码头、副原料码头、成品码头开工，仅用5年时间完成全部施工任务，创造了上海建港史上的奇迹。1982年1月，十六铺客运码头改建一期工程竣工投入运营，新客运大楼可同时容纳候车船员6 000多人。1993年10月，外高桥新港区一期建成并正式开港。同年12月，上海罗泾煤码头工程开工，1995年竣工，创造了上海港水码头建设的新速度。1997年9月29日，上海组合港成立，上海组合港是以上海为中心，浙江和江苏为两翼，对相应港口的集装箱码头泊位进行组合。2005年，长度32.5千米的东海大桥实现贯通，洋山深水港区一期码头开港并投入使用。2006年洋山深水港区二期码头竣工投入使用，位于北外滩的上海港国际客运中心开始试运营，美国嘉年华旗下的豪华邮轮“爱兰歌娜”号在上海港国际客运中心码头举行首航仪式，这标志着北外滩国际客运中心已成为中国大陆第一个邮轮母港。2007年，北外滩国际客运中心码头基本建成，出入上海港的国际豪华邮轮47艘次，随船出入境旅客达10万人次。2008年，洋山深水港区三期码头全面竣工投入运营，洋山深水港已形成岸线总长5.6千米，共计16个泊位，能满足1万标准箱以上的超大型集装箱船舶全天候满载进出港。

随着上海港建设的全面推进，上海港口的对外来往、合作关系也不断发展，影响力越来越大。从1964年开辟中朝、中日航线；1973年第一艘日本客轮“巴西丸”载送日本三重县“洋上大学”250人抵沪参观访问；1978年，上海开辟第一条至澳大利亚国际集装箱运输班轮航线；1979年9月上海港与美国西雅图港建立友好港关系；到20世纪80年代，上海先后开辟至中国香港地区、日本、泰国等地的客运班轮，到沪外国客轮迅速增多，并陆续与日本大阪港、横滨港，美国新奥尔良港，比利时安特卫普港建立友好港关系；再至20世纪90年代初，上海港已与世界上160多个国家和地区的400多个港口及600多家航运公司建立航运和贸易往来，并再添法国马赛港、美国纽约/新泽西港两个友好港关系；1993年，上海港的货物吞吐量已达到历史最高水平。20世纪90年代中后期，上海又分别同韩国釜山港、加拿大温哥华港、新西兰奥克兰港、瑞典哥德堡港建立友好港关系，上海港的年货物吞吐量屡创新高，新增国际集装箱航线不断开通，集装箱航班每月密度不断提高。国际集装箱吞吐量从1995年创造历史新纪录的152.7万标准箱，约占全国沿海港口集装箱吞吐量的四分之一，提高到421.6万标准箱。国际集装箱航线从12条增加到17条，每月开出的集装箱航班从456班增加到728班，并在稳定集装箱航线运行的同时，上海港全力开展国际集装箱的国际中转业务，并推行铁路海港国际集装箱联运。1995年，在上海设立独立子公司的海外船公司已达34家，其中美国总统轮船（中国）有限公司、美商海陆联运（中国）有限公司、川崎汽船（中国）有限公司、日本邮轮（中国）有限公司、大阪商船三井船舶（上海）有限公司、渣华邮船（中国）有限公司、韩进海运（中国）有限公司7家海外公司总部设在上海。在上海设办事处的船公司有28家，另有3家中外合资船公司。1995年是上海外轮代理公司自1951年成立以来效益最好的一年，代理船舶近7 500艘次、代理货运量达2 000余万吨，实现利润1.06亿元，占全国外轮代理系统的三分之一强。1996

年,以色列、韩国、美国、日本等12个国家的14个港口经上海港将1 722集装箱转运去日本、韩国以及中国香港地区等15个国家和地区的20个港口。上海远洋运输公司高河轮因成功营救美国退役海军上校威廉·瑞迪肯,在美国长滩引起强烈反响,获美国"公众服务奖",这是中国远洋运输船首次获此荣誉。1997年,上海口岸海上集装箱国际转运业务全面开通,完成转运1.3万标准箱,比上年增加近4 000标准箱。1998年,在上海港经营国际航线的船公司已增至50多家,开辟的集装箱班轮航线直接辐射至世界120多个港口,国际中转箱量达2.09万标准箱,上海的国际集装箱枢纽港地位逐步形成。同年,中国最大的远洋集装箱运输船队——中远集装箱运输有限公司在浦东外高桥举行成立揭牌仪式,该公司拥有117艘集装箱船舶,总载箱位量21.2万标准箱,列世界第五位。1999年,上海港已与世界100多个国家和地区、国内外500多个港口和56家中外船舶公司建立友好合作关系,集装箱处理能力已跻身于世界十大集装箱港口之列。同年,由于中远集装箱运输公司在中国大陆、香港和台湾航线以及欧洲至美湾两条航线上的成绩超出丹麦马士基公司和美国海陆公司,在英国伦敦举行的颁奖仪式上,获得了劳氏船级社最佳班期奖,欧洲至美湾航线的获奖在世界航运界引起强烈反响,打破了公会船公司多年对该航线的垄断。

进入21世纪,上海港继续在集装箱吞吐量、集装箱班轮航线开辟、远洋运输运力上大踏步发展。2000年,总部设在上海的中海集团年内完成集装箱量150.2万标准箱,跻身世界二十大集装箱班轮公司行列。中远集装箱运输有限公司(中远集运)的美国航线准班率获《美国托运人》杂志赞誉,大洋洲—北亚航线获《劳氏日报》颁发的年度"顾客服务奖"和"航舶准班奖"。上海港的集装箱航线干线已直接辐射到世界130多个港口。2001年,国际救助联合会第17届年会在上海召开,该会由来自27个国家和地区的44个会员组成,此为第一次在中国举行年会。会议就救助契约有关事宜、船东保险协会特别补偿条款有关问题及联合会制定有关合同问题展开讨论。中国救捞公司派员参加年会。面对世界经济不断衰退、航运形势严峻的情况,中海集团狠抓船队调整,形成100余艘船、16万箱位的集装箱船队规模,并在美国签约租赁洛杉矶100号和102号码头的协议,租赁期为25年。中远集运公司通过运力提升和船型机构调整,在欧洲、太平洋、大西洋三大航线上增强竞争优势,拥有5 446标准箱的"中远上海""中远汉堡"等5艘大船加盟远东——欧洲航线。市长徐匡迪在浦东外高桥集装箱码头宣布"中远上海"轮首航开始,该船从上海启航沿途停靠香港、新加坡、苏伊士、费利斯托、鹿特丹、汉堡、安特卫普等港口,全程来回航期达55天。2002年,上海港在世界集装箱港口的排名第一次超过高雄港,从世界第五位上升到第四位。上海国际航运中心洋山深水港建设年内进入实质性启动。全年上海港外贸吞吐量达10 608.4万吨,刷新历史最高纪录,成为中国(除港澳台地区外)第一个外贸吞吐量超过1亿吨的港口。同年,中海集团在泰国林查班港举行AAT(亚洲—美国西海岸—泰国)集装箱班轮首航仪式,中国国务院总理朱镕基发来贺信,泰国总理他信等出席首航仪式。中海集团还在台湾基隆港首辟台湾—美西航线,被台湾地区航运界人士称为"中海集团破冰成功"。中远集运在中日航线上开展快速交货服务,吸引了一大批货主。三菱商事、艾埃替、特雷迪亚、浓飞物流、日通运输、上海兰生、乾丰货运等一批中日大商社、物流企业,纷纷加盟中远集运的快速交货服务。第六代集装箱船舶"上海快航"号,在外高桥码头举行命名和首航仪式。该轮隶属德国最大的船舶公司赫伯罗特公司,执行上海至欧洲航线的定期班轮,计划56天一个往返。日本邮船公司"亚洲繁荣"号大型滚装船在上海张华浜码头启航,开辟上海港至东南亚的滚装班轮航线。中远集运公司还在世界500强中的美国陶氏化工集团与英国亨氏食品集团两大全球跨国企业集团全球运输招标中获胜,成为通用汽车、埃克森美孚、通用电器、宝洁、杜邦、飞利浦、佳能、陶氏、亨氏等一批全球跨国企业集团的全球运输主要承运人。2003 年,上海港完成货运吞吐量 3.16 亿吨、集装箱吞吐量 1 128.2 万标准箱,居世界第三位,中国大陆第一位。同年 11 月,创造月吞吐 103.6 万标准箱的上海港历史最高纪录;至年底,上海港有 74 个码头泊位对外轮开放,合资经营集装箱业务的码头企业有 3 家。注册资金 19 亿元的沪港合资上海浦东国际集装箱码头有限公司开业。该公司在上海外高桥一期码头投入运转,包括美国总统轮船、英国铁行渣华在内的 12 家国际知名集装箱船运公司在此已开通 16 条集装箱国际航线。同年,中国第一届国际疏浚技术发展会议和展览会在上海国际会议中心举行。国内外知名疏浚公司、疏浚设备制造厂商、科研机构、设计单位、政府有关部门近 300 名代表就世界疏浚业的整体发展、挖泥船制造业前景、港口航道和水泥防洪的疏浚、水环境的治理、大型挖泥船新建和改造等问题进行交流。中海集团和日本川崎汽船株式会社在上海签署合资协议,共同出资 1 000 万美元在上海注册,联手组建中海川崎汽车船运输有限公司,共同拓展国内和国际汽车船舶运输市场。中海集团在上海港的集装箱装卸量居世界各大班轮之首,已成为世界十大班轮公司之一。中远集运完成美洲、亚太、欧洲地区的体制改革,成立新美洲贸易区、亚太海外各分部和新欧洲部,被美国杜邦公司指定为 2003—2004 年度全球核心承运人之一,受邀赴美国公司总部参加现场开标会。2004 年,上海港与德国汉堡港、日本福冈市博多港签署缔结友好港关系的协议。同年,上海港新增国际集装箱班轮航线 33 条,全港平均每月始发的国际国内集装箱航班已达 1 716 班。在上海港合资经营集装箱业务的码头企业有 4 家,有 74 个码头泊位对外轮开放,可从事外贸装卸作业。世界最大的 8 500 标准箱集装箱船"中海亚洲"号从上海外高桥二期码头启航,开始远东—美西航线首航。同年,上海还成功举办了"沪港港口物流研讨会""第十二届泛太平洋港口会议""第十一届太平洋友好港研讨会"等国际活动,来自美国、日本、澳大利亚等国家和上海、天津等国内的港口代表参加会议。2005 年,洋山深水港区一期工程建成并投入运营。货物吞吐量 4.43 亿吨,首次超过新加坡港,成为世界第一大货运港。至年底,上海港已经吸引国外 70 多家船公司加盟国际集装箱班轮航班的营运,平均每月开出的国际国内航班达 1 996 班(其中国际航班 971 班)。上海港与荷兰鹿特丹港、美国洛杉矶港结为友好港。2006 年,位于北外滩的上海港国际客运中心开始试运营,洋山深水港二期工程建成并投入运营,洋山保税港区安全、有序、高效运行。同年,上海成功举办"国际港口保安和安全峰会""国际航运中心论坛"等,属于英国水晶航运公司的远洋船舶"可达"轮(总吨位达 216 581.2 吨、百慕大籍)满载巴西铁矿粉,成功靠泊宝山钢铁总厂原料码头,这是上海港历史上靠泊吨位最大的散货船。上海港还与澳大利亚墨尔本港、法国勒哈佛尔港、加拿大圣劳伦斯航道管理局水上高速(H20)系统各成员港缔结为友好港,进一步扩大国际影响。2007 年,上海港集装箱吞吐量达 2 615.2 万标准箱,跃居世界第二。北外滩国际客运中心码头基本建成,出入上海港的国际豪华邮轮有 47 艘次,随船出入境旅客达 10 万人次。上海港与智利瓦尔帕莱索港、美国旧金山港建立友好关系。中远集运已经经营 80 多条国际航线及数十条国内航线,船舶挂靠全球超过 30 个国家和地区,超过 100 个港口,在全球拥有 400 多个代理及分支机构,随着 2 艘万箱大船加盟船队,中远集运成为全球第二家拥有万箱大船的航运公司。2008 年,洋山深水港区三期工程竣工投入运营,北港区主体工程全面建成。年内共接待国际班轮 94 艘次、邮轮 58 艘次,随船出入境旅客 13 万人次。同年,市港口管理局与瑞典哥德堡港务局签署《上海市港口管理局与哥德堡港友好港环保协议》;Seatrade 首届亚太邮轮大会在上海举行;第二届环太平洋港口清洁空气协作会议在沪举办,中国、美国、加拿大、日本、瑞典、智利等国的港口和环保机构代表,就清洁港口、港口环境保护和挑战,环保新技术及其应用,港口节能减排等问题达成共识。2009 年,上海港国际客运中心 3 个 7 万吨级客运泊位投入试运行,全年出入上海港的国际豪华邮轮 79 艘,随船出入境旅客 16.6 万人次。上海港与波兰格但斯克港建立友好港关系。年内,上海海事局成功承办“2009 上海国际海事论坛”,加强国际合作交流。2010 年,上海港全年完成货物吞吐量 6.5 亿吨,继续保持世界第一;作为“枢纽港”重要标志的集装箱水水中转比例达 37.7%;集装箱吞吐量达到 2 906.9 万标准箱,超过新加坡港 50 万标准箱,在货物吞吐量连续六年保持世界第一的情况下,集装箱吞吐量首次跃居世界第一。上海港与世界各地的友好港口关系继续发展,分别与德国的不来梅港和法国的敦刻尔克港建立友好港关系,至此,已有 21 个国家的 23 个港口与上海港缔结友好关系。上海国际航运中心建设各项工作全面推进,在优化航运集疏运体系、完善航运服务功能、建设国际航运发展综合试验区等方面取得一定进展。

图 4-1-8 外高桥港区

图 4-1-9 上海洋山深水港装卸区

表 4-1-4 1979—2010 年与上海港缔结友好港关系的港口一览表

序 号	国 别	港 口	签 署 日 期	签署地
1	美国	西雅图港	1979 年 9 月 25 日	上海
2	日本	大阪港	1981 年 10 月 30 日	上海
3	日本	横滨港	1983 年 10 月 12 日	上海
4	美国	新奥尔良港	1984 年 6 月 19 日	新奥尔良
5	比利时	安特卫普港	1985 年 10 月 17 日	安特卫普
6	法国	马赛港	1992 年 10 月 8 日	马赛
7	美国	纽约-新泽西港	1993 年 11 月 9 日	纽约
8	韩国	釜山港	1994 年 4 月 11 日	上海
9	加拿大	温哥华港	1994 年 11 月 9 日	上海
10	新西兰	奥克兰港	1995 年 2 月 23 日	奥克兰
11	瑞典	哥德堡港	1995 年 5 月 11 日	上海
12	德国	汉堡港	2004 年 5 月 10 日	上海
13	日本	博多港	2004 年 9 月 1 日	福冈
14	荷兰	鹿特丹港	2005 年 8 月 25 日	鹿特丹

（续表）

序　号	国　别	港　　口	签 署 日 期	签署地
15	美国	洛杉矶港	2005 年 10 月 31 日	上海
16	澳大利亚	墨尔本港	2006 年 3 月 10 日	墨尔本
17	加拿大	圣劳伦斯水道 H20 系统	2006 年 4 月 25 日	上海
18	法国	勒哈佛港	2006 年 11 月 3 日	上海
19	智利	瓦尔帕莱索港	2007 年 7 月 12 日	瓦尔帕莱索
20	美国	旧金山港	2007 年 7 月 18 日	旧金山
21	波兰	格但斯克港	2009 年 3 月 11 日	格但斯克
22	德国	不来梅港	2010 年 6 月 9 日	上海
23	法国	敦刻尔克港	2010 年 7 月 9 日	上海

二、空港

上海是中国最早建设民用航空事业的城市之一，先后兴建了虹桥机场和龙华机场。1964 年 4 月 29 日，中巴（巴基斯坦）航线正式开通，为我国打开西门走向世界开辟了更为便捷的道路，成为一条空中的“现代丝绸之路”，虹桥机场开始成为国际机场。20 世纪 60 年代中期和 70 年代初，上海民航运输业务和民航管理局从龙华机场转移到虹桥机场后，虹桥机场由军民合用机场转为民航专用机场，由此通往国内其他城市的航线发展到 10 余条。1974 年，上海与日本东京通航，开辟了新中国成立后上海第一条有中国民用航空飞机投入运营的国际航线。改革开放以后，上海民航在经营国内航线的同时，积极开拓国际航空运输市场，运输业务量成倍增长，至 1987 年底，上海民航已有通往 34 个大中城市的 37 条国内航线，以上海为中心的华东地区航运运输辐射网基本建成。此外，上海民航还开辟通往日本、美国、加拿大、意大利、新加坡、中国香港地区等的国际和地区航线。1985 年 12 月，国内第一家自主经营国内航空干线客货运输的地方国营航空公司——上海航空公司成立。1987 年 12 月，依照“政企分开，简政放权”的原则，中国民航体制实行重大改组，分别组建中国民航华东管理局、中国东方航空公司和上海虹桥国际机场，经过半年内部试运营，于 1988 年 6 月对外宣布成立。从 1988 年起，中国东方航空公司和上海航空公司通过向国内外贷款及自筹资金，以购买、租赁等方式陆续引进 MD－11、空中客车、波音 767 等一批具有世界先进水平的飞机，淘汰老龄飞机，民航运力成倍增长，航线进一步扩展，至 1998 年，中国东方航空公司和上海航空公司共经营国内、国际和香港地区航线 259 条（其中东航 167 条，上航 92 条）。与此同时，机场建设也加紧进行。虹桥机场改为民用机场后，民航上海管理局对场内部分设施做进一步改建和扩建，新建了一批工程，使机场旅客吞吐量从 20 世纪 60 年代的 2.6 万余人次发展到 20 世纪 80 年代初的 101.74 万人次，年均增长 22.5%。1984 年，新建候机楼 9 117 平方米，改造老楼 6 500 平方米，扩改建总面积 2.01 万平方米，设备全部更新。1988 年 12 月，开工新建 2.97 万余平方米的国际候机楼，于 1991 年 12 月竣工并投入试运营。1995—1996 年，虹桥国际机场投资 2.6 亿元人民币，将国内候机楼由原来的一层扩建为双层，面积增至 5.2 万余平方米；投资 9 410 万元，进行总面积 8.1 万平方米的机

图 4－1－10 虹桥国际机场 2 号航站楼

坪一、二期建设，新增机位 11 个。随着上海虹桥国际机场各项设施设备持续更新，吞吐能力大幅度提高，42 家中外航空公司先后开通飞往上海的航线，多种系列的大中型客机成批投入运营。1998 年，上海虹桥国际机场完成旅客吞吐量 1 371.44 万人次，完成货邮吞吐量 57.23 万吨，全年飞行起降 12.80 万余架次。为适应上海经济、社会和航空运输市场的发展要求，加快浦东新区的建设步伐，1997 年 10 月，浦东国际机场一期工程全面展开，总投资 130.56 亿元，至 1999 年 10 月落成并开航，上海成为中国第一座拥有两个基本点大型国际机场的城市。全年 2 个机场共完成国际航线旅客吞吐量 410.34 万人次，货邮吞吐量为 32.90 万吨。至年底，与上海通航的城市达 112 个，其中国内通航城市 60 个，国际及地区通航城市 52 个。

2000 年以后，随着浦东国际机场的投入使用，两个机场的运能不断提高，上海作为国际大型航空枢纽港的作用逐步显现。2000 年和 2001 年，上海航空公司首条定期国际航班——上海—柬埔寨金边的 FM933/934 国际定期航班和上海—俄罗斯符拉迪沃斯托克国际定期航班正式开通，直飞俄罗斯符拉迪沃斯托克是国内民航在上海以及华东、华南唯一航班，上海航空公司也融入全球销售系统。东航与法航代码共享航班正式启动，东航获美国优质服务协会颁发的“五星钻石奖”，该奖是国际公认的优质服务的最高奖项，标志着东航同英国维珍航空公司、瑞士航空公司、新加坡航空公司等世界一流航空公司一同载入全球优质服务企业的名册。上海 2 个机场旅客吞吐量和货邮吞吐量分别突破 2 000 万人次和 80.45 万吨，跨入世界最繁忙机场行列。2002 年，东航开通中国上海至日本鹿儿岛航线、上海至印度新德里航线，与香港国泰航空公司在“上海—香港—台北”航线上联手开展的“快捷中转服务”正式推出，使三地的市场营销力量进行整合，从而产生更大的社会及经济效益。上海航空开通往返越南胡志明市航线。东航、上航与上海机场集团、波音商业飞机公司三方共同签署合资创办国内最大规模的飞机维修合资企业的意向书及项目建议书；与日立物流、香港正大船务公司共同签署合资建立上航大航国际货运公司的合作意向书；还分别与德国汉莎、日本全日空航空公司签订在销售和市场开发、常旅客计划、代码共享等领域内开展运输业务全面合作的框架协议。同年，国际航空运输协会第58届年会在上海开幕，来自130多个国家和地区的200多家航空公司和其他航空机构的800多名代表围绕“从生存到复苏”“中国的航空市场”两个议题展开研讨，全国政协副主席胡启立受国务院总理朱镕基委托到会祝贺。国际民航组织理事会主席阿萨德、澳大利亚前总理霍克、国际航协理事长皮埃尔·让纽、国际航协候任理事长吉尔迈尼·比西各尼等出席开幕式。2003年，上海市政府与国家民航总局共同组建的推进上海航空枢纽建设联合领导小组成立。东航开辟上海至墨尔本航线，弥补原有大洋洲航线的单一性。上航新开辟的上海—曼谷全货机航线首航成功，还与日本全日空航空公司签署《衔接服务协议》以及相关的《衔接航班旅客处理程序协议》。中国邮政航空公司和南方航空公司携手开通上海—大阪空中邮件货运航班，实现上海寄往大阪的国际快件“今日寄出，明天投递”。上海市邮政局还开通上海至纽约地区空中水陆路包裹线路，加快上海寄往美国纽约地区包裹的传递速度。因受非典型性肺炎影响，国际航线的旅客吞吐量出现负增长，但货邮吞吐量仍比上年有增长。至年底，有28个国家的67个城市和国内的77个城市（含香港和澳门）与上海通航。2004年，有11家国内航空公司和46家国际及地区航空公司开通上海的定期航班。东航、中国货运航空有限公司与卢森堡货运航空公司在上海签订代码共享协议。上航与日本全日空航空公司签署代码共享协议。上海的客货吞吐量迅速回升，分别比上年增长56.7%和45.38%。2005年，有13家国内航空公司和52家国际及地区航空公司开通上海的定期航班。东航与西班牙欧洲航空公司在上海签署代码共享协议。上航首次与美国、委内瑞拉、菲律宾、挪威和西班牙等12名外籍飞行员签订雇佣合同。上海两个机场完成国际航线旅客吞吐量已突破千万人次，达1 095.91万人次。2006年，有16家国内航空公司和48家国际及地区航空公司开通上海的定期航班。东航与加拿大国龙航空公司签署代码共享协议；与荷兰皇家航空公司（KLM）合作，成为KLM在上海地区的地面代理方。上航与美国联合航空公司在上海举行代码共享签约仪式；与盛航企业有限公司、捷航企业有限公司共同投资组建的上海国际货运航空有限公司开业，投入运营。2007年，有20家国内航空公司和51家国际及地区航空公司开通上海的定期航班。上航与北欧航空公司、日本全日空、新西兰航空、南非航空公司、美国联合航空、加拿大航空等17家外航开展中转联程业务合作。上海两个机场完成国际航线旅客吞吐量和货邮吞吐量继续增长，至年底，有41个国家的97个城市和国内82个城市（含香港和澳门）与上海通航。2008年和2009年，受国际金融危机影响，国际旅客吞吐量有所下降，分别有21家国内航空公司和60家国际及地区航空公司、22家国内航空公司和52家国际及地区航空公司开通上海的定期航班。春秋航空公司与欧洲空中客车公司、英国伦敦大学开展高级管理人员安全管理系统（SMS）联合培训。东方航空公司和西班牙拓普福莱（TOPFLY）国际航空学院签订飞行员培训协议。上海航空公司新增上海—越南河内、上海—美国长滩国际航班。2010年，浦东、虹桥两个机场已经形成5条跑道、4座航站楼、5个货运区、2个货运转运中心、1个综合保税区总体规模，可保障高峰日2 400架次飞机起降，具备年接待8 000万旅客和处理450万吨货邮能力，上海航空枢纽实力和运输保障能力进一步提升。全年，有25家国内航空公司和62家国际及地区航空公司开通与上海定期航班。东方航空公司顺利完成包机运送中国医疗防疫救援队赴海地发生7.3级浅源强震后的救援任务。上海航空公司完成承运中国赴刚果（金）维和部队换防的包机任务，此为上海航空成立以来航程最远的包机任务，也是首次执行跨越印度洋飞行任务。春秋航空成功开辟上海—日本茨城航线，成为国内第一个开辟国际航线的民营航空公司。两个机场共完成国际航线旅客吞吐量1 517.42万人次和货邮吞吐量241.29万吨，比上年分别增长29.62%和31.33%。至年底，有46个国家和地区的117个城市和国内（含香港、澳门和台湾地区）的102个城市与上海通航。

图 4-1-11 上海浦东国际机场

图 4-1-12 上海浦东国际机场候机大厅

三、国际旅游

上海的国际旅游是伴随着改革开放的不断深入和经济社会加快发展而逐渐壮大起来的。1978年1月,全国旅游工作会议作出大力发展旅游事业的决定。5月,上海市成立旅游事业管理局,发展国际旅游业的调研、规划和开发建设,来沪国际旅游者骤增。1978年为17万人次,1980年达21万人次,至1986年已增至53万余人次,其中日本旅游者人数最多,美国其次,欧洲国家及澳大利亚的旅游者也已增至10万余人次。1986年,国务院确定把旅游作为国家重点发展的一项事业,正式纳入国民计划,并将上海列为全国优先发展的7个重点旅游省市和地区之一。1988年7月,上海市人民政府发布《关于改善上海旅游、投资环境,开展优质服务工作的决定》,并成立上海市旅游事业委员会,加强对旅游业的领导,上海国际旅游业进一步发展。1988年到沪的外国旅游者达66.4万人次,来自153个国家和地区。1989年,外国到沪旅游者一度减少,翌年即有明显回升,到1993年又增至85万人次,从1979年至1993年的15年内,上海共接待海外旅游者1 025万人次,旅游外汇收入累计人民币152亿元,年均增长33%。随着浦东开发开放后,上海进入新一轮发展期。上海和浦东受到国际社会的广泛关注,外国政要、商人、企业家等频频到访,到上海旅游的外国旅游者热情高

图 4-1-13 上海国际客运中心

图 4－1－14　美国中学生在上海外滩游览

涨。为充分利用上海国际化大都市日益提升的知名度和各种社会资源，做好境外人士到沪旅游的业务，上海旅游业围绕着城市振兴、浦东开发、经济腾飞、文化繁荣等重大发展命题，实现一系列观念和管理模式的转变，确定上海旅游业的定位和特色为“都市型旅游”，逐步形成政府主导、各方协调、全社会共同参与的“大旅游”“大产业”格局，并在组建跨行业旅游集团和调整旅游产业结构、旅游产品结构基础上，积极开展国际合作，努力拓展国际市场，充分发掘历史文脉和旅游资源，创立旅游品牌，开展丰富多彩的特色旅游和专项旅游，使上海“都市旅游”项目琳琅满目、精彩纷呈，成为上海城市经济新的增长点，成为中国对内对外的主要旅游城市。1994 年，国际旅游入境过夜人数 132.18 万人次(其中外国人 101.97 万人次)，外汇收入 8.53 亿美元。2000 年，国际旅游入境过夜人数 181.40 万人次(其中外国人 143.89 万人次)，外汇收入 16.13 亿美元。2010 年，国际旅游入境人数达 851.12 万人次(其中外国人 665.63 万人次)，外汇收入 64.05 亿美元，旅游入境人数和外汇收入成倍增长，上海的国际旅游业已更广泛地成为各国民众了解上海、了解中国、增进双方民间友谊与互相交流的窗口和途径。

海外入境旅游的高涨也推动上海出境游的兴起。20 世纪 80 年代前期，上海一些劳动模范、高级知识分子、原工商业者等由中国国际旅行社上海分社统一安排，赴苏联或东欧、蒙古和朝鲜等国家旅游。1984 年，上海中国旅行社成为获准开办上海市民赴香港探亲旅游的首家旅行社，拉开出境旅游的序幕。此后，国家旅游局陆续开放泰国、新加坡和马来西亚三国为中国公民出境探亲旅游的目的地。1992 年初，上海国旅、上海中旅、上海青旅、华亭海外和中国金桥旅游上海公司 5 家旅行社经批准，特许经营以香港地区、澳门地区和泰国、新加坡、马来西亚“两地三国”为目的地的出境旅游产品。自此，上海市民出境旅游开始快速发展起来，并形成一定规模。至 1996 年底，全市由 5 家旅行社组织的出境旅游人数共 27 批 27 452 人次。1997 年 7 月 1 日，中国公民出境旅游市场正式开放后，从 1998 年起，国家陆续对北京、上海、广州等有关省市开放韩国、澳大利亚、新西兰、日本、越南、柬埔寨、缅甸、文莱、尼泊尔等 85 个国家为中国公民出境旅游目的地国家。2008 年 6 月，又对北京、天津、上海、江苏、浙江、湖南、湖北、河北、广东九省市开放美国为中国公民出境旅

图 4-1-15 2009 年上海旅游节,来自巴西的歌舞团在淮海路大巡游中表演

游目的地国家。同年 7 月,对北京、天津、河北、山西、辽宁、吉林、黑龙江、上海、江苏、浙江、安徽、福建、江西、山东、河南、广东、广西、海南、重庆、四川、贵州、云南、陕西等 25 个省区市开放中国台湾地区为大陆公民出境旅游目的地,至 2010 年底,共有 110 个国家和地区正式成为中国公民出境旅游目的地,经营出境旅游业务的旅行社由原来的 10 余家增加到 42 家。上海出境游人数历来位居全国前列。最初,上海市民出境游首选地是香港地区、澳门地区,主要为购物旅游。香港迪士尼乐园开放后,香港地区成为上海市民的休闲度假地,游客人数倍增。随着国家对外旅游政策的开放,新加坡、马来西亚、泰国等东南亚国家和日本、韩国、澳大利亚等国也逐渐成为上海市民出境游的热门国家,尤以赴日本、韩国的游客人数增长为快。进入 21 世纪后,随着人民生活水平的不断提高和眼界的开阔,上海市民选择去欧洲、大洋洲和非洲旅游也快速升温,人数呈两位数的增长。出境游也由单纯的观光游到休闲游、深度游、自助游、蜜月游、摄影游、购物游等,内容越来越丰富。国际上对中国,尤其是上海的游客资源十分看重。上海举办 6 届“上海世界旅游资源博览会”,吸引 50 多个国家和地区的 450 多个参展商与会,以各种民俗表演、主题展馆、现场咨询和预定的方式推销各自旅游产品,使上海市民对出境游有了更多的了解和选择,这已成为上海市民出境游的风向标。出境游逐渐成为许多上海家庭节假日休闲的重要方式,从 1996 年上海出境游 2.75 万人次,到 2010 年 116.86 万人次,上海的出境游增长 43 倍。

图 4-1-16 上海旅游节各国彩车巡游

图 4-1-17 2009 年上海旅游节,美国加州大学洛杉矶分校啦啦队在淮海路大巡游中表演

为适应发展国际旅游业的需要,上海不断推进旅游基础设施、旅游环境和旅游景点开发等各方面的建设。除城市建设和国际国内交通大发展已缓解困扰外,改革开放初期宾馆不足的面貌已极

大改变。1993年,上海有星级宾馆103家,客房近3万间,比1979年增加10倍以上。1994年,上海的涉外宾馆111家,其中星级宾馆102家,5星级7家、4星级11家。2010年,星级宾馆298家,其中5星级44家、4星级64家。同时,上海创设多样化旅游项目和品牌,如被誉为"万国建筑博览会"的外滩观光区;体现上海新发展、以金融贸易为中心的浦东陆家嘴休闲观光区;以人民广场周围老建筑为中心的历史文化风貌区;以豫园、城隍庙、上海老街和文庙等古迹名园、名人住宅、会馆公所等为主体的老城厢游览区;由"中华商业第一街"南京路步行街,多功能国际性现代商业街淮海路以及现代商业中心之一徐家汇商圈等组合构成的历史文化商业购物观光区;以上海老式民居石库门建筑群为特色的新天地、田子坊以及有老洋楼建筑特色的外滩中山东一路、多伦路、衡山路、雁荡路等特色休闲街等,体现东西方文化的融合、古老传统与现代风格的交汇、自然风光与人造景观的互动,吸引海内外大批观光游客。每年9月中旬至10月上旬举行的上海旅游节,始于1990年,以"人民大众的节日"为定位,通过观光、休闲、娱乐、文体、会展、美食、购物等多姿多彩的特色旅游产品和近百项活动,集中展示上海都市风光、都市文化和都市商业,至2010年连续举办21届。精彩纷呈和富有民族特色的"中外文艺团队行进表演和花车巡游"是每届旅游节开幕式上的传统项目,已经有来自美国、德国、法国、瑞士、英国、哥伦比亚、俄罗斯、意大利、荷兰、芬兰、巴西、新西兰、奥地利、希腊、墨西哥、日本、韩国、泰国、马来西亚、菲律宾、柬埔寨等国以及中国香港、澳门和台湾地区派出的团队,在上海旅游节的开幕式上作行进表演。创始于2000年的上海国际音乐烟花节,是上海旅游节的压轴大戏。每年"十一"黄金周期间在浦东世纪公园举行,至2010年已举办11届。参加历届上海国际音乐烟花节,进行专场烟花施放表演的国家有:2000年,日本、法国、葡萄牙;2001年,澳大利亚、意大利、日本;2002年,西班牙、荷兰、加拿大;2003年,意大利、瑞典、德国;2004年,阿根廷、瑞士、英国;2005年,希腊、澳大利亚、芬兰;2006年,意大利、新西兰、法国;2007年,美国、斯洛文尼亚、葡萄牙;2008年;德国、日本、俄罗斯;2009年,意大利、瑞士、英国;2010年,日本、加拿大、美国、法国。1998年由卢湾区组织开创的"玫瑰婚典",先后在加拿大、韩国、新加坡、马来西亚、新西兰、法国、德国、瑞士、奥地利、爱尔兰、泰国、意大利等国家和中国香港地区举办。同样创办于1998年的上海德国啤酒节,作为节庆习俗引发各国钟爱啤酒者的兴趣和传承,也融入海派文化的特色,于每年9月中下旬上海旅游节开幕期间举办,不仅为宾客带来巴伐利亚世界古老而知名的维森啤酒和享有盛誉的德国风味自助餐,还有来自慕尼黑的德国乐队现场演奏巴伐利亚传统曲目。国际旅游业的发展也带动上海的旅游会展。1998年,由国家旅游局、上海市人民政府、中国民航总局共同主办的第一届中国国际旅游交易会在上海举行,除国内30个省市和部分省辖市参加,设展台800个以外,还有26个国家和地区的参展商参加,设展台145个。自2001年后,中国国际旅游交易会分别在上海和云南每年举办一次,至2010年已举办12届,参展国家和参展商也越来越多,呈逐年递增趋势。2008年举办的第十届交易会,为历届交易会参展国家、地区和单位数量之最,有106个国家和地区的参展商参加,其中海外参展商1 692家,设展台1 216个,并有27个国家、地区和国际组织的30余名副部级以上贵宾出席交易会。美国旅游机构对此届交易会特别重视,不但申请交易会主宾国地位,租赁113个展位,组建250余人参加的展团,还组织国内26个州的旅游局局长与会,与中国国家旅游局在上海举办第二届"中美省州旅游局长合作发展对话会议"。中国国际旅游交易会是亚洲地区规模最大的专业旅游展,是中国发展入境旅游、增加旅游外汇收入、提升中国旅游业国际地位的重要举措,它已成为推广中国旅游资源和产品,促进中国旅游业与各国旅游业深入交流和友好合作的重要平台。

图 4-1-18 第十届中国国际旅游交易会一角

图 4-1-19 2009 年上海国际音乐烟花节

表 4-1-5 1994—2010 年上海市国际旅游人数情况表

年 份	到沪境外游客人数(万人次)				平均每天境外游客(人次)	到沪境外游客平均逗留天数
	共 计	外国人	港澳同胞	台湾同胞		
1994	132.18	103.64	15.55	12.99	3 621	3.70
1995	136.79	110.09	15.51	11.19	3 748	3.81
1996	143.19	119.42	12.89	10.88	3 923	4.20
1997	165.35	135.23	16.34	13.78	4 530	3.88
1998	152.71	122.62	16.76	13.33	4 184	3.80
1999	165.68	133.37	17.21	15.10	4 539	3.77
2000	181.40	142.90	17.62	19.88	4 970	3.92
2001	204.26	156.65	20.62	31.99	5 596	3.87
2002	272.53	215.84	23.03	33.56	7 466	3.61
2003	319.87	232.56	35.03	52.28	8 764	3.61
2004	491.92	371.22	48.95	71.75	13 477	3.50
2005	571.35	452.27	48.59	70.49	15 654	3.50
2006	605.67	485.40	47.74	72.53	16 594	3.60
2007	665.59	536.76	51.25	77.58	18 235	3.69
2008	640.37	507.40	52.38	80.59	17 544	3.72
2009	628.92	489.74	54.05	85.13	17 231	3.58
2010	851.12	665.63	77.47	108.02	23 382	3.51

说明：1994—2002 年到沪入境旅游者仅指入境过夜旅游者。

表 4-1-6 1994—2010 年上海市国际旅游外汇收入情况表

年 份	外汇收入(亿美元)	比上年增长(%)	人均花费(美元)
1994	8.53	8.2	646
1995	9.44	10.6	690

（续表）

年　份	外汇收入（亿美元）	比上年增长（%）	人均花费（美元）
1996	11.70	24.0	817
1997	13.17	12.5	796
1998	12.18	−7.52	798
1999	13.64	12	823
2000	16.13	18.26	890
2001	18.08	12.1	882
2002	22.75	25.8	835
2003	20.53	−9.76	835
2004	30.89	48.3	789
2005	36.08	16.8	800
2006	39.61	9.8	840.24
2007	47.37	19.6	898.48
2008	50.27	6.1	944.35
2009	47.96	−4.6	889.40
2010	64.05	33.5	864.21

表 4－1－7　1996—2010 年上海公民出境旅游主要目的地人数情况表

年份	目的地（万人次）								全年出境游人次（万人次）
	中国香港地区	日本	泰国	新加坡	马来西亚	中国澳门地区	韩国	澳大利亚	
1996	1.68		1.51	0.40		0.98			2.75
1997	2.36		2.57	0.56	0.62	1.54			4.38
1998	2.81		4.08	0.90	0.78	2.08			6.32
1999	4.38		5.93	1.23	1.14	3.48			10.65
2000	4.68		5.79	1.78	1.68	3.70	1.38		14.02
2001	4.40		4.71	2.10	1.93	3.29	1.47		14.82
2002	7.10		7.26	3.22	3.24	5.29	1.32		18.91
2003	9.90		10.20	3.78	3.81	6.49	1.71	1.40	28.77
2004	24.61		12.34	7.14	7.41	13.98	2.57	2.70	49.88
2005	19.42		8.86	5.63	5.96	12.22	3.22	3.52	57.71
2006	19.75	4.41	12.18	6.62	6.72	7.69	3.41	2.81	58.54
2007	17.57	7.86	11.39	5.92	5.76	5.38	3.94	3.99	68.91
2008	16.93	10.54	10.00	6.96	5.56	5.45	3.54	4.76	73.83
2009	15.92	12.57	8.09	5.99	6.15	6.52	5.80	4.92	86.04
2010	14.20	20.90	11.29	5.21	4.09	4.12	7.22	3.75	116.86

第四节 科技与信息产业

上海在新中国成立后的经济建设中，历来重视科学技术的发展，通过加强与世界的科技交流与合作，不断推动经济和社会发展迈上新台阶。20世纪五六十年代，上海较多的是开展科技人员的交往和国外经济技术专家的引进。1979年以后，随着中国改革开放形势的发展，上海科技界的对外往来与交流不断扩大和发展，上海主办和在沪举办的双边多边国际科技会议和科技展览不断增多，吸收国际先进技术和引进跨国集团先进企业，进行上海老工业产业结构调整，改造步伐不断加快。进入20世纪90年代，上海科技发展更加融入世界，对外科技合作项目、国际科技交流活动、国际合作科研机构和科研活动等开始显山露水，上海制定科技一体化战略、技术创新战略、赶超战略、协同推进战略，发布《关于加速上海科技进步的若干意见》。进入21世纪后，上海又制定科教兴市战略行动纲领，着力于增强企业核心竞争力、国家经济主导竞争力、区域整体竞争力。2006年，中央在全国科技大会上部署实施《国家中长期科学和技术发展规划纲要》，上海围绕国家科技创新部署和建设创新型国家的总体战略布局，大力倡导和推动科技的国际交流，进一步拓宽渠道，深化内容，丰富形式，提高层次，加强与世界各国和地区，特别是与发达国家和地区政府部门、科研机构、跨国公司和大型企业集团等方面的科技合作与交流，在丰富对外科技合作项目、开展科技交流活动、创建科研合作机构及参与重大国际科研活动等方面都取得新突破。上海的科技领域出现前所未有的欣欣向荣局面。截至2010年，上海共有国家实验室1个、国家重点实验室40个、国家工程技术研究中心15个、市级重点实验室81个、市级工程技术研究中心95个；319家跨国公司在沪设立研发机构；累计认定高新技术企业3 129家、技术先进型服务企业220家；在沪两院院士共161人(双院士1人)。2010年全年高新技术产业完成工业总产值6 958.01亿元，其中高新技术产品出口841.11亿美元，占全市外贸出口总额的46.5%；共有35篇科学家论文发表在各类国际学术期刊上。《2010全国科技进步监测报告》显示，上海科技进步综合实力再次排名全国各省、自治区、直辖市之首。《2010亚太知识竞争力指数》显示，上海知识竞争力位居亚太地区第19位、中国大陆地区第1位。在科技对外合作交流大发展的同时，上海城市信息化建设也大踏步前进。20世纪80年代初，上海响应邓小平“开发信息资源，服务四化建设”的号召，开始进行以组织推广计算机应用为主要内容的信息化建设。进入20世纪90年代，上海以建设国际信息港为目标，加快信息化进程，在经济和社会发展各个领域采用现代信息技术，深入开发、广泛利用信息资源，加强信息基础设施建设，大力发展信息产业，建立完善信息化环境。随着2000年上海信息化建设由着重提升基础设施能力转向信息化基础设施、产业发展、应用和环境并重，上海城市信息化的国际交流合作得到广泛拓展，城市信息化建设能力迅速提高。2010年，上海全年信息产业总收入9 691.5亿元，居六大支柱产业首位，实现增加值1 646.49亿元。信息化整体水平继续走在全国前列，主要指标基本达到发达国家中心城市先进水平，在上海世博会上充分展示以信息化为重要特征的现代化国际大都市形象。

一、对外科技交流与合作

改革开放前，上海科技界的对外交流主要集中在科技人员往来和对口学术交流上，20世纪50年代，苏联和一些东欧国家陆续有多种学科的学者、科技人员来访，相互间开展对口学术交流；20世纪60年代，与苏联和东欧国家的科技交往中断；20世纪70年代，欧美国家学者、科技工作者到访和相互交流逐渐增多。据统计，1972—1978 年，上海市技术座谈办公室按上海工农业生产和科技发展的需要，积极组织与到访的外国科技人员交流累计 636 次，其中有 70%以上项目内容应用于工农业生产和科技研究中。1978 年，中国科学院上海分院接待来自美国、联邦德国、日本、法国、英国等 30 个国家的 45 批科技界人士 124 人，共组织各种学术报告、科技座谈 210 次，中方参加人次逾万。1979 年，通过各种渠道来访的外国专家、学者、科技人员在上海共计进行 2 065 次交流，采用技术座谈会、学术报告、讲学、现场指导、示范表演等多种形式，内容涉及高能物理、空间技术、计算机、电子、纺织、轻工、机械、造船、地质、邮电通信、生物、环境保护、企业管理，以及教育、卫生和社会科学等广泛领域。

20 世纪 80 年代，结合上海经济发展和科学发展需要，上海对外科技交往由邀请外国学者、专家来沪访问，进行技术座谈，发展到参与研讨科研开发、科技设计指导、企业技术诊断，举行双边或多边技术讨论会和专业学术会议；由派遣科技团组、人员出国考察，参加国际学术会议等，发展到出国短期工作、进行科技合作研究等多种形式。比如，通过对先进制造技术以及模具技术、热处理、机械基础技术、共性技术的国际合作研究，建立热处理技术、水产品加工技术、现代模具培训技术、能源技术等几十个培训中心。与日本国际协力事业团、美国国际开发合作署贸易和发展规划办公室等外国机构就上海建造地铁、黄浦江大桥、浦东国际机场、城市垃圾处理以及交通规划等项目，进行可行性合作研究；与法国研究技术部进行工业固体废弃物处置、城市污水处理的合作研究；与澳大利亚进行上海市合流污水外排工程规划的合作研究；与瑞典进行南市水厂改造和合作研究；与法国进行南北有轨快速交通系统的可行性研究；按加强台风季节防汛抗洪要求与欧共体合作建立防汛自动测报与决策指挥系统；此外，与法国合作的钱家塘街坊改造项目，与荷兰鹿特丹市合作的静安张家宅旧房改造项目，与英国泰晤士河管理委员会合作进行的水源质量控制和自来水净化研究项目，同法国建设工程实验中心的建筑楼板技术合作项目等，都有良好成效。上海已有三分之一的科研机构与国外科研机构建立合作关系。

20 世纪 90 年代后，上海对外科技合作项目和国际科技交流活动更加广泛，涉及领域更加前沿深入，并且中外共建研究机构、孵化基地和研发中心越来越多，几乎上海每年都要举办各类层次高、规模大、影响广的国际科技交流活动，既促成上海与国际间许多科技和经贸项目的合作，又极大地开阔上海对外科技交流的视野，为上海提高科学技术水平、赶超国际先进科技搭建了很好的平台。1994 年，上海与德国巴登—符腾堡州科技合作协议在沪签署，市长黄菊和巴登—符腾堡州州长托费尔分别代表各自政府签字。协议包括建立为上海科学家设立的 CIM 培训中心以及"在表面处理方面有关环保质量保证等的方法咨询""利用声学测试方法发展上海自来水管网的检测技术"等 3 个合作项目。这 3 个项目于 1995 年基本完成，并取得良好成果。同年，在德国汉堡还举行"上海技术展示交流会"，这是上海首次冲出亚洲，在工业发达地区举行的规模最大的一次科技交流活动。交流会展示上海取得的科研新成果、新技术、新产品等近 400 项，内容涉及航天、机电、轻工、化工、建材、纺织、电子等 10 多个领域。来自德国、法国、英国、埃及、美国、加拿大、哥伦比亚、印度、印尼以及中国香港地区等 43 个国家和地区的 3 100 多人与会参观、交流和洽谈业务，先后达成技术合作、共同开发、合资（合作）办企业、技术（产品）出口等各类协议、意向等共 82 项。其中，短期内履行合同或正式签约的 18 项，总金额达 2 320 多万美元。1995 年，中美合作高科技项目签字仪式在沪举行，中美双方就 CLIN 系统通信技术、脱氧核糖酸（DNA）生物工程技术、语言教学交流合作三方面签订谅解备忘录，内容包括：在上海等地建立有线电视网络，通过地球卫星与纽约、华盛顿接口；合作提高上海生物技术的整体水平和人类健康水平；合资建立教育集团等项目。同年，"地方政府在中美能源合作中的作用”研讨会及总投资为20亿美元的中美能源合作项目签约仪式在沪举行，副市长华建敏、美国能源部部长黑兹尔·奥利里出席签约仪式。这些合作项目中包括：投资7 000万美元的上海焦化厂与美国煤气技术研究所的合作项目；投资2 500万美元的上海建材总公司与美国欧文斯、沪宁公司合作生产有机玻璃保温材料项目；投资2 200万美元的浦东金桥热力公司与美亚能源公司能源合作项目；等等。其他举行的有：“迈向21世纪浦东发展——高新技术产业发展国际会议”和“上海国际计算机与网络展览会”，来自欧美和亚洲10多个国家和地区的专家、学者等共80余人重点研讨上海浦东经济的崛起与中国和世界经济发展的关系等；而该年开始举办的“上海国际计算机与网络展览会”则每年突出一个主题，以吸引国外最具实力的厂家来沪展示最新技术与产品，引导上海计算机、软件、网络、多媒体与网站技术的发展，由此促进国际商用机器公司(IBM)、英特尔、菲利浦、惠普等跨国公司到沪投资和设立研发机构。同年，上海市科委与日本日中科技协力会议在沪签署科技合作协议，协议宣告上海与大阪关西地区正式建立长期科技合作关系。根据协议，上海与大阪开展多项科技交流项目，如交流科技成果与信息、联合举办双边与多边的科技研讨会和展览、两地科学家与企业家组团互访、在科技产业化方面开展合作等。此外，与德国合作的“计算机集成制造系统(CIMS)车间层控制”项目，在计算机群控系统的应用达到国内领先水平；与以色列合作并获以色列政府贷款的闵行马桥乡农业工厂化种植项目，发挥很好的示范作用。1996年，上海市计算机应用与产业发展领导小组与美国微软公司签订合作意向书，由微软公司对上海技术人员进行培训，为上海计算机开发商的成长提供帮助。一个由微软公司直辖，在中国独立运营的机构——微软(中国)有限公司宣告成立。同年，上海汽车有限公司与瑞典沃尔沃客车有限公司签署《合资经营基础协议》及备忘录；上海与欧盟组织的合作研究项目“上海防汛自动测报与决策指挥系统”付诸实施。1997年，上海与日本国际协力事业团共同完成浦东机场可行性研究和部分设施、跑道设计合作项目；与欧盟信息总司合作的防汛自动测报系统项目通过鉴定，该系统在当年夏天台风、暴雨和潮汐同时袭击上海时发挥重要作用；与美国合作攻关的差分全球定位系统(DGPS)技术已成功用于上海差分GPS发射台；与德国合作的污泥处理二期工程等也进展顺利。同时，上海与挪威签署苏州河整治合作项目实施协议；与韩国、巴基斯坦、南斯拉夫、匈牙利、乌克兰、芬兰等商定涉及材料、农业、食品、新药等方面10多个合作项目；与欧盟进一步商定上海医疗信息网和医疗卡的合作项目；与英国联合利华公司建立上海—联合利华科研基金等。上海华虹微电子有限公司与日本电器公司(NEC)在沪成立合资公司，共同建设集成电路生产线。合资公司设在浦东金桥出口加工区，注册资本7亿美元，投资总额约10亿美元。此为中日两国在当时最大的高科技合资项目。1998年，由上海与德国共同主持召开的第二届科技合作混合委员会会议在沪举行，双方一致同意各自出资支持网络技术和基因技术两大领域的合作项目，上海交通大学的“开放式数控应用软件的开发”项目和“上海—巴符州多媒体在线服务系统”项目已列入合作计划。随后，上海科技代表团访问德国，双方一致同意把信息技术和生物医药技术作为下轮合作重点，双方每年出资5万马克支持重点合作项目和人员交流。1996—1998年，上海举行不少国家间双边和某一领域的高规格研讨会和展览会，加强与各国的科技交流。如：瑞典—上海经济技术合作论坛，上海市政府领导、科研人员、企业界人士和瑞典商业随访团成员共60余人参加。双方就汽车工业、移动通信、钢铁工业等领域的合作情况，以及如何拓展新的合作领域和建立新的合资项目进行充分探讨，双方市长在论坛讲话中一致同意推进双方在新技术领域的合作开发。同时举行的“中瑞保健暨制药研讨会”，共有400余名中外医药专家出席。法国高科技展览会在沪举行，有330余家法国厂商参加，展出内容涉及能源、航空、交通、化工、电信、医药、环保等领域。中法同行在展览期间还举行系列研讨会，深入探讨双方开展合作、谋求共同发展的途径。上海技术展示交流会先后在马来西亚吉隆坡和澳大利亚悉尼举行，此为上海历年来赴海外举办的规模最大、先后在两国举行的科技交流活动，共有4 000余名专家和有关人士参加。上海科技论坛——网络技术与信息港建设研讨会吸引来自美国、日本、奥地利和中国的有关专家、学者共80余人参会，会议同时在东京、香港、北京通过网络开设分会场，围绕信息经济和网络技术的今天与明天、国内外以及上海的信息与网络应用技术、上海信息产业与信息港建设3个主题展开讨论。亚洲可持续发展研讨会有国家有关部委领导、上海市领导、联合国副秘书长和来自10个国家与地区的300多名政府官员、学者、工商界人士出席，就如何保持亚洲可持续发展献计献策。此外，上海还组织一批有实力的科技企业和有自主知识产权、技术含量和附加值高、市场竞争力强的国家级重点新产品参加国家科技交流中心与联合国亚太技术中心联合在印度新德里举办的"中国实用技术与产品贸易洽谈展示会"，在10天展示和3次大型洽谈活动中，受到3 000多名印度各界人士的热烈欢迎和好评，达成一批高新技术产品贸易和技术转让的意向，价值1 280万美元。其间，上海在韩国大田建立韩中生命生物研究中心；上海应用物理研究中心—美国国际理论与应用物理研究所联合办公室和"中韩生物科学和生物技术合作中心"在沪成立。1999年，上海杏灵科技药业有限公司与美国昆泰有限公司就具有中国自主知识产权的心脑血管新药银杏灵的二、三期国际临床研究合作项目正式签约，沪产的治疗药物进入国际医药主流市场实现零的突破，开创中国在美国推行属中国知识产权国际医药项目的先河。由欧盟信息总司积极推动的"数据卡和网络在医疗保健中的应用"合作项目确定在上海启动。同年，还举行"第十届国际海事会议"和"古陶瓷科学技术国际讨论会"，自1981年起每逢单年在上海举办的海事会议已成功举办10届，该届共吸引28个国家和地区的1 400多名专家、学者和商业界人士出席，与会者围绕会议主题"面向21世纪的世界和国际合作"，着重就宏观方面的战略性软科学展开探讨。古陶瓷讨论会则有日本、美国、俄罗斯、中国等10多个国家和地区的120名代表出席。会议弘扬华夏文明，促进中国古陶瓷和世界古陶瓷科学技术研究工作的进一步发展。美国科学家蒲慕明出任中国科学院上海生命科学院神经研究所所长，此为上海第一次聘请外籍教授出任研究所所长职务。

进入21世纪，随着中国加入世界贸易组织，上海与发达国家的科技合作日益频繁，涉及的领域更加前沿高端，上海以提升科技创新能力为战略目标，有计划、有选择地推进与国际间的科技交流与合作。2000年，在政府合作框架下中外地区间的合作项目共立项32个，合作国家和地区达19个，合作领域包括生物医药、新材料、计算机软件、通信、能源、环保、智能交通、现代农业、机电一体化等。其中，上海市科委与荷兰交通部签署协议，确定合作开展有关"改善上海市高架道路交通堵塞症结的分析和解决方案"的可行性研究。上海与芬兰拉赫地市合作尝试对外科技交流新方式，首次开通远程可视电话高技术研讨会。上海与欧洲智能交通协会签署智能交通系统(ITS)技术合作备忘录和实施原则，内容有同荷兰交通部达成在专家互访、人员培训、共同举办ITS技术研讨会和展览会以及开展ITS技术示范性项目等方面的合作意向。同年6月举办的"亚太地区城市信息化高级论坛"(CIAPR)，是上海市政府首次与联合国合作实施的地区性科技交流项目。从此，上海每年推出一个主题，邀请亚太地区各国大城市相聚探讨，共同推进城市信息化建设，至2010年该论坛已举办10届。其他还有"2000上海国际智能交通(ITS)及管理技术研讨会"，有荷兰、法国、意大利、德国和中国的150余名专家、学者和有关人士就覆盖智能交通领域的各个方面进行研讨，宣读交流论文26篇。同年建立的上海国际企业孵化器被认定为"亚洲企业孵化器"。2001—2005年，上海与英国联合利华公司、美国应用材料公司、法国罗-阿大区政府及韩国SK公司达成协议，中外方合作分别设立4个研发基金。与荷兰交通部签署在智能交通领域开展合作研究、人员交流和人员

图 4－1－20　临港核电设备

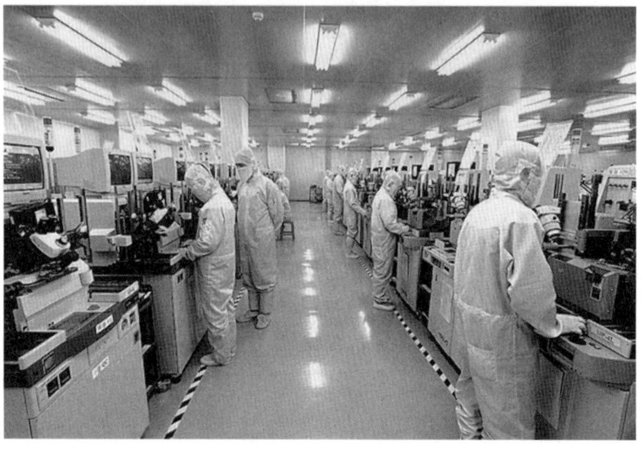

图 4－1－21　张江高科技产业

培训的合作备忘录。在此期间,上海举办主题为开发与推广清洁能源、减少温室气体排放的中欧(上海)能源管理培训班;上海—荷兰智能交通高级研修班;中科院上海有机化学研究所与美国哈佛大学医学院、约翰·霍普金斯大学、爱因斯坦医学院等国际知名院校的学者一起对细胞凋亡课题进行合作研究;上海科学院与德国弗朗霍夫应用研究促进协会签署知识产权合作协议;上海和意大利环境与领土部研究发展司签署《清洁能源合作谅解备忘录》,共建"中意合作上海氢能研究中心"。上海相继举办"第七届亚太科技管理会议""上海国际纳米技术合作研讨会""国际人类基因组大会""上海国际生物技术和医药研讨会""上海国际科普论坛""世界工程师大会""东方科技中介论坛""架起科学家和科学教育者桥梁亚太区域研讨会""首届世界医学高峰会议"等国际会议,还在意大利米兰举行"今日中国科技展"活动,中英在上海联合主办"精英科技年"一系列有关活动。在此期间,上海与国外共建的科技合作机构有:中国科学院上海交叉学科研究中心,由德国专家担任首任主任;上海中医药大学穆拉德中药现代化研究中心,这是国内中医药院校首次与诺贝尔奖得主牵手;美国罗斯福中国投资基金设立的罗斯福科技城发展总公司与上海佘山科技开发有限公司签约,兴建罗斯福(上海)科技城;上海与中国科学院、法国巴斯德研究所共建中国科学院上海巴斯德研究所,这是上海第一个中外共建的研究所;中科院上海生命科学研究院—美国加州大学(伯克利)分子生命科学研究中心;德国著名化学及制药公司默克集团在浦东张江高科技园区成立电子化学品实验室;成功引入欧洲技术转移中心等 10 余家科技服务机构和企业入驻的浦东国际科技合作孵化基地;以及上海和意大利环境与领土部研究发展司共建的"中意合作上海氢能研究中心";中科院—马普学会计算生物学伙伴研究所;等等。2006 年,中科院上海应用物理研究所和英国有关机构在沪签署合作研究谅解备忘录,中英两国建造第三代同步辐射装置——钻石光源和上海光源合作项目正式启动。上海市科委与飞利浦公司签署合作协议,建立"上海—飞利浦研究与发展基金"。上海交通大学与德国的合作项目,研发用于造船工业大功率激光制造技术的上海交通大学激光制造实验室落成;与美国高校的合作项目,成功克隆抗生素农药——井冈霉素的生物合成基因族,提出井冈霉素生物合成机理的新模型。上海科技投资公司与以色列 CIFF 公司在沪组建全国首家中外合资风险投资公司——巨龙创业投资有限公司。同年,在沪举办的科技交流活动有:上海市科委与荷兰经济部、荷兰皇家飞利浦电子公司共同举办"分子医药学的突破创新及机遇——上海—荷兰生命科学研讨会";上海与法国罗-阿大区联合举办"科技创新与发展论坛",以及"第六次中欧能源合作大会"。2007 年,中科院上海应用物理研究所与世界首个核反应堆诞生地美国阿贡国家实验室在沪签署合作备忘录,确定在同步辐射光源研制及应用、能源技术及相关领域开展合作。中国科学院还与英国石油公司在沪签署合作备忘录，在上海建立清洁能源商业化中心。上海交通大学与美国麻省理工学院合作，发现细菌脱氧核糖核酸(DNA)大分子上的磷硫酰化现象，成果发表在《自然化学生物学》杂志上。上海科技创业中心和法国朗格多克—鲁西荣大区合作建立的中法崇明生态岛合作实验室揭牌。第四届中欧生物与医药技术对接会 4 月在沪举行。上海还组团参加罗马尼亚布加勒斯特科技博览会。2008 年和 2009 年，第二届非洲发展中国家科技园区及孵化器规划建设与管理国际培训班在上海开班。同济大学与西门子(中国)有限公司签署合作框架和共建科研交流中心两项协议。上海市科委与美国通用电气中国研发中心签订合作备忘录，确认双方将在能源、水处理等领域内的"绿色"应用技术，医疗卫生、生物医药等领域内的新产品开发，以及提高全民科技环保意识和科技人才培养等方面加强合作，共同推动上海市科技产业发展和科技成果的产业化，实现互利双赢。上海无线通信研究中心与加拿大魁北克 PROMPT 联盟、ETS 学院合作成立的"远程联合实验室"正式揭牌。在沪还举行"首届浦东创新论坛""亚太科技 2008 峰会""第二届中国国际太阳能及光伏大会""中美新能源论坛"、首届"中澳信息通信技术峰会"等。2010 年，由中科院上海应用物理研究所核物能研究人员和美国布鲁克海文研究室合作发现第一个反物质超核，成果在国际学术期刊《科学》发表。中科院上海硅酸盐研究所与法国微电子纳米技术研究合作，在 BST60/40 薄膜的高频微波性能研究中取得新进展，研究成果发表于国际学术期刊《应用物理学快报》。中科院上海生命科学研究院计算生物学研究所与美国阿拉斯加大学等合作，运用动物冬眠中的新发现来开发新一类药物治疗人类相关疾病，研究成果发表于国际学术期刊《分子与细胞蛋白质组学》。上海还主办"相约名人——与院士一起看世博"系列活动，在 53 场活动、近 600 万人次参与的活动中，中国科学院、中国工程院、美国国家工程院、法国科学院、英国皇家工程院、俄罗斯国家科学院院士 54 人及其他专家和学者数十人，与公众互动对话，对"城市，让生活更美好"的世博会主题充分进行科技交流。这一时期，上海还参与一些国际大科学计划，如成立伽利略导航有限公司，全面参与伽利略国际合作计划项目；与美、日、德、法、英等国合作开展人类历史上重要的科研工程——人体遗传密码草图研究；中国作为国际空间站项目的重要成员之一，与国外科学家共同深入探索宇宙奥秘；等等。

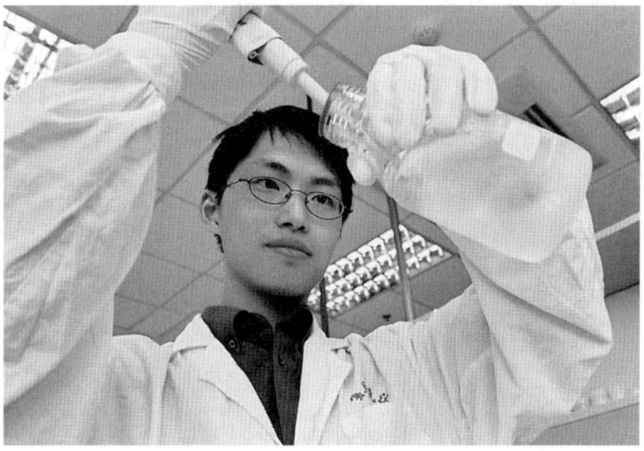

图 4-1-22　上海生物科技产业

二、引进资金和技术加快工业结构调整与改造

上海是中国最大的工业城市，也是国有企业大本营。随着改革开放力度的加大，对外合作、合资步伐的加快，上海工业抓住机遇，大胆吸收、引进国际先进企业和技术，从注重传统产业改造与发展支柱产业、高新技术产业相结合，不断推进、加速产业机构调整，提高工业技术水平，缩短与国外先进技术差距，推动上海的工业经济不断跃上新的台阶。1980 年，经国务院城乡建设部批准，上海电梯厂与瑞士迅达电梯有限公司共同投资 1 200 万美元，合资建立上海第一家工业性合资企业——中国迅达电梯有限公司上海电梯厂。1981 年 8 月，上海自行审批第一个工业性沪港合资企业——

上海联合毛纺织有限公司,由上海纺织工业局所属毛麻工业公司上海麻袋厂与香港联沪纺织公司合资创办。1982年,上海仪表工业局所属上海仪器仪表公司与美国福克斯波罗公司共同投资成立上海福克斯波罗有限公司,引进以计算机为中心的集散式工业自动化仪表生产线系统;同年,上海医药外经公司与美国施贵宝制药公司合资成立上海施贵宝制药公司。1983年,上海耀华玻璃厂等单位与英国皮尔金顿玻璃有限公司合资成立上海皮尔金顿玻璃有限公司,生产先进的浮法玻璃。1988年,落地建立的有上海汽车集团与联邦德国合资建立生产"桑塔纳"轿车的上海大众汽车有限公司、与英国和奥地利合资建立生产浮法平板玻璃的上海皮尔金顿玻璃有限公司、与比利时合资建立生产数字程控交换设备的上海贝尔电话设备制造有限公司、与美国合资建立生产微机的上海王安电脑发展公司、与香港合资生产玩具的上海环球玩具有限公司等一批大工业项目。截至1989年,引进外资和技术投资工业性项目领域包含机电、仪表电子、纺织、轻工业、化工、冶金(有色金属)、医药、建材、计算机等众多行业,几乎涉及所有工业部门。进入20世纪90年代,上海通过与国际著名跨国公司合资合作等形式,推动汽车、通信设备、电站设备、石油化工、钢铁、家用电器六大支柱产业的发展。1992年,中德合资成立上海西门子医疗器械公司,生产先进的全身计算机断层扫描(CT)机。1993年,中日合资成立上海日立冰箱压缩机电器有限公司,年产140万台高性能压缩机;同年,中日合资成立上海松下电池有限公司,主要生产锰电池。1994年,中日合资成立上海理光传真机公司,中美合资建立生产轿车电子仪表的上海福特汽车电子有限公司。1995年,上海广电股份公司与日本合资成立上海索广影像有限公司,生产彩电和高分辨显示器;上海海鸥照相机与日本合资建厂生产美能达照相机;上海申贝公司与美国合资成立上海施乐复印机有限公司;上海电力与美国通用电子公司合资建立上海闸北电燃气发电有限公司,合资建电厂。1996年,上海化工与德国合资建立上海巴斯夫颜料公司、与美国合资建立上海市杜邦农化公司;上海医药与瑞士制药企业合资建立罗氏制药公司。1997年,上海汽车集团与美国通用汽车合资建立上海通用汽车有限公司,总投资15.21亿美元;上海华虹微电子公司与日本电气(NEC)公司合资成立上海华虹电子有限公司,总投资12亿美元;上海中联汽车电子公司与德国罗博特博世公司合资成立上海联合汽车电子有限公司;上海汽轮机与美国西屋电气公司合资成立上海汽轮发电机有限公司。1998年,中美合资成立柯达中国股份有限公司,总投资11.38亿美元;中德合资成立上海克虏伯不锈钢有限公司,总投资14.30亿美元。1999年,上海对外环境的不断优化,使外商投资企业纷纷增资,中德合资上海大众汽车有限公司增资近3亿美元。进入21世纪后,上海工业利用外资项目中高新技术项目明显提高。2000年,引进台资建立中芯国际集成电路制造(上海)有限公司和上海市宏力半导体制造有限公司两个特大项目。2001年,上海国际商业机器微电子产品有限公司、泰隆半导体(上海)有限公司、奥特斯(中国)有限公司、英特尔产品(上海)有限公司、上海赛科石油化工有限公司、上海美蓓亚精密电子有限公司、上海美蓓亚机械有限公司7家合资合作企业投资都有1亿美元以上。2006年,上海广电(集团)公司与日本电气硝子、住友商事合资成立企业,生产当时国内处于空白的薄膜晶体管(TFT)液晶显示基板;上海船舶工业与日本合资成立上海中船三井造船柴油机有限公司,主要生产船用低速柴油机等设备;中国上海石化与日本三井合资成立上海市石化三井化工有限公司;上海航空工业公司与美国波音公司合资建立上海波音航空改装维修工程公司。2008年,上海节能环保领域对外合资、合作也有新突破,并延伸到新能源、新材料领域。中外合资建立上海环保再生能源有限公司、上海老港再生能源有限公司;中外合资中凡硅科(上海)有限公司研发生产太阳能发电材料;凯惠药业(上海)有限公司研发新型化合物药物和活性成分原料;上海迪希科伦比恩化工有限公司研发生产碳黑材料;耀华集团上海汽车装饰有限公司生产汽车配套玻璃总成用零部件。2009年,外商投资项目继续向高新技术产业集中，日本三菱瓦斯投资上海菱优工程塑料项目，美国企业投资上海电气阿海珐临港变压器项目，英国BP公司投资上海碧科清洁能源技术公司等均有较高的技术含量。2010年，信息技术、新材料、新能源等战略新兴产业又成为外资新的增长点，台资日月光集成电路制造(中国)有限公司总投资12亿美元，引进制造光集成电路封装测试设备；尚德太阳能有限公司专司新能源汽车电池系统的研发和生产；世界500强美国企业废旧物管理公司进驻上海，收购上海环境集团40%股权，从事垃圾处理；拜尔(中国)有限公司、勃林格殷格翰有限公司、百特公司、罗氏公司等9家跨国生物医药企业新增投资28亿元引进生产新项目，实现生物医药领域新跨越。随着中外合资、合作项目的不断推进，上海工业经济在先进技术和制造业推动下日益提升传统产业的价值，促使产业结构调整得到良好效果，进一步缩短和跟上世界经济潮流的发展，增强全市整个工业经济的实力。以出口为例，20世纪90年代以前，上海工业品出口一直以轻工纺织产品为主，比重长期稳定在60%左右，到2010年全市机电产品外贸出口比重已经达到全市外贸出口的72.55%，尤其是高新技术机电产品，起步虽晚但增长快，占全市外贸比重的46.5%。

三、城市信息化建设

信息交流的速度和规模在很大程度上决定经济和社会的发展速度和现代化水平。20世纪80年代初，上海响应邓小平"开发信息资源，服务四化建设"的号召，开始进行以组织推广计算机应用为主要内容的信息化建设。1987年1月，成立市经济信息中心，进行经济信息系统总体规划，重点组织推进政府、统计、财税、城建、外贸、银行、海关、交运、港务、工业、物资、气象等15个城市信息系统的建设和开发，拉开上海信息化建设的序幕。进入20世纪90年代，上海以建设国际信息港为目标，加快信息化进程，在经济和社会发展各个领域采用现代信息技术，深入开发、广泛利用信息资源，加强信息基础设施建设，大力发展信息产业，建立和完善信息环境。1994年，市委、市政府提出，花15年左右时间，在2010年率先建成地区性"信息高速公路"，使上海成为以信息资源网络化为主体的国际信息港，即国内外信息的汇集点，进一步增强上海中心城市的综合服务功能和辐射功能。1996年5月，市信息港领导小组和办公室成立。同年7月，市政府办公厅转发信息港领导小组办公室提出的《关于把上海建成现代化国际信息港的事实意见》，全市召开上海信息港建设动员大会。至此，上海国际信息港工程正式启动。1997年11月，上海成功举办"'97中国国际计算机网络应用系统博览会"，还与美国Sun公司合作建立Java应用研究开发中心，与美国IBM公司签订建立电子政府技术中心的合作协议。1998年4月，"'98上海国际电子商务论坛"在沪举行。10月，市政府在《上海市国民经济和社会信息化发展计划纲要(1998—2000年)》中明确提出建成五项骨干工程，建成信息传送主干网，信息产业成为支柱产业，形成信息化教育培训体系，健全信息化管理体制，形成信息化法规体系、安全体系和标准体系的框架等四项实施目标。1999年，上海信息港基本框架"1520"工程，即1个网络平台(ATM宽带信息主干网络)、5项骨干工程(上海信息互交网、上海国际经贸电子数据交换网、上海社会保障网、上海社区服务网、上海金卡与收款系统)以及行政决策服务、城市规划、财政税收等20个重点信息应用系统项目基本建成。同年，上海举行"'99上海信息技术产品应用博览会"，会议包括"上海国际计算机及网络展览会""第八届国际信息通信展览会""'99上海信息化建设成果展"3个展览会和"'99上海国际计算机及网络研讨会"等5个专业国际研讨会，会议对推动上海与国际间的合作和交流，加快上海城市信息化建设进程起到积极作用。

进入21世纪，上海城市信息化建设的步伐进一步加快，国际合作和影响迅速扩大。2000年，

“上海信息港主体工程”作为上海“三港两路”(三港指海港、空港和信息港;两路指高速铁路和高速公路)城市基础设施建设的重要组成部分,并列为市政府“一号工程”。上海举办“第一届亚太地区城市信息化高级论坛”,会议受到联合国和中国政府的高度重视和亚太地区许多城市的高度关注,来自亚太地区25个国家的42个城市,其中大部分是这些国家的首都或世界知名城市的150名市长和市长代表应邀出席。会上通过的《亚太地区城市信息化高级论坛宣言》(即《上海宣言》),第一次在全球范围内提出“城市信息化”这个主题;会上还成立“亚太地区城市信息化高级论坛合作委员会”,为城市信息化的区域和城市合作创造了一个良好开端。2001年,上海市政府召开“上海信息港主体工程建设工作大会”,动员全市集中力量每年抓好一批重大工程建设。同年,“第二届亚太地区城市信息化高级论坛”在沪举行,会议签署一批信息化方面的合作项目协议,并正式签约联合国与上海在信息化领域的合作、亚太地区城市在信息技术交流和共享方面的合作、城市与企业在信息领域的融资及投资合作三大类共11个项目。在同年举办的“第三届上海国际工业博览会论坛‘中国互联网经济发展趋势’主题报告会”和信息化主题展示区展览上,全方位、多层次地介绍中国互联网经济的潜在力量和信息科技成果,在国内外进一步扩大影响。为落实第一届亚太地区城市信息化高级论坛上通过的《上海宣言》,上海还举办两期内容为“城市网站建设”和“软件开发与管理”的信息化培训班,来自亚太地区十几个国家的政府官员、信息技术专家、教师和企业代表等参加培训。培训活动的开始也标志着上海国际信息技术促进中心的启动。2002年,上海与联合国的合作项目——联合国公共行政全球网络(UNPAN)亚太地区中心在上海社科院举行“UNPAN亚太区域中心编辑部”揭牌仪式,该中心将成为亚太地区信息发布和交换中心,也成为联合国公共行政全球网络中文信息发布中心。同年,第三届亚太地区城市信息化高级论坛成功在沪举办,来自50多个国家、90多个城市(其中国外城市63个)、20多个国际组织的800多名代表与会,通过《亚太地区城市信息化论坛三年报告》,决定亚太论坛长期在上海举办,并成立联合国信息通信技术工作组亚洲区域网络秘书处。2003年,由上海主持的“亚洲区域暨亚太地区城市信息化合作办公室”在“消除数字鸿沟、发展信息通信技术”方面所开展的工作得到联合国ICT工作组的肯定,由上海有关部门联合开展的UNPAN亚太区域中心工作也取得显著成绩。上海举办“数字城市与城市网络”“全球华人IC设计产业”“2003中国国际电子政务技术与应用大会”等论坛和研讨会,对推动上海信息化建设起到积极作用。2004—2006年,多个有关信息基础设施建设、信息产业、信息化环境等方面的对外合作项目在上海落地。2004年,市信息化委员会与美国应用材料公司共同签署谅解备忘录,依托上海集成电路研发中心,联合共建开放式集成电路工艺研发平台,为中国半导体企业、大学和其他研发机构提供服务。英特尔亚洲控股有限公司、意法半导体有限公司、施奈德电器投资(中国)有限公司、UT斯达康有限公司、美国BCD半导体公司等一大批重要信息产业企业入驻上海闵行区紫竹科学园。2005年,洋山深水港综合通信配套工程全面完成。由美国国际商用机器公司(IBM)与同济大学共建的IBM主机系统教育中心(上海)在同济大学揭牌。英特尔渠道事业部全球总部落户上海。上海交通大学联合西门子(中国)有限公司攻关世博科研项目,共建面向2010年上海世博会的“基于无线组网的RFID信息系统”。2006年,上海亚太地区信息化人才培训中心成立,由联合国训练研究所与亚太地区城市信息化合作办公室签约组建,已成为联合国训练研究所全球培训网络的第11个成员单位。上海培训中心特别关注城市信息化建设与社会经济协调发展,不仅面向全中国,其功能还辐射整个亚洲地区。成立当天,由其与联合国训练研究所共同组办的第一个培训项目“联合国训练研究电子政务培训班”开班,来自9个国家和6个城市的26名学员和联合国训练研究所及其他机构观察员参加培训。

2007 年以后，上海信息化国际合作和交流不断拓展，多次举办较大规模的国际会议、展览和交流活动，为推进上海城市信息化营造良好的合作环境。同年，上海举行“中韩企业信息化合作论坛”“新加坡—上海电子政务研讨会”“上海—澳大利亚信息产业交流”等大型研讨交流活动，并以“建设中的世博信息化”为主题，举办“2007 世博信息化研讨会”，来自世博会信息化的组织者和建设者、国内外知名学者、IT 跨国公司专家等作专题报告和参加研讨。此外，上海企业还组团参加“第七届 21 世纪俄罗斯信息通信展览会”，参与在印度孟买举办的“上海—孟买手拉手”活动，就交流机制、软件人才培养、软件产业咨询研究、促进软件产业共同发展等方面的合作，与印度签署双方合作备忘录。2008 年，由中国电信等 6 个中外电信运营商投资建设的首条中美直达国际海缆在崇明岛登陆并投入使用，光缆总长 17 000 千米，可满足从亚洲地区到美国互联网、数据和语音等通信业务增长的需要，减少亚洲内部及太平洋东西岸热点地区的网络时延。同年，在亚太地区城市信息化论坛第七届年会上，“联合国全球公共行政网络”首次颁发“知识管理贡献奖”表彰上海。上海还开通“文化中国(英语)网”。2009 年，上海举办“2009 上海国际信息化博览会”，博览会由“2009 中国国际半导体设备与材料展”“2009 慕尼黑上海电子展”“2009 慕尼黑激光和广电展”“第 18 届中国国际电子电路展”“上海国际信息化应用展览会”“上海国际电子商务和电子政务展览会”等组成，共举办 17 场论坛和交流会，展览总面积 10.7 万平方米，参展商 2 002 家，其中 40%来自国外，展会期间的专业观众有 12 万多人次。同年，上海市经信委召开“2009 上海产业发展和信息化建设情况介绍会”，向各国驻沪总领事馆、外资企业和商务机构通报上海市信息化建设进展情况，鼓励外资企业积极参与上海信息化建设。在举办的“2009 上海软件外包国际峰会”上，宣布“上海软件出口(创新)园区”认定名单，并设立巴塞罗那专场，进一步扩大上海软件外包业在海外的影响。2010 年，配合上海世博会的召开，上海积极推进信息基础设施建设、信息化应用和信息安保等方面工作，圆满完成世博会服务保障任务，并利用世博会召开的契机，大力开展信息化领域的国际合作交流工作。3 月，“2010 上海国际信息化博览会”成功举行，展览面积达 11 万平方米，专业观众 12 万人次，首次开辟“国际二手设备”展区和交易区，为中外企业提供一个二手设备展示交易的良好平台。5 月，上海世博局和市经信委合作，在宁波举办“信息化与城市发展”世博主题论坛，世博会各官方参展方展区总代表，国际组织代表，学术、商界和媒体代表等 600 余名嘉宾参加论坛，就信息化与城市建设和管理、信息化与城市生活、信息化与全球合作、现代物流与航运中心建设、产业信息化、教育信息化、信息化与社会责任等议题进行交流。9 月，更名为“全球城市信息化论坛”后在上海举办，论坛通过的《上海宣言》，明确由“亚太地区城市信息化论坛”更名为“全球城市信息化论坛”，提升该信息化国际合作交流平台的层次，扩大了国际影响。11 月，“2010 中国(上海)软件外包国际峰会”如期举行，峰会共设 1 个主会场、7 个分会场，400 多名与会代表着力探讨上海服务外包的前景和定位，该峰会已成为上海软件外包国际合作领域的品牌和平台。

第二章　社会领域交流合作

在加强经济建设同时，上海的各项社会事业也同步前进。改革开放大门的打开，为上海教育、文化、卫生、体育等各项社会发展领域“走出去、引进来”，开展国际交流创造良好条件，进一步缩短上海和国际社会的距离，增进相互融合和了解，极大地拓展各级政府、各部门领域的国际视野，丰富中外进行交流合作的内容，提升各社会事业领域的发展水平和质量，为上海社会各项事业跟上经济建设同步发展、与时俱进奠定坚实基础。

第一节　教　　育

教育是改革开放后较早与国外开展交流的领域。在国际交流合作中，上海教育注重围绕经济建设和社会发展需求，努力提高教育国际化程度，逐步形成校际相互结对、合作进行科研、互派师生进修、外聘专家任教、建立实验中心等许多灵活多样的合作形式，带来教育界百花齐放、成果丰硕的可喜局面。

一、互派留学生

留学生交流是上海教育对外国际交流的重要内容之一。20 世纪 50 年代初，上海开始向苏联和东欧国家派遣留学生，1954 年开始接受外国留学生，最初到上海入学的是朝鲜、越南学生和少数日本学生。1974 年，恢复因“文化大革命”而中断 6 年的接受外国留学生工作。到 1978 年，累计接受 46 个国家和地区的留学生 56 名，绝大多数为亚非国家的学生。1979 年以后，随着上海对外交流的扩大，至上海入学的外国留学生逐渐扩大增多，其中各国自费报考入学的留学生大幅度增加，至 20 世纪 80 年代中期以后，在沪外国留学生以自费入学为主。1984 年，上海医科大学、同济大学、中国纺织大学、上海工业大学和华东化工学院开始为发展中国家培养高层次人才，分别从在华留学的历届或应届大学本科毕业生中接受硕士、博士研究生。1987 年暑假，有 4 名外国硕士生首届毕业，至 1989 年暑假已有 14 名留学生先后获得硕士学位。20 世纪 90 年代以后，上海遵循“扩大规模、提高层次、保证质量、规范管理”的工作方针，积极发展外籍学生来华留学，来沪留学的外国学生数量进入飞速发展时期。据不完全统计，1990 年至 20 世纪末，上海市高校每年接受留学生的规模从近千名扩大到 4 000 名以上，外国留学生的国籍呈多元化态势。特别是 20 世纪 90 年代中后期，自费到沪就读的外国留学生不断增多。1999—2010 年，上海的外国留学生又增长 10 多倍。截至 2010 年底，在沪就读外国留学生已达 177 个国家和地区的 43 016 名，其中学历生 13 136 名，包括本科生 9 616 名、硕士研究生 2 853 名、博士研究生 667 名。上海高校中已有 12 所高校接受外国留学生规模超过 1 000 名。2004 年，上海召开全市教育工作会议，推出促进教育改革、开放和发展的一系列措施，其中就包括设立上海市政府外国留学生奖学金。2006 年底，《上海市外国留学生政府奖学金管理办法》和《上海市政府外国留学生奖学金制度》正式颁布实施，上海市政府每年拨款 2 000 万—2 500 万元专项资金向 30 余所高校提供外国留学生奖学金。2010 年底，已有近 3 000 名外国留学生获得上海市政府外国留学生奖学金。

与此同时，为在推进社会主义现代化建设中学习、吸收国际先进科学技术和有益经验，发展国家高等教育所需要的新学科、新专业，上海还积极推进出国留学工作，把它作为人才培养的重要途径之一。1977—1988年，上海共派出5 000多人，其中学成回国的2 000多人大都成为新学科或教学、科研事业的带头人与骨干力量。同时接受国家教委委托，选送在校大学生和研究生463人赴美欧和日本攻读博士学位。20世纪90年代头几年，上海每年继续派出数百人出国留学。1993年和1994年两年共派出890人，其中国家公派236人，学校派出654人，去美国的占28%，去日本的占18%，去德国的占12%，其余较多的是去加拿大、英国、法国和澳大利亚。此后，随着上海教育改革开放的深入，上海有20多所高校与境外高校合作，实施交换留学生项目，使外派留学生的数量大幅增加。1996—2005年，上海外派留学生29 000人次，每年公派出国留学的人数接近过去的3倍。此外，随着境外教育机构对华开放，上海越来越多的家庭和学生通过自费方式出境学习，从1990年起陆续一批有大专以上学历的人员申请自费出国留学，而且数量逐年增多，至21世纪初逐步形成热潮。据统计，1993年有3 231人，1994年为2 393人，2005年，上海已有近1万名学生通过自费方式出境学习，分别前往美国、澳大利亚、日本等20多个国家。为保障自费出国留学人员的合法利益，上海成立自费出国留学中介机构管理工作小组，制定出台《上海市自费出国留学中介机构管理实施办法》等法规和一系列政策，进一步加强对留学中介市场的管理执法力度，保证自费出国留学工作健康、有序发展。在互派留学生同时，上海对在沪外籍人员子女就学问题引起重视。进入20世纪90年代，外资纷纷涌入上海，大量到沪工作的境外人士子女教育和就学问题日益突出。为此，上海提出由外国人士到沪开办国际学校的设想，并通报各国驻沪领事馆、三资企业和外国驻沪机构。最早注册开办的上海美国学校建立于1989年，1993年又新增上海日本人学校。此后，外籍人员子女学校蓬勃发展，至2010年已达20所，覆盖从幼儿园到高中的整个学前教育和基础教育阶段。在管理好外籍人员子女学校同时，上海还积极采取措施，扩大外籍子女教育途径。从1993年起，教育单位陆续成立国际部，招收外籍人员子女入学，如上海进才中学国际部、上海中学国际部等。与此同时，上海的中小学对外籍子女开放，均可接受外国学生随班就读，为外国学生就近入学提供方便。为规范外籍人员子女教育办学行为，上海先后出台《上海市教育委员会关于本市中小学、幼托园所接收外国学生(幼儿)若干规定的通知》等相关规定，保障外籍人员子女的教学质量。

表4-2-1 2010年在沪外籍人员子女学校情况表

序号	学校名称	地址	其他教学地址	学制
1	上海德国学校	高光路350号	浦东巨峰路1100号	幼儿园—高中
2	宋庆龄幼儿园	虹梅路3908号	赵巷业辉路1号	幼儿园
3	上海一麦日本人补习中心	虹梅北路3201弄26号101室	浦东锦延路168号	
4	上海中学国际部	上中路400号	藿香路38号	1—12年级
5	上海美丘第一幼儿园	虹许路788号(名都城内)	浦东东绣路66弄	幼儿园
6	上海骏台日本人补习中心	延安西路2633号美丽华商务中心B308	浦东梅花路10号3楼	小学—高中

(续表)

序号	学校名称	地　址	其他教学地址	学　制
7	上海西华国际学校	青浦徐泾镇联名路555号		幼儿园—高中
8	东进上海日本人幼儿园	虹梅路3081号虹桥别墅内		幼儿园
9	上海市进才中学国际部	浦东峨山路26号		1—12年级
10	东进上海日本人补习中心	浦东花木路1883弄御翠园230号	浦东临沂北路200号东樱花苑S2F	小学—高中
11	上海泰宁国际幼儿园	复兴西路43号	沪闵路7888号1期	幼儿园
12	上海李文斯顿美国学校	长宁区甘溪路580号		幼儿园—高中
13	上海韩国学校	闵行区华漕镇联友路355号		小学—高中
14	华东师大二附中国际部	浦东晨晖路555号		初中—高中
15	上海飞翔日本人补习中心	长宁区荣华东道96号维多利亚商务楼		小学—初中
16	上海外国语大学附属外国语学校国际部	中山北一路295号		初中—高中
17	上海恩吉尔幼儿园	闵行区虹中路375号		幼儿园
18	上海长宁国际学校	虹桥路1161号	康桥秀沿路800号、横桥路198号	幼儿园—高中
19	上海日本人教育补习中心	古北新区水城南路55号六月汇广场5F	虹桥路2489弄200号	小学—高中
20	上海新大一韩国人补习中心	长宁区荣华东道96号C座3楼		初中—高中
21	上海虹桥国际学校	虹桥路2381号		幼儿园—小学
22	上海耀中国际学校	长宁区水城路11—15号	古北新区荣华西道18号、浦东花木路1817号、浦东东绣路1433号	婴幼儿班—高中
23	奥伊斯嘉上海日本语幼儿园	长宁区茅台路715弄20号		幼儿园
24	上海瑞金国际学校	闵行区东闸路189号		幼儿园—高中
25	上海协和国际学校	浦东金桥明月路999号		幼儿园—高中
26	青海韩国人补习学校	长宁区水城南路37号万科广场北楼7C		小学—高中
27	上海新加坡国际学校	闵行区朱建路301号	徐汇区华泾路1455号	幼儿园—高中
28	上海英国学校	浦东沪南公路2729弄康桥半岛600号	闵行区金光路111号、嘉定区宝翔路151号	幼儿园—高中
29	上海法国学校	青浦区高光路350号	浦东巨峰路1555号	幼儿园—高中

（续表）

序号	学校名称	地　址	其他教学地址	学　制
30	上海美国学校	闵行区金丰路258号	浦东凌白公路1600号	幼儿园—高中
31	上海德威英国国际学校	浦东蓝桉路266号	浦东蓝桉路425号	幼儿园—高中
32	上海日本人学校	闵行区虹梅南路3185号	浦东锦康路277号	小学—高中

资料来源：上海市教委。

二、中外合作办学

改革开放以后，上海教育出现的一个新气象就是中外合作办学。20世纪90年代，为适应上海对外交流和外籍在沪工作人员子女就读需求，中外合作办学开始兴起，并迅速蓬勃发展起来，成为上海社会办学的重要力量，给上海教育带来新思维，更加贴近实际和国际化。上海的中外合作办学大体经历4个发展阶段：1991—1994年为起始阶段。最先建立的是上海法语培训中心，旨在帮助出国的学生学习法语。1993年12月，市政府发布《上海市境外机构和个人在沪合作办学管理办法》，对国际合作办学给予政策扶持，中外合作上海中学国际部、新虹桥幼儿园等首批创办。以后逐步扩大到高等学校，复旦大学与挪威合作的北欧研究中心、上海大学与澳大利亚合作的上海大学悉尼工商学校、中国纺织大学与法国合作的拉萨尔服装设计学院，市政府和欧共体合作、依托上海交通大学的中欧国际工商学院相继成立。1995—1996年为快速增长阶段，中外合作办学的机构（项目）迅速增加。1997—1999年是巩固提高阶段，上海相继出台一系列规范性的文件，注重合作办学的质量效果，使办学数量的增长有所减缓，防止盲目扩张。2000年以后为新一轮的飞速增长阶段，至2010年，上海已批准中外合作办学机构（项目）约占全国十分之一，合作重心由低层次转向高层次，由非学历教育转向学历教育。随着中外合作办学的不断发展，上海在加强管理的同时，积极予以扶持，先后实行中外合作办学许可证制度、广告发布审核制度、专家评审分离制度、质量认证制度等，还帮助解决合作办学中的用汇等问题。中外合作办学为上海教育带来新思维，更加贴近实际和国际化：一是引进一批贴近行业发展的新专业，如“时装设计”“珠宝首饰设计与加工”专业等，受到业界普遍欢迎；二是优胜劣汰的良性竞争局面初步形成；三是中外合作办学的形式不断创新，一些著名的国际组织开始积极参与。如2004年举办的“亚太地区环境及可持续发展领导人研修班”，是由同济大学与联合国环境计划署合作建立的“联合国环境计划署同济大学环境与可持续发展学院”所筹办，共有25个国家派高官参加。2005年，该学院又面向亚太地区开办相关的硕士课程，为上海教育融入世界迈开步伐。在发展境内办学的同时，上海还积极发展境外合作办学。2002年，上海交通大学与新加坡南洋理工大学合作，成立上海交通大学新加坡研究生院。2003年和2004年，上海中医药大学、华东政法学院等校与国外有关院校或组织合作，在泰国、美国、德国、法国、罗马尼亚、韩国、新加坡等国开设中医、法学等本科、硕士专业或培训教育点，从而提升上海教育的国际地位。上海还积极参与国家“汉语国际推广”工作，承担海外孔子学院的创建任务，至2010年已有复旦大学、上海交通大学、同济大学等8所高校和华师大二附中、上外附中、进才中学等7所中学分别在美国、德国、日本、英国、新西兰等20个国家开办35所孔子学院和8个孔子课堂，努力推广汉语、传播中华民族文化。另外，上海还建立8所国家国际汉语推广中小学基地。

图 4-2-1 1995 年 11 月 8 日,复旦大学与挪威合作的北欧研究中心成立

表 4-2-2 2010 年上海市中外合作办学模式与层次分布情况表

单位:%

	非学历	学前教育	中 职	专 科	本 科	研究生	总 计
独立机构	7.73	2.73	0.91	—	0.45	—	11.82
二级学院	2.27	—	—	0.45	2.27	0.91	5.90
合作项目	15	—	10.00	19.09	25.91	12.27	82.27
总 计	25	2.73	10.91	19.54	28.63	13.18	100.00

资料来源:上海市教委。

表 4-2-3 2010 年上海市中外合作办学机构和项目专业(课程)分布情况表

单位:个

专 业	专业(机构)数		专业(项目)数	总 计
	独 立 机 构	非 独 立 机 构		
文学	32 (11.39%)	15 (5.34%)	32 (11.39%)	79 (28.12%)
管理学	3 (1.07%)	19 (6.76%)	53 (18.86%)	75 (26.69%)
工学	4 (1.42%)	18 (6.41%)	58 (17.08%)	70 (24.91%)
经济学	2 (0.71)	6 (2.14%)	18 (6.41%)	26 (9.26%)
医学	0	0	10 (3.56%)	10 (3.56%)
教育学	0	0	2 (0.71%)	2 (0.71%)
法学	0	0	3 (1.07%)	3 (1.07%)
农学	0	0	2 (0.71%)	2 (0.71%)
其他	0	1 (0.36%)	13 (4.63%)	14 (4.99%)
总计	41 (14.59%)	59 (21.01%)	181 (64.42%)	281 (100%)

资料来源:上海市教委。

表 4－2－4 2010 年上海市中外合作办学境外合作方情况表

国　　家	合作办学机构和项目数(个)	国　　家	合作办学机构和项目数(个)
美国	42	澳大利亚	41
德国	22	英国	22
法国	21	加拿大	19
日本	12	新加坡	4
荷兰	4	意大利	3
爱尔兰	3	丹麦	3
韩国	3	新西兰	2
其他	7	合　计	208

资料来源：上海市教委。

表 4－2－5 2010 年海外孔子学院(课堂)分布情况表

国　　家	孔子学院(课堂)数(个)	国　　家	孔子学院(课堂)数(个)
爱尔兰	1	澳大利亚	2+1#
博茨瓦纳	1	德国	4
韩国	1	马来西亚	1
美国	9+3#	秘鲁	1
日本	3+2#	瑞典	1
斯洛文尼亚	1	泰国	1
土耳其	1	西班牙	1
新西兰	1	意大利	2
英国	2+1#	克罗地亚	1
匈牙利	1	俄罗斯	1#
总计	35+8#		

说明：加#者代表孔子课堂。
资料来源：上海市教委。

三、师资国际化

上海教育历来有聘请外教的传统。在高等院校任教的外国专家，为各校培养师资，增开新学科，提高教学和科研水平作出了贡献。20 世纪 50 年代，苏联和东欧一些国家的专家曾在上海 13 所高校任教；六七十年代，为加强外语教学，培养外语人才，上海开始从其他国家聘请多种语言的外语教师，上海外国语学院、复旦大学、华东师范大学等陆续都聘请外语教师，以后逐年增加；至 70 年代末，上海 20 余所高等院校聘请外籍教师 118 人。进入 20 世纪 80 年代，聘请外国专家、教师到沪任教、讲学、进行合作科研等的人数逐渐增多。1981—1985 年，全市有近 40 所院校聘请文教专家、外籍教师共计571人,短期讲学、交流专家1 640人次。1986—1990年,全市有30余所院校聘请外国文教专家、外语教师共计825人,短期讲学、交流专家2 908人次。1991—1994年,全市大专院校累计聘请外国文教专家和外籍教师已达2 113人,上海的普教系统也开始聘用外国专家,培养中小学师资队伍。在此期间,长宁区教育局、黄浦区教育局利用暑期,聘请外籍教师对全区中学英语教师和部分小学英语教师进行英语强化训练。长宁区教育局聘请来自美国教育服务机构的外籍教师举办15个英语教师培训班,学生240人。进入21世纪,全市聘请外教、专家的单位不断扩大,人数也进一步增加。2001年,上海聘请外教的单位增至100多家,外教人数850余人次,已相当于20世纪80年代前5年的总和。2005年,全市具备聘请外教资格的学校增至近200所,是2001年的2倍;聘请外教3 000余人次,是2001年的3倍。除担任外语和专业课教师外,外国专家和教师的作用得到进一步发挥。一些高校聘请的国外知名人士,担任学校、院、系或实验室负责人,加强新兴学科、重点学科和重点实验室的建设,他们中的一些人还参与攻克科研难题,培训中国教师或介入学校行政管理,传播先进的办学理念和管理模式等。外教的加入,改变了上海师资队伍的人员结构,使上海教育走向世界,国际化程度不断提高。与此同时,上海高校也有部分学者应邀出国讲学、任教。20世纪60年代,复旦大学教授苏步青赴民主德国讲学两个月,中文系副教授鲍正鹄去埃及讲学两年。20世纪70年代,上海高校陆续派出一些教师到发展中国家任教。20世纪80年代,上海高校在同国外的校际交流中,应邀赴国外访问、讲学、任教和进行合作科研的学者、专家人数渐渐增多,有人文、历史、社会科学、自然科学和桥梁、建筑、造船、医学及其他学科。20世纪90年代头4年,上海派出各种教育访问、交流人员共1 000余人,有教学科研人员600多人出国参加学术会议。随着上海改革开放的深入和对外交往的扩大,上海高校学者、专家出国任教、讲学、参加国际会议进行学术交流等每年不断增长,已成为常态。上海高校还通过派遣教师出国培训、考察、合作研究、参加国际会议等方式,大大提高教师的专业水准和外语水平。2001—2005年"十五"计划时期,上海高校共派遣近3 000名教师出国访问、讲学、攻读学位等,另有2万多人次赴境外参加国际会议。一些高校还引进高层次的海外留学人员和有海外工作经历的教师,加强学科带头人的队伍建设。有些高校还借助中外合作办学的有利条件,通过跟教来培养国际化教师。复旦大学管理学院通过与美国麻省理工学院斯隆商学院合作,培养20多名中青年教师,使他们成为学院工商管理硕士(MBA)课程的骨干教师。

第二节　文　　化

上海作为中国的文化中心之一,一直是中国对外文化交流活动最为频繁的城市之一,富有特色的海派文化本身就包含了东西方文化交融的内涵。20世纪五六十年代,有不少外国政府文化代表团和文艺团体来上海访问、演出和交流。20世纪70年代,欧美艺术团体来访增多,美国费城交响乐团、英国伦敦爱乐管弦乐团、加拿大多伦多交响乐团等相继来访。上海也派出杂技、舞剧、京剧、乐团等多种艺术团体出访欧亚和大洋洲等国家。进入20世纪80年代,上海对外交流迅速扩大,派遣文艺团体赴国外进行商业性演出。1986年,国家文化主管部门对上海下放对外文化交流的部分审批权后,除按国家间签订的文化协定所进行的交流活动外,上海自行邀请或应邀与国外互派文艺团体的数量大增。这一时期,有44个国家和地区的共计265个文艺团组至上海访问演出。上海也有共165个文艺团组计3 889人次,分别至遍及各大洲的32个国家和港澳地区访问演出和进行艺术交流。20世纪90年代,上海迎来对外文化交流大发展的黄金时期,在举办上海电视节和上海国际音乐节基础上,全方位举办多边国际艺术交流活动,为中外开展文化交流合作搭建广阔舞台。随着

21 世纪到来，国家对文化发展纲要和一系列新举措陆续推出。上海创新体制机制，努力推动文化“走出去”，陆续出台《上海市深化文化体制改革工作实施方案》和一系列新措施，使许多文艺精品走出国门，进入国际市场，赢得国际赞誉。

一、对外演出

继 1972 年中国上海舞剧团出访朝鲜、日本，为中朝友谊和促进中日邦交作出贡献后，1973—1979 年，上海先后派出杂技、京剧、交响乐、民族音乐、木偶剧、评弹、儿童艺术等艺术团体 13 个，访问亚、欧、大洋洲 19 个国家和地区。20 世纪 80 年代，上海开始派遣文艺团体赴国外进行商业演出。1980 年，中国对外演出公司与美国哥伦比亚艺术家公司签订上海杂技团赴美商业性演出的协议书，开创中国艺术团对外商业性演出的先河。上海杂技团作为中国第一个访问美国的大型艺术团体，在美国纽约、华盛顿等 7 个城市演出 54 场，美国总统卡特携全家在华盛顿肯尼迪表演艺术中心歌剧场观看演出，盛赞演员们一个个都是美好的文化使者。1983 年，上海越剧团首次东渡日本，演出著名剧目《红楼梦》，被日本报道、评论赞誉“以剧情美、演员美、音乐美、布景美、服装美使观众为之着迷”。6 年后该团首赴美国演出，美国国会和加利福尼亚州议会分别为成功演出颁发奖状。1985 年，上海人民艺术剧院首次到日本演出话剧《家》，3 年后又赴新加坡演出话剧《中国梦》，赢得异国观众的理解和喜爱。上海杂技团应美国玲玲马戏团邀请，派出 20 人左右的演出队与该团合作，每年为一期，轮换演员和节目，持续 2 年，开创上海杂技团加盟外国马戏团演出的新的合作形式。1986 年，上海歌剧院舞剧团在法国演出《凤鸣岐山》时，被舆论称为“力量与美结合的东方维纳斯的化身”，“使人几乎不知自己是在天上还是人间”。1987 年，上海民族乐团在联邦德国、奥地利、荷兰、比利时 4 国演出受到热烈欢迎。上海昆剧团首次在英国参加云集世界 70 多个艺术团体的爱丁堡国际艺术节，演出以莎士比亚原著《麦克白》改编的创新剧目《血手记》，被与会各国戏剧界人士和当地观众耳目一新地誉为“忠于原著而又富有中国民族传统艺术的风格”。此后这一古老的艺术瑰宝在美国旧金山、夏威夷和丹麦、瑞典、日本等国的 20 多个城市都备受青睐。上海京剧团多次出访，并先后参加汉诺威工业博览会开幕式、维也纳第四届国际艺术节闭幕式和图宾根第 13 届国际艺术节的演出，中国京剧艺术日益广泛地为国际艺术界所青睐。1990 年，上海交响乐团作为亚洲交响乐团的唯一代表登上纽约卡内基音乐厅舞台。上海评弹团、人民滑稽剧团首次赴新加坡演出，被称为“令人陶醉的艺术”和“笑的天使”。20 世纪 90 年代中期以后，上海对外文化交流成为友好城市交流的重要内容，借助友城交流平台，上海先后在旧金山、汉堡、哥德堡、米兰、马赛、亚历山大、萨格勒布、昆士兰、圣彼得堡、伊斯坦布尔、海法、鹿特丹、安特卫普等几十个友好城市举办“中国年”“上海周”“上海文化周”“文化日”“文化之夜”、艺术节、展览会、文化讲座等活动，通过音乐、舞蹈、电影、电视、图书、绘画等文艺形式，开展大量文化交流活动，展现海派文化的艺术魅力，受到这些国家和城市的普遍欢迎，从而扩大中国文化在国外的影响，促进各国人民对上海的了解和友谊。随着 21 世纪到来，在国家文化发展纲要和一系列新举措支持下，上海创新体制机制，推出一系列新措施，其中包括：对非商业性派出且对扩大中华文化海外影响力有重大帮助的文化项目，提供多元资金支持的机制；摸索并建立“政府引导、企业自主参与”的到境外参加国际知名的演艺、影视类博览会、展销会的长效机制；为发展商业性文化项目出口，筹措建立上海市文化产品出口示范基地，建立文化产品出口优秀项目评估及奖励制度等，使对外文化交流更加广泛深入。每年上海文化系统都要精心准备赴国(境)外的演出和展览等，派遣数量达到三四百批，数千人次，其中不乏上海海派文化的代表性力作，如京剧《王子复仇记》、大型舞剧《野斑马》、杂技芭蕾《天鹅湖》和原创武功剧《少林武魂》等作品。这些节目在海外受到普遍欢迎和高度评价。《野斑马》是取得海外市场世界精品地位的唯一中国作品，杂技芭蕾《天鹅湖》被国际上誉为杂技革命、芭蕾创新，是杂技和芭蕾两种艺术成功结合的典范。2010年，上海爱乐乐团赴瑞士伯尔尼、苏黎世、巴塞尔、圣加伦、日内瓦及斯洛伐克布拉迪斯拉法和匈牙利布达佩斯举行音乐会巡演，7场演出平均上座率超过九成，甚至出现门票售罄现象。在塞尔维亚举行的第12届金火花国际木偶艺术节上，上海木偶剧团演出的《卖火柴的小女孩》获金火花经典剧目奖和金火花表演奖。中外文化交流合作的繁荣，也促进和推动中外学术交流的蓬勃兴起，尤其是随着中国改革开放成果的日益显现，引起世界各国政府和专家学者的高度关注，进一步带动国际社会对中国国内经济社会发展各个层面的深入研究，以中国为主题内容的交流成为中外学术探讨的重要组成部分，也成为上海各高校、研究机构开展校际交流、对外进行合作中的重要课题。据不完全统计，进入21世纪，每年在上海举办的各类大大小小的中外学术交流近百个。

图4-2-2　2002年2—3月，上海大型原创舞剧《野斑马》在澳大利亚3座城市演出28场，后又赴马来西亚等国演出

二、引进世界优秀作品

引进国外优秀文艺作品，学习和借鉴世界优秀文化成果，也是上海对外文化交流合作主要内容之一。改革开放后，在"政府引导、社会主体、市场运作"的指导方针和相关政策的鼓励、支持下，大量文化传播公司、演出经纪公司等从事对外文化交流的企业纷纷落户上海。对外文化活动逐渐形成由政府主办项目、民间交流项目和商业性演出三部分构成的发展格局，在引进项目上不断取得新突破，实现社会效益和经济效益双赢的局面。20世纪70年代，朝鲜平壤民族歌舞团为上海人民演出的歌剧《血海》和《卖花姑娘》曾传遍申城。日本松山芭蕾舞团演出的芭蕾舞剧《冲绳姑娘》《越南少女》，以及日本政府首次派出的歌舞伎访华使节团在上海演出传统剧目《忠臣藏》《镜狮子》，都给上海人民留下印记。20世纪80年代，一些国际上著名的或各国有影响的文艺团体都在上海演出经典芭蕾舞剧、歌剧，世界著名交响乐曲，以及他们所创作的优秀戏剧和民族音乐、歌舞节目。1985年，根据中法文化交流协定，由中法两国戏剧家联合演出著名话剧《三剑客》。法国马赛国立剧院院长和上海人民艺术剧院院长出席开排仪式，7月15日正式演出，上海市副市长刘振元和法国驻沪总领事参加首演式。1987 年 7 月 19 日，中澳文化交流剧目《想入非非》在上海艺术剧场公演，这是中国舞台上首次出现的澳大利亚戏剧。其他还有德国曼海姆民族歌剧院话剧团演出的新创作话剧《屠夫》，反映奥地利人民遭受希特勒法西斯统治的灾难和反抗。致力于演鲁迅作品的日本世代剧团演出的话剧《藤野先生再见》，在上海话剧舞台第一次出现外国演员塑造的鲁迅艺术形象。美国阿尔文·艾里舞剧团演出反映黑人生活的《夜之灵》《呼喊》等节目。意大利利·科西和马·斯得法耐斯库芭蕾舞团演出以保护生态为主题，以古典芭蕾艺术为基础的现代舞剧《人类的觉醒》。20 世纪 90 年代，上海每年都要接待不少外国政府文化广电代表团到访，其中约三分之一为部长级以上代表团，这些到访团组既带来外国同行的先进理念和经验，又带来不少交流项目，有的还在沪签署项目引进协议。随着上海文化交流的不断开放和深入，政府、团体和民间相邀到沪演出的国外优秀文艺团体数量越来越多。如由著名大提琴家马莉娜·塔拉索娃率领的苏联国家室内乐团于伟大音乐家柴可夫斯基诞辰 150 周年之际，在上海进行柴可夫斯基的名作演奏；日本京剧爱好者艺术团在上海用中日两种语言演出中国京剧《霸王别姬》《盗仙草》《拾玉镯》《秋江》等折子戏；奥地利维也纳施特劳斯节日乐团在著名指挥家彼特·古特指挥下，在上海演奏《蓝色的多瑙河》《拉德茨基进行曲》《电闪雷鸣》等施特劳斯的著名作品；有"国宝"之称的墨西哥国家民间舞蹈团在上海进行印第安舞蹈文化精华的展演。进入 21 世纪，外国到沪文化演出和交流更是增长迅速，特别是引进项目力度进一步加大。以 2004—2008 年 5 年的引进批次为例，2004 年 394 批次，2005 年 451 批次，2006 年 569 批次，2007 年 599 批次，2008 年 520 批次。其中，2008 年的批次数虽然比往年有所减少，但到沪人次数却是历年最多的，达 12 910 人次，比 2004 年增长 20%。从引进项目的种类上看，既有到沪进行文化交流演出或商业演出的文艺团体，又有到沪进行采访、拍摄影视剧或短片的摄制组，还有进行各类文化展览的团组等，其中许多世界级的优秀文艺作品也相继在沪演出。例如作为世界四大音乐剧及百老汇音乐剧最具代表性作品之一的音乐剧《悲惨世界》，在连演 15 年遍及 29 个国家 130 个城市之后，于 2002 年在上海连演 16 天 21 场，受到普遍好评。又如 2006 年，上海上演

图 4-2-3　2003 年 12 月 3 日，为庆祝上海申办世博成功 1 周年，上海举办安德烈·波切利（前排右一）个人演唱会

引进规模最大的一部英文原版音乐剧《狮子王》,连续演出101场,共吸引16万人次观看,上座率达99%,总票房突破7 200万元,最高单日出票突破5 000张,刷新全国音乐剧演出的多项新纪录。2010年,全年境外到沪商业和交流演出共700批次(不包括歌舞娱乐场所演出)。俄罗斯克里姆林宫芭蕾舞剧院、德国柏林爱乐乐团、英国BBC交响乐团、以色列爱乐乐团、维也纳童声合唱团、法国钢琴家理查德・克莱德曼、德国小提琴家索菲・穆特等名家名团纷纷到沪演出。被世界"瓦格纳界"誉为最优秀的演绎版本瓦格纳歌剧《尼伯龙根的指环》由德国科隆歌剧院和科隆爱乐乐团在上海大剧院上演两轮;英国皇家利物浦爱乐乐团在上海音乐厅举行中国首演,演出纪念约翰・列侬诞辰70周年和披头士乐队组建50周年的经典曲目20首,都受到上海观众热烈欢迎。

三、中外文化交流和展览

上海从20世纪80年代中期起,开始举办多边国际艺术交流活动,为中外文化交流合作搭建舞台。1987年5月30日—6月16日,上海首次举办"'87上海国际艺术节",美国、日本、苏联、加拿大、澳大利亚、波兰、墨西哥7国和中国香港地区的芭蕾、冰上芭蕾、音乐、歌舞等16个艺术团组和上海各文艺团体共同参加这次艺术交流盛会。8月,"首届上海国际儿童音乐舞蹈交流演出"举行,来自美国俄克拉荷马州、日本大阪等地区的7个儿童艺术团体800名小演员,同台演艺100多个节目,表现"和平、友谊、健康"的主题。11月,上海市首次举办"上海国际音乐比赛——1987・中西杯・中国风格钢琴作品创作及演奏",上海和来自日、美、苏、加、澳等12个国家的134位作家的181部作品参赛,这是国际乐坛第一次规定以一个国家和地区的风格进行创作的音乐大赛,唤起世界乐团对中国音乐的关注。1991年,上海举办"'91上海・亚洲音乐节",中国和日本、朝鲜、韩国、泰国、马来西亚、菲律宾、蒙古、印尼、新加坡10国歌手共同参加"亚洲大众歌曲创作演唱比赛",并举办亚洲地区音乐文化展览会和研讨会。1993年5月,上海举办"第一届上海国际魔术节",云集世界各国杰出的魔术大师和国内各地魔术高手。1997年,"'97上海国际魔术节暨首届上海国际魔术比赛"于4月11—16日隆重举行。此外,上海还先后创办上海国际广播音乐节、上海国际电影节、上海国际服装文化节、上海艺术博览会、上海电子艺术节、中国国际动漫游戏博览会等大型国际性艺术节,以及上海双年展、上海动画漫画展览会、上海国际芭蕾舞比赛、上海国际茶文化节等大型国际文化交流活动。这些国际文化交流活动每年或隔年举办,规模越办越大,参加的国家和地区越来越多,参与活动的上海和中外艺术家越来越广泛,国际影响也越来越大,有的已成为国际上的顶级品牌,成为上海人民喜闻乐见的重要节日。其中,上海国际电影节在世界各国举办的上百个国际电影节中脱颖而出,成为目前A类12个国际电影节中的1个。自1993年举办首届上海国际电影节起至2010年,已举办13届,在国际上享有很高的知名度和很强的吸引力。2010年,吸引世界80多个国家和地区,报名影片2 327部,其中短片928部,共有近30万人次参与这一电影盛典。中国上海国际艺术节是上海每年定期举办的唯一国家级艺术节。1999年,由文化部主办、上海市人民政府承办的首届中国上海国际艺术节拉开帷幕。艺术节期间,集中展演国内外优秀剧目32台,其中外国和中国港澳台地区15台、中国大陆17台。另有国内外祝贺剧目21台,同时还有国际性演出交易会、非洲艺术大展、外国艺术家进社区等活动。至2010年,艺术节已连续举办12届,先后与世界上享有盛誉的爱丁堡、阿德莱德、布拉格之春、墨尔本、新加坡等30多个艺术节建立联系,与10多个艺术节密切合作,并与世界100多家演出经纪公司和50多个著名演出团体建立合作交流关系。中国上海国际艺术节已成为国内外影响最大、国际参与程度最高的国际艺术节之一。上海还通过合作演出和举办研讨会等形式搭建交流平台，提升中外文化交流水平。2010年，由上海话剧艺术中心联合英国越界剧团，与法国、印度、瑞典等五国艺术家同台参演的《东寻记》在英国伦敦西区SOHO剧院举行全球首演，这是中国话剧第一次登陆全球戏剧地标之举。上海交响乐团与纽约爱乐乐团在美国纽约中央公园首次联合演出，共庆上海世博会召开。由上海芭蕾舞团与法国时装设计师皮尔·卡丹联合制作的时尚芭蕾舞剧《马可·波罗——最后使命》在上海大剧院首演，该剧由皮尔·卡丹任服装和舞美设计，法国巴黎歌剧院演员约瑟·马丁内兹任编导，美国作曲家丹尼尔·沃克谱曲，获上海新剧目展演优秀作品奖，并被选为第十二届中国上海国际艺术节开幕式剧目。同年，上海举办"世界音乐厅运营发展高峰论坛""首届上海演艺高峰论坛"，中国、美国、英国、日本、新加坡等国家和地区的城市剧院和音乐厅总裁、艺术总监、演艺机构代表、专家学者、演艺工作者等就演艺方面问题进行探讨。

图4-2-4　2002年12月1日，第4届上海国际艺术节举办多明戈(左)专场演唱会

图4-2-5　2007年10月6日，智利圣地亚哥芭蕾舞团在上海国际艺术节芭蕾精品晚会上演出

图4-2-6　2009年6月13日，国际影星哈瑞·贝莉(左二)和美国著名黑人音乐艺术家昆西·琼斯等参加上海电视节

图4-2-7　2009年10月18日，美国哈勒姆青春合唱团与上海市少年宫小伙伴合唱团交流演出在沪举行

表4-2-6　2010年上海市主要文化节庆一览表

序号	名　称	创办时间	举办届数	主 办 单 位	协 办 单 位
1	上海之春国际音乐节	1960年	27	上海市文广影视局、市文联、市文广影视集团	上海市文广传媒集团、市音乐家协会、上海音乐学院

(续表)

序号	名　称	创办时间	举办届数	主办单位	协办单位
2	上海电视节	1986年12月	16	国家广电总局、上海市政府	上海市文广影视局、市文广影视集团
3	上海旅游节	1990年9月	21	上海市旅游局、市文广影视局、市经委	
4	上海国际电影节	1993年10月	13	国家广电总局、上海市政府	市文广影视集团
5	上海国际茶文化节	1994年	17	闸北区政府、中共上海市委宣传部、上海市旅游局、市农委、市侨办、市外办、市文明办等14个单位	
6	上海国际少年儿童文化艺术节	1994年7月	5	中国福利会、上海市人民对外友好协会、中国宋庆龄基金会	
7	上海国际服装文化节	1995年	16	上海市人民政府	
8	上海艺术博览会	1997年	14	上海文化发展基金会	
9	上海国际花卉节	1998年4月	7	上海市旅游委、市园林局、普陀区政府	
10	上海宝山国际民间艺术节	1998年	6	宝山区政府	
11	中国上海国际艺术节	1999年11月	12	中国文化部	上海市政府

资料来源：《上海年鉴》。

四、学术交流

改革开放前，上海的专家学者参与国际学术交流较少，至多以讲学、科研等参与一些国际学术活动。随着改革开放的深入，上海已把积极参与国际学术交流作为了解世界学术动向的主要途径，各类专家学者参与国际学术交流活动日渐增多，并且伴随着中国经济的快速增长，中国与世界经济关系的各类问题越来越受到国际学术界的关注，有关中国主题的学术交流不断增多，在沪举行各类大型国际学术交流活动蓬勃兴起，各个高校、科研机构的校际学术交流也日益频繁，在各类国际学术刊物上发表的学术论文和参与人数呈现逐年递增趋势。20世纪70年代，上海在医药卫生领域参与国际学术交流活动较多。1973年2月，上海市第六人民医院骨科主任陈中伟出席在肯尼亚举行的东非三国医学会议，作《断手再植》报告。1975年9月，上海第二医学院附属仁济医院胸外科教授王一山在英国爱丁堡国际外科学术会议上作《在针刺麻醉下进行体外循环心内直视手术》学术报告。1978年，上海第一医学院附属中山医院肝癌研究室汤钊猷在第12届国际癌症会议上作《肝癌切除手术》学术报告。这些报告都受到各国与会专家和国际医学界重视，美国纽约斯隆凯特令癌症中心授予汤钊猷等3人"早治早愈奖"。

20世纪80年代，上海专家、学者的学术报告日益受到国际社会重视。1982年8月，骨科专家于仲嘉在法国里昂第七届国际显微外科学士会议上所作《再造手》技术报告获大会首奖。1984年5月，寄生虫病学毛守白教授被日内瓦第37届世界卫生大会授予里昂・伯钠尔基金奖，这是中国及西太平洋地区获此奖第一人。同月，血液专家赵桐茂向第九届国际白细胞分型讨论会报告在中国人中检出两个世界上还未被发现的 CSH1 和 CSH2 新抗原，为全体与会者重视。1985 年 7 月，骨科专家陈中伟参加在巴黎召开的国际显微重建外科学会，被推为这届学会的主席，1986 年 1 月又被第三世界科学院推选为该院院士。20 世纪 90 年代后，上海经济社会发展的巨大变化，像一扇开启的窗户向世界展示中国改革开放的伟大成就，引起世界各国政府和专家、学者对中国的高度关注，在沪举办的国际学术活动不仅包括经济、科技、教育、卫生、法律、哲学等，也包括社会、文化、金融等其他许多领域，涉及范围和内容越来越广。

20 世纪 90 年代举办的有“国际灾难与急救医学会议”，“联合国问题”国际研讨会，“社会变迁中的妇女问题”国际学术研讨会，地球的人口与环境国际学术会议暨国际地球村学会第四次年会，第五次东亚地区经济合作学术研讨会，主题为“迎接挑战，抓住机遇，把一个长期稳定和繁荣的亚太地区带入 21 世纪”的亚太经社会成立 50 周年研讨会，“’97 世界管理大会”“第三届亚洲地区青少年问题国际研讨会”“亚洲经济、安全与合作研讨会”“第四届亚洲地区青少年问题国际研讨会”“面向 21 世纪中美关系研讨会”“儒学面向当代和 21 世纪”国际学术研讨会等。

21 世纪前 10 年举办的有：“21 世纪世界企业孵化展望和技术创新大会”“第三届国际人类基因组织亚太地区会议”“第四届亚太人类遗传学会议”“亚太金融学会第七届年会”“‘9・11’之后的大国关系国际学术研讨会”“首届世界规划院校大会”“第三届国际金融中心研讨会”“第二十七届南极研究科学委员会大会”“缓和与合作：东北亚国际关系 30 年国际学术会议”“法人犯罪理论与实践问题国际研讨会”“人口与可持续发展战略”国际研讨会，“世界港口大会”“全球契约中国峰会”“第三届中外大学校长论坛”“联合国改革与全球治理——亚欧视角”国际学术研讨会，“金融市场功能与金融中心建设”国际研讨会，“城市发展国际论坛”“第二届国际领导论坛”，“城市经济与土地政策”国际研讨会，“第一届管理创新国际会议”，“全球化和大都市区发展论坛”国际学术研讨会，第一届“东亚音乐：历史进程中的传统与当代”国际学术研讨会，主题为“经济全球化与亚洲的选择：转型・增长・福祉”的上海论坛，亚太科技峰会，第九届世界管理大会，第十八届世界翻译大会，“中美危机预防与合作”国际学术研讨会，“全球化、价值观与多元主义”国际学术研讨会，新媒体产业国际研讨会，第五届高等教育改革国际研讨会，主题为“经济全球化与自主创新”的浦江创新论坛，“第十三届亚洲化学大会”，“全球金融危机与亚洲金融体系”国际学术研讨会，“反腐败：经验与启示”国际学术研讨会，“全球绿色经济峰会”“学术影响力研讨会”等。这些国际会议已成为中外学术交流很好的平台，具有很高的学术价值。

始于 20 世纪 80 年代逢单年在沪举行的国际海事技术学术会议，已连续举办 15 届，早已成为享誉国际航运界海事领域的盛会。始于 2001 年的亚太地区城市信息化论坛，围绕城市建设每年一个主题，已成为以亚太地区为主的国际城市相互学习、探讨共同发展的良好途径。始于 2008 年的陆家嘴论坛，每年围绕全球金融发展中的问题展开深入研讨，已成为国际金融界影响较大论坛之一。2005 年举办的第四届亚洲研究学者大会，有来自 80 多个国家、600 多家学术机构的学者共 1 400 多人与会，会议围绕“亚洲的未来”这一主题，从经济、社会、宗教、哲学、文学、历史、城市化、全球化等方面，设 250 多个专题展开讨论，向大会递交 1 200 多篇具有一定价值的学术论文。

在这些中外学术交流中，由中国经济快速增长而引发的中国与世界关系成为中外学术界热议的话题。如 20 世纪 90 年代召开的有“迈向 21 世纪浦东发展——高新技术产业发展战略国际会议”“中国经济增长对经济格局的影响国际研讨会”，“世界贸易组织与中国经济”国际会议，“长江流域基础设施建设”国际会议，“孙中山与现代文明”国际学术讨论会，“世界贸易组织与中国服务贸易研讨会""首届汉语言学国际研讨会""'98上海远距离开放教育国际研讨会","莎士比亚在中国——演出与研究"国际研讨会,"上海高层建筑消防安全"国际学术研讨会,"中国城市的未来:面向21世纪研究议程"国际研讨会,"儒学面向当代和平共处21世纪"国际学术研讨会,"长江三角洲区域发展"国际研讨会,"知识产权与上海长江下游地区经济发展"国际学术研讨会,"'99中国企业高峰会"上海会议等。新世纪前10年在沪举办的有,"走经济全球化的发展之路:中国在新世纪的机遇和挑战"国际学术研讨会,"中国慰安妇问题"国际学术研讨会,"中美关系历史与现状"国际学术讨论会,"亚太地区与中日关系"国际学术研讨会,"上海及长江三角洲地区合作与发展"国际研讨会,"上海金融的现代化与国际化"国际学术讨论会,"第十二届世界华文文学国际学术研讨会""第七届国际汉语教学讨论会","东亚汉文化圈与中国关系"国际学术会议,"国际视野下的中国史学"国际史学研讨会,"冯契与21世纪中国哲学"国际学术研讨会,主题为"中国软件工程和谐融入世界"的第二十八届国际软件工程大会,"城市最佳实践"的世博会国际论坛,"国际儒学高峰论坛","世界格局中的中国金融"的首届陆家嘴论坛,"应对老龄社会的挑战:国际经验与上海选择"国际学术研讨会,"中国当代文学六十年"国际学术研讨会,"21世纪'法律与社会'运动在中国——关于秩序重构的跨学科对话"国际研讨会,"从江南看中国:文学与历史"研讨会等,这些有关中国问题的中外学术交流,扩大了中国影响,也极大激发世界各国学者、专家对中国研究的兴趣。始于2004年举行的世界中国学论坛,就是一个高层次、全方位、开放性的国际学术平台。该论坛每两年举办一届,前3届共计有来自30个国家和地区的近450名海外学者和500余名中国大陆学者到会参与学术讨论。同时,50余个国家的外交机构和智库代表与会,百余家中外知名媒体对论坛展开报道。在2010年举行的第四届世界中国学论坛上,共有来自20多个国家和地区的280名国内外学者参加,首次颁发"中国学研究贡献奖",有俄罗斯、日本、法国和美国的学者获此殊荣,表明中国学研究领域第一次有了中国人的学术评判标准的国际奖项。

上海各大专院校和科研机构的专家学者、研究人员是改革开放后开展中外国际学术交流的主要力量。上海高校与外国高校之间的校际交流合作关系在20世纪80年代有了很大发展。据不完全统计,1978—1989年,上海有29所高校先后同五大洲的33个国家及中国香港、澳门地区360所高校和相关科研机构建立校际交流合作关系,签订校际合作协议书400多项。20世纪90年代头几年,上海一些高校又与俄罗斯、韩国、新加坡、越南、新西兰、以色列6国的40多所高校签订校际交流协议书。1994—2000年,上海高校共有6 172人次参加各类国际学术会议,在各类国际学术刊物上发表的学术论文达5 547篇,参加人数和发表论文数均呈逐年上升趋势。进入21世纪,上海的一些高校和研究机构已在中外学术交流中崭露头角,成为有国际影响力的学术研究单位和机构。复旦大学每年都要举办数十次国际学术会议,派遣数百名专家、学者出国访问,参加国际学术会议、讲学或进行其他学术交流活动。据不完全统计,2001—2004年,复旦大学共主办179次国际会议,包括"国际数学联盟执委会会议""国际合成金属会议""第七届世界对外汉语教学会议"等高规格、大规模的国际学术会议,派遣人员出国参加国际学术会议3 599人次,专家、学者在国外学术刊物发表的学术论文3 572篇,已成为国际上具有影响的学术中心之一。同济大学为加强与德国的学术交流,专门成立德国学术中心。该中心成立以来,不定期举办各类专题研讨会和讲座,还设立"中德学术论坛",为国际学术交流提供全方位的交流平台,已成为上海对德学术交流的主要基地。上海交通大学的对外学术交流也十分活跃。21世纪前10年,上海交通大学及其所属各院校共举办各类国际会议、学术研讨会等近400场,其中三分之二的会议规模在100人次以上,中外方有6万余名专家、学者、教师及有关人员参加涉及经济、商贸、医学、卫生、能源、电信、国际政治、广播电视、物理、生物、农业等领域的交流。上海社会科学院、上海国际问题研究院等研究机构在对外学术交流中也发挥重要作用。由上海社会科学院主办的世界中国学论坛，已成为国际上较有影响的中国问题研究论坛。该院每年还与国内外有关单位合作，主办、协办或联合举办各类大型国际学术活动。21世纪前8年，该院举办的各类国际学术会议100余次，邀请万余名外国学者到沪访问、交流，派遣千余名专家、学者出国开展各类学术交流活动。上海国际问题研究院每年组织的国际关系研讨会都有10多个，为"二轨"外交和高端学术外交搭建桥梁。这些研讨会的嘉宾来自世界各地，议题涵盖国际问题研究的各个方面。不少研讨会在国际已产生一定影响。2010年，该院还利用上海举办世博会的契机，邀请国外著名学者、智库和研究机构人员到沪交流、举办学术研讨会，其中包括美国顶尖的中美问题专家、美国外交关系委员会主席、德国国际与战略研究所所长等，交流活动均取得积极成果。

第三节　卫 生 体 育

医疗卫生事业是社会发展的重要方面。在20世纪五六十年代，上海与世界各国就有专家学者互访、出席和举办国际医学会议、互派进修生等一些交流活动。改革开放以后，上海与世界卫生组织、联合国开发计划署、联合国儿童基金会、世界人口活动基金会、世界银行等国际组织建立多边合作关系，与日本横滨、大阪，美国旧金山等友好城市及许多外国友好团体开展医学方面的合作。随着上海医疗卫生事业的各项改革不断深入，上海与世界各国、各地区和国际卫生组织的沟通交流不断增强，合作关系日趋密切，国际合作研究项目和国际医疗卫生专题研讨会接连不断，民间医疗合作也得到长足发展，援外医疗取得显著成绩。至2010年底，上海有各级各类卫生机构3 270个，其中中外合资合作医疗机构18家，床位521张，世界卫生组织合作中心19家。与此同时，上海体育事业在积极开展对外交流基础上，国际竞争力和国际影响力也不断增强，与国际社会交流合作的路子越走越宽，不断呈现出巨大的活力和潜力。不少国际体育组织纷纷看好上海，在沪举办的国际体育赛事也越来越多，上海在中国体育领域的重要地位日益显现。2010年，在上海举办的国际性比赛共27个项目38次。其中一级方程式赛车世界锦标赛中国大师赛、ATP1000上海大师赛、国际田联钻石联赛上海站、世界斯诺克上海大师赛、世界高尔夫锦标赛等长期落户上海，与上海国际马拉松赛形成上海市社会经济效益俱佳的六大精品赛事。

一、与世界卫生组织等国际组织的合作

1978年10月，中国卫生部与世界卫生组织签订卫生技术合作备忘录后，中国卫生部向世界卫生组织推荐一批医疗、教学、科研单位，作为世界卫生组织的合作中心。1980年3月，自中国预防医学科学院寄生虫病研究所被世界卫生组织命名为疟疾、血吸虫病和丝虫病合作中心后，至1993年底上海有这样的合作中心已占世界卫生组织在中国的合作中心总数的三分之一强。合作中心致力于相关医学科学技术的研究，开发国际交流合作，并担负着培训人才的任务。嘉定县初级卫生保健合作中心为非洲10多个国家培训人才，介绍中国基层卫生工作经验。上海中医学院作为传统医学合作中心举办国际针灸班，每年举办2—3期，共计为60多个国家和地区培训学员1 500余人，许多学员回国后开展针灸科研与实践，在所在国家和地区赢得信誉。上海计划生育科学研究所作为世界卫生组织合作中心之一，多年来以其为计划生育作出的业绩，赢得世界卫生组织重视和支持，获

得该组织资助600万美元,被视为成功合作的范例。同期,上海医疗卫生和一些医学科研、教育单位与国外相应机构和单位逐步建立和增进对口交流合作关系。上海第一医学院自1980年起先后与美国纽约州立大学下属医学中心、得克萨斯大学医学院建立校际联系。这所学院的一些教研室与美国的斯坦福大学、加州大学和杜邦公司等单位及其下属机构开展三维图像研究、针刺原理研究、老年痴呆病研究、控制和治疗血吸虫病及丝虫病研究等多项科研合作。上海第二医学院先后与美国堪萨斯城大学、加州大学旧金山分校医学院、旧金山州立大学先进医学技术中心和法国巴黎第五大学、里昂法中交流学院、马赛医学院等9所高等医学院建立校际联系或签订科研交流项目协议书。上海中医学院与日本川崎学园建立友好校际关系后,为川崎学园学习中国传统医学及在川崎医疗短期大学创建针灸系提供教学计划、教材和师资,川崎学园为中医学院提供现代化医学技术手段,双方互派考察团、讲师团,开展合作交流。同时,上海卫生部门和一些医疗单位还与外国相应机构、团体和企事业单位多次在上海联合举办各种医学讲习班、研讨会、学术报告会等,至1993年共举办100多期,吸引中外双方几百名专家学者积极参与。1994年以后,上海与世界卫生组织的合作不断发展,至2010年,先后又有老年社区医疗保健、院前急救研究和培训、基因合成表达、卫生技术评估和管理等新的世界卫生组织合作中心在上海挂牌,至此,上海共有19个世界卫生组织合作中心。这些合作中心在卫生信息交流、技术服务、专业研究、人才培养等领域发挥重要作用,也为全球公共卫生的发展作出贡献。上海各合作中心承担的多项合作课题,入选中国/世界卫生组织(WHO)双年度合作项目,获得世界卫生组织的资助。1999年,在国家卫生部的指导下,上海各合作中心发挥各自的学科专业优势和特点,在健康教育、人才培养、老年保健、社区服务、精神卫生急救医疗等方面扩大与世界卫生组织、世界银行、欧盟等国际组织的合作,进一步取得新的进展。同年10月,在世界卫生组织和国际气象组织联合举办的"热浪/健康监测预警系统"研讨会上,根据会议达成的理解备忘录,上海市卫生局获得世界卫生组织2万美元资助,并选派专人赴美参加项目设计培训。2004—2005年度,上海市卫生局多个学科重点领域项目获世界卫生组织资助,"首发精神病患者的全程病案管理系统""改善初级保健网络抑郁患者的预后"和"大城市HIV/AIDS""社区慢性病管理系统研究""城市流动人口性传播疾病干预模式探讨"5个研究项目经卫生部和世界卫生组织评审批准,共获19万美元资助。2006—2007年度,上海合作中心与世界卫生组织合作完成的"建立消除偏见家庭康复后于一体的精神病治疗模式""强化城市精神疾病的社区预防"课题研究,获得世界卫生组织6.5万美元的经费资助。2008—2009年度,上海市卫生局承担的"上海社区卫生服务能力提升的政策研究与实践"项目,获得世界卫生组织正规预算项目金额10万美元的资助。上海是中国和西太区唯一建立世界卫生组织合作中心主任年会制度的城市,每年一度的合作中心主任会议进一步加强上海与世界卫生组织的交流合作。2007—2010年,上海共举办4届世界卫生组织合作中心主任会议,世界卫生组织西太区主任申英秀、前任世界卫生组织驻华代表韩卓升、世界卫生组织驻华代表兰睿明、卫生部国际合作司领导等参加这几届合作中心主任会议,对上海的世界卫生组织合作中心发展表现出高度重视。2010年上海世博会期间,世界卫生组织西太区主任申英秀和世界卫生组织总干事陈冯富珍分别访问上海,参观上海世博会,考察上海医疗卫生工作,在沪停留时间之长、活动之多,在世界卫生组织领导对世界各地考察中情况少有。

二、合作办医

改革开放前,上海的医疗卫生事业基本都是国家投入,对外也仅仅停留在互访、交流阶段。改革开放为上海医疗卫生事业吸收、利用外资创造了条件，争取国际社会多种形式的援助和以合资、合作、项目融资等形式创办医疗机构是上海医疗卫生事业一大突破。通过吸引、利用外资，有效增加卫生投入，引进国外先进医学科学技术和先进仪器设备，对支持和保障卫生战略重点实施，改善医疗、教学和科研等方面条件，培养和造就高级医疗技术人才，促进上海医疗卫生事业发展起到积极推动作用。从20世纪80年代起，上海在发展医疗卫生事业中通过官方、民间渠道和国际组织，获得多种形式的资助，据统计，1984—1993年，世界卫生组织项目经费资助800多万美元，美国、日本、奥地利等国捐赠3 000多万美元，世界银行及外国政府贷款1 100万美元，一些外国机构、团体和境外人士提供的资助和捐赠合计5 000多万美元。这些款项用于建立医学研究中心、医学楼、外宾病房，引进医疗仪器设备，培训人员，进行技术合作和教学改革等，为进一步提高疾病诊断、治疗和科研水平提供了良好条件。1995年，瑞金医院卢湾分院(原卢湾区中心医院)利用以色列贷款购置当时比较先进的美能公司“NORIZON1000型心电监护设备”，合同金额115 513.35美元，用于该院心内科的各种严重心律失常、急性心肌梗死、休克、心衰等患者，在临床工作中发挥重要作用。1996年，宝山区仁和医院利用奥地利政府提供的500万元贷款，购置包括放射科设备、CT室设备、重症监护病房设备、手术室设备、口腔科设备、检验科设备、全自动蒸汽消毒系统、内窥镜及超声诊断仪等医疗设备和仪器，开展一些新技术、新项目，如加强冠心病监护室工作，开展心肌梗死病人早期溶栓治疗，临时和永久双腔心脏起搏器安装、颅脑外伤手术等，使医院的服务功能更加完善。从1996年开始实施的世界银行贷款疾病预防健康促进项目(卫Ⅶ项目)，为期8年，项目总投资4 041.68万元人民币。项目针对非传染性慢性病、意外伤害、性病、艾滋病，以社区为基础，结合工厂、学校和医院等重点场所，利用疾病防治和健康教育体系，采用健康促进手段进行疾病预防，改变人群的行为生活方式，控制危险因素和发病趋势，使上海慢性病防治工作在人才培养、机构、网络、政策、策略和模式等方面形成可持续性发展的新格局。1997年，上海市血液中心利用中芬两国政府合作批准的500万美元无息贷款，引进包括血液生化仪、酶标仪、辐照仪、血小板振荡仪、超低温冰箱和组合式冷库等血液检测完全电脑自动化的先进设备和改善献血综合大楼环境的硬件设施，并选送一批青年技术骨干到芬兰等欧洲发达国家的血液中心进行培训，为输血科学的研究和血液质量的提高起到非常重要的作用。1999年，由美国希望基金会无偿资助的2 500万美元、市政府配套3.2亿元的上海儿童医学中心正式建成，国家主席江泽民为该院题写院名，美国总统克林顿夫人希拉里参加揭幕仪式，这是中美两国在卫生领域的成功合作。2000年，上海市医疗急救中心借助日本政府300万美元的无偿援助，实施“全国急救人员培训中心”建设项目，为中心引进先进的救护车、培训设备、通信设备等，使其成为一个具有现代化功能的120指挥调度系统和一个具有完善功能的全国急救人员培训中心。此前，上海市第六人民医院曾获得日本政府无偿捐赠约6 000万元的医疗仪器设备。2001年启动的由意大利政府无偿援助、总投资200万美元的“院前急救人员培训项目”，其中33万美元用于“上海市医疗急救中心能力建设”项目，与之配套的医疗急救车及急救设备等全部到位，至2003年该项目完成，达到预期目标。1994年以后，以中外合资、中外合作等形式举办的医疗机构逐步增加。2000年，随着卫生部、外经贸部关于《中外合作、合作医疗机构管理暂行办法》的出台，各种以满足人民群众多层次、多样化的医疗服务需求为目标的合作医疗机构迅速发展。截至2010年12月，全市共有中外合资、合作医疗机构18家，其中综合性医院6家、专科医院2家、综合门诊部6所、专科门诊部4所，共有床位521张，初步形成投资主体多元化的办医格局。

表 4-2-7　2002—2010 年上海市中外合资合作医疗机构情况表

序号	机　构　名	地　　址	床位(张)	开业时间
1	上海集爱遗传与不育诊疗中心	上海市方斜路 588 号	0	2002 年 8 月 28 日
2	上海厚诚口腔医院	上海市长乐路 666 号	0	2002 年 8 月 28 日
3	上海广慈纪念医院	上海市瑞金二路 197 号	40	2003 年 2 月 25 日
4	上海瑞新医疗中心	上海市南京西路 1376 号	0	2003 年 4 月 11 日
5	上海瑞林诊所	上海市仙霞路 88 号一楼、三楼	0	2003 年 5 月 6 日
6	上海新瑞医疗中心	上海市重庆南路 149 号裙房二楼、三楼	20	2003 年 6 月 16 日
7	上海瑞虹诊所	上海市虹许路 788 号	0	2003 年 6 月 16 日
8	上海逸仙医院	上海市枫林路 180 号	46	2003 年 7 月 7 日
9	上海东方联合医院	上海市浦东南路 551 号	50	2004 年 6 月 25 日
10	上海和睦家医院	上海市长宁区仙霞路 1139 号	25	2004 年 10 月 19 日
11	上海全康医疗中心	上海市静安区南京西路 1788 号 3 层 02、03 单元	0	2005 年 4 月 25 日
12	上海瑞东医院	上海市浦东新区锦绣东路 120 号	90	2005 年 5 月 21 日
13	上海伽玛医院	上海市吴中东路 518 号	100	2005 年 8 月 9 日
14	上海华顺医院	上海市乌鲁木齐中路 12 号	150	2005 年 8 月 9 日
15	上海森茂诊所	上海市浦东新区陆家嘴环路 1000 号汇丰大厦三楼 03-132 号	0	2006 年 3 月 29 日
16	上海百汇华鹰门诊部	上海市黄浦区南京西路 389 号 4 楼南侧(明天广场裙房内)	0	2007 年 2 月 14 日
17	上海百瑞肿瘤门诊部	上海市卢湾区重庆南路 149 号	0	2008 年 4 月 23 日
18	上海美兆门诊部	上海市长宁区延安西路 2558 号	0	2009 年 7 月 24 日

三、国际研讨和交流

国际研讨和交流最早也是从医学领域开始进行的,这是上海医疗卫生事业不断拓展国际视野,提高医疗水平的主要渠道之一。从 20 世纪 80 年代起,上海开始承办和举办国际医学学术会议开展国际研讨和交流。1980 年 6 月,在沪召开的“基层妇幼保健组织区间讨论会”有 13 个国家的代表和世界卫生组织西太区、欧洲区妇幼卫生顾问共 20 多人与会,此为上海首次举办国际医学会议。1986 年 1 月,在沪举行的“国际肝癌肝炎医学会议”,是首次由中国筹办的大型国际医学学术会议,中国和来自世界 15 个国家的专家、学者与会。1987 年 5 月,在沪首次举办的中医药国际学术会议及展览,全面系统地展示中医药学术和临床研究的最新成果,中外专家、学者 450 余人与会。20 世纪 90 年代,在上海举办的各种国际性医学学术会议越来越多。1990 年 10 月,来自 18 个国家和地区的代表云集上海,参加世界卫生组织区域性初级卫生保健质量保障会议,并参观考察上海初级卫生工作做得较好的嘉定县三级医疗卫生保健网。1992 年 10 月,65 位来自世界 10 多个国家和地区的专家、学者在沪参加“国际遗传病分子生物学会议”,此为在中国举行的这一领域最高水平的国际学术会议，世界上5位科学家就这一领域最感兴趣的课题作了特邀报告和发言，中国12位中青年科学工作者宣读具有国际先进水平的学术论文，会议还出版收有112篇国际先进水平的学术论文集。1995年，来自20多个国家和地区的150多名卫生行政官员、医院院长、学者教授以及有意投资于中国卫生事业的国外人士出席在沪召开的“中国国际医疗卫生和发展会议”。同年，上海首次举办的“国际灾难与急救医学会议”，以灾难与急救医学为主题开创国内国际学术会议先例，有24个国家和地区的300多名代表与会。1997年3月，为期3天的“第三届中法医药学大会”在沪举行，中法两国700名专业人员出席会议，并草签中法医药卫生领域的合作备忘录。1998年，“血管紧张素转氨酶抑制剂(ACEI)治疗高血压心衰新发展沪港医学研讨会”“沪港输血服务研讨会”“'98上海—新加坡医疗康复研讨会”“上海中日外周血干细胞移植学术研讨会”“先进放射治疗系统——MM50研讨会”“中英医院信息研讨会”6个国际学术研讨会先后在上海举行。

进入21世纪，上海与国际各类机构合作举办的学术研讨活动更趋活跃，医疗卫生领域的中外交流更加广泛和深入。如，2000年的“中国—欧盟性病艾滋病防治政策研讨会”和“老龄化社会的社区卫生保健国际会议”；2001年的“中国国际血吸虫病学术交流会议”和“国际输血协会第11届西太区大会”；2002年的“大城市医疗服务的组织与管理——世界卫生组织神户中心上海特别研讨会”和“第七届环太平洋地区传染病会议”；2004年的“世界卫生组织西太区委员会第55届会议”；2005年的“上海国际健康城市论坛”“中法文化年中法医学卫生研讨会”“中国瑞典医疗卫生研讨会”“上海—萨格勒布公共卫生研讨会”；2006年和2007年的“2006年中泰传统医学学术研讨会”和“首届中泰传统医药应对糖尿病的挑战”专题学术研讨会；2008年的“中英(上海)公共卫生应急研讨会”，“中法巡回医学日”活动和“第二届中泰(上海)传统医学研讨会”；2009年的“上海世博会公共卫生保障国际研讨会”和“上海烟草控制国际研讨会”等，反映地域广、议题深的特点。其中，“国际输血协会第11届西太区大会”有来自国内外的有关官员和专家1 000余人出席会议。“世界卫生组织西太区委员会第55届会议”为历届世界卫生组织西太区委员会年会中与会人数最多的一次。副市长杨晓渡在“大城市医疗服务的组织与管理——世界卫生组织神户中心上海特别研讨会”会上作《为人民健康：构建现代化的城市医疗服务体系》的专题报告。2010年上海世博会期间，上海共举办和承办“中国—意大利政策培训项目——医疗卫生行业专场推介会”“中法合作急救医疗研讨会”、瑞士“巴塞尔健康日”、芬兰“共享健康——追求美好生活”专题研讨会、法国罗-阿大区“健康”

图4-2-8　2010年6月25日，“第四届中泰(上海)传统医学研讨会——传统医学在肿瘤与关节疾病中的应用”在上海中医药大学附属龙华医院举行

图4-2-9　2010年8月10—11日，城市与健康国际论坛在上海世博中心举行

专题周、欧盟“健康城市”、“第四届中泰(上海)传统医学研讨会——传统医药在肿瘤与关节疾病中的应用”、“意大利医疗卫生体系之托斯卡那模式及政策培训项目”研讨会、“上海市卫生行业世博论坛”“城市与健康国际论坛”“第三次中加卫生联合委员会会议”“第二次中加卫生政策对话会议”“中瑞和谐健康论坛”等13个各类国际研讨会、论坛和活动。这些会议和活动拓展交流范围和对外交流合作渠道，扩大信息和经验收益范围，促进国际社会对上海医疗卫生事业的了解和认知。

四、援外医疗

援外医疗是国家外交政策的重要组成部分，也是开展与第三世界国家合作交往的重要内容。上海的援外医疗工作增进了中国与受援国政府和人民之间的友好情谊。上海从20世纪60年代起就派员参加中国援外医疗队，1965年开始单独组派援外医疗队，并派遣两批援索马里医疗队，共30人。20世纪70年代，上海派出援阿尔及利亚、多哥、摩洛哥、柬埔寨医疗队12批206人。20世纪80年代，上海援多哥、摩洛哥、利比亚医疗队27批310人，其中赴摩洛哥各地区的医疗队就有24批286人。据不完全统计，至1993年，上海共派出援外医疗队55个，医务人员712人，在索马里、多哥、摩洛哥、柬埔寨、利比亚5国共诊治各类病人268万人次，施行手术13.9万例，抢救危重病人1.9万人次，在医疗队接受针灸治疗的有56万人次，并于1973—1990年为医疗队配备和供应受援国开展医疗业务所需的药品、器械等物资，总值占全国提供援外医疗物资总金额的46%作为无偿援助。医疗队在受援国的工作点，大都设在远离首都的交通不便、条件艰苦、缺医少药的地区，医疗队员发扬“白求恩精神”，克服医疗物质条件和生活上的种种困难，为当地人民治愈大量的常见病、多发病和多种疑难杂症，被受援国政府和人民称为“白衣使者”和“最受欢迎的人”。1994年以后，根据中国和摩洛哥两国政府签订的关于中国派遣医疗队赴摩洛哥工作议定书的要求，上海医疗队在摩洛哥的医疗点逐步扩大至12个，常年在外队员121名。在30多年的援摩医疗工作中，队员们克服自然条件艰苦、医疗设施简陋、物资相当匮乏、任务非常艰巨等困难，诊治病人近505万人次、收治住院病人约54万人次、施行手术近37万例。在当地成功开展心脏手术、巨大肿瘤摘除、断肢再植等难度很大的医疗技术服务，挽救许多生命垂危的病人，创造一个又一个医学奇迹，填补当地多项医学史上的空白。2005年是中国向摩洛哥派遣医疗队30周年。在中国驻摩使馆的大力支持下，上海市卫生局与摩洛哥卫生部在拉巴特举行纪念中国援摩洛哥医疗队30周年暨中摩医疗学术研讨会，副市长杨晓渡率上海卫生代表团出席活动，来自瑞金医院、肿瘤医院、上海市第六人民医院、上海中医药大学等专家就卫生体制改革、医疗保险以及烧伤、创伤、肿瘤、急救、针灸、推拿等作专题演讲，为中摩双方在卫生领域的进一步合作作了新的尝试。截至2010年底，上海派遣援摩洛哥医疗队136批、1 460人次，是全国派遣援外医疗队规模最大、人数最多的省市之一。2004年12月底，印度洋发生海啸，受国务院委派，上海市卫生局在短短2小时内组建两支东南亚海啸卫生救援队，由来自上海市疾病预防控制中心、上海市第六人民医院、中山医院等医疗机构的15名高级医学专家组成卫生救援队代表中国紧急飞赴泰国。这是中国第一支以卫生救援队名义派出的医疗队伍，也是第一支抵达海啸受灾国家的国际卫生救援队。在泰国普吉岛为期9天的工作中，这支卫生救援队先后深入3个难民点、1个社区、1个学校和30个家庭开展卫生防病工作，向200多名灾区群众分发消毒剂，并提出加强灾区卫生、食品卫生和消毒隔离的工作建议，受到泰国卫生部门的高度重视和好评，圆满完成在印度洋海啸灾区的阶段性卫生救援任务。2007年12月—2008年3月，为落实国家主席胡锦涛在2006年中非合作论坛北京峰会上代表中国政府宣布在非洲30个国家设立疟疾防治中心

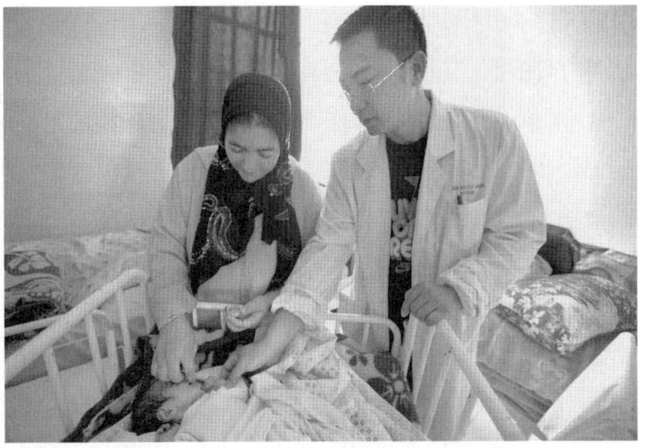

图 4-2-10　上海市卫生局援外医疗队在摩洛哥

的任务，由上海市疾病预防控制中心、瑞金医院、上海公共卫生中心、中国疾病预防控制中心寄生虫病研究所等单位组成的第一支援非疟疾防治专家组一行 5 人，在非洲乍得、布隆迪开展筹建、运行疟疾防治工作。在 90 多天内，专家组在中国驻受援国使馆的领导下，与当地卫生等相关部门共同努力，建立"中国—乍得疟疾防治中心"和"中国—布隆迪疟疾防治中心"，积极指导当地工作人员组建实验室，针对不同专业人员和普通百姓分别开展师资培训、技术演示和宣传，并在两国现场调研，提出疟疾防治工作的具体建议，得到国家卫生部的高度评价，为后续专家组工作提供宝贵的借鉴经验。

五、体育交流和赛事

上海作为中国体育的发源地，自改革开放以来，依托于城市综合竞争力和国际地位的不断提升，以前所未有的大发展实现上海体育的大突破、大跨越。上海体育在"建设亚洲一流体育中心城市"的战略目标指引下，积极走向世界，开展形式多样、内容丰富的对外交往活动，取得丰硕成果。上海城市的繁荣使上海体育赢得了更多的资源和发展机会，上海体育已成为上海国际化大都市不可或缺的重要组成部分，成为上海向世界展示国际化形象靓丽名片。1983 年，上海举行第一届全国运动会，国际奥委会主席萨马兰奇及国际各单项体育组织领导人应邀到访，目睹运动会所展现出的上海市城市活力与生机，让世界首先认识上海。1984 年 10 月在上海举办的第十届亚洲女子篮球锦标赛揭开新中国成立以来上海举办洲际比赛的序幕。1985 年在上海举办的第四届世界杯跳水赛开创上海有史以来举办世界单项锦标赛的先例。1993 年 5 月第一届东亚运动会成为上海历史上第一次举办国际性大型综合性运动会，是上海体育走向辉煌的见证。1994—2000 年，平均每年在上海举办的国际比赛 14.6 项，平均每年到沪参加比赛或访问的体育团队超过 200 个，分别来自世界上 60 多个国家和地区的 3 300 以上人次抵沪。2000 年以后，随着上海国际知名度的不断提升，一批高规格的国际体育赛事先后落户上海，使上海体育的对外交往达到顶峰，国际马拉松赛、世界黄金田径大奖赛、F1 汽车大奖赛、网球大师杯赛、汇丰高尔夫冠军巡回赛、世界斯诺克大师赛以及第 48 届世界乒乓球锦标赛、国际足联世界女子足球锦标赛、世界特奥会等先后在上海举办，这些赛事的影响之广、规模之大、级别之高、参赛人数和国家之多都是上海体育史上没有的。与此同时，在沪举办的国际体育研讨会、学术论文报告会、国际裁判员培训班等国际性会议日益增多，被邀请来沪讲学、进行学术交流、执教的外国体育专家、教授和教练也持续增加，一批国际体育机构、组织、商家也先后落户上海。2004 年，国际乒联在沪开设亚洲办事处，成为第一个落户上海的重要国际体育组织分支机构。2008 年，意大利帕尔玛足球俱乐部在上海市设立办事处，为上海百余名青少年足球教练进行培训。体育互访也是上海与国际友好城市开展地方交流的主要形式和内容，尤其是 21 世纪前 10 年，上海市体育局加强与国际友好城市政府或体育部门的互访，与具有明显强项和特点的友好城市签订相关交流合作协议，争取支持和借鉴，使双方的合作交流在运动训练、学术交流和赛事组织等方面范围越来越广、领域越来越深，程度越来越紧密。一大批上海涌现的世界级运动员,不仅为中国体育实现"零的突破"作出贡献,而且也成为上海对外交流的友好使者,姚明的高度、刘翔的速度、王励勤的力度、常昊的深度成为上海对外交往中举牌励志的响亮口号。

改革开放后,上海作为国际赛事举办地之一已越来越受到国际各体育组织的重视,不少级别高、影响大的国际赛事在上海落户生根,引来许多世界级大牌运动员云集参赛,更给这座城市增添国际大都市的韵味。概括起来这些赛事主要有四大类。

一是综合性运动会。如第一届东亚运动会,1993 年 5 月 9—18 日举行,来自东亚 8 个国家和地区的 1 283 名运动员参加 12 个项目的比赛和 1 个项目的表演,共接待 30 多个国家和地区 3 000 多名嘉宾以及全国 1 500 多名客人。国家领导人江泽民、吴邦国和国际奥委会主席萨马兰奇、亚奥理事会主席法赫德等出席开幕式。第 12 届世界夏季特殊奥林匹克运动会,2007 年 10 月 2—11 日举行,165 个国家和地区组团(含朝鲜观察团)与会,来自五大洲的参赛代表团共计 10 207 人,其中运动员 7 291 人参加包括游泳、田径、羽毛球、篮球、自行车、足球等 21 个大类项目的角逐。国家主席胡锦涛、冰岛总统格里姆松、菲律宾总统阿罗约、乌兹别克斯坦副总理伊纳莫娃和国际特殊奥林匹克委员会主席蒂姆·施莱佛等出席开幕式。

二是世界级重大赛事。上海国际马拉松赛,又名"东丽杯"上海国际马拉松赛,自 1996 年起至 2010 年已举办 15 届。比赛设全程、半程、10 千米跑和健身跑。参赛者系来自世界五大洲 42 个国家和地区以及中国国内 29 个省区市的马拉松选手和路跑爱好者,比赛规模呈逐年扩大趋势,参加人数也逐年增加。2010 年上海"东丽杯"国际马拉松赛有约 22 000 人参与 42 千米全程、半程马拉松跑,还有 10 100 人参加 4.5 千米健身跑。作为城市景观体育赛事之一,上海国际马拉松赛已成为全民健身节的一项重要活动。上海国际田径钻石联赛,创办于 2005 年,是国际田联正式批准的室外赛事之一,原名上海国际黄金大奖赛,2009 年 6 月 16 日,国际田联在柏林宣布,顶级田径赛事黄金联赛于 2010 年起升级为钻石联赛,中国上海成为全球 14 站中的一站,每年 9 月下旬举行,参赛的田径选手按照国际田联的规定必须是年度排名前 40 位的选手方具备参赛资格。赛事共设男女 14 个项目比赛,每年来自世界各地的 100 多名外国运动员来沪参赛,大多是世界冠军和世界纪录保持者,吸引 100 多家境外媒体竞相采访报道,60 个国家和地区购买比赛的电视转播权,上海选手刘翔多次以优异成绩获男子 110 米栏冠军,被评为"最有价值运动员"。世界一级方程式锦标赛,该赛事与奥运会、世界杯足球赛并列为世界三大顶级体育赛事,在全球具有广泛影响。F1 世界锦标赛共设 18 站比赛,其中第 16 站于 2004 年 9 月 24—26 日在上海国际赛车场举行,这是 F1 大奖赛首次登陆中国。为举办这次赛事新建的

图 4-2-11 "东丽杯"上海国际马拉松赛

图 4-2-12 上海国际田径黄金大奖赛

上海赛车场于同年 6 月通过国际汽联验收，获得举办国际顶级赛事的 1 级证书，上海赛车场的“上”字形赛道单圈长 5.451 千米，共有 14 个弯道，被称为世界上难度最大的赛道，最高时速可达 326 千米，是世界一流的赛道，至 2010 年已举办 7 届，是上海现场观众人数最多的单项体育赛事，也是世界各大媒体格外关注的重大体育热点。上海 ATP(男子职业网球协会)1000 大师赛，是 ATP 巡回赛中级别最高的赛事，是国际职业网球联合会八站大师系列赛中的一站，规模仅次于四年大满贯。2007 年 4 月 16 日，根据上海与 ATP 国际区签署的协议，上海自 2009 年起开始承办，并将永久拥有举办权，这使上海成为亚洲第一个拥有 ATP1000 大师赛的城市。上海获得这项赛事的承办权，得益于上海成熟的网球市场以及在 20 世纪 90 年代举办的 4 届喜力网球公开赛和 2002 年、2005—2008 年上海网球大师杯赛。每年金秋 10 月，世界网坛各顶级高手云集上海，为上海乃至世界球迷奉献精彩技艺的同时，角逐对年终席位至关重要的赛事。2010 年的上海 ATP1000 大师赛集齐世界前 20 强球员，是该年度包括 8 站大师赛在内所有非四年大满贯赛事中唯一达到的赛事。汇丰高尔夫球冠军巡回赛，2005 年 11 月首次在上海的佘山国际高尔夫球场举办，吸引来自欧巡赛、澳巡赛、亚巡赛及阳光巡回赛等职业高尔夫巡回赛单站冠军在内的 75 名

图 4-2-13 国际汽联世界一级方程式锦标赛

图 4-2-14 “大师杯”上海网球公开赛

图 4-2-15 汇丰高尔夫球冠军巡回赛

图 4-2-16　世界斯诺克上海大师赛

高尔夫好手参赛。举办 4 年后,从 2009 年起该赛事升级为世界锦标赛,开辟了除美国以外高尔夫世界锦标赛的“新大陆”。赛事定于每年 11 月举办,为的是等到各大巡回赛结束,冠军都产生后才能确定最终参赛邀请名单,所以是在中国举办的真正意义上的国际冠军锦标赛。世界斯诺克上海大师赛,2007 年 8 月 6 日在上海体育馆开杆,是世界斯诺克在全球七大排名积分赛中的一站,与中国公开赛并列为世界斯诺克联盟在中国举办的两项顶级排名赛,参赛选手为当年世界排名 32 强选手外加 8 个中国外卡选手共 40 人,至 2010 年已成功举办 5 届,并建立“高端国际顶级赛事”的品牌形象,历届比赛期间电视收视率稳居中央电视台、上海电视台体育频道前三名,欧洲体育频道对赛事播出超过 80 小时,赛事官方网站的点击量已突破 2.5 亿次,其赛事品牌价值不断攀升。

三是世界单项锦标赛。第 48 届世界乒乓球锦标赛,2005 年 4 月 30 日—5 月 6 日在上海举行,这是继 1961 年北京、1993 年天津后第三次在中国举办的世界乒乓球锦标赛,也是世乒历史上规模最大的一届盛会,共有 147 个国家和地区的 1 500 名运动员、教练员和官员参加。中国队包揽本届全部 5 个单项冠军,上海运动员王励勤获得分量最重的男单冠军,并卫冕世乒赛男单桂冠。第八届世界短池游泳锦标赛,2006 年 4 月 5 日在上海旗忠森林体育城揭幕,这是当时中国举办的最高规格游泳比赛,来自 121 个国家和地区的 618 名运动员参加比赛,中国派出 43 名运动员参赛,历时 5 天的比赛总共产生 40 枚金牌,澳大利亚以 12 金位居榜首,美国 6 金居次,中国队 5 金排第三,比赛共创 4 项世界纪录,21 项赛会纪录被打破。有 128 家中外媒体的近 400 名记者、电视转播人员参与报道,60 多位国际泳联官员出席盛会。FIFA2007 年女足世界杯,2007 年 9 月 10 日晚在虹口体育场揭幕,国际足联主席约瑟夫・布拉特宣布开幕,德国、日本、英格兰、阿根廷、尼日利亚、美国、朝鲜、瑞典、挪威、加纳、澳大利亚、加拿大、中国、新西兰、巴西、丹麦 16 支代表队参赛,这是中国创办首届女足世界杯后的第五届,上海、天津、成都、武汉、杭州分别为 5 个赛区,经过 32 场比赛,德国队夺得冠军,成为女足世界杯上第一支成功卫冕的球队,巴西队获亚军、美国队获季军,中国队获得第五名。环崇明岛国际公路自行车赛和国际女子公路自行车赛,崇明与自行车结缘于 2003 年,2003—2005 年,崇明连续三年成功举办全国公路自行车精英赛、冠军赛。2006 年起举办环崇明岛国际公路自行车赛(男子),这是崇明首次举办大型国际赛事,赛事等级达到洲际 2.2 级,规格仅次于“环法”“环意”自行车赛。该赛环岛线路涉及岛内各主要道路,总长 800 千米,来自美国、澳大利亚、英国等国际和国内 15 支车队、近百名运动员参赛,从 2007 年起开始承办女子国际公路自行车赛,比赛线路覆盖崇明岛内最优美的生态风光。随着赛事影响力不断扩大,2009 年 9 月,经国际自行车联盟批准,崇明获得 2010—2012 年“国际自行车联盟女子公路世界杯赛”的承办权,来自荷兰、澳大利亚、德国、法国、意大利以及中国香港捷安特女子职业队等近 20 支 2009 年排名前 20 的国家队和职业队参加比赛。国际自行车联盟首次将世界最高级别的世界杯赛在亚洲设站——上海崇明站,创下在亚洲中国举办自行车国际重大赛事之最,也成为展示崇明建设现代化生态岛的一张绿色名片。女子沙滩排球世界巡回赛,2004 年 5 月,女子沙滩排球世界巡回赛第四站在金山区新建的沙滩排球场举行,来自世界 26 个国家和地区的 62 支球队的 150 名运动员经过 92 场比赛角逐,美国沙排老将麦克匹克、咏丝组合夺得冠军，各国选手在比赛中获得的积分将直接计入国际排联排名系统并据此确定奥运会人选。国际排联技术代表布莱尔·哈里森评价此次比赛是“一流的场地、一流的赛事、一流的观众”。因此，国际排联决定将此项赛事继续由上海承办。世界杯男女花剑大奖赛，2002 年 3 月 2 日，“梅龙镇广场”国际剑联男女花剑世界杯 A 级赛在华东师范大学体育馆开幕，参加比赛的有来自 18 个国家和地区的 130 多名选手，其中不乏奥运会和世锦赛的冠军获得者。最终世界排名第一的意大利选手桑佐夺得男子花剑冠军，意大利女将维扎利夺得女子花剑冠军，女子花剑团体赛也由意大利队夺得，此为在上海举办过的最高水平的世界花剑比赛。之后，每年在上海举办 1 届，至 2010 年已举办 9 届。

图 4－2－17　环崇明岛国际公路自行车赛

图 4－2－18　女子沙滩排球世界巡回赛在上海市金山区举行

四是其他有影响的赛事。世界女排大奖赛总决赛，这是国际排联一年一度举办的赛事，1994—1996 年在上海连续举办 3 届。1994 年参赛队 12 个，1995 年和 1996 年参赛队均为 8 个。巴西女排获得 1994 年和 1996 年总决赛冠军，美国女排获得 1995 年总决赛冠军。美国职业篮球赛（NBA）中

图 4－2－19　2002 年，上海籍篮球运动员姚明正式加入美国休斯顿火箭队，从此成为中美友好交往的“民间大使”

国赛,2004 年 10 月分别在上海和北京举行。美国休斯顿火箭队和萨克拉门托国王队到中国比赛两场,由姚明领衔的 NBA 休斯顿火箭队对阵有刘炜参加的萨克拉门托国王队。10 月 14 日,在上海的比赛出现一票难求的盛况,200 多家中外媒体现场报道,向 197 个国家和地区实况转播,比赛中火箭队以 88 比 86 小胜国王队。2007 年 10 月,NBA 中国赛再次在上海举行,由奥兰多魔术队对阵克利夫兰骑士队,这是 NBA 季前赛的一场比赛,各自代表两队的两名 NBA 状元秀、美国著名球星德怀特・霍华德和詹姆斯受到场内外观众的高度关注,最终魔术队以 90 比 86 胜骑士队。NBA 持续看好上海的篮球市场,每年安排一场季前赛在上海举行。上海国际武术博览会,自 1992 年创办以来,两年一届从未间断,吸引来自 60 多个国家和地区的武林好手角逐上海,已逐渐成为上海传播交流武术文化的传统赛事,在世界武术领域受到广泛关注,在海内外武术界享有较高的声誉。博览会在弘扬中华武术传统文化的同时,为世界各国、各地区的武术爱好者提供一个公平、开放、包容的国际文化交流平台,将武术和强身结合,融竞技性和参与性一体,以武会友,增进友谊。

第三章　民间和区县对外交往

民间和区县对外交往是上海对外交往的重要组成部分。随着上海对外交流不断扩大，民间和区县对外交流掀起热潮，尤其是浦东开发开放后，更是达到高潮。以民间外交、地方外交促进国家外交、政府外交成为亮点。上海具有民间对外交往的悠久历史和独特优势，新中国成立后，上海遵循中央提出的外交工作着眼于人民，寄希望于人民的要求，在世界舞台上积极开展民间对外交往和交流，广交世界各国朋友，为助力国家关系发展作出贡献。改革开放后，城市面貌的飞速发展，为民间交往带来更加广阔的空间和舞台，民间对外交往更加蓬勃发展起来，上海各区县也以民间交往为依托，努力发挥地区历史文脉的资源优势，积极发展对外友好关系，努力开展各领域、各行业深入交流活动，为本地区推动民间对外交流，开展招商引资活动，引进各类合作项目，促进地区经济和社会发展带来良好效果。至2010年底，全市18个区县与5个国家的8个城市建立区级友好城市关系，与23个国家的56个城市地区建立友好交流关系，招商引资各类合作项目均达千项以上，经济和社会成果累累。

第一节　民间对外交往

改革开放以后，上海各种民间组织和团体再次焕发青春，民间对外交往活动蓬勃开展、丰富多彩，尤其是以上海友协为代表的民间组织和以工、青、妇为代表的民间团体成为上海民间对外交流的主导力量，在配合国家总体外交，协助完成地方外事任务，推动与世界各国民间组织团体往来，促进公共外交等方面做了大量工作，发挥了积极作用。上海高校在对外交流中也作用显著。1978年9月29日，上海交通大学组团出访美国，历时48天，访问了美国27所高校和14家科研单位，并与密歇根大学结为姐妹学校，这是新中国成立后第一个高校访美代表团。以后自1981年起，各高校逐步成立对外交流委员会，与国外高校建立校际交流关系，频频去国外和在沪举办各类国际学术交流活动，极大地丰富了民间交往的内容。

一、市友协

上海市人民对外友好协会是改革开放后蓬勃兴起的上海对外民间组织中，对外交流最活跃、影响最大的组织，成立以来，已与世界各国民间友好组织和友好人士建立广泛联系，在政治、经济、文化、艺术、教育、卫生、体育以及青少年和老年事业等诸多方面，取得丰硕的交流成果。

1984年9月24日—10月8日，日本青年3 000人、记者100余人应全国青联、学联、友协邀请，分两批到上海与上海青年举行“中日青年联欢”活动，上海青年与各界人士约12万人直接参加活动，这是上海自新中国成立以来最大规模的一项群众性外事活动。1994—2010年，上海市友协共接待近百个国家(包括非建交国)到访外宾3 229批，39 891人次，其中包括各国前任总统、总理、议长、外长等政要和有关政府现任官员，各国友好组织负责人和知名人士，还有官员、议员、市民及经济、商界、市民、教育、艺术、体育、卫生、妇女、青少年和老年群体等界别、身份不同的代表团。至今，上海市友协已与世界80多个国家的370多个友好组织建立交流关系，组织上海各类民间交流出访团450多批、2 000余人次，对外影响日趋扩大和广泛。

图4-3-1 1986年，上海市人民对外友好协会会长李寿葆会见前来参加上海首届国际环球长跑的运动员代表

1996年，上海市友协成立40周年，来自24个外国友好团体的208名外国友人、17个国家34家驻沪机构的60名代表和留学生代表、28个驻沪总领事馆的45名官员，以及中日友协会长孙平化和市领导出席在上海展览中心举办的大型招待会。2006年，阿根廷、澳大利亚、奥地利、孟加拉国、加拿大、塞浦路斯、捷克、埃及、法国、德国、匈牙利、印度、意大利、日本、马耳他、毛里求斯、荷兰、新西兰、秘鲁、菲律宾、罗马尼亚、俄罗斯、圣马力诺、塞尔维亚、新加坡、西班牙、苏里南、瑞士、泰国、土耳其、英国、美国、越南33个国家的59个代表团280余人到沪参加上海市友协成立50周年系列庆典活动。中国人民对外友好协会会长陈昊苏和瑞士中国协会主席瓦格纳代表各国代表团嘉宾在晚宴上发表热情洋溢的致辞。各国代表团还参加由市友协和上海市摄影家协会联合主办的“我们的世界——2006上海国际少儿摄影作品展”开幕式。2009年，巴基斯坦政府授予上海市友协前会长周慕尧“杰出领导新月奖章”，并获得中国人民对外友好协会首次颁发的“人民友谊贡献奖”。2010年，上海市友协被中共中央、国务院授予“世博先进集体”荣誉奖牌。

在对外交流中，市友协与有关各国驻华驻沪使领馆、各国友好组织、民间团体及上海有关政府部门和社会团体等合作，举办不少大型经贸洽谈会、投资说明会、产品介绍会以及各种摄影图片展、艺术作品展、少儿文化艺术节、青少年互动友谊营、合唱音乐会、新书发布会、名人纪念会、老年事业研讨会、青少年论坛等活动，其中不少项目成为有影响的对外交流品牌。与大阪府日中友协合作举办的上海市业余日语学习者演讲赛。创办于1988年，每年举办1届，至1998年共举办10届，全市有20余所业余学校的数百名日语学习者进入复赛，成绩优胜者分别被授予“上海市长奖”“大阪府知事奖”等，上海东方电视台实况录像播放，对推动上海市民学习日语、促进对日交流起到积极作用。1987 年，市友协在沪举办“首届国际儿童舞蹈交流演出”，后易名为“国际少年儿童艺术节”。从 1994 年起举办的上海国际少年儿童文化艺术节，每 3 年举办 1 次，至 2007 年已举办 5 届。2010 年因适逢举办上海世博会，第六届少儿文化艺术节推迟一年举办。艺术节主题为“和平、友谊、未来”，首届有来自 23 个国家和地区的 46 个少儿艺术团 675 名少年儿童参加，许多活动具有中国特色，深受各国儿童喜欢，如盛大的开闭幕式、拜会市长、市长赠送金钥匙、国际儿童论坛、国际儿童戏剧节、专场交流演出、豫园中国日、百人钢琴演奏等。该艺术节已成为中国最具国际影响力的少儿文化艺术交流活动之一，受到许多国家元首、政府首脑、地方官员、社会名流的高度关注，每逢艺术节举办时，他们以致信或题词的形式，对艺术节表示祝贺。

上海国际老人文化艺术交流会，从 2002 年开始举办，来自韩国釜山、日本东京和上海的有关老人代表团参加“中日韩老年文化交流会”。2003 年，来自韩国、越南和中国香港地区的老人代表团参加“中外老人文化艺术交流会”。2005 年，来自韩国、俄罗斯、荷兰、日本和中国香港地区的 100 多名老人参加主题为“共享、和谐、欢乐、关爱”的上海国际老年文化艺术交流会。2008 年，来自 24 个国家和地区以及联合国、世界卫生组织等机构的政府官员、专家学者和老龄事业从业者共 400 余人参加“2008 上海老龄事业发展国际研讨会”。

图 4 - 3 - 2　2008 年 9 月 26 日，上海市人民对外友好协会、市民政局、上海老龄委办公室联合举办“2008 老龄事业发展国际研讨会”

中美《上海公报》纪念活动。1997 年，为纪念中美《上海公报》发表 25 周年，在沪举办中美青年研讨会，来自美国和上海有关学校的 140 多名青年学生参加研讨会，形成《中美青年研讨会新上海公报》。2002 年，在锦江小礼堂隆重举行中美《上海公报》发表 30 周年纪念大会，由中国外交部副部长李肇星，中国前驻美大使朱启桢、李道豫，当年担任翻译的冀朝铸、唐闻生等组成的中方代表团和由美国前国务卿基辛格等美国朋友组成的美方代表团参加纪念大会，基辛格事后致市领导信中称此行是“最难以忘怀的上海之行，也是最有人情味的一次”。2004 年 6 月，为纪念中美建交 25 周年，在复旦大学举办“中美青年论坛”。中国友协会长陈昊苏出席论坛并致辞，来自美国青年领导人论坛、“创想”项目和全美各大学主攻外交关系、国际政治学科的57名青年与复旦大学、上海交通大学、同济大学、华东师范大学和上海大学5所高校的100多名大学生代表围绕中美关系、中国经济的快速增长等进行交流和讨论。2009年,为纪念中美建交30周年,在锦江小礼堂举办“三十年后再回首——纪念中美建交三十周年图片展”,美国前总统卡特和夫人应邀到沪参加图片展开幕式。中共中央政治局委员、上海市委书记俞正声和市长韩正分别会见卡特夫妇。同时,还举办“中美建交30年:转型和发展”中美关系研讨会,卡特作主旨演讲。

中国—新加坡青年商务大使交流项目。2003年,由市友协和新加坡国际基金会开始商谈、签署协议,2004年项目第一期启动。中新双方各派4名“青年商务大使”到对方国家进行为期两个半月的工作交流,通过在对方国家短期工作和参与各种活动,增进相互了解,分享职场经验,建立商务联系。至2010年已举办6期,双方共有46名青年(上海24名,新加坡22名)参加交流。该项目已被列为国家外专局常规对外交流项目和上海市人力资源社会保障局重点对外交流培训项目。新加坡国际基金会也将其列为重点常规项目。

图4-3-3 上海市人民对外友好协会、上海外国专家局和新加坡国际基金会联合举办的中国-新加坡青年商务大使交流活动

其他还有始于20世纪80年代的与日本社会福利法人旭川庄的长期交流与合作,旭川庄曾多次在沪举办以民政干部为主要受众的老龄问题讲座,并从2004年起举办“老年界护士师资培训班”,由旭川庄讲师上课,组织上海学员赴旭川庄实习。从1989年首次组织140人的福利之翼访华团沪访后,每年不断,至2010年已坚持21年,累计到访上海近3000人,还组织财经、妇女等各界人士到上海开展金融、妇女问题交流;接受上海研修生10多批近200人次;不定期向上海民政局、儿童福利院和江西希望小学等捐款。1997年,旭川庄理事长江草安彦获得上海市政府首批授予的“上海市荣誉市民”称号,在其积极促成下的上海和冈山定期航班于1998年开通。2009年,江草安彦荣获“人民友好贡献奖”勋章。始于2002年举办的上海(浦东)中外小使者音乐夏令营,中外少年儿童参加人数达800人。始于2005年在上海和福冈两地举办中日友好儿童绘画展和上海国际青

图 4-3-4　2009 年 12 月 25 日，中国人民对外友好协会会长陈昊苏授予由上海市人民对外友好协会推荐的日本友人江草安彦（右）“人民友好贡献奖”勋章

图 4-3-5　“中日儿童友好绘画展”在沪举行

少年互动友谊营，至 2010 年各已举办 6 届。

开展中外文化交流是市友协对外交往的重头戏。20 世纪 90 年代后，以上海市友协与国外有关部门方面合作组织的主要文化交流活动有：1994 年的第七届亚洲音乐会。1995 年为配合世界反法西斯战争胜利 50 周年，协助上海电视台拍摄由日中友好协会发起的日本市民修复南京城墙活动的 4 集电视纪录片《城墙》和举办电影《人证》“草帽歌”演唱者乔·山中演唱会。1996 年，举办日本著名钢琴家加古隆演奏会、中日福利摄影展、日本著名刀势画家“宫田雅之刀势画展”;协助中国著名画家和美术教育家刘旦宅在法国香榭里大街举办个人画展。1997年,举办“中德招贴画展”“法国女画家安兰画展”、日本名古屋国际儿童剧团访华演出、日本横滨日中友好黎明女声合唱团访沪音乐会、第九届上海市业余日语学习者演讲赛、中日健康麻将友谊赛、第五届中日刑法研讨会、日本挂历展等;举办“我心目中的上海——在沪外国人摄影比赛”,展出在沪14个国家的常驻上海外国机构及留学生摄影作品100多幅。1998年,举办“加拿大儿童画展”、“拓路——纪念松下电器创始人松下幸之助”展览会、“上海—冈山通航纪念日本冈山县观光展”。1999年,为纪念上海市和大阪市缔结友好城市25周年,举办“中日书法交流展”,展出包括历任上海、大阪市长和两地著名书法家作品478幅;举办“意大利经济文化上海交流周”和内山完造铜像揭幕仪式。2000年,举办“瑞士摄影家眼中的上海”摄影展,瑞士联邦主席阿道夫・奥吉出席开幕式并剪彩;举办“希伯来书法艺术展”“美籍华人画家傅虹霖油画展”“中国西夏王国文字世界展”“日本历代和服展演”“俄罗斯阿诺波娃・瓦列金娜・阿基莫夫娜画展”。2001年,举办“冈山观光展”和“日本风光摄影展”。2002年,举行《为中日友好作出贡献的人们》一书中文版首发式;举办“上海・大阪摄影作品展”“日本女画家井口和子画展”“中日残疾儿童书画展”和“中日妇女友好音乐会”。2003年,举办“俄罗斯女艺术家瓦莲京娜・阿利耶娃中国画作品展”、日本著名时装设计师桂由美的“花之梦”婚纱服饰展演、“法国作家看上海”创作活动;举办“‘不一样的一样’中国和斯洛文尼亚当代艺术交流展”,斯洛文尼亚总理安东・罗普出席开幕式。2004年,为纪念上海与大阪缔结友好城市30周年,举办“中日合唱音乐会”“中日经济说明会”“中日青少年手绘明信片展”。2005年,在塞黑、马其顿、斯洛伐克和奥地利举办“上海风情”图片展;参加在马其顿国家博物馆举办的“通邮艺术的昨天和今天——国际手绘明信片展”;举办“中日高中生绘画交流展”和纪念美国著名记者和作家埃德加・斯诺诞辰100周年活动。2006年,在捷克、斯洛文尼亚、匈牙利等国举办“上海360°”图片展;在奥地利维也纳、波兰华沙举办“上海:大屠杀受害者的避难地——犹太难民在上海”图片展。2007年,在美国迈阿密市海滩举办“上海装饰艺术派历史建筑图片展”、“上海摩登”画展和老上海风情电影故事片展映等;举办“欧盟50周年图片展”“奥地利剪纸艺术展”,帮助出版匈牙利著名现实主义作家伽尔东尼・盖扎的历史小说《爱盖尔之星》的中文版;为纪念中日邦交正常化35周年,举办由日本著名音乐人谷村新司和中国著名歌星毛阿敏领衔的“中日携手・世纪同行慈善音乐会”和第四届“中日文化音乐交流会”。2008年,举办“上海・大阪

图4-3-6 1986年8月,由上海市人民对外友好协会接待的美国夏威夷大学戏剧系访华团来沪演出英语京剧《凤还巢》

图4-3-7 2008年7月29日,日本著名歌星川中美幸在上海艺术剧场举办为四川汶川赈灾义演

友好之夜——日本著名歌星川中美幸赈灾义演”晚会，接受由大阪支援四川赈灾义演实行委员会转交的近10万元义演募得捐款和由松下电器公司捐给四川灾区的价值20万元人民币的1 000个应急强光手电筒和电池；举办“传递心愿·放歌世博”2008上海中外少年童声合唱展演和“中外老年摄影展”。2009年，举办“胡志明与中国”图片展、“上海妇女迎世博民间工艺品展”；协助在塞尔维亚、罗马尼亚、保加利亚等地建立“上海之窗”图书室；配合在斯洛伐克、匈牙利举办“邬达克的上海故事”展览；协助举办“马林与中国”文献图片展、“乌拉圭风光摄影展”、斯洛伐克“自然·时空·和谐”艺术展、荷兰画家刘穆诗当代光绘画艺术展；举行中印“文化交流新契机”学术研讨会，促成印度邦格拉舞蹈团参加上海师范大学艺术节演出；举行《布库尔·柯列然与中国》画册中文版首发式和中日友好中秋联谊会。2010年，举办“孙中山与梅屋庄吉史料展”和《邬达克，改变上海面貌的建筑师》纪录片首映式，日本前首相福田康夫和斯洛伐克总统加什帕罗维奇分别参加活动。

图4-3-8　2008年12月26日，全国人民对外友好协会和上海市人民对外友好协会为罗马尼亚白求恩式的国际主义战士柯列然墓举行落成揭幕仪式

二、市总工会

工会国际活动是民间外交的一个重要组成部分，也是工会工作的一个重要方面。积极开展与世界各国工会组织的交往和合作，是市总工会在对外交往中的主要工作目标。1978年以前，上海市总工会对外交流没有正式友好工会关系，在全国总工会和市政府支持下，市总工会加强和外国友城工会的双边联络，逐步建立一系列正式友好关系。1984年与意大利米兰三大工会、1985年与日本横滨市工会联盟、1990年和1991年分别与日本大阪自治劳本部和工会总联合会、1991年与俄罗斯圣彼德堡市和列宁格勒州工会联合会、1993年与韩国劳总釜山地域本部、1995年与越南胡志明市劳动者联合会、2000年与瑞典哥德堡市总工会、2001年与英国职工大会西北地区分会、2004年与埃及公用事业工会、2007年与美国洛杉矶县劳工联合会、2008年分别与丹麦综合工会联合会和西班牙工人总联盟加泰罗尼亚大区分会及澳大利亚工会理事会昆士兰州分会、2009年分别与阿根廷工联和巴西工人总工会及挪威奥斯陆市总工会、2010年分别与法国总工会罗-阿大区委员会和摩洛哥公用事业工会等建立友好关系，还分别与德国汉堡五金工会、希腊劳工总联合会比雷埃夫斯市劳工中心、印度全国工会大会所属产业工会、埃及邮政和公用事业工会、以色列海法市总工会等工会组织开展友好交往与交流。

由于上海的大都市特点以及上海在改革开放中的地位，外国工会代表团到华访问大部分都希望访问上海，上海各级工会组织认真接待每一批工会客人，有针对性地介绍上海改革开放的成果和富有特色的工会工作，根据外宾关注的问题，安排相关的访问活动和作重点讲解，使发展中国家的工会客人深受鼓舞，西方国家的工会来宾也在不同程度上消除了对中国的疑虑，进而支持中国的建设事业。

随着对外交流的不断扩大深入，市总工会的对外交流已从一般友好互访发展到工会业务、经济、技术、文化、体育和劳务费等方面的实质性交流和合作。如兴办中外合资企业,派出技术人员到国外研修,外派劳务,邀请外国专家和技术人员来沪讲学传艺,组派上海工人茉莉花艺术团赴国外演出等,还经常组团实地考察、借鉴外国工会的工作经验,参与和组织各种国际论坛,就共同关心的热点问题展开探讨,提高和加强自身建设。上海职工技协服务中心参股投资法国“巴黎花园饭店”。上海职工对外交流中心与日本森山制衣有限公司共同投资项目合作 12 年,派遣技工赴日本、马来西亚学习研修等。据不完全统计,上海市总工会 20 世纪七八十年代对外交流还不十分活跃,自 20 世纪 90 年代初渐入热潮,1995—2010 年,上海市总工会共接待来自日本、美国、法国、德国、越南、俄罗斯、埃及、西班牙、意大利、瑞典、挪威、葡萄牙、尼日利亚、澳大利亚、以色列、古巴、新加坡等几十个国家的 947 批 9 846 人次外国工会组织代表团,自行组织 349 批代表团共 1 783 人次出访。

随着世界经济一体化的发展和各国经济结构的急剧变化,国际工会面临着许多新的课题和挑战。为加强转型中的工会工作,了解国际工会的动向,更好地维护职工的基本利益,市总工会负责人多次率团出席有关国家工会组织的代表大会,就如何维护工人的基本权益、劳动就业、社会保障、劳动争议、法律咨询、再就业培训、老龄化社会及其对策等问题与各国工会组织,特别是上海友好城市的工会组织进行广泛交流和探讨,取得不少经验。意大利米兰总工会针对工会干部年龄老化问题,注意挖掘和培养刚毕业的大学生,为他们提供赴国外进一步深造的机会。针对经济转型和企业不景气造成的工人失业问题,为失业工人提供更新技能的培训,以适应竞争,尽快找到新的工作岗位等,对处于经济结构调整中的上海都有一定借鉴意义。通过与日本大阪市劳联和日本工会联合会大阪府联合会分别举办“老龄化社会问题及其对策”和“中日工会工作”交流会,深入交流和探讨,市总工会学习借鉴大阪经验,推动和完善上海市退管会工作,促进上海老龄化工作的进一步完善。市总工会还利用丹麦综合工会联合会代表团访问上海的机会,举行专题报告会,由丹麦综合工会有关负责人就“如何当一名称职的工会主席”“工会和失业保险基金紧密联系的重要性”和“劳工运动与职业教育和培训”等专题作演讲。市总工会还经常组团参与各国工会组织的有关专题讲座和培训研讨,并与德国、日本、法国等工会组织联合举办各种研讨会,搭建深入交流的平台。比如与德国工会开展一系列交流,1999 年的“中德劳动关系报告会”、2000 年的“高龄化社会对策交流研讨会”、2001 年的“中德妇女就业问题研讨会”、2005 年的“中德合资企业工会工作座谈会”、2009 年的“中德职业技能培训研讨会”、2010 年的“如何应对在全球化背景下的经济变化研讨会”等,对共同探索新形势下工会工作遇到的新问题提供了不少新思路。

2004 年,市总工会邀请日本 14 个友好工会的代表 88 人到沪,参加纪念中日邦交正常化 30 周年系列活动。市人大常委会副主任、市总工会主席包信宝在纪念大会上致辞,日本工会联合会、大阪府联合会、大阪市劳联、横滨市劳联和兵库县教职员工工会的代表在会上发言,日本国驻沪总领事馆副总领事田尻和宏等出席纪念活动,活动还举行百人签名、和平友好纪念植树等活动,与会和参加纪念活动的中日双方代表,特别是 88 名应邀到沪的日本工会代表,深感肩负“实现中日两国世代和平友好”的历史使命重大,纷纷表示,要面向未来,立足新世纪,使交流富有时代气息,更符合中日工会事业发展的需要。

2005 年,市总工会在上海承办“2005 经济全球化与工会”国际论坛,来自世界工会联合会、非洲工会统一组织、亚洲工会兄弟会、拉美工人中央工会以及印度、南非、巴西、墨西哥等 19 个国家和地区以及国际性、区域性工会组织的领导人出席论坛。中共中央政治局委员、全国人大常委会副委员长、中华全国总工会主席王兆国出席论坛并发表讲话,上海市长韩正出席论坛并致辞,非洲工会统一组织总书记松莫努代表出席论坛的各国工会领导人致辞。论坛旨在为不同社会制度和意识形态

图4-3-9　2004年8月，市总工会邀请14个日本友好工会的代表88人到沪参加纪念中日邦交正常化30周年活动

的工会组织开展多层次、多渠道的平等对话，提供求同存异、共谋发展的开放式平台。围绕“提高工会组建率的对策与措施”和“经济全球化条件下的工会与消除贫困”两个议题，与会代表展开深入讨论，并就如何壮大工会组织力量，充分发挥工会在消除工人贫困方面的作用，更有效保障工人权益等方面形成广泛共识，提出积极应对的措施。

市总工会还与台北市、釜山市、胡志明市、大阪府的工会组织分别于1999年、2005年和2009年联合举办3届“亚洲五城市工会工作研讨会”，就经济全球化、经济结构调整和金融危机新形势下的就业问题、提高职工生活水平、维护职工利益等共同关心的问题，互通信息，交流经验，做了增强工会组织之间信赖与协作的探索。

三、团市委和市青联

着眼未来，增进世界各国青年了解和友谊是团市委和市青联开展对外交流工作的主要目标。随着上海对外开放的不断扩大，上海青年的对外交往日趋活跃。据不完全统计，1994—2010年，团市委和市青联共接待来自68个国家和地区的境外青年353批9 473人次到沪访问交流。其中日本青年代表团到访最多，达96批4 321人次，到访人员包括日本各青年友好组织人员、创价学会青年代表、青年议员、律师、大学生、环保工作者、文艺工作者，内阁府、总务厅以及工会组织的青年代表等。尤其是2006年后，到访的日本青年代表团中，百人以上的大型代表团居多，如2010年应国务院总理温家宝邀请，1 000名日本各界青年代表到沪参观世博会。

进入21世纪后，到访的越南、罗马尼亚、俄罗斯、菲律宾、法国、印度、美国、德国、巴基斯坦、英国等国家的百人青年代表团也逐渐增多。其中，越南青年代表团2批180人，俄罗斯青年代表团100人，菲律宾青年代表团113人，印度青年代表团6批605人，德国青年代表团4批400人，法国青年企业家和工商界人士代表团100人，法国青年科技工作者代表团100人，美国耶鲁大学代表团100人,巴基斯坦青年代表团105人,英国青年代表团3批270人,智利大学生代表团65人等。

在接待各国青年代表团到访的同时,团市委和市青联组织上海青联代表团赴澳大利亚、新加坡、越南、德国、奥地利、加拿大、西班牙等国进行学习交流。近千名上海优秀青年赴国外开展友好交流与合作,就青年组织的情况、政策和群体中的主要问题,青年的就业和创业,青年人才的培养,青年的国际流动,青年的权益维护,问题青年的教育和青年禁毒等问题进行考察与交流;先后与新加坡人民协会青年运动、德国汉堡青年联合会、英国文化交流协会、马耳他青年体育部、韩国青少年联盟、韩国釜山地区青年会议所、越南胡志明市胡志明共产主义青年团、加拿大蒙特利尔青年联合会等机构建立友好交流关系,开创一些友好交流的项目。由团市委和市青年志愿者协会组织实施的中国青年志愿者海外服务老挝项目,从2003年开始至2008年,共有6批69名上海青年参与这一项目。其中,2006年,13名上海青年组成的第六批老挝服务队中,5人拥有研究生学历,平均年龄30岁,他们在老挝主要从事医疗卫生、中英语教学、计算机培训和体育教学等方面的志愿服务工作,受到在老挝进行国事访问的国家主席胡锦涛的看望和勉励。上海与新加坡每年互派优秀青年干部到对方挂职锻炼的交流项目,从2002年开始,每年4人,为两地优秀青年开阔视野、增长才干提供很好的途径,对培养和储备青年人才起了积极作用。

图4-3-10　2003年10月,中国上海青年志愿者赴老挝服务队在当地工作

团市委和市青联还通过承办一些重大国际活动,扩大上海青年的对外交流,中欧青年未来论坛暨第二届青年组织发展国际论坛、中沙(沙特阿拉伯)青年论坛等。加强与外国友好城市的青少年交流也被纳入对外交流的工作轨道。通过互访,与加拿大蒙特利尔青年委员会、蒙特利尔艺术委员会、魁北克国际青年办公室、蒙特利尔青年环保组织、蒙特利尔青年商会、蒙特利尔学业联合体等多家青年组织在青年问题、青年文化、青年就业创业、环境保护、商贸投资、国际流动、继续教育等方面进行深入交流和互动，增强两地青少年之间的了解和友谊，获得许多青少年工作的有益经验。2001年，市青联承办"亚太经合组织青年节暨杰出青年企业家论坛"在上海的活动，这是APEC首次专门举行有关青年的专题会议。来自21个经济体的244名代表和80余名观察员围绕活动主题"青年迎接新经济的挑战：促进共同繁荣"这一主题，以及"贸易领域的信息通信技术"和"推动创新创业的发展"两个专题，就APEC框架内的青年发展、缩小数字鸿沟、保持创新企业的活力、互联网络商业运作模式和信息技术的发展等问题进行热烈讨论，并提出将"青年发展"纳入APEC的框架之内等建议。国家主席江泽民为此次活动发来贺信，国家副主席胡锦涛在京接见参加会议的全体代表。团中央第一书记周强、加拿大税收部部长和上海市领导出席开幕式并致辞。中国国家统计局有关负责人、加拿大雷弗公司总裁安德莉娜·雷弗在开幕式上作主旨发言。泰国前副总理、世界贸易组织候任总干事素帕猜出席闭幕式并演讲。

图4-3-11　2001年7月11—14日，亚太经合组织杰出青年企业家论坛在沪举行

2010年，由团市委和市青联参与承办，以"青年·城市·未来"为主题的中国2010年上海世博会青年高峰论坛在世博中心举行。这是上海世博会特设的以青年为主题的高峰论坛，围绕着"创新、低碳、和谐"三项青年和城市发展中最被关注的议题进行研讨，共同探寻全球城市发展中青年所面临的问题和应当承担的责任，来自50多个国家的500多名杰出青年出席论坛。中共中央政治局委员、上海市委书记俞正声宣布论坛开幕，市委副书记、市长韩正，共青团中央书记处第一书记陆昊，联合国副秘书长沙祖康，国际展览局秘书长文森特·冈萨雷斯·洛塞泰斯分别在开幕式上致辞，团中央书记处书记、中华全国青年联合会副主席卢雍政，新加坡社会发展、青年和体育部兼交通部高级政务次长、新加坡全国青年理事会主席张思乐，全球青年领袖世界经济论坛主席大卫·艾克曼，俄罗斯联邦杜马议员、杜马青年事务委员会副主席霍尔金娜4位嘉宾分别作主旨演讲，从不同角度阐述对青年与城市和谐共生的理念以及对于未来青年发展趋势的展望。论坛发布《中国2010年上海世博会青年倡议》，由来自各大洲的青年代表共同宣读，向全球青年发出倡议。世博青年高峰论坛后还举行世博高峰论坛青年平行论坛,来自世界青年组织和各方代表 150 人参加会议,就"如何构建青年友好型城市"这一主题进行讨论和互动,达成一些共识。

四、市妇联

从 1991 年始,市妇联单独组团出访,开启拓展与有影响的国际妇女组织、国际性别工作机构和国际知名女性交往的民间外交工作,相继与联合国儿童基金会、联合国妇女发展基金会、联合国非政府组织妇女地位委员会、国际商业和职业妇女联合会、世界女性论坛、"生命之声"全球联盟、德国艾伯特基金会、美国阿森娜基金会、澳大利亚国际妇女组织、北欧性别平等委员会等国际组织建立长期联系。至 2010 年,市妇联已与世界上近百个国家和地区的 120 多个妇女儿童组织和其他国际机构建立友好交流关系,共接待来自 136 个国家和地区的妇女代表团和外宾 919 批、9 189 人次,并多次组团参加国际会议和活动,在世界舞台上展示上海妇女的英姿风采。

1992 年,市妇联举办首届中外妇女问题研讨会,来自美国、加拿大、日本等国的妇女问题专家学者和妇女工作干部,以及第一次跨越海峡来到上海的台湾同胞相聚一堂,就会议主题"妇女的今天和明天"进行为期 4 天的研讨和参观访问,上海市政协主席、著名物理学家谢希德在研讨会上作《中国女科学家的今昔和未来》的主旨报告,会议收到 100 多篇论文,展开现场直接对话,交流研讨十分成功,会议开启市妇联的民间外交工作从"广联"到"深交"的全面拓展。此后,市妇联着手构建逢双年举办的"妇女发展"国际论坛和逢单年举办的"为了孩子"国际论坛,积极参与国际前沿问题,特别是有关妇女儿童问题的国际交流和研讨。1995 年,上海妇女代表团参加在北京举行的联合国第四次世界妇女大会暨"'95 非政府组织妇女论坛"会议期间,与复旦大学妇女研究中心等妇女团体分别举办"流动人口中的妇女问题""女性人才开发"和"妇女·基督教·社会"3 个论坛,吸引中外与会者踊跃参与,上海代表团还积极参与由各国妇女团体举办的主题论坛 400 多场次,就女性领导人才教育、妇女发展基金、妇女权利和宗教自由、美中妇女比较等问题充分发表意见。2004 年 11 月 2 日,"2004 年世界工程师大会·女工程师论坛"在上海国际会议中心举行,来自世界各地的 500 余位女工程师聚集一堂,就女性在工程技术和科学领域中的发展问题作探讨,副市长严隽琪、世界工程师组织联合会主席李怡章、市妇联主席孟燕堃等领导出席论坛,上海女工程师联谊会理事长沈秀芳与中国香港地区、美国

图 4-3-12　2006 年 3 月 8 日,上海市妇联举行中外妇女庆三八晚会,各国驻沪领事馆女官员和官员夫人在亲切交谈

图 4-3-13　2010 年 11 月 8 日,上海市妇联召开女性专题国际研讨会

的代表分别根据自己的工作经历和研究成果作主题报告，此为国际工程师大会首次设立女工程师圆桌会议。2009 年 3 月 26 日，在迎世博倒计时 400 天之际，由市妇联主办、上海市摄影家协会女摄影家分会承办的“城市韵律——女摄影家眼中的上海”摄影作品展在美国亚利桑那州政府大厅隆重举行。共展示近 80 幅作品，上海 38 位女摄影家以独特的视角，记录上海城市发展的空间之美、色彩之美、造型之美以及女性之美。

在对外交流中，市妇联还结合上海友城交流、外事接待、重大国际活动等，将有关妇女交流纳入市政府整体计划中，丰富上海妇女的对外交流内容。1998 年美国总统克林顿访华，市妇联邀请克林顿夫人希拉里在上海图书馆发表演讲。2006 年 9 月，作为上海与汉堡结为友好城市 20 周年的系列活动之一，由市妇联主办的“城市：让妇女生活更美好——中国上海妇女摄影作品展”在德国汉堡中央图书馆开幕，副市长冯国勤与当地政府要员出席开幕式，开幕式后，摄影展还在德、法两国国内巡回展出，引起较大反响。2007 年，作为“中国年・上海周”活动的重要项目之一“来自上海的问候”主题综合展览在俄罗斯圣彼得堡市开幕，市妇联主办的上海妇女手工艺品展示是此次综合展览的主要内容之一，显示上海女性对美好生活的理解、追求和创造。2008 年，市妇联参与协办在上海举行的世界女性经济与社会论坛首届亚洲大会，并主办大会的世博专题论坛。同年 5 月，上海女企业家合唱团首次出访国外，参加“2008 年第八届维也纳和萨尔茨堡世界合唱音乐节”，在维也纳金色大厅用歌声向世界传递中国文化，展现上海女性的精神风貌。2009 年 5 月 23 日，市妇联在澳大利亚悉尼机械工程艺术学校举办“创造：美好生活在手中——迎世博上海市妇女民间手工艺作品成果展”，中国驻悉尼总领事馆、澳中友协悉尼分会及悉尼各界人士等 50 余人参加开幕式，展览充分展现上海妇女情系世博、参与世博、奉献世博的情怀。2010 年，为配合举办一届成功、精彩、难忘的世博会，市妇联在安徽举办“世博妇女论坛”，围绕“城市，让生活更美好”的世博主题，就女性参与经济和城市发展开展深入研讨，并成功接待到沪参与世博活动的澳大利亚总督、菲律宾总统、伊朗总统夫人等重要贵宾。

市妇联还积极争取国际机构、企业界和爱心人士的支持，设立技能培训、创业扶助、帮困助学、健康服务等实事项目，自 2000 年后，年均争取境外资金百万元人民币，用于为妇女儿童提供专项救助。与驻沪领馆领事夫人们和在沪外籍女专家、专家夫人建立联系，经常邀请她们参加学习中文会话、中餐烹饪、中式插花等文化交流活动，并参观企业、学校、儿童福利院、敬老院等，以丰富她们在上海的生活，增进对上海的了解。1996 年，驻沪领事夫人们自行组织第一次规模不大的慈善义卖活动，沪上领事官员的夫人们将自己亲手制作的食品和募集来的产品进行义卖，所得款项全部捐赠给上海市儿童医学中心。此后，驻沪领事配偶团成立，主要从事文化、慈善活动。在市外办、市慈善基金会、市妇联支持和参与下，先后举行近 10 次慈善义卖，所得款项用于帮助妇女和儿童的项目，如帮助市儿童福利院建起康复室；在上海科技馆内设立“盲童网吧”；为南汇桃源家庭寄养服务中心提供残疾儿童康复器材；为上海青少年自强大队提供词典、毛毯等学习生活用品；为免费妇科流动检查车配置先进设备等。2010 年，市妇联、市美协和驻沪领事配偶团在上海美术馆联合举办“百年・女性——中外女艺术家作品邀请展”，展出中国、美国、法国等 20 多个国家近百位女艺术家的 180 多幅作品，反映百年妇女运动磨砺的女性和女性眼中的世界。该展览从征集、布展到作品拍卖，共募集款项 137.5 万元，全部捐赠给上海市儿童基金会。

五、其他民间组织

上海的其他民间组织对外交流也十分活跃。上海市社会科学界联合会是社会科学界的联合组织,是以社会科学研究和普及为主要任务的学术性团体。对外交流中,该组织经常与国内有关部门、单位和外国学术机构合作,开展国际学术讨论。1989 年举办的“法国大革命 200 周年国际学术讨论会”,来自法国、美国、英国、苏联、日本及中国各地的 80 余位专家学者围绕“法国大革命与中国”这一主题展开讨论。1990 年举办“社会变革与精神文明建设”学术讨论会,中苏学者联系两国实际就社会主义精神文明建设的基本任务、发展方向和实现途径进行交流。1996 年举办第一届亚洲世界语大会,会议围绕“亚洲与 21 世纪”的主题进行探讨。2002 年举办“构筑面向未来的中日关系——纪念中日邦交正常化 30 周年”国际学术研讨会,100 多位中日专家学者出席会议,收到论文 32 篇。2005 年在韩国首尔举办第六届东北亚经济发展与合作研讨会,中韩两国 9 所大学和企业界 30 多名专家学者就“中国的全球化与韩中企业合作”主题进行研讨。2006 年举办第 58 届国际铁路员工世界语大会,来自 18 个国家和地区的近 300 名世界语者参加大会,这是国际铁路员工世界语协会第一次在欧洲以外召开会议,也是中国第一次举办大型国际世界语专业组织的会议。2010 年首届“东方讲坛·中总香港高峰论坛”在香港地区举行,全国政协副主席董建华等中央省市领导、海外华商领袖、香港地区及海内外知名人士、专家学者逾 600 人出席论坛,论坛以“环球经济新格局,世界华商新机遇”为主题展开研讨,上海市统战部部长、海外联谊会会长杨晓渡以“后世博上海经济发展”为题作主旨演讲。

成立于 1986 年的上海市对外文化交流协会是开展民间国际文化交流颇有影响的对外文化交流组织。协会已与包括美国、加拿大、日本、澳大利亚、法国、德国、西班牙、俄罗斯、奥地利等几十个国家和香港地区、澳门地区的组织与个人建立交流与合作关系。市对外文协对外交流领域宽泛,涉及文化艺术、人文学科、经济金融、科技教育等多个领域,交流形式多样,内容丰富。例如举办各类文化艺术展演,召开国际会议和学术研讨,组织出国(境)开展文化交流等。为迎接上海世博会召开,由市文协与上海世博局合作主办的两大系列活动在国内外产生较大影响。一是中国 2010 上海世博会“年轻的世博——世界音乐周”活动,自 2008 年开始举办,每年举办一次,为来自世界各个角落动听的文化遗产提供一方展示,更为华夏九州博大精深的民族音乐提供一次让世界聆听的机会,促进人类社会的交融与理解。2008 年有 10 支中外表演团体演出以“汇合”为主题的表演,集中呈现来自多样文化背景、风格和形式迥异的世界音乐,并举办 4 场系列讲座,为大众普及世界音乐知识。2009 年有 11 支中外表演团体演出以“融合”为主题的音乐表演,呈现世界各地民族音乐和现代音乐相融合的节目,呈现原生态的世界音乐。2010 年以“对话”为主题,来自境内外 24 支世界音乐团体在半年时间内,在世博园内最大的户外舞台“博览广场”奉献了 55 场精彩纷呈的音乐会,共计 537 位演员先后登场,吸引世博园区观众超过 8 万人次。这一活动后被正式纳入国家音乐产业基地平台合作项目,升级为“上海世界音乐季”(春秋两季)。二是“畅想世博”国际少儿文化系列活动。自 2005 年起举办,吸引数十万国内外少年儿童参与,得到国际展览局的肯定和称赞。活动包括:2005 年的“国际少儿世博主题演讲大赛”,2006 年的“上海国际少儿科学创意大赛”,2007 年的“以文会友、携手畅想”征文比赛,2008 年起的绘画创作大赛及世界巡展,从策划项目、征集作品、出版画册、组织国内外巡展等前后历时 5 年,共吸引 2 万多件出自中小学生和幼儿园孩子之手的参赛作品,精选出的画作于 2009 年上海世博会倒计时一周年之际在世界各地巡展,并从日本、新加坡、朝鲜、突尼斯等国海外巡展的作品中挑选近 200 幅作品,在上海世博会期间展出,吸引 220 余万世博会观众驻足观赏,获得中外观众一致好评,集结出版的《世博童绘画——畅想世博国际儿童世博画册》获得国家对外宣传品出版类一等奖,被国家领导人作为国礼用于外交活动。

上海市国际贸易促进委员会是以促进上海和世界各国、各地区之间的贸易、投资和经济技术合作等为目标的对外经贸促进组织，被喻为“民间经济大使”。该会平均每年接待各类海外经贸团组100余批次，组织上海企业家赴海外参加近百个国际展览会，并主办以汽车展、纺机展、通信展和模具展等为代表的大型国际展览会，吸引了越来越多的海内外客商参与。创办于1985年的上海国际汽车展是中国第一个获得国际展览联盟(UFI)认可的国际汽车展，至2009年展出规模达17万平方米，展出整车918辆，包括316辆进口车和602辆国产车，全球首发车共13款，共接待观众60万人次，跻身世界顶级车展之列。中国国际模具技术和设备展览会创办于1986年，于1996年通过国际展览联盟的认证，成为上海第一个UFI品牌展览会，至2010年“模具展”展出面积近7万平方米，继续保持同类展会中展览规模亚洲第一、世界第二的领先水平。1992年，上海贸促会组织14家上海企业、24位企业家赴纳米比亚参加第二届纳米比亚国际博览会，这是上海首次组团赴纳参展，此后进一步发展和加强双方的经贸联系和合作。“上海·关西经济研究会”成立于1993年4月，定期在上海和日本大阪两地之间轮流就两地经济发展过程中双方共同感兴趣的问题进行专题讨论和交流，上海贸促会和关西经济同友会作为双方的联络窗口，为历届会议的筹办和承办作出巨大努力，至2007年成功举办10届，为促进上海和日本关西地区经济合作及上海浦东开发发挥重要作用，得到两地政府和经贸界的高度评价。创办于2001年的中国国际染料工业暨有机颜料、纺织化学品展会是全球首个通过国际博览联盟(UFI)认证的展览会，伴随着中国染化行业发展，已成为全球最大染化专业展。2008年国际金融危机后，染料展以高品质的展出效果为众多国际公司打开本国和中国市场寻找到宝贵商机，成为推动全球染化行业经济复苏的加速器。2005年9月21日，以“关注上海——共创美好未来”为主题的第36届世界贸易协会年会在上海举行，上海市长韩正、中国贸促会会长万季飞、世界贸易协会主席蒙哥马利和总裁杜苏里出席开幕式并致辞，博鳌亚洲论坛秘书长龙永图等作演讲，来自亚、欧、美、非四大洲36个国家、地区120个城市的600多名代表参加会议，为期3天的年会除举行“中小企业国际合作与交流”上海论坛外，还安排企业家对口洽谈、商务考察、交流展示等一系列活动。2009年6月初，由上海66家企业、170多名企业家组成的上海贸易代表团赴北非三国开拓新兴市场，参加第42届阿尔及尔国际博览会和第14届埃及泛阿拉伯/非洲地区国际汽车及配件展，举办中国(上海)—突尼斯投资贸易洽谈会，推动双边投资贸易，达到开拓新市场的预期效果。

上海市工商联是以世界各国、各地区工商界团体和企业家为交流合作对象的组织。在对外交往中，市工商联与五大洲国家和地区的工商界人士广泛联系，建立合作，增强了解和友谊，促进投资贸易，取得积极成效，共接待来自亚洲日本、新加坡、马来西亚、巴林、泰国、巴基斯坦、尼泊尔，欧洲荷兰、英国、芬兰、俄罗斯、意大利、土耳其、法国，美洲美国、加拿大、墨西哥、智利、阿根廷，非洲纳米比亚，大洋洲澳大利亚等国家的商会代表团、中小企业代表团、商工代表团、基金会投资代表团、劳合社代表团、行业联合会代表团、省市市政代表团、工商联代表团、银行代表团、金融控股(集团)代表团、投资贸易团等46批，还有不少工商界的大亨、工业巨头和前政要、知名人士等，像新加坡侨领、远东购物中心董事长黄廷芳，法国欧加特公司董事长福拉盟，欧盟—中国国际交流协会主席波罗·帕多来齐亚，德国IBG集团总裁沙特勒，荷兰鹿特丹市市长伊沃·奥普斯泰尔坦，英中贸易协会主席白乐威，加拿大总商会会长罗伯特·魏曼，巴西圣保罗市工商总会会长、MARPETEOL·S·A副总裁唐凯千，美国商会主席范·史密斯，美国惠普公司中国部经理刘季宁，美国前商务部部长、美国企业制造协会和海外投资公司总裁亚历山大·特罗布里奇，美国国际合作委员会主席陈香梅等。为扩大对外影响，市社联也积极组团出访各国和各地区，分别到新加坡、日本、芬兰、捷克、匈牙利、斯洛文尼亚、美国、加拿大、巴西、智利等国进行拜访沟通、参观考察、学习交流、投资洽谈、签订友好合作协议等，其中，2003 年 10 月对捷、匈、斯东欧三国经济、贸易与投资的情况了解，为会员以后进入东欧市场做了很好铺垫。2010 年 1 月，与静安区工商联合作组织的由 16 位民营企业家参加的上海民营企业家代表团，赴香港参加第三届“亚洲金融论坛”及相关活动，为民营企业家了解金融领域创新发展，拓展新业务打下一定基础。市工商联还组建由海外和港澳工商界人士踊跃入股的“上海爱建股份有限公司”，积极开展金融信托、实业投资、房产建筑、对外经贸、爱建基金等项业务，1979—1997 年共建立 100 多家独资、合资企业，其中就有上海第一家沪港合资“上海联合毛纺织有限公司”。

第二节　浦东新区对外交往

浦东开发开放是改革开放后上海变化最大的亮点。1990 年 4 月 18 日，国务院总理李鹏在大众汽车公司成立 5 周年大会上宣布开发开放上海浦东的重大决策。从这一天起，浦东的历史翻开了划时代的一页，奏响了中国改革开放的新乐章。随着中央赋予浦东一系列先行先试功能性政策的实施，浦东成为国际资本进入上海、跨国公司地区总部入驻和进行重大项目投资的一块热土。昔日的乡村田野，很快就高楼林立、商贾云集，浦东成为面向国际的建设经济、金融、贸易、航运中心和高科技研发中心的新城区，成为具有国际竞争力的总部经济高地，成为中国内地总部最集中、辐射面最广、服务能力最强的区域。从 20 世纪 90 年代至 2010 年底，共有近 15 万人次的外国人到浦东新区考察投资环境、洽谈合作项目，近 20 万人次的外国人应邀到浦东工作，参加各类国际会议、开展各类经贸活动。在浦东，至 2010 年时已汇集全球 649 家各类金融机构，占上海全市同类机构的 80%左右；共有 150 家跨国公司地区总部落户，占据全市 49.2%；吸引外商直接投资项目约 1.7 万个，占全市外商投资项目 28.6%。每年在浦东举行的国际会议和重大涉外活动近百个，有千余人次因公出国，开展考察学习、科技交流和经贸洽谈等活动，为浦东的经济建设和社会发展带来国际先进理念、技术和宝贵经验。浦东已成为上海对外交往、参与国际竞争和合作最活跃的窗口。

一、接待窗口

自中国政府宣布开发开放浦东后，每年到浦东参观访问的世界各国嘉宾源源不断，他们从这里了解中国改革开放的政策，看中国经济社会发展的前景，坚定投资上海乃至中国的决心，浦东俨然成为外国人了解中国改革开放的重要窗口，成为上海乃至全国联系世界的一座桥梁。据统计，至 2010 年底，浦东新区共接待到访外宾 12 156 批、139 025 人次，其中包括 200 多位外国国家元首、政府首脑，200 多名资深政要和政府高官，100 多位外国议长和 130 多位国际著名企业家，凡到上海的外国嘉宾几乎都要去浦东参观访问。源源不断的外国嘉宾访问浦东，为浦东的开发开放带来无数商机、资金、技术和项目，为浦东与世界各国和各地区的经贸合作、友好交往、文化交流起到积极的推动作用。通用、惠普、西门子等一大批世界 500 强企业投资浦东，其中相当一部分得益于成功的外事接待，许多到访者被浦东这块热土蒸蒸日上的景象和宏伟的发展蓝图深深吸引，毅然决定到浦动投资发展。在外事接待中，浦东新区以“外事为韧，经济为体”，把外事接待工作与提升新区的经济、金融、贸易、高科技产业功能及城区的开发紧密结合，与招商引资、稳商服务、项目建设等工作充分结合，外事部门与浦东新区有关部门、企业集团、金融机构等方面，良好沟通，协力配合，精心准备接待方案，有的放矢介绍政策，实事求是进行讲解，形象直观组织参观，取得直观明显的接待效果。

图 4-3-14 2005 年 5 月 13 日，克罗地亚总统斯捷潘·梅西奇(前左三)参观浦东新区

表 4-3-1 1994—2010 年浦东新区接待访沪外宾情况表

年份	接待批次 接待人次		国宾 团组		部长 团组		议会 团组		党宾 团组		经贸 团组		其他 团组	
	批次	人次	批次	人次	批次	人次	批次	人次	批次	人次	批次	人次	批次	人次
1994	1 301	13 649	37											
1995	1 042	10 995	28	1 295							423	3 477	591	6 223
1996	956	9 179	32	1 467							337	2 268	587	5 444
1997	903	7 806	33	895							287	1 841	583	5 070
1998	684	7 067	28	790	95	978					248	1 712	313	3 587
1999	582	5 123	26	517	118	1 008					173	1 113	265	2 485
2000	567	5 444	44	664	121	943					188	1 454	214	2 383
2001	992	9 026	44	883	111	968					364	3 203	473	3 972
2002	1 107	12 258	52	1 184	159	1 597					465	5 291	431	4 186
2003	661	7 739	22	686	19	111	15	163	33	214	212	936	360	5 629
2004	919	12 362	26	857	35	308	44	389	53	305	235	1 282		
2005	786	10 718	11	236	15	109	33	358	55	378	141	1 053	531	8 584
2006	614	9 266	11	267	12	113	16	178	42	411	111	564	422	7 737
2007	560	9 718	3	86	18	179	18	163	36	268	88	523	397	8 499
2008	427	6 454	5	37	8	63	9	93	23	213	75	389	307	5 659
2009	328	2 804	2	24	4	55	6	62	21	151	98	438	197	2 074

(续表)

年份	接待批次 接待人次		国宾 团组		部长 团组		议会 团组		党宾 团组		经贸 团组		其他 团组	
	批次	人次	批次	人次	批次	人次	批次	人次	批次	人次	批次	人次	批次	人次
2010	481	6 618	3	39	6	93	6	44	12	93	112	525	342	5 824
总计	12 910	146 226												

说明：国宾团组为副总理级以上政府代表团。

在做好到访接待的同时，浦东新区为适应日益扩大的对外交往需求，积极组织各类人员出国访问，吸收和带回国际先进经验、理念，融入浦东的开发建设。1994—2010 年，浦东新区共有 17 903 批 58 461 人次走出国门，开展各类学习考察、经贸科技交流和商务洽谈，使浦东新区的经济建设、社会发展融入国际理念、世界元素。振华港机、华虹日本电器股份有限公司(NEC)、庄臣等一批大企业在对外经贸合作交流中不断壮大，尤其是振华港机经过 20 年的发展，已经成为国际上赫赫有名的港口装备制造企业。在浦东新区的经济建设和功能开发上，出国交流也收益颇多。如张杨路“共同沟”规划设计、施工、管理等一些关键性的技术问题，就是在赴日本考察中解决；世纪公园开建时，组织专业团队赴美、英、法、日考察，学习外国园林结构和造园艺术，对设计好世纪公园起了积极作用；上海新国际博览中心项目，曾因外国投资方发生变化，出现复杂局面，谈判小组在出访德国和英国中克服种种困难，获得突破性进展，使项目早日得到启动。

表 4-3-2 1993—2010 年上海浦东新区因公出国团组情况表

年　份	因公出国审批		经 贸 团 组		非 经 贸 团 组	
	总批次	总人次	批　次	人　次	批　次	人　次
1993	**457**	**1 617**	290	1 044	167	473
1994	**1 157**	**4 027**				
1995	**1 446**	**5 287**	739	2 729	727	2 558
1996	**1 499**	**4 659**	927	2 851	572	1 808
1997	**1 403**	**4 155**	1 010	2 954	393	1 201
1998	**1 487**	**4 623**	1 062	3 223	425	1 400
1999	**1 288**	**3 640**	850	2 471	438	1 169
2000	**1 069**	**2 968**	818	2 232	251	736
2001	**908**	**2 404**	718	1 885	190	519
2002	**718**	**2 127**	603	1 695	115	432
2003	**597**	**1 880**	524	1 580	73	300
2004	**645**	**2 195**	497	1 589	148	606
2005	**758**	**2 282**	679	1 904	78	377
2006	**845**	**2 681**	748	2 107	97	574
2007	**928**	**3 562**	862	3 185	66	377
2008	**758**	**3 154**	720	2 934	38	220

（续表）

年　份	因公出国审批		经贸团组		非经贸团组	
	总批次	总人次	批　次	人　次	批　次	人　次
2009	**1 076**	**4 270**	1 037	4 072	39	198
2010	**864**	**2 930**				
合计	**17 903**	**58 461**				

同时，随着浦东开发开放的需要，外国人到中国签证在浦东也取得突破性发展。1993 年，根据外交部授权，浦东新区可以直接向外国人发申办签证邀请函电和向中国驻外使领馆发签证通知，邀请外国人到浦东新区进行经贸活动、科技交流和友好访问活动。此后，外国人到浦东新区进行各类活动的邀请签证逐年上升，1993 年 355 人次，到 2002 年已达 9 892 人次，10 年间增加 27.86 倍。从 2003 年开始，每年均超过 1 万人次，2008 年达到历史新高，邀请到访的外国人签证 52 672 人次，是 1993 年 355 人次的 148.37 倍。截至 2010 年，为接收外国人到浦东工作、访问、经商、技术交流、技术指导、设备维护、检查工作、参加会议、探亲等，浦东新区共发邀请签证达 20 多万人次。

表 4－3－3　1993—2010 年浦东新区邀请外国人到华签证工作情况表

年　　份	工作签证(人次)	商务签证(人次)	合　　计
1993			355
1994	152	1 271	1 423
1995			1 957
1996	433	2 631	3 064
1997	410	4 728	5 138
1998	1 150	5 635	6 785
1999	803	6 136	6 939
2000	968	6 547	7 515
2001	1 370	5 813	7 183
2002	2 167	7 725	9 892
2003	1 899	8 555	10 454
2004	1 670	11 111	12 781
2005	1 206	11 124	12 330
2006	3 005	10 857	13 862
2007	3 833	12 695	16 528
2008	6 422	44 582	52 672
2009	5 338	24 456	29 794
2010	6 885	24 073	30 985
总计			229 657

二、会议之都

浦东的开发开放成为举世瞩目的投资热土，也成为举行各类国际活动的首选地之一。20世纪90年代后期到21世纪初在上海举办的一系列规格高、规模大、影响广的国际会议，如“'99财富论坛上海年会”“上海合作组织峰会”“APEC领导人非正式会议”“亚洲开发银行理事会第35届年会”“联合国亚太经社会第60届年会”“首届全球扶贫大会”“2007年非洲开发银行集团理事会年会”“世界工程师大会”等，先后都在浦东举行，进一步彰显浦东外向型、多功能、现代化新城区的建设功能，印证邓小平在1991年初提出的“浦东开发是面向全世界的”论断，实现中共上海市委、市政府提出的“开发浦东，振兴上海、服务全国、面向世界”的目标。在此期间，浦东新区和国内外研究机构，也围绕浦东的开发和建设联合举办一系列国际会议和活动。

20世纪90年代新区成立之初，这个时期议题大多集中在浦东的开发开放上。如“中国对外开放与西北亚经贸关系发展”“浦东开发与中国经济发展”“国际投资与浦东基础设施建设”“迈向21世纪的上海浦东发展——高新技术产业发展战略国际会议”等，这些会议的成果对如何开发开放浦东起到积极的参谋作用。其中规模和影响较大的有，1994年11月9—12日举行的“第五届中国经济发展国际研讨会——浦东开发与中国经济发展”，来自中国、美国、日本、韩国、澳大利亚、印尼6个国家和中国台湾地区的50余名官员和学者与会，就浦东开发与20世纪90年代中国经济的高速增长，浦东开发与上海现代化国际大都市形象的塑造，浦东开发与上海国际金融、贸易中心的建设，浦东开发与长江三角洲及长江流域经济一体化，浦东地区的投资环境及利用外资政策等问题展开充分讨论。1996年10月18—20日举行的“迈向21世纪的上海浦东发展——高新技术产业发展战略国际会议”，来自欧美和亚洲10多个国家和地区的政府高级官员、经济界、实业界及学术界人士以及国务院有关部委、上海市有关部门代表等100多人出席会议。2000年浦东新区政府成立前后，会议主题着眼于浦东的经济发展，往往与科技创新密切相关。如2000年4月18—19日举行的“世界企业孵化与技术创新大会”，中外嘉宾500余人围绕信息技术时代的企业孵化与技术创新、高新技术企业的创新与可持续发展战略、21世纪企业孵化器组织的发展等议题展开讨论。6月19—20日举行的“中国高科技产业和融资研讨会”，150名中外人士就中国高科技产业的发展情况、风险投资开发、新上市公司以及技术转让等议题进行探讨。7月5—7日举行的“走经济全球化的发展之路：中国在新世纪的机遇和挑战”研讨会，100名中外代表对全球化与中国宏观经济发展、产业政策和对外贸易、全球化对农业及劳动力市场的影响、中国的金融机构和国企改革、技术转让和技术进步等议题作探讨。12月4—5日举行的“亚太工业发展论坛·上海2000”，包括泰国副总理素帕猜在内的中外300名嘉宾与会，并就经济全球化和中国加入WTO后对亚太地区工业发展的影响及对策的会议主题作探讨。这些会议的成果为浦东新区经济高速发展、迅速占领经济制高点带来新的思想和理念。

此后，随着浦东新区经济、社会事业发展和功能化建设不断提高，国际会议的议题也呈现出多样化的特点，其内容涉及展览、半导体照明、湿地保护、管理咨询、创新孵化、生物医药、射频识别、生态建设、金融研讨、投资促进、服务外包、企业责任、供应链物流、学前教育、中学办校、动画漫画等。2002年11月16日召开的“2002年国际展览行业上海浦东峰会”，云集国内外展览业的领袖人物，围绕主题“上海浦东—亚太地区会展新热点”，着重探讨上海浦东展览业发展面临的机遇、挑战及如何建成亚太地区商业展览及会议中心之一；如何进一步拓展会展市场，推动浦东展览业发展，加快与国际接轨的步伐，提高会展服务水平等。2004年3月23—25日举办的“2004中国(上海)国际半导体照明论坛”，来自美国、日本、韩国等国家的代表200多人出席大会。这是中国在半导体照明行业举行的级别最高、学术内容最丰富的一次会议。2005年4月9—11日举行的“第一届国际名中学校长论坛”，200多名中外名校校长就先进的教学、管理和办学理念，全球中学教育改革和国际化影响进行切磋交流，并为打造中国世界级名校出谋划策。11月25日召开的“浦东新区集聚专业机构、提升服务功能研讨会”，近百家境外知名机构代表，探讨未来专业服务功能的发展。12月15—16日举办的“第二届（上海）中国国际金融论坛”，来自国家有关部委官员与上海市人民政府领导、诺贝尔经济学奖得主等国内外著名经济学家、国际金融投资机构高层、中外著名商业银行高层以及北大、清华、复旦、中欧工商学院等院校的权威专家围绕“解读金融新政策，拓展融资新渠道，迎接合作新机遇”的论坛主旨莅临演讲，会议提出并倡导中国金融文化。2006年5月17—19日举行的“亚太地区创新孵化论坛暨第八届亚洲企业孵化协会年会”，70余名外宾就主题“创新与孵化”作探讨。2007年10月26日召开的“首届上海国际生态建设市长高峰论坛”，来自国内外生态建设领域的专家学者、国内部分城市市长和生态建设技术供应商等200多人参加会议，交流和探讨生态建设与城市发展、新农村建设的理论和经验、生态建设和经济可持续发展中的政策以及生态建设的资本运作和技术引进方式等议题。2008年7月5日召开的“2008建设和谐社会与企业责任（上海浦东）论坛”，300多名中外政府官员、企业负责人及专家学者围绕“让和谐社会的旗帜高高飘扬”的主题，分别就“提高执行能力，推动社会责任”“科学发展观与可持续发展”“发挥金融杠杆作用，促进健康可持续发展”3个议题深入讨论。10月20—21日举行的“第五届国际投资促进论坛”，来自政府有关部门和国际组织的官员、中外投资促进机构负责人、国内外专家学者以及跨国公司、国内企业和投融资机构的高层管理人员200余人共同就“中国企业海外投资”相关热点问题进行研讨和交流。2009年11月18日举行的“2009·上海海洋论坛”，包括海外来宾近60人的300名代表围绕论坛主题“海洋工程与世界航运”，就上海国际航运中心建设的航运服务升级、航运金融创新、海洋工程发展等方面进行探讨和交流。

图4-3-15　2009年5月9日，上海亚洲金融合作论坛在浦东举行

三、交流平台

浦东在推进开发开放过程中,为了更好地与各国、各地区和有关国际组织在经济、金融、科技、教育、文化、卫生、体育、城建、旅游等方面开展广泛深入的合作交流,利用各种机会组织和举办各类精彩纷呈的国际活动和项目,搭建中外交流的极好平台,对加强浦东与国际社会的联系和合作起到极大推动作用。

在纪念上海市与旧金山市结成友好城市15周年举行的“上海周”活动中举办旧金山“上海周・浦东日”活动。集经贸、科技、文化于一体的“上海周”活动于1995年7月16—22日在美国旧金山市举办,其间7月20日定为“浦东日”,浦东新区管委会领导在旧金山著名的喜来登皇冠大酒店作《浦东,一个崭新的国际化区域》的演讲,包括旧金山市市长乔丹以及市政府官员、各界人士近500人出席报告会,浦东新区经贸代表团成员就工业、房地产业和融资等专题,分组与美国工商界人士进行座谈,美国西部地区的中英文报刊对“浦东日”予以报道,旧金山《侨报》等以《“浦东”成为“上海周”热点》《浦东发展远景好,大型项目多,吸引客商》等醒目标题刊登消息,扩大浦东在美国的影响。

为加强上海与加拿大蒙特利尔市友好交流关系,在浦东世纪公园内建造上海蒙特利尔园,该园于1999年11月5日奠基,2000年7月13日建成,占地总面积2万平方米,由岛屿、湖泊、266平方米半封闭大厅、110平方米多媒体影视厅和52平方米咖啡吧组成,上海市长徐匡迪和蒙特利尔市市长皮埃尔・布克共同为开园揭幕。2001年2月14日,加拿大总理克雷蒂安访问上海期间,与徐匡迪共同在上海蒙特利尔园内种植中加友谊树。2006年4月12日,在园内举行“白求恩纪念馆”揭幕仪式,蒙特利尔市市长热拉尔・特朗伯雷莅临该园并参加活动。

图4-3-16　坐落在浦东世纪公园内的蒙特利尔园

图4-3-17　2006年4月12日,白求恩生平事迹展在世纪公园蒙特利尔园开幕,加拿大蒙特利尔市市长热拉尔・特朗伯雷(中)出席开幕式

建立“上海—哈瓦那蔬菜实验农场”。该项目是经中国外经贸部批准的特殊项目,由浦东新区的民营企业上海由由(集团)股份有限公司组织实施,2000年5月19日古巴农业部代表与上海由由(集团)股份有限公司董事长山佳明签订协议,实验农场主要以生产蔬菜、花卉和培育菜种为主,在古巴国内外市场销售,还负责培训技术人员,古巴国务主席卡斯特罗多次在中国领导人访古时提及该项目对古巴菜篮子的贡献,称该项目为古巴农业的典范。

组织“金桥碧云国际社区主题长跑”活动。2001—2010年，已经连续举办9届，累计参赛人数近3万人次。每届设一个主题，倡导积极健康的生活理念，一般由8千米竞技跑、2千米趣味跑、公司团队接力跑三项传统赛事组成，此外现场还有精彩表演、互动游戏、幸运抽奖和奇装异服竞赛等娱乐活动，一直备受金桥白领和外籍人士的青睐，彰显金桥开发区中外文化交融、社区和谐健康的新气象，组织者还将每次活动报名费的10%捐赠给慈善组织，以号召社区居民关注公益事业，为环境保护出一份力。

图4-3-18　金桥碧云国际社区主题长跑

举办“上海浦东中外小使者音乐夏令营”活动。分别于2002年7月12—14日和2004年7月19—22日举办，来自澳大利亚、俄罗斯、德国、韩国、日本、美国、中国台湾和中国中央少年广播合唱团、中福会少年宫小伙伴合唱团等16支少儿艺术团队约800人参加首届夏令营活动，日本、摩纳哥、蒙古、韩国、罗马尼亚、俄罗斯、塞黑、泰国、越南以及中国台湾和大陆部分省市的19支少儿艺术团队700多名中外学生(外国学生346名)参加第二届夏令营活动，除交流演出外，还举行大联欢，评选出“金像奖”和“艺委会特别奖”。两届音乐夏令营加强各国青少年之间的友谊，为大家留下对浦东的美好印象，也为开展中外民间交流打下基础。

由进才中学发起组织的“英国中学生夏令营”活动。自2004年夏天举办，至2010年已办7届，夏令营于每年7月中下旬开营，每期2—3周，有100名左右来自英国各所中学的学生参加，由进才中学经验丰富的对外汉语老师教授，完成30小时的课堂汉语学习，并通过汉语考试，取得由中国国家汉办和英国驻沪总领馆文化教育处颁发的证书，还为英国学生安排中国历史、地理、民族音乐、京昆剧、中国武术、书法、国画、中国编结、中国篆刻等中国民族文化课和讲座，并游览上海名胜古迹，体验中国学生的家庭生活，实行中英学生互动，增进英国学生对中国的了解和中英学生间的友谊。此项活动得到英国师生高度评价，形成进才中学对外交往的特色和品牌。

建立同济大学东方中法泌尿外科中心。其由同济大学附属东方医院和法国巴黎笛卡尔大学

COCHIN医院共同合作，于2004年10月正式在浦东挂牌成立，是上海唯一的中法合作临床项目。中心多人具有海外留学背景，多名法国教授获得中国行医执照和中国外专局颁发的外国专家证，所有医护人员均经法语和英语双语培训，中心承担国家级科研课题2项，上海市及浦东新区科研项目4项，同济大学海外讲座教授合作项目1项，自成立以来，不断得到法国COCHIN医院的设备捐赠和技术等方面的支持。

援缅蒂洛瓦工业特区规划项目。这是中国第一个援外软课题项目。2005年4月7日，国家商务部根据中缅两国政府签订的《经济技术合作协定》项目要求，与金桥集团签订《援缅蒂洛瓦工业特区规划项目实施任务承包合同》，委托上海金桥(集团)有限公司帮助缅方进行工业特区的规划。金桥集团邀请具有甲级和涉外双重资质的浦东规划院和浦东综合经济研究所有关研究人员共同组成课题组，经过10个月的努力，通过商务部组织的第三方评审，于2005年12月20日完成向缅方的“研究成果移交”和“任务交接书”，项目得到中国专家评审组、商务部委托的第三方评审组和缅甸方面的好评。还举办2期“中缅开发区高层研讨班”，帮助缅甸培训部长级的官员。

举办“上海陆家嘴金融文化周”。2006年9月1—7日首次举办，主题为“金融创造和谐、金融推动创新、金融融入生活”，先后推出期货投资论坛、金融文化展等一系列活动。第二届于2007年11月16—22日举行，主题为“金融双城记”，邀请中外金融界知名专家学者就金融前沿问题、热点问题发表权威观点，预测和指引中国金融业的发展趋势，浦东新区领导与英国伦敦城政策及资源委员会主席施耐德共同录制《金融高端对话》的电视节目。2009年12月10—30日，第三届文化周举办的主题为“参与·共建·分享”，与以往不同的是，20天的活动时间里普通市民可以通过各种方式直接参与，这一活动成为上海金融中心的标志性活动，成为国内各省市共同参与的中外金融交流平台。

举办“2006年上海国际立体花坛大赛”。这项创始于2000年加拿大蒙特利尔的国际园艺造型艺术大赛，由立体花坛国际委员会发起组织，每3年举办1届。2006年9月15日—11月30日，首次在中国的上海浦东世纪公园举办，大赛以“地球、家园”为主题，共汇集希腊雅典、美国雷丁、加拿大蒙特利尔、法国对埃蒂安、日本滨松以及中国大连、郑州、长沙、西宁、兰州等15个国家55个城市的82件立体花坛作品，布展面积30万平方米，分4个展区，共用花草植物390个品种1 200万株，浦东新区展出《高度、速度》《源远流长》等作品。

举办“上海张江德国啤酒节”。2006—2010年，已成功举办4届，共吸引7万多人次参加，逐步成为张江地区著名的文化娱乐品牌。啤酒节按照德国啤酒节的方式举行，所有现场的服务人员都身着德国传统民族服装，所有台布、台裙都使用代表德国啤酒节的蓝白格子花布，场内棚壁上挂有德国当地的手工艺品。乐队以火热的激情演绎原汁原味的巴伐利亚乐曲。欢快奔放的德意志民族音乐、舞蹈，耳熟能详的中英文经典歌曲，在娱乐中体现出悠久的欧洲文化和中国文化的完美交融。

举办“第九届上海国际武术博览会”。2008年5月1—6日，在浦东川沙镇举行，来自美国、德国、西班牙、澳大利亚、印度、日本、俄罗斯、新加坡等25个国家和地区的500余名运动员参加，博览会共设武术套路、木兰拳、空手道、练功十八法、散打5个专场比赛。川沙新镇组队参加3个项目的比赛，夺得8块金牌、7块银牌、3块铜牌，获得由中国武术协会授予的武术运动“贡献奖”。

举办“‘浦东三林’杯第四届世界龙狮锦标赛”。2009年5月8—13日，在上海浦东源深体育中心举行，是国际龙狮总会确立的固定赛事和最高规格的比赛，每两年举办1次。第四届世界龙狮锦标赛共吸引19个国家和地区的30多支龙狮精英队伍参加，是历次参赛国家和地区最多的一届，代表中国一队参赛的三林舞龙队获得3金2银(规定套路第1名、障碍项目第1名、抽签项目第1名、自选套路第2名、竞速项目第2名)和全能第一的优异成绩。

图 4-3-19　2006 年起，浦东举办张江德国啤酒节，至 2010 年已举办 4 届

四、友好关系

浦东开发开放中，与世界多个城区建立友好关系和友好合作项目。

与韩国东南地域工业团地管理公团的合作。1995 年 4 月 8 日，韩国东南地域工业团地管理公团理事长李吉相率领韩国企业家代表团一行 10 人在访问浦东新区中，与上海市副市长、浦东新区管委会主任赵启正共同签署合作协议，依照平等、互惠的原则，双方就工业区的管理信息和经验、经济合作和投资环境方面的信息、人员互访及其他项目开展交流，并于浦东新区经贸考察团同年 7 月 24 日—8 月 4 日赴韩国考察参观、开展一系列招商活动中，促成上海浦东合庆工业发展公司与韩国二守金属有限公司在浦东合庆组建合资企业。1996 年 7 月 8 日，东南地域工业团地管理公团新任理事长林井圭率团访问浦东时，出席中韩合资二守合金工业有限公司的开工典礼。

与以色列联合发展公司的现代农业合作。1996 年 8 月 21 日，以色列联合发展公司总裁艾森贝克访沪期间，与上海市副市长、浦东新区管委会主任赵启正就浦东新区与联合发展公司共同合作开发现代农业问题达成共识，并于 8 月 22 日与新区管委会副主任胡炜共同签署《合作开发现代农业的意向书》。根据意向书，浦东新区将借鉴和运用以色列农业发展的经验与技术，把新区的农业建成中以农业合作的示范区，以色列联合发展公司将在多方面提供支持和帮助。

与芬兰贸工部及库奥皮奥市的交流与合作。2002 年 9 月，芬兰贸工部部长贾里·维伦与芬兰库奥皮奥市市长彼特立·帕洛恩率团访问浦东期间，与浦东新区签署《浦东新区人民政府—库奥皮奥市政府谅解备忘录》，双方计划在健康护理、生物医药和保健品研发、生物信息和药品开发、保健旅游和技术交流等领域开展合作研究。2003 年 11 月 26 日，芬兰贸工部部长、芬兰驻华大使等一行 10 人访问浦东新区，与副市长姜斯宪出席《中国上海浦东新区政府与芬兰贸易工业部科学技术合作谅解备忘录》签约仪式，双方表示将致力于推动浦东新区与芬兰国家重要机构和企业在信息交流、共同研发和健康医疗等方面建立密切联系和合作关系。2005年9月12日,芬兰总理万哈宁率团访沪,与副市长唐登杰、浦东新区领导共同为设立在张江高科技园区的“芬华创新中心”揭牌,标志着浦东新区与芬兰的合作有了实质性的推动。2006年11月17—29日,芬兰库奥皮奥市文化事务局与新区文化广播电视管理局合作推动芬兰“光影之中”现代艺术展在浦东证大艺术馆展出。2007年5月,库奥皮奥市市长彼特立·帕洛恩再次率团访问浦东新区,双方签署新一轮《浦东新区人民政府—库奥皮奥市政府合作谅解备忘录》,双方的合作重点也由生物医药研发和医疗服务等拓展到环保科技等方面,进一步促进和推动两地在科学、技术和社会发展等方面的合作。

与荷兰南荷兰省的交流与合作。2003年9月,浦东新区科委与荷兰西荷兰外国投资局签署《中国上海浦东新区与荷兰国西荷兰地区合作建设共享孵化基地意向书》后,荷兰方面扩大合作范围,南荷兰省正式成为荷兰方面参与合作的伙伴,并于2004年11月浦东新区科委代表团访问南荷兰省时,双方签署《中国上海浦东新区与荷兰国南荷兰省关于协调创新计划的备忘录》,双方承诺每年各自安排一定的资金支持创新计划活动,建立起两地政府间科技交流与合作框架。此后,南荷兰省与浦东新区政府间互动频繁,双方在人员互访、举办科技合作洽谈会、推动技术与产品合作研发、新技术与新产品推广、项目引进与孵化培育等方面开展广泛深入的合作,并重点围绕现代农业(都市农业)、生命科学(包括医疗技术)、电子信息产业、新材料等重点领域,续签多项有关合作备忘录,两地机构共签署合作意向17项,荷兰 L. S. Hu Holding、Cardialysis、Mat - Tech、ICT & Media Academy 4家企业和研发机构分别与坐落于浦东的上海南方基因科技有限公司等6家科技企业签约,在新药研发、药品代理等方面开展合作。其中,上海市北自来水公司与荷兰KIWA水研究院的合作项目获得荷兰经济部亚洲基金的资助。荷兰Promolding模具公司、SunTzu通讯公司和KOW设计公司等7家优秀科技公司先后入驻浦东。这项交流合作也得到荷兰女王的关注和支持。

与美国曼哈顿建立友好交流关系。2003年10月11—13日,美国纽约市曼哈顿区区长弗吉尼亚·菲尔兹率团访问上海,与上海市副市长、浦东新区区长姜斯宪共同签署《浦东新区和曼哈顿区友好交流意向书》,浦东新区经贸局还组织“投资上海、投资曼哈顿——浦东、曼哈顿经贸合作前景座谈会”,浦东新区部分企业代表与菲尔兹及随行人员进行座谈。

与丹麦合作的循环经济国际项目。2005年2月25日,北丹麦欧盟办与浦东新区签署推进循环经济国际合作项目的备忘录,并成功获得欧盟委员会70万欧元的资助。这是上海申报成功的首个欧盟亚洲国际合作项目,也是中国地方政府和欧盟开展国际合作,推进中国循环经济建设的首个成功范例。欧盟、丹麦以及瑞典派出20多名专家,对浦东新区多个领域的循环经济发展进行指导,最终形成“浦东新区发展循环经济战略规划”和“循环经济园区”“金桥电子废弃物处置厂”2个示范工程。该项目还对浦东新区节水、节能等专业规划,清洁生产,国家生态工业示范园区建设等方面,着手进行引进、培训、指导、考察、研讨等各项具体工作,使浦东新区发展循环经济方面实现稳步发展和整体推进。项目最终得到“B”级评价,这也是欧盟在中国项目的最佳评定级别。

与韩国江南区建立友好交流关系。2006年9月,韩国江南区区长孟廷柱率团访问浦东新区,表达与浦东新区建立友好关系的意向,随后两年双方都组团进行相互考察,并于2008年5月19日,在韩国首尔江南区代表团访问浦东中签署《浦东新区和江南区友好交流意向书》。

与美国蒙哥马利郡建立友好交流关系。2007年8月,美国马里兰州蒙哥马利郡有关人士首次访问浦东时致函浦东领导,明确表示希望与浦东新区建立友好关系,并于2008年10月14日,由蒙哥马利郡郡长伊赛·莱格特与浦东新区区长李逸平签署《浦东新区和蒙哥马利郡关于加强经济合作和友好关系的备忘录》。

与日本川崎市的循环型经济产业示范合作项目。2007年11月6日，浦东新区人民政府和日本川崎市政府联合举办“中日环境论坛”，双方各自介绍循环工业园区建设方面的做法，之后，日本经济产业省两度就川崎和上海（浦东新区）在循环型经济产业示范项目上的合作进行可行性调研。其间，两地政府和企业代表也多次互访，推动双方在循环经济产业园区建设上的交流和合作。川崎市环保局代表还到浦东专门介绍川崎市废弃物处理的做法和经验。2010年2月4日，浦东新区政府代表团在日本川崎市与该市市长阿部孝夫签署《浦东新区和川崎市面向循环经济发展方向相互合作备忘录》，双方确认将在浦东创建生态区、家电循环经济基地建设、合作应对全球气候变化、推进低碳经济、建设低碳社会等方面开展合作。浦东新区环保协会和日本NPO亚洲企业家协会也签署有关交流合作协议。

与韩国丽水市建立友好交流关系。2009年6月26日，韩国丽水市世博支援课课长李京佑到沪与上海世博局签署合作备忘录期间，就丽水与浦东新区建立友好关系等事宜与浦东新区有关部门交换意见，并于2009年10月12日，由浦东新区领导与到访的韩国丽水市市长吴炫燮共同签署《中国上海市浦东新区和韩国全罗南道丽水市友好交流备忘录》。

五、经济高地

浦东开发开放从中共中央宣布的一刻起，就把目标定位在经济发展的高起点、世界经济的制高点上。利用中央政府给予的多项优惠政策，浦东扩大开放度和市场准入度，努力吸收国际资本和高端先进项目入驻，形成以跨国公司投资和服务贸易为主的开放新格局。

1990年9月，外高桥保税区、陆家嘴金融贸易区率先成立，标志着浦东开发开放的实质性启动。至1995年5月，六里现代生活园区成立，浦东新区自由贸易、金融商贸、出口加工、高新科技、文化旅游、现代农业、现代生活7个各具特色的功能开发小区全部建立，共开发土地面积30.9平方千米，创建项目2 903个，吸引资金129.04亿元。其中，4个国家级重点开发区的外高桥保税区，进区项目2 224个，吸引投资29.53亿美元；陆家嘴金融贸易区，吸引资金172.71亿元，开工建设大楼181幢，有46幢竣工或交付使用；金桥出口加工区，引进项目298个，吸引投资41.85亿美元；张江高科技园区，进区项目29个，吸引投资5.2亿元。一大批世界著名跨国公司进入金桥，其中有德国的西门子，比利时的贝尔，日本的三菱、日立、理光，美国的福特等，松下微波炉、联信增压器、罗氏制药等企业落户张江，瑞士罗氏、美国科勒等跨国公司落户星火工业园区。

此后，浦东国家级重点开发小区由基础性建设逐步进入功能性、出效益的转折，国际金融资本和跨国公司集团入驻浦东的步伐进一步加快。1996年，日本八佰伴集团总部从香港迁至浦东陆家嘴金融贸易区，成为第一个总部设在浦东的跨国集团。至2000年末，来自世界67个国家和地区的商家、企业在浦东新区投资6 635个项目，合同外资144.51亿美元，其中1 000万美元以上的大项目516个（含增资项目），合同外资116.4亿美元。服务贸易开放已经扩大到银行、保险、贸易、商业、房地产、电信、中介、教育、医疗等领域。在陆家嘴金融贸易区竣工的250余幢高层建筑中聚集包括中国人民银行上海分行、汇丰银行上海分行、美国花旗银行上海分行、英国渣打银行上海分行、日本东京三菱银行上海分行、法国东方汇理银行上海分行在内的87家中、外资金融机构，证券、房产、期货、产权、钻石、人才六大要素市场，国内25家大企业集团总部。外高桥保税区汇集1 366家中外贸易公司、10家保税市场、172家中外物流分拨中心以及一批主要从事机电、信息加工的著名企业。在金桥出口加工区投资额超过3 000万美元的项目有44个，投资额达到或超过1亿美元的

图4-3-20 浦东第一家中日合资商贸企业第一八佰伴

有10个,金桥已成为多功能、外向型、现代化的综合经济技术开发区。张江高科技园区随着浦东软件园的开业、技术创新区的落成、投资14.76亿美元的中芯国际集成电路制造有限公司和投资16.3亿美元的宏力半导体制造有限公司的先后建设,已进入一个新的发展时期。

进入21世纪,浦东开发开放进入全面建设和城市管理并重的新一轮周期。随着国务院批准上海浦东进行综合配套改革试点,为浦东的全面发展与进步打开更加广阔的空间,浦东的开发开放在新的基点上继续向前推进。2001年,巴西、卢森堡、苏丹等8个国家和地区成为保税区的新投资者,62家跨国公司在金桥投资落户,其中名列美国《财富》杂志500强中有31家投资金桥,世界100强中有12家在金桥投资近20家独资或合资企业。张江生物医药基地初步形成产业项目、研发机构、孵化创新、教育培训、专业服务五大群体和"人才培养—研究开发—中式孵化—规模生产"的现代生物医药技术创新体系。随着2002年花旗银行、渣打银行、汇丰银行的中国区总部迁入金融贸易区,一批国际著名企业集团继续入驻浦东新区。2006年后,伴随着综合配套改革试点的深入,浦东在开发开放中围绕加快推进"四个率先"中的示范作用和加快建设"四个中心"中的核心功能作用,充分发挥各开发小区在功能开发、招商引资、循环经济、体制创新等方面取得的积极成果,实现经济效益和社会效益的双丰收。以金融为核心的现代服务业快速发展,各类金融机构进一步集聚。以南汇区划入浦东新区和上海综合保税区管理委员会成立,标志着三区(外高桥保税区、洋山保税港区、浦东机场综合保税区)三港(外高桥港、洋山深水港、浦东空港)联动发展的管理体制开始运转,三港三区实现政策、资源、产业和功能的联动、互补,发挥出更大的集聚效应,凸显三区作为海关特殊监管区域的整体优势,成为上海推进国际金融、国际航运"两个中心"建设的重要平台。

至2010年,浦东新区在加强产业配套服务,谋划新布局,大力发展以金融、航运、贸易为重点的现代服务业中,第三产业增加值在全区生产总值中的比重占56.1%。全年净增金融机构46家,总数达到649家。其中,陆家嘴金融贸易区592家,约占上海总数的60%,包括银行类机构191家,证券类机构251家,保险公司69家,其他金融机构149家。另有股权投资公司124家,航运机构1 000

图 4－3－21　张江高科技园区

余家，国家级要素市场 11 家。洋山港保税港区的跨国公司亚太分拨中心、供应链管理中心、大宗商品货物集散中心以及大型航运企业的集聚趋势正在形成。随着全球领先的国际性金融服务摩根士丹利中国总部签约，浦东总部经济又获一重量级加盟者，至年底经认定的跨国公司总部已达 150 家，占到在上海落户的跨国公司总部总数的半壁江山，浦东新区已成为中国内地跨国公司地区总部最集中、辐射面最广、为全国服务能力最强的具有国际竞争力的总部经济高地。全年，浦东新区工

图 4－3－22　金桥开发区鸟瞰

图 4-3-23　2009 年时的陆家嘴金融贸易开发区

业总产值 8 488.02 亿元，7 个工业开发区工业总产值合计 4 707.52 亿元，占浦东新区总产值的 55.4%，占上海市工业总产值 15.16%。

第三节　其他区县对外交往

1978 年改革开放以后，其他区县对外交往也十分活跃。教育、文化和青少年交流是各区县最早开展对外交流合作的领域，以后随着双方相互往来和增进了解的逐步深入，不断扩大到经贸、科技、卫生、体育、环保、基础设施等其他领域。在对外交往中，各区县充分发挥本地区历史文脉的资源优势，积极开展丰富多彩、富有特色的交流活动，努力打造本地区对外交流的品牌和特色，大力开展招商引资工作，既做好各项外事接待工作，增进与各国人民的友谊和了解，广泛建立友好交流与合作关系，又吸引国外资金和投资项目，促进和推动本地区经济建设及各项社会事业的发展，在多个领域结下中外合作的累累硕果。据不完全统计，改革开放以后，上海市各区县每年接待到地区参观访问、技术考察交流和观光旅游的境外嘉宾 500 批、1 万人次以上。青浦区 1978—2010 年接待各种到访重要外宾代表团 2 872 批、21 708 人次；闵行区(原上海县)1981—1986 年接待部长级以上团 116 批、2 236 人次，技术交流、考察团 12 批、1 368 人次，领馆记者团 197 批、696 人次；金山区 1986—1990 年接待外宾代表团 1 138 批、3 345 人次；长宁区 1978—1992 年接待各种重要外宾团 404 批 2 565 人次；静安区 1979—1992 年接待外国新闻媒体记者采访和拍摄 367 批、2 459 人次。全市各区县(不含浦东新区)从 1994—2010 年共接待到访外宾各种代表团 13 757 批、159 063 人次，因公出访 26 902 批、109 293 人次，17 个区县中，与 5 个国家的 8 个城市建立友好城市关系，与 23 个国家的 56 个城市地区建立友好交流关系。

一、对外交流合作

在对外交往中，区县的对外交流合作往往是从一个领域的某个项目开始的，在对外接待中，区县的教育资源十分丰富，教育领域的青少年交流显得较为活跃。

1985 年，徐汇区高安路第一小学、长乐路小学分别与日本泉佐野市长坂小学、大阪市本田小学建立友好通信联系，双方进行学生书法、绘画和手工作品互访交流。此后，徐汇区教育友好代表团1989年10月访问日本泉佐野市进一步商讨区市二中学与该市新池中学、区少年宫与该市少男少女合唱团对口交流意向，徐汇区少年儿童书画作品展还在泉佐野市文化节的国际艺术展厅进行展出，受到好评。1990年5月，徐汇区少年合唱艺术团应泉佐野市邀请，赴日参加“花与绿国际博览会”，以及“银杏馆”特邀节目专场演出。从1987年起，徐汇区教育局还先后同韩国首尔和釜山教育厅、日本大阪府教育委员会、泰国教育委员会、澳大利亚罗根市、英国诺福克郡儿童服务部、加拿大温哥华市教育局、美国纽约市教育局等国家行政部门签订交流协议，并于21世纪与联合国教科文组织亚太地区教育局建立联系，被命名为联合国教科文组织亚太地区“教育革新发展服务计划”联系中心，加入联合国教科文组织“教育可持续发展服务十年计划(2005—2015)”。长宁区江苏路第五小学在1986年、1987年分别与日本枚方市长尾小学和横滨市若叶东台小学建立友好校际关系，双方学校领导进行互访，相互赠送学生作品及声像带，开展交流。长宁区第三女子中学1988年也与横滨国际女子学院翠陵女子高等学校建立姐妹学校关系，加强相互交流和往来。上海市舞蹈学校十分重视国际交流，改革开放后至20世纪90年代初，已接待海外400多个艺术团体的4 000多人次来校交流访问，其中不乏日本松山芭蕾舞团、英国皇家芭蕾舞团、苏联大剧院、法国古典芭蕾舞团等著名艺术团体，学校也派出20多人赴国外留学，出国访问600多人次。黄浦区(包括原卢湾、南市区)共有格致、大同、向明等12所中学和7所小学分别与法国、德国、美国、日本、韩国、新加坡、加拿大、英国、丹麦、瑞士、澳大利亚、新西兰、爱尔兰等13个国家及港澳地区学校签订友好协议，开展师生互访、课题研究等合作交流活动。

在对外交流中，各区县还派出学生参与国际大赛，在国际舞台上崭露头角。1994年，华师大二附中学生杨亮荣参加第25届国际中学生物理奥林匹克竞赛获金奖；王海栋参加第35届国际中学生奥林匹克数学竞赛获银牌。普陀区自筹经费独立组团代表中国参加第17届世界室内航空模型锦标赛(FID)，取得优异成绩，受到国家体委的赞扬和国际航联的嘉奖。1996年，曹杨中学学生毛睿胤在第三届澳大利亚手风琴国际锦标赛和新西兰南太平洋手风琴锦标赛中，一举夺得少年组两个冠军。2000年，华师大二附中3名学生获得英特尔国际科学与工程大奖赛最高奖“杰出环境科学奖”。普陀区培佳实验学校组团赴美国参加第21届世界头脑奥林匹克决赛，获得最高奖“福斯卡杰出创造力奖”。2001年，由普陀区34名男女中小学生足球队员组成的上海市少儿足球代表团，赴英国参加“2001年国际少儿足球比赛”，女队和男队分别获得第一、第二名。2006年1月24日，高二学生刘阳旸以自主研究能力获得免费参加美国麻省理工学院杰出青年科技夏令营资格，6月赴美入营，得到诺贝尔奖得主、哈佛大学教授、麻省理工学院教授一对一的指导。

与此同时，各区县举办的一些青少年交流活动也吸引各国青少年前来参与。从1992年起，普陀区曹杨新村主办“做一天上海人”的活动，这项活动被国家旅游局列入14条全国旅游观光专线之一，看作世界了解中国、了解上海的一个窗口。1999年，日本大阪近畿地区500名大学生进入普陀区250户家庭，高兴地做了难忘的“一天上海人”，这是上海历年来接待规模最大一次。1994年，第11届世界中学生运动会在闸北区新中高级中学举行，来自世界28个国家和地区的近3 000名运动员参加运动会，国际奥委会欧洲主席雅克·罗格等体育组织官员出席闭幕式。同年，徐汇区与日本泉佐野市200多名市民代表庆祝两地友好交流10周年，在外滩举行声势浩大的中日青年拉彩车活动。上海南洋模范中学交响乐团是一支在全国教育界多次获得金奖的学生乐团，2007年和2008年，徐汇区先后与澳大利亚罗根市和瑞士驻沪总领馆合作，举办“罗根市·徐汇区青少年友好交流专场音乐会”和“日内瓦高中交响乐团·上海市南洋模范中学交响乐团友好交流专场音乐会”，为中外学生交流和友谊搭建平台。上海甘泉中学是一所日语教学的特色学校，1999 年，学校受到日本冈山县有关方面捐赠的 1 700 多册日语书籍，在校内建起“日中友好冈山书库”，此后该书库每年都会接受日方无偿捐赠的多批图书资料。学校还在普陀区教育局帮助下，邀请日本福冈地区 7 名日语教师为学校 200 多名师生开设为期 2 周的“海外日本语教育夏令营”，并在日本驻沪总领事馆和日本万国博览会纪念协会的帮助下，获赠 700 万元用于学校的网络和校园电视台建设，大大提高学校的日语教学水平，促进中日学生之间的交流。2001 年，学校学生蒋蔚琼在日本主办的“第二届国际青少年作文比赛”中，获得少年组最高奖项“文部科学大臣奖”。

在教育领域对外交流蓬蓬勃勃开展的同时，其他领域的对外交流合作也如火如荼。嘉定县马陆人民公社和长征人民公社改革开放初期曾是上海农业对外的窗口，1980 年 4 月，日本大阪府知事岸昌率大阪友好代表团到上海访问，与上海市领导就缔结友好关系、共同命名马陆人民公社为“上海大阪友好人民公社”等事宜达成协议，并于 11 日在马陆人民公社举行隆重命名仪式，上海市和嘉定县领导与大阪友好访问团等参加命名仪式，副市长王一平和大阪府知事岸昌一起为公社挂牌，日本日中友协和各会团体纷纷发贺电祝贺。此后 7 年，共有 41 批 2 652 人次大阪府嘉宾到公社进行友好访问和技术交流，公社也派遣 5 批 9 名青年赴日本大阪府研修农业技术。1986 年，日本三菱化工株式会社社长向山光雄和米可多株式会社社长石本正一无偿援助嘉定县一套价值 30 万元人民币的日本园艺师设施，并派遣 2 名农技师在长征乡曹阳村指导兴建占地 20.7 亩的园艺场，命名为“中日合作设施园艺上海试验场”，6 月 2 日正式落成，园艺场有 21 栋管棚，选用中外良种蔬菜，采用日本育苗、水耕和保护地栽培技术和培养基、营养液，生产的蔬菜无污染、无病毒，第二年就平均亩产 4 760 千克，产品全部包销给上海各大宾馆，亩产值 7 700 元。

20 世纪 90 年代，各种交流继续扩大。1994 年，上海市政府外办与虹口区政府等有关方面合作组织“犹太人团聚上海活动”。4 月 19—22 日，来自美国、以色列、英国、法国、奥地利、中国香港地区等的 60 多名知名犹太人士和学者参加新中国成立后首次举办的犹太人团聚活动。4 月 19 日，在虹口区原犹太难民居住地的现霍山路霍山公园内竖起一块花岗石纪念碑，碑体上用中文、英文、希伯来文镌刻如下说明：“第二次世界大战期间，数万犹太人为逃避法西斯迫害来到上海。日本当局以犹太难民‘无国籍’为由设立隔离区，对他们的活动加以限制。此区域西起公平路，东至通北路，南起惠民路，北至周家嘴路。”国家主席江泽民在得知这次重聚活动信息后表示，犹太人在国际上有地位，特别在金融界，这样的活动很好。外交部专程到沪参加重聚活动的人员说，作为新中国成立以后的第一次，活动的深远意义及影响可能会远远超出预想。杨浦区积极开展体育国际交流，1992 年承办第一届东亚男女手球赛，1993 年承办东亚运动会篮球赛和“可蒙杯”国际女子篮球挑战赛，1996 年承办第一届亚太地区特殊奥林匹克运动会足球比赛。普陀区引进总部位于德国杜塞尔多夫的全球第三大贸易零售集团麦德龙公司。该公司独资建立的麦德龙现购自运有限公司经过 10 余年发展，已成为具有一定规模的中国区总部。同期，由静安区政府、上海铁路局、云南昆明市三方投资与缅甸仰光市合作建造的上海国际商厦在仰光市隆重开业，副市长华建敏应邀赴缅出席开业仪式。1998 年，澳大利亚前总理、澳大利亚泛澳国际投资有限公司总裁霍克一行与普陀区中环集团就合作开发万里住宅小区举行签约仪式。

进入 21 世纪，区县对外交流有进一步发展。2001 年，虹口区举办“对话是和平的基础——世界各国首脑署名邮品展”，展出陈人历时 15 年收集的以和平为主题的 58 个国家 85 位领导人署名的珍贵邮品，吸引许多上海市民和来沪国际友人驻足参观。2002 年，虹口区政府在韩国釜山东莱区举办“虹口文化展示周”，展出中国画大师朱屺瞻 8 幅精品画作，以及多伦路民间收藏馆历代钱币、陶器等艺术珍品数百件，吸引釜山各界1.5万人次参观。2006年，瑞典仿古帆船“哥德堡”号访问上海期间，停靠在北外滩上海港国际客运中心码头，有191人次“哥德堡”号船员参加虹口区组织的船员访问居民家庭、足球友谊赛、虹口合唱节等活动；1.1万名中外企业界人士应邀参加由“哥德堡”号全球航行赞助商举办的“企业日”活动。为此，在北外滩还建造“哥德堡”号访沪纪念雕塑。青浦区承办2004年第五届世界龙舟锦标赛，这是“世龙赛”开赛以来项目设置最多、最全的一届，共有英、德、美、日等17个国家和中国台湾、澳门地区的2 079名运动员及随从人员参加。闵行区从2005年起，连续承办网球大师杯赛，ATP1000大师赛，使上海成为打破欧美垄断、首个在亚洲拥有举办资格的城市；还承办2006年第八届国际泳联世界短池锦标赛，120多个国家、500多名运动员参赛。金山区举办ELITE世界精英模特大赛亚太区巡演暨总决赛，来自16个国家和地区(其中包括3个欧洲国家)的30位佳丽在金山黄金海岸沙滩一展风采。德国施塔特哈铜管乐队还于2010年7月到金山区开展国际民间文化交流，与金山区山阳民乐队同台献演。卢湾区与奥地利驻华大使馆等联合举办“淳朴的奥地利人，感人的中国情”奥地利著名犹太难民画家弗里德里希·希夫画展和罗生特图片展，再现近现代上海社会和底层人民的风俗世态以及国际主义战士罗生特大夫在中国、在上海的生活。

同时，各种具有交流纪念意义的雕塑也频频在沪落户。2007年，由波中友协赠送给上海的享誉世界的音乐家肖邦的纪念铜像在中山公园落成。2008年，为庆祝上海市与俄罗斯圣彼得堡市结为友好城市20周年，圣彼得堡市向上海赠送俄罗斯著名作家陀思妥耶夫斯基雕像，圣彼得堡市市长马特维延科出席赠送和揭幕仪式。2009年，韩国雕塑家金善球的《中国之翔》和乌拉圭的《升腾》雕塑作品分别在闸北区大宁灵石公园落成，乌拉圭总统塔瓦雷·巴斯克斯出席《升腾》的落成仪式。2010年，由波兰密茨凯维奇学院赠送的肖邦音乐长椅在中山公园安放。由匈牙利政府赠送给上海的著名诗人裴多菲半身塑像在鲁迅公园揭幕，匈牙利总理久尔恰尼出席并致辞。由墨西哥政府捐赠、墨西哥著名雕塑家何塞·萨卡尔创作的雕塑《活力之躯》在静安华山路、延安中路绿地落成。为庆祝中印建交60周年，由印度政府赠送的印度著名诗人泰戈尔的铜像在南昌路茂名南路口落成，

图4-3-24　2007年3月3日，由波中友协赠送给上海的世界著名音乐家肖邦的铜像在中山公园落成

印度总统普拉蒂巴・帕蒂尔出席落成仪式,并为泰戈尔铜像揭幕。为配合上海"戏剧大道"建设,印度政府捐赠的印度戏剧大师迦梨陀娑雕像,意大利政府捐赠的意大利戏剧大师哥尔多尼雕像,挪威友好人士捐赠的挪威戏剧大师易卜生雕像,德国法兰克福市政府捐赠的德国文学巨匠歌德雕像,美国奥林匹克队和美国奥委会官方雕塑家乔恩・海尔创作并有偿赠送的美国戏剧大师奥尼尔雕像,法国贝桑松市政府赠送、法国弗朗什—孔泰法中友协和法国德高集团赞助的法国文学巨匠、浪漫派戏剧大师雨果雕像,法中友协联合会赠送、旅法华人艺术家范增赞助的由秘鲁雕塑家马丁・萨拉扎尔创作的法国喜剧大师莫里哀雕像等先后分别在上海戏剧学院落成。

图 4-3-25　2007 年 7 月 28 日,易卜生雕像在上海戏剧学院落成

图 4-3-26　2010 年 5 月 30 日,印度总统普拉蒂巴・帕蒂尔(左二)出席印度诗人泰戈尔铜像落成揭幕仪式

2010 年上海世博会期间,各区县更是利用世博会这个公共外交的最大平台,积极参与世博会活动,充分展现中华文化的风貌和对外交往的各自魅力,进一步推动上海人民与各国人民的友谊。

宝山区是最早接待世博会参展方进社区互动交流的。来自 18 个国家和国际组织的 41 名总代表、馆长和参展方代表,在宝山体验"罗泾十字挑花"、太极剪影、手绘京剧脸谱等民俗文化艺术,领略沪上新农村的新气象和宝山"罗店美兰湖"新建城镇的发展风貌。宝山区组织 3 个街道、6 个镇的 2 210 名社区居民参加世博会 8 个国家馆日活动和 1 个国际组织的荣誉日活动。

青浦区在世博会期间共组织 1 830 名观众参加俄罗斯等 8 个参展国家馆日活动和 2 个国际组织的荣誉日活动。接待来自美国、德国、法国、俄罗斯、澳大利亚等 20 多个国家和地区的贵宾 70 多批 2 164 人次,35 个国家和国际组织的 130 多名参展方馆长和总代表到青浦与各界人士进行文化、体育等方面的友好交流与互动。

黄浦区在世博会期间接待来自 32 个国家和国际组织的 70 余名嘉宾,在为期 1 天的 20 多项友好互动项目中,让嘉宾体验中国文化和民间艺术的精彩魅力。

徐汇区各界代表 1 600 余人参加世博会文莱、挪威、缅甸、刚果(金)、坦桑尼亚、约旦、新加坡、沙特、几内亚、卡塔尔等 10 个国家馆日活动和国际红十字与红新月会荣誉日暨红十字博爱周启动仪式。6 月中旬,徐汇区派出文化艺术团一行 21 人,赴韩国釜山参加第七届"中国城庆典活动"。9 月初,接待来自世博园区 38 个参展国家、国际组织、案例馆的代表和有关驻沪领馆官员等 102 名嘉宾,开展以"精彩世博、欢乐徐汇"为主题的活动,全面展示徐汇一流中心城区的繁荣、和谐、快乐以及美好未来,给嘉宾留下深刻印象。

闸北区各界人士 1 800 余人参加希腊、吉布提、博茨瓦纳、萨摩亚、瑞士、乌拉圭、蒙古、安哥拉、巴勒斯坦 9 个国家馆日和国际博物馆协会荣誉日活动，共接待外宾 33 批、510 人次。与韩国庆尚南道生活体育会举行羽毛球、乒乓球体育友谊赛，还与日本驻沪总领事馆、锦江国际 JTB 会展有限公司及大宁国际商业广场联合举办“上海中日文化观光交流周”，并于 10 月下旬，邀请 45 名世博园国际参展方的代表到闸北临汾街道社区文化活动中心，开展互动。

长宁区在世博会期间，组织社区居民参加加纳和塞内加尔国家馆日活动及世博文化进社区活动等各类活动 21 批、1 400 多人次，共接待外宾 99 批、1 562 人次赴长宁参观访问，充分领略中国民间传统文化的瑰宝和长宁独有的民俗文化特色。加拿大旺市市长玲达·杰克逊与长宁区领导签署经贸交流协议。

卢湾区接待来自 38 个国家和地区、4 个国际组织及案例馆的 105 名世博参展方代表，组织参展方代表参观南园滨江绿地、打浦桥社区文化中心、最具上海石库门里坊特色的“田子坊”等，使嘉宾感受到文化创意和市井生活的巧妙融合。

杨浦区先后组织 500 余名机关干部和社区群众参加世博会塞尔维亚国家馆日和萨尔瓦多国家馆日以及全球环境基金荣誉日活动。

嘉定区组织 12 批、2 350 人次的社区群众参加马耳他、黑山等 12 个国家和国际组织的馆日或荣誉日活动，接待 12 批、204 人次外宾到区里参观访问，并于 7 月 19 日，邀请 38 个国家的 80 名外宾深入社区市民家庭，参加友好结对的社区各项娱乐活动。

图 4－3－27　2010 年 7 月 19 日，上海世博会参展方走进嘉定区桃园社区与居民交流

闵行区组织 8 个镇、2 个街道、部分机关人员共计 1 900 余名代表参加 11 场世博馆日活动，并在举办的“魅力都市，绿色家园——世博参展方代表团闵行活动日”活动中接待 39 个国家和国际组织的 111 名参展方代表，向他们展示闵行历史文化和城区发展的状况。

虹口区积极参与世博馆日活动，在以色列馆国家馆日活动时，250 名社区群众与以色列国宝级男高音歌唱家大卫·迪欧一同演唱；在国际竹藤组织荣誉日活动中，由广中社区的民间艺术家叶邦叔带来自己亲手制作的龙、蛇等立体造型棕编作品，这种“立体编”技艺几乎已在世界竹编中失传，

图 4-3-28 2010 年 7 月 8 日,上海世博会国际参展方走进虹口社区与市民联欢后合影

让国际竹藤组织馆的负责人惊叹不已;还组织华东师范大学一附中 50 多名学生粉丝团与作为世博会美国馆日系列活动之一的美国南加州大学行进乐队在鲁迅公园演出时热情交流;在东帝汶国家馆日活动期间,选派 60 位小朋友参加总统签名售书仪式,并接待冰岛总统格里姆松一行访问广中街道社区文化中心,观看冰岛著名儿童节目《懒镇》演出,组织虹口区第三中心小学 50 名同学受邀参加冰岛国家馆日活动。

静安区组织 1 980 名各界人士参加荷兰、意大利、布隆迪、毛里塔尼亚、汤加、乌克兰、肯尼亚、阿联酋、阿塞拜疆、巴林等参展国国家馆日活动和博鳌亚洲论坛荣誉日活动,接待来自 37 个国家和地区的 86 名世博国际参展方代表参观静安阳光家园和石门二路街道社区文化中心等,观看残障人士的日常学习生活情况,欣赏中国传统民俗艺术。

奉贤区组织 1 860 名各界人士参加奥地利、伊朗、智利等 9 个参展国国家馆日活动;接待来自世博会 42 个国际参展方的 85 名代表参加奉贤区"贤之礼"文化交流活动,还在世博期间举行"鉴城市最佳实践,绘南桥新城蓝图"活动,就南桥新城的规划、建设、交通、垃圾、污水处理等方面听取有关世博城市最佳实践区馆长的建议,扩大后世博的效果和影响。

普陀区组织 2 370 名观众参加世博会德国等 10 个国家的馆日活动和世界自然基金会等 2 个国际组织的荣誉日活动,接待美国、葡萄牙、以色列、埃塞俄比亚、韩国、日本等 20 多个国家、地区和国际组织的 380 余名嘉宾参观访问,并与到访的墨西哥萨波潘市代表团签署友好交流备忘录。

金山区组织各界人士 2 430 余人次参加伊拉克、马里、危地马拉、古巴、南非、西班牙、基里巴斯、摩纳哥、纽埃等 9 个国家的馆日活动,共接待美国、俄罗斯、韩国等 37 个国家近百名外宾参与的"画里水乡金山行"的互动交流活动。

松江区组织 2 550 人次参加阿根廷、匈牙利、尼泊尔、瓦努尔图、莫桑比克等 13 个国家馆日和国际组织荣誉日活动,接待来自德国、俄罗斯、朝鲜、摩尔多瓦、加勒比共同体、巴巴多斯等 19 个国家和国际组织的 49 名参展人员进松江文化交流,向国际友人展示松江浓厚的文化底蕴和现代化发展的魅力。

崇明县共组织1 700余人次参加克罗地亚等8个国家的馆日活动，接待来自非洲、美洲、欧洲等57个国家和地区的116人参加的“上海世博会国际参展方进崇明社区”活动，组织嘉宾观看《画里人家》《调狮子》《酒之恋》等具有崇明风土人情的文艺表演和绢花制作、串珠、剪影、麦秸秆画、竹编等富有民间手工艺特色的互动展示。

二、建立友好关系

在对外交流的基础上，各区县中有6个区县逐步与5个国家8个地方城区建立区级友好城市，并发展和建立一大批开展友好交流关系的外国地方城区。

嘉定区与日本八尾市从1981年11月开始交流，1986年9月13日双方签订《上海市嘉定县大阪府八尾市友好合作协议书》(经全国友协批准)，1993年5月15日，双方正式建立友好城市关系，并一致同意将1986年签订的《上海市嘉定县大阪府八尾市友好合作协议书》改作《上海市嘉定县大阪府八尾市友好城市协议书》，前签订协议的条文全部有效，双方正式缔结友好城市关系日也追溯至1986年，这是上海第一个对外建立的区级友好城市。长宁区与日本大阪府枚方市于1987年12月16日签署友好交流协议书，并交换次年友好交流项目，双方是从1985年建立互访联系，开始民间交流的，1993年5月全国友协正式批准这对友好城市关系。随着20世纪90年代上海对外交流的扩大和蓬勃兴起，区级友好城市建立也进一步发展。1994年5月12日和10月21日，卢湾区与日本寝屋川市、徐汇区和日本泉佐野市分别建立友好城市关系。1998年12月16日，闵行区马桥镇与纳米比亚奥卡汉贾市建立友好城市关系。2007年6月21日和2009年11月26日，虹口区分别和德国汉堡中区、以色列海法市海姆区建立友好城市关系。2010年9月8日，嘉定区又与新西兰豪拉基市建立友好城市关系。这些区级友好城市建立以后，带动双方地方官员和民间团体的互访往来，增进双方的友谊和了解，促进两地多个领域的合作与发展。如嘉定区与日本八尾市建立友好城市后，两地常年保持政府往来，相互派遣医疗组，每年互派中学生交往，隔年互派交换职员进修，并合资创建“上海三和医疗器械有限公司”和“上海三马橡胶制品有限公司”，八尾市三任市长和两任友协会长都获上海市“白玉兰纪念奖”。长宁区与日本大阪府枚方市建立友好关系后，双方在教育、城市管理、经济、文艺等多方面开展交流，1988—1992年，枚方市日中友协先后20次分别组团访问长宁区，长宁区则7次分别组团访问枚方市，双方共同举办长宁区—枚方市教师美术作品展、枚方市少儿书画展览和枚方市24小时摄影展，枚方市向长宁区赠送樱花树，在天山公园举行植树仪式，长宁派出友好代表团和少年艺术团赴枚方出席“建立友好城市5周年纪念日”和“大中国物产展开幕式”。卢湾区与日本大阪府寝屋川市建立友好关系后，寝屋川市自1988—1993年先后5次派友好代表团访问卢湾区，卢湾区领导从1992年起多次率友好代表团访问寝屋川市，并参加寝屋川市举办的两地建立友好关系10周年和15周年的庆典活动。1997年，双方中学生联合组团参加在北京举办的中日友城乒乓球赛并取得好成绩。徐汇区与日本泉佐野市建立友好关系后，双方在经济、教育、文化、商业、体育、青少年等方面广泛开展合作和交流，取得积极成果。双方互派教育代表团进行访问交流达30余次，多次派遣经贸团进行经济考察和经贸洽谈，互办各类展览和文艺演出，两地结好5周年时，泉佐野市由市长、议长率团专程赴徐汇参加庆祝活动。闵行区马桥镇与纳米比亚奥卡汉贾市建立友好关系后，奥卡汉贾市市长专门率团访问马桥镇。虹口区与德国汉堡中区建立友好关系后，双方互访12批、115人次，其中虹口区出访9批、86人次，汉堡中区到访3批、29人次，双方在城区建设、社区管理、航运服务、商业发展及教育、卫生、文化、体育等方面制订交流计划，进行很好的合作。与以色列海法市海姆区缔结友好关系后，海姆区负责人专程到虹口参观访问，就进一步加强合作进行商谈。嘉定区与新西兰豪拉基市建立友好关系后，双方在教育、文化、农业、旅游等方面开展卓有成效的合作，新西兰总理克拉克在与中国国务院总理温家宝会见时，特别提及这对友好关系的成功模式和积极影响。

除建立友好城市关系外，许多区县还与国外一些城市、地区建立和发展友好交流，增进相互了解和合作。如黄浦区与美国纽约曼哈顿区、菲律宾大马尼拉市马卡蒂市、韩国釜山广域市莲堤区、日本东京都中央区等；卢湾区与韩国釜山广域市影岛区、日本社会福利法人旭川庄、美国爱达荷州、加拿大卡蒂诺市、奥地利维也纳市22区、加拿大蒙特利尔市及维尔玛丽区、菲律宾大马尼拉市圣胡安市等；徐汇区与日本草津市、阿根廷圣伊希德罗市、爱尔兰科克市、匈牙利海威兹市、意大利马切拉塔市、土耳其伊斯坦布尔西西里区，韩国釜山东区、瑞士伯尔尼州等；长宁区同白俄罗斯明斯克市苏维埃区、意大利翁贝蒂德市、俄罗斯圣彼得堡海军部区、波兰滨海省索伯特市、韩国首尔市江西区、加拿大安大略省旺市、爱尔兰科克市、匈牙利布达佩斯第三区等；静安区与韩国首尔市钟路区、澳大利亚新南威尔州曼利市、美国加州奥克兰市和纽约市曼哈顿区、巴西圣保罗州冈比纳斯市、英国伦敦西敏市、日本东京丰岛区、肯尼亚拉姆城等；普陀区与日本香川县多度津町、韩国釜山广域市金井区、墨西哥哈利斯科州萨波潘市等；宝山区与日本泉佐野市、韩国首尔特别市衿川区、瑞典西格图纳市、比利时维因根市、塞尔维亚克拉古耶伐茨市等；嘉定区与日本冈山县和气町、美国弗吉尼亚州费尔法克斯县、韩国首尔市江北区、新西兰豪拉基市、澳大利亚莱德市、爱尔兰利默里克县、德国魏玛市和狼堡市等；松江区与日本三潴町、日本久留米市、韩国庆尚北道漆谷郡、越南清池县、匈牙利琼格拉德州塞格德市等；青浦区与日本福冈县前原市、韩国忠清南道保宁市、德国巴伐利亚州下阿高地区等；崇明县与丹麦奥胡斯州萨姆森市、法国留尼旺省海港市、匈牙利塔布市、美国佛罗里达州莱克兰市等；闵行区与日本长崎县大村市、荷兰泰尔纳曾市、韩国首尔松坡区、法国奥柏赫维利耶市、美国洛杉矶艾尔蒙地市等；金山区山阳镇与美国路易斯安那州阿森什区、枫泾镇与加拿大安大略省湖上尼亚拉镇等；杨浦区与日本岸和田市、静冈市，德国奥格斯堡市和韩国刃川广域市富平区等；闸北区与韩国釜山广域市沙下区等；虹口区与韩国釜山广域市东莱区；等等。通过建立和发展友好交流，双方在经济、科技、商业、文化、艺术、体育、卫生、农业、妇女、环保、青少年、幼教、城市建设、民政福利、社区管理等广泛领域开展学习和合作，取得较好的效果。如徐汇区政府和日本草津市通过多次组织互访交流，1993年促成了双方合作项目——上海草津电机有限公司正式开业。该项目由上海新徐汇(集团)公司与日本草津电机株式会社、草津电机新加坡私人有限公司合资组建而成，引进日本最为先进的电机生产设备，以生产空调机洗衣机的电机为主。根据卢湾区与日本社会福利法人旭川庄在交流合作中达成的意向，由日方对中方服务老龄人口的护士进行培训，1998年，旭川庄在卢湾区设立“日中医疗福祉研修中心”，至2010年底，旭川庄共培训卢湾区外派医生53名、护士58名，旭川庄理事长江草安彦多次访问卢湾区，并作社会福利事业专题讲座。2002年，根据虹口区与韩国釜山广域市东莱区多年友好交流达成的意向，韩国釜山企业家田壬秀在多伦路投资开办第一家虹东韩国料理餐馆。闵行区与日本大村市10多年的友好交流中，大村市先后派出农业技术代表团、柑橘栽培技术考察团、友好交流访问团等各类代表团近25批，促成合作经营针织服装、园艺生产等多种意向。

三、历史文脉资源与对外交流品牌

各区县在对外交流中充分利用本地区的历史文脉资源，通过举办文化节、组织文艺表演、开办文化展览等形式，弘扬中华文化，打造对外交流品牌，发展对外关系，不断扩大对外影响。

金山区积极利用本地农民画的影响发展对外关系。20世纪70年代后期，金山农民画声誉鹊起，外宾慕名参观访问，其中有法国、澳大利亚、罗马尼亚、瑞典、南斯拉夫、英国、比利时、西德、美国、日本、加拿大、意大利等国文化界、新闻界人士。1980年，金山农民画首次赴比利时布鲁塞尔国际博览会展出，以后又多次赴欧洲、美洲、亚洲、大洋洲等国家和地区展出交流，深得国际友人的广泛喜爱，在国内外影响不断扩大，每年都有二三十批、近百人次赴金山参观，其中不乏作家、美术家、教授、政府官员、新闻记者、画商和旅游者。2005年10月18—22日，“第七届中国上海国际文化艺术节·中国金山国际民间绘画邀请展”在金山区举行，来自中国、美国、日本、加拿大、比利时、法国、意大利、智利等十几个国家和地区的158名国内外民间艺术家的275幅作品入选参展，为各国民间绘画艺术家交流搭建很好的平台。2007年，由中国人口福利基金会幸福工程组织委员会和金山农民画村等单位主办的“2007金山农民画·枫泾慈善之夜”在浦江游轮“玫瑰公主”号举行。瑞士、意大利等国驻沪领事馆外交官员及各国驻沪大商会、大公司代表120多人参加此次活动，共义拍农民画作品近30幅，筹得善款近2万元。2008年，金山农民画村被中国民间文艺家协会正式命名中国农民画村，从此，金山农民画作为上海对外交往的一张名片，在对外交往中发挥积极作用。

1994年，经文化部批准，闸北区政府、上海市文联和上海市茶叶协会发起举办第一届上海国际茶文化节。该节以弘扬中国茶文化，促进中外文化交流，构建和谐社会、丰富人民大众精神生活为定位，坚持民族性与国际性相结合、精品化与大众化相结合、经济与文化相结合，以茶会友，吸引日本、韩国、美国、法国、摩洛哥等累计60多个国家的国际友人，以及内地各省、自治区、直辖市和中国港澳台地区的300多万人参加，至2010年共举办17届，在海内外产生广泛积极的社会影响，由人民网60万名网民投票评选为“纪念改革开放30周年最受关注的节庆会展”。闸北区还经常组建成人和青少年茶艺表演队，应有关外国驻沪总领馆等机构的邀请出国表演，或参加茶文化节国外分会场的主题表演，弘扬中国茶文化，增进中外友谊。

图4-3-29　闸北区国际茶文化节

宝山区通过创办国际民间艺术节的形式扩大与世界各国、各地区的文化交流和合作。自1995年举办第一届以来，至2010年已连续成功举办7届。每两年，来自世界各地的艺术家、音乐家、舞蹈家借上海宝山国际民间艺术节这个舞台，展示他们各自的民间艺术，使这里成为中外文化交流的重要平台，成为中国上海国际艺术节的重要组成部分，被国际民间艺术组织官员誉为“世界上无与伦比的民间艺术节”。2004年，上海宝山国际民间艺术节加入联合国国际民间艺术组织，通过国际民间艺术组织的介绍，宝山区组织以特色文化项目为主体的艺术团出访，参加国外艺术节和文化交流活动，先后赴韩国、希腊、比利时、荷兰、德国等国交流和演出，让本土民间艺术走上世界文化舞台，积极弘扬中华传统文化。

图4-3-30 2008年10月18日，外国民间文艺团体在第六届上海宝山国际民间艺术节农村秧歌专场演出

徐汇区在对外文化交流中形成两个品牌。一是“唐韵中秋”游园会。每年中秋佳节，由徐汇区政府在桂林公园举办。该活动保留中国传统的中秋娱乐方式，贯穿现代时尚情调，促进中西文化的交流和交融，吸引越来越多的驻沪外国机构和国外友好城区代表团来参加。二是“迎新春撞龙华晚钟”活动。经徐汇区和上海市旅游局20多年精心策划共同打造，已有1 700多年历史的龙华古寺，每逢岁末年首，撞响108响梵钟，祈愿富康平安，每年吸引成千上万的市民和大批的日本游客参加，作为“上海新年第一游”，成为上海首屈一指的大型节庆盛典。

1998年，普陀区承办上海第一届国际花卉节，邀请与该区有着友好交流关系的日本香川县多度津町派团参加。多度津町花道、茶道专家受邀专程自费到沪，连续举办5场“花之魂”中日花道、茶道艺术交流表演。1996年，多度津向普陀区长风公园赠送500棵樱花树苗，建成中日友好樱花苑。2000年，上海第二届国际花卉节期间，多度津町再次派团参加，并进行插花艺术展示。2004年第四届上海国际花卉节在普陀区举行，13国驻沪总领事馆官员、领事夫人以及在沪国外经济专家、文教专家、留学生、港澳台人士、外国通讯社记者700余人与会交流，展示插花艺术，同时举办“五洲四海友谊花——外国友人演唱中国歌曲”活动。上海国际花卉节成为普陀区对外交往的品牌。

自1992年起，每年在早春三月或是金秋十月，奉贤区都要举办风筝节，以风筝会友，切磋风筝放飞技艺，成为奉贤人民的一个传统节日。奉贤区已成功举办3届国际风筝节和5届国内风筝邀请赛，吸引来自英、美、法等二十几个国家的风筝代表队和国内几十对高手同场竞技。风筝节期间，区里还经常同时举行形式多样的“东方对虾节”、经贸洽谈会、文艺表演等旅游经贸活动。风筝节已成为奉贤以风筝牵线，促进中外经贸联谊的地方盛会。

一些独特的历史文脉资源也成为各区县对外交流的一大特色。位于卢湾区马当路306弄4号的韩国临时政府旧址，这幢房子是1926—1932年大韩民国临时政府在上海的办公旧址，是韩国临时政府在中国办公时间最长、保存最完整的地方。1990年，卢湾区政府批准为文物保护单位，并成立韩国临时政府旧址管理处予以管理。1993年经复原修复后正式对社会开放，展示韩国临时政府在上海的活动概况。10多年来，旧址接待金泳三、卢泰愚、卢武铉、李洪九等多位韩国总统、总理，约百万名韩国参观者，被韩国朝野视为民族“圣殿”、爱国主义教育的“课堂”。2001年以来，旧址加强与韩国独立运动纪念馆的友好交流合作关系，曾多次共同举办学术研讨会，共享有关韩国独立运动资料，为推动中韩人民友谊作出积极贡献。

位于鲁迅公园内的“梅亭·梅园·尹奉吉事迹展”。为纪念韩国抗日义士尹奉吉在上海虹口公园炸死日本侵华日军总司令白川义则大将的义举，1994年4月，虹口区出资在鲁迅公园建造具有韩国风格的梅亭，每年4月29日，韩国梅轩尹奉吉义士纪念事业会和虹口区国际交流中心均在此举办义举纪念活动。1995年5月，虹口区在梅亭周围辟地近10亩，种植梅树200棵，建成梅园。1998年4月，虹口区在梅园尹奉吉义举现场树立尹奉吉生平事迹说明碑。2003年12月，韩国独立纪念馆等有关方面在梅亭设立尹奉吉义士生平事迹展，陈列展品约100件。2009年4月，梅亭改名为梅轩并重新布展，成为历届韩国总统、政府官员和韩国旅游者的必到之地。

位于长宁区愚园路1315弄4号的新西兰友人、伟大的国际主义战士路易·艾黎故居。2000年12月，新西兰总督迈克尔·哈迪·博伊斯访华时，专程到上海参观故居。2007年为纪念路易·艾黎诞辰110周年、来华80周年和逝世20周年，上海市友协、上海国际友人研究会和长宁区政府举行纪念大会，各界人士百余人参加大会，并瞻仰故居。艾黎故居已成为连接上海人民与新西兰人民友谊的桥梁。

位于虹口区的上海犹太难民纪念馆。二战期间，在虹口区提篮桥地区的“无国籍难民限定居住区”中，曾生活着从世界各地来的约2万名犹太难民。区域内由俄国犹太工程师加百利·拉宾诺维奇根据犹太教习俗改建成的摩西会堂，成为在沪犹太难民经常聚会和举行宗教仪式的场所。为感谢上海人民的接纳和庇护，缅怀那段艰苦而又美好的日子，这些犹太人和他们的子女，经常远涉重洋，到上海故地重游。经批准，1994年4月，“虹口区原犹太难民居住区说明牌”在霍山公园树立；1997年5月，在摩西会堂旧址设立“犹太难民在上海纪念馆”；2003年10月，提篮桥地区被列为上海市历史文化风貌保护区。2004年10月，摩西会堂旧址被列为上海市第四批优秀历史建筑。2007年10月，经过修缮的摩西会堂旧址向公众开放。2010年3月，上海犹太难民纪念馆被评为国家AAA级旅游景区。2010年8月，“犹太难民在上海纪念馆”更名为“上海犹太难民纪念馆”。以色列总理本雅明·内塔尼亚胡、前总理埃胡德·奥尔默特，德国总统约翰内斯·劳及夫人、副总理兼外长约斯卡·费舍尔，奥地利联邦议会议长阿尔弗雷德·盖斯特尔和哈拉德·莱森贝格、司法部部长戴维·利巴伊，美国前财政部部长布鲁门萨尔等有关政要均参观过上海犹太难民纪念馆，并题词感谢中国人民、上海人民对犹太难民的庇护，表达永世难忘的感激之情。上海犹太难民纪念馆每年都接待大批到访的各国犹太人代表团，并举办一些重要活动，比如“犹太人在中国”画展，“别样的童年”图片展，“重返上海——前犹太难民故地游”和《犹太人在中国》《犹太人在上海》等画册首发式，

“贝沙·冯·苏特纳生平纪念展”,“以中友好”图片展开幕式暨“犹太人在上海”数据库启动仪式,“纪念何凤山暨犹太难民生活——从维也纳到上海”图片展,“维也纳的良知”图片展,“见证历史,开创未来——犹太难民与上海”系列活动,汉堡驻沪联络处主办的“感谢上海”揭牌仪式暨《汉堡—虹口》文献剧演出等,纪念馆还接受加拿大驻沪总领事馆赠送的由多伦多犹太裔和华裔艺术家根据二战时期上海接纳犹太难民史实,专题创作的油画、书法、雕塑和摄影作品30余件。纪念馆成为上海人民联系世界犹太民族的桥梁和纽带。

图4-3-31 上海犹太难民纪念馆

徐光启与利玛窦《几何原本》。徐光启不仅是中国明代政治家,也是著名的科学家,在农业、数学、天文历算等方面有着杰出的贡献。他是上海人,1633年逝世于北京,1641年葬于上海徐家汇光启公园。利玛窦是意大利传教士,他苦学汉语,改随中国习俗。他与徐光启合译中国第一部从拉丁文翻译过来的数学原著《几何原本》前6卷等。2007年11月,徐汇区政府和上海市文物管理委员会、复旦大学、上海交通大学、中科院上海生命科学研究院、《新民晚报》等单位联合举办“纪念徐光启暨《几何原本》翻译出版四百周年国际研讨会”,来自意大利、美国等9个国家及中国两岸四地20多个城市的60名专家学者分别就“欧几里得《几何原本》的中译及其影响”“徐光启利玛窦及17世纪中西文化会通与冲突”“徐光启引进西方科学技术的历史作用”“徐光启科学思想的形成和发展”等议题进行广泛的交流和探讨。利玛窦家族后裔和徐光启家族后裔还举行见面会。2009年,经意大利驻沪总领事馆牵线,徐汇区政府与利玛窦故乡意大利马尔凯大区马切拉塔市开始交往,两区市领导互访和各种交流合作不断。2010年5月上海世博会期间,马切拉塔市还在世博园意大利馆举办“马尔凯:诞生奇迹的土地”宣传周活动。

坐落于番禺路129号的邬达克旧居,建于1930年,是由匈牙利设计师邬达克设计建造自住。建筑具有重要的历史价值和艺术价值。2003年公布为长宁区登记不可移动文物,2005年公布为上海市优秀历史建筑。邬达克出生于斯洛伐克一个建筑师家庭,为匈牙利皇家建筑协会会员。到中国后在上海设计60多幢风格多样的建筑,其中包括1932—1938年在此地居住期间,负责设计建造

图 4-3-32　邬达克旧居

当时堪称经典的远东最豪华娱乐场所大光明电影院和远东第一高楼国际饭店等具有现代装饰艺术派的建筑。2010 年 11 月，匈牙利总理欧尔班·维克多率外交部部长、国际发展部部长、国务秘书等一行 40 余人参观邬达克旧居，对长宁区高度重视邬达克旧居的保护表示感谢，并祝愿匈中友好交流进一步发展。

四、促进地区经济建设和社会发展

在对外交流中，各区县还通过各种形式，大力开展招商引资活动，为本地区经济建设和社会发展引进资金、项目、技术和经验，推动地区发展上台阶。

松江区在招商引资中迎来泰国正大集团的合作，1985 年 8 月 10 日，上海大江有限公司正式成立，这是中泰合资的大型农牧企业，其仿效泰国正大集团“农工一体化连贯作业”模式，结合上海郊区的实际情况，实行饲料生产、良种繁育、肉鸡饲养、宰杀加工、内外销售连贯作业，在国内属首创。

普陀区大力吸收外来资金和技术，大力改善社会管理和服务。1995 年，日本友人重松秀男、藤井于三治等捐款 5 000 万日元资助普陀区建成老年医院并向社会开放。1996 年，日本东洋大纳梦株式会社无偿赠送给普陀区一套生活废弃物再生设备，与普陀区环卫局在曹杨五村建起全国第一个有机垃圾再生利用实验小区。该套设备引入普陀区后，实现城市生活垃圾废弃物处理和再生利用的资源化、减量化、无害化等良性循环，取得较好的社会经济效益，中央电视台及各省市新闻媒体均作广泛报道。2008 年，美国卫生和公共服务部部长莱维特一行 20 余人访问普陀区甘泉街道的精神卫生中心，就社区戒毒(康复)人员在心理脱毒、心理康复、行为矫正、就业指导和援助等方面问题，与中方专业人员和志愿者进行交流探讨，传授和教会运用美沙酮药物进行门诊治疗的方法，使社区戒毒和康复工作上了一个台阶。

闵行区吸收、引进国际资本和先进技术项目不断上台阶，与上海县区县撤并前的 1992 年，先后举行两次大规模的招商活动,新批三资企业206家,总投资2.76亿美元,协议吸收外资1.67亿美元,圆满完成县提出的年内“新办三资企业超百家”和“新增吸收外资超亿元”任务,提前实现“一年超过12年”目标;“撤二建一”后,出现投资规模大、分布广、合作和独资比重大、第三产业发展快、档次和科技含量高、追加增资多等六大变化,全年注册登记表325户,投资总额50 478万美元,注册资本7 206万美元,协议吸收外资28 008万美元,均超过前10年总和,分别是前10年的1.3倍、1.5倍、1.4倍和1.9倍,发展速度仅次于浦东新区。2008年4月,闵行区还利用荷兰政府资助的基金,通过引进荷兰先进的初级医疗模式和管理经验,建立“中荷合作上海社区卫生项目”试点新的社区卫生模式,这对转变社区卫生服务理念,提升社区医生队伍技能,完善社区卫生服务模式,推进上海医疗卫生改革具有重要现实意义。

青浦区在吸收利用外资上实施“四个聚焦”策略,即项目要聚焦世界500强和成员企业,聚焦日、欧、美企业,聚焦世界行业龙头和国内行业龙头,使全区吸收外资质量和水平明显提高。至2010年底,在青浦投资外资企业共2 652家,总投资1 896 199万美元,其中不乏美国杜邦公司、德国巴斯夫公司、日本三菱商事株式会社、新加坡国际元立集团、马来西亚金狮集团等国际知名大财团和跨国公司,区内知名企业有上海现代电梯制造有限公司、上海美蓓亚精密机电有限公司、金鹏(上海)优先公司、上海西门子低压断路器有限公司等。

金山区外贸出口过去以农副土畜产品为主,改革开放后,制定政策鼓励外商投资及发展“三来一补”(来料加工、来样加工、来件配装、补偿贸易),多次随上海市经贸团赴美国、日本和中国香港地区洽谈合作及“三来一补”项目,积极与上海丝绸、针织、畜产、服装、抽纱、工艺品、机械设备等到20家外贸公司联营办厂或定点加工,扩大外贸产品生产,发展外向型经济,至20世纪90年代新增外贸生产企业50多家,出口拨交值超过亿元,成为上海口岸服装、丝绸产品最大的出口生产基地,金山毛衫厂、漕泾抽纱联营厂等7家企业成为全国最大创汇大户和外贸生产基地,受到国家外经贸部、农业部表彰,吕巷地毯联营厂是当时全国较大的地毯生产企业之一,产品远销日本、德国等20多个国家和中国香港地区。1995年,第一家韩国规模性食品企业上海农心食品有限公司和第一家世界500强外资生物医药企业上海百特医疗用品有限公司(注册资本1 200万美元)在区内成立;2008年,第一家意大利企业利雅路热能设备(上海)有限公司(注册资本400万欧元)和第一家西班牙生物医药企业上海凯茂生物医药有限公司(注册资本15 300万人民币)在区内成立。

静安区重视发展商业,1986年起开始研究区商业发展规划,提出以开发静安南京路、静安寺地区为重点的经济发展计划,并在20世纪90年代初陆续推出一系列以外资批租为主的综合开发改造项目,拉开“以静安南京路全面改造和综合开发为龙头,建设一流中心城区”的序幕,至2010年基本形成大型高档商业广场、中型专业商厦、专卖店和“老字号”街铺群三大层次的商业格局。大型广场方面,梅龙镇广场(包括邻近金鹰国际购物中心)、中信泰富广场和恒龙广场“金三角”的确立,成为上海最具规模的高档品牌购物中心区;中型商厦方面,拥有马莎百货、九百世纪食品商城、雷允上药城等一批专业特色明显的商厦;在专卖店和街铺群方面,以中安名品长廊为代表的现代品牌专卖店街铺和陕西北路老字号特色街相得益彰,吴江路休闲街支马路散铺也进一步延伸,区内各类商业品牌1 283个,其中国际品牌853个,进入上海市场的国际一线时尚品牌90%入驻静安,吸引世界500强企业33户,诞生全市第一幢年交纳税金的“亿元楼”和“月亿楼”,实现以现代服务业为主导的第三产业快速发展和以“楼宇经济”为特征的新型经济形态。

黄浦区以建设国际一流南京路为目标,从2001年起连续四年举办四届“南京路论坛”,为南京路的功能调整和开发进行定位,邀请世界著名规划专家、建筑事务所、国内外知名企业和专家学者,就南京路的开发与提升、传承与创新开展研讨，进行出谋划策和研究报告论证，签署开发和项目投资合作协议，不断提高南京路服务上海金融中心建设的功能和价值。黄浦区还与洛克菲勒集团、香港大酒店有限公司、SPG集团合作开发外滩“金融源”，于2008年9月举办“外滩金融开发推介大会”，邀请洛克菲勒集团、上海城市规划设计院等世界和国内著名金融、地产、规划、咨询机构等共200余人与会，共商外滩地区发展。

崇明县以建设生态旅游岛为目标，从2005年开始，在市科委设立“崇明生态岛建设”重点科技专项，并从2006年开始每两年举办一次“上海崇明生态岛国际论坛”，围绕“绿色经济与可持续发展”这一主题，邀请国内外专家积极参与，借鉴国外生态岛屿建设方面的成功经验，发挥科技在崇明生态岛建设中的支撑引领作用，分析探讨崇明的实际情况、特色资源及突出问题，为政府因地制宜制定科学发展规划提供有价值的建议和意见，并成功举办5届，先后达成一系列对外合作成果，分别与联合国环境规划署、美国夏威夷州政府、日本环境艺术文化研究会等达成合作意向，为推进崇明生态岛建设迈出坚实的步伐。

第五篇

外国驻沪机构

本篇所述的外国驻沪机构仅指外国驻沪领事机构、外国驻沪新闻机构、外国驻沪非企业经济组织机构。这些外国驻沪机构的设立，主要是代表各自派出机构与上海开展各方面的友好合作和交流；采集和报道中国政治、经济、社会、文化等各方面的动态、信息和情况；开展各类非企业行为的经济活动，为本国企业和单位牵线搭桥等。

外国驻沪机构随着中国经济建设和对外关系的发展而不断变化。20世纪80年代前，外国驻沪机构数量很少，主要只有驻沪领事机构中的波兰、日本两家总领事馆。20世纪八九十年代后，随着中国改革开放和对外关系的不断发展，随着上海浦东开发开放和经济社会的进一步发展，外国在沪设立的常驻机构数量不断增加。据统计，至20世纪末，外国驻沪机构的数量已超过100家。其中，外国驻沪领事机构35家，外国驻沪新闻机构44家，外国驻沪非企业经济组织机构10多家。进入21世纪后，外国驻沪机构数量进一步增加。据至2010年的统计，这三类外国驻沪机构的数量已超过200家，比20世纪末翻了一番。

外国驻沪机构的设立和数量的不断增加，一方面，反映出中国对外开放和上海经济社会的发展变化引起国际社会越来越大的关注，吸引他们不断扩大和加深与中国的合作和交往；另一方面，也为上海进一步与国际接轨、加快经济建设发展步伐起到了独特的促进作用。

第一章　外国驻沪领事机构

外国领事机构是外国政府与驻在国政府根据所达成的设领协议，派驻在对方国家的一种常设机构。其职能是代表本国政府发展与驻在国政府的友好合作关系，保护本国政府及侨民的利益。根据国际法和《维也纳领事关系公约》，外国领事机构在驻在国享有领事特权和豁免权。

外国政府在沪设立领事机构是与中国对外关系的日益发展和上海国际地位的不断提高紧密联系在一起的。1978年前，外国驻沪领馆仅有波兰、日本两家。随着改革开放和1979年中国加入《维也纳领事关系公约》，在沪设领的国家至20世纪80年代末已增至11家。进入20世纪90年代后，中国外交事业的发展和上海改革开放的深入，使外国驻沪领事机构以年均增加3家的速度进入新的发展阶段。2010年12月底，外国驻沪领事机构达69家(其间开设后又关闭的民主德国、马绍尔总领馆未统计在内)，其中，总领事馆63家，领事馆1家，名誉领事馆5家，约占外国驻中国内地的100多家领事机构的五分之二。此外，已有5个国家在上海委派名誉领事，其中，牙买加首任名誉领事职务终止后，牙方暂未委派新的名誉领事。常驻上海的领馆官员和行政技术人员有1 000余人，享有领事特权和豁免的领馆人员(含家属)2 000余人。设领和委派名誉领事的国家遍及世界五大洲。其中，欧洲国家31个，亚洲国家19个，美洲国家12个，大洋洲国家4个，非洲国家3个。领区管辖范围主要以长江三角洲地区为主，除上海外，一般包括苏、浙、皖等邻近诸省，有的还远达闽、赣、鄂、鲁、湘、粤等省。

驻沪领事机构的业务工作范围和功能不仅仅限于经贸往来、签证事务和侨民保护，而是全方位、多领域，涵盖政治、经济、贸易、科技、新闻、文化、教育、安全、农业、旅游等诸多方面。其中，尤以促进经济贸易为重，在沪设有商务处的领事机构达一半之多。推广本国文化、教育也是领馆工作的重点之一，有近20家领馆设有文化处或文化教育处，占驻沪领馆总数约三分之一。一些国家设有专职文化、教育领事。领馆往往通过自行组织或与其他单位联合举办的方式，开展各种形式的文化、教育交流活动。

外国驻沪领事机构的发展，已经成为上海作为国际大都市的一个鲜明特征。在上海对外交往中，各国驻沪领事机构积极为中外双方人员互访、考察和交流提供各种便利；协助本国政府、企业或民间团体等开展各类经贸、文化、教育、科技交流活动；及时向本国政府和社会各界传递有关上海建设和发展的各种信息；多方为本国参与在上海举行的各类重大国际活动和上海经济建设、社会发展中的各项重大工程、实事项目牵线搭桥。外国领馆已成为上海与国际社会沟通、交流、合作、竞争的重要渠道，对增强上海的城市综合实力、加快国际化步伐起到独特作用。

表5-1-1　1954—2010年各国驻沪领事机构一览表

领馆类型	馆　名	开馆日期	领区范围
总领事馆	波　兰	1954年10月22日	沪、浙、苏、皖、闽
	日　本	1975年9月2日	沪、浙、苏、皖、赣
	美　国	1980年4月28日	沪、浙、苏、皖

(续表)

领馆类型	馆　　名	开馆日期	领区范围
总领事馆	法　国	1980年10月21日	沪、浙、苏、皖
	德　国	1982年10月15日	沪、浙、苏、皖
	澳大利亚	1984年7月2日	沪、浙、苏、皖、赣、鄂
	英　国	1985年2月11日	沪、浙、苏、皖
	意大利	1985年6月21日	沪、浙、苏、皖
	加拿大	1986年4月30日	沪、浙、苏、皖、鄂
	俄罗斯	1986年12月15日	沪、浙、苏、皖
	伊　朗	1989年2月20日	沪、浙、苏、皖
	古　巴	1990年9月1日	沪、浙、苏
	新西兰	1992年7月17日	沪、浙、苏、皖
	印　度	1993年1月16日	沪、浙、苏
	韩　国	1993年6月11日	沪、浙、苏、皖
	墨西哥	1993年10月18日	沪、浙、苏、皖
	丹　麦	1994年6月20日	沪、浙、苏、皖、赣
	奥地利	1994年7月15日	沪、浙、苏、皖
	以色列	1994年9月8日	沪、浙、苏、皖
	荷　兰	1994年9月12日	沪、浙、苏、皖
	捷　克	1995年1月11日	沪、浙、苏、皖
	瑞　士	1995年4月26日	沪、浙、苏、皖
	芬　兰	1995年11月1日	沪、浙、苏、皖、赣
	新加坡	1996年1月1日	沪、浙、苏、皖
	智　利	1996年6月17日	沪、浙、苏、皖
	瑞　典	1996年9月16日	沪、浙、苏、皖
	挪　威	1996年9月16日	沪、浙、苏、皖、赣
	比利时	1996年10月1日	沪、浙、苏、皖
	泰　国	1996年11月12日	沪、浙、苏、皖
	土耳其	1997年3月18日	沪、浙、苏、皖
	塞尔维亚	1998年6月15日	沪、浙、苏、皖
	埃　及	1999年5月1日	沪、浙、苏、皖
	西班牙	1999年5月7日	沪、浙、苏、皖、赣
	柬埔寨	1999年7月2日	沪、浙、苏、皖
	马来西亚	1999年12月23日	沪、浙、苏、皖
	罗马尼亚	2000年2月1日	沪、浙、苏、皖

（续表）

领馆类型	馆　名	开馆日期	领区范围
总领事馆	阿根廷	2000年5月25日	沪、浙、苏、皖
	爱尔兰	2000年8月1日	沪、浙、苏、皖、赣
	乌克兰	2002年1月30日	沪、浙、苏、皖、闽、赣
	菲律宾	2002年4月18日	沪、浙、苏、皖、鄂
	秘　鲁	2002年5月30日	沪、浙、苏、皖、闽、赣
	巴　西	2002年9月30日	沪、浙、苏、皖、鲁
	南　非	2002年11月8日	沪、浙、苏、皖、鲁、闽、粤
	乌拉圭	2003年9月4日	沪、浙、苏、皖
	匈牙利	2004年8月16日	沪、浙、苏、皖、闽
	斯洛伐克	2004年9月1日	沪、浙、苏、皖、闽、赣
	希　腊	2004年10月16日	沪、浙、苏、皖、鲁、赣
	巴基斯坦	2004年12月9日	沪、浙、苏、皖
	哈萨克斯坦	2005年5月15日	沪、浙、苏、皖、闽、赣
	保加利亚	2005年8月25日	沪、浙、苏、皖、闽、赣
	斯里兰卡	2005年10月1日	沪、浙、苏、皖、湘、闽
	葡萄牙	2005年12月7日	沪、浙、苏、皖、赣
	委内瑞拉	2006年1月23日	沪、浙、苏
	卢森堡	2006年5月19日	沪、浙、苏、皖、闽
	乌兹别克斯坦	2006年6月20日	沪、浙、苏、皖、闽、赣
	瓦努阿图	2007年6月25日	沪、浙、苏、皖
	越　南	2007年11月30日	沪、浙、苏
	尼日利亚	2008年1月16日	沪、浙、苏、皖、闽
	白俄罗斯	2008年11月21日	沪、浙、苏、皖、闽、赣
	阿联酋	2009年7月6日	沪、浙、苏、皖、闽
	厄瓜多尔	2009年8月10日	沪、浙、苏、皖
	冰　岛	2009年10月18日	沪、浙、苏
	爱沙尼亚	2010年10月25日	沪、浙、苏、皖、闽、赣
领事馆	斯洛文尼亚	2010年6月24日	沪、浙、苏、皖
名誉领事馆	牙买加	2001年3月26日	沪、浙、苏、皖
	摩纳哥	2002年1月25日	沪、浙、苏、皖
	尼泊尔	2003年1月16日	沪
	巴布亚新几内亚	2006年8月28日	沪
	马尔代夫	2006年10月31日	沪

第一节　亚洲国家驻沪领事机构

亚洲国家在沪设立的领事机构共有19家，占外国在沪设立领事机构总数的27.53%。其中，总领事馆17家，名誉领事馆2家。

一、日本驻上海总领事馆

【概况】

1974年8月20日，日本驻华大使小川平四郎向中国外交部提出，由于中日通航后，在上海的日本人增多，为方便办理签证，希望中国方面同意日本在上海设领，如中国方面认为需要，根据互惠原则，也可考虑在日本大阪等地设领。中国外交部从中日两国关系发展前景考虑，同意日本在上海设领，并表示愿在大阪设领。经双方协商，以互换照会的方式加以确认。1975年8月15日，中国外交部部长乔冠华与日本驻华大使小川平四郎就两国互设总领事馆互换照会，中国同意日本在上海市设立总领事馆，日本同意中国在大阪市设立总领事馆。1975年9月2日，日本驻上海总领事馆设立，是最早在沪设立领事机构的亚洲国家。领区范围为上海市。1985年5月起，先后扩大到浙江省、江苏省、安徽省、江西省。领馆馆址为万山路8号。

【一般公务和事项往来】

一般公务：历任日本驻沪总领事都表示重视日中关系，希望增进相互了解和友好合作。1978年8月中日两国签订和平友好条约时，日本驻沪总领事浅田泰三约见上海市革命委员会外事办公室负责人，祝贺条约的缔结为两国关系的发展奠定新的基础。他表示，决心遵照条约精神，为发展日中友好而努力。每年中国国庆，日本驻沪总领事都应邀出席上海市政府举行的招待会等庆祝活动。每年日本驻沪总领事馆为日本天皇诞辰日举行庆祝招待会时，上海市政府和市人大、市政协都有领导人应邀出席。除双方公务往来和接触交往，日本驻沪总领事及领事等人员也经常应邀参加上海举行和组织的其他节日活动和沟通信息、参观访问以及双边多边国际交流活动。日本驻沪总领事到任或离任时，上海市政府或市人大、市政协领导会见总领事，表示欢迎或话别。平时，上海市领导也与日本驻沪总领事和领事、到沪的日本驻华大使等应约相见。1996年6月，副市长赵启正会见日本驻沪总领事桥本逸男，双方就加强上海和日本在经济、文化等方面的交流与合作交换意见。1999年4月，市长徐匡迪、海协会会长汪道涵分别会见日本驻华大使谷野作太郎，双方就上海与日本的经贸、环保等方面的合作和政府机构改革等交换意见。1999年5月和8月，市政协主席王力平、副市长周慕尧先后会见日本驻沪总领事市桥康吉，双方就进一步加强上海和日本的交流合作交换意见。2001年10月，副市长周慕尧会见即将离任的日本驻沪总领事市桥康吉，对总领事在任期间为中日友好及上海与日本各界的交流所作的积极努力表示感谢。2006年9月，副市长杨晓渡会见日本民主党参议员木俣佳丈一行，双方就2010年上海世博会准备工作等情况交换意见。木俣到沪主要是促进日本和上海志愿者间的交流。2007年8月，市委书记习近平、市长韩正分别会见到沪访问的日本驻华大使宫本雄二，双方就进一步加强上海与日本的交流合作交换意见。2008年7月，日本驻沪总领事横井裕在会见副市长唐登杰时表示，日本与上海的交流已涉及很多领域，他很愿意推动双方在各个领域，特别是环境保护和节能领域的合作与交流。2010 年 7 月，副市长唐登杰在会见即将离任的日本驻沪总领事横井裕时，感谢他在任的 2 年里为推动上海与日本各界在经济、贸易、文化、科技及友好城市等领域的交流所作的积极努力和贡献，希望他一如既往关心上海的发展。横井裕对上海市政府和各方面给予日本驻沪总领事馆和其本人的支持和帮助表示感谢。日本领导人和前领导人去世时，上海市领导前往领馆吊唁。包括有：1980 年 6 月 12 日，日本内阁总理大臣大平正芳逝世时，副市长王一平、赵行志代表上海市政府至日本驻沪总领事馆吊唁。1989 年 1 月 7 日，日本裕仁天皇逝世时，副市长刘振元代表上海市政府至日本驻沪总领事馆吊唁。2000 年 5 月 14 日，日本前首相小渊惠三逝世。5 月 17 日，副市长周慕尧前往日本驻沪总领事馆吊唁，代表上海市人民政府对前首相小渊的逝世表示深切哀悼。5 月 15 日，海协会会长汪道涵给日本驻沪总领事馆发去唁电，对小渊的逝世表示哀悼。2000 年 6 月，日本皇太后和日本前首相竹下登先后不幸逝世，市政府秘书长等前往日本驻沪总领事馆吊唁。

事项往来：一是经贸合作。1980 年 9 月，日本驻沪总领事馆经济兼文化领事上村就日本商社要求在沪设置常驻代表一事，与市外贸局接触商谈。1983 年后，日商驻沪机构日渐增多，日本驻沪总领事担任日方组织顾问，关注日方与上海的经贸事务。1984 年，中国外交部部长吴学谦访日时，日本外务大臣谈及日方要求改善在华投资条件问题。吴学谦希望日方将意见整理成书面资料，提供给中方。1985 年 5 月，日本驻沪总领事馆将日本外务省关于“改善投资条件”的意见书，提请市政府外办转至上海有关部门。1987 年 11 月，日本驻沪总领事吉田重信通过市政府外办向上海市领导人转达日本政府对上海建设项目，特别是对黄浦江大桥、地铁和市第六人民医院等建设项目提供援助、合作的意向，征询上海方面的意见。1988 年 12 月，中国经贸部部长郑拓彬与日本驻华大使就中日两国的援助、合作项目进行商谈时，日方正式同意援助上海市第六人民医院建设项目。1996 年 9 月，应日本驻沪总领事馆要求，市政府外办邀请市投资委、市国税局等有关部门负责人为在沪日本商人举行“上海投资、税收情况介绍会”，在沪日本商人 200 余人出席。2001 年 7 月，日本驻沪总领事市桥康吉在与市信息办主任会见时，双方就上海信息港的建设、亚洲信息论坛等活动和项目交换意见。2002 年 5 月，日本驻沪总领事馆为日本大阪市民、上海游艺机工程有限公司和上海锦江乐园共同投资建造的巨型观览车项目举行落成典礼。

二是文化、侨务合作。日本驻沪总领事馆开馆后，定期向中方机关、学校及个人寄赠《日本》《今日的日本》等刊物，不定期放映介绍日本情况的纪录片或故事片，招待中方有关单位人员或在沪日侨及其家属。日本驻沪总领事馆配合日本国际交流基金会逐步开展与中方的文化往来。1979 年，日本驻沪总领事馆向市政府外办送交日本国际交流基金会关于“赠送日语教材和图书资料”申请书。1980 年 4 月，日本驻沪总领事馆以日本国际交流基金会名义分别向复旦大学、上海外语学院、上海市师范学院、华东师范大学赠书。1984 年、1987—1988 年、1991 年，上海大专院校日语专业学生、上海外语学院先后多次举行日语演讲比赛会，日本驻沪总领事馆均提供赞助和合作。1984 年 6 月，日本驻沪总领事馆向市政府外办表示，日本方面拟向上海方面提供相当于 5 000 万日元的用于文化方面的设施。1984 年 9 月，日本驻沪总领事馆向黄浦区“儿童智能开发实验站”赠送日语资料、教科书、词典、录音带。1985 年 4 月，日方向市文化局提供一套录像设备。1985 年 10 月，日本国际交流基金会向上海社科院世界经济研究所提供 1986 年度包括选派研究人员赴日调研进修以及以研究日本为内容的科研课题、书籍出版、赠书等项目的科研资助。1993 年 6 月，日本驻沪总领事小林二郎在沪举行日本天皇授予中国政协副主席苏步青“勋二等瑞宝章”仪式。1994 年，日本驻沪总领事馆与闵行区签约租用 30 亩土地，解决日本人学校扩建所需用地问题。1999年6月,日本驻沪总领事馆、市文化局、同济大学联合举办"当代日本建筑(1985—1996)展览"。2007年9月,为纪念日中邦交正常化35周年并作为日中文化体育交流年的活动之一,日本著名音乐家谷村新司等到沪举行"日中携手——世纪同行"2007大型演唱会。2009年12月,日本驻沪总领事馆举行日本天皇诞辰纪念日(国庆日)招待会,同时举办"日本观光展"。日本驻沪总领事馆开馆后,曾为日本人寻找在华家属,为在沪日侨、具有日本血统的中国籍人士赴日探亲等有关事宜与市政府外办联系,请中方提供方便和协助。上海方面给予积极协助。

三是邀请中方人员访日。1978年,日本驻沪总领事浅田在为市革委会副主任王一平率领的上海市友好代表团访日饯行时表示,日中之间民间往来很多,官方人士的往来也应增加。这将成为日本驻沪总领事馆的业务之一。日本驻沪总领事馆将为日本外务省、日本国际交流基金会邀请中方人士访日。1978年10月,日本驻沪总领事馆向市政府外办送来日本国际交流基金会招收长短期研究生简章和报名单,请中方推荐适当人选,由日本驻沪总领事馆签注意见送基金会审批。1978年12月,日本驻沪总领事浅田代表日本外务省首次邀请市政府外办及其主管领事工作部门的负责人访日。1980年,上海方面首次由复旦大学郑励志、上海社科院浦增元接受日本国际交流基金会提供的名额赴日进修。同年起,日本驻沪总领事馆每年代表日国际交流基金会邀请1名学习日语成绩优秀者赴日进修。1979—1993年,日本驻沪总领事馆代表外务省,指名或不指名的先后邀请上海外事、出入境管理、司法、青年工作、高教、文化、卫生、旅游、发展计划、经济、农业、科技、国际研究、新闻、纪律检查、浦东新区开发等主管部门负责人和专职工作人员、研究人员、青年代表访日。1995年和1996年,日本外务省、外国新闻中心和日本国际交流基金会等单位先后通过日本驻沪总领事馆,邀请上海有关人员赴日参加交流、研修等活动。

四是对华捐赠。1997年3月,日本驻沪总领事馆积极促成日本政府对安徽、江苏等地小额无偿援助项目即"利民工程"的实施,包括提供医疗器械、帮助建造中学宿舍、提供聋哑学校的康复设备等。1997年前后,日本驻沪总领事馆先后向松江小学再建工程、青浦县任屯村上下水道改建工程、江桥养老院扩建项目、上海站地区扫路车等项目提供小额援助。1998年7月,为表达对中国抗洪救灾工作的支持,日本驻沪总领事馆受日本政府委托,主持"日本政府向中华人民共和国洪水灾害提供紧急援助"仪式,通过湖北省驻沪办事处向湖北地区捐赠50万美元和价值4 941万日元的物品。2003年5月,为配合上海"非典"防治工作,日本驻沪总领事馆代表日本政府向上海4家专门收治"非典"病人的医院捐赠4台移动式X光机,副市长周太彤出席捐赠仪式。

五是对突发事件的处理。(1) 关于"3·24"列车相撞事故的处理。1988年3月24日,铁路上海站一开往杭州的客车在上海嘉定县封浜地区与迎面驶来的列车相撞,造成重大旅客伤亡事故。车上日本高知学艺高等学校访中旅行团的190人中,有37人受伤,27人不幸罹难。遵照中国外交部、上海市政府的指示和要求,市政府外办迅即约见日本驻沪总领事,通报事故及抢救伤员、安置高知旅行团情况,提交日方伤亡人员确切名单,听取日本方面的意见,商谈合作,以妥善做好善后工作。日本驻沪总领事吉田重信在此重大事故的善后处理过程中,与中方保持密切的联系与协作,坦陈高知旅行团伤亡者家属的心情和要求,提出建议,从中斡旋,以友好、谅解、合作的态度,为各项善后事宜顺利进行提供协助。(2) 关于"8·15"飞机失事日本乘客遇难事故的处理。1989年8月15日,江西省民航局一飞机失事,死亡34人,包括日本乘客小室恒夫、藤井雪雄。8月16日,日本驻沪总领事馆领事冈崎紧急拜会市政府外办,对中方在事故发生后迟迟未能答复领馆的询问、确认2名日本乘客的姓名和死亡消息表示不满。中方对日本驻沪总领事馆对此事的关注表示理解,并说明民航部门对事故情况须作细致的调查核实，需要时间，希望日本驻沪总领事馆谅解，并协助做好对遇难者家属的抚慰工作。8月21日，冈崎领事再次拜会市政府外办，对上海市政府和民航局对遇难日本乘客善后处理的协助表示感谢。(3) 关于日本驻沪总领事馆失窃案件的处理。1991年3月16日，日本驻沪总领事馆发生窃贼潜入馆舍行窃案件。莲见总领事、冈崎副总领事和井上副领事的一些钱物被窃。市公安局在23天中侦破此案，逮捕案犯。市公安局于6月13日向日本驻沪总领事馆通报破案经过并发还追回的被窃钱物和外交、公务护照，日本驻沪总领事馆两次向中方表示感谢。

六是对有关情况的通报。2000年6月，应日本驻沪总领事馆邀请，市公安局出入境管理处、治安总队、外事处等有关部门负责人为长驻上海的日本公民作题为《遵守中国法律、法规，提高自身安全防范意识》的专题讲座。2003年4月，市政府外办主任杨国强应日本驻沪总领事杉本信行的邀请，向日本人学校、日本驻沪领馆人员等介绍上海防治"非典"的情况，并回答有关人员的提问。2004年2月，日本驻沪总领事馆致电市政府外办，了解上海市防治禽流感情况。2008年5月，3名日本学生在安徽黄山因交通事故受伤。其中，1人回国治疗，1人伤势较轻返回上海师范大学继续学习，另1人因伤势较重由保险公司负责转入上海医院治疗。国家主席胡锦涛和国务委员戴秉国分别作批示，要求对受伤人员尽力救治。市政府外办就此事与日本驻沪总领事馆和市有关方面作协调和妥善安排。2010年1月，日本驻沪总领事馆拜访民航华东管理局，通报日航因经济危机将进行资产重组的情况。

七是向日方交涉有关事项。(1) 关于日方赠送的材料中涉及钓鱼岛主权和有"两个中国"字样问题。1979年4月和1986年12月，日本驻沪总领事馆分送中方单位的《今日日本》英文版画报和日本国地图上，将钓鱼岛划为日本领土。市政府外办负责人在与日本驻沪总领事的会晤中指出，钓鱼岛及其附属岛屿自古以来是中国固有领土，画报上、地图中出现的情况是不合适的，要求日方不再出现此类事情。1980年9月下旬，日本驻沪总领事馆向市政府外办等单位寄送的《日本展望》月刊第24卷第8期的读者来信中，出现"中华民国使用之……和中共使用之"的内容。市政府外办于9月27日向日本驻沪总领事馆指出此事，要求日方转告日刊编辑者注意，不再出现类似问题，并提出这一期刊物不宜继续发送。日本驻沪总领事馆于9月29日致函各受刊单位表示，"登载这种提法的信，显然是不妥的、错误的。而本馆也未经很好审阅即予发送，因此除本馆要引起注意并转告发行单位注意避免类似情况再次发生外，希望各受刊单位将有错之处予以抹掉"。(2) 关于自费赴日就读生问题。1987年前后，日本不少语言学校从上海大量招收自费就读生。1987—1988年，上海有5万青年获入学通知，已缴付学费、保证金等。市公安局按规定要求和手续发给护照。到1988年末，1.8万人已去日本就读，尚有3.5万人未获日方签证。但在1988年8月以后，由于日本入国管理当局对赴日就读生作出提高经济担保要求等变更新规定，限制签证，一些日本语言学校向就读生提出提高保证金和学费等新要求，并存在欺诈行为，致使大批青年人面临既不能赴日就学，而又已离开原工作，并蒙受巨大经济损失的困难处境，引起严重不安和强烈不满。一些青年情绪激烈，向日方提出抗议。上海市政府为此事采取一系列措施。一方面在这一部分青年人中进行疏导，同时认真核实有关情况，由外事部门与日方交涉，敦请日本有关当局采取积极措施，合理解决这一问题。1988年11月—1989年4月，市政府外办同日本驻沪总领事馆以及日本法务省、外务省、文部省等进行20多次交涉、协商，双方就对于在日方签证新规定公布前已办好护照者仍按老办法受理签证申请，以及督促日本语言学校退款等事项，达成共识。1989年7月5日，日本驻沪总领事莲见义博与副市长刘振元就中日双方组成联合小组，上海方面和日本有关当局派人参加，着重解决退款问题，达成口头协议。通过双方协调，解决部分语言学校的退款问题。还有一些学校未按协议执行,最后由友好人士协助集资,补偿就读生的部分损失。(3) 关于大阪右翼势力反华集会事。2000年1月23日,市政府外办就日本大阪府、大阪市右翼势力在大阪和平中心举行反华集会事,代表上海市政府分别向大阪府政府、大阪市政府以及日本驻沪总领事馆发出抗议书。

表5-1-2 1978—2010年日本驻上海总领事馆历任总领事一览表

序号	姓名	任职时间
1	浅田泰三	1978年2月—1981年1月
2	堀野重义	1981年3月—1983年7月
3	有地一昭	1983年7月—1985年6月
4	吉田重信	1985年7月—1988年9月
5	莲见义博	1988年10月—1993年4月
6	小林二郎	1993年5月—1996年5月
7	桥本逸男	1996年6月—1999年2月
8	市桥康吉	1999年3月—2001年10月
9	杉本信行	2001年10月—2004年7月
10	隈丸优次	2005年2月—2008年7月
11	横井裕	2008年7月—2010年7月
12	泉裕泰	2010年8月—

二、伊朗驻上海总领事馆

【概况】

1988年9月26日,中华人民共和国政府和伊朗伊斯兰共和国政府在北京签订关于互设总领事馆协定。1989年2月20日,伊朗驻上海总领事馆开馆,伊朗总统高级顾问萨利姆和副市长刘振元在开馆招待会上共祝两国友好合作关系的发展。领区范围为上海市、浙江省、江苏省、安徽省。领馆馆址为复兴西路17号。

【一般公务和事项往来】

一般公务:每年,上海市领导和伊朗驻沪总领事都应邀出席对方举行的有关活动。伊朗驻沪总领事到任或离任时,与上海市领导会见,就发展相互合作和交流交换意见。平时,上海市领导也与伊朗驻沪总领事和领事、来沪的伊朗驻华大使等应约相见。主要有:1993年2月11日,在伊朗驻沪总领事馆为伊朗伊斯兰革命胜利14周年(国庆日)举行招待会,伊朗驻沪总领事卡桑尼和副市长徐匡迪在致辞中互祝上海和伊朗的友好关系进一步加强和发展。1999年10月,副市长周慕尧会见即将离任的伊朗驻沪总领事马素米发,对他在任期间为发展伊朗和上海的交流合作所作的努力表示感谢。1999年12月,副市长周慕尧会见伊朗驻沪总领事穆尔铁扎·拉赫马尼·穆发黑特,双方就发展两地在经贸、文化、教育等方面的交流合作交换意见。2003年7月,副市长周禹鹏会见即将离任的伊朗驻沪总领事穆尔铁扎·拉赫马尼·穆发黑特,感谢总领事在任期间对促进伊朗与上海之间在贸易、文化等领域的交流和合作所作的努力。此外，伊朗领导人去世时，上海市领导前往领馆吊唁。如1989年6月，伊朗伊斯兰共和国领袖和缔造者霍梅尼逝世，6月15日，伊朗驻沪总领事馆在馆内为霍梅尼逝世举行吊唁仪式，副市长顾传训及有关方面负责人前往吊唁。

事项往来：一是经贸方面。开馆初期，在人员一时还未配齐的情况下，伊朗驻沪总领事馆就开始受理商业单据认证业务，以方便上海进出口贸易公司对伊朗的贸易。1992年2月和10月，卡桑尼总领事两次拜会市政府外办，表示伊朗在上海已开设一个船务公司，在他任职期间，将介绍更多伊朗公司和商人来上海进行合作，还将开展文化交流。市政府外办主任徐兆春表示，上海市政府将和伊朗驻沪总领事馆一起，为增进两国经济、文化等各方面的交流合作共同努力。1995年12月，伊朗驻沪总领事马素米发要求拜会副市长赵启正，会见时表示，推动伊朗与上海的经贸合作是总领事馆的首要任务，愿为伊朗经贸自由区和浦东外高桥保税区加强联系牵线搭桥，以推动双方经贸活动向广度和深度发展。商务领事沙博立也表示，伊朗希望从中国进口中草药和金属管材，愿意向中国出口建筑、装潢材料。1996年12月，副市长赵启正会见伊朗驻沪总领事马素米发，双方就加强伊朗经贸自由区与浦东外高桥保税区的联系等交换意见。1997年5月，副市长赵启正会见由伊朗总统顾问阿尔维力率领的伊朗自由贸易代表团，总统顾问希望加强与中国尤其是与上海的经贸联系。1998年5月，伊朗出口出境中心、上海国际展览公司联合举办"伊朗产品展览会"。2000年6月，随同伊朗总统访华的伊朗高级商贸代表团访沪，与中国贸促会上海分会共同举办"中伊贸易投资洽谈会"。2000年7月，市政府外办主任周明伟会见伊朗驻沪总领事穆尔铁扎·拉赫马尼·穆发黑特，双方就上海与伊朗在经济、贸易等方面扩大交流与合作事宜交换意见。2000年10月，伊朗驻沪总领事馆在世贸商城设立一个长期的伊朗产品展示厅，伊朗驻华大使马拉埃克专程到沪为展示厅剪彩。伊朗驻沪总领事称，希望将其建成"上海—伊朗互贸中心"，以切实有效地扩大对华贸易。2002年4月，副市长周慕尧会见伊朗驻沪总领事穆尔铁扎·拉赫玛尼·穆发黑特。此次会见正值中国国家主席江泽民访问伊朗归来之际，双方都表示希望借此契机，进一步推动上海与伊朗在经贸领域的合作与交流。2006年7月，伊朗外交部东亚和大洋洲司司长伊扎迪先后拜会市政府外办、市外经贸委，就中伊在经贸、能源、金融和建筑等方面的合作进行商谈。2006年11月，市长韩正会见伊朗驻华大使曼苏里，双方一致认为伊朗丰富的油气资源及两国经济的互补性将为双方合作提供良好的基础。大使表示将扩展伊朗驻沪总领事馆的工作范围。2007年6月，伊朗驻沪总领事那才礼在拜会副市长唐登杰时表示，要进一步加强伊朗与上海在经贸、能源、机械制造等方面的合作与交流。2008年2月，副市长唐登杰会见伊朗驻华大使曼苏里，双方就加强经贸合作交换意见。2008年5月，伊朗驻沪总领事馆与中国贸促会上海分会联合举办"伊朗贸易投资介绍会"，中方160余家企业的300余人出席。伊朗商务部副部长、商会会长专程到沪参加介绍会。2009年10月，副市长唐登杰在会见伊朗德黑兰市副市长马桑德·卡帕西安时表示，上海愿意把城市建设的经验和教训与世界各城市交流分享，上海市政府将一如既往地支持上海企业参与伊朗的市政建设。德黑兰市副市长卡帕西安介绍德黑兰市政建设规划，并欢迎上海企业参与项目建设。二是文化方面。1992年10月，伊朗驻沪总领事馆和市文化局在沪联合举办伊朗第一届艺术集邮展，展出图片41幅，邮票约300枚，并放映录像片，向观众介绍伊朗的手工艺品、建筑艺术以及戏剧和电影艺术。1993年秋冬，又在沪举办伊朗法尔希扬艺术大师作品图片展。2001年10月，伊朗电影周在沪开幕，电影周期间上映5部伊朗获奖影片。2005年8月，伊朗驻沪代总领事瓦希德·法尔曼德在会见副市长唐登杰时表示，伊朗驻沪总领事馆拟在沪举办文化周，向上海市民介绍伊朗的文化、艺术及旅游资源等，希望以此推动双方的合作和交流。

表 5-1-3　1989—2010 年伊朗驻上海总领事馆历任总领事一览表

序　号	姓　　名	任 职 时 间
1	赛法特(Mahammad R. Sefet)	1989 年 1 月—1989 年 9 月(代总领事)
2	阿塔乌拉·穆巴尔哈尼(Ataollah Mobarhani)	1990 年 7 月—1991 年 2 月(代总领事)
3	卡桑尼(Hossein Kashani)	1991 年 10 月—1995 年 9 月
4	马素米发(Ahmad Masoumifar)	1995 年 9 月—1999 年 10 月
5	穆尔铁扎·拉赫马尼·穆发黑特(Morteza Rahmani Movahed)	1999 年 11 月—2003 年 8 月
6	瓦希德·法尔曼德(Vahid Farmand)	2005 年 8 月—2007 年 3 月(代总领事)
7	那才礼(Mohammad Reza Nazeri Azar Sharabiani)	2007 年 5 月—

三、印度驻上海总领事馆

【概况】

印度曾于 1950 年 8 月在上海设立总领事馆,1962 年 12 月关闭。1993 年,随着中印两国关系的改善,按双方协议,印度重新在上海设立总领事馆。1993 年 1 月 16 日,印度驻沪总领事苏伯拉马尼在上海国际贸易中心举行开馆仪式。领区范围为上海市、浙江省、江苏省。领馆馆址为延安西路 2201 号国贸中心 1008 室。

【一般公务和事项往来】

一般公务:每年,上海市领导和印度驻沪总领事都应邀出席对方举行的有关活动。每逢印度驻沪总领事到任或离任时,上海市政府或市人大、市政协领导会见总领事,就发展相互合作和交流交换意见。平时,上海市领导也与印度驻沪总领事和领事、到沪的印度驻华大使等应约相见。主要有:1996 年 8 月,市长徐匡迪会见即将离任的印度驻沪总领事苏伯拉马尼,感谢总领事在任期间为促进印度与上海的合作和交流所作的努力。1996 年 10 月,市长徐匡迪会见印度驻华大使南威哲,双方就进一步发展两地合作和交流交换意见。1997 年 1 月,副市长赵启正会见印度驻沪总领事南达,双方就加强上海和印度在经贸、文化等方面的合作进行交谈。2000 年 3 月 31 日,上海市人民政府在富豪环球东亚酒店举行"庆祝中印建交 50 周年招待会",邀请印度驻沪总领事馆、印度驻沪机构代表、留学生代表参加。副市长周慕尧和上海各界代表约 100 人出席招待会。2001 年 2 月,印度驻沪总领事齐湛复函市长徐匡迪,感谢徐市长致函慰问印度古吉拉特邦地震灾区。2001 年 4 月,副市长周慕尧会见印度外交部东亚司司长纳瑞·索利一行,双方表示将进一步促进上海与印度在软件业和电影业方面的交流。2003 年 11 月,副市长姜斯宪会见到沪进行私人访问的印度前总理古吉拉尔夫妇,详细介绍上海在经济、贸易、人口政策、教育等方面的发展情况。2004 年 3 月,市长韩正会见印度驻华大使苏理宁,双方就进一步促进和发展上海同印度之间在经贸和文化等领域的交流与合作达成共识。2009 年 8 月,印度驻沪总领事馆举行国庆招待酒会,副市长唐登杰在仪式前会见印度驻沪总领事戴思锐,双方对通过共同努力推动上海与印度在经贸、文化、教育、旅游等方面的合作交流表示满意,祝愿继续保持这种良好的合作交流态势。上海市主要领导履新职时,印度驻沪总领事致函表示祝贺。1995 年 3 月，印度驻沪总领事苏伯拉马尼致函徐匡迪，祝贺他就任上海市长。此外，印度领导人或前领导人去世时，上海市领导或市政府外办领导前往领馆吊唁或致函表示哀悼。1995 年 4 月，市长徐匡迪致函印度驻沪总领事苏伯拉马尼，对印度前总理德赛逝世表示哀悼。1996 年 6 月，市政府外办主任徐兆春前往印度驻沪总领事馆，吊唁印度前总统雷迪逝世。2005 年 11 月，市政府外办副主任傅继红前往印度驻沪总领事馆，吊唁因病去世的印度前总统科切里尔・拉曼・纳拉亚南。2007 年 7 月，市政府外办副巡视员范宇飞前往印度驻沪总领事馆，吊唁因病去世的印度前总理钱德拉・谢卡尔。

事项往来：一是经贸方面。1997 年 11 月，市长徐匡迪会见印度驻华大使南威哲，双方就加强商务合作、应对金融危机、吸引海外高层次人才回国服务等交换意见。2009 年 9 月，市长韩正会见印度驻华大使苏杰生时表示，上海与印度有着长期良好的经贸关系，希望在双方共同努力下得到进一步发展。大使苏杰生感谢上海市政府长期来对印度在沪公司和专家给予的支持和帮助，表示将在任期内致力于推动印中关系进一步发展。二是文化方面。1996 年 5 月，印度驻沪总领事苏伯拉马尼的夫人阿鲁娜・苏伯拉马尼举办个人画展“印度妇女中国画展”，并向上海市盲童学校捐赠一架钢琴及复印机等。2006 年是印中友好年，7 月 2 日，印度驻沪总领事馆在沪举办“印中文化交流之夜”活动，其中包括印度古典芭蕾舞蹈和中国民乐演奏、杂技、魔术等。市政协副主席宋仪侨应邀出席。2008 年 4 月，印度领馆举办“印度之夜”活动暨印度传统音乐和舞蹈表演。印度旅游部副部长班纳吉和印度驻华大使拉奥琪出席。2010 年 5 月，印度驻沪总领事馆与市作家协会联合在上海世博会印度馆举办泰戈尔诞辰纪念会，邀请演职人员和作家朗诵泰戈尔诗作。

表 5-1-4　1993—2010 年印度驻上海总领事馆历任总领事一览表

序　号	姓　　名	任　职　时　间
1	苏伯拉马尼(P. N. G. Subramanian)	1993 年 1 月—1996 年 8 月
2	南达(Biren Nanda)	1996 年 12 月—2000 年 9 月
3	齐湛(Sujan R. Chinoy)	2000 年 10 月—2005 年 12 月
4	白加尉(Vishnu Prakash)	2006 年 1 月—2008 年 8 月
5	戴思锐(Riva Ganguly Das)	2008 年 11 月—

四、韩国驻上海总领事馆

【概况】

根据 1992 年 12 月 31 日中华人民共和国和大韩民国政府关于在釜山市和上海市互设总领事馆的协议，1993 年 6 月 11 日，韩国在上海设立总领事馆。1993 年 7 月 14 日，韩国驻上海总领事尹海重在总领馆内举行开馆仪式和招待会。韩国驻华大使黄秉泰出席仪式，副市长沙麟代表上海市人民政府应邀与会祝贺。领区范围为上海市、浙江省、江苏省、安徽省。领馆馆址为万山路 60 号。

【一般公务和事项往来】

一般公务：每年，上海市领导或有关部门负责人和韩国驻沪总领事都应邀出席对方举行的有关活动。韩国驻沪总领事到任或离任时，上海市政府或市人大、市政协领导会见总领事，就发展相互合作和交流交换意见。平时,上海市领导及市政府外办负责人也与韩国驻沪总领事和领事、到沪的韩国驻华大使等应约相见。其中有:1996年5月,副市长赵启正会见韩国驻沪总领事庆昌宪,双方就进一步加强合作交流交换意见。1996年7月,市长徐匡迪会见韩国驻华大使郑钟旭,双方就加强两地交流、在虹口公园建尹奉吉义士纪念碑等事交换意见。1997年10月,副市长赵启正会见韩国驻沪总领事孙相贺,双方就进一步发展两地合作和交流交换意见。2000年11月,市长徐匡迪会见韩国济州岛知事禹勤敏一行,双方就旅游业合作等交换意见。2008年2月,市长韩正会见韩国仁川市市长安相洙一行,双方就加强在经济、社会和文化艺术领域的合作和交流交换意见。2008年6月,中共中央政治局委员、上海市委书记俞正声会见韩国驻华大使辛正承,双方就进一步促进中韩两国、上海与韩国在经济、贸易、文化等领域的交流与合作进行交谈。同月,市长韩正也会见大使辛正承。2008年7月,副市长唐登杰会见韩国驻沪总领事金正基,就进一步发展上海与韩国的友好关系进行交谈。金正基向唐登杰转达首尔市希望与上海缔结友好关系的愿望。2008年11月,市政府外办主任李铭俊在应邀与韩国驻沪总领事金正基共进晚餐时,总领事表示希望上海能与韩国首都首尔建立友好城市关系。2009年3月,韩国驻沪总领事金正基专程拜会市政府外办主任李铭俊,就韩国参展2010年上海世博会、首尔市市长吴世勋访沪、韩国临时政府成立90周年系列纪念活动、"梅亭"更名仪式等事宜通报情况,交换意见。韩国前领导人去世时,上海市领导或市政府外办负责人前往领馆吊唁。2009年5月,市政府外办主任李铭俊前往韩国驻沪总领事馆,吊唁韩国前总统卢武铉不幸逝世。2009年8月,上海市政府副秘书长沙海林代表上海市政府,前往韩国驻沪总领事馆吊唁韩国前总统金大中逝世。

事项往来:一是经贸方面。韩国驻沪总领事馆重视发展韩方与上海的经贸关系。1993年8月,韩国驻沪总领事馆与上海区县外事、经贸部门负责人及有关人士座谈,相互介绍发展对外经贸合作有关情况和政策措施。1993年9月,韩国驻沪总领事馆在沪举办韩国商品展览会。1994年3月,韩国驻沪总领事尹海重拜会陆家嘴开发公司时表示,希望韩国浦项制铁株式会社能参与金茂大厦建设中的钢材供应,认为这对其他韩国企业参与浦东开发是一个很大的鼓舞和推动。1994年8月,市政府外办与韩国驻沪总领事馆联合举办中韩经济恳谈会,中韩有关人员近100人出席。1996年10月,市长徐匡迪会见韩国浦项制铁集团董事长金满堤,双方就加强在冶金方面的合作进行探讨。1997年4月,韩国汉拿集团董事长郑仁永在拜会副市长夏克强时表示,希望汉拿集团能在造纸、汽车零配件、深水码头和集装箱码头建设等方面与上海开展合作。1997年8月,韩国重工业株式会社社长朴云绪在拜会副市长赵启正时表示,希望该公司能与上海进一步加强合作。1998年11月,韩国驻沪总领事孙相贺致函市长徐匡迪,希望韩国大宇集团能与上海建立长期、全面、友好的合作关系,特别是在上海轻轨交通工程建设项目上能参与合作。2001年4月,市长徐匡迪会见韩国驻华大使洪淳瑛,双方就上海投资环境、在沪韩资企业等情况交换意见。2010年5月,由韩国驻沪总领事馆邀请并接待的韩国国务总理郑云灿及其率领的高级代表团拜访上海实业集团,了解由上实集团负责开发的崇明东滩地区的建设项目和进展情况,并赴实地参观考察。二是文化、旅游方面。1996年5月,韩国驻沪总领事馆向鲁迅纪念馆赠送韩文版鲁迅文学作品20册。1999年,韩国驻沪总领事馆向卢湾区政府表示,韩国政府愿意提供800万元人民币,用以改建上海韩国临时政府旧址及改善周围环境。2003年10月,韩国驻沪总领事馆就韩国人新建校舍事致电市政府外办,称韩方已与闵行区政府达成最终协议,对上海有关方面为此所作的协助和努力深表感谢。2004年2月,韩国文化观光部部长李沧东在会见副市长杨雄时,对上海市政府和卢湾区政府对韩国临时政府旧址的保护工作给予积极评价和衷心感谢,并转达韩国政府希望参与旧址周边地区开发竞标活动的强烈愿望。杨雄对此表示欢迎。2004年5月,市长韩正会见韩国文化观光部部长李沧东一行,双方就韩国临时政府旧址周边地区开发招投标问题交换意见。2005年5月,副市长唐登杰会见韩国江原道副知事赵明洙一行,双方就加强两地友好交流交换意见。2007年1月,韩国驻沪总领事馆为纪念中韩建交15周年,向复旦大学赠送一批人文、地理、历史和艺术方面的原版书籍。2007年6月,韩国驻沪总领事馆举行"2007年中韩交流年——韩国文化精粹"表演晚会,市政府有关部门领导,文艺界、企业界等有关方面人士共300余人出席。2008年10月,根据韩方的多次请求,经外交部同意,中方同意将鲁迅公园内为纪念韩国抗日义士尹奉吉而建的纪念亭"梅亭"改名为"梅轩"。三是卫生、司法、宗教等方面。2002年1月,韩国驻沪总领事馆领事先后拜访市侨办、市文广局,了解中国的华侨、华人政策及有关情况,并就卫星电视节目地面接收的相关规定等交换意见。2003年5月,为帮助上海抗击"非典",韩国驻沪总领事馆全体馆员及家属向上海市慈善基金会捐赠人民币1万元。2005年9月,韩国驻沪总领事馆副总领事洪性浩拜访中国红十字会上海分会,了解该会对外提供援助和接受外来援助的有关情况。2006年10月,韩国驻华大使馆致函市民族宗教委,希望就韩国侨民在沪进行宗教活动等问题与该委交换意见,韩方提出两点要求。市民宗委根据有关规定对上述要求作出答复。2007年1月,韩国驻沪总领事金扬拜访市高级人民法院,了解上海法院组织架构、受案量及在沪韩国公民遵守中国法律情况。2009年7月,韩国国会最高议员孔星镇率韩国议员代表团访沪,就上海世博期间的安全防范措施等与市应急办公室进行交流。四是对有关事件的处理方面。1999年4月15日,韩国一架货机在上海莘庄地区坠毁,韩方对上海方面对事故的处理给予高度评价。2007年11月,位于崇明的韩资企业上海和仁纺织有限公司因拖欠职工工资等导致劳资双方发生纠纷。上海市政府有关部门为此多次召开协调会,市政府外办也与韩国驻沪总领事馆联系,希望领馆能多做当事人工作。在有关各方的共同努力下,纠纷事件最终得到妥善解决。2008年9月,位于闵行区的韩国独资企业叁美婚纱公司突然宣布停业,百余名顾客由于涉及约100万元人民币无法追还,在公司所在地聚集,情绪激动。事发后,市政府外办会同闵行区政府共同约见韩国领馆官员,希望韩国领馆协助中方尽快解决纠纷。后在中韩双方政府和韩国商会的共同努力下,该事件得到妥善处置。2009年6月,4名韩国籍女性在闵行区发生的一起交通事故中不幸死亡,市政府外办副主任邵慧翔赶赴现场,会见韩国驻沪总领事馆领事,并通过领馆向遇难者家属表示慰问。

表5-1-5 1993—2010年韩国驻上海总领事馆历任总领事一览表

序号	姓名	任职时间
1	尹海重(Yun Hai Jung)	1993年4月—1996年2月
2	庆昌宪(Kyung Chang Hun)	1996年3月—1997年9月
3	孙相贺(Son Sang Ha)	1997年9月—1999年7月
4	申国昊(Shin Kook-Ho)	1999年8月—2002年8月
5	李先镇(Lee Sun Jun)	2002年9月—2003年5月
6	朴相起(Park Sang-Ki)	2003年6月—2005年9月
7	金扬(Kim Yang)	2005年9月—2008年3月
8	金正基(Kim Jeong Kee)	2008年5月—

五、以色列驻上海总领事馆

【概况】

1993年10月8日,中华人民共和国政府和以色列国政府达成互设总领事馆协议。1994年9月8日,以色列驻上海总领事馆设立。领区范围为上海市、浙江省、安徽省、江苏省。领馆馆址为娄山关路55号新虹桥大厦703室。

【一般公务和事项往来】

一般公务:每年,上海市领导或有关部门领导和以色列驻沪总领事馆总领事都应邀出席对方举行的有关活动。上海市主要领导履新职时,以色列驻沪总领事致函表示祝贺。以色列驻沪总领事到任或离任时,上海市领导会见总领事,就发展相互合作和交流交换意见。平时,上海市领导及市政府外办负责人也与以色列驻沪总领事和领事、到沪的以色列驻华大使等应约相见,交换意见。其中有:2001年8月,副市长周慕尧会见以色列驻沪总领事马弈良,希望以色列驻沪总领事馆继续推动上海和以色列在经贸、文化、体育、农业及信息等领域的交流与合作。2004年2月,市长韩正会见以色列驻华大使海逸达,双方就进一步加强上海与以色列在农业、高科技等领域的合作和交流交换意见。2007年11月,以色列驻沪总领事顾特曼致函祝贺俞正声就任中共上海市委书记。2009年2月,市长韩正会见以色列驻华大使安泰毅。在谈到世博会时,大使表示,以色列通常并不参加世博会,爱知世博会就未参加。但以色列非常重视2010年上海世博会,总理作出参展决定。以色列领导人或前领导人去世时,上海市领导或市政府外办负责人前往领馆吊唁。其中包括:1995年11月,以色列总理伊扎克·拉宾不幸遇刺身亡,副市长沙麟前往以色列驻沪总领事馆吊唁,代表市长徐匡迪和以他个人名义,对拉宾不幸遇害表示诚挚的哀悼并敬献花圈。1997年4月,副市长冯国勤前往以色列驻沪总领事馆,吊唁以色列前总统赫尔佐克不幸逝世。2005年4月,市政府外办主任杨国强前往以色列驻沪总领事馆,悼念以色列前总统埃泽尔·魏茨曼逝世。

事项往来:一是在经贸、城建方面。1995年3月,以色列驻沪总领事馆与贸促会上海分会联合举办"以色列科技与经济概况"研讨会。2000年3月,以色列驻沪总领事馆在沪举行"以色列—上海经济研讨会",邀请上海市经济界有关人员参加。2003年6月,以色列驻沪总领事及领事官员出席在嘉定举行的"上海国际汽车城零部件配套工业园区招商大会",并参观F1赛车场建设工地。2010年6月,以色列国家基础设施部部长乌兹·兰道一行到沪参观上海世博会,拜访市环保局,考察苏州河水处理技术。二是在农业方面。1995年,在以色列驻沪总领事馆的积极支持和联络下,作为上海市"菜篮子工程"的试点项目,宝山区罗店园艺场、闵行区马桥园艺场和南汇县分别与以色列艾罗姆公司(AIROM)和艾维亚公司(AVI)签订合作合同,引进以色列全部由电脑控制的塑料大棚、灌溉系统、温控系统和施肥系统等设备。同时,还从上述公司引进优良蔬菜种子、先进的栽培技术和设施等。同年,以色列驻沪总领事馆继"以色列农业状况"研讨会之后,又举办以色列畜牧业情况介绍会。1996年4月,以色列驻沪总领事馆组织5家以色列农业公司在沪举办现代农业科技研讨会。会上,以色列有关人员向上海同行介绍以色列在温室技术、农田灌溉、奶牛饲养等方面的经验和体会。2000年1月,以色列驻沪总领事馆在沪举行以色列农业科技与合作项目介绍会,市农委及农业科技人员出席。三是在卫生、教育、文化方面。1995年4月,副市长杨晓渡会见以色列最大卫生保健机构克拉雷特卫生服务集团首席执行官齐弗·沃雷姆·布兰德一行,双方探讨加强医疗卫生领域的交流与合作。1995—1997年，以色列驻沪总领事馆实施由该国外交部和教育文化部主办的国际发展合作署(MASHAV)国际合作计划。市农委、市卫生局、虹口区先后派员赴以色列参加温室设施和灌溉技术、医疗卫生和教育技术等方面的培训，收到良好效果。以色列领馆还邀请专家到沪举办奶牛饲养技术讲座、以色列音乐会、图片展、摄影展等，促进相互了解和交流。1996年5月，以色列驻沪总领事馆邀请上海《文汇报》记者赴以采访以色列大选情况。1997年，市教委与以色列国际发展合作署基金会签订连续三年的培训合作计划，上海每年派遣4名医务人员赴以进修，以方承担所有费用。1997年6月，以色列驻沪总领事馆与上海社科院共同举办"永记历史教训——纪念二战时期遭纳粹屠杀的犹太人图片展"。1997年9月，上海医科大学和以色列驻沪总领事馆、以色列外交部莫夏夫国际合作中心共同举办"医院及社区卫生管理高级培训班"，以色列两位卫生管理专家主讲，取得很好成果。1999年，以色列驻沪总领事馆获悉上海原西摩路会堂将改建为犹太博物馆后，十分关注，以色列驻华大使曾两次到沪，探讨参与改建的可能，并特意推荐以色列博物馆馆长访沪，对西摩路会堂改建一事提供咨询和方案。2001年2月，以色列驻沪总领事在同济大学演讲，介绍以色列国情概况和对外政策。2002年3月，以色列驻沪总领事馆与市友协在沪共同举办"黑暗中的亮光——纪念第二次世界大战图片展"。2005年5月，为纪念爱因斯坦诞辰100周年暨"相对论"提出50周年，以色列驻沪总领事馆、德国驻沪总领事馆和上海科技馆联合举行"爱因斯坦——世纪风云人物"展览。2006年3月，以色列驻沪总领事顾特曼赴上海师范大学法政学院，以《后沙龙时期的以色列和中东局势》为题与该校国际关系及阿拉伯伊斯兰问题专家和学者进行交流。2008年6月，为庆祝以色列建国60周年，以色列驻沪总领事馆在虹口区犹太难民纪念馆(原摩西会堂旧址)举行"以中友好"图片展开幕式暨"犹太人在上海"数据库启动仪式。副市长沈晓明出席仪式并为展览开幕剪彩。2009年12月，以色列驻沪总领事馆与市对外文化交流协会等单位共同举办"走进以色列——以色列当代摄影作品展"。2010年5月，以色列驻沪总领事馆举行由以色列

图5-1-1　2002年3月6日，以色列驻沪总领事馆和上海市友协联合举办"黑暗中的亮光——纪念第二次世界大战图片展"

平头芭蕾舞团演出的舞台剧《样板人生》,该演出是以色列在上海世博会特别文化项目的组成部分。同月,以色列旅游部部长斯塔斯·米塞兹尼科夫到沪访问。四是在捐赠方面。2003年6月,以色列先进技术系统应用有限公司所属在沪投资企业上海嘉微电子有限公司向上海捐赠2016套价值约100万元人民币的红外额温度计,以支持上海防治"非典"工作。副市长杨晓渡出席捐赠仪式,并会见以色列驻沪总领事及以方企业代表,感谢以色列政府及企业界人士对上海抗"非典"工作的支持。2007年6月,为感谢上海人民,特别是虹口区人民在二战期间对犹太难民的帮助,以色列驻沪总领事馆通过市慈善基金会向虹口区捐赠价值66万元人民币的设备和物品,用于改善该区提篮桥街道老年活动中心和虹口区社会福利院。2009年5月,以色列驻沪总领事馆向虹口区儿童福利院捐赠一套体感音乐治疗系统设备及数台电脑,价值人民币近15万元。

表5-1-6 1994—2010年以色列驻上海总领事馆历任总领事一览表

序号	姓名	任职时间
1	摩西·拉姆(Moshe Ram)	1994年9月—1996年8月
2	伊扎克·戈伯格(Itzhak Gerberg)	1996年8月—1997年8月
3	康雅柏(Jacob Keidar)	1997年8月—2001年6月
4	马弈良(Ilan Maor)	2001年6月—2005年5月
5	顾特曼(Uri Gutman)	2005年5月—2008年7月
6	艾雅克(Jackie Yaacon Eldan)	2008年7月—

六、新加坡驻上海总领事馆

【概况】

1980年6月14日,中国政府和新加坡政府在北京签订设立商务代表处协议。按协议副本附件关于"新加坡驻华商务代表处官员可在上海市和广州市常驻"的规定,1986年3月,新加坡驻华商务代表处在上海设立分处,3月31日正式对外办公,办公地址在乌鲁木齐中路400号。1991年,中华人民共和国政府和新加坡共和国政府达成新加坡在上海设立总领事馆协议,后因新方无总领事人选,改为设立领事馆,并于1991年10月25日开馆。1995年1月24日,新加坡驻华使馆照会中国外交部提出,拟将新加坡驻上海领事馆升格为总领事馆。中国外交部复照表示同意。1996年1月1日,新加坡驻上海领事馆正式升格为总领事馆。领区范围为上海市、浙江省、江苏省。2006年3月20日起增加安徽省。领馆馆址为万山路89号。

【一般公务和事项往来】

一般公务:每年,上海市领导或有关部门领导和新加坡驻沪总领事馆负责人都应邀出席对方举行的招待会等有关活动。上海市主要领导履新职时,新加坡领导人等致函表示祝贺。新加坡驻沪总领事到任或离任时,上海市领导或代表会见总领事,就发展相互合作和交流交换意见。其中有:1996年8月,副市长赵启正会见新加坡驻沪总领事洪齐全,双方就加强两地在教育、文化等方面的合作和交流交换意见。2003年2月,常务副市长韩正会见新加坡驻沪总领事谢德强,总领事希望加强两地在港口建设、人才交流、环境保护等领域的交流。2005年12月,副市长唐登杰会见即将离任的新加坡驻沪总领事谢德强，对总领事在任期间为上海与新加坡的经济交流和友好交往所作的努力表示赞赏。总领事希望上海各界能一如既往关心新加坡驻沪总领事馆的工作。2007 年 3 月，新加坡总统吴作栋、新加坡驻华大使陈燮荣分别致函习近平，祝贺他就任中共上海市委书记。2008 年 1 月，副市长唐登杰会见即将离任的新加坡驻沪总领事陈庆荣，对总领事在任期间为推动两地在经济、金融、文化、航运等领域的合作与交流所作的努力表示感谢。陈庆荣表示，离任后，他将继续关注上海的发展。2008 年 2 月，副市长唐登杰会见新加坡驻沪总领事叶伟杰，就进一步加强两地的交流合作交换意见。

事项往来：一是经贸、城建方面。新加坡重视发展中新经贸合作。20 世纪 90 年代初，新加坡驻沪商代分处和驻沪领事馆为发展新加坡与上海的经济贸易关系和技术合作牵线搭桥，做了许多有益的工作，积极促进新加坡与上海在上海机场扩建、港口建设、电子工业以及旅游等方面进行合作。上海市城市规划建设、经济贸易和文化宣传等部门赴新加坡考察交流，新加坡商代分处和领事馆都积极协助。1995 年 11 月，新加坡驻沪领事馆领事杨世裕陪同新加坡厂商工会会长蔡哲洲、新加坡环宇集团总裁吴振顺拜会上海市副市长蒋以任，就进一步加强两地企业间的合作和交流，尤其是中小企业间的交流进行交谈。1996 年，经新加坡驻沪总领事馆联系安排，上海企业人事管理工作考察代表团顺利访问新加坡，学习和交流企业人事工作经验。1998 年 9 月，新加坡在沪独资企业东方鳄鱼服饰有限公司内新中双方因人事变动发生纠纷，新加坡驻沪总领事王禄敬就此事致函市政府外办领导，希望能引起上海有关方面的重视和协助，使纠纷得到圆满解决。后经市有关方面积极协调，纠纷得到平息。1998 年，经新加坡驻沪总领事馆联系安排，市机构编制委员会代表团赴新加坡考察，取得积极成果。2002 年 1 月，副市长蒋以任会见新加坡胜科公用事业公司总裁兼首席执行官邓健辉一行，双方就上海化学工业区有关项目的合作可能交换意见。2003 年 11 月，新加坡交通部部长姚照东到访时，与上海机场集团和东方航空公司就合作事宜进行交谈，达成初步的合作意向。2008 年 6 月，“新加坡中心”在沪成立，新加坡交通部部长兼外交部第二部长林双吉专程到沪主持成立仪式。该中心由新加坡驻沪总领事馆的商务处、产业投资处、教育文化处及旅游局组成，既是一个向国际人才和投资伙伴提供的平台，也是介绍新加坡工作、生活和投资信息的中心。2009 年 3 月，常务副市长杨雄会见到沪考察的新加坡贸工部常务秘书兼财政部第二常任秘书王文辉一行，双方就城市建设和管理等方面的合作交换意见。2010 年 7 月，为配合上海世博会“城市，让生活更美好”主题，新加坡国家发展部下属市区重建局在沪举办“打造可持续和宜居的城市”国际城市规划论坛，新加坡国家发展部部长马宝山和中国城乡建设部副部长仇保兴、上海市副市长沈骏等出席。二是文化、教育方面。2000 年 9 月，为庆祝中新建交 10 周年，应新加坡驻沪总领事馆邀请，新加坡“敦煌剧场”剧组在沪举行专场演出，市有关方面领导应邀出席。2001 年 4 月，新加坡驻沪总领事馆领事许文威拜访华东师范大学，双方就开展教师和学生间的人员交流、加大科研合作等交换意见。2004 年 12 月，新加坡慈善音乐会在沪举行，副市长杨晓渡应邀出席。新方将部分门票收益和其他捐款共计人民币 90 万元捐赠给上海儿童健康基金会，用于上海肾病患儿的治疗。上海儿童健康基金会名誉理事长谢丽娟接受捐赠。

表 5-1-7　1986—2010 年新加坡驻上海总领事馆历任代表、领事、总领事一览表

序　号	姓　　名	任　职　时　间
1	何国泰	1986 年 3 月—1988 年 11 月(代表)
2	尤善钡	1988—1991 年(代表)

(续表)

序号	姓名	任职时间
3	许金发	1991年11月—1994年(领事)
4	邱伟鸣(Khoo Wee Meng)	1994年4月—1995年2月(领事)
5	杨世裕(Yong Ser Joo)	1995年2月—1996年6月(领事)
6	洪齐全(Ang Chay Chuan)	1996年7月—1997年5月
7	王禄敬(Ong Lu King)	1996年10月—1998年2月(非常驻)
8	王禄敬(Ong Lu King)	1998年3月—2002年11月
9	谢德强(Chia Tuck Keong)	2002年12月—2005年12月
10	陈庆荣(Chan Heng Wing)	2005年12月—2008年1月
11	叶伟杰(Yip Wei Kiat)	2008年1月—

七、泰国驻上海总领事馆

【概况】

1996年3月25日,中华人民共和国政府和泰王国政府达成增设总领事馆协议。1996年11月12日,泰国驻上海总领事馆设立。1997年4月4日,泰国驻上海总领事馆举行开馆仪式,泰国总理差瓦立·永猜裕出席开馆仪式并致辞。上海市副市长冯国勤出席开馆仪式。中国陪同团团长、铁道部部长韩杼滨和中国驻泰国大使金桂华也出席开馆仪式。领区范围为上海市、浙江省、江苏省、安徽省。领馆馆址为威海路567号晶采世纪大厦15楼。

【一般公务和事项往来】

一般公务:每年,上海市领导或有关部门领导和泰国驻沪总领事等都应邀出席对方举行的有关活动。上海市主要领导履新职时,泰国驻沪总领事致函表示祝贺。泰国驻沪总领事到任或离任时,上海市领导或代表会见总领事,就发展相互合作和交流交换意见。平时,上海市领导及市政府外办负责人也与泰国驻沪总领事、到沪访问的泰国代表团等会见或应约相见,其中有:2002年1月,副市长周慕尧会见即将离任的泰国驻沪总领事颂信·彭德查,感谢他在任期间为中泰友好交往所作的努力。2003年9月,市长韩正会见由泰国副总理宋奇率领的泰国76省首席官员代表团,并出席上海—清迈友好交流备忘录签字仪式。2004年1月,副市长姜斯宪会见即将离任的泰国驻沪总领事伟文·丘氏君,对他在任期间为促进泰国与上海在各方面的交流所作的工作表示感谢。2004年4月,副市长周禹鹏会见泰国苏拉达尼州州长一行,双方探讨农业方面的合作事宜。2007年4月,泰国驻沪总领事差利·玛尼雅坤致函习近平,祝贺他就任中共上海市委书记。同年10月,差利·玛尼雅坤致函俞正声,祝贺他就任中共上海市委书记。2009年9月,副市长唐登杰会见即将离任的泰国驻沪总领事差利·玛尼雅坤,对总领事在任期内为推动上海与泰国在经济、文化、旅游等领域的交流和合作所作的努力表示感谢。2009年10月,副市长唐登杰会见泰国驻沪总领事毕伦·莱诗密,总领事表示,上海是一个充满魅力的地方,泰王室和政府非常重视与上海的交流,希望进一步推动两地友好关系的发展。

事项往来：一是经贸方面。1999年，泰国驻沪总领事馆为泰国总理川·立派到沪访问时出席的中泰企业家见面会积极作准备，并安排泰国总理一行参观上海农科院。泰国代表团对上海在基因工程、食用菌生产、花卉园艺等方面的先进技术很感兴趣，双方在花卉交易、栽培技术、品种交换等方面达成合作意向。2001年5月，泰国春蓬府贸易代表团访沪，探讨进一步扩大泰国与上海的经贸合作事宜。2005年11月，泰国卫生部部长、商务部部长助理等一行访问沪、苏两地。在江苏时，部长一行出席由泰国泰华橡胶有限公司和上海轮胎公司共同投资兴办的合资企业成立仪式。2007年3月，泰国商务部部长格勒格莱·吉拉培率泰企业家代表团访沪，考察、了解泰国在沪企业发展情况，促进泰国水果的对华出口。在拜会副市长胡延照时，吉拉培表示，泰国企业有意进入上海的服务业、建筑设计业和珠宝行业，并愿意加大对上海的水果出口。二是合作举办泰国展、泰国节等。2000年7月，泰国驻沪总领事馆在沪举行"泰国2000：中泰建交25周年"系列庆祝活动，包括建交25周年招待会、中泰两国关系回顾与展望图片展、中泰经贸合作展、专场文艺演出和"泰中旅游合作"专题研讨会等。2005年7月，泰国驻沪总领事馆和市政府外办合作举办"泰国节"，庆祝中泰建交30周年。2006年，泰国驻沪总领事馆在沪举办首届"泰国展"，全面介绍泰国情况。2007年9月，为进一步加强泰中两国、泰沪两地的友好关系，同时为庆祝泰国国王80诞辰，泰国驻沪总领事馆举办第二届"泰国展"，多方面、多角度地介绍泰国的文化、商品、旅游等情况。2008年9月，泰国驻沪总领事馆与市对外友好协会、市妇联共同举办第三届"泰国展"，活动包括泰国王室图片展、泰国传统文体节目表演、饮食烹饪表演和各类专题展示交流活动等。通过这些活动，进一步推动上海与泰国两地在经济、文化、体育、旅游和人员交往等领域的友好交流，增进彼此的深厚情谊。2009年9月，泰国驻沪总领事馆与市对外友好协会、卢湾区政府共同举办第四届"泰国展"活动，为历届规模之最，包括产品展示、文艺表演、商务洽谈等。三是文化、旅游、青少年方面。2000年12月，泰国驻沪总领事馆向上海图书馆赠送一批图书共284册，内容系介绍泰国文学、历史、政治、经济、社会科学、文化等。2001年6月，泰国旅游局在沪举行"缤纷泰国超值购物月暨普吉岛休闲浪漫游"推介会。2007年4月，在泰国公主诗琳通访沪时，泰国驻沪总领事馆举办以公主摄影作品为主的题为"两段旅程，同一目标"的摄影艺术展。2008年7月，泰国驻沪总领事馆委托市政府外办选派上海10名学生和1名教师参加由泰国驻华大使馆组织邀请的赴泰"保护海龟夏令营"活动。在泰国期间，师生觐见诗琳通公主，在泰国海军基地参加保护海龟的各种活动。2009年4月，泰国国务部部长李天文率团访沪，介绍泰国旅游业情况，以推进中泰两国旅游业的合作和发展。四是其他方面。2007年，经泰国驻沪总领事馆联系安排，泰国安全部代表团、国家预算代表团、曼谷政府学院代表团等先后到沪，与市公安局、市工商局、市应急办等单位就防止和打击贩毒活动、灾难管理及应对措施、两国工商界人员交流等课题进行交流和探讨。2010年5月，泰国前总理、工业部部长等先后到沪，参加上海世博会相关活动。

表5-1-8　1996—2010年泰国驻上海总领事馆历任总领事一览表

序　号	姓　　名	任　职　时　间
1	颂信·彭德查(Sornslip Polteja)	1996年10月—2002年1月
2	伟文·丘氏君(Wiboon Khusakul)	2002年2月—2004年1月
3	阿努森·辛万努(Anuson Chinvannol)	2004年2月—2006年2月

(续表)

序　号	姓　　名	任　职　时　间
4	差利·玛尼雅坤(Chalit Manityakul)	2006年5月—2009年9月
5	毕伦·莱诗密(Piroon Laismit)	2009年9月—

八、土耳其驻上海总领事馆

【概况】

1996年4月15日,中华人民共和国政府和土耳其共和国政府就土耳其在上海设立总领事馆达成协议。1997年3月18日,土耳其驻上海总领事馆设立。1998年2月19日,土耳其驻沪总领事馆举行开馆仪式,土耳其外交部部长伊斯梅尔·杰姆出席并主持开馆仪式。杰姆和上海市领导分别在开馆仪式上致辞。土耳其驻华大使于纳尔·云萨尔出席开馆仪式。领区范围为上海市、浙江省、江苏省、安徽省。领馆馆址为淮海中路1375号启华大厦13楼。

【一般公务和事项往来】

一般公务:上海市领导和土耳其驻沪总领事都应邀出席对方举行的有关活动。上海市主要领导履新职时,土耳其驻沪总领事致函表示祝贺。每逢土耳其驻沪总领事到任或离任时,上海市领导会见总领事,就发展相互合作和交流交换意见。土耳其驻华大使等到沪时,与上海市领导应约相见。其中有:2002年9月,副市长周慕尧会见即将离任的土耳其驻沪总领事阿基夫·阿伊汉,感谢总领事在任期间为促进双方交流所作的大量工作。2005年5月,副市长唐登杰会见土耳其驻华大使奥克塔伊·厄聚耶,双方就加强上海与土耳其的合作交流交换意见。2006年9月,即将离任的土耳其驻沪总领事穆罕默德·童加伊·英卡亚在拜会副市长唐登杰时表示,在他任内的4年里,土耳其与上海的交往有了很大发展。唐登杰感谢总领事为发展两地交流所作的努力。2007年11月,土耳其驻沪总领事姆拉特·于乐克致函俞正声,祝贺他就任中共上海市委书记。

事项往来:在中方的积极配合下,土耳其驻沪总领事馆积极开展经贸研讨会等有关活动。其中包括:1999年6月,土耳其贸易代表团访沪,举行“土耳其经济——联合投资与合作机遇”研讨会,与来自上海及华东地区百余家厂商进行交流和洽谈。2000年1月,土耳其驻沪总领事馆邀请上海媒体代表团赴土耳其考察访问。2008年4月,土耳其驻沪总领事馆举行儿童歌舞表演、游戏等活动,庆祝土耳其儿童节。双方还及时处理一起突发事件。2003年1月23日,一架法航波音客机在降落上海机场时,两名已经死亡的外国人(可能早已冻僵)从起落架上摔落。后经证实,两人均为喜爱冒险飞行的土耳其籍青年。在中方的协助下,经与土耳其驻沪总领事馆、法国驻沪总领事馆协调后,将两人遗体运回土耳其。

表5-1-9　1997—2010年土耳其驻上海总领事馆历任总领事一览表

序　号	姓　　名	任　职　时　间
1	姆拉特·奥兹切力克(Murat Ozcelik)	1997年2月—1998年9月
2	阿基夫·阿伊汉(Akif Ayhan)	1998年9月—2002年9月

（续表）

序　号	姓　　名	任　职　时　间
3	穆罕默德·童加伊·英卡亚(Mehmet Tuncay Inkaya)	2002年9月—2006年8月
4	姆拉特·于乐克(Husnu Murat Ulku)	2006年8月—2010年12月

九、柬埔寨驻上海总领事馆

【概况】

1999年5月28日，中华人民共和国政府和柬埔寨王国政府达成柬埔寨在上海设立总领事馆协议。1999年7月2日，柬埔寨驻上海总领事馆设立。同日，柬埔寨驻上海总领事馆举行开馆仪式。柬埔寨国务外交大臣贺南洪出席开馆仪式，并与上海市副市长周慕尧分别在开馆仪式上致辞。柬埔寨驻华大使凯·西索达出席开馆仪式。领区范围为上海市、浙江省、江苏省、安徽省。领馆馆址为天目中路267号蓝宝石大厦12楼A座。

【一般公务和事项往来】

上海市领导和柬埔寨驻沪总领事都应邀出席对方举行的有关活动。柬埔寨驻沪总领事到任或离任时，上海市领导会见总领事，就发展相互合作交换意见。2002年11月，副市长周慕尧会见即将离任的柬埔寨驻沪总领事奥西萨瓦达夫妇，双方就加强两地交流交换意见。2003年4月，副市长姜斯宪会见柬埔寨驻沪总领事洪财金，对他到沪任职表示欢迎，希望他在任期间为促进上海和柬埔寨之间的友谊和合作作出贡献。洪财金表示，柬中友谊有着相当长久的历史，能来上海就职感到非常高兴，希望能与上海市政府加强沟通，不断促进双方的合作和友谊。

表5-1-10　1999—2010年柬埔寨驻上海总领事馆历任总领事一览表

序　号	姓　　名	任　职　时　间
1	奥西萨瓦达(Op Sisawada)	1999年7月—2002年12月
2	洪财金(Hang Thol)	2002年12月—2005年12月
3	聂萨摩(Ney Samol)	2006年3月—2009年
4	苏杰(Sok Chea)	2009年—

十、马来西亚驻上海总领事馆

【概况】

1999年9月20日，中华人民共和国政府和马来西亚政府达成马来西亚在上海设立总领事馆协议。1999年12月23日，马来西亚驻上海总领事馆设立。领区范围为上海市、浙江省、江苏省、安徽省。领馆馆址为红宝石路500号东银中心B栋901室。

【一般公务和事项往来】

上海市领导或有关部门领导和马来西亚驻沪总领事都应邀出席对方举行的有关活动。马来西亚有关代表团到沪访问时,与上海市领导会见,就相互合作和交流进行探讨。马来西亚驻沪总领事到任或离任时,上海市领导会见总领事,就发展相互合作和交流交换意见。马来西亚领导人去世时,上海市领导前往领馆吊唁。其中主要有:2001年,马来西亚驻沪总领事馆安排或协助安排马来西亚贸工部部长、文化旅游部副部长等到沪参加上海国际艺术节及访问、交流活动。2001年11月,马来西亚最高元首苏丹·萨拉赫丁·阿卜杜拉·阿齐兹·沙阿陛下因病逝世,副市长周慕尧前往马来西亚驻沪总领事馆吊唁。2002年7月,副市长冯国勤会见马来西亚初级产业部部长率领的马来西亚棕榈油经济技术代表团一行,双方就进一步加强合作交换意见。2003年3月,副市长杨雄会见马来西亚吉隆坡市政厅长官一行,双方就城市发展和规划等交换意见。2004年1月,副市长姜斯宪会见即将离任的马来西亚驻沪总领事罗斯毅,对总领事为促进上海与马来西亚间的经济、旅游、教育等方面的友好交流与合作所作的努力表示感谢。总领事对其在4年任期中见证上海的飞速发展表示敬佩。2005年8月,市人大常委会副主任周慕尧会见马来西亚议会下院副议长林时清一行,双方就上海市人大与马来西亚议会的交流进行交谈。2005年8月,副市长杨晓渡会见马来西亚信息部部长一行,双方就文化、信息和广播电视方面的交流进行商谈。2006年7月,马来西亚企业发展及合作部副部长率团访沪,拜访上海妇女企业家协会及上海小企业贸易发展服务中心,探讨两地贸易合作机会。2007年8月,马来西亚联邦政府直辖区部副部长一行访沪,交流和借鉴上海城市管理、城市规划和发展方面的经验。同年,马来西亚国际贸易及工业部部长、教育部部长、旅游局副局长等先后率团到沪访问、交流。2008年9月,马来西亚高等教育部部长莫哈莫卡立率团访沪,与市教委就开展友好交流等交换意见,还就马来西亚学生到沪留学有关问题拜访上海交通大学和上海中医药大学。2010年5月,马来西亚农业部部长、新闻部部长、旅游部部长、健康部部长等先后率团到沪访问,参加上海世博会有关研讨会、授奖仪式等活动。

表5-1-11　1999—2010年马来西亚驻上海总领事馆历任总领事一览表

序　号	姓　　名	任　职　时　间
1	罗斯毅(Rosli Bin Ismal)	1999年12月—2003年2月
2	贾默(Jamal bin Hassan)	2004年3月—2007年7月
3	阿兹米尔·扎比迪(Azmil Bin Mohd Zabidi)	2007年8月—2010年7月
4	汉迪·阿散(Hendy A/K Assan)	2010年8月—

十一、菲律宾驻上海总领事馆

【概况】

2001年10月30日,中华人民共和国政府和菲律宾共和国政府达成设立总领事馆协议。2002年4月18日,菲律宾驻上海总领事馆设立,临时馆址为淮海中路282号香港广场1807室。2002年7月10日,菲律宾驻上海总领事馆举行开馆仪式。菲律宾总统阿罗约的丈夫何塞·米格尔·阿罗约出席开馆仪式。菲律宾副外长弗兰克林·维阿和上海市副市长周慕尧在开馆仪式上分别致辞。菲律宾驻华大使卫和世、中国驻菲律宾大使王春贵出席开馆仪式。领区范围为上海市、江苏省、安徽省和湖北省，后增加浙江省。领馆馆址为延安西路1168号首信银都广场301室。

【一般公务和事项往来】

上海市领导或有关部门领导和菲律宾驻沪总领事馆人员都应邀出席对方举行的有关活动，并就发展相互合作交换意见。菲律宾驻沪总领事馆积极推动菲律宾与上海在经贸、金融、文化、旅游等方面的相互合作和交流。菲律宾前领导人去世时，上海市有关领导前往领馆吊唁。其中主要有：2002年7月，菲律宾首都银行总裁郑少坚访沪，与上海同行进行交流和探讨。2002年9月，菲律宾旅游部部长里查德·乔丹一行访沪，主持"2003年菲律宾旅游年"推广活动。副市长周慕尧会见乔丹一行，双方就扩大旅游交流等交换意见。2003年3月，菲律宾驻沪总领事馆、贸促会上海分会、菲律宾贸易与工业部、菲律宾外交部、菲律宾旅游部联合在沪举行"中菲携手"系列活动，包括贸易展览、旅游推介、食品节等。菲律宾众议院主席、菲律宾总统代表等出席部分活动，市长韩正出席活动开幕式。2004年6月，菲律宾驻沪总领事馆举行菲律宾美食节。2005年6月，菲律宾驻沪总领事馆举行菲中建交30周年暨菲律宾国庆107周年招待会，副市长严隽琪等应邀出席。2006年4月，菲律宾驻沪总领事馆与市友协、市文广局共同举办菲律宾电影节，菲律宾驻沪总领事雅比诗和市人大常委会副主任、市友协会长周慕尧出席电影节开幕式。电影节期间，共放映《马格尼菲科》等6部菲律宾影片。2007年6月，菲律宾驻沪总领事馆在沪举办"菲律宾美食节"并邀请菲律宾国家舞蹈团到沪举行非商业性演出。2008年6月，菲律宾驻沪总领事馆举行"菲律宾独立110周年"招待酒会，会前，副市长唐登杰会见菲律宾驻沪总领事桑若雯，双方就加强两地合作交流交换意见。2009年8月，市政府外办主任李铭俊前往菲律宾驻沪总领事馆，吊唁菲律宾前总统阿基诺夫人逝世。2010年8月，香港游客在菲律宾遭劫事件发生后，菲律宾驻沪总领事馆向市政府外办转呈菲律宾总统阿基诺三世对劫持事件的申明，为劫持事件中的遇难者降半旗致哀。

图5-1-2　2006年4月21日，菲律宾驻沪总领事馆和市友协、市文广局联合举办菲律宾电影节

表 5-1-12　2002—2010 年菲律宾驻上海总领事馆历任总领事一览表

序　号	姓　　名	任 职 时 间
1	雅比诗(Jesus I. Yabes)	2002 年 7 月—2007 年 7 月
2	桑若雯(Maria Rowena Mendoza Sanchez)	2007 年 7 月—

十二、巴基斯坦驻上海总领事馆

【概况】

根据中华人民共和国政府和巴基斯坦伊斯兰共和国政府达成的巴基斯坦在沪设立总领事馆的协议,2004 年 12 月 9 日,巴基斯坦驻上海总领事馆设立。领区范围为上海市、江苏省、浙江省、安徽省。领馆馆址为虹桥路 2272 号虹桥商务大厦 7 楼 O 座。

【一般公务和事项往来】

上海市领导和巴基斯坦驻沪总领事都应邀出席对方举行的有关活动。巴基斯坦有关代表团来沪访问或驻华大使来沪时,与上海市领导会见,就经贸、城建、文化等方面的相互合作和交流进行探讨。巴基斯坦驻沪总领事到任或离任时,上海市领导或有关部门领导会见总领事,表示欢迎或话别。巴基斯坦前领导人去世时,上海市有关领导前往领馆吊唁。其中主要有:2003 年 9 月,市长韩正会见巴基斯坦驻华大使穆罕默德·汗,双方就上海与巴基斯坦经贸合作等交换意见。2005 年 7 月,副市长唐登杰会见巴基斯坦驻华大使萨尔曼·巴西尔,大使表示将进一步加强两国间的合作和交往。2005 年 10 月 8 日,巴基斯坦发生里氏 7.6 级地震,造成重大人员伤亡和财产损失。巴基斯坦政府在中国购买一批救灾物资经上海运回国内,上海市政府有关部门给予大力支持和配合。2005 年 12 月,巴基斯坦首任驻沪总领事扎法尔·乌丁·马赫默德在拜会市政府外办时表示,希望加强巴基斯坦驻沪总领事馆与上海相关部门间的合作和沟通,特别是与市外经贸委、市贸促会的联系,以推动中巴经贸合作,促进两国间的友好往来。2006 年 1 月,副市长唐登杰会见巴基斯坦驻沪总领事扎法尔·乌丁·马赫默德,希望总领事在任期间为巴基斯坦与上海在各领域的合作交流多做工作。2006 年,巴基斯坦私有化及投资部部长、国家科学工程研究院院长、国家电力管理局主席等先后率团到沪考察和交流。2007 年 12 月,市政府外办主任杨国强赴巴基斯坦驻沪总领事馆,吊唁不幸遇刺身亡的巴基斯坦前总理、人民党主席贝娜齐尔·布托。2008 年 9 月,市长韩正会见巴基斯坦驻华大使马苏德·汗。韩正说,上海与巴基斯坦的交往在不断加强,在未来的合作中,上海理应为两国的经贸交流作出更大贡献。马苏德·汗表示,希望巴基斯坦与上海进一步加强合作。2008 年 12 月,副市长唐登杰会见即将离任的巴基斯坦驻沪总领事扎法尔·乌丁·马赫默德,感谢总领事为双方交流作出的努力。2009 年 9 月,市政府外办主任李铭俊会见巴基斯坦驻沪总领事扎法尔·哈桑。总领事表示,他将努力推进巴基斯坦与上海间的合作交流。2009 年 10 月,巴基斯坦驻沪总领事扎法尔·哈桑在拜会副市长唐登杰时表示,希望在任期内为促进中巴经贸往来作出贡献,他介绍了巴基斯坦国内经济特区建设情况。

表 5-1-13　2004—2010 年巴基斯坦驻上海总领事馆历任总领事一览表

序　号	姓　　名	任　职　时　间
1	扎法尔·乌丁·马赫默德(Zafar Uddin Mahmood)	2004 年 12 月—2008 年 12 月
2	扎法尔·哈桑(Zafar Hasan)	2009 年 9 月—

十三、哈萨克斯坦驻上海总领事馆

【概况】

2005 年 3 月 25 日,中华人民共和国政府和哈萨克斯坦共和国政府达成哈萨克斯坦在沪设立总领事馆协议。2005 年 5 月 15 日,哈萨克斯坦驻上海总领事馆设立。2005 年 8 月 26 日,哈萨克斯坦驻上海总领事馆举行开馆仪式。哈萨克斯坦驻华大使扎内别克·卡里布扎诺夫出席开馆仪式并致辞。副市长唐登杰出席开馆仪式。领区范围为上海市、江苏省、浙江省、安徽省、江西省、福建省。领馆馆址为娄山关路 85 号东方国际大厦 A 座 1005 室。

【一般公务和事项往来】

上海市领导和哈萨克斯坦驻沪总领事都应邀出席对方举行的有关活动。哈萨克斯坦驻沪总领事到任或离任时,上海市领导或有关部门领导会见总领事,就发展相互合作交换意见。平时,双方也就相互关系方面的有关情况进行沟通。其中主要有:2005 年 7 月,副市长唐登杰会见哈萨克斯坦首任驻沪总领事阿迪力·科迪尔别克夫,希望总领事进一步促进上海和哈萨克斯坦在经贸、能源、教育、文化等领域的交流与合作,为中哈战略合作伙伴关系增添新内容。2006 年 3 月 25 日,哈萨克斯坦驻沪总领事馆举行招待酒会,庆祝哈萨克斯坦传统民族节日“纳吾热孜”节,上海市高校及有关单位负责人共 50 人出席。2006 年 5 月,哈萨克斯坦驻沪总领事馆向市政府外办反映,上海 817 路公交车车身广告商标图案与哈萨克斯坦国旗相似。经调查后,市工商行政管理局责成有关广告公司,对印有与哈萨克斯坦国旗相似商标图案广告的公交车车体表面作清除处理。2007 年 3 月,哈萨克斯坦驻沪总领事馆举行民族节日“纳吾热孜”节招待会,中外来宾约 100 人出席。2008 年 6 月,哈萨克斯坦驻沪总领事卡利别克夫·阿布德马纳普在拜会市政府外办主任李铭俊时表示,哈萨克斯坦在经济发展战略中将避免过分依赖资源出口,要加大对高科技产业的投入。上海是高科技中心城市之一,哈萨克斯坦将致力于加大和上海在高科技领域的交流与合作,选派留学生到上海学习也是哈萨克斯坦国家发展战略的一个组成部分。2009 年 11 月,针对关于中国收购哈萨克斯坦石油和天然气公司的股份不利于哈萨克斯坦能源产业发展的传闻,哈萨克斯坦驻沪总领事卡利别克夫表示,这种担忧没有必要,中哈在能源方面的合作是互利的,有助于两国的能源产业发展,不存在中国试图控制哈萨克斯坦能源领域、对哈萨克斯坦构成威胁的问题。

表 5-1-14　2005—2010 年哈萨克斯坦驻上海总领事馆历任总领事一览表

序　号	姓　　名	任　职　时　间
1	阿迪力·科迪尔别克夫(Adil Kydyrbekov)	2005 年 5 月—2008 年 1 月
2	卡利别克夫·阿布德马纳普(Karibekov Abdulmannap)	2008 年 5 月—

十四、斯里兰卡驻上海总领事馆

【概况】

2005年8月30日,中华人民共和国政府和斯里兰卡民主社会主义共和国政府达成斯里兰卡在沪设立领事馆协议。2005年10月1日,斯里兰卡驻上海领事馆设立。2007年12月20日,斯里兰卡驻上海领事馆举行开馆仪式。斯里兰卡外长罗希塔·波格拉加马、上海市副市长唐登杰、斯里兰卡驻华大使阿穆努加马出席开馆仪式,斯里兰卡外长波格拉加马在仪式上致辞。2007年11月,斯里兰卡驻华大使馆照会中国外交部提出,拟将其驻上海领事馆升格为总领事馆。经中国政府同意,2008年4月18日,斯里兰卡驻上海领事馆升格为总领事馆。领区范围为上海市、江苏省、浙江省、安徽省、湖南省、福建省。领馆馆址为虹桥路2272号虹桥商务大厦5楼E座。

【一般公务和事项往来】

上海市领导和斯里兰卡驻沪总领事都应邀出席对方举行的有关活动。上海市领导在会见斯里兰卡驻华大使等斯方有关人员时,就相互关系方面的有关情况进行沟通。其中有:2007年12月20日,斯里兰卡驻上海领事馆举行开馆仪式。仪式前,副市长唐登杰在会见前来参加开馆仪式的斯里兰卡外长罗希塔·波格拉加马和斯里兰卡驻华大使阿穆努加马等一行时表示,斯里兰卡驻沪领事馆的设立,将为双方人员往来和经济交流提供更大的便利,为促进双方经济和社会的发展创造更加有利的条件。2008年3月,副市长唐登杰在出席斯里兰卡驻沪领事馆举行的建国60周年庆祝活动前,会见斯里兰卡驻华大使阿穆努加马,双方表示希望能进一步加强在经贸、科技和旅游等方面的合作。

斯里兰卡驻沪总领事馆重视斯与中国的经贸合作。2008年9月,斯里兰卡展示中心在上海世贸商城开幕,该中心为常设机构,陈列斯里兰卡的茶叶、珠宝等产品,以增进上海人民对斯里兰卡的了解,并加强斯里兰卡与上海及华东地区的合作。

表5-1-15　2007—2010年斯里兰卡驻上海总领事馆总领事一览表

序号	姓名	任职时间
1	马金达·贾森哈(Majintha Jayesinghe)	2007年12月—

十五、乌兹别克斯坦驻上海总领事馆

【概况】

2005年7月12日,中华人民共和国政府和乌兹别克斯坦共和国政府达成乌兹别克斯坦在沪设立总领事馆协议。2006年6月20日,乌兹别克斯坦驻上海总领事馆设立。领区范围为上海市、江苏省、浙江省、安徽省、福建省、江西省。领馆馆址为吴淞路258号耀江国际广场801室。

【一般公务和事项往来】

乌兹别克斯坦驻沪总领事应邀出席中方举行的有关活动,并与上海市政府有关负责人就双边关系进行沟通。

表 5－1－16　2007—2010 年乌兹别克斯坦驻上海总领事馆总领事一览表

序　号	姓　　名	任　职　时　间
1	伊尔霍·扎基洛夫(Ilkhom Zakirov)	2007 年 11 月—

十六、越南驻上海总领事馆

【概况】

越南曾于 1961 年 2 月在上海设立总领事馆，1962 年 6 月关闭。2006 年 12 月 12 日，中华人民共和国政府和越南社会主义共和国政府达成越南在沪设立越南驻华大使馆领事部驻上海办公室(以下简称“越南驻上海领事办公室”)协议。2007 年 11 月 30 日，越南驻上海领事办公室设立。2007 年 11 月 30 日，越南驻上海领事办公室举行揭牌仪式，市政府副秘书长范希平、越南驻华大使陈文律、越南工商部副部长等出席揭牌仪式。2010 年 8 月 1 日，根据中国政府和越南政府达成的协议，越南驻上海领事办公室升格为越南驻上海总领事馆。领区范围为上海市。2010 年 8 月 1 日起扩大为上海市、浙江省、江苏省。领馆馆址为浦东大道 900 号华辰金融大厦 304 室。

【一般公务和事项往来】

上海市领导和越南领事都应邀出席对方举行的有关活动。上海市领导或市政府外办负责人在会见越南驻华大使等越方有关人员时，就相互关系方面的有关情况进行沟通。其中有：2007 年 1 月，副市长唐登杰在会见越南驻华大使陈文律时，对越南在沪开设领事办公室表示欢迎。大使陈文律说，在越南，几乎人人都知道上海，越南政府很重视和上海加强各领域的交流，在上海设立领事办公室，就是为了更好服务于两地人员的往来和经贸交流。2007 年 12 月，市政府外办主任杨国强会见越南驻上海领事办公室主任阮翠娥，对领事办公室的设立表示祝贺，希望办公室的设立能促进上海和越南两地的交流与合作关系。双方还就如何加强在经济贸易、文化艺术和旅游观光等领域的交流交换意见。2008 年 7 月，市长韩正会见即将离任的越南驻华大使陈文律，对大使在任期间为推动中越两国及上海与越南的交流所作出的努力表示赞赏。大使陈文律表示，上海成功举行“越南—上海经贸论坛”，希望上海企业赴越南投资，加强两地经贸交流和往来。2008 年 10 月，市长韩正会见越南驻华大使阮文诗，双方就促进越沪两地的合作和交流交换意见。2009 年 11 月，越南外交部副部长胡春山访沪，在拜会上海市政府有关负责人时，胡春山表示，越南政府非常重视与上海的交流关系，并有意将越南驻上海领事办公室升级为总领事馆，希望上海市政府对越南在沪领事机构的工作给予必要的支持和协助。2010 年 8 月 1 日，越南驻上海领事办公室升格为越南驻上海总领事馆。

表 5－1－17　2007—2010 年越南驻上海总领事馆总领事一览表

序　号	姓　　名	任　职　时　间
1	阮翠娥(Thuy Nga Nguyen)	2007 年 10 月—

十七、阿联酋驻上海总领事馆

【概况】

根据中华人民共和国政府和阿拉伯联合酋长国政府达成的协议,2009 年 7 月 6 日,阿联酋驻上海总领事馆设立。领区范围为上海市、浙江省、江苏省、安徽省、福建省。领馆馆址为北京西路 1080 弄 24—26 号静鼎楼。

【一般公务和事项往来】

2009 年 12 月,副市长唐登杰会见阿联酋首任驻沪总领事诺拉・穆罕默德・珠玛,双方就加强在经贸、文化等领域的交流与合作交换意见。2010 年 5 月,阿联酋外长阿卜杜拉在出席"中国—阿拉伯国家合作论坛"会议后到沪访问,并参观上海世博会。

表 5-1-18 2009—2010 年阿联酋驻上海总领事馆总领事一览表

序 号	姓 名	任 职 时 间
1	诺拉・穆罕默德・珠玛(Noora Mohammad A. Juma)	2009 年 10 月—

十八、尼泊尔驻上海名誉领事馆

【概况】

2002 年 7 月 10 日,中华人民共和国政府和尼泊尔王国政府达成尼泊尔在沪设立领事馆协议。2003 年 1 月 16 日,尼泊尔驻上海名誉领事馆设立。同日,尼泊尔驻上海名誉领事馆举行开馆仪式。尼泊尔驻华大使拉杰索・阿查里雅出席开馆仪式并致辞。副市长杨晓渡出席开馆仪式。领区范围为上海市。领馆馆址为北京西路 669 号 16 楼 A 座。

【一般公务和事项往来】

尼泊尔驻沪名誉领事应邀出席中方举行的有关活动,并与上海市政府有关负责人就双边关系进行沟通。2003 年 11 月,尼泊尔驻沪名誉领事吴建明拜会市政府外办主任杨国强时,转达加德满都市市长希望进一步加强与上海的友好交往并建立友好城市关系的愿望。加德满都市市长认为,尼泊尔拥有大量的旅游资源和丰富的文化遗产,希望加强与上海在旅游文化领域的交流。杨国强表示,上海方面愿意与加德满都加深了解和交流,进一步发展双边友好关系。

表 5-1-19 2003—2010 年尼泊尔驻上海名誉领事馆名誉领事一览表

序 号	姓 名	任 职 时 间
1	吴建明(Wu Jianming)	2003 年 1 月—

十九、马尔代夫驻上海名誉领事馆

【概况】

根据中华人民共和国政府和马尔代夫政府达成的设领协议，2006 年 10 月 31 日，马尔代夫驻上海名誉领事馆设立。领区范围为上海市。领馆馆址为闵行区北松路 800 号。

【一般公务和事项往来】

马尔代夫驻沪名誉领事应邀出席中方举行的有关活动，并与上海市政府有关负责人就双边关系进行沟通。

表 5－1－20　2006—2010 年马尔代夫驻上海名誉领事馆名誉领事一览表

序　号	姓　　名	任　职　时　间
1	杨桂生(Yang Guisheng)	2006 年 8 月—

第二节　非洲国家驻沪领事机构

非洲国家在沪设立的领事机构共有 3 家，均为总领事馆，占外国在沪设立领事机构总数的 4.35%，是外国在沪设领较少的地区。埃及于 1999 年 5 月在沪设立总领事馆，是该地区在沪设领最早的国家。

一、埃及驻上海总领事馆

【概况】

1999 年 3 月 11 日，中华人民共和国政府和阿拉伯埃及共和国政府就埃及驻上海总领事馆领区范围事达成协议。1999 年 5 月 1 日，埃及驻沪总领事馆设立。领区范围为上海市、浙江省、江苏省、安徽省。领馆馆址为淮海中路 1375 号启华大厦 19A、19B。

【一般公务和事项往来】

每年，上海市领导和市有关部门与埃及驻沪总领事馆时有公务往来，包括应邀出席对方举行的有关活动、会见到任或即将离任的驻沪总领事等。埃及有关代表团来沪访问时，与上海市领导会见，就经贸、文化等方面的相互合作和交流进行探讨。埃及驻沪总领事馆多次与上海有关单位合作，开展文化、商贸等活动。其中主要有：2000 年，埃及驻沪总领事馆先后与上海市有关单位共同举办“埃及之夜”文化和商贸情况介绍会、埃及女画家作品展、“世界儿童眼中的埃及”绘画比赛等，并促成上海文物代表团访问埃及。2000 年 3 月，埃及驻沪总领事安泽鼎在拜会副市长周禹鹏时，介绍埃及政府在苏伊士湾北部和撒哈拉大沙漠的开发计划，希望上海到埃及投资。2000 年 4 月，埃及驻沪总领事馆与上海东湖集团共同举办“埃及之夜”介绍会，目的是通过介绍埃及文化、商贸情况，推进埃中贸易、文化、旅游等方面的交流和合作。市旅游委、市文化局及企业界人士参加介绍会。

2001年6月,副市长周禹鹏会见埃及阿斯尤特省省长一行,双方就经贸交流等交换意见。2003年8月,市政府有关领导会见即将离任的埃及驻沪总领事安泽鼎,感谢总领事在任期间对促进埃及与上海在文化、旅游等领域的交流所作的贡献。2004年7月,埃及驻沪总领事馆举办埃及革命52周年招待酒会,副市长冯国勤等出席。2004年9月,副市长唐登杰会见埃及驻沪总领事道希洱·艾哈迈德·法拉哈特。总领事转达友好城市亚历山大市市长希望双方进一步加强在IT产业领域合作与交流的强烈愿望,并希望上海将外经贸委驻非洲贸易促进处设在埃及。2005年8月,副市长唐登杰会见即将离任的埃及驻沪总领事道希洱·艾哈迈德·法拉哈特,总领事感谢上海市政府对领馆工作的大力支持。2007年7月,为庆祝埃及革命胜利55周年,埃及驻沪总领事馆举行招待会,副市长杨雄等应邀出席。2009年8月,副市长唐登杰会见即将离任的埃及驻沪总领事哈里德·穆罕默德·阿卜杜·拉赫曼·阿卜杜·塞拉米,对总领事在任期间为上海与埃及的合作交流所作的努力表示感谢。总领事表示,在他任期内上海和埃及的友好交流得到快速发展。他提议,双方应进一步加强经贸、旅游等领域的合作。2009年12月,副市长唐登杰会见埃及驻沪总领事希沙姆·萨阿德·哈姆迪,双方就进一步加强上海与埃及的交流与合作交换意见。总领事表示,埃及政府十分重视与上海的交流,尤其希望在教育、科研领域加强合作交流。

表5-1-21 1999—2010年埃及驻上海总领事馆历任总领事一览表

序号	姓名	任职时间
1	安泽鼎(Abdel Fattah Eldin)	1999年4月—2003年8月
2	道希洱·艾哈迈德·法拉哈特(Taher Ahmed Farahat)	2003年9月—2005年8月
3	哈里德·穆罕默德·阿卜杜·拉赫曼·阿卜杜·塞拉米(Khaled Mohamed Abdel Rahman Abdel Salam)	2005年11月—2009年8月
4	希沙姆·萨阿德·哈姆迪(Hesham Saad Hamdy)	2009年11月—2010年12月

二、南非驻上海总领事馆

【概况】

1997年12月30日,中华人民共和国政府和南非共和国政府达成互设总领事馆协议。2002年11月8日,南非驻沪总领事馆设立。2008年4月25日,南非驻沪总领事馆举行开馆仪式暨中南建交10周年和南非自由日国庆活动。南非外交部部长祖马和副市长屠光绍出席开馆仪式。南非驻华大使倪清阁、南非驻沪总领事库玛乐等也出席开馆仪式。领区范围为上海市、江苏省、浙江省、安徽省、山东省、福建省和广东省。领馆馆址为延安东路220号外滩中心2706室。

【一般公务和事项往来】

上海市领导或市有关部门领导和南非驻沪总领事都应邀出席对方举行的有关活动。南非驻沪总领事到任或离任时,与上海市领导会见,就发展相互合作和交流交换意见。南非驻沪总领事馆积极开展文化、旅游等推介活动。其中包括:2000年11月,南非驻华大使馆一秘徐义昭等到沪,专门就鉴别假护照、假签证、打击偷渡和非法移民等事项与市政府外办、市边检总站、市公安局等单位有关部门交换意见。2003年12月,副市长姜斯宪会见南非首任驻沪总领事付康宁,双方就发展上海与南非间的合作和交流交换意见。2004 年 5 月，南非鼓点打击乐团等来沪举行音乐、歌舞演出活动。2005 年 8 月，副市长唐登杰会见即将离任的南非驻沪总领事付康宁，感谢总领事在任内对推动上海和南非两地间的交流和合作所做的工作。2005 年 9 月，南非旅游局在沪举办"南非全体验旅游节"活动，南非环境和旅游部副部长玛布达芙哈斯专程到沪参加活动，并表示希望进一步加强南非与上海在旅游方面的合作。2006 年 7 月，副市长唐登杰在会见南非驻华大使倪清阁时表示，上海与南非在经济、文化、贸易、航运、旅游等领域有着长期的合作和交流，两地之间的关系越来越密切，希望进一步加强各方面的交流。倪清阁表示，南、中两国都是发展中国家，南希望在经济、战略等许多方面学习和借鉴上海的经验。2007 年秋，南非驻沪总领事馆作为支持单位，参与由上海植物园和上海开普绿化园艺有限公司在上海植物园共同举办的"2007 年上海首届彩虹国度——南非"展，展示南非的珍奇花卉品种及风土人情，架起中南两国人民之间友谊的桥梁。同年 12 月，南非艺术与文化部部长一行到沪访问交流。2008 年 4 月 25 日，南非驻沪总领事馆举行开馆仪式暨中南建交 10 周年和南非自由日国庆活动。仪式前，副市长屠光绍会见到访的南非外交部部长祖马，双方就进一步加强经济、贸易、旅游等方面的合作以及南非参加上海世博会等交换意见。

表 5-1-22　2003—2010 年南非驻上海总领事馆历任总领事一览表

序　号	姓　　名	任　职　时　间
1	方博睿(Bryn Foulkes - Jones)	2003 年 1 月—2003 年 9 月(代总领事)
2	付康宁(Vusi Bruce Koloane)	2003 年 10 月—2005 年 8 月
3	库玛乐(Vika Mazwi Khumalo)	2005 年 12 月—

三、尼日利亚驻上海总领事馆

【概况】

2007 年 10 月 8 日，中华人民共和国政府和尼日利亚联邦共和国政府达成尼日利亚在沪设立总领事馆协议。2008 年 1 月 16 日，尼日利亚驻上海总领事馆设立。领区范围为上海市、浙江省、江苏省、安徽省、福建省。领馆馆址为江宁路 188 号亚盛大厦 1102—1104 室。

【一般公务和事项往来】

尼日利亚驻沪总领事应邀出席中方举行的有关活动，并与上海市政府有关负责人就双边关系进行沟通。2010 年 5 月 10 日，副市长唐登杰代表上海市政府前往尼日利亚驻沪总领事馆，吊唁因病不幸逝世的尼日利亚前总统奥马鲁·穆萨·亚拉杜瓦。

表 5-1-23　2007—2010 年尼日利亚驻上海总领事馆总领事一览表

序　号	姓　　名	任　职　时　间
1	埃里克·阿达戈戈·贝尔盖姆(Eric Adagogo Bell - Gam)	2007 年 12 月—

第三节　欧洲国家驻沪领事机构

欧洲国家在沪设立的领事机构共有 31 家(注：民主德国曾于 1986 年 3 月在沪设立总领事馆，

因1990年10月民主德国与联邦德国合并而关闭,故未统计在内),占外国在沪设立领事机构总数的44.93%。其中,总领事馆29家,领事馆1家,名誉领事馆1家。欧洲是外国在沪设立领事机构最多的地区。波兰于1954年10月在沪设立领事馆,是欧洲地区在沪设领最早的国家,中间也从未间断过。

一、波兰驻上海总领事馆

【概况】

1951年1月,波兰人民共和国于天津设立领事馆。1954年10月22日,波兰领事馆迁至上海,翌年6月升格为总领事馆。1990年1月1日起,波兰人民共和国改名为波兰共和国,驻沪总领事馆改称为波兰共和国驻上海总领事馆。领区范围为上海市、浙江省、江苏省、安徽省、福建省。领馆馆址为建国西路618号。

【一般公务和事项往来】

一般公务:每年,上海市领导和波兰驻沪总领事都应邀出席对方举行的有关活动。波兰驻沪总领事到任或离任时,与上海市领导或有关部门负责人会见,就发展相互合作和交流交换意见。平时,上海市领导也与波兰驻华大使、驻沪总领事以及到沪访问的波兰代表团等应约相见。主要有:1990年1月1日起,波兰人民共和国改名为波兰共和国。10月,波兰驻华大使邓鲍夫斯基访沪,在与市长朱镕基会见时,邓鲍夫斯基说,波兰发生的变化很大,但是波兰人民对中国人民的友好态度没有变。1994年11月,中波轮船股份公司第22次股东会议在沪举行,副市长夏克强会见出席会议的波兰运输和海洋经济部副部长柴诺·旦兰什凯维奇一行。1998年2月,波兰驻沪总领事比格涅夫·贝利察致函副市长赵启正,祝贺他调任国务院新闻办工作。1999年11月,副市长周慕尧会见波兰驻沪总领事巴耶尔,双方就波兰和上海在教育、科技、经贸等方面的合作交换意见。2001年6月,波兰运输与海洋经济部部长维齐克专程到沪,参加中波轮船股份有限公司成立50周年庆典活动。交通部部长黄镇东、副市长韩正应邀出席。2003年11月,副市长姜斯宪会见波兰驻沪总领事赛尔维斯特·沙法什,双方就进一步促进上海与波兰的交流合作交换意见。2004年10月14日,波兰驻沪总领事馆举行建馆50周年庆祝招待会,上海市各界人士约150人应邀出席。市政府外办主任杨国强出席招待会并宣读市长韩正的贺信。韩正在信中表示,希望波兰驻沪总领事馆一如既往,积极关心和参与上海的各项建设,推动上海与波兰在各个领域的友好合作关系进入新的阶段。2005年4月,市政府外办主任杨国强会见波兰驻沪总领事赛尔维斯特·沙法什,双方就发展上海与波兰包括友好城市滨海省的合作和交流交换意见。2006年是新中国成立后的第一家中外合资企业中波轮船公司成立55周年。9月15日,该公司举行中波国际海运研究中心奠基仪式,中国交通部副部长徐祖远、波兰交通部部长耶日·波拉契克、副市长杨雄等出席活动。2007年12月,副市长唐登杰会见波兰驻沪总领事安杰伊·维厦克,赞扬波兰驻沪总领事馆为上海与波兰的长期交流合作起着很大的推动作用,相信总领事的到任能进一步加强两地尤其是上海和滨海省友好城市间的交流和合作。总领事表示,将竭尽全力推动两地间传统友谊的继续发展,特别是加强双方的经贸合作和文化交流。2008年5月,副市长唐登杰出席波兰驻沪总领事馆举行的国庆招待会,会上,华沙技术大学合唱团演唱波兰和中国歌曲。2009年2月,波兰国务秘书斯瓦沃米尔·诺瓦克率团访沪,在会见副市长唐登杰时,转交波兰总理图斯克致上海市长韩正的信函和波兰著名作曲家彼得·鲁比克为上海世博会波兰展馆特意创作的《上海狂想曲》光盘。2009年8月，波兰参议院副议长马利克率团访沪，市政协主席冯国勤会见代表团一行，双方就进一步促进波兰与上海的合作和交流进行交谈。

事项往来：一是文化方面。1980年2月，上海音乐家协会和上海音乐学院联合举行纪念波兰著名音乐家肖邦诞辰170周年钢琴演奏音乐会，波兰驻沪总领事基科尔斯基夫妇应邀参加，总领事向音乐学院负责人丁善德等赠送有关肖邦的书籍和唱片。20世纪80年代，波兰驻沪总领事馆相继促成上海民族乐团、市医药公司、市水产局、上海海运学院、上海第二医科大学、上海国际问题研究所、上海电视台等单位派团赴波兰考察，并积极促进和协助波兰有关部门参加上海国际电视节、国际动画电影节、广播音乐节等国际艺术交流，以及至上海举行文化展览等活动。1984年、1985年，波兰驻沪总领事馆代表波兰文化部先后授予上海师范大学教授陈冠商等3人波兰文化荣誉奖章。二是经贸方面。1985年，在波兰驻沪总领事馆的促进下，上海与波兰格但斯克省建立友好省市关系。上海与波兰、特别是与格但斯克省的经贸交流等有较快进展。1987年，波兰驻沪总领事馆增设商务领事，更加关注中波轮船公司的发展和双方合作。波兰政府通过驻沪总领事馆授予中波轮船股份公司领导和有关人员荣誉奖章，表彰他们为公司作出的贡献。1997年11月，波兰总统克瓦希涅夫斯基到沪访问。波兰驻沪总领事馆为配合总统到访，积极为在沪举办的"中波经贸洽谈会"牵线搭桥，促使洽谈会达成波兰向上海出口汽车底盘、组合家具和食品等协议。2000年3月，波兰驻沪总领事馆与上海贸促会合作，举办"中波经贸合作沙龙"，波兰驻沪总领事馆商务领事史良介绍波兰经济贸易情况，波兰在沪企业及市有关企业代表出席。2001年12月，波兰驻沪总领事馆举行主题为"波兰——您的经贸伙伴"研讨会，上海及领区内有关人员约100人应邀出席。2004年12月，波兰滨海省代表团访沪期间，由波兰驻沪总领事馆和市贸促会牵头，共同举办中波经贸交流会。

表5-1-24　1977—2010年波兰驻上海总领事馆历任总领事一览表

序　号	姓　　名	任　职　时　间
1	谢列克(J. Sierek)	1977年1月—1978年7月
2	基科尔斯基(B. Kikolski)	1978年9月—1982年7月
3	柯瓦尔(Cze. Kowal)	1982年9月—1986年8月
4	索布赤尼斯基(Z. Sobczynski)	1986年9月—1989年9月
5	索乌蒂谢维奇(G. Soltysiewicz)	1989年9月—1992年10月
6	白维之(S. Pawelczyk)	1992年11月—1997年8月
7	比格涅夫·贝利察(Zbigniew Bylica)	1997年8月—1999年8月
8	耶日·巴耶尔(Pana Jerzego Bayera)	1999年8月—2003年9月
9	赛尔维斯特·沙法什(Sylwester Szafarz)	2003年11月—2007年12月
10	安杰伊·维厦克(Andrzej Lysiak)	2007年12月—

二、法国驻上海总领事馆

【概况】

1979年10月17日，中法两国政府在巴黎签订互设领事机构共同声明。1980年2月，法国外长委派议员、前外交国务秘书莫里斯·富尔来华探讨双方设领地点。1980年5月,法国政府代表团来华就双方设领事宜作最后协商,双方草签中国在法国马赛、法国在中国上海设立总领事馆的协议。1980年10月17日,该协议在北京正式签订。1980年10月21日,法国驻上海总领事馆开馆并举行开馆仪式,陪同法国总统德斯坦访沪的法国外长蓬塞出席开馆仪式并为开馆纪念牌揭幕。上海市代市长汪道涵应邀出席开馆仪式并致辞。领区范围为上海市、浙江省、江苏省、安徽省。领馆馆址为广东路689号海通证券大厦2楼

【一般公务和事项往来】

一般公务:每年,上海市领导和法国驻沪总领事都应邀出席对方举行的有关活动。法国驻沪总领事到任或离任时,与上海市领导会见,就发展相互合作和交流交换意见。平时,上海市领导也与法国驻沪总领事和领事、来沪的法国驻华大使以及来访的法国代表团等应约相见。其中主要有:1994年5月,副市长夏克强会见法国宇航公司总裁贾鲁瓦一行,双方就加强航空等方面的相互合作交换意见。1994年11月,副市长沙麟会见法国香水工业联合会主席米歇尔·莫赛一行,双方就加强法中香水、化妆品业的合作,法国香水工业联合会在沪设立办事处等交换意见。1995年3月,市长徐匡迪会见法国驻华大使白乐尚,双方就进一步发展上海和法国的经贸合作等进行探讨。1996年1月11日,副市长沙麟代表上海市政府前往法国驻沪总领事馆,吊唁法国前总统密特朗去世。1997年11月,副市长左焕琛会见法国驻华大使毛磊,双方就落实法国总统希拉克访沪时达成的合作项目,加强法国与上海在教育、科技、经济等方面的合作交流交换意见。1999年5月,海协会会长汪道涵会见法国驻华大使毛磊,双方就中法关系、台湾问题等交换意见。1999年10月,市长徐匡迪会见法国参议员、上塞纳省议会主席查理·巴斯库阿一行,双方就进一步推动法国和上海的友好关系交换意见。同月,市领导会见法国教育、技术和科技部部长克洛德·阿莱格尔一行。2001年3月,市长徐匡迪会见法国前总统德斯坦率领的法国企业行动法中委员会代表团一行,并向法国米其林公司总裁爱德华·米其林颁发上海米其林轮胎公司营业执照。2002年1月,市政府秘书长会见法国经济财政和工业部预算国务秘书一行,双方就上海同法国的经济合作交换意见。2002年7月,副市长周慕尧会见法国驻沪总领事薛翰,双方就进一步加强上海与法国在经贸、文化、教育等领域的交流与合作交换意见。2002年10月,副市长韩正会见法国交通及海洋部部长布斯罗一行。韩正向来宾介绍上海地铁、深水港建设等重大基础设施进展情况,希望上海与法国阿尔斯通公司在地铁车厢领域的合作进展顺利。2005年2月,副市长、上海世博局局长周禹鹏会见国际展览局法国总干事贝尔纳尔·戴杜一行,双方就2010年上海世博会的筹备情况和相关工作交换意见。2006年11月,市长韩正会见即将离任的法国驻华大使高毅,感谢大使在任期间为促进中法,特别是法国与上海在经济、贸易和文化等领域的交流与合作并取得卓越成效表示感谢。大使重申法国政府对上海经济发展及2010年世博会的重视。他说,上海对中法文化、经贸交流起到重要作用,希望法国蓬皮杜艺术中心与上海的合作项目能得到上海市政府的支持。2007年4月,市长韩正在会见法国驻华大使苏和时表示,希望法国和上海友好交流关系得到进一步发展。苏和希望进一步加强双方在经贸、城市交通、环保、教育、文化等领域的合作和交流。2007年4月,法国驻华大使苏和两次致函习近平,对他就任中共上海市委书记表示祝贺,并希望上海市政府对法国公司投标上海地铁项目予以关注。2009年6月,市长韩正会见法国驻华大使苏和,就法国参与2010年上海世博会、上海与友好城市罗-阿大区的合作等交换意见。2009年11月,副市长沈晓明会见法国总统高等教育与研究顾问贝尔那-贝洛克一行,双方就科技、教育等领域的合作和交流交换意见。2010年7月,法国驻沪总

领事马捷利表示，法国多名部长密集访沪，表明法国对发展与中国的友好合作关系高度重视。自5月1日上海世博会开幕以来，法国驻沪总领事馆已先后接待法国前总理拉法兰，法国经济、工业和就业部部长，外贸部部长，卫生与体育部部长，高教与科研部部长，农业、渔业和食品部部长等多名部长级官员访问上海并参观世博会。2010年10月，法国驻沪总领事馆举行招待会，庆祝总领馆建馆30周年，法国前总统德斯坦、驻华大使苏和及上海市政府副秘书长等出席。2010年11月，即将离任的法国驻沪总领事马捷利在会见副市长唐登杰时，通报法国政府拟将世博会法国馆无偿捐赠给上海市政府的情况。2010年12月，副市长唐登杰在会见法国驻沪总领事卢力捷时表示，上海市政府重视为在沪外籍人士创造良好的学习、生活和工作环境，相信未来双方有很多合作机会。

事项往来：法国驻沪总领事馆重视法方与上海的经贸、科技、文化等方面的往来和合作。历任总领事都要求中方为他们了解上海改革开放、对外合作的政策和建设规划、项目提供协助，并经常要求与上海的计划、经济、城建、交通等部门接触、座谈，以便于探索、研究法国企业和经贸部门在上海可能进行合作的项目和双方合作的发展前景。具体为：一是经贸、城建方面。法国驻沪总领事馆曾建议和推动法国一些经济界人士访沪，向中方引荐，拜会上海市领导，安排与上海有关方面的交往活动，并为法方有关部门和企业邀请上海有关人士访法。1985年，应法国驻沪总领事馆转达的要求，市长江泽民、副市长倪天增会见到访的法国斯卑尔工业集团董事长，双方探讨进行技术合作等问题。法国驻沪副总领事莫乐还向中方转达法国工贸、财政部门和INTER－INFRA地铁公司、法国技术合作组织(ACTIM)对倪天增及上海地铁建设工程有关人士的访法邀请。1986年9月，法国驻沪总领事博纳维尔为曾来上海商谈合作问题的法国运输部部长转交致市长江泽民的信和他所草拟的城市交通、地铁建设方面合作规划建议书。10月，副市长倪天增应法国驻沪总领事要求，与访沪的法国财政部特派员就双方在地铁、污水处理等方面的合作可能进行探讨。1987年7月，法国驻沪总领事博纳维尔陪同法国外交部国务秘书巴里亚尼和驻华大使拜会副市长钱学中，并访问上海地铁公司。巴里亚尼代表法国政府表示，法方很乐意以优惠的混合贷款方式和第一流技术设备与上海进行地铁建设的合作。10月，法国驻沪总领事石巴胡在拜会副市长刘振元时，再次提出法国地铁公司希望与上海合作建造上海地铁，法国政府愿意提供优惠贷款。刘振元表示，好多国家都希望与上海进行地铁建设项目的合作，上海采取招标方式，将一视同仁地选择最佳投标方案。1988年1月，应法国驻沪总领事要求，市长江泽民会见到访的法国《费加罗报》经济版主任韦内尔，向他介绍上海经济建设等情况。同月，副市长黄菊会见到沪访问的法国里昂自来水公司董事莫诺。1989年中国平息国内政治风波后，法国驻沪总领事石巴胡于7月要求会见副市长刘振元，表达法方对与上海继续增进合作的愿望。1990年后，法国经贸、企业界人士和政府部门人士频繁到访。法国驻沪总领事馆与中方联络，为他们安排与上海各有关方面接触，探讨在上海的投资条件、投资前景和合作项目。1991年4月，市长朱镕基率上海市代表团在西欧6国之行访问法国时，法国驻沪总领事石巴胡专程从上海返回巴黎，陪同朱镕基和上海代表团参观访问。1992年10月，法国邮电通信部、工业技术合作署与法国驻沪总领事馆在沪共同举办“法国电信新技术研讨会”。1993年7月，法国驻华使馆经济参赞与法国驻沪总领事一起在沪举行招待会，介绍法商驻华代表与上海有关人士见面，商谈合作意向。1995年7月，法国对外经济展览委员会和上海国际展览公司联合举办上海法国商品博览会。1998年6月，法国驻沪总领事馆受法国通用水务集团委托，与苏州河环境综合整治领导小组办公室合作，在沪举办苏州河污水处理问题研讨会。2000年12月，法国驻沪总领事馆与市政工程管理局共同举办“道路基础建设；新技术和新方法；法国之经验”研讨会，就国营及私人企业如何投资道路基础设施、智能化道路、道路建设的新技术等问题进行探讨。2009年4月，法国交通国务秘书多米尼克・比斯罗访沪，在沪主持召开题为“法国，进入欧洲的大门”的情况介绍会，向中国港口企业介绍法国大型港口的物流能力等情况。2009年8月，法国驻沪总领事馆白峰朔领事拜访市规划和国土资源管理局，了解上海的城市规划项目。二是文化方面。法国驻沪总领事馆积极协助上海有关学校、电台在法语教学方面举办一些活动，包括1986年上海高校学生的法语歌咏比赛、上海第二医学院开办的全国法语医学培训中心、上海人民广播电台1988—1989年的法语会话广播教学节目等。1990年、1992年，法国驻沪总领事馆代表法国政府先后授予上海第二医学院法语培训中心主任顾梅圣“学术棕榈勋位团二级勋章”、上海第二医学院院长王振义法国“荣誉军团骑士”称号、市政府教卫办副主任黄荣魁和虹口区业余大学校长蔡寿春“一级教育荣誉勋章”。1992年“法国罗丹艺术大展”在北京展出后，法国驻沪总领事馆照会市政府外办，并转来法国驻华大使马腾致市长黄菊的信，希望该展能至上海展出。上海欢迎和支持这一艺术展览，并主动承担展览场地费用。1993年3—4月，由市文化局与法国外交部艺术行动协会、法国罗丹博物馆联合主办的“法国罗丹艺术大展”在沪展览，展出罗丹久负盛名的艺术精品。1994年11月，法国驻沪总领事馆和市文化局联合举办“法国珠宝珍品展览”，副市长龚学平出席展览开幕式。2003年3月，由法国驻沪总领事馆、上海法语培训中心主办的世界“法语日”活动在沪举行。2004年1月，为庆祝中法建交40周年，市政府外办协助上海电视台采访法国驻沪总领事和上海国际问题研究所专家，回顾和展望中法关系及上海和法国友好合作交流所取得的成就等。2004年9月，作为中法文化年活动序幕，法国驻沪总领事馆举办名为“鲜活”的法国当代录像艺术展览。2008年3月，法国驻沪总领事馆联合上海法语培训中心举办一年一度的“法语日”系列文化活动，包括上海历史以及知识竞赛、文艺演出、中法作家讲座及动画电影放映等。2010年6月，由法国驻沪总领事馆和市文广影视局共同指导举办的“2010上海夏至国际音乐日”活动在东方艺术中心举行启动仪式，市长韩正为活动题写贺词。活动被纳入上海世博会城市广场“周周演”活动，除上海市各音乐团体积极参与外，还有来自法国的24支乐队170余名艺术家进行音乐表演。

表5-1-25　1980—2010年法国驻上海总领事馆历任总领事一览表

序　号	姓　　名	任 职 时 间
1	安邦济(Ambrosini,Ciaude Rene Henri)	1980年10月—1982年4月
2	浦柏南(Bernard Boulard)	1982年5月—1985年5月
3	博纳维尔(Patrick Bonneville)	1985年6月—1987年9月
4	石巴胡(Pierre Barroux)	1987年9月—1991年5月
5	梦飞龙(Jean-Pierre Montagne)	1991年5月—1994年8月
6	卜雷(Jean-Pierre Bourrel)	1995年1月—1998年10月
7	郁白(Nicolas Chapuis)	1998年10月—2002年4月
8	薛翰(Jean-Marin Schuh)	2002年5月—2006年7月
9	马捷利(Thierry Mathou)	2006年8月—2010年11月
10	卢力捷(M. Emmanuel Lenain)	2010年11月—

三、德国驻上海总领事馆

【概况】

1979年10月24日，中国政府和联邦德国政府在波恩签订《中华人民共和国在汉堡和德意志联邦共和国在上海设立总领事馆协议》。1982年10月15日，联邦德国驻上海总领事馆开馆。联邦德国总统卡斯滕斯和上海市长汪道涵为总领事馆开馆剪彩。领区范围为上海市、浙江省、江苏省、安徽省。领馆馆址为永福路181号。

【一般公务和事项往来】

一般公务：每年，上海市领导和德国驻沪总领事都应邀出席对方举行的有关活动。德国驻沪总领事到任或离任时，与上海市领导会见，就发展相互合作和交流交换意见。平时，上海市领导也与德国驻沪总领事和领事、来沪的德国驻华大使以及来访的德国代表团等应约相见。其中主要有：1991年4月，联邦德国驻沪总领事汉内洛蕾·特奥多尔离任前夕，专程拜会副市长刘振元辞行。1994年7月，副市长夏克强会见德国联邦议院议员和预算委员会委员纽林，双方就德国有关企业参与上海地铁、高速铁路建设等交换意见。1994年10月，即将离任的德国驻沪总领事赫尔穆特·艾恩特在与参加德国统一日招待会的副市长沙麟交谈时表示，希望德中议会间的合作能进一步加强，建议上海在加强经济建设的同时，不应忽视上海浓厚的文化氛围和基础。1996年1月，市公安局负责人就上海某公司德方总经理被勒索案破案情况向德国驻沪总领事馆作通报。德国驻沪总领事馆副总领事斐培德等出席通报会。斐培德对本案的结果表示非常满意，并对上海市公安刑侦人员迅速有效的办案及为维护外商在沪投资环境和外国公民人身安全所作出的努力表示感谢。1997年9月，市长徐匡迪在会见德国雇主联合会名誉主席、著名企业家穆尔曼时表示，希望该会能推动德国中小企业到沪投资，在上海郊区找到合作伙伴。1997年12月，市长徐匡迪会见即将离任的德国驻沪总领事齐佩，对总领事在任期间为促进中德之间，尤其是上海与汉堡之间的交流所做的许多工作表示感谢。双方还就进一步加强经贸等方面的合作和交流进行交谈。1998年9月，副市长韩正会见德国驻沪总领事龙贝格，总领事转达德方对上海地铁三号线建设项目的关注和要求。2000年5月，德国驻华大使于培寿拜会市长徐匡迪，双方探讨中德在上海合作建造磁悬浮列车试验段的可能性。2001年1月，德国驻华大使于培寿拜会市长徐匡迪，转告德国政府对磁悬浮列车上海试验段技术转让事宜所作的决定，双方还就设备价格问题交换意见。2001年3月，德国驻华大使于培寿会见市长徐匡迪，双方就上海与德国间的合作项目交换意见。2002年7月，副市长周慕尧会见即将离任的德国驻沪总领事龙贝格，感谢他在任期间为发展上海与德国在各方面的合作与交流所作的努力。2003年3月，副市长杨晓渡会见德国柏林阿克塞尔·施普林格出版社代表团，双方就加强两地在出版业的合作和交流进行友好交谈。2004年4月，副市长杨晓渡会见德国经济和劳动部国务秘书鲁道夫·安青格一行，就同济大学、上海交通大学与德国医疗界合作事宜进行交谈。2005年4月，德国驻沪总领事馆向市政府外办转交德国城市议会主席斯德范·阿逊库思致市长韩正的函。2006年7月，德国不来梅市市长伯恩森在拜会副市长杨雄时表示，不来梅市被誉为“汽车之城”，不来梅愿为中国汽车打入欧洲市场提供方便，也希望能进一步加强与上海的经济合作和交流。2006年10月，德国驻沪总领事芮悟峰在庆祝德国统一日招待会前会晤副市长周太彤时表示，对德国与中国尤其是与上海及长三角地区间的经贸关系得到进一步发展感到满意。2007年1月，市委统战部部长杨晓渡会见即将离任的德国驻沪总领事芮悟峰,赞扬总领事在任期间为上海与德国友好交往所作的贡献,希望其一如既往地促进中德友好关系的发展。2008年5月,德国驻沪总领事海盾在会见市政府外办主任李铭俊时,对中国四川汶川发生地震表示慰问,并表示中方如有要求,德国政府将提供必要的帮助。2009年2月,副市长唐登杰会见德国外交部对华工作组主任、前任德国驻沪总领事芮悟峰。芮悟峰表示,这两年里,他在德国外交部负责"德中同行"项目,此为德国迄今为止在国外举办的最大规模推介活动,由中国国家主席胡锦涛和德国总统克勒共同支持,他希望得到上海市政府的支持。2010年7月,副市长唐登杰在会见即将离任的德国驻沪总领事海盾时表示,希望双方在世博会期间加强沟通和合作,共同做好世博接待工作。

事项往来:德国驻沪总领事馆重视德方与上海的经贸、科技、文化等方面的往来和合作。历任总领事都要求中方为他们了解上海改革开放、对外合作的政策和建设规划、项目提供协助,并经常要求与上海的计划、经济、城建、交通等部门接触、座谈,以便于探索、研究德国企业和经贸部门在上海可能进行合作的项目和双方合作的发展前景。具体为:一是经济、科技方面。联邦德国驻沪总领事馆重视德中双方经济、科技方面的合作。1983年,联邦德国驻沪总领事韩德克到任后,即会见上海主管经济工作的副市长和外贸、外经部门负责人,就中德贸易发展的可能性进行探讨。他先后拜访同济大学和中国科学院上海分院的有关研究所,代表德国洪堡基金会向这些单位赠送电化教学设备和科学仪器。此后,德国驻沪总领事馆积极为双方经济、科技交流合作项目牵线搭桥,包括为中德合作项目——上海大众汽车有限公司、宝钢二期工程以及上海地铁工程、合流污水处理工程等项目物色合作对象、吸收德方贷款人和人员技术培训等多方面提供协助。1985年起,德国驻沪总领事馆曾为上海有关经济、科技等部门聘请联邦德国老年专家到沪工作,提供咨询和帮助。1991—1993年,德国驻沪总领事馆为促进双方在上海大众汽车厂二期建设和上海地铁二号线计划中的合作作出努力。1993年1月,柏林州政府交通及企业部部长访沪,中德双方在德国驻沪总领事馆举行的招待会上签署关于柏林继续支持上海地铁二号线计划的备忘录。1995年4月,德国驻沪总领事齐佩陪同德国驻华大使拜会副市长夏克强时表示,德国企业界希望参与中国的地铁建设,鉴于中德双方在上海地铁一号线建设方面的成功合作,德方打算在上海重点发展地铁建设的配套设备,并设立地铁专业人员培训中心。2004年4月,德国巴伐利亚州经济、基础建设、交通和技术部部长奥托·维斯霍伊一行访沪,在会见市政府有关负责人时,双方就加强上海与巴伐利亚州在经济、科技、教育、环境保护、轨道交通建设等领域的交流与合作交换意见。部长还表达希望上海市政府将上海驻欧洲中心设在慕尼黑的愿望。二是文化、教育方面。1986年10月,德国驻沪总领事馆邀请上海新闻界代表团访德,考察德方报刊、新闻传媒方面的新技术和设备操作。1987年5月,德国驻沪总领事馆代表联邦德国政府授予同济大学名誉校长李国豪勋章,表彰他为中德友好交往作出的贡献。同济大学80周年校庆时,在校庆会上宣读联邦德国总理科尔的贺词。联邦德国赛德尔、阿登纳、艾伯特等基金会都曾通过德国驻沪总领事馆向中方有关单位和个人提供奖学金,邀请中方人员去联邦德国考察和访问。1988年,德国驻沪总领事馆和歌德学院、上海外语学院在沪联合举办德语征文和演讲比赛,并与联邦政府新闻局商定,邀请上海电视台儿童节目主持人去德电视台实习。1991—1993年,德国驻沪总领事馆继续积极参与和协助德中双方的交流合作。德国政府、联邦新闻局等通过德国驻沪总领事馆向中方学校和文化、新闻等单位及个人提供资助,邀请去德国考察、进修、交流和采访。1992年,同济大学与上海欧美同学会举办的"纪念中德建交20周年征文比赛",上海人民广播电台举办的《德语入门》广播讲座,德国驻沪总领事馆都主动提供资助,总领事还出席征文比赛颁奖仪式。上海电视台记者应邀赴德拍摄《德国之旅》后,德国驻沪总领事馆又商请上海电视台帮助拍摄在上海的10多家中德合资企业情况，在德国作系列电视报道。通过德国驻沪总领事馆的联系、协作，德国指挥家至上海交响乐团进行交流，上海交响乐团去德国举办音乐会；德方相继在上海举办"德国艺术家凯绥·柯勒惠支办画展""王兰个人画展"；德国图书和弗鲁克私人藏品"上海历史明信片"在上海图书馆展出。1993年，上海外国语学院附中部分学生取得德国颁发的语言证书，德国驻沪总领事馆举行发证仪式。1994年3月，德国驻沪总领事馆与市文化局、上海美术馆联合举办德国艺术家霍斯特·杨森铅笔画展览。1999年8月，德国驻沪总领事馆与上海人民广播电台共同举办德国伟大诗人歌德诞辰250周年纪念活动，上海有关翻译家、作家、诗人、教授、学者、文学评论家、演员、播音员等出席。2005年5月，为纪念爱因斯坦诞辰100周年暨"相对论"提出50周年，德国驻沪总领事馆、以色列驻沪总领事馆和上海科技馆联合举行"爱因斯坦——世纪风云人物"展览。三是考察、培训方面。1984年6月，联邦德国驻沪总领事馆为德国康斯坦斯大学与上海大学校际交流及在上海交通大学举办企业管理训练班，在双方之间进行联系沟通。1995—1996年，德国驻沪总领事馆先后安排上海市有关人员赴德考察，共13批近20人次，内容涉及新闻媒介、环境保护、职业培训、统一现状等近10个方面。四是其他方面。联邦德国驻沪总领事馆积极促进上海与汉堡结为友好城市。1984年10月，总领事韩德克专为此事起草报告向国内提出建议，还为汉堡港口部门邀请上海港务人员去德国进修等事多次与中方沟通信息。韩德克于1985年离任回国后，撰写《上海——一个对外开放的世界城市》一书和其他介绍中国的文章。此外，1990年9月17日，联邦德国驻华大使馆就"民主德国1990年10月加入联邦德国事"照会中国外交部，并通知：民主德国驻华大使馆和驻上海总领事馆将闭馆。

表5-1-26 1983—2010年德国驻上海总领事馆历任总领事一览表

序号	姓名	任职时间
1	维克尔纳·韩德克(Werner Handke)	1983年1月—1985年5月
2	汉内洛蕾·特奥多尔(Hannelore Theodor)	1985年9月—1991年4月
3	赫尔穆特·艾恩特(Arndt Peter Hermann)	1991年5月—1994年11月
4	齐佩(Rolf-Ruediger Zirpel)	1995年1月—1998年1月
5	龙贝格(Kurt Leonberger)	1998年4月—2002年7月
6	芮悟峰(Wolfgang Rohr)	2002年7月—2007年1月
7	海盾(Hans Albrecht Wilhelm Von der Heyden)	2007年1月—2010年7月
8	芮悟峰(Wolfgang Rohr)	2010年7月—

四、德意志民主共和国(民主德国)驻上海总领事馆

【概况】

民主德国曾于1959年5月8日在上海开设总领事馆，1964年4月1日闭馆。1986年2月7日，中国外交部与民主德国驻华使馆就民主德国在上海重新开设总领事馆达成协议并换文确认。1986年3月1日，民主德国驻上海总领事馆重新开馆。馆址在虹桥路1167弄中华别墅7号。领区范围为上海市和江苏省、浙江省、安徽省。1990年10月，民主德国与联邦德国合并。1990年10月

3日,民主德国驻上海总领事馆闭馆。

【一般公务和事项往来】

1986年,民主德国驻沪总领事赫费尔到任后,在几次会见上海市领导和有关部门负责人时,都表示希望民主德国与中国的友好关系能恢复到20世纪50年代的水平。

双方的一般公务和事项往来主要有:一是在经济贸易方面,民主德国驻沪总领事馆经常主动与中方有关单位联系,希望双方建立合资企业,开展易货贸易,使用自由外汇进行贸易。在民主德国驻沪总领事馆的促进下,民主德国蔡司耶纳联合企业与上海光学仪器厂和上海外贸公司达成协议,双方互办展览会,并购买对方展品,贸易额为235瑞士法郎,双方拟合作生产光学仪器。德累斯顿花木公司和上海花卉联营公司及上海土产公司达成花种和幼苗培养长期合作意向。二是在文化方面,民主德国驻沪总领事馆积极参加中方组织的国际文化交流活动,互换文化、教育等资料。1986年,民主德国驻沪总领事馆联系其国内有关部门,参加上海举办的"国际友好城市电视节"活动,并向上海电视台赠送科技、文化等方面的录像资料。1989年7月,上海电视台按照与东柏林电视台达成的协议,举办"民主德国电视周"时,民主德国驻沪总领事馆积极配合,协助联系,帮助选片。民主德国驻沪总领事馆还重视与上海高校发展关系,访问上海一些高校,向学校赠送书籍和资料,并探索增进双方校际的合作交往。1986年10月,民主德国国务委员会主席昂纳克访沪时,对上海大学美术学院雕塑系主任张永浩设计塑造的坐落在复兴公园内的马克思、恩格斯塑像十分赞赏,特邀张永浩去民主德国访问,由民主德国驻沪总领事馆协助安排。此外,1990年2月2日,民主德国驻沪代总领事许布纳为民主德国驻华大使罗尔夫·贝特霍尔德到沪在馆内举行晚宴,副市长刘振元应邀参加。贝特霍尔德介绍民主德国国内形势变化以及两德统一势在必行的一些情况。

表5-1-27 1986—1990年德意志民主共和国(民主德国)驻上海总领事馆历任总领事一览表

序号	姓名	任职时间
1	罗兰德·赫费尔(Roland Hofer)	1986年2月—1989年3月
2	许布纳(Ralf Huebner)	1989年3月—1990年3月(代总领事)
3	托马斯·格贝尔列希(Thomas Gerberich)	1990年4月—1990年8月

五、英国驻上海总领事馆

【概况】

1982年6月,英国驻华使馆向中国外交部提出,英方准备在上海设立总领事馆,希望上海市政府外事办公室协助英方解决馆舍和领事官员的住宅。1984年4月17日,中英两国政府签订《关于在曼彻斯特设立中国总领事馆和在上海设立英国总领事馆的协议》,自1985年1月14日起生效。1985年2月11日,英国驻上海总领事馆设立。领区范围为上海市、浙江省、江苏省。2005年8月4日起扩大至安徽省。领馆馆址为南京西路1376号上海商城西峰301室。

【一般公务和事项往来】

一般公务:每年,上海市领导和英国驻沪总领事都应邀出席对方举行的有关活动。英国驻沪总领事到任或离任时，与上海市领导会见，就发展相互合作和交流交换意见。平时，上海市领导也与英国驻沪总领事和领事、到沪的英国驻华大使以及来访的英国代表团等应约相见。其中主要有：1986 年 4 月，英国驻沪总领事孟德惠邀请市长江泽民访英，江泽民因公务繁忙未能应邀成行。1987 年 6 月，英国驻沪总领事欧义恩又提出邀请江泽民访英。1988 年 3 月，市长江泽民应邀访问英国及欧洲其他有关国家。归来后，英国驻沪总领事欧义恩致函江泽民祝贺访欧成功。信中提出，为促进中英友好往来，建议上海在五六个具有代表性的单位遴选领导成员，赴英作一年半载的考察访问，江泽民复信表示赞赏。后来，此建议成为英方所设“中国高级奖学金”给上海的名额。1989—1993 年，上海有关方面管理人员近 40 人先后赴英作为期 1 年的进修。1988 年 5 月，市长朱镕基在会见英国驻沪总领事欧义恩时，建议英国驻沪总领事馆在上海受理签证业务。1988 年 6 月，欧义恩致函朱镕基，表示该建议已转达英国驻华大使馆和伦敦方面。1991 年 7 月，英国驻沪总领事麦约翰代表英国政府邀请市长黄菊访问英国，黄菊因公务繁忙，一时未能应邀往访。1992 年 9 月，麦约翰又转来英国政府对市长黄菊访英的邀请信。黄菊应邀于 1992 年 11 月率上海市代表团访问英国。1994 年 10 月，副市长沙麟会见英国驻华大使艾博雅，双方就加强上海和英国的联系和交流交换意见。1995 年 11 月，副市长华建敏会见以英国伦敦市政策及资源委员会主席米歇尔·卡斯蒂为团长的伦敦金融代表团，双方就两市加强金融合作交换意见。卡斯蒂表示，伦敦愿意在金融业方面与上海开展实质性的交流与合作。1996 年 4 月，市长徐匡迪会见即将离任的英国驻沪总领事石羽。石羽提及，3 月底，一些外国基督教徒在希尔顿饭店进行宗教活动时被上海公安部门阻止。徐匡迪表示，根据中国有关规定，外国人可以在中国境内的寺院、宫观、清真寺、教堂等宗教活动场所参加宗教活动。凡是正当的宗教活动，是不会反对的。世界上有许多打着宗教旗号的邪教，利用宗教活动在中国发展教友，这是不允许的。具体事项可与上海有关部门联系。此后，市政府外办根据中国有关规定正式告知英国驻沪总领事，并重申有关要求。2004 年 2 月，英国驻沪总领事馆转交英国首相布莱尔致市长韩正的信函，推荐两家英国公司参与上海浦东国际机场新候机楼设计竞标。2004 年 4 月，市长韩正会见英国驻华大使韩魁发，双方就上海的城市规划和基础设施建设交换意见。2004 年 8 月，英国驻沪总领事毕晓普致函市长韩正，推荐英国建筑公司艾尔索普建筑事务所（ALSOP）与英国阿勒普工程咨询公司（ARUP）联合设计的“上海之吻”观景摩天轮建筑项目，并随函呈送艾尔索普教授致韩正的信函和有关设计材料。2005 年 3 月，副市长冯国勤在会见英国期货与期权协会主席睿雷栋时，对英方在沪举办“金融培训和资质认证”论坛表示赞赏，并希望加强上海与英国在该领域的合作。2005 年 5 月，副市长冯国勤会见英国伦敦国际金融服务协会资深顾问、候任金融城市长白乐威，就加强双方在金融领域的合作进行交流。2005 年 7 月，英国驻沪总领事馆转来伦敦金融城市政管理局政策资源委员会主席迈克尔·斯耐德致常务副市长冯国勤的信，希望上海市政府对金融城在上海设立办事处予以支持。冯国勤复函表示，上海市政府欢迎伦敦金融城在上海设立代表处。2005 年 8 月，副市长杨雄会见英国傲创电子公司亚太区总裁黄佳宁，表示欢迎傲创公司进入中国市场，祝愿其与上海华腾软件系统有限公司的合作取得成功。黄佳宁表示，傲创希望在沪建立起研发、培训和展示中心，把最好的技术带入中国。2006 年 8 月，苏格兰金融与公共服务改革部部长在会见市政府副秘书长时表示，苏格兰对上海城市发展、金融服务业以及上海的可持续发展计划很感兴趣，苏格兰在这些领域的发展也很快，希望双方加强合作。2006 年 12 月，英国驻沪总领事馆照会市政府外办，对嘉定新城发展规划导致英资上海贝津洋珩医用品有限公司必须迁出一事表示关注，希望该公司的利益能得到有效保障。对此，中方及时作出答复和处理。2007 年 6 月，市委书记习近平会见英国驻华大使欧威廉爵士及英国在华企业代表。习近平表示，上海与英国在各方面的合作交流频繁,文化、教育、科技以及民间交往也得到快速发展,相信双方在现代服务业、先进制造业、高科技产业,以及文化、教育、环保等方面的合作交流会不断推进和深化。上海正全力筹备2010年世博会,希望英国积极参与,围绕“城市,让生活更美好”的主题,在城市发展理念、环保和生态等方面起到示范作用。英国驻华大使欧威廉表示,上海是世界一流城市之一,上海的巨大变化让上海成为举世瞩目的城市。相信英国与上海在金融服务、贸易、文化教育、科技以及可持续发展等领域会有更多的合作。2009年1月,副市长沈晓明会见英国文化协会首席执行官戴维信,双方就加强上海与英国在教育、科技、文化等领域的合作交流进行探讨。2010年2月,市长韩正会见英国驻华大使吴思田,双方就上海世博会筹备情况、英国参加上海世博会等交换意见。

事项往来:英国历任驻沪总领事都表示希望发展英方与上海地区在经济、科技和文化等方面的往来,并强调要增进双方之间的相互了解。英国驻沪总领事馆人员经常要求到上海工厂、企业、农村和文教、科技、新闻等单位及有关主管部门了解情况。

一是在经贸方面。英国驻沪总领事馆经常为英国来沪经贸界人士提供咨询,牵线搭桥,沟通信息,促进英国对华出口;向英国企业界介绍中方发展对外合作的项目,如地铁、黄浦江大桥、污水处理等重点吸收外资和引进外国先进技术设备项目,以及纺织、食品加工、电讯、电子仪器、化工、自行车等一些中小型项目,希望促成合作。1986年2月,英国驻沪首任总领事孟德惠向中方表示,英国政府愿向中国政府提供3亿英镑软贷款,用于经双方协商同意并批准的工程项目,条件是接受英方贷款的项目须采用英方的技术资料和英制设备。孟德惠对上海地铁建设项目兴趣最大,希望上海能利用此项贷款。这一合作意向因英国地铁与上海地铁设计要求不同等原因而未能实现。1988年6月,市长朱镕基在会见欧义恩时就此向英方作了说明。

二是在文化、教育方面。英国驻沪总领事馆历任文化领事往来于上海、浙江省和江苏省,与中方一些文化、艺术、教育部门接触,并联络英国一些出版商、演出团体、大学和学者来华举办展览、演出、讲学,向中方大学和图书馆赠书,与有的单位合作设立资料中心。文化处还经常举行电影招待会,邀请中方人士参加,并向中方提供有关英国文化、科技、社会、政治等各方面情况的咨询服务。1985年11月,英国驻华使馆文化参赞钟思恩与上海交通大学商定,由英国文化委员会资助在上海交通大学设立“上海英语资料中心”。这一中心于1986年9月正式成立,由上海交通大学全权管理。1997年1月,英国驻沪总领事馆联合上海市国际教育交流协会在沪举办英国教育展,来自英国66所大学的代表向上海市民介绍他们的教育情况。1998年4月,英国驻沪总领事馆向长宁区聋哑学校捐赠16台29英寸电视机用于教学。同年4月,英国驻沪总领事馆还与上海植物园联合举办“我们的地球,我们的家”环境教育展览,作为“中英携手,共创未来”的系列活动之一,旨在向学生进行环保教育。1998年10月,英国驻沪总领事馆在沪举行“英国当代艺术学院在中国”系列展览,展示英国的现代艺术与科技创造成果,正在上海访问的英国首相布莱尔参观展览。1999年1月、2000年3月和10月,英国驻沪总领事馆文化教育处与市教育国际交流协会先后联合举办“1999年英国教育展览会”“2000年英国教育展览会”“2000年英国MBA教育展”,以学术交流、展览会及专题讲座等形式向参观者介绍英国的教育体制,展示英国近100所大学的情况。2000年7月,英国驻沪总领事馆文化教育处举行“青少年犯罪预防及自我保护”研讨会,邀请英国3位资深法律专家作主题发言,市法律界有关人士出席研讨会。2000年11月,英国驻沪总领事馆与华东政法学院共同举办“中英量刑研讨会”。2001年6月,英国驻沪总领事馆文化教育处和上海国际电影节组委会联合举行酒会,介绍英国电影史及当代电影艺术。多名英国导演、制片人、演员及其他电影工作者与上海电影界人士进行广泛交流。同月,英国著名的共享剧团在沪上演《弗洛斯河上的磨坊》,剧团导演、演员还与上海文艺界人士进行交流。2003 年 9 月，英国驻沪总领事馆文化教育处与市律师协会共同举办中英青年律师论坛，主题为“法律与公共利益：律师的职业操守与事业成功”。2008 年 8 月，“英国首相特派项目——英国青年访学”代表团抵沪学习。该项目由英国首相布朗推出，意在为英国优秀青年提供国际交流与学习的机会，中国上海是访学目的地之一。2009 年 4 月，普陀区教育局与英国驻沪总领事馆文化教育处合作举办“川流五洲”艺术作品展。展览系英国泰晤士河艺术节系列活动之一，参展的 52 幅中外作品系中国、英国等 7 国学生围绕与河流相关的各种主题创作而成。2009 年 4 月，英国驻沪总领事馆、威尔士艺术国际联合会、威尔士议会在沪举办“寻找红龙——威尔士视觉艺术展”。2010 年 2 月，英国驻沪总领事馆和市对外文化交流协会共同举办“未来总动员——英国文化协会当代艺术珍藏展”。

三是在城市建设和管理方面。1997 年 11 月，英国驻沪总领事馆和市政府外办在沪联合举办“上海・伦敦——奔向未来”系列展示和研讨活动。活动展示两市在金融、建筑设计、环境科技、电信通信等方面的实力和合作潜力。副市长夏克强、英国前外交大臣道格拉斯出席活动开幕式。1998 年，英国驻沪总领事馆邀请和安排上海市有关部门人员赴英考察、访问。如市物价局为学习考察国外价格管理方面的经验，在英国驻沪总领事馆的精心安排下，组团赴英访问。通过一系列高层次的座谈和参观活动，代表团取得较大收获，对完善的市场应具备的条件，如法制健全、充分竞争、消费心理成熟等有切实的感受。英国驻沪总领事馆还邀请上海苏州河环境整治领导小组办公室组团考察泰晤士河整治情况，收到较好效果。英方还出资与中方联合举办环保宣传活动，表示将进一步支持上海与英国在环保方面的合作。1998 年，英国驻沪总领事馆还积极配合由英国海外贸易部主席率领的城市建设、利物浦商会等代表团访沪，与上海有关部门会谈，以开拓双方在多个领域的合作途径。2000 年 3 月，英国驻沪总领事馆官员陪同英国国际贸易官员拜访上海国际航运中心上海地区领导小组办公室，了解洋山深水港建设情况，表示希望全程参与工程的规划设计和建设营运，以促进中英在海事、航运方面的交流和合作。此后，还拜访市苏州河综合整治领导小组办公室，了解苏州河治理情况。2001 年 11 月，英国驻沪总领事馆商务领事倪百瑞陪同英国国际贸易署港口出口专员拜访上海深水港建设指挥部，探讨合作可能。2002 年 10 月，英国驻沪总领事馆在沪举行“创新先锋周”系列活动，包括领先行业展览、英沪企业高级管理论坛、设计盛宴展、科学讲座等，向上海市民展示英国的产品和技术。英国贸工大臣、科技大臣、利物浦市市长、伦敦城市长等专程到沪参加有关活动。副市长韩正、严隽琪等应邀参加有关活动。2004 年 2 月，上海世博会事务协调局与英国驻沪总领事馆联合举办“滨河改造研讨会”，会议议题为旧工业大楼和场地的改造、水岸总体规划和改造等。

四是在金融、保险方面。1998 年 7 月前后，为配合英国首相布莱尔访沪，英国驻沪总领事馆为上海证券交易所与伦敦证券交易所将举行的谅解备忘录续签仪式、“中英企业战略决策制度之比较”和“资本市场发展”研讨会等活动做了大量工作。2000 年 11 月，英国驻沪总领事苏保罗陪同英国劳合社联合保险市场主席拜会上海市领导，表示愿将劳合社在承担风险方面的丰富经验与上海保险业的同行分享，希望能早日进入中国的保险市场。2001 年 3 月，英国驻沪总领事馆和上海证券交易所合作举办“伦敦—上海：蓝天下的蓝筹股”展览会。展览会集中展示伦敦、上海两个金融中心的合作情况及伦敦作为世界金融中心所具有的优势。展览期间，还举办金融中心建设的专题研讨会。2003 年 11 月，英国驻沪总领事馆、英中贸易协会和上海金融办联合举办“英中金融计划与管理上海研讨会”。

表 5-1-28　1985—2010 年英国驻上海总领事馆历任总领事一览表

序　号	姓　　名	任　职　时　间
1	孟德惠(T. E. J. Mound)	1985 年 3 月—1987 年 5 月
2	欧义恩(Iain C. Orr)	1987 年 6 月—1990 年 12 月
3	麦约翰(John Macdonald)	1991 年 2 月—1994 年 9 月
4	石羽(Simon Featherstone)	1994 年 9 月—1996 年 4 月
5	唐伟伦(Warren Dennis Townend)	1996 年 4 月—2000 年 9 月
6	苏保罗(Paul Raymond Sizeland)	2000 年 9 月—2003 年 6 月
7	休・毕晓普(Sue Bishop)	2003 年 7 月—2006 年 12 月
8	艾琳(Carma Elliot)	2006 年 12 月—

六、意大利驻上海总领事馆

【概况】

1979 年 11 月 6 日,中意两国政府在罗马签订中国在米兰、意大利在上海设立总领事馆协议。1985 年 6 月 21 日,意大利驻上海总领事馆设立。领区范围为上海市、浙江省、江苏省、安徽省。领馆馆址为长乐路 989 号世纪商贸广场 19 楼。

【一般公务和事项往来】

一般公务:每年,上海市领导和意大利驻沪总领事都应邀出席对方举行的有关活动。意大利驻沪总领事到任或离任时,与上海市领导会见,就发展相互合作和交流交换意见。平时,上海市领导也与意大利驻沪总领事和领事、到沪的意大利驻华大使以及来访的意大利代表团等应约相见。其中主要有:1994 年 11 月,副市长谢丽娟会见意大利著名企业蒙泰迪生集团总裁邦迪一行,双方就化工、农产品加工等方面的合作交换意见。1995 年 8 月,意大利驻沪总领事西加在拜会副市长沙麟时表示,意中双方在中小型企业方面有较大合作潜力,意大利许多企业对在沪建立商社很感兴趣。沙麟对此表示欢迎,相信通过共同努力,上海与意大利的合作交流必将会得到进一步发展。1996 年 5 月,由意大利驻沪总领事夫人爱丽莎贝达・巴契蒂・西加创作并免费向上海少年儿童提供版权的童话《从前……》一书首发暨赠书仪式在沪举行,副市长谢丽娟、意大利驻沪总领事西加及夫人出席。1998 年 11 月,市长徐匡迪会见意大利驻华大使保罗・布鲁尼,双方就在世界经济全球化的形势下,如何保持文化艺术及经济合作的多样化等共同关心的问题交换看法。徐匡迪希望意大利中小企业在服装、皮革、家具等领域加强与上海中小企业的交流合作。1999 年 6 月,副市长周慕尧会见即将离任的意大利驻沪总领事西加,感谢总领事在任期间为发展意大利和上海的合作和交流所作的努力。1999 年 11 月,副市长周慕尧会见意大利驻沪总领事巴隆切利,双方就进一步加强两地在经济、商业特别是文化、体育等方面的交流合作交换意见。2000 年 6 月,副市长周慕尧会见意大利驻沪总领事巴隆切利夫妇,对意大利驻沪总领事馆为上海与意大利在文化、艺术等领域的交流合作所作的努力表示感谢。2004 年 9 月,副市长杨雄会见意大利热那亚市副市长一行,双方就城市规划和发展、历史建筑的保护与修复等进行交流。2005 年 3 月,意大利驻沪总领事毕尼致函副市长杨雄，就意大利电子通讯设备公司（OTE）与法国阿尔卡特公司（ALCATEL）合作参与上海轨道交通无线电通信系统投标一事，专门介绍OTE公司情况。2006年1月，意大利驻沪总领事罗西诺在拜会副市长唐登杰时表示，意大利驻沪总领事馆对意大利政府来说是一个重要机构。中意双方在经济、文化方面的交流越来越频繁，意大利在华企业的三分之一设在上海。他希望在任期内进一步推动双方在各领域的合作和交流。2006年3月，“2006中国意大利年”上海活动在上海大剧院开幕，副市长杨晓渡、意大利驻华大使孟凯帝出席开幕式，活动全方位展示意大利传统和现代文化艺术、工业设计等领域的成就。2006年7月，意大利驻沪总领事罗西诺受意大利驻华大使委托，拜会副市长杨雄，转达意大利政府准备参加2010年世博会的决定，表示意方准备请著名设计师设计意大利馆，届时将有很多意大利著名企业参展，向中国人民充分展现意大利悠久的文化历史和先进的现代科技。2007年3月，意大利驻华大使谢飒在拜会市长韩正时表示，意大利政府、友好城市米兰市政府十分重视与上海的友好合作关系，意大利企业界也一直看好上海的市场，意大利中小企业的发展模式和管理体系是世界上独一无二的，希望在上海的250家意大利企业能为上海的经济发展作出贡献。另外，意大利政府已决定在上海世博园内建造6 000平方米的意大利国家馆，并决定由意大利驻沪总领事馆负责世博会的各项筹备工作，动员意大利企业参与世博会基础设施的建设。韩正对意大利政府积极参与上海世博会表示感谢，并相信意大利馆能成为世博园内的亮点。2007年4月，意大利驻沪总领事罗西诺致函习近平，祝贺他就任上海市委书记，习近平复函表示感谢。2007年6月，副市长唐登杰会见意大利外贸部副部长马洛·阿古斯蒂克一行，双方回顾上海和意大利在经贸、科技、文化、教育等领域取得的成绩，一致同意进一步加强在机械和科技领域的合作交流。2008年2月，副市长唐登杰会见意大利驻华大使谢飒及意大利2010上海世博会总代表签迪里一行，双方就上海世博会及意大利与上海加强在城市交通、文化艺术等领域的合作交流交换意见。

事项往来：一是在经贸方面。意大利驻沪总领事馆开馆后，多次参与探讨意大利与上海在环境保护、食品加工、机械进出口等方面合作的可能性。1990年11月，意大利驻沪总领事巴莱罗到任后，积极为意大利和上海之间的经济交流合作落实项目，并向意大利国内通报浦东开发开放情况。1992年6月，受意大利外交部委托，意大利驻沪总领事馆邀请市浦东开发办公室和市政府研究室人士参加在意大利米兰举行的“第三届国际合作发展和投资交易会”。在意大利驻沪总领事馆促进下，意大利国内最大的工业集团伊里集团、意大利工业联合会代表团等相继到沪考察，以确定投资意向。1997年11月，意大利驻沪总领事馆和意大利对外贸易协会驻北京代表处在沪举行新闻发布会，介绍将于11月下旬在北京开幕的“今日意大利”大型博览会有关情况，欢迎上海有关单位和企业家踊跃参加。2001年3月，意大利驻沪总领事巴隆切利在拜会市政府外办时表示，希望了解上海经济发展的动态、有关数据及上海与意大利合作交流情况，以便向意大利经济界提供，促进意大利与上海在经济领域的合作交流。中方根据意大利驻沪总领事馆要求提供有关资料，并建议领馆与上海市有关部门联系，为上海与意大利在经济领域的合作交流牵线搭桥。2003年4月，意大利外交部、驻华大使馆和驻沪总领事馆在沪联合举办“城市精灵，风驰魅影”意大利原创汽车设计展。2006年5月，意大利对外贸易委员会在沪举行“艺术制造的意大利——现在”展览，此活动是“2006意大利中国年”活动的一部分。市政协副主席谢丽娟等出席展览开幕式。二是在科技、文化方面。意大利驻沪总领事馆经常邀请中方有关单位人员参加或出席观摩意大利国内一些科技、文化团体到沪进行学术研讨和展览、演出等活动。1993年3月，意大利驻沪总领事馆邀请上海社科院学者参加意大利驻华使馆文化处到沪举办的“中国文学与意大利文学的比较研究”交流活动。4

月,意大利国家能源新技术环境局主席到沪访问时,意大利驻沪总领事馆安排代表团赴上海交通大学访问、交流。9月,意大利驻沪总领事馆举办意大利先锋派画展,意大利画家随展来沪交流。10月,意大利驻沪总领事馆宴请到沪参加国际电影节的意大利著名影星索菲亚·罗兰,邀请上海有关方面人士出席交流。1998年9月,意大利佛罗伦萨歌剧院与上海歌剧院、上海交响乐团合作演出的歌剧《阿依达》举行首演式,意大利外贸部部长及中国文化部部长孙家正、市委副书记龚学平等出席。三是卫生、环保方面。2002年8月,意大利驻沪总领事馆照会市政府外办,通报意大利外交部设立"流行病长期观察站",并希望新建的观察站与上海相应的机构建立合作关系。中方推荐市出入境检验检疫局与其进行联系。2009年6月,副市长沈骏会见到访的意大利环境部副部长古兹时表示,意大利在环保方面与上海的交流非常密切,对世博会使用绿色建筑材料给予很多支持,已连续五年帮助上海培训环保人才,希望这种合作能继续保持下去。古兹表示,意大利政府非常希望在环保方面加强与上海的合作,意大利在空气和水处理方面有着先进的技术和经验,愿意在技术上提供支持。2009年6月,意大利环境和陆地及海洋保护部副部长罗贝托·梅尼亚一行访沪,就与上海环保局及2010年上海世博会开展环保合作等事宜与副市长沈骏进行商谈。

表5-1-29　1985—2010年意大利驻上海总领事馆历任总领事一览表

序　号	姓　　名	任职时间
1	安托尼奥·达雷里(Antonio Tarelli)	1985年5月—1988年3月
2	高德里(Antonio Cardelli)	1988年5月—1990年3月
3	巴莱罗(Pietro Ballero)	1990年11月—1995年8月
4	西加(Sandro Maria Siggia)	1995年8月—1999年6月
5	巴隆切利(Leonardo Baroncelli)	1999年9月—2003年5月
6	毕尼(Mario Filippo PINI)	2003年6月—2005年12月
7	罗西诺(Massimo Roscigno)	2006年1月—2010年12月

七、俄罗斯(含苏联)驻上海总领事馆

【概况】

苏联曾于1949年12月在上海设立总领事馆,1962年9月闭馆。1985年6月,随着中苏关系逐步走向正常化,中苏双方达成在上海和列宁格勒互设总领事馆协议。1986年12月15日,苏联驻上海总领事馆重新开馆。1991年11月,苏联解体。原苏联驻上海总领事馆于1991年12月28日起更名为俄罗斯驻上海总领事馆。领区范围为上海市、浙江省、江苏省、安徽省。领馆馆址为黄浦路20号。

【一般公务和事项往来】

一般公务:每年,上海市领导和俄罗斯(苏联)驻沪总领事都应邀出席对方举行的有关活动。俄罗斯(苏联)驻沪总领事到任或离任时,与上海市领导会见,就发展相互合作和交流交换意见。平时,上海市领导和市政府外办领导也与俄罗斯(苏联)驻沪总领事和领事、到沪的俄罗斯(苏联)驻华

大使以及到访的俄罗斯(苏联)代表团等应约相见。其中有：苏联驻沪总领事馆重新开馆后，积极开展恢复和增进中苏友好关系的活动。苏联驻沪总领事斯特罗克在与上海党政领导人的会晤交谈中，强调苏中之间过去的一段关系已成历史，希望加强苏中友好，开展合作交流。他多次提出希望市长江泽民访问苏联，访问列宁格勒，1987 年初，当面向江泽民转交列宁格勒市市长霍德列夫的邀请信，希望尽快恢复列宁格勒与上海的友好关系。江泽民因公务繁忙，难以在苏方邀请的时间安排往访，他特致函霍德列夫表示感谢。1987 年 8 月，苏联驻沪总领事斯特罗克在陪同访沪的列宁格勒苏中友协主席时为两市建立和发展友好关系、开展交流合作提出建议。1988 年 3 月，他又代表列宁格勒市政府主管外事部门邀请上海市政府外办副主任高森等访问列宁格勒，交流领事工作经验，增进相互联系。1988 年 12 月，上海与列宁格勒正式缔结友好城市关系。苏联驻沪总领事馆为两市之间的友好往来和交流合作持续提供协助。1989 年 6 月，中国平息春夏之交的政治风波后，苏联驻沪总领事斯特罗克邀见市政府外办副主任高森，受苏联外交部委托，向中国方面转交两份声明书。其中一份是苏联人民代表大会关于中国发生的事件的声明。内容是：苏联支持中国本国的事情应由自己解决，反对外来干涉。任何外来干涉无助于中国局势的稳定。希望英雄的中国人民能找到解决的办法，克服困难，继续前进。斯特罗克并感谢上海市政府外办及时向领馆通报有关情况，说苏联领事人员和家属对中国的事态均很理解。1989 年 9 月，苏联驻沪总领事斯特罗克通过市政府外办协助，邀请几位上海的老共产党员向苏联驻沪总领事馆人员介绍上海和他们本人的革命斗争历史。1989 年 10 月 4 日，苏联驻沪总领事馆为中苏建交 40 周年举行招待会，市长朱镕基和市人大、市政协以及有关部门负责人应邀出席。此前，苏联驻沪总领事斯特罗克为庆祝中华人民共和国成立 40 周年向市长朱镕基发来祝贺信。1990 年 5 月，苏联驻沪总领事馆为苏联卫国战争胜利 45 周年举行招待会，副市长刘振元和市人大常委会副主任王崇基、市政协主席谢希德等应邀出席。1991 年 11 月，苏联解体。1991 年 12 月 28 日，原苏联驻沪总领事拉祖莫夫斯基拜会市政府外办主任徐兆春，正式递交以俄罗斯联邦驻上海总领事馆名义致中方的关于苏联更名为俄罗斯联邦的照会。1992 年初，俄罗斯驻华使馆商务代表卡恰诺夫访问上海并拜会市政府外办。1997 年 6 月，副市长左焕琛在出席俄罗斯驻沪总领事馆举行的国庆招待会时向总领事蔡浦林介绍上海医疗保险改革情况。总领事对此很感兴趣，表示俄罗斯面临相似问题，希望能向上海有关方面作进一步了解。1997 年 11 月，市长徐匡迪会见即将离任的俄罗斯驻沪总领事蔡浦林，感谢总领事在任 5 年期间为发展俄罗斯与上海的交流和合作所作的努力。2000 年 8 月 23 日，为悼念在“库尔斯克”号核潜艇上罹难的全体官兵，俄罗斯宣布当日为全国哀悼日。副市长周慕尧前往俄罗斯驻沪总领事馆，对在“库尔斯克”号核潜艇上罹难的全体官兵表示深切哀悼。2001 年 12 月，副市长周慕尧会见即将离任的俄罗斯驻沪总领事孔诺夫，感谢总领事在任期间为发展上海与俄罗斯的交流与合作所作的努力。2002 年 1 月，副市长周慕尧会见俄罗斯驻沪总领事柯安富，双方就进一步推动上海与俄罗斯在各领域的交流合作交换意见。2006 年 1 月，即将离任的俄罗斯驻沪总领事柯安富在会见副市长唐登杰时表示，莫斯科市政府希望能借鉴上海世博会组织工作的经验并开展交流，为以后俄罗斯申办世博会作准备。他说，俄方希望与上海开展各种形式的交流与合作。2006 年 7 月，俄罗斯克拉斯诺达尔州州长 A. N. 特卡乔夫在会见市长韩正时表示，克州地理优越，风景优美，旅游业发展项目完善，农业、工业、加工业较发达，木材资源丰富，欢迎上海企业前去投资，尤其欢迎中小企业进入该州。2006 年 10 月，俄罗斯加里宁格勒州州长波斯在会见副市长唐登杰时表示，加州虽然在人口规模和地理位置方面与上海有很大差异，但双方都位于海边港口，希望双方在城市交通、住房建设等领域开展合作。2007 年 4 月 26 日，副市长唐登杰代表上海市人民政府前往俄罗斯驻沪总领事馆，吊唁俄罗斯前总统叶利钦逝世。2008年3月,副市长唐登杰会见俄罗斯克拉斯诺亚尔斯克州副州长吉洪诺夫一行,双方就加强经贸合作交换意见。2010年3月,常务副市长杨雄会见俄罗斯参展上海世博会组委会主任、工业和贸易部部长维克托·赫里斯坚科,双方就俄罗斯参加2010年上海世博会筹备工作相关事宜交换意见。

事项往来:俄罗斯(苏联)驻沪总领事馆人员在与上海有关部门和人士交往中,希望上海与俄罗斯(苏联)加强贸易、文化、社会科学、国际问题研究、革命历史资料以及党和工会等多方面的往来和交流合作。一是在城市建设和经贸方面。俄罗斯(苏联)驻沪总领事馆重视对上海改革开放和建设的进展以及经济贸易等对外合作交流情况的了解,并积极参加双方的各种交往活动。1993年3月,市工商业联合会和徐汇区工商业联合会为帮助会员企业探讨发展与俄罗斯及独联体国家的经贸往来与合作,举行"对俄投资及贸易情况介绍会"时,俄罗斯驻沪总领事馆商务领事巴赫托夫到会作俄罗斯吸引外资政策法规及对华贸易情况的介绍。1995年,俄罗斯驻沪总领事馆副领事甘申拜会上海石油平台工程设计公司,为俄罗斯石油部门在中国寻找合作可能。1999年11月,俄罗斯智力基金会主办的"俄罗斯及中国华东地区经贸合作研讨会"在沪举行,50多名俄罗斯企业界人士及100多名中方企业家与会。二是在文化方面。1988年9月,苏联驻沪总领事馆受莫斯科国际俄语教学研究会委托,授予上海外语学院院长胡孟浩"普希金奖章",表彰他为俄语教学、为俄罗斯和苏联文学教学以及科学研究方面作出的贡献。1990年2月,苏联最高苏维埃主席团决定授予中国著名作家巴金"人民友谊勋章",表彰他为两国文化联系作出的贡献。苏联驻沪总领事斯特罗克受国内委托专程至巴金家中转授勋章。1991年12月,苏联驻沪总领事馆受苏联国际俄语教师联合会委托,授予上海外语学院俄语系名誉主任倪波教授"普希金奖章",表彰他为推动俄语教学事业作出的贡献。1993年2月,俄罗斯驻沪总领事馆受俄罗斯国际语言与文学教师协会委托,授予华东师范大学外语系赵云中教授"普希金奖章"。1995年8月,俄罗斯驻沪总领事馆举行摄影展,纪念第二次世界大战胜利50周年。1999年6月,俄罗斯驻沪总领事馆和上海文汇新民联合报业集团联合举办俄罗斯著名诗人普希金诞辰200周年纪念活动,中国人民对外友好协会副会长陈昊苏及上海各界人士约70人出席。2003年4月,上海国际茶文化节组委会、闸北区政府、俄罗斯驻沪总领事馆联合举办"中俄茶文化交流活动",中俄两国少年分别表演中国茶艺和具有俄罗斯风情的节目。2004年5月,俄罗斯驻沪总领事馆举行电影鸡尾酒会,纪念卫国战争胜利59周年。2005年5月,俄罗斯驻沪总领事馆举行庆祝卫国战争胜利60周年招待酒会,上海市有关方面负责人应邀出席。2006年4月,俄罗斯驻华大使谢尔盖·拉佐夫在会见上海市副市长唐登杰时提出,建议将上海原东正教堂用作反映中俄友好历史和成果的场所。对此建议,中方十分重视。同年6月,市政府外办主任杨国强约见俄罗斯驻沪总领事沙龙,就新乐路55号原东正教堂建筑管理使用的有关情况向俄方作了通报,总领事沙龙对此表示理解和支持。2008年3月,应俄罗斯驻沪总领事馆邀请,俄罗斯文化基金会总经理阿斯尔克扎耶夫访沪。其间,阿斯尔克扎耶夫一行参观修复后的原东正教堂,并与上海文化发展基金会进行座谈,就开展合作事宜交换意见。2009年6月,"2009俄罗斯语言年俄罗斯电影展"在沪举行,电影展放映《少女维拉》《潜艇沉没》等8部影片。三是其他方面。2000年10月,原俄罗斯籍远洋货船"土库曼尼斯坦"号公开拍卖。上海海事法院根据有关法律规定,并充分考虑到中俄两国之间良好的政治关系,判决以一次性方式支付滞留在该轮上的俄罗斯籍船员工资46万美元。俄罗斯驻沪总领事馆对该案的顺利解决表示非常满意,并致函上海市政府外办和上海海事法院,对提供的协助表示感谢。

表 5-1-30　1986—2010 年俄罗斯(含苏联)驻上海总领事馆历任总领事一览表

序　号	姓　　名	任　职　时　间
1	斯特罗克(F. N. Strok)	1986 年 8 月—1990 年 9 月
2	拉祖莫夫斯基(G. P. Razumovski)	1990 年 10 月—1992 年 2 月
3	鲍里斯・尼古拉耶维奇・蔡浦林(Boris N. Chaplin)	1992 年 3 月—1997 年 11 月
4	维克托・阿纳托利耶维奇・孔诺夫(Konnov Victor)	1997 年 12 月—2001 年 11 月
5	柯安富(Andrey Krivtsov)	2001 年 12 月—2006 年 2 月
6	亚历山大・沙龙(Sharonov Alexander Alexandrovich)	2006 年 2 月—

八、丹麦驻上海总领事馆

【概况】

丹麦曾于 1953 年 1 月在上海设立总领事馆,1962 年 2 月闭馆。1994 年 3 月 25 日,中华人民共和国政府和丹麦王国政府达成互设总领事馆协议。1994 年 6 月 20 日,丹麦驻上海总领事馆设立。同日,丹麦驻上海总领事馆举行开馆仪式。丹麦环境部部长史迈德・奥垦和上海市副市长沙麟出席开馆仪式并分别致辞。丹麦驻华大使符巍廉也出席开馆仪式。2007 年 9 月 1 日,丹麦驻沪总领事馆在沪开设"上海丹麦科技创业中心",作为领馆的一个部门。领区范围为上海市、浙江省、江苏省、安徽省、江西省。领馆馆址为延安西路 2200 号国贸中心 701 室。

【一般公务和事项往来】

一般公务:上海市领导和丹麦驻沪总领事都应邀出席对方举行的有关活动。丹麦有关团组到访、驻华大使和驻沪总领事到任或离任时,与上海市领导、市政府外办负责人就发展相互合作和交流交换意见。其中有:2001 年 4 月,市长徐匡迪会见即将离任的丹麦驻华大使白慕申,对大使在任期间为促进上海与丹麦在各领域的交流与合作所作的努力表示赞赏。2004 年 3 月,市长韩正在会见到沪参加北欧航空公司哥本哈根至上海首航仪式的丹麦王妃亚历山德拉和丹麦交通大臣弗莱明・汉森时表示,两地直航将有利于发展上海和丹麦的旅游业,也将有利于双方在其他领域的交流和合作。2005 年 7 月,副市长唐登杰会见即将离任的丹麦驻沪总领事顾黎皓,对其在任期间为促进上海和丹麦在各个领域的交流与合作所做的工作表示感谢。2005 年 10 月,副市长唐登杰会见丹麦驻沪总领事曹伯义,就进一步加强上海与丹麦的友好合作和交流关系交换意见。2008 年 12 月,市政府外办主任李铭俊会见即将离任的丹麦驻沪总领事曹伯义,感谢总领事在任期间为推动上海和丹麦的合作和交流,尤其是和奥胡斯友好城市关系的发展所作的努力,希望他离任后继续关心上海的建设和发展。2009 年 5 月,副市长唐登杰会见丹麦驻沪总领事何丽兰,双方就 2010 年上海世博会、丹麦与上海在环保和新材料等领域的合作和交流交换意见。

事项往来:一是农业方面。丹麦驻沪总领事馆积极促进双方在农业方面的交流和合作。1995 年,在丹麦驻沪总领事馆的安排下,上海浦东新区、市农委先后组织 4 批团组赴丹麦考察农业状况,并就有关合作项目进行商谈,取得积极成果。二是文化方面。1998 年 7 月,丹麦驻沪总领事馆和中福会少年宫联合举办"安徒生艺术生平展"。丹麦驻沪总领事和中福会有关领导出席展览开幕式。

2000年9月,丹麦驻沪总领事馆和上海图书馆共同举办“丹麦音乐家卡尔·尼尔森图片展”。2007年12月,丹麦驻沪总领事馆在虹口区“1933”创意产业集聚区举办丹麦设计展“丹麦设计和时尚——合作的力量”。展出中国、丹麦17家企业的时尚产品,反映中国、丹麦两国创意和时尚界的良好合作。丹麦王子约阿基姆出席展览开幕式。

表5-1-31 1994—2010年丹麦驻上海总领事馆历任总领事一览表

序号	姓名	任职时间
1	白慕申(Christopher Bo Bramsen)	1994年9月—1995年7月
2	易谱蓝(Hans Jorgen Ipland)	1995年8月—1995年11月
3	魏思远(Joergen Peter Weis)	1996年1月—2001年9月
4	顾黎皓(Joergen Gulev)	2001年9月—2005年7月
5	曹伯义(Carsten Boyer Thogersen)	2005年7月—2008年12月
6	何丽兰(Susanne Christina Hyldelund)	2009年1月—

九、奥地利驻上海总领事馆

【概况】

1994年6月24日,中华人民共和国政府和奥地利共和国政府达成互设总领事馆协议。1994年7月15日,奥地利驻沪总领事馆设立。1994年11月18日,奥地利驻沪总领事馆举行开馆仪式。奥地利联邦商会主席马德塔纳和上海市副市长沙麟出席开馆仪式并分别致辞,奥地利驻华大使布科夫斯基出席开馆仪式。领区范围为上海市、浙江省、江苏省、安徽省。领馆馆址为上海市淮海中路1375号启华大厦3A。

【一般公务和事项往来】

一般公务:上海市领导和奥地利驻沪总领事都应邀出席对方举行的有关活动。奥地利有关团组到访、驻华大使和驻沪总领事到任或离任时,与上海市领导就发展相互合作和交流交换意见。其中有:1995年12月,奥地利驻沪总领事柯安栋致函副市长夏克强,希望为在沪某奥资企业有偿为企业门前一小路自行取名事提供帮助。市相关部门根据有关政策作出答复。2002年9月,副市长冯国勤会见奥地利维也纳市副市长里德尔一行,双方就上海与维也纳之间在各领域的交流与合作交换意见。2003年7月,市长韩正会见即将离任的奥地利驻华大使博天豪,双方就进一步加强上海和奥地利的交流与合作交换意见。2003年12月,副市长姜斯宪会见即将离任的奥地利驻沪总领事温伯格,感谢总领事在近5年任期内为双方的合作和交流所作的努力。2004年2月,奥地利驻沪总领事凯泰斯在会见副市长姜斯宪时表示,他任期内的工作重点是推进奥地利与上海在经济、文化、旅游三方面的交流与合作,并强调经济交流的主导作用。姜斯宪表示,上海市政府将积极推动与奥地利在各个方面的合作与交流。2004年5月,奥地利驻沪总领事凯泰斯在会见副市长杨晓渡时,介绍奥地利医疗急救体系情况,希望双方在2010年世博会期间加强在该领域的合作。2005年6月,副市长冯国勤会见奥地利财政部部长卡尔·海茵茨·格拉萨尔,双方就金融等领域的合作和交流交换意见。2006年10月,奥地利驻沪总领事馆举行奥地利国庆暨中奥建交35周年招待会。招待会前，常务副市长冯国勤与奥地利驻沪总领事凯泰斯就上海与奥地利在各领域的合作和交流交换意见。2007年3月，奥地利驻沪总领事凯泰斯致函习近平，祝贺他就任上海市委书记，习近平复函表示感谢。2007年3月，奥地利劳动经济部部长巴尔滕施泰因访沪，市长韩正会见部长一行，双方就奥地利企业在沪投资、中奥企业的交流和合作等交换意见。2007年6月，奥地利前总统、联合国前秘书长瓦尔德海姆因病逝世，市政府外办主任杨国强前往奥地利驻沪总领事馆吊唁。2009年5月，副市长唐登杰会见即将离任的奥地利驻沪总领事凯泰斯，对他在任期内为上海与奥地利在各领域的交流与合作所作的努力表示感谢。2009年8月，奥地利驻沪总领事海敏凯在会见副市长唐登杰时表示，奥地利和上海应重点加强科技领域的合作。2009年12月，市长韩正会见奥地利驻华大使马丁·塞迪科夫妇，双方就上海世博会、未来城市发展趋势、如何应用新科技实现低碳排放的理念等交换意见。2010年5月，奥地利总理维尔纳·菲曼访沪，出席上海世博会奥地利国家馆日庆典活动。

事项往来：一是经贸方面。1997年，奥地利驻沪总领事馆在奥地利前总理到沪访问之际，积极开展推动奥地利中小企业与上海开展合作的活动。1997年5月，奥地利航空公司举行首航上海仪式，副市长赵启正等应邀出席。1998年以来，奥地利驻沪总领事馆积极协助本国企业与上海建立贸易关系。如奥地利最大的一家百货集团通过奥地利驻沪总领事馆，与上海工艺品进出口公司取得联系，双方就从上海进口箱包等商品进行深入探讨。1998年2月，奥地利航空公司高级官员、奥地利记者一行20余人访沪，拜访浦东新区、市贸促会、市旅游局等。2001年6月，奥地利驻沪总领事温伯格转来奥地利钢联工程技术公司总裁兼董事会主席格·法尔克致上海市市长徐匡迪的信，信中就奥地利钢联与宝钢进一步合作事宜提出建议。2002年9月，奥地利维也纳市副市长里德尔一行出席在沪举行的"维也纳经贸研讨会"，200余名中奥企业界代表参加。二是文化方面。2009年5月，上海社会科学院犹太研究中心、奥地利驻沪总领事馆、虹口区人民政府在虹口区摩西犹太会堂纪念馆联合举办"维也纳的良知"图片展览。

表5-1-32　1995—2010年奥地利驻上海总领事馆历任总领事一览表

序　号	姓　　名	任　职　时　间
1	柯安栋(Anton Koppensteiner)	1995年11月—1998年12月
2	玛丽娅·克丽斯汀·温伯格(Maria Christine Weinberger)	1999年3月—2003年11月
3	凯泰斯(Walter Kalteis)	2003年12月—2009年6月
4	海敏凯(Michael Heinz)	2009年8月—

十、荷兰驻上海总领事馆

【概况】

1994年8月23日，中华人民共和国政府和荷兰王国政府达成互设总领事馆协议。1994年9月12日，荷兰驻沪总领事馆设立。领区范围为上海市、浙江省、安徽省、江苏省。领馆馆址为红宝石路500号东银中心东塔10楼。

【一般公务和事项往来】

一般公务：上海市领导和荷兰驻沪总领事都应邀出席对方举行的有关活动。荷兰有关团组到访、驻华大使来沪和驻沪总领事到任或离任时,与上海市领导会见,就发展相互合作和交流交换意见。其中有:1996年6月,副市长赵启正会见荷兰驻华大使赫德扬,双方就发展上海与荷兰的交流和合作交换意见。2002年8月,副市长周慕尧会见即将离任的荷兰驻沪总领事韩思克,对其在任期间为推进上海与荷兰的相互交流与合作所作的努力给予积极评价。2004年10月,副市长杨雄会见荷兰港口工业协会会长兼鹿特丹港口促进委员会主席鲁道夫·保尔一行,双方就进一步加强合作和交流交换意见。2005年11月,市长韩正会见荷兰驻华大使闻岱博,希望大使在任期内进一步推动中国与荷兰、上海与鹿特丹之间在经贸及港口方面的合作。大使表示,荷兰很愿意把在多式联运方面的经验介绍给长江流域的城市,以帮助其建立起运输和物流等方面的平台。他还表示,荷兰已有不少公司参与洋山深水港建设,也希望参与2010年世博会。2006年2月,即将离任的荷兰驻沪总领事夏旭衡在拜会上海市副市长唐登杰时表示,荷兰与上海的友好合作关系发展很快,荷兰在上海的投资在欧盟国家中占第二位,充分证明两国政府对发展双边关系的重视。2006年4月,荷兰驻沪总领事韦彼德致函副市长唐登杰,反映荷兰皇家帝斯曼公司(DSM)在浦东的研发机构和维生素生产企业面临搬迁的问题。2009年2月,市长韩正会见荷兰驻华大使裴靖康,双方就上海投资环境、上海世博会及应对国际金融危机等交换意见。

事项往来:一是经贸、能源方面。1998年9月,荷兰驻沪总领事馆和市经委联合发起在沪举办中荷热电联产研讨会。来自中荷两国的120名能源环保方面的官员和专家到会,荷方介绍热电联产发展情况和成功经验,双方就提供的一些项目案例进行研讨。1999年1月,荷兰驻沪总领事馆在馆内专门设立长江项目办公室,旨在促进荷兰与中国,特别是上海在长江流域多式联运项目上的合作。该项目是中国国家计委与荷兰交通水利部于1996年签署的合作项目。2000年12月,荷兰驻沪总领事馆举办促进投资研讨会,正在上海访问的荷兰阿姆斯特丹市副市长波林·克里科出席,并与上海有关单位探讨经贸合作事宜。2003年6月,荷兰驻沪总领事及领事官员出席在嘉定举行的"上海国际汽车城零部件配套工业园区招商大会",并参观F1赛车场建设工地。二是城市建设方面。1999年,荷兰驻沪总领事馆在荷兰女王访沪时,与上海有关部门密切配合,提出建议,精心安排参观静安区张家宅和虹口区旧房改造项目,听取上海房屋政策介绍,出席"21世纪水资源中国展望"研讨会等。女王对荷兰与上海开展的旧房改造等合作项目非常赞赏,并希望在各个领域加强与上海的交往与交流。2000年6月,荷兰驻沪总领事韩思克陪同荷兰外交部中国项目部官员拜访上海国际航运中心上海地区领导小组办公室,并赴洋山实地考察,了解深水港的总体规划、建港条件及一期设计方案,表示荷兰愿在工程技术方面给予支持,积极参与深水港的建设。2007年11月,荷兰鹿特丹港监事会代表团访沪,就港口发展战略、市场拓展、物流形式和船舶规模的改变等与市港口管理局进行交流。三是文化方面。2001年1月,由荷兰驻沪总领事馆、市政府外办、市文联联合举办的"荷兰四季之中国印象"画展在上海美术馆开幕,展出沪苏浙皖12名画家赴荷兰采风的作品。2001年2月,荷兰驻沪总领事馆与上海交通大学联合举办"教育和商务之相互影响"圆桌会议,探讨高校如何与企业界合作,共同应对经济全球化带来的机遇和挑战。2007年11月,荷兰画家伦勃朗作品在沪展出。

表5-1-33 1994—2010年荷兰驻上海总领事馆历任总领事一览表

序号	姓名	任职时间
1	宝鼎(D. V. F. J. Bauduin)	1994年10月—1998年8月
2	韩思克(J. B. M. Heinsbroek)	1998年9月—2002年8月

（续表）

序　号	姓　　名	任　职　时　间
3	夏旭衡(Jochum Siebren Haakma)	2002年10月—2006年2月
4	韦彼德(Jan Peter Wever)	2006年3月—2006年8月
5	丰德浩(Aart Jan Marie Verdegaal)	2006年9月—2007年1月
6	汪一力(Eric Frank Verwaal)	2007年3月—

十一、捷克(含捷克斯洛伐克)驻上海总领事馆

【概况】

捷克斯洛伐克曾于1950年6月在上海设立总领事馆,1963年6月闭馆。1987年3月7日,中华人民共和国政府和捷克斯洛伐克社会主义共和国政府就中国在布拉迪斯拉发、捷克斯洛伐克在上海设立总领事馆互换照会达成协议。1989年2月21日,捷克斯洛伐克驻上海总领事馆重新开馆。领区范围为上海市和江苏省、浙江省、安徽省。馆址设在娄山关路55号新虹桥大厦5楼。1992年6月后,捷克斯洛伐克总领事馆改称捷克和斯洛伐克驻上海总领事馆。1992年12月5日,捷克和斯洛伐克联邦政府决定关闭其驻沪总领事馆。

1994年11月30日,中华人民共和国政府和捷克共和国政府达成互设总领事馆协议。1995年1月11日,捷克驻沪总领事馆设立。1995年3月27日,捷克驻沪总领事馆举行开馆仪式。捷克驻华大使约瑟夫·法斯和上海市副市长沙麟出席开馆仪式并分别致辞。领区范围为上海市、浙江省、江苏省、安徽省。领馆馆址为娄山关路83号新虹桥中心大厦808室。

【一般公务和事项往来】

一般公务:上海市领导和捷克驻沪总领事都应邀出席对方举行的有关活动。捷克有关团组到访、驻华大使到沪和驻沪总领事到任或离任时,与上海市领导和有关方面领导会见,就发展相互合作和交流交换意见等。其中有:1989年8月,捷克驻沪总领事克里什科致函朱镕基,祝贺他被任命为上海市委书记。1989年9月,捷克驻沪总领事克里什科又致函市长朱镕基,祝贺中华人民共和国成立40周年,赞扬中国为推进社会主义制度而确定的各项方针和政策,并对捷克斯洛伐克在上海重建总领事馆表示高兴。1992年12月5日,捷克和斯洛伐克驻沪总领事拉伊契克紧急约见市政府外办副主任李舜善,通报以下情况:出于经济和财政方面原因,捷克和斯洛伐克联邦政府决定关闭其驻沪总领事馆;捷克和斯洛伐克联邦将于1993年1月1日起分为"捷克共和国"和"斯洛伐克共和国"两个独立国家;捷克和斯洛伐克同中国的友好合作关系不会受影响,分解后的两个独立国家都将分别同中国建立外交关系。1995年3月,市长徐匡迪会见到沪参加捷克驻沪总领事馆开馆仪式的捷克驻华大使约瑟夫·法斯,双方就加强两地合作和交流交换意见。1997年10月,捷克驻沪总领事馆举行庆祝捷克国庆"金色的布拉格"摄影展,副市长赵启正等应邀出席展览开幕式。1998年4月,副市长周慕尧会见捷克驻华大使亚历山大·卡里赫,双方就加强相互间的合作交换意见。1999年12月,副市长周慕尧会见捷克驻沪总领事瓦茨拉夫·伊莱克,希望通过双方共同努力,上海与捷克在经济、文化和社会发展等领域的合作和交流得到进一步加强。2001年2月,捷克驻沪总领事伊莱克会

见市政府外办副主任李宣海,双方就加强上海与捷克的合作和交流进行探讨。2004 年 1 月,副市长姜斯宪会见即将离任的捷克驻沪总领事瓦茨拉夫·伊莱克,对他在任期间为促进捷克与上海在各方面的交流所作的工作表示感谢。2004 年 10 月,捷克驻沪总领事胡裴才举行捷克国庆暨捷中建交 55 周年午宴,副市长周太彤等应邀出席。2005 年 9 月,副市长杨雄在出席捷克驻沪总领事为到沪访问的捷克副总理兼交通部部长莱蒙诺夫斯基举行的晚宴时,与副总理就城市建设和交通、古建筑保护等进行交流。2006 年 2 月,捷克外交部第一副部长巴斯塔在会见副市长唐登杰时表示,捷克希望与上海在经贸、文化、旅游等领域进一步开展交流与合作。2007 年 5 月,捷克农业部部长彼德·甘达洛维茨一行访沪。2008 年 7 月,副市长唐登杰会见即将离任的捷克驻沪总领事胡裴才,对他在任期间为促进上海与捷克在各领域的友好交流所作的工作表示感谢,希望他离任后继续关注上海的发展。总领事表示,在他任期内,捷克总统、总理等相继到沪访问,充分表明捷克政府对发展与上海关系的重视,他将会继续关心发展与上海的关系。2008 年 11 月,副市长唐登杰会见捷克驻沪总领事布胡米尔·马扎内克,双方就拓展两地在经济、文化等领域的合作交流交换意见。2009 年 9 月,常务副市长杨雄会见到访的捷克外交部副部长海丽娜·巴姆巴索娃,双方就捷克参加 2010 年上海世博会及双方的合作交流交换意见。2010 年 1 月,捷克驻华大使利博尔·塞奇卡夫妇访沪,市长韩正、市人大常委会主任刘云耕分别会见大使夫妇,并就捷克参加上海世博会、上海与捷克的合作和交流等交换意见。

事项往来:捷克驻沪总领事馆重新开馆后,积极探索双方合作的可能性,促进捷克斯洛伐克共和国、布拉迪斯拉发市与上海发展友好合作关系。2000 年 10 月,捷克驻沪总领事馆举行捷克情况介绍会,介绍捷克经济状况和与有关国家经济合作情况等。捷克驻沪总领事强调,捷克有许多高质量产品如啤酒、玻璃器皿、汽车等尚未能进入中国市场,上海还没有一家捷克企业,希望加强与上海的交流与合作。市政府外办、市外经贸委、市贸促会等有关人员应邀参加。2002 年 7 月,捷克驻沪总领事馆举行捷克与中国商务交流研讨会,市工商会、市贸促会和到沪访问的捷克商人共 30 余人出席研讨会。2002 年 9 月,捷克驻沪总领事馆在沪举办捷克现代绘画展。2005 年 9 月,捷克著名水晶品牌"摩瑟"专卖店开张仪式在沪举行,市政协副主席宋仪侨、捷克驻华大使等出席仪式。

表 5-1-34　1988—2010 年捷克(含捷克斯洛伐克)驻上海总领事馆历任总领事一览表

序　号	姓　　名	任 职 时 间
1	米洛什·克里什科(Milos Krizko)	1988 年 12 月—1991 年 3 月
2	伊沃·日达列克(Ivo. Zdarek)	1991 年 3 月—1992 年 2 月(代总领事)
3	米兰·拉伊契克(M. Lajciak)	1992 年 2 月—1992 年 12 月(代总领事)
4	伊沃·日达列克(Ivo. Zdarek)	1995 年 1 月—1999 年 10 月
5	瓦茨拉夫·伊莱克(Vaclav Jilek)	1999 年 10 月—2004 年 1 月
6	米兰·胡裴才(Milan Hupcej)	2004 年 1 月—2008 年 8 月
7	布胡米尔·马扎内克(Bohumil Mazanek)	2008 年 9 月—

十二、瑞士驻上海总领事馆

【概况】

瑞士曾于 1952 年 1 月在上海设立总领事馆,1962 年 12 月闭馆。1987 年,中华人民共和国政府和瑞士联邦政府达成互设总领事馆协议。1995 年 4 月 26 日，瑞士驻沪总领事馆重新设立，临时馆舍在华山路 250 号静安希尔顿酒店 720 房间。1995 年 4 月 26 日，瑞士驻沪总领事馆举行开馆仪式。瑞士联邦委员兼外长弗拉维奥·科蒂主持开馆仪式。上海市副市长沙麟出席开馆仪式并致辞祝贺。领区范围为上海市、浙江省、江苏省。2000 年 1 月扩大到安徽省。领馆馆址为仙霞路 319 号远东国际广场 A 幢 22 楼。

【一般公务和事项往来】

一般公务：上海市领导和瑞士驻沪总领事都应邀出席对方举行的有关活动。瑞士有关团组到访、驻华大使来沪和驻沪总领事到任或离任时，与上海市领导和有关方面领导会见，就发展相互合作和交流交换意见等。其中有：1995 年 6 月，副市长沙麟会见瑞士驻沪总领事伦志民，双方就促进经贸合作和交流交换意见。1998 年 1 月，市长徐匡迪会见瑞士航空集团总裁兼首席执行官菲利普·布鲁杰舍一行，双方就瑞士至上海直航、瑞航参与浦东国际机场管理等交换意见。1998 年 9 月，副市长韩正会见布鲁杰舍一行，双方就瑞航与浦东机场的合作事宜进行具体探讨。2001 年 7 月，副市长周慕尧会见离任的瑞士驻沪总领事伦志民夫妇，对总领事在任期间为双方合作交流所作的努力表示感谢。2002 年 6 月，瑞士驻沪总领事馆在新馆舍举行迁馆仪式，瑞士经济部国务秘书瑞茨专程到沪出席仪式，副市长周慕尧等应邀出席。2003 年 3 月，副市长杨雄会见瑞士著名建筑设计师博塔，双方就上海的建设进行友好交谈。2005 年 4 月，市长韩正会见瑞士驻华大使马提内利，双方就瑞士与上海的经贸往来和合作等交换意见。2006 年 7 月，副市长唐登杰会见即将离任的瑞士驻沪总领事洪含雅，对他在任期内为瑞士和上海的交流与合作所做的工作表示感谢。总领事对上海和瑞士在经贸合作方面的成功表示满意。2007 年 4 月，瑞士驻沪总领事范维廉致函习近平，祝贺他就任上海市委书记。同年 10 月，瑞士驻沪总领事范维廉致函俞正声，祝贺他就任上海市委书记。2008 年 7 月，市政府外办主任李铭俊会见瑞士驻沪总领事范维廉，双方对瑞士企业在沪的发展及对上海经济的推动作用作出肯定，希望两地能继续加强文化、经贸等多方面的合作和交流。2010 年 11 月，副市长唐登杰在会见瑞士驻沪总领事史伦博时表示，希望总领事在工作中一如既往地支持上海与瑞士在各领域的合作与交流。

事项往来：一是在经贸、城建、文化方面。1997 年 5 月，瑞士驻沪总领事馆与同济大学、市建筑协会联合举办瑞士当代著名建筑师马里奥·博塔建筑展。1998 年 11 月，瑞士丰泰保险集团董事局主席兼行政总裁谢明德在拜会上海市领导时表示，丰泰集团看好中国的经济，看好中国经济发展的势头，希望在中国的市场作长期投资。1999 年 3 月，瑞士驻沪总领事馆与贸促会上海分会、中国国际商会上海商会联合举办中瑞合作基金与瑞士企业到华投资研讨会，上海及临近地区企业界人士 150 余人出席。1999 年 6 月，瑞士驻沪总领事馆与市贸促会联合举办“瑞士经济介绍会”。会上，瑞士企业家分别就机械、仪表、化工、医药、银行、保险等情况作介绍，近 80 家中方企业代表出席。2000 年 9 月，瑞士驻沪总领事馆与上海有关单位联合举办“2000 年的瑞士在上海”系列活动，纪念瑞中建交 50 周年。活动内容包括建交 50 周年图片展、瑞士文化展、瑞士在沪合资企业产品展、瑞士食品展及“瑞士摄影家眼中的上海”等。在上海访问的瑞士联邦主席阿道尔夫·奥吉和副市长周慕尧参加活动开幕式并参观展览。2001 年 9 月，瑞士驻沪总领事馆在沪举办集图片展、美术文化展和瑞士风貌展为一体的“瑞士周”大型系列活动。2005 年 11 月，瑞士驻沪总领事馆在沪举办“瑞士现代工业设计展”。2007 年 4 月，瑞士驻沪总领事馆在沪举办“瑞士创新建筑”展，此展集瑞士三所顶尖建筑学院的作品之大成，包括 2008 年北京奥运会主会场“鸟巢”的设计者雅克·赫尔佐戈和皮埃尔・德梅隆的作品等。2009 年 6 月，瑞士驻沪总领事馆举办中瑞水资源利用合作论坛暨瑞士水处理技术及水方案解决推介会。此次论坛是根据中瑞双方政府签订的在水资源可持续发展方面合作协议的第一个实施项目。瑞士联邦环境署副署长古兹、瑞士驻华大使顾博礼专程到沪出席论坛。二是上海世博会。2009 年 11 月，瑞士驻沪总领事馆举办“2010 上海世博会瑞士国家馆巡展”，展览采取展板和多媒体展示、现场解说等形式，向公众推广世博会瑞士国家馆的国家形象。

图 5-1-3　2000 年 9 月 13 日，瑞士驻沪总领事馆和上海市友协为庆祝中瑞建交 50 周年联合举办“瑞士摄影家眼中的上海”摄影展

表 5-1-35　1995—2010 年瑞士驻上海总领事馆历任总领事一览表

序　号	姓　　名	任　职　时　间
1	伦志民(Rolf. Lenz)	1995 年 4 月—2001 年 7 月
2	洪含雅(Hans Jakob Roth)	2001 年 7 月—2006 年 7 月
3	范维廉(Willian Olivier Jean-Jacques Frei)	2006 年 7 月—2010 年 8 月
4	史伦博(Heinrich Schellenberg)	2010 年 9 月—

十三、芬兰驻上海总领事馆

【概况】

1995 年 7 月 6 日，中华人民共和国政府和芬兰共和国政府达成互设总领事馆协议。1995 年 11 月 1 日，芬兰驻沪总领事馆设立。1996 年 4 月 18 日，芬兰驻沪总领事馆举行开馆招待会，在上海访问的芬兰总统马尔蒂・阿赫蒂萨里和夫人、外长哈洛宁出席开馆招待会。芬兰总统阿赫蒂萨里和上海市副市长华建敏分别在开馆招待会上致辞。芬兰驻华大使李斯蒙和中国政府陪同团团长、林业部部长徐有芳出席开馆招待会。领区范围为上海市、浙江省、江苏省、安徽省，后扩大至江西省。领馆馆址为南京西路1168号中信泰富广场2501—2505。

【一般公务和事项往来】

一般公务：上海市领导和芬兰驻沪总领事应邀出席对方举行的有关活动。芬兰有关团组到访、驻华大使到沪和驻沪总领事到任或离任时，与上海市领导和有关方面领导会见，就发展相互合作和交流交换意见等。其中有：1996年4月，市长徐匡迪会见并宴请到沪参加芬兰驻沪总领事馆开馆仪式及进行友好访问的芬兰总统马尔蒂·阿赫蒂萨里和夫人一行，双方就进一步发展上海和芬兰的友好合作关系交换意见。1997年12月，为庆祝芬兰国庆，芬兰驻沪总领事馆举行香槟音乐会，副市长赵启正应邀出席。1998年2月，芬兰驻沪总领事韩海吉致函市长徐匡迪，祝贺他连任上海市长，徐匡迪复函表示感谢。1998年12月，副市长周慕尧会见芬兰驻沪总领事杜汉龙，就双方在经贸、科技、城市建设等领域加强合作交换意见。1999年3月，上海市领导会见到沪访问的芬兰诺基亚集团高级副总裁、诺基亚中国投资有限公司董事长威利·桑德巴克，双方就进一步加强相互间的合作进行交谈。1999年10月，市长徐匡迪会见到沪访问的芬兰贸工部部长埃基·特尔莫亚一行，双方就经贸合作、城市建设等交换意见。1999年11月，副市长周慕尧会见到沪访问的芬兰南方省省长一行，该省埃斯波市是上海的友好城市，双方就加强合作交流进行交谈。2000年10月，为庆祝中芬建交50周年，芬兰驻沪总领事馆在沪举行中芬经贸研讨会，芬兰农业和林业部部长卡莱维·赫米莱、上海市副市长蒋以任、浙江省副省长吕祖善、江苏省省长助理张长胜等出席研讨会并分别作主题发言。芬中各界有关人士约100人出席研讨会。2001年2月，芬兰驻沪总领事杜汉龙邀请即将访问芬兰的副市长左焕琛共进午餐，并介绍芬兰有关情况。2003年9月，副市长姜斯宪代表市长韩正会见芬兰驻华大使巴鑫及芬兰航空公司首席执行官苏伊拉一行，对芬航开通上海至赫尔辛基直航表示祝贺。2004年7月，即将离任的芬兰驻沪总领事杜汉龙在拜会副市长唐登杰时表示，他在任期间，促成埃斯波市和上海结成友好城市，并展开一系列经济、文化领域的合作，推动赫尔辛基和上海开通直航。对此，他感到满意。唐登杰对总领事在任期间为芬兰与上海之间的交流合作所作出的努力表示感谢。2004年8月，副市长唐登杰会见芬兰驻沪总领事席柏薇，双方就加强两地交流与合作交换意见。2005年12月，市长韩正会见芬兰驻华大使郭安祺，希望上海和芬兰能进一步拓展合作领域，实现全方位合作。郭安祺表示，芬兰政府愿与上海分享芬兰在环保、高科技、医疗、卫生、人口老龄化解决方案等方面的成功经验。2007年3月，芬兰航空公司首席执行官拜会上海市领导，探讨双方合作事宜。同年4月，芬兰驻沪总领事馆向副市长杨雄转交芬兰工业贸易部部长的信，推荐芬兰一公司投标参与2010年上海世博会垃圾管道运输系统项目。2008年8月，副市长唐登杰会见芬兰赫尔辛基市副市长图拉·哈泰宁，双方就加强在经贸、文化、交通、环保等领域及上海世博会的合作和交流交换意见。2008年8月，副市长唐登杰会见即将离任的芬兰驻沪总领事席柏薇，感谢总领事在任期间为促进上海与芬兰在科技、创新、教育、文化等领域的交流与合作所作的努力。总领事重申芬兰政府对上海经济发展及2010年世博会的重视。2008年9月，副市长唐登杰在会见芬兰驻沪总领事贺睦宁时表示，上海和芬兰在贸易、投资、科技、教育等领域的合作发展迅速，希望继续保持并发展这种良好的合作关系。总领事重申芬兰政府对上海经济发展及2010年上海世博会的重视。2009年4月，芬兰劳动和经济部部长毛利·佩卡利内率团访沪，出席2010年上海世博会芬兰馆奠基仪式，参加中芬信息通信技术联盟大会。在会见副市长唐登杰时，双方就政府间合作项目交换意见。2010年9月，市长韩正在会见芬兰赫尔辛基市市长尤西帕尤宁时，称赞芬兰国家馆在上海世博会上的精彩表现，并高度评价芬兰创意产业对未来城市发展的贡献。尤西帕尤宁表示,期望加强与上海各领域的交流合作,共同探索和打造宜居、环保、可持续发展的未来城市。

事项往来:1998年6月,市贸促会与芬兰驻沪总领事馆合作举办中芬经贸合作沙龙,中芬70余名企业家参加。2002年,芬兰驻沪总领事馆与上海图书馆联合举办"赫尔辛基奥林匹克50周年图片展"。2010年9月,芬兰驻沪总领事贺睦宁向中方介绍芬兰鼓励创新的经验。他说,芬兰为鼓励创新设立专门为科技创新提供融资的机构,并在以往重视纵向合作的基础上,加强跨领域和跨地区的合作。他说,芬兰将在国内设立"中国创新中心",希望上海企业前去投资。

表5-1-36 1996—2010年芬兰驻上海总领事馆历任总领事一览表

序号	姓名	任职时间
1	韩海吉(Heikki Hannikainen)	1996年2月—1998年10月
2	杜汉龙(Hannu Toivola)	1998年11月—2004年7月
3	席柏薇(Paivi Hiltunen - Toivio)	2004年7月—2008年8月
4	贺睦宁(Matti Heimonen)	2008年8月—

十四、瑞典驻上海总领事馆

【概况】

1996年7月3日,中华人民共和国政府和瑞典王国政府达成互设总领事馆协议。1996年9月16日,瑞典驻上海总领事馆设立。1996年11月6日,瑞典驻上海总领事馆举行开馆仪式,瑞典首相佩尔松出席开馆仪式。瑞典首相佩尔松和上海市副市长赵启正分别在开馆仪式上致辞。瑞典驻华大使林德思和中国驻瑞典大使杨桂荣出席开馆仪式。领区范围为上海市、浙江省、江苏省、安徽省。领馆馆址为淮海中路381号中环广场1521—1541室。

【一般公务和事项往来】

一般公务:上海市领导和瑞典驻沪总领事应邀出席对方举行的有关活动。瑞典有关团组到访、驻华大使到沪和驻沪总领事到任或离任时,与上海市领导和有关方面领导会见,就发展相互合作和交流交换意见等。其中有:1996年10月,市长徐匡迪会见到沪访问的瑞典达拉纳州副州长列夫·斯文森一行,双方就发展两地合作交流交换意见。1997年1月,市长徐匡迪会见以瑞典社会民主党议员卡尔施特罗姆为团长的瑞典国会议员代表团一行,就客人关心的上海经济建设和社会发展、与其他省市的经济关系等问题作介绍。1999年4月,市长徐匡迪会见到沪访问的瑞典东约特兰省省长比勇·爱立克松及其率领的商务代表团一行,欢迎瑞典企业家到沪投资发展。1999年11月,副市长周慕尧会见瑞典驻沪总领事伦德伯格,双方就进一步发展上海和哥德堡友好城市关系、庆祝瑞中建交50周年等交换意见。2002年4月,上海市领导会见瑞典企业联盟联合主席高伦·图哈马一行,双方就上海与瑞典在移动通信、汽车制造、经贸、商业等领域开展广泛交流和合作交换意见。2002年12月,副市长周慕尧会见瑞典驻华大使雍博瑞,双方就进一步加强交流合作交换意见。大使表示,瑞典政府支持中国的经济发展政策,愿意与中国进一步加强包括信息技术、环保、文化等产业在内的交流与合作,希望加强与复旦大学北欧中心的合作。2003年10月,副市长姜斯宪会见即将离任的瑞典驻沪总领事伦德伯格,感谢总领事在任期间为促进上海和瑞典的交流与合作所作的努力。2003 年 11 月，副市长姜斯宪会见瑞典驻沪总领事安蓝，双方就进一步促进上海与瑞典的交流合作交换意见。2004 年 12 月，副市长周太彤会见瑞典主管移民和难民事务的内阁大臣芭芭拉·霍姆尔伯格，双方就加强相互间的合作和交流交换意见。2007 年 3 月，副市长唐登杰会见瑞典驻华大使林川一行，希望在双方开展的许多交流和合作的基础上，进一步加强在制造、贸易、金融、服务等行业的合作，也欢迎瑞典的企业到沪投资发展。大使林川表示，瑞典在社会福利、环保技术、创新产业等领域处于世界领先地位，愿在任期内大力推进双方在上述领域的合作。2008 年 7 月，副市长唐登杰会见即将离任的瑞典驻沪总领事安蓝，感谢他 5 年任期内为发展上海与瑞典的友好合作和交流所做的工作，包括双方人员往来增多、上海与哥德堡友城关系的发展、"哥德堡"号仿古帆船来沪访问活动等。总领事对上海市政府对其工作的支持表示感谢。2008 年 10 月，瑞典驻沪总领事姚汉森在会见副市长唐登杰时表示，对相隔近 10 年后再次回到上海担任总领事感到非常高兴，并表示任期内将进一步推动瑞典和上海在各方面的交流合作，特别是瑞典参与上海世博会和环保领域的合作事宜等。

事项往来：2000 年 5 月，瑞典驻沪总领事馆商务处和上海对外科技交流中心联合举行信息技术研讨会，瑞典教育科技部部长致辞，中瑞双方有关人员 140 余人出席。2001 年，瑞典驻沪总领事伦德伯格在谈到上海"一城九镇"建设时表示，希望上海宝山区在建设瑞典镇时，不仅引进瑞典的建筑风格，更注重引进其生活理念，加大对环境、环保的投入。2010 年 5 月，瑞典国王卡尔十六世·古斯塔夫、副首相奥洛夫松等专程到沪出席上海世博会瑞典国家馆日庆典活动。同月，瑞典驻沪总领事馆在世博园区瑞典馆举办"瑞中建交 60 周年招待会"，中瑞有关人员约 200 人出席。

表 5－1－37　1996—2010 年瑞典驻上海总领事馆历任总领事一览表

序　号	姓　　名	任　职　时　间
1	姚汉森(Bengt Johansson)	1996 年 7 月—1999 年 9 月
2	伦德伯格(Eskil Lundberg)	1999 年 11 月—2003 年 11 月
3	安蓝(Lars Vargas Andreasson)	2003 年 11 月—2008 年 7 月
4	姚汉森(Bengt Johansson)	2008 年 8 月—

十五、挪威驻上海总领事馆

【概况】

挪威曾于 1955 年 5 月在上海设立总领事馆，1966 年 12 月闭馆。1996 年 6 月 28 日，中华人民共和国政府和挪威王国政府达成互设总领事馆协议。1996 年 9 月 16 日，挪威驻上海总领事馆重新设立。领区范围为上海市、浙江省、江苏省、安徽省，2004 年 3 月起扩大到江西省。领馆馆址为中山东一路 12 号 3 楼。

【一般公务和事项往来】

一般公务：上海市领导和挪威驻沪总领事应邀出席对方举行的有关活动。挪威有关团组到访、驻华大使来沪和驻沪总领事到任或离任时，与上海市领导和有关方面领导会见，就发展相互合作和交流交换意见等。其中有：2000 年 4 月 9 日，挪威驻沪总领事邵丝黛因脑出血不幸在沪逝世。

上海市长徐匡迪、中国外交部领事司司长以及市政府外办主任周明伟等分别代表上海市政府、外交部领事司、市政府外办及个人向挪威驻沪总领事馆发去唁电,并向总领事家属转达深切慰问。邵丝黛住院期间,副市长周慕尧前往医院探望。2001年3月,副市长周慕尧会见挪威驻沪总领事魏博,希望总领事在任期内进一步推动上海与挪威在船运及其他领域的交流与合作。2004年3月,副市长杨雄在会见挪威驻沪总领事魏博和挪威科瑞公司代表时表示,对上海市政工程局和挪威科瑞公司洽谈高速公路电子收费系统合作项目表示支持,希望双方的合作进一步扩大和加深。2005年9月,副市长唐登杰在会见挪威驻沪总领事诺和平时,对挪威领馆多年来对促进挪威与上海在经贸、造船、环境、科技及文化等领域的交流与合作所做的工作表示感谢。总领事表示将进一步促进挪威与上海在各领域的交流与合作。2007年5月,挪威驻沪总领事馆举行挪威王国立宪日国庆招待会暨小型音乐会,副市长周太彤和到沪参加2007年非洲发展银行年会的挪威国务秘书、外交部副部长安娜等中外嘉宾出席。2010年5月,为庆祝上海世博会挪威国家馆日,挪威驻沪总领事馆举办招待会,挪威贸易与工业部大臣特隆德·吉斯克及上海各界人士出席。2010年9月,副市长屠光绍在会见挪威财政部副部长罗杰·施尔瓦时表示,挪威央行在沪设立代表处为双方合作开辟更广阔的前景,希望合作得到进一步扩大和深化。施尔瓦表示,挪威央行将亚洲区投资办公室设在上海是看好上海未来的发展,希望进一步扩大与上海在金融领域的交流与合作。2010年12月,副市长唐登杰在会见即将离任的挪威驻沪总领事诺和平时表示,希望总领事继续为促进挪威和上海的合作贡献力量。总领事表示,回国后,将致力于为挪威政府进一步加大与中国在经贸领域的合作发挥作用。

事项往来:1998年,挪威驻沪总领事馆邀请上海电视台电视摄制小组访问挪威,通过采访拍摄,加深上海与挪威的相互了解,加强相互间的文化交流。同年,挪威驻沪总领事馆与上海贸促会共同举办"中挪经贸合作沙龙",在沪挪威企业与上海有关企业代表进行深入交流,增进上海经贸界对挪威企业的了解。2000年10月,挪威驻沪总领事馆在国际会议中心举办"中挪航运研讨会",邀请中挪航运界人士约100人出席。中挪与会人士就航运环境与安全、中国加入世贸组织对中国和世界航运业的影响、船员培训及现代航运业和物流中的信息技术等问题进行交流和探讨。2006年3月,挪威驻沪总领事馆在上海举行纪念挪威戏剧大师易卜生逝世100周年活动开幕式,各界人士100余人出席。活动开幕式上,挪威驻沪总领事诺和平发言,上海戏剧学院、复旦大学、南京大学等高校专家介绍易卜生戏剧成就,挪威艺术家即兴表演易卜生作品。2010年6月,挪威贸易与工业部副部长英格布利格森一行访沪,出席上海世博会挪威馆"挪威旅游周"等活动。

表5-1-38　1996—2010年挪威驻上海总领事馆历任总领事一览表

序　号	姓　　名	任　职　时　间
1	邵丝黛(Torill Oftedal Sjaastad)	1996年9月—2000年4月
2	魏博(Odd Wibe)	2001年2月—2005年8月
3	诺和平(Fred Harald Nomme)	2005年9月—2010年12月

十六、比利时驻上海总领事馆

【概况】

1985年6月3日,中华人民共和国政府和比利时王国政府就互设总领事馆达成协议。1985年

9月27日，比利时驻上海总领事馆开馆。领区范围为上海市、江苏省、浙江省、安徽省。1990年7月10日，比利时驻沪总领事馆正式照会上海市政府外办，从1990年7月31日起闭馆。1996年6月10日，中华人民共和国政府和比利时王国政府达成比利时王国在上海重设总领事馆协议。1996年10月1日，比利时驻沪总领事馆重新设立。1997年7月3日，比利时驻沪总领事馆举行开馆仪式，比利时外长德雷克出席开馆仪式。比利时外长德雷克和上海市副市长赵启正分别在开馆仪式上致辞。比利时驻华大使克莱尔·吉尔尚出席开馆仪式。领区范围为上海市、浙江省、江苏省、安徽省。领馆馆址为武夷路127号。

【一般公务和事项往来】

一般公务：上海市领导和比利时驻沪总领事应邀出席对方举行的有关活动。比利时有关团组到访、驻华大使来沪和驻沪总领事到任或离任时，与上海市领导和有关方面领导会见，就发展相互合作和交流交换意见等。其中有：1990年5月，比利时驻沪总领事莫顿在会见市政府外办主任赵云俊时，谈到比方财政紧缩，将暂时关闭驻沪总领事馆等几个领馆之事。他说，他为在任期间能代表比利时政府参与比方同上海的合作感到高兴，比利时与上海合作关系的发展是健康的。1990年7月，比利时驻沪总领事馆正式照会市政府外办，从1990年7月31日起闭馆。7月21日，比利时驻沪总领事馆为庆祝比利时国庆及为领馆闭馆事举行招待会，副市长刘振元出席。1996年10月，比利时驻沪总领事雷诺拜会市政府外办主任夏守安，就两地合作事宜交换意见。1999年10月，副市长周慕尧会见到沪访问的比中经贸委员会主席德威特一行，双方就两地进一步加强在经贸、文化、旅游等方面的交流与合作交换意见。2000年6月，比利时驻沪总领事耐斯致函市长徐匡迪，通报比利时西格斯集团(SEGHERS)有意参与上海石洞口污水处理厂项目的竞争。2003年4月，副市长姜斯宪会见即将离任的比利时驻沪总领事麦克斯，对他在任期间为中比友好合作和交流所作的努力表示感谢。2003年9月，市长韩正会见比利时驻华大使万德斯和比利时驻沪总领事穆励。总领事希望在任期内为上海提供更好服务，并进一步推动双方在经贸、文化等领域的合作和交流。2004年11月，比利时驻沪总领事馆举行酒会，欢迎到沪访问的比利时王储菲利普，市有关方面负责人出席。2005年11月，市人大常委会主任龚学平会见比利时众议院院长德克罗一行，双方就人大职能、机构组成及作用进行交流。2007年8月，副市长唐登杰会见即将离任的比利时驻沪总领事穆励，双方就两地在教育、文化、高科技、服务业等方面的新一轮合作交换意见。2007年10月，比利时驻沪总领事裴泽东在会见副市长唐登杰时表示，比利时政府十分重视与中国尤其是上海在经贸、金融及高科技领域的合作与交流，也很重视在教育和文化领域的合作。2008年5月，副市长唐登杰会见比利时外长卡洛·德古赫特一行，双方就拓展在经贸、港口、金融、友好城市、钻石产业等领域的合作交换意见。2009年8月，市政府外办主任李铭俊在会见即将离任的比利时驻沪总领事裴泽东时，对总领事在任期间为推动上海与比利时的交流合作所作的贡献表示感谢。总领事表示，在沪工作期间，亲身感受到上海在两国友好关系中的重要作用，他将会继续为推动比利时与上海的交流而努力。2009年9月，副市长唐登杰在会见比利时驻沪总领事乔志时表示，上海市政府非常重视与比利时在经济、文化、金融等领域的交流合作，希望总领事为继续拓展两地的友好关系作出努力。总领事表示，比利时非常愿意与中国及上海开展双赢的合作。

事项往来：比利时驻沪总领事馆开馆后，向上海有关部门了解上海地铁建设和引进外资情况。1986年10月，比利时驻沪总领事莫顿到任后，领馆在经济、文化方面的活动进一步开展，就上海地铁建造等项目向上海有关部门探询合作的可能性。莫顿还多次在比利时大学校长、音乐家等文化、教育界人士访沪期间,在领馆内举行联谊、交流活动,促进双方人士的交流。1988年7月,比利时驻沪总领事莫顿在领馆内代表比利时国王将一枚“皇冠荣誉勋章”授予上海第二医科大学附属瑞金医院前院长、著名外科教授傅培彬,表彰他为比中两国友谊所作的贡献。上海贝尔电话设备制造有限公司是中比合资的最大企业,由于技术转让和价格等方面的问题,曾几度遇到困难。比利时驻沪总领事馆为此多次与上海外经贸、邮电等部门商谈,谋求解决办法。1988年,在双方合资成立贝岭微电子公司过程中,比方曾要求推迟双方协议的技术转让进度,经市政府外办和比利时驻沪总领事馆进行协调后,这一合作项目仍按原协议推进。1999年10—11月,比利时驻沪总领事馆举行比利时节,内容包括比中经贸洽谈、比利时音乐家演出、比利时食品节、比利时连环画展和高级钻石培训班等,副市长周慕尧应邀出席。2001年9月,为庆祝比中建交30周年,比利时驻沪总领事馆举办比利时新民间“天籁之音”(LAIS)乐队音乐会。

表5-1-39 1985—2010年比利时驻上海总领事馆历任总领事一览表

序号	姓名	任职时间
1	约翰·达沃(Jean Davaux)	1985年9月—1986年10月
2	莫顿(Jan Mutton)	1986年10月—1990年7月
3	帕特里克·雷诺(Patrick Renault)	1996年7月—1997年8月
4	耐斯(Patrick L. P. M. Nijs)	1997年9月—2000年8月
5	麦克斯(Herman Merckx)	2000年9月—2003年5月
6	穆励(Marc G. A. Mullie)	2003年8月—2006年8月
7	裴泽东(Marc Pecsteen de Buytswerve)	2006年9月—2009年8月
8	乔志(Bruno Georges)	2009年8月—

十七、塞尔维亚(含南斯拉夫、塞尔维亚和黑山)驻上海总领事馆

【概况】

塞尔维亚驻上海总领事馆前身为塞尔维亚和黑山驻上海总领事馆。塞尔维亚和黑山驻上海总领事馆原为南斯拉夫驻上海总领事馆。原南斯拉夫驻沪总领馆是根据中华人民共和国政府和南斯拉夫联盟共和国政府(以下简称“南联盟”)1998年2月11日所达成的互设总领事馆协议,于1998年6月15日设立的。1998年7月3日,南斯拉夫驻沪总领事馆举行开馆仪式,南斯拉夫外交部秘书长拉德万·马托维奇出席开馆仪式。马托维奇和上海市副市长左焕琛分别在开馆仪式上致辞。南斯拉夫驻华大使翁科维奇出席开馆仪式。2003年2月,南联盟改名为塞尔维亚和黑山共和国,南斯拉夫驻上海总领事馆遂改称为塞尔维亚和黑山驻上海总领事馆。2006年6月,塞尔维亚和黑山先后宣告独立,分别成立塞尔维亚共和国和黑山共和国,塞尔维亚共和国沿袭塞黑联盟的国际地位,为此,原塞尔维亚和黑山驻上海总领事馆又易名为塞尔维亚共和国驻上海总领事馆。领区范围为上海市、浙江省、江苏省、安徽省。领馆馆址为长宁区古北新区荣华东道60弄1号里昂花园801室。

【一般公务和事项往来】

上海市领导和塞尔维亚(含南斯拉夫、塞尔维亚和黑山,下同)驻沪总领事应邀出席对方举行的

有关活动。塞尔维亚有关团组到访、驻华大使到沪和驻沪总领事到任或离任时，与上海市领导和有关方面领导会见，就发展相互合作和交流交换意见等。其中有：2001 年 2 月，副市长周慕尧会见即将离任的南斯拉夫驻沪总领事耶罗蒂奇·布拉尼斯拉夫，对其任内所做的工作表示感谢。2002 年 3 月，副市长周慕尧会见南斯拉夫驻沪总领事德拉斯科·约瓦诺维奇，双方就推动两地的经济交流和合作交换意见。2006 年 1 月，副市长唐登杰会见即将离任的塞尔维亚和黑山共和国驻沪总领事德拉斯科·约瓦诺维奇，对其任内所做的工作表示感谢，希望能进一步加强双方在经贸、文化等领域的友好交流与合作。2006 年 6 月 6 日，塞尔维亚驻沪总领事馆照会市政府外办称，鉴于黑山共和国已正式宣布独立，根据塞黑联盟宪章第 60 条规定，以及塞尔维亚共和国议会于 2006 年 6 月 5 日举行的会议，塞尔维亚共和国沿袭塞黑联盟的国际地位。为维持原有外交关系，原塞尔维亚和黑山驻上海总领事馆易名为塞尔维亚共和国驻上海总领事馆，继续执行其外交使命。2006 年 9 月，塞尔维亚驻华大使在拜会副市长唐登杰时表示，由于诸多客观原因，塞尔维亚和中国的交流不多，希望在其任内能推动双方的友好合作和交流，尤其希望在上海举行各类情况介绍会、研讨会等，以吸引上海的企业到塞投资。2007 年 11 月，副市长唐登杰会见到沪参加 2010 年上海世博会第二次参展方会议的塞尔维亚经济与地区发展部部长兼 2010 年上海世博会塞尔维亚总代表丁克奇，双方就开展在经济领域的合作进行探讨。2008 年 2 月，塞尔维亚驻沪总领事馆代理馆长奈纳德·焦尔杰维奇紧急约见市政府外办主任助理范宇飞，就科索沃局势表明塞政府的态度。2009 年 12 月，副市长唐登杰会见塞尔维亚驻沪总领事佐澜·帕夫洛维奇，双方就进一步加强经贸、文化等领域的合作交换意见。

表 5-1-40　1998—2010 年塞尔维亚(含南斯拉夫、塞尔维亚和黑山)驻上海总领事馆历任总领事一览表

序　号	姓　　名	任　职　时　间
1	耶罗蒂奇·布拉尼斯拉夫(Jerotic Branislav)	1998 年 6 月—2001 年 3 月
2	德拉斯科·约瓦诺维奇(Drasko Jovanovic)	2002 年 2 月—2006 年 1 月
3	柳比沙·佩洛维奇(Ljubisa Perovic)	2006 年 2 月—2006 年 6 月
4	奈纳德·焦尔杰维奇(Nenad Djordjevic)	2006 年 7 月—2009 年 8 月(代理馆长)
5	佐澜·帕夫洛维奇(Zoran Pavlovic)	2009 年 9 月—

十八、西班牙驻上海总领事馆

【概况】

1985 年 6 月 26 日，中华人民共和国政府和西班牙政府达成西班牙在上海设立总领事馆协议。1999 年 5 月 7 日，西班牙驻上海总领事馆设立。领区范围为上海市、浙江省、江苏省。2007 年 4 月扩大到安徽省、江西省。领馆馆址为中山东一路 12 号 301—303 室。

【一般公务和事项往来】

一般公务：上海市领导和西班牙驻沪总领事应邀出席对方举行的有关活动。西班牙有关团组到访、驻华大使来沪和驻沪总领事到任或离任时，与上海市领导和有关方面领导会见，就发展相互合作和交流交换意见等。其中有：2004 年 7 月，副市长唐登杰会见即将离任的西班牙驻沪总领事何塞・安东尼奥・索里亚,对总领事在任期间为西班牙与上海的交流合作所作的努力表示感谢。2005年7月,副市长杨雄在会见西班牙发展部部长玛格达莱娜・阿尔萨时表示,欢迎西班牙企业到沪参与上海城市建设。2006年5月,西班牙拉里奥哈自治区主席佩德罗・桑斯・阿隆索到沪出席"上海国际食品饮料节",在会见副市长唐登杰时,阿隆索希望加强两地在葡萄酒加工、食用菌培育和旅游等领域的合作和交流。2006年10月,西班牙马德里自治区副主席伊格纳西奥・冈萨雷斯在会见副市长杨雄时,表达马德里企业希望参与上海地铁建设和供水系统改造项目的愿望。2006年10月,西班牙驻沪总领事圣・马丁・亚历格德罗・阿尔瓦冈萨雷斯在西班牙国庆招待会上表示,西班牙政府非常重视两国之间的战略伙伴关系,希望进一步推动双方在经济、文化、科技等领域的合作和交流。2008年10月,副市长沈晓明在出席西班牙驻沪总领事馆举行的国庆招待会时,感谢西班牙驻沪总领事馆为推动上海和西班牙的合作和交流所做的工作,表示上海世博会将学习西班牙成功举办"水与可持续发展"专题世博会的经验。

事项往来:一是经贸、文化方面。1999年,经西班牙驻华大使推荐,西班牙一公司对为上海地铁三号线安装自动售票及检票系统、推动上海建造人造海滩等项目表示出很大兴趣。2000年11月,西班牙驻沪总领事馆和贸促会上海分会联合举办"2000西班牙家居展",此为西班牙在海外举办的规模最大的家居展览。展览期间,西班牙王子、副首相分别率高层代表团到访。同时还进行著名画家米罗作品展览、著名舞蹈家霍金・科尔多斯演出等文化活动。2001年3月,西班牙驻沪总领事馆商务副领事拜会浦东新区领导,双方就西班牙与上海在经贸领域内的合作和交流潜力交换意见。2001年5月,西班牙驻沪总领事馆在沪举办西班牙著名画家达利画展。2003年3月,西班牙驻沪总领事馆举办"西班牙电影周",放映《吉普赛人的灵魂》等6部影片。2003年7月,西班牙驻沪总领事馆举办爱德华多・乌尔库洛艺术作品展。2004—2007年,西班牙驻沪总领事馆积极参与组织"第三届中西论坛""投资论坛""中国西班牙年"等重要活动。2005年5月,西班牙驻沪总领事馆与市外经贸委联合举办"中西企业投资合作洽谈会"。2005年10月,为西班牙参加上海2010年世博会作前期准备,西班牙仿古帆船"胜利"号在结束参展日本爱知博览会后到沪访问,宣传西班牙文化,增进双方的了解。2007年7月—2008年2月,西班牙在沪举办"西班牙文化年",活动包括"高迪建筑模型展""普拉多博物馆藏品展""西班牙美食节"和多个研讨会等。2007年11月,上海西班牙塞万提斯学院举行揭牌仪式。西班牙王王储阿斯图利亚斯夫妇出席仪式并致辞。2009年10月,西班牙驻沪总领事馆举办弗拉门戈吉他演奏会,为中国观众提供一个近距离接触西班牙文化的机会。二是旅游方面。2005年11月,西班牙驻沪总领事圣・马丁・亚历杭德罗・阿尔瓦冈萨雷斯在拜会市旅游委时表示,中国赴西班牙旅游人数还不够理想,因此,西班牙一些大旅行社希望在上海设立办事处,以增进相互了解、交流,加强与中国同行的联系、协调,促进共同合作和发展。

表5-1-41　1999—2010年西班牙驻上海总领事馆历任总领事一览表

序　号	姓　　名	任　职　时　间
1	何塞・马特莱斯・曼索(Jose Matres Manso)	1999年5月—2001年7月
2	何塞・安东尼奥・索里亚(Jose Antonio Zorrilla)	2001年7月—2004年8月
3	圣・马丁・亚历杭德罗・阿尔瓦冈萨雷斯(Alejandro Alvargonzalez San Martin)	2004年8月—2007年7月
4	安东尼奥・塞古拉・莫里斯(D. Antonio Segure Moris)	2007年8月—

十九、罗马尼亚驻上海总领事馆

【概况】

1978年8月21日，中华人民共和国政府和罗马尼亚政府达成互设总领事馆协议。2000年2月1日，罗马尼亚驻上海总领事馆设立。2006年10月，罗马尼亚驻沪总领事馆临时闭馆。2007年9月重新开馆。领区范围为上海市、浙江省、江苏省，2004年1月6日起增加安徽省。领馆馆址为成都北路199号恒利国际大厦502室。

【一般公务和事项往来】

上海市领导和罗马尼亚驻沪总领事应邀出席对方举行的有关活动。罗马尼亚驻华大使到沪、驻沪总领事到任或离任时，与上海市领导和有关方面领导会见，就发展相互合作和交流交换意见等。其中有：2002年11月，副市长周慕尧会见罗马尼亚驻华大使维奥莱尔·伊斯蒂乔阿亚夫妇，双方就加强罗马尼亚与上海在各方面的交流与合作交换意见。2003年12月，副市长姜斯宪会见即将离任的罗马尼亚驻沪总领事扬·斯古比叶鲁，感谢他在任期间为发展上海与罗马尼亚间的交流合作所作的努力。2004年3月，罗马尼亚驻沪总领事杨·波恩在拜会副市长姜斯宪时表示，任内将注重经济事务，计划组织联系罗马尼亚一些企业到沪考察，希望上海企业家也能去罗马尼亚考察访问。2006年10月，罗马尼亚驻沪总领事馆照会上海市政府外办，称其代总领事拉杜于10月12日离任回国，在其继任者到任前，罗马尼亚驻沪总领馆将临时闭馆。2007年7月，罗马尼亚驻华使馆照会中国外交部，希望罗马尼亚驻沪总领事馆于2007年9月重新开馆，中国外交部复照表示同意。2007年10月，副市长唐登杰会见罗马尼亚驻沪总领事亚历山德鲁·格鲁马兹，对总领事到沪工作表示欢迎，希望在任期间为推动上海与罗马尼亚在各个领域的合作交流作出努力。总领事表示，他希望在任期内为两地交流合作作出成绩。2008年1月，罗马尼亚驻沪总领事馆转来布加勒斯特市市长和副市长分别致上海市长韩正、副市长唐登杰的信函，希望加强布加勒斯特与上海的关系。2009年5月，副市长唐登杰会见即将离任的罗马尼亚驻沪总领事亚历山德鲁·格鲁马兹，对总领事在任期内为上海与罗马尼亚的交流与合作所作的努力表示感谢。2010年6月，副市长唐登杰在会见罗马尼亚驻沪总领事弗洛林-马流斯·塔库时表示，希望总领事在任期内为推动罗马尼亚与上海在各领域的合作交流多做工作。总领事表示，他将重点落实中罗两国在经贸、文化和教育合作框架内的项目，并积极推动上海与罗马尼亚在人员交流方面的工作。此外，2001年12月，罗马尼亚驻沪总领事馆向上海图书馆捐赠介绍罗马尼亚历史、文化、风土人情方面的书籍100余册。

表5-1-42　2000—2010年罗马尼亚驻上海总领事馆历任总领事一览表

序号	姓名	任职时间
1	马林·伏冷古匝(Marin Vrancuta)	2000年3月—2000年7月(代总领事)
2	扬·斯古比叶鲁(Ion Scumpieru)	2000年8月—2003年12月
3	杨·波恩(Ioan Paun)	2004年1月—2005年
4	博格丹·拉杜(Bogdan Radu)	2005年—2006年10月(代总领事)

(续表)

序　号	姓　　名	任　职　时　间
5	亚历山德鲁·格鲁马兹(Alexandru Grumaz)	2007年10月—2009年5月
6	弗洛林-马流斯·塔库(Florin－Marius Tacu)	2010年4月—

二十、爱尔兰驻上海总领事馆

【概况】

2000年1月19日,中华人民共和国政府和爱尔兰政府达成设立总领事馆协议。2000年8月1日,爱尔兰驻上海总领事馆设立。2000年9月13日,爱尔兰驻沪总领事馆举行开馆仪式。爱尔兰副总理玛丽·哈尼出席开馆仪式。哈尼和上海市副市长左焕琛在开馆仪式上分别致辞。爱尔兰驻华大使康德伦出席开馆仪式。领区范围为上海市、浙江省、江苏省、安徽省、江西省。领馆馆址为南京西路1376号上海商城700A室。

【一般公务和事项往来】

一般公务:上海市领导和爱尔兰驻沪总领事应邀出席对方举行的有关活动。爱尔兰驻华大使到沪、驻沪总领事到任或离任时,与上海市领导和有关方面领导会见,就发展相互合作和交流交换意见等。其中有:2005年8月,副市长杨雄会见爱尔兰环境部部长帕特·奥其弗,双方就环境保护等领域的交流与合作进行交谈。2007年5月,爱尔兰驻沪总领事欧博仁在拜会市长韩正时说,爱尔兰自加入欧盟以来,已从一个比较贫穷的国家发展成为欧盟第二富国。爱尔兰将把对外投资重心放到中国,尤其是上海。2010年5月,爱尔兰驻沪总领事奥里欧顿举行招待会,欢迎到沪访问的爱尔兰外长马丁、上海友好城市科克市市长莫非。市政府有关方面负责人出席招待会。会上,还举行《爱尔兰亚太战略和中爱关系》新书发布会。

事项往来:一是人员培训。2002年起,由上海市政府外办和爱尔兰驻沪总领事馆共同发起,在爱尔兰驻沪总领事馆的积极推动下,爱尔兰外交部与上海市政府外办合作,开展上海外事干部赴爱尔兰培训项目。2002—2010年,已连续九年共举办9期培训班,共有上海和长三角地区近40名外事干部赴爱尔兰参加培训,取得积极成果。二是经贸方面。2006年6月,爱尔兰企业、贸易和就业部部长迈克尔·马丁到沪,出席爱尔兰驻沪总领事馆经济处成立仪式等活动。2006年10月,爱尔兰国际贸易部副部长埃亨率领上海友好城市科克市企业家代表团访沪,意在加强两市企业家之间的联系。在沪期间,代表团与上海国际商会联合举办经贸论坛。三是文化、旅游方面。2003年4月,上海孙中山故居纪念馆、爱尔兰驻沪总领事馆在沪举行爱尔兰著名作家"萧伯纳先生访问上海70周年纪念活动"开幕式,市政协副主席谢丽娟应邀出席。2007年3月,爱尔兰驻沪总领事馆、爱尔兰旅游局和卢湾区政府在沪联合举办"爱尔兰周",活动包括旅游信息、特色饮食、"爱尔兰角"英语口语俱乐部、传统的"圣帕特里克日"巡游等,以增进上海市民对爱尔兰的了解。同年,爱尔兰特奥会官员专程到沪,传授爱尔兰承办特奥会的经验并向上海输送特奥会组织人才。爱尔兰著名的管理培训咨询公司IDI公司多次与卢湾区商谈,希望在教育、文化、人才培训等方面与中方合作。2008年3月,爱尔兰驻沪总领事馆在卢湾区政府的支持下,在"圣帕特里克日"节日期间,举办"爱尔兰周”系列活动。活动内容包括爱尔兰传统音乐舞蹈表演、当代艺术展、爱尔兰—上海经贸论坛、“圣帕特里克日”巡游等。2009 年 3 月，爱尔兰驻沪总领事馆在沪举办“爱尔兰周”，重点推介爱尔兰旅游和投资环境。同时，在爱尔兰驻沪总领事馆帮助下，“爱尔兰研究中心”在上海师范大学成立。2009 年 6 月，为纪念爱尔兰中国建交 30 周年及爱尔兰作家詹姆斯·乔伊斯和他的代表作《尤利西斯》的“布鲁姆日”(布鲁姆为《尤利西斯》中的主人公)，爱尔兰驻沪总领事馆举行招待会，共约 100 人出席。

表 5-1-43　2000—2010 年爱尔兰驻上海总领事馆历任总领事一览表

序　号	姓　　名	任　职　时　间
1	孔吉瑞(Geoffrey Keating)	2000 年 5 月—2004 年 8 月
2	欧博仁(Nicholas O'Brien)	2004 年 8 月—2008 年 8 月
3	奥里欧顿(Conor O'Riordan)	2008 年 9 月—

二十一、乌克兰驻上海总领事馆

【概况】

2000 年 3 月 2 日，中华人民共和国政府和乌克兰政府达成乌克兰在上海设立总领事馆协议。2001 年 8 月，乌克兰驻沪总领事馆在临时馆址对外办公。2002 年 1 月 30 日，乌克兰驻上海总领事馆正式设立。同日，乌克兰驻沪总领事馆举行开馆仪式。乌克兰外长兹连科出席开馆仪式，与副市长杨晓渡在开馆仪式上分别致辞。乌克兰驻华大使列兹尼克出席开馆仪式。领区范围为上海市、浙江省、江苏省、安徽省、福建省、江西省。领馆馆址为仙霞路 88 号太阳广场西塔 502 室。

【一般公务和事项往来】

上海市领导和乌克兰驻沪总领事应邀出席对方举行的有关活动。乌克兰驻华大使到沪、驻沪总领事到任或离任时，与上海市领导和有关方面领导会见，就发展相互合作和交流交换意见等。其中有：2004 年 1 月，副市长姜斯宪会见即将离任的乌克兰驻沪总领事马丁年科，对他在任期间为促进乌克兰与上海在各方面的交流所作的贡献表示感谢。2004 年 6 月，市人大常委会副主任周慕尧、副市长唐登杰分别会见乌克兰驻华大使卡梅舍夫，双方就进一步促进上海和乌克兰在经贸、造船、钢铁及通信等领域的交流与合作交换意见。2006 年 8 月，副市长唐登杰会见即将离任的乌克兰驻沪总领事塔胜利。总领事表示，乌克兰政府十分重视发展对华关系，乌克兰驻沪总领事馆致力于帮助基辅与上海建立友好合作关系，并着重在经贸、科技、教育等领域开展与上海的交流与合作。2009 年 7 月，副市长唐登杰会见即将离任的乌克兰驻沪总领事卡尔玛多诺娃·安娜。唐登杰感谢总领事在任期间为上海与乌克兰在各领域的交流与合作所作的努力。总领事表示，乌克兰和上海在许多领域还有着巨大的合作潜力，如建筑工程、飞机制造等，回国后将继续推动与中国在经济、科技、文化、教育等各领域的交流。2009 年 9 月，副市长唐登杰在会见乌克兰驻沪总领事谢军时表示，上海和乌克兰在经贸、文化、教育等领域的合作和交流取得积极进展，上海市政府鼓励企业家走出国门开拓国际市场，相信会有越来越多的上海企业家去乌克兰寻找合作机会。总领事表示，乌克兰政府高度重视发展和中国的关系。2009年9月,乌克兰驻沪总领事馆和市对外文化交流协会合作举办“乌克兰油画精品展”。

表5-1-44　2001—2010年乌克兰驻上海总领事馆历任总领事一览表

序　号	姓　　名	任　职　时　间
1	米科拉·马丁年科(Mykola Martynenko)	2001年4月—2004年2月
2	塔胜利(Victor Tanasi Ichuk)	2004年7月—2006年9月
3	卡尔玛多诺娃·安娜(Karmadonova Hanna)	2006年10月—2009年3月
4	谢军(Serhiy Burdyliak)	2009年4月—

二十二、匈牙利驻上海总领事馆

【概况】

1988年9月22日,中华人民共和国政府和匈牙利共和国政府就中匈互设总领事馆通过互换照会达成协议。1988年12月5日,匈牙利驻上海总领事馆开馆,匈牙利外长瓦尔科尼至沪主持开馆仪式和招待会,上海市副市长刘振元应邀出席。匈牙利驻沪总领事馆的领区范围为上海市、江苏省、浙江省、安徽省。馆址在延安东路100号联谊大厦。1990年12月15日,匈牙利驻沪总领事馆暂时闭馆。

2004年4月7日,中华人民共和国政府和匈牙利共和国政府达成匈牙利重开驻上海总领事馆协议。2004年8月16日,匈牙利驻沪总领事馆重新设立。2004年9月29日,匈牙利驻沪总领事馆举行复馆仪式。匈牙利外交部国务秘书豪伊杜·安德拉什出席复馆仪式。上海市副市长胡延照出席复馆仪式并致辞。匈牙利驻华大使美沙洛什·山道尔出席复馆仪式。领区范围为上海市、江苏省、浙江省、安徽省、福建省。领馆馆址为广东路689号海通证券大厦28楼2810室、2811室。

【一般公务和事项往来】

一般公务:上海市领导和匈牙利驻沪总领事应邀出席对方举行的有关活动。匈牙利驻华大使来沪、驻沪总领事到任或离任时,与上海市领导和有关方面领导会见,就发展相互合作和交流交换意见等。其中有:2005年4月,市政府外办主任杨国强会见匈牙利驻沪总领事海博,双方就上海与匈牙利开展在文化、旅游、经贸等领域的合作和交流交换意见。2005年9月,副市长杨晓渡会见匈牙利文化部部长一行,双方就促进匈牙利文艺团体参与上海国际艺术节、上海旅游节、上海国际电影节及加强双方在高等教育领域的交流合作进行交谈。2008年4月,匈牙利驻沪总领事海博在拜会市政府外办主任李铭俊时,通报领馆活动计划,如中匈经贸合作,尤其是推动上海建工集团落户布达佩斯“中国品牌展示中心”项目、促进上海和中欧地区直达航班,促进双方旅游业的发展等。2009年7月,副市长唐登杰会见即将离任的匈牙利驻沪总领事海博,唐登杰对总领事在任内为拓展上海与匈牙利在各领域的合作和交流所作的积极而富有成果的工作表示感谢。海博重申匈政府对2010年上海世博会的重视,并表示将利用匈牙利参加上海世博会的机会,增加匈中文化交流预算,积极开展匈中文化交流项目。2009年12月,副市长唐登杰会见匈牙利驻沪总领事库蒂·拉斯洛,双方就加强合作交流交换意见。总领事表示,匈牙利政府对发展与中国,尤其是与上海的友好关系非常重视，鼓励并欢迎中国尤其是上海企业到匈牙利投资合作，利用区位优势实现互利共赢。2010 年 2 月，副市长唐登杰会见匈牙利外长彼得·鲍拉日一行，唐登杰表示上海非常重视并鼓励上海企业到匈牙利进行贸易投资并开拓业务，期望进一步扩大双方的合作领域。大使在谈到匈牙利参展上海世博会时表示，虽然遇到国际金融危机的影响，但匈牙利政府仍在经济上支持并保证匈牙利顺利参展。

事项往来：一是经济、文化方面。匈牙利驻沪总领事馆的前身是匈牙利商会驻中华人民共和国上海办事处。办事处于 1985 年成立，属匈牙利驻华大使馆领导，负责匈牙利在上海、江苏及浙江的商务，曾联络、组织匈方几个代表团访沪。匈牙利驻沪总领事馆开馆后仍继续进行原商会办事处在商务方面的业务，曾组织举办“匈牙利周”，以促进匈中经济贸易往来。2006 年，匈牙利驻沪总领事馆举办“匈牙利旅游推介会”，拓展双方旅游产业的合作和交流。2007 年 4 月，应匈牙利驻沪总领事馆邀请，匈牙利地方政府与地区发展部国务秘书访沪，就中匈城市发展与建筑、旅游等领域与市有关部门进行交流和探讨，并表示将就匈牙利佩奇市与上海市建立友好城市关系事作进一步推动和促进。2007 年 9—11 月，匈牙利驻沪总领事馆举办“匈牙利经济文化节”系列活动，以文化为渠道与上海进行广泛交流。其间，匈牙利总理久尔恰尼·费伦茨到沪出席匈牙利国家交响乐团到沪演出暨经济文化节开幕式，还与上海市有关部门共同举办“中匈经济贸易论坛”、匈牙利诗人裴多菲雕像落成仪式，匈牙利艺术团体参与上海国际艺术节演出等。二是邬达克纪念活动。2008 年 6 月起，为纪念匈牙利建筑大师邬达克诞辰 115 周年和逝世 50 周年，匈牙利驻沪总领事馆在沪举办历时 1 年的“邬达克年”活动，内容包括中国文化遗产日“邬达克展”、多场有关邬达克与上海建筑的研讨会、相关新书的出版、步行考察邬达克建筑如国际饭店、沐恩堂、大光明电影院、吴同文住宅“绿屋”等活动。2009 年 5 月，匈牙利驻沪总领事馆在沪举办“邬达克与上海”尔冬强摄影作品展暨庆祝“邬达克年”闭幕活动。三是教育方面。2008 年以来，在匈牙利驻沪总领事馆的牵头和努力下，上海与匈牙利在教育领域的合作交流取得积极进展，其中包括：同济大学与匈牙利科技大学、上海交通大学医学院与布达佩斯塞梅尔威斯大学医学院、上海音乐学院与李斯特音乐学院、上海工艺美术职业学院与匈牙利手工艺术家协会等建立友好合作关系并开展交流。

表 5-1-45　1988—2010 年匈牙利驻上海总领事馆历任总领事一览表

序　号	姓　　名	任　职　时　间
1	赫拉斯·安德拉什(Andras Halasz)	1988 年 11 月—1990 年 8 月
2	法洛伊夫(Zoltan Forrai)	1990 年 9 月—1990 年 12 月(代总领事)
3	海博(Tamas Hajba)	2004 年 8 月—2009 年 7 月
4	库蒂·拉斯洛(Laszlo Peter Kuti)	2009 年 10 月—

二十三、斯洛伐克驻上海总领事馆

【概况】

2004 年 7 月 30 日，中华人民共和国政府和斯洛伐克共和国政府达成斯洛伐克在沪设立总领事馆协议。2004 年 9 月 1 日，斯洛伐克驻上海总领事馆设立。领区范围为上海市、江苏省、浙江省、安徽省、江西省、福建省。领馆馆址为淮海中路 1375 号启华大厦 4B。

【一般公务和事项往来】

一般公务：上海市领导和斯洛伐克驻沪总领事应邀出席对方举行的有关活动。斯洛伐克驻华大使到沪、驻沪总领事到任或离任时，与上海市领导和有关方面领导会见，就发展相互合作和交流交换意见等。其中有：2006年3月，斯洛伐克驻沪总领事伊格尔·帕佐拉克在拜会副市长唐登杰时表示，斯洛伐克虽然在地理条件、人口资源等方面与中国有很大区别，但两国同为经济快速增长的发展中国家，在出口贸易和引进外资等领域有很大的相似性，尤其在汽车制造等高科技领域方面，上海和斯洛伐克都具有很强的实力。他表示在任内将积极促进斯洛伐克和上海在经济贸易领域的合作，积极推进双方在文化、教育、旅游等领域的交流。2006年4月，斯洛伐克驻华大使吉格蒙德·贝尔托克在拜会副市长唐登杰时表示，斯洛伐克政府十分重视与中国、上海的友好合作关系，希望加强与上海在汽车、葡萄酒及旅游等领域的交流和合作。2010年5月，副市长唐登杰在会见即将离任的斯洛伐克驻沪总领事伊格尔·帕佐拉克时，赞扬总领事为促进两地在经贸、教育、文化等领域的合作和交流所作的开拓性工作及取得的成效，希望这种良好局面能得到传承和发展。总领事表示，中斯拥有相似的历史发展过程和共同的发展目标，相信一定会有很多的合作机会。2010年7月，副市长唐登杰在会见斯洛伐克驻沪总领事帕沃尔·希考勤时，希望双方借助上海世博会平台，加强在经济、贸易、旅游等多个领域的互补性合作。

事项往来：2007年11月，斯洛伐克驻沪总领事馆在沪举办“跨越国界的艺术——姐妹城市兄弟艺术家画展”，展出来自斯洛伐克和上海的几位艺术家的作品，表现上海的友好城市布拉迪斯拉发和上海之间的理解和友谊。2009年10月，为庆祝中斯建交60周年，斯洛伐克驻沪总领事馆与上海市人民对外友好协会、黄浦区人民政府合作，在沪举办“自然·时空·和谐”艺术展，展出斯洛伐克艺术家和中国当代艺术家的作品55幅。

图5-1-4 2009年10月12日，为庆祝中斯建交60周年，斯洛伐克驻沪领事馆和上海市人民对外友好协会、黄浦区人民政府在黄浦区图书馆举办“自然·时空·和谐”艺术展，斯洛伐克驻华大使出席开幕式

表 5-1-46　2005—2010 年斯洛伐克驻上海总领事馆历任总领事一览表

序　号	姓　　名	任　职　时　间
1	特博·布莱佐夫斯基(Tibor Brezovsky)	2005 年 8 月—2005 年 9 月
2	伊格尔·帕佐拉克(Igor Pacolak)	2006 年 3 月—2010 年 5 月
3	帕沃尔·希考勤(Pavol Sykorcin)	2010 年 5 月—

二十四、希腊驻上海总领事馆

【概况】

2004 年 2 月 11 日,中华人民共和国政府和希腊共和国政府达成希腊在沪设立总领事馆协议。2004 年 10 月 16 日,希腊驻上海总领事馆设立。2006 年 9 月,设立商务处。领区范围为上海市、江苏省、浙江省、安徽省、江西省、山东省。领馆馆址为长乐路 989 号世纪商贸广场 3501 室、3502 室。

【一般公务和事项往来】

一般公务:上海市领导和希腊驻沪总领事应邀出席对方举行的有关活动。希腊驻华大使到沪、驻沪总领事到任或离任时,与上海市领导和有关方面领导会见,就发展相互合作和交流交换意见等。其中有:2009 年 2 月,副市长唐登杰会见希腊驻沪总领事玛利亚·萨兰蒂,双方就加强希腊与上海的合作、2010 年上海世博会等交换意见。2009 年 5 月,希腊驻沪总领事玛利亚·萨兰蒂在拜会市人大常委会副主任周禹鹏时表示,希腊政府对上海的航运中心建设十分关注,期待与上海市政府及相关部门在该领域展开更紧密的合作。2009 年 8 月,希腊驻沪总领事玛利亚·萨兰蒂在会见市政府外办主任李铭俊时表示,希腊政府相当重视发展与上海的关系,针对世博期间的宣传工作和方便中国公民去希腊旅游,希腊驻沪总领事馆成立新闻处和签证中心。希腊驻沪总领事馆还与上海图书馆联系,邀请希腊知名学者到沪作讲座。她还希望在任期内进一步加强与上海在各领域的交流合作。2009 年 10 月,市长韩正会见希腊驻华大使塞德罗斯·耶奥卡凯罗斯,感谢希腊政府在上海申办和筹办世博会期间给予的支持。大使表示,希腊非常重视与上海发展良好的经济合作关系,也希望与上海建立起密切的文化交流合作关系。

事项往来:希腊驻沪总领事馆积极推进希中两国的相互了解和友谊。2005—2010 年,许多希腊高层领导相继到沪访问,包括希腊总理、议长以及外交、海运、文化、国防、教育、财政、旅游、司法、体育、社会保障等部的部长及其他高级官员,促进中西双方在经贸、教育、文化、旅游等多个领域的合作和交流。其中包括:2005 年底、2006 年初,希腊驻沪总领事馆借希腊总理访沪之机,举办两次中希经贸论坛,推动中希两国企业家的交流。2006 年 4 月,希腊教育部部长访沪,推动中希学生间的交流,并促成上海外国语大学希腊语班师生于同年暑期赴希腊游学等交流项目。2006 年 4 月,希腊驻沪总领事馆与市文广局合作,举办希腊电影周。2007 年 5 月,希腊外长访沪时,200 余名希腊企业家随行,在沪举办大型经贸论坛。2007 年 10 月,希腊国家女子舞蹈团访沪,参加上海国际艺术节。2008 年 3 月,希腊旅游发展部部长访沪,举办“希腊图片摄影展”“希腊美食节”、希腊民乐演奏会等。2008 年 4 月,希腊驻沪总领事蒂米特斯·阿尼诺斯拜访市民族与宗教事务委员会,双方就《上海市宗教事务条例》有关问题进行探讨和交流。2009 年 11 月,希腊驻沪总领事馆举行招待晚宴,主题为促进希中两国在海运领域所建立的密切合作关系,中希双方有关人员就两国海运合作、面临的机遇和挑战、上海建设国际航运中心的目标等议题进行探讨。2010年6月,希腊驻沪总领事馆在沪举办"雅典——栩栩如生的历史"图片及实物展览。2010年8月,希腊驻沪总领事馆在沪举办主题为"感受在希腊"的展览,希腊文化和旅游部部长帕夫洛斯・耶鲁拉诺斯专程到沪出席展览开幕式。其间,希腊驻沪总领事馆还举办"别具一格的旅游——疗养旅游:希腊与中国的比较""可持续旅游与城市改造:上升之路"等论坛。

表5-1-47 2005—2010年希腊驻上海总领事馆历任总领事一览表

序 号	姓 名	任 职 时 间
1	蒂米特斯・阿尼诺斯(Demetris Anninos)	2005年1月—2009年1月
2	玛利亚・萨兰蒂(Maria Saranti)	2009年1月—

二十五、保加利亚驻上海总领事馆

【概况】

2005年1月25日,中华人民共和国政府和保加利亚共和国政府达成保加利亚在沪设立总领事馆协议。2005年8月25日,保加利亚驻上海总领事馆设立。2005年12月2日,保加利亚驻上海总领事馆举行开馆仪式。保加利亚外交部副部长菲姆・乔瑟夫和上海市副市长胡延照出席开馆仪式。菲姆・乔瑟夫和胡延照在开馆仪式上分别致辞。保加利亚驻华大使安格尔・奥尔出席开馆仪式。领区范围为上海市、江苏省、浙江省、安徽省、江西省、福建省。领馆馆址为虹桥路2272号虹桥商务中心7楼K座。

【一般公务和事项往来】

一般公务:上海市领导和保加利亚驻沪总领事应邀出席对方举行的有关活动。保加利亚代表团到沪、驻沪总领事到任时,与上海市领导和有关方面领导会见,就发展相互合作和交流交换意见等。其中有:2005年9月,保加利亚驻沪总领事伊万・迪米特罗夫在会见副市长唐登杰时表示,在其任内将积极促进和发展上海同保加利亚在经贸投资、旅游、文化等领域的交流与合作,为保加利亚议会与上海市人大交流建立桥梁,并积极促成保加利亚港口城市与上海结成友好城市关系。2005年12月,副市长胡延照会见专程到沪出席保加利亚驻沪总领事馆开馆仪式的保加利亚外交部副部长菲姆・乔瑟夫一行。菲姆・乔瑟夫表示,保加利亚在沪设领的目的就是为了进一步促进保中在经贸、科技、文化、体育等各领域的交流与合作。保加利亚黑海沿岸有多个港口城市,保加利亚政府非常希望其中一个城市能与上海结为友好城市。2006年2月,保加利亚驻沪总领事伊万・迪米特罗夫在拜会市政协副主席宋仪侨时表示,保加利亚经济制度发生变化,经济稳步增长,投资环境良好,希望努力促进上海与保加利亚在各个领域的合作。2009年7月,副市长唐登杰会见保加利亚驻沪总领事伊万・迪米特罗夫,感谢他为开拓上海与保加利亚在各领域的交流与合作所作的努力,双方就进一步推动相互间的合作、索非亚与上海建立友好城市关系等交换意见。

事项往来:2006—2009年,保加利亚驻沪总领事馆先后组织并参与上海—保加利亚企业家对口洽谈会、保加利亚旅游推介会及红酒品酒会、保加利亚文化教育图片展、中保经贸论坛、保加利亚画展等活动。2009年5月,为庆祝中保建交60周年,保加利亚驻沪总领事馆举办保加利亚文化周图片展活动。2010 年 10 月，保加利亚交通、信息技术和通信部部长阿列克桑德尔·茨威特科夫访问上海，参观虹桥交通枢纽、洋山深水港，并与中远建设、上海电气、上海建设集团等领导商谈合作事宜。2010 年 11 月，保加利亚驻沪总领事伊万·迪米特罗夫在会见中方有关方面人士时表示，保加利亚政府非常重视同中国，特别是上海及其周边地区的伙伴关系。保加利亚对中国和上海的企业敞开大门，期望更多上海企业参与项目合作。

表 5-1-48　2005—2010 年保加利亚驻上海总领事馆历任总领事一览表

序　号	姓　　名	任　职　时　间
1	伊万·迪米特罗夫(Ivan Dimitrov)	2005 年 8 月—2010 年 11 月

二十六、葡萄牙驻上海总领事馆

【概况】

2005 年 10 月 16 日，中华人民共和国政府和葡萄牙共和国政府达成葡萄牙在沪设立总领事馆协议。2005 年 12 月 7 日，葡萄牙驻上海总领事馆设立。2006 年 9 月 6 日，葡萄牙驻上海总领事馆举行开馆仪式。葡萄牙侨民事务国务秘书安东尼奥·巴拉格和上海市副市长周太彤出席开馆仪式并分别致辞。葡萄牙驻华大使桑塔纳·卡洛斯出席开馆仪式。领区范围为上海市、江苏省、浙江省、安徽省、江西省。领馆馆址为威海路 567 号晶采世纪大厦 16C-D。

【一般公务和事项往来】

上海市领导和葡萄牙驻沪总领事应邀出席对方举行的有关活动。葡萄牙代表团到沪、驻沪总领事到任和离任时，与上海市领导和有关方面领导会见，就发展相互合作和交流交换意见等。其中有：2006 年 1 月，葡萄牙首任驻沪总领事若昂·卡布拉尔在拜会副市长唐登杰时表示，在沪设立总领事馆是葡萄牙政府一项重要而有意义的事情，葡萄牙在沪影响不大，企业也不多，设领馆的主要目的是为了吸引葡萄牙企业到上海来发展和投资。2007 年 2 月，葡萄牙总理若泽·苏格拉底一行 155 人访沪，副市长唐登杰代表市长韩正会见代表团。其间，葡萄牙总理苏格拉底出席“中国—葡萄牙经贸论坛”开幕式、“创新在中葡—未来梦想体验”情况说明会、葡萄牙葡萄酒品酒会暨中葡经贸合作等 16 个协议的签字仪式。2009 年 8 月，副市长唐登杰会见即将离任的葡萄牙驻沪总领事若昂·卡布拉尔时，对总领事在任期内对推动上海与葡萄牙的合作交流所作努力表示感谢。总领事希望能继续多了解中国、了解上海。2009 年 9 月，葡萄牙驻沪总领事勒木斯在拜会副市长唐登杰时表示，相信随着 2010 年上海世博会的成功举办，一定会吸引更多葡萄牙企业家到沪扩大与上海的经贸合作，也相信将有更多的上海企业家和市民去葡萄牙寻找合作机会和旅游，领馆也将继续致力于促进葡萄牙和上海在各领域的合作和交流。

表 5-1-49　2005—2010 年葡萄牙驻上海总领事馆历任总领事一览表

序　号	姓　　名	任　职　时　间
1	若昂·卡布拉尔(Joao Cabral)	2005 年 8 月—2009 年 8 月
2	勒木斯(Joaquim Moreira de Lemos)	2009 年 8 月—

二十七、卢森堡驻上海总领事馆

【概况】

2006年1月23日,中华人民共和国政府和卢森堡大公国政府达成卢森堡在沪设立总领事馆协议。2006年5月19日,卢森堡驻上海总领事馆设立。2006年9月8日,卢森堡驻上海总领事馆举行开馆仪式。卢森堡大公亨利和上海市副市长唐登杰出席开馆仪式并分别致辞。卢森堡驻华大使温鹍豪出席开馆仪式。领区范围为上海市、江苏省、浙江省、安徽省、福建省。领馆馆址为中山东一路12号401—403室。

【一般公务和事项往来】

上海市领导和卢森堡驻沪总领事应邀出席对方举行的有关活动。卢森堡代表团到沪、驻沪总领事到任和离任时,与上海市领导和有关方面领导会见,就发展相互合作和交流交换意见等。其中有:2007年11月,卢森堡经济与外贸大臣访沪,与副市长胡延照就双方经济、外贸、双边合作等事宜交换意见。2008年3月,卢森堡财政与预算大臣率卢森堡金融代表团访沪,与上海市领导就金融合作交换意见。2008年5月,卢森堡驻沪总领事费瑞朋在拜会市政府外办主任李铭俊时表示,卢森堡驻沪总领事馆将继续全力推进双方在经贸、金融和世博会等领域的合作。2008年6月,市政府外办主任李铭俊向卢森堡驻沪总领事费瑞朋颁发上海市红十字会荣誉证书,感谢总领事及卢森堡驻沪总领事馆对四川地震灾区的捐款。2010年6月,卢森堡驻沪总领事馆在上海世博会卢森堡馆举行"庆祝申根协议签订25周年"招待会,市有关方面负责人出席。

表5-1-50　2006—2010年卢森堡驻上海总领事馆总领事一览表

序　号	姓　　名	任　职　时　间
1	费瑞朋(Pierre Ferring)	2006年5月—

二十八、白俄罗斯驻上海总领事馆

【概况】

2008年8月5日,中华人民共和国政府和白俄罗斯共和国政府达成白俄罗斯在沪设立总领事馆协议。2008年11月21日,白俄罗斯驻上海总领事馆设立。2009年4月10日,白俄罗斯驻上海总领事馆举行开馆仪式,白俄罗斯驻华大使阿纳托利·托济克专程到沪出席。领区范围为上海市、浙江省、江苏省、安徽省、福建省、江西省。领馆馆址为延安西路2299号上海世贸商城1702室。

【一般公务和事项往来】

上海市领导和白俄罗斯驻沪总领事应邀出席对方举行的有关活动,白俄罗斯驻华大使到沪、驻沪总领事到任时,与上海市领导和有关方面领导会见,就发展相互合作和交流交换意见等。其中有:2008年11月,白俄罗斯驻华大使阿纳托利·托济克在拜会副市长唐登杰时表示,随着2005年12月白俄罗斯和中国两国领导人宣布建立战略合作伙伴关系,两国在各领域的交流与合作将不断发展。

白俄罗斯欢迎上海企业家前往投资，寻找合作机会，白俄罗斯和上海的合作将会达到一个新水平。

表 5-1-51　2008—2010 年白俄罗斯驻上海总领事馆总领事一览表

序　号	姓　　名	任　职　时　间
1	弗拉基米尔・沃罗别伊（Uladzimir Varabei）	2008 年 11 月—

二十九、冰岛驻上海总领事馆

【概况】

根据中华人民共和国政府和冰岛共和国政府 2009 年 9 月 18 日达成的关于冰岛在沪设立总领事馆的协议，2009 年 10 月 18 日，冰岛驻上海总领事馆设立。2009 年 11 月 24 日，冰岛驻沪总领事馆举行开馆仪式，冰岛驻华大使古士贤、上海市副市长唐登杰出席开馆仪式并分别致辞。冰岛驻沪总领事仁宝松出席开馆仪式。领区范围为上海市、浙江省、江苏省。领馆馆址为浦东新区花园石桥路 33 号花旗集团大厦 802A-1 室。

【一般公务和事项往来】

上海市有关方面领导和冰岛驻沪总领事应邀出席对方举行的有关活动，冰岛驻沪总领事到任时，与市有关方面领导会见，就发展相互合作和交流交换意见等。2010 年 9 月，冰岛驻沪总领事馆在沪举办“冰岛当代设计展”，意在推广冰岛文化，促进冰中文化交流，市有关方面领导出席。

表 5-1-52　2009—2010 年冰岛驻上海总领事馆总领事一览表

序　号	姓　　名	任　职　时　间
1	仁宝松（Hreinn Palsson）	2009 年 11 月—

三十、爱沙尼亚驻上海总领事馆

根据中华人民共和国政府和爱沙尼亚共和国政府达成的关于爱沙尼亚在沪设立总领事馆的协议，2010 年 10 月 25 日，爱沙尼亚驻上海总领事馆设立。领区范围为上海市、江苏省、浙江省、安徽省、江西省、福建省。领馆馆址为南京西路 1038 号梅陇镇广场 2108 室。

表 5-1-53　爱沙尼亚驻上海总领事馆总领事一览表

序　号	姓　　名	任　职　时　间
1	任华（Jaan Reinhold）	2011 年 3 月—

说明：任华总领事在爱沙尼亚在沪设领当年未到任，于 2011 年 3 月到任。

三十一、斯洛文尼亚驻上海领事馆

根据中华人民共和国政府和斯洛文尼亚共和国政府达成的关于斯洛文尼亚在沪设立领事馆的

协议,2010 年 6 月 24 日,斯洛文尼亚驻上海领事馆设立,并举行开馆仪式。在上海访问的斯洛文尼亚总理博鲁特・帕霍尔出席领馆开馆仪式并致辞。领区范围为上海市、江苏省、浙江省、安徽省。领馆馆址为南京西路 1038 号梅陇镇广场 2107A 室。

表 5-1-54　2010 年斯洛文尼亚驻上海领事馆领事一览表

序　号	姓　　名	任　职　时　间
1	柳博米尔・乌拉哥(Ljubomie Ulaga)	2010 年 7 月—

三十二、摩纳哥驻上海名誉领事馆

【概况】

2000 年 5 月 22 日,中华人民共和国政府和摩纳哥公国政府达成摩纳哥在沪设立名誉领事馆协议。2002 年 1 月 25 日,摩纳哥驻上海名誉领事馆设立。同日,摩纳哥驻上海名誉领事馆举行开馆仪式,上海市副市长周慕尧出席开馆仪式。2002 年 6 月 26 日,为欢迎摩纳哥王储阿尔贝访沪,摩纳哥驻上海名誉领事馆再次举行开馆仪式,上海市副市长周慕尧应邀出席。领区范围为上海市、江苏省、浙江省、安徽省。领馆馆址为浦东新区东方路 710 号汤臣金融大厦 2 楼 A-11 室。

【一般公务和事项往来】

2005 年 4 月,摩纳哥驻沪名誉领事馆在徐家汇天主教堂为摩纳哥亲王兰尼埃三世的去世举行吊唁仪式,市政府外办主任杨国强代表上海市政府出席吊唁仪式,并在吊唁簿上签名。

表 5-1-55　2001—2010 年摩纳哥驻上海名誉领事馆名誉领事一览表

序　号	姓　　名	任　职　时　间
1	徐枫(Hsu Feng)	2001 年 7 月—

第四节　美洲国家驻沪领事机构

美洲国家在沪设立的领事机构共有 12 家,占外国在沪设立领事机构总数的 17.39%。其中,总领事馆 11 家,名誉领事馆 1 家。美国于 1980 年 4 月在沪设立总领事馆,是该地区在沪设领最早的国家。

一、美国驻上海总领事馆

【概况】

中美建交后,两国政府于 1979 年 1 月 31 日在华盛顿签署《互相建立领事关系和开设总领事馆的协议》。同年 8 月 24 日,双方就中国驻旧金山、休斯敦总领事馆和美国驻上海、广州总领事馆设馆事宜换文。1980 年 4 月 28 日,美国驻上海总领事馆开馆。美国驻华大使伍德科克和首任驻沪总领事安德逊为开馆举行招待会。副市长赵行志、市人大常委会副主任张承宗、市政协副主席唐君远和市政府外办主任李储文等应邀出席。中国外交部美大司司长韩叙、领事司副司长聂功成和美国国务院中蒙处处长傅立敏出席招待会。领区范围为上海市、浙江省、江苏省、安徽省。领馆馆址为淮海中路1469号。

【一般公务和事项往来】

一般公务：每年，上海市领导和美国驻沪总领事都应邀出席对方举行的有关活动，包括中国国庆和美国独立纪念日招待会等。美国驻沪总领事到任或离任时，与上海市领导会见，就发展相互合作和交流交换意见。平时，上海市领导和市政府外办领导也与驻沪总领事和领事、到沪的美国驻华大使以及到访的美国代表团等应约相见。其中有：1983年7月，美国驻沪总领事鲁植在拜会副市长阮崇武时表示，美国驻沪总领事馆在上海的任务是要促进美中双方的经济合作和科技交流。他认为，美中在上海的合作还太滞后，美方与上海之间应大大发展合作。1989年6月中国平息国内政治风波时，美国粗暴干涉中国内政，对华实施“制裁”。1989年6月，美国驻沪总领事馆在其馆舍围墙外宣传橱窗内张贴美国总统针对中国平息国内政治风波的所谓“声明”，继而又先后贴出“美国之音”的社论等。针对美方粗暴干涉中国内政的行径，市政府外办向美国驻沪总领事馆进行多次交涉，7月美方撤除领馆宣传橱窗内的全部资料。1989年8月下旬，美国驻华大使李洁明访沪，要求会见市长朱镕基。朱镕基在阐明上海政治、经济和社会的稳定形势时指出，当代中国历史表明，任何国家想通过政治压力、经济制裁来改变中国改革和建设的方向是不可能的。同一时期，美国驻沪总领事万乐山在拜会市政府外办时说，美中双方自1972年接触以来已有17个年头，两国建交也已10年。由于制度不同，在一些问题上看法不一致，存在一些分歧。但是只要双方合作，这些问题是可以解决的。他称美国总统重视美中两国业已存在的关系，并表示他将尽最大努力来发展美国与上海各方面的关系，特别是商务方面。1990年4月，市长朱镕基在沪再晤美国驻华大使李洁明。应李洁明要求，朱镕基介绍浦东的开发开放。在谈到上海与美国之间的经济贸易状况和中美最惠国待遇时，朱镕基说，过去美国在上海的投资占第一位，但在1989年6月以后，却已从占外资总额的三分之一下降到四分之一，落到中国香港地区之后。李洁明表示，美中关系正处于困难时期，最惠国待遇问题是一个举足轻重的大问题。朱镕基表明，如果美国终止或取消最惠国待遇，造成的损害是双方的。他再次指出，对中国施加压力是行不通的，中国从不屈服于外来压力。中方希望保持和发展中美经贸关系，但这需要双方的努力。1990年7月，美方邀请中方出席领馆为美国独立日举行的招待会时，事先告知中方礼宾从简，美方不致辞，也不奏两国国歌，不挂两国国旗。此后，美国驻沪总领事馆领事官员拜访、会见中方有关部门、人士和陪同访沪美国团组人士活动，逐渐增加对上海经济、金融、城建等方面的接触和往来。1994年4月，市政府秘书长余永梁代表市政府和市长黄菊前往美国驻沪总领事馆，吊唁美国前总统尼克松逝世。1994年10月，副市长沙麟会见美国驻沪总领事柏瑞琪，双方就进一步促进上海与美国的交流合作交换意见。1994年11月，副市长徐匡迪会见以美国参议员克里斯托费·邦德为首的美国参议员代表团一行，并回答客人关心的问题。1995年初，美国驻沪总领事柏瑞琪在拜会副市长华建敏时表示，希望领馆能在加强中美经贸合作方面发挥更大作用。1995年6月，美驻华大使馆商务参赞洪文明拜会市政府外办，通报美国驻沪总领事馆将在馆外设立美国商务中心的情况。1997年3月4日，美国驻沪总领事馆在沪举行美国商务中心成立仪式。1995年10月，美国驻沪总领事馆分别转来美国商务部部长、交通部部长致上海市长徐匡迪的信函，希望上海能充分考虑到参与竞投地铁二号线工程的美国公司的实力。1997年3月，副市长赵启正会见美国众议院安全委员会军事研究与发展小组委员会主席科特·威尔顿一行。1997年6月，海协会会长汪道涵会见到沪参加上海通用汽车有限公司和泛亚汽车技术中心有限公司奠基仪式的美国驻华大使尚慕杰,双方就台湾问题等交换意见。1998年6月,美国总统克林顿到沪访问。美国驻沪总领事馆配合和协助中国有关方面做好安排和接待,保证克林顿访沪取得成功。1999年5月8日,北约轰炸中国驻南斯拉夫大使馆事件发生后,上海爆发大规模抗议以美国为首的北约野蛮行径的游行抗议活动。5月11日,市政府外办主任周明伟紧急约见美国驻沪总领事薄瑞光,就美方对上海高校学生游行示威的正义行动所发表的错误言辞进行严正交涉。2001年3月,海协会会长汪道涵会见美国驻华大使普吕厄,双方就台湾问题进行深入讨论。2001年9月14日,市长徐匡迪在会见美国驻华大使雷德时,对美国"9·11"遭受恐怖主义袭击遭受的损失和伤亡表示慰问和哀悼,并重申中方反对恐怖主义的立场。9月12日,市政府外办副主任李宣海致函美国驻沪总领事李凡,对9月11日发生在纽约和华盛顿的恐怖事件表示震惊和悲痛,并代表上海市政府外办向美国人民表示深切慰问,对死难者家属表示沉痛哀悼。2002年4月,美国驻沪总领事李凡致函常务副市长蒋以任,对美商务部部长在沪期间所受到的热情接待表示感谢,并希望协助解决中美合资企业百事可乐上海公司所面临的问题。2003年4月,市政府外办主任杨国强应邀在美国驻沪领事馆商务处与在沪美商代表见面,向美方介绍上海防治"非典"情况及所采取的措施,并回答与会人员的提问。2005年11月,第四届中美大使级知识产权圆桌会议在沪举行,副市长周太彤出席并作主旨发言。美国商务部副部长杜达斯、驻华大使雷德和驻沪总领事季瑞达出席。2006年4月,美国驻沪总领事季瑞达致函副市长杨雄,对中方将摩托罗拉公司入选上海市政府无线政务网项目技术和商业谈判表示感谢,希望谈判顺利进行。2006年8月,美国驻沪总领事季瑞达先后致函市长韩正、副市长杨雄,希望中方对美国百特公司竞标上海静脉输液产品项目、美国联合信号公司竞标上海地铁十号线信号系统予以充分考虑。2006年12月29日,市政府外办副主任邵慧翔代表上海市政府,前往美国驻沪总领事馆吊唁美国前总统福特逝世。2008年1月,美国驻沪总领事季瑞达致函市政府外办主任杨国强,随函附上美国第一夫人劳拉·布什1月28日在白宫举行的"站得更高"艺术人文奖颁奖仪式上的讲话稿。劳拉在讲话中高度评价中国福利会上海少年宫"小伙伴艺术团"在培养少年儿童文化艺术才华方面作出的努力。2008年9月,中共中央政治局委员、上海市委书记俞正声会见美国驻华大使雷德,对大使为推动中美两国在经贸、文化等各方面交流作出的努力表示感谢。雷德感谢上海市政府为外国投资者创造高效、公开、透明的投资环境,从而吸引越来越多的外资企业把地区总部迁到上海。双方还就大城市管理等议题进行交流。2008年9月,副市长唐登杰会见美国驻沪总领事康碧翠,双方就继续保持良好合作关系及2010年上海世博会等交换意见。2008年11月,副市长杨雄会见美国驻沪总领事康碧翠,双方就美国参加2010年上海世博会的有关情况进行交流。2009年2月,市政府外办主任李铭俊致函美国驻沪总领事康碧翠,就上海一旅游团在美国亚利桑那州发生车祸、造成重大人员伤亡后美方采取的各种积极措施和向中方提供的帮助表示感谢。2009年4月,美国驻沪总领事馆副总领事舒克德向市政府外办转来美国国务卿希拉里致上海美国商会总裁傅丝德的信函副本。信函中,希拉里表示全力支持美国参展2010年上海世博会,并要求上海美国商会在对待此事的态度上与其保持一致。2009年10月,市长韩正会见美国驻华大使洪博培。洪博培表示,他对担任驻华大使一职感到非常荣幸,希望美中关系朝着积极的、建设性的和全面合作的方向发展。他还表示,美国政府和人民非常重视2010年世博会,接受任命后,国务卿希拉里·克林顿和他谈的第一件事就是上海世博会,美方将竭尽全力把美国馆建设好,以更好地促进两国人民的理解和交流。韩正希望大使转达对美国总统奥巴马的邀请,欢迎总统访沪时光临上海世博会美国馆现场。2009年11月,美国总统奥巴马到沪访问。美国驻沪总领事馆协助中方做好接待,保证奥巴马访沪取得成功。2010年4月,美国驻沪总领事馆举行复馆30周年招待会,上海市政府有关方面负责人出席招待会。2010 年 7 月 2 日，为庆祝美国国庆 234 周年暨上海世博会美国国家馆日，美国国家馆总代表费乐友、美国驻沪总领事康碧翠在世博会美国馆举行招待会，副市长沈晓明和专程到沪参加活动的美国前国务卿奥尔布赖特等出席。

事项往来：美国驻沪总领事馆重视美方与上海的经贸、科技、教育、文化、民政等方面的往来和合作。历任总领事都要求中方为他们了解上海改革开放、对外合作的政策和建设规划、项目提供协助，并经常要求与上海的计划、经济、城建、交通等部门接触、座谈，以便于探索、研究美国企业和经贸部门在上海可能进行合作的项目和双方合作的发展前景。具体为：一是经济、城建、贸易方面。为增进相互了解，上海市政府及有关部门经常应美方要求以及主动向美领事官员（包括各国领事官员）介绍上海改革开放和建设情况，通报有关举措、规定。对于美方参观、访问以及与中方单位、人士之间的各种正常交往活动，中方都予支持和协助。1995 年，在美国能源部部长访沪期间，美国驻沪总领事馆也积极参与、协调推进有关能源的合作项目。1995 年 4 月，美国驻沪总领事馆邀请上海超市代表团访美，考察美国超市的管理和运作情况；还邀请上海冷冻食品和木材制品行业代表团访美，商讨合作可能。1999 年初，美国驻沪总领事馆商务处和亚洲发展银行联合举行苏州河综合整治项目研讨会，上海苏州河建设公司负责人应邀出席并作情况介绍。2000 年初，美国驻沪总领事馆商务领事罗威利拜访上海国际航运中心，了解该中心深水港建设情况，特别是合作建港的方法以及美国企业参与竞争的可能。同年 3 月，美国领馆举行 3 场有关 WTO 的研讨会，邀请上海市政府有关部门、科研机构、商界及法律界人士出席。美方贸易专家小组成员介绍世界贸易组织的主要情况，并就 WTO 的有关问题与中方与会者进行讨论。同月，美国驻沪总领事馆经济领事拜访市劳动和社会保障局，了解上海失业和再就业情况，并表示希望加强中美在劳动和社会保障方面的合作。自 2000 年 5 月起，美国驻沪总领事馆分 6 次在馆内举行“小企业服务”系列讲座，由美国小企业管理局主讲，内容包括美国金融制度中的法律框架、贷款担保、企业家培训计划等。市工商联、银行及小企业服务中心等有关人员应邀出席。2002 年 2 月，美国驻沪总领事馆举行题为《中国加入世界贸易组织：美国的期望》数码双向可视电话会议，上海社科院、上海外贸学院的有关专家应邀出席。2003 年 9 月，美国驻沪总领事馆举行招待会，欢迎美国贸易发展署（TDA）亚太区负责人并欢送上海市应急机制考察代表团访美，副市长杨晓渡应邀出席。TDA 已出资与上海卫生、环保、水务等部门进行成功合作，并就医疗、环保固体物废弃物、深水港技术支持、企业金融咨询等与上海开展合作。2007 年 6 月，美国国务院亚太所经济局官员在美国驻沪总领事馆人员陪同下，分别拜访申银万国证券公司、复旦大学经济学院、上海社科院邓小平理论研究所等单位，探讨上海建设国际金融中心、上海资本市场开放、中国特色社会主义等问题。2010 年 4 月，美国驻沪总领事康碧翠拜访上海 WTO 事务咨询中心，就长三角出口企业情况及对宏观经济影响等交换意见。2010 年 6 月，美国驻沪总领事馆经济领事冯以宏拜访复旦大学国际关系与公共事务学院，就中国宏观经济“十一五”规划执行情况和“十二五”规划进行交流。二是文化、教育方面。美国驻沪总领事馆从开馆初起就频繁开展文化活动。首任文化领事何大卫在 1980 年 6 月一个月内就走访上海高教、文化、电影、新闻、社会科学等近 30 个单位，提出要促进双方相应机构之间建立直接关系。美国驻沪总领事馆定期向复旦大学、上海国际问题研究所等学校、研究单位发送《美国新闻电讯稿》；以领馆或个人名义向中方教育、新闻、社会科学研究单位或个人赠送书刊，提供英语教学影片等。美国驻沪总领事馆频繁邀请上海高教、文化、影视、新闻单位人士和政府机关工作人员去领馆观看电影、收看通过卫星转播的美国电视。1980 年，美国驻沪总领事馆根据美国驻华使馆的“文化交流计划”，邀请上海研究国际经济、政治、法律、社会学等方面的学者以及高教、电影、文化艺术方面的专家访美。1981

年,美国驻沪总领事馆官员访问复旦大学时表示,美国政府有一笔经费,用于资助中国大学派研究生去美读学位。随后,美国驻沪总领事馆按美国国际交流总署“国际访问者计划”,每年向市政府外办提出当年或次年邀请访美的人选,征求中方意见,有时也要求中方提名。1989 年 6 月,在当时的中美关系状况下,中方停止接受美方“国际访问者计划”的邀请。1990 年,美方继续提出邀请,此项访问逐渐恢复。至 1992 年,美方共邀请 80 余人次,应邀往访的有 50 余人。除国际访问者外,美方邀请中方人员往访的,还有富布赖特基金、汉弗莱奖学金、艾森豪威尔交流基金等组织。1995 年 9 月,美国驻沪总领事馆在沪举办题为《美国环境教育的经验》的讲演。会上,美国得克萨斯大学公共卫生学院教授介绍美国进行环境教育所采取的各种措施、环境保护的法律以及历史上环保的成功与失败等情况。市环保局、上海社科院等有关方面人士出席会议并进行交流。2006 年 3 月,美国驻沪总领事馆与徐汇区政府联合举办“美国黑人文化艺术图片展”,介绍黑人音乐家和作家及他们为美国社会作出的贡献。三是民政福利方面。1996 年 1 月,西方媒体大量报道所谓上海市儿童福利院“虐待”儿童的情况,引起西方国家领馆的关注,有关国家也要求其领馆对传媒的报道加以证实。为此,各国驻沪领事馆纷纷提出参观上海儿童福利院的要求,其中以美国驻沪总领事馆最为活跃。为澄清事实,上海市政府外办于 1 月 9 日安排美国驻沪总领事馆领事走访上海市儿童福利院。院方就孤儿的死亡率等美方关心的问题作介绍。应美国等国领馆要求,中方又于 1 月 25 日,组织美国等 11 个国家的外交、领事官员访问上海第二社会福利院。1996 年 7 月,美国一架军用飞机抵达上海,向安徽省提供帐篷、毛毯、储水罐等约 16 吨救灾物资。美国驻华大使尚慕杰专程到沪参加货物交接仪式。2001 年 2 月,市劳动和社会保障局、市医疗局有关领导应邀与美国在沪商界代表见面,就上海社会保障、养老、失业保险、医疗制度改革等情况向美方作介绍,并回答美方提问。四是司法、消防方面。2002 年 4 月,美国驻沪总领事馆举行“减灾应急”可视电话会议,芝加哥警察局、消防署等美方专业人员向上海相关部门人员介绍芝加哥防备和处理紧急情况的经验。市公安局、消防局等 19 个部门的 70 余人应邀出席。会后,美国驻沪总领事李凡致函上海市副市长韩正,建议上海方面组团访美,实地考察芝加哥的应急处理机制和培训项目。2004 年 1 月,美国国会司法委员会主席詹姆斯一行拜访市知识产权局和市第二中级人民法院,双方就知识产权的保护和执法问题进行交流。2006 年 11 月,美国纽约港水上巡逻队副队长和检察官访问上海,分别向市检察院、市高院、市公安局经侦总队、海关等介绍美国地方政府在打击侵犯知识产权案件方面的经验。2009 年 8 月,美国驻沪总领事馆领事吴志祥等拜访市审计局,了解上海审计监督政策和程序。2010 年 2 月,美国驻华使馆公使衔参赞及驻沪总领事馆经济领事等拜访市检察院,就上海新成立的金融检察工作室、有组织犯罪的起诉、贪污犯罪的起诉、知识产权刑事案件的起诉等有关问题听取中方介绍。2010 年 6 月,美国驻华使馆法律顾问赴上海公安高等专科学校,参加在该校举办的“美国在调查和起诉有组织犯罪方面的经验”讲座。五是宗教方面。1989 年,美国驻沪总领事馆政治领事艾坚恩先后访问市宗教事务局、上海社会科学院宗教研究所、天主教上海教区主教金鲁贤、上海市基督教三自爱国运动委员会、市佛教协会、玉佛寺方丈真禅法师及其他宗教界人士。

表 5-1-56　1980—2010 年美国驻上海总领事馆历任总领事一览表

序　号	姓　　名	任 职 时 间
1	安德逊(Donald M. Anderson)	1980 年 2 月—1983 年 5 月
2	鲁植(Thomas Stanley Brooks)	1983 年 5 月—1987 年 6 月

（续表）

序　号	姓　　名	任 职 时 间
3	孙学理(Charles T. Syluester)	1987 年 7 月—1989 年 6 月
4	万乐山(Franklin P. Werdlaw)	1989 年 7 月—1992 年
5	滕祖龙(Fesome Christopher Ogden)	1992 年 8 月—1994 年 5 月
6	柏瑞琪(Joseph James Borich)	1994 年 9 月—1997 年 6 月
7	薄瑞光(Raymond F. Burghardt)	1997 年 6 月—1999 年 3 月
8	李凡(Henry Levin)	1999 年 3 月—2002 年 7 月
9	史伯明(Douglas Spleman)	2002 年 7 月—2005 年 6 月
10	季瑞达(Kenneth Jarrett)	2005 年 7 月—2008 年 8 月
11	康碧翠(Beatrice Camp)	2008 年 9 月—

二、加拿大驻上海总领事馆

【概况】

1973 年 10 月 24 日和 1980 年 8 月 25 日，中国外交部部长姬鹏飞与加拿大驻华大使馆临时代办考辟松、中国国务院副总理薄一波与加拿大工商贸易部部长赫伯特格雷先后换文，中国和加拿大决定互设总领事馆。1986 年 4 月 30 日，加拿大驻上海总领事馆设立。1988 年 6 月 17 日，加拿大驻上海总领事馆举行开馆仪式，加拿大财政委员会主任康尼和上海市副市长刘振元为总领事馆开馆揭牌，加拿大驻华大使狄鄂出席开馆仪式。领区范围为上海市、浙江省、江苏省、安徽省、湖北省。领馆馆址为南京西路 1376 号上海商城西峰 604 室。

【一般公务和事项往来】

一般公务：每年，上海市领导和加拿大驻沪总领事都应邀出席对方举行的有关活动，包括两国国庆招待会等。加拿大驻沪总领事到任或离任时，与上海市领导会见，就发展相互合作和交流交换意见。平时，上海市领导和市政府外办领导也与加拿大驻沪总领事和领事、到沪的加拿大驻华大使以及到访的加拿大代表团等应约相见。其中有：1994 年 3 月，到沪访问的加拿大迈克尔·威尔逊跨国公司董事长迈克尔·威尔逊在拜访副市长夏克强时表示，加拿大许多公司都有在上海投资建立合资企业的意向。1994 年 12 月，副市长沙麟会见加拿大驻沪总领事贝礼孚，双方就进一步加强经贸合作等交换意见。总领事还介绍加拿大商贸界人士对与上海合作感兴趣的项目，包括通信技术、电力开发、房地产开发等。1995 年 4 月，加拿大驻沪总领事贝礼孚在拜会副市长赵启正时表示，加拿大驻沪总领事馆要促进加拿大在电信、交通和机场建设等方面与上海的合作。同月，加拿大驻沪总领事馆转来加拿大国际贸易部部长致上海市长徐匡迪的信函，希望能与上海在电信、金融、银行和零售业方面建立更紧密的合作。1995 年 12 月，加拿大驻沪总领事黎义恩在拜会副市长沙麟时表示，加拿大驻沪总领事馆要全方位加强与上海的交流活动，并表达加拿大企业希望参与上海高速发展的经济建设的意愿。1997 年 10 月，市长徐匡迪会见加拿大驻华大使贝祥，双方就加强上海与加拿大在经贸、金融、民航、电信、城市建设等方面的合作交换意见。1999 年 3 月，市长徐匡迪会见加拿大公民身份和移民部部长露西恩·桑德森一行,双方就加强人员往来、文化、环保交流等交换意见。1999年4月,市长徐匡迪会见加拿大不列颠哥伦比亚大学(UBC)校长玛莎·派普一行,双方就进一步扩大上海与UBC的合作和交流进行探讨。1999年11月,副市长周慕尧会见加拿大驻沪总领事贝思德,双方就进一步加强在文化交流、人员往来等交换意见。2000年10月10日,副市长周慕尧前往加拿大驻沪总领事馆,对加拿大前总理皮埃尔·埃利奥特·特鲁多不幸逝世表示哀悼。2000年11月,加拿大驻华大使贝祥、加拿大驻沪总领事贝思德陪同庞巴迪国际公司新任首席执行官拜会副市长韩正,积极推荐该公司参与上海的基础设施建设。2001年5月,副市长韩正会见加拿大林业委员会主席兼首席执行官麦克唐纳一行,双方就开展合作交流交换意见。2003年1月,副市长姜斯宪会见加拿大驻华大使柯杰,双方就加强上海与加拿大的交流与合作交换意见。2004年3月,副市长杨雄会见加拿大城市紧急救助系统及方案供应商"正电子"(Positron)公共安全系统公司董事长一行。2006年11月,市长韩正会见加拿大不列颠哥伦比亚省省长金宝尔一行,金宝尔向韩正通报加拿大木结构技术在沪应用情况。2007年3月,加拿大驻沪总领事葛淑珊致函习近平,祝贺他就任上海市委书记。2007年4月,加拿大驻沪总领事馆转来加拿大国际贸易部部长艾民信致副市长杨雄的信,希望加拿大与上海洋山深水港合作建立中国与北美之间迅速、高效、节能的航运渠道。2007年11月,加拿大驻沪总领事葛淑珊致函市长韩正,对上海成功举办特奥会表示祝贺,同时反映在特奥会开幕式期间,一位加拿大残疾人士在使用无障碍设施时遇到的麻烦。希望中方更好地完善残疾人无障碍设施,安排经过培训的工作人员在场,以更好地为特殊人群服务。市领导对此十分重视,并对来信中反映的问题作出改进。2009年6月,副市长唐登杰会见加拿大驻沪总领事潘乃德,双方就进一步加强在商用飞机制造、地铁设备、木业结构建筑等新领域的合作交换意见。2010年4月,加拿大驻沪总领事馆照会市政府外办,转来加拿大总理哈珀和外长坎农对中国青海玉树发生地震的慰问电。2010年10月,为庆祝中加建交40周年,加拿大驻沪总领事潘乃德在世博会加拿大馆举行招待会。

事项往来:一是经贸、科技方面。加拿大驻沪总领事馆积极发展加拿大与上海之间的经贸和科技往来,帮助加拿大企业和商人寻找合作伙伴,牵线搭桥,沟通信息,提供咨询和协助。双方达成的合作项目包括上海高桥化工厂与加拿大宝来珊合成橡胶厂的合资项目、上海县和加拿大国际地质技术公司合作改建农村住房等。1987年9月,加拿大外交部通过加拿大驻沪总领事馆邀请以副市长李肇基为团长的上海经济代表团访问加拿大。加拿大驻沪总领事沙克强在加拿大参加接待,并在欢迎代表团会上向与会人士介绍上海经济情况、投资环境等。1993年6月,加拿大驻沪总领事馆和市环境保护局接待加拿大环境贸易代表团访沪,并在沪举行环境保护研讨会。1993年10月,经加拿大驻沪总领事馆联系,以省长弗兰克·迈克凯那为团长的加拿大新布朗斯威克经济代表团访沪。1995年初,加拿大驻沪总领事贝礼孚在回国休假时,在加拿大亚太基金会等组织联合举办的论坛上,鼓励加拿大有关厂商抢滩中国市场,称上海浦东新机场建设和城市交通及其他基础设施建设将给加商界带来众多机会。1996年11月,加中贸易理事会年会在沪举行,加拿大总理克雷蒂安专程到沪参加研讨会。加拿大驻沪总领事馆为配合研讨会召开,积极为加中双方有关单位牵线搭桥,会议期间举办一系列研讨会和展览,包括加拿大食品节、服装展览、中加陶瓷展等。2000年11月,为庆祝加拿大航空公司开通上海至温哥华每日一班的直航班机,加拿大驻沪总领事馆和加拿大航空公司共同举行宴会,上海各界人士应邀参加。2002年4月,加拿大驻沪总领事贝思德在其官邸为庞巴迪国际公司总裁举行午餐会,邀请市政府有关负责人及上海航空公司、上海航空工业集团公司领导出席,进一步探讨庞巴迪在上海投资建造飞机制造工厂的计划。二是文化、教育方面。

1991年1月，加拿大驻沪总领事馆举行电影招待会，放映中加合拍影片《白求恩——一个英雄的成长》，副市长刘振元等应邀出席观看。1998年5月，加拿大儿童电影制片人洛克电影回顾展在沪举行。2000年11月，为配合加拿大总理访沪，增进上海青年人对加拿大的了解，加拿大驻沪总领事馆在上海各大学巡回举办"现代加拿大情况介绍会"，介绍加拿大政治、经济、文化、社会制度等各方面情况。2001年4月，加拿大驻沪总领事馆邀请市教委及部分大学参加于5月在加拿大举行的"第二届全球教育展"。2002年10月，加拿大驻沪总领事馆与虹口区政府联合举办加拿大多伦多行业和农业劳工会社(ORT)向犹太难民在上海纪念馆(摩西会堂旧址)捐赠艺术作品仪式，以感谢上海在二战时期对犹太人的救助。2007年11月，加拿大驻沪总领事馆将历年礼品慈善拍卖所得共计人民币1.6万余元捐赠给上海交通大学"亲青关爱青年协会"，作为对该协会在预防艾滋病宣传中所作贡献的鼓励。2008年11月，加拿大驻沪总领事馆联合加在沪商界举办"你好，加拿大"活动。该活动集中展示加拿大包括移民、教育、旅游、金融、保险和社区活动等方面的产品和服务以及加拿大的文化和习俗。三是城建、金融方面。2008年5月，加拿大自然资源部部长伦恩访沪，考察正在进行平改坡项目建设的闸北区彭三小区，该项目使用加拿大木业协会提供的屋顶阁架材料。2009年3月，加拿大魁北克省政府节能署总裁吕丝·阿瑟兰率团访沪，与上海市建设和交通委员会就节能建筑、绿色建筑和绿色公交等进行交流。2010年10月，由加中贸易理事会和加拿大驻沪总领事馆主办的"第二届加拿大—中国金融论坛"在世博园加拿大国家馆举行，上海市副市长屠光绍、加中贸易理事会会长海德等出席。

表5-1-57　1986—2010年加拿大驻上海总领事馆历任总领事一览表

序　号	姓　　名	任　职　时　间
1	沙克强(Christian Sarrazin)	1986年4月—1988年6月
2	彭洛娜(Rana Pudipin)	1988年6月—1988年10月(代总领事)
3	梅贺德(P. H. N. Mailhod)	1988年10月—1992年7月
4	贝礼乎(R. Belliveau)	1992年8月—1995年8月
5	黎义恩(Edward Lipman)	1995年8月—1999年8月
6	贝思德(Stewart Beck)	1999年8月—2003年8月
7	麦若彬(Robert Mackenzie)	2003年9月—2006年7月
8	葛淑珊(Susan Gregson)	2006年8月—2009年2月
9	潘乃德(Nadir Patel)	2009年5月—

三、古巴驻上海总领事馆

【概况】

1989年，中华人民共和国政府和古巴共和国政府签订互设总领事馆协议。1990年9月1日，古巴共和国驻上海总领事馆开馆。领区范围为上海市、浙江省、江苏省。领馆馆址为娄山关路55号新虹桥大厦502室。

【一般公务和事项往来】

一般公务：每年，上海市领导和古巴驻沪总领事都应邀出席对方举行的有关活动，包括两国国庆招待会等。古巴驻沪总领事到任或离任时，与上海市领导会见，就发展相互合作和交流交换意见。平时，上海市领导和市政府外办领导也与古巴驻沪总领事和领事、到沪的古巴驻华大使以及到访的古巴代表团等应约相见。其中有：1990年12月，古巴驻沪总领事巴尔德斯拜会副市长刘振元，双方表示要为加强中古友谊，不断增进经济、科技、文化等方面合作交流的共同意愿。1993年2月和1994年7月，上海市委书记吴邦国两次会见到沪访问的古巴驻华大使何塞·阿·格拉，双方就开展两地交流合作交换意见。1994年8月，副市长沙麟会见古巴驻沪总领事玛丽娅·德拉克鲁斯·桑切斯·罗德里格斯，希望上海和古巴的友好往来得到进一步发展。1995年10月和1996年1月，古巴驻华大使何塞·阿·格拉在拜访市政府外办主任徐兆春时，均表示希望并促成上海和古巴圣地亚哥省能建立友好城市关系，希望古巴与上海在教育、医疗、渔业、旅游、餐饮等方面加强合作和交流。1995年11月，古巴驻沪总领事馆照会市政府外办，转告古巴全国人民政权代表大会通过的《外国投资法》。1997年10月，古共中央政治局委员、国务委员会副主席卡洛斯·拉赫·达维拉致函上海市委书记黄菊，祝贺他再次当选为中共中央政治局委员，黄菊复函表示感谢。1999年7月，副市长周慕尧会见古巴驻沪总领事卡洛斯·萨尔萨门迪，双方就进一步发展上海与古巴在经贸、教育、文化、体育以及友好城市等方面的交流交换意见。1999年8月，市委副书记孟建柱和副市长周慕尧分别会见即将离任的古巴驻华大使何塞·阿·格拉，感谢大使在任期间为推动上海和古巴的合作和交流所作的努力。1999年9月，古巴驻沪总领事卡洛斯·萨尔萨门迪分别致函市委书记黄菊、市长徐匡迪等，祝贺中国国庆50周年。2000年9月，为庆祝中古建交40周年暨古巴驻沪总领事馆开馆10周年，古巴驻沪总领事馆在沪举行系列活动，包括与上海外国语大学联合举办的古巴情况介绍会、庆祝招待会等。2001年11月，副市长冯国勤会见古巴驻沪总领事萨尔萨门迪，双方就上海由由集团在古巴投资建立的上海哈瓦那蔬菜基地项目交换情况和信息。2002年4月，古巴驻沪总领事萨尔萨门迪拜会上海市政府外办，就古巴驻沪总领事馆为纪念古巴民族英雄何塞·马蒂举行活动事进行商谈。2004年9月，市人大常委会副主任周慕尧会见古巴哈瓦那人民政权省代表大会副主席莉利安娜·埃斯盖拉一行，双方就加强人大的交流交换意见。2005年7月，古巴驻沪总领事馆为庆祝古巴革命日暨古中建交45周年举行午宴，副市长唐登杰及部分留古学生等应邀出席。2005年11月，副市长唐登杰会见古巴驻沪总领事唐妮雅，希望总领事在任期间，上海与古巴间的交流与合作在更广阔的领域得到更扎实的发展。2006年9月，副市长周禹鹏会见古巴对外投资经济合作部副部长拉蒙·马林，双方就进一步加强上海与古巴经贸合作与交往交换意见。马林还介绍古巴与新天国际经济技术合作集团有限公司在上海合资建造五星级宾馆项目的情况，希望得到上海市政府的支持。2007年3月，副市长唐登杰在会见古巴驻沪总领事伊莎贝尔·埃斯佩兰萨·佩雷斯·苏亚雷斯时说，希望通过双方的共同努力，进一步推动两地在经济、文化、生物技术、医疗卫生等方面的交流，加强上海与圣地亚哥省友好城市的合作关系。2009年12月，古巴驻沪总领事馆举行古巴革命胜利50周年招待会，副市长唐登杰应邀出席，古巴驻华大使卡洛斯·米格尔专程到沪出席招待会。2010年9月，为庆祝中古建交50周年，古巴政府副主席里卡多·卡布里萨斯·卢兹访沪，参加上海世博会古巴馆举行的庆祝活动。

事项往来：一是经贸方面。古巴驻沪总领事馆与市有关部门持续保持友好交往，积极推进双方在船舶修造、自行车生产等方面合作项目顺利进行。2010年2月，古巴政府和中国新天集团合资建造的上海新哈瓦那酒店举行落成典礼，古巴旅游部部长、古巴驻华大使等出席典礼并发表讲话，市有关方面代表出席典礼。二是文化、教育、旅游方面。1990年12月，古巴驻沪总领事巴尔德斯访问市广播电视局，双方就发展广播电视事业交换意见。1991年2月，古巴驻沪总领事巴尔德斯访问市高等教育局，双方表示要加强联系，开展两地高校间的交流。同年5月，古巴驻沪总领事馆在上海第二医科大学举行古巴医疗仪器药品展览开幕仪式。1992年5月，古巴艺术团访沪之际，古巴驻沪总领事馆邀请上海市部分劳动模范观看古巴艺术团演出。2003年4月，古巴驻沪总领事馆和市旅游委联合举办"古巴旅游情况推介会"，同时，"古巴风情"酒吧举行开幕仪式。2003年11月，古巴驻沪总领事馆和市人民对外友好协会联合举办《历史将宣判我无罪》一书中文版再版发行仪式。

表5-1-58　1990—2010年古巴驻上海总领事馆历任总领事一览表

序　号	姓　　名	任职时间
1	奥尔莱多·巴尔德斯·别拉(Orlando Valdes Viera)	1990年7月—1994年4月
2	玛丽娅·德拉克鲁斯·桑切斯·罗德里格斯(Maria De La Cruz Sanchez Rodriguez)	1994年6月—1999年7月
3	卡洛斯·萨尔萨门迪(Carlos Martinez Salsamendi)	1999年7月—2002年10月
4	白诗德(Alberto Jesus Blanco Silva)	2002年10月—2003年11月
5	马里奥·阿苏加拉依·罗德里格斯(Mario Alzugaray Rodriguez)	2003年12月—2005年9月
6	唐妮雅(Tania Velasquez Lopez)	2005年10月—2006年10月
7	伊莎贝尔·埃斯佩兰萨·佩雷斯·苏亚雷斯(Isabel Esperanza Perez Suarez)	2006年10月—2011年7月

四、墨西哥驻上海总领事馆

【概况】

1984年，中国和墨西哥两国政府达成中国在蒂华纳、墨西哥在上海(或广州)设立总领事馆协议。1993年8月27日，墨西哥驻华大使曼努埃尔·罗德里格斯·阿里亚加同中国外交部换文，中国同意墨西哥在上海设立总领事馆。1993年10月18日，墨西哥驻上海总领事馆正式对外办公。领区范围为上海市、浙江省、江苏省。2000年9月扩大到安徽省。领馆馆址为红宝石路500号东银中心A座10楼。

【一般公务和事项往来】

一般公务：每年，上海市领导和墨西哥驻沪总领事都应邀出席对方举行的有关活动，包括两国国庆招待会等。墨西哥驻沪总领事到任或离任时，与上海市领导会见，就发展相互合作和交流交换意见。平时，上海市领导和市政府外办领导也与墨西哥驻沪总领事和领事、来沪的墨西哥驻华大使以及来访的墨西哥代表团等应约相见。其中有：1994年12月，墨西哥驻沪总领事李子文在拜会市政府外办主任徐兆春时表示，墨西哥与上海在发展中有许多共同之处，有许多技术可以交流，墨西哥很愿意与上海分享发展中积累的技术和经验。总领事还表示，墨西哥第二大城市瓜达拉哈拉愿意与上海缔结姐妹城市，并提供该城市的有关资料。1995年8月，副市长沙麟会见墨西哥驻沪总领事阿尔弗雷多·拉米雷斯·阿拉依萨，双方就加强合作交流交换意见。1996年4月，市人大常委会副主任沙麟会见作为墨西哥驻沪总领事馆客人到沪访问的墨西哥哈利斯科州州长希门尼斯一行。沙麟表示，两地在经济、教育等许多方面有着相似性、互补性，希望双方积极开展合作和交流。希门尼斯对此表示赞同,希望两地在经济、文化等方面开展合作,欢迎上海企业到哈州投资,通过该州进入北美和南美,并希望哈州和上海能结为友好城市(州)关系。1996年5月,副市长赵启正会见墨西哥驻华大使路易斯・韦博,双方就加强上海和墨西哥在金融、通信、司法、环保等方面的合作和交流交换意见。1997年5月,墨西哥驻沪总领事阿尔弗雷多・拉米雷斯・阿拉依萨向上海市政府外办领导提出哈利斯科州与上海结好的强烈愿望,同时递交哈州州长致上海市长徐匡迪的信函,正式提出两地结好的要求。1997年6月,市长徐匡迪复信哈州州长,表示同意两地结好,并将派团赴哈州商讨结好事宜。1998年11月,哈州州长希门尼斯访沪,与市长徐匡迪共同签署两地结好协议书。1999年3月,副市长周慕尧会见墨西哥驻沪总领事塞尔希奥・阿吉莱拉・贝特塔,双方就加强上海和墨西哥之间在经贸、文化、教育等方面的交流合作交换意见。2006年2月,墨西哥图兰戈州州长埃尔南德斯在拜会副市长周禹鹏时,表达该州与上海开拓双边合作的强烈愿望。2007年5月,墨西哥下加利福尼亚州州长欧亨尼奥・埃洛杜伊在拜会副市长唐登杰时表示,下加州具有独特的区位优势,与上海在许多领域具有互补性,希望通过两地政府和民间的交流和沟通,促进双方的共同发展。2009年5月,墨西哥驻沪总领事紧急约见市政府外办主任李铭俊,通报墨西哥政府专机到沪接运因甲型H1N1流感疫情在沪接受医学观察的墨西哥公民回国的有关情况。2009年9月,为庆祝墨西哥独立199周年,墨西哥驻沪总领事馆在上海城市雕塑艺术中心举行国庆招待会暨雕塑《西格》揭幕仪式,副市长胡延照应邀出席。"西格"是墨西哥古代神话传说中的霍洛族神犬,雕塑由墨西哥著名艺术设计师比内达女士捐赠,已永久落户上海城市雕塑艺术中心。

事项往来:一是文化、教育方面。1994年8月,墨西哥驻沪总领事馆与市电影局联合举办墨西哥电影周,放映《厨房里的爱情》等5部影片。1996年9月,墨西哥驻沪总领事馆举办"墨西哥平版印刷艺术科龙环亚巡回展"。2000年9月,受墨西哥政府委托,墨西哥驻沪总领事馆向上海图书馆捐赠600本图书,内容涉及墨政治、经济、文化、科技、历史等方面。2001年4月,由墨西哥企业家、教师、学生组成的学术代表团一行24人访沪,与上海交通大学师生就建筑、工业设计等领域的合作进行广泛的探讨和交流。2001年4月,墨西哥驻沪总领事馆在沪举办"弗里达・凯罗在劳拉・阿尔瓦雷斯・柏拉沃的作品中"摄影展,共展出百余幅作品。2002年3月,墨西哥维拉克鲁斯州向上海市赠送"奥尔梅加头像复制品"大型雕塑,并被陈列在浦东世纪公园内供游客观赏。2006年,墨西哥驻沪总领事馆作为协调机构,促成墨西哥作为特邀主宾国家参加上海国际艺术节、上海国际电影节,并在此期间分别举办墨西哥文化周、墨西哥电影周。同年还与上海美术馆合作,举办墨西哥现代美术大展。2010年6月,墨西哥驻沪总领事馆在沪举办"蒂娜・莫多提:一道新视线"摄影展。二是经贸方面。2004年12月,墨西哥驻沪总领事馆在沪举办墨西哥—上海"中国对墨西哥直接投资的前景和双方战略伙伴关系的建立"视频会议。中墨官员、专家学者、企业家20余人参加。墨西哥外交部副部长戈迈斯和墨西哥驻沪总领事毛爱家分别在墨、沪两地主持会议。2005年5月,墨西哥驻沪总领事馆举行酒会,欢迎专程率团到沪参加"中国国际食品、饮料展"的墨西哥农业部部长,并邀请上海政界、商界人士品尝纯正的墨西哥酒和食品。2008年7月,墨西哥驻沪总领事馆参与接待到沪访问的墨西哥总统卡尔德龙及随团到访的规模庞大的墨西哥企业家代表团。三是其他方面。自2007年起,作为本地联络机构,墨西哥驻沪总领事馆积极参与墨西哥参展2010年上海世博会工作。2008年5月29日,墨西哥城至上海首航航班抵达上海。墨西哥驻华大使霍尔赫・瓜哈尔多、墨西哥航空公司董事会主席、墨西哥驻沪总领事等乘首航航班同时抵沪,一批墨西哥政府援助中国四川地震灾区的救援物资也同机运抵。2010年2月,墨西哥驻沪总领事米格尔・巴里奥向上海有关部门表示,因甲型H1N1流感停航的墨西哥城至上海的直达航线将于3月复航,标志着墨西哥已克服流感造成的严重困难，恢复正常的对外交往，希望上海有关部门积极支持墨沪直达航班的复航。

表 5-1-59　1993—2010 年墨西哥驻上海总领事馆历任总领事一览表

序　号	姓　　名	任　职　时　间
1	李子文(Sergio Ley Lopez)	1993 年 10 月—1995 年 3 月(其中，1993 年 10 月—1994 年 6 月为领事、临时馆长)
2	阿尔弗雷多·拉米雷斯·阿拉依萨(Alfredo Ramirez Araiza)	1995 年 8 月—1998 年 1 月
3	塞尔希奥·阿吉莱拉·贝特塔(Sergio Aguilera Beteta)	1999 年 2 月—2002 年 5 月
4	贾凡(Jose Trinidad Garcia Cervantes)	2002 年 10 月—2003 年 5 月(代总领事)
5	毛爱家(Mauricio Escanero Figueroa)	2003 年 6 月—2007 年 7 月
6	米格尔·巴里奥(Miguel Antonio Barrio Gonzalez)	2007 年 10 月—

五、智利驻上海总领事馆

【概况】

1985 年 4 月 29 日，中华人民共和国政府和智利共和国政府达成互设总领事馆协议。1996 年 6 月 17 日，智利驻上海总领事馆设立。1996 年 10 月 24 日，智利驻沪总领事馆举行开馆仪式，智利外交部副部长马里亚诺·费尔南德斯主持开馆仪式。副市长左焕琛出席开馆仪式并致辞。智利驻华大使阿里尔加达出席开馆仪式。领区范围为上海市、浙江省、江苏省、安徽省。领馆馆址为延安西路 2299 号世贸商城办公楼 1712 室。

【一般公务和事项往来】

一般公务：每年，上海市领导和智利驻沪总领事都应邀出席对方举行的有关活动，包括两国国庆招待会等。智利驻沪总领事到任或离任时，与上海市领导会见，就发展相互合作和交流交换意见。平时，上海市领导和市政府外办领导也与智利驻沪总领事和领事、来沪的智利驻华大使以及来访的智利代表团等应约相见。其中有：1998 年 8 月，智利驻沪总领事馆决定不举行国庆招待会，将节省下来的费用全部捐给中国遭受洪涝灾害的地区。2000 年 10 月，智利驻沪总领事馆商务处成立，在上海访问的智利副外长埃拉尔多·穆纽斯参加成立仪式。2000 年 12 月，副市长周慕尧会见智利驻沪总领事孟希飞，双方就进一步加强上海和智利各地区之间经贸、文化等方面的交流与合作交换意见。2002 年 3 月，副市长周慕尧会见智利驻沪总领事苏恩来，希望上海和智利的交往得到新的发展。2003 年 7 月，副市长姜斯宪会见智利驻沪总领事何塞·米格尔·冈萨雷斯·塞拉诺，双方就进一步开拓上海与智利在铜矿贸易、旅游等方面的合作与交往交换意见。2003 年 12 月，市长韩正会见智利驻华大使本尼·波拉克，双方就两地进一步开展合作和交流交换意见。2004 年 11 月，市长韩正会见由智利瓦尔帕莱索大区主席路易斯·古斯塔皮诺·哥尔多瓦和阿根廷门多萨省副省长胡安·卡洛斯·哈利夫率领的智利—阿根廷联合经贸代表团，就上海进一步发展与瓦、门两地在经贸以及旅游、教育、文化等方面的交流和合作交换意见。2005 年 3 月，副市长唐登杰会见智利伊基克市市长乔治·索里亚一行,双方就邀请上海企业参加11月在伊基克举办的"第一届中国面向南美洲高科技级工业博览会"交换意见。2007年2月,智利驻华大使费尔南多·雷耶斯在拜会上海市副市长唐登杰时表示,2007年,智利将在上海建立智利产品展览中心,希望能成为双方企业家对话的窗口。他还希望双方在基础建设、矿产和港口3个领域加深合作。

事项往来:一是经贸方面。2001年6月,为开拓与上海的商业渠道、促进贸易往来,智利和阿根廷联合官方代表团及两国企业家代表团访沪,并举行经贸研讨会,三国企业家近100人参加。2004年6月和2006年6月,智利驻沪总领事馆先后在沪举办"品味智利"食品推介会,智利40家红酒商和食品出口商来沪展示自己的商品,中智企业家和社会各界人士出席。二是民政方面。2002年11月,智利驻沪总领事馆和市人民对外友好协会联合举办"社会保障体系的现代化:智利的经验"研讨会,上海各界专业人士约50人出席。三是文化、旅游、军事方面。2002年11月,智利国家铜业公司(CODELCO)向上海博物馆捐赠一批铜矿石,智利驻沪总领事馆商务领事葛亚培出席捐赠仪式。2007年2月,智利驻沪总领事馆在沪举办"智利国家新形象发布会",推介智利旅游、食品和相关文化产业。同时还举办智利艺术家巴罗罗·瓦尔德雕塑作品展。2007年8月,智利海军教育舰"绿宝石"号访问上海,与中国海军进行交流和联欢。2009年9月,智利驻沪总领事馆和卢湾区政府联合举办"田子坊智利节"。

表5-1-60 1996—2010年智利驻上海总领事馆历任总领事一览表

序号	姓名	任职时间
1	里卡多·费杰里斯特(Ricardo E. Fiegelist)	1996年4月—1998年11月
2	薄明高(Miguel Poklepovic)	1998年12月—2000年11月
3	孟希飞(Sigisfredo Monsalve)	2000年11月—2002年2月
4	苏恩来(Enrique Subercaseaux)	2002年3月—2002年11月
5	薄明高(Miguel Poklepovic)	2002年12月—2003年5月
6	何塞·米格尔·冈萨雷斯·塞拉诺(Jose Miguel Gonzalez Serrano)	2003年6月—2006年2月
7	范瑞德(Ricardo Vargas Zamorano)	2006年3月—

六、阿根廷驻上海总领事馆

【概况】

1995年10月4日,中华人民共和国政府和阿根廷共和国政府达成设立总领事馆协议。2000年5月25日,阿根廷驻上海总领事馆设立。2000年5月22日,阿根廷驻上海总领事馆举行开馆仪式。阿根廷外交部副部长奥拉西奥·奇吉索拉出席开馆仪式,与上海市副市长左焕琛在开馆仪式上分别致辞。阿根廷驻华大使巴特费尔德出席开馆仪式。领区范围为上海市、浙江省、江苏省、安徽省。领馆馆址为延安东路58号高登金融大厦12楼1202—1203室。

【一般公务和事项往来】

一般公务:每年,上海市领导和阿根廷驻沪总领事都应邀出席对方举行的有关活动,包括两国国庆招待会等。阿根廷驻沪总领事到任或离任时，与上海市领导会见，就发展相互合作和交流交换意见。平时，上海市领导和市政府外办领导也与阿根廷驻沪总领事和领事、到沪的阿根廷驻华大使以及到访的阿根廷代表团等应约相见。其中有：2002 年 2 月，阿根廷驻沪总领事米格尔・阿尔弗莱德・贝约索致函上海市领导，祝贺中阿建交 30 周年。2004 年 11 月，市长韩正会见由阿根廷门多萨省副省长胡安・卡洛斯・哈利夫和智利瓦尔帕莱索大区主席路易斯・古斯塔皮诺・哥尔多瓦率领的智利—阿根廷联合经贸代表团，就上海进一步发展与门、瓦两地在经贸、旅游、教育、文化等方面的交流和合作交换意见。2005 年 11 月，阿根廷驻沪总领事馆代表驻沪领团致函上海市政府外办，希望了解有关上海禽流感的疫情。市政府外办及时给予答复。2007 年 4 月，阿根廷驻沪总领事米格尔・阿尔弗莱德・贝约索作为外国驻沪领团团长，代表全体领团成员致函习近平，对习近平就任上海市委书记表示祝贺，并希望工作中加强联系，推动相互间的合作和交流。2007 年 5 月，阿根廷驻沪总领事米格尔・阿尔弗莱德・贝约索以外国驻沪领团团长身份约见上海市政府外办副巡视员范宇飞，就驻沪领馆机场停车问题请求协助。后经商机场集团公司，该问题得到妥善解决。2008 年 7 月，市长韩正会见阿根廷驻华大使塞萨尔・马约拉尔及夫人一行，希望继续推动双方在经贸、教育、文化等领域的交往。大使也表达进一步密切双方合作交流的愿望。2009 年 3 月，阿根廷驻沪总领事爱德华多・艾伯林在拜会副市长唐登杰时，就阿根廷与上海开展合作交流提出具体建议。2009 年 4 月，阿根廷前总统劳尔・里卡多・阿方辛因病逝世，市政府外办副主任范宇飞代表市政府前往阿根廷驻沪总领事馆吊唁。2010 年 6 月，副市长唐登杰在会见阿根廷驻沪总领事弗朗西斯科・米格尔・费罗・阿隆索时，希望总领事在任期内，为进一步促进上海与阿根廷之间良好的合作关系多做工作，利用世博会平台推动双方在经济、贸易、文化和旅游等领域的交流与合作。总领事就阿根廷银行在沪设立分支机构、合作成立探戈学院及足球学校等项目提出合作意向。

事项往来：2001 年 3 月，阿根廷驻沪总领事馆与上海外国语大学联合举办“阿根廷讲座”，向该校师生介绍阿根廷文化及与中国贸易往来情况。2001 年 6 月，为开拓与上海的商业渠道、促进贸易往来，阿根廷和智利联合官方代表团及两国企业家代表团访沪，并举行经贸研讨会，中、阿、智三国企业家近 100 人参加。2009 年 9 月，阿根廷驻沪总领事爱德华多・艾伯林拜访市金融办，表达阿方希望加强与上海在金融领域的信息交流、紧密合作的愿望，共同推动双边贸易和投资发展。

表 5－1－61　2000—2010 年阿根廷驻上海总领事馆历任总领事一览表

序　号	姓　　名	任　职　时　间
1	米格尔・阿尔弗莱德・贝约索(Miguel Alfredo Velloso)	2000 年 5 月—2008 年 6 月
2	爱德华多・艾伯林(Eduardo R. Ablin)	2009 年 2 月—2010 年 5 月
3	弗朗西斯科・米格尔・费罗・阿隆索(Francisco Miguel Ferro Alonso)	2010 年 5 月—

七、秘鲁驻上海总领事馆

【概况】

2002 年 2 月 20 日，中华人民共和国政府和秘鲁共和国政府达成秘鲁在沪设立总领事馆协议。2002 年 5 月 30 日，秘鲁驻上海总领事馆设立。2002 年 5 月 30 日，秘鲁驻上海总领事馆举行开馆仪式。秘鲁外长迭哥·加西亚·萨扬出席开馆仪式,并和上海市副市长周慕尧在开馆仪式上分别致辞。秘鲁驻华大使玛尔塔·托莱多·奥坎波出席开馆仪式。领区范围为上海市、浙江省、江苏省、安徽省、福建省和江西省。领馆馆址为南京西路1515号嘉里中心2705室。

【一般公务和事项往来】

一般公务:上海市领导和秘鲁驻沪总领事每年都应邀出席对方举行的有关活动,包括两国国庆招待会等。秘鲁驻沪总领事到任或离任时,与上海市领导会见,就发展相互合作和交流交换意见。平时,上海市领导和市政府外办领导也与秘鲁驻沪总领事和领事、来沪的秘鲁驻华大使等应约相见。其中有:2002年5月,副市长周慕尧会见秘鲁首任驻沪总领事豪尔赫·巴约纳·麦迪纳,对秘鲁在沪设领表示欢迎,希望上海和秘鲁的合作和交往得到新的发展。2003年5月,副市长姜斯宪会见秘鲁驻沪总领事恩里克·贝朗德·瓦尔加斯,双方就进一步加强上海和秘鲁间的交往交换意见。2008年4月,副市长唐登杰在会见秘鲁驻沪总领事马雅德时表示,上海市政府一直非常重视与秘鲁的关系,希望通过双方的努力,进一步推动两地的合作和交流。2009年12月,市长韩正会见秘鲁驻华大使哈罗德-福赛斯,双方就上海世博会及加强上海与秘鲁的友好交流交换意见。大使还希望秘鲁南部城市库斯科与上海建立友好城市关系。2010年7月,副市长唐登杰在会见秘鲁驻沪总领事迭戈·阿尔瓦拉多时表示,希望总领事在任期间为进一步促进上海与秘鲁间良好的合作关系多做工作,借助世博会平台推动双方在经贸、投资、旅游等领域的交流与合作。总领事表示,秘鲁政府非常重视与中国,尤其是与上海的合作关系,他还表达秘鲁最大的港口城市卡亚俄希望与上海建立友好城市的意向。

事项往来:2002年9月,秘鲁驻沪总领事海梅·斯蒂里奇·贝尔尼森的女儿、秘鲁全国妇联及人类发展部残疾人处负责人(本人也是残疾人)拜访上海市残联,双方就两地加强交流交换意见。2006年12月,秘鲁驻沪总领事馆为通过举办旅游专题研讨会介绍秘鲁旅游资源,从国内运来一批旅游推广资料,要求上海市政府外办协调通关事宜。2008年2月,秘鲁"莫延多"号训练舰到沪访问,秘鲁驻沪总领事马雅德与训练舰舰长在军舰上举行招待会,中外宾客约100人出席。

表5-1-62 2002—2010年秘鲁驻上海总领事馆历任总领事一览表

序号	姓名	任职时间
1	豪尔赫·巴约纳·麦迪纳(Jorge Bayona Medina)	2002年3月—2002年7月
2	海梅·斯蒂里奇·贝尔尼森(Jaime Stiglich B.)	2002年7月—2002年11月
3	恩里克·贝朗德·瓦尔加斯(Enrique Belaunde Vargas)	2003年5月—2007年7月
4	恩里克·拉斐尔·德斯卡尔西·门德斯(Enrique Rafael Descalzi Mendez)	2007年8月—2007年12月(代总领事)
5	马雅德(Alberto Esteban Massa Murazzi)	2008年1月—2010年5月
6	迭戈·阿尔瓦拉多(Diego Alvarado)	2010年5月—

八、巴西驻上海总领事馆

【概况】

根据中华人民共和国政府和巴西联邦共和国政府达成设立总领事馆的协议,1994年6月,巴西驻上海总领事馆设立。1994年9月10日，巴西驻上海总领事馆举行开馆仪式，巴西矿产和能源部部长阿历克西斯·斯泰潘南格、上海市副市长夏克强出席仪式。1999年7月31日，巴西驻沪总领事馆闭馆。1999年8月18日，中、巴两国政府换文，同意巴西重开驻上海领事机构并变更其等级。1999年11月16日，巴西驻上海领事馆开馆。2002年9月30日，中、巴两国政府达成协议，巴西驻上海领事馆升格为总领事馆。领区范围为上海市、江苏省、浙江省。2009年12月扩大至安徽省、山东省。领馆馆址为江宁路188号亚盛大厦7楼702—704室。

【一般公务和事项往来】

一般公务：每年，上海市领导和巴西驻沪总领事都应邀出席对方举行的有关活动，包括两国国庆招待会等。巴西驻沪总领事到任或离任时，与上海市领导会见，就发展相互合作和交流交换意见。平时，上海市领导和市政府外办领导也与巴西驻沪总领事和领事、来沪的巴西代表团、巴西驻华大使等应约相见。其中有：1996年8月，市委副书记陈至立会见巴西驻沪总领事弗朗西斯科·利马，就加强上海和巴西合作交流交换意见。1999年5月，市长徐匡迪会见巴西淡水河谷公司集团总裁道斯特一行，双方就进一步加强铁矿砂、煤炭、木材等方面的合作交换意见。2005年3月，副市长唐登杰会见巴西帕拉那州州长罗伯特·雷吉奥·得·梅洛一行，双方就两地在经贸领域的合作和交流交换意见。2008年4月，副市长唐登杰会见巴西驻沪总领事马尔科斯·卡拉姆卢·德·帕伊瓦，双方就进一步加强上海和巴西在经贸、文化、体育、旅游等方面的合作交流进行探讨。总领事希望进一步密切上海与姐妹城市圣保罗之间的友好合作关系。2008年10月，副市长唐登杰会见巴西驻华大使克罗多阿尔多·乌干尼。大使表示，上海是巴西对华交往的重点城市，巴西政府希望能进一步推动两地企业家在经贸投资领域的交流与合作，欢迎上海企业家到巴西投资发展。

事项往来：一是经贸方面。1994年9月，巴西矿产和能源部部长阿历克西斯·斯泰潘南格访沪，参加巴西驻沪总领事馆开馆仪式，并与宝钢集团、华东电力集团、浦东新区等商讨合作事宜。2003年6月，巴西驻沪总领事及领事官员出席在嘉定举行的“上海国际汽车城零部件配套工业园区招商大会”，并参观F1赛车场建设工地。2004年，先后有巴西南大河州州长、戈亚斯州州长、总统府水产养殖部部长和巴西商品交易所理事会副主席等访沪，商讨两地合作交流事宜。2007年，应巴西驻沪总领事馆邀请，巴西巴伊亚州州长杰克格斯·瓦格纳一行到沪举办港口投资说明会和旅游业投资说明会；巴西国内水运委员会主席一行访沪，介绍巴西港口发展情况，了解上海港口机械设备制造情况，吸引中国对巴西港口建设的投资。二是文化、旅游方面。2007年6月，借上海国际电影节之机，巴西驻沪总领事馆举办巴西电影节。2008年3月，巴西旅游部部长马尔塔·苏普里西一行访沪，与上海市旅游委、上海世博局进行交流。

表5-1-63　1994—2010年巴西驻上海总领事馆历任总领事一览表

序号	姓　　名	任职时间
1	弗朗西斯科·利马(Francisco De Lima E. Silva)	1994年6月—1999年7月
2	朱里奥·维克多(Julio Victor)	1999年12月—2002年9月(领事)
3	若昂·德·门东萨·利马·内图(Joao De Mendonca Lima Neto)	2002年12月—2008年1月
4	马尔科斯·卡拉姆卢·德·帕伊瓦(Marcos Caramuru De Paiva)	2008年2月—

九、乌拉圭驻上海总领事馆

【概况】

2002年8月26日,中华人民共和国政府和乌拉圭东岸共和国政府达成乌拉圭在沪设立领事馆协议。2003年9月4日,乌拉圭驻上海总领事馆设立。领区范围为上海市、浙江省、江苏省、安徽省。领馆馆址为淮海中路300号香港新世界大厦2403室。

【一般公务和事项往来】

上海市领导和乌拉圭驻沪总领事都应邀出席对方举行的有关活动,包括两国国庆招待会等。乌拉圭驻沪总领事到任或离任、驻华大使到沪时,与上海市领导会见,就发展相互合作和交流交换意见。主要有:2003年9月,副市长姜斯宪会见乌拉圭首任驻沪总领事卡洛斯・玛丽亚・伊里嘉莱・桑塔那,双方就加强上海与乌拉圭的交流与合作交换意见。2006年6月,乌拉圭驻沪总领事馆在上海图书馆举办"乌拉圭当代艺术展",社会各界人士及外国驻沪领馆人员约100人出席开幕式。2007年3月,副市长唐登杰会见乌拉圭驻华大使路易斯・阿尔马格罗,介绍上海经济和社会发展情况,希望进一步加强两地之间的交流与合作。大使对上海在城市建设中取得的成就给予高度评价,并表示愿努力促进与上海的交流。2009年7月,副市长唐登杰会见即将离任的乌拉圭驻沪总领事卡洛斯・玛丽亚・伊里嘉莱・桑塔那,对总领事在任期间为上海与乌拉圭在经济、文化、科技等领域的交流与合作所作的努力表示感谢。总领事表示,离任后将继续关注上海的发展,为增进双方的合作作出努力。

表5-1-64　2003—2010年乌拉圭驻上海总领事馆历任总领事一览表

序　号	姓　　名	任　职　时　间
1	卡洛斯・玛丽亚・伊里嘉莱・桑塔那(Carlos Maria Irigaray Santana)	2003年7月—2009年7月
2	贝拉尔多・罗格・尼科拉・弗拉尼根(Beraldo Roque Nicola Flaniguen)	2009年8月—

十、委内瑞拉驻上海总领事馆

【概况】

2005年7月5日,中华人民共和国政府和委内瑞拉玻利瓦尔共和国政府达成委内瑞拉在沪设立总领事馆协议。2006年1月23日,委内瑞拉驻上海总领事馆设立。2007年5月26日,委内瑞拉驻上海总领事馆举行开馆仪式。委内瑞拉外交部副部长弗拉迪米尔・比列加斯・波尔加克、上海市副市长唐登杰和委内瑞拉驻华大使罗西奥・马内罗・冈萨雷斯出席开馆仪式。领区范围为上海市、江苏省、浙江省。领馆馆址为福州路666号金陵海欣大厦15D。

【一般公务和事项往来】

2007年5月26日,委内瑞拉驻上海总领事馆举行开馆仪式。委内瑞拉外交部副部长弗拉迪米尔·比列加斯·波尔加克和上海市副市长唐登杰出席开馆仪式。仪式前，唐登杰会见委内瑞拉副外长比列加斯一行，对委内瑞拉驻沪总领事馆正式开馆表示祝贺。比列加斯对上海在经济建设中取得的成就表示祝贺，并表达进一步加强双边交往的良好意愿。

表 5-1-65 2008—2010 年委内瑞拉驻上海总领事馆主要官员一览表

序 号	姓 名	任 职 时 间
1	让·卡洛斯·拉维尔·冈萨雷斯(Jean Carlos Ravel Gonzalez)	2008 年 11 月— (副总领事)

十一、厄瓜多尔驻上海总领事馆

【概况】

根据中华人民共和国政府和厄瓜多尔共和国政府达成的关于厄瓜多尔在沪设立总领事馆的协议，2009 年 8 月 10 日，厄瓜多尔驻上海总领事馆设立。领区范围为上海市、江苏省、浙江省、安徽省。领馆馆址为仙霞路 319 号远东国际广场 B 座 17 层 1701 室。

【一般公务和事项往来】

2009 年 12 月，厄瓜多尔驻沪总领事孔嘉铭表示，越来越多的拉美国家在沪设领，希望厄瓜多尔驻沪总领事馆的开设有助于增加中国人民对包括厄瓜多尔在内的拉美国家的了解。他希望厄瓜多尔与上海能开通直航，进一步促进双方的经贸和旅游。2010 年 6 月，由厄瓜多尔驻沪总领事馆主办的"厄瓜多尔艺术在中国"画展在沪举行。2010 年 8 月，厄瓜多尔驻沪总领事馆联合上海世博会厄瓜多尔馆在沪举办"厄瓜多尔的战略性项目""投资厄瓜多尔"研讨会，以促进中厄经贸关系发展。其间，还举办以环保公益为主题的"亚苏尼 ITT 项目"会议。在上海访问的厄瓜多尔投资局局长、厄瓜多尔文化遗产协调部部长等分别出席会议。2010 年 9 月，应厄瓜多尔驻沪总领事馆邀请，厄瓜多尔马纳维省省长、曼塔市市长率团到沪访问，参观洋山深水港，并与市有关部门探讨吸引中方投资开发厄瓜多尔曼塔港的可能性。

表 5-1-66 2009—2010 年厄瓜多尔驻上海总领事馆历任总领事一览表

序 号	姓 名	任 职 时 间
1	孔嘉铭(Hidalgo Guerrero Jorge Hernan)	2009 年 2 月—

十二、牙买加驻上海名誉领事馆

【概况】

1999 年 11 月 15 日，中华人民共和国政府和牙买加政府达成牙买加在沪委派名誉领事并设立名誉领事馆协议。2001 年 3 月 26 日，牙买加驻上海名誉领事馆设立。2001 年 3 月 26 日，牙买加驻上海名誉领事馆举行开馆仪式。牙买加驻华大使伊尔卡尔出席开馆仪式，并和上海市副市长周慕尧在开馆仪式上分别致辞。领区范围为上海市、浙江省、江苏省、安徽省。领馆馆址为浦东新区东方路 989 号中达广场 16 楼。

【一般公务和事项往来】

2005年9月,副市长唐登杰会见首次到沪访问的牙买加驻华大使韦恩·麦库克,并表示希望上海与牙买加在更广泛的领域进行合作和交流。2006年3月,牙买加首任驻华大使陪同牙买加旅游代表团访沪,出席在沪举行的世界旅游资源博览会,并见证上海第一家由牙买加人投资的咖啡馆开业及牙买加蓝山咖啡进入中国市场。2009年3月,牙买加驻华大使考特尼·拉特雷访沪,在拜会副市长唐登杰时,双方就经贸和文化交流合作的可能进行探讨。

表5-1-67 2001—2010年牙买加驻上海名誉领事馆名誉领事一览表

序号	姓名	任职时间
1	周跃进(Zhou Yuejin)	2001年2月—

第五节 大洋洲国家驻沪领事机构

大洋洲国家在沪共设立领事机构4家(马绍尔群岛共和国曾于1997年11月11日在沪设立总领事馆,因已于1998年12月关闭,故未统计在内),占外国在沪设立领事机构总数的5.80%。其中,总领事馆3家,名誉领事馆1家。澳大利亚于1984年7月在沪设立总领事馆,是该地区在沪设领最早的国家。

一、澳大利亚驻上海总领事馆

【概况】

1978年9月18日,中国外交部部长黄华和澳大利亚驻华大使伍达德换文,代表中澳两国政府就双方互设总领事馆达成协议。中华人民共和国政府同意澳大利亚政府在上海或广州设立总领事馆。澳大利亚政府同意中华人民共和国政府在悉尼设立总领事馆。1984年7月2日,澳大利亚驻上海总领事馆开馆。澳大利亚驻沪总领事馆开馆时,澳大利亚司法部部长、参议员埃文斯和驻华大使阿尔高抵沪为开馆举行招待会。上海市副市长阮崇武、市人大常委会副主任陈沂、市政协副主席杨士法和中国司法部副部长郑希文、外交部副司长黄志荣等应邀出席。领区范围为上海市、浙江省、江苏省、安徽省、江西省、湖北省。领馆馆址为南京西路1168号中信泰富广场22楼。

【一般公务和事项往来】

一般公务:每年,上海市领导和澳大利亚驻沪总领事都应邀出席对方举行的有关活动,包括两国国庆招待会等。澳大利亚驻沪总领事到任或离任时,与上海市领导会见,就发展相互合作和交流交换意见。平时,上海市领导和市政府外办领导也与澳大利亚驻沪总领事和领事、到沪的澳大利亚驻华大使以及到访的澳大利亚代表团等应约相见。其中有:1994年1月,澳大利亚驻沪总领事任格瑞在拜会市政府外办副主任李舜善时表示,希望加强澳大利亚与上海的合作和交流。1995年8月,澳大利亚驻沪总领事任格瑞陪同澳大利亚断山集团钢铁公司总裁卡特拜会市长徐匡迪,希望能加强与上海的合作。1996年4月,市长徐匡迪会见澳大利亚驻华大使石励,双方就进一步加强上海与澳大利亚在经贸、文化、教育、金融、环保、住房建设等方面的合作交流交换意见。同年6月,副市长赵启正会见澳大利亚驻华大使石励。1997年11月,副市长赵启正会见澳大利亚高级公务员代表团一行,双方就上海城市发展战略、进一步发展上海与澳大利亚合作交流等交换意见。1999年8月,市长徐匡迪会见澳大利亚最大钢铁企业BHP公司首席执行官保罗·安德森,双方就BHP公司与上海的合作交换意见。1999年8月,副市长周慕尧会见澳大利亚南澳州旅游部部长何娟,双方就上海和南澳州之间的合作,特别是旅游方面的合作和交流交换意见。1999年10月,市长徐匡迪会见澳大利亚西澳州资源、工贸与教育部部长柯林·巴奈特一行,双方就在经贸、教育等领域的合作交流事宜进行探讨。2001年6月,澳大利亚驻沪总领事馆举行新馆舍开馆仪式,副市长周慕尧和澳大利亚贸易部部长韦尔出席开馆仪式。2002年12月,澳大利亚驻沪总领事郭森若举行午宴,庆祝澳中两国建交30周年,副市长周慕尧应邀出席。2003年1月,副市长唐登杰会见澳大利亚联邦移民、多元文化和土著事务部常务副部长比尔·法莫尔一行,双方就发展中澳旅游交流交换意见。2003年7月,市长韩正会见澳大利亚驻华大使唐茂思,双方表示希望继续发展上海与澳大利亚在能源、教育等领域的交流与合作。2004年3月,市长韩正会见澳大利亚前总理保罗·基廷,双方就金融业和房产市场的发展等交换意见。2005年7月,副市长胡延照会见澳大利亚联邦政府农渔林业部部长沃伦·特拉斯一行,双方就进一步加强澳大利亚与上海在农业及相关领域内的交流与合作进行探讨。2005年7月,副市长唐登杰会见澳大利亚联邦政府艺术和体育部部长罗德·坎普一行,双方就加强文化体育领域的交流进行交谈。2006年1月,市长韩正会见即将离任的澳大利亚驻沪总领事郭森若,对总领事在任期间为发展上海和澳大利亚各方面关系所作的积极努力表示感谢,希望他一如既往地关心上海的发展。总领事希望上海和澳大利亚能继续加强金融、保险等第三产业和能源等领域的合作。2006年3月,澳大利亚驻华大使唐茂思在会见副市长冯国勤时表示,澳大利亚的服务业具有世界领先的优势,希望加强与上海在金融服务领域的合作和交流。2007年3月,"中澳第六次领事磋商会议"在沪举行。2007年5月,副市长唐登杰在会见澳大利亚首都地区首席部长琼·斯坦侯普时说,中澳两国间合作的互补性很强,上海处于发展的关键时期,堪培拉是澳大利亚的一个美丽城市,希望两市在各个领域进一步加强合作与交流。琼·斯坦侯普说,澳大利亚首都地区重视与中国的合作,十分希望在知识型经济、基础设施建设、水务管理、体育和科学、政府采购等方面加强与上海的合作和交流。2008年1月,澳大利亚驻沪总领事馆举行"澳大利亚日"庆祝活动。2008年2月,中共中央政治局委员、上海市委书记俞正声会见澳大利亚驻华大使芮捷锐,双方就进一步发展上海与澳大利亚的交流和合作交换意见。芮捷锐重申澳大利亚政府积极参加2010年上海世博会的承诺。2008年3月,副市长唐登杰会见澳大利亚北部地区首席部长保罗·汉德森,就两地在金融、文化和体育等领域的合作交流交换意见。2008年4月,副市长唐登杰会见即将离任的澳大利亚驻沪总领事狄淑贤,感谢总领事在任期间为促进沪澳大利亚在经济、文化、旅游、教育等领域的交流合作所作的努力。2008年10月,副市长唐登杰会见澳大利亚驻沪总领事孔陶杰,双方就进一步加强合作和交流、2010年上海世博会等交换意见。2009年10月,澳大利亚资源和能源部部长兼旅游部部长马丁-弗格森访沪,在与常务副市长杨雄会见时,双方就能源合作等进行交谈。2010年7月,副市长唐登杰在会见澳大利亚首都地区首席部长约翰·斯坦霍普时说,上海积极发展现代服务业和促进经济结构转型,需要学习和借鉴澳大利亚首都地区的经验,推动双方的合作交流。斯坦霍普希望能进一步加强和扩大同上海的合作和交往。

事项往来:一是城建、经贸方面。澳大利亚驻沪总领事馆重视与上海开展贸易和经济合作事务。总领事麦墨瑞表示,澳大利亚商人对中国的合作伙伴非常满意,澳方要通过政府渠道来进一步促进澳中贸易和经济合作的发展。澳大利亚驻沪总领事馆积极探索与上海在污水处理、道路管理、机场扩建、设备更新、浦江引水、梅山铁矿等工程项目中合作的可能性。在中澳建立上海浦霖电路板公司、上海太平洋邓禄普鞋类部件有限公司等合资企业的过程中,澳大利亚驻沪总领事馆提供协助,起了促进作用。1993年9月,澳大利亚驻沪总领事馆在澳大利亚贸易部部长库克所率贸易代表团访沪之际,举行两次研讨会,中澳人士一起探讨双向投资、发展经贸合作等问题。1995年,经澳大利亚驻沪总领事馆积极筹备,“'95澳中经济论坛”于9月在上海召开,澳大利亚贸易部部长麦克马伦率领澳大利亚高级经贸代表团150余人与会。中国政府和工商界人士130余人出席。2000年前后,澳大利亚驻沪领事馆大力推动与中国的天然气合作项目,积极参与上海液化天然气接收站的招投标工作。澳大利亚驻沪总领事还就此专门拜访副市长韩正,表达澳方积极参与竞标的愿望。2009年4月,澳大利亚农渔林业部部长托尼-伯克访沪,寻求双方进一步加强在农产品贸易等方面的合作。二是在文化、教育方面。澳大利亚驻沪总领事馆与上海有关部门合作,先后在上海外语学院英语教师中举行英语演讲比赛,在沪举办“澳大利亚生活一日”摄影展、“澳洲月”活动,邀请各界观看由澳大利亚人导演的话剧等,并向设在上海社会科学院、华东师范大学、安徽大学的澳大利亚研究中心赠送书刊资料,资助出版刊物,介绍澳大利亚到沪访问的教授、学者、记者、官员访问这一研究中心。1987年,澳大利亚驻沪总领事馆根据澳大利亚“教育出口”政策,以记者招待会等方式介绍澳大利亚接受外国自费留学生的政策。1998年5月,由上海电影制片厂、澳大利亚国家电影公司合拍的电视连续剧《光明世界》在沪举行中国首发式,市有关方面负责人、澳大利亚驻沪总领事馆官员出席。1998年9月,由中国留学服务中心与澳大利亚教育国际开发署合作举办、上海教育国际交流协会协办的“'98澳大利亚教育展”在沪举行。2002年11月,澳大利亚驻沪总领事馆举办“澳大利亚文化周”系列活动,组织7场不同类别的专场演出,还举办画展、图片展、纪录片展等,并向上海图书馆、外文书店赠书,全面推介澳大利亚文化。澳大利亚外长亚历山大・约翰・唐纳、新南威尔士州总督玛丽・芭谢、驻华大使艾大伟等专程到沪参加文化周有关活动。2009年5月,澳大利亚驻沪总领事馆主办、市妇联协办的“澳洲的奇妙动物园——澳大利亚畅销童书插画展”在沪举行。2010年1月,澳大利亚驻沪总领事馆在沪举办“2010澳大利亚电影展”,放映《澳洲乱世情》等9部影片。2010年10月,澳大利亚驻沪总领事馆在世博会澳大利亚国家馆内举行澳大利亚文学翻译项目发布仪式,会上共发布10本澳大利亚当代文学名著的中文译本。

表5-1-68 1984—2010年澳大利亚驻上海总领事馆历任总领事一览表

序号	姓名	任职时间
1	黄乐哲(Roger Curtis Broce Brown)	1984年6月—1987年8月
2	麦墨瑞(Alistair Murray Mclean)	1987年9月—1992年8月
3	古德(Walter Goode)	1992年8月—1994年1月
4	任格瑞(Richard William Rigby)	1994年1月—1998年1月
5	安道卫(David Theodore Rosslyn Ambrose)	1998年2月—2001年3月
6	黎佩宁(Penelope Ann Richards)	2001年3月—2001年8月
7	郭森若(Sam Robert Gerovich)	2001年8月—2006年1月
8	狄淑贤(Susan Dietz-Henderson)	2006年1月—2008年5月
9	孔陶杰(Thomas George Connor)	2008年7月—

二、新西兰驻上海总领事馆

【概况】

1991年5月9日，中国和新西兰两国政府达成互设总领事馆协议。新西兰政府决定在上海设立总领事馆。1992年7月17日，新西兰驻上海总领事馆开馆。新西兰贸易发展局执行主席克里斯蒂和驻华大使鲍麦克等专程到沪主持总领事馆揭牌仪式和开馆招待会。副市长赵启正、市人大常委会副主任王崇基、市政协主席谢希德应邀出席。领区范围为上海市、浙江省、江苏省、安徽省。领馆馆址为长乐路989号世纪商贸广场16楼。

【一般公务和事项往来】

一般公务：每年，上海市领导和新西兰驻沪总领事都应邀出席对方举行的有关活动，包括两国国庆招待会等。新西兰驻沪总领事到任或离任时，与上海市领导会见，就发展相互合作和交流交换意见。平时，上海市领导和市政府外办领导也与新西兰驻沪总领事和领事、到沪的新西兰驻华大使以及到访的新西兰代表团等应约相见。其中有：1995年11月，副市长赵启正会见新西兰驻沪总领事麦卓，双方就进一步加强两地合作交流交换意见。1997年2月，副市长赵启正会见新西兰2000年亚洲基金会主席菲利浦・基甫森、新西兰驻华大使克里斯・艾尔德，双方就加强上海和新西兰在经济、文化等方面的交流交换意见。1999年6月，市长徐匡迪会见新西兰亚太经合组织(APEC)高官会议主席马丁・伟佛斯，徐匡迪表示，将把2001年在沪举行的APEC会议准备得更好。马丁・伟佛斯表示愿为上海提供新方的经验。1999年8月，副市长冯国勤会见新西兰移民部部长图瓦里奇・德拉米尔一行，双方就上海与新西兰在旅游、教育等领域进行交流和合作事宜交换意见。2001年3月，副市长周慕尧代表市长徐匡迪会见新西兰驻华大使麦康年，希望大使在任期内能继续为推动和深化上海与新西兰的友好关系作出努力。2001年5月，副市长周慕尧会见新西兰移民部部长兼教育部副部长利安尼・达尔齐尔一行，双方就加强两地教育、文化等方面的交流与合作交换意见。2002年3月，副市长周慕尧会见新西兰贸易谈判部部长吉姆・萨顶一行，双方表示希望进一步推动上海与新西兰的经贸合作。2003年12月，副市长姜斯宪会见新西兰驻华大使麦康年，双方就进一步发展上海和新西兰的合作交流交换意见。2004年10月，市长韩正会见即将离任的新西兰驻华大使麦康年，对大使在任期间为促进双方贸易交流所作的贡献表示感谢。2005年3月，市长韩正会见新西兰驻华大使包逸之时表示，希望进一步加强上海和新西兰在经贸、文化、教育、卫生等方面的交流与合作。2006年2月，副市长唐登杰会见新西兰驻沪总领事陈雯。陈雯表示，新西兰十分关注上海世博会的筹备情况，并将积极参与这一盛会。她还表示，除进一步推动已有领域的合作交流外，还将致力于开拓新的合作领域，特别是先进农业和现代服务业方面的合作和交流。2008年12月，副市长唐登杰会见即将离任的新西兰驻沪总领事陈雯，感谢总领事为双方交流作出的努力，希望总领事离任后继续关心上海的建设和发展。2009年1月，副市长唐登杰会见新西兰驻沪总领事隋新，双方就加强新西兰与上海的合作、2010年上海世博会等交换意见。2009年4月，新西兰总理约翰・基访沪，并为在沪设立的"新西兰之窗"揭幕。2009年6月，市长韩正会见新西兰驻华大使伍开文，双方就新西兰与上海的合作交流、2010年上海世博会等交换意见。

事项往来：一是教育、文化方面。1999年8月，由新西兰驻沪总领事馆和上海教育国际交流协会共同举办的"新西兰教育展览会"在沪举行，在上海访问的新西兰移民部部长图瓦里奇・德拉米尔出席展览开幕式。2000年4月,新西兰奥克兰技术大学艺术系主任一行访沪,与上海逸夫职业技术学校进行交流,两校于1998年建立校际交流关系。这是新西兰首次在沪进行艺术教育交流。2003年12月,上海国际问题研究所和新西兰奥克兰大学亚洲中心共同举办“亚太形势与中新关系”研讨会。2006年11月,新西兰驻沪总领事馆举行“新西兰文化之夜”活动,新西兰贸易部部长兼国防部部长菲尔・戈夫、达尼丁市市长陈永豪等新西兰政府高级官员出席该活动,市有关方面负责人应邀出席。二是经贸方面。2006年5月,新西兰驻沪总领事馆举行“新西兰精致之选”零售渠道发展项目展览。2007年4月,新西兰驻沪总领事馆在沪举办“自然创新”展览,介绍新西兰美丽的自然风光及其独到的创新能力。上海友好城市达尼丁丁的市长作为特邀嘉宾出席展览开幕式。

表5-1-69　1992—2010年新西兰驻上海总领事馆历任总领事一览表

序　号	姓　　名	任　职　时　间
1	邓耀宗(G. T. Dennehy)	1992年7月—1995年8月
2	麦卓(McArthur)	1995年8月—1998年8月
3	付恩莱(Clare Patricia Fearnley)	1998年9月—2002年10月
4	沈倩萍(Pam Chong DUNN)	2002年11月—2005年12月
5	陈雯(Wen Chin Powles)	2005年12月—2008年12月
6	隋新(Michael Victor Swain)	2009年1月—

三、瓦努阿图驻上海总领事馆

2000年10月12日,中华人民共和国政府和瓦努阿图共和国政府达成瓦努阿图在沪设立总领事馆协议。2007年6月25日,瓦努阿图驻上海总领事馆设立。2007年7月17日,瓦努阿图驻上海总领事馆举行开馆仪式。在上海访问的瓦努阿图副总理兼外交部部长沙图・基尔曼和中国外交部副部长乔宗淮出席开馆仪式并分别致辞。上海市副市长唐登杰、瓦努阿图驻华大使出席开馆仪式。领区范围为上海市、江苏省、浙江省、安徽省。领馆馆址为新华路728号华联发展大厦1207—1208室。

表5-1-70　2007—2010年瓦努阿图驻上海总领事馆总领事一览表

序　号	姓　　名	任　职　时　间
1	张查理(Charles Cheung)	2007年6月—

四、巴布亚新几内亚驻上海名誉领事馆

2005年7月15日,中华人民共和国政府和巴布亚新几内亚政府就巴布亚新几内亚在沪设立名誉领事馆事达成协议。2006年8月28日,巴布亚新几内亚驻上海名誉领事馆设立。2006年12月13日,巴布亚新几内亚驻上海名誉领事馆举行开馆仪式。巴布亚新几内亚外交经贸部副部长康拉德・豪达出席开馆仪式并致辞。上海市副市长唐登杰、巴布亚新几内亚驻华大使马克斯・拉伊出席开馆仪式。领区范围为上海市。领馆馆址为延安西路895号申亚金融广场24A。

表 5－1－71　2006—2010 年巴布亚新几内亚驻上海名誉领事馆名誉领事一览表

序　号	姓　　名	任　职　时　间
1	周桐宇(Zhou Tongyu)	2006 年 8 月—

五、马绍尔驻上海总领事馆(已关闭)

根据 1996 年 12 月 30 日中华人民共和国政府与马绍尔群岛共和国政府达成的协议,马绍尔群岛共和国于 1997 年 11 月 11 日在上海设立总领事馆。领区范围为上海市、江苏省和浙江省。馆址为上海市淮海中路 1375 号启华大厦 2 楼 B。

1998 年 12 月 11 日,由于马绍尔群岛共和国违背中马建交公报,与台湾当局建立所谓“官方关系”,中国政府决定终止与马绍尔的外交关系。12 月 11 日,马绍尔驻上海总领事馆关闭。

表 5－1－72　1997—1998 年马绍尔曾任驻上海名誉领事馆总领事一览表

序　号	姓　　名	任　职　时　间
1	苏珊・海因(Susane Heine)	1997 年 11 月—1998 年 12 月

第六节　上海与外国驻沪领事机构的业务往来

随着上海对外开放的不断扩大,驻沪领事机构的数量不断增加,通过外国领事机构开展的交往活动也日益增多。这些活动大多涉及面广、各方重视、影响深远,促进中外双方的了解、交流和合作,促进各国与中国关系的发展。

一、上海与外国驻沪领馆沟通

【组织市领导与外国领团见面会】

每年,中方都安排上海市长和其他市领导与领团见面活动,向领团通报市政府的工作情况及下一阶段的工作规划,并就领团关心的问题认真进行对话。这种面对面形式的座谈交流活动被领团视为上海高层次的官方社交活动,给予高度重视和积极评价。2007 年 9 月,中共十七大和市九届党代会召开后,为帮助领馆了解中国共产党坚持中国特色社会主义道路理论对经济建设和社会发展的指导作用,上海市政府外办举办市领导和外国驻沪领团见面会。市长韩正,副市长周太彤、唐登杰等市领导出席,根据市九届党代会确立的上海发展思路,就经济建设、对外贸易、节能减排、城市人口、人才培养和长三角地区的一体化发展等大家关心的问题向领团进行通报并开展交流。针对领馆普遍关心的上海如何建设和谐社会、经济建设中如何正确处理速度与质量、效率与公平等关系问题与各国总领事沟通情况、交换看法。见面会使各国领馆获取更多信息,从而对上海发展有较全面的认识,使其开展工作更有针对性。见面会成为宣传中国、宣传上海的平台。

【召开各类情况通气会、介绍会】

各国领馆十分关心上海经济和社会发展情况。中方几乎每年都邀请驻沪领馆人员参加各类年度情况通报会,向他们详细介绍各类情况,如“上海市外经贸情况通报会”“上海知识产权情况通报会”“上海市人口和计划生育情况通报会”“上海信息化建设情况介绍会”“上海治安情况介绍会”等。根据领馆要求,中方举行的通报会主题还有:城市规划、社会保障、民营企业、慈善工作、海关业务等。同时,每当市有关部门在经济、金融等方面出台新政策和新举措时,对上海的投资环境、在沪外资企业及在上海寻求合作机会的外国资本都会产生影响,各国领馆对此都十分关注。为此,中方主动邀请有关方面为领馆举行这类新政策介绍会,向他们提供新的、权威的信息。1999年初,中国的金融体制改革引起国际社会关注,上海市政府外办即与中国人民银行上海分行联合举办“银行金融体制改革情况介绍会”。2002年,结合市工商局出台《关于促进对外开放、扩大利用外资的若干意见》,上海市政府外办会同市工商局举行“促进利用外资新举措介绍会”,向领馆介绍引进外资的概况、新措施的出台背景及具体内容。市知识产权局在经济发展中逐步完善知识产权方面法律、法规,各国领馆特别关注这一领域的状况。上海市政府外办遂与市知识产权局商定,每年为领馆介绍上年度上海市知识产权保护状况,并向他们提供书面信息。

【召开重大问题专题介绍会】

各国驻沪领馆都十分关注中国出台的重大举措和发生的重大情况,上海市政府外办总是及时召开重大问题专题介绍会。2001年4月,针对各国领馆有关中国加入世界贸易组织的不少疑问,上海市政府外办组织驻沪领馆人员参加“入世带给上海的机遇和挑战”情况介绍会。会上,领馆官员十分活跃,纷纷就存在的疑问和感兴趣的问题进行提问,包括如何提高政策透明度、政策和法规调整需多长时间、如何公正解决企业间争端、行业协会的作用等。中方有关人员一一认真解答,消除领馆人员不少疑虑,介绍会取得积极效果。2003年春,中国发生“非典”疫情,对此,各国驻沪领馆十分关注,也有不少顾虑和疑问。上海市政府外办为此多次举行座谈会、情况介绍会等,为他们解疑释惑,主要工作有:一是邀请市长韩正与领团举行座谈会,介绍上海“非典”防治工作的指导思想和采取的具体措施。43家驻沪总领馆中的36名总领事、5名代总领事及其他领事官员共80余人参加座谈。韩正简要介绍上海的疫情和采取的措施,并阐述上海市政府防治“非典”工作的指导思想。韩正说,为确保每一位居民的安全,上海采取一些非常措施,给市民和外国在沪人员带来一些不便。各国领馆官员对上海的措施是支持和理解的。在抗击“非典”斗争中,上海市政府希望继续得到各国领馆的理解、支持和配合,对各领馆的意见和建议将予以重视,并及时向领馆通报有关信息。韩正对领馆方面提出的问题一一作了回答。各国驻沪总领事对韩正的发言给予高度评价,认为上海市领导在“非典”防治中表现出高度负责的态度和务实的精神,这有助于外国在沪投资企业的稳定和发展。许多总领事表示,要将会上传达的信息及时报回国内,并传达到在沪的外籍人士。二是邀请世界卫生组织专家组与驻沪领团见面,介绍在沪检查“非典”防治措施的情况,并回答大家所关心的问题。见面会于2003年4月25日举行。世卫组织专家组长麦考尔向41个国家驻沪领馆总领事和有关官员近120人就在沪考察“非典”防治工作情况作了通报,并就领馆官员所关心的问题和所存的疑虑一一进行解释,其中包括上海制定的“非典”监测和报告系统会不会出现漏洞,预防措施需持续多长时间,上海所采取的八条措施对在华外国人特别是外商企业产生的影响等。三是请有关方面通报情况。2003年4月初,当上海市发现第一例“非典”疑似病人时,市政府外办即会同市卫生局举办情况通气会,向34家驻沪领馆近60名领事官员通报有关情况及采取的防控措施。在此后近1个半月时间里,上海市政府外办会同市卫生局先后举行5次通气会,向领馆人员介绍上海市“非典”防治情况,解答他们提出的各种问题,受到各国驻沪领馆官员的欢迎。

【组织领团参观考察】

上海许多重大市政工程建设项目影响很大，不少项目对外国资本也蕴含着无限商机，各国领馆对此都十分关注。上海市政府外办遂积极向各领馆介绍上海市政建设的成就、动向和规划。1998年，中方组织领馆官员参观建设中的浦东国际机场建设情况；在上海城市规划展示馆落成之际，中方结合市政府新规划的制定，与市规划局联合举办“上海城市规划情况介绍会”，并组织领团参观规划馆。在浦东开发开放10周年之际，中方组织领团参观浦东软件园、南方基因中心等。2009年，作为中国最大的现代化城市综合交通枢纽，上海虹桥综合交通枢纽工程将于年底完工，2010年世博会期间投入运行。该工程涵盖航空、高铁、城际铁、长途等城市对外大交通以及地铁、公交、出租等市域交通。该工程建成后将成为上海服务长三角地区乃至全国的重要交通和经济纽带，引起各国领馆的普遍关注。2009年5月，中方组织各领馆官员到现场参观、座谈，取得很好效果。此外，中方还先后组织领团参观洋山深水港、上海世博园有关场馆等。一系列的参观、交流使领馆人员亲身感受到上海建设和发展的步伐，也为各领馆寻找与上海的合作方向提供便利。

中国西部大开发战略引起国内外的关注，了解西部建设情况和商机，成为驻沪领馆关心的重点之一。上海市政府外办先后组织领团赴贵州、甘肃、新疆、西藏、云南等地参观考察，受到各地政府的热情接待和领团人员的热烈欢迎。实地考察使领馆人员进一步了解中国西部大开发战略、民族宗教政策、文化遗产保护以及西部地区高新科技发展情况。考察后，在领馆的牵线搭桥下，有的国家已与西部地区的省份开展交流，贵州与奥地利开展环保方面的交流，荷兰、捷克、芬兰等国也有意在造纸业、啤酒生产、对外经济援助项目等方面与贵州省进行合作。许多领馆表示，将会把有关信息传递给国内企业，促成他们前去投资、合作。

【邀请领馆官员参加大型活动和重要国际会议】

每年举行的市人大、市政协会议是全市人民政治生活中的大事，“两会”是贯彻中央方针政策、总结上年度全市的工作情况、制定本年度的发展规划并提出具体工作要求的会议，格外受到各国领馆的关注。“两会”每年都邀请各国领馆官员列席会议的开、闭幕式，使他们亲身感受会议的气氛，具体了解上海建设和发展的成绩和规划等，受到领团欢迎。上海是一个充满生机和活力的城市，每年有许多国际性的大型活动在沪举行，如上海国际艺术节、旅游节、花卉博览会、工业博览会、国际电影节、电视节、亚洲音乐节、上海市市长国际企业家咨询会议等。许多重要的国际会议也在上海举办，如“'99《财富》全球论坛·上海年会”“亚太经合组织第九次领导人非正式会议”“亚洲开发银行理事会第35届年会”“亚太地区城市信息化高级论坛”以及“2007年世界夏季特殊奥林匹克运动会”“首届全球扶贫大会”“2010上海世界博览会”等。上海市政府外办为此举行信息发布会，通过领馆向世界各国传递活动信息，吸引海外团组参与；同时邀请领馆官员参加活动开、闭幕式等，让领馆在掌握有关情况、资料的同时，更好地体会和了解上海政治、经济、文化、社会的发展，提升上海国际化程度，扩大上海的国际影响。

二、驻沪领馆介绍各国经济文化情况

【举办国家活动周、各种庆典和展示】

10多年来，各国驻沪领馆通过举办国家活动周、情况介绍会和发布会等，全面宣传和介绍本国的政治、经济、科技、文化、社会发展等情况。为配合活动，不少领馆还特别邀请本国政要或高层人士专程到沪访问,参与交流宣传,以进一步扩大影响。2000年4月,埃及驻沪总领事馆与东湖集团共同举办"埃及之夜"的活动,邀请上海市旅游、文化、公安、海关、企业界人士以及江苏、浙江、山东等省有关人员参加。主要内容是介绍埃及文化和商贸情况,借以推进埃中贸易、文化、旅游交流,增进相互了解,吸引中方投资。2000年7月,泰国驻沪总领事馆在沪举行"泰国2000:中泰建交25周年"系列庆祝活动,内容有中泰两国关系回顾与展望的图片展、中泰经贸合作展、专场文艺演出和"泰中旅游合作"专题研讨会等。2000年9月,瑞士驻沪总领事馆与上海有关单位联合举办"2000年的瑞士在上海"系列活动,纪念瑞中建交50周年。活动内容包括建交50周年图片展、瑞士文化展、瑞士在沪合资企业产品展、瑞士食品展、"瑞士摄影家眼中的上海"摄影展及大型文艺演出等,以实物和图片等形式向上海各界展示瑞士文化和经济情况。在上海访问的瑞士联邦主席阿道尔夫·奥吉和上海市副市长周慕尧参加活动开幕式并参观展览。2000年9月,为庆祝中古建交40周年暨古巴驻沪总领事馆开馆10周年,古巴驻沪总领事馆在沪举行系列活动,其中包括领馆与上海外国语大学联合举办的古巴情况介绍会,由古巴驻沪总领事萨尔萨门迪向与会的百余名西班牙语界人士介绍古巴政治、经济、文化、历史和现状等。2002年10月,英国驻沪总领事馆在沪举办"创新先锋周"系列活动。活动包括:英国领先行业展览、英沪企业高级管理论坛、设计盛宴展、科学讲座等。英国贸工大臣、科技大臣、利物浦市市长等英国多名政府人士专程到沪参加该项活动。市长韩正等应邀出席有关活动。"创新先锋周"系列活动旨在展示英国在技术、创意、设计、教育等方面最新的产品,提高英国的知名度和影响力,改变过去人们对英国人保守、封闭的传统印象,树立英国的新形象。2003年3月,菲律宾驻沪总领事馆、贸促会上海分会、菲律宾贸易与工业部、菲律宾外交部、菲律宾旅游部联合在沪举行"中菲携手"系列活动,包括贸易展览、旅游推荐、食品节等。菲律宾众议院主席、菲律宾总统代表等出席部分活动,市长韩正出席在上海展览中心举行的活动开幕式。2006年3月,"2006中国意大利年"上海活动在上海大剧院开幕,上海市副市长杨晓渡、意大利驻华大使孟凯帝出席开幕式并分别致辞。意大利阿岱舞蹈团以一台巴赫音乐与现代芭蕾相结合的演出为意大利年上海活动拉开序幕。活动全方位展示意大利传统和现代的文化、艺术、音乐、舞蹈、电影、工业设计等。同年5月,意大利对外贸易委员会还在沪举办"艺术制造的意大利——现在"展览。2007年2月,智利驻沪总领事馆在沪举办"智利国家新形象发布会",推介智利旅游、食品和文化,同时还举办智利艺术家巴罗罗·瓦尔德雕塑作品展。2007年3月,爱尔兰驻沪总领事馆、爱尔兰旅游局、爱尔兰食品局和卢湾区政府联合举办"爱尔兰周"活动。内容包括:旅游信息介绍、爱尔兰特色饮食、"爱尔兰角"英语口语俱乐部、互动游戏等。活动期间,在沪的爱尔兰人和上海市志愿者在新天地还举行传统的"圣帕特里克日"巡游。爱尔兰通信、海洋和自然资源部部长与爱尔兰驻华大使等专程到沪参加活动。2006—2009年,泰国驻沪总领事馆与市有关单位合作,连续举办4届"泰国展",多方面、多角度地介绍泰国的文化、商品、旅游等情况。2008年9月,泰国驻沪总领事馆与上海市对外友好协会、市妇联共同举办第三届"泰国展",活动包括泰国王室图片展、泰国传统文体节目表演、饮食烹饪表演和各类专题展示交流活动等。泰国驻沪总领事馆希望通过这些活动,让更多上海市民近距离接触和了解泰王室的风采及传统艺术、风土人情,进一步推动上海与泰国两地在经济、文化、体育、旅游和人员交往等领域的友好交流,增进彼此的深厚情谊,活动取得良好效果。2008年6月,"新加坡中心"在沪成立。新加坡交通部部长兼外交部第二部长林双吉专程到沪主持成立仪式。该中心是由新加坡驻沪总领事馆的商务处、产业投资处、教育文化处及旅游局组成,既是一个向国际人才和投资伙伴提供的平台,也是介绍新加坡工作、生活、投资信息的中心。2008年11月,加拿大驻沪总领事馆联合加拿大在沪商界举办"你好,加拿大"活动。该活动集中展示加拿大产品和服务、文化、习俗等，还包括移民、教育、旅游、金融、保险和社区活动信息以及文艺表演和食品品尝等。其中，文艺表演活动有来自加拿大新奥尔良的乐队表演，以及哑剧、杂技、木偶、魔术等，加拿大上海商会主席舒马克主持开幕式。2006—2009 年，保加利亚驻沪领事馆先后组织并参与上海—保加利亚企业家对口洽谈会、旅游推介会、红酒品酒会、文化教育图片展、中保经贸论坛、画展等活动，旨在扩大保加利亚在华影响。

【推介本国文化艺术】

文化活动是各国领馆在沪开展得最多的活动之一，包括文化年、文化周、艺术展、电影节、画展、图片展、摄影展、著名文化人纪念活动、文艺晚会、图书赠送、旅游文化推介等。

文化年、文化周。2002 年 11 月，澳大利亚驻沪总领事馆在沪举办“澳大利亚文化周”系列活动，该活动是第四届中国上海国际艺术节的组成部分。澳大利亚外长亚历山大·约翰·唐纳、新南威尔士州总督玛丽·芭谢以及澳大利亚驻华大使艾大伟等专程到沪参加文化周开幕式及有关活动。中国文化部副部长潘震宙，中共上海市委常委、宣传部部长王仲伟，上海市副市长周慕尧等出席开幕式及招待会，并陪同观看首场演出。文化周组织 7 场不同类别的专场演出，包括墨尔本交响乐团、悉尼舞蹈团、杂技、流行歌曲、马戏演出等，还举办土著人画展、摄影图片展、纪录片展等，并向上海图书馆、外文书店赠书，全面推介澳大利亚文化。2006 年，墨西哥驻沪总领事馆作为协调机构，促成墨西哥作为特邀主宾国家，参加上海国际艺术节、上海国际电影节。在此期间分别举办墨西哥文化周、墨西哥电影周。同年，还与上海美术馆合作，举办墨西哥现代美术大展。2007 年是西班牙文化年，在西班牙驻沪总领事馆的推动下，2007 年 6 月，“300％西班牙设计”展在沪举行。展览汇集西班牙 100 年来在设计、图像造型和实用家具等方面最具代表性的 300 件作品，代表西班牙创作的最高水平。在上海访问的西班牙国王卡洛斯参观展览。文化年的其他活动还包括“高迪建筑模型展”“普拉多博物馆藏品展”“西班牙美食节”和多个研讨会等。2008 年 6 月起，匈牙利驻沪总领事馆在沪举办历时 1 年的匈牙利建筑大师“邬达克年”活动，包括中国文化遗产日“邬达克展”，多场有关邬达克与上海建筑的研讨会，相关新书的出版，步行考察国际饭店、沐恩堂、大光明电影院、吴同文住宅“绿屋”等邬达克建筑。

文艺演出。2004 年 5 月，南非驻沪总领事馆安排南非“鼓点打击乐团”等到沪举行音乐、歌舞演出活动。2006 年是印中友好年，7 月 2 日，印度驻沪总领事馆在上海大剧院举办“印中文化交流之夜”活动，表演的节目有印度古典芭蕾舞蹈、中国民乐、杂技、魔术等。市政协副主席宋仪侨应邀出席。2006 年 11 月，新西兰驻沪总领事馆举行“新西兰文化之夜”活动，新西兰贸易部部长兼国防部部长菲尔·戈夫、达尼丁市市长陈永豪等新西兰政府高级官员出席该活动。上海有关方面负责人应邀出席。该活动是为配合新航开通奥克兰至上海直航航线而举办的，活动中播放有关新西兰的系列电视纪录片，并进行新西兰特色的文艺表演。2007 年 6 月，韩国驻沪总领事馆在沪举行“2007 年中韩交流年——韩国文化精粹”表演晚会，上海市政府有关部门领导，文艺界、企业界等有关方面人士共 300 余人出席。2008 年 4 月，印度驻沪总领事馆在沪举办“印度之夜”活动暨印度传统音乐和舞蹈表演。印度旅游部副部长班纳吉和印度驻华大使拉奥琪出席。2010 年 5 月，以色列驻沪总领事馆举行由以色列平头芭蕾舞团演出的舞台剧《样板人生》，该演出是上海世博会特别文化项目的组成部分。2010 年 6 月 20 日，由法国驻沪总领事馆和市文广影视局共同指导举办的“2010 上海夏至国际音乐日”活动在东方艺术中心举行启动仪式，市长韩正为活动题写贺词。该活动被纳入上海世博会城市广场“周周演”活动，来自法国的 24 支乐队、170 余名艺术家和上海有关音乐团体进行音乐表演。

艺术展览。1995—1997年，以色列驻沪总领事馆多次举办以色列图片展、摄影展等，促进相互了解和交流。图片展包括有“永记历史教训——纪念二战时期遭纳粹屠杀的犹太人”“光的殿堂”“播撒和平的种子——以色列科技国际合作图片展览”等。1998年10月，英国驻沪总领事馆在沪举行“英国当代艺术学院在中国”系列展览，展示英国的现代艺术与科技创造成果。在上海访问的英国首相布莱尔参观展览。2001年1月，由荷兰驻沪总领事馆、上海市政府外办、市文联联合举办的“荷兰四季之中国印象”画展在上海美术馆开幕，展出沪苏浙皖12位画家赴荷采风的作品。2002年4月，荷兰驻沪总领事馆在沪举办“鹿特丹和上海——两个姐妹城市如画的故事”摄影图片展。2003年4月，古巴驻沪总领事馆和市旅游委在浦东世纪公园海纳百川俱乐部联合举办“古巴旅游情况推介会”，古巴那堪旅游集团代表团在会上介绍古巴旅游情况。同时，“古巴风情”酒吧也在该俱乐部举行开业仪式，中外方约200人出席。2005年9月，南非驻沪总领事馆在沪举办“南非全体验旅游节”活动。南非环境和旅游部副部长玛布达芙哈斯一行专程到沪参加旅游节开幕式等活动。活动还包括南非旅游资源介绍、民间歌舞表演、旅游研讨会等。2006年3月，美国驻沪总领事馆与徐汇区政府联合举办为期1个月的“美国黑人文化艺术图片展”。展览采用中英双语海报形式，分“爵士”“为世界吟唱：非裔美籍作家”两部分，分别介绍黑人音乐家和作家以及他们为美国社会作出的卓越贡献。2006年4月，墨西哥驻沪总领事馆在上海美术馆举办“墨西哥现代美术展——战后至20世纪末撷珍”展览，墨西哥驻华大使李子文及上海各界人士出席展览开幕式。2006年6月，乌拉圭驻沪总领事馆在沪举办“乌拉圭当代艺术展”，展出乌拉圭当代艺术家的约50余幅作品，社会各界人士及外国驻沪领馆人员约100人出席开幕式。2007年4月，新西兰驻沪总领事馆在沪举办“自然创新”展览，介绍新西兰美丽的自然风光及其独到的创新能力。上海友好城市达尼丁市市长陈永豪作为特邀嘉宾出席展览开幕式。上海市人大常委会副主任周慕尧应邀出席开幕式。2007年秋，南非驻沪总领事馆作为支持单位，参与由上海植物园和上海开普绿化园艺有限公司在上海植物园共同举办的“2007年上海首届彩虹国度——南非”展，展示南非的珍奇花卉及风土人情。2007年11月，斯洛伐克驻沪总领事馆在沪举办“跨越国界的艺术——姐妹城市兄弟艺术家画展”，展出斯洛伐克和上海的几位艺术家的作品，表现上海的友好城市布拉迪斯拉发和上海之间的友谊。2008年6月6日，为庆祝以色列建国60周年，以色列驻沪总领事馆在虹口区犹太难民纪念馆(原摩西会堂旧址)举行“以中友好”图片展开幕暨“犹太人在上海”数据库开通仪式。2009年10月，为庆祝中斯建交60周年，斯洛伐克驻沪总领事馆与上海市人民对外友好协会、黄浦区人民政府合作，在沪举办“自然·时空·和谐”艺术展，展出斯洛伐克艺术家和中国当代艺术家的55幅作品。2009年12月，以色列驻沪总领事馆与上海市对外文化交流协会等单位共同举办“走进以色列——以色列当代摄影作品展”。2010年6月，墨西哥驻沪总领事馆在沪举办“蒂娜·莫多提：一道新视线”摄影展。2010年6月，希腊驻沪总领事馆在沪举办“雅典——栩栩如生的历史”图片及实物展览，希腊文化与旅游部国务秘书丽娜·曼多尼专程到沪出席开幕式。2010年6月，由厄瓜多尔驻沪总领事馆主办的“厄瓜多尔艺术在中国”画展在沪举行。2010年8月，希腊驻沪总领事馆在沪举办题为“感受在希腊”的展览，希腊文化和旅游部部长帕夫洛斯·耶鲁拉诺斯专程到沪出席展览开幕式。其间，希腊驻沪总领事馆还举办“别具一格的旅游——疗养旅游：希腊与中国的比较”“可持续旅游与城市改造：上升之路”等论坛。2010年9月，冰岛驻沪总领事馆在沪举办“冰岛当代设计展”，意在推广冰岛文化，促进冰中文化交流。

文化纪念活动。2003年4月，爱尔兰驻沪总领事馆与孙中山故居纪念馆合作，在孙中山故居举行爱尔兰著名作家萧伯纳先生访问上海 70 周年纪念活动开幕式。2006 年 3 月，挪威驻沪总领事馆在上海举行纪念挪威戏剧大师易卜生逝世 100 周年活动开幕式，各界人士 100 余人出席。在活动开幕式上，挪威驻沪总领事诺和平致辞，上海戏剧学院、复旦大学、南京大学等校专家介绍易卜生戏剧成就，挪威艺术家即兴表演易卜生作品。2010 年 5 月，印度驻沪总领事馆与上海市作家协会联合在上海世博会印度馆举办泰戈尔诞辰纪念会，邀请演艺人员和作家朗诵泰戈尔诗作，约 50 人参加。电影节、电影周和电视片播映。2003 年 3 月，西班牙驻沪总领事馆在上海影城举办西班牙电影周，放映《吉普赛人的灵魂》等 6 部影片。2003 年 12 月，墨西哥驻沪总领事馆在沪举办由墨西哥特拉维萨广播影视集团向上海新闻传媒集团提供的全面介绍墨西哥的电视纪录片集《墨西哥之魂》开播仪式。上海市政府外办、市外经贸委、市新闻传媒集团等有关方面负责人出席开播仪式。2004 年 11 月，“澳新银行澳大利亚电影节”在沪开幕，上海市政府外办、市文广影视局领导及上海各界代表 200 余人应邀出席开幕晚会，电影节期间共放映 9 部澳大利亚影片。2006 年 4 月，为纪念中菲建交 30 周年，菲律宾驻沪总领事馆与上海市对外友好协会共同举办“菲律宾电影节”。上海市人大常委会副主任、市友协会长周慕尧出席电影节开幕式。市友协、卢湾区领导及各界人士近 200 人出席开幕式。开幕式上放映菲律宾电影《马格尼菲科》，电影节期间共放映 6 部菲律宾影片。2007 年 6 月，巴西驻沪总领事馆假上海国际电影节之机，举办巴西电影节，中外宾客约 200 人出席电影节开幕式。图书、雕塑交流。2000 年 9 月，受墨西哥政府委托，墨西哥驻沪总领事馆向上海图书馆捐赠 600 册图书，内容涉及墨西哥政治、经济、文化、科技、历史等方面。2000 年 12 月，泰国驻沪总领事馆向上海图书馆赠送 284 本图书，这些图书介绍泰国的文学、历史、政治、经济、社会科学和传统文化等。2002 年 3 月，墨西哥维拉克鲁斯州向上海市赠送“奥尔梅加头像复制品”大型雕塑，并被陈列在浦东新区世纪公园内供游客观赏。

【开展各类经贸推介活动】

以各类经贸推介活动促进本国与上海的经贸合作交流，是各国领馆的一项重要工作。1995 年 9 月，澳大利亚驻沪总领事馆经过积极筹备，在上海举办“’95 澳中经济论坛”，澳大利亚贸易部部长麦克马伦率领 150 多人高级经贸代表团与会。中国政府和工商界人士 130 余人出席。1996 年 11 月，加中贸易理事会 1996 年会在沪举行，加拿大总理克雷蒂安专程到沪参加年会有关活动。加拿大驻沪总领事馆积极配合年会召开。会议期间，举办一系列研讨会和展览会，包括加拿大食品节、服装展览、中加陶瓷展等，还为加拿大电视公司租用上海国际电视节交易会展台。1999 年 3 月，瑞士驻沪总领事馆与贸促会上海分会、中国国际商会上海商会联合举办中瑞合作基金、瑞士企业来华投资研讨会，上海及周边地区企业界人士 150 余人出席。1999 年 6 月，瑞士驻沪总领事馆与市贸促会联合举办“瑞士经济介绍会”。会上，瑞士企业家分别就瑞士机械、仪表、化工、医药、银行、保险等行业情况作介绍，近 80 家中方企业代表出席介绍会。1999 年 6 月，经土耳其驻沪总领事馆牵线，土耳其贸易代表团访沪，并举行“土耳其经济——联合投资与合作机遇”研讨会，与来自上海及华东地区百余家厂商进行交流和洽谈。2000 年 1 月，以色列驻沪总领事馆在沪举行以色列农业科技与合作项目介绍会，以色列农业专家介绍以色列农业发展历史、科技发展状况、中以农业合作项目的情况。上海市农委及农业科技人员出席介绍会。同年 3 月，以色列驻沪总领事馆在沪举行“以色列—上海经济研讨会”，邀请上海市经济界有关人员参加。2000 年 10 月，伊朗驻沪总领事馆在世贸商城设立占地 100 平方米长期开放的伊朗产品展示厅。伊朗驻华大使马拉埃克专程到沪为展示厅剪彩，上海市外经贸委、市外办、市贸促会等有关部门领导应邀出席展示厅揭幕仪式。伊朗驻沪总领事称,希望将该展示厅建成"上海—伊朗互贸中心",以切实有效地扩大对华贸易,特别是加强伊朗和上海及周边地区的经济交流与合作。2000年10月,捷克驻沪总领事馆举行捷克情况介绍会,介绍捷克经济状况和与有关国家经济合作情况等。总领事强调,捷克有许多高质量产品如啤酒、玻璃器皿、汽车等尚未能进入中国市场,上海还没有一家捷克企业,希望加强与上海的交流与合作。2000年11月,西班牙驻沪总领事馆和中国贸促会上海分会在上海展览中心联合举办"2000西班牙家居展",数百家西班牙著名企业参展,展品涉及建材、纺织品、室内装潢用品、家具等各个领域。此为西班牙在海外举办的规模最大的家居展览。展览期间,还进行著名画家米罗作品展览、著名舞蹈家霍金·科尔多斯在中国的首场演出等文化活动。率高层代表团到沪访问的西班牙王子、副首相出席家居展的相关活动。2003年4月,意大利外交部、驻华大使馆和驻沪总领事馆在沪联合举办"城市精灵,风驰魅影"意大利原创汽车设计展。意大利驻华大使布鲁尼夫妇专程到沪参加展览开幕式。2006年6月,智利驻沪总领事馆在沪举办"品味智利"食品推介会,智利40家红酒商和食品出口商到沪展示自己的商品。中、智企业家和社会各界人士约300人出席。2007年6月,保加利亚驻沪总领事馆在沪主办中保商贸论坛,保加利亚经济能源部副部长率团出席论坛并介绍保吸引外资有关政策。2007年,应巴西驻沪总领事馆邀请,巴西巴伊亚州州长杰克格斯·瓦格纳一行到沪举办港口投资说明会和旅游业投资说明会;同年,巴西国内水运委员会主席一行访沪,介绍巴西港口发展情况,了解上海港口机械设备制造情况,吸引中国对巴西港口建设的投资。2007年12月,丹麦驻沪总领事馆在虹口区"1933"创意产业集聚区举办丹麦设计展"丹麦设计和时尚——合作的力量"。展出丹麦和中国17家公司的时尚产品,反映了中、丹两国创意和时尚界的良好合作。丹麦王子约阿基姆、上海市政府副秘书长范希平等中外来宾约500人出席展览开幕式。2008年5月,伊朗驻沪总领事馆与中国贸促会上海分会联合举办"伊朗贸易投资介绍会",中方160余家企业的300余人出席。伊朗伊—中商会会长艾斯格拉蒂、伊朗驻华大使曼苏里等专程到沪参加介绍会。2010年8月,厄瓜多尔驻沪总领事馆联合上海世博会厄瓜多尔馆在沪举办"厄瓜多尔的战略性项目""投资厄瓜多尔"研讨会,以促进中厄经贸关系发展。2010年9月,芬兰驻沪总领事贺睦宁举行情况介绍会,向中方介绍芬兰鼓励创新的经验。他说,芬兰为鼓励创新,设立专门为科技创新提供融资的机构,并加强跨领域和跨地区的合作。他表示,芬兰将在国内设立中国创新中心,希望上海企业前去投资。2010年10月,由加中贸易理事会和加拿大驻沪总领事馆主办的"第二届加拿大—中国金融论坛"在世博园加拿大国家馆举行,上海市副市长屠光绍、加拿大交通和基建部部长裘克·斯特劳等出席。

三、开展中外方牵线搭桥活动

促进与上海及领区各省市的经贸合作、积极为本国企业寻找商机、牵线搭桥,这是各国驻沪领馆的重要工作之一。随着上海经济、社会的发展和对外开放的加大,各国领馆为本国政府和企业参与上海市的经济建设和社会发展做了大量工作。通过领馆介绍来访的团组数量不断增多,层次也不断提高,有专业考察的、洽谈项目的,也有直接参与上海大型建设项目招标活动的。为此,中方有关部门也积极协助、各方协调、及时安排,认真做好相关的工作。

【城市基础设施建设】

英国驻沪总领事馆一直关注苏州河治理工程。1998年,在英国驻沪总领事馆的邀请和安排下，市苏州河环境整治领导小组办公室组团赴英，考察伦敦泰晤士河的整治情况，受到英方的周到安排和接待，收到较好的效果。伦敦整治泰晤士河的理念、措施和方法，对上海整治苏州河起到借鉴作用。“一城九镇”项目是上海“十五”规划主要项目之一，要求建成具有当代先进宜居理念、适当融入异国风情和风貌特色的城镇。在瑞典驻沪总领事馆的牵线搭桥下，宝山区组团赴瑞典进行考察，并聘请瑞典专家为罗店镇建设进行设计和咨询。在英国驻沪总领事馆的支持下，松江区几次派团组赴英考察英国城区建设和大学城项目建设的风格和理念，并取得较好成果。旧房改造项目受到荷兰驻沪总领事馆的关注。荷兰企业在荷兰驻沪总领事馆的促成下，成功参与静安区张家宅和虹口区的旧房改造项目。1999 年 3 月，荷兰女王贝娅特丽克丝到沪访问时，特意参观这些旧房改造项目，并对荷兰与上海开展的这方面的合作表示非常赞赏。在加拿大驻沪领事馆的积极努力下，中加合作，使上海“平改坡”旧房综合改造项目取得成功。加拿大驻沪总领事馆积极推荐加拿大庞巴迪国际公司参与上海的基础设施建设，西班牙驻沪总领事馆推荐马德里企业参与上海地铁建设和供水系统改造等项目，也取得良好的成果。

【经贸合作】

1998 年 12 月，在法国驻沪总领事馆安排下，法国外贸顾问委员会在沪召开题为“中国世界——新的挑战”的年会，法国外贸顾问委员会有关成员、商界知名人士、商务官员共 100 余人出席，会议旨在深入研究中国市场，为开展对华合作提供依据。应法国驻沪总领事馆的邀请，上海市领导出席会议闭幕晚宴，并作关于上海发展现状及前景的演讲，受到与会者欢迎。1998 年以来，奥地利驻沪总领事馆积极协助本国企业与上海建立贸易关系。奥地利最大的一家百货集团通过奥地利驻沪总领事馆与上海工艺品进出口公司取得联系，双方就从上海进口箱包等物品达成协议。2000 年 10 月，为庆祝中芬建交 50 周年，芬兰驻沪总领事馆在沪举行中芬经贸研讨会，芬兰农业和林业部部长卡莱维・赫米莱、上海市副市长蒋以任、浙江省副省长吕祖善、江苏省省长助理张长胜等出席研讨会并分别作主题发言。芬中各界人士约 100 人出席研讨会。与会人员回顾两国建交 50 年来的友好交往历程，表示要为进一步加强双方的合作和交流作出努力。2000 年 10 月，挪威驻沪总领事馆在沪举办“中挪航运研讨会”，中挪航运界人士约 100 人应邀出席。中挪与会人士就航运环境与安全、中国加入世贸组织对中国和世界航运业的影响、船员培训及现代航运业和物流中的信息技术等问题进行交流和探讨。2000 年 12 月，荷兰驻沪总领事馆举办促进投资研讨会，在上海访问的荷兰阿姆斯特丹市副市长克莱基出席，并与上海有关单位探讨中荷经贸合作事宜。2001 年 3 月，英国驻沪总领事馆和上海证券交易所合作举办“伦敦——上海：蓝天下的蓝筹股”展览会。上海市领导和中国证监会秘书长屠光绍以及英国海外贸易局主任莱特爵士、英国驻华大使高德年爵士等出席开幕式并为展览会剪彩。展览会为期 1 周，集中展示伦敦、上海两个金融中心的合作情况及伦敦作为世界金融中心所具有的优势。展览期间，还举办 3 场有关金融中心建设的专题研讨会。2001 年 12 月，波兰驻沪总领事馆举行题为“波兰——您的经贸伙伴”研讨会，上海及领区内有关人员约 100 人出席。2002 年 4 月，加拿大驻沪总领事贝思德在其官邸为庞巴迪国际公司总裁举行午餐会，邀请市政府有关方面负责人及上海航空公司、上海航空工业集团公司领导出席，进一步探讨庞巴迪在上海投资建造飞机制造工厂的计划。2003 年 11 月，英国驻沪总领事馆、英中贸易协会、上海金融办联合举办“英中金融计划与管理上海研讨会”。英国驻华大使馆公使邓强和英国期货、期权协会主席睿雷栋专程到沪出席研讨会。邓强表示，英国金融界非常愿意与上海共享金融监管方面的经验。2004 年 12 月，墨西哥驻沪总领事馆在沪举办墨西哥—上海视频会议，主题为“中国对墨西哥直接投资的前景和双方战略伙伴关系的建立”。中墨官员、专家学者、企业家20余人参加。墨西哥外交部副部长戈迈斯和墨西哥驻沪总领事毛爱家分别在墨、沪两地主持会议。2006年7月,由德国驻沪总领事馆安排到沪的德国不来梅市市长伯恩森在拜会上海市副市长杨雄时表示,不来梅市具有1 000多年的悠久历史,港口和造船是其传统产业,汽车物流发达,被誉为“汽车之城”“科学之城”。不来梅市愿为中国汽车打入欧洲市场提供方便,也希望能进一步加强与上海的经济合作和交流。2007年3月,在奥地利驻沪总领事馆的安排下,奥地利劳动经济部部长巴尔滕施泰因访沪。在与市长韩正会见时,双方就奥地利企业在沪投资、中奥企业的交流和合作等交换意见。巴尔滕施泰因还通报奥地利企业投资上海和在建的奥中科技园情况。他说,奥地利政府期待第一批落户科技园的企业来自中国,希望园区成为开拓欧洲市场的枢纽和联系两国经济交流的纽带。2009年4月,法国交通国务秘书多米尼克·比斯罗访沪,在沪主持召开题为“法国,进入欧洲的大门”的情况介绍会,向中国港口企业介绍法国大型港口的物流能力等情况。2009年3月,阿根廷驻沪总领事艾伯林·爱德华多在会见上海市副市长唐登杰时,就阿根廷与上海开展合作交流提出具体建议,其中包括:希望能在沪寻找到合作伙伴建一座示范性医院;阿根廷中央银行希望在沪寻找合作伙伴,以推动阿根廷在沪贸易和投资;希望在沪建立探戈学院、足球学校;希望加强与上海在港口、食品质检等方面的合作。2010年9月,应厄瓜多尔驻沪总领事馆邀请,厄瓜多尔马纳维省省长马里安诺·赞布拉诺·塞戈维亚、曼塔市市长詹姆·埃斯特拉达·邦尼拉率团访问洋山深水港,探讨吸引中方投资开发曼塔港的可能性。2010年10月,在保加利亚驻沪总领事馆安排下,保加利亚交通、信息技术和通信部部长阿列克桑德尔·茨维特科夫访问上海,与中远建设、上海电气、上海建设集团等企业的领导商谈合作事宜。代表团还参观虹桥交通枢纽、洋山深水港等,探讨合作事宜。此外,英国企业参与漕泾化学工业园区项目,法国企业参与米其林轮胎项目,以及中外天然气合作项目、中外氧化还原铁项目等都与有关领馆的参与和努力分不开。

【重大工程建设】

对洋山深水港建设项目,英国、荷兰、新加坡和加拿大等国驻沪总领事馆都十分关注。2001年前后,英国驻沪总领事馆多次安排英国国际贸易署官员拜访上海国际航运中心上海地区领导小组办公室、深水港建设指挥部等,表达参与该项目建设的强烈愿望。荷兰驻沪总领事馆也安排荷兰外交部中国项目部官员到沪拜访、参观,表达积极参与深水港建设的愿望。2007年4月,加拿大驻沪总领事馆转来加拿大国际贸易部部长艾民信致上海市副市长杨雄的信,希望加拿大与洋山深水港合作,建立中国与北美之间迅速、高效、节能的航运渠道。新加坡驻沪总领事馆对上海机场扩建项目十分关注,于2003年11月安排新加坡交通部部长姚照东访沪,与上海机场集团和东方航空公司就合作事宜进行交谈,达成初步合作意向。德国驻沪总领事馆一直十分关心磁悬浮列车这一中德两国的重要合作项目。在项目谈判的初期和关键时刻,上海市政府外办和德国驻沪总领事馆成为双方接触的主要渠道。2002年前后,德国驻华大使于培寿频繁往来于京沪两地作各种沟通和斡旋,上海市政府外办和德国驻沪总领事馆准确传递信息,及时安排会晤,使双方谈判得以顺利进行,使该项目取得成功。

【人才培训】

1997年,在以色列驻沪总领事馆的牵线搭桥下,上海市教委与以色列国际发展合作署(MASHAV)基金会签订连续三年的培训合作计划,上海每年派遣4名医务人员赴以色列进修,以色列承担所有费用。1998 年，英国驻沪总领事馆积极邀请和安排上海市有关部门赴英国考察、访问。上海市物价局为学习考察国外价格管理方面的经验，在英国驻沪总领事馆的精心安排下，组团赴英访问。通过一系列高层次的座谈和参观活动，代表团取得较大收获，对完善的市场应具备的条件，如法律健全、充分竞争、消费心理成熟等有了实际感受。自 2000 年 5 月起，美国驻沪总领事馆分 6 次在馆内举行“小企业服务”系列讲座，由美国小企业管理局人员主讲，内容包括美国金融制度中的法律框架、贷款担保、企业家培训计划等，上海市工商联、银行及小企业服务中心等有关人员应邀出席。2002 年 4 月，美国驻沪总领事馆连续三次召开减灾应急可视电话会议，向上海公安、消防、卫生、环保、疾病控制、民防、民政、机场管理等部门人员介绍美国在发生突发事件和有害物质泄漏情况下如何处理的经验，使与会者受到很大启发。2003 年 9 月，在美国驻沪总领事馆的建议和安排下，上海市减灾应急机制代表团赴美考察访问，取得积极成果。2002—2010 年，由上海市政府外办和爱尔兰驻沪总领事馆共同发起，在爱尔兰驻沪总领事馆的积极推进下，爱尔兰外交部、科克市和上海市政府外办合作开展上海市外事干部赴爱尔兰培训项目。爱尔兰外交部、科克市每年都邀请上海市选派公务员赴都柏林和科克市接受当地大学的短期培训与交流。该项目每期培训时间约 10 周，学员分别在爱尔兰都柏林大学和科克大学接受培训，部分学员在科克市政府对外交流部门见习。课余时间校方安排学员参观爱尔兰政府有关部门、机构和企业，开展交流。该项目已连续举办 9 期，上海市共有近 40 名公务员赴爱尔兰接受培训。

【农业交流】

引进以色列农业技术项目是这方面的成功案例。以色列的农业科技在世界处于领先地位，依靠科技进步，以色列优质高效的密集型农业尤具特色。1995 年初，上海市政府外办在与以色列驻沪总领事馆的交往中，得知以方愿将其农业科技引入中国的信息。上海市政府外办结合上海经济发展战略，积极与以色列驻沪领事馆联络，并协调市农委，与以色列驻沪总领事馆多次联合举行以色列农业科技情况介绍会、上海市郊经济发展情况介绍会等。以色列驻沪总领事馆积极推进上海与以色列的农业交流。1995 年底，在以色列驻沪总领事馆的牵线搭桥下，上海与以色列签订 3 个引进农业科技的合作项目，其中包括宝山区罗店园艺场和闵行区马桥园艺场与以色列艾罗姆公司的合作项目，南汇县与以色列艾维亚公司的合作项目。根据合同，中方从以方引进占地面积 90 000 平方米、总价值 370 万美元的硬件设备，包括塑料大棚、灌溉系统、温控系统和施肥系统，设备全部由电脑控制。引进的软件包括优良蔬菜种子、先进的栽培技术等。合作项目推动上海的园艺设施建设，使上海蔬菜育种和栽培技术有新的突破，改良上海地区蔬菜品种，提高产量，为上海“菜篮子”工程建设发展提供有益的实践经验。1999 年，泰国驻沪总领事馆为泰国总理川・立派到沪访问积极作准备，并特意安排代表团参观上海农业科学院。代表团对上海在基因工程、食用菌生产、花卉园艺等方面的先进技术很感兴趣，双方在花卉交易、栽培技术、品种交换等方面达成合作意向。

【参与 2010 年上海世博会】

2010 年上海世博会是一次集中体现世界各国合作、发展、进步的国际盛会，一个增进中外友谊、寻求对华合作商机的重要平台，各国驻沪领馆都十分重视。充分利用世博平台，展示本国经济、文化等方面成就，成为 2010 年各国驻沪领馆的工作重点，许多领馆积极配合国内直接参与世博的筹办工作。在上海 69 家领事机构中，有近 10 位总领事担任世博会本国馆总代表或副总代表。上海世博会开幕后，各国领馆积极参加世博会各项重大活动，如世博会开、闭幕式，本国和中国的国家馆日活动,上海周和中国地方省市周的有关活动等。各国领馆对本国在世博会举办的各项活动更是作出积极努力,如国家馆日活动、有关城市的特别日活动以及园区内外的交流活动等。许多领馆官员还在不同场合向中方有关人员畅谈参与世博会的感受,并就利用世博会理念和成果,全面提升上海城市建设、管理和服务水平,促进上海国民经济和社会发展第十二个五年规划等提出建议。

【抗震救灾、慈善捐赠】

1997年3月,日本驻沪总领事馆积极促成日本政府对安徽、江苏等地小额无偿援助项目即"利民工程"的实施,包括捐赠医疗器械、帮助建造中学宿舍、提供聋哑学校的康复设备等。1997年前后,日本驻沪总领事馆先后向上海松江小学再建工程、青浦县任屯村上下水道改建工程、江桥养老院扩建项目、上海站地区扫路车等项目提供小额援助。1998年7月,中国发生百年未遇的特大洪灾。为表达对中国抗洪救灾工作的支持,日本驻沪总领事馆受日本政府委托,主持"日本政府向中华人民共和国洪水灾害提供紧急援助"仪式,通过湖北省驻沪办事处向湖北地区捐赠50万美元和价值4 941万日元的物品。1998年8月,智利驻沪总领事馆决定不举行国庆招待会,将节省下来的费用全部捐给中国遭受洪涝灾害的地区。2003年5月,为配合上海"非典"防治工作,日本驻沪总领事馆代表日本政府向上海4家专门收治"非典"病人的医院捐赠4台移动式X光机。2003年5月,以色列驻沪总领事馆致电上海市政府外办,表示以色列先进技术系统应用有限公司所属在沪投资企业上海米嘉微电子有限公司将向上海捐赠2016套价值约100万元人民币的红外额温度计,以支持上海防治"非典"的工作,并于6月初举行捐赠仪式。2003年5月,韩国驻沪总领事馆全体官员及家属向上海市慈善基金会募捐人民币1万元,以帮助上海人民抗击"非典"。2004年12月,新加坡慈善音乐会在沪举行。新方将部分门票收益和其他捐款共计人民币90万元捐赠给上海儿童健康基金会,用于上海肾病患儿的治疗。2007年6月6日,为感谢上海人民特别是虹口区人民在二战期间对犹太难民的帮助,以色列驻沪总领事馆向虹口区捐赠价值66万元人民币的设备和物品,用于改善该区提篮桥街道老年活动中心和虹口区社会福利院。2008年5月12日,中国四川汶川发生大地震,人员生命和财产造成巨大损失。5月19日,上海市政府外办在办内设吊唁簿,供外国驻沪领事机构对大地震遇难者进行吊唁及签名留言。共有60家外国驻沪领事机构的总领事或领馆代表前往上海市政府外办,表达对汶川地震灾区的慰问和对地震死难者的哀悼,并在吊唁簿上签名留言。此外,震后近半个月时间里,共有14家驻沪领事机构的外籍人员通过上海市政府外办向灾区捐款。还有不少领馆将捐款直接送至上海市慈善机构和四川省驻沪办事处。5月23日,参加汶川抗震救灾的韩国搜救队一行50余人从四川途经上海回国。上海市政府外办与韩国驻沪总领事馆相互配合,并与浦东机场边检、海关、出入境检验检疫等口岸单位协调,为韩国搜救队出境提供方便。2009年5月,以色列驻沪总领事馆向虹口区儿童福利院捐赠1套体感音乐治疗系统设备及数台电脑,价值人民币近15万元。2010年11月15日,上海市发生特大火灾事故并造成重大人员伤亡后,比利时、俄罗斯、希腊、波兰、白俄罗斯、墨西哥、泰国等国驻沪总领事馆纷纷照会和致电上海市政府外办,向在火灾中遇难和受伤的市民及其家属表达深切哀悼和慰问。

第二章　外国驻沪新闻机构

外国新闻媒体在沪设立常驻机构始于1986年。1986年前，每年来上海采访的外国新闻媒体记者虽然数量逐年增加，但都是临时到沪。他们有的是随本国元首、政府首脑及重要贵宾团组来沪采访；有的是提出申请后经外交部和国家有关部门、上海市政府外办批准来沪采访；有的是经中国驻外使、领馆同意签证到沪采访；有的是外国新闻媒体机构的驻京记者。随着中国的进一步开放，1986年5月，为增进上海与国际间的联系和沟通，同时应一些外国新闻机构的要求，经外交部批准，同意外国媒体在沪设立常驻机构并派遣常驻记者。同年，日本的共同通讯社、《朝日新闻》《日本经济新闻》在上海派驻记者，成为最早派驻上海的外国新闻机构。20世纪90年代后，上海改革开放的不断深入和经济增长的迅速崛起，引起国际社会的高度关注，特别是浦东开发开放带来的一系列发展变化，更促使各国媒体把上海作为了解中国政策走向和展望未来发展的聚焦城市。因此，在此后的很长时间内，除临时到沪采访的外国记者迅速增加外，外国新闻媒体在沪设立分支机构的数量也不断增多。据统计，至2010年底，外国驻沪新闻机构共有19个国家的78家，常驻记者人数112名。

随着外国驻沪新闻机构的不断增加和常驻、临时到沪采访外国记者数量的不断增多，对上海的新闻报道数量和方式等都发生变化。首先是报道量成倍增长，有时月报道量就达几百篇；其次是报道的形式和种类的变化，从开始到上海大多为文字记者，到后来“长枪短炮”的摄影、广播、专题片、节目制作等各类记者络绎不绝。外国媒体记者的大量客观报道，一定程度上改变过去国际社会对中国的偏见，使世界看到一个真实的中国、真实的上海，也提高了上海的国际知名度。

图5-2-1　2009年4月27日，外国常驻上海记者在外滩通道工程指挥部听取工程介绍和采访

在做好外国新闻媒体在沪设立分支机构和常驻、临时记者在沪采访的工作中,市政府外办按照国务院的各项规章和要求,认真履行职责,加强与外国媒体记者的相互沟通,积极为他们在沪采访提供便利,提供经济和社会发展中的各类信息,采取多种措施做好服务,寓管理于服务之中,引导外国媒体记者客观、公正地进行报道。

第一节 沿 革

外国驻沪新闻机构的发展变化大致分为三个阶段。第一阶段为20世纪80年代。1986年5月,中国同意外国新闻机构在沪设立分支机构后,日本的共同通讯社、《朝日新闻》《日本经济新闻》在上海设立分支机构并派驻记者,成为最早派驻上海的3家外国新闻机构。此后,又有日本的《读卖新闻》、日本广播协会、《中日新闻社》3家新闻机构在沪设立常驻机构并派驻记者。由于新政策实施时间较短,这一阶段在沪设立分支机构的仅为日本1国6家。第二阶段为20世纪90年代。随着上海改革开放的深入和经济的迅速崛起,特别是浦东开发开放带来的发展变化,引起国际社会的广泛关注,促使各国媒体纷纷进驻上海。据统计,至20世纪末,在上海设立分支机构的外国媒体已增加至11国44家。第三阶段为2000—2010年。随着上海改革开放的进一步发展和经济建设新目标的制定和实施,外国媒体更加关注上海,进驻上海的外国媒体数量急剧上升。据统计,在此期间在沪设立的外国媒体分支机构达13国95家,增加机构的数量比原有的数量翻一番还多。加上此前已设立的机构,从1986年5月至2010年的近25年间,共有24个国家的139家外国新闻媒体先后在沪设立分支机构。其间,虽然由于种种原因,有些分支机构后来被调整、清理或自动撤销而关闭,但截至2010年底,外国驻沪新闻机构仍有19个国家的78家,常驻记者人数112名。其中,日本18家,美国15家,英国7家,法国6家,荷兰6家,德国6家,韩国4家,西班牙3家,俄罗斯2家,新加坡2家,意大利、挪威、丹麦、瑞典、澳大利亚、加拿大、芬兰、伊朗、土耳其各1家。

表5-2-1 1986—2010年外国驻沪新闻机构一览表

编 号	国 家	机构名称	开设日期
1	日本	共同通讯社	1986年5月2日
2	日本	《日本经济新闻》	1986年5月2日
3	日本	《朝日新闻》	1986年5月9日
4	日本	《读卖新闻》	1986年9月18日
5	日本	《中日新闻》	1987年3月4日
6	日本	日本广播协会	1987年3月31日
7	日本	朝日放送	1992年5月2日
8	日本	关西电视台	1994年11月28日
9	日本	读卖电视台	1995年12月8日
10	日本	时事通讯社	1997年3月26日
11	日本	纤研新闻社	2003年2月17日

（续表）

编　号	国　　家	机构名称	开设日期
12	日本	每日电视台	2003年4月15日
13	日本	东京电视台	2005年1月7日
14	日本	《化学工业日报》	2005年5月30日
15	日本	每日新闻社	2006年4月1日
16	日本	产业时报社	2006年5月24日
17	日本	《产经新闻》	2006年6月20日
18	日本	《纤维新闻》	2006年9月4日
19	英国	路透社	1993年4月26日
20	英国	《金融时报》	1996年11月18日
21	英国	英国广播公司	2000年12月11日
22	英国	泛思图片社	2006年6月27日
23	英国	《每日电讯报》	2008年7月23日
24	英国	《英国艺术报》	2009年2月12日
25	英国	《英国每日邮报》	2010年10月12日
26	美国	《亚洲华尔街日报》	1993年11月9日
27	美国	《纽约时报》	1995年1月24日
28	美国	彭博新闻社	1995年1月27日
29	美国	道琼斯金融通讯社	1995年5月30日
30	美国	《新闻周刊》	1997年3月24日
31	美国	美联社	1998年2月12日
32	美国	《时代周刊》	1998年9月15日
33	美国	《华盛顿邮报》	2000年5月12日
34	美国	《福布斯杂志》	2003年1月13日
35	美国	全国公共广播电台	2006年2月23日
36	美国	《汽车新闻》	2006年12月19日
37	美国	明尼苏达公共电台	2007年1月4日
38	美国	《塑料新闻》	2007年1月15日
39	美国	交流新闻图片公司	2008年6月16日
40	美国	美国美联社电视新闻公司	2009年2月20日
41	法国	法新社	1994年9月12日
42	法国	《世界报》	2004年10月22日
43	法国	法国国际广播电台	2006年1月20日

(续表)

编　号	国　家	机构名称	开设日期
44	法国	翰林影视	2006年3月10日
45	法国	《巴黎人日报》	2007年9月4日
46	法国	法国法兰西24电视台	2009年6月19日
47	荷兰	《自由荷兰杂志》	1995年6月6日
48	荷兰	《人民报》	2004年2月23日
49	荷兰	《金融日报》	2007年8月9日
50	荷兰	《新鹿特丹商业报》	2007年10月25日
51	荷兰	荷兰报业联盟	2008年1月29日
52	荷兰	荷兰广播电视协会电视部	2010年3月9日
53	新加坡	《联合早报》	1996年4月3日
54	新加坡	新加坡亚洲新闻台	2005年3月18日
55	俄罗斯	国际文传电讯社	1999年12月9日
56	俄罗斯	俄通-塔斯社	2005年4月5日
57	德国	德国广播协会	2000年9月1日
58	德国	《明镜周刊》	2004年7月8日
59	德国	《美因邮报》	2006年9月25日
60	德国	《外贸新闻》	2008年6月17日
61	德国	《金融时报》	2008年12月12日
62	德国	《明星》周刊	2009年3月6日
63	韩国	联合通讯社	2003年2月21日
64	韩国	中国经济新闻社上海分社	2005年1月17日
65	韩国	韩国广播公司	2005年7月11日
66	韩国	《易得财经》	2009年5月14日
67	瑞典	《南瑞典日报》	2003年10月13日
68	西班牙	《世界报》	2004年2月23日
69	西班牙	埃菲社	2004年12月3日
70	西班牙	西班牙柯尔比撒通讯社	2009年12月30日
71	澳大利亚	金融评论	2004年4月9日
72	挪威	《贸易风周报》	2005年1月24日
73	意大利	《24小时太阳报》	2007年2月6日
74	芬兰	技术与经济	2007年4月26日
75	丹麦	《星期一早晨周刊》	2007年7月19日

（续表）

编　号	国　　家	机 构 名 称	开 设 日 期
76	加拿大	加拿大邮报传媒新闻社	2007年8月17日
77	伊朗	伊朗新闻电视台	2008年6月1日
78	土耳其	土耳其阿纳多卢通讯社	2010年10月20日

从外国驻沪新闻媒体机构的发展变化情况看，主要呈现以下特点：一是总体数量增长较快。尤其20世纪90年代浦东开发开放以后，出现加快增长态势，几乎每年都有外国媒体在沪设立分支机构。进入21世纪，更是呈现爆发式增长趋势，特别是2003—2007年的5年，每年都呈现两位数增长。二是分布的国家和增加的数量均呈现西方主流媒体居多的情况，经济因素是数量不断增加的主要原因之一。以2010年外国驻沪新闻机构情况为例，在78家分支机构中，西方主流媒体约占90%左右，占绝对多数。从增加国家的分布情况看，美国、法国、德国、荷兰、英国、加拿大、意大利、西班牙、芬兰都新增新闻媒体机构，其中除美、英两国外，法、德、荷等国都是新开设的，这些增加的几乎都是西方主流媒体。各国与中国经济交往的不断加深，是驻沪媒体机构快速增加的重要因素。以日本为例，20世纪90年代后，中日经济交往和合作成为上海对外经济合作的重要方面，日本驻沪媒体机构也随之迅速增加，从原有的6家，一下子增加到12家，最多时达19家，成为驻沪媒体最多的国家。芬兰、挪威、丹麦、瑞典等北欧4国因中欧经济交往不断扩大，这些国家在沪投资项目日益增多，促使这些国家的主要媒体在沪新开设分支机构。韩国、新加坡原来都没有驻沪媒体机构，随着两国与上海经济合作日益加深，各有3家媒体在沪开设分支机构。此外，随着上海与周边国家和一些发展中国家经济交往的不断加深，这些国家的媒体对上海关注度也不断提高，纷纷在沪开设或增设分支机构。如进入21世纪，俄罗斯塔斯社新增驻沪分支机构，伊朗等国媒体也陆续在沪开设分支机构。三是也有各种原因出现一些外国驻沪新闻机构先建后关的情况。如有的外国新闻媒体机构较长时间未派常驻记者而自动撤销。四是在外国新闻媒体驻沪分支机构不断增加的同时，也出现境外媒体记者临时到沪采访逐年增多的情况。以经市政府外办批准的临时到沪境外媒体记者为例，年批量达上百批、千余人次的几乎涵盖1994—2010年的每一年（参见表5-2-2）。其中，1994年是世界各大通讯社、电台、电视台等新闻机构负责人、资深记者到沪采访最多的一年，也是市政府领导接受记者采访最多的一年。这一年，共有40个国家和地区的记者、编辑等3 000余人次到沪采访，市政府领导接受外国记者采访共达69次。2001年是一次性来沪进行采访的境外记者最多的一年。6月，上海合作组织峰会在沪举行，境外临时到沪采访记者超过200人。10月，APEC会议在沪举行，到沪采访的中外记者近3 000人。2010年上海世博会期间，是外国媒体记者临时到沪采访相对一段时间内集中度最高的一年。外国媒体记者纷纷到沪采访、报道世博会一系列重大活动，人数和批次之多、采访报道量之密均超过历届世博会和上海历年同期。

表5-2-2　1994—2010年境外记者临时到沪采访情况一览表

年　份	人　　次	国 家 和 地 区
1994	3 000余人次	来自40余个国家和地区
1995	140余批/1 500余人次	来自42个国家和地区
1996	200余批/1 600余人次	来自46个国家和地区

(续表)

年 份	人 次	国家和地区
1997	137 批/832 人次	来自 44 个国家和地区：香港回归前后，美、德、日、英、法、澳以及中国香港地区等 11 个国家和地区 200 余名境外记者到沪采访报道上海庆祝香港回归活动；第八届全运会期间境外记者 139 人次来沪采访报道
1998	265 批/2 000 余人次	来自 20 余个国家和地区
1999	205 批/1 287 人次	来自 42 个国家和地区；上海《财富》论坛期间 500 余名中外记者采访
2000	143 批/730 人次	来自 30 余个国家和地区
2001	300 余批/2 500 多人次(不包括 APEC 会议期间境外来沪采访记者数)	上海合作组织峰会期间 200 余名境外记者到沪采访报道；APEC 会议期间，到沪采访中外记者近 3 000 人
2002	200 批/1 200 人次	来自 20 余个国家和地区
2003	297 批/1 057 人次	来自 78 个国家和地区(其中部分是地区国家的联合记者团)
2004	540 批/1 989 人次	来自近 40 个国家和地区
2005	430 批/2 262 人次	来自 40 余个国家和地区
2006	453 批/3 020 人次	来自 20 个国家和地区
2007	452 批/3 764 人次	来自 23 个国家和地区
2008	360 批/2 245 人次	来自 24 个国家和地区(不包括到沪采访大型国际活动的媒体记者)
2009	285 批/1 942 人次	来自 80 余个国家和地区(其中不少是联合组团到沪采访世博筹备)
2010	467 批/5 123 人次	来自 100 多个国家和地区(其中市外办受理并核发的采访上海世博会签证有 74 个国家 119 批 2 286 人次)

第二节 业 务 工 作

走向国际大都市的上海，作为中国改革开放的窗口，为境外媒体的采访报道提供丰富的内容，使各国媒体的报道成为世界人民了解中国、了解上海的重要渠道。外国新闻媒体记者在沪进行采访报道，也为上海改革开放、走向世界、不断融入国际社会起到积极推动作用，进一步提高上海的国际知名度。境外媒体记者主要围绕以下内容关注和采访报道上海。

一、反映上海改革开放、经济和社会变化的发展

这是世界各国新闻媒体最为关注的内容。随着中国市场大门的打开，这个巨大市场的吸引力成就了上海成为各国参与中国经济的首要门户。各国新闻媒体记者在沪采访，竞相报道上海经济和社会发展变化状况，积极反映上海改革开放中的新气象、新事物，努力为本国企业参与上海经济建设和合作、加强投资和抢占有利市场提供信息。具体为：1994 年，在市领导接受的 69 批包括常驻和临时到沪的境外媒体记者的采访中，提出的问题和了解的内容几乎囊括上海改革开放、经济社会发展的全貌，其中包括：上海在中国改革开放中的前沿地位和作用；上海浦东开发开放的成就和

进展；上海经济建设、社会建设的巨大变化和发展及其迈向21世纪的远景规划；上海的投资环境和外资在沪经营情况；上海在建设国际经济、金融、贸易、航运中心中的进展情况；加入世贸组织后上海所面临的机遇和挑战；上海世博会的申办和筹备情况；上海证券交易所、股票、期货交易情况；上海的市政基础设施建设情况；上海同香港的关系；等等。1995年，日本广播协会通过采访介绍上海有关单位人物，从深层次反映上海"三年大变样"，让更多日本国民了解浦东开发开放的作用以及上海企业界的杰出人物情况。《朝日新闻》对中国改革开放前沿上海所作的重点报道，为日本各界加深对上海的了解，推动两国经济、文化积极交往和合作起到促进作用。加拿大《多伦多星报》记者就上海经济发展的主要方面，在长江流域的龙头地位和作用，浦东开发开放的投资环境、特色和前景，外国投资上海情况及其效果，外国银行在上海的数量及金融、证券业重点发展状况和前景等问题采访市领导，与上海证券交易所、上海社科院信息所和上海影视界等有关人士进行座谈。同年，日本、加拿大、美国、德国、英国、澳大利亚等国记者通过在沪采访报道，反映出中国经济的发展及改革开放后的变化，客观上起到宣传中国改革开放成就、反映中国人民现实生活的作用。1996年、1997年，各国媒体记者将反映上海经济社会的发展变化逐渐转向深入。记者们带着"上海在中国经济发展中处于怎样的位置，上海的优势、劣势在哪里；上海未来的城市交通将有怎样的改善；上海居民的住房条件未来将达到什么样的标准"等问题在沪采访，其中包括市长徐匡迪和普通市民等，还走访一些中外合资企业、市政建设单位、证券公司等，并拍摄制作电视纪录片。1998年、1999年，外国媒体都加大对上海经济社会发展变化的采访报道力度。《金融时报》《南华早报》驻沪记者会同两报派遣报道组对上海进行大容量采访后，《金融时报》以"上海专刊"形式，用3个版面12篇文章，从11个方面介绍上海的经济形势、金融市场、政府决策、基础设施建设等情况。《南华早报》也开辟"上海专刊"，用8个版面20篇文章约20 000字，从12个方面介绍上海发展情况，并同时刊载19幅反映上海发展新貌的照片和图表。英国、日本、美国等国媒体记者在沪拍摄有关"上海蓬勃的经济发展及其带来的社会繁荣""上海改革开放新貌""上海作为世界性的金融都市，未来将如何发展""企业改革、亚洲金融危机对中国的影响、再就业培训""激动的世界经济"等专题片。美国记者还围绕"上海总体经济改革及如何发展成为金融、贸易、经济和商业中心"的主题，相继采访市领导，并就上海的国企改革、金融证券、是否取代香港、文化和高科技发展专题等进行深入报道。法国记者就上海的总体经济发展情况采访市长徐匡迪，并在新中国成立50周年之际出版以上海为主的中国专刊，撰写反映上海改革开放成就的专题报道和上海证券交易情况报道。这两年到沪采访报道的国家和地区迅速扩大，其中包括芬兰、瑞典、土耳其、意大利、南非、多米尼加、巴拿马、波兰、哥斯达黎加、莱索托、玻利维亚、萨尔瓦多、乌拉圭、奥地利、黎巴嫩、丹麦等国有关媒体负责人、主编、专栏作家和资深记者等。各国媒体的报道数量也迅速上升，如英国《金融时报》驻沪记者，1998年11个月间共发表报道148篇，其中34篇对变化中的上海作详细介绍。进入21世纪，随着在沪举行的重大国际活动日益增多，世界各国媒体对上海经济社会发展的关注更热衷于新的动向，包括重大项目、实事工程和各条经济战线涌现的新规划、新增长点等，为参与上海建设提供信息和契机。2000年，美国、英国、法国、德国记者分别就"中国的改革进程和上海在今后发挥的作用""上海的发展、成就和浦东开发""上海的经济发展情况""上海金融业、浦东开发、上海住房改革""中德磁浮列车合作项目及上海经济发展""上海工业、金融业和商业进展及在中国国内经济和全球市场中的地位""入世后上海面临的机遇和挑战、吸引外资的措施及如何建成金融中心""上海经济建设和投资条件"等专题进行采访。2001—2003年，日本、德国、美国、英国等国记者围绕上海的交通进行专题采访报道。其中包括上海铁路部门及旅客对高速铁路的期待、上海市区至浦东机场磁悬浮铁路实验线规划情况等，拍摄沪杭、沪宁高速公路和码头、机场、长江口、地铁等,制作反映上海交通历史及现状的电视专题片。同时,一些国家的媒体记者继续分别就上海金融业和资本市场发展规划、上海房地产发展状况和政府的态度、宝钢的现状和未来发展计划、上海与长三角地区经济发展互动等问题进行采访报道。此后几年中,各国媒体在深入报道上海经济和社会发展新动向、新变化的同时,还就上海经济迅速崛起的原因作出探讨。如加拿大记者采写《上海是怎样发展成世界上新的最大城市》专稿。美国记者采访、拍摄有关中国汽车工业发展和反映上海部分企业主要负责人的电视专题片《苏醒的巨人》。韩国记者采访、拍摄浦东新区发展现状和中国投资银行运行及中国证券交易市场情况,并就浦东新区和金融业快速发展的根源和发展历程进行探寻。阿根廷记者采访、拍摄反映上海经济发展过程中工业和农村的协调发展专题片。美国记者就洋山深水港一期工程和东海大桥情况,专访深水港建设指挥部负责人。有的记者还就能源和可持续发展问题,邀请上海有关专家、学者、企业总裁、能源基金会代表等制作访谈节目,分别从能源利用技术改造、新能源开发、学校开展能源课教育等多个方面,探讨上海"十一五"规划中关于建设可持续发展城市的规划以及面临的挑战。美国记者就中国经济增长和资本市场运作方式对世界的影响、跨国公司与中国的关系及外国投资者对中国的影响、中国跨国公司及其海外投资对世界经济的影响等问题进行专题采访和报道。针对中国改革开放30周年的成果与经验,英国、韩国等国新闻媒体也在沪拍摄专题纪录片或制作特别节目。

二、结合重要外交活动和重要事件进行跟踪报道

上海作为中国外交的重要舞台,也是吸引世界各国媒体记者积极关注的重要原因。每逢有重要贵宾来上海参观访问、举行重要的国际交往活动、开展各项双边或多边的庆典仪式等,各国媒体都纷纷进行前期或跟踪报道。具体为:1995年,为配合纪念联合国成立50周年活动、向美国公众介绍联合国主要成员国的发展与变化情况,美国广播公司记者在沪采访拍摄上海经济改革和城市建设情况,并对市长黄菊进行专访。巴西记者为配合巴西总统访华,在沪采访浦东新区、证券交易所、市城市规划设计院、上海地铁总公司、上海舞蹈学校、宋庆龄幼儿园等单位,就中国政治、经济和社会情况作专题报道。1996年,俄罗斯国家电视台摄制组为俄罗斯总统叶利钦访华作先期报道,到沪就上海所处的地位意义、10项主要成就、10个必须解决的难题、市民生活变化、中俄两国关系等问题,在浦东新区、有关企业、证券交易所、高等院校、文化娱乐场所、中共一大会址等单位地区进行采访拍摄,发表全面介绍中俄关系及中国内外政策的文章,为俄罗斯总统叶利钦访华创造良好气氛。1997年,香港回归祖国前,美、德、日、英、法、澳以及香港地区等11个国家和地区的84名常驻和临时到沪记者先后在沪采访香港回归问题。市长徐匡迪、副市长赵启正在6月就香港回归后上海是否替代香港等问题12次接受记者采访。回归前的3天内,9个国家及中国香港地区33家新闻机构的54名记者在沪采访上海庆祝香港回归的各项大型活动,使境外民众从上海这个"窗口"了解到中华民族庆祝香港回归的壮观场面。美国《新闻周刊》记者着重就上海的经济发展、香港回归后与上海的关系、国有企业改革、外来劳动力管理、国际互联网在中国等问题,在该刊7月专版报道上海。1998年,为配合美国总统克林顿访华,美国有线电视网(CNN)、美国广播公司(ABC)记者在沪采访拍摄上海市容市貌、美国在沪企业(如通用汽车公司等单位)发展情况,还拍摄反映上海经济发展、金融证券、浦东新区、城市建设和人民生活情况的纪录片。1999年,'99《财富》全球论坛·上海年会在沪召开期间,共有500多名中外记者在会议期间进行现场采访活动。进入21世纪,外国新

闻媒体记者在跟踪报道中已不仅是对上海经济建设和社会发展作一般介绍，而是更侧重于对两国关系中热点问题作深入报道。

2001 年，“上海五国”峰会和 APEC 第九次领导人非正式会议在上海举行，分别有境外 200 余名记者和 3 000 余名中外记者现场进行采访报道。2002 年，为在俄罗斯圣彼得堡市举行“上海合作组织”峰会进行宣传，俄罗斯 8 家新闻单位记者到沪就上海改革开放和经济建设的成就开展采访报道。为纪念中日邦交正常化 30 周年，日本富士电视新闻网联合采访报道组到沪采访拍摄上海经济发展情况，节目以浦东新区的发展变化为重点，展现上海的经济发展。美国、德国、英国和伊朗记者就上海的城市基础设施建设、发展规划和产业部署，上海城市规划中的港口建设和老租界地区的发展状况，上海外贸、外资和旅游业情况等进行采访报道。2003 年，上海世博会筹备工作因出现“非典”情况而受到一定影响。对此，世界各国媒体一度十分关注，纷纷派出记者到沪采访。随着中国经济成为世界经济增长的引擎，世界贸易壁垒和摩擦的增加，各国媒体对中国的经济发展状况、本国在华投资企业和项目更加关注，纷纷报道在沪企业的发展情况。2006 年、2007 年，美国记者在沪进行电台直播，报道中国经济的发展情况，就中国快速发展的经济对中国、美国和世界意味着什么和如何迎接来自中国挑战等进行评估，展开讨论。挪威记者在沪拍摄中国生产出口挪威的服装厂。美国和英国记者就崇明东滩湿地的立意与远景和崇明生态岛区规划问题采访上海实业集团及崇明县领导。新西兰、美国、英国、挪威、加拿大、德国、瑞典、法国、瑞士、丹麦等国记者也纷纷采访报道本国在沪独资或合资企业及机构的运营状况。

三、抓住国际社会关注的重大热点问题，挖掘上海动态新闻

随着上海国际化程度的不断提高，国际社会普遍关心的一些热点问题或多或少会波及上海。挖掘这些动态新闻，也是各国媒体记者关注上海、开展新闻热点报道的内容之一。

人权问题、知识产权保护历来是国际社会争论的焦点问题。多年来，各国媒体记者在这两大问题上在沪进行采访报道持续不断。1994 年，美国《商业周刊》记者采访副市长徐匡迪和上海社科院院长等，撰写题为《中国的经济改革和人权状况》的文章，向美国人阐述中国随着经济改革的进一步深入，人民生活水平有了明显提高，人权状况也有了根本改善的情况。德国《法兰克福评论报》记者就中国现行政策问题采访报道上海儿童福利院、市总工会和市建委负责人，了解“好心人抱孤儿”活动和解困工作、旧城改建情况。法新社驻上海分社记者就上海妇女地位问题采访副市长谢丽娟。1996 年初，20 多名外国记者采访上海儿童福利院，并发回完全不同于境外报刊宣传且材料比较客观的报道，澄清事实，使西方“人权卫士”欲在日内瓦人权会议上对此大做文章、抛出所谓“重磅炮弹”的图谋未能得逞。2002 年、2004 年和 2005 年，英国、德国、加拿大、法国等国记者采访拍摄上海关爱儿童、计划生育、大学毕业生就业、外来务工人员子女教育、宗教政策、知识产权保护和反盗版政策的纪录片。

中国加入世界贸易组织是世界经济和国际贸易的一件大事，从“复关”、入世申请、到正式批准，中国走过了 10 多年谈判的“漫漫征途”。对此，世界各国媒体记者一直高度关注，尤其是入世后中国经济怎样融入国际社会，各媒体记者对上海的动向十分敏感。包括中国入世后上海所面临的机遇和挑战、上海吸引外资的措施、上海如何建成金融中心、上海在中国西部开发中能扮演什么角色等。

贸易壁垒和贸易摩擦是世界经济贸易中的普遍现象。随着中国加入 WTO 后迅速崛起成为经

贸大国,中美、中欧及中国与其他国家地区之间因经贸竞争而引起的倾销与反倾销斗争逐渐增多,上海作为中国贸易进出口最大的港口城市,成为各国媒体关注世界贸易争斗的主要城市之一。2001年,日本经济新闻社记者采访上海第一百货和联华超市负责人、大众和通用汽车公司首席执行官和市场销售经理等,从上海的消费市场了解中国公众的消费意向、消费能力,各大集团公司面临的激烈竞争以及如何满足人们的需求、扩大市场占有率进行报道。2003年、2004年,芬兰5家媒体记者采访拍摄上海至赫尔辛基的航班开幕式及新闻发布会,并就上海市对外贸易的现状、对外贸易对上海发展的重要性、上海市对外贸易未来发展计划采访市领导。挪威、爱尔兰记者采访拍摄有关中国经济发展及其对世界贸易产生积极影响的电视节目,采访了解爱尔兰食品企业涉足中国市场的前景及中国农业对世界农产品市场的影响。2003年后,随着国际市场铁矿砂价格战的兴起,宝钢生产运营一度受到国际媒体高度关注。澳大利亚、巴西、瑞典等国记者采访宝钢集团,就宝钢的过去、现状和未来作详尽了解,并就宝钢的合资和投资计划、中国钢铁市场的发展前景进行采访报道。2004年,中美发生纺织品贸易战时,美国全国公共广播电台记者采访三枪集团和复旦大学法学院教授,了解纺织品配额制度的取消对中国纺织业带来的影响等。2008年前后,其他不少国家媒体也纷纷派出记者到沪采访双边贸易情况。

2008年底,以美国次贷危机引发的一场国际金融危机迅速蔓延全球,对世界经济带来严重影响,也深深波及中国。作为世界经济增长中长年一枝独秀的中国经济如何演变,成为国际媒体关注的焦点。2009年,市长韩正接受美国彭博新闻社全球总编辑的采访,回答关于在国际金融危机影响下,上海的经济增长速度放缓,政府怎样促进经济发展;把上海打造成为中国的金融中心,已经或打算做的步骤有哪些;举办世博会对上海超越香港成为中国的金融中心会有怎样的帮助;2020年之前上海成为航运中心,有哪些税收优惠及其他举措来吸引投资等提问。加拿大广播公司记者也就“中国如何应对金融危机”来沪采访。同年,由外交部新闻司接待的欧洲国家(奥地利、瑞士、希腊等)联合新闻团访沪,走访上海世博会事务局、复星集团,与同济大学师生座谈,并就中国外贸出口、人民币汇率、环保等热点问题与上海社科院经济学者进行交流。这一年,围绕国际金融危机在沪采访报道的还有法国、印度、英国等国的记者。

上海世博会令各国媒体十分关注。2009年至2010上半年,世界各国媒体在沪采访世博空前火热。2009年,在上海世博会倒计时1周年之际,京沪两地的外国常驻媒体记者及助手共60余人以“世博会日、城市建设”为主题,就世博会筹备工作、旅游配套设施、外滩地区交通综合改造工程、长江隧桥工程等内容对有关部门和负责人进行集体采访。美联社在相关报道的文章中称,上海世博会倒计时1周年之际,世博园内外工人都在忙碌地从事建设,在全球经济衰退的背景下,中国希望上海世博会能像1933年美国芝加哥世博会那样提振国内外经济的信心。法新社报道称,尽管全球经济一片灰暗,中国却在世博会投资上下了大手笔,其中包括延长上海地铁线,改造铁路和公路系统以及扩充机场容量等。法国《费加罗报》在题为《上海准备她的世博会》的长篇文章中称,上海世博会是展现中国力量崛起的机遇,无论对于上海还是中国都具有重要意义,上海世博会必将与1900年巴黎世博会一样载入史册。西班牙《世界报》报道称,在过去的8年间,上海已经投资近400亿欧元用作基础设施建设,其中的20亿欧元为世博会的直接投入,以期迎接7 000万参观者。日本共同社、《读卖新闻》《朝日新闻》等30多家日本主流媒体先后采访播发有关上海世博会推介周的新闻。在采访报道上海世博会筹备工作进展同时,各国媒体对各参展方的参与程度也予以高度关注。英国记者称,利物浦将花费300万英镑参加在上海举行的世博会,为了长远的利益,利物浦市一定要把握住这次机会。《纽约时报》刊登一篇介绍世博会英国馆总设计师的文章,称其设计的英国馆全身被 6 万根透明亚克力杆插满，这个创意与上海世博会的主题“城市，让生活更美好”非常吻合。法国、新西兰、捷克、韩国、日本、澳大利亚、匈牙利、安哥拉、挪威、丹麦等国媒体记者也纷纷就本国的场馆建设和参展情况作出报道。其间，美国馆的参展进展还一度成为各媒体关注的焦点。虽然世界各国媒体在关注上海、跟踪上海发展变化的大量采访报道中，为积极宣传上海、增进世界对上海的了解起到一定作用，但也有些媒体记者不可避免地会对上海进行一些负面报道，挖空心思地制造“新闻材料”，夸大其词，以达到哗众取宠、迎合西方某些利益集团的需要。1994 年，日本大阪读卖关联集团下属家庭广告公司擅自改变原登记注册的业务范围，在上海进行大量非法采访，包括向中国大学生进行问卷调查，了解青年学生思想动态等，并非法印刷出版发行《上海通信》，每月 1 期，共出版 23 期，严重违反中国国务院颁布的《外国记者和外国常驻新闻机构管理条例》的有关规定，后被封存所有未发行的《上海通信》，关闭其上海事务所，该公司致函上海市政府表示歉意。1995 年，英国广播公司(BBC)驻京记者率摄制组到沪，擅自到动迁地区采访拍摄。在被严肃制止后，这一事件得以妥善处理。在上海建造磁浮列车初期，曾有部分群众不够理解，这一现象受到众多境外媒体的高度关注。英国路透社、新加坡《联合早报》、香港《南华早报》等媒体都对部分群体不够理解磁浮事件作连续报道。法国《世界报》、德新社、瑞典《南瑞典日报》、马来西亚《星报》等境外驻沪记者赴现场收集信息。虽然总体上境外媒体对该事件的报道较为中性，但也有部分媒体刻意渲染夸大现场气氛，对现场作了不符实际的报道和评论。2003 年上海“非典”期间，美国《时代》周刊选择在 WHO 专家在沪考察的重要时刻，在其网络版登载题为《上海 SARS——一个国家机密》的文章，对中国“非典”情况进行不实报道，产生严重的负面影响，后中方进行有理、有利、有节的交涉。

第三节　机 构 管 理

上海对外国新闻机构和记者的管理工作一直由市政府外事部门负责。20 世纪五六十年代由市政府外事处管理，70 年代起由市政府外办统一管理。为了给外国新闻机构和记者采访活动提供多方面便利和协助，从 20 世纪 80 年代中期起，上海建立并不断完善新闻发布会制度，通报上海经济社会发展和上海建设重大决策、举措情况。市领导每季度会见一次外国常驻记者，介绍专题情况和有关政策举措。经贸、科技、文教、政法、工商、民政、劳动等 40 多个政府主管部门设立对外发言人。市政府外办还授权各区、县外事主管部门，受理外国驻沪记者采访事宜，各区、县可直接向外国常驻上海记者推荐采访项目。1990 年 1 月 19 日，国务院关于《外国记者和外国常驻新闻机构管理条例》颁布后，市政府外办授权 82 个市级机关、专业主管部门、人民团体、高等院校等单位，直接接受外国驻沪记者采访以及邀请外国驻沪记者参加有关活动。以后又宣布常驻上海的外国记者可自行前往市内有关单位采访，各单位也可邀请外国常驻记者参加有关活动并作采访报道。特别是党中央、国务院宣布开发开放浦东的决策后，上海市政府就开发开放浦东的规划、措施和制定的 9 个法规，连续举行 3 次新闻发布会，并应要求安排外国驻京、驻沪记者进行实地参观和对上海金融改革、企业改革、住房改革等相应举措、配套项目的采访。此后，上海市领导人会见记者或应要求接受记者采访的活动愈加频繁。

市政府外办在落实国务院关于《外国记者和外国常驻新闻机构管理条例》时，也加大对外国媒体记者临时到沪采访的管理和服务力度，更加规范和完善临时到沪记者的采访报批制度，并从多方面入手拓宽外国媒体记者到沪采访和了解信息的渠道，加强信息公开的透明度，引导外国媒体记者积极进行客观、公正报道。1995 年，上海市政府颁发外国记者在沪进行采访的规定，即《外国记者管理暂行规定》,规范外国记者采访受理的工作程序和审批权限。2001年,市政府外办编发《外国驻沪记者采访工作指南》,公开有关规定和办事程序,方便驻沪外国记者的工作和生活。2004年,市政府外办又对临时到沪外国记者探索实行告知制度,就临时到沪采访的接待、延长、报道等事宜下达告知书,使到沪采访的外国媒体和记者管理日趋制度化、规范化。2007年,国务院颁发的477号令即《北京奥运会及其筹备期间外国记者在华采访规定》开始实施,进一步提出“外国记者在华采访只需征得个人和单位同意”,在很大程度上放宽外国记者在华采访的限制,扩大活动范围和自由度。对此,上海认真贯彻落实477号令精神,积极宣传、深入学习、准确领会、全面贯彻477号令的有关内容,努力适应新形势下外国记者在沪采访的新要求,确保北京奥运会及其筹备期间外国记者在沪采访工作的平稳顺利。2008年10月,国务院颁发《外国常驻新闻机构和外国记者采访条例》即国务院537号令,根据条例精神,市政府外办受外交部委托,办理外国驻沪新闻机构和外国记者事务,直接受理并审批外国记者到沪采访事宜,并定期将外国驻沪新闻机构和外国驻沪记者的情况通报上海市有关部门和区县政府外办。同时,上海也进一步明确,外国记者在沪采访,需征得被采访单位和个人的同意。外国记者在沪采访不必由国内单位接待并陪同,外国记者在上海市范围内采访,无需向市政府外办申请。外国记者凭外交部新闻司颁发的有效“外国常驻记者证”或中国驻外使领馆核发的J-2签证在沪进行采访。外国记者在沪采访如遇困难,可向市政府外办请求帮助,市政府外办将积极予以协助。上海市各区县、各单位外事部门及其他相关部门应协助市政府外办做好外国记者采访的相关工作。随着国务院537号令的全面贯彻实施,外国记者活动范围和涉及面更加广泛,跨地区采访频率增加,中外媒体联动倾向增强,外媒之间的信息互通和联合采访也有所增多。

在拓宽信息渠道、公开信息透明度方面,上海注意加强与常驻外国记者接触沟通,及时了解他们的想法、要求,有重点地安排记者采访关心的问题。首先,坚持通过定期安排市领导与外国媒体记者见面会,及时准确地向境外媒体介绍上海改革开放和经济建设、社会发展的情况,接受外国记者的采访,回答有关热点问题,正面引导。2001年,市政府外办组织外国驻沪记者专题了解上海“信息港”和“深水港”建设情况,外国记者参观后大多作专题报道,扩大“两港”的国际知名度。同年,上海各委办局为驻沪外国记者还举行涉及知识产权保护、入世对上海的影响、上海APEC筹备工作等10多次情况介绍会,使外国媒体记者加深对上海各项工作的了解,进行比较积极、客观的报道,一些外国媒体还推出“上海专刊”“APEC专刊”,扩大宣传效果和上海在国际上的影响。2002年,为向外国记者传递上海经济建设信息,上海不仅邀请外国媒体记者参与上海的一些重大会议和活动,安排他们采访市领导,各有关部门还先后16次就上海重大建设项目等举行情况介绍会,使外国记者临时到沪采访人数不仅超过往年,而且对上海的正面报道明显增多。2005年,上海先后召开20多次情况介绍会,向驻沪外国记者介绍上海的发展情况,营造良好的国际舆论环境,使西方主流媒体对上海的报道平均每月200多篇次,总体报道“更多理解、更为客观”,特别是对上海经济金融方面正面报道最多。在加强信息沟通中,上海还注意寓管理于服务中,通过积极引导,趋利避害。如英国BBC广播公司曾有对中国歪曲报道的记录,后又要求到沪拍摄反映上海的电视片,对于这样一个有影响的广播公司,上海并不因前有不良而拒绝,而是加强在其拍摄过程中的积极引导。结果该公司所摄电视片在英国国内黄金时间播放30分钟,客观公正地介绍上海的发展,取得意想不到的好效果。中国驻英使馆和国务院新闻办皆给予好评。其次,进一步加强新闻发言人队伍建设,完善新闻发布会制度。市政府各委办局都设立新闻发言人,由主要领导亲自担任。市政府新闻办负责协调相关委办局、区县政府等有关单位,及时做好新闻发布工作,定期或不定期地对驻沪外国媒体记者举行新闻发布会或情况介绍会，在第一时间披露权威信息，主动作为，掌握舆论导向，并视情安排采访。同时，通过新闻发布、采访点等对外宣传基地和编印对外宣传资料等各种形式，推动政府部门和相关其他部门共同做好对外新闻工作。为了让常驻上海的外国新闻机构记者对长三角和上海以外的地区能有更多的了解，更好地反映上海的龙头地位和辐射功能，市政府外办还每年组织部分常驻上海外国记者赴外地采访，给外国记者创造更多的采访报道机会。再次，针对部分单位不愿接受外国记者采访的情况，市政府外办及时向有关单位下发外国驻沪媒体的有关背景和资料。对外国记者关心的热点问题，市政府外办也经常为有关基层单位提供政策指导，使他们面对外国记者采访时不怯场、回答问题有头绪、介绍情况思路清。2003年“非典”期间，市政府外办先后20多次组织和安排市领导及卫生局等有关部门领导与外国媒体常驻记者见面、座谈，使各国驻沪媒体记者了解上海“非典”的真实情况和各项防治措施，大多数记者都客观真实地报道上海防治“非典”的信息，从而回击极少数境外媒体所作的不实报道，遏制“非典”谣言的扩散。此外，还进一步完善由市政府外办牵头、有关部门参与的外国记者管理联席会议机制，制定《上海市外国记者管理联席会议机制成员单位分工及工作程序》，坚持定期和不定期相结合召开各类协调会。针对境外新闻机构关注的涉外事件和敏感问题，坚持引导和防范并存，妥善处理突发事件。如2006年5月，上海842路公交车燃烧事件发生后，一度在社会上产生较大影响，有关部门在第一时间了解和掌握事件真相，并通过联席会议机制及时通报有关情况，使各单位在接受外国记者采访时心中有数，有效避免出现外国媒体借机炒作的情况。

第三章　外国非企业经济组织驻沪机构

外国非企业经济组织机构是指在华开展各类非企业行为经济活动、从事有关在华贸易和投资方面信息交流、市场调研，为促进两地经济往来进行牵线搭桥的外国驻沪组织机构。外国非企业经济组织机构是随着上海经济建设和对外交往不断发展而产生、演变和逐步扩大的。20 世纪七八十年代，外国非企业经济组织驻沪机构数量很少。浦东开发开放后，特别是进入 21 世纪，上海经济建设和社会发展迈入快车道，外国非企业经济组织驻沪机构数量逐年大幅上升，至 2010 年底，已接近 100 家，并且选择浦东和自贸区落户日渐增多，业务范围也随着上海经济建设产业结构调整的不断深入而日渐扩大，已涉足港口管理、国际仲裁等新领域。在改革开放的 30 年中，外国非企业经济组织代表处作为中外经济联系的桥梁，为促进上海国际间的贸易发展、投资合作、经济技术交流和经济多样化作出一定贡献，已成为上海国际大都市的一个鲜明特征。

第一节　外国在沪非企业经济组织的设立

1980 年 10 月 30 日，国务院发布《关于管理外国企业常驻代表机构的暂行规定》，从政策上支持外国企业（包括非企业经济组织）在中国设立代表处，至此拥有深厚近代城市文化底蕴和中国经济重要地位的上海，成为外国企业及非政府经济组织进入中国设立代表处的优选地之一。1984 年 5 月 21 日，日本国际贸易促进协会率先在上海设立代表处，这是第一家在沪设立的外国非企业经济组织代表处，其注册地在日本。随后，荷兰、英国等国家的经贸促进机构纷纷在沪成立代表处，截至 2010 年底，在沪设立非企业经济组织的国家和地区已有英国、印度、意大利、西班牙、美国、日本马来西亚、加拿大、荷兰、法国、德国、爱沙尼亚、新加坡、俄罗斯、秘鲁、澳大利亚、瑞典、韩国、尼日利亚等国家。从来源地分布看，亚洲 37 家，包括日本 21 家、韩国 7 家、新加坡 3 家、马来西亚 2 家、印度 1 家，蒙古 1 家；欧洲 41 家，包括法国 8 家、英国 7 家、意大利 5 家、西班牙 4 家、俄罗斯 3 家、德国 4 家、比利时 3 家、丹麦 2 家、瑞士 1 家、荷兰 1 家、斯洛文尼亚 1 家、爱沙尼亚 1 家、芬兰 1 家；非洲 2 家，包括尼日利亚 1 家、加蓬 1 家；美洲 15 家，包括美国 11 家、加拿大 3 家、哥伦比亚 1 家；大洋洲有澳大利亚 4 家。

表 5-3-1　1984—2010 年外国非企业经济组织驻沪机构一览表

序　号	国家与城市	机　构　名　称	驻 沪 地 址
1	日本	日本国际贸易促进会上海代表处	茂名南路 59 号锦江饭店
2	日本	日本日中经济协会上海代表处	延安西路 2201 号国茂中心
3	日本	日本财团法人茨城县国际交流协会上海代表处	延安西路 2201 号国茂中心
4	日本	日本社团法人高知县贸易协会上海代表处	延安西路 2201 号国茂中心
5	日本	日本大阪国际商业振兴协会上海代表处	延安西路 2201 号国茂中心
6	日本	日本贸易振兴机构上海代表处	延安西路 2201 号国茂中心

（续表）

序　号	国家与城市	机　构　名　称	驻 沪 地 址
7	日本	日本社团法人长崎县贸易协会上海代表处	延安西路2201号国茂中心
8	日本	日本财团法人大阪国际经济振兴中心上海代表处	延安西路2201号国茂中心
9	日本	日本财团法人岐阜县产业经济振兴中心上海代表处	延安西路2201号国茂中心
10	日本	日本财团法人横滨企业经营支援财团上海代表处	延安西路2201号国茂中心
11	日本	日本纺织检查协会上海代表处	延安西路2201号国茂中心
12	日本	日本财团法人福井产业支援中心上海代表处	延安西路2201号国茂中心
13	日本	日本社团法人宫崎县产业贸易振兴协会上海代表处	金陵东路2号光明大厦
14	日本	日本社团法人福冈县中小企业振兴中心上海代表处	淮海中路98号金钟广场
15	日本	日本全国商工联合会上海代表处	延安西路2201号国茂中心
16	日本	日本日中经济贸易中心上海代表处	娄山关路83号新虹桥中心大厦
17	日本	日本财团法人福岛县产业振兴中心上海代表处	延安西路2201号国茂中心
18	日本	日本财团法人冲绳县产业振兴公社上海代表处	九江路399号华盛大厦
19	日本	日本财团法人福冈贸易会上海代表处	淮海中路398号世纪巴士大厦
20	日本	日本社团法人北九州贸易协会上海代表处	淮海中路398号世纪巴士大厦
21	韩国	韩国大韩贸易振兴公社上海代表处	兴义路8号万都中心大厦
22	韩国	韩国贸易协会上海代表处	娄山关路83号新虹桥中心大厦
23	韩国	韩国釜山商工会议上海代表处	广东路500号世界贸易大厦
24	韩国	韩国财团法人全罗北道中小企业支援中心上海代表处	延安西路2299号世贸商城
25	韩国	韩国社团法人韩国纺织品中心上海代表处	延安西路2299号世贸商城
26	新加坡	新加坡家具工业理事会上海代表处	斜土路768号致远大厦
27	新加坡	新加坡亚洲工业气体协会上海代表处	张杨路228号汤臣中心
28	新加坡	新加坡信息通信协会上海代表处	万航渡路888号开开广场
29	马来西亚	马来西亚木材理事会上海代表处	遵义南路8号锦明大厦
30	马来西亚	马来西亚棕榈油委员会上海代表处	南京西路1038号梅龙镇广场
31	印度	印度工业联合会上海代表处	延安西路2299号世贸商城
32	蒙古	蒙古国家工商会上海代表处	中山南路1007号中煌大厦
33	尼日利亚	尼日利亚贸易上海代表处	淮海中路918号久事复兴大厦
34	加蓬	加蓬货运人理事上海代表处	四川北路888号海泰国际大厦
35	法国	法国巴黎大区发展局上海代表处	富民路83号巨富大厦
36	法国	法国法中企业协会上海代表处	淮海中路1375号启华大厦

(续表)

序号	国家与城市	机构名称	驻沪地址
37	法国	法国香水工业联合会上海代表处	浙江中路398号春申江大厦
38	法国	法国华泰协会上海代表处	金陵西路28号金陵大厦
39	法国	法国巴黎工商会上海代表处	金陵西路28号金陵大厦
40	法国	法国瓦勒德瓦兹经济拓展委员会上海代表处	中山北二路121号同济科技大厦
41	法国	法国欧中商业联合会上海代表处	愚园路168号环球世界大厦
42	英国	英国英中贸易协会上海代表处	南京西路1038号梅龙镇广场
43	英国	英国土木工程师协会上海代表处	延安西路2299号世贸商城
44	英国	英国一个东北上海代表处	南京西路1038号梅龙镇广场
45	英国	英国苏格兰工商委员会上海代表处	世纪大道88号金茂大厦
46	英国	英国伦敦金融城上海代表处	南京西路1168号中信泰富广场
47	意大利	意大利对外贸易委员会上海代表处	长乐路989号世纪商贸广场
48	意大利	意大利布雷西亚商会上海代表处	延安西路68号国际贵都大酒店
49	意大利	意大利托斯卡那经济促进局上海代表处	湖滨路233号新茂大厦
50	意大利	意大利米兰商业工业手工业商会上海代表处	长乐路989号世纪商贸广场
51	西班牙	西班牙跨行业企业联合会上海代表处	南京西路1038号梅龙镇广场
52	西班牙	西班牙加利西亚经济促进会上海代表处	北京西路1711号静安中华大厦
53	西班牙	西班牙瓦伦西亚自治区对外贸易局上海代表处	延安西路2299号世贸商城
54	西班牙	西班牙加泰罗尼亚政府贸易促进会上海代表处	南京西路1038号梅龙镇广场
55	俄罗斯	俄罗斯联邦工商会上海代表处	浦东南路1271号华融大厦
56	俄罗斯	俄罗斯中小企业联合会上海代表处	延安西路2299号世贸商城
57	德国	德国工商会上海代表处	世纪大道1568号中建大厦
58	德国	德国机械设备制造业联合会上海代表处	延安西路129号华侨大厦
59	德国	德国手工业技能发展中心上海代表处	科苑路88号德商工贸中心
60	比利时	比利时兰德斯州投资和贸易局上海代表处	延安西路2299号世贸商城
61	比利时	比利时非营利组织国际锌协会上海代表处	武定西路1189号静安德律大厦
62	瑞士	瑞士世界黄金协会上海代表处	南京西路1268号恒隆广场
63	荷兰	荷兰鹿特丹商务上海代表处	南京西路1468号中欣大厦
64	斯洛文尼亚	斯洛文尼亚企业家和外国投资局上海代表处	南京西路1038号梅龙镇广场
65	爱沙尼亚	爱沙尼亚企业管理局上海代表处	张江高科技园区
66	哥伦比亚	哥伦比亚哥中商会上海代表处	九江路399号
67	丹麦	丹麦出口协会上海代表处	北京西路1277号国旅大厦
68	芬兰	芬兰国家技术研究中心上海代表处	张江高科技园区
69	美国	美国大豆协会上海代表处	延安西路2201号国贸中心

（续表）

序　号	国家与城市	机　构　名　称	驻 沪 地 址
70	美国	美国商务中心	南京西路 1376 号上海商城
71	美国	美国美中贸易全国委员会上海代表处	北京西路 1711 号静安中华大厦
72	美国	美国规划协会上海代表处	南京中路 333 号瑞安广场
73	美国	美国南卡罗来纳州商务厅上海代表处	浦东南路 588 号浦发大厦
74	美国	美国国际棉花协会上海代表处	南京西路 1266 号恒隆广场
75	美国	美国国际清洁卫生供应商协会上海代表处	西藏中路 728 号美欣大厦
76	美国	美国芝加哥市中国经济发展中心上海代表处	南京西路 1468 号中欣大厦
77	美国	美国美中企业家经济贸易促进会上海代表处	
78	美国	美国威士国际服务组织上海代表处	
79	加拿大	加拿大加中贸易理事会上海代表处	黄陂南路 227 号中区广场
80	加拿大	加拿大牛肉出口协会上海代表处	延安西路 129 号华侨大厦
81	澳大利亚	澳大利亚南澳州政府贸易与经济发展部上海代表处	南京西路 1468 号中欣大厦
82	澳大利亚	澳大利亚西澳大利亚州工业和资源部上海代表处	南京西路 1468 号中欣大厦
83	澳大利亚	澳大利亚昆士兰州经济贸易投资机构上海代表处	南京西路 1168 号中信泰富广场
84	澳大利亚	澳大利亚澳中贸易促进会上海代表处	愚园路 168 号环球世界大厦
85	德国	德国汉堡驻上海联络处	黄浦区保屯路 399 号汉堡之家 2 楼
86	法国	法国罗-阿大区法中小企业协会上海代表处	
87	丹麦	丹麦中部大区驻沪代表处	
88	日本	大阪产业振兴机构上海代表处(大阪府)	
89	英国	英国伦敦发展署北京代表处上海办公室	
90	韩国	韩国全罗南道贸易代表处	
91	韩国	韩国全罗北道贸易代表处	
92	美国	休斯敦中国商务联络处	
93	加拿大	加拿大魁北克驻上海办事处	
94	英国	利物浦工商会上海代表处英中贸易联络中心	
95	比利时	安特卫普联合钻石有限公司	
96	意大利	意大利伦巴第商务服务(上海)有限公司	
97	俄罗斯	俄罗斯一家机构上海代表处	

第二节　外国在沪非企业经济组织的种类

外国非企业经济组织作为一个非营利、非企业行为的经济组织机构，其在沪的作用主要是为两地的交流合作牵线搭桥和提供各类服务。从性质上看,其设立背景大致可分为三种类型。

一、与上海建立友好城市关系的各国际友好城市联络窗口

非企业经济组织驻沪机构往往是友好城市建立后,为便于双方开展交流合作,加强信息沟通,地方政府借助民间或企业团体的力量而在上海开设的指导窗口或联络处,往往具有一定官方或半官方背景。比如,上海与日本大阪府 1980 年结为友好城市后,为便于加强大阪与上海两地的经济联系和交往,推进双方的经济合作,从 1985 年起,大阪府在上海设立大阪国际商业振兴协会上海代表处,又名大阪经济交流事务所,这一代表处成为两地相互联系和开展经济交往的窗口,为大阪与上海的经济交流合作作出很多贡献。类似这类非企业经济组织的还有:1986 年由德国汉堡市政府、汉堡商会和汉堡经济促进公司联合设立的德国汉堡驻上海联络处;1987 年在上海设立的日本财团法人大阪国际经济振兴中心上海代表处和荷兰鹿特丹商会在沪设立的商务代表处。20 世纪 90 年代在上海设立的有:1991 年设立的日本社团法人长崎县贸易协会上海代表处,1996 年设立的日本财团法人大阪国际经济振兴中心上海代表处和澳大利亚昆士兰州经济贸易投资机构上海代表处,1997 年设立的韩国釜山商工会议上海代表处。21 世纪前 10 年设立的有:2003 年设立的韩国全罗南道贸易代表处和全罗北道贸易代表处,2007 年设立的美国芝加哥市中国经济发展中心上海代表处,2008 年设立的伦敦金融城上海代表处,以及法国罗-阿大区设立的法中小企业协会上海代表处等,其中,美国芝加哥市市长戴利亲自担任芝加哥市中国经济发展中心董事会主席,设在上海的代表处属公私合营的非营利机构。

二、国际组织和政府商务机构中的地方商务办事处

非企业经济组织驻沪机构的主要作用是沟通国家之间的商务政策,处理各种商务关系,一般总部设北京居多,上海为其分支机构,但由于处理商务关系离客户市场越近越好,上海作为处理长三角和全国贸易事务的最佳地区,随着经济转型和服务性行业的快速发展,有些地方机构也将总部设在上海,分支机构反而设在北京、广州、深圳等地。比如,西班牙加利西亚经济促进会上海代表处、蒙古国家工商会上海代表处、日本贸易振兴机构上海代表处、马来西亚木材理事会上海代表处、尼日利亚贸易上海代表处、法国瓦勒德瓦兹经济拓展委员会上海代表处、意大利对外贸易委员会上海代表处、比利时兰德斯州投资和贸易局上海代表处、英国英中贸易协会上海代表处、斯洛文尼亚企业家和外国投资局上海代表处、美国南卡罗来纳州商务厅上海代表处、澳大利亚南澳州政府贸易与经济发展部上海代表处等,这类非企业经济组织往往都有地方政府机构或半官方机构的商会、商务机构色彩,功能在于指导、协调、沟通和服务,对双方开展经济交往具有一定的影响力。

三、行业协会和促进机构组织

非企业经济组织驻沪机构来自欧洲、美洲、亚洲和大洋洲的各主要经济体,拥有广泛的社会关系,可以连通到政府机关、各商会和协会下的大批会员,对本国政府决策和会员的行动意向都有着导向性作用,在推动双方企业间相互沟通与协调,促进贸易、投资合作等方面发挥着独特的纽带作用。由于上海是国内集聚国际商务机构重点地区,他们对上海及长三角地区外向型经济发展也起

到催化剂作用，是非企业经济组织在上海的多数。其代表有：日本财团法人茨城县国际交流协会上海代表处、日本社团法人高知县贸易协会上海代表处、新加坡信息通信协会上海代表处、印度工业联合会上海代表处、加蓬货运人理事上海代表处、法国巴黎大区发展局上海代表处、丹麦出口协会上海代表处、芬兰国家技术研究中心上海代表处、英国土木工程师协会上海代表处、瑞士世界黄金协会上海代表处、俄罗斯中小企业联合会上海代表处、加拿大加中贸易理事会上海代表处、美国美中贸易全国委员会上海代表处、澳大利亚澳中贸易促进会上海代表处等。

第三节　外国在沪非企业经济组织选介

一、德国汉堡驻上海联络处

德国汉堡驻上海联络处是由汉堡市政厅、汉堡商会、汉堡经济促进局、汉堡港口营销协会、汉堡旅游局及汉堡市场营销局等联合组建的一家官方代表机构。1986年，上海与汉堡结为友好城市后，双方于5月29日签署协议，即在上海设立联络处，全权负责德国汉堡市在中国地区的市场营销与对外联络，内容覆盖政治、经济、文化、教育、环保、港口、体育、城市宣传、健康、司法、公安等各个领域。成立以来，联络处在经济领域支持和帮助德保险公司、德视佳眼科医院等多家大汉堡地区的德国企业进入中国，并为有意与中国开展商贸的企业包括在华汉堡企业提供各种形式的咨询，帮助中国企业将汉堡作为欧洲的桥头堡进入德国，在当地设立机构，迄今已有500多家中国企业。联络处还协同各个机构和企业定期开展大型活动，比如从2004年起两年一次的汉堡峰会，2006年起两年一度的汉堡“中国时代节”等，旨在为中欧之间搭建公开对话的平台，改善双边经济关系，向欧洲展示中国文化。

二、荷兰鹿特丹商务上海代表处

荷兰鹿特丹商务上海代表处是荷兰鹿特丹市官方的驻华代表机构，于1987年在上海成立。代表处设立是为了上海和鹿特丹缔结友好城市后提供在华的协调联络，同时帮助荷兰公司在中国开展业务并协助中国企业去荷兰投资。代表处的设立得到鹿特丹港务局、鹿特丹商会和鹿特丹发展促进署以及诸多荷兰领先企业的大力支持。

三、日本国际贸易促进会上海代表处

日本国际贸易促进协会上海代表处是以日资企业为会员的民间组织，系在华最大、最有利的促进日中经济贸易的日本友好团体。每年派遣大型团和各行各业团组到中国增进了解和合作，特别是每年以历届会长为团长的日本贸促会大型代表团加强了日中经贸合作的基础。1994年5月31日在上海设立代表处，代表处在总部的支持下，为推动贸易投资合作、协调经贸团组互访、促进经贸服务业务、企业信用调查和商品市场调查做了大量工作。

四、韩国大韩贸易振兴公社上海代表处

韩国大韩贸易振兴公社上海代表处是韩国政府属下非营利贸易促进机构，旨在促进韩国与海

外地区的经贸交流,是各国经济与韩国经济联系的桥梁。自1962年成立后,通过开展贸易信息传递、市场调研服务、跨国投资、技术合作和商务联系等多种贸易促进活动,大力支援韩国对外经济的发展。上海代表处成立于1992年12月,成立后积极为中韩企业服务,通过协助举办产品博览会、招商引资洽谈会,组织两国企业互访等举措,为双方企业提供咨询、信息联络发布、贸易投资,协助参加各种展览等优质服务,对推动韩国与华东地区的经贸交流做了大量有益的工作。

五、尼日利亚贸易上海代表处

尼日利亚贸易上海代表处是建立在尼日利亚与中国政府签订的互惠协议基础上于2001年11月27日成立的,其主要职责为加强与联系尼日利亚和中国之间的经贸合作,搜集和向两国感兴趣的企业家提供有关尼中两国的经贸信息,协调处理两国企业在贸易过程中产生的纠纷,为尼中两国商人办理贸易文件提供便利和协助,协助尼中两国经济中新型商务的发展,是促进中尼两国商务往来和经贸投资的桥梁。

六、英国英中贸易协会上海代表处

英国英中贸易协会上海代表处是由英国政府和工商业界共同支持的非营利性对华经贸促进机构,主要任务是促进中英双边贸易和经济技术合作,为进入中国市场的各类英国企业提供商务咨询、实际的市场落地运作支持服务和行业专题活动。上海代表处自1988年10月成立以来,积极开展中英经贸投资与合作的促进工作,通过组织和接待双方代表团,包括高层次领导人之间的互访、参与各种商务洽谈等,有利推动中英两国关系之间的贸易与投资活动。

七、丹麦出口协会上海代表处

丹麦出口协会上海代表处是由丹麦格兰富公司、丹麦维斯塔斯公司等发起成立的由会员拥有的非营利性机构。旨在通过信息交流、联合活动,建立会员间的紧密联系,增加会员在国际市场的销售和竞争力。上海代表处于2002年1月29日设立,作为协会在华常驻代表机构,协助会员在中国市场的业务拓展,为会员组织专业领域的产品推广会,提供某一领域的最新贸易信息和法律法规信息,提供在中国市场的投资和贸易专业知识,同时协调和联络丹麦出口协会在上海的业务,其旗下的丹麦风能集团和丹麦海事集团在中国的业务尤为活跃。上海代表处的服务,已受到越来越多的会员认同,已是会员到中国投资、采购及开拓中国市场的良好平台。

八、芬兰国家技术研究中心上海代表处

芬兰国家技术研究中心上海代表处是芬兰政府所有的、北欧最大的多学科应用技术研究机构,其研发领域涵盖信息通信、电子、制造和自动化、材料、生物技术、能源和环保技术、交通和建筑、食品、化工等。上海代表处于2008年4月6日成立,主要代表芬兰国家技术研究中心(VTT)从事与中国企业进行科研合作、技术研发和双向技术交流或技术产业化的联络工作,并对在华的芬兰和其他欧盟企业给予技术支持。成立以来,已与东风汽车集团公司、中国船舶科学研究中心、清华大学

和中核集团、上海大学和中科院苏州纳米所、山东海龙和吉林化纤、无锡市和太原市相关院所、陕西汾西重工有限公司、大连理工大学、同济大学、华南理工大学和广州纸厂、上海市等合作伙伴开展精密喷射成形快速模具制造技术及其产业化、海洋平台、冰区航船、绿色能源等技术，以及节能建筑、生态城市、可持续发展社区等许多项目。

九、西班牙跨行业企业联合会上海代表处

西班牙跨行业企业联合会上海代表处是一家西班牙的非营利性商业协会。目标是对协会所包括的会员公司提供一系列国际化及创新化的服务，提高它们在国际和国内市场的竞争力。联合会上海代表处成立于 2008 年 10 月，是西班牙第一家在中国创立代表处的商务联合会。其宗旨是帮助所有会员公司在中国寻找机会并开拓市场，同时把多行业的专业知识和经验带给中国和西班牙，促进中国和西班牙之间的市场交流。成立以来，该处加强信息调查和研究，积极沟通和协调联络，努力开展各项商业促进活动，对中国、特别是上海与西班牙之间的贸易交流及往来起到有效推动作用。

十、法国巴黎大区发展局上海代表处

法国巴黎大区发展局上海代表处是直属大区最高行政机关，以吸引外国投资、推动本土企业走向世界双重任务的官方非营利机构。2008 年 2 月成立上海代表处，其业务包括宣传巴黎大区的经济和科技发展成果，推动本地企业的国际化。成立以来，上海代表处为进一步加强两地往来，积极投身于各类会展论坛及社会活动，与各方企业和机构广泛交流与合作，参与“2010 第 11 届国际汽车展览会”“SNEC 第四届(2010)国际太阳能光伏大会暨(上海)展览会”、世界市长“城市可持续发展北京论坛”系列活动，以及上海世博会展馆等各类活动，已参与为中国企业“走出去”在巴黎大区创业或有意向创业的项目共计 30 多项。

十一、美国美中贸易全国委员会上海代表处

美国美中贸易全国委员会系非政府、无党派的非营利组织，总部设于华盛顿，拥有 200 余家在华经营的美国会员公司，是美国企业界与中国进行商务联系的主要组织，致力于扩大美中商务联系，消除贸易壁垒，为双方营造一个规范、透明的商务环境。1997 年 4 月 3 日，在上海设立代表处。成立以来，代表处协助美国公司开展对华投资和商务活动，促进外资企业与中国地方政府沟通。通过举办各种活动，为会员公司搭建平台，让美国公司更好了解中国方针政策，组织会员公司赴中国各省出席地方招商引资活动，并协助中国地方政府代表团访问美国，为推动中美经济贸易往来作出一定贡献。

十二、澳大利亚昆士兰州经济贸易投资机构上海代表处

澳大利亚昆士兰州经济贸易投资机构上海代表处是从事与中国相关的贸易和投资信息交流、市场调研，开拓行业和企业的联系，进一步促进两地经贸与投资往来的贸易投资促进机构。1996

年 6 月在上海设立,旨在通过其具有国际商贸经验及语言技能的专业团队为昆士兰当地企业提供出口及投资咨询协助和服务。该代表处还负责领导和协调昆士兰州在北京、广州和成都办公室的工作,以促进昆士兰州与中国各地之间更广泛的贸易投资交流工作。自 1989 年上海与澳大利亚昆士兰州结为友好市州后,昆士兰州政府贸易厅一直鼎力推动两地在友好市州协议框架下的交往,以进一步加强和拓展两地政企间的全方位合作。

第六篇

外事港澳事务机构团体与服务管理

地方外事工作是中国总体外交的重要组成部分。进入 20 世纪 90 年代，上海改革开放深入发展，为地方外事大发展带来更加广阔的空间和舞台，也给地方外事工作的外延和内涵注入许多新的活力，随之也出现一些新情况、新问题。适应新形势下外事工作的发展要求，加强地方外事为国家总体外交服务，为本地区经济社会发展服务，保障上海外事工作在贯彻落实中央外交、外事工作方针政策中健康有序发展，是上海各级外事部门的重要任务。在市委和市政府的领导下，上海逐步建立和完善以市委、市政府集中统一领导，各级有关部门相互协调配合和分工合作，外事部门发挥牵头作用和社会各界共同参与的"大外事"工作体制。同时，全市外事部门积极探索依法行政，建立健全各项规章制度，妥善处置各类涉外敏感事件和问题，努力培养和造就一支过硬的外事干部队伍，确保上海外事工作健康有序开展，出色完成中央交给上海的各项外事任务，发挥上海在中国外交之"重镇"的作用。

第一章　机 构 社 团

为加强对上海外事工作的领导，确保外事工作的顺利开展，上海先后成立中共上海市委外事、外宣工作领导小组，上海市人民政府外事办公室，上海市人民政府港澳事务办公室，上海市人民对外友好协会等各级各类外事机构，以加强对上海外事工作的领导，为上海正常开展外事工作提供坚实的组织保障。

第一节　中共上海市委外事、外宣工作领导小组

中共上海市委外事、外宣工作领导小组的前身是中共上海市委外事小组。1958 年 7 月 30 日，遵照中共中央和国务院指示，为加强对外事工作的集中统一领导，中共上海市委和上海市人民委员会对上海外事的领导管理体制和机构作出新的调整，在原中共上海市委国际活动指导委员会的基础上成立中共上海市委外事小组(以下简称“市委外事小组”)和上海市人民委员会外事办公室(也称中共上海市委外事小组办公室)，在中共上海市委和上海市人民委员会领导下统一管理上海外事工作。市委外事小组作为党的专门领导小组，具有为中共上海市委研究、制定外事决策、规定并负责贯彻实施，主持或组织进行重大外事活动，掌握政策处理重大涉外问题，对上海外事工作实行全局指导、协调和监督、检查的职能。第一任小组成员为许建国、齐维礼、沈涵、徐平羽、张耀辉(专职)、梁于藩、曾涛 7 人，许建国任组长。以后由于工作调动等原因，市委外事小组的组长分别由刘述周、王一平接任，副组长先后由赵行志(专职)、冯国柱(专职)担任。在“文化大革命”期间，1967 年 3 月 16 日，党政合一的上海市革命委员会成立外事组，取代原市委外事小组和市人民委员会外事办公室。1996 年 10 月 4 日，恢复成立中共上海市委外事工作领导小组，上海市委书记黄菊担任组长。2004 年 9 月 20 日，中共上海市委外事工作领导小组更名为中共上海市委外事、外宣工作领导小组，小组组成人员调整为，组长：陈良宇，副组长：韩正、殷一璀，成员：吴志明、周禹鹏、范德官、王仲伟、唐登杰、杨定华、宋超、杨国强、潘龙清、吴中海。2007 年 5 月，该小组成员调整为，组长：习近平，副组长：韩正、殷一璀，成员：吴志明、王仲伟、丁薛祥、唐登杰、宋超、杨国强、周波、吴中海。2009 年 4 月，该小组的组成人员调整为，组长：俞正声，副组长：韩正、殷一璀，成员：吴志明、杨振武、丁薛祥、唐登杰、张学兵、沙海林、宋超、李铭俊、吴中海。

第二节　上海市人民政府外事办公室

上海市人民政府外事办公室(以下简称“上海市政府外办”)前身为上海市人民委员会外事办公室(也称中共上海市委外事小组办公室)，成立于 1958 年 7 月 30 日。当时，上海市政府外办作为市委外事小组的办事机构和市人民委员会的职能部门，负责具体执行对上海外事工作的统一管理。1967 年 3 月 16 日，党政合一的上海市革命委员会成立外事组(以下简称“市外事组”)。1976 年 2 月 6 日，遵照国务院批转的外交部文件通知，按全国地方政府外事管理机构的统一名称，市外事组更名为上海市革命委员会外事办公室。随着上海市革命委员会改名为上海市人民政府，1980 年

起，上海市革命委员会外事办公室改名为上海市人民政府外事办公室。上海市人民政府外办是主管全市外事工作的市政府组成部门，同时又是中共上海市委及其外事、外宣工作领导小组的工作机构。

图 6-1-1　上海市人民政府外事办公室、上海市人民政府港澳事务办公室、上海市人民对外友好协会

主要职责包括：

贯彻执行有关外事工作的方针、政策和法律、法规、规章；结合上海市实际，研究起草外事工作的地方性法规、规章草案和政策，并组织实施有关法规、规章和政策。

负责到沪访问的国宾、党宾和其他重要外宾的接待工作以及负责到沪进行公务活动的各国驻华外交人员的安排工作；负责统筹安排市领导参加非经贸外事活动。

负责上海市与国外友好城市或地区交往活动的组织、管理、指导及综合性工作；负责与国外地方政府开展友好交流与合作；指导上海市外事接待、民间对外交往及涉外参观点建设工作；审核上海市各区县对外结好事宜。

负责上海市人员因公出国和赴香港特别行政区、澳门特别行政区的归口管理工作；根据有关规定，审批或审核有关部门派遣的出国及赴香港特别行政区、澳门特别行政区团组和人员工作；负责办理因公出国人员的护照和申办签证及因公人员赴香港特别行政区、澳门特别行政区的通行证的签发及签注；负责办理上海市领导出访报批等事宜；负责上海市对外邀请管理工作，以及香港特别行政区政府、澳门特别行政区政府同上海市的交往事宜，按授权核发外国人到沪的签证通知函电以及在沪外籍人士的公务、礼遇、外交签证。

负责办理与外国驻沪领事机构的交往和交涉事宜及有关领事业务；负责对外国驻沪新闻机构和外国记者的管理，审批和组织短期到沪外国记者的采访活动；负责处理或协助上海市重大的涉外事件。

负责审理有关外事、涉外工作的请示事宜，协调重要外事和涉外活动；根据有关规定，审核或审批在上海市举行的重要国际会议；负责筹办市长国际企业家咨询会议；协同有关部门研究和处理有关口岸涉外事宜；会同有关部门做好在沪外国人士的管理及对外国友好人士的表彰、奖励工作。

负责涉外安全事务工作，牵头负责协调境外非政府组织在沪活动的管理和上海市民间组织涉外活动的管理工作；协助做好有关涉外安全事务。

指导有关外事工作机构的业务工作；负责外事干部国际形势、对外政策、外事纪律等方面的教育与培训工作；监督、检查外事纪律的执行情况，协助有关部门处理违反外事纪律、严重损害国家利益和声誉的重大案件；会同有关部门表彰外事系统的先进单位和个人。

管理、指导上海市人民对外友好协会等社会团体工作。

负责中共上海市委外事、外宣工作领导小组外事办公室及上海市港澳工作协调小组办公室的日常工作。

负责有关行政复议受理和行政诉讼应诉工作。

承办中共上海市委、市政府交办的其他事项。

根据上述主要职责，1994—2010 年间，上海市政府外办内设机构进行一些变更和调整。2004 年 6 月，原友好城市工作处撤销，改设欧洲非洲工作处、美洲工作处和亚洲大洋洲工作处 3 个处。2009 年 6 月，欧洲非洲工作处正式定名为欧洲非洲工作处(友好城市工作办公室)。2008 年 12 月，设港澳处。2009 年 12 月，设涉外安全处(非政府组织管理处)。到 2010 年，上海市政府外办设有 15 个内设机构：秘书处、组织人事处、政策法规研究处、综合业务处(大型活动办公室)、国宾处、党宾处、新闻文化处、欧洲非洲工作处(友好城市工作办公室)、美洲工作处、亚洲大洋洲工作处、领事处、出国管理处、护照签证管理处、涉外安全处(非政府组织管理处)和港澳处。按有关规定设置纪检监察机构和直属机关党委。

表 6-1-1　1978—2010 年上海市人民政府外事办公室负责人任职情况表

职　务	姓　名	任　职　年　月
主　任	赵行志(兼)	1977 年 11 月—1980 年 12 月
	李储文	1980 年 12 月—1983 年 7 月
	石　奇	1983 年 7 月—1985 年 7 月
	赵云俊	1985 年 7 月—1991 年 12 月
	徐兆春	1992 年 1 月—1996 年 3 月
	夏守安	1996 年 3 月—1997 年 11 月
	周明伟	1998 年 1 月—2000 年 8 月
	周慕尧(兼)	2000 年 8 月—2003 年 4 月
	杨国强	2003 年 4 月—2008 年 2 月
	李铭俊	2008 年 2 月—
副主任	李储文	1977 年 11 月—1980 年 12 月
	林德明	1977 年 11 月—1983 年 7 月
	张安友	1977 年 11 月—1987 年 12 月
	齐维礼	1978 年 5 月—1983 年 7 月
	张甦平(兼)	1979 年 3 月—1979 年 6 月

(续表)

职　　务	姓　　名	任　职　年　月
副主任	丁升烈(兼)	1980 年 1 月—1983 年 7 月
	张显崇	1980 年 12 月—1983 年 7 月
	石　奇	1981 年 3 月—1983 年 7 月
	顾　明	1983 年 7 月—1985 年 7 月
	赵云俊	1983 年 7 月—1985 年 7 月
	李名祥	1983 年 7 月—1986 年 2 月
	孙　铢	1983 年 7 月—1991 年 4 月
	俞彭年	1985 年 5 月—1998 年 5 月
	高　森	1985 年 5 月—1992 年 6 月
	李舜善	1987 年 8 月—1996 年 3 月
	姚全福	1990 年 5 月—1998 年 5 月
	徐兆春	1991 年 7 月—1992 年 1 月
	周明伟	1996 年 3 月—1998 年 1 月
	杨国强	1996 年 3 月—2003 年 4 月
	陈仁凤	1997 年 11 月—2004 年 9 月
	吴金兰	1998 年 5 月—
	李宣海	2000 年 8 月—2003 年 4 月
	邵慧翔	2002 年 7 月—
	傅继红	2004 年 3 月—
	孔宪明	2004 年 9 月—2008 年 6 月
	张伊兴	2008 年 6 月—
	范宇飞	2008 年 7 月—
	赵　彬(挂职)	2010 年 5 月—

第三节　上海市人民政府港澳事务办公室

2004 年 4 月,中共上海市委、市政府同意上海市人民政府外事办公室增挂上海市人民政府港澳事务办公室牌子。2004 年 6 月,经中共上海市委、市政府批准建立上海市港澳工作协调小组,下设办公室,与上海市政府外办合署办公。办公室主任由上海市政府外办主任兼任;设专职副主任 1 名,由上海市政府外办副主任兼任。

上海市人民政府港澳事务办公室归口管理、统筹协调上海市涉港澳事务,其主要职能:在国务院港澳办的指导下,按照中共上海市委、市政府的要求,做好上海市与港澳特区的交往工作;统筹协调上海市与港澳特区政府的联系,负责接待特区政府重要代表团,协调开展上海市与港澳特区有关的重要活动，推动上海市与港澳特区的交流与合作，完成交办的其他工作任务。

表 6-1-2　1978—2010 年上海市人民政府港澳事务办公室负责人任职情况表

职　务	姓　名	任 职 年 月
主　任	杨国强(兼)	2004 年 6 月—2008 年 2 月
	李铭俊(兼)	2008 年 2 月—
专职副主任	孔宪明(兼)	2004 年 9 月—2008 年 6 月
	张伊兴(兼)	2009 年 4 月—

第四节　上海市人民对外友好协会

上海市人民对外友好协会(以下简称“上海市友协”)是上海全市性对外民间交往的人民团体。1956 年 9 月成立，1986 年 12 月，按全国友协章程规定而定名。

上海市友协宗旨是增进上海人民同世界各国人民之间的了解和友谊，推动相互间的经济、技术、文化、教育、卫生等方面的交流与合作，维护世界和平，促进共同发展。成立以来，持续邀请和接待外国友好团体和人士到沪访问与交流，组织和派遣上海民间友好团体和人士赴国外访问、交流和进修；举办国际性或双边的展览等文化交流与合作活动；为上海市有关单位开展对外交流和合作牵线搭桥，提供信息和咨询服务；为常驻上海的外国人士举办文化娱乐和联谊等活动。至 2010 年 12 月，已与 88 个国家的 377 个民间友好团体、组织建立联系并开展交流。

上海市友协现设办公室、欧美处、亚非处、日本处等机构。

表 6-1-3　1978—2010 年上海市人民对外友好协会负责人任职情况表

职　务	姓　名	任 职 年 月
会　长	赵行志(兼)	1978 年 8 月—1984 年 6 月
	苏步青	1984 年 6 月—1986 年 6 月
	李寿葆	1986 年 6 月—1991 年 6 月
	赵云俊	1991 年 6 月—1997 年 10 月
	周慕尧(兼)	2002 年 9 月—2009 年 8 月
	李铭俊	2009 年 8 月—
常务副会长	李寿葆(兼秘书长)	1978 年 8 月—1986 年 6 月
	姚全福	1998 年 5 月—2007 年 6 月
	汪小澍	2007 年 6 月—
副会长	李家齐	1978 年 8 月—1984 年 6 月
	肖　林	1978 年 8 月—1984 年 6 月
	张承宗	1978 年 8 月—1984 年 6 月
	张耀辉	1978 年 8 月—1984 年 6 月

(续表)

职　务	姓　名	任 职 年 月
副会长	杨殿陛	1978年8月—1984年6月
	周　岚	1978年8月—1984年6月
	钟望阳	1978年8月—1984年6月
	舒　文	1978年8月—1984年6月
	董家邦	1978年8月—1984年6月
	李寿葆	1978年8月—1986年6月
	陈启懋	1978年8月—1991年6月
	黄佐临	1978年8月—1994年6月
	丁善德	1978年8月—1995年12月
	王应睐	1978年8月—2001年5月
	齐维礼	1978年8月—2002年5月
	杜　宣	1978年8月—2004年8月
	江　岚	1978年8月—2007年11月
	王希孟	1978年8月—2008年4月
	袁雪芬	1978年8月—
	马飞海	1978年8月—
	孟　波	1978年8月—
	关　建	1978年8月—
	李太成	1984年6月—2003年9月
	杨增年	1986年6月—1991年6月
	王其健	1986年6月—
	孙　铢	1986年6月—
	李名祥	1988年8月—1993年9月
	张安友	1991年6月—1993年9月
	陈一心	1991年6月—
	罗世谦	1991年6月—
	茅志琼	1991年6月—
	俞彭年	1991年6月—
	姚锡棠	1991年6月—
	高文魁	1991年6月—
	龚学平	1991年6月—
	雷见辉	1991年6月—

（续表）

职　务	姓　名	任 职 年 月
副会长	孙锡远	1998年4月—2002年4月
	陈仁凤	2002年2月—2004年9月
	袁公侠	2003年1月—2007年12月
顾问	林德明	1983年7月—1991年6月

第五节　上海各区县政府外事办公室

上海各区县自20世纪80年代中期起先后建立外事办公室，在各区县政府领导下管理本地区的涉外事务和对外往来，接受上海市政府外办业务指导。1993年3月，经外交部和上海市人民政府授权，上海市浦东新区除区县所具有的外事管理职能外，还可以审批、签发本辖区人员的公务出访，签发本辖区邀请外国人到访的签证函电等。2010年，上海区县一级外事办公室有：浦东新区外办、徐汇区外办、长宁区外办、普陀区外办、闸北区外办、虹口区外办、杨浦区外办、黄浦区外办、卢湾区外办、静安区外办、宝山区外办、闵行区外办、嘉定区外办、金山区外办、松江区外办、青浦区外办、奉贤区外办和崇明县外办。

第六节　其他外事涉外部门和机构

一、市政府部、委、办、局外事部门

上海市人大、市政协均设有外事部门，对口接待全国人大、全国政协邀请到沪访问的外国议会代表团等贵宾，并协调安排市人大、市政协领导出席上海市重要外事活动。上海市经济、科技、文化、教育、卫生、体育等市级主管部门，及其下属对外交往频繁的单位，也均有专职或兼职部门负责外事管理和涉外事务的处理。

二、高等院校外事机构

上海各高等院校均设国际交流处、对外合作交流处、国际合作处或国际交流办公室、外事处或外事办公室等外事机构，配有专职外事干部，负责管理、安排本院校对外往来和合作交流、有关涉外事务的处理。少数尚未专设外事机构的高等院校也均由院（校）长办公室兼管外事工作。

三、工、青、妇外事部门

上海总工会、共青团（青联）、市妇联等人民团体均设有国际联络部、统战部、联络部等相应的外事部门，负责接待来自全国总工会、共青团（全国青联）、妇联邀请的外国嘉宾到沪，管理本系统外事业务和对外交往工作。

四、出入境管理机构

上海市公安局出入境管理局是市公安局负责外国人管理和出入境管理工作的职能部门。其主要职责是：负责受理、审批上海市居民因私出国出境的申请，签发因私普通护照和通行证；负责受理、审批华侨到沪定居申请，受理加入、退出和恢复中华人民共和国国籍的申请；负责受理、审批在沪外国人各类签证和居留证的申请；负责办理申请从上海口岸入境的外国人的口岸签证等。

第七节　国际问题研究单位和机构

一、上海国际问题研究院

上海国际问题研究院前身是上海国际问题研究所，建于1960年4月，时任副市长和市政协副主席金仲华为首任所长。行政隶属于上海社会科学院，业务受市委外事小组指导。1966年“文化大革命”开始后，研究工作被迫停止，研究人员被下放“市直五七干校”劳动学习，1968年建制撤销。1978年6月经中共上海市委批准，恢复上海国际问题研究所建制(局级研究单位)，隶属上海市人民政府外事办公室领导。上海国际问题研究所于2008年7月易名为上海国际问题研究院，是研究国际政治、经济、安全、战略及中国对外关系的综合性研究机构。下设国际战略研究所、全球治理研究所、世界经济研究所、外交政策研究所、比较政治和公共政策研究所、台港澳研究所以及信息研究所；另有美洲、亚太、俄罗斯中亚、西亚非洲、欧洲、日本、海洋和极地8个研究中心，共有研究人员及科辅人员90人，其中30人为资深研究人员。多年来，该院同国内外以及30多个国家和地区近100

图6-1-2　2009年1月16日，上海市人民对外友好协会和上海国际问题研究院召开“中美建交30周年：转型和发展”研讨会，美国前总统卡特(中)出席

个重要研究机构和著名高等院校建立各种形式的学术交流和合作关系。

上海国际问题研究院从1982年开始编纂出版《国际形势年鉴》,1987年《国际展望》半月刊正式出版,2009年《国际展望》正式转刊成中英文学术双月刊。2006年底,上海国际问题研究院在中国首届智库论坛上被评为"中国十大智库"。2007年被美国外交政策研究所评为"全球十大智库"。

上海国际问题研究院为国务院学位委员会批准的硕士学位授予单位,自1979年起招收研究生,学制2年半。2011年,经国务院学位委员会第二十八次会议审议批准,获得政治学一级学科硕士学位授予权,设有中外政治制度、国际政治、国际关系,外交学4个专业。2010年9月,人社部批准设立博士后科研工作站。

1978—2010年历任院(所)长：李储文(兼)(1978年6月—1981年2月)、陈启懋(1981年3月—1991年4月)、陈佩尧(1993年11月—1999年8月)、俞新天(2000年10月—2007年10月)、杨洁勉(2007年10月—　);副院长：华明之、陈启懋、伍正大、郭绍烈、吕桂兰、陈一心、陈佩尧、胡仲华、朱马杰、晏小宝、陈东晓、杨剑;学术委员会主任：杨洁勉;副主任：陈东晓。

第八节　大专院校国际问题研究机构

一、复旦大学美国研究中心

复旦大学美国研究中心成立于1985年,是中国最早建立的专门从事美国研究的主要机构之一,已故复旦大学校长、中心首任主任谢希德教授对中心的成立和发展作出重要的贡献。中心于2000年被批准为国家教育部普通高等学校人文社会科学重点研究基地,教育部和复旦大学对中心的科研工作提供资助,中心还通过设在美国首都华盛顿的复旦基金会得到美国国际开发署所属的美国海外学校和医院项目的赞助。复旦基金会还设立"谢希德奖学金",以纪念谢希德教授对中美关系所作出的杰出努力。中心联合校内外学术力量,组织和协调具有创造性和开拓性的研究项目,形成四大研究方向：美国政治和外交——重点研究美国的政治制度和外交政策,特别是美国国会的对华政策以及中美关系;美国经济——致力于美国经济的宏观和微观研究;军备控制和地区安全——着重研究美国国家防务政策、核军备控制和裁军、核不扩散、常规军备转让的限制以及中美安全关系;美国社会和文化——广泛研究美国社会和文化的诸多方面,特别是美国宗教、美国基督教徒在中国的传教活动以及中美文化交流史。自成立以来,中心在以下主要方面发挥学术功能：研究——促进对美国各个方面的持续深入的研究,加强对美国以及中美关系的全面深刻的理解。教学——为本科生和研究生开设有关美国政治、经济、中美关系、安全及防备、宗教文化等课程,使学生掌握美国研究所需的综合知识、分析方法和英语能力。中心还组织校园双周讲座,邀请中美学者就美国及中美关系问题作学术报告。交流——推动中美学者和学生之间的学术交流和沟通。中心欢迎并接受国内外研究人员以访问学者身份来中心从事美国问题研究。中心还就中美两国民间共同关心的问题举办或合办一系列国际会议和研讨会。咨询——发挥中心成员研究美国问题的专长,在政府和其他部门的决策过程中就有关美国的问题提供咨询。

二、复旦大学欧洲问题研究中心

复旦大学欧洲问题研究中心是在世界经济研究所欧共体研究室的基础上,于1993年经校务委员会批准正式建立。1996年10月,为实施中欧高教合作项目,根据教育部要求进行改组。中心挂靠经济学院,为集合复旦大学欧洲问题研究与教学骨干力量的实体性机构,受主管文科科研的校长领导,由校文科处与外事处归口管理。中心的任务是:着重组织和开展对欧盟与欧洲一体化的经济、政治、法律、社会文化及内外关系等方面的研究与教学,逐步建成为欧洲问题的研究基地、教学基地、学术交流基地与信息资料基地。实施中欧高教合作项目以后,复旦欧洲问题研究中心是全国受项目重点支持的6个中心之一。中心协助校文科处组织项目的申报和执行,建立协调和组织跨学科教学与研究的机制,增强研究力量,拓展研究领域,扩充和增加课程设置和培养计划,改善教学与研究的条件,加强与国内外的学术联系与交流。中心招收世界经济学科欧洲一体化研究方向博士和硕士研究生,开设"欧洲研究专题"博士生课程、"欧洲一体化研究"硕士生课程以及"欧盟经济"本科生课程。

三、复旦大学日本研究中心

复旦大学日本研究中心成立于1990年7月,其宗旨为:深入研究日本实现现代化过程中的经验和教训,为中国的现代化事业提供借鉴;并通过学术研究和交流,进一步加深对日本的了解,增进两国人民的友好关系。中心长期得到日本国际交流基金、日本国驻上海总领事馆、日本卫材株式会社、日本万国博览会纪念协会以及日本友好人士的资助。该中心以精干的专职研究人员为主干,组织、协调校内外及日本的有关专家,共同开展各种研究和交流活动。合作研究:中心成立以后,每年至少实施一项跨单位、跨省市或与日本有关大学、科研机构的合作研究,其领域涉及日本经济、政治、外交、文化、历史、教育等。举办国际会议:中心自1990年起每年举办一次大型国际学术研讨会,邀请日本等国及国内的专家学者,结合中国改革开放面临的重大理论问题和实践问题,研究和讨论日本相关方面的经验和教训。培养研究生:以单独及与学校有关院系联合的方式,招收培养研究生。日本研究方向授予硕士和博士学位的专业有经济学、法学、历史学、文学等学科。中心设有伊东光晴研究生奖学金,并为优秀学生赴日收集研究资料、接受日本相关教授的指导提供便利。学术交流:日本研究中心已与日本京都大学、东北大学、日本大学、独协大学、长野大学、爱知学泉大学签订学术交流协议,并与以中小企业闻名日本的长野县坂城町建立友好合作关系。每年邀请多名日本著名学者来中心讲学,并接待日本学术交流团体及个人来访。中心还接受日本等访问学者、进修生,提供在中国进行学术研究的便利。研究成果:中心已出版研究专著及论文集30余种,学术杂志《日本研究集林》已刊行21期。此外,资助兼职研究人员出版专、译著近10种,发表论文100余篇。

四、华东师范大学俄罗斯研究中心

华东师范大学俄罗斯研究中心成立于1999年,2000年9月成为教育部人文社会科学重点研究基地。中心教育专职研究人员10人,兼职研究人员14人,培养博士生88人,硕士生177人。基地建设10年来,共承担各类科研项目44项,总经费1 100万元,出版学术专著50部,发表核心期刊论文300余篇,获省部级优秀成果奖15项,基地在苏联史、俄苏文学研究史、俄罗斯转型、俄罗斯外交等方面形成独有的研究特色。标志性的成果有:《转型时代》(五卷本),冯绍雷、相蓝欣主编,上海人民出版社2005年版;《中国俄苏研究史论》(四卷本),陈建华主编,重庆出版社2007年版。中心坚持以基础研究与应用研究相结合，以基础研究为主，同时积极开展宏观性、战略性和前瞻性应用与对策研究，努力发挥国家文科基地的思想库作用。2006 年，冯绍雷教授关于上海合作组织峰会的报告，以及关于美国在中亚战略调整的报告载于《教育部社科委员专家建议》。2008 年 5 月，冯绍雷教授题为《地中海计划和中国外交的机遇》的咨询报告，杨成博士题为《俄罗斯实施东部大开发战略》的咨询报告等均获得好评。俄罗斯研究中心拥有 CSSCI 收录期刊、全国中文核心期刊《俄罗斯研究》，向国内外公开发行。中心积极开展国内外学术交流，主办一系列重要的国内外国际会议。自 1999 年开始承担全国俄罗斯问题研讨会，为国家相关部门提供较重要的参考咨询服务，中心相继召开一系列重要国际会议，诸如 2001 年"9・11 后的大国关系"国际学术研讨会、2006 年"联合国改革与全球治理：亚欧视角"研讨会、2008 年"中美俄三边关系：结构、观念与政治"研讨会、2009 年"第三届欧亚论坛：形成中的中亚权利均衡与上海合作组织的发展"等国际会议。中心坚持走国际化发展道路。2000 年以来，研究人员共出访 105 人次，邀请境外专家到访 350 人次，与俄罗斯科学院、俄罗斯外交部下属莫斯科国际关系学院、哈佛大学戴维斯俄罗斯研究中心、英国皇家国际问题研究所、欧洲改革中心、汉堡大学、捷克查理大学、北海道大学斯拉夫研究中心等国际一流学术机构建立稳定的学术联系。

五、同济大学德国问题研究所

同济大学是创建于 1907 年的百年历史名校，位于上海，是一所拥有理、工、医、文、法、哲、经济、管理、教育九大学科门类的综合性大学。经过 100 多年的发展，已成为一所文理交融，医工结合，特色鲜明，集人才培养、科学研究、社会服务、国际交往四大功能于一体的综合性大学。学校的发展目标是建设一所综合性、研究型、国际化的一流现代大学。同济大学德国问题研究所成立于 1985 年 11 月 25 日，是中国成立的第一个专门研究联邦德国问题的跨学科研究所。研究所主要从事德国问题和欧洲问题领域的科学研究与硕博研究生培养工作。研究所出版的专业季刊《德国研究》自 2008 年起成为 CSSCI 来源期刊。研究所还出版参考资料半月刊《德国快讯》。另外，《德国蓝皮书》《德国发展报告》也在编写之中。

六、上海交通大学国家战略研究中心

上海交通大学国家战略研究中心于 2005 年 9 月 12 日成立，主要针对中国国家战略领域的重大问题和政策开展研究并进行交流和合作，其宗旨是成为中国有影响的思想库，充分发挥上海交通大学高等院校人才智库的作用，依托上海市太平洋区域经济发展研究会这一联系平台，开展对外学术交流，加强对中国国家战略、政治和经济发展战略的研究，为党、政府及企业的战略决策提供咨询、人才培养和服务。上海交通大学国家战略研究中心是外向型的学术研究及培训机构，对外交流广泛，与美国、英国、德国、法国、俄罗斯、韩国、日本等国和中国台湾地区的国际问题学者、机构及国际著名智库等都有着广泛的交流和密切的合作，共同对国际热点问题展开客观、深入学术互动和探讨。中心自成立以来，已产生一大批有质量的研究报告。为中国经济发展的决策起到一定的促进作用。上海交通大学国家战略研究中心与世界著名智库——美国兰德公司有着战略合作关系。在中心成立之日就与兰德公司签订长期合作意向书，结成战略伙伴。成立以来，共同合作举办过多次大型的论坛和国际学术研讨会，其中与上海太平洋区域经济发展研究会等共同举办的每年一度的大型"太平洋论坛",在国内外更是享有盛誉。中心在人才培养、学术及文化交流方面还与许多国际著名高校、基金会及研究机构等建立密切的合作关系,如中国人民解放军军事科学院、中国社会科学院、联合国经社理事会、美国哈佛大学、美国哥伦比亚大学、美国乔治城大学、英国威尔士大学、国家外国专家局国际人才交流协会、美中关系全国委员会等。

七、上海外国语大学中东研究所

1981年中国中东学会成立时,即为理事单位。经国家教委批准,上海外国语学院(现上海外国语大学)成立国际问题研究所,下设中东研究室,后升为中东研究所。1999年6月,通过优化整合,邀请北京、上海、西安、昆明、重庆等地以及海外学术界的专家学者加盟,成功实现强强联手之初衷。经多年努力,在国内外中东研究领域享有盛誉。2000年12月,上海外国语大学中东研究所被教育部批准为重点研究基地,也是上海外国语大学唯一的教育部人文社会科学重点研究基地。教育部制定的《重点研究基地管理办法》从1999年的试行版到2006年的修订版,都规定基地建设的五大目标,即科学研究、人才培养、学术交流和资料信息建设、咨询服务、深化科研体制改革。中东研究所每年为社会各界作报告五六十场,为媒体写时评、发表评论近百篇。上海外国语大学中东研究所由中东政治研究室、中东经济研究室、中东文化研究室和《阿拉伯世界研究》编辑室组成。中国中东学会副会长、上海国际关系学会副会长、约旦皇家研究院通讯院士、上海外国语大学学术委员会副主任、《阿拉伯世界研究》主编朱威烈教授,在中国阿拉伯语界和国际问题研究领域享有较高的知名度。

第九节　上海市人民政府外事办公室服务机构

一、上海市外事翻译室

上海市外事翻译室于1987年经上海市编制委员会批准成立,为全额拨款的事业单位,机构级别为正处级,编制12名。翻译室主管单位为上海市政府外事办公室。主要承担市领导、重要外宾和市重大外事活动的部分翻译工作,以及中央政府交办的翻译任务等。翻译室定位于提供高质量翻译服务的专业技术部门,招聘的人员均为经过国内外顶尖专业翻译培训机构2—3年全脱产培训的优秀毕业生。经过20多年的不懈努力,已成长为上海整体实力最强的专业翻译团队之一,承担每年上海市"两会"期间市长新闻发布会、市长国际企业家咨询会、陆家嘴金融论坛、浦江创新论坛等市重大活动的口译任务,以及政府工作报告英文版等重要笔译任务。

二、上海市护照签证受理中心

上海市护照签证受理中心受政府部门委托,主要承担上海市因公出国(境)人员护照、签证等方面的服务工作。主要职能为负责颁发、管理因公出国护照和申办外国签证;负责颁发、管理《因公往来香港澳门特别行政区通行证》及办理签注;负责审发外国人入境签证通知;代办领事认证业务;负责受理在华外国人的外交签证、公务签证的延期及加注申请。

三、上海市外国机构服务处

上海市外国机构服务处成立于1975年8月，隶属上海市人民政府外事办公室，是唯一为各国驻沪领事机构、新闻机构等提供各类人员服务及其他配套服务的综合性服务机构。为适应改革开放需要，于1993年8月成立上海市外国机构服务公司。上海市外国机构服务处为各国驻沪机构中国服务人员和外交人员提供免税商品供应、免税旧车销售、汽车修理和租赁、房屋中介等各类配套服务以及中国公民因私出入境服务。

四、上海外事服务中心

上海外事服务中心成立于1993年4月，是综合性的外事服务机构。设有接待会务部、签证递送部(含领事认证、来华签证)、出国服务部、综合业务部、财务部、办公室。下设上海外事出入境服务有限公司、上海申外票务服务有限公司。中心主要业务：外事团组接待、领事认证受理服务、外国人来华签证申办(邀请确认函)受理服务、出国咨询、签证申办服务、代办因私出国签证、代理境外旅行保险、会务服务等。

第十节　对 外 团 体

一、上海市外事翻译工作者协会

上海市外事翻译工作者协会，成立于1987年，已拥有30个语种、1 138名会员，为中国翻译协会服务委员会成员单位。遵循“服务外事、服务社会、服务会员”的宗旨，积极参与上海重大外事活动的翻译工作；为社会提供翻译咨询服务；开展各类学术研讨活动。曾获得中国翻译协会颁发的“优秀会员单位”称号、上海市民政局颁发的“上海市优秀民间组织”称号及中共上海市委、市政府颁发的“上海世博工作优秀集体”称号。1994—2010年历任会长：赵云俊、孙铢、杨国强、张伊兴。

二、上海对外交流促进会

上海对外交流促进会成立于1989年，为非营利性社会团体。该会宗旨是根据中国对外开放的方针、政策，促进民间对外交往，增进各国人民之间的了解和友谊，服务于国家外交，服务于上海社会和经济的发展。主要业务是组织实施与境外机构、团体、人民进行交往，建立多种形式的合作与交流关系，促进上海市民间对外交往；为外向型经济牵线搭桥，为促进会的会员间交流与合作提供良好的服务；提供专业培训；探讨研究民间对外交往的理论和实践；在核准的业务范围内开展一些活动或服务。1994—2010年历任会长：齐维礼、郑玉在、陈仁凤。

三、上海日本研究交流协会

上海日本研究交流协会成立于1994年11月，是上海市研究日本问题的横向联络单位，挂靠上海国际问题研究院,业务主管是上海市政府外办,设理事会。会长俞彭年,常务副会长吴寄南。

四、上海国际友好联络会

上海国际友好联络会,前身为中国国际友好联络会上海分会(成立于1985年8月),是民间对外友好团体,成立于2005年3月。该会设立常设领导机构、理事会及各职能部门。理事会由资深政府官员、国际问题专家、学者、各界知名人士和优秀企业家等组成。接受中国国际友好联络会和上海市政府外办的业务指导,其宗旨是推动国际民间友好交流与合作,促进世界和平与发展,充分发挥中外友谊桥梁与国际合作纽带之作用。1985—2005年,中国国际友好联络会上海分会历任会长:赵云俊、徐兆春、夏守安、周明伟、杨国强。2005年起,上海国际友好联络会会长为叶公琦,常务副会长为王国贤。

五、上海国际友人研究会

上海国际友人研究会成立于1991年,前身是上海三S研究会(研究对象原为中国人民的3位老朋友斯诺、史沫特莱和斯特朗),是一个综合性的学术研究和人民友好团体,属民间非营利性的社会团体。其宗旨是通过开展对外活动,加强与国际友人的联系和交流,增进互相了解、友谊与合作,维护世界和平。该会挂靠上海市人民对外友好协会,接受中国国际友人研究会的指导,主要由上海各界对外友好人士、外事工作者和从事国际政治、经济、外交、文化、教育、历史、新闻的专家学者组成,2010年有理事50人。1991—2010年历任会长:孟波、李寿葆、梁于藩、陈一心。

六、注销的外事社团

【中国人民外交学会上海市分会】

中国人民外交学会上海市分会,成立于1986年1月24日,是中国人民外交学会的地方对口组织。其宗旨是:研究国际问题和外交政策,进行国际交流,开展人民外交活动,增进中国人民同各国人民之间的相互了解和友谊。同时接待应中国人民外交学会邀请到沪访问的各国政治家、外交家、社会名流和国际问题学术团体人士。石奇、赵云俊、徐兆春、夏守安、周明伟曾任会长。根据外交学会关于地方不设分会的精神,2000年起该分会不再进行社团登记。

【中国国际交流协会上海分会】

中国国际交流协会上海分会,成立于1988年7月13日,是中国国际交流协会的地方对口组织。其宗旨是:开展促进国际间的相互了解、友好和维护世界和平的活动,同各国具有同样意愿的团体、政党、学者、知名人士和社会活动家增进交流和合作,同时,负责接待应中国国际交流协会邀请到沪访问的外宾。2003年起该分会不再进行社团登记。

【中国人民争取和平与裁军协会上海分会】

中国人民争取和平与裁军协会上海分会,成立于1988年7月13日,是中国人民争取和平与裁军协会的地方对口团体。其宗旨是:同各国和平团体、和平人士一起为争取和平与裁军而努力,加强彼此间的交往，增进相互了解和友谊。同时负责接待应中国人民争取和平与裁军协会邀请来沪访问的各国和平团体、和平人士。先后由曾庆红、陈至立任分会会长。2003 年起该分会不再进行社团登记。

【上海国际友好城市交流事业发展基金会】

上海国际友好城市交流事业发展基金会，是支持和促进上海同外国友好城市之间发展交流合作的社会团体，成立于 1990 年 9 月 29 日。其主要任务是为基金会成员和社会各方面介绍与上海缔结友好关系的各国友好城市的情况，提供资料和信息，开展咨询服务；联络海内外民间团体、企事业单位和个人，并争取各种形式的资助；促进上海与各友好城市之间开展经济、科技、市政建设、文教卫生等各方面的交流；为各友好城市的民间团体、企事业单位和个人介绍上海的有关情况，提供各方面服务。2005 年 1 月 25 日，上海国际友好城市交流事业发展基金会向主管部门申请注销。2005 年 2 月 2 日，上海市人民政府外事办公室批复，同意其召开理事会通过上海国际友好城市交流事业发展基金会终止决议并向上海市社团管理局申请注销该基金会。

第二章 服务管理

外事管理是保障上海外事健康有序发展的根本。20世纪90年代随着外事工作不断融入全市各行各业,外事工作已成为政治、经济、文化、安全等各种因素相互交织、互为影响的综合事务,地方外事也进入传统外事与非传统外事并举的新时期。为适应新时期的要求,上海在加强缔结友好城市、对外国驻沪领馆和媒体机构进行管理与服务的同时,在外事管理体制、管理内容、管理队伍、管理环境等内部建设上逐步进行调整,打破地域条块限制,冲破条条框框束缚,实现由外事部门单一的"小外事"到全市整合统一的"大外事"转变,不断适应外事工作外延越来越扩大、内涵越来越丰富的特点,使上海这座特大型城市在与国际社会接轨中不断迈上新台阶。

第一节 外事工作会议

外交部不定期召开全国地方外事工作会议,对地方外事工作加强集中统一领导,并对不同时期、不同情况下制定对外方针政策作出部署。为统一思想、总结部署外事工作,贯彻落实中央对外方针政策,上海市委、市政府不定期召开全市外事工作会议,一般数年召开一次。

一、1981年全国外事工作会议

继1971年在北京召开全国外事工作会议后,1981年9月1—11日,在北京召开全国地方外事工作会议。会议在中共十一届六中全会之后召开,研究如何加强地方外事工作的集中统一领导问题,并讨论解决地方外事工作中需要解决的几个共同性实际问题。中共中央政治局常委、中央外事工作领导小组负责人李先念,国务院副总理姬鹏飞,外交部部长黄华出席会议并讲话。各省区市、中央和国务院有关部门包括外交部相关领导和人员共200余人与会。上海市领导赵行志,市政府外办负责人李储文、石奇等出席会议。上海市外办主任李储文在会上作书面发言,要点如下:在外事大发展中,上海工作中遇到新情况和新问题。粉碎江青反革命集团后,特别是中共十一届三中全会以来,在上海的外事工作中,出现一个大发展的新局面。第一,对外交往的广度、深度,经历着新中国成立以来空前发展,在增进相互了解,加强友好合作方面,取得一定的成果。第二,随着对外科技文化交流的迅速发展,地方外事工作中的专业性显著增强。第三,对外经济和旅游事业的开展,为国家创造一定数量的外汇。关于加强统一集中领导,搞好地方外事工作。一要严格执行在中央的对外战略部署和方针政策下统一思想和行动。二要清醒地认识外事工作的性质,正确理解和贯彻执行对外开放政策。三要整顿和培养一支真正"站稳立场、掌握政策、熟悉业务、严守纪律"的外事干部队伍。四要改革地方外事工作领导体制,加强统一领导下的归口管理。

同年10月23日,为贯彻落实全国外事工作会议精神,上海召开全市党员负责干部会议,由市委第二书记胡立教主持,市委书记赵行志、市外办主任李储文分别传达中央领导同志讲话精神,并结合上海情况提出外事工作要加强统一集中等问题。全市各部委办、区县局、大专院校、局级科研单位主要负责人和相关人员700余人出席。另外,分批举行专题会议,逐级传达到各区县局、大专院校、局级科研单位和其他有关部门分管外事工作的负责人及其外办(或外事处)负责人、专职外事干部及涉外人员。

二、1984 年上海外事工作会议

1984 年 4 月 10 日,召开上海市外事工作会议。全市有关部委办、区县局、大专院校、科研单位分管外事工作负责人、外事部门负责人以及对外宣传工作会议和科技外事工作会议与会者,共 1 700 人出席会议。上海市委书记、副市长阮崇武就国际形势和中国对外关系以及上海外事工作形势和要求作报告,市外办主任石奇介绍上海外事工作,提出继续开创上海外事工作新局面的意见。副市长阮崇武说,上海的外事工作有很大发展,1983 年来上海访问的各类外宾,包括旅游者、商人、技术人员和国际海员四种人,比 1978 年将近翻两番。派往国外进行友好访问、专业考察、科技交流、贸易往来、劳务合作和留学、进修人员,1983 年比 1980 年增加近两倍。到 1983 年底,上海已有 70 多家外商企业的代表机构和 160 多个代表人员,分别比上一年增加将近三分之一和两倍。上海的对外贸易和与国外经济、科技的交流合作逐步扩大。除此以外,在对外承包工程、劳务技术合作等方面,也有发展。他指出,地方的对外活动,接触到各种对象,要十分重视广泛开展对各国民间人士和一些国家地方当权派的友好工作,包括临时来访的,在国外活动中所接触到的,还有日益增多的常住在上海的。比如在上海的外国专家,文教专家也好,经济专家也好,都是中央强调的智力引进的一部分。他还强调说,为顺利完成日益广泛和繁重的外事任务,关键在于加强领导和外事队伍的建设。

三、1985 年上海外事干部会议

1985 年 3 月 4—8 日,外交部召开省市外办主任会议。传达学习外交部汇报提纲《巩固和发展外交工作的新局面》等文件,系统了解、领会和掌握中央对外方针政策的重大调整,统一认识,端正指导思想,进一步提高工作水平,巩固和发展对外工作的新局面。为传达会议精神,1985 年 4 月 2—6 日,以上海市政府名义召开上海市外事干部会议。全市各部委办、区县局、大专院校、科研单位分管外事的负责人和外事干部 800 人出席会议。会上,主管外事、外经工作的副市长李肇基讲话,就上海外事工作的形势和任务,提出需要重视解决的问题和改进工作的意见及要求。市外办主任石奇传达省市外办主任会议精神。

四、1986 年上海外事干部会议

1986 年 4 月 22 日,召开上海市外事干部会议。上海市副市长李肇基、外交部部长助理唐龙彬出席并分别讲话。副市长李肇基指出,1985 年既是中国国内改革、建设取得新的重要发展的一年,也是中国独立自主的和平外交政策取得丰硕成果的一年。在中国外交工作全局十分有利的形势下,上海的外事任务越来越繁重。上海的对外关系在发展,对外影响在扩大。上海对外经济技术的交流合作有明显进展。各方面、各种渠道的来访者,都十分关心与上海探讨和开展经济、技术、文化等实质性交往。因此,各个方面的对外交往,都要从政治与经济、科技、文化等各种专业的结合上做好工作,达到加深相互了解,增进友谊,促进经济贸易和科技文化的交流合作的目的。李肇基强调,上海各方面的外事工作要为市党代会提出的改造振兴上海的目标和任务服务，为四化建设服务。他说，中央领导同志在一次会议上讲到，“和平和发展是当今世界的两大问题。所谓和平就是和睦相处，所谓发展就是经济合作，一切对外交往、交谈，都离不开这两大主题：第一要谈国际形势、两国关系，谈观点，谈政治，政治就是和平问题，和睦相处问题；第二就是要谈经济技术合作，谈贸易发展问题”。中央领导同志要求涉外工作人员一定要具备两套本领，一懂政治，二懂经济。必须懂这两门，不是一门。希望大家要很好研究经济问题，其中特别强调要很好研究和掌握对外经济技术工作的方针政策，要讲实效，争取实实在在的成果。李肇基指出，传达贯彻地方外办主任会议精神以来，各部门都进一步地注重从政治与经济和各种专业的结合上做好对外工作。除对外经济贸易、科技文教等部门专业的活动外，接待各种临时到访者、友城交流、领馆工作、专家工作等等，都不断为发展中外合作交流带来实际成果。他强调指出，在对外工作中一定要做有心人，知己知彼，安排对路，加强针对性。总之，要善于充分利用各种渠道，多做工作。他还对工作着重提出几点要求。会上，外交部部长助理唐龙彬就国际形势和中国外交工作以及地方外事工作谈了看法。唐龙彬指出，党的十二大前后对外交政策进行调整。调整的依据主要有两个：一是全党工作重点转移到四化建设上来。外交工作必须适应这个新形势，为四化建设的顺利进行争取一个长期的和平国际环境。二是国际形势发生重大变化。他说，奉行的独立自主的和平外交政策有着十分广泛内容。独立自主的外交政策是在总结过去外交工作经验教训的基础上，根据当前的形势制定出来的。实践证明，这个政策最有利于中国的四化，最有利于世界和平与稳定。关于地方外事工作，他说，地方外事工作有很大发展，取得不少成绩。开创外交工作的新局面。地方外事工作是整个外事工作不可缺少的一部分，是国家对外活动的一部分。中国对外经济、文化、科技的交流、合作，外国人来华旅游这些活动大部分在地方进行，地方也可以开展一部分对外活动，所有这些活动都得依靠地方外事、涉外部门相关人员去办。因此，做好地方外事工作具有很重要的意义。中央和外交部对此十分重视。

五、1989 年上海市外事干部形势政策通气会

1989 年 7 月 14 日，举行上海市外事干部形势政策通气会，这是年内第三次外事形势政策通气会。出席会议的有上海市各部委办局和各区县分管外事工作的负责人和专职外事部门负责人。会上，副市长刘振元就上海对外工作的形势和意见发表讲话。他谈到上海对外工作的形势、国际形势对上海对外工作的影响，并根据中央的对外方针，结合上海的实际情况，就上海外事工作提出几点意见。

六、1991 年上海外事工作会议

1991 年 10 月 11 日，市委、市政府召开由上海市各部委办、区县局、大专院校、部队以及科研单位分管外事工作的领导和外事干部近 1 000 人参加的上海外事工作会议。会上，副市长赵启正、市外办主任赵云俊分别传达中共中央总书记江泽民和国务院总理李鹏在 1991 年 7 月召开的全国外事工作会议上作的重要讲话，传达全国外事工作会议上讨论的关于“进一步加强外事工作的领导和管理”，以及“涉外人员守则(讨论稿)”的精神。市长黄菊、副市长赵启正分别就如何结合上海外事工作情况，贯彻全国外事工作会议精神提出具体要求。黄菊在讲话中提出三点意见：第一，思想上

要设防，斗争方式要策略，坚决抵制和反对“和平演变”。要认清国际形势。西方敌对势力推行“和平演变”的战略由来已久，而且愈来愈烈，因此要保持清醒的政治头脑和高度的政治警觉，坚定社会主义信念，坚持社会主义道路，做好外事工作。既要改革开放，又要防止“和平演变”，坚持“一个中心、两个基本点”。第二，按照党中央、国务院和全国外事工作会议关于加强外事工作领导和管理问题的精神，切实重视和加强对上海市外事工作的统一领导和归口管理。各级领导都要重视加强对外事工作的领导。把握好外交路线、方针、政策，经常分析、研究外事工作中的新情况、新问题，对重要的、突出的事件，要逐级请示汇报。要重视发挥外事办公室的作用，加强归口管理和统一协调。上海市政府外办是归口管理部门，各业务部门要尊重归口部门的协调意见，对重要的涉外事项或涉及对外政策问题要与外办协商。凡是需请市政府外办审批、协商、会签以及抄报、抄送外办的，必须按要求做到。要认真执行重要的对外方针政策以及地方外事规章制度。对涉及国家关系的重大问题必须请示中央，与中央保持高度统一。第三，加强外事队伍建设，严格外事纪律，领导要以身作则，做出榜样；外事干部要认真学习外事理论，刻苦钻研业务知识，认真细致作好工作，不断提高业务水平，适应外事工作的需要。副市长赵启正在讲话中向各单位和外事涉外干部提出三条要求。第一，要加强政治观念，在对外交往中要注意掌握原则；第二，要努力提高业务水平，扩大知识面；第三，要加强集中领导，提高工作效率。凡属重大的、敏感的问题，必须及时向市政府外办汇报请示。对于一些常规的工作，应该按有关规定办理。

七、1995 年上海外事工作会议

1995 年 7 月 11—12 日，召开上海外事工作会议。上海市各区县、部委办局、高等院校、部队和新闻单位等主要负责人和外事工作干部共计 500 余人参加会议，副市长沙麟出席会议并讲话，外交部副部长戴秉国专程到沪出席会议。会议是在中共中央、国务院对上海提出更新、更高的要求，上海要在“一年一个样，三年大变样”的基础上，实现新的突破背景下召开的。20 世纪 90 年代初，国务院总理李鹏代表中央在上海宣布开发开放浦东。邓小平在南方谈话中，进一步对上海提出“一年一个样，三年大变样”的要求。上海在中共中央、国务院的领导下，加快社会主义现代化的步伐，政治稳定，社会安定，经济建设蒸蒸日上，人民群众的生活水平稳步提高，确立要在 21 世纪初为把上海建成国际经济、金融、贸易中心之一奠定基础，初步确立上海国际经济城市地位的战略目标。在上海实现“三年大变样”并且向新的三年迈进的关键时刻，为提高外事工作为地方经济社会发展服务力度，有必要总结上海外事工作经验，统一思想，统一政策，统一制度，统一纪律，加强外事工作管理，开创新形势下上海外事工作新局面。副市长沙麟回顾上海外事工作时指出，进入 20 世纪 90 年代后，上海外事同各条战线一样，取得突出成绩。上海的对外交往呈现出前所未有的活跃局面，上海同各国的友好关系有新的开拓，对外交往蓬勃开展。上海的对外经贸跨上新的台阶，连年成为国际资本投资的热土，已是世界舆论关注新焦点。沙麟着重分析未来三年外事工作的新动向和新任务时指出，在国际国内形势发生重大变化的新情况下，上海地方外事工作要紧紧环绕中央总体外交路线和上海的中心工作展开；外事工作要积极参与经济建设和社会发展，强化外事为经济服务意识。针对改革开放不断深入、经济建设不断发展的实际，发挥地方外事优势，加强外事工作统一领导和归口管理。沙麟还特别强调要加强外事队伍建设。外事部门要加强外事队伍的建设，培养一大批能够担当外事工作重任的懂政策、熟悉业务、外语能力强的高质量、复合型人才，充实外事队伍，把外事工作提高到一个新的水平，迎接新的挑战。外交部副部长戴秉国在会上结合国际形势作党的对外方针政策报告。市政府外办负责人在会上就外事接待、对外交往、涉外礼仪和涉外突发事件处理等问题谈了几点意见。会议将“树立新的国际形象,建设新的投资环境,发展新的友好关系,拓宽新的合作领域,开创新的外事局面”作为上海外事工作的任务,为进一步推动地方外事发展,特别是做好新形势下外事工作,为上海经济建设和社会发展服务发挥积极作用。

八、1997年上海外事工作会议

1997年4月15日,市委、市政府召开上海外事工作会议。各区县、部委办局、大专院校、科研院所、新闻单位以及驻沪部队分管外事工作的领导和外事部门负责人等800余人出席会议。会议是为传达贯彻中央关于加强地方外事的有关文件精神,回顾总结上海外事工作情况,进一步明确新形势下上海外事工作的任务与要求而召开的。副市长赵启正主持会议,市领导作重要讲话。会议回顾上海的外事工作情况,指出上海外事工作取得很大成绩,成功举行一系列高层次的、有一定影响的国际性会议和活动,圆满完成一些重大外事任务,较好处理一些高难度的涉外事件,为国家总体外交和上海的经济、社会发展服务方面作出积极贡献。在这样的新形势下,需要进一步加强上海外事工作的集中统一领导和管理,更好地为改革开放、经济建设和社会发展服务。一是要坚定不移地扩大开放,提高上海对外交往的水准,以一流的精神面貌、一流的工作水平开展上海对外交往;二是要进一步加强全市外事工作的集中统一领导,加强归口管理力度,健全和完善外事工作体制;三是要充分利用上海外事的优势和渠道,多开展实质性工作,更好地服务于中央的整体外交和上海的经济建设和社会发展。赵启正和市政府外办负责人分别就国际形势,上海外事工作成就,外事干部队伍建设以及在新形势下上海外事所面临的情况和任务讲话。要求外事干部要讲政治、讲纪律,要经得起考验,要精通业务,努力适应新时期外事工作要求,为中国外事外交作出新贡献。

九、传达贯彻2000年全国地方外事工作会议精神

2000年7月16—17日,中共中央和国务院在北京召开全国地方外事工作会议,国家主席江泽民、国务院总理朱镕基接见全体与会代表,副总理钱其琛、外交部部长唐家璇分别讲话。9月20日,为传达贯彻全国地方外事工作会议精神,上海召开会议,各有关区县、部委办、大专院校、科研机构、新闻单位、集团公司分管外事工作的领导及其外事机构负责人共500余人出席。会上,上海市政府外办负责人传达全国地方外事会议精神,着重传达副总理钱其琛和外交部部长唐家璇的讲话精神。副市长周慕尧就上海如何贯彻落实全国地方外事会议精神,进一步发展上海外事工作作部署。他要求全市各单位、各部门以全国地方外事会议精神为指导,总结过去,规划未来,努力提升上海外事工作层次。要建立有效机制,加快会展专业队伍培养,提高上海承办大型外事活动水平,积极推动上海会展产业发展;要增强依法行政、规范管理意识,加强外事法规建设,对因公出国等工作严格管理和把关,确保上海外事工作健康发展;要把做好服务作为外事工作的出发点和落脚点,努力服从、服务于国家总体外交,并充分利用多种渠道和形式,提高外事工作为上海经济建设和社会发展服务的水平;要积极探索新思路和新方法,下功夫加强外事干部队伍建设,提高外事队伍的政策水平和业务能力。周慕尧还强调从事外事工作的同志要增强大局意识、政治意识和责任意识,提高政治敏锐性,遵守外事纪律。

十、2005 年上海外事工作会议

2005 年 9 月 7 日，市委、市政府召开上海外事工作会议。市委副书记、市长韩正主持会议，市委主要领导和分管副市长唐登杰分别讲话。市委副书记殷一璀等市委领导和市委、市政府各部委办局主要负责人，各区县党政主要负责人，各高等院校、科研机构、新闻单位、国有控股集团公司主要负责人和各单位外事部门负责人共 900 余人出席会议。会议是在中共十六届四中全会通过的《中共中央关于加强党的执政能力建设的决定》提出党要不断提高应对国际局势和处理国际事务的能力，上海又面临新一轮外事工作大发展的背景下召开的。进入 21 世纪，国际政治、经济、舆论环境发生深刻变化，涉外工作出现许多新情况、新问题。面对国际局势的变化，中共中央、国务院多次召开会议，强调要进一步加强涉外事务工作，掌握工作的主动权，并在 2004 年召开的中共十六届四中全会上把应对国际局势和处理国际事务的能力建设，作为提高党的执政能力写入通过的决议。此为上海对外交往飞速发展的 5 年，是上海各部门、各单位在中央和市委、市政府领导下，充分利用整体优势和丰富的外事资源，主动适应上海经济社会发展的新形势、新变化、新要求，积极开展对外交流和合作，使上海外事工作的宽度和广度不断拓展，基本形成全方位、多层次、宽领域开放新格局的 5 年。在上海涉外机构多，对外交往频繁，越来越受到国际关注，承担国家外交任务更加繁重的情况下，贯彻落实好党中央、国务院对外事工作的指示要求，提高各级党组织和政府处理涉外事务的执政能力，已成为推动上海新一轮外事工作大发展的迫切要求。会上，市委领导分析国内外形势，着重围绕加强党的执政能力建设，对外事工作提出要求。强调要把上海得天独厚的外事资源转化为加快改革发展的巨大优势，外事工作要统筹好、利用好这些资源，真正使分散、潜在的资源，转化为综合优势。要坚持以我为主、为我所用原则，加强工作与资源的统筹整合，善于把握外事活动中的潜在机遇，为经济建设创造发展条件，创造良好的外部环境和条件，服务发展全局；要增强政治敏锐性，严格落实领导责任，严格外事纪律，坚决维护国家安全，不断提高地方外事工作水平。唐登杰讲话中总结外事工作取得的成绩，要求各单位、各部门下一阶段要围绕中心，服从大局，进一步发挥外事工作服务经济社会发展，服务上海“四个中心”建设的积极作用，重点做好“四个服务”，即积极为上海经济社会发展服务、积极为实施“走出去”战略服务、积极为筹办好 2010 年上海世博会服务、积极为促进对外文化交流服务，继续发扬上海外事工作的优良传统，高质量、高水平地做好各项外事工作，为服务国家总体外交和上海的经济社会发展作出更大贡献。韩正对贯彻落实会议精神提出要求，强调各部门、各区县要加强统筹协调，进一步增强做好外事工作的合力，把各方面的积极性更加充分地调动起来，让各方面的力量在地方外事中都能找到自己的位置，发挥出各自优势和作用。同时要加强外事管理，不断提高上海外事工作水平。会上，浦东新区政府、市文广影视局、复旦大学、上海社会科学院和上海贝尔阿尔卡特股份有限公司作书面交流。

十一、2007 年上海外事工作会议

2006 年 8 月 21—23 日，中央外事工作会议在北京举行，胡锦涛、温家宝在会上讲话。会议强调：新世纪阶段的外事工作，要高举和平、发展、合作的旗帜，坚持独立自主的和平外交政策，坚定不移地走和平发展道路，全方位开展外事工作，维护和用好重要战略机遇期，维护国家主权、安全、发展利益，努力为中国改革开放和社会主义现代化建设营造良好的国际环境和有利外部条件，为推

动建设持久和平、共同繁荣的和谐世界作出贡献。2007年8月7日，中共上海市委、市政府召开上海外事工作会议，贯彻落实中央外事工作会议精神，并结合贯彻落实上海市第九次党代会精神，研究部署上海外事工作。市委书记习近平出席会议并作重要讲话，市委副书记、市长韩正主持会议，副市长唐登杰通报上海外事工作情况，并提出意见。市委、市人大、市政府、市政协主要领导和分管外事的领导及市委外事、外宣工作领导小组成员，市高级法院、市检察院主要负责同志，市委、市政府有关部委办局主要负责人，部分人民团体、新闻单位、大型国有企业和金融机构、高等院校、科研所主要负责人及外事部门负责人等500余人出席会议。习近平在讲话中强调，要深刻认识做好新形势下外事工作的重要意义，进一步增强做好上海外事工作的使命感、责任感和自觉性。他指出，加强和改进外事工作，是上海服务中央总体外交的必然要求，是上海加快推进"四个率先"、加快建设"四个中心"和社会主义现代化国际大都市的必然要求，是推动上海外事工作向前发展的必然要求。要准确把握新世纪新阶段上海外事工作的指导思想和主要任务，发挥上海的外事资源优势，努力服务好中央总体外交大局；紧紧围绕中心任务，服务好上海经济社会发展大局；抓住历史机遇，全力以赴办好2010年上海世博会。要加强党对外事工作的领导，着眼于把握正确方向，坚持党对外事工作的集中统一领导；着眼于形成合力，进一步构建协调高效的"大外事"工作机制；着眼于能力建设，努力造就一支高素质的外事干部队伍，不断提高对外交往的本领，不断提高应对国际局势和处理国际事务的能力。唐登杰通报上海外事工作紧紧围绕服务国家总体外交和上海市经济社会发展两个大局，积极有效地开展各领域的对外合作与交流情况，并要求认真贯彻落实中央对外方针政策和各项外事规定，不断加强和改进外事工作，积极有效地开展国际友城交往，合力举办有重大影响的对外交流活动，提高上海国际影响力和竞争力。韩正在主持会议时要求各区县、各部门要认真贯彻落实这次会议的精神，进一步增强大局意识、创新意识和协作意识。外事部门要进一步增强"参谋、管理、协调、服务"职能，加强对全市外事工作的归口管理，加强对重大外事活动的综合协调，各区县、各部门要各司其职，各尽其责，密切配合，共同开创上海外事工作新局面。

十二、专题性外事工作会议

1995年以来，随着上海对外交往的活跃和国际知名度的提高，中央赋予上海承办的重要国际会议和活动日益增多，上海作为国家外交"重镇"的作用日益显现。为了顺利完成中央赋予上海的各项外事任务，配合国家总体外交做好工作，上海结合外事工作和各项重大活动实际，召开一系列专题外事工作会议，举全市之力，发挥整体优势，统筹领导，分工合作，协调配合，责任到人，创建"大外事"工作机制，积累承办大型重要国际会议和活动的丰富经验，为国家开展多边外交、提升国际影响力作出贡献。为配合中央有关部委做好重要国际会议和活动的筹办工作，市委、市政府多次召开全市范围的专题外事工作会议，结合上海外事工作实际，进行思想动员，部署落实具体工作要求和各项方案措施，确保上海外事配合中央外交，不折不扣、一丝不苟地完成任务。2001年3月29日，上海召开"上海合作组织"峰会筹备工作专题会，上海市有关区县、部委办局、大专院校、科研院所、新闻单位等50多家单位参加会议。会上，副市长周慕尧就上海协助中央办好"上海五国"元首会晤进行工作动员，他要求全市各有关单位要从战略和全局的高度出发，充分认识协办好峰会的重要性，增强政治意识、大局意识、责任意识、机遇意识，坚持高标准、高要求，精心筹备，狠抓落实，全力以赴协办好峰会，努力展示上海的接待与服务水平，为服务国家总体外交作出新的贡献。2001年

10月25日，市委、市政府召开APEC会议筹备工作总结会，回顾总结APEC会议筹备工作情况。会议指出，全市各级党组织和广大干部群众根据中央和市委、市政府的部署要求，尽心尽职，全力以赴，顺利圆满完成党中央交给上海人民的光荣任务。会议指出，在上海举行的APEC会议是中国在21世纪初主办的一次重大国际会议，意义深远、举世瞩目。会议的圆满成功取决于中共中央、国务院的正确领导，中央有关部门的具体指导和兄弟省市的大力支持，以及全市各级党政组织团结一致、各司其职、形成合力、协同作战，特别是全体工作人员付出聪明才智、辛勤劳动和无私奉献。会议要求大家再接再厉，认真总结经验，在各项外事工作中加以借鉴贯彻，进一步推进中国的改革开放和社会主义现代化建设。2006年5月23日，为做好"上海合作组织"峰会和5周年庆典活动的协办工作而召开的相关会议上，上海市领导就上海做好峰会承办工作，提出进一步增强政治意识、安全意识、服务意识和协作意识，全市形成合力确保会议安全，充分展示上海工作水平。6月初，又召集全市各有关单位负责人举行专题工作会议，对需要完善和落实的事项进行专题研究，作出具体部署，加强责任制，加强相互沟通，确保有效落实。

第二节　政策规章和法制建设

长期以来，由于外事工作的特殊性，法制建设一直比较滞后。20世纪90年代后，随着上海对外交往力度加大，对外事工作"公开透明"的呼声日益强烈，而地方外事不断涌现的新情况和新问题也迫切需要加强外事工作的法制建设，实行依法行政。为适应新形势，上海把依法管理与内部管理区分开来，努力提高政务信息公开的程度，不断增强涉外领域的依法行政和管理，加强内部管理的各项制度建设，使外事工作的法制建设逐步适应新形势。

一、制定规章与文件

20世纪90年代，处在改革开放前沿的上海出现的许多新情况、新问题，受到中央有关部门高度关注，上海为应对这些新情况、新问题而制定的内部规范性文件，也成为有关部门研究制定地方外事政策参考依据。1994年上海制定的《上海市引进外国专家暂行办法》《上海市涉外婚姻管理暂行办法》和1996年制定的《关于外国人向上海市儿童福利院领养小孩问题的暂行规定》等，都具有一定创制性的意义。上海还出台一些政策规定，积极支持国家的外交斗争，努力促进地方经济建设，保障地方外事的健康发展。1998年出台的《上海市授予荣誉市民称号规定》，就是根据外国专家到沪工作日益增多的情况，为推动外国友人努力为上海经济多作贡献，经过几年外事实践制定的。由上海市人大常委会通过的《上海市授予荣誉市民称号规定》，是截至2010年上海外事工作中唯一的地方性法规，荣誉市民称号也成为在沪工作外国人推崇和追求的至高荣誉。1999年，上海出台的《涉外社会调查活动管理暂行办法》，进一步规范管理一度比较盛行的涉外社会调查行为，对促进社会稳定、维护国家利益起到重要作用。进入21世纪，中国加入世界贸易组织，颁布实施《行政许可法》，上海外事工作环境越来越与国际接轨，探索一条符合国际惯例、又适应上海特大型城市管理需求的法治新模式，已成为新形势下涉外法制建设的发展趋势。根据世界贸易组织有关原则和贸易规定，上海各有关部门、地区和单位对现行各类有效的法规、规章和规范性文件进行清理，对不适合世界贸易组织规定的内容进行删改。外事部门在清理中，对一批时间失效、内容陈旧、情况已有变化的文件作废除处理，对继续有效，但已不太适应新形势、新情况的文件，作进一步修改，特别是将涉外管理的内容从内部文件中剥离开来，制定适合实际的有效规章制度，公开透明，依法行政。为了保障行政许可法的贯彻落实，上海各部门、地区和单位对行政审批事项及行政执法主体进行登记、清理和认定，废除和简化一批行政审批事项，明确和颁布一批行政执法主体。其中，外事部门废除行政审批事项2项，转移归口行政审批4项，压缩简化行政事项8项。2005年，为更好地贯彻执行中央对外方针政策和外事工作要求，进一步加强上海外事工作的统一领导和管理，根据党中央和国务院的有关文件精神，结合上海新形势下外事工作的发展实际，制定和印发《关于贯彻全国外事管理工作若干规定的实施细则》，对外事工作的管理体制，归口审批和管理的外事事项，因公出国和对外邀请的审批权限、原则要求，外事工作纪律和监督等作出明确规定，进一步规范上海地方外事的职责划分、内容事项、审批权限、监督检查和追究处罚，这部新形势下上海外事较为完整的规章对促进外事工作健康有序发展起了积极作用。2007年颁发的《上海市在沪外国人集体宗教活动临时地点指定试行办法》，为保障在沪外国人工作、学习、生活的正常需求，填补法规规章建设上的缺失，起到很好作用。2008年，上海率先在全国开展吸引跨国公司地区总部的试点工作，制定和发布《上海市鼓励跨国公司设立地区总部的规定》及其配套政策，促进总部经济的发展。

二、政务信息公开

政务公开是依法行政的基础。由于外事工作特殊性，一些依据管理的内部文件不宜公开，给政务公开带来一定难度。随着上海依法行政的力度加大，外事工作逐步摆脱内部管理的传统模式，逐步将涉外管理从内部文件中剥离，不断提升对外公开的信息力度。从20世纪90年代起，上海外事系统根据全市因公出国的需要，把护照签证申办的工作流程、工作日、各国驻沪领馆对签证的具体要求等编印成册或张贴公布，并逐步开发建设和不断完善因公出国审批联网和因公出国审批、护照签证申办声讯查询系统，在上海市政府“中国上海”门户网站开设“上海外事”政务公开网。2004年，根据行政许可法颁布实施后，行政审批应有法可依、依据规定必须公开的要求，上海对外事管理中的各项审批业务，包括核准、登记、备案事项，进行认真清理，划清外事审批事项中属于行政许可事项的范围，进一步规范外事管理，注意把涉外管理的内容与内部管理要求分开，把操作程序与实体内容区别开来，在现行继续有效的内部规范性文件中，确定电子政务主动公开5件，依申请公开2件，并上网公开有关外事审批业务的操作流程和办理程序，增加外事管理的透明度。在涉外方面，陆续编发《领事工作法规汇编》《领馆人员在沪指南》《领馆公务效率手册》《外国驻沪记者工作指南》等资料小册子，公开有关规定和办事程序，为驻沪外国领馆人员公务活动和来沪外国记者采访提供便利。

三、加强内部制度建设

20世纪90年代后，外事形势任务的发展变化对原有的外事工作机制、管理方法提出挑战。特别是外事工作由许多新情况、新问题出现带来法规规章的缺失，许多个案只能通过有关部门间协商研究协调解决，制度建设就成为应对新形势下外事工作新动向的迫切要求。在市委、市政府领导下，上海整合全市综合优势，打破部门、地域的框框限制，举全市之力办外事，各地区、各系统、各部门不断强化全局意识和工作理念，改进工作作风，提高执政能力和工作效率，逐步形成“大外事”的氛围和格局，建立健全一套较为适应新形势下外事工作情况的组织机制和制度，确保各项外事工作的顺利完成。概括起来就是：一个制度，即全市外事信息、情况交流和通报的例会制度；三个机制，即以联席会议为主要形式的应急机制，上下结合、协调配合的工作机制，责权分明、运作规范的管理机制。全市外事信息、情况交流和通报的例会制度。以市外事部门为牵头单位，部分涉外的经济、宣传、教育、科技、宗教、公安等部门和区县为成员单位，通过定期和不定期召开外事工作例会，通报形势、政策和主要工作情况，相互沟通，交流信息，关注和掌握外事工作的新动向。其中，各条块系统中还有定期的例会制度，如每季区县外事工作例会制度等。以联席会议为主要形式的应急机制。主要针对出入境人员数量迅速增长、境外突发事件明显上升、在沪发生涉外事件日益增多的现象，组成由外事部门牵头、会同宣传、公安等有关方面共同参与的全市涉外事件应急处置机制。针对具体问题，研究作出部署，按照各自职责分工，统一思想，统一行动，使一些突发事件、敏感问题得到妥善解决。2000 年以后发生的法航坠人事件、美领馆领事交通肇事案、新岸咨询公司高额收取签证费、上海公民在外国遭遇车祸等涉外事件，都通过这一机制得到妥善解决，不但保障上海社会环境的稳定，也维护人民群众的合法利益。上下结合、协调配合的工作机制。每遇重大外事任务，由市委、市政府统一领导，主管职能部门牵头，外事部门协调配合，会同各有关方面组成筹备机构；由条块结合组成若干工作小组，按照预定的工作目标，分头制定各项细化方案，具体落实各项工作。这一工作机制，形成由上而下环环相扣的工作链，既相互沟通、各司其职，又通力合作、协调配合，使措施落实到位，工作关系顺畅，增强工作合力，提高协同作战的能力。自 1999 年举办《财富论坛》起，上海成功举办一个又一个重大国际会议和活动，这是在全市公安、警卫、宾馆、卫生、消防、机场、海关、市容、电力、通信、院校、会展场馆、交通客运等几十个部门和单位全力合作下取得的。责权分明、运作规范的管理机制。主要针对外事工作的发展变化，相继出台一些规定，理顺各个部门之间、上下横向之间的责权关系，加强外事管理，结合上海的实际情况，市委、市政府对上海的外事管理领导体制、职责权限、运作程序等都作明确规定，使全市外事管理有章可循。同时，结合地方外事发展变化实际，重新修订和制定市领导参加外事活动、各单位与外国驻沪领馆交往、加强因公出国管理、民营企业人员出访等新的规范性文件，对推动外事工作健康有序发展起到积极作用。

第三节　因公出国(境)管理

因公出国(境)管理是地方外事服务与管理的一项重要内容，也是上海对外交流合作的必要途径。20 世纪 90 年代后，上海国际交往的不断拓展和深入使做好因公出访服务和管理工作成为服务经济社会发展的重要抓手和依托，成为促进社会和谐和民生改善、不断提升中国、上海海外影响的重要环节。按照中共中央和国务院的要求，上海采取积极措施，在全市推动实施“走出去”战略，严格控制党政机关人员和非经贸类一般团组因公出国(境)的同时，积极支持高校科研院所和企事业单位，包括民营企业参与国际合作与竞争，为有利于“走出去”努力创造条件，加大服务寓于管理的力度，及时化解困难和矛盾，积极提供各类便利和帮助，使因公出国(境)成为推动上海融入国际社会向前发展的助推器。1994—2008 年，上海因公出国(境)从开始的 4 万人次发展到年均 5 万人次左右。2008 年起，随着中央制止公款出国(境)旅游专项工作的开展，明确提出因公出国(境)要在前三年的平均数基础上压缩 20%的要求，上海市委、市政府按照中央的部署，制定一系列加强因公出国(境)管理的具体规定和措施。因公出国(境)年出访数基本控制在 4 万人次左右，为保障上海健康有序地发展对外交流合作发挥重要作用。

一、纠正因公出国(境)中的不正之风

纠正因公出访中不正之风是出国(境)管理中的一项长期任务。早在1994年初,上海就针对因公出访中的一些不良现象,提出加强外事工作集中统一领导,加强全市外事工作归口管理的要求,并在因公出国(境)管理工作中,进一步明确各审批单位的职责,要求具体审批过程中强调执行任务的合理性,对违反因公出国(境)管理规定的团组进行查处,加强出国(境)管理和对出国人员的行前教育,坚决刹住和纠正公费出国旅游等不正之风。1994年共有250余个出访团组作调整,否定10余个团组,在具有出国(境)任务审批权的国有企业中建立工作例会制度,对其出国(境)管理工作加以指导。1995年,在全市外事工作会议上,着重对因公出国(境)管理工作进行部署。上海市外事部门根据外交部关于加强因公出国管理的有关文件精神,制定组团标准和审批程序两个实施细则,重点抓执行公务任务走因私渠道的问题,对违反规定团组进行处理,年内共有200多个因公出国(境)团组进行调整,主要是压缩人员规模、合理安排出访路线等,并进一步建立和完善市级因公出国(境)审批机关和有审批权的企业集团公司与综合部门的三级例会制度,及时通报因公出国(境)管理工作情况,加强部门间信息沟通,联手制止公费出国(境)旅游等不正之风,加强因公出访管理。随着改革开放的不断深入,上海外事工作发挥其更好为经济社会建设服务的职能凸显重要。在加强对因公出国(境)管理工作上,上海对经贸类因公出访团组采取政策倾斜,支持确有项目的经贸类团组出访并推动成行,对非经贸类的团组如一般考察、会议等出国(境)严格把关,坚决制止借因公出访之名、行出国旅游之实的团组出访,对违规单位、人和事坚决予以查处,对有问题的因公出访团组予以否决。1998年,上海市政府外办会同有关部门联合制定《关于坚决制止公费出国(境)旅游的意见》,强化因公出国(境)的审批与管理力度,强调在积极为改革开放和经济社会发展需求做好服务的同时,从严控制党政机关领导干部出访,坚决制止一般考察和出访目的不明确、任务不具体、考察内容重复雷同、变相出国(境)旅游的团组。年内共审核审批因公出访5 100余批16 200余人次,否定出访团组130余批250人次,调整出访团组300余批。1999年,上海以定期召开全市因公出国(境)审批部门工作季度分析会为抓手,加强对管理中新情况、新问题的研究,着重对“双跨团组”(指上海市人员参加中央部门及其他省市组织的跨地区、跨部门因公出访团组)中出现的管理漏洞进行清理整顿,规范“双跨团组”报批和审核审批程序,确定审核审批基本原则,严格对党政干部参与“双跨团组”的审批,严肃查处并通报一批违纪案例,严肃外事纪律,使出国(境)管理更加规范。全年共审核审批因公出国(境)团组6 400余批,其中6 200余批被批准,逾150批团组被调整或否定。在2000年12月全市召开的因公出国(境)管理专题工作会议上,副市长周慕尧在充分肯定全市因公出国(境)管理工作取得成绩的同时,对全市因公出国(境)工作出现的违规、违纪新情况和新问题,强调要进一步严肃外事纪律,认真执行因公出国(境)管理规定,完善各项制度,严格审核审批,强化进行管理。2005年,为贯彻落实全市外事工作会议精神,针对因公出国(境)工作中存在的个别领导干部出访过于集中,出访时间过长以及无实质性内容等问题,市政府办公厅下发《关于进一步加强本市党政领导干部因公出国(境)管理的意见》,要求按照中央有关文件精神,对因公出访工作加强规范管理、归口管理和总量控制,严把审核审批关。将各单位因公出国(境)管理工作和党风廉政建设结合起来,开展不定期监督检查,切实遏制出访无实质性内容、照顾或轮流等不良现象。在全市各单位、各部门的共同努力下,2005年全市因公出国(境)工作总体良好,共审核审批因公出访团组14 600多批56 100人次,党政机关干部出国人数比2004年有所下降。2006—2007年,上海

继续加大因公出国(境)管理工作和强化规范管理的力度,上海市政府外办制定下发《党政机关人员因公临时出国(境)的若干规定》,针对因公出国(境)管理工作中存在的问题,进一步强调和加强全市党政局级人员因公出访的归口管理,使党政机关出访团组更趋合理,基本实现全市党政局级人员因公出访归口管理和总量控制的目标。

二、开展制止党政干部公款出国(境)旅游专项工作

上海根据中央《关于进一步加强因公出国(境)管理若干规定》的精神,结合上海市实际情况制定实施细则,并由上海市政府外办会同市财政、监察等部门组成专项工作机构,建立相关工作制度,对全市因公出国(境)团组进行有效监管,对违规违纪团组认真查处,使全市因公出国(境)团组数、人数基本控制在规定范围内,因公出国(境)超时、绕道现象得到有效抑制,以公务之名行公费旅游之实的行为进一步得到遏制。2008 年 3 月,中共中央办公厅、国务院办公厅下发《关于进一步加强因公出国(境)管理的若干规定》,中纪委等 10 个部门下发《关于开展贯彻落实"两办规定",制止党政干部公款出国(境)旅游专项工作的通知》,中央有关部委下发一系列相关文件,对因公出国(境)的计划管理、任务审批、经费审核、责任追究等环节作详细规定。2009 年 2 月,中共中央办公厅、国务院办公厅下发《关于党政机关厉行节约若干问题的通知》,明确提出"各级党政机关必须厉行节约,坚决制止奢侈浪费",对"三公"(公款出国、公务用车、公务接待)严格管理,要求各地区、各部门因公出国(境)经费支出在近 3 年平均数基础上压缩 20%,并相应减少团组数和人数。同年 3 月,中央外事工作领导小组办公室、外交部再次发文,要求各地区各部门因公出国(境)团组数、人数要在近 3 年平均数基础上压缩 20%。2008—2010 年,上海相继出台加强因公出国(境)管理工作一系列文件,细化管理工作。2008 年 8 月,上海市委和市政府办公厅印发《上海市贯彻〈关于进一步加强因公出国(境)管理的若干规定〉的实施细则(试行)的通知》,就进一步加强因公出国(境)管理工作作出各项规定。上海市政府外办对党政干部因公出国(境)管理工作的进一步规范下发具体通知,明确计划报批、量化管理、归口审批、审批原则等 10 个方面内容。2009 年,上海市委和市政府办公厅印发《关于加强因公出国(境)管理,坚决制止公款出国(境)旅游的若干意见》,对贯彻落实中央精神、压缩因公出国(境)任务、加强对出访团组的审核审批、建立和完善因公出国(境)工作责任制和加大检查监督工作力度五个方面,提出明确要求。同年,上海市政府外办根据中纪委等八部委联合下发的《关于进一步加强跨地区跨部门团组管理的通知》精神,专门下发《关于对本市跨地区跨部门因公出访团组的管理规定》,就上海双跨团组的管理、计划报批、审核程序、经费管理、参团人数等 9 个方面事项作出规定。上海市财政局会同市政府外办等 4 个部门印发《上海市加强党政干部因公出国(境)经费管理暂行规定》的通知,对经费预算、用汇额度、经费使用、经费先审、经费核销以及监督管理等提出明确要求。2010 年作为世博年,市委、市政府在年初就明确要求全市充分利用世博会这一契机,在家门口开展形式多样、富有成效的对外交流合作活动。在既确保世博顺利进行,又保证全市重大经济工作出访任务顺利进行的前提下,进一步严格因公出国(境)管理和审批,取得新的成效。据统计,2008 年,党政局级领导干部出访减少 20%以上。2009 年,全市因公出国团组 11 500 批 40 800 余人次,分别在过去 3 年平均数基础上减少 21%和 22%,完成中央要求的目标。2010 年,全市因公出国团组约 11 200 批 34 300 余人次,比上年分别减少 3.25%和 11.6%。其中,党政干部和党政局级以上领导干部因公出访比上年分别减少 44%和 34%。在从严控制党政团组出访的同时,对于经贸等团组,上海市政府外办则从宽审批,积极为上海市企业实行"走出去"战略提供方便。

图 6-2-1　2009 年 3 月 10 日,上海市政府办公厅召开"因公出国管理专项会议"

三、开展因公出国(境)网上审批

上海市因公出国(境)综合管理信息系统建设自 2009 年 2 月启动项目招投标,从需求调研到组织实施,2010 年元旦正式上线使用,历时近 1 年。该年也是贯彻落实党中央、国务院关于进一步加强因公出国(境)管理,制止公款出国旅游专项工作的执行年。项目得到中纪委、外交部、国家预防腐败局以及中央制止公款出国(境)旅游专项办的高度重视。市委常委、市纪委书记董君舒两次到上海市政府外办听取情况汇报,市政府外办、市纪委和承担项目任务的万达公司曾 4 次应专项办之邀赴京介绍系统建设、使用情况,听取中纪委、国家预防腐败局及外交部外管司对系统建设的意见与建议。2010 年 9 月和 11 月,《中国纪检监察报》和《人民日报》分别派记者专程采访,并刊登相关报道。"上海市因公出国(境)综合管理信息系统"项目建设,改变以往上海市外办因公出国(境)审批和护照签证分属两个信息系统,各自相对独立,难以互通共享的局面,实现申报单位一站申请、动态查询,职能部门协同办理、数据共享,管理部门实时预警、全程管理,团组办理数据安全、操作便捷系统目标,为切实提高制度执行力度,提升因公出国(境)的服务与管理效能,强化监管力度创造条件。全市因公出国(境)申报办理、审核审批,包括日常因公护照(通行证)管理都纳入系统平台,全市因公出国(境),包括在沪中央企事业出访数据都可以查询,为细化管理创造条件。

四、方便因公出国的便民措施

为做好因公出国服务,在政策允许的范围内,上海市外事系统积极采取措施,支持全市各企事业单位和团体组织开展经贸等对外交流与合作,实施和发展"走出去"的外向型经济。对一些参与国际竞争、竞拍、签约或在建项目急需出国的团组和个人,采取急事急办、特事特办的方法,加急处理，开放绿色通道。对一些常驻国外派出机构和经常出国的经贸团组，采取“一次审批，多次出国”“赴港澳多次往返”等倾斜政策，保障因公出国紧急任务的及时处置。对一些正在审批审核的出国团组，相关因公出国管理的要求等均可通过手机短信及时告知申办单位工作人员，提醒专管员注意信息查看。对外国驻沪使领馆签证要求和信息，及时编印小册子或信息简讯，在系统平台上发布，方便办理相关手续。同时，为了方便办理因公出国申请和相关手续，自1991年9月起，上海市在因公出国护照签证工作中，实行护照签证专管员制度，由各申办单位选派专人担任专管员，由市外事系统不定期组织和开展业务培训，上海市政府外办负责提供培训教材和培训业务指导，各单位、各部门组织实施和对专管员队伍实行分级管理，经培训和考核合格者，发给《专管员证》。每年，上海市政府外办还对已设专管员的单位实行年审，对专管员工作进行年度考评，切实提高专管员队伍的整体业务水平，不断健全和完善专管员制度。2008年，针对专管员队伍人员更替变化大、新成员多的情况，上海市政府外办对实行专管员制度的单位重新进行认定，并由各系统外事部门对新任专管员组织实施较大规模的上岗前培训，从而保证因公出国申请和办理工作的正常开展。

第四节　外事队伍建设

外事队伍培养和建设是地方外事不断发展的千秋大业。20世纪八九十年代后，不断发展的外事工作新形势对外事干部的素质提出更高的要求，也使队伍建设成为适应地方外事需要的迫切要求。在各级组织的高度重视下，上海采用多种形式，利用多种渠道，加强外事干部队伍的能力建设和培养，努力提高外事干部各项素质，不断丰富外事干部实践机会，增强外事干部的知识才干，逐步练就一支拉得出、能战斗、过得硬的外事干部队伍，顺利完成各项外事任务，为上海外事工作的发展作出积极贡献。

一、政策形势报告会

政策形势报告会是对全市外事干部进行形势教育的最主要形式。一般由外交部领导或资深外交家担任报告人，对全市各级领导、外事部门负责人、外事骨干和专职外事干部进行政策形势教育，使与会人员熟悉了解国际形势，更好地理解执行党的对外方针政策，增强处理各种涉外问题的能力。报告会由市政府办公厅和市外事部门组织落实，全市各委办局、区县政府、大专院校、大型企业集团的领导和外事机构负责人等出席，每年视情况不定期开展，受到全市外事干部的欢迎。如外交部部长钱其琛、中联部部长戴秉国、外交部部长杨洁篪、外交部副部长崔天凯、外交部部长助理张业遂和外交学院院长吴建民、驻美大使周文重等都曾到上海作过报告。

二、局级干部培训班

局级干部培训班是由市外办会同市委组织部、市委党校联合组织举办的短期培训班。2005年11月9—11日，上海局级领导干部提高应对国际局势和处理国际事务能力研讨班在市委党校举行。这是上海市外办为贯彻落实上海市外事会议精神，与市委组织部、市委党校联合举办的，也是上海首次集中组织、专题研究如何提高领导干部应对国际局势和处理国际事务能力的培训班。来自部分区县、委办局、大专院校、科研单位、新闻单位、集团公司的领导干部近70人参加学习和研讨。研讨班邀请外交部等主管部门领导和专家授课,介绍国际形势动态和党的方针政策,使培训者深入了解世界概况,科学判断国际形势,正确把握方向,开拓国际视野,加强研究思考,积极应对涉外事务,增强为国家总体外交和上海经济建设、社会发展服务的执政能力。世博会是新中国历史上规模最大的一次外事活动,为使上海市的干部更好地了解发展变化的国际形势,增强处理各种涉外问题的能力,更好地贯彻落实世博会各项外事工作,2010 年 1 月 6—8 日,市政府外办与市委组织部、市委党校联合组织举办上海市领导干部提高应对国际局势和处理国际事务能力专题研讨班。来自上海各区县、委办局和有关单位的 60 余名局级干部参加培训。在 3 天的培训中,副市长唐登杰作开班动员报告,外交部副部长张志军、国防大学战略研究部副主任金一南、世博会中国政府总代表华君铎、外交部涉外安全司司长王民等分别就国际形势和中国对外政策、涉外安全工作及如何积极应对、2010 年上海世博会及相关情况作专题讲座。

图 6-2-2　2010 年 1 月 6 日,领导干部提高应对国际局势和处理国际事务能力专题研讨班开班式在中共上海市委党校举行

三、外事干部进修培训

外事干部进修培训是为全市外事干部提高知识水平和业务能力组织的专业培训。从 20 世纪 90 年代起,上海市外办与上海行政学院合作,不定期举办面向全市为期 4 个月或 2 个月的外事干部培训班和外事干部英语进修班。从 2003 年 1 月起,市外办与复旦大学合作成立"上海市复旦外事管理教学培训中心",利用双方的资源优势,加大外事干部培训力度,促进外事干部的梯队培养和知识更新。该中心面向上海市和附近地区的外事工作者,提供系统的外事业务培训,并组织开展地方外事的理论研究,为提高一线外事干部的政治业务素质,提升上海外事工作水平提供理论学习的机会,内容涉及国际局势、外交外事政策和外事业务等专题讲座,共举办 11 期。同时,为提高外事干部外语能力,举办 5 期英语强化班。与复旦大学合作,并由复旦研究生院负责,开设在职人员政党国际关系专业硕士研究生学位班(后改为外交学专业),招生以外事干部为主,首期硕士班于2003年秋启动,到2010年秋,共办7批硕士班,约140名学员参加学习和培训,绝大部分学员获得硕士学位。

四、大型活动专题培训

市外办具体组织落实为参与上海举办大型活动的外事干部组织的专题培训。每逢上海负责承办中央交付的重大国际会议和活动,上海都要从全市外事机构中选调一些骨干参与一线外事接待和其他有关组织承办工作,对此,市外办在筹备阶段都要组织专题培训,进行政策指导、涉外礼仪、礼宾接待、外事纪律等方面的教育和演练,提高参与者的政治素养和业务能力,保证各项组织承办工作落实到位。诸如2001年APEC领导人非正式会议、"上海合作组织"峰会、2010年中国上海世博会等重大外事活动的组织筹备期间,市外办组织的专题培训,对提高外事干部熟悉承办大型活动各项外事业务,了解世界各国和国际社会发展动向,增强对外交往本领有很大促进作用,为上海做好各项重大外事活动的组织筹备提供有力的组织保证。

五、外事干部轮岗、挂职、出国交流

外事干部轮岗、挂职、出国交流是上海国际友人研究会利用各种渠道,为外事干部增长实干才能创造的学习和进修机会。比如,在内部实行轮岗制度,市、区两级外事部门干部相互交流挂职,到其他业务部门熟悉工作等。从20世纪90年代起,还通过地方政府交流,开辟每年选派一些优秀外事干部陆续去德国、加拿大、英国、日本等大学进行深造,攻读硕士学位的机会,并通过外国驻沪领馆、友好城市渠道,获取每年选派若干名外事干部去日本横滨、大阪等地方政府实习,到爱尔兰都柏林、科克等地大学进行培训的机会。

第五节　礼宾规范与涉外参观点

中国是礼仪之邦,重视礼宾礼仪是对外交往中的一项至关重要的工作。礼宾工作永恒的主题是:追求完美,不断创新,不断规范,不断完善。随着改革开放后到上海访问的外国国家元首和政府首脑日益增多,加强国际接轨,做好外国国家元首和政府首脑的礼宾接待与涉外参观,充分体现上海的"窗口"形象,已成为国宾接待工作中的重中之重。

一、礼宾规范细则

上海市政府外事办公室根据外交部礼宾司的礼宾规范要求和做法,除沿用外交部规定的做法(如在沪举行欢迎仪式和国家领导人迎宾仪式),总结并制定适合本地区接待重要外宾和团组的礼宾规范操作细则。具体如下:一是机场迎送。1. 根据外宾身份、访问性质和主接单位要求,确定机场迎送规格。按外交部礼宾要求,国宾抵达上海访问,一般都安排相应的上海市领导或市外办领导迎送。接待国宾级别团组,应请市领导于飞机预定抵沪时间前20分钟,市外办领导于飞机预定抵沪时间前30分钟抵达机场贵宾休息室。礼宾工作人员在贵宾休息室向迎送领导分发出入机坪专

用证章。2. 检查落实各项准备工作。(1) 礼宾工作人员应于飞机抵沪前1小时,到达机场贵宾休息室,与机场相关部门保持密切联系,了解外宾到达的准确时间、飞机停机位置、靠桥情况及其他有关事项,若有变化,应及时通知总联络室值班人员。(2) 在贵宾休息室向迎送领导及相关工作人员发放专用证章。(3) 检查停靠在机坪的国宾车队车型、车序等。(4) 凡乘专机抵沪,应向专机代理服务公司确认铺设红地毯、舷梯车安排等事宜。3. 迎宾安排。(1) 出面迎送领导的排列位置统称为迎宾线。外宾到达或离开时,出面主人应依次站列(迎接时,职务高者在前;送行时,职务高者在后)。外方迎接人员应排在中方迎送领导和献花儿童之后。若外方从上海入(出)境,则主接单位的主要陪同应分别站列在迎送队伍的最前和最后。(2) 礼宾官及译员的位置。首席礼宾官站在迎宾线斜对面稍微靠近舷梯或车门的地方,待主宾下来,紧跟在其身后,逐一介绍中方出面的主人;译员则始终站在市领导身后并在主宾和礼宾官过后,继续向其余外宾介绍主人。4. 献花。副总理级以上外宾到访,通常应在迎接地点向主宾(含夫人)献花。献花一般由少年儿童担任,由女孩献给男宾,男孩献给女宾。献花一般程序为:当上海领导与主宾(含夫人)握完手之后,少年儿童走向主宾(含夫人),立正,行少先队举手礼,双手献上花束,再行举手礼。献花选用的花束应考虑到访国习俗和客人对鲜花的忌好,并交由警卫人员事先进行安全检查。5. 合影。献花完毕后,可安排迎接领导、主要陪同人员(两国大使)和献花儿童与主宾夫妇合影。合影时,可以外宾乘坐的飞机为背景。礼宾官应主动示意,并安排好站位。一般来说,主宾夫妇站在中间位置,献花女童站在男宾前侧,男童在女宾前侧,其余人员分别在两旁站立。合影结束后,首席礼宾官应迅速引导主宾到主车前。一般由卫士长或随卫负责开车门,否则礼宾官应主动为主宾开车门。其余礼宾工作人员应按事先分工,引导其他外宾尽快上车。二是国旗悬挂。出于礼遇,当一个国家的国家元首、副元首,政府首脑、副首脑,外长等贵宾,以本人所担任的公职身份单独或率领代表团到中国进行正式访问时,应升挂到访国国旗。到访国国家元首如有特制元首旗,可按其意愿和习惯做法升挂。具体做法为:1. 在机场悬挂中国和到访国国旗。2. 下榻的宾馆悬挂到访国国旗。若同时悬挂中国和到访国国旗,则应将到访国国旗挂在上手位(背对建筑,面对旗杆,右手为上)。悬挂时间一般为外宾首次抵达宾馆前1小时至外宾结束访问离开宾馆。3. 贵宾乘坐的主车应悬挂来访国国旗。面向行进方向,司机的右手方悬挂到访国国旗。4. 需挂中国和到访国国旗的场地,则以舞台为背,面向观众,右首挂到访国国旗。5. 在沪举行国际会议的会场,场内国旗升挂顺序应请示外交部礼宾司。6. 在基层单位参观访问时,一般不悬挂到访国国旗。7. 工作人员应仔细核对外交部礼宾司寄来的旗帜,核查并标明旗面的上下,在外宾抵沪前及时交宾馆、车队升挂。三是会见、宴请。1. 会见安排。(1) 根据外交部要求,原则上可安排相应的市领导或委办领导会见。外长以上的代表团可使用驻地以外的宾馆会见厅,其他会见地点可安排在人民大厦贵宾厅或市外办会见厅等地。(2) 一般情况下,在宴请前安排会见,时间掌握在半小时以内。其他相关工作人员(译员、摄影、简报、新闻等)提前30分钟抵达会见场地。会见前,相关礼宾工作人员应陪同主接单位的主要陪同提前(一般20分钟)抵达会见场地。(3) 视情况,可安排相关领导分别进行会见、宴请,身份高者出面会见,身份略低者出面宴请。2. 宴会安排。(1) 一般情况下,正式宴请安排在代表团抵沪当天晚上举行。(2) 总统、总理级代表团,安排市主要领导会见、宴请,另请市人大一位副主任、市政协一位副主席、市政府分管工作的副秘书长、外办主任及迎送领导出席作陪。(3) 副总统、副总理级代表团,安排市领导会见、宴请,市外办迎送领导出席作陪。(4) 外长级代表团,安排市领导或分管外事的副秘书长会见、宴请,市外办迎送领导出席作陪。(5) 应考虑出面领导是否出访过或即将出访该国等因素,并根据需要邀请其他有关方面领导和人士出席作陪。(6) 领导确定后,由负责宴会的同志印制和分发请柬，打印和摆放席卡。(7) 负责宴会的礼宾人员应事先草拟桌次安排，将主桌安排和宴会菜单呈相关领导审定、确认后通知宾馆。桌次较多的宴会可请宾馆制作桌次示意图置于宴会厅入口处。3. 宴会主桌可根据需要安排圆桌、长条桌或U形桌等。4. 市政府招待国宾的宴会席间一般以播放背景音乐为主，遇特殊情况，可安排小型民乐队(6人左右)现场伴奏。伴奏曲目以民乐为主，可加奏1—2首到访国民族音乐。重大外事活动的大型宴会根据需要作特殊安排。5. 根据工作需要，可考虑安排相关工作人员出席宴会。6. 午宴可参照晚宴进行安排。四是座谈、演讲活动。外宾在沪访问期间若需安排出席经贸研讨会，或在大学、科研学术机构举行演讲、座谈等，礼宾工作人员应提前掌握会议主题、与会人员名单及有关材料，及时请示汇报。1. 在会议开始前，礼宾工作人员应检查落实以下事宜：检查灯光、室温、卫生、席卡、主席台、纸笔、茶水、扩音设备、投影设备、录音设备等，请相关工作人员如译员、电工等提前到位，保证各种设施如电力、空调、音响、通风、同声传译等通畅待用；落实签到台和签到本、笔以及负责此任务的工作人员到位。落实人员负责演讲稿或有关资料的复印和分发。落实人员负责同声传译耳机的分发和回收。落实人员负责会议记录以及录音；配合警卫人员，凭请柬和有效证件确认与会者以及新闻媒体记者的身份；在会议现场的具体操作，则需要工作人员灵活机动，随时应对突发事件，保证会议的正常顺利进行。2. 会场和会议服务。根据会议规模、层次，选择合适的会议场所。应考虑到与会者人数，安排会前会后VIP休息室、新闻媒体转播需要的设施、同声传译专用房间等。会场布置和座位排序应根据会议内容、场地条件和参加人数而定。通常形式为剧院式、课堂式、U字式和圆桌式。3. 请柬或通知。在确定会议场所、会议日期和时间、参加会议人数和范围后，一般应请会议的中方主办单位给与会人员发出参加会议请柬或通知，并事先确认，以保证会议的出席率和效果。要求较高的一些大型演讲会，可在发出的请柬或会议通知中附注意事项(包括出席者的服饰、入场时间等要求)。必要时可请警卫部门配合，并事先提供请柬样张和与会人员名单。4. 会场布置。主席台一般设于会议室的正前方，演讲台一般设于稍侧的位置。主席台或演讲台上可摆放鲜花、话筒、茶或矿泉水。主席台上人数不宜过多。若主席台摆放席卡，应相对较大些，方便台下观众看清及新闻拍摄。可根据需要，安置背景板或悬挂横幅，写上中外文的会议名称。外文名称可将到访国写在东道国前面，中文名称则将东道国写在到访国前面。5. 礼宾礼遇安排。需要市领导出席会议的，应提前上报相关领导首肯。会议开始前安排礼宾工作人员在门口迎候。一般情况下安排市领导上主席台。若会议只设演讲台，不设主席台，可安排市领导在第一排居中就座。按照国际惯例，礼宾次序通常以右为上。若左右两侧同时排座，主席右侧的第一个座位据上，左侧次之。6. 新闻媒体安排。若需请新闻媒体进行会议报道，一般由新闻文化处协助安排。除特许记者外，一般记者在指定的时间和位置上进行拍摄和记录。新闻稿由新闻文化处负责审核。五是新闻报道。1. 总统、总理级国宾访沪。总统、总理级国宾到访，于抵沪当日发预告消息、照片及简历，照片简历由外交部提供，消息由新华社统一发稿。2. 新闻报道由新华社上海分社、《解放日报》《文汇报》、SMG广播新闻中心、SMG电视新闻中心、《新闻晨报》《新民晚报》《上海英文星报》、中新社上海分社、国际广播电台、《上海日报》等11家新闻媒体进行。新华社上海分社负责随团摄影并制作相册。相册一般在外宾离沪前由迎送的主要领导出面赠送。若上海市委书记、副书记会见外宾，需通知市委宣传部新闻处派员出席。3. 副总统、副总理级外宾和重要国家外长访沪由《解放日报》《文汇报》《新民晚报》、SMG广播新闻中心、SMG电视新闻中心5家单位进行新闻报道。由市外办秘书处负责摄影并制作相册。4. 外长级外宾访沪通常由《解放日报》《文汇报》根据市外办国宾处拟定的消息稿，在次日发市领导会见消息。5. 来访团组若外方记者较多，可请新闻文化处派员随团管理。6. 外方记者提出的卫星传送要求，由新闻文化处协助落实。7. 外长以上代表团若要在沪召开记者招待会，由新闻文化处协助安排。六是出入境手续及行李等安排。1. 入境团组，应提前开具机场海关、边检、安检介绍信交与行李组。外宾抵达后负责收齐护照、行李牌交由行李组派专人办理入境手续，必要时予以协助。行李由行李组负责运送至下榻宾馆，接待人员应在宾馆等候。2. 出境团组，应提前开具机场海关、边检、安检介绍信提前交由行李组。接待人员在与外方礼宾官协调好交行李时间后，应及时通知宾馆。应提前收取外宾机票、护照并填妥出境卡(可提前交与外方礼宾官由其填写)，与行李一起交与行李组专人负责办理出境手续和行李托运等手续。3. 从国内抵沪的团组，不需办理机场入境手续，但应将行李单交与行李组，由其提取行李并送至下榻宾馆。4. 离沪去其他城市的团组，应将外宾、全程陪同的机票和相关证件及机场免安检介绍信提前交与行李组或相关人员。七是礼品赠送。1. 对首次到访的国宾和重要外宾，如对方向中方赠礼，中方可向主宾(含配偶)及代表团回赠礼品。对再次和多次到访的国宾和重要外宾，如对方向中方赠礼，中方可接受，原则上不再回赠礼品，如确有需要，可适当回赠礼品。2. 礼品均须包装，以出面接待的最高领导人名义赠送，赠送给国宾的礼品，应附写上受礼人姓名的名片封，内有赠礼人的名片。3. 挑选礼品应尊重到访国的民俗和宗教习惯，体现上海特色。如系多次到访的外宾，应查阅档案，避免礼品重复。

二、涉外参观点及简介

涉外参观点是上海城市对外交往中的一张张名片，是以公务为目的访沪外宾通过上海这个“窗口”了解中国改革开放发展状况的生动展示。上海的涉外参观点建设起步早，发展快，早在20世纪五六十年代，就为接待访沪外宾需要，从工农业战线挖掘和培养一些对外涉外参观点，随着改革开放访沪外宾不断增多，外宾到沪要求的参观项目不断增多，以反映上海发展面貌、展现历史文化底蕴和地方风情特色的一些涉外参观点不断被开发、建设出来，经过多年积累，逐步孕育100多个富有特色、发展成熟、服务规范的涉外参观点，满足访沪外宾的不同需求，适应外事接待的不同需要。

【城市经典】

东方明珠广播电视塔(Oriental Pearl Radio & TV Tower) 东方明珠广播电视塔位于上海浦东，1991年7月动工，1994年10月竣工，同年11月18日正式对外开放。东方明珠广播电视塔高468米，与外滩的“万国建筑博览群”隔江相望，为亚洲第一、世界第三高塔。新增259米悬空观光廊，外宾可通过脚下的透明玻璃俯瞰浦江两岸全景。上海城市历史发展陈列馆位于东方明珠广播电视塔内，拥有6 000平方米的展厅，采用文物、道具、模型、多媒体等高科技手法生动地反映上海城市发展进程。

上海环球金融中心(Shanghai World Financial Center) 上海环球金融中心位于陆家嘴金融贸易区，集办公、商贸、宾馆、观光、会议等设施于一体的综合性大厦。毗邻金茂大厦，楼高492米，共101层，2008年竣工。观光设施设在94层至100层之间，可将上海全景尽收眼底。

豫园(Yu Garden) 豫园原是明代的一座私人园林，始建于嘉靖、万历年间。豫园由明代造园名家张南阳精心设计，并亲自参与施工。整座园林规模宏伟、景色佳丽，更有上海小刀会起义指挥部所在“点春堂”史迹。古人称赞豫园“奇秀甲于东南”。豫园占地30余亩，楼阁参差，山石峥嵘，树木苍翠，以清幽秀丽、玲珑剔透见长，具有小中见大的特点，体现出明清两代江南园林建筑的艺术风格。

外滩(The Bund)　外滩指黄浦江边白渡桥至十六铺东门路的一段公共区域，包括江边建筑群、道路、观光平台和水面，因位于原上海县城厢之外的浦滩，被习称为“外滩”。历来是上海的旅游热点，可观赏中外罕见的“万国建筑博览”和被称为“东方曼哈顿”的浦东陆家嘴摩天楼。可领略浦江两岸美景，一边为建于20世纪二三十年代的欧美风格建筑，一边为最现代的摩天大楼群，特别适于晚间散步。

上海城市规划展示馆(Shanghai Urban Planning & Exhibition Center)　上海城市规划展示馆建筑面积2万余平方米，展示面积7 000余平方米，通过现代一流的高科技展示手段，全面展示上海至2020年的城市未来蓝图。可使外宾对上海城市布局和建设情况有一个整体的概念和了解。15分钟的360度环幕虚拟演示厅的三维动画演示也受到外宾喜爱。

上海博物馆(Shanghai Museum)　上海博物馆是中国四大博物馆之一。陈列面积12 000平方米，包括中国古代青铜馆、中国古代雕塑馆、中国古代陶瓷馆等，仅重要馆藏品就达13万件。专业性较强，可通过语音讲解器(提供8种语言的讲解)介绍。青铜馆是其主要特色。

南京路步行街(Pedestrian Street of Nanjing Road)　南京路素有“中华商业第一街”之誉，全长1 033米。云集着600多家商店。南京路的夜景分外迷人，火树银花不夜天，霓虹灯一条街是上海的一大景观。南京路购物应有尽有，上海的很多老字号商店都集中于此，能满足大多数贵宾的购物需求，需安排好停车。

新天地(Xintiandi CBD)　上海新天地保留石库门建筑，对建筑外表整旧如“旧”，内部彻底现代化，创新地将私人空间变成公共空间，居住功能变为商业功能，旧石库门区改造成国际性餐饮、商业、文化、娱乐的都市休闲景区，成为上海的时尚地标。新天地分为南里、北里。北里以石库门建筑为主，集合来自世界各地的餐厅、咖啡馆、酒吧、精品商店等。南里则是以购物、娱乐、休闲为主的现代化建筑，形成东西方文化融合、历史与现代对话的整体风格。

上海磁浮列车(Shanghai Maglev Train)　上海磁浮列车西起上海地铁二号线龙阳路站，东到浦东国际机场，线路全长30千米，设计最高运行速度为每小时431千米，单线运行时间为7分20秒，是世界上第一条投入商业运行的高速磁悬浮铁路。

【历史人文】

上海大剧院(Shanghai Grand Theatre)　上海大剧院位于市中心人民广场，占地面积约为21 000平方米，总建筑面积近70 000平方米，由久负盛名的法国著名建筑师设计，建筑风格独特，造型优美。大剧院结构为简洁流畅的几何形造型，皇冠般的白色弧形屋顶弯翘向天际，上面有古典的户外剧场和空中花园，形似聚宝盆，象征着上海吸纳世界文化艺术的博大胸怀。整个建筑沿用中国九宫格式建筑风格，以玻璃和大理石组成，从上至下晶莹透亮，具有强烈的时代感和浓郁的民族风情。每当夜晚华灯初上，晶体的立面和屋顶组合的光幕与喷水池的水光反射交相辉映，大剧院又幻变成一个水晶宫殿。上海大剧院拥有国际上最先进的舞台、音响、灯光设备，可以满足交响乐、芭蕾、音乐剧、歌剧、戏剧等不同演出需要。自1998年8月27日开业以来，已成功上演过歌剧、音乐剧、芭蕾、交响乐、室内乐、话剧、戏曲等各类大型演出和综艺晚会，在国内外享有很高的知名度，许多国家领导人和政要、国际知名人士光临大剧院后，给予高度评价，认为上海大剧院是建筑与艺术的完美结晶。上海大剧院日益成为上海重要的中外文化交流窗口和艺术沟通的桥梁。

上海东方艺术中心(Shanghai Oriental Art Center)　由市政府和浦东新区政府投资10亿元建造的上海东方艺术中心坐落于浦东行政文化中心，总建筑面积近40 000平方米，由法国著名建筑师保罗·安德鲁设计。上海东方艺术中心拥有国际上最先进的舞台、音响、灯光设备,可以满足交响乐、芭蕾、音乐剧、歌剧、戏剧等不同演出需要。

上海城市历史发展陈列馆(Shanghai Urban History and Development Museum) 上海城市历史发展陈列馆位于东方明珠塔零米大厅内,展示面积6 000平方米,由"城厢风貌""开埠掠影""十里洋场""海上旧踪""建筑博览""车马春秋"等场馆组成。陈列馆调集文物和其他展品千余件,是集历史、文化、鉴赏、娱乐于一体,具有创新理念的陈列。

中共一大会址(Site of the First National Congress of the Communist Party of China) 中国共产党第一次代表大会会址,是中国共产党的诞生地,位于黄浦区兴业路76号。全部占地面积715平方米,建筑面积2 316平方米。展馆通过大量历史文物和文献,展示中国共产党诞生的历史过程。纪念馆位于新天地附近,为上海典型的石库门里弄建筑。

中共二大会址纪念馆(Museum of the Second National Congress of the Communist Party of China) 中共二大第一次全体会议在南成都路辅德里625号(今老成都北路7弄20—44号)召开,这幢始建于1915年的石库门楼房是当时中央局宣传主任李达的寓所,1959年被上海市人民委员会确定为"上海市文物保护单位"。2008年,纪念馆进行重新修缮,新馆总面积为2 282平方米,分为中共二大展厅、平民女校展厅、党章历程展厅、临时展厅及中共二大会址、平民女校旧址,共展出文献、实物、资料等300余件珍贵史料,辅以电子翻书、指点江山触摸系统、电子留言板、查询系统等现代化多媒体手段真实再现中国共产党创建初期的峥嵘岁月。

上海毛泽东旧居(Former Residence of Mao Zedong in Shanghai) 上海毛泽东旧居是一代伟人毛泽东同志第九次来上海期间居住的地方(今安义路63号),也是他在上海居住时间最长的一处住所(1924年2月至年底)。作为上海唯一对外开放的毛泽东旧居,1977年被上海市人民政府列为市级文物保护单位,1997年12月26日向社会开放。上海毛泽东旧居建筑面积520平方米,大量的实物、模型和场景,使展览形式新颖、凸显个性。上海毛泽东旧居特委托名家制作"毛泽东一家"铜像、蜡像雕塑,为参观者前来追思伟人创造良好条件。

蔡元培故居陈列馆(Cai Yuanpei's Former Residence Memorial) 蔡元培是中国近代杰出的思想家、教育家。蔡元培多年在上海从事教育及革命活动。华山路303弄16号是他在上海的最后一处住所,1984年由上海市人民政府公布为市级文物保护单位,同时设为蔡元培故居纪念馆,以纪念伟大的蔡元培先生。纪念馆主要介绍蔡元培的生平事迹以及他自1898年投身教育以来,致力于废除封建主义的教育制度,为中国的教育、文化、科学事业的发展所作的富有开创性的贡献。

国歌展示馆(National Anthem Gallery) 国歌展示馆建筑面积1 450平方米,全馆以国歌纪念广场为依托,以爱国主义为基调,以国歌故事为主线,以声音效果为重点,全面展示《义勇军进行曲》诞生、传播及其深远影响,通过实物陈列、场景再现、多媒体互动展示,生动演绎《义勇军进行曲》从电影《风云儿女》的主题曲到成为中华人民共和国国歌的历程。开馆至今,先后被授予"国家国防教育示范基地""全国科普教育基地""上海市爱国主义教育基地""上海市廉政教育基地"称号。

上海院士风采馆(Shanghai Academicians Hall) 上海院士风采馆是全国首家以集中展示两院院士风采为主题的专门展馆,坐落在黄兴公园旁,是一个对青少年进行爱国主义教育和科普教育的基地,也是院士探索创新思维的场所。中国科学院院长路甬祥为院士馆题词,中国工程院院长徐匡迪题写馆名。院士馆设计简洁、精致、典雅,划分为"科学道路""星光璀璨""拜访院士""异域采风"四大展区,是一个集展示参观、学术交流、科普讲座、休闲观光为一体的多功能展馆。

三山会馆(Shanghai Sanshan Guild Hall) 三山会馆始建于1909年(清宣统元年),由福建旅沪水果商人集资兴建，是同业用于祭祀“天后”、讨论商务的地方。“三山”由旧时福州城的“越王山、九仙山、闽山”而得名。会馆整幢建筑别致秀丽，雕梁画栋，极富艺术价值，1959 年被列为市级文物保护单位。三山会馆是沪上唯一保存完好对外开放的晚清会馆建筑，也是 2010 年上海世博会规划范围仅存的传统历史文化遗存。上海世博会举办前夕，一座以展示上海会馆兴衰史的“上海会馆史陈列馆”落户三山会馆。会馆史陈列馆地上二层，地下一层，建筑面积 2 000 平方米，具有鲜明的时代特征。会馆是社会发展的产物，它在上海的兴起至消亡，时间跨度长达 3 个多世纪，对社会经济发展和上海移民城市的形成有着举足轻重的作用。上海的会馆史是上海城市历史重要的组成部分，它验证了上海海纳百川多元演变的轨迹，塑造了城市精神的文化内涵。

吴昌硕纪念馆(Wu Changshuo Memorial Hall)　吴昌硕，中国近现代艺术发展史上承前启后(前承清末文脉，后承现代艺术)的一代宗师，勇于创新的海上画派巨擘，其以“诗、书、画、印”四艺卓绝、相互辉映的独特成就蜚声海内外，被艺界公推为西泠印社首任社长。纪念馆建筑面积 1 600 平方米，馆内辟有“吴昌硕生平陈列室”“大师画室”和“作品展示厅”，为广大艺术爱好者亲见大师佳作、感受海派文化的深厚底蕴与历久不衰的艺术魅力搭建平台。馆内还珍藏有曾受吴昌硕点拨、指导的近现代名家齐白石、徐悲鸿、张大千、刘海粟、傅抱石、沙孟海、梅兰芳等名家的作品。

福民会馆(Fumin Guild Hall)　福民会馆，始建于 1930 年，曾作为上海金融界高级管理人员的俱乐部，其建筑具有中西合璧的特点，一楼面积 408 平方米，颇具人文底蕴。福民会馆将以中外文化活动展示、展览，文化艺术论坛，文化品牌推介为主，聚焦高端、聚焦时尚、聚焦国际，搭建中外文化交流平台，充分体现南京西路社区高品位、高品质的人文特色。正厅：文化展示、艺术展览、学术论坛、小型表演、文化品牌推介；大会议间：艺术沙龙、讲座交流、文化品鉴；小会议间：小型会议、表演化妆。

土山湾博物馆(Tou-se-we Museum)　土山湾本来位于徐家汇南部肇嘉浜沿岸，1832—1837 年，江苏巡抚、民族英雄林则徐率民众疏浚蒲汇塘等河道堆集淤泥而成，故名“土山湾”。土山湾文化则源于 1864 年教会在这块土地上创设的土山湾孤儿院。在抚养孤儿之余，还创办工艺品厂，绘画、雕塑、印刷、木刻、金工等无所不包，很多新工艺都发源于此。土山湾也被称为“中国西洋画的摇篮”，任伯年、刘海粟、徐悲鸿都曾在这里任教。全面展现中西文化艺术交流的历史画面，有丰富的实物与史料。

林曦明现代剪纸艺术馆(Lin Ximing Modern Paper Cutting Art Museum)　林曦明现代剪纸艺术馆以全面展示上海剪纸国家级代表性传承人林曦明先生的艺术成就为主题。展厅宽敞明亮，设有作品展示、文献陈列、工具介绍及影像放映等区域，向公众免费开放。展厅内主要展示林曦明的剪纸作品，同时作为临时展览展出社区内一些居民的画作和剪纸作品，使用直接悬挂原作和放大影印件的方式进行展示，同时展厅中间还有相关杂志以及获得证书的玻璃展柜。林曦明现代剪纸艺术馆以上海剪纸传承队伍为特色，与街道活动、剪纸培训班等紧密相连，附近居民区较多，贴合社区居委的活动，能丰富居民的业余生活。游客活动空间大，并且展示很多社区居民的作品，很有亲切感。

新虹桥·上海艺博苑(New Hongqiao Shanghai Art Exhibition Park)　新虹桥·上海艺博苑占地面积 13 万平方米，可同时容纳 100 人左右参观，长期免费展出上海艺术博览会的雕塑作品。首批进驻的作品共有 16 件，其中包括达利的《时间的轮廓》《超现实主义钢琴》《达利的舞者》《戈代娃的蝴蝶》；国内新锐雕塑家布楚、孔武战、萧长正的代表作也在其列。新虹桥·上海艺博苑既是上海艺术博览会的分会场，又是一个面向广大市民群众常年开放的露天艺博展。

宋园茶艺馆(Songyuan Tea House) 宋园茶艺馆建于1991年7月,总面积3 000余平方米,在传承茶文化古朴韵味的同时,注入新的时尚元素。其相继推出各具特色的名茶荟萃、茶道献艺、古玩欣赏、书画笔会、民乐助兴、棋技评弹等活动项目,是中国茶文化的展示舞台,也是领略风俗人文的好地方。宋园茶艺馆的特色评弹艺术和演出专场独具特色,起到传承民族文化的作用。

大韩民国临时政府旧址(Site of the Provisional Government of the Republic of Korea) 大韩民国临时政府旧址是典型的石库门建筑风格,建于1925年。1926—1932年,大韩民国临时政府曾在这里领导韩国人民抗日复国斗争。1932年,由于韩国临时政府成员遭到日本军警的逮捕,被迫撤离上海。大韩民国临时政府旧址是韩国临时政府在上海办公时间最长、保存最完整的旧址,被称为“韩国独立运动的圣殿”。韩国代表团访沪都会到此参观,旧址接待包括韩国总统卢武铉、李明博在内的各界人士,参观人次近300万。成为中韩友好往来的窗口,被韩国朝野视为民族革命的“圣殿”,并誉为韩国爱国主义教育的“课堂”。

上海犹太难民纪念馆(Shanghai Jewish Refugees Museum) 上海犹太难民纪念馆由摩西会堂旧址和两个展示厅组成,是“提篮桥历史文化风貌区”的重要组成部分,旨在见证和纪念犹太难民在上海这段历史。摩西会堂旧址是上海仅存的两座犹太会堂旧址之一,1928年由俄罗斯犹太人修建,二战期间是在沪犹太难民经常聚会和举行宗教仪式的场所。2007年3月,虹口区人民政府依据从档案馆发现的原始建筑图纸斥资对其进行全面修缮,已恢复为1928年时的建筑风貌。

【经济园区】

张江高科技园区展厅(Exhibition Hall of Zhangjiang Hi-Tech Park) 张江高科技园区是中国国家级高新技术产业开发区,建立于1992年7月。经过18年的发展,张江高科技园区通过提供具有自主创新核心技术的高附加值产品和服务,逐步替代传统产业的生命周期,代表中国经济发展方式转型的方向。园区产业围绕“整合·创新”发展轴线,借助“资源整合控制”和“服务集成创新”两大推力,呈现聚焦国家战略、产业融合发展、研发合作推进、模式推陈出新、技术高端引领五种发展态势。

金桥出口加工区(Jinqiao Export Processing Zone) 金桥出口加工区是1990年经国务院批准的国家级开发区,位于上海市浦东新区中部,规划面积27.38平方千米,分南区和北区两部分,其中北区面积18.48平方千米,南区面积8.90平方千米。北区规划为:生活区、工业区、生产性服务园区和金桥高科技园区;南区规划为:工业区和生产性服务园区。经过20年的开发建设,金桥开发区已从昔日的农村赫然崛起为高科技、现代化、多功能的现代产业园区,创造先进制造业和生产性服务业快速发展的奇迹,成为体现浦东开发开放特色的国家级开发区。

洋山港(Yangshan Deepwater Port) 洋山保税港区是中国第一个保税港区,于2005年12月正式启用,承担建设上海国际航运发展综合试验区的重要使命。洋山保税港区规划面积8.14平方千米,由保税区陆域部分、东海大桥和小洋山岛深水港区域三部分组成。其中,陆域部分面积6平方千米,主要发展和提供集装箱港口增值、进出口贸易、出口加工、保税物流、采购配送、航运市场等产业和服务功能;深水港区域包括洋山深水港一期、二期码头,面积2.14平方千米,是集装箱装卸、中转的功能区域。一流的深水港口设施、完善的配套条件、与国际惯例接轨的保税港区制度、优惠的投资政策为洋山保税港区的发展做了充分的铺垫。洋山保税港区正大踏步迈向口岸物流设施体系完备,集装箱增值服务和航运服务产业发达,国际中转、采购配送和转口贸易功能突出,辐射服务和经济贡献能级强大,具有国际竞争力的上海航运中心核心载体。

8号桥(Bridge 8)　8号桥曾经是闲置的汽车制动器厂厂房，经由设计师注入时尚独特的建筑元素和创意理念后，成为上海创意产业集聚区的地标。8号桥已吸引70多家知名创意企业入驻，包括设计金茂大厦的SOM、设计新上海国际大厦的B+H、英国著名设计师事务所SPARCH、日本国宝级设计大师喜多俊之的设计工作室以及吴思远电影后期制作室等。8号桥以其自身的创新理念先后成为上海首批创意产业集聚区之一和全国工业旅游示范点。在2008年，8号桥还被评为上海市对外文化交流基地以及上海市名牌区域。

同乐坊(The New Factories)　同乐坊作为首批上海18家创意产业园区之一，坐落在静安区西康路、余姚路，它保留着形态丰富的弄堂厂房建筑，通过艺术创意、时尚会展、休闲娱乐、影视发布等业态的引进，直接服务于民。另外，同乐坊注重弄堂工厂文化、市井文化的展示与挖掘，强调不让文化束之高阁，使其真正成为"制造快乐、与民同乐"的艺术、时尚创意空间，打造一流的娱乐和生活休闲聚集地。

800秀创意产业园(800 Show Creative Industry Park)　800秀创意产业园区占地18余亩，建筑面积22 000多平方米，总投资1亿元人民币，在功能定位上，"一轴两翼"的布局彰显800秀的魅力。"一轴"：以长约115米的老车间为主体，改造成为模特秀、车展、时装产品发布与展示、新闻与广告宣传、媒体报道等多功能的秀场展示厅。"北翼"：以交错的独幢车间、连体小洋房为基础，改造成为开放式对外服务的商业休闲区域。"南翼"：以标准的旧工业厂房为依托，改造成为有屋顶花园、地面广场并赋予时尚元素的创意型办公楼。800秀的耀眼不仅在于其不可复制的老工业厂房基础和德国设计公司的匠心打造，更在于其区位优势，与南京西路CBD相辉映，800秀将成为上海国际时尚品牌的集聚、展示和时尚产业链延伸的重要场所之一，已引起社会各界重视，2009年举办上海国际创意产业活动园，2010年举办"荷兰文化周"。

静安现代产业园(Jing'an Modern Industry Park)　静安现代产业园占地3 200平方米，总建筑面积14 000平方米，为7层涉外商务大厦，各楼层面采用中西不同风格的装潢。大厦顶层建有豪华多功能会议厅、贵宾室、健身房等公共设施，从开阔的屋顶花园放眼四周，苏州河远处都市美景尽收眼底。截至2007年底，大厦内聚集30余家的广告、传媒、网络等创意设计类的企业，逐步成为创意企业的聚集地。2005年，静安现代产业园被市经委首批授牌命名"上海创意产业集聚区——静安现代产业园"。2007年，产业园被评为2007年上海十大优秀创意产业园区。

上海漕河泾新兴技术开发区(Shanghai Caohejing Hi-Tech Park)　上海漕河泾新兴技术开发区是国务院在1988年批准设立的国家级经济技术开发区。漕河泾开发区启动新的一轮发展，借鉴美国硅谷和英国阿灵顿等国际科学园的成功经验，建设浦江创新创业园；建设由海关全封闭监管管理的漕河泾出口加工区；建设人才密集、技术密集、资金密集、资本密集的浦江创新创业园；建设漕河泾现代服务集聚区；建设鼓励民营经济发展的新经济园。漕河泾新兴技术开发区是国家级的高新技术园区，园区内企业众多，主要行业有生物医药、信息技术、电子科技、集成电路、新材料、新能源等企业，开发区内知名企业云集，整体环境优美，适合各类人群参观。

红坊文化创意园(Red Town Cu Itural & Creative Park)　红坊文化创意园占地面积约50 000平方米，其中的上海城市雕塑艺术中心建筑面积约20 000平方米，室外公共展示空间约10 000平方米。园区以其原生态与现代化的融合，以工业遗产城市再生的理念为依托，以弘扬艺术产业及文化内容为主导，为上海的城市工业闲置老厂房的更新改造，以及城市公共文化设施的选点和设立作了一个新的示范。园区作为公益性对外开放的文化艺术平台，通过不定期国际性的文化艺术展览和品牌活动，促进上海国际文化艺术的交流和广泛联系。

创智天地园区(Knowledge and Innovation Community) 创智天地园区是杨浦知识创新区的公共活动中心、创新服务中心和发展知识密集型产业的示范性功能区。园区包含创智中心广场、创智坊、科技园、江湾体育中心等四大功能区,规划总建筑面积100万平方米。该园区整合杨浦区丰富的科教、人文、生态资源,促进大学校区、公共社区、科技园区"三区融合,联动发展",成为上海的知识高地和创智动力源。

南南全球技术产权交易所(South-South Global Assets and Technology Exchange) 南南全球技术产权交易所旨在以公共服务为核心,推动南南合作与经济发展,总部设在中国上海,公益性、非营利性和全球性是其运行的突出特点。设有交易大厅,有独立的网络交易系统,科技创新成果可在这里发现价值,交易产权,形成资本,走向世界。自2008年11月3日成立以来,已在各国建立工作站24个,挂牌项目1 200个,与8个国家签署国家级别的合作备忘录。

【科技教育】

上海科技馆(Shanghai Science and Technology Museum) 上海科技馆项目占地面积6.8万多平方米,总建筑面积9.8万平方米,设有地壳探秘、生物万象、智慧之光、视听乐园、设计师摇篮、儿童科技园、自然博物7个展区。

上海集成电路科技馆(Shanghai Integrated Circuit Museum) 上海集成电路科技馆坐落于张江高科技园区,是中国建立的第一个集成电路科技馆,也是首个以集成电路产业为主要展出内容的专题性科学普及教育基地。上海集成电路科技馆是在上海市科委和浦东新区人民政府指导和协助下,由展讯通信(上海)有限公司策划投资并建设完成的国家级科普教育基地。场馆展示面积约1 400平方米,于2009年1月5日正式向公众开放。其为爱好科技的人们打开一个探究集成电路奥秘的窗口,用高科技手段展示有关集成电路的基本常识,还可以亲身体验集成电路的种种神奇功能。展馆内容丰富,有三维立体影像,环幕影院,互动机器人,自动语音讲解的火箭,最新功能的手机,集成电路在智慧城市、智慧社区、智能家居、智能移动通信中的各种应用等通过实物展示、模拟装置、多媒体演示、虚拟现实影片等多种手段,使人们走近这个体积越来越小、功能越来越强大的神奇集成电路,了解集成电路在生活中扮演着多么重要的角色。

静安区青少年业余体育学校(Jing'an Youth Amateur Sports School) 静安区青少年业余体育学校成立于1958年,是中国最早建立的地区级公办的业余体校之一。静安区青少年业余体育学校先后为国家培养乒乓名将郑敏之、张德英;羽毛球世界冠军史方静;奥运会游泳冠军乐静宜;奥运会女篮银牌丛学娣;亚洲"游泳王子"沈坚强;奥运会男子重剑银牌、世锦赛冠军王磊;著名田径教练孙海平,奥运会射击冠军杜丽的教练王跃舫;著名足球教练徐根宝;原国家女排主教练蔡斌;原国家体育总局副局长张发强等一大批优秀运动员、教练员、社会知名人士和高级体育官员。静安区青少年业余体育学校拥有击剑训练馆、羽毛球馆、乒乓馆、体操房、跆拳道馆、健身房、射击馆、举重馆、棋类训练室等全天候的训练场馆,训练设施完善,并设有击剑、排球、射击、游泳等23个项目。

上海图书馆(Shanghai Library) 上海图书馆馆藏资源丰富,以"世界级城市图书馆"作为发展目标,以积淀文化、致力于卓越的知识服务作为理念,以"精致服务、至诚合作、引领学习、激扬智慧"作为核心价值观,建设成为上海重要的信息枢纽和精神文明的重要基地。该馆也是上海特大型城市中心图书馆总馆所在地,并与全球在线计算机图书馆中心(OCLC)建立馆际互借,实现跨行业、跨地区、跨国界的图书馆之间的资源共建共享。

虹桥国际图书馆(Hongqiao International Library) 虹桥国际图书馆位于长宁图书馆8楼,面积 800 余平方米，拥有中央和地方的外宣品 4 000 余册，英、法、俄、日等 10 余个语种藏书，万余册外文图书。已与荷兰海牙图书馆、俄罗斯国家图书馆、韩国国立中央图书馆等建立文化交流合作。在为外籍人士提供图书检索、借阅、购买、配送和网上信息等一站式服务的同时，提供双语沙龙、读者沙龙以及志愿者等特色活动。虹桥国际图书馆所在的长宁图书馆是沪上最大的城区图书馆，以科学的布局、完备的功能以及科学发展的定位理念，体现长宁的涉外功能和数字长宁的特点，成为长宁区域重要的信息收藏中心、传递中心和精神文明的传播基地。

松江大学城(Songjiang University Town)　松江大学城位于上海松江新城区西北角，占地约 8 000 亩。园区内有上海外国语大学、上海对外贸易学院、上海立信会计学院、东华大学、华东政法大学、上海工程技术大学和复旦大学视觉艺术学院 7 所大学。松江大学城享受资源共享，公交枢纽站已经建造完毕并开通，上海轨道交通 9 号线松江大学城站也已投入运行。

【生态环保】

孙桥现代农业园区(Sunqiao Modern Agriculture Park)　孙桥现代农业园区成立于 1994 年 9 月，是全国第一个综合性的现代农业开发区，是首批 21 个国家农业科技园区之一、国家引进国外智力成果示范推广基地、农业产业化国家重点龙头企业、国家级绿色蔬菜温室栽培标准化示范区、上海市现代农业园区重点建设单位，并已获 1 平方千米 ISO14001 环境管理体系国内、国际双证书，“孙桥”品牌也被评为上海市著名商标。国外先进农业与中国农业接轨、传统农业向现代农业转变的前瞻性发展理念，使其走在国内同行业的前列。

廊下现代农业园区(Langxia Modern Agriculture Park)　廊下现代农业园区建于 2000 年，区域总面积 51 平方千米，是金山旅游三大板块之中部生态度假休闲游板块，是一个诗情画意的世外桃源。园内分布着金山农村新天地、锦江中华村农家乐、上海市农业科普馆金山馆、廊下生态园、万亩设施良田、万春园农民新居等，是集生产、加工、示范、推广、科研、旅游休闲于一体的综合性农业开发区，是集生产、生活、生态为一体的现代农业园区。2006 年被评为“全国农业旅游示范点”，2009 年获得“国家 3A 级旅游景区”称号。拥有金山特有的民间文化——莲湘文化品牌，通过举办长三角莲湘文化旅游节、莲湘大赛等活动，以旅游为载体，展示和弘扬莲湘这一古老的民间文化艺术。

上海奉贤经济开发区生物科技园区(Biotechnology Park of Shanghai Fengxian Economic Development Park)　上海奉贤经济开发区生物科技园区始建于 2001 年，是 2006 年国家发改委公告的上海市保留开发区之一。园区占地 20 平方千米，分为城市建设和产业发展两大板块。北起大叶公路，南至浦南运河，西起莘奉金高速公路，东至金汇港。园区产业发展板块初步形成生物医药和食品工业两大产业链，落户上海莱士血制品、上海铭源生物芯片、上海海利生物医药、上海本庄生物科技、赛可赛斯药业等生物医药企业以及上海高榕食品、上海益民一厂、大山合集团、上海汉德食品。

上海海湾国家森林公园(Shanghai Haiwan National Forest Park)　上海海湾国家森林公园建于 1999 年 5 月，由光明食品集团有限公司与上海城投总公司共同出资建设。公园占地面积 16 000 亩，园内植树达 420 多万株，水域面积 0.85 平方千米。分为三大旅游板块：游乐活动区(包括游乐园、森林卡丁车、森林跑马、森林烧烤等)、水上活动区(农家菜、游船码头、茶庄等)、文化观赏区，蕴含多种文化元素，集合山、水、石、竹、琴、棋、书、画，集中展示民间精品收藏，主要包括：石屋、盆景、青瓷、陶艺、书画、根雕、家具等。

东滩鸟类国家级自然保护区(Shanghai Chongming Dongtan National Nature Reserve)　崇明东

滩鸟类国家级自然保护区位于上海市崇明岛的最东端,南北濒临长江的入海口,向东缓缓伸向浩瀚的东海,并与南北大陆遥遥相对。总面积为326平方千米,属长江口典型的河口湿地。自然保护区处于中国候鸟南北迁徙的东线中部,地理位置十分重要。其生物多样性价值体现在物种的多样性和生态系统的多样性,拥有丰富的底栖动物和植被资源,是候鸟迁徙途中的集散地,也是水禽的越冬地。崇明东滩记录的鸟类达312种,迁徙水鸟上百万只。其中国家一级保护动物4种,国家二级保护动物43种。属中日候鸟保护协定的167种,属中澳候鸟保护协定的有51种。列入《中国濒危动物红皮书》的水鸟有12种。1999年崇明东滩正式加入东亚—澳大利亚涉禽迁徙保护网络。2002年1月,湿地国际秘书处正式接纳崇明东滩为国际重要湿地。

东平国家森林公园(Dongping National Forest Park) 东平国家森林公园位于崇明岛的中北部,距县城南门12千米,总面积3.58平方千米,是华东地区最大的平原人造森林,也是上海地区较为知名的旅游景点。公园前身为东平林场,于1959年围垦始建。经过50多年的建设,公园内林木繁茂、湖水澄碧、环境优美、野趣浓郁,以幽、静、秀、野为特色,集森林观光、会议旅游、康复疗养、休闲度假、参与性娱乐等功能为一体,是人们“回归大自然”的理想之选。其像一颗翡翠镶嵌在崇明北沿公路中段,成为崇明生态休闲旅游业的核心品牌。2002年和2003年,先后被评为4A级旅游景区和全国农业旅游示范点。园内主要旅游项目有:森林小火车、彩弹射击、森林滑草、水上游乐园、野营帐篷、森林骑马、攀岩、野炊烧烤、快乐林卡丁车、天旋地转、弹跳飞人、水上步行球等。

明珠湖西沙湿地景区(Xisha Pearl Lake Scenic Area) 明珠湖西沙湿地景区位于崇明岛西南部,由明珠湖和西沙湿地两个景区组成,中间隔一条江堤,以彩虹桥相连。2011年被国家旅游局正式批准为国家4A级旅游景区,主要以湿地观光、科普教育为特色。明珠湖是崇明岛上最大的天然淡水湖,水域面积3 000多亩,以盛产各种鱼类闻名。主要游览项目为:沙船、花桥、鱼标本馆、鸬鹚保护地等。西沙湿地总面积为4 500亩,是上海市唯一的国家自然湿地。

瀛东村(Yingdong Village) 瀛东村位于崇明岛东端前沿。因崇明自古有“瀛洲”的美名,故瀛东村成为“瀛洲”最东、最早迎来旭日东升的村庄。从1985年开始,在村党支部书记、全国劳动模范陆文忠的率领下,全村党员和群众历经艰辛,围垦荒滩4 200亩,建立起一个以淡水养殖为主的新村庄,1989年定名为瀛东村。瀛东村曾先后被评为“上海市文明村”和“全国精神文明创建先进单位”。2005年和2009年,被国家旅游局和上海市旅游局相继评为“全国农业旅游示范点”和国家3A级旅游景区。从2001年开始,村里规划一条可持续发展的道路,在“农旅、渔旅”结合上做文章,开辟渔家乐生态旅游项目,已成为市郊独特的旅游品牌,深受都市人的青睐。村内绿荫环绕,鱼塘鳞次栉比,自然环境优美,民风淳朴,村民生活富裕,是理想的旅游休憩胜地。已有村史展示馆、渔具博物馆、崇明岛精神雕像等景点及斗鸡、斗羊、浑水摸鱼、泛舟垂钓等活动项目。

【社会管理】

浦东市民中心(Public Service Center of Pudong) 浦东市民中心是浦东新区在认真贯彻落实科学发展观、努力构建社会主义和谐社会、深入推进综合配套改革的新的时代背景下,所作的一项重要探索。该中心是浦东新区改进政府服务、推进工作创新、改进政社关系、加强社会建设的一个重要平台。

三林世博家园市民中心(Public Service Center of Sanlin Expo Community) 三林世博家园地处浦东新区三林镇,是2010年上海世博会场馆区域动迁的两大配套安置基地之一,市民中心是三林世博家园最大的公建配套项目,总建筑面积1.2万平方米。市民中心坚持“以人为本、为民服务”宗旨，集社区事务服务、社区文化服务、社区关爱服务等三大服务功能为一体，充分体现“城市，让生活更美好”的世博会主题。

白领驿家：白领的家(Elite Union: Home to White-Collar Workers)　“白领驿家”是一家成立于2009年12月10日的民办非企业机构(NGO)，是静安区委、区政府站在加强社会建设的高度，从增强社会领域党建工作有效性、优化商务发展软环境以及改善民生的角度出发，采用政府支持、社会化运作、公益性服务的运作模式，打造的一个服务凝聚20万白领的综合平台。“白领驿家”根据白领的“需求、爱好、趣缘”，积极整合各类政府和市场资源，为白领群体提供个性化服务。在实践中以提供可靠的白领交友、舒缓心灵的白领减压、时尚的公益活动为工作重点，构建“生活、活动、公益”服务体系，引导白领群体追求健康向上的生活方式，一定程度上满足白领多样化、个性化的需求，切实增强党对白领群体的政治引领性。“白领驿家”已有会员3.6万余人，建立白领社团15个，社团骨干2 000余人，建立1个党总支，7个党支部。

【宗教场所】

浦东清真寺(Pudong Mosque)　浦东清真寺是上海市主要的清真寺之一，是在原清真普寿寺的基础上重建而成。1984年，上海市民族事务委员会拨款对该寺重修，1985年6月重新开放。该寺殿前有开阔的庭院，中间有花坛。大殿可以容纳上百人同时礼拜，大殿两侧有平房，分别是教长室、讲经堂等。1995年，该寺迁移到源深路，重建后占地面积1 650平方米，建筑规划面积2 250平方米，其中宣礼塔高达36米，是上海市清真寺中最高的一座。

钦赐仰殿(Qinci Yangdian Taoist Temple)　钦赐仰殿，又称“太清宫”，是上海最著名的道教宫观之一，为驱除蝗虫而设置的农业保护神祇。钦赐仰殿为金四娘殿之谐音。钦赐仰殿二层楼阁，前出抱厦，题曰“金阙玉京”，檐牙高啄，楼阁参差，为1994年重建的钢筋混凝土仿古结构。有“千年古观”之誉的钦赐仰殿，是上海最早的道观之一，为正一派在上海除了豫园城隍庙之外的主要道观之一。相传是三国时东吴孙权为其母所建，清乾隆改为“钦赐仰殿”。供奉东岳大帝，故又称“东岳行宫”。

上海城隍庙(City God Temple of Shanghai)　上海城隍庙始建于明朝永乐年间，是上海地区重要的道教宫观。上海城隍庙地区是上海最热闹的旅游休闲地之一，被列为上海文物保护单位。上海城隍庙大殿内祀奉汉代名将霍光和上海城隍神秦裕伯，可以领略道教文化和上海道观的宗教活动。

小桃园清真寺(Xiao Tao Yuan Mosque)　小桃园清真寺始建于1917年，旧称“西城回教堂”，俗称“清真西寺”，由原上海清真董事会董事金子云等捐产建造。1994年3月，被列为上海市建筑保护单位。2000年5月，被列为黄浦区文物保护单位。小桃园清真寺具有西亚伊斯兰建筑风格，是上海市伊斯兰教协会的会址所在地。

沐恩堂(Mu En Church)　沐恩堂始建于1874年(清同治十三年)，原名“慕尔堂”，由美国监理会传教士蓝柏在法租界郑家木桥(今福建南路延安东路附近)建造，1993年7月，沐恩堂被列为上海市文物保护单位。上海市基督教三自爱国委员会和上海市基督教教务委员会会址都设在沐恩堂内。全国或上海的许多基督教界重大会议和典礼都在该堂举行。

上海文庙(Shanghai Confucian Temple)　上海文庙也称学宫，是古代上海的最高学府。自1294年(元至元三十一年)建文庙至今，已有700多年的历史。现址文庙移建于1855年(清咸丰五年)，占地17亩许，是上海著名的名胜古迹，上海市文物保护单位。上海文庙是上海中心城区唯一一座祭祀中国杰出思想家、儒家文化创始人孔子的庙学合一的古建筑群,是源远流长的儒家文化圣地。上海文庙祭祀线与学宫线的建筑群布局严谨,气势宏敞。东园内亭台楼阁,小桥流水,具有浓郁的江南园林风格。

徐家汇天主堂(Xujiahui Cathedral Church) 徐家汇天主堂始建于1906年(清光绪三十二年),1910年(清宣统二年)竣工。大堂连钟楼十字架高56.6米,堂高26.6米,长83.3米,宽30米,可容纳3 000余人。1989年9月,该教堂被列为上海市文物保护单位。徐家汇是上海天主教的发源地之一,是上海天主教的中心,也是上海教区对外交往的重要场所,有丰富的外宾接待经验。

东林寺(Donglin Temple) 东林寺始建于1308年(元至大元年),原名观音堂。经历几百年的风雨,到20世纪初,东林寺仅遗存一座大殿。大殿保存了典型的江南特色,整座建筑雄伟庄严,是上海南部地区现存最大的单体佛教殿堂。为保存古迹,弘扬中华民族文化,2004年开始对东林禅寺进行高规格、高要求、高标准的建设,2007年9月修葺一新的东林寺以崭新的姿态展现在世人面前。寺内拥有3项大世界吉尼斯世界纪录,分别是高34米的最高室内观音像,高20.08米、宽10.295米的中国佛教第一铜门和高5.408米的景泰蓝佛像——善财童子。远望去,山与佛融为一体,宏伟庄严;近看,屋脊雄奇,飞檐高挑,观音阁内的千手千眼观音菩萨更是难得一见。

【古镇新城】

临港新城滴水湖(Dishui Lake in Lingang New Town) 滴水湖是浦东新区临港新城主城区的标志性工程,是国内最大的人工淡水湖。水滴落地处形成直径为2.5千米、面积为5.6平方千米的滴水湖,成为主城区的主导结构框架。

田子坊(Tian Zi Fang) 田子坊是街区中最具里坊风貌特色的社区之一,街区形态基本形成于20世纪30年代,集中上海从乡村到租界到现代城市发展的各个时期、各种类型的历史建筑。田子坊有各类特色商户400余家,营业面积3万多平方米,其中最具有特色的是集聚一大批知名的摄影家、画家等艺术人士的工作室,如陈逸飞工作室、尔冬强艺术中心、陈海汶摄影工作室、李守白剪纸艺术工作室、郑乐天陶社等。古典主义、现代主义建筑和传统民居、旧式里弄交汇融合,拥有丰富多样的城市空间。

老码头(Cool Docks) “老码头”位于外滩十六铺南侧,紧邻黄浦江畔,前身为上海油脂厂,由上海弘基企业(集团)股份有限公司打造。是一个集观光、娱乐、休闲、餐饮、会所、精品酒店、商务洽谈、艺术展示等多功能于一体的3A景区,更是沪上新锐时尚生活的新地标。“老码头”由一期和二期组成。一期占地25 000平方米,共有大小22幢建筑,总建筑面积25 000平方米。主要分3个区域:毛家园路1号的水舍精品酒店(原日本宪兵司令部寓所)、仓库秀场区;中山南路479弄的广场餐饮、酒吧区;中山南路505弄的创意设计、展示和零售区。值得一提的是,一期除了汇聚各地美食餐饮、酒吧之外,其还有由1 000平方米老车间改造而成的室内秀场以及拥有以陆家嘴、以石库门为背景的室外秀场。广场中心建造的景观水池,也是一个水上T形秀台,已经成为时尚新品发布的公共服务平台,承接几十人至上千人规模的各类活动,包括新品发布、会议或模特走秀,吸引众多明星纷纷光临。二期位于黄浦江畔外马路653号,项目总面积约50 000平方米,主要由沿江5栋老仓库组成,按照历史档案、图纸、照片进行保护,引入高档商务会所、精品酒店、中高档餐饮及特色酒吧等。“老码头”的黄浦江畔,还建有一个市区唯一的阳光沙滩,面积达3 500平方米,内有露天泳池和沙滩排球场,可以一边游玩一边远眺浦东陆家嘴繁华景色,是黄浦滨江又一旅游和休闲娱乐场所。

外滩源(Bund Origin) 外滩源位于苏州河、黄浦江交汇处,北接外白渡桥,南至滇池路,西起四川中路，东至中山东一路，是外滩“万国建筑博览群”的起点。从上海开埠起，1849 年英国人最早在“外滩源”地段建造驻沪领事馆、商务和传教机构，继而从英国领事馆沿黄浦滩向南扩张，建设货运及游船码头，以及成片的滨水仓栈，逐渐形成外滩风景线，上海近现代贸易、商业和金融业在此孕育生长，中西方文化于此交融积淀。至今保存完好的 14 幢近代优秀历史保护建筑，集中欧洲文艺复兴、新古典主义、折衷主义、装饰艺术派和现代主义等多种建筑风格，虽历经风雨洗礼与沧桑变革，依然散发着华贵典雅的气息。2002 年 6 月，按照“重现风貌，重塑功能”的整体思路和打造高端商务文化区、历史风貌保护区和公共社交休闲区为一体的功能定位，外滩源项目一期工程正式启动。在经过 9 年的保护与开发后，占地总面积 9.7 万平方米，总建筑面积约 27.32 万平方米的外滩源一期已初具规模。以原英国领事馆及领事官邸为核心的外滩源 33 项目中的公共绿地和圆明园路步行街已对公众开放，园内 27 棵百年古树与整修一新的英式草坪营造出秀丽的建筑园林景观与浓厚的历史人文气息；原英国领事馆主楼现定名“外滩源壹号”，根据建筑的历史特性，在楼内精心布置当代知名艺术家蔡国强、刘小东、严培明、吴冠中、林风眠等 16 位艺术家的 35 件艺术品，体现东方与西方文化交汇，历史建筑与当代艺术对话的理念。同时，提供独家特色餐饮，将精美的中西美食与半岛酒店的传奇性服务结合为一体，以政府的内外事接待活动，高端的商务、会务、宴请活动以及文化、艺术展览展示活动为主要功能。作为金融家俱乐部和高端文化艺术的展示场所，“外滩源壹号金融家俱乐部”已于 2010 年 11 月 23 日正式揭牌。此外，半岛酒店、上海外滩美术馆、定位于高端购物中心的益丰大厦等已经开张营业。通过功能重整与设施更新，一个既恢复历史风貌，又被赋予现代城市功能的经典街区已初显轮廓。

愚园路弄堂风情游(A Tour of Alleys on Yuyuan Road)　四明居民区分布在愚园路的两边。愚谷村居民区内聚集多处风貌保存完好的老城厢弄堂，拥有丰富的人文资源，如历史上知名的愚园路 395 弄涌泉坊、愚园路 597 弄中实新村及刘晓故居等，是演绎和阐释海派弄堂生活及其内涵的最佳载体之一，是静安寺社区内以开展老城厢弄堂游为特色的小区。四明居民区是静安寺社区以全民健身活动为特色的居民小区。小区以群众性自娱自乐、小型多样的体育活动为特点，以居民区文艺团队为基础，以愚园路 520 弄为主要健身场所，以群众体育作为接待外国友人“弄堂游”特色项目，接待众多国外游客。通过开展跳绳子、跳筋子、踢毽子、扯领子、翻牌子、刮片子、顶核子、打弹子、造房子“九子”游戏活动，让国外宾朋感受中国民族传统健身游戏魅力，展示老城厢和石库门居住区的独特人文风采，体验浓郁朴素的上海民俗风情。四明居民区的特色体育弄已推荐申报作为弄堂风情游的特色弄堂之一。

1933 老场坊(1933 Shanghai)　1933 老场坊建于 1933 年，为原上海工部局宰牲场，由英国建筑设计大师巴尔弗斯设计，建筑面积约 3.17 万平方米，为钢筋混凝土结构。1933 老场坊涵盖时尚发布、创意办公、休闲体验、娱乐总汇、配套餐饮五大产业。建筑空间布局奇特，外方内圆的结构结合欧洲古典建筑风格与装饰派风格，设计精密宛如迷宫。

七宝古镇(Qibao Ancient Town)　七宝老街位于上海市闵行区中部，轨道交通九号线途经，并有 30 多条公交线路可直接到达七宝老街。七宝老街商业街垂直于蒲汇塘，由蒲汇塘分为南、北大街，全长 360 米，东西宽约 200 米，占地约 92 亩。老街里面有各类风味小吃、古玩及小工艺品商店，另有九大景点，适合各年龄游客参观旅游休闲。每年来老街游玩的游客约 1 000 万人次。修复后的七宝老街在大都市中保留江南水乡特色，显现出新而又古朴的文化氛围，已为沪上胜景。“十年上海看陆家嘴，百年上海看外滩，千年上海看七宝”的旅游理念，已形成“东有城隍庙，西有七宝老街”的品牌效应。南大街以特色小吃为主，北大街以旅游工艺品、古玩、字画为主。街区成“非”字型布局,人称中国古代城镇规划史上的活化石。有多处古迹,其民居、商铺、桥梁仍保持典型的明清建筑风格,有临河水阁、吊脚楼、拱桥等。老街内荟萃20世纪50年代原汁原味的当地小吃,别具特色和风味,有七宝方糕、七宝羊肉等,深得游客喜爱。修复中为了凸显老街的历史文化底蕴,设立“棉织坊”“老行当”“七宝老酒坊”“七宝老当铺”“七宝蟋蟀草堂”“七宝皮影戏”“七宝书法馆”等九大旅游景点。

召稼楼(Zhaojia Tower Ancient Tower) 召稼楼一期核心游览区域为350亩,规划总占地面积近800亩,是一个保留多处明清建筑、具有江南水乡特点的古镇,年接待游客超过70万人次。召稼楼,又称召楼,是元末明初号召农耕垦荒机构所在地,属于古代上海农业文明开发区,堪称上海农耕文化发祥地。因仍保存较为完好的名宅故居、传统街巷、古桥和河道等共同组成的江南水乡韵味风貌,在2005年被列入上海市32片历史文化风貌区之一。召稼楼历经明、清、民国时代的发展衍变,如梅园、礼耕堂、宁俭堂、道南桥等,都属于古建筑或近代代表性建筑。召稼楼于2010年5月28日正式对外开放,设有3条特色商业街——保南街、南长街和北长街,分别经营旅游纪念品,文化古玩商品以及特色美食。另外,召稼楼还拥有像苏州园林式公园“礼园”、中国老一辈电影艺术家“秦怡艺术馆”、上海城隍“秦裕伯纪念馆”、江浦合流“叶宗行纪念馆”,以及多处明清历史遗留建筑等一大批参观、游览景点。

枫泾古镇(Fengjing Ancient Town) 拥有1 500多年历史的吴越名镇枫泾,是上海首个“中国历史文化名镇”,亦为新沪上八景之一。它因地处公共交汇之处,素有吴越名镇之称;它与沪浙五区县交界,是上海通往西南各省最重要的“西南门户”。“小桥、流水、人家”,作为典型的江南水乡古镇,枫泾素有“三步两座桥,一望十条港”之称,街道临河而筑,居民枕河而眠。此外,枫泾古镇还是中国现代民间艺术之乡、中国黄酒之乡和国家4A级旅游景区。镇区规模宏大,全镇有29处街、坊,84条巷、弄。至今仍完好保存的有和平街、生产街、北大街、友好街四处古建筑物,总面积达48 750平方米,是上海地区现存规模较大保存完好的水乡古镇,于2012年被评为长三角十大古镇。枫泾古镇文化底蕴浑厚,人杰地灵,人才辈出,有全国人大常委会副委员长朱学范、漫画家丁聪、国画大师程十发、围棋国手顾水如。金山农民画、丁聪的漫画、程十发的国画和顾水如的围棋,被称为“三画一棋”,在国内外都具有相当影响力。金枫黄酒、枫泾丁蹄、状元糕、豆腐干四大土特产被称作“枫泾四宝”。

中国农民画村(Chinese Peasant Painting Village) 中国农民画村,即原金山农民画村,位于“新沪上八景”——枫泾镇中洪村。20世纪六七十年代,这里的农民把印染、剪纸、刺绣、木雕画等古老艺术巧妙运用到绘画中,以农村多姿多彩的生活习俗和热火朝天的劳动场景为题材,用写实的手法,培育出散发着泥土芬芳的中国当代民间艺术奇葩——金山农民画。2008年4月,来自吉林东丰、天津杨柳青、陕西户县、重庆綦江等地区的农民画家进驻画村,金山农民画村正式升格为中国农民画村。经过多年发展,中国农民画村已发展成集“中国特色村”“中国魅力乡村”“全国农业旅游示范点”“国家3A级景区”等多项荣誉于一身的知名画村。2009年5月,中国农民画村还入围上海市首批“上海市文化产业园区”。中国农民画村成为中国农民画民间艺术发展的集聚地。此外,景区内拥有丹青人家、水上人家、枫泾人家、菜园人家、稻香人家等景点,可供游客进行赏画购画、乡村观光、体验农家生活、商务会务、餐饮住宿、娱乐休闲、垂钓荡舟等活动。

金山城市沙滩(Jinshan City Beach) 城市沙滩地处上海市金山区,位于上海西南、杭州湾北岸。西与浙江省平湖市相邻,东接奉贤区,南濒杭州湾,北靠青浦区和松江区,是国家4A级景区。城市沙滩由保滩工程、人工沙滩、滨海景观长廊、滨海商业街、沙滩排球场馆以及水上三轮车、水上步行球、摩托快艇等水上游乐项目组成。城市沙滩总长 3 529 米，保滩大坝围水面积为 1.5 平方千米，采用高水隐堤的办法，隔绝东海的浑浊，营造一片碧蓝澄澈的海水；人工铺设的 2 万平方米的金色沙滩与海水相映成趣。在这里成功举办的系列盛事，如星尚热波金山城市沙滩音乐节、世界沙滩排球巡回赛、国际沙滩音乐烟花节、ELITE 世界精英模特大赛、风夏音乐季、欢乐周末行等，已成为金山海岸线响亮的名片。

方塔园(Square Pagoda Garden)　方塔园始建于 1978 年，1982 年正式对外开放，占地面积 182 亩，原址为唐宋时期古华亭的闹市中心。园内有国家级、市级、区级文物共 6 处。整个园景以北宋的方塔为中心，四周环设宋代望仙桥，明代砖雕照壁、兰瑞堂、石雕园，清代天妃宫、陈公祠，还建有何陋轩、其昌廊等。2007 年被国家旅游局评定为国家 4A 级旅游景区。

泰晤士小镇(The Thames Town)　泰晤士小镇是英国著名的阿特金斯建筑师事务所扛鼎之作，小镇占地 1 平方千米。小镇拥有天然的水系、岛屿，自然环境优美，是居住、商业、生活、公建共存的异域风情社区。小镇所有建筑都很有英国特色，营造出浓郁的英伦气势：英格兰典雅秀丽、苏格兰苍劲豪迈、威尔士古朴自然，原汁原味的英伦风情一览无遗，令人耳目一新。小镇的“脊梁”是一条英伦风情商业步行街，通往英式大工业时期风格的沿岸码头，沿路有旧镇市场、画廊、英式瓷器、小酒吧等镇区标志性建筑。

上海月湖雕塑公园(Shanghai Sculpture Park)　上海月湖雕塑公园 2005 年 5 月开园。公园占地 0.867 平方千米，位于上海西面佘山国家旅游度假区。公园围绕月湖而建，旁边是佘山。在这个美丽的自然景观下，有 70 多座雕塑呈现。2007 年和 2008 年，上海月湖雕塑公园获得“中国杰出公共艺术雕塑项目”，这个荣誉由国家公共艺术雕塑行业协会颁发。

醉白池(Zuibaichi Park)　醉白池是上海地区五大古典园林之一，占地 76 亩。园林源于宋代进士朱之纯私家宅院，名“谷阳园”。为明代大画家董其昌觞咏处，也是名人学士常游之地。清顺治年间，工部主事顾大申重加修建，因崇拜白居易，仿宋韩琦做法，将其更名为“醉白池”，已有 350 多年历史。园内有四面厅、乐天轩、疑坊、雪海堂、宝成楼、池上草堂等亭台楼阁及邦彦画像石刻、历史艺术碑廊、《赤壁赋》真迹石刻等艺术瑰宝。

朱家角(Zhujiajiao Ancient Town)　朱家角镇的历史源远流长，一直有“小上海”之称。古镇有 9 条石板老街沿河而伸，鳞次栉比的粉墙黛瓦古民居依水而筑，大大小小形态各异的 36 座石桥保留至今。历史的悠久，水木清华的风光，造就了古镇名胜古迹比比皆是，可谓上海市郊保存最完好、最原汁原味的江南历史名镇。

庄行镇(Zhuanghang Town)　庄行镇距上海市中心约 48 千米，区域面积 70 平方千米。全镇有常住人口 4.5 万、外来人口 2.8 万。相继被列为上海市宅基地置换试点镇、上海市新农村建设试点镇、上海市农村土地承包经营权流转试点镇、全国农业旅游示范点，并获全国环境优美镇、创建全国文明工作先进村镇、全国科普惠农兴村先进镇、全国休闲农业示范点、全国 3A 级旅游景区称号。

张园大客堂(Guest House of Zhangyuan Garden)　张园大客堂坐落于吴江路、泰兴路以南的张家花园内，由一整幢石库门建筑改建而成，面积 700 余平方米。明末清初，张园颇有盛名，为上海私家花园中的三大名园(另二园为愚园、徐园)之冠，张园还是晚清各界著名人士集合演说的重要场所，孙中山、章太炎、蔡元培、马相伯等曾在此发表重要演说。张家大客堂是南京西路社区文化建设的窗口，活动中心开设张园书场、名人工作室、“侨之家”、楼宇青年中心、家庭文明指导中心、文艺沙龙、乐龄家园等。

南西社区文化活动中心(Nanxi Community Cultural Activity Center) 南西社区文化活动中心(南西街道社区老年学校)面积2 200平方米,设有钢琴房、舞蹈房、电脑房、戏剧室、书画社、多媒体教室等7个普通教室和2个乒乓房、1个篮球场等。南西社区老年学校的课程有70多项内容,涉及公共型、艺术型、知识型、趣味型、技能型、娱乐型、文体型等各个学科,开设表演艺术、书画创作、手工制作、名人系列讲座、科普时政、金融理财、家政服务、体育健身等多个栏目,融艺术、知识、趣味、技能、娱乐为一体,是一所全新的、前瞻性的、开阔的社区群众文化中心。

江宁路街道社区文化中心河滨分中心(Hebin Sub-center of Jiangning Road Community Cultural Center) 江宁路街道社区文化中心河滨分中心位于西苏州河畔,由静安河滨花园小区会所改建而成,地面一楼(500平方米)为图书馆,地下一楼(600平方米)为健身馆。图书馆藏书品种丰富,报刊种类繁多,网络索引方便,与上海图书馆、静安图书馆联网,具备通借通还功能;健身馆配有各类健身器械,有乒乓球室、淋浴室、舞池等,是丰富居民业余生活、增进文化交流的场所。

曹家渡社区生活服务中心(Caojiadu Community Life Service Center) 曹家渡社区生活服务中心主要为居民提供日常生活需要的社区服务。服务中心共3层,面积约为850平方米。1楼由接待大厅、便民服务点、慈善驿站、经常性募捐点、婚姻介绍处组成,便民服务点为居民提供家电维修、锁具修配、缝纫修补、干洗熨烫、摄影等服务项目。2楼设置综合便民服务项目,有志愿者招募中心、心理咨询中心服务社、家庭文明指导中心、法律援助、“妇女之友”舒心站、慈善协会等。3楼设置党员服务中心、青年中心、工会指导站。

曹家渡街道老年日间照料中心(Caojiadu Sub-district Day Care Center for the Elderly) 曹家渡街道老年日间照料中心主要是解决社区空巢老人的照管、活动、用餐等生活需求,该中心总面积为680平方米。按功能不同,分为日间照料区、为老服务区、文娱活动区、综合活动区等。内设休息室、综合活动室、阅览室、多功能厅、接待室、配膳室、浴室和盥洗室等。为老人提供生活照料、心理护理、娱乐康复等综合性服务,充分体现以人为本、关爱老人、多功能、便捷式的服务理念。

静安寺社区文化活动中心(Jing'an Temple Community Cultural Activity Center) 静安寺社区文化活动中心位于新闸路1855号,共有3层楼面,建筑面积近3 200平方米。静安寺社区文化活动中心将分散的文化资源归并到一起,有效整合和盘活社区范围内诸多文化资源、活动资源、场地资源要素,将进一步促进社区资源和社会优质资源的良性互动,实现资源的优化配置、互动共享和互换共赢。1楼由展厅、多功能厅组成,走进1楼展厅,就如同进入“时光走廊”,在这个不大的空间内撷取社区历史变化的精华和社区变迁的缩影,静安寺地区内拥有的许多特别记忆,比如上海的第一部有轨电车、远东第一乐府、许多文化名人居住过的寓所、上海第一家五星宾馆等等,描绘社区昨天、今天的发展足迹,同时也展望社区的美好未来。2楼设有大型会场以及电子钢琴室、戏曲室、影视欣赏室、舞蹈室、合唱室等教室,将作为社区学校办学主阵地,社区居民学习的加油站。3楼设多媒体教室、图书馆、健身室、心理咨询室、桌牌室等,是居民休闲充电好去处。

静安寺街道裕华社区(Yuhua Community in Jin'an Temple Sub-district) 静安寺街道裕华社区分布着静安寺街道综合活动中心、社区事务受理服务中心、长乐“乐龄家园”助老服务站、社区卫生站等。裕华居民区内环境优美,拥有多处保存完好的重点保护建筑,人文资源丰富,如长乐路788号是周信芳故居,常熟路113弄曾居住过沈从文、丁玲等知名文学家。其中活动中心是一座70多年历史的3层花园洋房,面积为834平方米,是静安寺社区满足居民精神文化需求的一处重要公共服务设施。社区事务受理服务中心面积达648平方米,中心内设失业登记、失业保险、开业指导、就业服务等,社区卫生服务站可为居民提供看病、打点滴、上门测量血压等,基本上做到小病能不出社区。“乐龄家园”助老服务站为社区老年人提供就餐、理发、活动、洗衣服等为老服务项目，深受老年人喜爱。

石门二路社区文化活动中心(Shimen Second Road Community Cultural Activity Center)　石门二路社区文化活动中心坐落在康定东路近泰兴路口，总建筑面积为 3 050 平方米，这栋古老的建筑曾经是张爱玲的出生地，如今作为一个满足社区居民文体、休闲、精神需要的公共服务设施，使各个年龄层次的居民、楼宇白领都能够在这里找到属于自己的一片天空，文化活动中心内设青少年科技探索馆、健身房、体质监测站、评弹书场、社区学校、张爱玲书屋、图书馆等。其中，张爱玲书屋用仿中国明式家具，流畅的线条和唯美的造型，更加带有女性的柔美，体现张爱玲细致与古典的美感，唯美与浪漫的气质。书房内陈列的是关于张爱玲的书籍(包括各种小说的外国读本)、影视、艺术品等资料。青少年科技探索馆整合电信科普项目、能工巧匠制作坊项目、趣味科普项目、少儿主题图书馆四类项目，努力打造成为静安社区科普示范基地。

石门二路阳光之家(Sunshine House of Shimen Second Road)　石门二路阳光之家(残障人士活动室)总面积为 283.88 平方米，有智障学生 25 人，设有活动区域、生活区域等。其中活动区域设置有教室、居家技能室、谈心室、康复娱乐多功能厅等房间，设备配套齐全。开设手工劳动、家政服务和教育娱乐等课程，社区残疾人经常在此开展各类文体活动。其特色是文艺表演，智障学生经常外出表演腰鼓、器乐合奏、模仿秀、舞蹈等节目。BEAN 国际留学生志愿者组织已与阳光之家结对，定期开展志愿者服务和活动。

静安区孙克仁老年福利院(Sun Keren Elderly Welfare House of Jing'an District)　静安区孙克仁老年福利院又名静安区老年公寓，是由静安区政府投资，吸纳台胞孙克仁 100 万美元的捐赠和海内外热心人士的资助筹建。福利院占地 1 240.5 平方米，建筑面积 3 229.1 平方米，共 7 层，有床位 129 张，设餐厅影视报告厅、健身房、阅览室、会客室、医务室、活动室、洗衣房，观光电梯等辅助设施一应俱全。500 平方米的绿色草坪林荫道，健康休闲，与建筑物融为一体，为居室提供良好的环境衬托。

静安阳光家园(Jing'an Sunshine Home)　静安阳光家园(静安区残疾人综合服务中心)共有 4 个楼层，建筑面积 991 平方米。静安阳光家园旨在体现静安残疾人工作展示、服务、辐射、指导等功能，体现该区残疾人创新理念、履行新科技、服务新模式等内涵，将成为提高残疾人综合素质的教育基地、康复训练基地和职业培训基地。楼层功能与主题安排如下：1 楼：生命之树和手摸墙，展示残疾人热爱生命，自强不息，用双手共同撑起全区残疾人事业深入发展的蓝天。2 楼：阳光之家(阳光工场)。3 楼：无障碍阅览室、盲人网吧、电脑房等。4 楼：无障碍视听室裙房、残疾人辅助用品用具展示中心。

枫林街道社区学校(Fenglin Sub-district Community School)　枫林街道社区学校以“科学、健康在枫林”为教育主线，以符合社区居民实际需求、提高社区居民文化素养为目标设置课程，开设有英语班、拼音班、葫芦丝班、摄影班、书法班、国画班、舞蹈班、声乐班、钢琴班、剪纸班、电脑班、编织班、0—3 岁科学育儿亲子班、健康教育班、再就业培训班等课程。其中，剪纸班、葫芦丝班为学校的特色课程。枫林街道社区学校立足服务 10 万社区居民，积极整合辖区内各类教育资源，不断优化社区教育环境，开展各级各类教育活动，着力构建“从摇篮到拐杖”的终身教育体系，有效推进枫林街道学习型社区的建设。

临汾社区文化活动中心(Linfen Community Cultural Activity Center)　临汾社区文化活动中心建筑面积为 4 630 平方米，是一个以社区公益性为主的文体活动中心。中心设有各类体育设施和文化设施,环境整洁、管理有序、服务优质、活动充实,能满足多层次、多种文体活动人群的需求,是社区精神文明窗口和社区居民学习的校园、生活的乐园、文明的家园。临汾社区文化中心成立以来,平均每天参加文化活动中心各类活动的居民多达1 500人。累计接待国内外来宾334批次,包括澳大利亚、法国、韩国、美国、加拿大、日本等多个国家的来宾。中心还成为临汾社区长三角世博主题实践之旅示范点的参观亮点之一。

曹杨新村——做一天上海人(Caoyang New Village — Be a Shanghainese for One Day) 普陀区曹杨新村是上海解放后建立的第一个工人新村,也是上海市首个对外开放的工人新村。1953年以来,曹杨新村先后接待来自150多个国家和地区的30多万外国友人,其中不乏国家元首、政府首脑、政党领袖和重要民间友好人士。来曹杨新村参观交流的外国友人一直保持每年4 000—5 000人次的规模。曹杨街道已成为中国社区建设的一个先进典型和让世界了解中国、了解上海的一个重要窗口。曹杨街道的外事接待形式多样、内容丰富。自20世纪90年代初起,曹杨街道率先推出"做一天上海人"这一具有民俗文化特色的涉外活动。活动内容包括九大类项目,即半日参观游、体验生活游、食文化游、中国菜基础一日游、传统佳节游、保健康复游、专业团体交流游、国际家庭心连心俱乐部和国际假期学校等,以反映居民日常生活和中国传统特色文化为主要内容,涉及民俗民风、民间艺术、中国功夫、中医保健、文艺联欢、健身锻炼、文化教育、居家食宿等方方面面。

【风物博览】

上海浦东展览馆(Shanghai Pudong Exhibition Center) 上海浦东展览馆坐落于浦东新区政治文化中心,位于上海科技馆和东方艺术中心之间,总面积15 000平方米,适合举办各种活动、展览和会议,并可容纳20 000人次参观者。展览馆常年设"浦东开发开放展",改建后于2010年4月18日浦东开发20周年期间重新开放。

徐汇区文化馆(Xuhui District Cultural Center) 徐汇区文化馆(西南文化艺术中心)是区文化局下属文化事业单位。占地面积4 683平方米,总建筑面积达12 009.8平方米。2003年4月22日奠基建造,2004年10月30日落成开馆。文化服务覆盖圈达17.49平方千米,涉及长桥街道、凌云街道及华泾镇地域内常住人口约22万人。2008年经文化部考核,徐汇区文化馆(西南文化艺术中心)为国家一级文化馆。馆内设展厅、科普DIY乐园、图书馆、芳草书苑、艺术培训、辅导教室、琴房、练功房、影像编辑室、会务会议等文化配套设施,是丰富社区群众文化生活、满足群众多样化文化需求的公益性文化机构。

徐汇艺术馆(Xuhui Art Museum) 徐汇艺术馆是淮海路上一处难得的精致优雅艺术殿堂,建筑面积754平方米,内设展厅、多功能报告厅、艺术沙龙等配套设施。艺术馆已经收藏大量当代艺术名家的精品力作,为开展相关的学术研究提供良好条件,高雅的美术展览、丰富的学术交流和美术教育普及活动获得广泛的社会认可和好评,曾被《中国文化报》誉为"区级美术馆发展的典型标本"。徐汇艺术馆是以徐汇区深厚的历史文化积淀为依托,传播先进文化、典藏艺术精品、开展学术研究、举办陈列展览、普及审美教育的公益性文化机构,是徐汇区对外文化交流的平台。

杨浦区城市规划展示馆(Yangpu Urban Planning & Exhibition Hall) 杨浦区城市规划展示馆总建筑面积1 428平方米,设有杨浦概况、领导关心、百年文明、红色工运、三区融合(总体规划)、重点地区、专业规划、建设成果8个展区和城区总体模型;上层设有虚拟现实演示中心。展示馆于2005年9月建成,已成为杨浦区向外展示城区深厚历史文化底蕴、近现代发展史、知识创新区建设成果和未来发展美好前景的重要窗口。展馆建筑以水滴形的平面造型与立面的玻璃和片岩相结合，使用钢框架、玻璃幕墙、轻钢屋面结构，通透清澈，结合现代科技与质朴韵味。

青浦区博物馆(The Museum of Qingpu District)　青浦区博物馆成立于1958年，2004年新馆建成开放，2008年实行免费开放。坐落于夏阳湖畔、崧泽广场上的新馆，建筑面积8 800平方米，由著名建筑设计大师邢同和设计。展馆陈列面积3 600平方米，设古文化馆、水文化馆两个基本陈列和一个临展厅，展出文物精品1 000余件，年接待观众20万人次。古文化馆展现的主题是“上海古文明之源”。展览从上海成陆开始，通过介绍青浦崧泽和福泉山等古文化遗址出土的精美文物，讲述古代上海从马家浜、崧泽、良渚、马桥文化到春秋两汉悠远而多彩的历史，告诉观众青浦是上海古文明的发源地。水文化馆展现的主题是“申城水文化之魅”。观众通过“沧海桑田”板块来了解历史上青浦的水系变迁、建置沿革。“港湾遗韵”板块再现上海最早的对外贸易港口宋代青龙镇的市井风情和繁华景象。临时展厅每年引进、自办多个展览，海派玉雕精品展、福泉山考古精品展、史志上的青浦等展览深受市民欢迎。

崇明学宫(Chongming Confucian Temple)　崇明学宫(崇明县博物馆)是崇明岛一处重要的人文旅游景点和爱国主义教育场所，占地面积23.21亩。崇明学宫始建于公元1327年(元泰定四年)，续建于1622年(明天启二年)，为上海市级文物保护单位。学宫内现有东西牌坊、棂门、泮池等一批明清建筑群，古建筑明伦堂、仪门也已修复完成。整体气势恢宏，规模壮观。博物馆内现有“崇明岛史与古船”“崇明民俗”两个基本陈列，主题鲜明，脉络清晰，内容翔实，展品丰富。“崇明岛史与古船”陈列运用文物、模型、雕塑、沙盘、布景箱、图片和先进的视听手段，结合通俗简明的文字说明，真实反映崇明岛的形成及其政治、经济、交通、水利、文化等各方面的发展和建设成就。其中，展出的两艘唐、宋古船，是上海地区独一无二的珍贵文物，堪称镇馆之宝。我国四大船系之一的崇明沙船，以其独特的功能蜚声海内外。“崇明民俗”陈列通过集镇、民间家庭居室、农耕、纺织等生动逼真的场景，再现崇明人民的辛勤劳动和淳朴生活，给人以身临其境的真切感受。

崇明规划展示馆(Chongming Planning & Exhibition Hall)　崇明规划展示馆位于崇明新城翠竹路1501号，展览面积达2.6万平方米，是崇明对外宣传生态岛文化、构建生态岛品牌的平台。崇明规划展示馆采用大量高科技手段，按照“过去、现在、未来”的时间线索对展馆功能进行有序划分，以“东海瀛洲、生态崇明”为展示主题，突出展现崇明江海沙洲独特的地理环境、人文历史、发展成就及“生态岛”的规划建设蓝图等内容，是集观演、体验、互动于一体的现代高科技展示空间，集中体现崇明岛的历史沧桑和时代巨变。

上海云洲古玩城(Shanghai Yunzhou Curio Town)　云洲古玩城是上海规模最大的古玩收藏品市场。地处肇嘉浜路大木桥路口，紧依徐家汇商圈，地理位置优越，有9个楼层2万平方米商场面积。云洲古玩城拥有上海市旅游行业协会授予的“上海市接待旅游团队推荐单位”资质，被上海市收藏协会命名为“上海收藏活动基地”。经营古玩收藏品种类齐全，集陶瓷、玉器、青铜器、木雕、字画、邮票、钱币、古典家具以及各种磁卡、债券、股票等之大全。举办数百场展览、拍卖、鉴定、沙龙讲座等活动。2008年起，在徐汇区政府和文化局的指导下，云洲每年在上海东亚展览馆分别承办全国古玩艺术品博览会和中国钱币邮票博览会等全国性展会。

上海宝山国际民间艺术博览馆(Shanghai Baoshan International Folk Arts Exposition)　上海宝山国际民间艺术博览馆是国家4A级旅游景区，是国内唯一一家以展示世界各国、各民族的民间艺术及民俗文化为主题的文化艺术类场馆，也是上海市乃至全国展示面积最大、展示内容最丰富、展览活动频率最高的非遗类场馆。博览馆位于上海市宝山区，西靠沪上最大的郊野生态公园——顾村公园。外观设计理念取自“中国结”这一民间文化形象。于2010年10月16日建成开放，总建筑面积14 600平方米。博览馆集收藏展示、互动交流、传承研究、服务社会等功能于一体,具有"高科技的展示手段""高品质的展示内容""丰富多彩的展览活动""参与性强的手工艺制作互动活动"四大看点,充分彰显"国际性、多元性、艺术性、科技性、参与性"五大特点。博览馆同时是上海市非物质文化遗产保护与传承基地和上海市科普教育基地。

上海眼镜博物馆(Shanghai Glasses Museum) 上海眼镜博物馆面积约2 000平方米,通过人与眼镜的关系、眼镜自身的科技、眼镜发展历史、眼镜产业的介绍,以及若干具有观赏价值的眼镜藏品,反映由眼镜这种集历史、文化、科技、设计等于一身的工具折射出的人类生活方式、生活习惯、生活态度的演变,以及科技的进步和产业的发展。通过对眼镜生产过程的仿真来揭示现代眼镜产业,特别是浓缩在眼镜现代化生产中的科学理论知识对加快人类文明进步、改善人类的生活品质、美化人类生活所起到的重大作用。

上海玻璃博物馆(Shanghai Museum of Glass) 上海玻璃博物馆,一座华美的玻璃宫殿,一个个精致美丽的艺术空间,将玻璃的澄澈清新在生活的享受中绽放,使人们在独一无二的艺术视觉与美感中感受明净优雅的心情。上海玻璃博物馆以全新的互动理念和多媒体的运用,让参观者亲自体验神奇多变、缤纷而晶莹的玻璃世界。从古埃及神秘的容器、中世纪华丽的彩绘、英国的酒杯到春秋战国时期的蜻蜓眼、唐代的器皿、清代的花瓶,再到巨大的LED走灯,凡此种种,无不展现玻璃悠远的历史魅力和日渐醇熟的工艺。"玻璃能飞多高?""玻璃如何能说话?"这些看似天马行空的问题,参观者会在著名瑞士插画工作室Jacques&Brigitte所创作的巨大城市绘画墙暗藏的玄机里得到解答。外立面采用U形玻璃加特殊的烤瓷工艺,独具魅力;奇妙的万花筒入口无数个镜面折射出5块大型视频上的影片《玻璃与人类生活》,为参观者展现玻璃的生命力。上海玻璃博物馆的玻璃艺术品,将最美的艺术和最精彩的科技呈现于公众面前。无论是晶莹澄净的、浪漫共鸣的玻璃屋、馨香惬意的、分享悠闲的咖啡吧,还是心意满满的玻璃商店,或是图书馆,都作为艺术语言本身,为公众传达着独到的艺术见解。

嘉定竹刻博物馆(Jiading Bamboo Carving Museum) 作为国内首家竹刻专题博物馆,嘉定竹刻博物馆坐落在州桥历史文化风貌保护区内,距古代嘉定的标志法华塔和孔庙不过一箭之地,由区政府拨款800万元,在民国时期历史建筑——嘉定别墅内辟地建成,展厅约500平方米,陈列展线108米,光线柔和,陈设幽雅,为海内外公众提供近距离观摩嘉定竹刻艺术品的上佳之地,也是供竹刻家、竹刻研究者、爱好者进行交流的场所。嘉定竹刻具有400多年悠久历史,明代中后期,朱鹤祖孙三代开创以深浮雕和透雕为主要形式的嘉定派竹刻艺术。2006年,嘉定竹刻被收入国务院公布的第一批国家级非物质文化遗产保护名录。嘉定竹刻博物馆将发挥收藏、展示和研究功能,加强对非物质文化遗产嘉定竹刻的保护和利用,更好地向海内外观众展现嘉定竹刻的文化内涵和艺术魅力。

上海汽车博物馆(Shanghai Auto Museum) 上海汽车博物馆位于汽车城核心区汽车博物公园内,占地面积11 700平方米,建筑面积28 130平方米,建筑高度32.45米,总投资4亿元,场馆建筑方案采用大量流动的曲线,象征汽车高速状态下的运动轨迹,体现汽车博物馆的主题。上海汽车博物馆由汽车历史馆、技术馆、名车馆、科普互动馆和临展馆构成。历史馆主要介绍汽车百年发展史,汽车与社会各方面的相互关系,如世界汽车发展史、中国及上海汽车发展史、汽车与经济、汽车与交通、汽车与生活等。技术馆主要展示汽车构造和汽车技术等,反映汽车是高新技术的载体。名车馆以整车展示为主,将尽力吸引世界汽车的著名品牌产商,介绍各自的经典名车和品牌文化。科普互动馆将通过各种互动设备增强博物馆的参与性与娱乐性。临展馆用于举办各种主题的临时展出。上海汽车博物馆于 2007 年正式对外开放，已成为国内首家传播汽车文化的专业机构和国内外著名厂商展示与推广品牌文化的重要平台，成为上海提升城市文化形象、文化旅游方面的亮点，也是落实科教兴市主战略的具体表现。

上海中国科举博物馆(Shanghai Imperial Examination Nuseum of China)　中国科举制度是中国历史上考试选拔官员的一项基本制度。这一制度创始于隋代，确立于唐代，完备于宋代，兴盛于明、清两代，废止于清末。它为出身寒门的知识分子进入仕途，提供了一个公平竞争的平台。其间共产生数百万名举人、近 11 万名进士、700 百余名状元，他们中不少成为中国历史上安邦治国的名臣、授业解惑的教育家或才华横溢的文学家、艺术家。在中国古代历史上，科举制度对于中国政治经济、思想文化、社会生活、教育等诸多方面，都产生了极为深远的影响。公元 1905 年(清光绪三十一年)，清政府废除科举，延续千百年之久的科举制度终于寿终正寝。20 世纪 90 年代初，嘉定博物馆依托丰富的馆藏科举文物，在孔庙内创办一个特色陈列——中国科举文物陈列展。十几年来，陈列内容不断充实丰富。

上海中医药博物馆(Shanghai Museum of Traditional Chinese Medicine)　上海中医药博物馆是 2004 年上海市政府科普实事工程项目建设单位，建筑面积为 6 413 平方米，陈列展出面积约 4 000 平方米。上海中医药大学投入建设经费约 2 000 万元，上海市科委、文管委及浦东新区政府、浦东新区科协共资助近 400 万元资金。从 2004 年 12 月起面向社会开放，年开放日将超过 300 天，年接待能力预计为 15 万人次。博物馆陈展大量运用多媒体技术、计算机技术和仿真技术，通过这些高科技手段有效拉近中医与参观者的距离，使他们真正感受到中医学的博大精深。

上海动漫博物馆(Shanghai Comic & Cartoon Museum)　上海动漫博物馆占地面积 2 500 平方米，建筑面积 6 000 平方米，总投资 7 000 万元，是国内第一家集展示交流、实践互动、产业推进、休闲娱乐、教育科普等多功能于一体的大型现代化和国际化的专业展馆。博物馆集中展示世界动漫画精品，开展动漫、艺术、美学和科技方面的交流、讲座、演示和服务，并通过高科技手段实现参与者的互动体验。

上海辰山植物园(Shanghai Chenshan Botanical Garden)　上海辰山植物园位于上海市松江区松江新城北侧、佘山山系中的辰山，佘山国家旅游度假区范围内，东起佘山中心河，西至辰塔路，南抵花辰公路，北达沈砖公路(辰山塘以西)、佘天昆公路。东西宽约 1 600 米，南北长约 1 500 米，规划占地面积 207.63 万平方米。上海辰山植物园是由上海市政府、中国科学院和国家林业局共建的集科研、科普和观赏游览于一体的综合性植物园。全园占地面积约 2.07 平方千米，由中心展示区、植物保育区、五大洲植物区和外围缓冲区四大功能区构成。中心展示区布置 26 个植物专类园。中心展示区与辰山植物保育区的外围由全长 4 500 米、平均高度 6 米的绿环围合而成，绿环既展示欧洲、非洲、美洲和大洋洲的代表性适生植物，又将综合楼、科研中心和展览温室 3 座建筑联系在一起。上海辰山植物园以“植物与健康”为主题，既是植物科研和科普教育的基地，也为广大市民提供一个鲜花盛开、水鸟飞翔、乐趣无穷、令人向往的游览胜地。

上海影视乐园(Shanghai Film Park)　上海电影(集团)有限公司投资建设的上海影视乐园(上海影视摄制基地)集影视拍摄、旅游观光、文化传播为一体，由“20 世纪 30 年代南京路、南京西路”“上海石库门里弄”“上海老城厢”“欧式建筑群”“苏州河港区”“马勒别墅”“教堂”“和平广场”“浙江路钢桥”“湖山区”等景点及大型组合摄影棚、服装仓库、道具仓库、置景工厂组成；还辟有环形有轨电车、“上影服道选粹展馆”“拍摄观摩”等娱乐项目。

第六节　对外表彰

从20世纪80年代起，上海各聘请外籍专家单位陆续对本单位工作表现突出的外籍人士进行表彰，授予某种名誉称号，调动其积极性。1987年专门制定和颁发《关于本市授予外国人名誉称号的若干暂行掌握原则》，对规范和加强对外表彰工作起到积极作用。1990年，为表彰在中国四化建设中作出贡献的外国专家，国家外专局印发和制定《对外国专家奖励办法》，把对外国专家的奖励分为三级，即单位奖、省部奖和特殊贡献奖。1991年，为积极稳妥地做好"外国专家特殊贡献奖"工作，国家外专局又颁发《关于设立"友谊奖"的暂行规定》，以奖励在工作中作出突出贡献的外国专家。随着20世纪90年代后在沪工作的外国专家越来越多，许多在工作中表现优异和取得成绩突出的外国专家越来越受到单位和同行的尊重与肯定，而表彰名额有限和数量不多的国家"友谊奖"又难以满足各单位对外表彰的要求，为充分调动在沪外国专家的积极性，进一步做好对外表彰工作，上海于1992年和1993年分别出台《关于设立"白玉兰荣誉奖"和"白玉兰纪念奖"的暂行规定》和《关于做好授予外国人"上海市荣誉市民"称号工作的几点意见》两个内部规范性文件，并在实践和修改的基础上，于1998年8月18日经上海市第十一届人民代表大会常务委员会第四次会议通过，公布《上海市授予荣誉市民称号规定》，由此诞生上海涉外管理中的第一部地方性法规，还于2000年以规章形式正式颁发《关于本市设立"白玉兰荣誉奖"和"白玉兰纪念奖"的规定》。与此同时，为避免因奖励过多、过滥以致对内、对外产生不良影响，又在1996年和1999年相继印发《关于对在沪外国人奖励工作归口管理的几点意见》和《上海市对外表彰评审联席会议工作细则》，使对外表彰有比较完善的地方性制度规章，从而保障上海的对外表彰工作健康有序发展。

一、白玉兰奖项

对境外友人表彰分"白玉兰荣誉奖"和"白玉兰纪念奖"两级，视在上海对外交往、重大工程建设、传授新技术、科技发展进步、吸引投资和对外开拓市场、社会公益和慈善事业等方面的贡献而评定。一般情形，先获"白玉兰纪念奖"，在作出新贡献后才可获"白玉兰荣誉奖"。"白玉兰纪念奖"首次颁奖在1989年1月20日，副市长顾传训和外事部门负责人分别为在上海高校、大型企业集团任职的美国、英国、日本、德国、加拿大、泰国籍的18位专家、高官和2名日本常驻记者颁发"白玉兰纪念奖"，同年获得"白玉兰纪念奖"的还有来自澳大利亚、哥伦比亚等国家的外籍专家和企业高管等15人，上海市长朱镕基为大众有限公司的德国籍经理保尔颁发纪念奖。此后，每年陆续都有一些在沪工作的外籍人士获得此项荣誉。

二、国家"友谊奖"

国家"友谊奖"是由国家外国专家局设立的奖项，1991年10月1日起，根据《对外国专家奖励办法》有关规定设立该奖，获得该奖的外国专家和外国友人必须是省、部级奖的获得者。上海第一批获得国家"友谊奖"的是上海地铁公司马来西亚籍工程顾问刘本福和上海三环润滑设备厂德国籍技术顾问鲁道夫·奥托。1997年2月，根据国家外专局《关于拟推荐部分有突出贡献的外国专家来京参加春节重大活动的通知》精神，上海宝钢三期能源中心改造项目奥地利籍现场总代表、上海市"白玉兰荣誉奖”获得者霍茨曼，上海夏普电器有限公司日本籍总经理、上海市“白玉兰荣誉奖”获得者斋藤光雄，波音公司中国技术服务有限公司驻上航集团美国籍副总裁、上海市“白玉兰纪念奖”获得者马塞拉3人经推荐赴京参加春节重大活动。2004年6月，泰国正大集团泰国籍执行副总裁、“上海市荣誉市民”获得者李绍祖，阿尔卡特（中国）投资有限公司法国籍董事长兼首席执行官、上海市“白玉兰荣誉奖”获得者戴伯松，丽嘉酒店管理公司亚洲区美国籍副总裁兼区域总经理、上海市“白玉兰荣誉奖”获得者狄高志，上海通用汽车有限公司英国籍执行副总裁、上海市“白玉兰荣誉奖”获得者高博文，上海磁悬浮交通发展有限公司德方德国籍总协调人、上海市“白玉兰荣誉奖”获得者哥哈德·瓦尔，美国国际集团美国籍董事长、“上海市荣誉市民”获得者格林伯格6位外国专家经推荐成为国家“友谊奖”候选人，后经审定李绍祖、戴伯松、狄高志3人获此殊荣，这是上海获得“友谊奖”最多的一年。至2010年12月31日，上海共有43名外国专家获得国家“友谊奖”。

第七节　涉外事件处理

涉外事件是外事工作中一项政策性强、影响面广、处理难度大的工作。20世纪70年代后期，上海对外交往不断扩大，涉外事件越来越多，上海各有关部门积极创造新形势下依法行政的环境，加强分工协作，建立有效机制，积极沟通信息，统一协调步骤，妥善处理一系列涉外事件，有力保障上海涉外环境的安全稳定，维护国家利益和人民群众的合法权益。据不完全统计，上海发生的涉外事件从20世纪90年代初的每年几十起，增加到21世纪每年上百起，1994—2010年，上海年均处理涉外事件和敏感问题达100多起。

一、华东纺织工学院部分中外学生殴斗事件

1979年7月初，华东纺织工学院发生一起几名非洲学生滋事生非，深夜还在寝室高声放音乐，妨碍中外学生准备期末考试的复习和休息，并不听规劝，围攻学校管理人员，殴打中国同学，挑起部分中外学生冲突殴斗，造成20多名中国学生、工作人员、民警和10多名外国留学生受伤的严重事件。在这一突发事件中，上海外事、公安部门和校方在现场尽力制止冲突，并为避免事态继续扩大和保护中外学生安全，将全体留学生暂时撤离学校。受伤人员（除1名留学生、2名中国学生伤势较重外，其余尚属轻伤）经急送医院救治，全部很快康复。事态平息后，学校领导在全体中外学生中进行自重自爱、遵纪守法、维护友谊、消除隔阂的思想教育，在共同认清是非、总结教训的基础上，对肇事留学生寻衅伤人和一些中国学生不听劝导、偏执对抗的错误行为，进行严肃批评。中国师生帮助全体留学生补习、温课，顺利通过期末考试，相互开展团结友爱活动。有关国家的驻华使节也协同中方进行善后处理，教育本国学生好好学习，遵守校规和中国法律，不做不利于双方友谊之事，并按其国内决定，不准有的肇事学生在暑期后再返上海。学校和有关部门按重在教育、惩前毖后的精神，对于参与殴斗，已认错悔过的双方学生，均未再予处分。在此期间，市委、市政府就这一事件要求全市各大专院校和社会各方面共同关心和加强对留学生的工作，关心留学生的健康成材，特别是要更严格地要求中国学生，以自己的优良品德和模范行动，加深中外青年之间的相互学习和友好关系，共同进步。

二、“3・24”列车相撞事故

1988年3月24日下午2时20分左右,从南京开往杭州的311次客车和从长沙开往上海的208次客车在行驶至上海市郊沪杭外环线匡港站和封浜站之间时,正面相撞,造成重大伤亡。搭乘311次客车去杭州的日本高知县学艺高等学校修学旅行团不幸死亡27人,伤37人(其中重伤8人),均为十六七岁的学生。事故发生后,在副市长黄菊带领下,中国人民解放军驻沪陆海空三军、武警总队、市消防总队以及铁路、医疗等部门的官兵、救护人员快速赶赴现场进行抢救。上海市卫生局组织各大医院近百名专家、医师全力以赴对伤员进行紧急救治。3月25日,国务院成立由上海市政府和铁道部、外交部等有关部门负责人组成的事故小组,并立即进行工作。同日,国务院代总理李鹏、国务院副总理兼外交部部长吴学谦分别致电日本首相竹下登和外务大臣宇野宗佑,深切慰问遇难和受伤日本学生的家属。李鹏委托国务院秘书长陈俊生专程抵沪,指导善后工作,慰问中外受伤旅客。外交部副部长朱启桢专程至上海接待为此事故到中国的日本外务省政务次官浜田卓二郎。3月25—27日,上海市人民政府外事办公室接连召开3次新闻发布会,迅速、连续地向中外记者通报事故现场抢救、伤员救治和事故善后处理等情况,并会同有关单位郑重做好对死难、受伤者到沪日本家属的接待和慰问工作。在此期间,对罹难学生的遗体整容、现场凭吊、入殓、祭悼等,都尊重家属意愿和日本习俗,提供各种协助。副市长刘振元参加遇难者入殓仪式,并致辞表示哀悼。3月27日上午,受伤日本学生及死难、受伤者的家属共134人乘日航专机回国,上海提供护送伤员回国途中所需医药和救治器材。24名遇难者遗体的灵柩和3名遇难者的骨灰盒随机运回日本。因伤重而留沪治疗的最后一名日本学生永野子于4月3日返日继续治疗。3月29日,李鹏主持办公会议,听取秘书长陈俊生关于“3・24”列车相撞事故的情况汇报。李鹏在会上强调要求国务院和有关部门经过认真、充分的准备,制定保障交通安全的治本措施。4月8日,全国安全生产委员会调查组经周密调查、检验和论证,查明“3・24”列车相撞是行车重大责任事故。直接责任者依法惩处。5月11—17日,由上海铁路局局长韩杼滨、上海市外事办公室副主任俞彭年、上海市卫生局局长王道民等8人组成的上海列车事故慰问团赴日慰问遇难者家属和受伤学生。中日双方就事故赔偿问题经过8轮磋商和谈判,从中日友好的大局出发,互谅互让,于1989年3月11日在日本高知市签订《上海铁路事故赔偿协议书》,妥善结束对这一不幸事故的善后处理事宜。高知县知事、高知市市长曾分别致函上海市长朱镕基表示,由于中国政府和上海方面进行妥善处理,他们深信不但不会给日中友好带来创伤,相反更增进友好精神。

三、“儿福院”事件

1996年初,国际上个别用心不良者为配合西方国家在日内瓦会议上利用人权问题对中国施压,在上海儿童福利院问题上大做文章,他们蓄意唆使1名移居在国外的原上海儿童福利院工作人员,收集和炮制歪曲事实的材料,诬陷中国肆意迫害残疾儿童,并在人权会议前抛出。一时间境外少数报刊连篇累牍刊载歪曲中国人权状况的文章。为澄清事实,上海市政府外办组织20多名外国驻华和驻沪记者采访儿童福利院,安排美国、英国、法国、德国、荷兰、奥地利、丹麦、意大利等国驻沪总领事参观该院。当他们看到儿童福利院整洁美观的环境,病残儿童得到精心照料、护理,认为上海儿童福利院的情况完全不同于境外报刊的报道。在事实面前,许多外国记者对上海儿童福利院情况作了比较客观的报道，在国际上出现不同的声音。一些驻沪领馆官员参观儿童福利院后，也对西方报刊上登载的歪曲儿童福利院的文章表示怀疑。西方所谓的"人权卫士"欲在日内瓦人权会议上将所谓上海儿童福利院事件作为攻击中国人权状况的图谋不攻自破，最终未能得逞。

四、"MV 绿色和平"号船事件

1996 年 4 月 26 日，国际绿色和平组织总裁梯洛·波代自荷兰阿姆斯特丹致函上海市政府外办称，该组织将于 6 月派遣一艘"MV 绿色和平"号船访沪，提供有关环境问题的信息，并就促进年内最终达成一个全球性禁止核试验条约事与中国官员和人民进行会谈，希望上海方面予以接待，并为一系列会谈作出安排。鉴于中国政府在核试验、核裁军问题上的立场和主张是一贯的、明确的，绿色和平组织欲与中方交换意见、相互沟通，可通过中国驻当地使领馆进行，经与有关部门共同商议，上海方面回复，对"MV 绿色和平"号船访沪予以婉拒。5 月 23 日，对方再次致函称：该组织已决定如期派船赴华，将于 6 月 11 日驶近上海，声称日期"已难更改"。这种强加于人未经同意擅闯中国近海来沪的做法是中方不能接受的。据此，上海方面再次明确答复对方：上海不同意"MV 绿色和平"号船 6 月到访。希望对方尊重中国关于外国人和外国船只申请到中国入境的有关法律和规定。其间，中国驻日内瓦的裁军大使沙祖康、中国驻荷兰大使朱曼黎先后约见总裁梯洛·波代等绿色和平组织负责人，表明中方对此事的态度，规劝该组织不要做违反别国主权原则的事，停止派船去中国的活动。中方不愿意看到由此事可能导致的不愉快事件发生。梯洛·波代向两位大使表示赞赏中国在核裁军、禁核试问题上的立场，但对派船到中国进行狡辩。6 月 12 日中午，"MV 绿色和平"号船擅自闯入上海附近中国内水。上海港务监督的两艘巡逻艇奉命立即驶近该船，以信号旗和高频电话警告对方已非法进入中国内水，必须停止前进，立即驶离。在港监执法人员依法指令下，该船在长江口引水锚地抛锚。上海港监、边防检查站代表随即登上该船，分别依法向船长宣布命令，指出该船未得到中国主管机关批准，擅入中国内水，违反和触犯《中华人民共和国海上交通安全法》《中华人民共和国对外国籍船舶管理规则》《中华人民共和国外国人入境出境管理法》等中国有关法律、法规和联合国《国际海洋公约》等有关法律，必须立即驶离中国内水和领海。同时宣布，在中国内水水域，未经中方同意，不得使用通信和录像设备。船长表示接受中方命令，并在命令收件确认书上签字。当日下午 3 时 40 分，"MV 绿色和平"号船起锚，在上海港监、边防 3 艘巡逻艇护送下，于下午 5 时 10 分驶离中国领海。国际绿色和平组织决定派船到沪曾引起美国、日本、澳大利亚、新西兰等国的多家新闻机构的关注，其驻华记者先后向上海市政府外办电话询问情况。对此，上海给绿色和平组织负责人的答复中通报中国有关法规，并表明中国关于核裁军、禁核试和环境保护的立场。事后，一些外电、外国报刊对此事大都作比较客观的报道，并引用该船船员的感受，说上海的整个登船执法行动是和平、友善的，执法人员态度严肃、有礼貌，处理事情效率很高，有条不紊。

五、"洋垃圾"事件

1996 年 6 月 5 日，新华社发布关于"美国商人威廉平·陈因涉及逃避海关监管，进口中华人民共和国严禁进口货物之重大嫌疑，于 6 月 3 日被上海市公安局拘留"的电讯稿，引起社会普遍关注。据悉，美国商人威廉平·陈系美籍台湾人，1985 年在美国登记注册成立欧地亚纸业有限公司，任总经理。1993年,陈与上海嘉定区外冈镇丰盛实业公司合作,登记注册成立中美合资上海统一纸业有限公司,陈任董事长。1994年以后,陈以欧地亚纸业公司名义,通过美格总统轮船公司先后将购进的119个集装箱、2 000多吨美国生活废物运抵上海。1995年7月以后,陈从美国进口的16个装有废物的集装箱一直滞留在上海港。陈为牟取暴利,谎称"废纸",冒用中国进出口商品基地安徽公司和浙江畜产品进出口公司名义作为收货单位申请报关。上海海关发现该批集装箱可疑,即会同有关单位开箱检查,发现生活垃圾中夹杂的一次性注射器、废料、玻璃瓶等,均为中国法律严禁进口的外国生活废料。鉴于陈案已触犯《中华人民共和国固体废物污染环境防治法》第66条、《中华人民共和国海关法》第47条、《中华人民共和国刑法》第115条、116条、118条等有关法律,采取谎报货物名称,冒用中方公司名义,逃避海关监管,非法进口中国法律严格禁止进口的美国生活废物,6月3日23时,陈被上海市公安机关依法拘留审查。事后,美国驻沪总领事馆也了解表态:威廉平·陈——一位在上海做生意的美国公民,于6月3日星期一晚被上海市公安局出入境管理处拘留,原因是涉嫌违反进出口条例。避免了外国媒体的炒作。

六、韩国一货机坠毁事件

1999年4月15日16时许,韩国大韩航空公司一架MD-11货机从上海虹桥机场起飞后约5分钟在莘庄地区坠毁,机组3人死亡,当地居民30人左右受伤,5名居民死亡,300户居民住宅不同程度受损。空难发生后,上海市政府外办立即将事故消息通报韩国驻沪总领事馆。上海市领导和公安、外办、消防、卫生以及闵行区等有关方面领导和工作人员立即赶赴现场,组织救护和落实交通、保卫措施。武警调集3 000余人6分钟到达事故现场,担负抢救伤员、现场警戒、搜寻"黑匣子"、清理现场等任务。事发当晚,上海电视台和东方电视台在新闻节目中对坠机事件作了报道。在"4·15"坠机事件的善后处理中,曾因对韩方善后处理不满,多次发生死伤者家属围聚大韩航空上海办事处的情况,对此,上海市政府外办会同有关部门及时赶赴现场进行协调、沟通和疏导,耐心说服双方通过法律途径解决问题,为缓解双方矛盾做了大量工作。为从根本上解决群体性赔偿问题,上海市政府责成闵行区政府建立司法援助工作组,韩方也聘请律师,双方通过律师沟通协商,最终使赔偿事宜得以妥善解决。韩国驻沪总领事文昌富对上海市领导和有关部门在事件发生后给予的高度重视和采取的积极善后措施表示感谢,他代表韩国政府对此事件中伤亡的当地居民表示哀悼和慰问。

七、法航班机坠人事件

2003年1月23日上午,法航AF112航班飞机在上海浦东国际机场降落时,2具疑似外籍尸体从飞机起落架坠落上海南汇地区,造成该地区一处民房受损,住户受惊送医院急救。当日下午,上海市政府外办接到通报后,即启动紧急处置机制,会同公安部门赴现场开展调查工作。鉴于坠落者为法航飞机携入,坠人事件的责任者是法航,根据国际惯例,上海市政府外办会同市公安局,先同法方进行交涉,要求法方承诺协查死者身份和登机情况,提供坠机者的相关信息,并根据中方调查取证整理的有关证据,认定并签字确认。同时,上海市政府外办还在现场召集法国驻华大使馆、驻沪总领事馆和法航驻华人员与中国公安部门会面,由上海市公安局负责向法方通报调查情况。当晚22时15分,法航驻华代表在请示国内总部后,在上海市公安局结论上签字。随后,上海市公安局向法方宣布对飞机调查取证结束，请对方根据自己情况，提出返航起飞时间。1月24日，飞机安全检查和复查工作结束，法航班机于中午12时06分载客飞离浦东机场。法方对中方高效、严谨的工作作风表示感谢，并派人慰问房屋被损的南汇住户，表示就相关赔偿事宜与该住户进行协商。案发后，上海警方根据死者的照片、指纹等资料和死者遗物中的文字等证物，通过法方协查，确定坠机者系土耳其人。1月29日下午，上海市政府外办、上海市公安局有关领导应约与土耳其驻沪总领事英卡亚进行会谈。英卡亚表示，法航班机坠人事件发生后，土耳其方面十分关注，政府和死者家属都急切想知道结果，并递交1名疑为坠机者的照片、指纹等资料，希望中方及时将比对结果告知土耳其警方，如认定坠机者确系土耳其人，希望能尽快将尸体运回土耳其。1月31日，土耳其警方通过因特网传来2名被疑为坠机者的指纹、照片及调查情况，表明这两名被疑为坠机者有冒险经历，曾有过躲入飞机起落架舱内飞美国的前科。上海公安部门进行比对后确认法航班机的2名坠落者系土耳其人后，上海市政府外办、上海市公安局等有关部门与法国驻沪总领事馆、法国航空公司、法国警方以及土耳其驻沪总领事馆等就事件的调查、2名坠落者尸体的处理等问题进行多次磋商后，最终，2具尸体于2月9日晚由土航TK021航班运回土耳其。此案涉及中、法、土三国，因此，案件抓住确定坠落体为法航飞机携入作为处理此案切入口的关键，根据死者的遗物和照片、指纹确定死者的国籍，并通过外交途径由上海市政府外办和上海市公安局出面同法国、土耳其驻沪总领事馆进行交涉，寻求解决办法，最终使法航承担被损房屋的赔偿，土航负责将坠机者尸体运出境，问题得以顺利解决。

八、美国驻沪总领事馆副领事交通肇事案

2003年3月1日凌晨，美国驻沪总领事馆副领事包某在上海市区驾驶自用旅行车交通肇事，撞入一家商铺，造成中方人员一死一伤，商铺及其中物品严重损毁。案发后，上海市公安部门经调查认定：包某对此案负完全责任，有义务对所造成的损失进行赔偿。3月13日，美国驻沪总领事馆照会上海市政府外办称，根据国际惯例，并考虑到包某精神受刺激的情况，美方决定安排包某于3月19日返美。上海市政府外办告知对方，根据《维也纳领事关系公约》和中美领事条约规定，领事官员对因交通肇事引发的民事诉讼不享受管辖豁免，并可被要求在司法或行政程序中到场作证。鉴于该案尚在处理之中，各方当事人未就赔偿等事宜达成任何协议，如包某离境回美，此案处理必将增加难度，上海受害公民和商铺方的合法权益很可能得不到保障。于是，上海有关部门决定依据《中华人民共和国外国人入境出境管理法》，对包某实施边控，阻止其擅自离境。同时，由上海市政府外办约见美国驻沪总领事馆有关官员，敦促其取消3月19日安排包某离境计划，并告知如美国驻沪总领事馆能为包某赔偿问题作担保，或包某先行存放足额押金并书面声明放弃判决执行豁免后，可允包某出境。但美方坚持认为，包某肇事时未执行公务，且肇事车辆系其个人所有，美国驻沪总领事馆无义务替包某赔偿，也不可能出具担保。美方还强调，遵国内指示，包某必须于3月20日乘美联航班机离华返美。包某于3月20日中午抵达机场欲强行离境，被上海边防部门阻止。经中国外交部领事司、美大司出面同美国驻华大使馆反复交涉，美方最终表示可以政府名义担保履行事故赔偿责任。3月23日，上海市政府外办接受美国驻沪总领事代表美国政府签署的关于保证包某将对事故损害作出赔偿的担保文件。随后，公安机关撤销对包某的边控措施。当日中午，包某离沪返美，并于数月后作出相应的赔偿，使此案最终解决。

九、上海出访人员在境外被扣留事

2004年12月10日,上海某集团公司4名出访人员在墨西哥进行商务洽谈途经一小镇时,被当地移民局以所谓的护照签证问题为借口扣留。事发当天凌晨4时30分,上海市政府外办获悉此消息后,即与出访小组成员取得联系,了解相关情况,并立即将此事向中国驻墨西哥大使馆通报。上海市政府外办负责人于清晨6时许即与墨西哥驻沪总领事取得联系,通报有关情况,要求总领事尽快与墨西哥国内联系,立即放人并确保上海出访人员的安全,同时要求墨方对所发生的事件作出解释。墨西哥驻沪总领事非常重视此事,于7时许与当地的墨方移民局官员进行联系沟通,并通过墨西哥外交部催促当地移民局马上放人。经多方交涉协调,6小时后墨方对上海有关人员无条件放行,并应上海要求,为该批人员出具两封证明函,说明误机原因并证明他们所持护照签证合法有效。墨西哥驻沪总领事为此向上海市政府外办表示歉意,并表示墨方将查清情况,保证避免类似情况再次发生。上海市政府外办对这起涉外事件迅速高效的处置,得到国家和上海有关各方的高度评价。

十、"4・16"涉日游行事件

日本首相小泉纯一郎多次参拜靖国神社的举动引起中国许多爱国学生和市民的愤慨和抗议。2005年4月上旬,在中国一些城市,包括上海发生涉日游行。4月6日、7日和8日,分别有人在日本驻沪总领事馆门前活动,他们手拿抗议书,高喊"不要忘记历史",抗议日本对待二战侵略历史的不正确态度。4月16日,上海爆发规模较大的涉日游行,数千市民群众在人民广场聚集后向日本驻沪总领事馆进发,在日本驻沪总领事馆前进行示威抗议活动。英国路透社、日本读卖电视台、东京电视台、日本放送协会(NHK)、美联社、新加坡《联合早报》等多家境外媒体对"游行事件"作了报道。针对游行过程中出现的极少数人打砸现象和情绪过激的情况,上海市有关部门积极做好群众疏导和现场协调工作,并组织力量分赴日本驻沪总领事馆、日本驻沪总领事官邸、外滩和人民广场等事发现场,积极做好维稳工作,各大专院校加强值班,确保在校留学生的安全。4月17日下午,日本驻沪总领事隈丸优次就上海市16日发生的部分群众对日抗议活动,紧急约见上海市外办负责人,提出抗议,并要求中方对日方所遭受的损失进行赔偿。上海市政府外办负责人当即指出,日本政府在二战中给中国人民带来深重灾难,一些发动侵略战争的战犯罪行还没有得到彻底清算,日本首相不正视这段历史,反而参拜对中国人民犯有滔天罪行的战犯,这种行径必然会伤害中国人民感情,引起广大市民和学生的强烈愤慨,所有这一切都是由于日本政府在一系列问题上的错误态度和做法造成的。因此,只有正视历史,放弃错误的想法,才能进一步推动中日关系的健康发展。上海市政府始终重视保持外国在沪企业和人员的利益与安全。在这次事件中,为确保日本驻沪机构和公民的安全,包括上海警方在内的有关部门做了大量工作,依法及时采取各种措施进行疏导,保持社会正常秩序。参加示威活动的大多数是理智的,有过激行为的只占少数。在事发现场,上海警方冷静处理,防止事态激化。事后,警方对肇事者违法行为依法进行处理。经中日多次协商,双方就日本驻沪总领事馆馆舍受损部分修缮事宜达成意见并作出安排。上海市政府外办、上海市公安局和长宁区政府对受损的日资和中日合资企业的情况进行调查,妥善进行处理,帮助他们恢复营业。对参与打砸人员进行查处,媒体对此作了报道。由日本领导人参拜靖国神社的错误行径而引起的上海部分群众抗议示威游行事件得到妥善处理。

十一、全力救治俄罗斯车祸伤者尤丽娅

2007年3月21日下午，上海市政府外办接到外交部通知：俄罗斯公民尤莉娅在浙江省宁波市遭遇车祸受伤，生命垂危，请上海派车接其至上海抢救。据悉，此事已在俄媒体披露，部分不明真相的群体利用此事炒作。并告，中央领导对此十分重视，希望上海市全力以赴，不惜一切代价救治病人。上海市领导表示，将全力以赴抢救病人。为此，上海市政府外办会同市卫生局和华山医院成立尤莉娅抢救小组，拟定工作预案，并作充分的救治准备。尤莉娅被接至上海后，上海市卫生局组织专家对尤丽娅进行会诊，诊断结果为：颅脑和胸外伤，左锁骨和右股骨骨折。3月30日，华山医院又组织全市相关专家对尤莉娅近10天救治的情况进行会诊。会诊认为，虽经多方努力，尤莉娅已从危险状况进入稳定期，但其后情况仍不容乐观，苏醒的概率不高。且病人骨折已久，若不施行手术，必将出现恶化；若施行手术，风险也很大。为此，医院征求病人家属和俄罗斯驻沪总领事馆的意见。病人家属表示希望继续在沪治疗，俄罗斯驻沪总领事馆也建议尤莉娅在沪做完手术后再议回国治疗事。按照病人家属和俄罗斯驻沪总领事馆的意见，医院在做好充分准备的情况下对病人进行手术。俄方医学专家对中方医疗水平十分赞叹，认为奇迹只可能在中国发生。术后，尤莉娅留沪作中医康复治疗，情况逐步好转，从植物人状态出现自主反应，俄方认为不可思议。在妥善处理上述事件的过程中，俄罗斯驻沪副总领事柏德福表示，他实在没有想到，一个普通的俄罗斯公民，会受到中国政府的如此重视，惊动那么多领导和专家，为此他深受感动。尤丽娅的母亲在得知中国政府和上海市领导对尤病情极其重视和上海市卫生部门全力救治的情况后，激动得热泪盈眶，再三表示感谢。她说，中国领导人和中国人民的善良与人道主义精神令她感动和难忘。此事成为中俄两国友好的佳话。中央有关部门对上海全力救治尤莉娅给予充分肯定。

十二、上海一旅游团组在美遭遇车祸事件

2009年1月30日，上海一旅游团组在美国亚利桑那州遭遇车祸并造成7死10伤的重大人员伤亡。上海市领导对此高度重视，并对做好善后处理工作提出明确要求。为统筹、协调事故处理，上海市成立事故处理工作领导小组，由主管副市长任组长，市旅游局局长、市政府外办主任担任副组长，市旅游局、市政府外办、市民政局、市新闻办、市公安局出入境管理局、华东民航总局以及海关、边检、出入境检验检疫局等单位成员参与。2月3日，上海派出由市旅游局、市政府外办和组团旅游公司组成的工作组前往美国处理善后事宜。工作组一下飞机，即刻前往拉斯维加斯当地医院看望受伤人员，转达市领导的慰问，并向当地有关部门了解事故、司法协助等情况。在中国驻洛杉矶、驻旧金山总领事馆和美方有关部门的协助下，了解事故经过情况。初步认定事故是由于驾驶员操作不当所致。工作组举行媒体通气会，召集事故伤亡者家属、委托律师、国际SOS救援机构以及相关旅行社工作人员，就事故善后工作进行协调和落实。受伤人员对市领导的关心和工作组的看望表示感谢。美国全国交通安全委员会项目负责人也于当地时间2月7日中午12时举行新闻发布会，公布车祸事故调查的最新进展情况，美国福克斯电视台(FOX)、美国国家广播公司(NBC)、哥伦比亚广播公司(CBS)、美国广播公司(ABC)等主流媒体及新华社、中央电视台、东方电视台等均派记者出席。会上，美方初步排除车辆机械故障导致车祸的可能性，并表示已注意到中方的意见，承诺将会继续全面、深入调查事故原因。在工作组的协调下，所有事故伤亡者家属均与美国当地的

威尔律师事务所签订委托办理事故赔偿及其他相关事宜的协议。2月13日,上海工作组与中国驻旧金山总领事馆共同举行媒体通气会,通报事故善后的最新情况,感谢美国各方在事故处置方面给予的配合和支持,并转达上海市领导和上海有关部门对美方的谢意。工作组还召集事故伤难者家属、委托律师、国际SOS救援机构以及相关旅行社人员,就下一步事故善后工作进行协调和落实。除两名重伤者将继续留美治疗外,工作组和其余伤亡者家属于3月17日晚返抵上海,罹难者遗体同机抵沪。至此,一起在境外发生的重大交通事故得到妥善解决。

十三、马耳他总统摔伤紧急救治并护送回国事件

2010年4月30日上午10时许,应邀到中国出席上海世博会开幕式的马耳他总统乔治・阿贝拉在下榻宾馆不慎摔伤,被送往上海瑞金医院救治。国家主席胡锦涛得知消息后,立即指示外交部负责同志赶往医院探望,转达他本人和夫人刘永清的诚挚慰问,并指示医院方面精心治疗。瑞金医院立即启动“迎世博VIP保障预案”,组织专家会诊,并通过电子邮件和电话与马耳他医疗团队进行沟通,为总统进行镇痛、固定和肌肉放松医疗措施,提供最好服务。马耳他总统阿贝拉心急如焚,他希望主治医生配合,依然能出席开幕式,但病情使他不得不遗憾地放弃愿望,只能通过电视直播欣赏开幕式表演。5月1日下午,胡锦涛主席驱车赶往瑞金医院看望马耳他总统阿贝拉。抵达病房后,胡锦涛来到阿贝拉的病床前,俯下身关切地询问他的伤势。阿贝拉激动地探起身,双手紧紧握着胡锦涛的手,久久没有放下。马方为安排阿贝拉回国,紧急联系“国际救援组织”包机未果。胡锦涛听取汇报后决定,由中方派专机护送阿贝拉回国。按照国家主席胡锦涛的指示,阿贝拉乘坐中国政府提供的专机,由上海瑞金医院专家、外交部和上海市政府外办组成的中方护送小组护送,于当地时间5月3日下午回到马耳他。中方护送小组离开马耳他返回中国前,总统躺在床上专门接见,他说:“我亲身感受到中国这样一个泱泱大国对马耳他的友好情谊,这充分证明了马中两国的良好关系,我代表马耳他人民邀请友好善良的中国人民来马耳他做客。”

十四、“金福”号货轮在索马里被劫持事件

2010年6月28日,上海鼎衡船务有限公司(以下简称“鼎衡公司”)租赁的“金福”号货轮在索马里被海盗劫持,此事引起各方高度关注。鼎衡公司是在上海注册的民营企业,被劫货轮系该公司从新加坡的一家船公司租赁,租期3年。事发时,该货轮悬挂新加坡国旗,行驶线路为欧盟海军划定的安全通道,船上共有19名船员,均为中国籍。此事件引起各方高度关注,事发后,中国驻外使馆及时了解情况,协助开展营救工作。国家交通部通过所属海上搜救中心全面监测货轮动向,并设法与之联系。交通部明确,鼎衡公司作为营救工作的责任主体,在交通部的指导下,开展营救工作,上海市政府外办作为该公司所在地的外事部门,配合做好相关工作。上海市领导对营救工作非常重视,专门成立由市政府一位领导任总指挥,市政府外办牵头,市交通局、市商务委、市金融办、市新闻办、市公安局、市维稳办、浦东新区、交通部上海海事局等相关单位参与的“营救工作协调小组”,研究制定营救工作方案。由于营救工作复杂、时间又十分紧迫,上海市政府外办负责人约见鼎衡公司董事长,要求该公司在确保船员安全的前提下,全力以赴、千方百计尽快营救被劫船员。经过艰苦谈判,海盗于当地时间11月5日中午分批撤退离船。当晚,中国海军特战队员成功登轮。至此,船上19名船员全部获救。在中国海军舰艇的护航下,于当地时间11月7日晚8时顺利抵达阿曼塞

拉莱港。与此同时，上海市政府外办领导带领的医生、法律专家、公司船务人员一行也飞抵塞拉莱港，与先期抵达的接护工作组先遣人员会合，为“金福”号进港、被劫船员上岸休整作细致周到的安排。经休整，船上19名获救船员身体良好，情绪平稳，营救工作取得圆满成功。11月10日下午，船员最终安全返抵上海并与家属团圆。此次营救体现国家对人民生命安全高度重视，也是参与各方协作的成功典范，为处理类似突发事件积累经验。

第七篇

与港澳合作事务

上海是内地与港澳地区经济、文化等方面交流最频繁的城市之一，人员往来源远流长。新中国成立前夕，上海有一批工商界、知识界和文艺界等人士及其家属移居港澳地区，几百户企业在香港地区注册。新中国成立后，1950 年，港澳工商界观光团第一次访沪，至 1959 年新中国成立 10 周年，港澳同胞到上海参观旅游、探亲访友已有千人以上。“文化大革命”使人员往来骤减，一度停顿，直至改革开放后，出入境往来逐渐恢复，互访日趋频繁。1979 年以市委统战部部长张承宗为团长的上海工商界经济代表团赴港访问，成为“文化大革命”后的第一个出访团组，重启沪港交往先例，影响广泛，此后沪港往来与日俱增。1977—1990 年，上海共接待港澳同胞 1 175 847 人次，港澳各界访问团络绎不绝。上海因公赴港澳人员也日渐增多，至 1997 年香港回归祖国前已达到 5 500 余人，两地联谊不断延伸。1997 年香港回归祖国之际，上海南京路街头出现“百米长画迎回归”，上海举行各界喜庆香港回归祖国大会。1999 年澳门回归之时，黄浦公园举行上海市迎澳门回归倒计时揭幕仪式，澳门特别行政区候任行政长官何厚铧，中共上海市委常委、宣传部部长金炳华出席并揭幕。上海市政府为庆贺澳门回归赠送《申城庆回归》工艺品。香港是改革开放后境外在沪投资项目和兴办实业数量最多、数额最大的地区，上海第一家中外合资企业，第一幢涉外商业办公楼都有来自香港方面的投资。沪港经贸合作，在 21 世纪两地创建沪港经贸合作会议机制，按照中央关于《内地与香港建立更紧密经贸关系的安排》政策制定各交流合作领域和项目，演绎出携手共赢的“双城传奇”。其他如教育、科技、文化、医药、卫生、体育等方面的交流合作也多层次、多方面展开，活动形式、内容不断更新，更加活跃。

第一章 人员往来

沪港两地同受东西方文化的交汇和兼容，人员往来和交流合作源远流长。不少香港企业家、实业家和知名人士祖上曾在上海居住和创业，对于上海有难解的情结和特殊的关系，思乡之情难以割舍，走亲访友陆续不断。随着改革开放的不断发展和深入，上海优越的地理位置和良好的投资环境，更是吸引广大香港同胞到沪投资、兴办实业，为上海的经济建设和城市发展作出积极贡献。两地交往甚密，各方合作接连不断，双方取长补短，优势互补，为相互沟通和联系搭建良好平台。澳门与香港隔海相望，沪港交流合作的繁荣带动和促进沪澳交流的深入发展，澳门到沪投资紧随香港其后逐步扩大，人员往来更加密切，各领域交流合作越来越广泛，尤其是1999年澳门回归祖国以后，沪澳两地的紧密联系与协作呈现出更加欣欣向荣的景象。至2010年，上海年赴港达53.7万人次，香港到沪旅游、工作、观光人数已达62.4万人次；上海赴澳门12.6万人次，澳门赴上海4万人次；呈现出沪港澳往来繁荣的景象。

第一节 港澳人士访沪

一、香港官员访沪

改革开放后，沪港交往频繁。1985年5月7—8日，香港总督尤德夫妇应邀访问上海，出席由香港贸易发展局和中国国际贸易促进委员会上海市分会联合在上海展览中心举办的“香港产品展览会”开幕式，香港贸易发展局主席邓如莲率香港经济贸易访沪代表团一行20人也到沪参加展览会开幕式活动，市长汪道涵和尤德为展览会剪彩。汪道涵与国家经贸部部长郑拓彬分别会见尤德夫妇。

1987年12月1—3日，香港总督卫奕信夫妇应邀访问上海，出席由上海市贸促分会和香港贸易发展局共同举办的“香港上海经济区经济贸易合作研讨会”开幕式和香港贸易发展局驻上海办事处开幕典礼。市长江泽民和市府顾问、国务院上海经济区规划办公室主任汪道涵分别会见总督卫奕信。副市长李肇基和总督卫奕信为香港贸易发展局驻上海办事处开幕剪彩。

1997年3月25—26日，香港特别行政区候任行政长官董建华到沪访问，出席由香港贸易发展局主办，上海市对外经济贸易委员会、上海外国投资工作委员会等协办的“香港：联系京沪穗、携手创繁荣”研讨会并作演讲。中共中央政治局委员、上海市委书记黄菊会见董建华。10月12日，香港特别行政区行政长官董建华应邀来沪参加第八届全国运动会开幕式，市长徐匡迪会见。作为首任香港特首，董建华多次访问上海。1998年10月21日，董建华赴京述职后，和夫人到上海休假。市人大常委会主任陈铁迪会见董建华一行。1999年9月26日，董建华及夫人应邀到沪出席“’99《财富论坛》全球论坛·上海年会”，市委书记黄菊会见董建华夫妇。2000年6月2—3日，董建华到沪出席由上海市海外联谊会、沪港经济发展协会举办的“沪港大都市发展研讨会”，并在开幕式上演讲。市委书记黄菊和市长徐匡迪分别会见董建华。2001年4月7—9日，董建华再访上海。10月19日，国家主席江泽民在上海会见前来参加亚太经合组织领导人非正式会议的董建华，并共进早餐。2003年1月17—18日，董建华到沪，专程出席上海交通大学董浩云航运博物馆开馆典礼。2004年10月21—24日，董建华偕夫人等到沪休假，与市长韩正就沪港两地合作等事宜进行工作会谈。2010年9月6—7日，全国政协副主席、中美交流基金会会长董建华一行45人访沪，参观世博会，访问上海国际问题研究院。

2006年5月5—7日，香港特别行政区行政长官曾荫权偕夫人首次到沪访问。市长韩正会见。双方就加强沪港在金融和证券等领域的合作、赴港申请受理业务、加强沪港两地政府公务员交流等事宜交换意见。在沪期间，曾荫权一行参观新天地、中共一大会址、洋山深水港等。2008年5月30—31日，曾荫权再次造访上海，出席中国2010年上海世博会香港参展协议签署仪式。中共中央政治局委员、上海市委书记俞正声会见曾荫权，向客人简要介绍上海发展情况。俞正声说，香港在发展金融业、现代服务业和城市管理方面有很多值得上海学习的经验，上海要学习香港在发展现代服务业、城市管理等方面的经验，希望双方进一步加强合作，携手共进，共同发展。市长韩正也会见曾荫权。韩正指出，在中央关于《内地与香港建立更紧密经贸关系的安排》(以下简称“CEPA”)框架下，沪港经贸合作迅速发展，两地贸易年均增幅达20%以上。上海将虚心学习，认真借鉴香港在金融领域、城市管理等方面的众多优秀经验。相信在国家各有关方面的支持下，沪港两地能在CEPA框架下进一步拓展新的合作领域。上海愿为世博会香港馆的建设提供服务。曾荫权对上海能在城市建设中既保持原有风貌又取得新的进展表示赞赏。他说，中国2010年上海世博会是中国继奥运会后最大的国际活动，香港一定积极配合上海办好世博会，使香港馆和城市最佳实践区成为世博会上的亮点之一。希望沪港两地能在金融中心建设、旅游等领域展开更紧密的合作。会见后，韩正和曾荫权共同见证中国2010年上海世博会香港参展协议的签署。2010年4月26日—5月2日，曾荫权再次到沪访问，视察2010年中国上海世界博览会香港馆和城市最佳实践区香港范例，参观中国馆等，并出席上海世博会开幕式(其间4月27—30日赴江苏考察)。中共中央政治局委员、上海市委书记俞正声和上海市长韩正分别会见曾荫权。10月18—22日，曾荫权率百人团到沪参加世博会香港活动周庆祝活动，同市长韩正分别在活动周开幕式上致辞。10月30日—11月1日，出席上海世博会闭幕式和高峰论坛。

其他官员访沪也持续不断。20世纪80年代，港英当局财政司彭励治、金融事务司白礼宜、港督政治顾问麦若彬、港英当局署理布政司钟逸杰、工商司陈祖泽等先后到访上海，了解有关上海经济建设、城市发展以及引进外资、沪港经贸关系等情况。市长汪道涵和市政府外事顾问李储文分别会见代表团。进入20世纪90年代，先后有财政司翟克诚，工业署署长鲍明，金融管理局总裁任志刚，香港交通安全会会长边陈之娟，工业署副署长罗耀明，香港预委会政务组港方组长、香港梁振英测量师行董事总经理梁振英，香港本地法官协会会长廖子明大法官，香港布政司署政务科首长级乙级政务官孔郭惠清，香港贸易署副署长黎高颖怡，全国政协常委、港事顾问张永珍，港事顾问、香港新标志集团公司董事长黄景强，香港统计处处长何永煊等到沪访问。市长朱镕基、徐匡迪和副市长顾传训、夏克强、华建敏、沙麟、龚学平等分别会见有关代表团一行，宾主就加强和发展沪港交流和合作进行友好交谈。随着香港回归祖国，香港特别行政区政府与上海的合作交流迈上一个新台阶，特区政府政治、经济、金融、贸易、科技、文化等各部门组团访沪更加频繁，合作交流领域不断扩大，相互关系越加紧密。

1997年9月4—7日，香港特区财政司司长曾荫权应邀出席在四川成都举行的“香港证券市场介绍会”前访问上海，副市长赵启正会见曾荫权。之后，曾荫权夫妇又于2000年8月、2001年4月、2002年9月连续3次应邀访问上海，参观浦东新区、磁浮列车等项目，考察上海社会经济发展情况，并参加由国家计委在沪主办的“内地香港大型基础设施协作”第三次会议。

1998年3月12日，香港特区经济局副局长关锡宁和港龙航空公司董事兼执行总裁许汉忠等到沪访问，考察上海航运及浦东新机场的发展情况。4月19—22日，香港特区教育统筹局局长王永平一行访问上海，副市长周慕尧会见。9月19日，香港特区教育统筹委员会主席、特区行政会议成员梁锦松到上海参加“复旦大学—香港大学沪港管理教育与研究中心成立暨工商管理硕士班”开学典礼。10月15—17日，香港特区保良局主席黄永树率代表团访问上海，副市长左焕琛会见。11月18—21日，香港特区规划署署长潘国城等访问上海，了解上海城市规划管理及浦东新区规划和建设情况等。11月26日，香港贸易发展局主席冯国经到沪出席并主持由香港贸易发展局主办、上海市国际展览公司承办的“香港设计服务博览会”开幕式活动。

1999年4月4—7日，香港特区民政事务局局长蓝鸿震到沪访问。4月9—12日，香港特区经济局局长叶澍堃率港口及航运局代表团访京沪，与交通部就相关问题进行讨论，和上海港口航运管理部门建立联系，交流经验。7月21—23日，香港工业及科技发展局主席钱果丰由香港《大公报》总编辑杨祖坤陪同访沪，市长徐匡迪会见。8月26日，香港特区知识产权署署长谢肃方应邀到沪参加华东师范大学主办的“国际汉字学学术研讨会”。11月2—4日，香港特区廉政公署专员黎年访沪。

2000年1月19—22日，香港特区政府驻美国经济贸易专员韦玉仪率领特区政府访沪团访沪，代表团成员均为香港特区政府驻海外经济贸易办事处的主管人员，代表团在沪参观访问浦东新区管委会、中国人民银行上海分行、上海市对外经济贸易委员会、上海市计划委员会、上海市经济委员会、上海港务局、上海漕河泾新兴技术开发区、上海浦东国际机场、上海通用汽车有限公司和上海华虹日本电器(NEC)电子有限公司等部门和单位。4月下旬，全国政协委员、香港创新科技委员会主席、香港兴业国际集团董事兼总经理查懋声到沪访问，就香港与内地共同发展高科技产业等内容与上海有关领导进行探讨。6月6—9日，香港特区康乐及文化事务署署长梁世华一行到沪访问，代表团考察市文化广播影视管理局、市体育局和上海科技馆、上海博物馆等文化体育场所及设施。6月28日—7月6日，香港特区政府经济顾问邓广尧到访上海，拜访市计委、市外经贸委、浦东新区管委会等有关部门，考察上海大众汽车有限公司、张江高科技园区等，了解上海经济、金融方面的发展。9月23日，香港特区康乐及文化事务署副署长邹耀南和助理署长丘国贤到沪出席第三届中国国际园林花卉博览会相关活动，香港特区康乐及文化事务署出资200万港元在世纪公园设立香港馆参展。

2001年3月1日，香港特区财政司司长梁锦松、工商局局长周德熙等专程来沪参加“第五届沪港经济发展与合作会议”。4月15日，香港行政会议召集人梁振英率香港“专业联盟”代表团到沪访问，出席“发展与交流——沪港专业人士圆桌会议”，与上海的建筑、法律、会计、医学等各界专家就两地相关行业发展、行业环境、人才互动等问题进行交流，中共中央政治局委员、上海市委书记黄菊会见代表团。5月18日，香港特区律政司司长梁爱诗到沪参加“中国加入世贸的前奏——国际专家圆桌会议”并发表演讲。6月1日，香港政策研究所主席叶国华访沪。9月12日，香港特区财政司司长梁锦松再次访沪，市长徐匡迪分别会见上述客人。同年访沪的官员还有香港特区环境食物局局长任关佩英、香港特区房屋局局长黄星华。

2002年11月23日，香港特区工商及科技局局长唐英年作为特邀嘉宾到沪出席“第六届沪港经济发展与合作会议”，并宣读香港特别行政区行政长官董建华给会议的贺信。

2003年3月19—21日，香港特区高等法院首席法官梁绍中率代表团访沪，了解上海刑罚复核、减刑等司法制度。6月10日，香港特区警务处处长曾荫培到访，与市政法委书记、公安局局长吴志明进行工作会晤。6月25日,香港特区经济发展及劳工局局长叶澍堃访沪,副市长唐登杰会见。11月25日,香港特区财政司司长唐英年到沪出席"第二届沪港大都市发展研讨会",并在会上作主题报告,市长韩正会见。12月上旬,香港特区律政司司长梁爱诗来沪出席"加强沪港法律服务紧密合作研讨会",并与上海市司法局签订《上海司法局与香港律政司加强法律合作协议》,双方将在法律信息和法律文件的沟通、法律界人士的交流、专业人才培训等领域进行更紧密的合作,国家司法部副部长胡泽君和上海市副市长周太彤会见梁爱诗。

2004年1月8—10日,香港特区医院管理局行政总裁何兆炜访沪。2月24—27日,香港特区廉政公署防止贪污处助理处长欧阳妙群一行访沪,与上海检察院、市政府法制办就防贪业务、廉政建设进行交流。5月12—17日,以运输署署长霍文为团长的香港交通专家代表团访沪。5月25—26日,以驻港联络办主任助理王如登为团长的香港公屋联会等3个参观团访沪。5月28—31日,以局长何志平为团长的香港特区民政事务局代表团访沪。8月29日—9月3日,香港特区社会福利署署长邓国威一行访问北京和上海,在沪与市民政局、市残联、市第一社会福利院和康复中心等进行交流。9月2日,香港特区律政司司长、行政会议成员梁爱诗来沪出席"2004沪港青年经济发展论坛"并致辞。9月20—22日,香港特区财政司司长唐英年到沪与上海市有关领导出席并主持"香港金融服务博览"开幕式,这是香港首次在内地举办大型金融推广活动。12月2日,香港专业联盟主席梁振英来沪访问,与上海人事局就加强两地专业执业资格互认和专业人才交流等方面工作落实CEPA精神。12月11—14日,以签证管制执行科首席入境事务主任陈咏梅为团长的香港特区入境考察团访沪。

2005年6月18—20日,香港特区民政事务局局长何志平一行到沪与上海市体育局讨论体育交流事宜,并出席第16届中国体育用品博览会开幕式等活动。8月7—10日,香港特区创新科技署署长王锡基一行访沪,参观上海市纳米科技与产业发展促进中心、上海集成电路设计中心、复旦大学、上海交通大学、中芯国际集成电路制造公司、上海无线通信研究中心、上海高清数字科技产业有限公司等单位,与各方专家进行座谈交流,全面了解上海科技发展情况。12月3日,香港特区财政司司长唐英年抵沪出席"第三届沪港大都市发展研讨会",并作主题演讲,市长韩正会见。

2006年12月6日,香港特区商务及经济发展局局长马时亨专程来沪出席以"落实CEPA加强沪港合作、服务长三角联动发展"为主题的"第四届沪港大都市发展研讨会",在开幕式上作主旨演讲。

2007年2月1日,香港特区财政司司长唐英年为祝贺香港特区驻上海经贸办事处正式启用造访上海,市长韩正在会见时表示,沪港两地一直在CEPA框架下保持密切的交流和往来,相信香港特区政府驻上海经贸办事处的正式启用,能进一步加强和促进双方的合作。唐英年对上海市委、市政府和港澳办在香港特区政府驻上海经贸办事处成立过程中给予的帮助表示感谢,他表示,香港和上海要在过去良好合作的基础上,积极推进各领域的合作,互利共赢。11月15—16日,香港特区商务及经济发展局局长马时亨一行来沪访问,出席"2007年上海国际创意产业活动周"有关活动。12月4日,香港特区政制及内地事务局常任秘书长罗智光访沪,与上海市人民政府港澳事务办公室领导进行工作会谈。

2008年1月9—13日,香港特区发展局局长林郑月娥一行访问上海,考察上海在城市规划及文物保护和修复方面的情况,副市长杨雄会见,并就沪港两地相关领域的合作与交流交换意见。4月6—8日,香港特区律政司司长黄仁龙一行访沪,与市司法局、市高院等进行交流和沟通,市长韩正会见。5月23日,香港贸易发展局主席苏泽光一行访问上海,与上海有关部门交流,希望沪港两地进一步加强在服务业方面的合作，推动香港具有优势的医疗、康复等方面的服务企业进入上海。

2009年2月18—19日，香港特区商务及经济发展局常任秘书长柏志高访问上海，在沪参观M50、红坊和田子坊创意产业园区与世博会展示中心。3月26—28日，香港特区市区建设局主席张震远率香港特区“市区重建策略”检讨研究考察团访问上海，参观石库门建筑群“建业里”、摩西会堂旧址、上海犹太难民纪念馆、田子坊、8号桥、新天地等，与市住房保障和房屋管理局、市规划和国土资源管理局、市城乡建设和交通委员会就“市区重建历史和策略”“楼房复修法规、城市开发、城市建筑遗产、用地规划和权利、区政府角色”“保护历史文化风貌”等一系列问题进行座谈研讨。6月23—24日，以香港特区政府驻京办主任曹万泰为团长的香港特区驻外经贸办负责人代表团访问上海，在沪听取上海世博局领导对上海世博会的介绍，参观上海世博会有关展馆和环球金融中心等。7月1—3日，香港特区政务司司长唐英年就任后首次率团访沪，出席在沪举办的“香港特区参博周”、世博园区“香港馆平整地基仪式”等活动，对上海文化、航运设施等进行考察，中共中央政治局委员、上海市委书记俞正声和上海市长韩正分别会见唐英年一行。8月9—11日，香港特区环境局常任秘书长兼环境保护署署长王倩仪率香港特区政府有关部门官员组成的代表团访沪，学习上海在开发应用节能和新能源汽车方面的先进经验，并就此问题与上海有关部门交流。8月12—14日，香港特区财经事务及库务局局长陈家强率香港金融代表团访沪，拜访市金融办、中国人民银行上海分行、中国证监会上海监管局、中国银监会上海监管局、中国保监会上海监管局等政府部门和机构，就加强沪港金融合作事宜作交流，并参观上海世博会展示厅等，副市长屠光绍会见。8月14日，香港贸易发展局主席苏泽光访沪，拜会市长韩正，就沪港两地拓宽合作领域、定期交往举办经济论坛等事宜进行交流。10月12—13日，唐英年再度访沪，与市长韩正出席并见证沪港机场合作项目签字仪式，与常务副市长杨雄共同出席并主持上海世博会“香港馆”结构完工仪式。

2010年3月25日，香港证监会主席方正来沪访问，与副市长屠光绍就金融市场的发展情况及加强沪港金融领域合作等交换意见。4月15日，香港特区医药管理局局长胡定旭访沪，在沪拜访上海卫生局，了解上海医疗卫生工作发展情况，参观世博园，副市长沈晓明会见。5月14—15日，香港特区财政司司长曾俊华来沪出席“时尚香港”时装表演——“亚洲时尚绽放”世博特别呈现活动和“香港：创意生态”展览开幕式，并于5月16日出席在宁波召开的上海世博会“信息化与城市发展”主题论坛，作主旨演讲。7月20—22日，曾俊华再访上海，出席世博金融论坛，并作主题演讲。7月5—9日，由首席顾问刘兆佳率领的香港特区政府中央政策组代表团抵沪考察，出席第一届“沪港合作论坛”，并参观世博会。9月上旬，香港特区“政治委任官员赴沪交流团”访沪。9月16—19日，由香港特区公务员事务局长俞宗怡率领的香港“常任秘书长内地研修及访问团”抵沪访问，市委常委、海外联谊会会长杨晓渡会见。6—10月，香港特区政府新闻处助理处长梁黎艳明，香港特区政制及内地事务局局长林瑞麟，香港本地法官协会会长、香港高等法院上诉庭副厅长胡国兴，香港特区政府行政长官办公室主任谭志源，香港金融管理局总裁陈德霖，香港特区教育局副秘书长叶曾翠卿，香港特区警务处刑事部总警司余敏生等香港特区政府官员专程率团到沪参观上海世博会。

二、澳门官员访沪

2001年10月19日，国家主席江泽民在上海会见应邀前来参加亚太经合组织领导人非正式会议的澳门特别行政区行政长官何厚铧，并共进早餐。2007年10月2日，澳门特别行政区行政长官何厚铧一行6人应邀来沪出席2007年世界夏季特奥会开幕式，此次系何厚铧担任澳门特别行政区行政长官后首次正式访沪，市长韩正会见何厚铧一行，代表市政府和上海人民对澳门特别行政区行政长官来沪出席上海特奥会表示欢迎，并对特奥圣火传递到澳门时得到的热情支持表示感谢。韩正说，为了举办好特奥会，上海有4万名志愿者为特奥运动员服务，有10万人直接为特奥会工作，全市人民都将特奥会当成头等大事，特奥会定能圆满成功。何厚铧对韩正的热情接待表示感谢，并对能来上海参加特奥会开幕式感到非常高兴。副市长唐登杰参与会见。

2010年3月26日，澳门特别行政区行政长官崔世安一行访沪，考察上海世博会澳门馆及城市最佳实践区澳门案例的筹备情况，这是崔世安担任澳门特首后首次正式访沪。中共中央政治局委员、上海市委书记俞正声和市委副书记、市长韩正分别会见崔世安一行。俞正声在会见时说，祝愿澳门馆和城市最佳实践区澳门案例成为世博区的亮点，吸引广大参观者。希望上海和澳门进一步加强合作，推进共同发展。崔世安表示，澳门将抓住上海世博会的机遇，精心展示好澳门馆和最佳实践区澳门案例，展示澳门城市发展理念和回归后的新形象。4月30日—5月1日，崔世安再度应邀到沪出席上海世博会开幕式及参加澳门馆活动。5月24—26日，崔世安第三次访沪，率百余人团到沪参观上海世博会。10月13—17日，崔世安率150人代表团第四次到沪，出席上海世博会“澳门活动周”开幕式和庆祝活动，崔世安和市长韩正在开幕式上分别致辞。

1993年4月15—18日，澳葡当局卫生暨社会事务政务司安娜庇莉丝应卫生部邀请率团来内地访问抵达上海，副市长谢丽娟会见。

1994年5月6日，澳葡当局传播、旅游暨文化政务司高树维一行5人由京抵沪访问，副市长龚学平会见。

1995年10月8—12日，全国政协副主席、澳门巨商马万祺访沪考察，市委书记黄菊、市政协主席陈铁迪分别会见并介绍上海发展情况和政协工作。

1997年1月23—24日，澳葡当局社会及预算政务司董乐群等一行6人访问上海，在沪拜会市卫生局，参观华山医院、游览豫园等，副市长左焕琛会见。10月1—4日，由澳葡当局行政、教育暨青年事务政务司办公室顾问何永安，行政暨公职司副司长白丽娴，气象台副台长冯瑞权，法律翻译办公室主任高舒婷，统计司厅长黄振东，卫生司厅长陈琦华等组成的澳葡当局高级公务人员访问团一行13人访问上海，副市长孟建柱会见。

1998年5月19—22日，在中葡土地小组成立10周年之际，葡方首席代表欧廷睿一行来沪参观考察。10月22—25日，澳葡当局市政厅主席麦健智一行访问上海，市政府秘书长陈正兴会见。11月10—11日，澳葡当局高级公务员培训班学员在京参加国家行政学院为期1个月的培训后来沪考察，听取有关部门关于上海经济和社会发展情况的介绍。

1999年5月14—17日，澳葡当局运输暨工务政务司鲍维立一行7人到沪访问，在沪参观浦东国际机场、外高桥集装箱码头、金桥出口加工区、上海博物馆、上海体育场、东方明珠电视塔，游览豫园，并在上海大剧院观看文艺演出，副市长周慕尧会见。7月23日，澳门特别行政区候任行政长官何厚铧到上海参加“迎澳门回归宣传周”活动，中共中央政治局委员、上海市委书记黄菊和市长徐匡迪分别会见何厚铧。

2000年10月17—22日，澳门特区社会文化司司长崔世安一行8人访问上海，在沪与上海市卫生局商谈新的医学合作交流事宜，参观华山医院、上海第一人民医院等医疗机构，探讨进一步开展医学人员交流、培训的可能性，副市长左焕琛会见。

2005年2月，澳门特别行政区立法会主席曹其真访沪。10月下旬，由主任谢志伟率领的政府综合生活素质研究中心代表团访问上海，代表团在沪拜访市政府发展研究中心、市发展和改革委、市建设和交通委员会、上海社会科学院、市劳动和社会保障局；参观上海城市规划馆、新天地等。9月7—11日，澳门特区行政法务司司长陈丽敏率澳门代表团来沪参加世界法律大会，副市长杨晓渡会见。11月，澳门特区社会文化司司长崔世安访沪。

2007年4月9—11日，澳门特区法务局局长张永春等一行13人到沪访问，在沪拜会上海司法局，参观上海公证部门和律师协会等，进行业务交流。4月23—25日，澳门特区社会文化司司长崔世安一行6人访沪，就进一步加强与上海在体育、文化、旅游等领域的交流与合作，与市有关部门进行会谈，市委常委、市委统战部部长杨晓渡会见。6月27—30日，崔世安率代表团再次来沪访问，就卫生、旅游领域的交流合作深入探讨，实现优势互补、共同发展。市委书记习近平会见崔世安夫妇和社会文化司司长办公室顾问钟怡一行3人。10月3日，澳门特区社会文化司司长崔世安率澳门政府官员一行15人来上海访问并观摩特奥会开幕式，副市长杨定华会见。

2008年5月6—9日，澳门特区经济财政司司长谭伯源等一行访沪，出席由澳门会议展览业协会在沪举办的“活力澳门商贸推广周·上海”开幕式和“2010年上海世博会澳门馆动土仪式”，市委常委、市委统战部部长杨晓渡，副市长唐登杰出席“活力澳门商贸推广周·上海”开幕式并剪彩，醒狮点睛。市委常委、副市长杨雄出席“2010年上海世博会澳门馆动土仪式”。7月13—14日，澳门特区社会文化司司长崔世安一行5人来沪访问，就进一步加强沪澳两地在医疗卫生方面的交流与合作进行商谈，副市长沈晓明会见。

2009年4月16—22日，崔世安再次率团访沪，出席澳门特区旅游局为庆祝澳门特区政府成立10周年在沪举办的“澳门周”活动。

2010年5月7—10日，澳门特区政府可持续发展策略研究中心主任谢志伟率团访问上海，出席在同济大学召开的“世界屋顶绿化大会”，并参观考察世博会有关国家馆和馆顶绿化，拜访上海市人民政府发展研究中心、上海社会科学院等。7月2—6日，澳门特区运输工务司司长刘仕尧一行16人访问上海，在沪与市规划和国土资源管理局就城市总体规划和最新规划思路、世博会对上海城市规划和城市发展的影响、遗产保护与利用、轨道交通规划、外滩综合改造规划等问题进行座谈，并实地考察外滩综合改造工程等，参观世博园、8号桥创意产业园、田子坊等，副市长沈骏会见。10月10—13日，以澳门特区立法会执行委员会第二秘书高开贤议员为首的澳门立法会顾问代表团一行15人访问上海，在沪拜访市人大常委会、市法制办公室，了解了上海制定地方性法规、规章的情况和程序，参观上海世博会等。10月23—26日，由澳门特区行政暨公职局局长朱伟干为团长的澳门特区政府暨公职局考察团由京抵沪访问，在沪拜访市机构编制委员会办公室和徐汇区政府，就有关政府机构改革方案、部门“三定”、绩效评估等问题进行考察和交流。

三、香港其他各界人士访沪

改革开放初期，香港实业界对上海投资兴办实业积极性很高，频频到沪参观考察，了解上海经济发展现状和改革开放具体政策情况，投身于上海的各项经济建设。其中不乏实业界的知名人士，如世界著名船王包玉刚就多次访沪参与各项经济活动。1978年11月16日，包玉刚作为香港环球航运集团主席携夫人抵沪探亲访问。1981年7月7—8日，包玉刚一行9人抵沪出席为上海交通大学捐建图书馆赠款仪式等。1982年2月19—22日，包玉刚率领国际独立油轮船东协会访华团一行15人再次抵沪访问，参观上海江南造船厂和沪东造船厂。同年9月25日，包玉刚抵沪出席江南造船厂为其公司建造的第二艘27 000吨散货轮“世谊”号命名仪式和交船签字仪式。1984年5月23

日,包玉刚应中国船舶工业总公司邀请,在访问北京后到访上海。几次访问,市长汪道涵均会见包玉刚。1985 年 10 月 27 日,由包玉刚捐款建造的上海交通大学“包兆龙图书馆”举行隆重的落成典礼,包玉刚和亲属等一行 27 人到沪参加典礼,中顾委副主任王震和上海市委书记芮杏文、市长江泽民等市领导十余人出席落成典礼。市长江泽民和中国船舶工业总公司董事长柴树藩在落成典礼上致辞,感谢包玉刚的捐建,并希望上海交通大学把现代化的包兆龙图书馆管理好,使用好,使之成为第一流的图书馆。

其他访沪的实业界人士有:1978 年 12 月,香港中国染厂集团董事长查济民等一行抵沪,参观上海第一印染厂、国棉十七厂,并同市纺织局有关人员进行座谈。之后,查济民夫妇又于 1982 年 8 月 10 日到沪访问,市委有关领导会见查济民夫妇一行。

1979 年 5 月 2 日,香港益电半导体有限公司董事长邵炎忠率香港电子工业访问团到沪访问。10 月 20—31 日,香港中南纺织有限公司常务董事唐翔千率香港工商界访问团一行访沪。代表团中有香港伟伦纺织厂有限公司董事长吴中一、华达纱厂有限公司董事经理郭正达和侨民有限公司董事长刘浩清等。市领导彭冲会见代表团。该团在沪期间参观上海毛纺一厂、上海毛纺五厂、上海无线电十八厂、上海手表厂、上海有机化学研究所、中华印刷厂等,与市纺织局、化工局、毛纺公司、印刷公司、服装公司等洽谈业务。

1981 年 12 月 26 日,香港新鸿基证券、新鸿基财务以及新鸿基(中国)有限公司董事会主席冯景禧和夫人一行 12 人访问上海,就在香港合作经营公司、新鸿基在上海设立办事处等问题与上海有关方面交换意见。

1982 年 4 月 3—5 日,冯景禧一行 5 人再次访问上海,与上海市投资信托公司签订有关合作建造办公大楼的合同。11 月 16—18 日,冯景禧和新鸿基董事、美国美林集团高级副总裁威廉·雪瑞和新鸿基董事、法国巴黎巴金融财团高级执行副总裁荷夫·匹奈特一行 14 人到上海参加联谊大厦揭幕仪式,联谊大厦是上海市投资信托公司与香港新鸿基证券有限公司合作建造的外商办公大楼。市长汪道涵两次会见冯景禧。1982 年 3 月 5 日,香港著名实业家利铭泽等到沪访问,与市有关部门就城市建设、电子、电信设施等方面的问题进行交流。5 月 4—6 日,香港饮食业巨子伍沾德率其兄伍舜德以及香港贸发局局长简悦强,香港置地公司常务董事、总经理鲍富达一行抵沪访问。5 月 13—15 日,香港合和实业有限公司总经理胡应湘和副总经理何炳章一行到沪访问,了解上海城市建设情况和发展规划,参观港口设施及工业建设基地等,探讨双方合作的可能性。5 月 20 日,香港远东集团主席邱德根夫妇一行访沪,市长汪道涵和副市长韩哲一分别会见这几位实业家。

1984 年 4 月 18—24 日,香港永安集团有限公司主席郭志权率代表团到沪访问。参观上海泰康食品厂、儿童食品厂、上棉八厂、中百一店、中百十店和南京路、静安寺等商业街,与上海有关部门就食品、电子、建筑业等进行业务洽谈。7 月 6—9 日,以集团主席兼行政总裁罗康瑞为团长的香港瑞安集团代表团一行到沪访问,参观爱建大厦、雁荡公寓、华亭宾馆、淀山湖大观园等,同市建工局、市建材局、市投资信托公司就建筑设计、建筑管理、建筑改造以及建筑投资等进行商洽。8 月 25—28 日,香港华懋集团主席王德辉和夫人一行 8 人为洽谈筹建上海青年旅游宾馆等投资事项访问上海。10 月 20—22 日,由香港益电半导体有限公司董事、总经理邵炎忠为团长的香港实业界青年访问团一行 26 人抵沪访问,代表团与内地青年企业家进行广泛接触和交流,增进了解和友谊。副市长倪天增、阮崇武和市人大常委会副主任刘念智分别会见上述代表团。

1985 年 3 月 22—25 日,香港叶氏投资有限公司董事长叶椿龄来沪,与市科协就双方合资经营“沪港科技服务有限公司”签署合资合同和公司章程。3 月 24—31 日,香港美孚石油公司董事长罗宾·艾伦一行5人、香港晋祥国际有限公司董事长唐永昌等一行4人专程到沪访问，探讨与上海市石油公司共同筹建润滑油调配厂的可能性。4月17日，香港和记黄埔(中国)总裁西蒙·莫兰一行3人到沪访问，与上海商谈合作事宜。6月28日—7月5日，香港知名实业家查济民的儿子查懋成代表其父访问上海，与市科委商谈合作事宜。市长汪道涵、副市长刘振元分别会见。

1986年1月23—25日，香港地铁公司总裁李敦访沪，副市长倪天增会见。4月17—18日，香港中华总商会常务会董、青年委员会主任霍震寰率香港青年工商界访问团一行抵沪访问，副市长叶公琦会见，在沪期间，代表团举行香港经济状况报告会，参观宝山钢铁厂和闵行开发区等。4月25日—5月1日，香港厂商联合会会长、香港大森企业有限公司董事长兼总经理、上海工业技术发展基金会首席顾问黄鉴访问上海。市长江泽民、副市长李肇基会见。黄鉴一行在沪访问上海地铁公司、市邮政局、市仪表局、市纺织局和闵行开发区等单位，并在回港后，组织由比利时地铁公司、香港大东电报局、新加坡万年控股集团、荷兰上野银行、荷兰泛澳文化控股集团、菲利浦公司有关人员参加的代表团，于5月25—29日再次率团访沪。6月，香港菱电集团有限公司董事长、香港立法局议员胡法光夫妇访沪，市委书记芮杏文会见，之后胡法光于1988年和1998年4月、11月，率香港桥牌团和香港雇主协会代表团及其儿子香港菱电集团总经理胡晓明多次访沪，市长朱镕基和徐匡迪分别会见。6月19日，全国人大常委会副委员长、中国国际投资信托公司董事长荣毅仁率亲属200多人访沪。市委书记芮杏文看望荣毅仁并会见部分荣氏亲属。荣氏亲属观光团在沪参观宝山钢铁总厂，游览黄浦江，观看文艺演出，加深对祖国和家乡的了解，为上海的发展和变化感到高兴。

1989年3月24日，香港“海上学府”船首航上海，这是香港董氏基金会和美国匹兹堡大学创办的一所水上大学，为各国在读大学生环球旅游，实地考察当地的社会经济、历史文化、风土人情而设立，以增加学生的实际知识。原为香港已故航运事业家董浩云所创，由董氏基金会主席、其子著名爱国实业家董建华接手，香港金山轮船国际有限公司负责管理。市委书记江泽民、交通部部长钱永昌、副市长倪天增等参加首航活动，并会见董建华。

进入20世纪90年代，随着上海浦东开发开放和新一轮经济建设高潮掀起，香港实业界人士访沪更是络绎不绝。1990年2月17—20日，香港南源永芳集团有限公司董事长姚美良一行6人到沪访问，邀集上海美术界、史学界和新闻界人士召开座谈会，通报由其独家赞助的“纪念黄遵宪当代书画艺术国际展览”计划，展览于10月在广州首展，先后在北京、上海、东京、汉城、台北、新加坡、吉隆坡、旧金山、温哥华、伦敦、巴黎、悉尼、开罗、香港等20个国际大都市巡回展出。市长朱镕基会见时向客人介绍上海准备开发浦东新区，发展房地产业，建设新开发区的情况。姚美良表示支持开发浦东，并有意推动东南亚华人企业家来上海浦东实地考察，探讨投资意向。11月15日，香港新世界发展有限公司主席郑裕彤、恒基兆业地产有限公司主席李兆基到沪访问，访问市工商联，市长朱镕基会见。

1992年6月2日，香港知名实业家邵逸夫的代表、前香港中文大学校长马临专程到沪，参加复旦大学向邵逸夫先生颁奖仪式，此次颁奖仪式是表彰邵逸夫第三批赠款及复旦大学逸夫楼落成典礼。副市长谢丽娟出席典礼并会见马临。8月1日，邵逸夫专程到沪访问他赠款的学校——复旦大学、同济大学和华东师范大学，副市长谢丽娟代表市长黄菊会见邵逸夫。8月20日，邵逸夫一行37人乘专机由长沙抵沪访问，随团前来的还有在香港颇有影响的一些公司董事长、董事。同年12月18日，香港金山轮船国际有限公司董事长董建华、副董事长梁敏行，泰昌祥轮船有限公司董事长顾国华等一行前来上海，出席江南造船厂为香港金山轮船代理有限公司、上海宝山钢铁总厂合营的香港宝敏轮船有限公司建造的65 000吨巴拿马型散装货轮“宝敏”号命名典礼，副市长谢丽娟出席。

1994年1月12—14日,香港民建公司关博文来沪访问,市长黄菊会见。3月9—10日,新鸿基(中国)有限公司总裁冯永祥访沪,副市长夏克强会见,双方就上海房地产、工业投资及证券、贸易业等问题进行深入交谈。10月20—21日,全国政协副主席、香港南联集团主席安子介和香港南联集团常务董事、新达投资私人有限公司主席周文轩率团到沪访问,参观南联集团在上海房地产投资项目。11月,香港南丰集团董事长陈廷骅一行到沪访问,考察浦东新区和南京路商业街,副市长沙麟代表黄菊和市政协主席陈铁迪分别会见陈廷骅一行。

1995年5月15—17日,以香港知名人士唐翔千为名誉团长、方锵为团长的香港纺织业联合会访问团一行到访上海,就上海纺织业发展等问题与市纺织业部门进行座谈交流,市长徐匡迪会见。8月30日,香港董氏集团副主席董建成到沪参加"董氏东方奖学金签约仪式",副市长谢丽娟出席。市长徐匡迪会见董建成及董建华之子董立新一行。"董氏东方奖学金"是香港董氏集团用其利润设立,为完成其"培养中国青年一代来报答社会"的承诺,3年奖学金计划总额为887万元。10月24—27日,全国政协委员、香港新恒基国际集团有限公司董事局主席兼总裁、亚太电站控股有限公司董事局主席高敬德到沪访问,出席由该集团在沪投资的上海西南集团有限公司开幕典礼。

1996年1月,香港新鸿基地产发展有限公司副主席、董事总经理郭炳联一行到沪访问。市委书记黄菊、副市长赵启正分别会见郭炳联一行,并向客人介绍上海经济发展和城市建设情况,欢迎他们到沪投资。在沪期间,客人参观考察浦东新区、淮海路商业街、徐家汇商城和徐汇区康乐小区,听取市建委、市财办有关介绍。郭炳联表示,上海投资环境好,有良好的开放传统,作为全国经济中心,将成为新鸿基集团发展重点。5月15—18日,以全国政协委员、港事顾问、镜报文化企业有限公司董事长、恒通资源(集团)有限公司主席施子清为团长的香港企业家考察团一行27人到沪考察,市委书记黄菊、市政协主席陈铁迪、副市长华建敏、市政协副主席赵定玉等会见考察团全体成员。施子清表示,考察团到沪,目的是为沪港两地合作起桥梁作用,真心实意为上海的经济建设多作贡献。在沪期间,考察团考察陆家嘴金融贸易区和嘉定工业区,并与市外经贸委、市外资委、浦东新区管委会等负责人进行座谈。8月11—13日,全国政协常委、香港永兴企业公司总经理、上海华侨商务总汇有限公司董事长张永珍到沪访问,张永珍早在1979年就与上海建工局国际建筑公司、香港上海实业公司合作建造上海第一幢涉外公寓楼——雁荡大厦,后又为筹建上海华侨大厦投资200多万美元,是华侨大厦最大的投资者,在她任香港管理实业协会企业发展中心主席期间,积极为上海开办3期高级企业管理人员培训班,在沪时副市长赵启正会见张永珍。8月12日,市长徐匡迪会见在上海访问的香港太古集团董事姚刚,太古集团的中国业务130年前即在上海展开,其后发展迅速。改革开放以来,该集团积极参与内地和上海的建设,创办多个合资企业和办事机构。9月27日,已故船王包玉刚的女儿、香港升华服务有限公司主席包陪庆和香港康世国际投资有限公司董事长包陪丽抵沪访问,两位女士在沪投资建造商办大楼——康世大厦,副市长夏克强会见。10月8日,香港美心集团董事总经理伍沾德一行到上海视察业务,美心集团是香港最大的饮食集团公司,与国航、东航等有很长时间的业务联系,合资建立多家航空配餐企业。11月2日,香港企业家访问团一行28人到沪访问。11月25—27日,香港新鸿基地产发展有限公司副主席兼董事总经理郭炳联率该公司高级行政管理人员一行20余人,到沪参加上海交通大学香港新鸿基地产发展公司高级行政管理人员研修班,为期3天的培训目的是使受训人员了解"上海政府机构的职能""外资在沪投资情况""浦东的开发与开放""企业的市场化运行机制""上海证券业现状与发展"等,为实现投资重点转移至上海作准备,副市长夏克强会见。

1997年5月,香港金银业贸易场理事长、香港庆丰金集团有限公司主席陈发柱率代表团一行

20人访问上海，在沪参加上海金属交易所成立5周年庆典，考察浦东新区，并与上海金属交易所、上海证券管理办公室、上海证券交易所、中国人民银行上海市分行进行交流，市委副书记孟建柱会见代表团。6月28日，香港东方海外集团主席董建成到沪参加"东方海外迎回归"活动，中共中央政治局委员、上海市委书记黄菊与市委副书记孟建柱会见。8月26—27日，新中港集团总裁陈庆祥到沪访问，新中港集团有限公司股东成员以香港为中心，致力于中国内地建设和发展，包括中国内地多个大型企业和新加坡贸易发展局及多位香港实业家。9月3日，香港天安中国投资有限公司总经理许业荣到访，香港天安中国投资有限公司对闸北的旧区改造和经济发展起到促进作用，在上海其他城区也有多项大型投资项目。副市长夏克强会见陈庆祥和许业荣。

1998年3月27日，香港知名实业家、上海申南纺织有限公司董事长荣鸿庆到沪参加该公司董事会，之后荣鸿庆夫妇再度到沪访问。市工商联会长任文燕、党组书记张亚培和市委统战部部长黄跃金先后会见。11月11—13日，由全国政协委员、香港特区第一届政府推选委员会委员、汛年国际有限公司董事长陈金烈为团长的香港工商人士访问团一行40人到沪访问，在沪考察上海通用汽车公司、金茂大厦、上海博物馆、青浦经济技术开发区，并与青浦区、上海爱建公司等单位洽谈达成多项投资意向，副市长冯国勤会见代表团。

1999年4月14日，香港太古集团主席萨秉达和即将接任主席一职的阿礼泰到沪访问，市领导会见萨秉达一行。9月1日，香港邵氏影业公司总裁邵逸夫夫妇抵沪访问，中共中央政治局委员、上海市委书记黄菊，市长徐匡迪等分别会见。10月3—4日，香港新世界发展有限公司主席郑裕彤抵沪访问，中共中央政治局委员、上海市委书记黄菊和市长徐匡迪分别会见。

进入21世纪，香港实业界人士访沪依然热情不减。

2000年1月28日，香港其士集团主席、香港宁波同乡会会长周亦卿访沪。3月28日，香港新世界中国地产有限公司副主席杜惠恺访沪。3月31日，香港知石实业家荣鸿庆和夫人到访。5月16日，香港南联实业有限公司主席周文轩到沪访问。市委统战部领导会见上述人士。10月下旬，由全国政协委员、香港新大中集团执行主席李大壮率领的香港青年企业家访问团一行12人到沪考察，其中有国际旅业有限公司行政总裁陈文卫、富联国际集团有限公司行政总裁郑维新、美国大通银行（亚洲区）主席梁锦松、汇丰金融服务（亚洲）有限公司行政总裁司徒振中等企业高管，市长徐匡迪会见。10月30—31日，香港中华电力公司主席嘉道理访沪，就有关投资项目专程听取上海方面意见，副市长周禹鹏会见。

2001年1月10日，全国政协常委、香港信德集团公司行政主席、澳门旅游娱乐有限公司总经理何鸿燊一行到沪访问。在和市领导会见时，何鸿燊表示，一直看好上海，对上海充满信心，已在上海好几个地方有投资项目，其中投资3亿多美元的"虹桥上海第一城"第一期已完工，将会扩大在上海的投资。7月2日，全国政协委员、香港新鸿基地产发展有限公司主席郭炳湘，市政协委员、新鸿基地产发展有限公司副主席兼董事总经理郭炳江等到沪参观访问，市长徐匡迪会见时向客人介绍上海城市规划和房地产业的发展情况。12月19日，郭炳湘、郭炳江一行再度到沪考察，市领导对新鸿基集团在浦东陆家嘴地区的设计方案和扩大投资表示欢迎。9月20日，香港恒基兆业集团主席李兆基、香港中华煤气公司行政总裁陈永坚、恒基中国集团执行董事张方明参加南京华商大会后到沪访问，在与市委统战部领导会见时，李兆基表示要多来上海看看，并已要求属下中华煤气公司和上海商谈在浦东和苏州河北岸的合作项目。同年访沪的还有：香港宝业集团主席刘尚俭、香港九龙集团主席李伟仁、香港菱电集团董事长胡法光、香港特区第一创新有限公司董事会主席钟士员、香港怡和控股有限公司常务董事韦德乐、香港房地产建筑业协进会会长刘绍钧、香港汉宏货运有限公司董事夏祖杰、香港华润(集团)有限公司副董事长兼总经理宁高宁、香港关键性零部件制造业协会理事长伍伟雄、香港沙龙电影公司董事长汪长禹、香港丽新集团主席林百欣等,市领导徐匡迪、龚学平、韩正、蒋以任、冯国勤、周禹鹏、沙麟等会见有关香港客人。

2002年7月11日,香港世茂集团主席许荣茂拜会副市长韩正,谈及世茂集团在上海的投资情况,表达其进一步参与浦东滨江地区和北外滩建设的愿望。韩正感谢世茂集团参与上海建设的规划和前瞻性,并就其参与上海浦江开发提出建议。其他到沪访问的香港企业界人士还有:香港恒基兆业地产有限公司主席李兆基、香港和记黄埔有限公司主席李嘉诚、香港嘉里集团董事长郭鹤年、香港东方海外(国际)有限公司董事长董建成等,中共中央政治局委员、上海市委书记黄菊分别会见。

2003年1月22日,香港新鸿基地产发展有限公司主席郭炳湘访沪;7月2日,香港嘉里集团董事长郭鹤年访沪;7月11日,香港招商局集团总裁傅育宁访沪;10月8日,香港利丰集团主席冯国经访沪;市长韩正会见上述客人。6月21日,香港丽新集团主席林百欣访沪;7月22日,香港新鸿基集团执行董事黄植荣访沪;7月25日,香港雄震集团主席蒋震访沪;8月15日,香港新鸿基地产发展有限公司主席郭炳湘访沪;11月4日,香港恒隆集团董事长陈启宗访沪;11月11日,香港上海大酒店有限公司总裁郭敬文访沪;市领导会见上述客人。

2004年2月6日,中华电力控股公司和香港上海大酒店有限公司主席米高·嘉道理访沪;3月18日,香港九龙仓中国有限公司主席李唯仁访沪;4月28日,香港新鸿基地产发展公司董事局主席郭炳湘访沪;5月15日,香港信和集团主席黄志祥访沪;6月11日,香港招商局集团董事长秦晓访沪;市长韩正分别会见。6月14—18日,香港恒基中国集团有限公司主席兼总裁李家杰访沪;7月22—23日,香港地铁有限公司行政总裁周松岗访沪;9月6—8日,香港嘉里集团董事长郭鹤年访沪;9月23—24日,香港名力集团高层负责人查济民访沪;9月27日,香港上海大酒店常务董事、总经理郭敬文访沪;12月12—14日,香港名利集团主席查懋声访沪;市领导分别会见。

2005年到沪访问的实业界人士有:2月,香港国泰航空公司行政总裁陈南禄访沪,香港新鸿基地产集团副主席兼总经理郭炳联访沪;3月,香港九龙仓中国有限公司主席兼行政总裁李唯仁访沪,香港上海大酒店有限公司董事总经理兼首席执行官郭敬文访沪;4月,香港和记黄埔港口集团执行董事钱乃骏访沪;9月,香港中华厂商联合会会长杨孙西,香港怡和集团董事兼怡和(中国)有限公司主席彭耀佳,香港太古集团副主席兼太古地产董事总经理简基富访沪;11月,香港九龙仓中国有限公司主席兼行政总裁李唯仁访沪;市领导分别会见。12月20日,香港和记黄埔集团主席李嘉诚一行到沪访问,出席"上海明东集装箱码头有限公司成立仪式"和"洋山深水港区二期项目合资合同签约仪式"并参观外高桥五期码头和洋山深水港一期码头,市长韩正会见。

2006年3月26日,香港高宝事业有限公司董事长兼高鹏(上海)房地产发展有限公司董事长杨宗益访沪;4月10日,香港泰国航空公司行政总裁陈南禄访沪;7月19日,香港地铁公司中国及国际业务总监龙家驹、香港建设(控股)有限公司董事长黄志源访沪;8月2日,香港九龙仓集团主席李唯仁访沪;市领导会见来访客人。

2007年3月1日,香港上海大酒店有限公司总裁郭敬文访沪,就配合上海世博会而建设的上海外滩半岛酒店有关项目进展情况听取副市长杨雄意见。3月到访的还有香港嘉里集团董事长郭鹤年、香港中信泰富有限公司董事局主席荣智健;4月到访的有中电控股和香港上海大酒店有限公司主席米高·嘉道理;市长韩正均会见。6月24日,香港新鸿基集团主席郭炳湘一行到沪访问,市委书记习近平会见,对其到沪投资发展表示欢迎。习近平说,上海和香港都是中国重要的金融中心和经济中心城市，两地各有优势和特点，在相互合作、协调发展中，两地会实现共赢和共同繁荣。郭炳湘表示，新鸿基对上海发展的美好前景充满信心，新鸿基将努力为上海的发展作贡献。郭炳湘于12月再度访沪，中共中央政治局委员、上海市委书记俞正声会见，俞正声还会见12月到访的香港九龙集团主席吴光正和香港嘉里集团董事长郭鹤年。6月和7月，香港中国国际投资集团公司董事长兼行政总裁苏森昌、香港建设(控股)有限公司名誉董事长王军访沪；8月23—24日，香港太古(中国)集团主席陈南禄访沪；11月，香港万顺昌集团有限公司董事长兼行政总裁姚祖辉访沪；市领导分别会见。

2008年1月16日，香港新世界发展有限公司董事总经理郑家纯一行到沪访问，俞正声在会见时表示，上海处于进一步扩大改革开放的关键时期，欢迎更多的香港朋友来沪发展，把投资、开发和运营管理的科学理念和成功经验带到上海，在融入上海的同时，取得共同发展。郑家纯表示，香港新世界发展有限公司将进一步加大在上海的投资力度，积极参与2010年上海世博会，为上海发展作出贡献。2月29日，香港恒基兆业地产有限公司及恒基兆业发展有限公司主席李兆基访沪，俞正声会见时对李兆基热心公益、积极支持祖国教育事业发展表示感谢，并介绍上海经济社会发展情况。李兆基介绍在上海投资发展的情况，对上海给予的支持表示感谢。同天，李兆基还接受复旦大学授予的名誉博士学位，在授证仪式后发表主题演讲。李兆基曾于1982年与多名好友共同创立“培华教育基金会”，赞助教育事业。在复旦大学捐资设立“恒基兆业李兆基奖学金”，并担任复旦大学第四届董事会董事。2006年底，李兆基向“温暖工程”捐资3.3亿元，用于在内地中西部地区培训转移100万农村富余劳动力和培训1万名乡村医生。

2007年7月1日，李兆基获代表香港特区最高荣誉的大紫荆勋章。9月9日，香港永新企业有限公司董事长、港龙航空公司创办人曹光彪一行到沪访问，市委书记俞正声会见时对曹光彪的爱国爱乡精神给予高度评价，衷心感谢他长期以来为上海的经济建设和科教事业发展所作出的贡献。曹光彪表示将继续扩大投资，积极参与上海发展。同年，俞正声会见到访的香港实业家还有：3月到访的香港恒龙地产有限公司主席陈启宗；4月到访的香港嘉道理家族财团主席米高·嘉道理、香港大中里物业有限公司董事局主席查懋成；8月到访的香港长江实业(集团)有限公司执行董事赵国雄；12月到访的中华海外联谊会名誉会长张永珍。

2008年1月，市长韩正会见到访的香港长江实业(集团)有限公司执行董事赵国雄。其他到访的香港实业家有：2月，香港恒基兆业集团副主席、恒基中国地产董事长李家杰访沪，香港上海大酒店有限公司总裁郭敬文访沪；4月，香港四洲集团主席、香港食品商会会长戴德丰，香港中电控股有限公司总裁兼首席执行官包立贤访沪；5月，香港怡和集团常务董事总裁黎定基访沪；6月，香港新鸿基地产发展有限公司副主席兼行政总裁郭炳江访沪；8月，香港新世界集团副主席杜惠恺访沪；9月，香港长江实业(集团)有限公司执行董事赵国雄访沪；10月，香港第一东方投资集团董事长诸立力访沪；12月，中国国际投资(香港)集团有限公司董事长苏森昌等访沪；市领导均分别会见。

2009年2月，香港九龙仓集团有限公司主席吴光正、香港长江实业(集团)有限公司执行董事赵国雄、香港嘉里集团董事长郭鹤年访沪；4月，香港长江实业(集团)有限公司董事总经理李泽钜访沪；中共中央政治局委员、上海市委书记俞正声分别会见。

2010年1月，香港嘉里集团主席郭鹤年访沪；10月，香港培华教育基金会主席、恒基兆业地产集团主席李兆基访沪；俞正声分别会见两位。

除实业界外，香港金融界、工商界、宗教界和各有关团体、民间组织、行业协会等访沪也接连不断。1978年11月22—24日，香港中华总商会会长汤秉达率代表团一行26人抵沪观光，代表团大部分成员为第一次到上海，在沪受到上海有关方面热情接待，许多代表表示要动员更多的朋友来上海看看。

1982年11月22—25日，以会长黄鉴为团长的香港厂商联合会参观访问团一行29人访问上海，在沪参观上海工业展览会、上海机床厂和上海无线电十八厂，出席市投资信托公司成立周年活动和上海建设及发展规划报告会，副市长忻元锡会见访问团成员。

1984年5月28—31日，中国银行副董事长、港澳管理处主任兼中国银行香港分行总经理蒋文桂率香港中资银行集团代表团一行7人访问上海，就支持上海各种建设项目和加快利用外资、引进先进技术等与有关方面交流，市长汪道涵会见。

1985年3月28—30日，天主教香港教区主教胡振中一行6人访问上海，拜访市天主教两会，参观徐家汇天主教堂、佘山修道院，并进行座谈交流，副市长叶公琦会见。

1986年3月21—22日，香港特别行政区基本法起草委员会副主任、香港东亚银行董事总经理李国宝到沪访问，了解上海经贸发展情况，探讨改善上海市交通、电信，拓展业务等问题，副市长李肇基会见。之后，李国宝分别于1987年2月4—6日、2月24—26日和1994年2月4—6日，多次访问上海，就香港金融界与海外经济界对上海经济改革和金融改革的配合，以及东亚银行加强业务合作和争取东亚银行股票率先在上海股票市场上市等问题作探讨，副市长黄菊、李肇基以及黄菊任市长后分别会见。1986年10月5日，香港屋宇经理学会总会会长郭克夫妇等一行7人访沪，与上海市房地产业协会签订友好协议，并相互交流两地房地产业开发、经营和物业管理等有关信息，市府顾问汪道涵会见。10月8日，标准渣打(麦加利)银行董事吴光正和香港地区总经理白朗专程到沪，出席标准渣打(麦加利)银行上海分行乔迁新址开幕仪式。10月10—15日，以香港张绿萍公关公司董事长、总经理张绿萍为团长的香港企业界、专业界妇女访沪团一行9人访问上海，与上海有关方面就公关工作、纺织、建筑、机械等方面开展交流，并参加上海市女工程师联谊会成立3周年活动，这是香港企业界专业界妇女第一次组团访沪。11月中旬，香港瑞兴集团公司董事长、全国政协委员古胜祥到上海财贸管理干部学院为第2期高级商业企业管理培训班讲学。

1987年7月9日，以香港爱群道清真寺教长包承礼和些利街清真寺教长张广义为团长的香港中国穆斯林访问团一行8人访沪。此为香港中国穆斯林访问团第一次到访，访问团参观松江清真古寺、小桃园清真寺和福佑路清真寺等，副市长谢丽娟会见。9月14—19日，以香港基督教协进会主席、香港基督教女青年会总干事高苕华为团长的香港基督教协进会代表团一行7人访问上海，副市长谢丽娟会见。10月12—22日，以香港佛教联合会会长觉光法师为名誉团长，香港西方寺方丈、菩提学会负责人永惺法师为团长的香港佛教联合会代表团一行10人抵沪访问，在沪参拜玉佛寺、龙华寺、静安寺等。

1989年8月12—14日，沪港经济发展协会会长唐翔千率该协会一行17人到沪访问，就三资企业存在的问题、困难举行座谈，市外经贸委、市外资委等有关部门解答代表团提出的问题和困难，市长朱镕基、副市长顾传训会见。11月2日，以香港中华总商会会长霍英东为团长的香港赴长江三角洲考察团一行19人到沪考察，参观闵行经济技术开发区和中外合资企业，听取市有关部门关于上海投资环境的介绍，副市长黄菊会见。12月17—19日，香港恒生银行董事长、香港联合证券交易所理事会主席、香港中文大学校董会主席利国伟夫妇在香港日本劝业角丸证券(亚洲)有限公司董事、总经理毛玉亭夫妇陪同下访问上海，参加上海有关方面的交流座谈，并介绍香港及国际金融情况，市长朱镕基会见时就恢复上海金融中心地位与他们交换意见。20世纪90年代后，随着浦东开发开放和上海“四个中心”目标的提出，香港工商界、金融界人士访沪更为频繁。

1990年9月18—21日，香港知名青年工业家、中华总商会副会长、中化集团副主席兼总经理王敏刚携夫人到沪访问。10月28—30日，由新华社香港分社外事部组织的在港部分外国企业家和驻港商务领事一行25人访问上海、无锡和南京，在沪听取有关浦东经济开发区的情况介绍，参观闵行经济技术开发区有关三资企业和上海万国证券交易所。

1991年1月13—15日，以香港中华总商会会长霍英东为团长的香港中华总商会访问团一行15人到沪访问，参观新中华机器厂、闵行经济开发区和上海证券交易所，市长朱镕基会见。6月14—16日，香港日本劝业角丸证券（亚洲）有限公司董事、总经理毛玉亭夫妇到沪访问，市委书记吴邦国和市长黄菊、副市长顾传训分别会见。

1992年3月28—29日，全国政协常委、南洋商业银行名誉董事长庄世平和南洋商业银行董事长、副总经理姚树生等6人到沪出席与交通银行信用卡、旅行支票业务签约仪式，副市长庄晓天会见。4月19日，香港社会服务联会主席朱幼麟率团访沪，副市长谢丽娟会见。5月10—13日，香港联合交易所有限公司主席李业广一行8人到沪访问，在沪分别拜会市分行、市体改办、上海证券交易所、各有关证券公司负责人，并介绍香港联交所在证券业务方面的经验和交易方式，探讨沪港证券合作发展事宜，副市长庄晓天会见。6月1—2日，港澳少年儿童社团负责人访问团一行12人在沪走访上海市郊农户，参观闵行经济技术开发联合公司和南浦大桥等，并与少年儿童工作者和辅导员、红领巾理事会理事和《我们一百万》杂志小记者进行座谈，副市长谢丽娟会见。10月7—8日，香港中华出入口商会青年部访问团一行13人由该会常务会董、时代裘皮动物有限公司董事长兼总经理单志明率领访沪，副市长孟建柱会见。11月1—4日，由会长梁钦荣率领的香港中华厂商会会董代表团一行30人访问上海，实地考察上海投资环境和浦东开发开放的情况，市长黄菊会见。

1993年4月8—10日，新香港新联盟工商考察团一行40人到沪参观考察，代表团成员大多为香港工商界上层人物，市长黄菊会见。5月，以庄世平、陈有庆为名誉团长，刘奇喆为团长的香港潮州商会考察团一行30人到沪访问，参观浦东新区、上海证券交易所等，副市长孟建柱会见。5月28日，香港汇丰银行董事长浦伟士与夫人专程到沪与市人大常委会副主任胡传治等有关方面领导，一同出席上海沪东造船厂为中国国际信托投资有限公司新海康航业投资有限公司建造的7万吨散货轮“海康”号命名暨下水仪式。6月12—14日，香港陆陈丽珠等10位女士组成港澳代表团抵沪出席上海市第十次妇女代表大会。10月28—31日，由香港中华总商会青年委员会主任胡经昌率领的代表团一行26人抵沪访问，代表团考察浦东新区，参观上海证券交易所，拜访市工商联和上海海外联谊会，副市长孟建柱会见。

1994年1月28日，香港道亨银行行长王潮声和道亨银行母公司香港国浩集团行政总裁郭金海、董事总经理麦高祺专程抵沪出席道亨银行上海代表处成立庆典，副市长孟建柱会见。6月11—14日，香港杰出人物代表团一行30人到沪参观交流，出席“’94沪港杰出人物现代管理及经营谋略研讨会”，副市长龚学平会见。8月27—30日，香港东华三院主席关肖丽君率该机构新一届董事局成员一行约30人到沪访问，了解上海市经济和社会福利事业发展情况，东华三院是香港规模较大的慈善福利机构，1991年华东水灾时，他们呼吁香港市民积极赈灾，捐款和捐赠医疗物品约700万元。副市长谢丽娟会见。8月7—9日，以全国政协常委、沪港经济发展协会会长唐翔千为团长的沪港经济发展协会和香港九龙仓集团考察团一行12人到沪访问，参加由上海万国机动车驾驶员培训中心与沪港经济发展协会和香港驾驶员学院合资建设机动车驾驶员培训中心意向书签字仪式。

1995年2月23—26日，全国政协常委、沪港经济发展协会会长唐翔千和香港工业总会副主席、市政协委员唐英年率沪港经济发展协会和香港工业总会考察团到沪出席沪港经济发展协会成立10

周年会庆，中共中央政治局委员、上海市委书记黄菊会见两个代表团全体成员。4月19日，香港浙江第一银行董事长孔祥勉访沪，市长徐匡迪会见。5月8—10日，香港潮州商会访问团一行30人在团长唐学之率领下到沪考察浦东陆家嘴和金桥开发区，副市长华建敏会见。6月28—30日，香港小姐亲善访问团一行40余人由杭州抵沪参观访问。9月22—25日，香港佛教联合会会长觉光法师、副会长黄云畋居士、总务主任永惺法师率领的香港佛教联合会访沪团一行14人，由全国政协委员、香港啬色园主席黄允畋率领的啬色园访问团一行26人同时访问上海，副市长龚学平分别会见。10月30日—11月1日，以主席孙大伦为团长的香港青年联会访问团一行33人到沪访问。11月24—26日，以香港协进联盟主席刘金铨为团长的香港协进联盟代表团一行36人到沪访问，就上海与香港的合作和优势互补问题与市外经贸委、市教委、市税务局、市房地局等部门领导进行座谈，并参观浦东金桥出口加工区、陆家嘴金融开发区等，中共中央政治局委员、上海市委书记黄菊会见。

1996年4月30日—5月10日，香港崇正总会访沪团一行18人在团长黄石华率领下访问北京、南京、上海，副市长赵启正会见。7月22—24日，香港永隆银行副董事长伍步刚和助理总经理吴理存访问上海，永隆银行是1933年始创于香港的华资银行，此访是为了解国内的经济及金融发展，拟在上海增设代表处，副市长孟建柱会见。9月9—12日，由孙穗芬为团长的香港美国商会代表团一行15人访沪，副市长赵启正会见。10月19—25日，由香港政府助理社会工作主任协会主席伍超仁率领的"社会福利考察交流团"一行14人到上海杭州两市参观访问，在沪参观黄浦区广场街道社区服务中心、市儿童福利院、杨浦区社会福利院、复旦大学社会学系、宋庆龄故居等，副市长孟建柱会见。10月24—25日，香港南英保险公司顾问、香港宁波同乡会会长、香港金裕房地产有限公司董事长金如新与董事会成员一行访问上海，出席上海金苑大厦封顶仪式，金苑大厦系金如新及董事会成员在沪建造的独资高级住宅，总投资2 700万美元，副市长龚学平会见。

1997年5月，香港金银业贸易场理事长、香港庆丰金集团有限公司主席陈发柱率香港金银业贸易场一行20人到沪访问，参加上海金属交易所成立5周年庆典，并与上海金属交易所、上海证券管理办公室、上海证券交易所、中国人民银行上海分行进行交流，考察浦东新区，市委副书记孟建柱会见。9月10—12日，香港东华三院董事局主席吴彭年一行访问上海，副市长左焕琛会见。10月17日，以香港保良局董事局主席黄永树为团长的访问团抵沪访问，副市长左焕琛会见。11月28日—12月1日，会长梁钦荣再次率香港中华厂商联合会访问团到沪访问，在沪参加市社科院、市体改委、产权交易所召开的国有企业改革与发展座谈会，与市工商联签订合作意向书，并参观陆家嘴金融贸易开发区等，市长徐匡迪会见，并向客人介绍上海经济体制改革情况。12月初，海外香港团体负责人访华团一行36人到上海考察访问，副市长赵启正会见。12月26—29日，由香港教育工作者联合会组织的香港300名中学生来沪开展"香港学生大使交流计划"访问交流，市有关部门领导会见来访学生。

1998年9月30日—10月4日，全国政协委员、香港中华青少年历史文化教育基金会主席伍淑清率中华青少年历史教育交流团一行344人到沪访问，在沪分别与复旦大学、上海交通大学和同济大学师生进行交流，参加"祖国，您好"沪港青年国庆升旗仪式，参观宝山钢铁总厂、南浦大桥、杨浦大桥、上海博物馆、上海大剧院、上海图书馆等，中共中央政治局委员、上海市委书记黄菊会见。11月10—13日，以全国政协委员、汛年国际有限公司董事长陈金烈为团长的香港工商人士访问团一行40人到沪参观考察上海通用汽车公司、金茂大厦、上海博物馆、青浦经济技术开发区，并与青浦区、上海爱建公司等洽谈达成多项投资意向，全国人大常委会副委员长成思危、市人大常委会副主任任文燕、副市长冯国勤分别会见。

1999年11月18—19日，香港期货交易所董事会主席叶谋遵访沪，市长徐匡迪会见。12月12—14日，香港总商会主席董建成率香港企业界人士访沪，市长徐匡迪会见。

2000年5月11日，汇丰银行主席艾尔敦及汇丰中国业务总裁王浵世专程到沪，主持在上海森茂国际大厦举行的香港上海汇丰银行有限公司驻中国总代表处及汇丰上海分行新址开幕庆典，市领导会见艾尔敦，出席开幕庆典并致辞。11月26—29日，以侯东迎为团长的"香港互联网暨通讯业联合访问团"一行36人到北京上海访问。12月26—29日，由香港中华青少年历史文化教育基金会负责人梁洁华、伍淑清和邓日燊率领的香港中华历史文化教育交流团一行50人访问上海，副市长周慕尧会见。

2001年3月21—25日，香港证监会主席沈联涛一行4人到沪访问，拜访市规划发展委员会、上海证券交易所、上海期货交易所和中国证监会上海办事处，参观上海城市规划展示馆和张江高科技园区等。4月12日，香港房地产业建筑业协进会会长刘绍钧率团抵沪访问，在沪参观浦东新区，为由香港"中国房地产建设研究发展基金会"赞助建立的"同济大学房屋土地资源信息研究中心"揭牌，副市长韩正会见。4月27日，以全国政协委员、香港立法会议员曾钰成为名誉团长，香港九龙慈善机构福德堂善社社长马汉龙为团长的香港九龙各界社团参访团一行35人到沪访问。同年访沪的还有：香港青年联合会主席龙子明，香港渣打银行集团执行董事及远东地区负责人戴维基，港龙航空有限公司执行总裁、香港总商会中国委员会主席许汉忠，香港上海汇丰银行有限公司主席艾尔敦，香港金管局总裁任志刚率领的香港银行工会代表团，香港宝源投资基金经理罗莹，香港特区运输局局长吴荣奎等，市领导徐匡迪、龚学平、韩正、蒋以任、冯国勤、周禹鹏、沙麟等会见上述香港客人。

2002年2月下旬，香港证券经纪界协会和金银业贸易场永远名誉会长、香港立法会议员胡经昌访问上海，市委统战部领导会见。5月11日，以全国政协常委、香港友好协进会主席李东海为团长的香港特区全国政协委员上海视察团一行到沪访问，市政协主席王力平会见。5月18—21日，以全国政协委员、香港协进联盟主席刘汉铨为团长的香港工商专业界上海访问团一行42人到沪参观访问，在沪拜访市规划局、浦东新区、市外经贸委、市建委、市商委、黄浦江两岸开发领导小组办公室、中国证监会上海办事处和徐汇区，就上海未来城市发展、投资环境、房地产投资、发展商贸等问题进行探讨，市委副书记罗世谦、常务副市长蒋以任和市政协副主席、市委统战部部长黄跃金分别会见。

2003年6月26日，香港总商会总裁翁以登率香港总商会高层人士访沪，市长韩正会见。9月8日，香港总商会中国委员会主席李大壮、香港贸发局中国总代表朱英访沪，副市长周禹鹏会见。9月11日和16日，香港东亚银行主席兼行政总裁李国宝和香港汇丰银行主席艾尔敦先后访沪，市长韩正会见。9月27日，香港宁波旅港同乡会会长周亦卿访沪，副市长姜斯宪会见。10月9日，香港民主建港联盟主席曾钰成率团访沪，市长韩正会见。11月3日，香港中华总商会妇委会主任杨永曼率团访沪，副市长杨晓渡会见。

2004年1月15日，香港中华总商会会长曾宪梓率香港工商界人士访沪，市长韩正会见。3月4—6日，以会长沈埃迪为团长的香港建筑学会团访沪。3月29日，香港贸易发展局主席吴光正率工商界知名人士组成的工商业代表团来沪访问，出席沪港高层圆桌会议和香港贸易发展局上海CEPA商机中心开幕典礼，并在上海举行一系列推广香港服务贸易、时尚品牌和旅游等大型活动，市长韩正会见。6月5—12日，以副会长叶志光为团长的香港中华厂商联合会长江三角洲访问团访沪。8月4日，香港宁波旅港同乡会创会和香港浙江同乡会创会会长李达三访沪。8月29日—9月2日，以香港交易所主席李业广为团长的香港交易所代表团访问上海。

2005年5月12日,全国政协委员、香港中华厂商联合会会长杨孙西来沪,出席“2005香港工展会·上海”新闻发布会,并于9月8—12日再度率37人代表团访沪,出席“2005香港工展会·上海”开幕式等相关活动。5月访沪的还有香港上海汇丰银行主席郑海泉。10月,香港金融管理局总裁任志刚、香港恒生银行副董事长兼行政总裁柯清辉访沪,市长韩正均会见。

2006年1月10日,香港人寿保险经理协会会长李冠群访沪;2月20日,香港汇丰银行主席郑海泉访沪;2月22日,中银香港(控股)有限公司副董事长兼总裁和广北访沪;市领导会见3位客人。11月15日,香港金融管理局总裁任志刚率团访问上海,中共中央政治局常委、国务院副总理黄菊在沪会见任志刚一行。12月23—27日,由民协主席冯检基为团长的香港民主民生协进会考察团一行赴上海考察交流,了解上海基层居民服务、扶贫工作和市政管理现状等。

2007年4月,香港上海汇丰银行有限公司主席郑海泉访沪,市委书记习近平会见。同月,香港东亚银行有限公司主席兼行政总裁李国宝访沪,市领导会见。6月,香港恒生银行董事长邵铭高访沪,市长韩正会见。从2007年暑期开始的由香港特区政府组织的以青年学生为主体的“薪火相传”实习团,至2010年10月共4批1 480余名(2007年31名、2008年170名、2009年80余名、2010年1 200名)青年访问上海,通过在有关中外企业等实习,增加对国情和上海的了解。该项活动是落实国家主席胡锦涛2007年7月赴港出席“香港回归10周年庆典”时,提出“要重视对青少年进行国民教育,加强香港和内地青少年的交流,使香港同胞爱国爱港的光荣传统薪火相传”的指示而进行的。9月12日,由香港法律援助服务局主席,香港会计师公会前会长陈茂波为团长的香港会计界华东访问团一行45人到沪访问,与上海同行交流探讨两地金融业的发展与合作前景。市委常委、统战部部长杨晓渡会见。11月,香港银行公会香港金融管理局总裁任志刚访沪,市领导会见。

2008年3月23—24日,由香港工程师学会仲会员事务委员会主席、香港特区政府水务处高级工程主任黄永辉为团长的香港工程师学会华东访问团一行26人到沪访问,拜访市建委和参观磁悬浮列车等。12月3日,以中华海外联谊会名誉副会长张永珍为团长的中华海外联谊会港澳名誉理事访问团一行到沪访问,市委书记俞正声会见客人,希望促进沪港之间、沪澳之间不断深化合作和交流。张永珍表示,要积极把握机会参与上海发展,推动彼此关系不断取得新进展。

2009年1月21日,香港交易所主席夏佳理、总裁周文耀到沪访问,出席《上海证券交易所与香港交易所更紧密合作协议》签约仪式,市委常委、副市长屠光绍出席签约仪式并致辞。4月13—17日,香港基督教协进会主席、总干事一行11人,访问上海和北京,在沪拜会上海市基督教两会和教会、华东神学院。6月29日,渣打银行(中国)有限公司首席执行总裁曾璟璇一行访沪,市长韩正会见,双方就上海构建国际金融中心、沪港金融合作和互补等问题进行交流。7月,香港青年联会首席参事姚祖辉访沪,市长韩正会见。8月19—22日,以香港专业级资深行政人员协会会长容永祺为团长的访问团到访上海,在沪与有关部门就行业协会的合作与发展,上海建设国际金融中心、航运中心,与香港合作发展的机遇以及沪港两地建筑业、保险业、税务业、IT业之间的合作与发展等广泛的问题进行交流,中共中央政治局委员、上海市委书记俞正声会见。10月,全国工商联港澳台侨执常委考察团访沪。12月,香港中华总商会会长、全国政协委员蔡冠深访沪,市长韩正会见。

2009年4月2日,香港董氏基金会和在上海访问的“海上学府”号举行“董浩云海上学府中美关系项目”启动仪式,全国政协副主席董建华,教育部、上海市有关领导以及复旦大学、上海交通大学、同济大学等沪上知名大学校长等嘉宾100余人参加启动仪式。

2010年,上海世博会期间,香港各界访沪参观世博会层出不穷,其中有:5月8—10日,以香港立法会主席曾钰成为团长的立法会议员代表团一行54人;5月20—24日,香港规划师学会会员赴上海世博会考察团一行60人;6月2—7日,以香港新界屯门区议会主席刘皇发为团长的区议会主席访问团一行52人;6月19—21日,由会长李祖泽率领的香港报业公会高层访沪团一行27人;6月26—27日,香港TVB媒体高管代表团一行20人;7月14—15日,中联办教科部副部长董翠娣率领的香港教育办学团体和教育社负责人访沪团一行39人;7月31日—8月4日,由中联办组织的香港公务员子弟清华大学中国文化与普通话课程班一行33人;8月7—10日,由中联办组织的国家行政学院香港同学会世博团一行27人;8月16—24日,由港澳4 000名(香港3 500名、澳门500名)学生组成的"薪火相传:中华文化探索与传承"上海世博考察团分两批抵沪;8月28日—9月1日,由中联办副主任郭莉率领的香港工商界甬沪考察团一行29人;9月6—8日,由会长董建华率领的中美交流基金会一行45人;9月11日,由东方石油公司总裁刘铁成率领的香港资深工商界人士及社会名流一行35人;9月16—19日,由副署长陈帆率领的香港机电工程署世博参观团一行26人;10月9—12日,以会长胡国兴为团长的香港本地法官协会参观团一行39人;10月13—17日,由中联办组织的香港青年上海世博会体验团一行420人;10月20—24日,以香港工联会会长郑耀棠为名誉团长的香港法律专业人员协会团一行14人;他们在沪参观世博会中国馆、香港馆和部分企业馆、外国馆,参加上海有关部门、各社区组织的对口交流和各类民俗文化活动。

四、澳门各界人士访沪

1995年9月16—18日,全国政协委员、澳门日报读者公益基金会会长刘衍泉率该会代表团一行19人到沪访问,在沪与市民政局进行工作座谈,并参观杨浦区福利院和长白街道社区服务中心等,副市长谢丽娟会见。澳门日报读者公益基金会是澳门地区很有影响的社会公益机构,一向关心和支持内地社会福利事业发展和救灾扶贫工作,多次向内地捐赠募集款。9月22日,澳门中华集团总裁李勇访沪,市政协主席陈铁迪会见。10月15—21日,以全国政协委员、澳门慈善会秘书长、镜湖医院院长梁秀珍为团长的澳门卫生代表团一行5人访问上海,在沪参观上海医科大学、华山医院,与市卫生局商谈双方交流合作事宜等,市政协主席陈铁迪、副市长谢丽娟分别会见。12月17—18日,以全国人大常委会委员何厚铧为团长的澳门青年工商界代表团一行到沪参观访问,副市长沙麟会见。

1997年4月17—19日,澳门知名人士访问团一行20人访问上海,副市长左焕琛会见。10月11日,以澳门立法会副主席何厚铧为团长的澳门体育代表团一行29人抵沪观摩全国第八届运动会。10月31日—11月3日,以全国政协常委吴福为团长的澳门企业家代表团一行26人访问上海,国务院副总理朱镕基和副市长赵启正分别会见。

1998年11月21—24日,以全国政协委员、澳门纺织品有限公司总经理、澳门特区筹委会副主任曹其真为团长的澳门工商妇女访沪团一行13人到沪访问,在沪与上海女企业家座谈,参观有关企业和上海博物馆、宋庆龄故居等,副市长周禹鹏会见。

1999年5月1—5日,以澳门中华医学会会长梁志辉为团长的澳门医务界代表团一行30人访沪,副市长左焕琛会见。5月23—28日,澳门归侨总会访问团一行11人到沪访问,在沪举行澳门情况报告会,参观上海博物馆、陶艺中心、玉佛寺等,市委副书记王力平会见。11月10—12日,澳门货币暨汇兑监理署行政委员会主席丁连星率澳门银行界代表团访沪。

2001年9月12—16日,以全国政协委员、澳门特区立法会副主席曹其真为团长的澳门中华总商会妇女委员会访问团一行27人访问上海,在沪参观上海城市历史发展陈列馆、浦东中心绿地、世纪公园和滨江大道,与市女企业家举行座谈,市政协主席王力平、市人大常委会副主任任文燕和副市长周慕尧分别会见。

2002年3月29日,由澳门苏浙沪同乡会理事长、澳门中华商会会务顾问过介磐率领的澳门苏浙沪同乡会一行20人到沪考察。4月29日,第二批香港中华总商会妇委会访问团一行25人到沪访问。

2005年10月12—15日,以总会主席江绍发为团长的澳门巴哈伊教澳门香港代表人士访问团访问上海,在沪拜会市委统战部、市港澳办、基督教全国两会,参观玉佛寺,游览城隍庙等。

2006年11月6—10日,澳门特区廉政公署代表团访问上海,市委副书记、市纪委书记罗世谦会见。

2007年5月23—24日,由会长刘本立率领的澳门经济学会交流访问团一行24人访问上海,考察上海在旧区改造方面的有关情况,市委常委、统战部部长杨晓渡会见。7月13—17日,澳门义务工作者协会组织该会成员和该会2006年优秀义工一行约20人赴上海、杭州参观交流,在沪与上海市青年志愿者协会和志愿者等进行交流。8月17—21日,澳门学者同盟访问团一行20余人抵沪访问,澳门学者同盟于2006年6月正式成立,是由从事学术研究、专业研究及理论研究等专家组成的具有法人资格的非牟利性专业社团,此访旨在进一步加强澳门学者同盟和内地的联系,促进澳门学者和内地学者的学术交流与合作。

2010年5月19—23日,中央人民政府驻澳门特别行政区联络办公室组织澳门公职工程技术人员协会一行41人赴沪交流。在沪参观上海证券交易所、洋山深水港和世博园通用汽车馆等。8月12—15日,澳门特区检察院考察团一行25人访问上海,拜访上海市检察院和上海检察官学院,了解检察官学院有关培训科目,参观世博会。8月16日,澳门宗教界代表人士访问上海,参观世博会。9月3—7日,澳门特区社会工作局组织澳门长者事务委员会京沪交流团一行30人抵沪访问,在沪拜访市民政局、市老龄工作委员会并进行座谈,参观市老年人服务机构和上海世博会澳门馆、香港馆等。9月7—8日,以全国政协委员、澳门特区行政会委员、立法会议员欧安利为首的澳门土生葡人中华文化访问团一行20人抵沪访问,参观上海世博会和上海博物馆。10月18—20日,由澳门特区司法警察局局长黄少泽率领的代表团一行9人访沪,参观上海世博会。10月19—23日,由澳门特区社会工作局组织的澳门康复事务委员会京沪交流团一行30人由京到沪访问,拜访市残疾人联合会,参观有关残疾人培训中心和康复中心以及上海世博会澳门馆、香港馆等。

第二节　市领导访问港澳

一、市领导访港

自1979年3月,以市委统战部部长张承宗为团长的上海工商界经济代表团首访香港,开启“文化大革命”后上海官方赴港先例,随着沪港两地的交流合作不断深入,市领导和各委办局组成的代表团访港渐渐增多起来。

1981年11月1—4日,市长汪道涵率上海市代表团在访问英国后,对香港作短暂访问。香港总督麦理浩会见汪道涵,双方就城市建设和经济合作等问题交流会谈,在香港工商界人士联合举行的欢迎会上,汪道涵介绍内地和上海经济建设的情况及遇到的问题,希望得到香港各界的支持和帮助,并在船王包玉刚举行的宴会上,说明对香港地区的政策方针,汪道涵一行在港期间,还访问香港工程拓展署路政处,参观隧道、未来跨海大桥及各种道路设施的模型。

1990 年 6 月 8—12 日，市长朱镕基率上海经济代表团访问香港，出席“九十年代上海经济发展——沪港经济合作展望研讨会”并发表演讲。朱镕基说，上海经济代表团到香港来，第一是考察和借鉴香港的发展经验、城市建设和管理经验；第二是为了增进上海与香港相互之间的了解，寻求发展沪港之间的合作，并对浦东开发开放存有的许多疑点，作翔实、明确的回答。朱镕基坚定表示，浦东开发非“南柯一梦”。在港期间，朱镕基会晤港督卫奕信，与香港各界知名人士进行座谈。

1992 年 12 月 1 日，市长黄菊率上海市代表团赴港访问，考察香港工业、港口、码头、市政设施、金融证券市场、房地产等情况。其间，黄菊和香港知名实业家、和记黄埔有限公司主席李嘉诚出席上海港与香港和记黄埔有限公司合资经营集装箱码头的签字仪式，该项目是中国交通行业和沿海港口最大的合资项目，总投资约 56 亿元。

1993 年 11 月 16—25 日，市政协主席陈铁迪率上海市政协代表团访问香港、澳门。在港澳期间，陈铁迪拜访安子介、霍英东、马万祺 3 位全国政协副主席；拜会当地有关商会、团体、同乡会和大企业(集团)公司等，与教育、文化、新闻界数百名知名人士接触，介绍上海改革开放情况。

1998 年 11 月 11—13 日，市长徐匡迪赴香港，接受香港科技大学授予的荣誉博士学位。香港科技大学荣誉工程博士学位主要授予在学术上卓有成就、致力于推动大学发展或对社会有重大贡献的杰出人士，由香港科技大学校长吴家纬提名，并为此举行隆重的授凭典礼。

2003 年 10 月 26—29 日，市长韩正率上海市代表团访问香港，参加沪港经贸合作会议第一次会议，韩正和香港特区行政长官董建华发表主题讲话，分别阐述在中央政府在《内地与香港关于建立更紧密经贸关系的安排》(CEPA)框架下，以服务业为重点在 8 个方面全面加强沪港合作，促进沪港共同发展的总体思路和具体设想。会议期间，双方还举行沪港机场管理合作签约仪式，韩正在上海市代表团与香港商界的恳谈会上发表《上海当前经济与社会发展情况和 CEPA 框架下加强沪港合作》的演讲，欢迎香港各界人士积极参与 CEPA 框架下的沪港合作。代表团在香港视察上海实业集团，参观香港玛嘉烈医院、葵涌集装箱码头、香港国际金融中心二期、香港联交所、香港国际机场等，听取香港机场管理局有关机场管理经验的介绍。

2010 年 11 月 8 日，市政协主席冯国勤代表市政府赴港出席“智慧的长河——电子动态版清明上河图”展开幕式，香港特区行政长官曾荫权等出席开幕式。展览保留上海世博会中国国家馆展出的动态版清明上河图原有设计和视觉效果，并从弘扬传统文化的视角进行深入挖掘，以模型和文字解说的方式将宋代的城市建设、建筑特色和民俗风情作诠释，11 月 9—29 日举办 20 天，共接待 60 万名参观者。冯国勤在港期间还拜会香港特区政务司司长唐英年等。

其他市领导率团访港的有：1999 年 9 月 19—28 日，市政协副主席朱达人率上海市政协代表团赴港澳地区，参加香港举办的“迎国庆”和澳门举办的“迎回归”庆祝活动。

2000 年 11 月 5—9 日，市人大常委会副主任、市工商联会长任文燕率团赴港参加香港中华总商会成立 100 周年庆典和沪港经济发展协会与香港中小企业国际交流协会联合举行的“沪港合作、共同开拓国际市场”的交流活动，并拜访香港总商会、沪港经济发展协会、香港上海总会等。中共中央总书记江泽民为香港中华总商会成立 100 周年题词“发扬爱国、爱港优良传统，维护香港长期繁荣稳定”，全国政协主席李瑞环专程赴港参加庆典活动。

2001 年 9 月 14—15 日，市委常委、市委统战部部长黄跃金率申办 2010 年世界博览会访问团一行 14 人赴港作宣传，黄跃金会见在港全国政协委员刘浩清、胡法光和市政协常委叶仲午、孔祥勉、林辉实、詹金源、杜惠恺等人，介绍上海经济发展和上海申办 2010 年世博会情况，并参观香港会展中心。

2005年8月13日,副市长杨晓渡率团访问香港,推介"上海金秋文化、旅游、体育盛事",即"两节三赛":上海国际艺术节、上海旅游节和F1世界锦标赛中国大奖赛、上海田径黄金大奖赛和网球大师杯赛。在举行的大型新闻发布会上,杨晓渡表示,举办"两节三赛"旨在展现上海的文化、旅游、体育事业蓬勃发展的新气象及新成就,体现"海纳百川、追求卓越"的上海城市精神,热诚欢迎海内外朋友到上海来参加这些活动,感受和谐上海、活力上海的崭新风采。

2006年8月22—23日,杨晓渡一行4人再度访问香港,推介上海文化、旅游、体育活动,宣传上海改革开放的良好环境,并与香港特区政府官员会晤、交流,以进一步推动沪港之间在体育、文化、旅游方面的合作与交流。12月中旬,副市长严隽琪率上海市科技代表团访问香港,推进两地在信息技术、中医药等领域的合作。

2008年10月12日,常务副市长、上海世博会执委会常务副主任杨雄率团访问香港,出席在港举行的"走进世博会·中国2010年上海世博会暨世博会历史回顾展览",香港特区政务司司长唐英年和中央驻港联络办公室副主任郭莉出席展览开幕式。杨雄在接受媒体采访时表示,上海世博会香港推广周暨"走进世博会"巡展是上海世博会筹备工作进入倒计时600天之后的一次重要的沟通推介活动,将推动两地在经济、社会、教育、文化等多方面进行更深入广泛的合作交流。

2009年5月25—26日,副市长胡延照率上海代表团赴港考察,学习借鉴香港特区在社会保障领域的经验,并与香港特区政府财经事务局等就强制性公积金计划进行交流。7月27—28日,市委统战部部长、上海海外联谊会会长杨晓渡率上海海外联谊会代表团访问香港,出席香港中华总会成立110周年举办的主题为"环球经济新格局,世界华商新机遇"的"香港高峰论坛"活动,并作《世界经济及世博后发展》主题演讲。在港期间,杨晓渡还访问沪港经济发展协会、香港上海总会、香港专业级资深行政人员协会以及香港一些知名人士等。

2010年1月19—22日,由市委常委、副市长屠光绍率领的上海金融代表团一行12人访问香港,与香港特区政府签署《上海市金融办公室、香港特区政府财经事务及库务局关于加强沪港金融合作的备忘录》,出席由香港特区政府和香港贸发局联合举办的第三届"亚洲金融论坛",屠光绍发表《面向全球、面向未来、面向互动共谱沪港金融合作新篇章》的演讲。7月27—28日,市委统战部部长、上海海外联谊会会长杨晓渡率团访问香港,出席香港中华总商会为成立110周年庆祝活动主办的首届香港高峰论坛,论坛的主题为"环球经济新格局,世界华商新机遇",杨晓渡在会上发表《世博经济及世博后发展》主题演讲。其间,杨晓渡还拜访沪港经济发展协会、香港上海总会、香港专业及资深行政人员协会等,向市政协港澳委员、上海海外联谊会香港地区理事介绍上海发展形势和机遇,听取他们的意见和建议等。12月4—7日,杨晓渡再次率上海海外联谊会代表团访问香港,拜访香港中联办、香港中华总商会、香港上海总会、香港苏浙沪同乡会,参加沪港经济发展协会年会,看望并与上海市政协香港委员和上海海外联谊会香港理事举行座谈,听取大家对上海经济社会发展的建言等。12月12—14日,由市委常委、浦东新区区委书记徐麟率领的浦东新区党政代表团访问香港,拜访中联办、香港贸发局和香港13家知名企业,出席浦东新区政府与香港贸发局合作举办的"合作共赢——上海浦东发展情况暨合作项目"签约仪式(集中签约18个项目,投资总额超过250亿港元。其中,香港企业在浦东投资项目16个,浦东企业在香港投资并购项目2个,涉及金融、商贸、航运物流、生物医药、电子信息、精密机械、文化旅游、医疗服务、商业地产等多个领域)。香港400多家企业、商会、协会等680多位人士参加仪式,这是浦东新区在境外举办的最大规模推介活动。

二、市领导和有关单位访澳

1999 年 2 月 1—5 日，副市长左焕琛率团赴澳参加在澳门举行的“上海文化周”活动，并在开幕式上致辞。2000 年 1 月 24 日，上海《文汇报》代表访澳，向澳门特别行政区首任行政长官何厚铧和特别行政区政府赠送《文汇报》特别礼物，即 1999 年 12 月 20 日《文汇报》为庆祝澳门回归特制的全彩色真丝版《文汇报・澳门回归特刊》，特刊上印有何厚铧为《文汇报》的题词“沪澳多合作，前途更光明”。2005 年 8 月 13 日，副市长杨晓渡率团访问香港后到访澳门，举行新闻发布会，宣传介绍上海金秋“两节三赛”，即上海国际艺术节、上海旅游节和 F1 世界锦标赛中国大奖赛、上海田径黄金大奖赛和网球大师杯赛。澳门中联办副主任何晓卫、外交部驻澳门特派员公署副特派员黄松甫、澳门中华文化艺术协会会长苏树辉等出席。2006 年 8 月 22—23 日，副市长杨晓渡一行 4 人访港后，再次到访澳门，召开新闻发布会，推介上海文化、旅游、体育活动，宣传上海改革开放的良好环境，并与当地政府官员会晤、交流，以进一步推动沪澳的各项合作与交流。2008 年 10 月 22 日，市委常委、常务副市长、上海世博会执委会常务副主任杨雄率团到访澳门，出席上海世博会澳门推广周暨“走近世博会”澳门巡展开幕式。2010 年 12 月 3—4 日，市委常委、市委统战部部长、上海海外联谊会长杨晓渡率上海海外联谊会代表团访问澳门，出席澳门中华妈祖文化基金会举办的庆祝澳门回归 11 周年活动，拜访澳门中联办、澳门苏浙沪同乡会和有关知名人士。

第二章　合作交流

改革开放以后，上海是香港对内地投资最大、最主要的城市，香港是上海发展海外经济最主要的窗口和桥梁，相似的地理条件、经济环境、城市文化和历史交往的因缘，为两地的交流合作创造极为良好的条件，也为两个城市的优势互补、共同发展带来广阔的前景。随着国际经济形势不断变化和改革开放的深入发展，两个城市共同应对国际国内各种情况、遇到的各类课题，进一步推动两地开展更紧密协作，建立一系列合作机制，在各领域开展更加广泛的交流，积极创设新的合作项目，为促进两地经济发展和社会建设取得丰硕成果。沪澳交流合作从 20 世纪 90 年代起渐入佳境，从最先开始的经济领域，逐步扩大到卫生、旅游、文化、教育等领域，交流合作内容越来越丰富，交流合作效果越来越注重实际，为两地开展优势互补、协作共进起到十分积极的作用。

第一节　合作交流机制

一、沪港经贸合作会议机制

合作机制是沪港两地为加强联系和沟通，确定合作框架和项目形成的一种会议机制。2003 年 6 月 29 日，中央为应对香港形势，支持香港特区政府依法施政，促进香港长期繁荣稳定，制定《内地与香港关于建立更紧密经贸关系的安排》(CEPA)。上海市政府按照中央的部署，加强与香港特区政府的沟通协商，并经国务院批准，于 2003 年 10 月 27 日双方正式建立沪港经贸合作会议机制。沪港经贸合作会议机制是由沪港双方主要行政领导牵头、有关政府部门参加的非常设议事协调机制，旨在发挥政府的引导力和推动力，为沪港两地政府、社会、企业各个层面之间的交流合作服务，推动沪港两地互惠互利，共同发展。沪港经贸合作会议机制确定由双方协商不定期举行沪港经贸合作会议，沟通交流两地合作情况，讨论确定合作交流重要事项，会议议定事项形成会议纪要。沪港经贸合作会议的牵头部门为香港特区政府政制及内地事务局和上海市人民政府港澳事务办公室。第一次会议于 2003 年 10 月 27 日在香港召开，上海市长韩正率上海市政府代表团赴港，与香港特别行政区行政长官董建华共同主持召开沪港经贸合作会议第一次会议，并分别阐述在 CEPA 框架下推进沪港合作的设想，双方确定航空港、海港、世博会、旅游会展、投资商贸、教育卫生和体育、金融服务、专业人才八大领域的交流与合作。会议期间，上海机场集团与香港机场管理局签订《沪港机场紧密合作框架意向书》，确定浦东机场的规划管理、二期工程方案、物流园区布局、香港机场参与浦东机场投资等合作事项，香港方面特首董建华和财政司司长唐英年，上海方面市长韩正和副市长杨雄出席签约仪式。在副市长周禹鹏主持召开的上海市代表团与香港商界的恳谈会上，韩正发表《上海当前经济与社会发展情况和 CEPA 框架下加强沪港合作》的演讲，香港商界代表陈启宗、郭炳江、梁振英等分别作呼应发言。会后，韩正和董建华共同出席媒体见面会。国务院港澳办副主任周波、中央政府驻港联络办副主任郭莉以及两地政府有关人士出席沪港合作第一次会议。会议后，香港机场考察团考察浦东机场的航站楼及有关商业和货运设施，重点讨论商业和物流合作事项。市港口管理局局长带队到香港，就加强业务交流，促进港航贸易往来，欢迎香港公司参与码头投资经营，与香港经济发展及劳工局签订《关于加强沪港港航领域合作与交流的备忘录》，至2003年底，市港口管理局共派出两批、81人次管理人员赴港短期学习、交流和培训。沪港经贸合作会议机制是两地加强合作最重要的会议机制，2012年1月5日和2015年4月10日在上海举行沪港经贸合作会议第二次和第三次会议。

二、部门交流合作机制

除经贸合作机制外，两地在公务员交流、金融合作、机场管理等方面也签署合作协议。2002年，根据香港特别行政区政府的建议，国务院港澳事务办公室和特区政府公务员事务局拟实施内地地方政府公务员和香港特区政府公务员交流实习活动，并建议首先在上海进行小规模试点，由上海市人民政府外事办公室和香港特区政府公务员事务局负责实施。2002年7月，香港派遣以香港特区公务员事务局常任秘书长王倩仪为首的工作小组一行5人到沪进行为期3天的考察，与上海市政府外办进行工作协商。国务院港澳办联络司司长钱力军等两位领导专程到沪指导并参与与香港方面的协商。香港考察团在沪期间参观首批参与交流的单位，并与上海市外办共同签署《上海市人民政府外事办公室与香港公务员事务局关于沪港两地公务员交流实习活动的实施协议书》。双方商定从2002年起至2005年，每年至少进行一次为期3—6个月的公务员交流实习活动。此后，9月15日—12月15日，来自香港特区环境保护署、建筑署和路政署的4名资深公务员到沪进行交流实习；来自上海市环保局、环卫局、市政局和市建委所属的市安全质量监督总站的4位公务员于10月15日至次年1月15日到香港进行交流实习。2003年10月—2004年1月，沪港进行第二次公务员交流实习活动，上海市水务局、环保局、房屋土地资源管理局与香港水务署、环保署、房屋署各4名公务员在对方的对口单位进行实习交流。至2010年，沪港公务员交流经过三轮持续13年，上海赴港交流公务员达52人次，香港来沪交流公务员计34人次。双方交流范畴从城市管理、交通和环保领域，逐步拓展到城市规划、市政工程、住房保障、土地评估、港口管理、污染控制、食品安全、法制建设、旅游发展和游客权益保障等多个领域。通过交流实习，沪港两地公务员对同领域的业务、政策、发展、前景以及工作经验相互间有较为全面的了解，彼此获益良多。

早在香港回归祖国之前，沪港两地就已开展公务员交流。1993年上海市人事局和香港高级公务员培训中心签订沪港两地国家公务员定期相互考察、对口交流的协议。根据这一协议，市人事局于1993年、1994年和1995年组团赴香港考察学习；香港高级公务员培训中心于1993年、1994年、1995年和1997年先后派出高级公务员课程团到沪对口交流；香港政府首长级公务员完成在清华大学的学习后，于1995年6月2—8日来上海参观考察。

香港回归祖国后，随着特区政府与内地政府部门的交流合作日益增多，香港特区政府公务员来沪考察交流更为频繁。1998年11月8—14日，香港第四期高级公务员管理课程上海考察团抵沪访问。1999年5月17—20日，以教育署助理署长、高级首席行政主任陈吉辉为团长的香港特区政府行政主任熟悉内地事务探访团来沪访问。2000年5月16—25日，香港特区政府行政主任探访团一行15人赴京、沪两地探访，此为香港特区政府行政主任职系第三次组团访问内地。同年10月，香港理工大学受特区政府委托举办政府高级行政主任中国培训班，市人事局承接该班在沪的培训工作。11月1—4日，该培训班一行25位主任，由香港特区公务员事务局主任刘锡伟率领到沪就中央政府与地方政府的关系、运作和管理程序，国有企业和合资企业的管理运行模式等问题作参观考察。

在航空和金融方面，2009年10月12日，上海机场集团与香港机场管理局在上海举行沪港机场合作协议签署仪式。根据协议，双方合资成立上海沪港机场管理有限公司，注册资本1亿元人民币，沪港双方分别出资51%和49%，合资期限从2010年起，为期50年。该公司受托管理虹桥机场东西两个航站楼、虹桥综合交通枢纽东交通中心与旅客流程相关区域，以及航站楼商业零售业务。2010年9月，上海虹桥—香港定期航班全面开通庆祝仪式在虹桥机场1号航站楼举行，上海市长韩正和香港特区政务司司长唐英年共同主持开通仪式并致辞。虹桥机场至香港定期航线由东方航空、上海航空、港龙航空和香港航空4家航空公司营运。9月10日，东航和上航首先启运，港龙航空和香港航空随后分别于9月15日和9月28日启航。金融合作方面，早在2002年5月，沪港交易所就签署合作谅解备忘录，双方开始在信息交流、人员培训、高层互访和产品开放等方面加强合作。2006年10月，中国工商银行成功实现A+H同步上市，沪港交易所合作进入新的阶段，合作内容不断深入，合作领域及合作层面不断深化，随着中国资本市场改革开放稳步推进，沪港资本市场联系日益紧密，中国两个最重要的证券交易所之间加强交流与合作，不仅有利于双方优势互补，促进共同发展，而且对上海国际金融建设也将产生积极意义。2009年1月21日，在上海交易所举行《沪港交易所更紧密合作协议》签约仪式，双方决定在技术、产品、信息和人员等领域实现全方位合作。上交所副总经理刘啸东主持签约仪式，香港交易所总裁周文耀和上交所总经理张育军签署协议，并介绍各自年度工作计划，副市长屠光绍出席签约仪式并致辞，上交所理事长耿亮作讲话，香港交易所主席夏佳理出席签约仪式，仪式结束后举行新闻发布会。2010年1月19日，《上海市金融办公室、香港特区政财经事务及库务局关于加强沪港金融合作的备忘录》签字仪式在港举行，副市长屠光绍与香港特区财经事务及库务局局长出席并分别致辞，香港特区财经司司长曾俊化出席仪式。在CEPA框架下，按照国务院有关文件精神，明确加强沪港金融合作的总体目标，根据“优势互补、互惠共赢”原则，明确金融市场发展、鼓励和支持金融机构互设、加强金融人才培训与交流等方面为沪港金融合作的优先领域，其签署对进一步加强沪港合作，进一步发展内地和香港金融体系的互动、互补及互利关系，将产生积极作用。1月21日，上海证券交易所和香港交易及结算所在港就2009年签署的《沪港交易所更紧密合作协议》举行合作成果新闻发布会，并公布新的合作内容，副市长屠光绍与香港特区财经事务及库务局局长出席并分别致辞，表示全力支持沪港两地金融市场开展合作。

第二节　港澳人士参政议政与参与公益

一、港澳人士参政议政

改革开放以后，香港一直位居外商在沪投资总数第一，是海外投资参与上海经济建设和社会发展最积极、最主要的地区。为了促使港澳地区工商、实业界投资人士更好地了解上海各方面工作情况，以利参政议政，市政协增补港澳地区爱国人士为市政协委员，在市政协组成界别中增加“港澳同胞”界别，每年组织港澳委员回沪进行视察活动，市党政领导会见并听取港澳委员对上海工作的意见和建议，通过多种形式加强沪港两地的交往与合作，促进两地的经济发展和共同繁荣。1984年3月17日，市政协六届五次常委会会议(扩大)协商增补8名市政协委员，其中1名是香港企业家刘浩清(香港侨民有限公司董事长、东方石油公司总经理)，此为上海市政协首次增补港澳地区的市政协委员。1987年4月14日，市政协六届二十一次常委会会议决定，增补王剑伟(香港大伟行有限公司董事长、香港上海总会会长)、陆达权(香港申新联合集团有限公司董事长)、林辉实(香港美罗针织有限公司副总经理)、顾小坤(香港环球玩具有限公司董事会副主席)、顾乾麟(香港怡和有限公司顾问、顾氏有限公司董事长)、熊知行(女,香港杏范教育基金会副主席)6名香港知名人士为市政协委员。随着港澳委员的不断增加,并越来越多地参与内地政治经济活动,1989年4月6日,市政协七届五次常委会会议决定,在市政协的组成界别中增加"港澳同胞"界别,有委员12人。除上述7名外,另外5名是孔祥勉(浙江第一银行总经理)、周明权[香港费尔文霍士(远东)有限公司董事]、唐仑千(上海联合毛纺织有限公司港方副总经理)、詹金源(香港合元化学有限公司董事长)、裘锦兰(女,香港裘锦秋英文书院校监、九龙妇女会主席)。4月14日,市政协七届六次常委会会议决定增补香港环球玩具有限公司集团主席叶仲午为市政协委员。迄至1992年4月19日市政协七届五次全体会议止,市政协共有港澳委员16人,除上述13名委员外,另3名委员为:周锡雨(香港友宁纺织投资有限公司董事长)、陈占美(香港陈占美有限公司集团主席)、唐英年(香港半岛针织有限公司董事、总经理),其中刘浩清、陆达权、林辉实、顾乾麟等先后被选为市政协七届常委。

自1988年起,市政协每年第四季度组织港澳地区的政协委员到沪视察。1988年11月10—13日,港澳委员首次到沪视察。在沪期间,委员听取上海市政建设、科技、对外经济贸易等方面的情况介绍,视察上海飞机制造厂麦道工程、秦山核电站、中国科学院硅酸盐研究所、漕河泾新兴技术开发区、上海电视台、铁路上海新客站、延安东路越江隧道、青浦福泉山古墓出土文物等,并参加纪念孙中山诞辰122周年活动。11月13日上午,市领导江泽民、杨堤、黄菊、毛经权等在虹桥宾馆会见港澳委员,听取委员关于关心知识分子、大力发展科技和教育事业、上海经济要搞外向型和工贸结合的意见。对林辉实委员反映旅客在铁路上海新客站搬运行李有困难,熊知行委员反映解决青浦青杏图书馆长人选等问题,江泽民当场表态,责成有关部门解决,委员热烈鼓掌。

1989年11月3—6日,港澳委员第二次到沪视察。4日,在北京开会的市委书记、市长朱镕基赶回上海会见港澳委员,向委员介绍上海经济形势和发展规划,并欢迎大家到沪投资。

1990年11月1—4日,港澳委员第三次到沪视察,听取浦东开发开放的情况介绍,并举行专题座谈会,提出如下建议:要从世界经济运行规律的角度来考虑浦东的规划和发展;要尽力搞好合资企业,吸引更多外商来浦东投资;要重视闵行、虹桥、漕河泾3个开发区的发展,保持政策连续性,保护来沪投资者的利益;政府应多渠道多形式培养国际金融和高级管理人才,以适应浦东开发开放的需要。

1991年10月31日—11月3日,港澳委员第四次到沪视察,先后视察上海第二纺织机械厂等国有大中型企业和上海抗洪救灾情况。如何搞活国有大中型企业是港澳委员的热门话题。委员建议采取措施,改变其"大而全"、难以管理和竞争的现状,并对企业分配制度的改革、"三资"企业的管理、浦东地价和劳务输出等问题提出意见和建议。

1992年10月25—28日,港澳委员第五次来沪视察。委员视察上海房地产、证券交易、金属期货市场和地铁。对上海证券交易现状和发展,处理好土地批租和城市改造,发展第三产业和搞好大中型企业,加快经济发展和加强精神文明建设等方面的各项工作提出意见和建议。

1993年11月1—3日,市政协港澳地区委员7人回沪视察,市政协主席陈铁迪,副市长孟建柱、夏克强,市政协副主席毛经权、石祝三、陈灏珠等向港澳委员介绍市政协工作情况和上海经济发展、土地批租、房地产业及反腐倡廉工作等。委员视察杨浦大桥、罗山路立交桥、外高桥保税区、外高桥码头、上海证券交易所、上海地铁、闵行区马桥乡旗忠村等。委员建议:(1) 上海在大力发展第三产业的同时,不要忽视第一产业;(2) 要及早研究入世后对大中型企业的冲击,及时采取有效措施;

(3) 上海证券交易所除抓日常股票交易外,更应着眼于对上市公司经营情况的监督检查;(4) 服务行业要提高服务质量;(5) 要增强市民的公共卫生意识。

1994 年 10 月 30 日—11 月 1 日,市政协港澳地区委员 17 人回沪视察,全国政协委员刘浩清也参加此次活动。委员视察东方明珠电视塔、人民广场、内环线、大江集团有限公司、马桥镇、上海日立电器有限公司、上海水仙能率有限公司、嘉华山庄和马陆私营经济开发区等,听取金桥出口加工区开发公司、嘉定区政府、市房地局有关情况介绍。市委副书记、市政协主席陈铁迪,副市长夏克强等领导就如何改善上海投资环境问题与委员进行座谈。委员建议:(1) 加快人才培养已成为上海进一步发展的当务之急,香港在人才培训方面的工作经验可供上海借鉴;(2) 保证政策的连续性、提高政策的透明度,理顺管理体制,提高办事效率,加快改善上海投资环境的步伐;(3) 改革开放应保持勤俭精神;(4) 产业投资要重视回报率;(5) 改造老企业不能光引进设备,也要引进管理;(6) 上海银行应该到市场中去竞争发展;(7) 发展服务业,提高服务质量。

1995 年 10 月 22—25 日,市政协港澳地区委员 26 人回沪视察,视察主题为“进一步改善投资环境”。委员听取市政协主席陈铁迪关于上海贯彻中共十四届五中全会精神、制定“九五”计划和 2010 年远景目标框架思路和新出台的政策介绍,视察陆家嘴金融贸易区、松江工业开发区和部分合资企业。副市长沙麟听取委员的意见。委员就建造平价内销房、南外滩开发、加大保护上海历史文化名城的资金投入、大力发展旅游业、增加上海旅游景点开发等方面提出建议;对有些政策缺乏稳定性和有关行业的不正之风等提出意见。

1996 年 10 月 27 日、28 日,市政协港澳地区委员 25 人回沪视察,视察主题为“迎 ’97,促进沪港经济共同繁荣”。委员听取市政协主席陈铁迪关于中共中央十四届六中全会和市政协的工作情况介绍,听取市计委领导关于全市经济运作和融资情况的介绍。市党政领导蒋以任、王生洪等会见港澳委员。委员视察浦东新区陆家嘴、浦东机场筹建部、杨浦区、广播大厦,参加市政协“拓宽融资渠道”与“提高城市文明程度”专题研讨会。委员建议:(1) 要进一步改善投资环境,吸引外资;(2) 要探索建立基金会形式的融资渠道,鼓励国内优秀企业到国际股票交易所上市;(3) 要深化银行改革,发展信托业务,加快外资银行人民币业务的进展;(4) 要开展并加强对投资成本的研究,促进投资合理化;(5) 要随时注意国际资金的流向,学习国外吸纳国际游资的经验和做法;(6) 要加强爱国主义教育,加大对教育事业的投入及在干部中强化为人民服务宗旨的教育。

1997 年 10 月 10—12 日,市政协港澳地区委员 27 人回沪视察,视察主题为“为国有企业改革献计献策”。市政协主席陈铁迪传达中共十五大精神,市政协秘书长吴汉民介绍市政协主要工作。市委副书记孟建柱、副市长赵启正会见港澳委员并座谈。委员视察国有企业,与企业领导、职工座谈研讨,提出“多方引进资金,支持国有企业改革”“搞股份制应注意的问题”“重视高科技成果的市场化、商品化”等建议。

1998 年 10 月 28—30 日,市政协港澳地区 26 位委员和 9 位海外委员回沪视察,委员听取市政协副主席朱达人介绍市政协主要工作和上海经济及社会发展情况,听取市经委负责人介绍上海利用外资的情况,视察贝尔公司、上海孙桥现代农业开发区和上海市进才中学。市领导会见港澳委员并座谈交流。委员建议要认真研究亚洲金融危机的教训。委员向上海市民政局捐赠 116 万港元,用于资助遭受长江特大洪水灾害地区重建学校。

1999 年 10 月 25—27 日,市政协港澳委员 27 人回沪视察,视察主题为“贯彻和落实十五届四中全会精神,为努力开创上海国有企业改革发展新局面和构筑上海人才高地、推进多元化办学建言献策”。市政协副主席朱达人传达中共十五届四中全会精神,并介绍上海经济和社会发展情况以及市政协主要工作。委员视察金星电视机总厂、张江高科技园区开发公司、上海家化联合发展有限公司、白玉兰学校、沪东外国语学校等。副市长蒋以任听取委员的意见和建议。

2000 年 10 月 12—14 日，市政协港澳委员 29 人回沪视察，视察主题为“浦东新区的科技创新和教育”。委员视察张江高科技园区中的软件开发中心、留学生创业中心、金桥开发区、上海通用汽车公司和建平中学等。副市长左焕琛听取委员的意见和建议，并介绍上海科技、教育的发展情况。

2001 年 11 月 12—14 日，市政协港澳委员 48 人回沪视察，视察主题为“上海重大工程建设和民营企业发展”。市政协副主席谢丽娟等带队视察上海复旦金仕达计算机有限公司、国家人类基因组南方研究中心、上海新高潮集团有限公司等单位。市政协主席王力平等领导会见港澳委员，委员就上海入世后的行政审批、管理意识等方面提出意见和建议。

从 2002 年起，港澳委员每年回沪参加市政协年末集中视察活动，除个别年份外，不再单独组团视察。2005 年 12 月 4—5 日，围绕上海“国际航运中心建设情况、崇明岛生态保护和规划发展情况”专题，视察东海大桥、洋山深水港和建设中的临港新城，以及崇明东平国家森林公园、东滩湿地、前卫村等。2010 年 9 月 13—16 日，参观上海世博会，考察崇明县经济发展情况。除回沪视察，市政协还组织港澳委员赴外省（自治区）考察，了解内地经济社会发展情况及投资环境，为港澳委员参与内地经济建设、支持教育事业发展创造条件。

2002 年 10 月 27 日—11 月 5 日，市政协副主席朱达人率港澳委员考察团赴鄂、滇两省学习考察，走访宜昌市和荆州市，参观考察葛洲坝长江三峡工程；考察西双版纳地区的基础教育情况，并代表上海市政协全体港澳委员向西双版纳傣族自治州景洪镇小学和丽江仁和傈乡学校捐赠人民币 40 万元兴建教学楼。委员认为，通过考察了解中西部地区的发展和建设情况，有利于加强沪港澳与中西部的联系和参与、支持中西部地区建设。

2003 年 12 月 2—7 日，市政协副主席俞云波率港澳委员赴贵州省考察，了解西部地区发展和建设情况，考察贵阳市金阳新区和花溪区、安顺平坝县等，并向花溪区捐赠人民币 55 万元，用于设立贫困学生助学专项基金和修建希望小学。

2004 年 9 月 3—7 日，市政协副主席宋仪侨率港澳委员赴黑龙江省考察，考察振兴东北老工业基地的情况，先后赴牡丹江、哈尔滨和大庆市实地考察，并向海林市、宾县捐赠人民币 56 万元，用于新安镇朝鲜族中心小学和宾县鸟河乡万发小学建造新校舍。

2006 年 11 月 10—14 日，市政协副主席黄关从率港澳委员赴江西省考察南昌、井冈山、赣州、景德镇等地经济社会发展情况，并向井冈山市拿山乡、景德镇浮梁县洪源镇捐款人民币 64 万元，援建 2 所希望小学。

2009 年 6 月 25—27 日，市政协副主席李良园率港澳委员赴陕西省考察延安、西安两市，参观枣园、宝塔山等革命历史旧址以及秦始皇兵马俑博物馆等世界文化遗产，在黄帝陵举行“人文始祖”轩辕黄帝祭拜仪式，并向延安黄陵县侯庄乡中心小学和宝塔区贯屯学校捐赠人民币 40 万元，用以改建学生宿舍和操场。

1988—2002 年 15 年间，市政协组织港澳地区委员考察 15 次，市政协领导 7 次率团赴港澳地区访问，加强与港澳委员的联系与交流。市政协港澳台侨委员会（台港澳侨联谊委员会）还就“改善上海投资环境”“构筑上海人才高地”“海外留学人员回沪创业情况”和“入世后对在沪港澳台侨资企业的影响及对策”4 个专题进行调研，分别形成相应的调研报告，为市政府决策提供很好的依据。1995 年 4—9 月，市政协台港澳侨委员会组成课题组开展“关于改善上海投资环境”的专题调研，向 1 000 家三资企业作问卷调查，召开 12 次外商座谈会，走访 9 家三资企业，听取港澳委员的意见，形成《关于改善上海投资环境若干问题的建议》。1995年9月20日,市政协八届十六次常委会会议审议通过,作为市政协常委会建议案报送上海市政府;1997年7月获上海市第二届决策咨询研究政策建议奖。1999年上半年,市政协港澳台侨委员会、科技委员会、教育委员会与市侨办、市侨联、上海欧美同学会等单位联合开展"构筑上海人才高地"专题调研,完成《搭建海外留学人才在沪施展才华的广阔舞台》《关于完善上海市吸引人才的机制,盘活人才资源的建议》和《亚洲"四小龙"吸引人才情况》的调研报告,并在市政协举办"人才高地与二十一世纪的上海发展"论坛的基础上,形成《关于构建上海人才高地的若干建议》,9月17日,市政协九届九次常委会会议审议通过。《关于构建上海人才高地的若干建议》作为市政协常委会建议案报送上海市政府。2001年7—12月,市政协港澳台侨委员会开展海外留学人员回沪创业情况的调研,完成关于《海外留学人员回沪创业现状调查分析与对策》的调研报告,该报告指出留学人员回沪创业存在的7个主要问题,提出强化服务意识;出台"绿卡"制度,制定《海外人才上海居住证》,给予回沪创业的留学人员必要的国民同等待遇;完善综合服务,加强行业管理,加强留学人员之间的信息交流以及留学人员与政府的整体沟通,加强培训指导,提高创业能力;积极与外部环境沟通,营造良好的外部环境;利用海外优势,积极筹措资金,在技术投入的同时加大资本投入的能力;尽快形成有利于创新创业的文化环境和社会氛围,以市场行为为手段,以开创事业为动力,促使海内外人才走向上海4条对策和建议。2002年3月—2003年1月,市政协港澳台侨委员会开展"入世后对上海市港澳台侨资企业影响"的课题调研,形成《入世后对上海市港澳台侨资企业的影响及若干思考》的调研报告,指出港澳台侨资企业存在对政策、信息了解程度不够;观念陈旧,管理水平较低;商务成本高;融资、贷款手续复杂,时间较长;企业办证手续复杂;企业出口退税遇到困难;执法检查太多,企业难以适从;政府办事部门过于集中浦东,给远郊的企业带来诸多不便8个问题。并建议:(1)加快立法工作,清理与WTO规则不一致的法规、规章;(2)进一步改善投资环境,加强完善中介组织和行业协会的作用;(3)采取切实有效的措施,降低商务成本,坚决杜绝收费混乱、摊派随意的现象,取消人为的不合理收费;(4)切实做好退税工作,为企业排忧解难;(5)注意吸收、引进国外先进的管理方法、经营理念、市场竞争的手段,改变家族式的管理模式,培养优秀人才,适应企业发展的需要。

二、港澳人士参与公益

在参政议政的同时,港澳委员也十分积极参与上海投资和热心上海的公益事业。20世纪80年代初,上海引进外资工作逐步开展。港澳委员先后到沪投资,兴办工商企业。唐翔千投资的上海联合毛纺织有限公司是沪上首家沪港合资企业。顾小坤投资的环球玩具有限公司是上海闵行经济开发区首家沪港合资企业。刘浩清与宝山县合资开办华安实业有限公司。其他委员也先后在上海投资办厂。与此同时,港澳委员对上海公益事业开展捐赠活动。自1979年起,香港东方石油有限公司总经理刘浩清为发展家乡宝山区的教育事业,多次捐款达547万元之多。1982年9月,由其捐资17.5万元的科技图书馆在宝山县顾村落成,面积420平方米,可藏书2万册。1983年4月23日,由其捐助17万元建造的宝山县"顾村中学图书馆"落成。此外,由其捐赠的还有顾村中学、顾村小学的教学楼、学生宿舍、办公室、综合楼等。刘浩清夫人孔爱菊捐资25万元,与徐汇区教育局联合兴办"上海爱菊音乐小学"。1988年11月17日,刘浩清和夫人在黄浦区捐资100万港元,修建上海音乐幼儿园,培养幼儿音乐幼苗。该音乐幼儿园共有10个楼层,设有琴房10间,分设钢琴、小提琴、民乐6个班级,并有演出厅等。1992年10月8日,刘浩清和夫人捐资280万元建造的"爱菊高级护理培训中心”在上海第二医科大学附属瑞金医院动工兴建，1993 年 10 月落成。1993 年，刘浩清再捐赠 100 万元，在徐汇区田林小区建造图书馆 1 座。同年 11 月，刘浩清在得知上海教育发展基金会成立的消息后，再次解囊，捐赠 1 500 万元支持这项基金。不久，又决定捐资 4 000 万元，在复兴西路武康路口建造一幢高级住宅楼“嘉慧园”，收取的全部租金作为上海教师的奖励基金。1983 年和 1985 年，熊知行先后在其家乡青浦县捐建青杏图书馆 1 座，为长宁区捐建沪杏科技图书馆 1 座。1984—1985 年，陈占美捐赠 100 万港元在家乡浦东文登路陈家宅修建图书馆 1 座。1986 年春，顾乾麟在沪捐资续办叔苹奖学金，至 1992 年底，获奖学生有 1 600 多人次。1992 年，林辉实为上海中学捐建念慈图书馆 1 座。1991 年夏，上海部分郊区发生洪灾，港澳委员捐赠 34.7 万港元用于救灾。1992 年，联合时报社收到部分港澳委员捐赠的 10 万元，用于增添设备。其他港澳全国政协委员和实业家也纷纷捐献巨资，或设立基金会，资助教育和慈善事业；或捐建学校、教学楼、幼儿园、福利院、图书馆；或捐建农村卫生院、城市基础项目和公共设施等。1981 年 7 月 6 日，香港航运集团名誉主席包兆龙和集团主席包玉刚父子在北京接受邓小平会见时捐赠 1 000 万美元，用于在上海交通大学建造一座现代化图书馆——包兆龙图书馆。包兆龙图书馆 1982 年 6 月 10 日奠基，1985 年 10 月 27 日落成。拥有大小阅览室 82 个，2 400 个座位，可藏书 200 万册，为当时中国高等学校中规模最大的现代化图书馆。1992 年，为适应办学规模的迅速发展，上海交通大学用建造包兆龙图书馆节余的赠款和中国建设银行的资助，在闵行校区建造包玉刚图书馆，建造面积 1 万多平方米，阅览座位约 1 200 席，总藏书量为 72 万册。1982 年，香港同胞宋奇、宋希捐献在沪财产，其中现款 4.6 万元，住房 2 幢(417 平方米和 320 平方米)，明清书画、瓷器等 92 件，文物 40 026 件，珍贵书籍 39 册。1983 年，香港陶记企业股份有限公司董事长陶伯育向上海家乡川沙县王桥小学捐赠 10 万港元。1985 年又捐资 190 万港元，兴建川沙县侨光中学，于 1987 年建成。以后，每年又陆续出资，累计约 20 万港元、3 000 美元，用于教师的奖励。同年，出生于上海南汇县祝桥镇西村的香港同胞王佰生关心家乡教育事业，捐资 100 万港元在西村建造光明学校。以后，他又多次捐资，用以扩建学校食堂、修建学校操场、建造实验大楼、扩建校园和停车棚等，使光明学校日臻完善，到 2002 年，光明学校占地面积达 3.3 万平方米，建筑面积 1.1 万平方米，有学生 2 100 多人。1987 年起，王佰生还先后向祝桥镇卫生院(现名光明医院)捐助 260 万余元，助建门诊大楼、住院大楼、中心供氧房，添置医疗设施等。1990 年捐资 110 万元迁建南汇县中医院，以后又捐赠 200 万元，用于该院住院大楼和餐厅的建造。据统计，王佰生共捐赠 20 多次，累计 680 万元、100 万港元。1986 年 5 月 24 日，香港亿利达工业发展集团有限公司董事长刘永龄到沪出席在上海交通大学举行的首届“亿利达青少年发明奖”颁奖大会。“亿利达青少年发明奖”由杨振宁提议，香港亿利达工业发展集团有限公司董事长刘永龄出资建立。1991 年 11 月 4 日，由刘永龄捐赠在中科院设立的“亿利达科技奖”年度颁奖仪式在上海举行，联想计算机集团公司研制开发的“联想系列微机”获奖。该奖 1986 年由知名物理学家丁肇中倡议设立，旨在奖励科学研究上有重大发现，对社会发展和经济建设作出杰出贡献者，每年颁奖一次。1992 年，刘永龄又捐赠 220 万元，在上海胸科医院设立奖励基金。1986 年，香港同胞金心陶为支持家乡教育事业，捐赠 20 万港元为松江仓侨乡中心学校建造一幢教学楼，1988 年，再捐 30 万港元建造第二幢教学楼。1991 年又捐 20 万港元，助建仓桥幼儿园。1986 年以来，声宝—乐声(香港)有限公司董事会主席李达三为母校虹口区澄衷中学捐赠 8 次，金额达人民币 376 万多元，其中 350 万元和区政府投资 700 万元建造一幢 5 层高的教学大楼，冠名为“李达三楼”，改善母校办学条件，为师生提供良好舒适的教学环境。1986 年 10 月 18 日，由香港高登眼镜公司董事长陈占美捐资 120 万港元参与投资建造的浦东图书馆对外开放，该馆总面积为 1 062 平方米，是浦东地区第一所具有一定规模的普及型大众图书馆。1989 年 2 月 7 日,由陈占美夫人陈李云华捐资的浦东第二图书馆竣工落成,可藏书 6 万册。陈占美夫妇专程到沪参加落成典礼,典礼仪式上,陈李云华被聘为名誉馆长并授予证书。1987 年 10 月 30 日,由沪港经济发展协会会长唐翔千和夫人捐赠 20 万元、沪港妇女儿童委员会港方委员集体捐赠 10 万港元,坐落于康平路的沪港托儿所建成,该民办托儿所,占地面积 1 400 多平方米,可容纳 2—4 岁儿童 200 名。1988 年,香港远东家具有限公司董事长胡雪年,为家乡浦东居家桥捐赠 100 万元建造进涛小学,并设立"胡雪年奖学金"每年对学校的优秀师生给予奖励。1989 年 9 月 6—8 日,香港南源永芳集团公司董事长姚美良来沪,为捐资 30 万元给巨鹿路第一小学建造乒乓训练馆与卢湾区政府签订捐赠协议,巨鹿路第一小学曾培养出 3 名乒乓球世界冠军,被市政府授予"乒乓球传统学校",被誉为乒乓球运动的摇篮。1990 年 9 月 14 日,乒乓球馆举行落成典礼,取名"永芳乒乓球馆",馆高 6 层,占地 36 742 平方米。姚美良还捐赠 10 万元,建立"上海永芳乒乓球基金"。在此之前,姚美良曾先后捐款 30 万元,为上海建造人民英雄纪念碑和韬奋新闻出版奖基金提供资助。1989—1995 年,香港邵氏兄弟影业公司董事长邵逸夫捐资 1 000 万港元在复旦大学建造逸夫楼;捐资 1 000 万港元在新城中学校址上建造"逸夫职校",面积 10 482 平方米,有各类专业教室和实验工厂 30 多个。后在同济大学又捐资 500 多万港元建造逸夫楼;在上海戏剧学院捐资 400 万元建造逸夫实验剧场;在上海中学、复旦中学、闸北三中、闸北八中分别捐资 200 万港元建造逸夫楼;出资 50 万港元在浦东蔡路中心小学建造教学楼。1996 年和 1999 年,邵逸夫又先后向华东师范大学和上海外国语大学捐赠 1 000 万元和 250 万港元建造图书馆。1990 年 4 月 13 日,由香港新记药物有限公司董事长顾兆田和夫人顾卞裘莉捐资 70 万元建造的"顾卞裘莉老年活动中心暨托儿所"在卢湾区落成,该中心占地 1 300 平方米,建筑面积 2 200 平方米,高 5 层。1—3 层为托儿所,附设儿童乐园等,可容纳 400 余名幼儿;4—5 层为老年活动中心,设有多功能娱乐厅、酒吧、影像室、棋室、弹子房、健身房、书画室、图书馆和老年学校等。同年 4 月 22 日,由沪港经济发展协会会长唐翔千捐资 400 万元参与建造的上海科技大学图书馆举行奠基仪式,图书馆建造面积 8 500 平方米,高 6 层,取名"综合楼",于 1991 年 10 月 1 日竣工。唐翔千夫人尤淑圻被上海科技大学聘为图书馆名誉馆长。

香港同胞捐赠的还有:1990 年,康玉麟捐赠 60 万港元为南汇坦直镇建造医院。1991 年 3 月动工,当年建成。在医院落成典礼上,他又当场捐赠 15 万港元,为该医院添置医疗设备。闻儒根捐资 80 万元在崇明建造"上海闻裕福利院",设床位 60 多张。应善良设立"应善良奖励基金",向上海市社会福利院、儿童福利院 49 名孤老、孤儿和残疾儿童以及提供优质服务的护理员、保育员颁发奖金。香港高登眼镜公司董事长陈占美向黄浦区 300 多位孤老、残疾人捐赠一批衣物和 10 辆轮椅车。市港澳委员为支援灾区建设、创建希望学校以及在"蓝天下的至爱"慈善活动中,共捐款 295 万港元和 20 万元。1991 年 10 月 26 日,香港太茂商业有限公司董事长杜维善(杜月笙之子)暨夫人谭端言向上海博物馆捐赠 200 枚自己收集珍藏 10 多年的丝绸之路西域流通金银币。西域金银币在国内收藏极少,品种也不多。杜维善的收藏不仅数量多,而且成系列,价值不可估量。这批珍贵文物不仅具有极高的收藏价值,而且对系统研究古代中国与西域的经济文化有着重要的科学价值。为此,上海市文物管理委员会特聘杜维善为"上海博物馆特别顾问"。同年 10 月,香港同胞陈娟英捐资 50 万元,在闸北区彭浦乡建造"陈娟英妇女敬老院"。12 月 1 日,市政协委员、中国九龙妇女会会长、远东集团董事长、爱国中学校友裘锦兰在母校 90 周年校庆日发来贺信,并捐赠 10 万元,设立"裘锦兰教育奖励基金",用于奖励该校品学兼优、学有专长的学生和在教书育人中作出成绩的教工。12 月 18 日,由香港华懋集团董事长王德辉、龚心如夫妇捐赠 75 万元建造的上海展览中心南大门广场音乐喷泉进行调试、建成。1992 年，香港大伟行董事长王剑伟捐赠 50 万港元，建造育才中学综合教学楼，该楼被命名为“王剑伟楼”。同年 5 月，由全国政协副主席、香港知名人士霍英东捐赠 1 000 万港元建造的“英东网球馆”开工，1993 年 5 月建成，网球馆建筑面积 1 600 平方米，为 2 个室内标准网球场，与西郊宾馆的 4 个室外网球场和 1 幢综合楼连成一片，组成一个设施齐全高水准的网球中心。同年 12 月，香港海派(中国)有限公司董事长徐展明捐赠双层公交车 100 辆，以缓解上海交通难。车辆维修所需零配件，亦概由其公司无偿提供。10 月 18 日，上海中学建校 125 周年校庆之际，举行念慈图书馆和逸夫实验楼奠基仪式，这两幢建筑分别由林辉实捐赠 100 万港元、邵逸夫捐赠 200 万港元筹建。林辉实是上海中学的校友，专程来沪参加奠基仪式。1993 年，为支持第一届东亚运动会在上海举办，市政协港澳委员和一些港澳知名人士捐赠 3 000 万元给东亚运动会筹备组。同年，香港苏浙旅港同乡会为促进上海中学电脑教育的发展，捐资 110 万港元为上海 10 所中学配备电脑室。6 月 25 日，香港远盛有限公司董事长陈玮盛捐赠 300 万港元，设立“上海远盛青年科技人才奖”。12 月 9 日，香港苏浙旅港同乡会会长周忠继一行来沪出席由香港苏浙旅港同乡会向上海大学文学院捐赠 50 万港元，用于新建图书馆多功能厅开工奠基典礼。12 月 28 日，香港朝代文化娱乐有限公司董事长孙文雄捐赠 100 万元建造的静安区文化馆朝代娱乐总汇综合大楼结构封顶挂牌。同年，香港知名人士蔡明山的女儿蔡佩珍，为实现父亲生前心愿捐赠 100 万元，在普陀区澳门路第二小学建造新教学大楼，1994 年 5 月 3 日大楼竣工，按蔡先生愿望改名为明山小学并举行挂牌仪式。自 1993 年起，香港南亚洋行胡良利、万益珠宝行总经理胡楚南每年出资不少于 5 万元，设置“上海发展侨务事业基金胡楚南侨界知识分子英才奖”。1994 年 9 月 1 日，香港星光传讯(集团)有限公司董事长黄金富热忱关心祖国的高等教育事业，捐赠 1 350 万元，帮助上海大学组建知识产权学院，培养国家紧缺的知识产权专门人才。10 月 17 日，香港罗保投资有限公司董事长董纪勋到沪，出席由徐汇区人民政府举行的董恒甫职校和董李凤美康健学校揭牌典礼。董纪勋从 1992 年起，就投资徐汇区建造以其父名命名的董恒甫职校，先后资助该校 266 万元和 1 辆豪华型考斯特旅游车。1994 年又资助 150 万元支持徐汇区发展特殊教育事业，并向徐汇区社会福利院捐赠 20 万元。11 月 23 日，香港旭日集团董事长杨钊专程由香港到沪，参加中国纺织大学旭日工商管理学院的揭牌仪式，1993 年 10 月 6 日，杨钊曾向中国纺织大学捐赠 1 100 万港元，经双方研究决定，中国纺织总会批准，将中国纺织大学原经贸管理学院改名为旭日工商管理学院，实行董事会领导下的院长负责制，并由杨钊任学院董事长。同年，香港知名实业家、新中港集团有限公司董事局主席徐展堂赞助 100 万美元，在上海人民广场兴建上海博物馆，并自荐担任新馆海外筹款委员会主任，获得香港实业家葛师科、香港文化委员会委员何鸿卿的热烈响应，筹得 500 万美元，在上海博物馆设立“瓷器专馆”。香港峻岭集团董事长丁人峻捐赠 4 350 万美元为上海长征医院建造“上海急救中心”，建造面积 6 万多平方米，顶层为直升机停机坪，是上海最大的医疗急救中心。1995 年 3 月 2 日，上海市长宁区人民政府在延安中学举行“林百欣先生捐款仪式”，表彰林百欣关心祖国教育事业发展的爱国义举，林百欣是香港亚洲电视台董事局主席兼行政总裁、丽新集团董事长，累计捐赠长宁区教育事业 520 万港元，用于建造“林百欣游泳馆”、图书馆等。3 月 30 日，香港著名企业家，瑞兴百货有限公司主席古胜祥到沪出席由上海民办杉达学院举办的捐赠仪式，自 1992 年 8 月起，古胜祥先后向上海民办杉达学院捐赠电脑等教学设备，1994 年又捐赠 100 万美元建造该学院新校址教学楼，前后捐赠折合人民币 1 135 万元。5 月 29 日，香港声宝—乐声(香港)有限公司、卡尔顿酒店集团(新加坡、澳大利亚、新西兰)董事会主席李达三夫妇专程到沪参加由其捐资母校 300 万元建造的虹口区澄衷中学“李达三楼”开工典礼。6 月 24 日，香港会德丰有限公司主席吴光正和夫人包陪容专程到沪出席上海交通大学举行的“吴光正捐赠典礼暨首届吴绍璘、包玉刚奖学(教)金颁奖仪式”。吴光正系已故著名企业家包玉刚之婿、原上海交通大学已故建筑专家吴绍璘之子。1993年吴光正和夫人包陪容捐赠1 300万元设立“包玉刚、吴绍璘教育信托基金”,用于改善上海交通大学管理学院、建筑工程与力学学院办学条件,奖励两学院的优秀教师及学生等。8月8日,香港显利有限公司董事阮华到沪出席由其代表阮氏家族捐赠20万美元建成的虹口区残疾人活动中心开张仪式。1994—1995年,香港南丰纺织有限公司董事局主席、香港苏浙旅港同乡会名誉会长陈廷骅两次向上海慈善基金会捐赠1 500万元。1995年,香港同胞钱宁、富荣伟、俞光明等,为支持全国第八届运动会在上海举办,各捐赠500万美元,用于建造上海体育场。1995年,香港知名实业家厉树雄遗孀厉楼菊芳捐助20万元在中山医院设立教育卫生奖,奖励该院为医疗事业勤奋工作的医护、医技人员和就读于中山临床医学院的贫困地区本科生和研究生。1988—1999年,香港厉树雄基金会先后向上海捐赠多个项目,累计100多万元。1996年10月28日,香港实业家田家炳专程到沪出席由其捐赠500万元资助建造的闸北区田家炳高级中学奠基仪式。12月25日,香港中华总商会名誉会长、原全国政协委员古胜祥和夫人专程到沪出席杉达学院“古胜祥教学楼”竣工庆典仪式,“古胜祥教学楼”由其捐资100万美元建造。古胜祥后又捐赠300万元购置计算机和汽车等。同年,香港同胞刘元生向母校永嘉路第二小学捐资16万元建造乒乓房,又捐资35万元用于购买电脑设备等,后1999年又为徐汇区天平街道活动中心捐资20万元。1997年1月7日,市委书记黄菊会见香港中信集团董事长荣智健,对其自1994年起连续三年每年向上海捐赠1 000万元用于上海教育和慈善事业表示感谢。5月29日,复旦大学举行“蔡冠深复旦大学教育基金”签约仪式,该教育基金由香港新华集团总裁蔡冠深出资与复旦大学共同创办,首批资金为200万元。蔡冠深曾先后向大陆捐赠约6 000万港元。1995年曾去北京发起并创设中国科学院院士荣誉基金会,向年龄在80岁以上的院士颁发荣誉奖金。6月10日,香港同胞夏丽君向上海市肿瘤医院捐赠100万元协议签字仪式在该院举行,此为夏丽君为感谢上海市肿瘤医院为她成功手术,发展抗癌事业作出的义举,其中40万元用于配备乳腺癌实验设备和仪器维修保养等费用,60万元设立“肿瘤医院夏丽君女士临床、科技奖励基金”,2年评选一次,奖励该院在临床和科研上有成就的人员。同月,香港知名实业家李嘉诚捐资4 000万元,建造上海外国语学院附属外国语学校。香港金裕国际投资有限公司董事长金如新向市慈善基金会捐款300万元,此为当年沪上慈善事业数额最大的捐款。7月27—28日,中华全国工商业联合会副主席、香港金利来集团有限公司董事长曾宪梓到沪访问期间,向全国第八届运动会捐款100万元,1993年曾宪梓也曾向东亚运动会捐款100万元。9月27日,香港瑞安集团董事长罗康瑞捐赠1 200万港元给上海大学创建“上海经济管理中心”。12月12日,香港同胞胡顾平向南汇县民政局、教育局、老干部局等单位捐赠总价值20万元的1 000件冬衣和500套睡袋。同年,香港同胞叶肇夫向上海博物馆捐赠价值120万英镑的青铜器——子仲姜盘。香港知名人士宋惠德为支持和发展普陀区教育事业,先后捐赠1 132万元,建造曹杨二中、文英中心小学、朝燕中心小学、全州小学等教学大楼。1999年4月18日,以香港永新企业有限公司董事长曹光彪名字命名的“曹光彪星”命名典礼在沪举行,曹光彪投资超过1.5亿元,并先后向中国纺织大学(今东华大学)、杉达学院、中科院上海冶金研究所等单位捐赠3 000多万港元,还投资100万美元在黄浦区兴建“曹光彪小学”。为表彰他的爱国奉献精神,经国际小行星中心和国际小行星命名委员会批准,由中科院在紫山天文台发现的、国际编号为4566号的小行星被正式命名为“曹光彪星”。9月24日,由香港著名实业家和慈善家查济民及其家族捐献2 000万美元设立的“求是科技基金”在复旦大学举行年度颁奖典礼,“求是科技基金”由查济民于1994年在香港设立,旨在推动中国科技研究工作,已举办过4

届颁奖活动。11 月 12 日，香港清平乐韵集负责人向静安区老年基金会捐赠 100 万元，支持静安区老龄事业。12 月，香港中信泰富有限公司董事局主席荣智健捐赠 1 000 万元，用于上海科技馆建设。同年香港同胞何陈婉珍捐赠 208 万港元，资助上海建设技术基金会下属“小航空遥感实时传输技术装备”项目。在 20 世纪 90 年代，其他捐赠还有：香港美罗针织厂有限公司董事长林辉实捐资 75 万元为母校上海中学建造“念慈楼”。香港中信泰富有限公司主席荣智健先后捐资 112 万元给母校南洋模范中学。香港同胞李惠利捐资 100 万元建造“李惠利中学”。2000 年 7 月 1 日，香港同胞、南汇县吴迅中学海外董事会董事董允生捐赠 60 万元帮助建造的吴迅中学思瑛图书馆落成。同月，荣智健向上海市政府捐赠欧洲 MAN13. 220HOCL/BERKHOF 大客车两辆，并再次捐赠 1 000 万元。10 月 14 日，在卢湾区举办“爱心雅集慈善演唱会”上，47 名香港知名人士在会上捐资 130 万元，用于慈善帮困、发展社区文化教育事业。12 月 9 日，香港同胞袁勃向上海市慈善基金会捐赠 300 万元、70 万美元的捐赠签约仪式在上海举行。2001 年 12 月 27 日，香港中信泰富集团主席荣智健访沪期间，向上海市教育基金会捐赠 1 000 万港元。2002 年，香港史带基金会主席谢仕荣捐赠 1 500 万元，建造复旦大学“史带楼”，捐赠 50 万港元，建造精算所。2003 年初，由香港同胞王元春捐赠 60 万元建造的“松柏康复园”在奉贤新寺镇落成开业。3 月，王元春抵沪到“松柏康复园”看望先行入住的 19 位孤寡老人，并再次捐赠 6 000 多元人民币，改善院内老人生活条件。11 月 25 日，由香港英华渔人协会副会长、香港太平绅士鲍瑞美筹措获得“那达基金会”150 万元捐资建造的“全国聋教育师资培训中心”在闵行区七宝启英幼儿园举行，启英幼儿园是聋健合一的特殊教育幼儿园，新建的培训中心设备先进齐全。2004 年，香港中华总商会副会长、香港大庆石油有限公司董事长张永珍向上海博物馆捐赠清代瓷器“纹橄榄瓶”。该文物由张永珍几经周折，花费 4 150 万元拍得。

第三节　各领域合作交流

开展各领域合作交流是沪港、沪澳两地紧密协作、相互取长补短的最重要内容，也是改革开放后沪港、沪澳两地取得的最大成果。

一、经济领域

香港企业家和实业家十分看好上海的投资环境，最早到上海投资。上海第一家利用外资的合资企业，是 1980 年 8 月由瑞士迅达股份有限公司香港怡和迅达(远东)有限公司和中国建设机械总公司共同投资组建的中国迅达电梯有限公司上海电梯厂。1981 年 5 月，由香港洪大彩色冲印有限公司和上海图片中心合作经营的上海第一家沪港合作企业上海图片中心开业。12 月，由市纺织局出资 360 万美元，香港半岛针织公司出资 240 万元组建的上海第一家沪港合资公司上海联合毛纺织有限公司投入生产经营。20 世纪 80 年代，香港在沪投资企业 369 家，合同金额 6.17 亿美元，在上海外商投资总数中位居第一，投资方式以合资和合作为主，从 1989 年开始采用独资和土地批租方式。

浦东开发开放后，港商投资上海的企业项目迅速发展，至 1999 年，上海批准港商项目累计 7 787 个，合同金额累计 131.07 亿美元，分别占历年外资项目总数和投资总额的 38.07% 和 33.58%，名列到沪投资国家和地区的首位。20 世纪 90 年代，香港在沪投资合资方式下降，合作和独资方式上升。1992 年开始采用股份制企业，项目融资(BOT)方式开始在城市建设中得到运用，香港成为上海企业股份制改革融资试点的主要市场。其间,港商也积极参与上海市政府和各区有关旧城改造等项目。1995 年 8 月 29 日,由香港金马城市建设有限公司和徐汇区城建开发总公司合作进行的上海第一块利用外资改造旧城区地块——徐汇区沈家浜旧城区地块改造项目正式开工。沈家浜旧城区是市政府重点改造的 23 片简棚屋地区之一。该合作项目不仅改造这一地区的简棚屋,而且将嘉善路从永嘉路至肇嘉浜路打通,改善该地区的交通。1996 年 12 月 26 日,香港瑞安集团和上海中虹集团联手建造的瑞虹新城奠基仪式举行,此为沪港合作改造上海旧城区投资最大的项目,港方投资总额 5 亿美元,计划建内销商品房 167 万平方米,工程于 10 年内完成。1997 年 8 月 15 日,由上海梅陇镇(集团)有限公司与香港著名企业和记黄埔、长江实业和添发庆丰共同投资开发的合作项目上海梅陇镇广场举行隆重的开幕典礼,梅陇镇广场地处南京西路、江宁路繁华商业地段,总面积 12 万平方米,总投资达 15 亿元,被列为上海市商业设施重点项目和静安区重点工程。该项目经过 3 年的建设,主体工程已近完工,总面积达 5 万平方米的裙楼商场先行推出,经过试营业运转,初步具备开业条件,经沪港双方商定,正式开始对外营业。1997—1999 年,受亚洲金融风暴的影响,香港在沪投资项目和金额明显下降。但仍名列来沪投资首位。1997 年 5 月 19 日 8 时 04 分,由上海铁路分局上海列车段担当值乘的 99 次沪港(上海—九龙)直通旅客列车正式开行,是上海与香港之间首次开行的旅客列车,至 1997 年 12 月 5 日,沪港列车整整行驶 100 个往返,累计运行 40 万千米,安全输送 26 个国家和地区的旅客 8.4 万余人次。

进入 21 世纪,沪港为应对世界经济形势的变化,经济合作进入新的阶段。2000 年,上海在发展外商投资的同时,重视规范外资企业的运作,全年外商投资企业中有 1 139 家企业被注销或吊销,其中,港资企业关闭最多,达 409 家。2001 年,中国正式履行加入世界贸易组织的承诺,上海进一步优化开放和招商引资环境,积极为港澳台侨企业投资项目落户上海做好服务工作。遵照"根据特点、适当照顾"的原则,不断研究、制定和完善维护在沪港澳台侨企业投资合法权益相关政策法规,协调解决政策的有效实施问题。2003 年 6 月 29 日,中央为应对香港形势,支持香港特区政府依法施政,促进香港长期繁荣稳定,制定《内地与香港关于建立更紧密经贸关系的安排》,上海市政府按照中央的部署,加强与香港特区政府的沟通协商,并经国务院批准,于 2003 年 10 月 27 日双方正式建立沪港经贸合作会议机制,并在沪港经贸合作会议第一次会议上,双方确定航空港、海港、世博会、旅游会展、投资商贸、教育卫生和体育、金融服务、专业人才八大领域的交流与合作。截至 2010 年底,香港在沪投资项目 17 734 个,占全市外商投资项目总数的 29.81%;合同金额 608.25 亿美元,占全市外商投资合同金额的 34.73%;实际到位金额 311.18 亿美元,占全市外商投资实际到位金额 29.24%。香港在沪运营企业 9 680 家,投资总额 1 151.9 亿美元。运营企业类型以独资企业为主,达 7 507 家,占香港在沪运营企业的 78.5%。合资企业 1 694 家,合作企业 325 家,股份制企业 64 家。投资总额在 1 000 万美元以上的企业有 1 550 家,占香港在沪运营企业的 16%,其中,1 亿美元以上的企业 208 家,超过 10 亿美元以上的企业 6 家。香港在沪投资额最大的企业为独资的金光纸业(中国)投资公司,投资总额为 35.3 亿美元。其次是上海国际港务(集团)股份有限公司,投资总额 25.4 亿美元,是中国最大的港口综合性企业。其三是上海华虹 NEC 电子有限公司,投资总额 17.8 亿美元。100 万美元以下的企业有 5 424 家,占香港在沪运营企业的 56%,中小企业中的独资企业占香港投资的中小企业的 86%。

在沪港经济合作交流中,在港注册登记的上海实业有限公司发挥重要作用。上海实业有限公司是在南洋烟草、天厨味精和永发印务 3 家老企业基础上建立起来的。1981 年 3 月,国家进出口管理委员会、国务院港澳办、外贸部联合发文批准上海市在港成立实业公司。1981 年 7 月,上海实业有限公司在香港进行工商注册登记，公司具有独立法人地位（享有港商待遇）。1988年，上海市政府发文明确上海实业为上海市政府驻港办事处。作为上海对外经济的窗口和桥梁，上海实业努力实践“取香港之所长，补上海之所短，展上海至所具，应香港之所需”，在发展自身同时，为积极推动沪港两地经济繁荣和社会稳定发展作出贡献。成立20余年，上海实业不仅投重资改造并新建自动化程度较高的卷烟厂和味精厂，拓展永发印务，使老产品升级换代，老企业得到较快的发展，结束“经营几十年，面目依旧”的状况，还在沪港两地投资建设不少新企业，并大力发展进出口贸易，至1991年初，上海实业在港共有工业企业11家，外贸企业10家；在沪有工业企业7家，外贸企业1家；在美国有外贸企业1家，1990年的进出口总额达3.3亿美元，是1982年232万美元的100多倍。上海实业根据沪港两地的需要，积极投资发展第三产业，1986年在香港与上海旅游局、民航局合资成立上海旅游（香港）有限公司，吸引香港各界人士以旅游形式去上海参观访问；同年，与招商集团、银都集团等合作经营香港启德机场免税商店。1984年，在上海与港商、锦江饭店合作经营“锦江快印总汇”，提供快捷、高质量的彩照冲印服务。1986年，与锦江集团合作经营成立振华汽车服务公司，投资建设高阳宾馆、嘉定宾馆和高阳服务公司。1987年开始涉足金融业，探索性地进入股票和外汇市场，次年与香港交通银行合作为上海久事公司融资3 000万美元，支持上海基础设施建设。上海实业还与上海海外公司及其属下五大境外集团公司完成大联合，建立北美、日本、欧洲、独联体、南非、东南亚、南美和中东等九大地区总部，基本完成在全球主要市场的战略布点，着手调整、完善和实施海外发展战略。2008年后，顺应外部经营环境的变化，进一步对上海海外公司业务和资产进行清理、整合、调整和优化海外布局，使上海海外公司及其属下境内外企业纳入金融投资平台实行统一管理。随着多元化投资经营，上海实业综合实力的不断提升，1987年上海实业开始酝酿成立集团公司，至1993年3月，经外经贸部正式发文同意成立上海实业（集团）有限公司，逐步进入以集团化、多元化、国际化跨国公司为目标的新的发展阶段。1996年5月，上实控股在香港联合交易所成功上市，上实控股作为上海实业境外执行总部，为上海上实利用国际资本市场融资开辟新的渠道；6月，上海市政府同意组建上海上实（集团）有限公司，作为上海实业境内执行总部，负责经营上实集团境内国有资产，为上海实业作为境外国资打开国内资本市场通道奠定基础。1997年、1999年和2003年，上海实业先后收购一些上市公司的股权，并投资光明乳业、中芯国际、联华超市、海通证券、上海家化等上市公司。1998年，上海实业获得市政府授权经营崇明东滩86平方千米土地，与国际国内加强合作，对东滩开展长达10年的高水平保护性开发。2003年，上实控股开始向高速公路和水务等基建领域拓展，先后成功收购沪宁高速公路（上海段）25年经营权和沪杭高速公路（上海段）。与中节能公司合资组建中环水务，进入中国内地市场。2005年后，上海实业先后与爱尔兰财富集团、英国奥雅纳工程顾问公司（ARUP）等就崇明东滩签署项目规划及合作开发协议；与圣彼得堡市政府签署投资建设“波罗的海明珠”项目《战略投资协议》；与芬兰SRV集团签署双方合作开发波罗的海明珠项目38－3商业地块的共同投资协议。在不断发展壮大的同时，上海实业也切实履行作为市政府“窗口公司”的职责，在信息传递、对外宣传、技术设备引进、推动沪港两地交流以及推动浦东开发开放方面发挥积极作用。基本上每年都为上海引进各类技术和设备。如为上海华光啤酒厂引进啤酒生产线，年产量从3万吨增加到6.5万吨；为上海印刷材料厂从英国邓禄普引进印刷橡皮布的制造技术项目；为上海市公安局引进美国、瑞士、巴西、加拿大等国警察系统采用的指纹识别仪；等等。上海实业在香港积极利用各种机会宣传浦东开发开放，介绍各类团组到上海实地考察浦东，做好各种服务工作，而且利用自己外资身份，直接投资开发浦东项目，主要投资陆家嘴开发公司、浦东国际烟草公司、上海空调机有限公司、上海富驰达自行车有限公司、高广电子电器有限公司、振华汽车服务公司6个项目,为浦东吸引外资发挥带头作用。为配合上海国际航运中心建设,上海实业与上海港务局、香港和记黄埔共同签约投资30亿元建设上海外高桥一期国际集装箱项目。上海实业还为上海市培养和锻炼一批外向型管理人才,2005年6月,与上海国际人才交流协会共同组建香港上海国际人才交流公司,公司通过"政府推动、社会参与、市场运作"的模式,以香港专才引进、项目合作、专业资格认证等工作为切入点,陆续推出《上海市居住证》制度、"万名海外留学人才集聚工程""引进千名香港专才""沪港公务员挂职培训""上海市浦江人才计划"等一系列政策措施,为上海的重点重大项目和工程服务培育紧缺人才,为全面落实CEPA框架下沪港专业人才交流发挥积极促进作用。

澳门从20世纪80年代起就跟随香港到上海进行投资,但开始仅仅是小打小闹,涉及几万美元和一些零星小的项目。20世纪90年代后,随着上海投资环境的不断改善,投入资金逐步增多,项目也逐步扩大,截至2010年底,澳门累计在沪投资项目246个,占全市外商投资项目总数的4.13%;合同金额4.01亿美元,占全市外商投资合同金额总数的0.23%;实际到位金额1.59亿美元,占全市外商投资实际到位金额总数的0.15%。

在与港澳开展交流合作方面,海外联谊会起着积极的沟通和纽带作用。始终以经济建设为中心,充分发挥民间性、广泛性、灵活性的优势,努力为上海的改革开放和经济建设以及社会发展服务。1985年成立之初,曾邀请海外和港澳20多名经济界知名人士召开"上海对外友好合作讨论会",为上海经济发展战略蓝图献计献策,市长江泽民和其他市领导轮流到会,直接听取海外和港澳朋友提出的简化审批三资项目手续,开发开放房地产市场等建议。与有关单位联合举办的"沪港学者合作交流研讨会""中国即将加入WTO以后,沪港两地面临的机遇挑战和前景"等一系列研讨会议,促进沪港两地科技、工商、金融等领域的深入交流。举办的经济研究高级课程班,为在沪工作的香港高级白领提升在上海的发展能力。受海外和港澳朋友的委托,落实许多捐赠项目和大量捐赠资金,海外和港澳朋友热心捐赠的各类图书馆、教学楼、体育场、幼儿园、卫生院、老人活动中心、中小学校等;设立的各类奖学金、奖教金等为上海社会发展起到积极推动作用。促成海外和港澳朋友投资上海超过百亿元,协助推动北外滩、浦东陆家嘴、浦江沿岸等重点区域的开发建设等。

二、科技领域

改革开放后,沪港两地一直有着良好的科技交流与合作,1986年9月4—7日,上海市科协邀请香港测量师学会前任会长简福怡到沪就开发国内房地产市场的可能性和可行性研究进行探讨、磋商,并作《关于我国建立地产市场可行性研究》报告。12月22—29日,简福怡再次访沪,出席"全国房产市场问题研讨会",就开发国内房地产业市场的有关问题与上海房地产业同行进行探讨和研究。1988年11月8—10日,上海市科协第四次代表大会召开,香港科技协进会创会会长、香港中文大学物理系客座教授陈耀华,全国政协委员、香港简福怡仲量行测量所简福怡,京港学术交流中心总经理杨伟国,上海市政协常委、香港美罗针织集团有限公司董事副总经理林辉实,香港经纬顾问研究有限公司董事兼副总经理冯可强,香港中文大学化学系主任、中药研究中心主任张雄谋教授等6名代表与会,参观上海科协"三十年来科协工作"陈列室,并与部分科技界代表就合作和交流进行座谈。

进入20世纪90年代,沪港科技合作交流逐步走向全方位、多层次。上海30多家科研机构先后派出50多批百多人次赴港讲学。香港科技界也有百多批300多人次到沪访问。1991年2月22

日，同济大学、上海天平仪器厂等 26 家高校和知名企业与香港沙多利斯有限公司在沪举办“仪器仪表及电子天平技术交流会”，香港沙多利斯公司职员李彬华就沙多利斯天平发展历史、机构原理、特点、工业用途、与国内国际同类产品的比较作重点介绍。6 月，市科协组团赴港参加“’91 上海技术展示与贸易洽谈会”。7 月 3—6 日，市外经贸委副主任张祥带队赴港出席“’91 上海技术展示与贸易洽谈会”，10 多个单位 858 项技术成果参展，累计成交 5 000 万美元。1992 年 4 月 27—30 日，中国科协邀请的香港工程师学会会长詹伯乐一行 15 人从北京抵沪访问，与市建委、经委负责同志座谈上海浦东开发及工业发展情况，并与上海建筑、土木工程、机械工程、电机工程等学会就工程技术领域方面的合作进行商谈，参加同济大学举办的学历评审研讨会。1995 年，上海与中国计算机学会和香港电脑学会联合主办的 1995 年香港、上海国际计算机会议分别在香港、上海召开。8 月 3 日，香港利诚国际集团董事局主席吴淞来沪，出席“利诚—复旦生物高新技术研究发展基金会”和“1995—1996 年度中标研究项目”签约仪式。“利诚—复旦生物高新技术研究发展基金会”由吴淞倡导并出资 1 000 万元人民币和复旦大学共同设立。1996 年 6 月，中国科学院上海生物工程研究中心与香港科技大学等单位联合组建生命科学及生物技术联合实验，计划在神经科学、植物分子学、医药学和蛋白质分析等领域开展持久合作研究。中科院上海药物研究所从中药中首次发现并测定出石衫碱甲对老年痴呆症有治疗作用，该所利用香港科技大学气相色谱质谱仪，合作开展石衫碱甲作用的机理研究，所长陈凯先与香港量子化学家吴云东联手申请国家自然科学基金课题，联手进行药物选择性合成催化剂设计研究。1997 年 4 月，中国科学院上海昆虫研究所教授唐振华赴港在香港虫害控制协会作题为《虫害控制技术》的报告。5 月 8—10 日，上海市科协与香港工程师学会联合在沪举办主题为“加强沪港科技合作，携手迈进 21 世纪”的沪港科技合作研讨会，两地专家学者就沪港经济、科技、教育环境以及优势互补等作学术报告，市科协所属 9 个学会和香港工程师学会下属 6 个专业部门的 150 多名技术专家就智能交通、电子工程、电机工程、生物工程、土木工程与监理、环境工程与环境保护等领域进行广泛深入的交流，双方签署科技合作与交流备忘录。同年，中科院上海冶金研究所和香港中文大学还初步达成建立联合实验室协议。中科院院士、上海硅酸盐研究所严东生、郭景坤与香港大学、香港理工大学签署互换科学家、研究生，互换科学杂志，共同组织国际会议和学术活动等内容的合作协议。1995—1997 年，上海有关科研机构与香港同行签订合作项目 30 多个，涉及人类学、药理学、流行病学、船舶、电子计算机等多个领域。其间，沪港联合培养研究生 30 多人；由中科院上海有机化学研究所和香港中文大学联合主办的“世界华人有机化学专家学术研讨会”连续举办四届；上海与香港合资成立的科技企业 10 多家，涉及计算机开发和娱乐服务等领域，对改善上海科研单位的科研条件，引进科学管理方法，促进科技成果产业化起到积极作用。1998 年 4 月 21—24 日，由上海市城市规划管理局主办的上海、北京、广州、深圳、香港、台北、台中、高雄 8 个城市的“’98 城市地理信息系统学术论坛”在上海举行。香港中文大学亚太研究所所长杨汝万，香港中文大学学术交流处处长、主任伦炽标，香港中文大学地球信息科学联合实验室主任林珲到沪出席论坛。4 月 30 日，由香港中文大学、香港大学和中科院上海有机化学研究所共同组建化学合成联合实验室签字仪式在沪举行，此为中科院与香港首次在内地建立联合实验室。1999 年 1 月 14 日，“沪港化学合成联合实验室”在沪揭幕。1999 年 9 月 6—8 日，上海 9 名专家出席在香港召开的“’99 沪港科技合作研讨会”，上海专家运用多媒体投影，介绍上海建设成就，并围绕土木建筑、环保专题、信息技术、电子学以及电器科学、楼宇设计等专题与香港专家共同研讨。11 月中旬，由香港理工大学和上海科技管理干部学院联合举办的技术创新高级研讨班在沪港两地开班，上海轻工、机电、医药、纺织等系统共 24 人赴港参加培训，并参观香港创新博览会、香港理工大学工业中心、香港工业科技中心和香港联合交易所,访问香港贸易发展局和香港特区工业局。

2000 年 5 月 29 日,上海交通大学和香港大学就筹建孵化基地及创新科技研究达成合作协议,合作方式是上海交通大学提供技术及人才,香港大学协助高技术孵化转型以达到国际标准及进入国际市场,孵化基地选定为深圳,孵化基地所需研究资金由两校同时提供以及引进商业机构投资者及风险管理基金。2001 年 2 月 7 日,沪港经济发展协会在沪召开该协会科技组成立第一次会议,上海市科委副主任张鳌、沪港经济发展协会副会长高叔平等沪港两地 12 位领导、专家出席会议,确定科技组的主要职责以交流为主,投资次之。2009 年 10 月 29—31 日,由上海市科协和香港工程师学会联合主办的"2009 沪港科技合作研讨会"在沪举行,研讨会的主题为"聚科技智慧、与世博同行",香港特区发展局秘书长、路政署署长、机电工程署副署长等 8 位官员和 150 名沪港两地科技人员出席研讨会。早在香港回归祖国前,为加强沪港两地科技工作者之间的交流与合作,促进两地科技与经济的可持续发展,上海科协与香港工程师联合会就发起主办首届沪港科技合作研讨会。此后,先后在沪港举办 6 届沪港科技合作研讨会,涉及交通、电子、土木、信息技术等多个科技领域,两地学者在相关领域进行深入探讨和交流,得到两地学术界和工程界的好评。

三、文化领域

沪港两地同属中西文化交汇之地,历史上文化界人士和演出团体互访不断。早在 20 世纪 60 年代,上海越剧团、上海青年昆剧团、上海评弹团等就先后赴港演出。1979 年 9 月,上海评弹团一行 15 人在吴宗锡、唐耿良率领下应邀赴港演出 12 场,开启"文化大革命"后上海文艺界首次组团赴港演出。1980 年 11 月,上海越剧团徐玉兰、王文娟、金采凤等一行 61 人访港演出《西园记》《碧玉簪》《孔雀东南飞》等 20 多场,一票难求,场场座无虚席,演出盛况空前。1982 年 3 月,北京、上海京剧院 64 人(北京 17 人,上海 47 人)联合组团访港,梅葆玖、李庆春、童芷苓、汪正华等演出《穆桂英挂帅》《霸王别姬》《红娘》《金玉奴》等 20 多个剧目,连演 17 天 27 场,轰动香港,"刮起一阵京剧旋风",不少戏迷从日本、德国、英国等到港观看。11 月 6 日,香港专栏作家米振声夫妇到沪探亲,参观孙中山故居和宋庆龄故居等。1983 年 9 月 22—29 日,香港著名电影演员石慧、钢琴家吴清山到沪举行两场独唱音乐会,并在沪专业报告会上介绍香港电影、音乐界的情况。1984 年 1 月 1—8 日,香港知名歌星蒋丽萍、吕方等一行 26 人到沪举行专场演唱会。1 月 20 日,上海电影局顾问柯灵一行 6 人应邀赴香港参加"探索的年代——早期中国电影"专题活动,与中国香港、台湾地区以及来自日本、美国、法国、澳大利亚、意大利的学者、专家就中国早期电影的国际性问题进行交流。12 月 5—10 日,香港演员魏秋桦、黄造时、陈观泰、罗烈、陈健义、黄汝燊等 10 人到沪参加"沪港影视歌星会串演出",在上海市体育馆演出 4 场,这是上海市文化局第一次主办沪港演员艺术交流活动,也是《中英两国政府关于香港问题的联合声明》发布后第一批到沪演出的香港演员。1985 年 11 月 14—24 日,以简庆福为首的香港摄影家交流代表团一行 14 人访问上海,在沪出席首届"上海—香港摄影艺术展览"开幕式,影展展出沪港两地摄影家作品 150 幅。12 月 30—31 日,香港圣乐团到沪在上海音乐厅举行音乐会,演出贝多芬弥撒曲和韩德尔《弥撒亚》第一部分。1986 年 2 月 15—25 日,香港管弦乐团一行 110 人到北京、上海、杭州演出。2 月 21 日,香港连顺集团董事长林永德向上海博物馆赠送猛犸象牙仪式在沪举行。3 月 20 日—4 月 20 日,上海博物馆举办香港金融界名人、著名收藏家刘作筹的"虚白斋珍藏明清画精品展览",共 90 件。刘作筹和其女儿刘绿绮到沪参加开幕式。1987

年4月1—10日，上海画家代表团赴港参加为期10天的上海绘画——蜕变中的中国艺术展览。4月16—21日，沪港儿童文学交流会在沪举行，香港儿童文艺协会会长严吴婵霞率香港儿童文学家一行13人抵沪出席交流会，会议的主题是中国儿童文学如何走向世界，由港方随带部分香港出版的儿童读物和上海儿童、美术、教育等出版社的儿童读物在会议期间一起展出交流。5月5日，香港著名女高音歌唱家周文珊携钢琴演奏家梁耀明到沪举行独唱音乐会。同年秋天，上海越剧院红楼剧团赴港参加"中国地方戏曲展"，四代同台演出，反响热烈。10月23日，香港知名旅游摄影家、专栏作家、青年社会活动家李乐诗应邀到沪，向上海各界人士介绍她漫游世界70多个城市收获的风土人情、社会风貌。1988年3月，"上海市文史馆书画展览"在香港集古斋画廊举办，展出37名上海文史馆馆员的158幅书画作品。10月25日—12月25日，市文史馆员严桂荣和其儿子严银龙应邀赴港进行书画装裱讲座，传授装裱技术并开展培训工作，因其书画鉴定和装裱艺术水准在港引起很大反响，接受诸多书画装裱工作，故在港延长1个月时间。同年，上海沪剧院建院40年首次组团赴港参加"中国地方戏曲展"演出，受到香港各界热烈欢迎。1989年5月，上海戏曲学校学生一行60人应邀赴港演出，这批青年演员最年轻的13岁，最大的不过20岁，其中有史敏、胡璇、蔡继东、严庆谷等优秀青年演员，在港演出8场，受到香港观众的赞赏，其间还举办京剧知识讲座。5月22—24日，香港画家汪洁在上海美术馆举办个人画展。

20世纪90年代后，随着上海改革开放的不断深入和1997年香港回归祖国，沪港两地的文化交流更趋活跃频繁，交流项目不断扩大深入，涉及电影、电视、歌剧、舞蹈、书画、艺术、媒体等多个方面，沪港两地的文化事业更加繁荣多彩。1990年4月2—6日，香港天都乐苑粤曲演唱团一行25人到上海演出，成员主要是粤剧界的知名艺人和社会名流，演出受到上海观众的好评。5月14日，"'90上海艺术节"期间举办"香港京剧名票演出专场"，香港企业家钱江虽患感冒，嗓音失润，仍坚持登场，在上海名角汪正华、郭仲钦配合下，票演《玉门关》，他的姜派唱腔获得观众的热烈掌声。演出中，北京、上海的名角迟世恭、梅葆玖、尚长荣、沈小梅、艾世菊、童祥苓、张南云、李炳淑、李丽芳、夏慧华、言兴朋等也为香港朋友上演精彩的剧目。5月28日，"上海市首届海内外华人摄影艺术展"在上海美术馆开幕，共展出作品250幅，海内外各半，展期7天，受到上海摄影界好评。1991年9月16—23日，香港上海总会为庆祝上海海外联谊会成立5周年，在香港举办"上海—江苏著名评弹演员演唱会"，特邀上海新长征评弹演员蒋云仙、徐淑娟两人赴港演出。1992年1月11—15日，首届海峡两岸暨香港电影导演研讨会在香港举行，以上海电影局局长、导演吴贻弓为团长，谢晋、史蜀君以及北影、长影、珠影等电影厂导演19人组成的大陆代表团参加研讨会，代表围绕"海峡两岸和香港电影回顾、主流及展望"专题，并就中国电影艺术质量、合作制片、电影市场等共同关心的问题进行深入探讨。1993年1月11—16日，"第二届海峡两岸暨香港电影导演研讨会"在上海召开，会议的主题是"面对21世纪怎样让中国电影重新回到中国人的掌声中"，内地谢晋、谢铁骊、谢飞、吴贻弓、张艺谋、吴子牛和港台吴思远、陈欣健、李行、白景瑞、林福地等出席。1993年5月22—31日，上海知名评弹演员陈希安、薛慧君、张淑英、孙伟辰、周苏生、张小平等一行7人赴港演出，10天共演出12场《珍珠塔》《西厢记》《隋唐》等知名长篇评弹，受到香港观众的热烈欢迎和好评。10月5日，"施子清先生暨香港福建书画研究院作品邀请展"在上海美术馆开幕。1994年3月11—13日，上海静安越剧团知名越剧演员戚雅仙、毕春芳等一行55人赴港演出《梁山伯与祝英台》《白蛇传》选段，由戚、毕流派第三代传人傅幸文、徐文芳、朱蔺、阮建绒等新秀担纲主演《玉春堂》《血手印》等传统戏，受到香港越剧爱好者欢迎。6月4日，由上海著名画家程十发、沈柔坚、徐昌酩、韩天衡、张雷平、朱国荣6人组成的书画艺术交流团赴港参加香港福建书画研究会成立5周年庆祝活动。1995年1月

11—16 日,第三届海峡两岸暨香港电影导演研讨会在台北举行,上影著名导演吴贻弓、黄蜀芹等 15 人,香港以成龙为团长共 17 人以及台湾 60 多位导演出席会议,会议以“21 世纪的中国电影”为主题开展广泛的交流。12 月,“上海古籍出版社(香港)书展”在港举办,展出《续修四书全书》《敦煌吐鲁番文献集》《上海博物馆藏敦煌文献》等 1 000 余种图书,引起香港读者与出版界同行的广泛兴趣和新闻界的关注。1996 年 3 月 15 日,由中国纺织大学、上海市服饰学会和旭日集团真维斯国际(香港)有限公司联合主办“’96 真维斯杯全国时装设计大奖赛”在沪举行,来自 22 个省市的 400 余名设计师参加比赛。1997 年 4 月 1 日,为期 7 天的香港画家“方召麐近作展”在上海美术馆举办,展出作品 97 幅。方召麐年轻时曾在上海求学和生活,受业于钱松喦、赵少昂、张大千等大师,其作品曾在 10 多个国家举办过画展。5 月 10 日,香港管弦乐团在上海音乐厅举行交响音乐会,受到上海听众热情欢迎。5 月 27 日,“伟大祖国的香港”图片知识展在上海青年活动中心举办,展出图片 350 幅,详尽介绍香港的自然地理、历史发展、经济文化、教育以及中国政府对香港恢复行使主权的历程,香港与内地、香港和上海的关系等。7 月 8 日,“庆祝香港百年回归,情结中国海内外华人艺术家作品联展”在上海美术馆开幕,该展览由香港艺倡画廊董事长、香港东方海外集团董事董建平操办,董建平系香港特别行政区首任行政长官董建华胞妹,酷爱艺术,是香港著名的书画收藏家。7 月 27—30 日,81 件上海图书馆收藏的古文献在香港大会堂底座展览厅展出,其中,国家一级文物 16 件,二级文物 22 件,三级文物 43 件。11 月 20—23 日,香港亚洲文化协会会友访沪团一行 12 人访问上海,亚洲文化协会于 1963 年创立,专注推动美国与亚洲国家的文化交流,曾资助 3 000 余名亚洲艺术学生、学者等前往美国深造,自 1980 年起颁发 80 多项奖助金给中国内地的艺术家,并出资捐助这些艺术家赴美深造,其中包括电影导演陈凯歌、女高音汪燕燕、著名指挥家陈奕阳、上海博物馆馆长马承源等。

2001 年 7 月 18—23 日,上海世纪出版集团、上海新华发行集团、上海外文图书公司等 10 多家单位参加在港举办的“2001 香港书展”,6 天书展,上海带去精心打造的精品图书和市场畅销读物 1 409 种 3 700 余册,全部销售一空,销售额逾 13.5 万港元。2003—2004 年,上海文化艺术界派出多批艺术团体赴港交流演出,沪港文化交流项目共 27 批,交流人数达 311 人次。其中,2003 年 10 月,上海戏曲学校 49 人赴港参加“菊坛新花代代春”演出;11 月,上海京剧院 89 人赴港演出。2004 年 8 月,上海沪剧院 52 人赴港演出;8 月 15—20 日,上海歌舞团《金舞银饰》130 人赴港演出;9 月,上海歌剧院合唱团 56 人赴港演出;9 月底,上海交响乐团 80 人赴港参加“国庆音乐会”演出。2004 年 8 月,上海在大剧院举办“香港文化周”等活动。从 2002 年开始,上海的文化、旅游部门每年联手赴香港、澳门推介上海文化旅游活动,2005 年起联合推介的范围扩大到网球大师杯等体育赛事活动,收到良好的成效。2007 年 8 月 30 日,上海金秋文化、旅游、体育盛事推介会在香港举行,市政府副秘书长李逸平在推介会上介绍将举行的“2007 上海旅游节”“第九届中国上海国际艺术节”,以及“FIFA 2007 中国女足世界杯(上海赛区)”“2007 年上海国际田径黄金大奖赛”“世界夏季特殊奥林匹克运动会”“F1 中国大奖赛”“2007 年网球大师杯赛”和“‘东丽杯’上海国际马拉松赛”等丰富多彩的文化、旅游、体育活动情况,受到香港各界人士的高度关注。2010 年 9 月 24 日—10 月 22 日,第十二届中国上海国际艺术节“香港文化周”在东方艺术中心举行,香港进剧团的舞台剧《楼城》(2010 年续建版)、“进念·二十面体”的话剧《夜奔》和香港小交响乐团的《士兵的故事》以及“承传与创造——艺术对艺术”展览等相继展演,香港艺术家、世界著名男高音莫华伦等分别在世博园区和南京东路世纪广场举行《心系中国》演唱会和“为上海世博放歌”等演出,“香港文化周”向上海观众展示一个多元创新的香港。

1991年10月25日—11月3日，上海电影乐团一行18人在团长徐景新率领下，赴澳门参加第五届澳门音乐节，在音乐节上，演奏由徐景新创作的民乐合奏曲《飞天》等曲目，受到澳门观众的好评。1999年11月3日，澳门室内乐团首次访问上海，在上海大剧院举行室内音乐会。2001年7月4日，由上海鲁迅纪念馆和澳门书法家协会主办、上海书法家协会协办的“纪念鲁迅诞辰120周年沪—澳书法联展”在鲁迅纪念馆开幕，两地书法家以各自的作品纪念鲁迅。10月3—7日，上海交响乐团参加第十五届澳门国际音乐节。在音乐节中举办4场不同曲目的演出：“海上寻梦——陈蝶衣作品音乐会”，“卧虎藏龙”音乐会，“圣乐天音——圣路西利亚弥撒曲”音乐会，上海芭蕾舞团舞剧《白毛女》(由陈燮阳、谭盾、帕特里克·富厄利埃指挥的交响乐团伴奏)。其中10月3日在澳门文化中心综合剧院举办的“海上寻梦——陈蝶衣作品音乐会”甚为轰动，吸引港澳及东南亚地区的许多观众。音乐会票演出前3个月就已售完。陈蝶衣是香港著名词作家，也是陈燮阳的父亲。陈蝶衣笔耕不辍，多有建树，光是歌词创作就有300多首，还多次获得香港音乐界大奖。10月3—7日，上海芭蕾舞团赴澳门访问，在澳门第15届国际音乐节首轮上演芭蕾舞剧《白毛女》与“芭蕾舞剧精华选萃”专场，此为上海芭蕾舞团首次赴澳门演出，受到澳门同胞特别是原籍上海的居民的热烈欢迎。2003年7月22日，由上海美术馆和澳门书画院主办的“澳门书画研究院顾问张文俊、周韵华、缪鹏飞作品展”在上海美术馆举办。

四、教育领域

上海与香港教育交流，形式多样，内容丰富。从20世纪80年代起，上海各大专院校，中、初等学校和特殊教育单位与港澳教育单位相互学习交流不断增多。1983年9月16—23日，香港大学校长黄丽松夫妇到沪参观访问复旦大学、上海交通大学等，介绍香港大学的历史和学科设置，表示很乐意为加强港沪两市的科技交流出力。之后，香港大学校长黄丽松于1985年5月26—28日到沪参加复旦大学建校80周年庆祝活动，并于10月27日—11月2日，再次率香港大学代表团一行11人来沪参观访问上海工业大学、上海科技大学、上海第二医科大学、上海师范大学、上海大学、上海中医学院和复旦大学、上海交通大学等。1984年5月起，上海交通大学和香港大学携手合作开设上海高级企业管理培训班，以具有大专文化水平的企业基层管理人员为主要招收对象，每期学员60人，每年1期，培训班分理论学习和香港见习两部分。1985年10月10—13日，由全国政协常委、香港爱国人士王宽诚出资1亿美元创设的教育基金，为选送出国攻读博士学位的留学生提供贷款在上海工业大学召开第一次会议，特聘国内外著名学者17人组成委员会主持考选事宜。10月24—25日，王宽诚教育基金会考选委员会和学务委员会，在上海工业大学举行第二次全体委员会议，两个委员会的主任均由上海工业大学校长钱伟长担任。1986年5月3—10日，以香港学龄前研究中心主任陈淑安为首的香港幼儿教育专家、香港维多利亚幼稚园校长丁毓珠及香港立仁幼稚园校长梁丽英一行3人到沪进行幼儿教育讲学和经验交流。陈淑安作的“活动教育法的精神实施和方法”“课室的布置和教育活动”以及语文、数学、美术和音乐的教育示范，给上海保育工作者和幼师同行带来许多海外幼儿教育的信息。1987年7月，上海第一师范学校校长于漪应香港中文教育学会主席宋永邀请，赴香港出席“中文科课程、教材、教法研讨会”。1988年1月，上海大学校长钱伟长偕夫人孔祥瑛赴香港中文大学讲学并就王宽诚教育基金会事务进行研讨。

1994年5月8—13日，香港理工学院院长潘宗光率领代表团一行5人访问上海，与有关高校、研究机构进一步探讨两地教育界、学术界交流合作事宜。1995年9月21日，香港国际会计师行负责人陈文裘到沪出席上海电视大学与香港柏德豪国际会计师行合作办学签约仪式和新闻发布会,上海电视大学与香港柏德豪国际会计师行商定,合作举办非会计专业人员的财务管理培训项目,主要依据英国公认会计师公会提供的教材,拟于10月开始招生、培训,12月份开播第一门课程。1997年4月2日,香港中学校长研修班开学典礼在华东师范大学举行。该班由香港"推委会"委员范锦平带队,在研修期间和在该培训中心学习的全国省级中学校长研修班开展交流,并考察上海等地各种类型的中学。该班对推动香港和内地,尤其是香港和上海中等教育的交流,借鉴对方的经验、长处,共同探讨中等教育中的问题,启发改革思路,扩大上海和内地的著名中学在香港的影响起到积极的作用。4月21日,为期3周的首期香港中学校长研修班在华东师范大学举行结业典礼。国家教委中学校长培训中心主任马钦荣向20位学员颁发结业证书。5月12日,香港大学、香港中文大学、香港城市大学、香港科技大学、香港理工大学、香港浸会学院和岭南学院7所高校联合在上海复旦大学博物馆设展,介绍各校设施、学科结构、教学方式、学生生活等情况,共展出400多张图片。9月21—29日,复旦大学为17名香港特区政府律师举办中国法律知识培训班。此为香港回归后内地高校为香港特区政府职员举办的首次法律培训班。9月26日,由香港瑞安集团董事长罗康瑞捐赠1 200万港元资助上海大学创办的上海经济管理中心正式成立。该中心旨在培训上海各企业单位的在职中高层经营管理干部。12月26—31日,由上海市教委承办的"华夏园丁迎'98大联欢"活动在复旦大学美国研究中心举行,来自各省区市和香港、澳门地区的400名中小学、幼儿园校长和优秀教师等参加活动。一年一度的"华夏园丁迎新年大联欢"活动,自1992年以来已分别在深圳、广州、厦门、汕头和香港举行过5次。1998年1月,上海交通大学与香港科技大学签署学术交流协议,旨在促进学科领域的合作交流、学者互访、联合培养等。3月11日,香港中文大学校长李国章和副校长杨纲凯到上海交通大学访问,翁史烈和谢绳武两任校长会见客人,双方就两校远程教学、互派研究生进一步合作事宜作详细探讨。3月31日,香港科技大学校长吴家伟到上海交通大学访问,参观校科技成果展和校史博物馆,双方商谈两校进一步交流合作事宜。5月21日,由复旦大学外文系、南京大学外语学院和香港中文大学英文系联合主办的"全国综合性大学英语专业教学圆桌会议"在复旦大学举行,代表就21世纪英语专业复合型人才培养等议题展开讨论,取得许多共识。6月13日,"一国两制的理论与实践——香港基本法实施一周年学术讨论会"在上海举行,来自香港和上海高校、研究机构的70余名代表参加讨论会,对香港基本法的实施与香港法制、全国性法律在香港的适用问题、香港与内地的区际法律冲突、香港与内地的法律比较与借鉴等问题进行研讨。9月19日,由复旦大学和香港大学合作举办的沪港管理教育与研究中心在复旦大学成立。12月,上海交通大学与香港城市大学签署学术交流协议书,加强研究人员交流、合作成果分享、大学刊物交换等。1999年1月3—9日,以香港特区政府教育署副总督学叶曾翠卿为团长的教育署代表团一行5人来沪考察,代表团就内地教育督导制度经验与市教委和市督导室有关人员座谈,并参观位育中学、启音学校(聋哑学校)和长宁区试验幼儿园。2000年4月9日,"内地—香港优质教育研讨会暨中学校长培训楼奠基仪式"在华东师范大学举行,来自内地和香港的200多名中学校长围绕优质教育开展深入广泛的研讨。7月,上海交通大学和香港城市大学签订两校学生交流协议,由香港城市大学保荐2—3名本科生到上海交通大学进行为期一学期或一年的修读交流学习。10月12日,联合国粮农组织专家、香港渔民协会会长、香港国际投资总商会名誉会长黎国驹访问上海水产大学,与副校长黄硕林等就香港渔业发展及渔业界与学校合作问题,进行认真探讨。黎国驹毕业于日本东京水产大学,在联合国农粮组织工作,此访有助于上海水产大学与香港渔业界的横向联系和科学技术的合作。

2001年11月12—22日，同济大学校长吴启迪和香港天鸿卫星公司董事长张隆官代表双方签订《香港天鸿卫星网络公司星际宽频与同济大学网络学院卫星网络教育系统合同书》，同济大学作为教育部批准的现代化远程教育试点重点院校，计划3年内在全国主要城市发展30个以上分校，在学人数达到1万人。香港天鸿卫星公司投资650万元，用于30个远程教学点的建设并负担全部交互式通信费用。另外，每年出资60万元人民币用于机房改造，且每年投入15万元人民币设立奖学金，为期10年。2002年5月15日，"第三届国际关注学前优质教育研讨会"在香港举行。来自美国、新加坡和中国北京、上海、香港、澳门、台湾等地的600多名幼儿教育工作者、研究人员和科技工作者出席会议，就21世纪如何为孩子提供优质教育问题进行研讨。5月29日—7月30日，同济大学与香港浸会大学合作开展"大都会经验：上海2002学生暑期实习计划"，这是两校继1998年首创香港与内地高校开展该项计划后的第五次合作，来自香港浸会大学的30名学生参加此活动。6月4—8日，由同济大学承办的香港学生事务协会"学生事务研习班"在同济大学举办，来自香港大学等9所高校的学生事务工作者及中央驻港联络办教科部副部长潘永华、学生处处长张学理等19人参加研习。2008年3月13日，香港理工大学应用社会科学系师生代表团一行24人抵沪进行国情考察与研习，代表团在沪拜访上海市民政局，参观团市委主办的"上海阳光社区青少年事务中心"和上海市城市规划展示馆，赴华东理工大学社会科学系进行交流活动。8月15—16日，香港环球教育集团主席包陪庆到沪访问，出席由其创办的包玉刚实验学校理事会会议，包玉刚试验学校于2007年9月开学，目标是建成一所享誉国际的12年一贯制双语学校。8月28—29日，香港科技大学校长朱经武到沪出席上海市高校党政负责干部会议，并作主题为《建立现代大学治理结构、培养创新型人才》的演讲。朱经武2001年出任香港科技大学校长后，2003年、2004年、2006年3年获选为香港"最佳大学校长"。

1996年12月18日，澳门大学与上海社科院学术交流合作协议签订仪式在澳门大学举行，该项协议主要包括双方举行研讨会，对科研的具体合作，以及培养硕士、博士生的课程合作计划等三方面内容。2001年经教育部、国务院港澳事务办公室同意，澳门大学、澳门理工学院、澳门旅游学院、澳门科技大学在上海等14个省、自治区、直辖市试招自费预科生、本科生及研究生，其中在上海招收本科生约240人。2002年3月底，由教育部中学校长培训中心主办的第二期澳门中小学校长、主任教学管理研修班在华东师范大学开班。主要内容有内地基础教育概况、中小学课程教学改革思想与实践等。2002年9月4日，澳门濠江中学舞蹈团在上海师范大学举行首次访沪演出，该场名为《舞蹈荟萃》的演出为两校10多年的校际合作交流翻开新的一页。

五、体育卫生领域

上海和香港之间的体育交流由来已久，始于1908年(清光绪三十四年)的沪港杯足球赛，每年轮流在沪港两地比赛一次。1948年起曾中断比赛，直至1987年，在上海市体委和香港足球总会的努力下，"沪港杯"足球赛得以恢复。3月29日，上海足协主席朱勇和香港足球总会主席许晋奎在和平饭店签署举行"沪港杯"足球赛协议书。当天下午由香港足球队和上海足球队在江湾体育场举行恢复"沪港杯"的第一场比赛，市长江泽民出席观看并开球。1987年"沪港杯"足球赛恢复举行至2001年，连续举办15届，后由于赛程安排和"非典"影响，又停办数年，至2005年在香港举办了第十六届沪港杯足球赛。2006年、2008年由上海申花队和香港澎马流浪队分别代表沪港两地进行两届"沪港杯"足球赛。2010年，经沪港两地足球协会研究，参赛队由原来的城市代表队改成俱乐部球队,“沪港杯”改为“沪港球会杯”,上海东亚队代表上海参赛。两地媒体为体育交流也作出贡献。1983年9月18日—10月1日,第五届全国运动会在上海举行,上海电视台每天向香港电视广播有限公司(无线电视台)提供1.5小时的全运会节目。1984年3月10—16日,上海元老乒乓队11人在杜前率领下访问香港,同香港元老队进行男女公开赛和内部赛。1988年3月13日,上海电视台二台体育记者杨旭峰等3人赴香港实况转播“沪港杯”足球赛,此为上海电视台第一次通过国际卫星转播节目,引起社会热烈反响和好评。9月15日—10月4日,上海电台体育记者奚源昌赴香港,采制香港传媒转播的第24届汉城奥运会报道。1989年3月10日,香港菱电集团有限公司董事、康乐体育局主席胡法光率香港桥牌团一行17人到沪,参加由上海海外联谊会和市桥牌协会联合举办的第一届“联合杯沪港名人桥牌赛”。4月29日—5月2日,以香港足球总会会长霍英东为团长的香港足球总会官员代表团和香港足球队一行共60人,来沪观摩和参加第三届“沪港杯”足球赛。1990年5月6—29日,为庆贺东华体育会和东华足球会复会,在上海举行“东华杯”国际、埠际元老足球邀请赛。胡法光率领的香港南华队、以霍英东为团长的香港愉园队、菲律宾岷友队、台北孔雀队以及广东省、厦门市、上海市和东道主东华元老队参加比赛。

1991年,随着“沪港杯”男子足球赛的恢复,沪港两地女子足球队开始在沪举办“沪港杯”女子足球赛。1993年又举行“沪港杯”青年足球赛。1993年6月27日,第七届“沪港杯”足球赛在上海虹口体育场举行。霍英东组织香港体育界、足球界负责人观摩团一行25人到沪观战。1995年12月20—22日,香港马会行政总裁韦敬诚和夫人一行4人到沪访问,副市长龚学平会见。为迎接第八届全国运动会,支持上海开展近代五项运动,香港马会出于友好,正式向上海赠送50匹纯种马,并在2年内帮助培训管理人员和马场建设,韦敬诚与上海市体委进行具体商谈。1996年9月24日,香港马会向上海市马术协会赠马暨上海马场揭牌仪式在上海马场举行。同年8月21日,第十届亚洲足球俱乐部锦标赛在上海举行,上海申花队和香港冠军快译通队进行首场比赛。12月30日—1997年1月2日,香港南华足球俱乐部队一行30人到沪参加由上海申花足球俱乐部和上海新世纪股份有限公司联合举办的'97贺岁杯赛。

体育交流的同时,卫生方面交流不断。1995年12月,上海中医药大学副校长高桂花应邀赴香港考察,商讨建立中医药合作中心等事宜。1996年5月22—24日,由上海市医学会医院管理学会和香港医务行政学会共同召开的“'96沪港医院管理学术研讨会”在锦江饭店小礼堂举行,就新形势下医疗保险、医院管理等方面的发展趋势和战略思考进行探讨交流,香港医务行政学会主席等71名香港医院的行政管理人员和上海及周围地区代表约150人参加会议。1997年7月30—31日,“'97沪港城市卫生管理研讨会”在新锦江大酒店举行,港澳地区代表专程来沪参加研讨会,香港特别行政区市政总署署长钟丽帼介绍香港城市卫生管理的经验。2002年6月16—18日,香港中医中药业人士45人在香港中医药管理委员会主席谢志伟率领下到沪访问,就港方关注的中医中药的发展、中医师注册管理和提升中医药在世界医学领域地位的问题等,与市卫生局、上海中医药大学、龙华医院、曙光医院、岳阳医院等沪中医界同仁探讨与交流。

2007年10月19—20日,香港医院管理局主席胡定旭率代表团访问上海,与上海申康医院发展中心就医院管理、人员交流培训、信息资料共享及在沪港两地相互转介病人等方面建立相应的合作关系,签署双方合作备忘录。在此之前,上海申康医院发展中心曾两次组团赴香港拜访医管局和其所属有关医疗机构。2008年12月2—3日,香港医院管理局主席胡定旭率香港医院管理局代表团访问上海,与上海市卫生局就社区卫生服务、社区护理和康复医疗等方面进行交流,探讨合作可能。上海市卫生局和香港医院管理局有着多年的友好交流关系,双方在公共卫生突发事件的应急处理、医院管理、全科医生培养、社区卫生服务等多个方面开展卓有成效的合作。

澳门回归前夕，葡萄牙医生相继撤走，医务人员短缺，为支持澳门卫生事业发展，保障当地人民的健康水平，上海市卫生局应澳门卫生局的请求，于1994年起派遣以华山医院为主的专科医生赴澳门仁伯爵医院工作，先后派遣华山医院、妇产科医院等10多家医院的专科医生赴澳门仁伯爵医院和镜湖医院工作，并为其培养专科卫生人才。1995年起，上海市卫生局与澳门卫生局签订并实施合作备忘录，双方在卫生管理、医疗技术援助、技术人员培训等方面开展多形式的交流，建立良好的合作关系。主要是派遣专科医生，专科医生在澳门工作每期3—5年，1994—2001年，上海共派遣赴澳门专科医生45名，涉及内、外、妇、儿、急诊、麻醉、肿瘤等临床专科，以及放射、病理、检验科等技术人员，为维持澳门的持续稳定作出积极贡献。2001年后，此项工作由国家卫生部统一协调，并合作开展“新生儿代谢病筛选”。2002年起，澳门特区卫生局先后与上海市儿科医学研究所、上海交通大学医学院签署“新生儿代谢病筛选”合作协议，委托上海市儿科医学研究所为澳门特区新生儿警讯先天性代谢疾病的监测，由澳门特区卫生局提供血液样本，市儿科医学研究所提供必要的技术和咨询服务，合作开展代谢病的防治研究工作。与此同时，两地卫生代表团也积极开展互访。1995年10月15—21日，以全国政协委员、澳门慈善会秘书长、镜湖医院院长梁秀珍为团长的澳门卫生代表团一行5人访问上海，在沪访问上海医科大学、华山医院，与上海市卫生局商谈双方交流合作事宜，副市长谢丽娟会见代表团。1999年5月1—5日，以澳门中华医学会会长梁志辉为团长的澳门医务界代表团一行30人访沪，副市长左焕琛会见代表团。澳门回归后，两地卫生代表团不定期进行互访，在卫生管理、社区卫生服务、妇幼保健、传染病防治等方面进行信息交流；双方互派技术人员进行短期研修；邀请澳门卫生局有关人员出席上海举办的学术年会和国际会议；根据澳门特区卫生局的需要，2005年，上海卫生设计专家专程赴澳门，为澳门特区卫生局筹建传染病大楼及相关配套工程的建设提供技术援助。

六、其他领域

香港特别行政区政府对在上海举办2010年世博会给予积极的支持和良好的合作。2002年12月4日，上海申博成功当日，董建华代表香港特别行政区政府对上海表示热烈祝贺。2003年10月26—28日，市长韩正率上海市代表团访港，与特区政府就CEPA框架下进一步加强沪港之间的八大领域的合作，包括香港参与世博会的筹备进行沟通。2004年5月18日和9月22日，上海世博局与香港贸发局连续在香港召开“上海世博会投融资国际研讨会”和“沪港世博圆桌会议”，对CEPA框架下沪港在世博会领域内的全面合作，建立互动共赢机制进行广泛的讨论。2005年7月5日，第四届香港专利授权展在港举行，上海世博会事务协调局首次向大陆以外地区推介上海世博会品牌，并宣布正式启动上海世博会特许经营计划在港澳地区的宣传和招商准备。2006年11月6—9日，上海世博会执委会专职副主任钟燕群、国务院港澳办交流司司长钱力军、上海世博局副局长黄耀诚等一行组成上海世博会港澳参展工作调研组，赴香港、澳门地区，拜会香港特区署理行政长官许仕仁、澳门特区经济财政司司长谭伯源，就港澳参与上海世博会事宜与两地特区政府有关部门进行会谈。2007年11月初，香港特区政府专门成立参与2010年上海世博会督导委员会，负责参展事宜，督导委员会主席由政务司司长唐英年担任，商务及经济发展局、香港特区政府驻上海经济贸易办事处等12个部门为成员。11月16日和12月4日，上海市政府副秘书长、上海世博局局长洪浩分别与香港特区商务及经济发展局局长马时亨及专业团体代表一行、香港特区政制及内地事务局常任秘书长罗智光一行，磋商香港特区申请2010年上海世博会城市最佳实践区设展事宜和香港参展主题陈述等事宜。2008年1月2日，香港特区政府驻上海经贸办事处主任陈子敬到访上海世博局，向上海世博局提交上海世博会中国馆区香港特区馆的《主题陈述报告》，在参加中国馆展示的各省区市和港澳台地区中，香港第一个提交主题文件。香港特区馆主题是“无限城市——香港”，通过香港的优质城市生活和创意之都的领先地位进行展示。10月12日，由上海世博会组委会主办的上海世博会香港推广周暨“走进世博会”香港巡展在港开幕，展览于10月12—18日分别在香港中区警署博物馆和香港文化中心展出。其间，还举办中国2010年上海世博会音乐征集、世博校园行、“走进世博会”讲座等系列活动。2009年1月10日，香港特区发展局局长林郑月娥访问上海世博局，与上海市政府副秘书长、上海世博局局长洪浩就参展事宜进行深入交流。1月21日，香港特区政制及内地事务局常任秘书长罗智光等出席在沪举行的上海世博会港澳参展协商会议。1月30日，香港特区政府驻上海经贸办主任陈子敬代表香港特区政府正式提交香港参与城市最佳实践区展示案例，案例以智能卡为主题，展示香港如何采用创新科技方式，提升城市日常生活效率，促进香港境内及香港与全球其他地方之间的内通外联。2月1日，“中国2010年上海世界博览会——香港馆概念设计”比赛，由香港特区政府向香港设计和建筑业界等发出邀请，为设计和建造2010年上海世博会香港馆提供创意。要求以“无限城市——香港”为主题，建设一个凸显香港特色的展馆，并展示香港利用有限的土地资源提升城市生活品质，以配合上海世博会的主题。2月27日，香港特区财政司司长曾俊华在作香港财政预算时指出，香港特区政府将花费3.8亿港元参与2010年上海世博会展览。4月2日，上海世博会事务协调局宣布，来自台港澳地区的4个案例入选中国2010年上海世界博览会城市最佳实践区。香港案例名称是“智能卡、智能城市、智能生活”。4月14日，一件名为“无限空间”的作品夺得香港馆概念设计比赛冠军，香港以此为蓝本设计和建造上海世博会香港馆。2010年9月13—16日，香港特区政府参与上海世博会的重要活动“世博香港资讯及通讯科技周”在沪举行。10月15—19日，世博会“香港周”开幕前，香港贸发局携手上海市商委和黄浦区政府，在南京东路世纪广场举办“时尚香港——全城联动”活动，联合香港在沪100多家公司、600多家香港品牌，推广香港时尚产品、美食、娱乐和生活服务，感受香港时尚之都的魅力。香港警察乐队、无伴奏合唱团、香港青年交响乐团、香港口琴协会等参加“时尚香港”的活动。10月20日，上海世博会香港活动周开幕。香港特别行政区行政长官曾荫权和上海市长韩正出席并致辞。香港周以“无限城市”为主题。在世博园区举办主题为“香港弹起”的花车巡游以及粤剧、口琴演奏、创意歌手音乐会等各种艺术表演和装置艺术展等。在园区外则举办香港电影回顾展、“时装视野”香港时装展、“承传与创造——艺术对艺术”展等，充分展现香港多元文化融合。整个上海世博会筹办和举办期间，香港特别行政区行政长官曾荫权、政务司司长唐英年等官员曾多次访沪，亲自参加香港参展上海世博会签约仪式和香港馆土地平整仪式，视察香港馆和城市最佳实践区香港范例、“香港馆”和香港最佳实践区试运营等活动，出席上海世博会开闭幕式和世博高峰论坛。曾荫权还率百人团到沪参加上海世博会香港活动周庆祝活动。上海共接待港澳团组64批、6 918人次，其中，香港特区政府组团16批次。上海世博会香港馆共接待游客205万人，最佳实践区相关案例馆共接待游客132万人次。

香港的媒体和司法领域对沪交流也十分活跃。1981年10月6—19日，香港无线电视台摄影队一行5人到沪采访拍摄国内四化建设成就新闻短片，向香港观众宣传中共十一届三中全会以来的方针政策和祖国的新面貌。1983年3月30日，香港高级法院高级法官李俭和柏嘉及其夫人一行4人到沪，与上海进行法律方面的交流。6月2—7日，以香港《新晚报》副编辑主任曾德成为团长的香港新闻记者访问团一行21人到沪参观访问，了解政治、经济、文化、法制等方面的改革和变化情况，市长汪道涵会见访问团，并介绍上海经济情况。1986年6月15—17日，由香港《华侨日报》总编辑、香港《明报》总编辑和香港田丰日报社社长组成的香港报界访问团一行7人到沪参观访问。1990年8月19—24日，香港大律师邹灿基应邀到沪讲学。1999年11月29日—12月1日，香港大律师工会执行主席汤家骅率团来沪访问，在沪先后拜会市司法局、市律师协会、市第一中级人民法院、市人民检察院第二分院、华东政法学院等，旁听市第一中级人民法院法庭审理的经济纠纷案件，与上海同行进行交流。2008年4月7—8日，香港特区政府律政司司长、资深大律师黄仁龙访问上海，与上海市高级人民法院院长应勇和上海市司法局局长吴军营及上海律师协会和中国国际经济贸易仲裁委员会上海分会等有关官员、法律界人士交流经验，介绍律政司工作，推动香港与内地司法互助，并访问复旦大学，参观该校法学院。2009年5月16—20日，由"香港发展论坛"主要人物组成的香港传媒高层人士及学者访问团访问上海，在沪参观上海城市规划展示馆、洋山深水港、中国商用飞机有限责任公司，拜访中国人民银行上海总部和上海社会科学院金融研究所等。2010年10月9—12日，由香港本地法官协会会长、香港高等法院上诉庭副庭长胡国兴率领的协会代表团一行35人访问上海，参观上海世博会，并拜访上海市高级人民法院，增强两地高院相互了解和沟通。

澳门特别行政区政府对上海世博会给予极大支持。2008年6月19日，澳门特区经济财政司司长谭伯源一行14人访问上海，出席2010年上海世博会澳门参展合同签署仪式。在市委常委、常务副市长杨雄和澳门特区经济财政司司长谭伯源等见证下，市政府副秘书长、世博局局长洪浩和澳门特区经济局副局长、上海世界博览会澳门筹备办公室主任杨宝仪分别代表上海世博会组织方和澳门特区政府共同签署参展协议。10月22日，由上海世博会组委会主办、澳门特区政府协办的中国2010年上海世博会澳门推广周暨"走进世博"澳门巡展在澳门议事亭前地广场举办，澳门特别行政区行政长官何厚铧，中央人民政府驻澳门特别行政区联络办公室副主任高燕，上海世博会组委会委员、国务院港澳事务办公室副主任周波，外交部驻澳门特派员公署特派员卢树民，上海市常务副市长、上海世博会执委会常务副主任杨雄，澳门特区经济财政司司长谭伯源等出席开幕式，澳门特别行政区相关部门代表、澳门参与上海世博会相关单位代表和澳门知名企业代表200余人出席仪式，开幕式上，澳门馆"玉兔"方案首次亮相。巡展从10月22日到28日，展出1周，其间还举办世博校园行、"走进世博会"讲座等系列活动。2009年2月9日，"中国2010年上海世博会澳门推广周"在沪举行，上海世博会事务协调局局长洪浩和上海世博会澳门筹备办公室主任杨宝仪、澳门特区新闻局局长陈致平等出席开幕并共同启动玉兔宫澳门馆模型亮灯仪式。澳门馆主题定为"澳门——文化交融，和谐体现"，确定沿用中国古代经典神话故事"玉兔宫灯"方案作为澳门馆外形蓝图。同一天，澳门特区入选中国2010年上海世博会城市最佳实践区案例"德成按"动土仪式也在上海举行，"德成按"原为澳门富商高可宁的物业，建于1917年，曾经是澳门最大的当铺，作为历史文化遗产在城市保护和再利用方面的成功实践，被澳门展贸协会以自荐方式，申报上海世博会城市最佳实践区案例，成功入选。出席活动的还有澳门馆设计者马若龙和专程来沪的澳门代表团30余人。5月6—10日，澳门特区经济财政司司长谭伯源再次率团访沪，出席"活力澳门商贸推广周·上海"开幕式和"2010年上海世博会澳门馆动土仪式"，市委常委、常务副市长杨雄等出席澳门馆动土仪式等有关活动。2010年4月13—15日，澳门特区经济财政司司长谭伯源率澳门特区政府访问团一行15人到上海，考察上海世博会澳门馆筹备情况。9月22日，上海世博会澳门特别日在世博园举行，澳门特区经济财政司司长谭伯源率团出席，来自澳门的多个艺术团体以异彩纷呈的舞台演出和巡游活动，为世博游客献上充满中西文化共融的文艺节目。10月13日，上海世博会澳门活动周在世博园区宝钢大舞台举行开幕式，澳门特别行政区行政长官崔世安致辞并击鼓宣布开幕，市委副书记、市长韩正，中国国际贸易促进委员副会长王锦珍分别致辞，全国政协副主席何厚铧，中央人民政府驻澳门特别行政区联络办公室主任白志健，中共上海市委常委、统战部部长杨晓渡以及澳门特区行政法务司司长陈丽敏、经济财政司司长谭伯源、社会文化司司长张裕等出席开幕式。澳门活动周为期5天，由澳门特区政府主办，澳门特区旅游局承办，以“感受澳门：千节之城”为主题，展现澳门数百年来中葡文化和谐的独有魅力，以及回归祖国11年来的建设发展成就，450名澳门表演者共同参与花车巡游、文艺表演等。在活动周期间，澳门特区旅游局还在世博园外的上海外滩金融广场搭建“大三巴”牌坊、妈祖庙等澳门经典地标模型，并设立澳门特区10周年成就展、澳门世界遗产图片展、“澳门制造”实物展等。上海世博会澳门馆在整个世博会期间共接待游客150万人次，最佳实践区澳门案例馆共接待游客40万人次。

表7-2-1　1981—2010年香港地区在沪直接投资情况表

年　份	项目数(个)	合同金额(万美元)	实到金额(万美元)
1981	2	969	
1982	3	1 045	322
1983	2	35	566
1984	24	4 801	369
1985	52	20 615	1 085
1986	17	1 976	2 864
1987	35	12 232	2 792
1988	129	8 964	9 311
1989	105	61 699	34 460
1990	83	11 091	3 973
1991	171	12 774	4 744
1992	1 036	176 507	72 545
1993	1 718	433 776	92 484
1994	1 374	630 750	167 584
1995	990	364 739	184 396
1996	643	386 099	223 203
1997	526	132 427	175 613
1998	336	76 814	102 612
1999	347	2 332 178	1 144 539
2000	419	94 445	78 596
2001	479	77 484	115 945
2002	619	168 100	122 200
2003	864	202 800	149 600

（续表）

年　份	项目数(个)	合同金额(万美元)	实到金额(万美元)
2004	884	244 800	163 700
2005	916	310 000	87 400
2006	919	353 900	135 300
2007	1 141	550 700	197 400
2008	1 267	1 367 400	310 000
2009	1 122	748 400	395 500
2010	1 335	680 800	463 500

表 7－2－2　1985—2010 年澳门地区在沪直接投资情况表

年　份	项目数(个)	合同金额(万美元)	实到金额(万美元)
1985	2	2	
1986	1	9	
1987			1
1988	3	627	2
1989	1	192	1
1990			17
1991	2	62	45
1992	28	8 425	258
1993	47	14 360	4 613
1994	39	6 139	4 180
1995	21	5 381	2 241
1996	11	5 194	4 033
1997	8	194	1 133
1998	3	83	971
1999	7	375	44
2000	2	62	65
2001	3	799	96
2002	3	700	300
2003	8	600	600
2004	13	2 100	500
2005	12	11 100	200
2006	9	3 200	500

(续表)

年　份	项目数(个)	合同金额(万美元)	实到金额(万美元)
2007	9	700	700
2008	7	800	600
2009	3	2 200	800
2010	8	600	800

第三章 重要活动

沪港澳交流合作中，组织会展、论坛和专题研讨是加强两地相互沟通，开展优势互补、携手共进的重要措施和渠道。随着改革开放的不断深入，国际社会经济形势的不断变化，由两地政府部门、各类行业组织和研究机构发起组织的各种会展、论坛和专题讨论越来越多，范围越来越广，涉及领域越来越深，涵盖内容越来越丰富，已成为沪港合作的重要标志。

第一节 会展活动

1984 年 10 月 9—15 日，由香港新鸿基国际服务有限公司组织、中国国际贸易促进委员会上海市分会主办的“国际环境保护设备和测试仪器展览会”在上海展览中心举办，展览会主要展出环境保护设备、除尘系统、污水处理系统、测试仪器和污染分析仪器等，来自美国、英国、法国、联邦德国、瑞士、瑞典、挪威、加拿大、芬兰、日本和香港地区的 40 多家厂商参加展出。1985 年 5 月 8—13 日，由香港贸发局和中国国际贸易促进委员会上海市分会联合主办的“香港产品展览会”在上海展览中心举办，此为香港贸发局第一次较大规模地组织香港产品在上海展出，主要展品有电子和电器产品、印刷机器、家用消费品、电动工具以及设备等。以香港贸发局主席邓如莲为团长的“香港经济贸易访沪代表团”一行 20 人，到沪参加展览会开幕式活动。上海市长汪道涵、香港总督尤德为展览会剪彩。全国政协副主席刘靖基、新华社香港分社社长许家屯、上海市政协副主席张承宗以及上海市有关部门负责人，沪港两地经济、工业、贸易界人士 800 多人参加开幕式。港方媒体和内地驻香港新闻机构进行大量采访报道。1993 年 11 月 13—17 日，由中国计算机学会、香港工商业展览有限公司、上海市计算机学会联合主办的“’93 国际计算机和应用展览会”在上海商城举行，全国政协副主席钱伟长和上海市副市长徐匡迪为展览会题词，副市长蒋以任出席开幕式。参展的厂商有 80 余家，其中来自美国、中国香港地区和中国台湾地区的厂商近 30 家，来自北京、上海、广东、福建等省市厂商 50 余家，参加展示的产品 1 000 余项，有各类微机、便携式电脑、笔输入电脑、工作站、多媒体、图像处理设备、网络、办公自动化设备、条形码等，大部分展品处于国际先进水平。1999 年 3 月 14—17 日，由香港贸发局首次在内地举办的“香港品牌产品展览及推荐活动”在沪举行，67 家香港公司参展，共设 120 个展台。2003 年 8 月 22 日，由香港特区投资推广署、国家商务部外经司和中央驻香港联络办共同主办的“在香港收购合并，助你走向国际市场——香港投资环境介绍会”在沪举行。2004 年 5 月，上海市外经贸委在香港贸发局的协助下，在香港举行“上海现代服务业推介招商会”，介绍上海外高桥物流园区、临港物流园区和西北物流园区的投资环境和投资项目，推出上海房地产、中介服务、物业管理和贸易等领域的一批招商项目，吸引港商投资上海现代服务业。9 月 2—5 日，由上海会展公司承办的“2004 香港工展会·上海”在上海展览中心举行，该届香港工展会是香港四大商会之一的中华厂商联合会在 1938 年创办并举办 37 届后第一次在香港之外办展，以“香江品牌耀上海”为主题，展会面积近 1 万平方米，有 120 家香港企业、商家的名牌日常用品参展，摊位数目超过 220 个，设有“名牌广场”“香港贸易及服务廊”及“生活时尚馆”三大展区。香港特别行政区行政长官董建华为工展会题词“精品荟萃”，上海市政协主席蒋以任会见以会长杨孙西为团长的香港中华厂商联合会访沪团一行。由于CEPA取消部分商品的关税,而首次到上海参展的香港制造商又都在展会中打出品牌,因此绝大多数展品的价格都低于香港本地价,参展商品供不应求,深受上海居民欢迎,每天观展人数逾万,门券出售出现多年不见的排长队现象。9月20—22日,香港贸发局和上海金融服务办公室联合在沪举办"香港金融服务博览",此为香港首次在内地举办的大型金融推广活动,香港特区财政司司长唐英年和上海市副市长冯国勤出席博览会开幕式并致辞,来自香港的银行、证券、保险、创业投资、资产管理、财务策划、法律、会计、事务推广、资讯科技等各个领域近50家金融服务机构参加本次活动,唐英年和市政协副主席王生洪参加开幕式并致辞,当天还举行"香港/上海首次财务官论坛"。2007年6月30日,香港特区政府驻上海经济贸易办事处在淮海中路华狮广场举办"香港特别行政区成立十周年巡回展"和在复兴公园认养一棵百年古树活动,香港特区政府驻上海经济贸易办事处主任陈子敬和市政府港澳办负责人等出席活动揭幕揭牌仪式。2010年5月15日—10月31日,由香港特区政府资助、香港设计中心主办的"香港:创意生态——商机、生活、创意"展示项目,与上海世博会同期在卢湾区局门路八号桥举办6个月。上海市副市长屠光绍和香港特区财政司司长曾俊华以及香港设计中心主席罗仲荣出席开幕式并致辞。整个项目包括展览会、专题展览、论坛、工作坊等,云集香港顶尖的时装、奢侈品、产品和空间设计领域的名师,以展示香港多层面的设计及创意,向内地和全球观众宣传香港设计师的活力、风格、创意和品牌构建的能力,阐释香港从制造业基地蜕变成服务中心以及踏上发展为创意城市的道路。9月13—16日,香港特区政府参与上海世博会的重要活动"世博香港资讯及通讯科技周"在沪举行,香港特区经济发展局局长刘吴惠兰、香港立法会议员谭伟豪率团出席活动;副市长沈晓明出席科技周活动之一"世博沪港绿色科技合作与发展机遇论坛"开幕式并致辞;科技部副部长曹健林、驻港中联办科教部部长潘永华以及联想集团创办人、总裁及董事局主席柳传志等出席论坛。来自商界、政府、专业团体等青年专业人士200多人参加论坛,共同探讨沪港合作与发展机遇、绿色科技以及有关数码娱乐发展的业界议题。

图7-3-1 2009年7月1日,"香港参与中国2010年上海世博会专题展览开幕式"在上海举行

沪澳交流合作中，为增进相互了解和友谊，还举办一系列重要活动，促进两地的联系和协作。1999年是联合国确定的国际老年人年，又是澳门回归祖国之年。为迎接澳门回归，庆祝国际老年人节，展示上海、香港、澳门老年人的精神风貌，由上海市老龄委员会和香港工会联合会、澳门工会联合会联合主办的“’99迎澳门回归——沪港澳老年书画展”5月12—15日在上海图书馆举行，参展作品100幅，其中上海40幅、香港30幅、澳门30幅，作品为中国书法及水彩、水粉画等，作者年龄均60周岁以上。2000年12月20日，由澳门特区文化局与上海电视台联合举办的“澳门同胞与海外同胞热烈庆祝澳门回归一周年”大型文艺晚会在澳门文化中心举行，沪澳两地的文艺家同台作精彩演出。2003年12月12日，为庆祝澳门基本法颁布10周年，由澳门特区司法局和华东政法学院主办的“历史性转变”内地巡回展在上海展出，澳门特区行政法务司司长陈丽敏、法务局局长张永春、民政总署管理委员会主席刘士尧、教育暨青年局局长苏朝晖和全国政协委员、基本法协会会长廖泽永等到沪出席巡回展，副市长姜斯宪和澳门特区行政法务司司长陈丽敏为图片展揭幕剪彩并致辞。2006年10月30日，由澳门中华妈祖基金会主办的“第四届澳门妈祖文化旅游节”“丙戌年致祭妈祖羽化升天1 046周年盛典”在澳门环妈祖文化村天后宫举行，中国佛教协会常务副会长圣辉法师和闽南佛学院传明法师、厦门南普陀寺德煌法师分别主持“观音祈福法会”和“丙戌年妈祖祭奠”仪式，参与法会和祭奠仪式的还包括内地50名高僧。法会后，澳门特区运输工务司司长欧文龙、旅游局局长安栋梁，澳门中华妈祖基金会名誉主席吴福、主席颜延龄、副主席陈明金等共同为“第四届澳门妈祖文化旅游节”开幕仪式剪彩。上海、福建、天津、浙江、江苏、辽宁、山东、广东、台湾的妈祖宫庙、民俗博物馆负责人，东南亚国家的妈祖宫庙负责人和嘉宾，以及澳门妈祖信众逾千人出席开幕庆典活动，为期两天的“第四届澳门妈祖文化旅游节”有妈祖金身巡游、观音祭祀法会、丙戌年妈祖庆典、上海艺术团歌舞表演等多项活动。2007年6月29—30日，澳门特区旅游局在上海分别举办“上海·澳门旅游发展暨产品推介会”、“感受澳门”晚宴和“感受澳门”旅游宣传路演活动，是澳门特区旅游局首次在上海举办大型旅游推广活动，目的是让更多的上海市民深入了解澳门的风土人情、世遗建筑、美食小吃等旅游文化，澳门旅游业界在南京路百联世贸国际广场为上海市民展现舞狮、葡萄牙土风舞、魔术等表演。澳门特区社会文化司司长崔世安、澳门旅游局局长安栋梁专程到沪出席相关活动。市委常委、市委统战部部长杨晓渡，市府副秘书长姚明宝和市旅游委主任道书明等领导分别出席有关活动。2009年4月16—22日，由澳门特区旅游局主办的“澳门周”活动在上海南京路步行街举行，活动以“感受澳门，全城欢庆”为主题，内容包括开幕式暨文艺晚会、展示区、美食推广、世遗图片展、巡游及舞台表演等，让上海人民在家门口领略澳门的风土人情。上海市旅游局局长和澳门特区旅游局局长分别在开幕式上致辞。5月6—12日，“活力澳门商贸推广周”在上海举行，是澳门特区政府首次在沪举办的大型综合商业展览活动，澳门特区经济财政司司长谭伯源率团出席开幕式，活动进一步推动双方的经贸交流。11月19日，为纪念澳门回归祖国10周年，推进澳门法律的研究，上海社会科学院法学所和澳门基金会联合举办主题为“澳门法律研讨会：新形势、新思路、新对策”的学术讨论会在上海社科院举行，澳门法律研究领域知名学者、有关高校和科研机构研究澳门法的学者和专家与会，会议围绕主题就内地与澳门法律比较进行学术探讨，并提出相应措施。

第二节　论坛研讨

1996年1月18—19日，由上海市政府发展研究中心、上海市政府协作办和香港工商专业联合会主办的首届“沪港经济发展与合作研讨会”在上海举行，市长徐匡迪、国务院港澳办副主任陈滋英等出席，徐匡迪和香港工商专业联合会会长罗康瑞共同主持会议，会议就“沪港城市规划及房地产发展与合作”“沪港贸易及工业发展与合作”“沪港金融业发展与合作”等专题进行演讲和研讨。此后，还举办5届，分别是：1997年11月10日，第二届“沪港经济发展与合作研讨会”在香港举行，上海市工商联会长任文燕等出席。1998年4月4日，以“沪港合作开发长江经济带”为主题的第三届“沪港经济发展与合作研讨会”在上海浦东举行，市长徐匡迪参加开幕式，并会见与会的香港工商专业联合会会长罗康瑞等港方代表，香港特别行政区行政长官董建华发来贺信，国务院港澳办和长江沿岸有关省市负责人等140人参加会议。会议就进一步推动沪港两地合作以及沪港共同开发长江带进行研讨，并就合作的原则、目标、合作的重点领域及合作的形式达成共识，会上宣布成立长江开发沪港促进会，沪港两地的企业家会后赴沿江地区进行商务考察。1999年12月，第四届“沪港经济发展与合作会议——沪港迈向新世纪研讨会”在香港举行。2001年3月1日，第五届“沪港经济发展与合作研讨会”在沪举行，市长徐匡迪、副市长蒋以任、中央政府驻港联络办副主任刘山在，香港特区财政司司长梁锦松、香港工商局局长周德熙、香港工商专业联合会会长罗康瑞，以及长江沿岸城市和沪港两地政府部门等各界人士近300人参加会议。2002年11月23日，主题是“上海在区域经济一体化中的地位和作用”的第六届“沪港经济发展与合作会议”在上海举行，副市长蒋以任出席会议并致辞，来自沪港两地的政府官员、经济界、学术界人士和长江开发沪港合作促进会全体理事约100人出席会议，并就“国内区域经济协调发展的前景”和“沪港两地在推动区域经济协调发展中的优势”等专题进行研讨。香港特区工商及科技局局长唐英年作为特邀嘉宾出席会议并宣读香港特别行政区行政长官董建华为会议发来的贺信。其他有：1996年12月17—19日，由沪港经济发展协会和香港贸易发展局共同主办，香港上海实业集团协办的“沪港金融合作与发展战略研讨会”在香港举行，由上海各银行和有关金融机构的代表组成的上海代表团赴港出席研讨会，香港贸易发展局总裁施祖祥和上海海外联谊会副会长钟燕群致辞。1997年1月8—10日，由上海市住房委员会和香港房屋委员会主办的“沪港住房研讨会”在上海世博会议大酒店召开，沪港双方各60名代表出席会议，副市长夏克强出席研讨会，并为研讨会开幕式及展览会剪彩。其间，同时举行小型的“沪港住房展览会”。3月26日，由香港贸易发展局主办、上海市对外经济贸易委员会、外国投资工作委员会和国际贸易协会协办的“香港：联系京沪穗、携手创繁荣”研讨会在上海举行，香港特别行政区行政长官董建华应邀出席研讨会并作演讲，研讨会后，董建华举行记者招待会，对上海市给予会议的重视和配合表示感谢。中共中央政治局委员、上海市委书记黄菊等会见董建华。5月8—10日，由上海市科协和香港工程师学会联合举办的沪港科技合作研讨会在上海举行，研讨会的主题为“加强沪港科技合作，携手迈进21世纪”，与会代表就沪港两地科技人员感兴趣的有关专业和1998—1999年度两会之间的合作事业进行交流研讨、具体磋商，香港特区工业署署长何宣威与会作报告，副市长左焕琛出席研讨会开幕式并致辞。1999年3月26—27日，由中国国际经济贸易仲裁委员会上海仲裁分会和英国仲裁学会(香港分会)共同主办的“沪港国际商事仲裁研讨会”在沪举行，研讨会以介绍国际仲裁法律制度和香港国际仲裁法律制度为主要内容，让与会者了解中国国际经济贸易仲裁委员会特别是上海仲裁分会的办案情况，办理国际经贸案件的法定程序，仲裁庭的组成，开庭以及执行情况等，并与外方共同举办模拟仲裁开庭，香港特区律政司副律政专员黄继儿以及来自英国、中国香港地区和上海的有关外经贸官员、律师、仲裁员60余人参加研讨会。1999年10月15日，由上海市民政局举办的“沪港社会福利交流研讨会”召开，会期5天，主要为探索社会福利社会化的道路，进一步推动上海市福利事业的发展，市人大常委会主任、市慈善基金会会长陈铁迪出席开幕式并讲话，中华慈善总会会长阎明复、民政部社会福利司有关领导及专家和香港特区社会福利署署长梁建邦、公益金行政总监陈达文、社会服务联会总干事许贤发等参加研讨会，副市长冯国勤会见与会的香港代表。2000 年 6 月 2 日，由上海海外联谊会、沪港经济发展协会举办的首届“沪港大都市发展研讨会”在上海举行。市长徐匡迪和香港特别行政区行政长官董建华出席开幕式并作演讲，沪港经济发展协会会长胡法光也在开幕式上致辞。沪港两地近 250 名专家、学者和企业家出席研讨会，上海市科委主任、香港证券及期货事务监察委员会主席、香港行政会议召集人等沪港两地 12 位专家就经济、科技、工业、金额和中介服务等 5 个专题发表演讲。此后至 2010 年，又连续举办四届，分别是：2003 年 11 月 25 日，“第二届沪港大都市发展研讨会”在沪举行，研讨会的主题为“CEPA 框架下沪港合作新机遇”，副市长姜斯宪和香港特区财政司司长唐英年在会上作主题演讲，沪港两地政商界人士 300 余人出席研讨会；2005 年 12 月 3 日，“第三届沪港大都市发展研讨会”在沪举行，主题为“加速发展现代服务业，推进 CEPA 框架下沪港经济合作”，常务副市长冯国勤和香港特区财政司司长唐英年出席会议并作主题演讲，沪港两地 250 名有关人士和专家学者等出席研讨会；2007 年 12 月 6 日，“第四届沪港大都市发展研讨会”在沪举行，主题为“落实 CEPA 加强沪港合作，服务长三角联动发展”，副市长唐登杰和香港特区商务及经济发展局局长马时亨在开幕式上演讲，沪港两地行业协会领导、知名企业高管和相关专家学者 250 余人出席会议；2010 年 1 月 19 日，“第五届沪港大都市发展研讨会”在沪举行，主题为“国际贸易中心——合作发展新机遇”，上海市委常委、统战部部长、上海海外联谊会会长杨晓渡和沪港经济发展协会会长周亦卿在开幕式上致辞，上海市政协副主席、市工商联主席王新奎等就“上海建设国际贸易中心”的主题作演讲，香港、上海、江苏、浙江等地的有关领导、商会负责人、专家学者等 350 人出席研讨会。

其他还有：2000 年 11 月 9—10 日，香港外国银行代表协会大会在上海举行，会议的主题是“外资银行及其客户在中国的商机”，市府副秘书长李关良出席会议并致开幕辞。香港外国银行代表协会成立于 1986 年 1 月，协会由 78 家来自世界各地的银行驻港代表组成。2001 年 4 月 17 日，由香港“专业联盟”和上海市突出贡献专家协会共同发起的“发展与交流——沪港专业人士圆桌会议”在沪召开，“专业联盟”发起人梁振英率领的代表团与上海专家协会及建筑、法律、会计、医学等各界的专家就两地相关行业发展、行业环境、人才互动等问题进行交流。5 月 18 日，由 WTO 上海研究中心、香港 WTO 研究中心和香港中华法律研究中心联合举办的“中国加入世贸的前奏——国际专家圆桌会议”在沪举行，市领导出席并致辞。最高人民法院副院长万鄂湘、外经贸部条约法律司司长张玉卿、香港特区律政司司长梁爱诗、前日内瓦 WTO 上诉机构主席费里西埃纳以及沪港两地知名国际法律专家学者和企业界人士到会演讲并参加讨论。2002 年 5 月 15 日，由香港国际关注教育机构、香港启思幼稚教育机构和中国福利会联合举办的第三届“国际关注学前优质教育”研讨会在香港举行，来自美国、新加坡和中国北京、上海、香港、澳门、台湾等地的 600 多名幼儿教育工作者、研究人员和科技人员出席会议，并就 21 世纪如何为孩子提供优质教育进行研讨。6 月 28 日“沪港技术与资本联动研讨会”在沪举行，中国证监会主席周小川、国家科技部副部长邓楠出席会议并讲话，副市长周禹鹏，香港交易所主席李业广和总裁邝其志及其率领的高管人员、律师、会计师、报荐人以及来自上海等 10 多个省市的企业家、科研机构专家共 1 000 多人出席研讨会。7 月 15 日，由上海社联、香港亚太二十一学会、上海市港澳台经济研究所联合举办的“促进沪港共同发展——首届沪港关系论坛”在沪举行，沪港两地专家学者近 30 人出席会议。2003 年 10 月 9—11 日，由上海海外联谊会、上海市青联与沪港经济发展协会、香港青年联合会共同举办的首届“沪港青年经济发展论坛”在上海举行，论坛主题为“把握国际化趋势，共创沪港经济合作新发展”，市政协副主席王新奎，全国政协常委、香港戴德梁行主席梁振英，全国政协委员、香港黄乾亨黄英豪律师事务所首席合伙人黄英豪，香港专业联盟副主席、香港立法会议员刘炳章，香港陈叶冯会计师事务所有限公司首席董事陈维瑞，上海国资委副主任萧贵玉在论坛上作主题发言，6 位沪港两地会计、银行、服务业代表作交流发言，来自沪港两地工商界精英、学者、青年企业家约 180 人与会。11 月 20 日，由上海市司法局和香港特区律政司共同举办的"加强沪港法律服务紧密合作研讨会"在上海举行，香港特区律政司司长梁爱诗率逾 40 人律师团与会并致辞，司法部副部长胡泽君和副市长周太彤出席开幕式并致辞，来自上海市人大法工委、外经贸委、市金融办、上海世博局等单位以及司法部律公司的负责人在研讨会上介绍上海城市法制化建设以及上海市外贸、司法部门落实 CEPA 承诺和世博会筹办的有关情况，上海市律师协会、香港律师会和香港大律师公会分别组织两地多位知名律师就沪港律师的合作模式，香港律师在 CEPA 下的角色等共同关心的问题进行广泛而深入的研讨。2004 年 5 月，上海市科委与香港工程师学会合作联合举办的"2004 沪港科技合作研讨会"在上海举行，来自香港、内地及国际上有关专家学者、企业家和政府科技管理部门的代表出席研讨会，就沪港两地科技发展现状、经验、教训和发展的规划前景，推进两地科技合作的措施和政策等问题进行商讨。5 月 18 日，上海世博会事务协调局和香港贸易发展局共同举办的"中国 2010 年上海世博会投融资(香港)国际研讨会"在香港举行，会议就宣传推介上海世博会，探讨研究世博会投融资方案，听取国内外专家对世博会投融资建议，呼应上海与香港两地在 CEPA 框架内的相关合作等作研讨。9 月 2 日，由上海市青年联合会、上海海外联谊会、沪港经济发展协会和香港青年联合会联合举办的"沪港经济互动与区域经济发展——2004 沪港青年经济发展论坛"在上海举行，中共上海市委常委、副市长冯国勤，市委常委、市委统战部部长沈红光和香港特区律政司司长、行政会议成员梁爱诗出席论坛，来自沪港等地以及美、英等国的 350 多名专家学者、跨国公司总裁和青年企业家，围绕"沪港经济合作发展""未来中国经济发展的主导力量"等话题，畅所欲言。12 月下旬，由沪港经济发展协会、上海行业协会发展署、上海市市场中介发展署和香港贸易发展局联合举办的"CEPA 框架下沪港行业协会发展研讨会"在香港举行，香港和上海有关人士 150 人出席研讨。2005 年 11 月 1 日，第二届"沪港 CEO(首席财务官)论坛"在沪举行，论坛主题为"拓宽企业融资渠道，强化风险管理能力"，300 多名上海及长江三角洲地区的企业首席财务官参加会议进行探讨。2007 年 6 月 1 日，由上海社会科学院港澳研究中心、上海市政协港澳台侨委员会、香港明天更好基金主办的"庆香港回归十周年，推进沪港两地合作高峰论坛"在沪举行。上海市政协主席蒋以任出席论坛并致辞，香港行政会议召集人梁振英和香港明天更好基金执行主席陈启宗也在开幕式上致辞，市政协副主席、上海社会科学院院长王荣华、香港基本法委员会副主任、香港特区律政司原司长梁爱诗和香港明天更好基金执行主席陈启宗作主旨演讲，上海市社联主席、新华社香港分社原副社长李储文，香港特区政府驻沪经贸办主任陈子敬和 30 多位市政协委员及 100 多位来自上海、香港、深圳等地的政府官员、企业家、专家学者从不同的视角，对"一国两制"的伟大构想与成功实践，香港与内地经贸关系中的沪港合作，沪港教育体制、社会福利、医疗保障的比较研究，以及沪港合作 10 周年回顾与展望等相关问题进行认真深入的研讨，展现沪港学术界的最新成果。2008 年 12 月 19 日，由上海市政协、上海社会科学院、香港明天更好基金联合举办的"金融危机 经济转型 沪港发展"研讨会在沪举行，市政协主席冯国勤出席致辞，香港特区政府中央政策组首席顾问刘兆佳和上海市银监局副局长张光平分别作主旨演讲，并回答与会者的提问，香港明天更好基金执行委员会主席陈启宗与来自沪港两地的专家学者、政府官员、企业高管分别围绕"金融海啸对沪港经济转型的影响与对策""沪港经济转型：问题、路径及启示""沪港经济转型与区域联动""金融海啸与沪港互动"等专题展开讨论交流。2010 年 10 月 8 日，由香港培华教育基金会、中国国际人才交流协会和世界贸易主席协会联合举办的“新世纪人才发展论坛”在沪举行，论坛的主题是“二十一世纪世界格局转变，网络化、讯息化、全球化加速、气候转变、节能、环保冲击传统的世界共识价值”，香港培华教育基金会主席李兆基、常务委员会主席霍震寰、副主席王敏刚以及国家外国专家局副局长孙照华等出席论坛并致辞，上海交通大学、复旦大学、同济大学、北京师范大学、香港科技大学以及香港《大公报》《明报月刊》的有关负责人在论坛作交流发言。香港培华教育基金由李兆基于 1982 年创办，28 年来先后在内地资助、主办和协办 400 多个项目及课程，培养 25 000 多名优秀政府高级管理人才，并与中国国际人才交流协会在香港设立“中国高级公务员经济管理研修班”，组织内地特别是“老、少、边、穷”地区的管理决策层领导干部到香港进行系列培训，已经开办 61 期。10 月 21 日，由上海社会科学院港澳研究中心、上海市政协港澳台侨委员会和香港明天更好基金共同举办的“后危机、后世博的沪港经济结构调整与转型研讨会”在沪举行，上海市发改委副主任肖林就上海世博后经济转型、城市发展等面临的机遇和挑战作发言，来自沪港等地的专家学者、政府官员、企业高管等百余位嘉宾围绕世博后沪港经济合作发展、城市发展合作空间、区域合作与发展等专题开展为期 1 天的深入研讨和对话。

第八篇

人　物

改革开放以来，上海外事战线涌现众多先进人物、先进集体，他们为上海地方外事有序有效不断发展作出突出贡献。其中有德高望重的老领导、老同志，也有许多默默无闻的外事工作者，还有在上海对外交往中，为中外互利合作交流作出突出贡献的境外人士。

人物传略包括已故的市政府外事办公室主任和市人民对外友好协会会长。人物简介包括历届市政府外事办公室主任和市人民对外友好协会会长，获中共中央和国务院表彰的上海世博会先进个人，获外交部、上海市有关部门表彰人物，获“上海市荣誉市民”称号的境外人士。人物表为常年在上海工作、为上海地方经济建设和社会发展作出贡献而获“白玉兰荣誉奖”“白玉兰纪念奖”者。获得中共中央、国务院和外交部颁发的先进集体共9个。

第一章　人物传略

赵云俊(1932.2—1997.10)

浙江奉化人,中共党员,大学本科学历,原上海外国语学院法语系教授。1983年7月—1985年7月,任市人民政府外事办公室副主任。1985年7月—1991年12月,任市政府外事办公室主任。1991年6月—1997年10月,任市人民对外友好协会会长。

李寿葆(1920.7—2000.12)

上海市人。1965年,由中国保卫世界和平委员会派驻维也纳,担任世界和平理事会书记处中国书记。1978年8月—1986年6月,任中国人民对外友好协会上海分会常务副会长兼秘书长。1986年6月—1991年6月,任市人民对外友好协会会长。

苏步青(1902.9—2003.3)

浙江温州平阳人,中共党员,中国科学院院士,著名数学家、教育家、社会活动家,1955年被选聘为中国科学院学部委员。1978年后任复旦大学校长、数学研究所所长、复旦大学名誉校长。1956年9月—1967年3月,任市人民对外友好协会副会长。1984年6月—1986年6月,任市人民对外友好协会会长。1986年6月—2002年3月,任市人民对外友好协会名誉会长。1988年3月—1998年3月任第七、八届中国人民政治协商会议全国委员会副主席。

赵行志(1917. 8—2009. 2)

江苏武进人,中共党员,中共上海市委原书记,上海市人民政府原副市长。1949 年 5 月,参加接管上海工作,历任中共上海市委外事小组副组长、市人委外事办公室副主任。曾任中国驻日内瓦总领事、驻喀麦隆大使、驻伊拉克大使。1977 年 1 月—1983 年 3 月任副市长期间,分管外事、体育等工作。1977 年 11 月—1980 年 12 月,兼任市政府外事办公室主任、市人民对外友好协会会长。

徐兆春(1934. 10—2010. 10)

江苏嘉定(今属上海市)人,中共党员。1984 年 7 月—1986 年 11 月,任外交部国际司副司长。1986 年 11 月—1990 年 12 月,在联合国教科文组织任助理总干事。1991 年 7—12 月,任市政府外事办公室副主任。1992 年 1 月—1996 年 3 月,任市政府外事办公室主任。

第二章　人 物 简 介

第一节　历届上海市人民政府外事办公室主任、上海市人民对外友好协会会长

李储文(1918.1—　)

浙江宁波人。1977 年 11 月—1980 年 12 月,任市政府外事办公室副主任(主持工作)。1980 年 12 月—1983 年 7 月,任市政府外事办公室主任。其间,1978 年 6 月—1981 年 2 月,兼任上海国际问题研究所所长。1983 年 8 月—1988 年,任新华社香港分社副社长。1988—1994 年,任上海市人民政府顾问。

石　奇(1924.11—　)

浙江苍南人,中共党员。1980 年 12 月—1983 年 7 月,任市政府外事办公室副主任。1983 年 7 月—1985 年 7 月,任市政府外事办公室主任。

夏守安(1942.4—　)

浙江上虞人,中共党员,大学本科学历。1993—1996 年,任中国驻摩洛哥大使馆政务参赞。1996 年 3 月—1997 年 11 月,任市政府外事办公室主任。1998 年 9 月—2002 年 6 月,任中国驻毛里求斯大使。

周明伟(1955.5—　)

江苏无锡人,中共党员,研究生学历。曾任复旦大学校长助理兼校长办公室主任、外事办公室主任。1996 年 3 月—1997 年 11 月,任市政府外事办公室副主任。1998 年 1 月—2000 年 8 月,任市政府外事办公室主任。2000 年 8 月—2003 年 12 月,任中央台湾工作办公室副主任、国务院台湾事务办公室副主任。

周慕尧(1943.5—　)

江苏盐城人,中共党员,大学本科学历。1996 年 10 月—1998 年 2 月,任市委副秘书长、市政府秘书长兼办公厅主任。1998 年 2 月,任副市长。2000 年 8 月起,任副市长兼市政府外事办公室主任。2002 年 9 月—2009 年 8 月,兼任市人民对外友好协会会长。2003 年 2 月起任市人大常委会副主任。

杨国强(1954.11—　)

河北东光人,中共党员,研究生学历。曾任市外经贸委处长。1996—2003 年,任市政府外事办公室副主任。2003 年 4 月—2008 年 2 月,任市政府外事办公室主任兼市政府港澳事务办公室主任。2008—2009 年,任市外经贸委(市外资委)主任。2010 年起任中国驻芝加哥总领事。

李铭俊(1955.2—　)

上海市人,中共党员,研究生学历。2003—2008 年,任市科委副主任、市科教党委副书记。2008 年 2 月起任市政府外事办公室主任兼市政府港澳事务办公室主任。2009 年 8 月起兼任上海市人民对外友好协会会长。2010 年担任上海世博会工作领导小组外事工作指挥部副总指挥、办公室主任。荣获中共中央、国务院表彰的上海世博会先进个人。

第二节 受中共中央、国务院表彰的上海世博会先进个人

陈 晖(1961.12—)

浙江杭州人,中共党员,大学本科学历。市政府外事办公室秘书处副处长,担任上海市世博会工作领导小组外事工作指挥部办公室秘书组组长。

刘伟东(1959.12—)

安徽贵池人,中共党员,在职研究生学历。市政府外事办公室直属机关委员会专职副书记,担任上海世博会外事工作领导小组外事工作指挥部办公室人力资源组组长。

杨洁勉(1951.10—)

上海市人,中共党员,研究生学历。上海国际问题研究院院长,担任上海世博会事务协调局论坛部顾问兼专家组组长。

徐 珏(1962.11—)

上海市人,中共党员,大专学历。市护照签证受理中心职员,担任上海世博会事务协调局礼宾部高级主管。

吴晓骞(1960.9—)

上海市人,中共党员,大学本科学历。卢湾区政府外事办公室副主任,担任卢湾区世博外事工作指挥部办公室常务副主任。

方静燕(1974.10—)

上海市人,中共党员,大学本科学历。长宁区政府外事办公室副主任,担任长宁区世博接待服务指挥部联络接待组组长。

周 维(1980.8—)

上海市人,中共党员,研究生学历。市外事翻译室主任助理,担任上海世博会工作领导小组外事工作指挥部办公室翻译。

第三节 受外交部、上海市等有关部门表彰人物

傅继红(1966.10—)

上海市人,中共党员,大学本科学历。1999年任市政府外事办公室副处长。1999年在团中央、中联部、外交部、外经贸部、全国友协和全国青联六部门发起评选全国十佳外事青年工作者活动中,被评选为“杰出外事青年工作者”。2002年任市政府外事办公室处长,被上海市青联评为第九届上海“十大杰出青年”。

叶 靓(1972.4—)

上海市人,中共党员,大学本科学历。2001年任市政府外事办公室处长助理,被评为1999—2000年度“上海市三八红旗手”。

第四节 上海市荣誉市民

莫里斯·格林伯格(Maurice R. Greenberg)

美国籍,美国国际集团董事长、总经理,中国改革友谊奖章获得者。1989—2005年出任AIG董

事长兼首席执行官，后任 C. V. 史带投资集团董事长兼首席执行官。1989 年应邀成为上海市市长国际企业家咨询会议创始成员之一，被推举为第一届会议主席。1991 年担任咨询会议终身成员。1997 年获“上海市荣誉市民”称号。

莫瑞尔(Christian Morel)

比利时籍，上海贝尔电话设备制造有限公司副董事长。1978 年起，莫瑞尔为推动中比合作交流事业访沪 100 余次，1994 年被上海市人民政府授予“白玉兰纪念奖”。1997 年获“上海市荣誉市民”称号。

马丁 · 波斯特(Martin Posth)

德国籍，大众汽车公司亚太有限公司董事长兼上海大众第一副董事长。在与上海合作中成绩卓著，1993 年被上海市人民政府授予“白玉兰荣誉奖”。1997 年获“上海市荣誉市民”称号。

新川柳作(Shinkawa Ryusaku)

日本籍，日本 ACE 株式会社会长，上海爱思旅行用品有限公司名誉董事长。他在沪的合作伙伴原是一家由 20 余名返城知青组成的街道小厂，经中日双方努力，发展成拥有 20 余条生产流水线、3. 8 万平方米建筑面积厂房、1 500 多名职工的国内箱包制造业领先的大型企业。1997 年获“上海市荣誉市民”称号。

关长臣(Seki Nagaomi)

日本籍，上海新晃空调设备有限公司总经理，因其多年来在友好合作方面所作贡献，国家外专局授予其国家级“友谊奖”，上海市人民政府授予其“白玉兰纪念奖”“白玉兰荣誉奖”。1997 年获“上海市荣誉市民”称号。

江草安彦(Egusa Yasuhiko)

日本籍，日本川崎医院福利大学校长。因其对上海福利事业作出很大贡献，1997 年获“上海市荣誉市民”称号。

和田一夫(Wada Kazuo)

日本籍，日本八佰伴国际集团总裁、董事长。1992 年后，相继在沪联合投资上海第一八佰伴有限公司、上海八佰伴南方商城有限公司和上海莫师饮食管理公司等。1996 年 6 月，和田一夫将集团总部移师上海浦东。1997 年获“上海市荣誉市民”称号。

麦克米伦(Eoghan Mcmillan)

英国籍，RODAMCO 公司董事长。1989 年，麦克米伦首创性地提出成立上海市市长国际咨询会议的设想，积极参与并为成功组织咨询会议作出贡献。1999 年获“上海市荣誉市民”称号。

陈廷骅(Chen Tinghua)

中国香港籍，香港著名实业家，南丰集团董事长，上海慈善基金会名誉会长。陈廷骅曾多次捐款，总额达 5 221.5 万元人民币，占上海慈善基金会 5 年来募集基金总额的近四分之一，是海内外单位和个人捐款数额最多的一位，为上海社会公益和慈善事业作出突出贡献。1999 年获“上海市荣誉市民”称号。

墨 非(Murtaugh P. Francis)

美国籍，上海通用汽车有限公司执行副总经理。上海通用汽车公司 1999 年总投资 15. 21 亿美元，墨非是项目的美方最高代表。他受聘担任上海外商投资企业协会副会长，积极参加社会活动，为上海的经济建设和社会发展作出贡献。1999 年获“上海市荣誉市民”称号。

黄 凯(Kieu Hoang)

美国籍，上海莱士血制品有限公司副董事长、总裁。莱士公司先后被上海市科委、外经贸委授予"先进技术型企业""上海市现代生物和医药高科技重点企业",被誉为"健康卫士"。1996年,他被授予上海市"白玉兰荣誉奖"。1999年获"上海市荣誉市民"称号。

刘浩清(Liu Haoqing)

中国香港籍,香港东方石油有限公司副董事长,香港侨民企业有限公司董事长。曾任全国政协委员、上海教育基金会副会长。多年来他在上海捐赠近6 000万元人民币。1999年获"上海市荣誉市民"称号。

罗康瑞(Vincent H. S. Lo)

中国香港籍,香港瑞安集团董事长。罗康瑞从1985年起开始投资上海,主要房地产项目有:瑞安广场、瑞虹新城、城市酒店、城市公寓、新天地广场、锦明大厦、爱邦大厦等。罗康瑞为上海的经济建设和社会发展作出突出贡献。1999年获"上海市荣誉市民"称号。

梅尔文·佩泊斯(Meivin Peppers Jr.)

美国籍,美国波音公司驻上海航空工业公司专家,他将自己的宝贵经验和美好年华无私奉献给中美民用航空工业合作事业。1994年被授予上海市"白玉兰纪念奖"。1999年获"上海市荣誉市民"称号。

威廉·凯乐(William R. Keller)

瑞士籍。1994—2002年出任罗氏集团中国首席执行代表、上海罗氏制药有限公司总经理。凯乐为罗氏集团在中国,特别是在上海的投资发挥重要作用。1996年被授予上海市"白玉兰纪念奖"。1999年获"上海市荣誉市民"称号。

唐翔千(Tang Xiangqian)

中国香港籍,香港半岛针织有限公司董事长。全国政协第七、八、九届常委。1979年开始与内地合作创办企业。1984年,他投资600万美元,在沪创办第一家合资企业"上海联合毛纺织有限公司"。1998年以来,投资4 000万美元在上海松江创办高新科技项目,并投资1 600万美元设立"人才培训中心",为上海的经济建设和社会发展作出突出贡献。1999年获"上海市荣誉市民"称号。

关本忠弘(Tadahiro Sekimoto)

日本籍,日本电气公司(NEC)前会长,日本最大的经济团体——经济团体联合会副会长兼中国委员会委员长。关本忠弘在日本经济界和信息界担任重要职务,多年来为日本与中国电子信息产业的合作作出杰出贡献。1999年获"上海市荣誉市民"称号。

李绍祝(Thanakorn Seriburi)

泰国籍,华裔企业家,泰国正大集团执行副总裁、易初工业集团总裁。自泰国正大集团1985年投资创建上海易初摩托车有限公司和大江有限公司以来,作为该集团的资深副总裁,他掌管正大集团在上海的全部投资项目。至1999年底,正大集团在沪规模居上海外商投资企业前列。2000年获"上海市荣誉市民"称号。

克劳斯·拼搏(Klaus Pimper)

德国籍,上海MWB互感器有限公司董事长。2001年获"上海市荣誉市民"称号。

曹光彪(Cao Guangbiao)

中国香港籍,香港永新企业有限公司董事长。积极投资上海,为促进沪港交流和合作作出很大贡献。曹光彪在上海独资、合资建立有14家企业,投资总额超过1亿美元。他还积极关心教育事业,赞助教育科技项目。2001年获"上海市荣誉市民"称号。

秦范雄(Hata Norio)

日本籍,上海神明电机有限公司总经理、全国外商投资企业协会理事和上海市外商投资协会常务理事。1988年来沪,经过14年努力,把一个仅拥有200名员工、生产30多种产品的小企业,发展成拥有3 000余名员工、生产1 000多种产品畅销国内外家电、通信、高科技信息市场的配套型中型企业,企业注册资本从4亿日元扩大到30亿日元。曾获上海市“白玉兰纪念奖”和“白玉兰荣誉奖”。2002年获“上海市荣誉市民”称号。

彼得 · 博格(Peter A. Borger)

德国籍,上海西门子移动通信有限公司总经理。1998年来到上海后,领导上海西门子移动通信有限公司从一家生产几十万部移动电话的公司发展成为年生产量达800万部移动电话的大型企业。曾获上海市“白玉兰纪念奖”。2002年获“上海市荣誉市民”称号。

福尔克 · 魏斯盖伯(Folker Weissgerber)

德国籍,德国大众集团公司负责生产的董事。1994年上海大众筹建时,他作为大众集团规划部负责人工作在第一线,为上海大众的初期规划提供宝贵的决定性建议,有力推动项目进展。曾获上海市“白玉兰荣誉奖”和国家“友谊奖”。2002年获“上海市荣誉市民”称号。

格哈德 · 麦贺法(Gerhard Mairhofer)

奥地利籍,上海克虏伯不锈钢有限公司总经理。1998年4月出任该公司总经理和工程筹建委员会主任以来,成功解决建设初期公司融资难题,使一期工程顺利解决,获市政府重大工程办公室“优秀集体奖”,并领导公司进行二期工程的扩建和三期工程的筹备。2003年获“上海市荣誉市民”称号。

詹姆斯 · 摩根(James C. Morgan)

美国籍,美国应用材料公司董事局主席、布什内阁总统出口委员会副主席。长期以来,摩根对上海乃至整个中国的半导体事业的发展给予热情的支持与帮助。曾获上海市“白玉兰荣誉奖”。2004年获“上海市荣誉市民”称号。

冯伟立(Eric Von Zwisler)

美国籍,永裕(上海)医药咨询有限公司总经理。曾获上海市“白玉兰纪念奖”和“白玉兰荣誉奖”。2004年获“上海市荣誉市民”称号。

施恭旗(Chan Kiong Ki See)

菲律宾籍华人,上好佳(中国)有限公司董事长。自20世纪90年代初在上海投资建厂,创立上好佳品牌以来,上好佳(中国)有限公司已发展成为拥有15家分公司、总投资9 700多万美元、销售网络遍及全国所有一级城市并进入二三级城市的知名企业。1997年获上海市“白玉兰纪念奖”,1998年获上海市“白玉兰荣誉奖”。2005年获“上海市荣誉市民”称号。

高博文(Christopher P. M. Gubbey)

英国籍,上海通用汽车有限公司执行副总经理。他积极推进公司发展,使公司的汽车销量从3万辆上升到25万辆,行业排名从第七升至第三,连续获“中国最受尊敬企业”称号。曾于2003年获上海市“白玉兰荣誉奖”。2005年获“上海市荣誉市民”称号。

马西门(Simon J. Mackinnon)

英国籍,康宁(中国)有限公司大中华区总裁。领导康宁公司从1家合资厂、140名员工扩大到8家生产企业、5个办事处和3 000名员工。其中西门子直接引进项目的投资额2.5亿美元。1999年获上海市“白玉兰荣誉奖”。2007年获“上海市荣誉市民”称号。

肯尼斯·尤金·贝林(Kenneth E. Behring)

美国籍,世界轮椅基金会主席。2000年创建世界轮椅基金会,向世界150个国家的残疾人送出67万多辆轮椅,其中有3 000辆捐赠给上海。2004年开始,先后向北京、上海等地多家博物馆捐赠大量动物标本和善款。曾获上海市"白玉兰纪念奖"和"白玉兰荣誉奖"。2008年获"上海市荣誉市民"称号。

克劳斯·托普弗(Klaus Toepfer)

德国籍,同济大学荣誉教授。曾任联合国副秘书长、联合国环境规划署执行主任,长期致力于环境保护与可持续发展的教育和推广。为促进中国环境教育,捐献100万元人民币建立奖学金,激励青年一代为日益突出的环境问题作出贡献。曾获上海市"白玉兰荣誉奖"和国家"友谊奖"。2009年获"上海市荣誉市民"称号。

翁富泽(Richard J. L. Yorke)

英国籍,汇丰集团总经理、汇丰银行(中国)有限公司行长兼行政总裁。2004年到上海后,全力发展汇丰银行在上海的业务,率先在上海注册并成立法人银行,汇丰银行在上海的服务网点增至10个。同时,积极发展与中资银行的合作。2008年汇丰银行被国际权威金融杂志评为"中国最佳外资银行"和"中国最佳外资零售银行"。2007年获上海市"白玉兰荣誉奖"。2009年获"上海市荣誉市民"称号。

狄镐夫(Kaneko Genjiro)

比利时籍,贝卡尔特集团首席执行官。上海市市长国际企业家咨询会议成员和比利时法兰德斯大区中国商会会长。自1991年起担任上海贝尔电话设备制造有限公司总经理。作为上海市市长国际企业家咨询会成员,为上海"四个中心"建设、经济结构调整和可持续发展建言献策。1993年获上海市"白玉兰纪念奖"。2010年获"上海市荣誉市民"称号。

第三章 人物表

表 8-3-1 1989—2010 年上海市"白玉兰纪念奖"获得者一览表

姓　　名	获奖年份	国家(地区)	工作单位	职务
耿丽淑	1989	美国	中福会	友好人士
麦克勒	1989	德国	同济大学	教师
南希·基	1989	英国	同济大学	教师
旗持宽久	1989	日本	上海外贸学院	教师
里　奇	1989	美国	上海第二工业大学	教师
雪　莉	1989	美国	上海第二工业大学	教师
彭德兰	1989	美国	上海旅游专科学校	教师
奥伦道夫	1989	日本	上海宝钢热轧厂	总代表
班　扣	1989	美国	上海航空工业公司	专家
小佃顺三	1989	日本	30 万吨乙烯聚氧乙烯项目	总代表
克雷格	1989	加拿大	华亭宾馆	总经理
米　勒	1989	德国	集装箱公司	工程师
金　堤	1989	英国	耀华皮尔金顿公司	总经理
魏克纳	1989	德国	上海大众汽车有限公司	副总经理
希克斯	1989	美国	福克斯波罗有限公司	副总经理
李锡灏	1989	泰国	上海大江有限公司	副总经理
斋藤贤志	1989	日本	上海三菱电梯有限公司	副总经理
刘念恕	1989	美国	上海易初摩托车有限公司	总经理
伴野郎	1989	日本	朝日新闻社	驻沪记者
尾崎春生	1989	日本	日本经济新闻社	驻沪记者
鲁道夫·特拉夫	1989	德国	上海汽车底盘厂	技术顾问
白丽诗	1989	英国	上海外国语学院	教师
澳舍姆	1989	美国	上海航空工业公司	技术专家
乌戈·阿尔博尔	1989	哥伦比亚	上海外国语学院	教师
鲁宾·科林	1989	澳大利亚	上海外国语学院	教师
枝野茂树	1989	日本	上海尼赛拉传感器有限公司	总经理
迪特·鲍密斯特	1989	德国	上海长途电信局	工程师
石川猛	1989	日本	中日广播协会	驻沪记者

(续表)

姓　名	获奖年份	国家(地区)	工作单位	职　务
中　川	1989	日本	三菱商事上海事务所	所长
民海进	1989	日本	上海模具研究所	专家
康乐埃	1989	美国	上海施贵宝制药有限公司	总经理
楠　见	1989	日本	宝山钢铁厂连铸工程	总代表
山田乡博	1989	日本	宝山钢铁厂	工程师
克诺尔	1989	德国	宝山钢铁厂	工程师
保　尔	1989	德国	大众汽车有限公司	技术经理
张镇中	1990	美国	麦道公司	副总裁
古　德	1990	澳大利亚	贝尔公司	技术部经理
林公纪	1990	日本	氯碱总厂	负责人
井野口博之	1990	日本	氯碱总厂	总代表
和田纪信	1990	日本	氯碱总厂	现场总代表
山下义人	1990	日本	氯碱总厂	现场总代表
太田顺博	1990	日本	氯碱总厂	总代表
吉永恭二	1990	日本	氯碱总厂	总代表
钟顺昌	1990	美国	美国菌种中心	真菌主任
佐佐木伸	1990	日本	上海港务局	局长顾问
新川柳作	1990	日本	上海爱思旅行箱包用品公司	董事长
上田博迪	1990	日本	大阪阪神百货/上海宾馆	科长顾问
查姆·肯尼迪	1990	美国	普惠公司中国公司	总裁
彭伯顿	1990	美国	航空工业公司	专家
黑田俊男	1991	日本	黑田手套厂	总经理
柯庆生	1991	中国香港	海心毛纺织公司	总经理
陈家扬	1991	中国台湾	上海益联纺织公司	总经理
沈德孙	1991	美国	上海环联灯饰公司	
西村正人	1991	日本	市工业用水中心	专家
艾伯乐	1991	比利时	贝尔电话公司	
安德逊	1991	英国	上海贝岭微电子公司	副总经理
迪特林德芭莱	1991	德国	同济大学	教师
安德鲁·米切姆	1991	英国	上海交通大学	教师
斯克澳尔佐娃	1991	苏联	华东师范大学	教师
麦·布奇	1991	法国	上海外国语学院	教师

（续表）

姓　　名	获奖年份	国家(地区)	工 作 单 位	职 务
王佳妮	1991	美国	华东政法学院	教师
布尔根雷纳	1991	德国	电子工业学校	教师
汉斯·蒂枝·克劳斯	1991	德国	宝钢集团	
夏澳勃	1991	瑞士	华能集团	
潜进友观	1991	泰国	上海水产品加工中心	专家组长
哈利台	1991	加拿大	高桥巴斯夫公司	总经理
哈德雷	1991	美国	福克斯波罗公司	副总经理
胡克明	1991	美国	上海庄臣公司	总经理
关长臣	1991	日本	上海新晃空调有限公司	总经理
胜间清次	1991	日本	上海华钟袜子有限公司	总经理
厥君飞	1991	日本	上海高仕香精有限公司	总经理
韩迪伟	1991	英国	上海施乐复印机有限公司	总经理
陶　申	1991	美国	英格索兰压缩机有限公司	总经理
黎文坚	1991	新加坡	普林电路板公司	总经理
班　廷	1991	英国	西普尔·必凯实验动物公司	副董事长
弗利茨	1992	法国	维高格雷公司	副董事长
中泽敏	1992	日本	上海师范大学	顾问教授
肯·耶塔	1992	美国	上海航空工业公司	行政主任
闻必得	1992	英国	宝丽来影像制造部	总监
西尔斯	1992	美国	上海师范大学第二附属中学	教师
中津幸久	1992	日本	日本读卖新闻上海支局	局长
小泽干雄	1992	日本	日本 NHK 上海支局	局长
龟山泰之	1992	日本	茨城县鹿岛郡农园	园主
塞强科	1992	白俄罗斯	上钢三厂	副教授
齐佩尔	1993	德国	上海机械学院	教师
萨莱伊米	1993	巴基斯坦	上海外国语学院	教师
卡罗·休门	1993	美国	华东化工学院	教师
裘华莱	1993	德国	同济大学	教师
休　门	1993	美国	华东化工学院	教师
曼　因	1993	美国	上海石化总厂	教师
刹米教夫	1993	日本	上海助剂厂	教师
平野寿幸	1993	日本	上海市规划局	专家

(续表)

姓　名	获奖年份	国家(地区)	工 作 单 位	职　务
彼德·托普	1993	德国	上海大众汽车采购部	顾问
巩特·莱纳特	1993	德国	上海大众汽车质量保证部	经理
贾米森	1993	英国	多灵·澳森机械设备有限公司	总经理
佐伯长平	1993	日本	上海重型缝纫机公司	总经理
松原秀一	1993	日本	上海沙迪克软件有限公司	副总经理
狄镐夫	1993	比利时	上海贝尔电话公司	总经理
董克强	1993	比利时	上海贝岭微电子公司	副总经理
格　林	1993	美国	上海耐莱斯詹姆斯阀门公司	总经理
莫瑞尔	1994	比利时	上海贝尔电话公司	副董事长
齐　克	1994	德国	上海大众汽车公司规划部	经理
吴平荣	1994	马来西亚	上海易初摩托车公司	总经理
国支勉	1994	日本	上海铃兰卫生用品公司	总经理
鲍列斯	1994	俄罗斯	上海树脂厂	技术顾问
小俣裕史	1994	日本	华亭伊势丹有限公司	总经理
安部周平	1994	日本	上海静安西路地段医院	专家
阿卜杜拉·迪布斯	1994	德国	上海地铁总公司	顾问
赫尔格·曼宁	1994	德国	上海地铁总公司	项目经理
壶井贞志	1994	日本	上海环保局	技术顾问
富田宣吉	1994	日本	上海天原化工厂	技术专家
里川孝臣	1994	日本	上海有机氟材料研究所	顾问
鲁道夫·奥托	1994	德国	上海三环润滑设备厂	技术顾问
远藤孝	1994	日本	上海康培尔服装公司	总经理助理
西浦伟良	1994	日本	上海爱思旅行用品公司	副总经理
梅尔达·佩泊斯	1994	美国	上海飞机制造厂	技术专家
罗伯特·江普	1994	美国	上海飞机制造厂	技术专家
曼努埃尔·皮诺	1994	葡萄牙	上海外国语学院	教师
丁肖·伯乔其	1994	美国	上海海运学院	教师
安妮·亨德森	1994	新西兰	上海外国语学院	教师
杉山明男	1994	日本	华东师范大学	教师
史蒂文·梅纳佩斯	1994	美国	上海大学	教师
岗特·雷纳	1994	德国	上海资师培训中心	教师
村上三岛	1994	日本	日本艺术院	会员

（续表）

姓 名	获奖年份	国家(地区)	工 作 单 位	职 务
村 藤	1995	日本	大阪府友协	理事长
斋藤光雄	1995	日本	上海夏普电器有限公司	总经理
明斯特	1995	德国	上海大众汽车公司二期工程	总指挥
朱正中	1995	美国	申美饮料食品浓缩部	总指挥
黎辉煌	1995	新加坡	上海民乐啤酒饮料有限公司	总经理
陈农园	1995	中国香港	德加拉电器有限公司	总经理
东辉夫	1995	日本	上海丝金针织有限公司	总经理
春日井雍一郎	1995	日本	上海封浜服装有限公司	总经理
中屋重隆	1995	日本	浦东高分子有限公司	总经理
帕特里西娅·伯奇	1995	加拿大	上海师范大学	教师
克劳斯·柯斯特坎普	1995	德国	上海外国语大学	教师
托马斯·齐默尔	1995	德国	同济大学	教师
薄美玲	1995	美国	上海市第三女子中学	教师
秦范雄	1995	日本	上海神明电机有限公司	总经理
海尔茨特·库比亚	1995	德国	上海职工技术教育研究所	专家
彼特·洛伦茨	1995	德国	上海职工技术教育研究所	专家
法尼·贝恩特	1995	德国	上海大众汽车股份有限公司	技术执行经理
彼得·吕弗	1995	德国	上海大众汽车股份有限公司	副总经理
维尔纳·诺尔	1995	德国	德汉森合作交流处	主任
小野真幸	1995	日本	上海日立电器有限公司	副总经理
汉斯·其·费劳斯	1995	美国	上海医科大学	客座教授
纪汉诗	1995	德国	上海巴斯夫分散体有限公司	总经理
藤井明	1995	日本	日本新晃空调有限公司	经理
伊赖斯·汉纳	1995	美国	上海第二医科大学	顾问教授
陈逢坤	1996	新加坡	上海太阳岛国际俱乐部	总经理
金一奉	1996	韩国	上海第二医科大学	客座教授
浦野正敏	1996	日本	兴亚电子元件公司	总经理
徐钲鑑	1996	中国台湾	奂鑫电子有限公司	总经理
粟屋章二	1996	日本	宝冶设备工程技术公司	专家
鲍比·豪维斯	1996	美国	宝钢国际经贸总公司	专家
久野正树	1996	日本	浦东高分子公司	总经理
艾一帆	1996	英国	百家公司中国区	总经理

(续表)

姓　　名	获奖年份	国家(地区)	工 作 单 位	职　务
威廉·凯乐	1996	瑞士	罗氏(中国)公司	总经理
谷口泰史	1996	日本	双鹿中野冷机公司	总经理
卢赫曼	1996	荷兰	上海罗斯蒙特公司	生产总监
兹皮格涅夫·柯瓦尔契	1996	波兰	中波轮船股份公司	总经理
常川公男	1996	日本	上海香花桥服装有限公司	董事长
内野信行	1996	日本	上海内野毛巾有限公司	董事长
卢毅强	1996	美国	上海耐莱斯阀门有限公司	副总经理
松田博文	1996	日本	上海大平洋蓝登株式会社	社长
科红云	1996	美国	莱士血制品有限公司	顾问
癞之间功	1996	日本	日本横滨市议会	议员
西十丰	1996	日本	日本八尾市政府	市长
山肋悦司	1996	日本	日本八尾市政府	前市长
山畑雅裕	1996	日本	日本八尾市日中友好协会	会长
松工理一郎	1996	日本	横滨上海友好委员会	会长
山中林之助	1996	日本	大阪府日中友好协会	副会长
细井馨	1996	日本	大阪府日中友好协会	副会长
高仓曼莎	1996	日本	大阪府日中友好协会	顾问
生岛政男	1996	日本	大阪府日中友好协会	常务理事
西川忠博	1996	日本	大阪府寝川市政府	前市长
郑炳文	1996	韩国	天光化工厂	技术专家
角田和宏	1996	日本	横滨市议会	议员
久保精助	1996	日本	四国日中和平友好会	会长
高　佳	1996	格鲁吉亚	申花足球俱乐部	球员
西浦良和	1996	日本	良辛服装有限公司	董事长
都钟伊	1996	韩国	韩国釜山市议会	议长
福本昭山	1997	日本	大阪府八尾市日中友好协会	顾问
杜盖特	1997	加拿大	上海外国语大学	文教专家
石井英次	1997	日本	横滨市上海友好协会	理事
福井文二郎	1997	日本	横滨市上海友好协会	理事
李斯特	1997	美国	上海南贝尔有限公司	总经理
关义和	1997	日本	横滨上海友好委员会	理事
西村英彦	1997	日本	横滨上海友好委员会	理事

（续表）

姓　　名	获奖年份	国家(地区)	工　作　单　位	职　务
范戴克	1997	比利时	上海贝尔有限公司	前董事长
门修司	1997	日本	横滨上海友好委员会	委员
高桥勉	1997	日本	横滨上海友好委员会	委员
马赛拉	1997	美国	上海航空工业公司	专家
西　格	1997	美国	上海梅山集团公司	项目经理
谢东尼	1997	新加坡	上海新康电子有限公司	总经理
施恭旗	1997	菲律宾	上海晨光有限公司	总经理
弗朗茨・吉格尔	1997	德国	上海电子工业学校	文教专家
藤田茂男	1997	日本	上海香可食品有限公司	副总经理
洼田英幸	1997	日本	宝钢热轧三菱重工现场	总代表
亚乃西	1997	日本	宝钢调试部	负责人
和气完治	1997	日本	宝钢宝菱冶金设备公司	总工
克劳斯・莱霍特	1997	德国	上海大众汽车有限公司	财务部经理
高地高司	1997	日本	上海天安轴承有限公司	技术指导
三上辰喜	1997	日本	上海天安轴承有限公司	顾问
饭尾耕一	1997	日本	宝钢热电工程现场	专家
国光宝彦	1997	日本	宝钢热轧设计	总代表
仲田光雄	1997	日本	上海旭电子玻璃有限公司	总经理
彼得・柯尼希	1997	德国	大众汽车有限公司质保部	经理
肖　特	1997	德国	上海西门子通讯电源公司	总经理
寺天和雄	1997	日本	普陀区环卫局	技术专家
沃尔夫岗・郭杜拉	1997	德国	大众汽车有限公司	技术执行经理
塞缪尔・魏科斯曼	1997	美国	上海第二医科大学	名誉教授
乔治・普雷多	1997	美国	上海航空工业公司	专家
里亚申科	1997	乌克兰	上海外国语大学	文教专家
范埃斯	1997	荷兰	上海房地局	技术专家
罗师狄克	1997	荷兰	上海房地局	技术专家
秋山守	1998	日本	宝钢国贸公司	友好人士
曼　凌	1998	美国	英特尔科技中国有限公司	总经理
张亚平	1998	美国	飞利浦光电子(上海)有限公司	总经理
秦本槛	1998	英国	上海交通大学	友好人士
戴维・迈克尔・戴	1998	美国	上海航空工业公司	专家

(续表)

姓　　名	获奖年份	国家(地区)	工　作　单　位	职　务
阿兰·厄得瓦兹	1998	英国	世界银行上海环保项目	项目经理
迪特尔·哈肯伯格	1998	德国	上海大众质保部	科长
本乡正行	1998	日本	上海 JVC 电器有限公司	总经理
石田泰俊	1998	日本	上海市总工会职工交流中心	常务理事
拉　德	1998	尼泊尔	上海潜星纺织艺术品有限公司	总经理
李晓东	1998	中国香港	上海新锦发房地产有限公司	总经理
雷伟泰	1998	美国	上海龙马神汽车座椅有限公司	总经理
三木隆三郎	1998	日本	东棉(上海)有限公司	总经理
陈永明	1998	新加坡	上海丽佳分色制版有限公司	总经理
森昌夫	1998	日本	上海医科大学	客座教授
大桥民博	1998	日本	上海金昌工程塑料有限公司	技术指导
芮大卫	1998	美国	上海阿姆仕壮建筑制品有限公司	总经理
涩谷文雄	1998	日本	上海泰晔汽车座椅有限公司	顾问
高浦靖也	1998	日本	上海索广电子有限公司	董事长
杨瑞金	1998	美国	上海金菲石化有限公司	副总经理
王文荣	1998	中国香港	上海德胜联兴印铁容器有限公司	董事长
德特雷夫·伯勒	1998	德国	上海大众产品工程部	经理
克劳斯·布希霍夫	1998	德国	上海市房地局	专家
耶日·柯莱茨基	1998	波兰	中波轮船公司	总经理
蔡燕萍	1998	中国台湾	上海自然美化妆品有限公司	董事长
杜志游	1998	美国	上海宝钢普莱克斯实用气体有限公司	总经理
米歇尔·翱拓	1998	德国	德国翱拓集团	董事会主席
孙忠利	1998	中国	—	旅日华侨
弗利茨·维恩曼	1998	荷兰	浦东现代农业开发有限公司	专家
黄建华	1998	中国香港	上海侨益房地产有限公司	总经理
山本玉岭	1998	日本	—	友好人士
东乡久野	1998	日本	—	友好人士
新崛丰彦	1998	日本	横滨日中友好协会	会长
戴念祖	1999	美国	上海通用汽车有限公司	制造部经理
罗文斯	1999	美国	上海通用汽车有限公司动力总成厂	厂长
瓦格纳	1999	德国	上海大众汽车有限公司	规划部经理
北野一三	1999	日本	日本输出缝纫制品工业协同组合联合会	专务理事

（续表）

姓　　名	获奖年份	国家(地区)	工　作　单　位	职　务
巴思格	1999	美国	上海福电汽车电子有限公司	总经理
沟口胜由	1999	日本	上海小糸车灯有限公司	副总经理
沃尔夫加藤	1999	德国	上海双立人亨克斯有限公司	总经理
范克高夫	1999	比利时	法国阿尔斯通公司中国华东地区	总经理
星屋秀行	1999	日本	三井物产(上海)贸易有限公司	总经理
托马斯·杰森	1999	瑞典	瑞典 ABB 公司	计算机专家
安基尔	1999	加拿大	瑞典 ABB 公司	电气专家
奥特夫富特·格勒	1999	德国	德国林德公司	高级项目经理
欧文·杰克伯	1999	美国	上海博露草坪有限公司	专家
梅迪乐	1999	德国	拜耳农用化学有限公司	总经理
王义雄	1999	日本	上海金山石化有限公司	经理
大多一雄	1999	日本	大阪市日中恳话会	副会长
金炯玗	1999	韩国	韩国国会	议员
刘汉民	1999	美国	美中教育交流中心	主任
姚德智	1999	英国	中英海底系统有限公司	总经理
史隆夫	1999	加拿大	上海西门子开关有限公司	总经理
胡楚南	1999	中国香港	香港胡良利万益珠宝行	董事长
王佰生	1999	中国香港	—	退休
罗志明	1999	中国香港	扬子江大酒店	行政经理
陈进贤	1999	新加坡	上海东方鳄鱼服饰有限公司	董事长
冈田荣一	1999	日本	日本长崎县大村市日中交流研究会	会长
福和利	1999	法国	上海埃尔夫阿托化学高远化学有限公司	总经理
章民强	1999	中国台湾	上海太平洋百货有限公司	副董事长
左藤·泰雄	1999	日本	富士通将军(上海)有限公司	董事长
威廉·瓦尔康尼	1999	美国	上海李尔汽车内饰件有限公司	总经理
夏威理	1999	法国	上海法语培训中心	教务主任
本仲一则	1999	日本	上海三谷眼镜有限公司	总经理
小川智士	1999	日本	上海盈中莱蒙服装有限公司	董事长
李茂盛	1999	多米尼加	上海翔茂有限公司	董事长
刘莉莉	1999	美国	上海卫康光学有限公司	董事长
宋　德	1999	德国	德国康斯坦茨大学	前校长
科凡斯	1999	美国	美国纽约雪城大学管理学院	副院长

(续表)

姓　　名	获奖年份	国家(地区)	工　作　单　位	职　务
根舍·查德	1999	德国	世界海事大学	副校长
康晓城	1999	韩国	上海外国语大学韩语系	专家
潘正锦	1999	新加坡	英特尔营养乳品有限公司	董事经理
前山义人	1999	日本	小松(上海)有限公司	总经理
苑广宁	1999	美国	汉纳威尔逊聚合体(上海)有限公司	董事长
廉相吉	1999	韩国	上海和仁纺织有限公司	总经理
费希尔	1999	美国	中欧国际工商学院	执行院长
彼德·蒙克维奇	1999	澳大利亚	上海师范大学外国语学院	专家
费迈克	1999	英国	上海诺华动物保健有限公司	总经理
仓知三夫	1999	日本	上海宝钢钢研所	高级顾问
吴灿坤	1999	中国台湾	上海灿坤实业有限公司	董事长
小林博治	1999	日本	上海美蓓亚精密机电有限公司	总经理
张淑国	1999	美国	德尔福上海汽车转向底盘系统有限公司	总经理
罗致道	1999	美国	上海瑞侃电缆附件有限公司	总经理
郑铭心	1999	葡萄牙	可口可乐中国饮料有限公司	总经理
庄崇武	2000	马来西亚	上海金菲石油化工有限公司	副总经理、财务经理
范·德·布拉克	2000	荷兰	荷兰鹿特丹外事局	局长
雷　休	2000	美国	上海通用汽车有限公司制造部	车身车间主任
曾远清	2000	中国台湾	飞利浦电子元件(上海)有限公司	总经理
谢培德	2000	美国	美国大通银行上海分行	行长
白莎库	2000	西班牙	上海轮胎橡胶公司	总工程师
史蒂文·吉布斯	2000	美国	上海德尔福国际蓄电池有限公司	总经理
鲁　超	2000	美国	上海医科大学	客座教授
卡尔·努斯穆勒	2000	奥地利	宝钢集团宝钢三期工程	外方现场总代理
谢亚德	2000	法国	上海贝尔阿尔卡特业务通信系统有限公司	总经理
爱尔兰	2000	澳大利亚	上海市建委科技委、中澳合作—国际建设与管理培训中心	理事兼副校长
李相来	2000	韩国	上海泛亚潜力纸业公司	总经理
林桂轩	2000	印尼	上海高桥巴斯夫分散体有限公司	总经理
铃木贤	2000	日本	上海索广电子有限公司	总经理
彼得·博格	2000	德国	上海西门子移动通信有限公司	执行总裁
韩瑞森	2000	丹麦	嘉酿(上海)啤酒有限公司	总经理

（续表）

姓　　名	获奖年份	国家(地区)	工　作　单　位	职　务
古乃希	2000	美国	上海德尔福派克电气有限公司	总经理
戴伯松	2000	法国	阿尔卡特中国有限公司上海代表处	首席代表
松仓义二	2000	日本	日本书法协会	篆刻家
安江惠	2000	日本	上海同丰毛纺织时装有限公司	董事长
陆以义	2000	美国	上海华腾软件系统有限公司	总裁
陈德熏	2001	新加坡	上海胜柏包装工业有限公司	董事长
李敏达	2001	美国	英特尔科技(中国)有限公司	总经理
乔治·罗素	2001	美国	上海西恩蓄电池有限公司	总经理
怡田干雄	2001	日本	上海先锋电声器材有限公司	总经理
冯伟立	2001	美国	上海永裕医药咨询有限公司	总经理
赖因哈德·弗勒	2001	德国	上海一汉堡国际工程技术学院	副院长
文森特·埃斯林	2001	加拿大	上海绿化管理局	规划师
陆　诚	2001	德国	上海西门子移动通信有限公司	执行副总裁
齐　文	2001	加拿大	加拿大蒙特利尔市	特别顾问
葛路德	2001	英国	上海市社会福利中心	顾问
萩尾千地	2001	日本	—	友好人士
伊达孝	2001	日本	上海日立电线	总经理
张　昆	2001	美国	上海施乐复印机有限公司	总经理
俞道义	2001	澳大利亚	上海耳鼻喉科医院	客座教授
帅鸿元	2001	瑞典	上海瑞华电器有限公司	总经理
狄盖特	2001	荷兰	上海第二医科大学	名誉教授
北村辰雄	2001	日本	上海草津电机有限公司	董事长
托马斯	2001	加拿大	上海通用汽车有限公司	专家
恩厄·斯泰特	2001	德国	上海大众汽车有限公司	技术执行经理
今井绢子	2001	日本	上海市第一人民医院	顾问
大狱隆司	2001	日本	上海小糸车灯有限公司	副董事长
过翔明	2001	加拿大	康柏电脑香港有限公司上海代表处	首席代表
狄高志	2001	美国	上海波特曼丽嘉酒店	总经理
江世乾	2001	美国	—	友好人士
田野井一雄	2001	日本	日本横滨市议会	议长
谢贝尔	2001	德国	上海贝尔有限公司	总经理
胡若谦	2001	美国	上海通用轴承有限公司	副总经理

(续表)

姓　　名	获奖年份	国家(地区)	工 作 单 位	职　务
威姆·维登博格	2002	荷兰	中荷农业部上海园艺示范中心	副主任
詹村雄	2002	澳大利亚	上海福祥陶瓷有限公司	董事长
小笠克忠	2002	日本	上海山武金山控制仪表有限公司	总经理
柴谷光谨	2002	日本	日本八尾市政府	市长
田　浩	2002	加拿大	上海百安居装饰建材有限公司	总裁
真木胜文	2002	日本	上海甘泉中学	文教专家
唐　骏	2002	美国	微软(中国)有限公司上海分公司	总经理
欧贝林	2002	比利时	上海贝岭股份有限公司	副总经理
末光淳一	2002	日本	上海宇虹电子工业有限公司	总经理
洪文展	2002	马来西亚	上海东方鳄鱼服饰有限公司	总经理
葛诺仁	2002	美国	嘉吉投资(中国)有限公司	总经理
山中胜次	2002	日本	日本 HOKUDO 产业株式会社食用菌研究所	所长
简光崇	2002	美国	苏州河环境综合整治项目	经理
何凯迪	2002	德国	德国工商总会上海代表处	代表
韦力杰	2002	美国	伊士曼柯达公司中华区	副总裁
张汝京	2002	美国	中芯国际集成电路制造(上海)有限公司	总裁
徐峻吉	2002	美国	上海泛亚潜力纸业有限公司	总经理
古川隆之	2002	日本	—	友好人士
盖拉德·斯瓦茨	2002	德国	德国大众集团亚太部	中国项目总协调
藤田长一	2002	日本	上海索广映像有限公司	总经理
王明伟	2002	美国	上海东浩医药生物企业有限公司	总经理
吴人伟	2002	美国	强生(中国)有限公司	总经理
克里斯蒂安·布鲁茨	2002	德国	贺利氏古莎齿科有限公司	总经理
威廉·强生	2002	美国	上海交通大学	客座教授
罗　德	2002	德国	巴斯夫染料化工有限公司	总经理
钟雅麟	2003	英国	联合开利(上海)空调有限公司	行政总裁
赵　箭	2003	加拿大	上海大道计算机技术有限公司	总经理
约翰·摩根	2003	英国	英国 BP 东南亚有限公司上海代表处	首席代表
赛如阳	2003	丹麦	上海国际油漆有限公司	总经理
朴大锡	2003	韩国	韩国釜山广域市影岛区政府	区厅长
孙礼达	2003	美国	通用电气(中国)有限公司	董事长兼首席执行官
沈本汉	2003	美国	美国宾夕法尼亚大学沃顿商学院	副院长

（续表）

姓　　名	获奖年份	国家(地区)	工 作 单 位	职 务
戴　麟	2003	比利时	耐克森集团中国区域	总裁
古林恒雄	2003	日本	上海华钟咨询服务有限公司	副董事长、总经理
岛仓启一	2003	日本	上海华虹 NEC 电子有限公司	副董事长兼总经理
田岛茂	2003	日本	—	友好人士
广重一信	2003	日本	—	友好人士
范维力	2003	美国	德尔福(上海)动力推进系统有限公司	总经理
简・波尔福	2003	法国	宝钢集团	项目经理
王　鼎	2003	美国	上海宏力半导体制造有限公司	执行副总经理
艾　伦	2003	美国	康宁上海有限公司	总经理
郭安明	2003	德国	拜耳(中国)有限公司	副总经理
卡尔・罗伯斯坦	2003	加拿大	世界海事大学	校长
基・凡桑同	2003	法国	上海第二医科大学	名誉教授
长谷部健二	2003	日本	上海索广电子有限公司	总经理
藤泽进	2003	日本	上海美蓓亚精密机电有限公司	总经理
丹尼・考克斯	2003	比利时	上海石化国际部	专家
潘慈平	2003	马来西亚	安靠封装测试(上海)有限公司	总经理
魏俊仁	2003	新加坡	上海三印时报印刷有限公司	总经理
北出俊一	2003	日本	普陀区中心医院	名誉顾问
杰伟・斯汀伯	2003	比利时	上海贝尔阿尔卡特有限公司	专家
马盛隆	2003	加拿大	延锋伟世通汽车饰件有限公司	总经理
巴　图	2003	法国	上海欧尚超市有限公司	总经理
顾德安	2003	法国	赛博集团大中国区	执行总裁
卢伯卿	2003	美国	德勤华永会计师事务所	总经理
倪　军	2003	美国	上海交通大学	顾问教授
斯科特	2003	美国	上海应用技术学院	文教专家
林明彦	2003	新加坡	凯德置地中国控股集团	首席执行官
郝丕德	2003	英国	中英海底系统有限公司	总经理
刘幼海	2003	美国	上海先进半导体有限公司	总裁
爱罗・菲力浦斯	2003	美国	上海菲力浦斯建筑设备有限公司	总经理
叶普申	2003	丹麦	丹拂斯(上海)自动控制有限公司	总经理
包博杰	2003	德国	亨斯迈(亚太地区)有限公司上海代表处	项目总裁
海尔韦格	2003	奥地利	上海科尔本施密特活塞有限公司	副总经理

(续表)

姓　　名	获奖年份	国家(地区)	工　作　单　位	职　务
杨崇和	2003	美国	艾迪悌新涛科技(上海)有限公司	总经理
布曼斯	2004	荷兰	中荷农业部上海园艺培训示范中心	专家
扬努什・扬尼舍夫斯基	2004	波兰	中波轮船股份公司	总经理
艾博彬	2004	美国	德尔福派克电气系统有限公司	董事长
五十岚淳	2004	日本	上海恩梯梯通信工程有限公司	总经理
都　琳	2004	法国	上海法语培训中心	主任
李敏慧	2004	新加坡	上海新浩中房地产开发有限公司	总经理
黄柏年	2004	印尼	上海金光外滩置地有限公司	董事长兼总裁
司徒亦安	2004	英国	百安居上海管理系统有限公司	总经理
克劳斯	2004	德国	上钢一厂不锈钢项目	现场安装调试总代表
贺铭翔	2004	德国	上海诺华动物保健有限公司	总经理
杨咏秸	2004	法国	法国欧洲时报社	社长
方　朋	2004	美国	上海华虹 NEC 电子有限公司	执行总裁
小国宏	2004	日本	日本香川县多度津町政府	町长
范思吕斯	2004	荷兰	鹿特丹市社会事务和就业局	高级政策顾问
林康一	2004	日本	川琦汽船(中国)有限公司	总经理
三谷宜乡	2004	日本	麒麟鲲鹏(中国)生物药业有限公司	总经理
陈锦亚	2004	美国	德尔福(中国)投资有限公司	总裁
卢光锡	2004	韩国	上海乐金广电电子有限公司	总经理
吕伯肯	2004	德国	莱茵技术(上海)有限公司	董事
爱德蒙・李勒	2004	法国	同济大学	名誉教授
博满德	2004	英国	巴斯夫化工有限公司	总经理
白立杰	2004	美国	上海赛科石油化工有限责任公司	项目副总监
大卫・查普曼	2004	美国	上海美标陶瓷有限公司	总裁
叶康文	2004	马来西亚	雅诗阁集团	上海区域总经理
佩德罗・雷诺	2004	西班牙	中欧国际工商学院	学术委员会主席
摩菲德・艾罗希	2004	美国	巴特勒(上海)有限公司	总裁
陆佩中	2004	美国	美国康州哈特福医院胸心外科	主任
鲍世桢	2004	美国	上海杜邦农化有限公司	总经理
播磨靖夫	2004	日本	日本财团法人“蒲公英之家”	会长
肯尼斯・尤金・贝林	2004	美国	世界轮椅基金会	主席
森下猛	2004	日本	上海松下微波炉有限公司	总经理

（续表）

姓　名	获奖年份	国家（地区）	工　作　单　位	职　务
李炳容	2004	英国	美国强生公司医疗器械集团北亚地区	国际副总裁
张树庭	2004	澳大利亚	上海市农科院食用菌研究所	教授
盖保罗	2004	意大利	欧莱雅（中国）有限公司	总经理
蒋家琪	2004	美国	美国威斯康星大学耳鼻喉科生理研究室	主任
森泰造	2004	日本	富士胶片（中国）投资有限公司	总经理
白浩德	2004	澳大利亚	上海通用汽车有限公司	副总经理兼财务总监
白耀伟	2004	德国	上海大众汽车有限公司	副总经理兼商务执行经理
查布朗	2004	美国	杜邦中国集团有限公司	总裁
冈田芳和	2004	日本	三得利（中国）投资有限公司	总经理
侯士博	2004	英国	爱立信通讯软件研究开发（上海）有限公司	总裁
陈亦尧	2004	美国	上海市市长国际企业家咨询会议	副秘书长
威廉·尼史密斯	2004	美国	美国俄勒冈州能源厅	副厅长
唐锐涛	2004	美国	智威汤逊·中乔广告有限公司	中国区首席执行官
乔　治	2004	英国	上海钠铁福传动轴有限公司	执行副总经理
施学理	2004	菲律宾	上好佳（中国）有限公司	总裁
叶　莺	2004	美国	伊士曼柯达公司	全球副总裁
谢超胜	2005	新加坡	惠普科技（上海）有限公司	董事长
陈方安	2005	美国	第九人民医院	客座教授
陈荣玲	2005	美国	应用材料中国有限公司	董事长
陈　宜	2005	美国	国信郎讯科技网络技术有限公司	总经理
郑明明	2005	英国	上海郑明明化妆品有限公司	董事长
海老根正纯	2005	日本	宝钢集团	专家
爱　华	2005	德国	上海汽轮发电机有限公司	副总裁
范志坚	2005	德国	上海西门子移动通讯有限公司	总裁兼首席执行官
葛　安	2005	奥地利	上海西门子高压开关有限公司	总经理
伯克哈德·戈德霍夫	2005	德国	上海音乐学院	教授
曼弗雷德·海因里希	2005	德国	上海师资培训中心	专家
卓建纪	2005	美国	安靠封装（上海）有限公司	总裁
金克文	2005	美国	白鹭医药技术（上海）有限公司	首席执行官
加加美孝成	2005	日本	东芝电梯（上海）有限公司	总经理
路义普	2005	瑞士	ABB（中国）有限公司	董事长兼总经理

(续表)

姓　　名	获奖年份	国家(地区)	工　作　单　位	职　务
饭高敏弘	2005	日本	富士通(中国)信息系统有限公司	董事长兼总经理
刘文韬	2005	美国	上海华虹 NEC 电子有限公司	总经理
刘允才	2005	新加坡	上海交通大学	特聘教授
峯田裕之	2005	日本	先锋高科技(上海)有限	董事长兼、总经理
吕华勇	2005	美国	新新体育文化有限公司	副总经理
宫泽建治	2005	日本	上海小糸车灯有限公司	副总经理
村尾龙雄	2005	日本	日本加施德律师事务所	律师
林美金	2005	印尼	上海佳通四合苑饮食文化有限公司	董事会主席
太田透嗣夫	2005	日本	上海广电 NEC 液晶显示器有限公司	总经理
雷诺达	2005	法国	阿尔卡特亚太区总部	总裁
坂本昌士	2005	日本	上海市第五人民医院	名誉院长
史蒂芬・史迪	2005	德国	瑞克麦斯轮船公司	首席代表
濑户山贵则	2005	日本	三井物产(上海)贸易有限公司	总经理
孙宗明	2005	马来西亚	英特尔上海有限公司	总经理
范斯庭	2005	德国	上海巴斯夫聚氨酯有限公司	总经理
长迫令尔	2005	日本	阿尔卑斯物流(上海)有限公司	高级顾问
陈国华	2005	新加坡	新加坡星展银行有限公司上海分行	行长、高级副总裁
谷口一成	2005	日本	上海花园饭店	总经理
友永道宏	2005	日本	上海山武控制仪表有限公司	总经理
韦德荣	2005	美国	上海汉高日用消费品服务有限公司	中国区首席执行总裁
臧敬五	2005	比利时	上海生命科学研究院	首席科学家
张心胜	2005	加拿大	卡博特(中国)投资有限公司	总裁
钟声坚	2005	新加坡	上海仁恒房地产有限公司	董事长
欧　阳	2006	德国	西门子国际贸易(上海)有限公司	总经理
贝纳伯	2006	法国	上海阿海珐变压器	总经理
白雷蒙	2006	美国	泛亚汽车技术中心有限公司	总经理
谢吉人	2006	泰国	正大企业国际有限公司	董事长
程美玮	2006	美国	福特汽车(中国)有限公司	董事长兼首席执行官
戴　慕	2006	德国	拜耳(中国)有限公司	董事长
卡尔・戴维斯	2006	英国	天合汽车零部件(上海)有限公司	总经理
原和幸	2006	日本	上海理光传真机有限公司	董事长
韩若鹏	2006	瑞士	上海汽巴高桥化学有限公司	总经理

（续表）

姓 名	获奖年份	国家(地区)	工 作 单 位	职 务
金定义	2006	美国	飞利浦(中国)投资有限公司	大中华区首席执行官
安德烈亚斯·约瑟克	2006	德国	上海大众汽车有限公司	规划经理
金昶宇	2006	韩国	现代商船(中国)有限公司	董事长
金锺填	2006	韩国	上海进道集装箱有限公司	总经理
柯 龙	2006	瑞士	汽巴精化(中国)有限公司	北亚区总裁
河本祯三	2006	日本	上海日立家用电器有限公司	总经理
关志华	2006	英国	巴斯夫(中国)有限公司	大中华区董事长
李瑞基	2006	马来西亚	艾默生过程控制有限公司	总经理
李曦萌	2006	丹麦	上海特雷通家具有限公司	总裁
刘建影	2006	瑞典	上海大学	教授
沃尔夫岗·马斯贝克	2006	德国	同济大学	专家
俣野隆	2006	日本	威可楷(中国)投资有限公司	总经理
尤根·马铁克	2006	德国	宝钢股份公司	专家
毛经翔	2006	新加坡	上海石化联碳合成胶乳有限公司	总经理
卢保克	2006	美国	迅达(中国)电梯有限公司	总裁
王子杰	2006	日本	上海润星网络科技有限公司	总裁
冈本昭好	2006	日本	上海京瓷电子有限公司	总经理
坂井毅	2006	日本	宝钢股份公司	专家
新谷辉男	2006	日本	上海五轮锁业有限公司	总经理
萧慕廉	2006	加拿大	英特尔全球亚太研发有限公司	总经理
施成伟	2006	美国	上海新新体育文化有限公司	赛事总监
苏高桐	2006	英国	上海赛科石油化工有限责任公司	总经理
铃木诚二郎	2006	日本	东芝电子管理(中国)有限公司	董事长
史杰夫	2006	美国	上海阿姆斯壮建筑制品有限公司	董事长
高仓公朋	2006	日本	东京女子医科大学	校长
陈汉民	2006	马来西亚	中国百盛集团	南区首席运营官
田中英规	2006	日本	丰田通商(上海)有限公司	总经理
马里奥·张	2006	意大利	中国意大利协会	主席
赫曼·范达乐	2006	比利时	贝卡尔特管理(上海)有限公司	总裁
戴维·威利特	2006	美国	安捷论科技(上海)有限公司	总经理
叶仲午	2006	英国	上海环中商厦有限公司	董事长
周小平	2006	美国	实力动力集团中国大区	总裁

(续表)

姓　　名	获奖年份	国家(地区)	工　作　单　位	职　务
高桥裕治	2006	日本	丸红中国有限公司	副总代表
安道成	2007	澳大利亚	上海耐克森康华电缆有限公司	董事长
彭士杰	2007	美国	美星仓储物流(上海)有限公司	总经理
博　宁	2007	德国	巴斯夫应用化工有限公司	总经理
博亨举	2007	瑞典	阿克苏诺贝尔管理(上海)有限公司	总裁
巴士威	2007	英国	上海市农业科学院	研究员
曾赛龙	2007	新加坡	裕廊腾飞置业(上海)有限公司	总经理
庄民亮	2007	美国	阿姆斯壮世界工业(中国)有限公司	董事长
蔡仁虎	2007	马来西亚	上海苏尔寿工程机械制造有限公司	总经理
科拉多・克利尼	2007	意大利	意大利环境部	司长
龚　巍	2007	英国	紫苑印刷颜料(中国)有限公司	总经理
贝尔纳・德勃雷	2007	法国	上海东方医院泌尿外科	名誉主任
奕　乐	2007	瑞士	瑞表国际贸易(上海)有限公司	首席财务长
范大伟	2007	瑞士	徕卡显微系统(上海)有限公司	总经理
葛仁杰	2007	美国	全球国际货运代理(中国)有限公司	总经理
高德辉	2007	法国	上海化学工业区中法水务发展有限公司	总经理
何达纳	2007	荷兰	飞利浦东亚研究实验室	执行总裁
服部浩	2007	日本	日本邮船(中国)有限公司	董事长
安婕・哈格	2007	德国	上海市精神卫生中心	教授
洪大德	2007	美国	埃森哲中国公司	副总裁
许世坛	2007	澳大利亚	上海世茂建设有限公司	董事长
黄健铭	2007	美国	汉略(上海)信息技术有限公司	执行董事
黄晓光	2007	新加坡	花旗银行(中国)有限公司	行长
易卜拉柯维契	2007	波黑	宝钢集团	现场总代表
薄　格	2007	南非	飞利浦亚明照明有限公司	总经理
叶思豪	2007	德国	上海延峰江森座椅有限公司	总经理
卡　博	2007	德国	上海汽轮机有限公司	副董事长
小林雪生	2007	日本	欧姆龙(上海)有限公司	董事长
顾力行	2007	美国	上海外国语大学	教授
卢国富	2007	美国	新利集团有限公司	董事长
罗　楹	2007	美国	上海睿星基因技术有限公司	总经理
麦世凡	2007	德国	上海西门子开关有限公司	总经理

（续表）

姓　　名	获奖年份	国家(地区)	工　作　单　位	职　务
麦健铭	2007	英国	陶氏化学公司亚太区	总裁
孟凡辰	2007	德国	西门子(中国)有限公司上海分公司	总经理
萁田好文	2007	日本	富士通(中国)信息有限公司	总经理
中岛进	2007	日本	松下电机(中国)有限公司	总经理
蔡大伟	2007	美国	上海泰尔弗国际商务培训中心	教务长
落合歧良	2007	日本	上海远洲物流有限公司	总经理
大月秀夫	2007	日本	伊藤忠纤维贸易(中国)有限公司	董事长
罗睿哲	2007	法国	阿尔卡特朗讯	亚太区总裁
清水健	2007	日本	第一中央汽船株式会社上海代表处	总代表
铃木秀幸	2007	日本	上海索广电子有限公司	总经理
铃木茂树	2007	日本	柯尼卡美能达(中国)投资有限公司	总经理
安德利	2007	瑞士	罗氏研发(中国)有限公司	总经理
杜哲思	2007	法国	锦江现购自运有限公司	总裁
林霆峰	2007	柬埔寨	神州石油有限公司上海办事处	首席代表
顾思明	2007	法国	上海工程技术大学中法埃菲时装设计师学院	理事长
黄汉民	2007	加拿大	上海高桥加德士润滑油有限公司	总经理
郑加镇	2007	新加坡	上海华虹 NEC 电子有限公司	营运副总裁
板野美佐子	2007	日本	日本社会福利法人旭川庄	常务理事
鲍达民	2008	加拿大	麦肯锡(上海)咨询有限公司	亚洲区董事长
亚伯拉罕·布鲁姆	2008	以色列	上海市农业生物基因中心	咨询专家
蔡高贤	2008	马来西亚	上海 ABB 电机有限公司	总经理
全春泽	2008	美国	德尔福公司	亚太区总裁
柯华德·皮埃尔	2008	法国	美国固特异轮胎橡胶公司	亚太区总裁
劳伦佐·考恩	2008	美国	复旦大学	教授
德乐思	2008	德国	中科院上海生科院计算生物学所	执行所长
乔治·弗格森	2008	英国	上海长江隧桥建设发展有限公司	工程顾问
安高博	2008	美国	辉瑞投资有限公司	副总裁
葛　陆	2008	法国	瓦克化学投资(中国)有限公司	董事长
顾　宜	2008	美国	普华永道中天会计师事务所有限公司	主管
阿兰·何雄	2008	法国	上海长江隧桥建设发展有限公司	项目经理
何俭刚	2008	新加坡	飞利浦(中国)投资有限公司	大中华区首席财务
本多正宪	2008	日本	上海吉田拉链有限公司	总经理

(续表)

姓　　名	获奖年份	国家(地区)	工　作　单　位	职　务
罗　杰	2008	英国	复旦大学	教授
查尔斯·罗伯特·艾瑞玺	2008	美国	华东政法学院	教授
叶赫思	2008	德国	拜尔(上海)聚氨酯有限公司	总经理
高慕龙	2008	德国	上海对外科学技术交流中心	高级顾问
连世康	2008	美国	李斯特测试设备(上海)有限公司	总裁
李　革	2008	美国	上海药明康德新药开发有限公司	董事长
林德茂	2008	美国	印孚瑟斯技术(中国)有限公司	首席执行官
班尼同	2008	委内瑞拉	上海通用汽车有限公司整车部	执行副总监
乌尔里希·马丁	2008	德国	上海磁悬浮交通发展有限公司	顾问
马　德	2008	德国	西门子(中国)有限公司	副总裁
查尔斯·麦克艾尔文	2008	美国	上海交通大学	教授
安德鲁·麦格雷	2008	澳大利亚	澳大利亚和新西兰银行集团有限公司上海分行	中国区总裁
梅思勰	2008	法国	欧尚(中国)投资有限公司	董事长
俞　越	2008	比利时	上海鲜花港德鲁仕植物有限公司	总经理
万浩成	2008	智利	南美轮船(中国)船务有限公司	总经理
森田嘉一	2008	日本	上海教育国际交流协会	海外理事
滕祖龙	2008	美国	上海外国语大学	客座教授
欧文思	2008	美国	上海汽巴高桥化学有限公司	总经理
贝如斯	2008	加拿大	上海工程技术大学	教授
潘正锵	2008	新加坡	奥特斯(中国)有限公司	总经理
鲁培尔	2008	德国	静安希尔顿饭店	总经理
佐佐木淳一	2008	日本	上海伊藤忠商事有限公司	总经理
佐佐木新一	2008	日本	上海住友商事有限公司	董事长
迪特·赛曼	2008	德国	上海大众汽车有限公司	副总经理
沈小平	2008	美国	上海思博职业技术学院卫生技术与护理学院	院长
师村三四	2008	日本	上海吴昌硕纪念馆	顾问
罗文德	2008	印度	萨蒂扬软件技术(上海)有限公司	大中华区总经理
博格旦·福来提克	2008	奥地利	上海浦东钢铁有限公司	开炉经理
许　田	2008	美国	复旦大学	教授
山下利夫	2008	日本	欧姆龙(中国)有限公司	董事长

(续表)

姓 名	获奖年份	国家(地区)	工 作 单 位	职 务
尹旭东	2008	美国	阿斯利康有限公司	总裁
横田孝二	2008	日本	富士胶片(中国)投资有限公司	总裁
阮建平	2008	新加坡	特灵空调系统(江苏)有限公司上海分公司	亚太区总裁
贺伟哲	2008	德国	诺基亚西门子通信传输系统(上海)有限公司	副总裁
努儿丁·贝拉	2009	阿尔及利亚	上海市节能监察中心	能源专家
邦德浦	2009	英国	上海赛科石油化工有限责任公司	生产部主任
郭理默	2009	德国	中欧国际工商学院	副院长
郑洁亮	2009	马来西亚	奥托立夫(上海)管理有限公司	中国区总裁
陈向力	2009	美国	通用电气(中国)研究开发中心有限公司	总裁
理查·戴维	2009	澳大利亚	上海华天房地产发展公司	董事长
杜文圣	2009	法国	中科院上海巴斯德研究所	所长
思考特·劳伦斯·福瑞德曼	2009	美国	复旦大学	顾问教授
傅瑞兹	2009	德国	上海采埃孚转向机有限公司	生产总经理
高博扬	2009	芬兰	宜家分拨(上海)有限公司	总裁
阿夫·葛拉赫	2009	德国	上海市精神卫生中心	特聘教授
花里孝幸	2009	日本	上海市农科院	研究员
哈德满	2009	法国	上海雷迪埃电子有限公司	执行副总裁、总经理
胡 润	2009	英国	上海胡润百富投资管理咨询有限公司	总裁
何威廉	2009	法国	上海阿海珐电力自动化有限公司	总经理
胡应和	2009	美国	华师大脑功能基因组学研究所	执行所长
艾伦·哈德森	2009	英国	上海行政学院	客座教授
马格森	2009	瑞典	斯凯孚(中国)投资有限公司	中国区总裁
比杨·约翰逊	2009	瑞典	复旦大学	顾问教授
郑珉虎	2009	韩国	上海易买得超市有限公司	总经理
金兴守	2009	韩国	上海东方希杰商务有限公司	总经理
李 纲	2009	美国	埃森哲(中国)有限公司	董事长
刘尧奇	2009	美国	3M中国有限公司	副总裁
林爱莲	2009	新加坡	凯能高科技工程(上海)有限公司	董事长
华浩名	2009	加拿大	亚什兰(中国)投资有限公司	总裁
柯明思	2009	英国	帝亚吉欧洋酒贸易(上海)有限公司	总裁

(续表)

姓　　名	获奖年份	国家(地区)	工　作　单　位	职　务
孟恪翰	2009	德国	德固赛特种化学(上海)有限公司	总经理
马凯捷	2009	美国	伊顿(中国)投资有限公司	亚太区总裁
查尔斯·麦金泰	2009	美国	上海交通大学	特聘教授
美野川久裕	2009	日本	佳能(中国)有限公司	中国区副总裁
宫川胜	2009	日本	资生堂(中国)投资有限公司	董事长
亚瑟·约瑟夫·茂哈默德·恩·纳古里	2009	埃及	埃及国民银行股份公司上海分行	行长
二宫庆使	2009	日本	宝山钢铁股份有限公司	现场总代表
刑部昭彦	2009	日本	上海松下等离子显示器有限公司	总经理
彭德园	2009	澳大利亚	博世(中国)投资有限公司	总裁
斯坦利	2009	法国	海瑞克(上海)隧道机械有限公司	高级监督
约翰·罗森	2009	美国	上海交通大学医学院附属新华医院	客座教授
戈　翎	2009	法国	上海育碧电脑软件有限公司	总经理
容　强	2009	英国	上海克虏伯不锈钢有限公司	总经理
史仁达	2009	尼泊尔	同济大学	兼职教授
罗伯特	2009	英国	庄信万丰(上海)催化剂有限公司	执行董事
雷星湖	2009	瑞典	萨帕铝热传输(上海)有限公司	主席
杉山松次郎	2009	日本	上海上缆藤仓电缆有限公司	总经理
理查德·苏兰	2009	荷兰	ABB高压电机有限公司	总裁
竹田聪	2009	日本	上海松下半导体有限公司	董事总经理
沈达理	2009	加拿大	霍尼维尔(中国)有限公司	总裁
铁学熙	2009	美国	上海市气象局	特聘专家
甘文维	2009	澳大利亚	通用汽车(中国)投资有限公司	总裁
麦克·沃仕	2009	美国	上海市环保局	顾问
王　群	2009	美国	百胜(中国)投资有限公司	副总裁
王自强	2009	美国	安靠封装测试(上海)有限公司	董事、总裁
韦汉克	2009	荷兰	普及国际货运代理(中国)有限公司	董事总经理
乔什·维德曼	2009	德国	上海地面交通工具风洞中心	顾问
武　平	2009	美国	展迅通信有限公司	董事长
唐纳德·艾德华德·威廉姆斯	2009	美国	上海国际汽车城发展有限公司	顾问
山口力	2009	日本	三菱商事(上海)有限公司	董事长
柳冈广和	2009	日本	三菱东京日联银行(中国)有限公司	行长

（续表）

姓　　名	获奖年份	国家（地区）	工　作　单　位	职　务
户根义巳	2009	日本	小松科马驰包装机械（上海）有限公司	董事长
俞大海	2009	德国	赢创德固赛（中国）投资有限公司上海分公司	董事长
施维思	2009	德国	科宁化工（中国）有限公司	总裁
安博泰	2010	加拿大	嘉吉投资（中国）有限公司	大中华区总裁
绫城启次	2010	日本	柯尼卡美能达光学仪器（上海）有限公司	董事长
常博逸	2010	法国	罗兰·贝格国际管理咨询	亚洲区总裁
夏逸夫	2010	法国	米其林（中国）投资有限公司	董事长
崔钟良	2010	韩国	依恋时装（上海）有限公司	总裁
玛丽安	2010	美国	泛亚汽车技术中心有限公司	总经理
戴好威	2010	英国	凯斯工程机械（上海）有限公司	执行总裁
戴乐娜	2010	澳大利亚	卡夫食品企业管理（上海）有限公司	董事长
德訾·彼得	2010	德国	美最时洋行（上海）有限公司	董事总经理
杜　莹	2010	美国	和记黄埔医药（上海）有限公司	总裁
冯载麟	2010	英国	渣打银行（中国）有限公司	首席运营总裁
颜志荣	2010	马来西亚	安利（中国）日用品有限公司上海分公司	大中华区行政总裁
甘林儒	2010	挪威	上海 ABB 工程有限公司	总经理
池添贵司	2010	日本	欧姆龙自动化（中国）有限公司	董事长
稻叶清右卫门	2010	日本	上海发那科机器人有限公司	董事长
井上孝	2010	日本	威可楷（中国）投资有限公司	副董事长
卫　平	2010	美国	赛诺菲安万特（中国）投资有限公司	大中华区副总裁
金凤焕	2010	韩国	爱茉莉太平洋有限公司	中国本部长
柯尼希	2010	德国	拜耳材料科技（中国）有限公司	总经理
孔祥辉	2010	美国	飞利浦（中国）有限公司	首席执行官
蒋孔克	2010	美国	大陆汽车亚太管理（上海）有限公司	亚洲区总裁
卢润森	2010	英国	上海金瑶贸易发展有限公司	首席执行官
马熙胜	2010	英国	韦莱保险经纪有限公司	首席运营官
艾　丁	2010	爱尔兰	上海国际油漆有限公司	总经理
万锦明	2010	德国	上海巴斯夫聚氨酯有限公司	总经理
村中建夫	2010	日本	索尼（中国）有限公司上海分公司	副总裁
苗思凯	2010	加拿大	杜邦中国集团有限公司	中国区总裁
善　博	2010	荷兰	不凡帝范梅勒糖果（中国）有限公司	总经理
韦　森	2010	英国	上海赛科石油化工有限公司	副总经理

（续表）

姓　　名	获奖年份	国家(地区)	工　作　单　位	职　务
元世铉	2010	韩国	韩国三星物产株式会社中国总部	副社长
徐曙光	2010	美国	格林豪泰酒店管理集团	董事长
姜尔贤	2010	澳大利亚	喜来登由由酒店	总经理
雅克·贝斯纳	2010	加拿大	蒙特利尔外事局	中国事务负责人
劳伦斯·布鲁斯	2010	澳大利亚	上海东方传媒集团有限公司	语言顾问
米克拉·比次科	2010	乌克兰	中国商飞公司上海飞机设计研究院	高级设计师
殷苇婷	2010	美国	长宁区新华街道办事处	志愿者
陈葆德	2010	美国	上海台风研究所	特聘专家
戴惠萍	2010	美国	上海外国语大学	学院副院长
关劲松	2010	芬兰	上海科技馆	技术专家
黄柳青	2010	美国	上海普元信息技术有限公司	首席技术官
洪延康	2010	美国	上海市农科院农产品质量研究所	研究员
凯·尼尔森	2010	丹麦	上海市残疾人事业国际交流中心	主任助理
罗伯特·帕克	2010	美国	上海交通大学	副院长、教授
沃夫冈·斯泰若	2010	奥地利	宝钢股份有限公司	工艺工程师
上原燈纪子	2010	日本	上海浦南医院	医师
朱依谆	2010	新加坡	复旦大学	药学院院长
兹·古拉尔赤克	2010	波兰	波中友好协会	会长
唐　墨	2010	法国	上海施耐德配电电器有限公司	总经理
汤恩齐	2010	美国	上海泰尔弗国际商务培训中心	教务长
戴思霆	2010	美国	道康宁(上海)有限公司	厂长
廖运钦	2010	新加坡	创新科技(中国)有限公司	中国区总裁
安德鲁·普达	2010	瑞士	芬美意香料(中国)有限公司	总裁

表 8-3-2　1993—2010 年上海市“白玉兰荣誉奖”获得者一览表

姓　　名	获奖年份	国家(地区)	工　作　单　位	职　务
寒　春	1993	美国	上海华冠机械厂	专家
尼克尔·澳地	1993	澳大利亚	上海合流污水治理工程	专家
见里朝正	1993	日本	市农药研究所	专家
安德鲁·杰克·巴仑	1993	美国	华能国际电力开发上海公司	专家
汉斯·拂鲁克	1993	德国	同济大学	教师
有马晖胜	1993	日本	第二军医大学	教师
亨利·塞尔玛	1993	英国	上海师范大学	教师

（续表）

姓 名	获奖年份	国家(地区)	工 作 单 位	职 务
马丁・波斯特	1993	德国	大众汽车有限公司	董事
关长臣	1993	日本	上海新晃空调设备有限公司	总经理
大岛靖	1993	日本	大阪市政府	前市长
浅沼清太郎	1994	日本	大阪日中恳谈会	会长
熊谷信昭	1994	日本	大阪府日中友好协会	会长
西尾正也	1994	日本	大阪市政府	市长
柯尔斯	1994	比利时	安特卫普市政府	市长
山本治	1994	日本	日本福井县靖江市政府	市长
新川柳作	1994	日本	爱思箱包旅行用品公司	名誉董事
厥君飞	1994	美国	高仕香精有限公司	总经理
胜间清次	1994	日本	华钟袜子有限公司	总经理
松原秀一	1994	日本	沙迪克软件有限公司	副总经理
克劳斯・拼搏	1994	德国	MWB 互感器有限公司	董事长
加藤源藏	1994	日本	日本农林水产交流协会	副会长
乌多・彼方	1994	德国	土地管理局	项目经理
迈克尔・伯利	1994	英国	上海环境项目	咨询专家
冈部邦彦	1994	日本	日本劝业银行上海分行	行长
岸 昌	1995	日本	大阪府政府	前知事
柯浩福	1995	比利时	上海贝尔电话设备有限公司	总经理
金 堤	1995	英国	耀华皮尔金顿玻璃有限公司	总经理
小岛正义	1995	日本	日立家电有限公司	技术专家
和久井一之	1995	日本	上海石油化工股份有限公司	技术专家
阿部新生	1995	日本	日本兴业银行上海分行	行长
冈田礼一	1995	日本	上海三和医疗器械公司	副董事长
彼埃尔・布尔克	1995	加拿大	加拿大蒙特利尔市政府	市长
西原春夫	1995	日本	早稻田大学	前校长
亚伯拉罕・佩珀	1996	荷兰	鹿特丹市政府	市长
亨宁・福舍劳	1996	德国	汉堡市政府	市长
都钟伊	1996	韩国	釜山市议会	议长
钟顺昌	1996	美国	上海农科院	技术专家
柯礼顿	1996	英国	汽巴嘉基(香港)有限公司	总裁
庵原辉正	1996	日本	日本三菱商事(株)	中国副总代表

(续表)

姓　　名	获奖年份	国家(地区)	工　作　单　位	职　务
雨宫昭	1996	日本	上海宝山钢铁(集团)公司国际经贸公司	经济专家
福尔克・魏斯盖伯	1996	德国	上海大众汽车有限公司	董事
黄俊凯	1996	法国	上海巴黎国际银行	总经理
蒋伟林	1996	美国	上海合众开利空调有限公司	总经理
黄　凯	1996	美国	上海莱士血制品有限公司	总经理
小野真幸	1996	日本	日立电器有限公司	副总经理
木濑胜征	1996	日本	上海小糸车灯有限公司	副总经理
威廉・索耶	1996	美国	上海医科大学	客座教授
小出一幸	1996	日本	上海东洋电装有限公司	总经理
廖惠章	1996	印度尼西亚	上海东原房地产有限公司	董事长
秦范雄	1996	日本	上海神明电机有限公司	总经理
藤本道生	1996	日本	日本冈山县和气町政府	町长
齐藤智久	1996	日本	上海花王有限公司	总经理
汤君年	1996	中国台湾	汤臣集团	董事长
中川和雄	1996	日本	大阪府政府	前知事
刘贵明	1997	美国	美国旧金山上海友城会	主席
今井嘉夫	1997	日本	上海合成树脂研究所	专家
夏尔・米荣	1997	法国	罗-阿大区政府	主席
阿兰・梅里	1997	法国	罗-阿大区议会	第一副主席
基辛格	1997	美国	国务院	前国务卿
霍茨曼	1997	奥地利	上海宝山钢铁(集团)公司	专家
广田正博	1997	日本	上海宝山钢铁(集团)公司	专家
马丁・瓦格纳	1997	德国	同济大学	专家
郑炳文	1997	韩国	上海天光化工厂	专家
斋藤光雄	1997	日本	上海夏普电器有限公司	总经理
山本长昭	1997	日本	日本海外技术研修协会	理事长
安东・道瑞斯汀	1997	荷兰	荷兰鹿特丹动物园	主任
乔治・布鲁塞德	1997	加拿大	上海园林局	昆虫学家
徐正广	1997	中国台湾	美国友邦保险公司上海分公司	总经理
施恭旗	1998	菲律宾	上海晨光食品有限公司	总经理
郑力行	1998	美国	上海紫光机械有限公司	副董事长
朱正中	1998	美国	可口可乐(中国)有限公司	副总裁

（续表）

姓 名	获奖年份	国家(地区)	工 作 单 位	职 务
远藤孝	1998	日本	上海康培尔服装有限公司	总经理助理
纪汉诗	1998	德国	上海高桥巴斯夫分散体有限公司	总经理
荻野五郎	1998	日本	上海美蓓亚精密机电有限公司	董事长
贺 发	1998	荷兰	中荷农业部园艺示范培训中心	总协调员
彼得·吕弗	1998	德国	上海大众汽车有限公司	副总经理
吴港平	1998	澳大利亚	安达信(上海)企业咨询有限公司	总经理
弗兰克·理查兹	1998	美国	复旦大学遗传所	名誉教授
谷口泰史	1998	日本	上海双鹿中野冷机有限公司	总经理
丁亦鸣	1998	美国	美国费城儿童医院	教授
内野信行	1998	日本	上海内野毛巾有限公司	总经理
高秀秀信	1998	日本	日本横滨市政府	市长
渡里杉一郎	1998	日本	日本东芝株式会社	副董事长
张治道	1999	美国	美国宾夕法尼亚大学	医师
西浦良和	1999	日本	上海新良幸睡衣有限公司	董事长
拉 德	1999	尼泊尔	上海潜星纺织艺术品有限公司	总经理
詹姆斯·摩根	1999	美国	上海应用材料研究与发展基金理事会	总经理
陈永明	1999	新加坡	上海丽佳分色制版有限公司	总经理
胡法光	1999	中国香港	香港菱电集团	董事长
小华尔许	1999	美国	美国世界健康基金会	总裁
奥岛孝康	1999	日本	早稻田大学	校长
卢毅强	1999	美国	上海耐莱斯·詹姆斯伯雷阀门有限公司	副总经理
施博睿	1999	美国	西门子(中国)有限公司发电合资公司	总经理
泰益克	1999	澳大利亚	上海延锋汽车饰件有限公司	总经理
国吉敏彦	1999	日本	上海华虹 NEC 电子有限公司	总经理
田谷野宪	1999	日本	上海大金协昌空调有限公司	总经理
马西门	1999	英国	英国铁行(上海)代表处	首席代表
钟敏敏	1999	中国台湾	花旗银行上海分行	行长
高浦靖也	1999	日本	上海映像有限公司	董事长
叽村隆文	1999	日本	大阪市政府	市长
程 及	2000	美国	上海交通大学	顾问教授
铃木文雄	2000	日本	上海三菱电机·上菱空调机电器有限公司	总经理
靳羽西	2000	美国	靳羽西科蒂化妆品(上海)有限公司	董事长

(续表)

姓　　名	获奖年份	国家(地区)	工　作　单　位	职　务
福伯豪	2000	瑞士	上海采埃孚转向机有限公司	生产总经理
瑞德凯	2000	瑞典	瑞典哥德堡市政府	第一副市长
裘华莱	2000	德国	费斯托(中国)有限公司	总经理
仲田光雄	2000	日本	上海旭电子玻璃有限公司	总经理
格哈德・麦贺法	2001	奥地利	上海克虏伯不锈钢有限公司	总经理
汤姆・博恩思	2001	澳大利亚	澳大利亚昆士兰州政府	原副州长
弗朗茨・吉格尔	2001	德国	上海电子工业学校	专家
耶日・考莱茨基	2001	波兰	中波轮船股份有限公司	总经理
张淑国	2001	美国	德尔福上海汽车转向底盘系统有限公司	董事长
本乡正行	2001	日本	上海JVC电器有限公司	总经理
博文杰	2001	英国	渣打银行中国区	总裁
沃尔夫加藤	2002	德国	上海双立人亨克斯有限公司	总经理
史隆夫	2002	瑞士	上海西门子开关有限公司	总经理
李敏达	2002	美国	英特尔科技(中国)有限公司	总经理
龙功瑞	2002	加拿大	上海理工大学	兼职教授
克劳斯・格里姆	2002	德国	上海—汉堡友好城市联络处	负责人
雷伟泰	2002	美国	上海龙马神汽车座椅有限公司	总裁
中浦和一	2002	日本	上海住友商事有限公司	总经理
庄长江	2002	菲律宾	—	友好人士
庄良有	2002	菲律宾	—	友好人士
施雷斯	2002	美国	上海通用汽车有限公司	董事长
星屋秀幸	2003	日本	三井物产(上海)贸易有限公司	总经理
容德根	2003	英国	国际特奥会	亚太区总裁
哥哈德・瓦尔	2003	德国	上海磁悬浮交通发展有限公司	德方总协调人
铃木茂彦	2003	日本	上海三菱电梯有限公司	副总裁
戴伯松	2003	法国	阿尔卡特(中国)投资有限公司	董事长兼首席执行官
狄高志	2003	美国	上海波特曼丽嘉酒店	总经理
张　昆	2003	美国	上海富士施乐复印机有限公司	总经理
高博文	2003	英国	上海通用汽车有限公司	总经理
藤田长一	2003	日本	上海索广映像有限公司	董事长兼总经理
施荣乐	2003	法国	家乐福中国总部	总裁
贝殷斯	2003	德国	西门子(中国)有限公司	总裁兼首席执行官

（续表）

姓　　名	获奖年份	国家(地区)	工　作　单　位	职　务
贝鹤能	2003	法国	家乐富新集团	总裁
庞约翰	2003	英国	汇丰控股有限公司	集团主席
保罗・比斯	2003	比利时	贝卡尔特	董事局主席
许荣茂	2003	中国香港	世茂集团	董事长
林绍良	2003	印尼	中远三林集团	名誉董事长
马士基・穆勒	2003	丹麦	AP穆勒马士基集团	董事长主席
菲利浦森	2003	丹麦	上海申博办	高级顾问
查尔斯・鲍威尔	2003	英国	英中贸易协会	主席
施马尔斯迪科	2003	德国	汉诺威市政府	市长
彭天池	2003	法国	法国索德尚金融公司	董事长
郑少坚	2003	菲律宾	首都银行及信托公司	董事长
陈江和	2003	印尼	新加坡金鹰国际集团	总裁
冯伟立	2003	美国	上海永裕医药咨询有限公司	总经理
杜维善	2003	加拿大	—	友好人士
谭端言	2003	加拿大	—	友好人士
张永珍	2003	英国	—	友好人士
帅鸿元	2004	瑞典	上海瑞华(集团)有限公司	总裁
威姆・维登博格	2004	荷兰	中荷农业部上海园艺培训示范中心	副主任
维克多・阿列克塞维奇・拉巴特尼夫	2004	俄罗斯	俄罗斯外交部驻圣彼得堡外交代表处	首席代表
张汝京	2004	美国	中芯国际集成电路制造(上海)有限公司	总裁
杨荣燊	2004	英国	汇丰银行中国区个人金融业务理财	总监
钟雅麟	2004	英国	开利空调(上海)销售服务有限公司	行政总裁
吉尔斯・诺盖斯	2004	摩纳哥	国际展览局	前主席
徐旺志	2004	美国	美国中华医学基金会	主席
高濑进	2004	日本	日商岩井(上海)有限公司	总经理
陈仰和	2004	泰国	上海市和泰国卫生部合作委员会	委员
巴　图	2005	法国	法国欧尚集团超市公司	亚洲区总裁
狄　加	2005	法国	上海贝尔阿尔卡特股份有限公司	总裁
包博杰	2005	英国	上海亨斯迈聚氨酯有限公司	总经理
石黑勉	2005	日本	上海三菱电机・上菱空调机电器有限公司	总经理
高地高司	2005	日本	上海日能综研中智咨询有限公司	董事长

(续表)

姓　　名	获奖年份	国家(地区)	工　作　单　位	职　务
林明彦	2005	新加坡	凯德置地中国控股公司	总裁
刘幼海	2005	美国	上海先进半导体制造股份有限公司	总裁
卢伯卿	2005	美国	德勤华永会计事务所	总经理
罗拿·诺扬	2005	土耳其	土耳其担保银行股份公司上海代表处	首席代表
吴人伟	2005	美国	强生(中国)有限公司	董事长
肯尼斯·尤金·贝林	2006	美国	美国世界轮椅基金会	主席
布斯蔓	2006	荷兰	中荷农业部上海园艺培训中心	专家
周平山	2006	英国	上海罗氏制药有限公司	总经理
爱　华	2006	德国	上海汽轮发电机有限公司	副总裁
河本荣一	2006	日本	上海富国橡胶工业有限公司	董事长
太田房江	2006	日本	日本大阪府政府	知事
盖保罗	2006	意大利	欧莱雅中国区	总裁
郭安明	2006	德国	拜耳技术工程(上海)有限公司	总经理
施瑞德	2006	美国	花旗银行	中国区首席执行官
冈田芳和	2006	日本	三得利(中国)投资有限公司	总经理
黄柏年	2006	印尼	上海金光外滩置地有限公司	董事长
韦力杰	2006	美国	柯达电子(上海)有限公司	董事长
马特维延科	2006	俄罗斯	圣彼得堡市政府	市长
白乐威	2006	英国	伦敦金融城	市长
艾博彬	2007	美国	德尔福派克电气系统有限公司	董事长
蔡　亚	2007	英国	联合利华中国研究所	研究董事
郝睿强	2007	德国	西门子(中国)有限公司	总裁
陈文兴	2007	新加坡	伟创力集团	亚太区行政总裁
古林恒雄	2007	日本	上海华钟咨询服务有限公司	总经理
佩德罗·雷诺	2007	西班牙	中欧国际工商学院	执行院长
夏　福	2007	德国	上海凯士比泵有限公司	总经理
高篠静雄	2007	日本	索尼(中国)有限公司	董事长
俣野隆	2007	日本	威可楷(中国)投资有限公司	总经理
曾璟璇	2007	加拿大	渣打银行	中国区总裁
伍立杰	2007	英国	阿斯利康	中国区总裁
翁富泽	2007	英国	汇丰银行(中国)有限公司	行长兼行政总裁
谢吉人	2008	泰国	正大企业国际有限公司	董事长

（续表）

姓　　名	获奖年份	国家(地区)	工 作 单 位	职　务
花井健	2008	日本	瑞穗实业银行(中国)有限公司	董事长
扬努什・扬尼舍夫斯基	2008	波兰	中波轮船股份公司	波方总经理
岳冉・约翰松	2008	瑞典	哥德堡市政府	市长
关志华	2008	英国	巴斯夫(中国)有限公司	董事长
李瑞基	2008	马来西亚	艾默生过程控制有限公司	总经理
麦健铭	2008	英国	陶氏化学(中国)投资有限公司	亚太区总裁
村尾龙雄	2008	日本	加施德咨询(上海)有限公司	创业合伙人
王子杰	2008	日本	上海久游网络科技有限公司	董事长
罗睿哲	2008	法国	上海贝尔阿尔卡特股份有限公司	董事、总裁
勒内・范思吕斯	2008	荷兰	鹿特丹市社会事务和就业局	高级政策顾问
克劳斯・托普弗	2008	德国	同济大学	荣誉教授
鲍达民	2009	加拿大	麦肯锡公司	董事长
巴士威	2009	英国	上海农业科学院	客座教授
蔡仁虎	2009	马来西亚	上海苏尔寿工程机械制造有限公司	总经理
乔治・弗格森	2009	英国	茂盛(亚洲)工程顾问有限公司	高级顾问
蒋家琪	2009	美国	复旦大学附属眼耳鼻喉科医院	小儿耳鼻喉科主任
荣彼得	2009	荷兰	荷兰安智银行股份有限公司上海分行	行长
友永道宏	2009	日本	上海山武控制仪表有限公司	总经理
马　德	2009	德国	西门子(中国)有限公司	执行副总裁
俞　越	2009	比利时	上海鲜花港德鲁仕植物有限公司	总经理
铃木秀幸	2009	日本	上海索广电子有限公司	董事总经理
铃木茂树	2009	日本	柯尼卡美能达(中国)投资有限公司	总经理
安德利	2009	瑞士	罗氏研发(中国)有限公司	总经理
顾　宜	2009	美国	普华永道中天会计师事务所	上海主管合伙人
俞道义	2009	澳大利亚	复旦大学附属眼耳鼻喉科医院	顾问、教授
博　宁	2010	德国	巴斯夫应用化工有限公司	总经理
陈永豪	2010	新西兰	达尼丁市政府	市长
奕　乐	2010	瑞士	瑞表企业管理(上海)有限公司	首席财务长
安高博	2010	美国	辉瑞投资有限公司	区域总裁
金子原二郎	2010	日本	日本长崎县政府	知事
永友秀明	2010	日本	上海三菱电机・上菱空调机电器公司	总经理
范志坚	2010	德国	诺基亚西门子通信(上海)有限公司	总裁

(续表)

姓　　名	获奖年份	国家(地区)	工 作 单 位	职　务
梁炜宁	2010	新加坡	华侨银行(中国)有限公司	董事长
倪　军	2010	美国	上海交通大学	院长、教授
施成伟	2010	美国	上海久事国际赛事管理有限公司	国际部管理总监
雷星湖	2010	瑞典	萨帕铝热传输(上海)有限公司	中国区总经理
洪文展	2010	马来西亚	上海东方鳄鱼服饰有限公司	董事长

表 8-3-3　2008—2010 年涉外系统获先进集体一览表

时　　间	获 奖 名 称	获 奖 单 位	授 奖 单 位
2008 年	奥运先进集体	上海市人民政府外事办公室奥运工作组	中共中央、国务院
2009 年 12 月 29 日	地方外事突出贡献奖	上海市人民政府外事办公室	外交部
2010 年 12 月 27 日	上海世博会先进集体	上海市人民政府外事办公室暨上海市世博会工作领导小组外事工作指挥部办公室 上海国际问题研究所 上海市公安局警卫局外宾警卫处 上海市人大办公厅外事处 上海市政协办公厅外事处 上海市商务委员会外事处 上海市人民对外友好协会	中共中央、 国务院

专　记

上海市市长国际企业家咨询会议

上海市市长国际企业家咨询会议(以下简称"市长咨询会议"),是上海这座城市首创,且坚持至今的国际会议。无论国际风云如何变幻,总有一批被称为会议成员的国际知名企业界领袖,每年从四面八方飞抵上海,为这座城市的发展出谋划策,从1989年诞生之时起,这个会议就承载着上海市领导和市民对城市发展未来走向的期许,借助国际企业家的眼光、视角,始终围绕不同阶段上海这座城市发展的重点、难点、突破点展开讨论。截至2010年末已连续举办22届,会议成员由成立最初的8个国家的12名成员,逐渐增加到16个国家的50名成员(含9任前主席),成员地域和行业分布也更趋多元和丰富,除美国、英国、法国、德国、日本等经济发达国家的世界500强企业,北欧瑞典、大洋洲澳大利亚以及新兴市场国家如南美洲智利、巴西,亚洲印度等的世界500企业也加入市长咨询会议成员之列,新成员公司行业涉及信息技术、矿业、制药、化工、节能环保等领域,且都是相关行业的领头羊和佼佼者,从而使市长咨询会议成员结构更趋合理,代表性更为广泛,能够为上海绘就更加高度国际化的城市发展蓝图提供多角度、深层次、宽领域的合理意见和建议。

图S-1-1 上海市市长国际企业家咨询会议成员在讨论

20世纪80年代改革开放初期,上海为跳出产业同构竞争的重围,从传统工商业城市向现代化经济中心城市转型,开始谋划城市更深、更大的开放,而此时的上海正面临着日趋激烈的国际市场和国内市场竞争的双重挑战,市长朱镕基认为,上海的发展需要世界眼光、世界智慧。1988年,他接受中国国际信托投资公司执行董事、中国国际投资咨询公司董事长经叔平关于邀请国际著名企业家担任市长咨询顾问的建议,在获得国务院领导同意后,责成上海市外国投资工作委员会着手落实。经上海市外国投资工作委员会与美国安达信公司亚太地区主管合伙人麦克米伦等半年多的共同筹备，于1989年10月9日在上海西郊宾馆召开首次会议，12位咨询会议成员出席。其中美国国际集团董事长兼首席执行官格林伯格、加拿大施格兰酿酒公司总裁布朗富曼、意大利菲亚特公司执行副总裁盖洛和美国康地谷物公司总裁兼首席执行官史德理4名成员亲自到会。其余8名成员派代表出席会议。他们是瑞士汽巴嘉基公司执行委员会成员巴曼、英国英美烟草公司董事长西赫、法国雷诺公司全球销售负责人彭天驰、日本东芝公司董事会顾问渡里杉一郎、美国FMC公司董事长兼首席执行官墨洛特、英国大东电报局董事长兼首席执行官夏普、荷兰帕柯德公司董事长克利伊斯、日本三井银行董事长神谷健一。会议通过《市长咨询会议章程》，确定每年召开一次会议，并推选美国国际集团董事长兼首席执行官格林伯格为第一任咨询会议主席。从此，上海有了主题明确的市长咨询会议，每年金秋时节，由多位国际知名企业家和经济专家应约赴会，履行他们与上海市长的约定。

第二次市长咨询会议于1990年3月16日在上海新锦江大酒店召开，8位咨询会议成员出席会议。会议主要讨论浦东开发、金融改革、产业结构调整以及上海如何成为长江三角洲和东亚地区物流中心等问题。会上，市长朱镕基宣布，中国支持开发浦东新区，上海将更加大胆扩大开放度。他指出，扩大对外开放，基本建成外向型经济是上海20世纪90年代最重要的经济发展目标。20世纪90年代是上海进一步向世界开放的年代，是上海为海内外提供更多贸易和投资机会的年代。为此，在继续努力保持经济持续、稳定、协调发展的过程中，上海将致力于进一步改善投资环境，更加大胆地进一步扩大开放度。

第三次市长咨询会议于1991年10月14—16日在上海花园饭店召开，8位咨询会议成员出席会议。会议主题为上海如何建成世界贸易和货物集散中心，如何发展上海的中小企业。与会成员分为“金融业”“调查上海投资环境”“发展上海附加值工业”3个工作小组展开讨论。会议授予市长咨询会议第一任主席格林伯格“终身成员”称号。

第四次市长咨询会议于1992年10月5—6日在上海波特曼大酒店召开，13位会议成员出席会议。会议主题为如何创立中小企业和如何搞活国有企业，会议不仅介绍世界各国振兴国有企业的经验和做法，还提出包括调整所有制结构、实行现代企业制度、引入竞争机制、试行职工股权制、建立有效的管理体制等一系列建议。会议期间，咨询会议创始成员单位——全球最大的国际保险机构美国国际集团获准重返其创始地上海，成为改革开放后第一家进入中国的外资保险公司。

第五次市长咨询会于1993年11月8—9日在纽约华道夫大酒店召开，15位会议成员出席会议。会议主要讨论航空运输和电信发展问题。此为唯一一次在国外召开的咨询会议。除市长黄菊等上海市领导及会议成员外，中国驻美大使李道豫、中国常驻联合国代表李肇星、美中贸易委员会主席、世界银行前行长、美国联邦储备银行前主席、美中关系全国委员会主席等也出席会议。会上，市领导就外国投资者所关心的人民币汇率比价、银行工作效率和服务质量、企业人力资源短缺、原材料价格偏高、社会稳定、交通拥堵、在沪外国人子女教育及成立外商商会组织等问题的情况和解决措施一一进行介绍，促进上海对外招商引资工作。会议期间，上海港和纽约—新泽西港于11月9日结为友好港。

第六次市长咨询会议于1994年11月6—8日在上海花园饭店召开，来自13个国家的25位咨询会议成员出席会议。与会者围绕城市规划和人力资源发展的主题，对“城市规划”“人力资源开发”和“航空运输”和“通信”4个专题展开讨论。

第七次市长咨询会议于1995年10月29—31日在上海浦东香格里拉大酒店召开，17位成员出席会议。会议主题是再论金融服务，会议回顾金融业发展状况，讨论如何进一步发展金融服务业和

图 S-1-2 上海市市长国际企业家咨询会议第七次会议召开

市长关注的焦点问题。

第八次市长咨询会议于 1996 年 11 月 3—4 日在上海花园饭店召开，19 位咨询会议成员出席会议。会议主题为如何把上海建成国际商贸中心和下岗待业人员再就业培训。现代化商业网络建设和产业结构调整中出现的部分人员的再就业问题，是上海两个特别关切的问题。会议成员从不同的角度和视野为上海提供值得借鉴的国际经验，也提出上海在改革开放中值得注意的问题。在建立国际商贸中心专题讨论中，成员引入“连锁店”“特许专卖权”“中国的食品链”“基础设施的需求和零售业的未来”“品牌保护、公平交易和消费者权益保护”“邮购、直销、娱乐”等概念。这些理念和建议在上海建设国际贸易中心过程中得到充分的运用。

第九次市长咨询会议于 1997 年 11 月 2—3 日在上海浦东汤臣大酒店举行，19 位成员参加会议。会议主题为上海如何面向 21 世纪。市长徐匡迪在会上作题为《上海的发展形势与前景展望》的演讲。经过热烈讨论，会议达成四点共识：一是上海迈向 21 世纪必须抓住信息、生物、高科技、金融等重点领域的发展；二是借鉴国外大城市发展的成功经验和失败教训，城市规划必须超前，体现可持续发展的要求，并高度重视基础设施的建设和保养；三是政府应加强宏观层面的指导，把微观层面留给企业；四是要进一步改善投资环境，简化审批手续，增加透明度，为国内外优秀企业、优秀人才进入上海创造良好的环境。为表彰第一任主席格林伯格、会议顾问麦克米伦对上海经济发展所作出的突出贡献，上海市政府分别授予两人“上海市荣誉市民”称号。

第十次市长咨询会议于 1998 年 11 月 1—2 日在上海波特曼丽嘉酒店召开，25 位成员莅会。会议主题为金融风险管理和咨询会议 10 年回顾。回首 10 年历程之际，会议还就亚洲金融危机防范等专题进行充分讨论。市长徐匡迪在致辞中回顾会议成员建言献策对上海发展的作用。会议还就亚洲金融危机及其防范等专题进行讨论。

第十一次市长咨询会议于 1999 年 9 月 26 日在上海浦东香格里拉大酒店召开，22 位成员参加会议。会议以创新与新兴产业的发展为主题。与会成员围绕世界新兴产业的发展情况，特别是生物医药、新材料、信息产业的情况及发展前景展开充分讨论。与会的上海市领导阐述支持发展新兴产业，实现持续发展，改变过去靠政府投资的单一形式，要采用社会融资、企业上市等新的形式进行融资，鼓励私人、民营企业和股份制企业参与，科技人员可以以知识产权作为投资，并且不作投资比例限定。会议期间，经与会成员讨论，咨询会议章程加入新内容，规定咨询会议的历任主席或其他有重大贡献的个人终身为名誉成员。经会议主席提议，会议授予咨询会议创始顾问经叔平名誉成员称号。

第十二次市长咨询会议于2000年10月29日在上海波特曼丽嘉酒店举行，22位成员出席会议。会议以管理为主题，与会成员和上海市领导就上海城市规划、交通和城市管理问题进行深入探讨和广泛交流。美国洛杉矶市市长赖尔登和澳大利亚墨尔本市市长皮特·科斯提埃应邀在会上发言。2000年正值世纪之交，会议围绕上海跻身国际大都市亟待解决的政府宏观管理、大都市城区管理、现代企业管理等重大议题，表明上海正以坚定的步伐，迈向国际大都市这一宏伟目标。管理课题是中国加入世贸组织后，上海在经济和城市建设方面遇到的最大课题。会议也反映上海由前10年以城市形态开发建设为主，向未来10年以城市功能开发和管理为主的重要转变。

第十三次市长咨询会议于2001年11月4日在上海锦江饭店举行，23位成员参加会议。会议以中国加入世界贸易组织后上海面临的机遇和挑战为主题，围绕入世后上海如何抓住入世机遇迎接新的挑战，就转变政府职能、促进第三产业及国有企业的发展等问题进行深入讨论。市领导表示，WTO规则主要是规范政府行为，政府要加快转变自身职能，进一步简化审批程序，减少对企业和经济的直接干预，使企业能够在一个更加宽松的环境中成长。

第十四次市长咨询会议于2002年11月3日在上海浦东香格里拉大酒店召开，22位成员出席。会议主题是如何把上海建设成一个世界级城市。澳大利亚悉尼市市长弗兰克·萨尔托尔和德国柏林市市长克劳斯·沃维莱特应邀出席并演讲。会上，来自政府、企业和学术界的嘉宾和成员，从各自擅长的领域出发，借鉴其他世界级城市的先进经验，为上海的城市建设及城市未来的发展方向积极建言献策，提供宝贵的意见和经验。会上还积极探讨争取国际社会对中国申办2010年世博会支持，咨询会议全体成员联名致函国际展览局秘书长洛塞泰斯，表达其支持中国申博的意愿。成员在信中说，他们亲眼见证中国过去20年间发生的巨大变化和上海无与伦比的发展，完全相信中国有热忱、有能力、有实力举办一届精彩的世界博览会，并承诺全力支持上海申博和办博。

第十五次市长咨询会议于2003年11月2日在上海国际会议中心举行，29位成员出席会议。会议主题为如何举办一届最精彩、最难忘、最成功的世界博览会。会议特邀国际展览局秘书长洛塞泰斯、德国汉诺威世博会负责人波吉特·布鲁尔、葡萄牙里斯本世博会负责人卡多索出席并讲话。会议首次采用“小组讨论”形式，市长韩正和各位副市长直接参与专题交流，面对面听取与会国际企业家的真知灼见。上海已成功获得2010年世博会举办权，与会成员就上海世博会的主题演绎、招展和游客吸引、投融资计划、场馆建设、人才培养等方面提出许多具有操作性的建议。

第十六次市长咨询会议于2004年10月31日在上海国际会议中心召开，31位成员出席会议。会议主题为如何提升上海的国际竞争力。与会者围绕“具有国际竞争力城市的主要特点”“上海竞争力现状”和“为上海培养合格的人力资源”3个专题展开讨论。会议邀请韩国首尔市市长李明博、法国巴黎市市长贝特朗·德拉诺埃和世界经济论坛首席经济学家罗佩斯·克劳罗斯发表演讲。

第十七次市长咨询会议于2005年10月30日在上海浦东香格里拉大酒店举行，32名成员出席会议。会议主题为加快发展现代服务业。咨询会议成员与市领导围绕“发展服务业与构建现代化城市”“举办世博会与上海服务业展望”和“服务业发展与上海制造业升级”3个专题展开讨论。博鳌亚洲论坛秘书长龙永图、欧盟内部市场和服务总司长亚历山大·舒博应邀与会并发表主旨演讲。加快发展现代服务业，是上海提升国际竞争力的需要，也是上海加快推进“四个中心”建设、转变城市功能的关键。与会成员纷纷为此发表见解，提出建议。会议期间，与会成员专程参观将于2005年底正式开通的东海大桥和建设中的洋山深水港。

第十八次市长咨询会议于2006年11月5日在上海浦东香格里拉大酒店举行，31位成员出席会议。会议主题为提升城市创新能力。围绕“政府角色与创新氛围培育”“创新与企业发展”及“创新与产学研联动”等专题，咨询会议成员和市领导成员展开讨论。会议邀请经合组织秘书长哥利亚和英国国家科技艺术基金会高级研究员李德彼特与会并发表主旨演讲。会议首次采取媒体网上直播形式，提高会议的公众透明度。

第十九次市长咨询会议于2007年10月28日在上海浦东香格里拉大酒店召开，33位成员出席会议。会议主题为构建资源节约型、环境友好型城市。咨询会议成员围绕“政府责任”“企业作用”和“公众参与”3个专题展开讨论。联合国前副秘书长兼环境规划署执行主席、德国前环境部部长、汉诺威大学教授克劳斯·托普菲和日本经产省资源能源厅节能、新能源部部长上田隆之应邀与会发表演讲。会议就“政府推动环保节能、企业主动减污降耗、公众广泛响应参与”达成一致意见。会议期间，与会者参观由废弃的旧钢渣堆改造而成的吴淞炮台湿地森林公园，并开展种植“市长咨询会议主题纪念林”活动。

第二十次市长咨询会议于2008年11月2日在上海浦东香格里拉大酒店举行，31位咨询会议成员出席会议。会议主题为回顾与展望——全球化进程中的上海。市长韩正作题为《面对经济全球化：上海的选择》的主题报告。英国伦敦市前市长肯·列文斯通和美国哥伦比亚大学教授、联合国秘书长特别经济顾问杰弗里·萨克斯应邀与会发表演讲。会议围绕“全球化进程中上海面临的发展环境”“全球化进程中的上海城市‘软实力’”等专题进行讨论，与会成员提出不少建设性意见和建议。市长韩正介绍改革开放30年来上海取得的巨大成就和上海“四个中心”发展目标，同时充分肯定市长咨询会议20年来的成果，并期待在国际企业家咨询会议这个合作平台上不断增进友谊、加强交流，共创更加美好的未来。会后，市长韩正和会议主席沈德培共同会见新闻媒体人士，回答记者关心的国际金融危机对上海的影响、上海世博会筹办工作、环境保护、长三角联动发展、机构改革等问题。

第二十一次市长咨询会议于2009年11月1日在上海浦东香格里拉大酒店举行，33位咨询会议成员出席会议。会议主题为积极应对国际金融危机挑战，加快实现上海经济转型。市长韩正作题为《不失时机加快上海经济转型》的主题报告，加拿大首席执行官协会主席托马斯·德奎诺应邀与会并作演讲。14位与会成员围绕“应对危机、分享经验”“加快转型、促进发展”两大专题作大会发言，并与市领导就共同关心的问题进行探讨。会议首次采取下午举行闭门会议的形式，咨询会议成员与市政府领导进行深层互动。市领导与国际企业家热烈互动并不局限于经济领域，也涉及文化、社会管理和教育等方面。成员就如何应对金融危机以及上海的经济转型方向等发表真知灼见，提出许多富有建设性的意见和建议，内容涉及世界经济总体走势、上海“四个中心”建设、新能源与低碳经济发展以及职业教育与人力资源建设等方面。会后举行的新闻发布会上，市长韩正就上海经济运行状况、旧区改造等问题发表讲话。

图 S-1-3　2009 年 11 月 1 日,第二十一次上海市市长国际企业家咨询会议举行,与会成员发言

第二十二次市长咨询会议于 2010 年 10 月 10 日在上海世博中心上海厅召开,39 位咨询会议成员出席会议。会议正值中国 2010 年上海世博会举办期间。会上,市长韩正作题为《建设充满活力的创新城市》的主题报告。韩正在报告中结合上海经济社会发展情况,介绍上海建设创新城市的实践与思考。美国匹兹堡市市长卢克·雷文斯塔尔和法国巴黎索邦大学教授克里斯蒂安·博伊索应邀与会发表演讲。16 位与会成员分别围绕"把握国际产业发展新方向"和"完善城市创新环境"两大专题作大会发言,并与市领导就全球化发展、城市创新等问题进行探讨。下午的闭门会议中,有关全球化趋势为上海未来发展带来的挑战等问题,引起"洋高参"的热议。与会成员与市政府领导就上海如何进一步优化创新环境,提高创新能力,以及发展后危机时代的新兴战略性产业等问题,进行深入又热烈的互动讨论和交流。会后,市长韩正和会议主席、副主席共同出席新闻发布会,介绍会议情况、取得的成果和下届会议主题,并回答中外媒体提出的问题。会议前一天,与会嘉宾在市长韩正等市领导陪同下,参观中国 2010 年上海世博会。

市长咨询会议是上海地方外事最有地方特色的国际会议,伴随着上海城市的不断发展和国际地位的不断提高,这一极富创新的举措必将随着上海城市的阔步前进载入上海史册。

表 S-1-1　1989—2010 年上海市市长国际企业家咨询会议历年主席及副主席名单一览表

年　份	职　务	姓　名	公司职位	公　司　名　称
1989	主　席	格林伯格	董事长兼 CEO	美国国际集团
1990	主　席	格林伯格	董事长兼 CEO	美国国际集团
1991	主　席	格林伯格	董事长兼 CEO	美国国际集团
1992	主　席	濮莱尔勋爵	董事长	英国通用电气
	副主席	神谷健一	顾问	日本樱花银行
		史德理	总裁兼 CEO	美国康地谷物公司

（续表）

年份	职务	姓名	公司职位	公司名称
1993	主 席	濮莱尔勋爵	董事长	英国通用电气
	副主席	神谷健一	顾问	日本樱花银行
		史德理	总裁兼 CEO	美国康地谷物公司
1994	主 席	史德理	总裁兼 CEO	美国康地谷物公司
	副主席	渡里衫一郎	名誉董事长	日本东芝公司
		彭天驰	高级常务副总裁	法国雷诺公司
1995	主席	史德理	总裁兼 CEO	美国大陆谷物公司
	副主席	渡里衫一郎	名誉董事长	日本东芝公司
		彭天驰	高级常务副总裁	法国雷诺公司
		博若诗	总裁	澳大利亚太平洋邓禄普公司
1996	主 席	博若诗	总裁	澳大利亚太平洋邓禄普公司
	副主席	温伯希	董事长	美国安达信公司
		田渊义久	高级顾问	日本野村证券株式会社
		彭天驰	董事长	法国索德尚金融公司
1997	主 席	博若诗	董事长	澳大利亚罗斯奇尔德公司
	副主席	铃木政志	会长	日本野村证券株式会社
		温伯希	董事长	美国安达信公司
		葛澜仪	董事长	法国格西那公司
1998	主 席	葛澜仪	董事长	法国格西那公司
	副主席	中村泰三	会长	日本国际电信电话株式会社
		格林伯格	董事长兼 CEO	美国国际集团
		杨烈国	主席	新加坡经济发展局董事局
1999	主 席	葛澜仪	董事长	法国格西那公司
	副主席	格林伯格	董事长兼 CEO	美国国际集团
		中村泰三	会长	日本国际电信电话株式会社
		杨烈国	主席	新加坡经济发展局董事局
2000	主 席	格林伯格	董事长兼 CEO	美国国际集团
	副主席	魏思乐博士	董事长兼 CEO	瑞士诺华公司
		杨烈国	主席	新加坡经济发展局董事局
2001	主 席	格林伯格	董事长兼 CEO	美国国际集团
	副主席	魏思乐博士	董事长兼 CEO	瑞士诺华公司
		杨烈国	主席	新加坡经济发展局董事局
		冈田明重	会长	日本三井住友银行

(续表)

年 份	职 务	姓 名	公司职位	公 司 名 称
2002	主 席	魏思乐博士	董事长兼CEO	瑞士诺华公司
	副主席	瓦格纳	董事长兼CEO	美国通用汽车公司
		杨烈国	主席	新加坡经济发展局董事局
		冈田明重	会长	日本三井住友银行
2003	主 席	魏思乐博士	董事长兼CEO	瑞士诺华公司
	副主席	瓦格纳	董事长兼CEO	美国通用汽车公司
		杨烈国	主席	新加坡经济发展局董事局
		冈田明重	会长	日本三井住友银行
2004	主 席	瓦格纳	董事长兼CEO	美国通用汽车公司
	副主席	庞约翰爵士	董事长	英国汇丰集团
		里布	董事长	法国达能集团
		氏家纯一博士	董事长	日本野村控股集团
2005	主 席	瓦格纳	董事长兼CEO	美国通用汽车公司
	副主席	庞约翰爵士	董事长	汇丰控股有限公司
		里布	董事长	法国达能集团
		氏家纯一博士	董事长	日本野村控股集团
2006	主 席	庞约翰爵士	董事长	英国汇丰集团
	副主席	里布	董事长	法国达能集团
		氏家纯一博士	董事长	日本野村控股集团
		沈德培	CEO	美国普华永道公司
2007	主 席	庞约翰爵士	董事长	英国沃达丰集团
	副主席	冈村正	会长	日本东芝公司
		沈德培	董事长	美国普华永道公司
2008	主 席	沈德培	董事长	美国普华永道公司
	副主席	冈村正	会长	日本东芝公司
		布多昂	董事长兼CEO	加拿大庞巴迪公司
		雅各布·沃伦伯格	董事长	瑞典银瑞达集团
2009	主 席	沈德培	名誉主席	美国普华永道公司
	副主席	冈村正	会长	日本东芝公司
		布多昂	董事长兼CEO	加拿大庞巴迪公司
		雅各布·沃伦伯格	董事长	瑞典银瑞达集团

（续表）

年 份	职 务	姓 名	公司职位	公 司 名 称
2010	主 席	雅各布·沃伦伯格	董事会主席	瑞典银瑞达集团
	副主席	布多昂	董事长	加拿大庞巴迪公司
		葛霖	集团主席	汇丰控股有限公司
		北山祯介	总裁	三井住友金融集团

附　录

上海市授予荣誉市民称号规定

1997年1月15日上海市第十届人民代表大会常务委员会第三十三次会议通过，根据1998年8月18日上海市第十一届人民代表大会常务委员会第四次会议《关于修改〈上海市人民代表大会常务委员会关于授予外国人“上海市荣誉市民”称号的办法〉的决定》修正

第一条

为了鼓励和表彰对本市经济、社会发展和促进对外交流与合作等方面作出突出贡献的外国人、华侨和市外其他人士，根据《中华人民共和国地方各级人民代表大会和地方各级人民政府组织法》的规定，制定本规定。

第二条

具备下列条件之一的外国人、华侨和市外其他人士，可以授予“上海市荣誉市民”称号：

（一）推进本市对外交往，建立友好城市关系，开展交流合作贡献突出的；

（二）为本市制定城乡发展规划，环境、资源保护和重大技术政策方面提出重要建议贡献突出的；

（三）促进本市经济建设和高新技术发展贡献突出的；

（四）为本市开拓国内外市场，促进经贸活动贡献突出的；

（五）为发展本市科学、教育、文化、卫生、体育事业贡献突出的；

（六）资助本市发展社会公益事业和慈善事业贡献突出的；

（七）其他方面贡献突出的。

第三条

符合授予“上海市荣誉市民”称号条件的，由区、县人民政府和市人民政府各工作部门以及其他市级机关工作机构推荐。推荐单位应当填写由市人民政府统一印制的《上海市荣誉市民推荐书》，并向有关主管部门申报：

（一）被推荐人是外国人的，向市人民政府外事行政主管部门申报；

（二）被推荐人是华侨的，向市人民政府侨务行政主管部门申报；

（三）被推荐人是市外其他人士的，向有关市级主管部门申报。

第四条

市人民政府外事、侨务及其他有关市级主管部门收到推荐“上海市荣誉市民”的申报后，应当提出初审意见。由市人民政府外事办公室负责协调、综合平衡后，再报市人民政府审核。由市人民政府提请市人民代表大会常务委员会审议决定。

第五条

经市人民代表大会常务委员会审议决定授予“上海市荣誉市民”称号的，由市人民政府举行仪式，颁发《上海市荣誉市民证书》和证章。证书由市长签署。

对获得“上海市荣誉市民”称号的人士应当给予礼遇。

第六条

本规定自1997年1月15日起施行。

“上海合作组织”成立宣言

哈萨克斯坦共和国、中华人民共和国、吉尔吉斯共和国、俄罗斯联邦、塔吉克斯坦共和国和乌兹别克斯坦共和国国家元首，高度评价“上海五国”成立五年在促进并深化各成员国之间睦邻互信与友好关系、巩固地区安全与稳定、促进共同发展方面发挥的积极作用；

一致认为“上海五国”的建立和发展顺应了冷战结束后人类要求和平与发展的历史潮流，展示了不同文明背景、传统文化各异的国家通过互尊互信实现和睦共处、团结合作的巨大潜力；

特别指出哈萨克斯坦共和国、中华人民共和国、吉尔吉斯共和国、俄罗斯联邦和塔吉克斯坦共和国五国元首1996年和1997年分别在上海和莫斯科签署的《关于在边境地区加强军事领域信任》和《关于在边境地区相互裁减军事力量》的两个协定以及在阿拉木图（1998年）、比什凯克（1999年）、杜尚别（2000年）会晤期间签署的总结性文件，为维护地区和世界的和平、安全与稳定作出了重要贡献，大大丰富了当代外交和地区合作的实践，在国际社会产生了广泛积极的影响；

确信在二十一世纪政治多极化、经济和信息全球化进程迅速发展的背景下，将“上海五国”机制提升到更高的合作层次，有利于各成员国更有效地共同利用机遇和应对新的挑战与威胁。

兹郑重宣布：

一、哈萨克斯坦共和国、中华人民共和国、吉尔吉斯共和国、俄罗斯联邦、塔吉克斯坦共和国和乌兹别克斯坦共和国建立“上海合作组织”。

二、“上海合作组织”的宗旨是：加强各成员国之间的相互信任与睦邻友好；鼓励各成员国在政治、经贸、科技、文化、教育、能源、交通、环保及其他领域的有效合作；共同致力于维护和保障地区的和平、安全与稳定；建立民主、公正、合理的国际政治经济新秩序。

三、“上海合作组织”每年举行一次成员国元首正式会晤，定期举行政府首脑会晤，轮流在各成员国举行。为扩大和加强各领域合作，除业已形成的相应部门领导人会晤机制外，可视情组建新的会晤机制，并建立常设和临时专家工作组研究进一步开展合作的方案和建议。

四、“上海五国”进程中形成的以“互信、互利、平等、协商、尊重多样文明、谋求共同发展”为基本内容的“上海精神”，是本地区国家几年来合作中积累的宝贵财富，应继续发扬光大，使之成为新世纪“上海合作组织”成员国之间相互关系的准则。

五、“上海合作组织”各成员国将严格遵循《联合国宪章》的宗旨与原则，相互尊重独立、主权和领土完整，互不干涉内政，互不使用或威胁使用武力，平等互利，通过相互协商解决所有问题，不谋求在相毗邻地区的单方面军事优势。

六、“上海合作组织”是在1996年和1997年分别于上海和莫斯科签署的关于在边境地区加强军事领域信任和关于在边境地区相互裁减军事力量两个协定的基础上发展起来的，其合作现已扩大到政治、经贸、文化、科技等诸多领域。上述协定所体现的原则确定“上海合作组织”各成员国相互关系的基础。

七、“上海合作组织”奉行不结盟、不针对其他国家和地区及对外开放的原则，愿与其他国家及有关国际和地区组织开展各种形式的对话、交流与合作，在协商一致的基础上吸收认同该组织框架内合作宗旨和任务、本宣言第六条阐述的原则及其他各项条款，其加入能促进实现这一合作的国家为该组织新成员。

八、“上海合作组织”尤其重视并尽一切必要努力保障地区安全。各成员国将为落实《打击恐怖主义、分裂主义和极端主义上海公约》而紧密协作，包括在比什凯克建立“上海合作组织反恐怖中心”。此外，为遏制非法贩卖武器、毒品、非法移民和其他犯罪活动，将制定相应的多边合作文件。

九、“上海合作组织”将利用各成员国之间在经贸领域互利合作的巨大潜力和广泛机遇，努力促进各成员国之间双边和多边合作的进一步发展以及合作的多元化。为此，将在“上海合作组织”框架内启动贸易和投资便利化谈判进程，制定长期多边经贸合作纲要，并签署有关文件。

十、“上海合作组织”各成员国将加强在地区和国际事务中的磋商与协调行动，在重大国际和地区问题上相互支持和密切合作，共同促进和巩固本地区及世界的和平与稳定。在当前国际形势下，维护全球战略平衡与稳定具有特别重要的意义。

十一、为协调“上海合作组织”成员国主管部门的合作并组织其相互协作，兹建立该组织成员国国家协调员理事会，并由外长批准该理事会暂行条例来规范其活动。

责成国家协调员理事会在本宣言和“上海五国”元首已签署文件的基础上着手制定《上海合作组织宪章》，其中要明确阐明“上海合作组织”未来合作的宗旨、目标、任务，吸收新成员的原则和程序，作出决定的法律效力和与其他国际组织相互协作的方式等规定，供2002年元首会晤时签署。

总结过去，展望未来，各国元首坚信，“上海合作组织”的成立标志着各成员国合作进程开始迈入一个崭新的发展阶段，这符合当今时代潮流，符合本地区的现实，符合各成员国人民的根本利益。

哈萨克斯坦共和国总统　努·纳扎尔巴耶夫
中华人民共和国主席　江泽民
吉尔吉斯共和国总统　阿·阿卡耶夫
俄罗斯联邦总统　弗·普京
塔吉克斯坦共和国总统　埃·拉赫莫诺夫
乌兹别克斯坦共和国总统　伊·卡里莫夫
2001年6月15日于上海

“上海合作组织”五周年宣言

（2006 年 6 月 15 日上海）

值此上海合作组织（以下简称“本组织”）成立 5 周年之际，本组织成员国元首——哈萨克斯坦共和国总统纳扎尔巴耶夫、中华人民共和国主席胡锦涛、吉尔吉斯共和国总统巴基耶夫、俄罗斯联邦总统普京、塔吉克斯坦共和国总统拉赫莫诺夫、乌兹别克斯坦共和国总统卡里莫夫在本组织诞生地——上海举行会议，声明如下：

一、本组织 5 年前在上海宣告成立，是所有成员国基于 21 世纪的挑战和威胁，为实现本地区的持久和平与可持续发展而作出的战略抉择。这一决定推动地区合作迈入新的历史阶段，对于本组织所在地区建立和保持和平与稳定，建设合作和开放的环境具有重要意义。

在国际和地区局势风云变幻的情况下，本组织已成为成员国深化睦邻友好合作和伙伴关系的重要机制，开展文明对话的典范，是推动国际关系民主化的积极力量。

二、过去几年的工作为本组织稳定和持续发展奠定了坚实基础，已得到国际社会的广泛认同。

第一，顺利完成了机制和法律建设任务，确保本组织有效发挥职能。

第二，展开安全领域的密切合作，中心任务是打击恐怖主义、分裂主义、极端主义和非法贩运毒品，应对非传统威胁与挑战。

第三，制定了区域经济合作长期计划和方向，明确了成员国经济合作的目标、优先方向和首要任务，建立了实业家委员会和银行联合体。

第四，奉行对外开放、不针对第三方和不结盟原则，积极与像本组织一样愿在平等、相互尊重和建设性基础上进行合作的国家和国际组织开展多种形式的对话、交流与合作，以维护地区和平、安全与稳定。

本组织顺利发展，在于它一直遵循“互信、互利、平等、协商，尊重多样文明，谋求共同发展”的“上海精神”。作为本组织一个完整的基本理念和最重要的行为准则，它丰富了当代国际关系的理论和实践，体现了国际社会对实现国际关系民主化的普遍要求。“上海精神”对国际社会寻求新型的、非对抗性的国际关系模式具有非常重要的意义，这种模式要求摒弃冷战思维，超越意识形态差异。

本组织将毫不动摇地坚持成立之初确立的、并在通过的文件、宣言和声明中得到巩固的宗旨及原则。

三、当今世界形势和国际关系经历着前所未有的深刻变化。世界多极化和经济全球化的趋势在曲折中向前发展，建立 21 世纪新型国际秩序的进程缓慢而不均衡，各国相互联系与依存日益加深。国际社会拥有实现稳定、和平和普遍发展的良好机遇，也面临着一系列复杂的传统和非传统安全挑战和威胁。

本组织一贯主张加强战略稳定和不扩散大规模杀伤性武器的国际体系，支持维护国际法秩序，将为实现上述重大任务作出自己的贡献。

本组织认为，联合国是世界上最具普遍性、代表性和权威性的国际组织，被赋予在国际事务中发挥主导作用的责任，成为制定和执行国际法基本准则的核心。联合国应根据世界形势变化进行合理、必要的改革，以提高效率，增强应对新威胁和新挑战的能力。安理会的改革，应遵循公平地域分配原则和最广泛协商一致的原则，不应为改革设立时限或强行推动表决尚有重大分歧的方案。本组织主张，下届联合国秘书长应来自亚洲。

只有所有相关国家和国际组织开展广泛合作，才能有效应对挑战和威胁，而确定维护地区安全的具体方式和机制，是该地区国家的权利和责任。

本组织将为建立互信、互利、平等、相互尊重的新型全球安全架构作出建设性贡献。此架构基于公认的国际法准则，摒弃"双重标准"，在互谅基础上通过谈判解决争端，尊重各国维护国家统一和保障民族利益的权利，尊重各国独立自主选择发展道路和制定内外政策的权利，尊重各国平等参与国际事务的权利。

必须尊重和保持世界文明及发展道路的多样性。历史形成的文化传统、政治社会体制、价值观和发展道路的差异不应被用于干涉他国内政的借口。社会发展的具体模式不能成为"输出品"。应互相尊重文明差异，各种文明应平等交流，取长补短，和谐发展。

四、中亚地区形势总体保持稳定。各国在政治经济改革和社会发展领域取得了历史性成就。中亚国家拥有独特的历史文化传统，应得到国际社会的尊重和理解。应支持中亚国家政府为维护安全与稳定、保持社会经济发展及不断改善人民生活所作的努力。

将继续挖掘本组织潜力，加强本组织作用，为促进成员国合作，为建立和平、协作、开放、繁荣与和谐的地区作出积极贡献。

成员国将世代友好，永不为敌，将全面发展睦邻、互相尊重和互利合作的关系，相互支持维护国家主权、安全和领土完整的原则立场和努力，不参加损害成员国主权、安全和领土完整的联盟或国际组织，不允许利用其领土损害其他成员国主权、安全和领土完整，禁止损害其他成员国利益的组织或团伙在本国领土活动。为此，成员国将协商缔结本组织框架内长期睦邻友好合作多边法律文件的问题。

成员国将一如既往地就国际和地区事务加强协调与合作，就涉及本组织利益的问题形成共同立场。

本组织拥有在本地区维护稳定与安全方面发挥独立作用的潜力。当出现威胁地区和平、稳定与安全的紧急事件时，成员国将立即联系并就共同有效应对进行磋商，以最大限度地维护本组织和成员国的利益。将研究在本组织框架内建立预防地区冲突机制的可能性。

全面深化打击恐怖主义、分裂主义和极端主义及非法贩运毒品领域的合作，是本组织的优先方向。本组织将采取措施，以加强地区反恐怖机构并与相关国际机构开展合作。

为进一步扩大经济合作，需协调成员国通过实施区域经济合作重大优先项目而落实《上海合作组织成员国多边经贸合作纲要》所作的努力，协调各方推进贸易和投资便利化，逐步实现商品、资本、服务和技术的自由流动。

本组织欢迎有关伙伴参与能源、交通运输、信息通信、农业等优先领域的具体项目。本组织将尽己所能，积极参与防治传染病的国际行动，为环境保护和合理利用自然资源作出贡献。

巩固和扩大成员国友好和相互理解的社会基础，是确保本组织持久生命力的重要手段。为此，需要将文化艺术、教育、体育、旅游、传媒等领域双边和多边合作机制化。鉴于成员国拥有独特、丰富的文化遗产，本组织在促进文明对话、建立和谐世界方面，完全可以发挥促进和示范作用。

值此本组织成立 5 周年之际发表此宣言，我们，成员国元首深信，本组织将更加有效地致力于实现其创建时宣告的崇高目标和任务,为和平、合作和发展事业作出贡献。

哈萨克斯坦共和国总统	努尔苏丹·纳扎尔巴耶夫
中华人民共和国主席	胡锦涛
吉尔吉斯共和国总统	库尔曼别克·巴基耶夫
俄罗斯联邦总统	弗拉基米尔·普京
塔吉克斯坦共和国总统	埃莫马利·拉赫莫诺夫
乌兹别克斯坦共和国总统	伊斯兰·卡里莫夫

APEC《领导人宣言》——迎接新世纪的新挑战

（2001 年 10 月 21 日上海）

前　言

1. 我们，亚太经合组织（APEC）的经济体领导人，在二十一世纪首次会聚上海，探讨如何迎接我们所面临的新挑战。我们相信亚太地区具有巨大的潜力，并决心通过参与、合作，实现共同繁荣。

2. 此次会议是在十分关键的时刻举行的。目前，世界主要经济体增长放缓，情况比我们预想的更为严峻。亚太地区多数成员经济下滑，一些新兴经济体受到外部环境的影响尤为严重。此外，最近在美国发生的恐怖袭击事件对一些行业以及消费和投资者信心均造成了负面影响。从长远来看，应对全球化和新经济带来的深刻变革并从中获益是我们面临的另一个主要挑战。

3. 作为亚太地区最重要的经济合作论坛，APEC 应发挥领导作用，帮助各成员抓住机遇、迎接挑战。同时，我们需要就反对恐怖主义传达清晰而强烈的信息。我们决心扭转当前经济的下滑趋势，反对贸易保护主义，支持世界贸易组织在即将召开的部长级会议上启动新一轮谈判，增强公众对未来的信心。这些工作将符合并推动 APEC 的目标：和平、和谐、共同繁荣。

4. 我们决心共同努力，促进经济可持续增长，共享全球化和新经济的收益，推进贸易投资自由化和便利化，从而使亚太经济在新世纪更加充满活力。我们重申实现茂物目标的决心，即发达成员在 2010 年、发展中成员在 2020 年实现亚太地区贸易投资自由化和便利化。为此，我们通过了《上海共识》，为 APEC 在第二个十年及以后的发展指明了道路。

促进可持续发展

5. 我们对亚太地区中、长期经济增长前景抱有坚定的信心，原因是亚太地区的经济基础依然良好。1997—1998 年亚洲金融危机以后，改革和结构调整初见成效，许多新兴经济体提高了抵御经济放缓和外部冲击的能力。

6. 我们将采取适当的经济政策和措施，加强宏观经济政策对话与合作，为促进经济复苏，实现可持续发展奠定坚实的基础。所有成员都有必要采取及时的政策行动来加强市场、促进世界经济的早日复苏。

7. 鉴此，我们呼吁强化成员内部的能力建设，深化结构改革，巩固本地区的经济基础。对此，我们重视合理的经济政策和良好的公司治理，强调政府应制定合理的法律、法规框架，鼓励创新竞争，加强能力建设。建立完善的社会安全体系十分重要，它有助于减少经济危机对社会弱势群体的负面影响。正如 APEC《2001 年经济展望报告》中所提到的，提高金融效率是促进经济增长的关键。因此，我们欢迎 APEC 在这方面所做的努力，包括加强建设经济、法律基础设施、对资本市场进行监督、在公司治理和执行国际金融标准等方面的合作。APEC 财政部长会议为此作出了贡献。我们还欢迎太平洋经济合作理事会在这些方面作出的努力。我们指示相关的部长和官员们继续推进他们在此方面的工作。

8. 我们认识到加强金融稳定、防范危机的重要性，强调有必要加强国际金融体系。我们呼吁

APEC继续努力,建立有效机制,防止金融危机再度发生。我们在加强国际金融体系方面已迈出了重要步伐,例如,“金融稳定论坛”审议了“离岸金融中心和高杠杆率的金融机构工作组”有关建议的执行情况。我们强调应确保国际货币基金组织董事会的代表性,强调国际货币基金组织的份额分摊应合理反映世界经济的现状。国际货币基金组织和其他国际金融机构为加强金融稳定发挥了关键作用,地区合作组织也可成为其有益的补充。因此,我们欢迎“清迈倡议”在加强东盟和中国、日本、韩国金融合作安排方面所取得的实质性进展,并注意到“马尼拉框架工作组”的有关工作。我们支持这些努力,并敦促他们得到进一步加强。

9. 在经济增长放缓的形势下,APEC更应坚持其开放的目标,保持强劲的发展势头。我们重申追求贸易投资自由化的坚定决心。我们决心共同反对一切形式的保护主义。我们强烈支持开放、公平和遵循共同制定的规则的多边贸易体制,这对全球经济的增长至关重要。APEC必须坚持其自身的发展议程,推进贸易、投资和能力建设。

从全球化和新经济中受益

10. 我们相信,全球化是经济增长的强大推动力。它为提高APEC大家庭的人民生活水平和社会福利带来了希望。我们认识到,新经济有潜力提高生产力,促进经济组织和企业管理的变革,以及创造、传播知识与财富。然而,新经济带来的众多机会没有被各个经济体以及经济体内的各个群体充分地分享。因此,让APEC大家庭的每一个人都从中受益十分必要。我们强调,人力资源和机制两方面的能力建设都很重要。这是在全球化和新经济背景下应对挑战、抓住机遇的关键。正如市场开放一样,能力建设是保证APEC平衡发展的一个重要因素。

11. 鉴此,我们确定人力资源能力建设是今年和未来工作的核心内容。我们对人力资源能力建设高峰会议的成功举行表示祝贺,并欢迎会上通过的《北京倡议》。该倡议为在新经济背景下开展合作提出了一系列原则及机遇。我们号召APEC各论坛和各成员开展相应的后续活动,发达成员和发展中成员应优势互补。我们支持社会各主要群体全面参与,特别是建立政府、工商界、学术界三方密切的合作伙伴关系。我们欢迎由APEC教育基金支持的“APEC网络教育”项目,“人力资源能力建设促进项目”和“上海APEC金融和发展项目”。我们欢迎第四届人力资源开发部长级会议取得的成果,支持会上通过的《熊本声明》及其为21世纪APEC开发人力资源、实现社会进步及共同繁荣所作的贡献。

12. 我们认识到经济技术合作对推动经济可持续发展和均衡增长的重要作用,对APEC经济技术合作取得的进展表示欢迎,强调贸易投资自由化和经济技术合作应互相支持。我们对制定和提交经济技术合作行动计划表示赞赏,确认它是促进APEC健康平衡发展的主要步骤。我们指示部长们在不断总结经验的基础上继续执行这一倡议。

13. 我们欢迎经济技术合作其他领域所取得的进展。我们通过了《APEC应对传染病战略》,并号召各成员和相关论坛实施有关建议。

14. 考虑到中小企业和微型企业的重要作用,我们请部长和高官们在《APEC中小企业综合行动计划》的基础上开展工作,特别是针对微型企业的工作。鉴此,我们欢迎明年将由墨西哥主办的微型企业高峰会。

15. 在去年文莱会议的基础上,我们进一步制定了一份前瞻性、面向行动的《数字APEC战略》。该战略旨在利用先进的信息及通信技术,促进因特网的广泛介入,提高就业率、改善公共服务、提高生活品质,达到在APEC地区创建数字化社会的目标。数字化社会将使本地区每个成员和每个人,包括妇女和残疾人都享有均等的机会,共同分享社会进步的成果。我们敦促各成员采取单边和共同的行动,实施这一跨领域的战略计划。在当前情况下,早日实施该战略将对信息产业的复苏起到积极的促进作用。我们也欢迎 APEC 为促进电子商务发展而取得的进步。

16. 2002 年 9 月,我们中的许多人将聚首约翰内斯堡,出席"可持续发展世界高峰会议",为我们实现可持续发展的承诺重新注入活力,并实现促进经济增长,开发人力资源,推动社会进步和保护环境这三个密切相关的目标。APEC 在这些领域也开展了一些活动,我们将考虑如何为约翰内斯堡峰会作出贡献,并力争落实会议成果。

17. 我们认识到,公众对全球化的利弊正在展开辩论。这些辩论应以在严密和全面的分析为基础。APEC 应以建设性的方式对这些辩论加以引导。我们指示部长们召开一次 APEC"全球化和共享繁荣对话会",集中讨论结构调整及其影响。同时,APEC 应加强与 APEC 大家庭的工商界、包括中小企业,以及其他方面交流,更有效地宣传 APEC 的目标、活动和益处,以保证我们社会各群体都能参与并从 APEC 和全球化进程中受益。我们尤其珍视与 ABAC 及其他工商界代表的交流。我们也指示部长和官员们就《APEC 与社会交流战略》和 APEC 与社会交流临时小组的建议。

18. APEC 地区的可持续发展还要求我们为不断增长的人口解决粮食问题。领导人们号召加速实施 APEC 粮食系统的倡议。我们认识到,生物技术可以提高生产力、改善营养,并改善农业生产环境。我们重申在科学基础上安全引入和使用生物技术产品的重要性。我们也欢迎召开农业生物技术政策对话的倡议,并号召就此开展更多的能力建设活动。

19. 我们对 APEC 妇女融入特设工作组取得的巨大成就表示满意,强调在 APEC 进程内男女平等的重要性。我们承诺 APEC 将在有关问题中充分考虑到妇女参与的因素。我们欢迎墨西哥关于举办第二届妇女部长会议的决定,这次会议将为相关领域取得更大进展提供了机会。

支持多边贸易体制

20. 贸易和投资是我们缩小差距,实现共同繁荣的另一个关键。在全球市场迅猛发展的今天,其重要性变得更加突出。为此,我们承诺将在全球和地区范围内进一步努力,促进贸易投资自由化及便利化。

21. 11 月,第四届 WTO 部长级会议将做出一项重大决定,其结果将对我们的未来产生长期的影响。我们毫不动摇地支持一个能为所有人带来更多机会的、更为强健的多边贸易体制。我们坚决支持在该会议上启动新一轮谈判,近来全球经济放缓使其更为紧迫。我们一致认为,一旦启动,新一轮谈判应尽早结束。

22. 我们强调制定一个平衡、足够广泛且现实可行的议程的必要性,这对新一轮谈判的成功启动和结束至关重要。我们同意新一轮的议程应包括进一步的贸易自由化,加强 WTO 规则及有关实施问题等内容。这一议程还应体现所有成员,特别是发展中和最不发达成员的利益和关切,适应 21 世纪的挑战并支持可持续发展的目标。这将有利于保证贸易和投资的增长能够带来繁荣并且能够公平地被所有人分享。为此,我们也强调新一轮应得到所有成员的支持。为实现这一目标,有必要有效实施特殊和差别待遇,并加强 WTO 内部的透明度。

23. 我们重申我们在 APEC 区域内对电子交易暂不征收关税的承诺。考虑到 WTO 有关协定对电子商务的重要意义,我们同意将这一举措延期至 WTO 第 5 届部长级会议。

24. 我们重申 APEC 与 WTO 相关的能力建设项目的重要意义。它们是 APEC 为加强多边贸易体制所作出的独特和实质性的贡献。我们呼吁加快实施 APEC 关于加强执行 WTO 协议能力建设的战略计划。

25. 我们对中国入世谈判的结束表示欢迎,认为这一历史性的发展有助于使 WTO 成为名副其实的全球性组织,并加固全球经济合作的基础。我们敦促在即将召开的部长级会议上完成中国的入世进程。同时,我们重申对在该会议上批准中国台北入世以及加快俄罗斯和越南入世进程的有力支持。

26. 我们强调次区域和双边经济合作应支持多边贸易体制,应与 WTO 的有关规定和原则相一致;与 APEC 有关规定相一致,并支持 APEC 的目标和原则。我们注意到有关就此交换信息的倡议。

为 APEC 描绘一个更为生机勃勃的前景

27. 从 1989 年成立以来,APEC 历经变革,其所处的环境也发生了巨大的变化。但这些变化从未削弱 APEC 这一区域合作机制的重要性。相反,它们使得我们更有必要全力支持 APEC 进程,秉承从 1993 年西雅图会议延续至今的"亚太大家庭"精神,共同描绘 APEC 成员间和平与繁荣、多样性及依赖性并存的远景,特别是向实现茂物目标迈进。同时,我们重申坚持在自主自愿、协商一致、循序渐进等基本原则基础上形成的独特的"APEC 合作方式",强调单边行动与集体行动相结合,灵活性与全面性相结合,并坚持"开放的地区主义"。这些原则是我们取得成功的关键。

28. 我们意识到,APEC 必须坚持活力,与时俱进,应对并适应世界和地区经济的不断变化。当 APEC 进入第二个十年之际,应丰富并赋予 APEC 合作以新的内涵,为 APEC 描绘一个更为生机勃勃的前景。在这方面,我们展望 APEC 在第二个十年的发展前景:继续致力于实现茂物目标,通过更加广泛与平衡地分享增长的好处深化大家庭精神,并将 APEC 建成一个更加紧密的地区合作机制。

29. 为此,我们今天宣布《上海共识》。该《共识》将成为 APEC 未来发展的战略性和前瞻性的议程。"共识"不仅明确了我们的共同承诺,也为实现共同目标确定了一些关键性的步骤。在反映 APEC 各成员多样性的基础上,它包含了 APEC 贸易投资和经济技术合作这两个相辅相成的要素。

30. 通过上海共识,我们承诺:

——为 APEC 在新世纪的发展确定一个新的政策框架。这一框架将立足于全球化和新经济带来的变化,并反映拓展了的 APEC 议程,使其涵盖经济体内部及国际范围的改革和能力建设的必要性。

——进一步明确 APEC 实现茂物目标的发展战略,并在 2005 年进行有关全面进展情况的中期审评。具体手段包括:拓展和更新《大阪行动议程》,鼓励以"探路者"方式推进 APEC 为实现茂物目标的倡议,促进实施有利于新经济的贸易政策,针对 APEC 贸易便利化原则采取后续行动以及提高经济治理的透明度等。

——通过加强单边行动计划审议机制和加强经济技术合作和人力资源能力建设等手段,强化 APEC 合作的执行机制。

31. 我们指示部长和高官们积极地实施《上海共识》。我们坚信,通过共同努力,我们今天确立的前景将结出丰硕的成果,最终为我们缔造一个稳定、安全和繁荣的大家庭。

附： **《上海共识》**

第一部分：拓展亚太经合组织的远景目标

自从确立茂物目标以来，全球化和新经济给全球和地区经济带来了深刻的变化，在创造了广阔机遇的同时，也形成了巨大挑战。APEC 的未来发展应反映这些变化。各成员领导人认为，贸易自由化仍然是 APEC 进程的核心内容，但有必要对茂物目标进行更新和拓展，以促进贸易投资自由化和便利化与经济技术合作的协调发展，尽可能地造福本地区的所有经济体。要实现这一目标，最具挑战性的一项工作是加强各成员在国内和国际两方面采取的单边行动和集体行动，在一些领域进行改革，并加强能力建议。

鉴于合理的宏观经济政策、良好的经济管理、稳定的金融体系，以及更广泛的经济交流在促进地区经济繁荣中发挥的重要作用，财长会进程的战略目标也应在 APEC 更广阔的远景规划中有所反映。

第二部分：进一步明确实现茂物目标的战略

拓展和更新《大阪行动议程》

各成员领导人对今年有关《大阪行动议程》方面的工作表示赞赏，意识到这项工作对反映 APEC 取得的成就及其应对地区和全球形势变化的能力具有重要意义。领导人同意拓展《大阪行动议程》，以反映自大阪会议以来全球经济发生的根本性变化。具体内容可包括通过实施数字 APEC 战略的某些内容发展新经济，以及加强市场等。领导人指示部长们开展这项工作。为此，高官们应就如何拓展《大阪行动议程》提出建议，向 2002 年贸易部长会议提交进展报告，向 2002 年部长级会议提交最后的报告。

以“探路者”方式推进 APEC 倡议

各成员领导人重申有条件发起并实施某些合作倡议的成员可以在与《茂物宣言》保持一致的前提下采取行动。领导人鼓励发展此类“探路者倡议”，认为在执行这些倡议时，必须遵循 APEC 自主自愿、协商一致、灵活性、透明度、开放的地区主义以及发达和发展中成员遵循不同的时间表等原则。此类以一些成员先行实施某些倡议为基础的合作安排将为 APEC 推进茂物目标注入新的活力，并为通过能力建设项目鼓励更广泛的参与提供一个框架。领导人还同意上述倡议应保持透明度、开放性，具有明确的目标及框架，以便尽可能地鼓励其他成员在条件成熟时加入。

促进实施面向新经济的合理的贸易政策

各成员领导人认识到在新形势下实施恰当的贸易政策，以顺应新形势、促进新经济发展的重要性。作为这一努力的一部分，领导人指示高官们于 2002 年年中前就此进行信息交流，内容包括服务业开放程度及有关关税和知识产权机制的情况等。在此基础上，各成员可以在 2002 年部长级会议前确定相关目标。开展这项工作时，应考虑《数字 APEC 战略》中有关内容的执行情况。有鉴于各成员的不同情况，领导人同意，应为发展新经济制定和实施具体的能力建设项目，以取得更好的效果。

贸易便利化后续行动各成员领导人指示部长们于 2002 年部长级会议前确定具体的行动和措施，与私营部门密切合作，在 2006 年前将 APEC 贸易便利化原则付诸实施。目标是力争在未来 5 年内将 APEC 地区的贸易交易费用降低 5%。领导人还指示部长们探讨为贸易便利化确定客观标准的可能性，在这一过程中要充分考虑 APEC 成员的多样性，以及各成员已经取得的进展。同时，领导人一致认为，开展援助项目来提高发展中成员实施贸易便利化的能力非常重要。

通过加强透明度原则

各成员领导人意识到加强经济管理透明度的重要性。在这方面，APEC 已在许多领域制定了包括加强透明度条款的选择性菜单和原则。领导人指示部长们在考虑各成员实际情况的前提下，努力执行这些已经通过的原则，并从2002年开始在单边行动计划中报告有关部门工作的进展情况。领导人还强调应重视有针对性地协助发展中成员，以帮助他们在加强开放与透明度方面取得更大进展。领导人注意到为实现这一目标，在建设“电子政府”方面开展合作的重要性。

第三部分：加强执行机制

加强单边行动计划同行审议机制

各成员领导人欢迎部长们做出的加强单边行动计划同行审议机制的决定，并鼓励各成员在新的审议机制的基础上自愿提交单边行动计划供其他成员审议。领导人还同意在完成对上述成员的审议工作后，于2005年对实现茂物目标取得的全面进展进行中期审评。

加强经济技术合作和能力建设

各成员领导人认识到经济技术合作不仅可以促进可持续发展和缩小发展差距，还可以直接支持贸易投资自由化和便利化，增强各成员的竞争能力，实现共同繁荣。领导人对《大阪行动议程》第二部分的修改工作表示赞赏，并号召将经济技术合作有关努力纳入APEC各项优先领域中。领导人强调要努力推动经济技术合作各项倡议的有效实施，特别是一些跨领域的部门，如人力资源能力建设。

各成员领导人认识到扩大经济技术合作的影响、促进APEC各论坛中经济技术合作的管理和协调具有重要意义。在这方面，领导人支持对高官会经济技术合作分委会的作用和权限进行审议，并希望这项工作能尽快取得进展。领导人还认识到有必要鼓励将微型和中小企业发展纳入APEC各优先领域中。

各成员领导人同意经济技术合作行动计划有助于评估和促进经济技术合作活动，应吸收在实验阶段取得的经验和教训，继续开展有关方面的工作。领导人号召各成员在自愿基础上参加这项活动。领导人同意APEC应加强与双边、多边和私营机构的合作，以减少重复，加强人力资源能力建设方面的活动。

亚太经合组织领导人反恐声明

（2001 年 10 月 21 日）

领导人一致强烈谴责 2001 年 9 月 11 日在美国发生的恐怖袭击事件，对每位死难者和死难者家属、美国政府和人民深表同情和慰问。

领导人认为，这种屠戮生命的行径和其他一切形式的恐怖行为，不论何时、何地，针对何人，由谁所为，都严重威胁着所有人民，所有信仰，以及所有国家的和平、繁荣和安全。恐怖主义对亚太经合组织倡导的自由、开放和繁荣目标，对亚太经合组织各成员信奉的价值观，也构成直接挑战。

领导人重申，对各成员此刻尤为重要的是加快实现《茂物宣言》所确定的贸易、投资自由化目标。

领导人认为，必须全面加强各层次、综合性的国际反恐怖合作，重申联合国应在此方面发挥主导作用。领导人特别强调联合国有关决议的重要性。

领导人承诺，恪守《联合国宪章》和其他国际法，防止、制止一切形式的恐怖活动，迅速、有效执行安理会第 1368 和 1373 号决议，支持一切旨在加强国际反恐机制的努力，呼吁加强合作将凶手绳之以法，呼吁尽快签署并批准包括《禁止资助恐怖主义的国际公约》在内的所有国际反恐公约。

领导人决心根据各自具体情况加强反恐合作，包括：

——采取适当金融措施，防止恐怖主义的资金流动，加快亚太经合组织反金融犯罪财长工作组的工作，并更多地参与相关国际机制的活动。

——各成员都应执行国际海、空运输的相关安全要求。交通部长们应积极讨论保障机场、航空器和港口安全的有效措施，力争尽早取得实际成效，确保全面落实与合作。

——通过“亚太经合组织能源安全倡议”机制，加强地区能源安全，研究本地区能源供应面临的短期问题和长远挑战的应对之策。

——加强亚太经合组织在关键领域的保护工作，诸如电信、交通、卫生和能源等。加强海关联系网络，加快发展一体化的电子通关网络，以便既减少对贸易流动的影响，又更有效地执法。

——合作建立人员流动电子记录系统，以加强边境安全，增加合法旅行人员的行动便利。

——加强各成员的能力建设和经济技术合作，以协助每一成员能确定和实施有效的反恐措施。

——共同努力减少袭击事件造成经济下降的影响，采取措施加大积极增长，确保贸易、投资、旅行和旅游有一个稳定的环境，以恢复本地区经济信心。

领导人承诺进行全面合作，加强经济与金融部门的相互沟通，确保经济与市场不受国际恐怖主义的干扰。

上海减贫议程

（2004 年 5 月 27 日在上海召开的全球扶贫大会上通过）

5 月 26 和 27 日，包括发展中国家和发达国家的国家元首、部长及代表、国际机构的负责人和代表以及私营部门和公民社会的各界人士参加了上海会议。本次会议的目的是：

——评估全球增长和减贫工作的现状；

——利用为筹备这次会议所进行的各种个案研究、实地考察和全球对话，开展交流，探讨促进增长和减贫工作取得成功和加大工作力度的关键因素，以及

——确定切实可行的加快增长和减贫工作所需采取的措施，以推动先前已达成共识的全球减贫议程。两年前在蒙特雷，国际社会在"千年发展目标"（千年目标）的指导下，创立了促进经济增长和加快减贫工作的新型伙伴关系。发展中国家承诺加强其政策和行动力度；发达国家承诺开放国内市场并且提高其援助的水平和效果；开发机构则承诺提供有效和协调的支持。

实现"千年发展目标"，必须找到有效的、持久的和可在全世界应用的发展办法。本次上海会议提供了一个独特的机会，学习各国在增长和减贫方面丰富的和多样化的成功经验和失败教训，并探索利用这些在具体项目、国家和全球范围内的成功经验，并对其进行调整，以扩大世界各地减贫工作进展的方法。

大会感谢中国政府和人民，世界银行，以及所有对本次"全球学习过程"的作出贡献的国家和赞助者。

减贫工作的进展减贫和人类发展事业在过去几十年取得了巨大的成就：

——过去的 20 年中，尽管世界人口数量增长了 16 亿，但是，发展中国家生活在每天不到 1 美元贫困线以下的人口比例从 40%左右下降到 22%以下；

——在过去的 30 年中，发展中国家的文盲率几乎下降了一半，所有成人中的文盲比例由 47%下降到 25%；

——在过去的 40 年中，发展中国家的人口预期寿命增加了 20 年。

但是，即便在情形较好的地区和国家也面临发展不平衡甚至严重倒退的问题，这表明实现"千年发展目标"依然任重而道远。本次会议的一个特别重点议题就是撒哈拉以南的非洲，尽管那里的健康和教育事业有所发展，但在 1965—1990 年间，经济增长和减贫方面却步履蹒跚。低收入困境国家（LICUS）的发展成就最为落后。二十世纪九十年代初期，东欧和中亚转型经济体的人民生活水平急剧下降，贫困现象骤然增加。但自 1995 年以来，情况开始好转。

1997 年的金融危机之后，东亚地区迅速恢复，但仍然面临经济结构调整和减贫方面的挑战。南亚地区过去二十年的经济增长和减贫工作加快，但存在着利益分配不均的问题。拉丁美洲的经济增长速度缓慢，在某些国家收入不均现象严重。经济发展水平不同的中东和北非地区仍然面临着多种经济和社会挑战，其中最大的问题是失业。

自蒙特雷会议以来，我们没有取得足够的进展，这表明如果要实现"千年发展目标"，所有各方就必须根据蒙特雷伙伴关系原则大力地和紧迫地加大行动力度。最近，为发展委员会准备的《全球监测报告》指出，以现在的趋势，大多数国家都不能实现所有的千年目标，特别是在撒哈拉以南非洲

地区;预计在人类发展目标方面的差距会最为严重,特别是卫生事业。

加大减贫力度的经验教训

全球学习过程中所进行的个案研究、实地考察和全球对话探讨了各国和各机构怎样实施减贫计划,他们做了什么,更为重要的是,他们怎么做。这一过程产生了很多富有价值的深刻见解,也有力肯定了过去经验中的许多教益。它告诉我们加大减贫力度是可能的,而且只要一个国家有正确的思想,支持这些思想的贯彻并拥有有利于长期管理和执行的环境,他们就能够取得成果。加大力度可以发生在任何层面(国家、区域和次区域)的计划和项目中,甚至在处于或刚刚走出冲突的国家。

过去的经验表明,发展是一个长期的转型过程,需要持续的承诺和国家朝着预期目标引导发展进程的强大能力。人们对于加快国家层面的发展需采取的措施,存在如下共识:

——各国必须主导自身的发展,其发展战略必须符合自身国情;

——任何成功的减贫努力都必须是全面的,涵盖多方面的协调一致和综合的行动,但是发展措施必须有先后顺序,并选择时机往前推进;

——增长对创造就业和减贫都至关重要。它需要强有力的经济基本面,其中包括:良好的投资和创业环境,对农民和小企业来说,更是如此;惩治腐败,改善对公共部门和私人部门的治理,提高透明度和强化问责制。中国自1981年以来,成功地帮助4亿赤贫人口脱贫,中国政府注重为农业部门创造更多的经济机会,实行外贸开放并提高了农村贫困人口的劳动力流动;

——对贫困人口的福祉而言,增长至关重要,但仅此还不够。贫困人口必须要分享到增长的益处,增长必须要与充分有效的对贫困人口教育、健康以及社会基础设施的投资同步进行。

有利的国际环境是对国内行动的重要补充:

——一个更为开放和均衡的全球贸易体系对实现千年目标至关重要,并且也能成为促进增长和减贫的强大动力;

——在一个良好政策环境下,当援助能和受援国家的重点和体制相结合,并配以一定的预见性与灵活性,它一直会是一个有效和有力的催化剂。

当短期资本盛行,金融危机会削弱并使减贫成效倒退数年,因而更加突出了加强国际金融体系的需要。由于全球减贫挑战的范围巨大,显然需要通过大幅度加大行动力度,加快经济增长和减贫,以实现千年目标。促成上海会议的全球学习过程和100个个案研究让我们深刻了解了有多少个国家和社区注重实施并取得成效。这些教益和了解对于把一个地方的成功经验推广到世界上其他地方和社区非常重要。

——广泛的案例分析表明,并没有扩大减贫成效的唯一蓝图或模型。大多数的个案研究都是和当地情况紧密结合,要求根据实际情况作出判断并对能力建设和人员培训进行大量投资;

——成功的扩大减贫成效要求远见和持续的努力。西部非洲通过广泛的合作,用30年的时间在非洲的大部分地区消除了河盲症。在这个项目的9个资助者中,有7个还在进行着这个项目;

——持续不断的政治承诺和领导是成功实施加大减贫力度工作的关键,无论是在项目和计划层面还是在国家层面推进有效的增长和减贫战略都是如此。哥斯达黎加、韩国和马来西亚等国的政治稳定性,连续性和连贯性使改革得以稳固,取得了明显的成绩,并扩大了人们对改革的决心和信任;

——远见卓识的领导和强有力的管理也是成功加大减贫力度的关键。孟加拉国小额贷款的故事显示了创业和创新精神如何改变了向穷人提供金融服务和其他服务的方式;富有远见的社会企业家和捐助者们通过长期不懈的努力帮助执行机构改变工作方式;

——对贫困人口赋权和让贫困人口参与是取得有效成果和扩大减贫成效的先决条件。也门、马拉维和赞比亚社会基金得以在全国范围内推广,都是放弃了从上至下、中央集中的服务提供方式,而让社区自己进行管理;

——各方参与制定的旨在满足广大人民迫切需要的计划会赢得广泛的兴趣和支持。埃及和孟加拉国通过开展社区宣传活动、修建离家较近的学校,缩短女生上学的距离、提供卫生设施和增加女教师的数量等方式,增加女生入学的需求,从而成功地大幅缩小了男女生入学的差距;

——在预算、过程和程序上的透明原则可帮助改善责任制,赋权客户并减少腐败。印度的班加罗尔议程行动组就是一个私人部门、公民社会和政府领导人之间相互合作的杰出范例,它改善了政府运作,通过公民报告卡监督工作进度;

——改革的先后顺序得当和注重政治上的经济性是推动有效改革的实施和持续改革的关键。乌干达首先处理了冲突后的关键问题——安全问题,然后调动人们的兴趣,开展其艰难的经济议程;

——由系统的监督和评估指导的学习和实践是成功扩大减贫成效项目的基础。结果追踪、定期评估和信息公布有助于在必要时中途纠正错误,同时也为加大计划的力度奠定了基础;

——充足的资金是减贫的必要前提;可以利用外部资金来撬动大量的国内资金。在巴西东北部进行的基于社区的发展计划中,国家预算拨款是世界银行投资额的十倍。当有真正的国家所有权并以相互信任和注重结果为基础时,资助者的出资才能发挥最大效果。

加大力度,加快减贫

大会重申,利用这些经验教训,加速减贫工作,扩大减贫成果,正当其时。“千年发展目标”十分明确,蒙特雷和约翰内斯堡峰会所商定的方法也十分明确。会议一致认为,如果要实现千年目标,发展中国家、发达国家以及国际机构必须紧迫地加大工作力度。需要有坚决的和具体的步骤去实施已达成共识并已被发展委员会再一次确认的加快增长和减贫的政策和行动。

尽管在国家政策制定方面取得了明显的进步,但必须继续并深化治理、法律、司法和金融体制的改革。弥补基础设施和人力资本的差距需要实质性地扩大投资和提高生产率。继续调动国内资源和革新是开展长期减贫的基础。通过共同消除壁垒促进贸易是刺激全球增长、利用全球化的优势开展减贫和提高人民生活水平的最有力工具。重振多哈回合,特别是在农业和劳动密集型的制造业,改善市场准入和减少补贴是最为紧迫的任务。扩大发展成果需要数量更大的援助。发达国家需要拿出GNP的0.7%作为官方发展援助,没有做到这一点的发达国家必须拿出切实行动实现这一目标。我们高兴地看到亚洲发展基金成功地补充了资金,这其中包括中国的首次出资。为非洲发展基金和IDA-14成功补充资金,使其与实现千年目标的发展挑战程度相适应,将是重申这一承诺的重大举措。需要认真思考一些选择,从而动员更多必要的资金,包括审视一个国际金融工具,全球税收以及其他提议。

援助需要产生实际效果。因此,援助必须具有可预测性、及时性和长期性。2003年2月在罗马举行的高层协调论坛上作出的改善援助管理和有效性的承诺,需要得以迅速实施。最重要的是支持发展中国家政府、企业和社区注重成效的管理。马拉喀什核心原则,包括加强注重成效管理的国家能力原则,应转化为具体行动。减少负债最重的最贫穷国家的债务对帮助它们恢复增长和减贫活力至关重要。关键在于快速全面地贯彻修改后的"严重负债贫穷国家倡议"并与这些国家进行合作,保证长期债务的可持续性,包括通过采取增加赠款的方法。还需要考虑帮助最贫穷的国家更好抵御外部冲击的措施。我们欢迎发展中国家相互帮助的金融承诺以及为解决本国条件较差地区的问题所采取的方法。例如中国,很多发达的地区/省份对次发达的地区给予财政上和物质上的支持。

会议强调了来自多边开发银行的资金、满足需求不断变化的新的、创新机制以及协调和简化贷款政策的重要性。亚洲开发银行减少各国借款费用和世界银行建立 LICUS 信托基金都是值得欢迎的措施。大会欢迎中国额外的 2 000 万美元出资以在亚洲开发银行建立减贫和区域合作特别基金,以及中国和联合国发展计划署的建立一个国际扶贫中心的公告。

今后的道路

2005 千年峰会的回顾不断临近,同时距 2015 年实现千年发展目标的预定日期,我们仅剩 10 年的时间,推进上海会议上取得的经验教训十分紧迫。实现千年目标不仅依靠加大资源投入,还需要对在国内和国际上调整和加快实施成功的方法做出新的承诺。

上海减贫会议第一次将世界各国的发展实践者聚集一堂,在 100 余个案例研究和为期 9 个月学习过程的基础上,共商如何加快减贫和推广成功的减贫项目和活动的实际方法。这是一次思想交流的大会,是对以前举办的类似论坛的补充。系统学习各方的经验和实践者之间的经验交流表明,好的思想和对结果的正确评估可以产生重大的国内和国际影响。

整个学习过程和为期两天的大会突出了以下经验,它们构成了上海减贫议程:

——能够超越当前局限的远见和长期目标是扩大减贫成效的起点;

——大规模扩大减贫成效是一个长久和综合的过程,但需要按照机会成本根据合理的顺序进行;

——强有力的管理是扩大减贫成效的关键,这需要能力的培养;

——持续的增长对创造就业和减贫至关重要;

——要扩大一个国家发展努力的成效,需要一个由国家真正的领导下的包括政府、私营部门、社会和资助者在内的所有参与者之间合作关系;

——没有足够和确定的资金,大规模、长期的项目将无法进行;

——开放贸易和多哈回合谈判的圆满结束对在全球范围内减贫至关重要;

——贫困人口是改革的推动者—因此要取得成功需要对贫困人口赋权和贫困人口的参与;

——包容性对扩大减贫成效的所有方面来说都是关键的。对极端贫困、性别不平等以及青少年、弱势群体和残疾人要给予特殊关注;

——全力解决艾滋病带来的危害;

——贫困和环境的可持续性紧密相连。解决水资源缺乏、卫生和再生能源是长期减贫的关键;

——实践、探索、关注结果以及系统性的评估是成功扩大减贫成效的关键。

上面所强调的学习过程和在上海大会上进行的讨论只是一个开始而并非结尾。连续不断的学习和建立发展交流经验的网络,保证我们以取得的经验为基础,并将之转化为加快增长和减贫的成果,将成为此次大会持久的贡献。

2010年上海世博会参展国家和国际组织一览表

参展国家	中国、阿富汗、阿尔巴尼亚、阿尔及利亚、安哥拉、安提瓜和巴布达、阿根廷、亚美尼亚、澳大利亚、奥地利、阿塞拜疆、巴哈马、巴林、孟加拉国、巴巴多斯、白俄罗斯、比利时、伯利兹、贝宁、不丹、玻利维亚、波黑、博茨瓦纳、巴西、文莱、保加利亚、布基纳法索、布隆迪、柬埔寨、喀麦隆、加拿大、佛得角、中非、乍得、智利、哥伦比亚、科摩罗、刚果(布)、库克群岛、哥斯达黎加、科特迪瓦、克罗地亚、古巴、塞浦路斯、捷克、朝鲜、刚果(金)、丹麦、吉布提、多米尼加、厄瓜多尔、埃及、萨尔瓦多、赤道几内亚、厄立特里亚、爱沙尼亚、埃塞俄比亚、斐济、芬兰、法国、加蓬、冈比亚、格鲁吉亚、德国、加纳、希腊、格林纳达、危地马拉、几内亚、几内亚比绍、圭亚那、海地、洪都拉斯、匈牙利、冰岛、印度、印尼、伊朗、伊拉克、爱尔兰、以色列、意大利、牙买加、日本、约旦、哈萨克斯坦、肯尼亚、基里巴斯、科威特、吉尔吉斯斯坦、老挝、拉脱维亚、黎巴嫩、莱索托、利比里亚、利比亚、列支敦士登、立陶宛、卢森堡、马达加斯加、马拉维、马来西亚、马尔代夫、马里、马耳他、马绍尔群岛、毛里塔尼亚、毛里求斯、墨西哥、密联邦、摩纳哥、蒙古、黑山、摩洛哥、莫桑比克、缅甸、纳米比亚、瑙鲁、尼泊尔、荷兰、新西兰、尼加拉瓜、尼日尔、尼日利亚、纽埃、挪威、阿曼、巴基斯坦、帕劳、巴勒斯坦、巴拿马、巴布亚新几内亚、巴拉圭、秘鲁、菲律宾、波兰、葡萄牙、卡塔尔、韩国、摩尔多瓦、罗马尼亚、俄罗斯、卢旺达、圣基茨和尼维斯、圣卢西亚、圣文森特和格林纳丁斯、萨摩亚、圣马力诺、沙特、塞内加尔、塞尔维亚、塞舌尔、塞拉里昂、新加坡、斯洛伐克、斯洛文尼亚、所罗门群岛、索马里、南非、西班牙、斯里兰卡、苏丹、苏里南、瑞典、瑞士、叙利亚、塔吉克斯坦、泰国、马其顿、东帝汶、多哥、汤加、特立尼达和多巴哥、突尼斯、土耳其、土库曼斯坦、图瓦卢、乌干达、乌克兰、阿联酋长、英国、坦桑尼亚、美国、乌拉圭、乌兹别克斯坦、瓦努阿图、委内瑞拉、越南、也门、赞比亚、津巴布韦
参展国际组织	非盟委员会、东南亚国家联盟、博鳌亚洲论坛、加勒比共同体、加勒比开发银行、东南亚共同市场、独联体、欧洲气象卫星应用组织、欧盟、联合国粮农组织、法语国家商务论坛、全球环境基金、地球观测组织、公共交通国际联会、国际原子能机构、国际博物馆协会、国际信息发展网、国际能源署、红十字会与红新月会国际联合会、国际海事组织、国际竹藤组织、国际电信联盟、联合国艾滋病规划署、阿拉伯国家联盟、经济合作发展组织、太平洋岛国论坛、联合国生物多样性公约组织、上海合作组织、南太平洋旅游组织、联合国气候变化框架公约、联合国人居署、世界城市和地方政府联合组织、联合国、联合国资本开发基金会、联合国儿童基金会、联合国贸易和发展会议、联合国环境规划署、联合国难民署、联合国工业发展组织、联合国人口基金、世界银行、世界卫生组织、世界知识产权组织、世界气象组织、世界旅游组织、世界贸易中心协会、世界贸易组织、世界水理事会、世界自然基金会

上海世博会国家馆日(荣誉日)一览表

序号	日期	名称	出席仪式外方代表	出席仪式中方代表	馆日外会见
1	5月5日	阿尔巴尼亚国家馆日	农业部部长根茨·鲁利	世博会中国政府副总代表吴久洪	副市长唐登杰
2	5月6日	以色列国家馆日	财政部部长尤法尔·斯坦尼茨	世博会中国政府副总代表舒展	市领导
3	5月7日	塞拉利昂国家馆日	总统欧内斯特·巴伊·科罗马	农业部部长韩长赋	市委书记俞正声
4	5月8日	文莱国家馆日	外交和贸易部部长穆罕默德·博尔基亚亲王	外交部副部长宋涛	
5	5月8日	国际红十字与红新月馆荣誉日	国际红十字会与红新月会国际联合会副主席穆罕默德·阿尔-麦迪	世博会中国政府副总代表刘非	
6	5月9日	波黑国家馆日	部长会议主席尼科拉·什皮里奇	国家质检总局局长王勇	市长韩正
7	5月9日	世界气象馆荣誉日	世界气象组织秘书长米歇尔·雅罗	世博会中国政府副总代表柴玺	国务院副总理回良玉(市委书记俞正声、市长韩正作陪)
8	5月9日	欧盟馆日	欧盟委员会副主席维维亚娜·雷丁	住建部副部长齐骥	市长韩正
9	5月12日	南太平洋旅游组织/太平洋岛国论坛荣誉日	太平洋联合馆馆长伯娜德特·朗兹·甘妮劳	国家旅游局副局长杜江	
10	5月14日	马耳他国家馆日	企业局主席阿伦·金瑞利	世博会中国政府副总代表柴玺	
11	5月15日	克罗地亚国家馆日	总统伊沃·约西波维奇	国务院新闻办主任王晨	
12	5月17日	捷克国家馆日	副总理兼外交部部长扬·科胡特	外交部副部长翟隽	
13	5月17日	国际电信联盟荣誉日	国际电信联盟秘书长哈玛德·图埃	工业和信息化部副部长娄勤俭	常务副市长杨雄(出席论坛)
14	5月18日	荷兰国家馆日	王储威廉·亚历山大	水利部部长陈雷	
15	5月18日	国际博物馆协会荣誉日	国际博协总干事朱利安·安弗伦斯	国家文物局局长单霁翔	
16	5月19日	德国国家馆日	总统霍斯特·克勒	市委书记俞正声	
17	5月20日	国际竹藤组织馆荣誉日	国际竹藤组织总干事古珍	国家林业局局长贾治邦	

(续表)

序号	日　期	名　　称	出席仪式外方代表	出席仪式中方代表	馆日外会见
18	5月21日	奥地利国家馆日	总理维尔纳·菲曼	市长韩正	
19	5月22日	波兰国家馆日	文化与民族遗产部部长博格丹·兹德罗耶夫斯基	世博会中国政府副总代表苑桂森	
20	5月23日	瑞典国家馆日	国王卡尔十六世·古斯塔夫	市委书记俞正声	
21	5月24日	黑山国家馆日	总统菲利普·武亚诺维奇	教育部部长袁贵仁	市长韩正
22	5月25日	厄立特里亚国家馆日	旅游部部长阿斯卡露·门克莉奥斯	世博会中国政府副总代表马恩汉	
23	5月26日	韩国国家馆日	文化体育观光部部长柳仁村	市政协副主席高小玫	
24	5月27日	芬兰国家馆日	总统塔里娅·哈洛宁	科技部部长万钢	
25	5月28日	挪威国家馆日	王储哈康	商务部副部长钟山	
26	5月30日	马达加斯加国家馆日	驻华大使维克托·希科尼纳	世博局礼宾部部长孙为民	
27	5月31日	马里国家馆日	侨民和非洲一体化部部长巴德拉·阿利乌·马卡卢	世博会中国政府副总代表张直鑑	
28	6月1日	缅甸国家馆日	商务部部长丁乃登	国家发改委副主任张晓强	
29	6月2日	意大利国家馆日	劳动与社会政策部部长毛里奇奥·萨科尼	国家发改委副主任张晓强	市长韩正
30	6月3日	巴西国家馆日	财政部部长吉多·曼特加	财政部部长谢旭人	
31	6月3日	非洲联盟荣誉日	非盟贸易与工业事务委员伊丽莎白·坦库	世博会执委会副主任周汉民	
32	6月4日	圣马力诺国家馆日	旅游、体育、经济计划与公用事业国企关系部部长法比奥·贝拉尔迪	上海世博会中国政府副总代表赵亚力	
33	6月5日	哈萨克斯坦国家馆日	农业部部长阿克尔别克·库里什巴耶夫	商业部部长助理仇鸿	
34	6月5日	世界自然基金会荣誉日	世界自然基金会总干事吉姆·利普	国家林业局副局长陈述贤	市长韩正
35	6月6日	葡萄牙国家馆日	经济、创新与发展部部长维埃拉·达席尔瓦	财政部副部长廖晓军	
36	6月7日	巴拉圭国家馆日	文化部部长路易斯·马努埃尔·埃斯科瓦尔·阿尔伽尼亚	中国贸促会副会长王锦珍	
37	6月8日	澳大利亚国家馆日	总督昆廷·布赖斯	市长韩正	
38	6月9日	菲律宾国家馆日	总统格洛里亚·马卡帕加尔·阿罗约	市委书记俞正声	

（续表）

序号	日　期	名　　称	出席仪式外方代表	出席仪式中方代表	馆日外会见
39	6月9日	世界贸易中心协会馆荣誉日	世界贸易中心协会总裁杜苏里	商务部副部长马秀红	
40	6月10日	阿根廷国家馆日	外交、国际贸易和宗教事务部部长豪尔赫·恩里克·塔亚纳	外交部部长助理吴海龙	
41	6月11日	伊朗国家馆日	总统马哈茂德·艾哈迈迪·内贾德	市委书记俞正声	
42	6月12日	日本国家馆日	首相特使鸠山由纪夫	国务委员刘延东	
43	6月13日	比利时国家馆日	王储菲利普	副市长唐登杰	
44	6月14日	保加利亚国家馆日	经济、能源和旅游部部长特拉伊乔·特拉伊科夫	副市长赵雯	
45	6月15日	上海合作组织荣誉日	上海合作组织秘书长伊马纳利耶夫	世博会中国政府副总代表周晓沛	
46	6月16日	刚果共和国国家馆日	商务与供应部部长克洛迪娜·穆纳里	世博会中国政府副总代表陈公来	
47	6月17日	爱尔兰国家馆日	总统玛丽·麦卡利斯	外交部常务副部长王光亚	
48	6月18日	塞舌尔国家馆日	驻华大使菲利普·勒加尔	世博会中国政府副总代表蒋正云	
49	6月18日	法语国家商务论坛荣誉日	总代表奈阮妮·安	世博会中国政府副总代表沈江宽	
50	6月19日	希腊国家馆日	经济、竞争力与海运部部长卢卡·卡策莉	交通运输部副部长翁孟勇	副市长唐登杰
51	6月20日	土耳其国家馆日	文化旅游部部长居纳伊	文化部副部长李洪峰	
52	6月21日	法国国家馆日	国民议会议长贝尔纳·阿夸耶	全国人大常委会副委员长陈昌智	市人大常委会主任刘云耕
53	6月22日	黎巴嫩国家馆日	经贸部部长穆罕默德·萨法迪	世博会中国政府副总代表刘振堂	
54	6月23日	刚果民主共和国国家馆日	商务与中小企业部部长贝尔纳·比安多·桑戈	世博会中国政府副总代表王四法	
55	6月24日	斯洛文尼亚国家馆日	总理博鲁特·帕霍尔	国务委员兼国务院秘书长马凯	副市长屠光绍
56	6月25日	莫桑比克国家馆日	文化部部长阿曼多·阿图尔	文化部副部长欧阳坚	
57	6月26日	索马里国家馆日	石油与能源议员委员会主席阿卜杜拉希·尤素福·穆罕默德	世博会中国政府副总代表蒋正云	
58	6月26日	世界水理事会荣誉日	世界水理事会主席洛克·福勋	水利部副部长胡四一	

(续表)

序号	日　期	名　　称	出席仪式外方代表	出席仪式中方代表	馆日外会见
59	6月27日	塞尔维亚国家馆日	总理米尔科·茨韦特科维奇	市长韩正	
60	6月28日	柬埔寨国家馆日	国务大臣兼商业部部长占蒲拉西	商务部部长助理王超	
61	6月29日	丹麦国家馆日	王储腓特烈	市委副书记殷一璀	
62	6月30日	吉布提国家馆日	旅游部部长哈斯娜·巴尔卡特·达乌德	文化部副部长王文章	
63	7月1日	加拿大国家馆日	总督米夏埃尔·让	市委书记俞正声	
64	7月2日	美国国家馆日	前国务卿奥尔布赖特	全国人大外事委员会主任委员李肇星	
65	7月3日	布隆迪国家馆日	对外关系与合作部部长奥古斯丁·恩桑泽	世博会中国政府总代表华君铎	
66	7月4日	卢旺达国家馆日	总理贝尔纳·马库扎	国资委主任李荣融	市长韩正
67	7月6日	科摩罗国家馆日	副总统兼农业、渔业、环境、能源、工业和手工业部部长伊迪·纳杜瓦姆	农业部副部长张桃林	
68	7月7日	坦桑尼亚国家馆日	工贸部部长玛丽·娜古	外交部办公厅主任张明	
69	7月8日	加纳国家馆日	贸工部部长汉娜·特塔赫	世博会中国政府副总代表蒋正云	
70	7月9日	新西兰国家馆日	总理约翰·基	国务委员孟建柱	
71	7月11日	苏丹国家馆日	外贸部部长埃里亚斯·恩雅莱尔·瓦克森	世博会中国政府副总代表吴久洪	
72	7月12日	基里巴斯国家馆日	世博会总代表塔若达克·提纳克	世博局副局长邵慧翔	
73	7月13日	东帝汶国家馆日	总统若泽·拉莫斯·奥尔塔	公安部副部长刘京	
74	7月14日	马拉维国家馆日	旅游、野生动物与文化部部长安娜·卡奇科	世博会中国政府副总代表蒋正云	
75	7月15日	马尔代夫国家馆日	经济发展部部长穆罕默德·拉兹	国家旅游局局长邵琪伟	
76	7月16日	哥伦比亚国家馆日	外交部部长海梅·贝穆德斯	外交部部长助理吴海龙	
77	7月17日	加勒比共同体日	加勒比共同体代表团总团长、圭亚那总统巴拉特·贾格迪奥	市委书记俞正声	市长韩正会见并宴请各代表团团长
78	7月18日	斯里兰卡国家馆日	总理迪萨纳亚克·贾亚拉特纳	市长韩正	
79	7月19日	毛里塔尼亚国家馆日	商业、手工业与旅游部部长邦巴·乌尔德·达拉曼	国家工商管理总局副局长傅双建	

（续表）

序号	日　期	名　　称	出席仪式外方代表	出席仪式中方代表	馆日外会见
80	7月20日	萨尔瓦多国家馆日	副议长奥瓦·西格利德·雷耶斯·莫拉雷斯	中国贸促会副会长王锦珍	
81	7月20日	全球环境基金荣誉日	全球环境基金主席兼首席执行官莫妮卡·芭布	财政部副部长朱光耀	
82	7月21日	博茨瓦纳国家馆日	副总统蒙帕蒂·梅拉费	副市长胡延照	
83	7月22日	阿曼国家馆日	国家委员会主席叶海亚·马哈福兹·蒙泽里	国家能源局副局长刘琦	市人大常委会主任刘云耕
84	7月22日	世界贸易组织荣誉日	总干事帕斯卡尔·拉米	商务部副部长高虎城	
85	7月23日	埃及国家馆日	驻华大使艾哈迈德·里兹克	世博会中国政府副总代表赵振宇	
86	7月24日	塞内加尔国家馆日	贸易部部长阿马杜·尼昂	商务部副部长蒋耀平	副市长唐登杰
87	7月25日	约旦国家馆日	驻华大使安马尔哈姆德	世博会中国政府副总代表苏健	
88	7月26日	古巴国家馆日	外贸部副部长阿莱利奥·莫依奈达·马丁内斯	世博会中国政府副总代表赵振宇	
89	7月27日	所罗门群岛国家馆日	文化和旅游部常务秘书长卢克·埃塔	上海世博局副局长蔡放鸣	
90	7月28日	秘鲁国家馆日	驻华大使哈罗德·福塞斯	世博会中国政府副总代表居一杰	
91	7月29日	罗马尼亚国家馆日	外交部部长特奥多尔·巴孔斯基	世博会中国政府总代表华君铎	副市长唐登杰
92	7月30日	加蓬国家馆日	总理保罗·比约格·姆巴	卫生部部长陈竺	
93	7月31日	阿尔及利亚国家馆日	国务部部长兼总统个人代表阿卜杜勒阿齐兹·贝勒卡迪姆	铁道部副部长彭开宙	
94	8月1日	萨摩亚国家馆日	总理图伊拉埃帕·卢佩索利艾·萨伊莱莱·马利埃莱额奥伊	国家林业局局长贾治邦	
95	8月2日	汤加国家馆日	公主萨洛特·皮洛莱乌·图依塔	副市长唐登杰	
96	8月3日	尼日尔国家馆日	商业、工业与青年企业家促进部副秘书长扎达·玛丽亚玛	世博会中国政府副总代表陈公来	
97	8月4日	吉尔吉斯斯坦国家馆日	经济协调部部长埃米利·乌梅塔利耶夫	外交部部长助理程国平	
98	8月5日	库克群岛国家馆日	副总理罗伯特·威格莫尔	农业部副部长牛盾	
99	8月6日	斐济国家馆日	总理乔萨亚·沃伦盖·姆拜尼马拉马	民政部部长李立国	

(续表)

序号	日 期	名 称	出席仪式外方代表	出席仪式中方代表	馆日外会见
100	8月7日	新加坡国家馆日	贸工部兼人力部政务部长李奕贤	商务部副部长傅自应	
101	8月8日	科特迪瓦国家馆日	外交与非洲一体化部部长让·马利·卡库·热尔韦	世博会中国政府总代表华君铎	
102	8月9日	南非国家馆日	前副总统、南非非洲人国民大会主席巴莱卡·姆贝特	全国妇联副主席孟晓驷	
103	8月10日	乍得国家馆日	文化、青年和体育部部长吉贝特·尤努斯	国家广电总局副局长张海涛	
104	8月11日	津巴布韦国家馆日	总统罗伯特·加布里埃尔·穆加贝	住房和城乡建设部部长姜伟新	
105	8月12日	瑞士国家馆日	联邦主席兼经济部部长多丽丝·洛伊特哈德	中国保监会主席吴定富	
106	8月13日	玻利维亚国家馆日	国防部部长鲁文·萨阿韦德拉·索托	世博会中国政府副总代表居一杰	
107	8月14日	厄瓜多尔国家馆日	外交、外贸与一体化部部长里卡多·帕蒂尼奥	外交部副部长张志军	
108	8月16日	赤道几内亚国家馆日	总统特奥多罗·奥比昂·恩圭马·姆巴索戈	中国海关总署署长盛光祖	
109	8月16日	巴拿马国家馆日	旅游部部长萨洛蒙·萨马	世博局副局长朱咏雷	
110	8月17日	马绍尔群岛国家馆日	参议员迈克尔·卡布阿	中国贸促会副会长张伟	
111	8月18日	印度国家馆日	商工部政务部长杰奥蒂拉迪特亚·辛迪亚	商务部副部长陈健	
112	8月19日	阿富汗国家馆日	商业和工业部部长安沃-乌-哈克·阿哈第	世博会中国政府副总代表张春祥	
113	8月20日	多哥国家馆日	总统福雷·埃索齐姆纳·纳辛贝	外交部部长杨洁篪	
114	8月21日	尼日利亚国家馆日	工商部部长贾布里勒·库耶	世博会中国政府副总代表王永秋	
115	8月22日	匈牙利国家馆日	国土资源部国务秘书盖佐·索赤	世博会中国政府副总代表朱祖寿	
116	8月23日	利比里亚国家馆日	副总统约瑟夫·博阿凯	文化部副部长赵少华	
117	8月24日	乌克兰国家馆日	经济部副部长瓦列里·皮亚特尼茨基	世博会中国政府副总代表姚培生	
118	8月25日	乌拉圭国家馆日	副总统达尼洛·阿斯托里	国土资源部副部长贠小苏	
119	8月26日	纳米比亚国家馆日	贸易和工业部部长哈格·根哥布	世博会中国政府副总代表王永秋	

（续表）

序号	日 期	名 称	出席仪式外方代表	出席仪式中方代表	馆日外会见
120	8月28日	塞浦路斯国家馆日	内政部部长内纽克里斯·西里基欧蒂斯	国家税务总局副局长王力	
121	8月28日	公共交通国际联会荣誉日	公共交通国际联会秘书长汉斯·雷特	世博会中国政府副总代表赵亚力	
122	8月29日	密联邦国家馆日	副总统阿利克·阿利克	副市长屠光绍	
123	8月30日	西班牙国家馆日	首相何塞·路易斯·罗德里格斯·萨帕特罗	市委书记俞正声	
124	8月31日	乌兹别克斯坦国家馆日	副总理兼对外经济关系、投资和贸易部部长加尼耶夫·埃寥尔	国家发改委副主任苏波	
125	9月1日	毛里求斯国家馆日	总统阿内罗德·贾格纳特	市长韩正	
126	9月1日	列支敦士登国家馆日	代理国家元首、摄政王储阿洛伊斯	卫生部副部长张茅	
127	9月2日	越南国家馆日	文化体育旅游部部长黄俊英	国家旅游局副局长杜一力	
128	9月3日	尼泊尔国家馆日	副总理兼外长苏加塔·柯伊拉腊	国家人口和计生委副主任赵白鸽	
129	9月4日	斯洛伐克国家馆日	总统伊万·加什帕罗维奇	人力资源和社会保障部部长尹蔚民	
130	9月5日	泰国国家馆日	总理阿披实·威差奇瓦	全国政协副主席李兆焯	
131	9月6日	朝鲜国家馆日	城市经营相黄鹤元	住房和城乡建设部副部长郭允冲	
132	9月7日	马其顿国家馆日	劳动与社会政策部部长杰拉尔·巴伊拉米	世博会中国政府副总代表姚培生	
133	9月8日	英国国家馆日	贸易和投资特别代表约克公爵安德鲁王子	外交部副部长傅莹	
134	9月8日	国际信息发展网荣誉日	国际信息发展组织总干事丹尼尔·巴瑞奥	世博局副局长陈先进	
135	9月9日	肯尼亚国家馆日	贸易部部长奇劳·阿里·姆瓦奎雷	世博会执委会副主任周汉民	
136	9月9日	博鳌亚洲论坛荣誉日	理事长福田康夫(日本前首相)	外交学会会长杨文昌	
137	9月10日	埃塞俄比亚国家馆日	文化和旅游部部长穆罕默德·迪里尔	外交部部长助理刘振民	
138	9月11日	冰岛国家馆日	总统奥拉维尔·拉格纳·格里姆松	农业部部长韩长赋	
139	9月12日	摩尔多瓦国家馆日	总理弗拉基米尔·菲拉特	商务部国际贸易谈判代表兼副部长高虎城	

(续表)

序号	日　期	名　　称	出席仪式外方代表	出席仪式中方代表	馆日外会见
140	9月12日	马来西亚国家馆日	国家旅游部部长黄燕燕	国家旅游局副局长王志发	
141	9月13日	蒙古国家馆日	对外关系和贸易部部长贡布扎布·赞登沙特尔	世博会中国政府总代表华君铎	
142	9月14日	尼加拉瓜国家馆日	尼中友好协会会长、尼总统经济顾问卡斯塔诺	中国人民对外友好协会副会长李建平	
143	9月15日	危地马拉国家馆日	上海世博会危地马拉展区总代表皮特罗·巴诺亚	中国人民对外友好协会副会长李建平	
144	9月16日	墨西哥国家馆日	驻华大使豪尔赫·瓜哈尔多	世博会中国政府副总代表陈笃庆	
145	9月17日	巴布亚新几内亚国家馆日	商业与工业部部长加布里埃尔·卡普里斯	世博会中国政府副总代表赵振宇	
146	9月18日	智利国家馆日	劳动和社会保障部副部长布鲁诺·巴朗达	世博会中国政府副总代表陈笃庆	
147	9月19日	突尼斯国家馆日	贸易和手工业部部长利达·本·米斯巴赫	世博会中国政府副总代表王四法	
148	9月20日	孟加拉国国家馆日	商业部部长法鲁克·汗	外交部副部长宋涛	
149	9月21日	亚美尼亚国家馆日	总理季格兰·萨尔基相	国家审计署署长刘家义	
150	9月22日	塔吉克斯坦国家馆日	总理阿基勒·阿基洛夫	公安部副部长刘京	
151	9月23日	沙特国家馆日	城乡事务大臣曼苏尔·本·迈特阿布·本·阿卜杜阿齐兹亲王	世博会执委会副主任周汉民	
152	9月24日	几内亚比绍国家馆日	总理、几佛党主席卡洛斯·戈梅斯·儒尼奥尔	国土资源部部长徐绍史	
153	9月25日	中非国家馆日	总统弗朗索瓦·博齐泽·杨古翁达	国家工商总局局长周伯华	
154	9月26日	安哥拉国家馆日	副总统费尔南多·多斯桑托斯	中国民用航空局副局长王昌顺	中共中央政治局常委、国家副主席习近平
155	9月27日	阿联酋国家馆日	驻华大使欧麦尔·艾哈迈德·白伊塔尔	世博会中国政府副总代表李志国	
156	9月28日	俄罗斯国家馆日	总统梅德韦杰夫	中共中央政治局常委、国家副主席习近平	
157	9月29日	利比亚国家馆日	卡扎菲国际慈善和发展机构主席赛义夫·伊斯兰·穆阿迈尔·卡扎菲	外交部副部长翟隽	
158	9月30日	摩洛哥国家馆日	众议院议长阿卜杜勒瓦赫德·拉迪	市人大常委会主任刘云耕	

（续表）

序号	日 期	名 称	出席仪式外方代表	出席仪式中方代表	馆日外会见
159	10月1日	中国国家馆日	阿尔巴尼亚总统、柬埔寨国王、中非总统、斐济总统、利比里亚众议长、摩洛哥众议长、老挝国会主席、马里国民议会议长等出席，国际展览局秘书长洛塞泰斯致辞	全国人大常委会委员长吴邦国	
160	10月2日	几内亚国家馆日	经济和财政部部长凯尔法拉・扬萨内	世博会中国政府副总代表王四法	
161	10月3日	喀麦隆国家馆日	商务部部长吕克・马瓜尔・姆巴尔加・阿坦加纳	世博会中国政府副总代表王四法	
162	10月4日	莱索托国家馆日	国王莱齐耶三世	公安部副部长刘京	
163	10月5日	多米尼加国家馆日	旅游部部长弗朗西斯科・哈维尔・加西亚	中国贸促会副会长王锦珍	
164	10月6日	贝宁国家馆日	外交部部长让-马利・埃胡祖	世博会中国政府总代表华君铎	
165	10月7日	摩纳哥国家馆日	阿尔贝二世	公安部副部长刘京	
166	10月8日	瓦努阿图国家馆日	总统尤路・约翰逊・阿比尔	人力资源和社会保障部副部长、国家外国专家局局长季允石	
167	10月8日	佛得角国家馆日	总统佩德罗・维罗纳・罗德里格斯・皮雷斯	市政协主席冯国勤	
168	10月9日	乌干达国家馆日	旅游、贸易和工业部旅游国务部长塞拉皮奥・鲁昆多	国家旅游局副局长祝善忠	
169	10月10日	卢森堡国家馆日	大公亨利	工业和信息化部部长李毅中	
170	10月11日	白俄罗斯国家馆日	副总理维克多・布里亚	国家监察部副部长王伟	
171	10月12日	老挝国家馆日	总理波松・布帕万	全国政协副主席孙家正	
172	10月13日	图瓦卢国家馆日	图瓦卢总代表法卡萨・特奥雷	外交学会副会长蔡金彪	
173	10月14日	也门国家馆日	旅游部部长纳比尔・阿尔法科	市政府副秘书长、世博局局长洪浩	
174	10月15日	阿塞拜疆国家馆日	副总理阿比德・沙里福夫	人力资源和社会保障部副部长王晓初	
175	10月16日	巴勒斯坦国家馆日	经济部部长哈桑・艾布鲁布代	世博会中国政府总代表华君铎	
176	10月16日	伊拉克国家馆日	总统特使、驻华大使穆罕默德・萨比尔・伊斯梅尔	世博会中国政府副总代表罗小光	

(续表)

序号	日 期	名 称	出席仪式外方代表	出席仪式中方代表	馆日外会见
177	10月17日	叙利亚国家馆日	驻华大使哈勒夫・杰拉德	世博会中国政府副总代表罗小光	
178	10月18日	爱沙尼亚国家馆日	外交部部长乌尔马斯・帕伊特	世博会中国政府总代表华君铎	
179	10月19日	纽埃国家馆日	总理兼外长、旅游部部长托克・塔拉吉	常务副市长杨雄	
180	10月20日	卡塔尔国家馆日	能源和工业国务大臣穆罕默德・萨利赫・萨达	文化部副部长杨志今	
181	10月21日	拉脱维亚国家馆日	总统瓦尔迪斯・扎特列尔斯	副市长沈骏	
182	10月22日	巴林国家馆日	文化信息部副部长伊萨・阿明	世博会中国政府副总代表甑建国	
183	10月23日	帕劳国家馆日	帕劳世博组委会主席德威特・亚历山大	外交学会副会长陈永龙	
184	10月24日	赞比亚国家馆日	副总统兼司法部长乔治・孔达	国土资源部副部长王世元	
185	10月24日	联合国荣誉日	联合国助理秘书长、上海世博会联合国展区总代表埃文尼・贝南	外交部国际司司长陈旭	
186	10月25日	立陶宛国家馆日	总统达里娅・格里包斯凯特	国家审计署审计长刘家义	
187	10月26日	瑙鲁国家馆日	上海世博会瑙鲁展区总代表夏尔曼・斯考特	中国贸促会副会长王锦珍	
188	10月27日	洪都拉斯国家馆日	工商部部长奥斯卡・埃斯卡兰特	中国贸促会副会长董松根	
189	10月28日	格鲁吉亚国家馆日	总理尼卡・吉拉乌利	文化部部长蔡武	
190	10月29日	哥斯达黎加国家馆日	外交和宗教事务部部长雷内・卡斯特罗	世博会中国政府总代表华君铎	
191	10月30日	国际展览局日	国际展览局主席让-皮埃尔・蓝峰	中国贸促会会长万季飞	

中国 2010 年上海世博会青年倡议

城市，以其精彩纷呈的生活、开放多元化的文化，吸引着无数满怀激情和梦想的青年。城市的发展，为青年提供了宝贵的机遇和舞台；青年的参与，为城市注入了无限的动力与活力。青年与城市的和谐互动，将共同引领人类更加美好的未来。中国 2010 年上海世博会，充分演绎了“城市，让生活更美好”的主题，为城市发展提供了诸多创新思路和可行方案，也激励着全球青年为建设更加和谐、更加开放、更可持续的理想城市而不懈奋斗。

2010 年 10 月 29 日，500 余名来自 2010 年上海世博会各参展方、主要国际青年组织和中国各界的青年代表齐聚上海，围绕“青年 · 城市 · 未来”这一主题展开了广泛而深入的交流，达成了重要共识。

和谐，是城市发展的理想境界，也是青年共同憧憬的美好追求。城市是人类文明的结晶，但近现代城市发展中出现的经济、人文、生态等问题，让我们开始重新审视城市的未来。我们理想中的城市，是人与人包容友爱，历史与未来传承延续，人类社会与自然环境相容相生的和谐之城。向着这样一个共同的理想，我们愿一起努力，致力建设一个更加和谐、美好的未来家园。

低碳，是城市发展的必由之路，也是青年必须担当的时代责任。人类为了自身的发展，不断打破自然环境的平衡，以及危及地球的生态和子孙后代的福祉。当前，以“低污染”“低消耗”“低排放”和“多节约”为核心内容的低碳生活理念，正深刻影响着成长中的青年一代；以新技术、新产业、新能源和新制度为代表的低碳经济，逐渐成为摆脱城市发展困境的新的解决方案。向着这样一个共同的期待，我们愿一起行动，大力传播实践更加可持续、更加低碳的生活方式。创新，是城市发展的不竭动力，也是青年参与发展的重要方式。青年与生俱来的创新潜能，始终在城市发展进步中发挥着举足轻重的作用。推动城市发展、创造和谐未来，更加需要生生不息的青春活力和源源不竭的创新智慧。向着这样一个共同的使命，我们愿一起奉献，为城市的发展插上创新的翅膀。

站在新世纪又一个十年的起跑线上，我们认识到，人类仍然面临发展的挑战和资源枯竭的威胁，各国依然在为经济复苏而努力，世界继续受到各种新旧冲突的困扰。我们更加深刻地体会到青年所肩负的历史使命。我们呼吁，为创造全人类更加美好的未来，全球青年行动起来。

为未来，一起来！让我们积极传播和世界和谐、可持续的发展理念，共同保护我们的地球家园；

为未来，一起来！让我们努力推动不同文明间的理解和对话，共同倡导开放包容的时代文化；

为未来，一起来！让我们继续发扬友爱互助的职员精神，共同建设一个持久和平、共同繁荣的和谐世界。

全球青年行动起来，为未来，一起来！

上海世博会青年高峰论坛全体与会代表

2010 年 10 月 31 日

上海宣言(2010年上海世博会)

（2010年10月31日）

我们，来自全球各地的参展方和所有参与者，在“城市，让生活更美好”主题的引导下，共同参与第一次在发展中国家举办的注册类世博会。在184天的会期里，各具创意的展览展示、精彩纷呈的文化活动、智慧迭出的论坛研讨让我们认识到，人类对美好生活的理解与追求引领城市发展。我们高度认同，必须重新审视城市化过程中人、城市与地球家园的关系。我们一致认为，通过创新来建设和谐城市，是城市可持续发展的解决之道。今天，50%以上的人已经居住在城市，我们的星球进入了城市时代。城市化和工业化在带给人类丰富现代文明成果的同时，也伴随着前所未有的挑战。人口膨胀、交通拥挤、环境污染、资源紧缺、城市贫困、文化冲突，正在成为全球性的问题。由于历史和显示的原因，这些现象在发展中国家尤为突出。中国2010年上海世博会在挑战中应运而生，在世博会历史上首次以城市为主题，通过城市最佳实践区和网上世博会等创举，总结实践经验，勾勒未来图景，对解决人类共同面临的难题，进行了开创性的探索。今天，上海世博盛会即将闭幕，我们高度肯定，世博会作为文明展示与交流平台的重要价值。作为本届世博会思想成果的总结，我们一致同意发表《上海宣言》，以表达城市时代全球公众对和谐美好城市生活的共同愿景。我们一致认为，和谐城市，应该是建立在可持续发展基础上的合理有序、自我更新、充满活力的城市生命体；和谐城市，应该是生态环境友好、经济集约高效、社会公平和睦的城市综合体。我们相信，这样的和谐城市是实现“城市，让生活更美好”的有效途径。为此，我们共同倡议：

创造面向未来的生态文明

城市应尊重自然，优化生态环境，加强综合治理，促进发展方式转变；推广可再生能源利用，建设低碳的生态城市；大力倡导资源节约、环境友好的生产和生活方式，共同创造人与环境和谐相处的生态文明。

追求包容协调的增长方式

城市应统筹经济和社会的均衡发展，注重公平与效率的良性互动，创造权利共享、机会均等和公平竞争的制度环境，努力缩小收入差距，使每个居民都能分享城市发展成果，充分实现个体成果。

坚持科技创新的发展道路

城市应加强科学研究和技术创新，建立和完善科技创新和应用体系；加快科技成果转化，提高民众生活质量，创造新的产业和就业岗位；通过科学研究和技术创新，增强城市的防灾减灾能力；加强科技交流与合作，实行开放与互利共赢的原则，促进全球城市的共同发展。

建设智能便捷的信息社会

城市应进一步加大对信息基础设施的投入，通过信息化来加强诸多领域的服务，促进信息与知识的有效传播；构建以信息网络为基础的城市神经系统，自我完善和调整城市的运行效能；加强信息化教育，缩小数字鸿沟，让居民接触与获取更多的信息。

培育开放共享的多元文化

城市应积极保护物质和非物质文化遗产，鼓励多元文化繁荣发展；倡导海纳百川的开放精神，积极开展文化间交流与互动，在尊重文化传统和保护文化多样性的基础上进行文化创新，为城市和人类发展提供持久动力。

构筑亲睦友善的宜居社区

城市应构建和谐友好的社会环境，通过合理规划，营造文明、安全、宜居的城市社区，在就业、医疗、教育、住房、社会保障等方面提供平等和高质量的公共服务；鼓励公众参与城市规划与管理，关注城市移民的物质需求与精神需求，消除社会隔阂与冲突。

促进均衡协调的城乡关系

城市应兼顾与乡村的协调发展，推动区域结构的挑战和优化；特别注重推动欠发达地区的发展，加强城市功能向农村的辐射，努力缩小城乡差距，关注弱势群体利益；积极引导城乡对话，实现城乡和谐互助。我们呼吁，认真总结上海世博会展览展示、论坛和城市最佳实践区的思想成果，汇集各国城市发展的宝贵经验和人类探索城市发展的共同智慧，在全球范围内进行推广，与广大民众共同交流，为城市管理者提供城市建设和管理经验。我们倡议，将 10 月 31 日上海世博会闭幕之日定为世界城市日，让上海世博会的理念与时间得以永续，激励人类为城市创新与和谐发展而不懈追求与奋斗！

上海市市长国际企业家咨询会议章程

（2010 年 12 月修订）

宗　旨

为推进上海国际经济、金融、贸易、航运中心和国际大都市建设提供国际经验和咨询建议，协助上海在世界商业、教育和文化中心城市中占有其应有的地位。

本会议全称为上海市市长国际企业家咨询会议，简称为咨询会议（IBLAC）。

咨询会议由应上海市长邀请的世界各国各主要商业领域的著名人士组成，人数最多不超过 45 人。

咨询会议的主要任务是：向上海市长提供有助于上海城市发展，提高上海国际竞争力、城市创新能力和影响力的意见和建议，使国际企业界进一步了解其在上海可能获得的机遇。

咨询会议和市长之间的信息沟通是保密的。对外沟通采用新闻发布的形式，作为一项方针，由会议主席代表咨询会议批准实施。

咨询会议每年举行一次，地点一般设在上海。咨询会议在当年会议结束时通告次年会议主题、日期和地点。会议主题由市长确定。

咨询会议成员在会议召开前两个月提交契合当年会议主题的咨询报告。

咨询报告作为会议材料发放，同时邀请部分成员作会议发言。

咨询会议设一名主席，三名副主席。按照地区平衡的原则，主席和副主席应分别来自：美洲、欧洲、非洲、中东或亚太地区。

主席任期两年。在其任期即将结束或结束后举行的全体成员会议上，推选一位副主席接任。副主席任期三年。

咨询会议主席任期结束后即成为咨询会议终身名誉成员。他们享有普通成员的一切权利和义务，但是其人数不包括在上述第 2 条所规定的限额。市长也可以向成员们提出建议，让对咨询会议作出贡献的其他个人成为终身名誉成员。

咨询会议主席参与会议议程的安排，主持会议和协调成员咨询报告事宜。

咨询会议设多达三名顾问，协助制定会议议程和计划，在会议期间协助向咨询会议成员介绍情况和在休会期间帮助协调咨询会议事务。

咨询会议设一名秘书长，若干名副秘书长。咨询会议秘书处设在上海市人民政府外事办公室。

市长一般应亲自参加咨询会议，并携市政府机构成员与会。如市长因故不能亲自与会，可委派一位副市长作为市长代表参加会议。

咨询会议成员应亲自与会，如有特殊情况，可委派合适的代表与会。成员可携带一名来自其组织的助手或指定人员参加会议。成员连续两年缺席视作自动退会。

咨询会议成员或成员代表到上海参加会议的来回旅费和参加不在上海召开的会议的所有费用均自理。

上海市政府应向成员提供上海经济社会发展规划和完成情况，以及吸收外资进展情况、对外合作现状等为咨询会议有效运行所需的其他数据资料。

上海市政府应该为会议提供市内住宿、交通以及其他服务。

索　引

主题索引

D

H

K

L

M

O～Q

R

S

图 表 索 引

编　后　记

经过多年努力，《上海市志·外事·港澳台侨事务分志·外事·港澳事务卷(1978—2010)》终于出版了。这是继1999年版第一部《上海外事志》后，作为《上海市志》的分卷，续写从1978年至2010年上海外事大发展的历程。

《上海市志·外事·港澳台侨事务分志·外事·港澳事务卷(1978—2010)》的问世，凝结了市政府外办领导和同志的心血。随着一批亲历这段时期外事工作的老同志陆续退休，年轻的同志接过外事工作的接力棒，为使这段外事大发展珍贵史实能详尽记述下来，市外办领导班子本着对历史负责的精神，以高度的历史责任感，把完成《上海市志·外事·港澳台侨事务分志·外事·港澳事务卷(1978—2010)》作为一项重要任务，对修志工作从人力、物力、财力上给予了大力支持。市外办领导多次组织专题讨论，本着实事求是的态度对志书大纲进一步调整、充实和完善。政策法规研究处、秘书处先后牵头成立编纂小组，制订计划，落实措施，积极推进。一批已退休的外办老处长、老同志克服家中、个人的困难，怀着对外事工作无比热爱之情，先后加入编纂队伍，于2019年底完成全书初稿。2020年1月10日、12月8日，2021年6月23日，先后通过市地方志办公室组织的评议、审定、验收，2021年10月交付出版。

全书初稿送审后，在市外办主要领导的直接关心下，原外办副主任邵慧翔同志再次出山挂帅修改工作，华达明、严柏炎、王荣发三位老同志也欣然投身于这一全书定稿前最紧迫、最重要的冲刺阶段。四位老同志根据市方志办提供的专家评审意见，在市外办领导和各处室的全力配合下，对全书有关条文逐一与史料进行比对，对全书文字反复推敲，对人物篇等章节进行重构完善，邵慧翔同志还亲自执笔撰写概述，最终分卷顺利过审定稿并进入出版阶段。在此，谨对邵慧翔等四位老同志表示由衷的感谢和崇高的敬意。

志书撰写过程中，市商务委、市经信委、市科委、市住建委、市教委、市文旅局、市卫健委、市金融局、市体育局等有关部门和浦东新区等全市各区都积极提供了本系统、本地区对外交往资料。初稿完成后，市交通委、市港口局等有关部门，全市各区，以及机场集团、港务集团等有关单位对部分章节又进行了认真审阅，提出了修改和补充意见。市人大、市总工会、团市委、市妇联、市公安局出入境管理局等积极提供补充资料。市金融局、市卫健委、市商委等还组织力量重新撰写部分内容，进一步完善了有关章节。市方志办洪民荣主任、市志处黄晓明处长和杨军益副处长给予了精心指导。陈东晓等评审专家提出了关键的评审和修改意见。

《上海市志·外事·港澳台侨事务分志·外事·港澳事务卷(1978—2010)》的编纂，前后历时7年，在即将付梓之时，不能忘记李铭俊、祝伟敏、汪小澍、张伊兴、邵慧翔、范宇飞、李群策、陈凯、金雷、阚春芳、王立强、王建生、遇建浩、康震球等市外办、市友协前任领导，以及刘伟东、颜正龙等同志对此书一贯的关心和鼎力的支持，不能忘记黄品芳、杨志海等同志在初稿编纂前期作为编纂室主要成员所付出的辛勤劳动。

存史教化育人。1978 年到 2010 年上海外事的大发展，为今后上海外事的繁荣发展带来了许多启迪和帮助。然由于受认知水平、眼界视角等的局限，难免有遗漏和不足之处，只能在今后修志中予以补正，请读者批评指正。

谨借此出版机会，对所有为《上海市志・外事・港澳台侨事务分志・外事・港澳事务卷(1978—2010)》编纂工作作出贡献，给予帮助的单位和同志表达诚挚的谢意。

《上海市志・外事・港澳台侨事务分志・外事・港澳事务卷(1978—2010)》编纂办公室

2021 年 10 月

图书在版编目(CIP)数据

上海市志．外事．港澳台侨事务分志·外事．港澳事务卷：1978—2010 / 上海市地方志编纂委员会编．—上海：上海人民出版社，2021
ISBN 978-7-208-17457-3

Ⅰ．①上… Ⅱ．①上… Ⅲ．①上海-地方志②外事管理-概况-上海-1978-2010 Ⅳ．①K295.1②D827.51

中国版本图书馆CIP数据核字(2021)第253736号

责任编辑 邱　迪
封面设计 严克勤

上海市志·外事·港澳台侨事务分志·外事·港澳事务卷(1978—2010)
上海市地方志编纂委员会　编

出　　版 上海人民出版社
（201101　上海市闵行区号景路159弄C座）
发　　行 上海人民出版社发行中心
印　　刷 上海中华商务联合印刷有限公司
开　　本 889×1194　1/16
印　　张 62.5
插　　页 21
字　　数 1,598,000
版　　次 2021年12月第1版
印　　次 2021年12月第1次印刷
ISBN 978-7-208-17457-3/K·3163
定　　价 400.00元